한국 중화학공업화 연구 총설

박영구 지음

Heavy and Chemical Industrialization

도서출판 해남

이 저서는 2006년 정부(교육인적자원부)의 재원으로
한국학술진흥재단의 지원을 받아 수행된 연구임
(KRF-2006-812-B00010)

1959년 국산전자제품 1호인 진공관 라디오 A-501이 생산되었다. 이 역사적 사건과 더불어 이 해에 '이천전기'가 22KV급 변압기와 370KV급 전동기를 자체 생산하는 데 성공하였고, 거시적으로는 '특화된 농산물 수출국으로 자립'을 권하는 '네이산계획' 등 국제기구의 충고에도 불구하고 한국에서는 공산품을 수출하여 자립경제를 추구해 나간다는 '3개년계획'이 최초로 만들어졌다. 1952년 이후 2006년까지 수출은 1만 1,733배(2,770만 달러→3,250억 달러) 증가하였는데, 수출상품의 유형을 보면 1970년에는 섬유·가발·합판 등 경공업 제품이 70%를 차지하였으나 2006년에는 전기전자제품·석유화학제품·반도체·승용차 등 중화학공업 제품이 83%에 이르렀다.

저자가 중화학공업 연구를 시작한 것은, 학위를 받고 연구소에 몸담으면서 한국의 자동차산업을 이해하기 위한 한 수단으로서였다. 당시 기존의 중화학공업화에 대한 인식과 다른 여러 사실들을 발견하면서 한국 중화학공업화에 관한 연구를 새로 정리한 것이 1992년 여름이었으니 벌써 만 15년이 지났다. 처음 중화학공업화 10년 장기연구계획서를 만들어 연구를 시작할 때 10년은 매우 오랜 시간으로 느껴졌지만, 벌써 5년이 더 초과되었다. 연구는 계속 국내외에서 자료수집과 인터뷰를 해나가면서 중화학공업화에서 핵심 논점으로 되어 있는 부문별 연구를 하나씩 떼어내어 완성해 나가는 것으로 하였다. 그리고 연구과정에서 잘못된 방향을 수정받기 위해 '한국경제학회'·'한국국제경제학회' 등을 통한 학회발표 10회, 그리고 1995년 『경제학연구』 이후 국내외 학술지에 11편의 논문을 발표하였다. 발표 당시 전혀 공감을 얻지 못하였던 주장들이 이후 오랜 시간이 지난 후 조금씩 공감을 얻기 시작하였고, 미국·일본 등을 계속 방문연구하면서 저자와 같은 주장의 연구를 발견하는 것은 매우 기쁜 일이었다. 이들 해외나 최근 연구는 저자의 첫 연구에서는 들어가 있지 않았지만 이 책을 묶는 과정에서 가능한 한 보여 주었다. 그 동안의 논문발표들을 통해 지원자는 비공개된 자료와 문서·증언 그리고 산업별 미시변수들을 전부 새로이 고려할 때, 일변수 분석이나 거시지표에만 의존한 기존 인식과는 다른 새로운 이해와 해석이 이루어짐을 주제별로 계속 확인하였다.

연구과정에서 봉착한 시련은 네 가지였다.

첫 시련은 국내외 어디에서도 찾기 힘든 자료였다. 자료문제는 정말 심각하였다. 연구 도중 저자는 누군가 중화학공업화에 관한 자료를 찾아다니면서 소각시킨 것이 아닌가라는 너무나 장난스러운 의심을 하였을 정도였다. 우연이겠지만 외국기관의 자료도 한국의 중화학공업화에 관한 자료는 유독 유실(missing)이 많았다. 이유는 간단하였다. 중화학공업화의 1970년대와 이후 1980년대는 커다란 한국 현대사의 단절이 있었기 때문이다. 1980년 9월 16일 중화학공업화 비판이 급등하는 가운데 중화학공업추진위원회기획단이 해체되자 해체와 함께 중화학공업관련 서류는 전량 폐기처분되었는데, 이 처분에 자그마치 2주일이 걸렸다거나 한 지역의 자료소각을 위해 3일간 태웠다는 증언도 있었다. 어떻게 그럴 수 있었을까? 자료수집 때문에 연구의 기간은 길어져 갔다.

두 번째 시련은 기본 연구의 빈곤이었다. 한국 현대경제에서 가장 획기적이고 혁명적인 산업정책은 중화학공업화였다. 그래서 "한국 현대경제발전에서 우리에게 가장 큰 영향을 미친 것은 1970년대의 중화학공업화이었다"라고 평가되고는 하였지만 중화학공업화에 초점을 맞춘 연구는 너무나 초라한 수준이었다. 이런 이해되지 않는 현상의 원인은 너무 간단하였다. 그것은 "연구할 필요가 없다"는 매우 선험적이고 부정적인 사고 때문이었다. 지난 1960~1980년대까지의 한국 경제의 문제는 그 동안 모두 이미 알고 있다는 이유로 학자들에 의해 알게 모르게 무시되어 왔다. 이는 데이터 가공이 아닌 한국의 현대경제정책 연구를 학회에 투고하면 대부분 기각된다는 현실로 존재하였다.

그 결과 "중화학공업화 정책을 제대로 된 문서로, 형식을 갖추어 설명하거나 주장하는 것은 없다"거나 중화학공업화를 연구한다면 "연구자 개인이 전부 자료를 하나씩 직접 얻어 수집하여야 한다"는 연구자들의 단순고백은 쓴 웃음을 자아내지만 저자는 공감해야 하였다. 오늘날 한국 경제와 수출, 국가경쟁력의 뿌리가 된 그 중화학공업화 과정을 연구하지 않고 있다는 이 믿을 수 없는 사실이 바로 한국에 존재하고 있었던 것이다.

그래서 오히려 한국의 문제를 많은 경우 일본·미국의 연구에 의존하는 역수입 현상마저 존재하고 있다. 사실 저자는 15년간 중화학공업화에 대한 논문을 발표해 오고 있어, 외국의 학자들이나 언론들로부터 한국의 중화학공업화에 관한 종합소개서나 연구서를 요청받고 있으나, 소개할 것이 극히 제한적이라는 것이 마음에 걸려

왔다(물론 한국 경제에 관한 한글·영문 연구서는 제14장에서 보듯이 많다). 이는 한국 경제를 위해서도 바람직하지 못한 현상이다.

세 번째 시련은 연구 도중 등장한 일본과 독일에 관한 연구였다. 일본은 비교적 많은 연구가 있지만 한국이 상당 부분 벤치마킹의 대상으로 삼았던 일본 역시 독일의 중화학공업화를 모델로 하였기 때문에 한국의 중화학공업화를 이해하기 위해서는 1차적으로 독일의 중화학공업화에 대한 연구가 필요하였다. 박정희 대통령이 이데올로기처럼 강조하였던 '라인강의 기적'은 그 자체가 하나의 주요한 공업전략이었던 것이다. 그러나 저자의 초기 낙관과 달리 국내에는 독일 경제에 관한 역사적 연구가 거의 소개되고 있지 않았다. 결국 저자는 1996년 말부터 독일의 중화학공업에 대한 연구를 독자적으로 시작하였다. 6개월 정도 예상한 독일 연구는 국내·국외 학회지에 7편의 독일 중화학공업화와 관련된 논문을 게재하고 독일에 관한 단행본(『후발공업국의 발전전략과 산업경쟁력—19세기 독일의 경쟁력 우위원천』, PUFS, 1999)을 출간하고서야 1차 완성되었다. 자연히 연구의 종료는 순연되었다. 2002년부터는 일본 조사도 진행하고 있다.

네 번째 시련은 지원의 부재였다. 보조원 한 명 없이 방대한 자료를 정리하는 것은 정말 능력에 벅찬 일이었다. 언제나 대입수험생 같다는 아내 지수(知秀)의 말과 잠을 더 늘려야 한다는 부모님의 걱정을 들으면서도 잠을 줄여야 하였다. 모두 단독으로 진행하였으므로 2년의 기간이 또 더 지나갔다. 연구비 지원은 번번이 거절되더니 일본·미국에서의 연구를 위해 東京經濟大學 村上勝彦 총장님, 橋谷弘 교수님, Univ. of Illinois의 Robert S. Chirinko 교수님의 도움을 받을 수 있었고, 학술진흥재단에서 출간도움을 받을 수 있었다. 경제사학회 선생님들을 중심으로 정말 많은 분들이 이 연구와 저자를 격려하여 주었고, 그 격려가 바탕이 되어 이 연구를 완성시켰다. 그리고 장지용 교수님은 이 글을 모두 읽고 중요한 논평을 주셨다. 또한 도서출판 해남과 노현철 대표님은 졸고의 출간을 허락하고 일일이 수정해 주었으며, 연구방법까지 지적해 주면서 향후 연구도 격려해 주었다.

저자의 한국 중화학공업화 연구는 대주제를 바꾸어 가면서 앞으로 계속되어 2012년까지 계속 순차적으로 연구서로 발간될 계획이다. 이번 연구서는 우선 한국의 중화학공업화를 그 동안 기존 연구에서 나타난 사실들을 주로 이용하여 쟁점주제별로 정리한 것이다. 그래서 이 책에 등장하는 많은 연구자들에게 저자의 본 뜻과 달리 무례함을 끼치게 될까 두렵다. 저자는 이 책에 등장하는 모든 연구자들과 그 시대 살았던 분들을 진심으로 존경한다. 그렇기에 본 총설에서는 내용에서 선구적인 기존 연구들을 존경하는 의미에서 가능한 한 많이 소개하고 인용하였다. 또 이 책이 쟁점주제에 대한 책이다 보니 차후 발간할 연구서와 달리 처음 연구에서는 이론적 고찰이 필요한 경우가 많았다. 그러나 이 책을 묶는 과정에서는 처음 연구 논문을 작성할 때와 달리 이론적 부분과 이론적 그림은 생략하였고 일부만 부록으로 간단하게 보여 주었다. 다음 연구서부터는 순수하게 한국 중화학공업화에 대한 더 많은 자료와 사실을 기록할 것이다. 많은 관심을 부탁드리며 이 책을 낸다.

2008. 10. 10.

저자 **박영구** 드림

차 례

제 3 부　정책과 집행　95

1 서 론

CHAPTER 1
중화학공업화의 연구범위와 내용

1.1 중화학공업화 연구의 시기

1.1.1 시 작

1972년 6월 초 박 대통령은 오원철 수석에게 "우선 중화학공업기획단 같은 것을 구성해서 계획을 짜보도록 하지"라고 중화학공업 육성계획의 수립을 지시하였다. 당시 오원철 수석은 이를 "역사적인 중화학공업 발진의 명령이었다"고 회고하였다.[1] 이에 기초하여 준비가 이루어져 박 대통령이 국민 앞에서 공개적으로 중화학공업화를 시행하겠다고 밝히고 이에 착수한 것은 1973년 1월 12일의 「중화학공업화 선언」이었다.

> 나는 오늘 이 자리에서 우리 국민 여러분들에게 경제에 관한 하나의 중요한 선언을 하고자 합니다. 우리나라 공업은 바야흐로 '중화학공업시대'에 들어갔습니다. 따라서 정부는 이제부터 '중화학공업 육성'의 시책에 중점을 두는 '중화학공업화 정책'을 선언하는 바입니다. ……80년대 초에 우리가 100억 달러의 수출목표를 달성하려면 전체 수출상품 중에서 중화학제품이 50%를 훨씬 더 넘게 차지해야 되는 것입니다. 그러기 위해서 정부는 지금부터 철강, 조선, 석유화학 등

[1] 오원철(吳源哲, 한경7, 1999), p. 470.

> 중화학공업 육성에 박차를 가해서 이 분야에 제품수출을 목적으로 강화하려고 추진하고 있습니다. ……정부는 앞으로 중화학공업정책을 선언하고 이 방면에 중점적인 지원과 시책을 펴나갈 것입니다.
>
> 【박정희(연3, 1974).】

대통령의 이 「중화학공업화 선언」으로 정부는 모든 정책계획과 실행을 '지금까지'와 '지금부터'로 시기를 구분하면서 1973년을 분명하게 중화학공업화의 시작으로 새로 정립하게 되었다.

> 공업화 과정의 심화를 의미하는 중화학공업의 건설은 다음 단계의 공업화가 필연적으로 추구해야 할 과제이며 국제적인 분업의 동태적 변화에도 상응하는 것이다. 지금까지 우리나라의 산업은 공업화 초기여건의 불리로 인하여 주로 소비재 및 경공업에 치중하여 왔고……. 이와 같은 산업구조는 막대한 중간 원자재와 자본재를 수입에 의존토록 하여 경제성장과 투자활동에 따른 수입수요의 증대와 국제수지문제를 야기하였으며, 또한 우회도가 낮은 소비재 중심의 산업구조는 국내저축 부족과 높은 소비성향의 근원적 요인이 되어 왔다. 따라서 중화학공업의 건설은 중간재 및 자본재의 자급도를 높임으로써 성장에 부수되는 국제수지의 구조적 불균형요인을 제거케 하고 국내저축의 잠재력을 신장토록 함으로써 지속적 성장을 뒷받침하는 데 불가결한 과제이다. 이와 같은 국민경제 발전의 핵심적 과제에 대응하기 위하여 제조업에서 중화학공업이 차지하는 구성을 32%에서 1981년까지 51%로 제고토록 하여 중화학공업 제품이 제조업 수출의 65%를 점하도록 할 것이며, 특히 전자·조선공업을 계속 확충하고 금속·기계 및 석유화학공업의 확충에 박차를 가할 것이다. 다른 산업부문에 비하여 상대적으로 생산성이 높은 중화학공업의 비중확대는 국민소득 증대를 위한 중요한 원천이 될 것이다.
>
> 【경제기획원(전, 1973), pp. 6~7.】

이에 따라 이미 작성되었던 제3차 경제개발계획의 우선순위와 공업부문은 내용면에서 전면 수정되었다. 우선 제3차 5개년계획에서 주축을 "농어촌 경제의 혁신적 개발, 수출의 획기적인 증대 및 중화학공업의 건설에 둔다"[2]로 되어 있던 것이 다음과 같이 국제수지 균형을 위한 수출증대와 자립경제 건설을 위한 중화학공업 건설이 앞으로 나오고 있으며, 수출의 획기적 증대도 수출 100억 달러 목표로 구체화되어 나타나고 있다. 제3차 경제개발5개년계획에서 중화학공업화가 3대 목표의 하

[2] 대한민국정부(3경, 1971), p. 2.

나로 나타나고 있었으나 1973년 「공업구조개편론」(1월)과 「중화학공업육성계획」(6월), 『우리 경제의 장기전망 1972~1981』(7~12월)이 발표되면서 원래의 제3차 5개년 계획이 전면 개편·무력화된 것이다.

> 1980년대 초까지의 목표는, 첫째 수출 100억 불의 목표를 달성함으로써 국제수지의 균형을 이루고, 둘째 중화학공업의 건설을 통해 자립적 경제구조를 구축하며, 셋째 농어촌 경제를 혁신적으로 개발함으로써 지역 간의 격차 없는 균형된 경제발전을 이룩하는 것으로 집약될 수 있다.
>
> 【경제기획원(전, 1973. 12), pp. 5~6.】

이러한 전면적 중화학공업화 추구는 한국 정부가 경공업을 지향하라는 IMF, 세계은행의 충고를 사실상 부정하는 것으로 여기에는 역시 이들 충고를 거부하고 중화학공업화를 통해 1960년대 세계선두 공업국가로 성장하고 있던 일본의 영향이 컸었다.[3] 당시 정부가 1973년 「중화학공업화 선언」을 중화학공업정책의 시작점으로 보고, 이후 전면적으로 체제를 바꾸면서 1973년을 중화학공업화 원년으로 받아들이고 있음은 대통령과 비서실, 그리고 중화학공업을 직접 담당하였던 중화학공업기획단의 문서와 기록에서 확인된다.

> 한국의 산업발전 및 80년대 100억 불 수출달성을 위한 중화학공업화 정책(73년 1. 18 연두기자회견서 각하께서 지시하였음).
>
> 【대통령비서실(예중개, 19730305).】

> 73년 초의 중화학공업화 정책은 추진이념을 근본적으로 바꾸게 되었다. ……73년에 경제미래상으로서의 중화학공업을 발표하고 이에 수반하는 장기경제의 기본목표를 설정하기에 이르렀다.
>
> 【중화학공업추진위원회기획단(공발2, 1979), pp. 93, 94.】

> 1973년 이후 국제규모화를 지향하는 적극적인 중화학공업화 정책을 추구하고 있다.
>
> 【중화학공업추진위원회기획단(공발2, 1979), p. 125.】

> 박 대통령의 중화학공업화 선언은 지금까지의 경공업 위주에서 과감히 탈피, 선

[3] 아시아 후발공업국이었던 일본은 이미 1930년대 중화학공업을 추진하였고, 전후 패전국 일본에 대해서 미국은 자본부족과 저임금을 이유로 경공업 중심의 공업정책을 권고하였지만 일본이 성장산업으로 삼았던 것은 다시 중화학공업이었다.

진국 지향을 위한 중화학공업 위주로 한국 경제가 탈바꿈하는 역사적인 전환점을 마련한 것이었다.

《중화학공업추진위원회기획단(공발3, 1979), p. 422.》

중화학공업을 직접 총괄하였던 오원철(吳源哲) 전경제수석은 "국가전략사업은 64년의 수출제일주의 및 공업의 수출전환, 65년의 농어촌 전화사업 및 석유화학공업, 67년의 고속도로 건설 및 전원개발사업, 71년의 방위산업, 73년의 중화학공업 육성 등이 그 대표적인 예들이다"라고 하여 1973년을 중화학공업전략 전환으로 분명히 위치지었고, 1965년의 석유화학공업과 1973년의 중화학공업을 구분하였다. 또 국무총리기획조정실은 『중화학공업의 오늘과 내일』(1973)에서 「중화학공업 추진상황」을 기록하였는데, 그 첫 시작을 1973년 1월 대통령 '중화학공업화 정책' 천명으로 하고 있다. 상공부 역시 대통령비서실을 통해 대통령에게 올린 중화학공업에 대한 국제경쟁력 분석 보고서에서 분석의 기간을 "중화학공업화 선언 이후"로 분명히 설정하고 있었다.[4] 당시 대통령으로부터 오원철 수석, 김광모 기획부단장 그리고 상공부 등 중화학공업 실행담당자까지 역시 1973년의 「중화학공업화 선언」을 실질적인 중화학공업화의 시작으로 생각하고 있었던 것이다.

정부조직에서 중화학공업을 책임지고 추진한 기구인 '중화학공업추진위원회'와 '중화학공업추진위원회기획단'도 「중화학공업화 선언」 후 1973년 5월에 만들어졌다.[5] 실제 1960년대 이후 중화학공업과 관련된 제반 정책과 관련내용을 정리해 보면 1973년부터는 이전과 비교해 내용과 양에서 뚜렷이 구분되는 차이가 나타난다. 또한 1973년 7월 3일의 포항종합제철 준공식 치사 등 1973년부터 대통령이 정책으로 이를 적극 강조하고 있었으며,[6] 지원·유인제도 등도 1973년부터 본격적으로 시행되었다.[7] 이전에도 중화학공업화가 일부 공업에서 있었지만 이는 중화학공업화로의 전면적 체제개편이 아닌 해당 부문의 파편적인 시행이거나, 또는 1971년 제3차 5개년계획 발표가 청사진제공 성격이 강했던 것에서 알 수 있듯이 선언적 성격이 강한 것이었고, 실행정책면에서 뒷받침되어 시행되고 있지 못하였다. 그러나 1973년부터는 총괄적이고 유기적인 계획 위에서 구체적인 정책으로 본격 추진되기 시작

[4] 대통령비서실(중종19790315).

[5] '중화학공업추진위원회'가 처음 구성된 것은 1973년 2월 3일이었다. 「정부조직법」 제2조 2항을 신설하여 '중화학공업추진위원회'를 정부중앙행정기관으로 할 수 있도록 법제화한 것은 3월 3일이었고, 설치령 제정으로 중화학공업추진위원회 및 기획단이 공식으로 설립된 것은 1973년 5월 14일이었다.

[6] 김광모(1988), p. 199.

[7] 정책금융은 1975년경부터이지만 이는 어디까지나 간접정책이었다.

하였다. 따라서 1973년부터 중화학공업화로 보는 것이 적절할 것이다.

따라서 본 연구에서는 중화학공업화기를 1973년부터로 보고 고찰한다.[8]

1.1.2 종 점

1973년 1월 30일「중화학공업화 정책 선언에 따른 공업구조개편론」이 확정발표되었다. 이 자료는 "대통령각하의 중화학공업화 정책 선언에 따라 본 계획기간중에 필수적으로 요구되는 공업구조의 개편과 산업의 확대를 가져와야 한다"(p.3)고 하여 대통령의「중화학공업화 선언」에 따라 작성되었음을 밝히고, 계획작성에서 "1. 수출 100억 불, 1인당 GNP 1,000불을 목표로" 한다는 것과 "3. 본 목표를 10개년에 달성"한다고 명시하고 있다.[9] 여기에서 나타난 계획시기는 1973년부터 10년간이었음을 알 수 있다. 그런데 여기에서 10년으로 한 이유는 "일본에서는 1957년부터 중화학공업화 정책을 명백히 한 신장기경제계획을 수립하여 오늘의 경제대국으로 유도하였다. ……중화학공업정책 선언 후 10년 만에 100억 불의 수출고지를 점령하였다"[10]고 하여 중화학공업화의 목표로 잡은 100억 달러 수출의 일본 사례를 그대로 참조한 것이었다.

그러나 대통령의「중화학공업화 선언」에서나 여타 정부의 문서에서 발견되는 목표시기는 '100억 달러 수출, 1인당 GNP 1,000달러'로 목표를 똑같이 설정하면서도 중화학공업화 정책을 1980년대 초 또는 1981년까지 완료하는 것이었다. 중화학공업추진위원회 역시 이후 모든 문서에서 1981년 완성으로 계획을 작성하였으며 경제기획원 역시 그렇게 목표를 잡았다.[11] 대통령이나 정부가 먼저 보았던 것은 시기가 아니라 '100억 달러 수출, 1인당 GNP 1,000달러'라는 목표였고, 이 목표라면 한국이 일본의 10년보다 더 기간을 단축할 수 있다는 것이었다.

한국은 이 중화학공업의 목표를 1977년에 달성하였다. 1977년 12월 22일 오후 4시 100억 1,600만 달러 수출이 이루어졌고,[12] 1인당 GNP도 1977년 1,034달러가 달성되었다.[13] 1981년 계획을 4년 이상 앞당긴 것이며, 이런 점에서 보면 중화학공업

---

[8] 이미 많은 연구와 인식들도 1973년을 중화학공업화의 시작으로 보고 있는데, 이에 대해서는 본장 부록의 〈보주 1-1〉 참조.

[9] 대통령비서실(중선, 19730130), p. 4.

[10] 대통령비서실(중선, 19730130), p. 9.

[11] 경제기획원(백, 1973), p. 15.

[12] 중화학공업추진위원회기획단(공발3, 1979), p. 598.

화는 1977년까지라고 1차적으로 볼 수도 있지만 분명 1978년에도 중화학공업화는 지속적으로 추구되었다.

송대희(1995), Y.C. Park(1985), S.-C. Lee(1991), Y. Lim(1999), J.J. Stern, J.-b. Kim, D.H. Perkins, and J.-h. Yoo(1995), 川上忠雄(1991) 등 다수 연구자의 연구와[14] 김광모 등[15] 증언들은 박정희 대통령의 사망이 있었던 1979년까지를 중화학공업화기로 보고 있는데, 이는 박 대통령에 의해 중화학공업화가 진행되었고 박 대통령 사후 바로 중화학공업화의 비판이 극심해지고 조정이 이루어진 데에 기인한다. 1977~1981년간 중화학공업 투자계획액 2조 8,925억 원에 육박하는 2조 8,068억 원(운영자금 제외)도 이미 1979년 이내에 투자가 이루어졌다.[16]

> 중화학공업화 정책은 1973년부터 1979년까지 7개년에 걸쳐 실시되었다. ……중화학공업 추진이 실질적으로 끝난 1979년 말……. 중화학공업의 실질적인 완성 연도인 1979년…….
>
> 《金光模(1988), pp.91, 241, 312.》

중화학공업정책의 실시기간을 세제상의 유인에 초점을 맞추어 1973~1981년, 정책금융의 추이에 맞추어 1975~1983년을 지적한 시각도 있다.[17] 그러나 중화학공업과 관련하여 정책금융을 시기적으로 볼 때 1979년 말부터는 이전과 분명히 차이가 있고 정책금융 자체에 대해서도 이론의 여지가 있으며, 세제상의 유인으로 하면 모든 공업에 대해 적용되었으므로 중화학공업만의 문제라고 볼 수가 없고 또 세제상의 내용이 과장되어 있다.[18]

사실은 박 대통령의 사망 전인 1979년 상반기에 이미 중화학공업추진위원회기획단은 중화학공업의 종합평가를 정리하고 있었고, 1979년 안에 중화학공업 1단계가 완결될 것으로 생각하고 있었다.[19] 왜냐하면, 1979년 4월 안정화 계획이 발표될 때까지 대부분의 계획들이 이미 완료되었거나 거의 모두 진행되어 있었기 때문이다.[20] 즉, 중화학공업화는 1978년 말까지가 질적으로 왕성하였음을 알 수 있다. 중

---

13 한국은행 경제통계시스템, http://ecos.bok.or.kr, 2007. 12. 8.

14 K. Choi and Y.s. Lee(1990)처럼 1980년을 포함하기도 하지만 대부분 1980년을 중복과도기로 보고 있다는 데에서 1979년까지로 보는 견해와 유사하다.

15 김광모(1988), pp.91, 241, 312.

16 한국개발연구원(기본, 1982); 동남지역공업단지관리공단(1996), p.323.

17 유정호(1991), p.74.

18 본서 제4장과 제5장 참조.

19 김광모(1988), p.326.

화학공업기획단 역시 계획이 빠르게 실현되어 나가자 "1978년 말까지 중화학공업화의 첫 단계가 완성될 것이다"[21]라고 1976년 분명히 밝혔다.

이상을 종합해 볼 때, 중화학공업화의 종점시기로 고려할 수 있는 시기는 집중적인 진행이 이루어진 1978년 말, 안정화 종합시책 발표까지의 1979년 4월, 박 대통령 사망과 중화학공업화 중단의 1979년 10월 중 하나가 될 것이다. 그런데 1979년 4월 이후는 경제안정화 종합시책 발표로 중화학공업화 진행보다는 중화학공업화 조정이 논의되었고 동시에 중화학공업화에 대한 비판이 고조되고 있었으며, 박 대통령 유고와 석유위기라는 조정변수(dummy variable)가 나타나 이후 중화학공업이 중단되는 등 외부혼란이 1980년까지 계속되었다. 따라서 이 책에서는 이러한 실질적인 진행상황과 정책상의 변화를 고려하고, 나아가 1979, 1980년의 박 대통령 암살과 석유위기라는 조정변수요인과 이에 따른 조정오차를 제거하기 위해 1978년까지를 중화학공업 중점시기로 설정한다. 즉, 이 연구의 분석은 1973~1978년을 집중분석대상으로 하되, 내용분석과 이해에 도움이 되는 경우에는 1979년까지도 연장하여 보도록 한다.

 1.2 중화학공업화 연구의 대상

이 책의 목적은 박정희 대통령이나 중화학공업 담당자, 중화학공업추진위원회, 중화학공업추진위원회기획단 등에 대해 평가하는 데 있는 것이 아니라, 한국의 중화학공업화를 총괄적으로 정리하고 이를 쟁점주제별로 고찰하는 것이다. 따라서 이 연구의 대상은 중화학공업화기에 사용된 중화학공업의 정의에 가장 충실한 것으로 하는 것이 맞고 또 그렇게 하고자 한다.

일반적 정의인 경제용도별 기준(economic use approach)에 의하면 중화학공업은 생산재공업을 의미한다. 대표적으로 W. G. 호프만(Hoffmann)은 소비재공업과 생산재(자본재)공업으로 나누고 생산재공업에 금속 및 비철금속, 기계류, 차량 등 수송설비, 화학을 포함시켰다.[22] 그러나 공업제품의 경제용도별 기준에 의한 분류방식은

20 S.-C. Lee(1991), p. 435; K. S. Kim(1994), p. 346.
21 Planning Office, HCIPC(1976), p. 141.
22 W. G. Hoffmann(1958), pp. 8~16.

표 1-1 UN의 ISIC 산업분류

단위: 100만 달러, %

4체계			8체계	23체계	ISIC
교 역 재	1. 1차		1. 농산물	1. 농업	01~04
			2. 광산물	2~3	12, 13, 14, 19
	2. 제조업	경 공 업	3. 음식가공물 및 담배	4. 담배·음료·담배	20~22
			4. 소비재 (consumer goods)	5. 섬유	23
				6. 의복	24
				7. 목재 및 목제품	25, 26
				8. 종이 및 인쇄물	27, 28
				9. 가죽제품	29
				10. 잡제품	39
		중 공 업 (중화학)	5. 생산재 (producer goods)	11. 고무제품	30
				12. 화학제품	31
				13. 석탄·석유제품	32
				14. 비금속광물	33
				15. 금속제품	34, 35
			6. 기계류 (machinery)	16. 기계	36, 37
				17. 운송수단	38
비교역재	3. 사회간접		7. 사회간접자본	18~20	40, 51, 52, 71~73
	4. 서비스재		8. 서비스재	21~23	61~64, 81~84, 90

자료: United Nations(ISIC, 1958).

현실적으로 문제가 있어 일반적으로 현실분석을 위해서는 산업별 분류방식(industrial output approach)을 채택한다.[23] 따라서 엄격한 의미에서 중화학공업은 경제용도별 구분에 의한 개념과는 일치하지 않고, 산업별 분류방식으로 대치된 생산재공업의 대체명칭이므로 생산재적 성격을 지배적으로 가지면서도 내구소비재적 성격을 동시에 가지는 경우가 있게 된다.

1960~1970년대 UN은 〈표 1-1〉에서 보듯이 제조업을 경공업과 중공업(중화학공업, heavy industry)으로, 중화학공업을 생산재와 기계류로 나누고 있었다. UN 기준에

[23] 한국무역연구소(1974), pp. 11~12.

의하면 중화학공업에는 고무제품, 석탄제품 그리고 비금속광물이 포함된다. 이 UN 분류는 1970년대 일본의 經濟企劃廳에서도 사용되었고, 산업비교연구 기준의 하나로 꼽히는 체너리 등(H. Chenery, S. Robinson, and M. Syrquin)의 세계은행보고서(1986)도 이 기준을 사용하였다.

한국 역시 1970년대 초 이 기준을 수용하였다. 우선 중화학공업에 대한 최초 연구서이고 이후 중화학공업화의 기초가 된 한국과학기술연구소의 보고서(한국과학기술연구소, 1970)는 중화학공업에 이 UN 기준에 따라 화학, 석유 및 석탄제품, 토석 및 유리, 제1차금속, 금속제품, 기계, 전기기기, 수송용 기기 등을 포함시켰다. 그러다가 광공업통계의 기준이 되는 『광공업통계조사보고서』를 작성하던 경제기획원 조사통계국이 이 분류를 기준으로 1970년 3월 개정된 한국표준산업분류표 KSIC에 따라 〈표 1-2〉처럼 중화학공업 일반기준을 제시하였다.

〈표 1-2〉에서 보듯이 경제기획원 조사통계국은 비료, 석유정제공업, 석유 및 석탄의 각종 제품 제조공업, 도자기 및 점토제품 제조공업, 유리 및 유리제품 제조공업, 기타 광물제품 제조공업, 구조(건설)용 점토제품 제조공업, 시멘트, 석회 및 석회제조공업 등을 모두 화학공업으로 포함하고 있다. 이후 한국표준산업분류 KSIC가 1975년 12월 개정이 있지만 세분류의 일부 변화였고, 다시 1984년 1월 개정까지 이러한 분류구분은 1970년대에 일관되게 계속 사용되었다(KSIC 개정과 분류내용에 대해서는 본장 〈부표 1-1〉 참조).

중화학공업화의 출발이 된 박 대통령의 「중화학공업화 선언」 회견(1973. 1. 12)에서도 대통령은 제철, 조선, 석유화학, 기타 자동차 외에 정유, 시멘트를 거론하여[24] 대통령 역시 초기 중화학공업화의 대상으로 이러한 기준을 이용하고 있었음을 보여준다. 나아가 1973년 중화학공업화를 추진하면서 당시 중화학공업추진위원회 역시 이 기준을 따르고 있었던 것은 다음에서 나타난다.

> 제조업 가운데 가장 중점적으로 확대될 업종은 기계공업이며 금속공업과 화학공업이 이를 뒤따르게 될 것이며 석유, 석탄공업 및 비금속공업도 중화학공업화의 추진에 따라 크게 확대될 것임은 명백하다.
>
> 《중화학공업추진위원회(해, 1973), p. 29.》

중화학공업화 추진의 기본 지침이 되었던 「중화학공업화 정책 선언에 따른 공

[24] 한국개발연구원(반세, 1995).

표 1-2 KSIC에 의한 1973년 경제기획원 조사통계국의 중화학공업 범주

KSIC			업 종 명
화학공업	351		공업용 화학제품 제조공업
		3511	공업용 기본 화학제품 제조공업(비교 제외)
		3512	비료 및 농약 제조공업
		3513	합성수지, 프라스틱원료, 인조섬유 제조공업(유리제품공업 제외)
	352		기타 화학제품 제조공업
		3521	페인트, 비니쉬, 락카 제조공업
		3522	의약품 제조공업
		3523	비누, 세정제, 향수, 기타 화장품 제조공업
		3529	달리 분류되지 않는 화학제품 제조공업
	353		석유정제공업
	354		석유 및 석탄의 각종 제품 제조공업
	361		도자기 및 점토제품 제조공업
	362		유리 및 유리제품 제조공업
	369		기타 광물제품 제조공업
		3691	구조(건설)용 점토제품 제조공업
		3692	시멘트, 석회 및 석회제조공업
		3699	달리 분류되지 않는 광물제품(금속 제외) 제조공업
금속·기계 공업	37		제1차 금속제조공업
	38		조립금속제품, 기계장비 제조공업
	381		금속제품 제조공업
		3811	날붙이, 연장 및 일반광물 제조공업
		3812	금속가구 및 장치제품 제조공업
		3813	구조물 금속제품 제조공업
		3819	기타 조립금속제품 제조공업
	382		기계제조공업
		3821	기관 및 터빈 제조공업
		3822	농기계 및 장비 제조공업
		3823	금속 및 나무 공작기계 제조공업
		3824	특수산업용 기계 및 장비(금속 및 나무 공작기계 제외) 제조공업

표 1-2 계 속

KSIC			업 종 명
금속·기계 공업		3825	사무기계, 계산 및 회계기계 제조공업
		3829	기타 기계 및 장비 제조공업
	383		전기기기 제조공업
		3831	전기, 산업기계 및 장치 제조공업
		3832	라디오, TV, 통신장비 및 장치 제조공업
		3833	전기기기 및 가정용품 제조공업
		3839	기타 전기장치 및 비품 제조공업
	384		수송용 기계 및 장비 제조공업
		3841	선박건조 및 수선업
		3842	철도용 수송장비 제조업
		3843	자동차 제조공업
		3844	모터사이클 및 자전차 제조공업
		3845	항공기 제조공업
		3849	기타 운수장비 제조공업
	385		사진, 과학기기, 계측 및 조정기기(調整機器) 제조공업
		3851	달리 분류되지 않는 전문적 및 과학적 측정 및 제어장비 제조공업
		3852	사진, 광학기기제품 제조공업
		3853	시계공업

주: 3411, 3412, 3419가 화학에 포함되어 있었으나 제외함.[25]
자료: 경제기획원 조사통계국.

업구조 개편론」[26]에서 기준으로 삼고 채택한 '1972년 12월 9일 상공부 분류' 역시 중화학공업에 정밀광학기기와 비료·시멘트·도자기·약품 등을 포함시켰다. 중화학공업추진위원회기획단이 중화학공업화의 기준지침서로 만들었던 「중화학공업육성계획」도 철강공업·비철금속공업·기계공업·조선공업·전자공업 외에 화학공업에서 석유정제·비료·시멘트·유리공업 등 비금속광물 제품을 포함하고 석유화학에서 합

[25] 한국과학기술연구소(1970)는 중화학공업에 지류(紙類)를 포함시켰고 경제기획원 조사통계국도 341 종이 및 종이제품 제조업의 3411, 3412, 3419를 화학공업으로 포함하였다. 이는 펄프·제지공업 때문이었다. 이를 제외한 이유에 대해서는 뒤에서 자세히 설명한다.

[26] 대통령비서실(중선, 19730130), pp. 64~65.

성고무를 포함하여[27] 사실상 위와 동일한 분류에 따르고 있다. 중화학공업화의 구체적인 장기지향점을 분명히 하기 위해 총괄적으로 작성된 『우리 경제의 장기전망 1972~1981』도 중화학공업에 정유공업, 비료 및 기타 화학공업을 포함하였고, 화학공업, 석유 및 석탄제품, 비금속광물제품, 금속 및 동제품, 기계공업을 넣었으며, 석유화학공장·정유공장·시멘트공장·7비료·판유리공장·소다공장을 중화학공업으로 보고 있다.[28] 여기에서 중화학공업화의 지침서가 된 3가지 주요 자료 모두가 중화학공업화의 대상 중화학공업으로 〈표 1-2〉의 기준을 따르고 있음을 알 수 있다.

따라서 본 연구도 1970년대 중화학공업화 연구이고 또 타국가와의 기준통일을 위해, 이 시기 국내외에서 공통적으로 분류기준이 되었고 대통령·중화학공업추진위원회기획단·경제기획원 조사통계국·상공부·한국은행 등에서 공통으로 사용하였던 이 분류표 기준을 기초로 한다.

이런 일반적 중화학공업의 분류가 공용되고 있는 가운데 중화학공업화를 통해 중화학공업화의 전략으로서 선도공업이 선정되었다. 경제기획원이 '제3차 경제개발 5개년계획'(1971)을 발표할 당시까지만 해도 중화학공업 건설을 중점목표의 하나로 거론하였지만 중화학공업의 특별한 전략공업 지정은 없었다. 그러나 중화학공업화 지침서의 하나가 된 「중화학공업화 정책선언에 따른 공업구조 개편론」에서 다음과 같이 5개 중요 업종이 거론되었다.

> 우리가 중화학공업화하는 데 있어서 중요한 업종은 1) 산업기계, 2) 조선 및 수송기계, 3) 철련(鐵鍊), 4) 화학, 5) 전자 등이며, 이러한 부문은 중점 집중개발되어야 하며 동시에 화학플랜트, 발전소, 조선, 자동차 등 종합기술공업의 유기적 결합이 요망된다.
>
> 《대통령비서실(중선, 19730130), p. 15.》

그러나 여기에서 거론한 5개 중요 업종에는 화학공업이 석유화학공업만이 아니라 전부를 포괄하는 것으로 되어 있었다. 비철금속이 빠져 있고 석유화학만이 아니라 전 화학이 주도산업으로 들어가 있는 것은, 중화학공업추진위원회가 4월에 배포한 자료에서 거론한 주도산업에서도 금속공업이 포함된 것을 제외하면 동일하다. 결국 비철금속 외에 〈표 1-2〉에서 분류한 기준과 사실상 거의 같다.

주도산업은 우선 기계, 금속 및 철강, 조선 및 전자부문과 같은 방대한 연쇄효과

---

27 중화학공업추진위원회기획단(중계, 1973).

28 경제기획원(전, 1973), pp. 47~55, 128~129, 158~159.

를 창출하고 성장 및 부가가치의 형성이 크며 또한 수출가능성이 클 뿐 아니라 국내에서 충분히 개발할 수 있는 기능인력을 대량으로 흡수할 업종들을 중심으로 하여 선정될 것이며, 나아가서 철강 및 금속과 화학 및 석유화학과 같이 입지적으로 유리할 수 있는 동시에 연쇄효과, 성장기여도, 부가가치의 창출 및 수출확대가 가능한 업종을 이에 포함시켜야 할 것이다.

《중화학공업추진위원회(해, 1973), p. 44.》

1973년 9월 이후 중점업종을 지정하는 경우에는 6개로 숫자가 고정되어 나타나기 시작하였다. 그런데 경제기획원의 『경제백서』[29]와 중화학공업추진위원회기획단의 다음 운영업무내용에서 보듯이 초기 6개 주도업종은 석유화학이 아니라 화학공업으로 기록되었고 구체적 내용 역시 그러하였다.

그러다가 1970년대 중화학공업화가 본격화되고 그리고 중화학공업화 과정이 정리기록되면서 중화학공업추진위원회기획단에 의해 철강·기계·조선·전자·비철금속 및 석유화학이 6대 전략공업으로 고정되었다. 이렇게 고정된 이유는 효과와 단계론적 전략 때문이었는데 오원철(吳源哲) 중화학공업추진위원회기획단장과 김광모(金光模) 부단장은 중화학공업화 과정에서 이 6개를 중점대상공업으로 삼았다.[30]

장래의 수평적 분업체제를 목표로 하는 6대 업종을 주도업종으로 선정한 것이다. ……중화학공업화의 계획 자체가 비교적 기술·기능 인력을 많이 사용하는 철강, 기계, 조선, 전자, 비철금속 및 석유화학의 6대 전략산업을 중심으로 하였다는 사실이다. ……정부는 중화학공업 계획의 주요 산업으로서 전후방연관효과가 크고 부가가치의 효과가 높으며 국제적인 수준에 달할 수 있는 내재적 능력을 가지고 있는 철강, 화학, 비철금속, 기계, 조선, 전자 등을 주도업종으로 선정하였다.

《중화학공업추진위원회기획단(공발2, 1979), pp. 94, 157, 522.》

주도업종의 선정은 앞의 중화학공업추진위원회(해, 1973) 발표나 중화학공업추진위원회기획단(공발2, 1979) 정리에서 보듯이 전후방연관효과, 성장성, 부가가치, 수출가능성, 인력 등이 고려된 것이었고, 따라서 이 6개 공업은 중화학공업화에서 '주도'·'중점'공업이었다.

---

[29] 경제기획원(백, 1973), pp. 14~15.

[30] 오원철 전대통령경제수석과 김광모 전기획부단장은 회고록과 증언에서 "6개 주도업종을 선정하였고 중화학공업은 이 6개 업종만을 보라"고 말하고 있다(吳源哲 증언, 1995. 4. 10. 김광모, 1988, pp. 220~221). 이는 실행에서 6개 공업에 중점이 주어졌다는 의미임을 알 수 있다. 따라서 저자도 이 6개 공업에 중점을 두고 전체 중화학공업 연구를 진행하고 있다.

기획단의 운영업무내용—중화학공업 중 중요 6개 분야의 건설업무에 중점을 두고 특히 1차사업을 강력 추진한다

분 야	구 분	사 업 명	비 고
철강공업	1차	제1제철 확장	차관 확정단계
	2차	제2제철 건설	기업성 조사 실시중(4월 말 완)
비철금속	1차	동 및 아연공장 건설	합작 및 차관 확정단계
	2차	錫 및 알미늄공장 건설	1976년도 착수
화 학	선발	7肥 및 메타올공장 건설	차관 확정하고 착공
	1차	울산석유화학단지 확장 여천석유화학단지 건설	추진중 차관교섭중
	2차	상기 단지 확장	
기 계	1차	10~20개 대규모 공장 입주	품목결정
	2차	기지 완비	주요 부처 담당
조 선	1차	대형조선소 3개 건조 중형조선소 1개 건조	추진중 추진중
전 자		입주유치	주요 부처 담당

《자료: 중화학공업추진위원회기획단(보42, 1974).[31]》

그러나 중화학공업화 진행과정에서 추진되고 기록된 중화학공업은 이 6개 공업에 한정되지는 않았다. 6개 주도업종을 명기한 중화학공업추진위원회기획단 스스로도 "다른 업종의 성장과 발전을 이끌어 나가도록" 하는 주도업종, 또는 "중화학공업 중 중점을 둘" 중점분야로 명기는 하였지만, 앞의 6대 업종을 명기한 중화학공업추진위원회기획단(공발2, 1979) 자료를 포함하여 아래에 계속되는 예에서 보듯이 중화학공업을 이 6개 업종에 한정하고 있지 않았다. 경제기획원(백, 1973, pp. 13~16)도 6대 주도업종을 밝히면서 중화학공업 제품의 생산전망을 내놓고 있지만, 여기에 시멘트·판유리·유류·질소질비료 등을 기타 화학공업으로 전부 포함하고 있다. 또 앞에서 보인 중화학공업화의 가장 중요한 기본 지침인 대통령비서실(중선, 19730130), 중화학공업추진위원회기획단(중계, 1973) 그리고 경제기획원(전, 1973)의 3가지 자료에서도 그러하였다. 물론 광의로 보면 석유화학공업은 (1) 석유정제부문, (2) 나프타분해부문, (3) 중간부문, (4) 합성고무 등 최종가공부문까지를 모두 포함하지만, 당시에는 자료, 언급 등에서도 나타나듯이 통상 (2)와 (3)만을 석유화학공업부문으로

[31] 1972. 2. 28이라는 다른 필기구의 첨필이 남아 있으나 기획단 조직이나 김광모 보고관의 내용에서 보아 1974년으로 첨필은 보고서와 관계가 없는 나중의 낙서로 보인다.

한정하여 사용하고 있었다. 그럼에도 1970년대 중화학공업화 관련자료와 관련회의, 법률, 정책내용에서도 중화학공업에는 6대 주도업종 외에 앞의 경제기획원·상공부·한국은행이 사용한 일반분류기준에 의한 중화학공업 대상이 다음 1~8과 같이 모두 포함되었다. 이는 대표적 예이며 다른 공식자료에서도 동일하게 나타나고 있다.

1. 대통령의 「중화학공업화 선언」에 따라 준비·작성되어 1973년 5월 11일 상공부 장관이 발표한 「중화학건설원칙」에 의하면 "중화학공업 건설의 대상은 제철·조선·금속·석유화학·정유·비철금속·비료로 한다"[32]고 하여 정유·비료를 포함하고 있다.
2. 1973년 11월 30일 국회는 「산업기지개발촉진법」을 의결하였는데, 제2조에서 "중화학공업을 제철, 철강, 조선, 기계, 비철금속, 석유정제 및 화학, 펄프 등 국가 주요 기간산업"이라고 정의하였다.
3. 상공부는 1975년 상공시책 7가지 중 하나로 「중화학공업의 건설촉진」을 국회에 보고하였는데, 여기에서 중화학공업으로 철강공업·비철금속·조선공업·기계공업·자동차공업·전자공업·석유화학공업은 물론 비료공장·펄프공업·시멘트공업을 포함시켰다.[33]
4. 상공부가 1976년 제출한 제4차 경제개발5개년계획안을 보면 중화학공업에 정유·비료·화학펄프·시멘트를 모두 포함하고 있다.[34]
5. 제4차 경제개발5개년계획 중화학공업 투자부문을 보면 기계부문이 가장 많은 27.4%이고, 두 번째가 포철 확장의 철강부문 20.7%, 그리고 시멘트·화학펄프·기계제염 등 기타 화학부문이 14.7%로 세 번째로 높았다. 이를 이어 네 번째로 석유화학 14.4%, 전자 11.8%, 정유 4.9%, 비철금속 3.5%, 조선공업 2.6%로 되어 있다.[35] 즉, 시멘트·화학펄프·기계제염 등 기타 화학부문이 중화학공업에서도 매우 강조되고 있었다.
6. 한국무역협회는 1970년대 중화학공업에 공업용 화학제품·기타 화학제품·석유정제업·고무제품·비금속광물제품(시멘트·도자식기(陶瓷食器)·유리제품)·제1차금속·금속제품·일반기계류·전기기기·수송용 기기를 포함하고 있다.[36]

---

[32] 상공부 장관(중19730511).
[33] 대한민국국회사무처(91), 상공제1차, 1975. 3. 13.
[34] 상공부 중공업계획반, 화학 및 경공업계획반(1976), pp. 8~10.
[35] 대한민국정부(4경, 1976).

7. 정부가 발행하는 『행정백서』는 1970년대 "우리나라의 화학공업은 ……우리나라 중화학공업 건설에 있어 중추적인 역할을 담당하고 있다"고 밝히고 중화학공업에 중추적 역할을 하는 화학공업을 "부문별로 (1) 석유화학공업, (2) 비료공업, (3) 시멘트공업, (4) 고무공업, (5) 제지 및 펄프공업으로 분류"하고 있다.[37]
8. 1977년 경제기획원 요청에 따른 한국개발연구원의 답신서를 보면 중화학공업을 (1) 펄프 및 종이제품, (2) 석유 및 화학제품, (3) 석탄제품, (4) 비금속광물제품, (5) 제1차금속, (6) 금속·기계 및 전자산업으로 하고 있고, 화학공업에서 석유화학 및 합성수지만이 아니라 정밀화학공업(의약·농약·염료·안료·계면활성제(界面活性劑)·도료·잉크·고무첨가제·플라스틱첨가제 등), 펄프 및 제지공업, 요업공업(도자기·시멘트·판유리·타일 등)을 모두 포함하여 각 특성과 수요를 전망하고 있다.[38]

결국 주요 6개 업종 중심으로 중화학공업화가 추진되었다는 것은 사실이지만 정책적으로나 자료면에서도, 그리고 당시 분류사용면에서도 1970년대 중화학공업화를 6개 업종의 공업화라고 말할 수 없음을 알 수 있다. 고무·비료·펄프공업 등 화학공업과 비금속광물제품(특히, 시멘트), 석유정제 등은 계속 중화학공업화의 주요 대상으로 고려되고 있었고 통용되고 있었다. 그래서 경제기획원, 한국은행 산업연관 해설, 무역협회처럼 석유제품, 기타 화학제품, 비금속광물제품을 따로 분류하지 않고 〈표 1-2〉 분류에 따라 화학공업에 포함하는 경우가 일반적으로 발견된다. 본서에서도 자료성격상 이들을 분리해 따로 언급하지 않은 경우 모두 화학에 포함시켰다.

개별 공업으로 보아도 마찬가지였다. 개별 공업별로 당시 정책, 자료에서 중화학공업화의 대상공업을 어떻게 보고 있었는지 검토해 보면 다음과 같다.

석유화학은 합성수지·합성섬유·합성고무 등 신재료의 공급원이었고 합성고무공장은 울산의 13개 석유화학 계열공장의 하나로 완공되었다.[39] 이렇게 합성고무는 석유화학공업의 주요 제품으로 포함되어 있고[40] 중화학공업추진위원회기획단 역시

36 한국무역협회(연감, 1976), p. 290.
37 대한민국정부(행백, 1977), pp. 216~224.
38 한국개발연구원(장기, 1977. 12), pp. 330~348.
39 동남지역공업단지관리공단(1996), p. 96.

주요 대상으로 보았다.[41] 당시 UN 국제기준으로도, 선발선진국의 분류사례에서도 고무를 일반적으로 중화학공업에 포함시키고 있어 한국개발연구원은 정부답신서에서 "고무, 합성수지, 화학섬유는 국제비교를 위해 중화학공업에 포함시킨다"[42]고 명기하고 있다. 물론 1970년대 KSIC 산업분류에서도 일반적인 섬유제품이나 신발·피혁제품은 경공업에 분류되었다.

중화학공업화 초기부터 비료공업과 석유정제는 중화학공업의 주요 산업으로 당연히 인식되고 있었다. 앞에서 보았듯이 1973년 5월 11일 상공부 장관이 「중화학건설원칙」으로 발표한 중화학공업 건설대상 7개 공업에서도 정유·비료가 직접 지목되어 강조되었다.[43] 1973년 중화학공업추진위원회 회의내용을 보면 제7비료·CTS 등을 논의대상으로 하여 의결하고 있다.[44] 그 결과 1974년 한국산업은행 윤당(尹塘) 이사는 중화학공업의 주요 계획사항으로 비료·기초화학제품(황산·염산·가성소다·인산)을 소개하고 있다.[45] 1976년에는 중화학공업추진위원회기획단이 중화학공업단지인 여천화학단지 지역에서 대규모 비료공장을 건설중이라고 밝혔다.[46] 중화학공업추진위원회기획단은 1979년 대통령보고서에서 화학공업에 석유정제를 포함하고 있고,[47] 또 중화학공업정책사를 정리하면서 "정부의 중화학공업계획 내용"으로 '제철분야·조선·자동차생산'과 함께 '정유처리능력'과 '시멘트산업'을 포함시켰다.[48] 물론 중화학공업추진위원회기획단(공발1, 1979)은 중화학공업발달사를 정리하면서도 비료·시멘트를 포함시키고 있다. 또 1979년 이후 나타난 중화학공업 조정과 중화학공업 자금난 지원에서도 비료·시멘트가 중화학공업사업으로 포함되었다.

이렇게 시멘트공업은 중화학공업화 기간 내내 주요 핵심 중화학공업화 대상으로 거론되고 인식되었다. 1978년 12월 8일 박 대통령은 포철3기 설비준공식 및 제3고로(高爐) 화입식에 참석하여 1986년까지 철강·조선·석유화학·자동차·시멘트 등을 세계 10대 강국으로 하겠다고 발표하면서 "철강 및 조선·석유화학·자동차·시멘트공업은 바로 중화학공업의 핵심이며 ……이런 분야가 세계 10위권 안에 든다

40 한국무역연구소(1974), p. 28. 에틸렌과 벤젠의 반응에서 '에틸벤젠'이 생기고 여기서부터 '스티렌'을 얻은 후 '스티렌'과 '부타디엔'을 반응시켜 SBR이라는 합성고무를 얻는다.

41 중화학공업추진위원회기획단(중계, 1973. 6), p. 83.

42 한국개발연구원(장기, 1977. 12), p. 102.

43 상공부 장관(중19730511).

44 중화학공업추진위원회기획단(14, 1973. 11. 8), 의안 5, 의안 6.

45 윤당(1974), p. 21.

46 Planning Office, Heavy and Chemical Industry Promotion Council(1976), p. 96.

47 중화학공업추진위원회기획단(보99, 1979. 9. 15).

48 중화학공업추진위원회기획단(공발2, 1979), pp. 251~252.

는 의미는 무엇보다 중요한 것이다"고 말하였다.[49] 대통령은 시멘트공업을 가장 핵심적인 중화학공업화의 하나라고 보고 추진하고 있었던 것이다.[50] 1980년대 이후 중화학공업이 발전하고 분화함에 따라 비금속광물제품을 세분화하거나 일부는 중화학공업에서 제외하게 되었지만 1970년대 비금속광물은 시멘트공업을 중심으로 주요한 중화학공업으로 취급되고 일반적으로 중화학공업에 포함되었다. 국가 간 중화학공업을 비교연구하고 있는 R.M. Auty(1994) 등 해외연구에서도 비금속광물제품을 중화학공업에 포함하고 있는 것이 일반적이다.

펄프공업이 일찍부터 중화학공업화의 대상으로 고려되고 있었던 것은, 정부의 중화학공업화 기초조사용역으로 일본 '토요엔지니어링(Toyo Engineering, 東洋エンジニアリング株式會社)'과 JGC Co.이 1972년 11월부터 3개월 간 조사진행하여 1973년 2월 제출한 용역보고서, 『한국주요공업기지조사보고서』(JGC)와 『한국공업지역사전조사』(TEC)에서 펄프공업 등이 포함되고 있는 것에서 알 수 있다. 심지어 초기 중화학공업추진위원회기획단장을 지낸 김용환(金龍煥)은 증언에서 자신의 역할을 "철강·기계·석유화학·조선·전자·비철금속에 더하여 펄프공업 7개의 중화학공업에 대한 중화학공업화 정책을 뒷받침하는 역할이었다"[51]고 하여 당시 중화학공업화에서 펄프공업이 매우 중요하게 취급되었음을 밝혔다. 1976년에는 중화학공업추진위원회기획단(Planning Office, Heavy and Chemical Industry Promotion Council, 1976, p.117)이 "중화학공업단지인 온산공업기지에 화학펄프공장과 석유정제소가 건설될 것이다"라고 밝혔다. 이렇게 석유정제와 함께 펄프·제지부문을 중화학공업추진위원회기획단이 계속 중화학공업화의 주요 대상으로 생각하고 있었음은 중화학공업추진위원회기획단(중사, 1978.10)이 대통령에게 중화학공업 주요 사업으로 펄프공업·비료공업을 보고하고 있는 점과, 중화학공업추진위원회기획단(중추, 1979, pp.51~66)이 중화학공업 추진현황에서 석유정제·펄프·제지·의약품·염료 등을 보고하고 있는 것에서 나타난다. 이러한 펄프공업의 중요성 때문에 앞에서 보았듯이 한국과학기술연구소(1970), 경제기획원 조사통계국은 처음에 펄프·제지·종이공업을 중화학공업

49 조선일보, 1978.12.9.

50 유정호(1991), J.J. Stern, J.-b. Kim, D.H. Perkins, and J.-h. Yoo(1995)는 정책수혜 정도에 따라 산업을 분류하여 중화학공업군을 앞 6개 주요 업종, 석유정제업, 조립금속제품으로 하고, 기타 화학제품, 기타 석유제품 및 석탄제품, 고무제품, 도기제조, 유리 및 유리제품, 기타 비금속광물제품을 경공업에 분류하였다. 실제분석에서는 '의료, 광학, 전문, 과학측정 및 제어장비 제조업'과 '분류되지 않은 플라스틱제품' 그리고 '석유정제업'은 제외하였다. 1970년대 정책수혜 정도는 여러 논쟁점을 가지고 있으며 분류기준으로 애매성이 있다.

51 김용환(2002), p.115.

에 포함시켰으며, S.-G. YOUNG(1992) 역시 이러한 당시 시점을 반영하여 세계은행 발행보고서에서 한국의 중화학공업에 석유제품·비금속광물제품과 함께 종이제품을 포함하여 분석하고 있다. 그러나 정부의 계속적인 강조에도 불구하고 1970년대 화학펄프(펄프 및 제지)공업은 정상적으로 이루어지지 못해 1978년 화학펄프의 수요 414,838M/T 중 국내생산분은 5,120M/T에 불과하였고 1979년에는 거의 생산량이 없었다.[52] 더하여 화학펄프 제조공정은 합성섬유처럼 그 자체 초기공정이 화학공업으로 집계되었다. 따라서 1970년대 '341 종이, 종이제품'은 '인쇄'와 함께 앞에서 본 UN 분류대로 경공업으로 분류되어 일반적으로 사용되었다. 즉, 1970년대 화학펄프공업은 일관되게 주요한 중화학공업으로 인정되었지만 지류관련 제조업은 경공업으로 그냥 분류되었다.

중화학공업에 응용석유·석탄공업을 포함하는 것은 해외에서 일반적이고[53] 한국도 앞서 보았듯이 포함되어 고려되어졌다.[54] 석유·석탄채굴업은 광업으로는 당연히 제조업에도 포함되지 않지만 응용가공공업으로서의 석유·석탄공업은 화학공업에서 주요한 역할을 하고 있었기 때문이다. 따라서 대한상공회의소는 "중화학공업으로서 비료·정유·시멘트 등이 개발 초기부터 중점개발되기 시작하였다"고 기록하고 중화학공업에 화학, 석유·석탄제품, 고무제품, 의약품을 포함시켰다.[55]

전자공업에 대해 산업 특성상 중화학공업에 포함시키기 어렵다는 주장이 있다. 실제로 전자공업은 그 사용 생산요소면에서 보면 매우 노동집약적이어서 일부 지역에서는 경공업으로까지 분류되고 있다. 그러나 이는 발전단계에서 초기 단계에 따른 것이고 전자공업은 자본·기술집약적이며 동시에 노동집약적이라고 표현하는 것이 맞다.[56] 따라서 공업성격상으로도 중화학공업에 넣는 것이 문제가 없다. 특히, 한국은 부존자원을 최대로 이용하기 위해 정부가 전자공업을 중화학공업화에 일관되게 포함하여 진행하였던 점에서[57] 더욱 그러하다.

따라서 본서도 현재가 아닌 1970년대 중화학공업화의 연구이고 또 앞서 지적하였듯이 당시 인물이나 특정 기구에 대한 평가가 아닌 한국 중화학공업화에 대한 총괄적 연구이므로, 이상에서 검토한 대로 6대 주도공업만이 아니라 당시 1970년대

52 국무총리기획조정실(42산, 1979), p. 319; 국무총리기획조정실(43산, 1980), p. 324.
53 한국산업경제연구소(1974), p. 45.
54 한국은행(金鍾貴, 불산, 1989. 8).
55 대한상공회의소(한2, 1982), pp. 235, 304.
56 小川雄平(1983), p. 189.
57 국무총리기획조정실(중오3, 1973), p. 93.

의 중화학공업 분류·정책에서 사용되던 의미, 그리고 중화학공업화 자료에서의 기록에 나타나고 있는 분류방식을 그대로 사용하였다. 또 의미로 보아도 현재의 입장에서 보면 산업이 세분화되고 신산업의 대두로 분류가 달라질 수 있지만, 당시의 발전단계에서 보면 그렇게 분류될 이유가 있었고 따라서 그렇게 분류되는 것이 합리적이고 정확하다. 다만 특정 부분에서 분석목적상 분류를 세분하거나, 인용에서 다른 분류가 사용되었을 수도 있는데 이는 분류상 일부 차이가 관련 부분과 논의에 영향을 미치지 않기 때문이다.[58] 그러면서 본 연구에서도 당시 선도 주요, 중점 중화학공업으로 지목되었던 철강·비철금속·기계·조선·전자·석유화학의 6개 공업을 역시 중점 분석대상과 중점 사례대상으로 하였다. 특히, 중화학공업화에 대한 총괄적인 시각을 보고자 하는 본서에 이어 계속 발간될 한국 중화학공업화에 대한 실증연구에서는 이 6개 주요 공업을 집중 해부하게 된다.

58 저자는 본 연구를 통해 계속 (1) 중화학공업을 6대 주요 공업으로 하는 것, (2) 중분류는 같지만 세분류에서 보다 세분화하여 351 산업용 화학물, 353 석유정제, 369 기타비금속광물, 371 제1차금속인 철 및 강, 372 비철금속, 381 기계, 기구 제외한 금속제품, 382 비전기(非電氣)기계, 383 전기, 전자기기, 384 수송장비, 385 기타 기계기구산업으로 하는 것(한국은행의 『기업경영분석』이 이렇게 하고 있는데 본서에서도 이 자료 등을 사용할 때 분류상의 차이가 내용에 영향을 주지 않는 경우 그대로 인용했다), 그리고 (3) 당시 분류사용된 산업분류에 따라 본 연구가 채택한 분류에 의한 것 3가지 분류가 본 연구의 내용에 유의적 변화를 가져다 주는 부분이 있는지 고려해 보았다. 결과는 (1)이나 (2)의 분류를 따를 경우, 특히 (1)을 따를 경우 1970년대 중화학공업화는 더욱 성공적이었던 것으로 나타나며, 또 본 연구에서 주장되는 저자의 결론을 오히려 강화시켜 주는 것으로 확인되었다. 이것이 당연한 것은 독자들도 본 연구가 고찰하는 쟁점주제를 보면 금방 알 수 있을 것이다. 어쨌든 전 부분을 통해 분류에 대해 주의하고 있지만 내용에서 일일이 분류에 대해 거론하지 않고 있는 것은 우선 필요한 경우 앞서 지적한 원칙으로 통일하고 있기 때문이며, 그렇지 않은 경우 분류상 일부 차이가 있는 분류에 의해 보아도 관련내용의 전개에 유의적인 어떤 변화가 없기 때문이다.

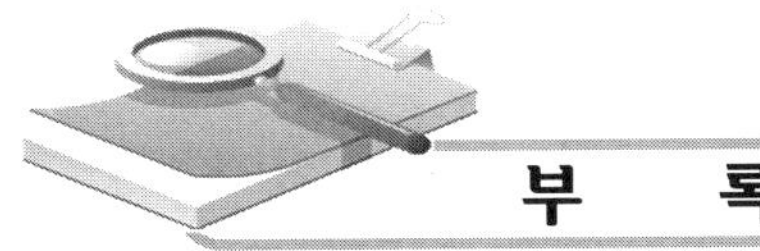

부 록

1. 보 주

〈보주 1-1〉 한국 중화학공업화의 시작을 1973년으로 보는 견해들

S.M. Pae는 한국의 공업시기구분에서 1차상품 수출, 제조업 제품 수입기(1945~1952), 수입대체산업기(1953~1962), 노동집약적 경공업기(1963~1972)에 이어 1973년부터 1984년까지를 자본집약적 중화학공업기로 보았다.[59] 강철규 역시 시기구분에서 1960~1972년을 수출산업 지원기로 보고, 1973~1979년을 중화학공업 육성기, 1980~1985년을 지원정책의 조정기로 구분하였다.[60] 이재희는 1973년 이전에는 정유·비료·시멘트 등 화학공업과 철강 등 일부 중공업에서 부분적인 수입대체가 이루어졌을 뿐이고 중화학공업 전반에 걸친 본격적인 육성과 개발은 이루어지지 않았다고 하여 1973년을 중화학공업의 본격적인 시작으로 보았다.[61] 이렇게 1973년을 한국 중화학공업화의 시작으로 본다는 점에서 공통점을 가진 연구로는 송대희, 邊衡尹 외, S.-C. Lee, Y.C. Park, K. Choi and Y.s. Lee, J.J. Stern 외, K.S. Kim, Y. Lim, 池尾和人 외, 服部民夫 編, 劉進慶, 小川雄平, 川上忠雄 등의[62] 다수 연구가 있다. 김창남·渡邊利夫는 "한국의 중화학공업화 개시기를 제3차 경제개발5개년계획이 시작된 1972년 내지 중화학공업화가 선언된 1973년부터 보는 것이 일반적이다"[63]라고 표현하여 1973년을 동의하고 있다. 물론 이러한 견해들에는 「중화학공업화 선언」이 아니라 1973년의 장기전망[64] 또는 중화학공업기획단 구성 등 월(月)시기

59 S.M. Pae(1992), pp. 74~75.
60 강철규(1987), p. 106.
61 이재희(1999b), p. 97.
62 송대희(1995), p. 101; 邊衡尹·林元澤(2000), p. 2; S.-C. Lee(1991); Y.C. Park(1985), p. 300; K. Choi and Y.s. Lee(1990), pp. 56~59; J.J. Stern, Ji-bong Kim, Dwight H. Perkins, and Jung-ho Yoo(1995); preface. K.S. Kim(1994), p. 345; Y. Lim(1999), p. 16; 池尾和人·黃圭燦·飯島高雄(2001), pp. 108~110; 服部民夫 編(1987), p. 99; 劉進慶(1983); 小川雄平(1983); 川上忠雄(1991), p. 31.
63 김창남·渡邊利夫(1997), p. 173.

에서 다르게 보는 견해도 있지만, 1973년부터 시작된 것이라는 점에서는 일치한다. 한편 R. N. Cooper[65]처럼 중화학공업의 완전한 출발은 첫 석유위기로 순연되어 1976년부터 본격적으로 추진되었다는 견해들은 석유위기관련 진행사실을 부연하고 있는 것으로, 역시 1973년에 중화학공업화가 시작되었다는 사실은 받아들이고 있다.

[64] 정경문화(1981. 5), p. 74; 邊衡尹 · 林元澤(2000), p. 2.
[65] R. N. Cooper(1994b), p. 265.

2. 부　　표

부표 1-1　제조업 38개 산업의 KSIC 산업분류군 내용과 변화

분류개정	KSIC 1970. 3 개정		KSIC 1975. 12 개정		KSIC 1984. 1 개정	
사용기간	1973~1975		1976~1983		1984~1986	
분　류	소분류	세분류	소분류	세분류	소분류	세분류
1. 식료품	311	3111~3119	311	3111~3118	311	3111~3119
	312	3121, 3122, 3136, 3128	312	3121, 3122	312	3121~3123
2. 음료품	313	3131~3133, 3135~3137	313	3131~3134	313	3131~3134
3. 연초제조업	314	3140	314	3140	314	3140
4. 섬유사, 직물	321	3216~3218	321	3211, 3216, 3217	321	3211~3213
5. 편조업(編造業)		3213		3213		3215
6. 직물제품, 융단		3212, 3214, 39096, 39097, 3215, 3219		3212, 3214, 3215, 3219		3214, 3216, 3217, 3219
7. 의복제조업		3220		3220	322	3221, 3222
8. 가죽, 대용가죽		3231~3233		3231~3233	323	3231~3233
9. 신발(가죽)		3240, 6243		3240	324	3240
10. 나무, 코르크		3311, 3212, 3219		3311, 3312, 3319	331	3311, 3312, 3319
11. 가구, 장치물	332	3320	332	3320	332	3320
12. 종이, 종이제품	341	3411, 3412, 3419	341	3411, 3412, 3419	341	3411, 3412, 3419
13. 인쇄출판		3420		3421~3422	342	3421~3423
14. 산업용 화학물		3511~3513		3511~3513	351	3511~3516
15. 기타 화학		3521~3523, 3529		3521~3523, 3529	352	3521~3523, 3529
16. 석유		3530		3530	353	3530
17. 기타 석유, 석탄		3540		3540	354	3540
18. 고무		3551, 3559		3551, 3559	355	3551, 3559
19. 기타 플라스틱		3560		3560	356	3560
20. 도기, 자기		3610		3610	361	3510
21. 유리, 유리제품		3620		3620	362	3620

부표 1-1 계 속

분류개정	KSIC 1970. 3 개정		KSIC 1975. 12 개정		KSIC 1984. 1 개정	
사용기간	1973~1975		1976~1983		1984~1986	
분 류	소분류	세분류	소분류	세분류	소분류	세분류
22. 기타 비금속광물		3661, 3692, 3699		3661, 3692, 3699	369	3691, 3694, 3699
23. 철강		3710		3710	371	3711~3713, 3719
24. 비철금속		3720		3720	372	3721~3724, 3729
25. 조립금속		3811~3813, 3819		3811~3813, 3819	381	3811~3814, 3819
26. 기관, 터빈		3821		3821, 38411		3821, 38411
27. 산업, 금속가공기계		3822~3824		3822~3824		3822~3824
28. 사무, 기타 기계		3825, 3829		3825, 3829		3825, 3826, 2829
29. 전기산업용 기계		3831		3831		3831
30. 음향, 통신장비		3832		3832		3832, 3834
31. 가정용 전기기구		3833		3833		3833
32. 기타 전기기구		3839		3839		3839
33. 선박		3841		3841(38411 제외)		3841(38411 제외)
34. 철도		3842		3842		3842
35. 자동차		3843		3843		3843
36. 비행기, 기타		3844, 3845, 3849		3844, 3845, 3849		3844, 3845, 3849
37. 의료, 광학		3851~3853		3851~3853		3851~3854
38. 기타 제조업		3901~3903, 3909 (39096, 39097 제외)		3901~3903, 3909		3901~3905, 3909

2

시작과 선택

CHAPTER 2
중화학공업화와 시기선택: 수요문제*

2.1 머 리 말

1990년대 초까지의 연구는 1970년대 중화학공업화 정책에 대한 부정적 평가가 다수를 이루고 있었다.[1] 그러나 이러한 부정적 연구들은 대부분 1980년대 이후 이루어진 "1970년대에 대한 부정적 평가"를 기초로 한 것이었다. 또한 중화학공업 발전과정에 대한 부정론이 경제위기 때마다 제기되기도 하였는데, 이는 한국 경제의 경쟁력 약화가 특정 중화학공업에의 높은 의존도에 있다고 보기 때문이었다. 한편, 1990년대 이후 1970년대 중화학공업화에 대한 긍정론도 대두되고 있다.[2] 한국의 단축된 경제성장과 현재의 경쟁우위 수출상품구조가 바로 1970년대 중화학공업화에 의해 이루어졌다고 보는 것이다.

그런데 이러한 부정론과 긍정론의 대립 속에서도 1973년의 이른바 「중화학공업화 선언」으로 불리는 중화학공업 중심구조로의 전환은 "국내시장과 자본조달면에서 이를 충족할 만한 조건이 아직도 성숙되지 않은 상태에서 추진"[3]된 것이므로

---

* 본장의 일부는 박영구(1997b)로 발표된 것을 수정 · 보완한 것이다.

[1] 이에 대해서는 본서 제7장의 7.1 참조.

[2] 정용석(1997).

[3] 李甲燮(1980), p. 26.

'시점(時點)'에서 잘못된 것이라는 문제는 항상 지적되어 왔다. 즉, 중화학공업화가 한국 경제에서 필요하였더라도 1970년대 초에 이를 시행하였던 것은 경제논리로 보아 가장 기본적인 수요·공급의 원리를 감안하지 않은 것이므로 잘못된 것이라는 지적이다. 이런 비판은 특히 1980년대에 들어와 집중적으로 이루어졌으며, 1970년대 이후 경제기획원의 중심논리이기도 하였다. "중화학공업 건설을 통한 산업구조의 고도화는 당시 우리 경제가 나아가야 할 방향이었음에는 틀림없으나 우리 경제의 능력과 시장경제의 수요·공급원리에 의해 결정되는 제약조건을 감안하지 않고 무리하게 빠른 속도로 추진한 것이 문제라고 하겠다"[4]라는 강경식(1970년대 경제기획원 기획차관보)의 정리는 이를 요약해 보여 주고 있다. 그러나 이러한 부정론과 긍정론 양측에서의 공통된 비판에도 불구하고 그 동안 중화학공업화의 잘못된 '시점' 문제는 잘못된 것에 대한 경제적 인과관계를 검증하는 절차를 거치지 않고 대부분 지적되거나 주장되어 왔다.

사실 자원의 불완전고용하에 있는 선진국과 달리 공급병목(supply bottleneck)과 후발성(late-coming)에 따른 시장문제를 갖고 있는 후발공업국의 경우 공업구조의 전환시점은 정책의 성패를 결정짓는 매우 중요한 요소이다. 공업구조 전환이 너무 늦으면 국제시장에서 산업경쟁력 추격에 실패하게 되고, 그렇다고 이러한 전환이 시장기구에 의하지 않고 정부에 의해 조기에 인위적으로 이루어질 경우 가격구조의 왜곡과 현시적(顯示的)인 비교우위의 왜곡을 가져와 자원의 배분효율성이 약화될 수 있기 때문이다. 이런 점에서 경제통계가 발달되어 있어 예측이 비교적 안정적인 선진국에서도 그렇지만, 시장실패(market failure)가 큰 후발공업국의 정책전환시점에 대한 연구는 경제사적 연구에서 경제변수 및 정책의 평가와 정책적 함의의 도출에 매우 중요한 문제라고 할 수 있다. 특히, 정부의 선도역할이 강력한 경우, 정부에 의한 일정 시점에서 공업구조 전환의 공시(公示)와 의지 공포는 경제주체들의 모든 의사결정에 큰 영향을 미치기 때문에 더욱 중요한 요소가 된다. 한국의 경우 초과수요가 지속되는 금융시장의 구조와 금융시장의 큰 불안정성에 따라 정책전환 정보의 습득과 대응에 대한 시간이익(time benefit)이 매우 컸기 때문에 정책시그널은 매우 중요하였다.[5]

따라서 산업정책 전환시점의 적정성 문제는 1970년대 산업정책과 이후 한국경제의 평가에 매우 중요한 요소라고 할 수 있다. 그러나 선진국에 비해 오히려 한

[4] 강경식(1987), p. 22.

[5] 박영구(1994), 본서 제8장 참조.

국의 경우 정책평가에서 '시점'에 대한 고려가 매우 부족하다. 물론 여기에는 자료적·계량적 한계가 여전히 크기 때문이다. 그러나 이러한 한계를 고려하더라도 한국 중화학공업화에 대한 많은 연구가 논증 없이 1970년대 중화학공업화의 시점이 잘못되었다고 전제함으로써, 1970년대와 1980년대 경제정책의 평가에서 고려해야 할 보다 중요한 내생(內生)변수를 제외하고 있고, 그 결과 현대 한국경제사에 대한 일률적인 선험적 결론을 도출하는 위험성을 갖고 있다고 볼 수 있다.

본장은 바로 1970년대 중화학공업구조 전환시점에 초점을 맞추어 검토하여 보고자 한다. 물론 공업구조의 전환시점 적정성을 검증하기 위해서는 균형점을 보여주는 수요·공급 측면의 동시분석이 필요하다. 그러나 본장에서는 교역재의 구조, 대외경쟁력 우위요소 등의 해외시장요인과, 자립적인 수요구조의 확립, 구매력 안정성이라는 국내시장요인으로 나누어 수요구조에만 초점을 맞추어 논의를 전개하도록 한다. 공급 측면에 대한 논의는 다음 제3장에서 보되, 그 검토결과만을 요약하면 공급 측면에서 볼 때 기존의 '잘못된 시점'에 대한 비판이 문제를 갖고 있음을 확인할 수 있다.

2.2 국제시장과 교역재의 구조

한국은 해방 후 남북분단에 의해 북한과 러시아, 중국의 시장까지 잃음으로써 근본적인 시장문제(수요문제)를 갖고 있었다. 여기에 20세기 전반기 내생적인 자본축적의 실패로 20세기 후반기에는 외부로부터 투자비용을 조달해야만 하였다. 따라서 제2차 세계대전 이후 모든 후발공업국가들이 추구하였던 수입대체전략(輸入代替戰略)은 한국의 경우 처음부터 근본적인 한계를 가질 수밖에 없었다. 그 결과 1960년대 한국의 경제정책은 공급제약에도 불구하고 수입대체에서 수출지향으로 바뀌었다.

「중화학공업화 선언」 직전인 1970~1972년 3년을 기준으로 1953~1955년,[6] 1960~1962년 등 1950, 1960, 1970년대 초반 3년간 수출이 총가용자원(total available resources) 처분에서 차지하는 비중은 〈표 2-1〉에서 보듯이 1950~1960년대 초 1.3%에

6 1950~1952년은 전쟁으로 인한 가변수(dummy variable)문제가 있고, 실질적인 통계문제도 있어 1953~1955년으로 보았다.

표 2-1 총가용자원의 원천과 처분(1970년 불변가격)

단위: %

구 분	원 천		처 분			
	GDP	수 입	개인소비	정부소비	총고정자본 형성	수 출
1953~1955	90.1	9.9	73.1	15.4	10.2	1.3
1960~1962	90.6	9.4	75.5	12.9	8.8	2.8
1970~1972	79.2	20.8	57.8	8.4	19.8	14.0

자료: 한국은행(국, 1962, 1965, 1974).

서 1970년대 들어 14.0%로 성장하였다. 양적인 성장만이 아니라 국민경제구조에서도 1970년 수출의 경제성장 기여율은 52.1%를 나타낼 정도로 수출은 절대적인 중요성을 가지게 되었다.[7] 당시의 공업구조와 자원처분구조상 수출은 기본적으로 수입유발계수가 매우 높고[8] 소비를 압박하는 구축효과(crowding-out effect)가 클 수밖에 없었다. 그럼에도 불구하고 근본적인 시장제약과 자본제약이 존재하는 이상 한국 경제에서 수출은 필수불가결한 선택이 될 수밖에 없었고, 그렇게 되고 있었다. 따라서 1970년대 초 국제시장의 구조, 교역재의 구조변화는 이제 한국 경제의 사활과 직결되어 있었다.

그런데 한국은 1960년대까지 기계·원자재부문을 수입하고 완제품을 수출하는 구조를 가지고 있었다. 또한 1차산업 제품과 가공형 경공업에 의존하면서, 시장에서는 기본적으로 특수한 한·미관계에 따른 미국 절대의존형 수출구조를 가지고 있었다.[9] 이런 구조 속에서, 중화학공업화를 이루지 못한 발전도상국들과 선진국의 격차가 1960년대 들어 더욱 확대되는[10] 가운데에도 높은 수출증가율로 선전하고 있었던 한국은, 1970년대 들어서면서 수출과 경제성장의 둔화로 위기를 맞게 되었다. 1969년 13.8% 등 1960년대 두 자릿수 경제성장률은 1970년대 들어서자 1970년 7.6%, 1971년 8.8%, 1972년 5.7%로 급속히 줄어들었으며, 40~50%의 증가율을 보이던 수출증가율도 20%대로 급격히 떨어졌다.[11] 국세청마저 1972년 들어 "거의 모든 상품의 출고가 25%씩 줄었다"고 경기상황을 보고할 정도로 위기신호가 나타났다.[12] 이

[7] 한국은행(국, 1972); 한국은행(공, 1987).
[8] 본장 부록에 첨부된 〈부표 2-1〉 참조.
[9] FOB 기준 수출비중에서 미국 비중은 1971년 49.8%, 1972년 46.7%였다(한국은행(경제), 1974, 1976).
[10] 본장 부록의 〈보주 2-1〉 참조.
[11] 한국은행(계, 1987).
[12] 김홍기 편(1999), pp. 199~200.

러한 위기 속에서 한국은 나아가 다음과 같은 국제시장의 급속하고 큰 구조변화를 맞이하게 되었다.

우선, 첫째 1970년대 들어 전후 유지된 IMF-GATT체제의 동요가 나타나기 시작하였다. 미국은 국제수지 악화를 보이면서 경제위기가 심화되었고, 1971년 8월에는 「경제긴급조치」를 발표하였다. 이는 고용증대(유효수요 확대), 인플레이션대책과 함께 국제관계에서 ① 금태환(金兌換)의 일시정지, ② 대외경제협력자금 삭감, ③ 10% 수입과징금 부과를 내용으로 하는 것으로, 미국 달러와 미 국내산업의 보호조치, 보호무역의 성격을 띤 것이었다. 또한 1972년부터는 달러화의 평가절하(depreciation)가 시작되었다.[13] 미국의 국제수지 악화와 각국 정부의 방어적 조치로 주요 선진국 통화 간의 고정환율제도가 동요하고 있었으며, 환율유동화가 1971년부터 진행되고 있었다.[14] 이러한 제반 사항은 제2차 세계대전 이후 미국을 중심으로 한 IMF-GATT 체제의 변화와 '신보호주의'의 등장을 의미하는 것이었는데, 이는 바로 한국을 비롯한 발전도상국들의 수출에 직접 타격을 주었다. 미국의 긴급조치와 평가절하 등을 기초로 한 세계시장에서의 '합의된 재평가'로 미국의 일시적 경기회복과 뒤이은 세계경제의 소경기호황(mini boom)이 잠시 나타났지만, 세계농작물의 생산부진과 함께 1960년대 전체 10% 이내의 가격상승률을 보이던 세계원자재·중간재의 가격급등이[15] 〈그림 2-1〉에서 보듯이 1972년부터 나타났고, 동시에 환율구조의 불안정으로 국제거래 역시 불안요인이 분명해지기 시작하였다. 이에 각국들은 자국 내 시장을 안정화시킬 수 있는 자립적인 공업원료의 확보를 추구하지 않을 수 없게 되었다.

한국도 1972년 하반기부터 진행된 국제원자재난의 영향으로 1972년 말 도매물가 상승률이 13.8%로 나타났고, 1973년 들어 국제원자재가는 더욱 폭등세를 나타내고 있었다.[16] 특히, 자원열위에 있던 한국으로서는 경제발전단계상에서 볼 때 공급과 수요구조상 자원절약적인 가공원자재·중간재의 개발에 착수하지 않으면 안 되게 되었다.[17] 절대적인 미국 우위하의 세계시장에서 미국의 도움으로 자본재와 원자재를 얻을 수 있었던 한국은, 이제 보다 독립적인 재생산구조를 취하지 않으면 안

13 미국의 달러화는 1970~1973년 간 마르크화, 엔화에 대해 평균 24% 평가절하되었다.

14 1971년 스미소니언(Smithonian)협정으로 조정가능한 고정환율제도(adjustable peg system)로의 이행이 시작되었다.

15 한국은행(세자, 1973. 10).

16 한국은행(경제, 1974); 한국은행(조, 1973~1975).

17 "1970년대에 들어와서는 신생개발도상국의 공업화 추진으로 우리의 저렴한 노동력의 이점도 점점 그 우위성을 잃어 갈 뿐만 아니라 세계적으로 팽배해 가는 자원내셔널리즘과 보호무역주의의 장벽으로 인하여 우리 경제가 선진공업국으로 성장하는 데는 그 한계를 느끼기 시작한 것이다"(한일은행, 1978, p.4).

그림 2-1 국제원자재 가격의 변화(1963=100지수)

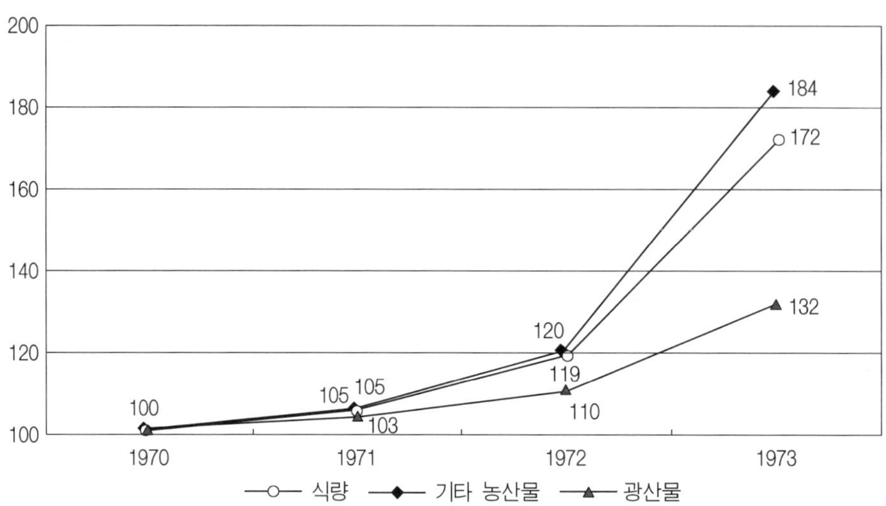

자료: United Nations(MBS, 1970~1974).

되는 세계경제질서에 놓이게 된 것이었다. 이는 바로 중화학공업으로의 공업구조 전환이 필수적으로 되고 있음을 의미하는 것이었다.

둘째, 세계교역상품구조에서의 변화가 급격히 진행되었다. 1972년의 세계교역 재구조를 수출의 구성비에서 보면 1차산품과 공산품의 비중은 33.6:66.4였다. 공산품 66.4% 중 경공업 제품은 18.7%에 불과하였고 세계수출품의 47.7%, 즉 공산품의 71.8%가 중화학공업 제품이었다. 이미 세계경제는 공업, 중화학공업 중심으로 무역구조가 개편되어 있었고, 이러한 방향은 일시적인 것이 아니고 1970년대 들어와 〈그림 2-2〉, 〈표 2-2〉에서 보듯이 확고해져 있었다. 전통적인 경공업으로는 국제시장에서 지위를 잃게 된 것이다. 따라서 미국과 서독은 이미 1960년에 전 수출품의 81.0%, 83.2%를 중화학공업 제품으로 바꾸어 놓고 있었고, 일본 역시 1970년 이후 수출품의 80% 이상을 중화학공업 제품으로 바꾸어 세계수출시장을 주도하고 있었다.[18] 이 시점에서 개방된(open) 소규모 경제(small economy)로서 근본적인 시장제약을 갖고 수출 중심으로 성장할 수밖에 없었던 한국 경제의 유일한 선택점은 당연히 중화학공업으로의 공업구조 전환밖에 없었다.

18 UN, Dept. of Economic and Social Affairs(1971).

그림 2-2 세계의 상품별 무역구조 변화(수출)

단위: %

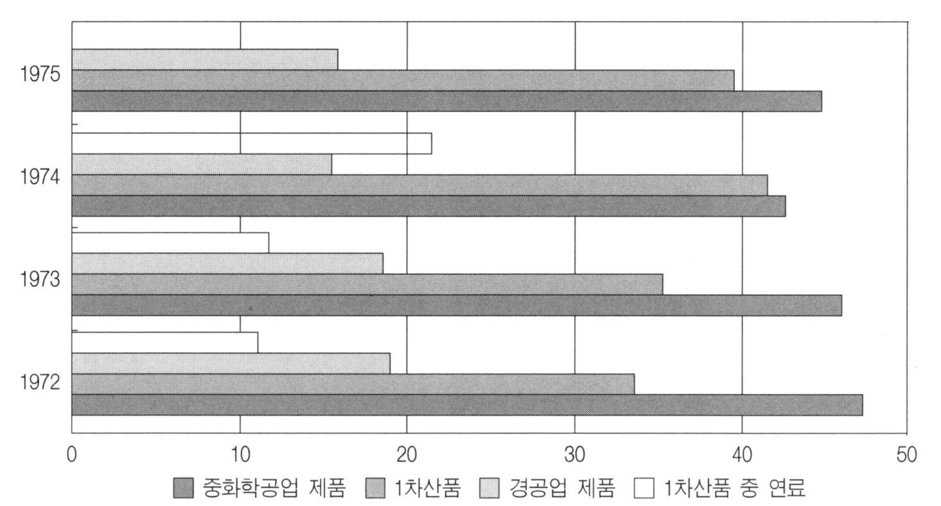

자료: 한국무역협회(조), 1978.

표 2-2 세계 2차산품의 무역구조(수출액)

단위: 억 달러, %

구 분	1972		1973		1974		1975	
	금 액	비 중	금 액	비 중	금 액	비 중	금 액	비 중
중 공 업	1,657	61.0	2,215	60.7	2,940	60.7	3,251	62.6
화학공업	294	10.8	404	11.1	629	13.0	614	11.8
경 공 업	766	28.2	1,028	28.2	1,273	26.3	1,330	25.6
(섬유 및 의류)	(269)	9.9	(357)	9.8	(436)	9.0	(436)	8.5
공산품 계	2,717	100	3,647	100	4,842	100	5,195	100

주: 1973, 1974년 중공업 비중의 일시적 감소는 석유파동으로 인한 것임.
자료: 한국무역협회(조), 1978.

특히, 〈표 2-2〉에서 보듯이 세계 2차산품의 교역재구조에서 중공업의 비중이 60% 이상으로 절대적이고 또한 증가하고 있다는 점에서 1970년대 초 중공업구조로의 산업 및 수출구조 전환은 필수적이었다. 한편, 수출집계로 본 세계무역구조에서 경공업의 비중은 1972년 28.2%였고 계속 더 낮아지고 있었으며, 1960년대와 1970~1971년 한국의 가장 중요한 수출품이었던 섬유 및 의류는 그 비중이 1972년 9.9%로 되었고 더 줄어들고 있었다. 이는 물론 전후 발전도상국의 경공업에서 수입대체

표 2-3 1970년대 선진 각국의 섬유류제품 수입규제

규제시기	규제국가	품 목	규제방식
1971	미 국	섬유류	쌍 무 쿼 터
1974	프 랑 스	견직물	일방적 쿼터
1974	캐 나 다	폴리에스테르, 모직물	쌍 무 쿼 터
1974	오스트레일리아	섬유류	쌍 무 쿼 터
1974	스 웨 덴	섬유류	쌍 무 쿼 터
1975	캐 나 다	견직물, 아크릴사	총 량 쿼 터
1976	일 본	견직물	자 율 규 제
1978	유 럽 EC	섬유류	쌍 무 쿼 터

자료: 한국무역협회(총, 1974~1979); 대한무역진흥공사(선진, 1986).

가 확대되고, 나아가 스태그플레이션이 나타나면서 〈표 2-3〉에서 보듯이 선진국에서조차도 섬유류 등 각국에 가장 기초적인 고용발생 산업에 대한 수입규제가 확대되고 있었기 때문이었다. 한국의 수출시장에서 가장 큰 비중을 차지하고 있었던 미국이 1971년 대미 섬유수출규제조치를 취하였고, 1972년 1월 4일에는 「한미섬유수출규제협정」을 체결하는 등[19] 한국의 주요 수출시장은 한국의 주수출품인 섬유류부터 시작하여 노동집약적 경공업 제품에 대한 보호주의 정책을 확대하고 있었다.

이에 따라 〈그림 2-3〉에서 보듯이 미국·독일[20]·일본[21] 등 선진 주요국이 이미 중공업 제품으로 수출구조를 바꾼 데 이어 섬유, 신발 등에서 한국의 수출경쟁 대상국이며 여전히 경공업 중심으로 성장하고 있었던 '대만'까지도 가용자원이 허용하는 한 최대한 철강, 금속, 전기전자 등의 수출을 늘려 철강, 금속제품, 일반기계, 전기전자, 수송기기의 수출비중을 27.9%까지 늘리고 섬유류의 수출비중을 35.6%로 줄여 놓고 있었다.[22] 이러한 국제시장의 변화와 각국의 수출구조 변화에도 불구하고

---

[19] 1973년 미국의 수입제한 품목액은 4억 5,100만 달러였는데, 그 중 경공업 제품이 96.8%였다. 결국 한국의 경공업 제품 대미 수출은 절대애로에 봉착하고 있었다(한국무역협회(동향), 1973; 한국무역협회(총), 1974~1979).

[20] 미국과 독일은 19세기 후반기 중화학공업에서의 우위를 차지함으로써 당시 영국 중심의 세계시장구조를 바꾸는 데 성공하였다(Y. G. Park, 1996).

[21] 1960년대 일본 산업정책의 목표는 '산업구조의 고도화'로 공식적으로 제기되었다. 그 결과 부가가치 기준 일본의 제조업 내 중화학공업 비중은 1956년 30.3%에서 1959년 40.2%, 1961년 55.5%로 급상승하였다(L. Klein and K. Ohkawa, 1968, pp. 74~75; 日本工業新聞社, 1956~1963).

[22] 이를 위해 대만은 한계적인 공업구조 전환을 추구하였다. 대만의 부가가치 기준 제조업 내 중공업의

그림 2-3 주요 공업품목별 세계 및 각국 수출구조(1970)

단위: %

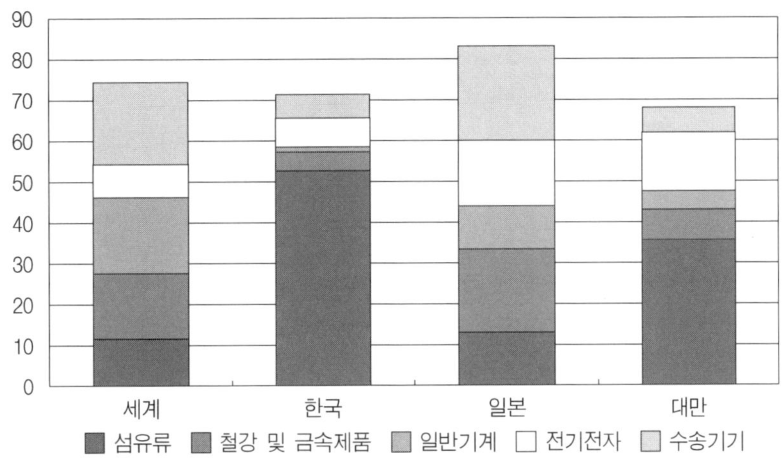

주: 공산품 전체의 비중이고 일부 산업만 추출하였으므로 합이 100이 안 됨.
자료: 한국은행(경제, 1972); United Nations(YIT, 1971); (日本)通商産業省(通白, 1971); 臺灣財政部統計處(1971. 3).

한국의 공업구조 내 변화속도는 매우 느려[23] 1970년대 초에도 섬유·의류수출에 52.7%를 절대 의지하는 수출구조를 유지하고 있었다. 반면 철강, 금속제품, 일반기계, 전기전자, 수송기기의 수출비중은 1970년 여전히 14.4% 수준에 머물러 있었고, 화학부문을 포함하여 중화학공업 전체로 보아도 그 비중은 18.9%에 불과하였다.[24]

이제 세계시장 및 교역재의 구조변화로 한국이 계속 섬유 중심의 경공업에 매달려 있다면, 또 실지로 매달려 있었다면[25] 이 부문의 급격한 시장비중 감소로 한국은 시장위기를 가질 수밖에 없는 상황이었다. 특히, 후발 발전도상국들 거의 전부가 초기 선발공업국이 그러하였듯이 노동집약적인 섬유부문에 집중하고 있었고, 이들 국가는 자국의 수입대체만이 아니라 저렴한 요소비용을 기초로 수출시장에 진출함으로써 수요는 줄어드는 데 비해 공급은 늘어나고 있어 세계 경공업 제품시장은 심

비중은 1955년까지 불과 7.6%로 한국보다 낮았으나 1960년에 15.4%, 그리고 1960년대 말인 1969년에는 22.9%로 한국을 앞서는 공업구조 전환이 이루어졌다(中華民國, 1961~1975).

23 한국의 공업구조 변화를 보면 부가가치 기준 제조업 내 중공업의 비중은 1956년 9.5%에서 1966년 18.4%까지 높아졌으나 이후 정책미비 및 개별 기업의 기술적·전략적 한계로 정체되었다(한국은행(국), 1968~1971).

24 한국은행(국, 1971).

25 〈표 2-3〉에서 보듯이 1970년대 후반에도 일본과 유럽에서의 섬유류 규제가 강화되어 섬유류는 모든 선진국 시장에서 규제되었다.

표 2-4 선진국 수입규제의 변화(한국 수출제품 내 선진국 수입규제 대상액 비율) 단위: %

구 분	1973	1974	1975	1976	1977
섬 유	29.3	41.7	45.7	52.0	57.2
신 발	35.8	39.4	46.1	63.2	63.5
금속식기	54.2	26.5	17.5	26.5	19.7
철 강	–	–	0	2.4	0.9
기타 총계	15.1	18.3	19.1	21.6	24.3

자료: 日本銀行(投資, 1980. 12); 小川雄平(1983), p. 195.

각한 시장분할이 나타나고 있었다.[26]

따라서 남북분단과 동서냉전으로 북한·중국·러시아 등 인접시장을 잃어 서방으로의 수출 중심으로 성장할 수밖에 없었고, 또 그렇게 발전전략을 취한 한국으로서는 이 시기 중화학공업으로의 공업구조 전환이 필수불가결한 것이었음을 알 수 있다. 적어도 1970년대 전반기 중화학공업화, 특히 중공업화는 세계무역구조의 재편에서 본다면 필연적인 선택이었다고 평가할 수 있다.

실제로 한국이 계속 섬유·신발 등 경공업에 매달렸다면 1970년대 후반 들어 위기를 겪지 않을 수 없었다. 이들 경공업 제품은 〈표 2-4〉에서 보듯이 1977년 수입규제가 전 수출액의 57.2%, 63.5%로 되었다. 1979년 말 한국은 18개국 43개 품목에 대해 수입규제를 받고 있었다.[27] 이렇게 수입규제가 높아지는 가운데에도 금속·철강제품은 오히려 수입규제비율이 줄어들었으므로 한국의 중화학공업화로의 이행 선택은 수출을 성장동력으로 하는 한국으로서 최선의 시점선택이었던 것이다.

셋째, 수출상품 총구조의 정체 속에서도 당시 한국 경제의 동태적인 지향점을 보여 주는 수출신장률을 보면, 〈표 2-5〉에서 보듯이 1960년대에는 역시 경공업 제품 수출신장률이 높았으나 1960년대 말인 1969년에는 중화학공업 제품의 수출신장률이 110.0%로 급등하고 있음을 알 수 있다. 1970년 다시 경공업의 수출신장률이 중화학공업보다 높았으나 1971년에는 중화학공업 제품의 수출신장률이 41.1%, 중공업 제품 수출신장률이 42.7%로 총수출과 경공업 제품의 수출신장률 27.8%, 32.1%를 앞서는 전환기적 변화가 다시 나타나고 있다. 아직 중화학공업이 절대비중에서

26 1972년 미국과 중국, 중국과 일본의 관계개선으로 중국의 국제섬유시장 진출이 급진전되었다. 이에 따라 섬유류의 국제가격은 20% 하락하였다(한국무역협회(동향), 1973).

27 한국무역협회(연감, 1980~1981년판); 小川雄平(1983), p. 195.

표 2-5 수출액과 수출신장률

단위: 백만 달러, %

구 분	1966	1967	1968	1969	1970	1971	1972	1973	1974	1975
총수출액	250	320	455	623	835	1,067	1,624	3,225	4,460	5,081
증 가 율	42.9	28.0	42.2	36.9	34.0	27.8	52.2	98.5	38.3	13.9
중화학제품	26	28	40	84	107	151	346	767	1,449	1,271
증 가 율	6.6	7.7	42.9	110	27.4	41.1	29.1	121.7	88.9	−12.3
중 공 업	25	25	38	74	96	137	279	719	1,357	1,196
증 가 율	5.1	2.0	52	94.7	29.7	42.7	103.6	157.7	88.7	11.9
경공업제품	141	204	317	422	582	769	1,081	2,044	2,414	2,916
증 가 율	54.9	44.7	55.4	33.1	37.9	32.1	40.6	89.1	18.1	20.8

주: 1) 통관기준.
2) 중화학공업과 경공업 제품으로 구별이 어렵거나 중복되는 부문인 식료 및 직접소비재(foods and direct consumption goods)와 원원료(原原料, crude materials and fuels)는 양 부분에서 뺐기 때문에 합이 총수출액과 일치하지 않음.

자료: 한국무역협회(지표, 1983).

낙후되어 있지만 그럼에도 불구하고 이미 세계시장의 변화에 따라 그 변화율에서 수출이 영향을 받고 있음을 알 수 있다. 1971년은 바로 1970년대 산업정책의 기초 지표, 그리고 1973년 산업정책의 기준이 되는 해였다.

당시 공업구조 분류별 한국 수출증가율의 결정변수는 한국 내의 공급 측면이 아니라 해외시장의 수요 측면이었다. 그런데 〈그림 2-2〉에서 보았듯이 1972년 세계 무역량의 47.7%가 중화학공업 제품이었다. 따라서 이러한 공업별 수출증가율의 전환은 공업구조의 전환이 지체되고 있었던 한국의 경우 향후 수출공급 애로가 발생하게 됨을 보여 주는 지표로 볼 수 있다. 따라서 중화학공업 제품의 절대 수출비중이 1972년까지 21.3% 수준에 머물러 있던 한국의 경우 당시까지는 공급애로가 현재화되고 있지 않았지만, 공업구조 분류별 수출증가율의 차별적인 변화율을 볼 때 이 시기 중화학공업으로의 전환은 매우 급박한 문제였음을 알 수 있다.

2.3 국제시장에서의 경쟁력 요소와 탄력성

공업생산의 비중을 늘려 나가면서도 부존자원 이용방식에 변화를 추구하지 않았던 한국 경제의 경쟁력 우위요소는 도덕적 위험(moral hazard)을 적게 가진 값싼 노동력이었다. 그러나 1970년대 들어서면서 국제시장구조 및 교역재의 변동 속에서 한국 경제가 가지고 있었던 대외경쟁력 우위요소와 생산요소의 가격탄력성에서 변화가 나타났다.

우선 1960년대 후반부터 노동공급상의 1차 전환점(turning point)을[28] 넘어 본격적으로 우상향의 정상적인 노동공급곡선으로의 전환이 나타나기 시작하였다는 점이다. 한국은 1960년대 후반까지 자본의 부족으로 노동의 수요가 제한적이었던 데 비해, 노동공급이 무제한적으로(unlimited labour supply) 이루어져 노동공급의 임금탄력성(賃金彈力性)이 거의 무한대에 이르고 있었다. 따라서 실질임금의 상승률은 1960년대 중반까지도 정체되고 있었고, 심지어 마이너스를 나타내는 경우가 있었다. 또한 수요확대에 의해 실질임금의 상승이 진행되어도 이는 일시적인 것으로만 나타났다.

그러나 1965년 제조업의 성장률이 20.5%로 20%를 넘어선 이후[29] 진행된 실질임금 상승은 〈그림 2-4〉에서 보듯이 매우 급속하고 빠른 상승추세를 보여 주었다. 기술노동만이 아니라 일반노동직에서도 공급부족, 과수요가 나타나[30] 1967~1968년은 임금상승률이 노동생산성, 자본생산성을 추월하여 11.2%, 14.3%로 나타났다. 이러한 상승추세는 1969년 다시 상승률이 둔화되었지만 전반적으로 실질임금의 상승률은 1960년대 전반(前半) 이전과 다른 양상을 보여 한국에서도 노동시장구조의 전환점을 지나고 있음을 보여 주고 있었다. 특히, 수출시장에 가장 중요한 제조업부문에서의 실질임금은 1967년 17.9% 상승, 1968년 18.2% 상승에 이어 1969년에도 23.6%, 1970년 22.3%로, 1960년대 말 지속적인 급상승을 보였으며 그 상승폭도 비제조업에 비해 매우 컸다.[31] 경제발전구조에서 보더라도 제1차 경제개발5개년계획 기간에는 중공업의 많은 분야가 제조업 평균임금수준을 하회하였으나, 1967년을 전후하여 1968년에는 전기기계부문을 제외하고 모두 제조업 평균임금수준인 8,400원을 상회하게 되었다.[32] 즉, 공업발전구조에서 볼 때 시장 내에서도 임금이 질적으로

---

[28] 본장 부록의 〈보주 2-2〉 참조.

[29] 1975년 불변가격으로 제조업의 성장률은 1962년 11.7%, 1963년 16.1%, 1964년 9.9%, 1965년 20.5%, 1966년 17.3%, 1967년 21.6%, 1968년 27.2%, 1969년 23.2%로 바뀌었다. 이 기간 1차산업의 성장률 −6.0%, 9.5%, 15.6%, −1.0%, 11.6%, −5.9%, 1.3%, 10.5%보다는 물론이고 국내총생산성장률 2.1%, 9.1%, 9.7%, 5.7%, 12.2%, 5.9%, 11.3%, 13.8%보다 매우 높았다(한국은행(계), 1987).

[30] "2차계획 당시로부터 청소년층 기술노동력의 공급부족현상이 거듭됨으로써 연공형직계(年功型職階) 하이라키의 저변층(底邊層)에서 스카웃 등 심한 노동이동을 나타내게 되었다"(卓熙俊, 1977, p. 255).

[31] 노동청(매월, 1967~1970); 한국은행(경제, 1970, 1974).

그림 2-4 실질임금(W/P) 증가율

단위: %

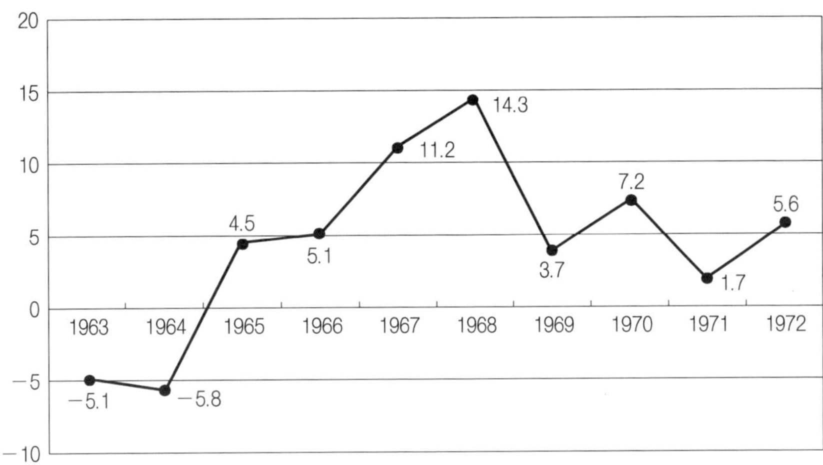

자료: 노동청(매월, 1962~1973).

차별적인, 그리고 향후 더욱 상승할 가능성이 현실로 나타나고 있었다.

실제로 1970년대에 들어와 1970년 7.2%의 높은 증가율을 보인 후 1971년에는 1.7% 증가로 진정추세를 보이던 실질임금 상승은, 1972년 다시 급상승하여 5.6%의 높은 증가율을 보였다. 1970년대 들어오면서 실업률은 4%대로 떨어졌고(〈그림 2-5〉 참조) 노동자들의 '화폐임금에 대한 환상(money illusion)'이 급속히 사라지면서 노동자들의 대칭적 정보(symmetric information)공유 요구 및 위협점(threatening point)의 상승, 실질임금 보장요구가 시작되고 있었던 것이다.[33]

결국 〈그림 2-6〉에서 보듯이 한국이 가장 비교우위요소로 가지고 있다고 생각하였던 저렴한 노동가격(임금)은 자본가격, 원자재가격, 에너지가격 등 다른 생산요소가격의 증가에 비해 1969년 이후 그 증가속도가 두드러지게 커짐으로써 한국은 이제 노동에 의존한 경공업 제품으로 국제경쟁력을 가질 수 없는 것이 분명하게 되고 있었다. 이에 1972년 6월 초 오원철(吳源哲) 수석이 박 대통령에게 중화학공업화 정책의 발진을 건의할 때에도 "한국의 인건비 상승은 대만을 앞지르고 있기 때문에 우리 나라는 대만보다 빨리 중화학공업화를 이룩해야 한다"고 지적하고 있었다.[34]

32 한국과학기술연구소(1970), pp. 91~92.

33 1960년대와 달리 1970년대 들어 임금상승, 노동시간 단축 등 노동자들의 삶의 질 향상 요구가 나타나면서 1970~1971년에는 전태일 분신 등 노동문제가 본격적인 사회문제로 제기되기 시작하였다.

그림 2-5 취업인구 구조 및 실업률

단위: %

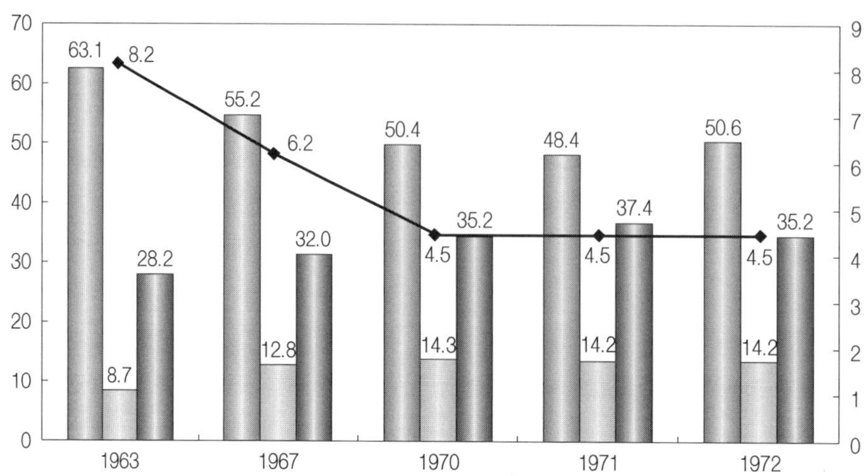

주: 1) 막대그래프의 왼쪽부터 1차산업, 2차산업, 3차산업 취업인구비율로 왼쪽 Y축 좌표임.
2) 선그래프는 실업률로 오른쪽 Y축 좌표임.
자료: 경제기획원(지표, 1983, 1987).

사후적인 평가이지만 이런 지적은 적절하였는데, 〈그림 2-6〉에서 보듯이 1970년대에 원유가격 상승으로 시작된 에너지가격 급등으로 에너지가격 증가가 한국에서 생산요소가격 상승의 두 번째를 차지하였고 또한 매우 급속한 것으로 나타났지만, 임금상승률은 1961년 대비로 보면 1980년까지 이보다도 43.0%나 높았다.

여기에 앞서 보았듯이 1970년대 들어 노동공급곡선의 무한가격탄력성을 가진 발전도상국들이 국제무역에 참여폭을 넓혀 저임금을 바탕으로 경공업시장을 잠식하고 있었고, 한국의 주요 수출시장은 노동집약적 경공업 제품에 대한 보호주의 정책을 확대하였다. "점차 상승하고 있는 국내임금수준과 선진국의 선별적 보호무역주의 경향 등은 한국의 경공업 제품 수출증대에 제약요인으로 되고 있음"[35]이 분명히 나타나고 있었던 것이다. 이에 따라 국제수지가 악화되고, 더욱이 1970년부터 1960년대에 들여온 외자의 원리금 상환이 시작되어 원리금상환능력지수(원리금상환액/수출액)가 1970년 19.4%, 1972년 20.1%로 급등하여 위기신호가 켜졌다.[36] 동시에 국

34 오원철(한경7, 1999), p. 468.
35 중화학공업추진위원회기획단(공발1, 1979), p. 171.
36 경제기획원(지표, 1980); World Bank(DR, 1980).

그림 2-6 자본·노동·에너지·원자재가격 변동(지수), 1961=100

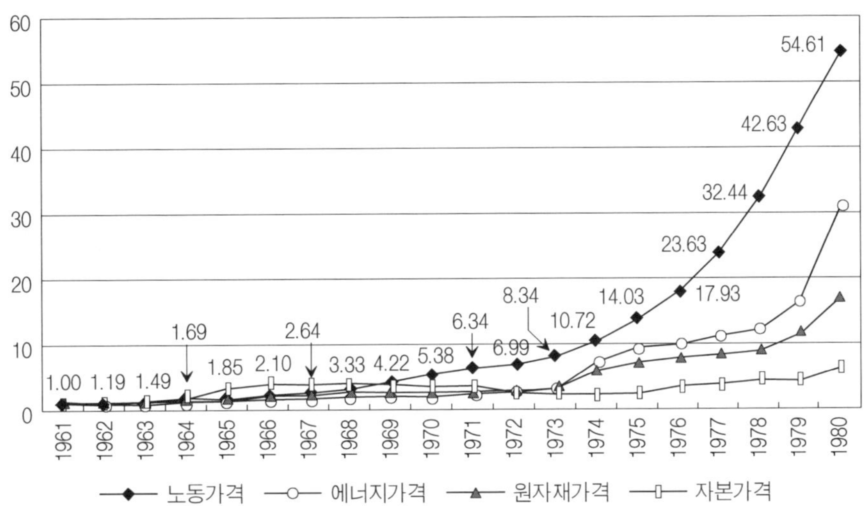

주: 자본가격은 자본임대가격임.
자료: J. K. Kwon and K. Yuhn(1990), p. 160.

내경기 침체 및 불황이 나타나기 시작해 산업생산지수는 1965년 100을 기준으로 하였을 때 1971년 5월을 정점(364.6)으로 급속히 후퇴하여 1972년 2월에는 312.6까지 떨어졌고,[37] 경제성장률은 두 자릿수에서 1972년 5.7%로 떨어졌다.[38] 이러한 제반 변화는 한국이 국제교역에서 가지고 있었던 비교우위가 단순노동집약적 부문에서 숙련노동집약적으로, 보다 고(高)부가가치 산업으로 바뀌어야 한다는 것을 의미하는 것이었다.

이러한 총체적인 결과로 나타나고 있는 상품별 무역특화지수(貿易特化指數)를 구해 보면, 〈표 2-6〉에서 보듯이 공업구조의 전환은 이미 필연적이었던 것이 확인되고 있다.

당시 한국 경제에서 비교우위 공업인 소비재공업의 주수출품이었던 의류, 피혁제품, 가구, 잡제품 등은 시기적 차이는 있지만 무역특화계수가 정체하고 있다. 의류와 노동집약적 잡제품은 1960년대 전반기까지 계수가 개선된 후 1960년대 후반 정체하고 있고, 피혁제품은 1968년 이후, 그리고 가구는 1970년대 들어 계수가 정

37 한국은행(경기, 1978).
38 한국은행(계, 1987).

표 2-6 무역특화지수의 변동

구 분	1962	1963	1964	1965	1966	1967	1968	1969	1970	1971
61	−0.7778	−0.8000	−0.8205	−0.7377	−0.6011	−0.5618	−0.2555	−0.5989	−0.6340	−0.5014
62	−0.6293	−0.2562	0.5531	0.6355	0.5428	0.4155	−0.8604	0.2567	0.2122	0.4663
63	0.9112	0.9659	0.9746	0.9912	0.9870	0.9730	0.3494	0.9818	0.9805	0.9919
64	−0.9853	−0.9422	−0.9227	−0.8055	−0.5333	−0.4267	0.9822	−0.9667	−0.9202	−0.9192
65	−0.8570	−0.5817	−0.0002	−0.0110	−0.1341	−0.1736	−0.8686	−0.2505	−0.2014	0.0032
66	−0.9611	−0.7766	−0.0301	0.3011	−0.5808	−0.8515	−0.2531	−0.3101	−0.1553	0.1569
67	−0.9609	−0.4697	−0.5340	−0.3199	−0.6597	−0.9329	−0.8299	−0.8909	−0.7399	−0.6812
68	−0.9830	−0.9327	−0.1872	−0.5055	−0.6286	−0.7492	−0.9660	−0.5857	−0.5542	−0.7166
69	−0.7848	INA	−0.5524	−0.5311	−0.6356	−0.5860	−0.8267	−0.6466	−0.5663	−0.5581
71	−0.9828	INA	−0.9761	−0.8680	−0.9264	−0.9448	−0.5589	−0.9437	−0.9466	−0.9336
72	−0.9926	INA	−0.9014	−0.7371	−0.6731	−0.7321	−0.9710	−0.5122	−0.5036	−0.4188
73	−0.7280	−0.8664	−0.8832	−0.9167	−0.9684	−0.9547	−0.6702	−0.9152	−0.8849	−0.9207
81	−0.9954	−0.8810	−0.9239	−0.3819	−0.3241	−0.6112	−0.9824	−0.9826	−0.9758	−0.9297
82	−0.4689	−0.8013	−0.5529	−0.4595	−0.4237	−0.0146	−0.8947	−0.1993	0.1153	0.1356
83	−0.9333	−0.2000	−0.3333	0.6667	0.9624	0.9901	0.0771	0.9384	0.9628	0.9818
84	0.6802	0.8696	0.9322	0.9575	0.9717	0.9941	0.9233	0.9941	0.9953	0.5790
85	0.8594	0.7762	0.9820	0.9866	0.9808	0.9968	0.9951	0.9903	0.9950	0.9869
86	−0.9713	−0.9667	−0.5987	−0.8075	−0.8184	−0.8840	−0.8588	−0.8067	−0.7234	−0.7223
89	−0.7018	−0.4404	0.4268	0.6515	0.6839	0.6455	0.3048	0.3707	0.6801	0.5462

주: 1) 61: 가죽 및 동제품, 62: 고무제품, 63: 목제품 및 코르크제품, 64: 지(紙), 판지 및 동제품, 65: 직물용 섬유사(纖維絲), 직물 및 섬유제품, 66: 비금속광물제품, 67: 철 및 강철, 68: 비철금속, 69: 금속제품, 71: 기계류, 72: 전기제품, 73: 운반용 기기류, 81: 실내위생용품, 난방기구 및 조명기구, 82: 가구, 83: 여행용구, 핸드백 및 동류제품, 84: 의류, 85: 신발류, 86: 전문기기, 과학기기, 조정기기, 사진용품, 과학기기 및 시계, 89: 잡제품.

2) INA: 수입이 없거나 수입통계 이용불가.

자료: 한국은행(경제, 1963, 1966, 1969, 1972, 1975).

체하고 있다. 이에 더하여 중간재 성격이 강한 고무제품류, 종이류 및 동제품, 철 및 강철, 비철금속 등은 1960년대 중반까지 개선되다 다시 오히려 낮아지거나 정체하고 있고, 금속제품, 기계류, 운반용 기기, 화학제품 등은 여전히 매우 낮은 수준에서 정체하고 있었다. 물론 신발류와 목제품, 여행용구 및 핸드백 종류는 아직 높은 계수를 유지하고 있었지만, 이 제품들은 급속히 교역조건(terms of trade)이 악화되고 있었다. 결국 전체적으로 보아 1970년대 들어 한국은 세계경제의 구조변화에 따른 좀더 탈단순노동집약적(脫單純勞動集約的)인, 즉 기술사용적인 중화학공업 제품을 생산·수출하는 구조가 요구되고 있었다.[39]

두 번째로 지적되어야 할 점은 1970년대 초 한국이 국제경쟁에서 절대우위를 가질 수 있었던 것은 여전히 첨단기술이나 품질우위가 아니었다는 점이다. 그 결과 한국의 주력수출품인 경공업 제품의 가격탄력성(價格彈力性)은 매우 높아 조그만 가격상승도 바로 수출에 절대적 타격을 주고 있었고, 또한 "단위당 가격면에서 소득탄력성도 낮아 해외시장 확대에 한계가 있는"[40] 것이 분명히 확인되고 있었다.

이런 점에서 한국이 선택해야 하는 것은 소득탄력성이 높으면서 장기적으로 비용을 낮출 수 있는 수출제품이었다. 한국은 이제까지 여러 변수를 통해 임금상승률을 낮추거나 생산요소의 집중에 따른 비용하락 등을 유도하고 있었지만, 이제는 공업구조에서 수요성장률과 소득탄력성이 높아 향후 수출을 계속 확대시키면서도 장기적으로 비용하락을 위한 규모의 경제가 가장 잘 작동하는 공업이 절대적으로 요구되고 있었던 것이다. 중화학공업이야말로 바로 이런 조건을 만족시키는 공업이었다.

중화학공업의 경우 처음 장치비용이 높다고 하더라도 이 높은 고정비용으로 인해 생산이 늘어나면 규모의 경제가 가장 크게 나타나는 공업이다. 물론 이는 수요가 확대된다는 전제가 필요한 것이지만 앞에서 보았듯이 1970년대 들어 중화학공업 제품은 수요가 매우 컸고, 또한 〈표 2-7〉에서 보듯이 20세기 전반기부터 1960년대까지 관찰해 볼 때 중화학공업 제품은 그 소득탄력성이 식료, 담배, 섬유, 의류 등에 비해 매우 높은 것으로 확인되고 있었으므로 이러한 전제를 가장 잘 충족시켜 주는 것이었다.

결국 1973년의 중화학공업으로의 공업구조 전환은 경제사적 특수성으로 수출

39 언제부터 얼마나 급속하게 어느 정도로 공업구조를 전환하였는가라는 면에서 차이는 있었지만, 이는 한국만의 문제가 아니라 전후 급속한 성장률을 보였던 모든 신흥공업국가에서 공통적으로 나타난 현상이었다. 대만도 1960년대 말 이후 노동력의 공급부족, 임금상승에 따른 단순노동집약가공산업의 한계로 산업구조의 개편 필요성이 제기되었고, 이에 따라 한국과 유사한 시기에 중화학공업화를 추진하였다. 이는 1973년 11월 장경국(蔣經國)의 「6개 사회간접자본과 3개 중화학공업 사업계획」 선언으로 구체화되었다. 중화학공업으로의 전환이 빨랐던 독일·일본도 경공업과 중공업의 생산비율을 나타내는 호프만지수가 2에서 1로 바뀌는 데 25~30년 걸렸던 것에 비해, 한국과 대만은 호프만지수가 4에서 1로 바뀌는 데 15년 정도 걸렸다는 점에서 한국과 대만은 중공업으로의 전환속도가 매우 빨랐음을 알 수 있다. 이와 달리 당시 공업구조를 대폭적으로 신속하게 전환하지 못한 브라질·멕시코 등 남미 국가들은 이후 한국·대만에 비해 성장률과 수출증가율이 낮았다.

40 중화학공업추진위원회기획단(공발1, 1979), p. 171.

표 2-7 공업제품별 소득탄력성

구 분	소득탄력성	표준편차	R^2
1차금속	1.52	±0.13	0.718
금속제품	1.96	±0.12	0.824
화학제품	2.44	±0.13	0.883
음·식료 및 담배	0.78	±0.05	0.858
섬유·의류	0.59	±0.03	0.553
기타 제조업 제품	1.16	±0.07	0.863
총제조업	1.26	±0.05	0.910

주: 1) 추정기간은 1899년부터 1967년까지이고 대상국은 서유럽과 북미임.
2) 1인당 부가가치 생산량과 1인당 소득을 이용한 체너리(H. B. Chenery) 방식을 이용하여 추정함.
자료: A. Maizels(1970), M. S. Lee(1980), p. 89 인용.

을 중심으로 성장할 수밖에 없었던 한국의 입장에서 볼 때 시기적으로 필수불가결한, 적정한 선택이었음을 알 수 있다. 이상의 점에서 기존의 중화학공업화 개시시점에 대한 많은 비판이 한국 경제에서 중요하게 고려해야 할 동태성이나 세계시장이라는 유기적 시각을 고려하지 않고 있음을 알 수 있다.

2.4 내수의 구조와 구매력 안정성

국제시장에서의 변화에도 불구하고 중화학공업으로의 공업구조 변화를 위해 한국 경제에서 1차적으로 충족되어야 하는 것은 중화학공업 제품에 대한 국내수요구조의 확립과 구매력 안정성이다. 특히, 중화학공업화에 막대한 초기자본이 투입됨에도 국제경쟁력이 확고하지 못한 발전도상국의 경우, 그 전제로서 우선 안정적인 내수(內需)는 필수적인 것이라고 할 수 있다. 왜냐하면, 국제시장에서 여전히 경쟁력을 갖고 있지 못한 후발공업국으로서 중화학공업으로의 공업구조 전환은 과잉재고 위험을 가지고 있는 것이기 때문에 1차적인 안전장치가 국내에서 필요하기 때문이다. 대표적 예로 19세기 말 유럽에서 가장 높은 신산업경쟁력을 확보한 독일은 중화학공업을 육성하면서 우선 공업구조를 특화시켜 내수안정성을 높임으로써 국제경쟁력을 얻는 데 성공하였다.[41] 사실 1970년대 시장규모는 당시 경제정책에서 가장 큰 애로 중 하나였다. 오원철 전청와대 경제수석은 "중화학공업을 입안하던 1970년대 초 당시 우리나라 인구가 5,000만 명만 넘었으면 좋겠다고 바랐다"고 증언하였는데(1993. 11. 29), 당시 인구감소를 절대시하던 분위기에도 불구하고 생각하였던 이런 인식은 매우 정확한 경제적 진단이었다고 볼 수 있다.

중화학공업구조로의 전환을 위한 시기적정성을 평가할 수 있는 공업내수구조를 보여 주는 대변수(proxy variable)로 세 변수를 선택할 수 있다. 첫 번째는 공업부문의 중간재 수요비율 또는 완성자본재의 구입액 및 총수요 점유비중이다. 두 번째는 중화학공업재 수요증가에 따른 공급애로를 보여 주는 중화학공업부문의 수입의존도 및 완성자본재 수입의존비율이다. 마지막 세 번째로는 최종지출구조에서의 소비와 자본형성비율 구조를 들 수 있다.

우선 1970년대 초 한국이 중화학공업구조로의 전환을 위한 내수구조가 갖추어지고 있었는가를 보여 주는 변수로 수요단계별 비중에서 중간재의 수요비중을 고려해 볼 수 있다. 총수요에서 차지하는 이 중간재 수요비중은 1960년 34.5%였으나 1970년에는 40.2%로 증대되었다.[42] 더구나 동태적인 측면에서 보면 이 기간중 중간재 수요의 증가는 한국의 경우 대만과 함께 세계에서 가장 높은 증가속도를 보여주고 있었다.[43] 그래서 대만 역시 1960년대 말 이후 중간재에 대한 수요가 급속히 확대됨에 따라 공업구조 개편의 필요성이 공감되어 한국과 유사한 1973년부터 중화학공업화를 추진하였다.

중간재 수요의 증가속도가 이렇게 빨랐던 것은 1960년대 수출증가와 함께 소재·생산재부문 중화학공업에 대한 후방연관(backward linkage) 압력이 제기된 데 따른 것이다. 이러한 사실은 1968~1970년 평균 중화학공업의 추정수입의존도가 76.7%로[44] 이 기간 완성자본재 추정수입의존도 62.2%를[45] 23.3%나 초과하는 데에서 잘 드러난다. 그 결과 이제 중간재 수요가 40%를 넘어서고 중간재수요형 기업수가 70%에 육박하는, 이른바 공업구조의 변화를 충족하기 위한 필요조건이 내수구조에서 분명히 이루어지고 있었던 것이다.

한편, 중화학공업재에 대한 선행적인 내수구조를 보여 주는 완성자본재 구입액 증가와 총지출 중 점유비중 증가를 보면 〈그림 2-7〉과 같다. 완성자본재 구입액은

---

41 이에 대한 독일의 상황과 전략에 대해서는 Y. G. Park(1996).
42 한국은행(산, 1973).
43 H. B. Chenery, S. H. Robinson, and M. Syrquin(1986), p. 58.
44 관세청(수통, 1964~1972); 한국은행(경제, 1966~1973); 국제협력문제연구회(1972), p. 36.
45 한국은행(경기, 1978).

그림 2-7 완성자본재 구입액과 국민총생산의 지출구성 내 비율

단위: 10억 원, %

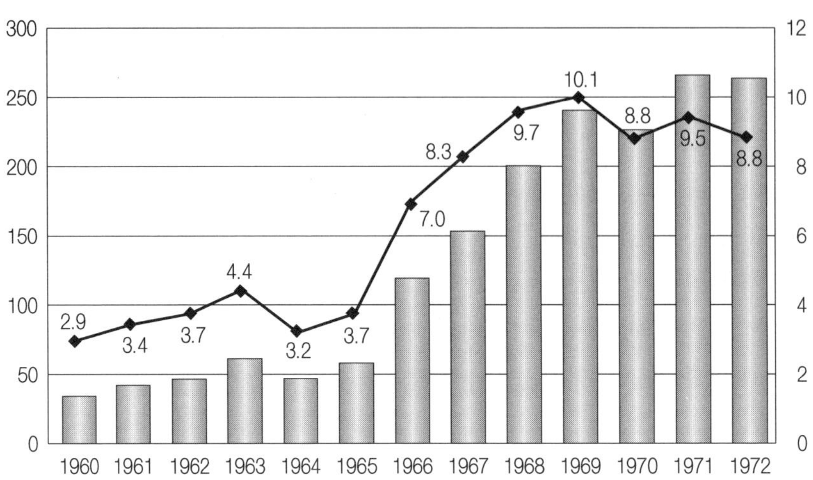

주: 1) 1970년 불변가격으로 계산.
2) 완성자본재 구입액은 막대그래프로 왼쪽 Y축, 총수요비중은 선그래프로 오른쪽 Y축 값임.
자료: 한국은행(경기, 1978); 한국은행(경제, 1976).

1966년을 전환점으로 하여 1960년 326.4억 원(1970년 불변가격)에서 1966년 1,196.4억 원(1970년 불변가격)으로 급등하였다. 이후 1970년 2,289.6억 원, 1972년 2,660.8억 원으로 증가하고 있다. 이에 따라 완성자본재 구입액의 총지출 점유비중은 1960~1965년 3.55%에서 1966~1971년에는 8.9%로 변하였고, 1969년에는 10%를 넘어섰다.

그러나 이러한 내수구조의 변화에도 불구하고 1960년대 전반기 진행되던 공급측면에서의 공업구조 전환은 1968년 이래 정체하거나 오히려 경공업부문이 다시 높아지는 구조까지 보여 주었고, 호프만(Hoffmann)계수는 1962년 2.75에서 1970년 1.57, 1972년 1.81로 악화되었다.[46]

두 번째로 중화학공업재 내수증가에 따른 공급애로를 보여 주는 중화학공업부문의 수입의존도와 완성자본재 수입의존율을 보자.

우선, 중화학공업의 부문별 및 총수입의존도를 추계하여 정리한 것이 〈표 2-8〉이다.[47] 이 표를 보면 중화학공업의 수입의존도는 1964년 68.6% 수준에서 1968년에

46 1970년 불변가격 기준 부가가치 생산액 중화학공업의 공업 내 비중을 보면 1969년 39.8에서 이후 1970~1972년 38.9, 37.8, 35.6으로 오히려 줄어들고 있었다(경제기획원(지표), 1980; 한국은행(국), 1974).

47 부문별 수입액에 대해서는 본장 부록의 〈부표 2-2〉 참조.

표 2-8 중화학공업의 부문별 및 총수입의존도

단위: %

연 도	화 학	1차금속	금속제품	일반기계	전기기계	수송기계	중화학공업 전체
1964	77.9	63.9	29.2	73.3	64.4	45.4	68.6
1965	81.6	71.0	40.2	69.3	51.3	56.7	69.9
1966	81.4	78.4	53.4	85.8	58.4	65.3	76.0
1967	74.5	79.3	59.8	86.1	67.5	76.7	77.1
1968	67.5	79.3	58.0	91.9	74.9	74.5	78.5
1969	66.0	80.4	52.7	93.0	70.9	70.0	77.2
1970	66.1	75.6	57.1	91.9	67.9	66.0	74.4

자료: 관세청(수통, 1971); 한국은행(경제, 1966~1973); 국제협력문제연구회(1972).

는 78.5%까지 증대하였다가 이후 화학·전기기계·수송기계부문의 수입대체로 떨어지고 있지만, 여전히 74%가 넘는 높은 수입의존도를 보여 주고 있다. 이는 물론 중화학공업 생산재에 대한 폭발적 내수증가에 기인하는 것이었다. 화학·1차금속·금속을 제외한 순중공업 기계 및 운수기기부문만으로 보아도 수입액은 〈그림 2-8〉에서 보듯이 급속히 증가하여 1970년 5억 8,952만 달러, 1971년 6억 8,542만 달러로 연간 5억 달러 이상에 달하고 있었고, 「중화학공업화 정책선언에 따른 공업구조 개편론」에서도 이 문제가 심각하게 지적되고 있었다.[48]

이에 따라 완성자본재 수입액은 〈그림 2-9〉에서 보듯이 1970년 불변가격으로 1960년 197.7억 원에서 1970년 1,432.2억 원, 1972년 1,824억 원으로 급격히 증가하였다. 1960년 60.6%를 정점으로 1960년대 전반기 40.0%까지 낮아졌던 완성자본재 구입액 중 수입액의 비율은 다시 급증하여 1960년대 후반에는 64.7~66.0%를 나타냈다. 이 비율은 1969, 1970년 전자공업 수입대체로 약간 낮아졌지만 1971, 1972년에는 66.6%, 68.6%로 다시 사상 최고치를 갱신하며 급등하고 있었다.

수입품의 구성에서 전체 자본재가 차지하는 비중은 1961년 13.4%에서 1972년에는 30.2%로 급증하였고, 그 중에서도 중간재 및 소재의 수입점유비중은 1964년 1.7%로 거의 미미하였으나 1972년에는 27.3%로 늘어나 중화학공업 중간재에 대한 내수의 확대를 보여 준다.[49] 결국 공업공급구조의 변동 없이 중화학공업재 수요가

[48] 1970, 1971년 급증에 이어 1972년 10월 말 현재 이미 5억 3,475만 달러에 이르고 있다고 보고하고 있다(대통령비서실(중선19730130), p. 15).

[49] 경제기획원(업무, 1980); 관세청(수현, 1974).

그림 2-8 기계 및 운수용 기기 수입액과 증가지수(1960~1972)

단위: 백만 달러, 1960=100

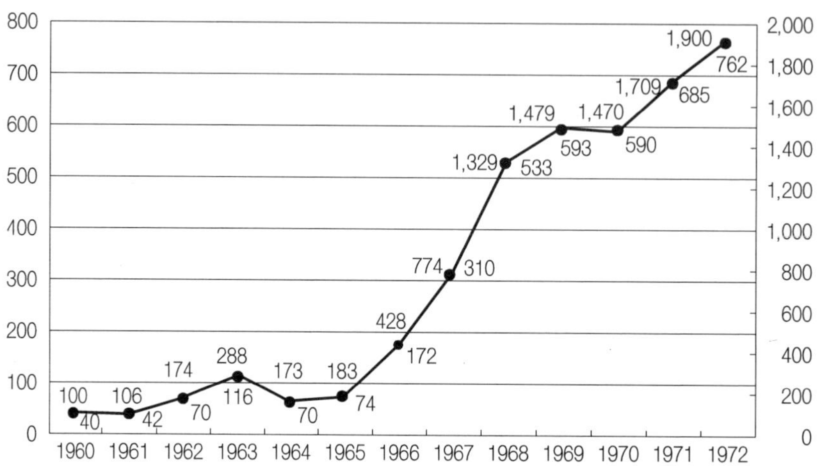

주: 위쪽 수치는 1960=100으로 한 수입증가지수로 오른쪽 Y축 값이고, 아래쪽 수치는 수입액으로 단위는 백만 달러이며 왼쪽 Y축 값임.
자료: 한국은행(경기, 1978).

그림 2-9 완성자본재 수입액과 수입비율

단위: 10억 원, %

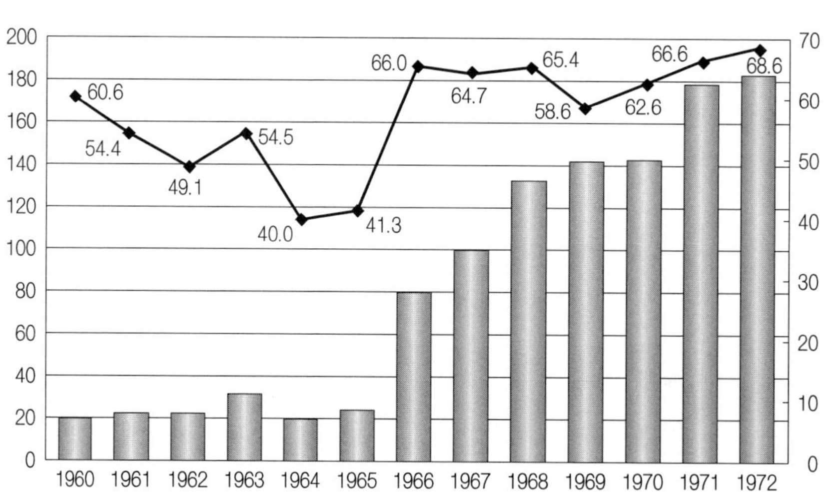

주: 1) 1970년 불변가격으로 계산.
2) 자본재수입액은 막대그래프로 왼쪽 Y축, 수입비율은 선그래프로 오른쪽 Y축 값임.
자료: 한국은행(경기, 1978).

증가하는 내수구조의 급속한 변동으로 소재 및 중간재를 수입에 절대 의존하는 조립가공형 공업구조가 단적으로 나타나고 있는 것이다.[50] 따라서 당시 한국의 산업은 "막대한 중간 원자재와 자본재를 수입에 의존하도록 하여 경제성장과 투자활동에 따른 수입수요의 증대와 국제수지문제를 야기하였으며, ……따라서 중화학공업의 건설은 중간재·자본재의 자급도를 높임으로써 성장에 부수되는 국제수지의 구조적 불균형요인을 제거하게 하고 국내저축의 잠재력을 신장하도록 함으로써 지속적 성장을 뒷받침하는 데 불가결한 과제"로 지적되고 있었다.[51]

내수급증에 따른 소재·중간재 등 자본재수입 급증은 순상품교역조건(純商品交易條件, net barter terms of trade)의 악화를 가져왔다. 〈그림 2-10〉은 1960년대 후반 이후 소득교역조건(所得交易條件, income terms of trade)은 수출증가로 급속히 개선되고 있는 데 비해 중화학공업재에 대한 내수급증, 수입급증과 함께 순상품교역조건은 정체 또는 악화되고 있음을 보여 준다. 〈그림 2-4〉와 〈그림 2-5〉에서 보듯이 저실업률, 높은 임금상승률 등 노동시장의 경직성이 드러나고 있는 가운데 나타나고 있는 소득교역조건과 순상품교역조건의 역방향 확대현상은 수출상품구조의 고도화가 이미 늦은 시점에 있음을 보여 준다.

세 번째 대변수로 수입액을 반영한 국민총생산에 대한 지출에서의 소비 및 자본형성 구성비를 정리해 보면 〈그림 2-11〉과 같다. 1970년 불변가격으로 소비비중은 1960년 98.0%에서 1970년 83.7%로 급격히 감소하였다.[52] 반면 역시 1970년 불변가격으로 계산한 자본형성률은 1960년 8.6%에 불과하였으나 1968년 이후에는 21%를 넘고 있었다. 한편, 공제비율인 재화와 용역의 수입비율을 보면 1966년까지 14%보다 낮은 수준이었으나 1967년에는 17.3%, 그리고 1968년 이후에는 22%를 넘어서고 있다.

여기에서 경제구조상 1970년대 들어 자본형성률이 총지출의 20%를 넘어 지출구조에서 자본재의 수요가 급속히 증가하고 있음을 알 수 있으며, 나아가 동태적 측면에서 수입구조를 포함하여 볼 경우 수입의 증가가 이제 자본재 확보와 연계되어 움직이는 구조로 바뀌고 있음을 알 수 있다.

---

50 1960년대 중반 이후 외자의 도입과 원리금 상환이 매년 급증하는데, 이는 중화학공업이 발달하지 않은 채 경공업의 규모가 팽창하면서 해외 중간재·원료재 그리고 최종기계재에 대한 의존수요가 늘어났기 때문이다.

51 경제기획원(전, 1973), pp. 6~7.

52 해외로부터의 순차입(net borrowing)과 순이전(net transfers)을 합한 총가용자원(total available resources)에 대한 처분비율을 보면 소비는 더욱 낮게 나타난다.

그림 2-10 공업공급구조와 교역조건의 변동

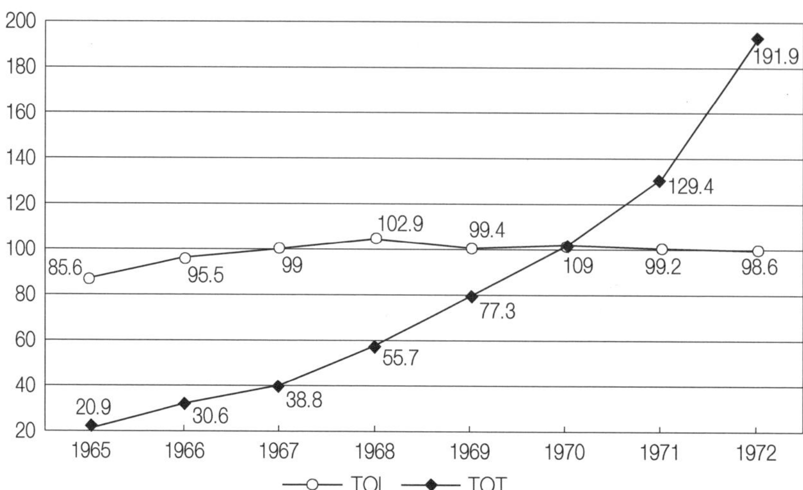

주: 1) TOI: 소득교역조건(1970=100), TOT: 순상품교역조건(1970=100).

2) 순상품교역조건 $= \frac{\text{수출단위지수}}{\text{수입단위지수}}$, 소득교역조건=순상품교역조건×수출수량지수.

3) 수량지수는 라스페레스(Laspeyres)식에 의해 산출된 고정기준지수이며, 단가지수는 금액지수를 수량지수로 나눈 값임.

자료: 경제기획원(통월, 1971. 12, 1973. 5, 1973. 8); 경제기획원(지표, 1976, 1977, 1980); 한국은행(국, 1974, 1977).

이상의 내수구조 검토를 통해 볼 때 1970년대 들어 한국은 공업공급구조 및 공업정책상의 전면적 개편이 필수적인 시기에 있었음을 알 수 있다. 즉, 생산재의 수요규모가 국내시장에서 효율수준(efficiency scale)에 접근함으로써 중화학공업으로의 공업구조 변화를 위한 필요하고도 충분한 조건이 이미 형성되고 있었던 것이다. 특히, 중화학공업화를 시도한 브라질·멕시코·대만 등 다른 발전도상국과도 비교해 이 점은 한국의 뚜렷한 특징이었다.[53]

〈그림 2-11〉에서 보듯이 1970년까지 국민총생산의 지출구조에서 차지하는 재고증가와 수출의 비중은 미미하고 국내소비와 자본형성의 비중이 절대적이었으므로

53 "경험에서 보면, 첫째 낮은 1인당 GDP수준에서는 자본집약적인 중간재가 기술집약적인 엔지니어링부문보다 확대되는 경향이 있다. 둘째, 1970년대 이전까지는 내수가 중화학공업 공장의 최소생존규모보다 크지 못하였다. 이 모든 것을 종합할 때 브라질이나 멕시코 등과 비교해 한국의 중화학공업화 정책 시기(timining of industrial policy)는 점점 증대되는 비교우위에 더 가까운 것이었다"(R. M. Auty, 1994, p. 50).

그림 2-11 국민총지출에 대한 소비 및 자본형성 구성비(1970년 불변가격)

단위: %

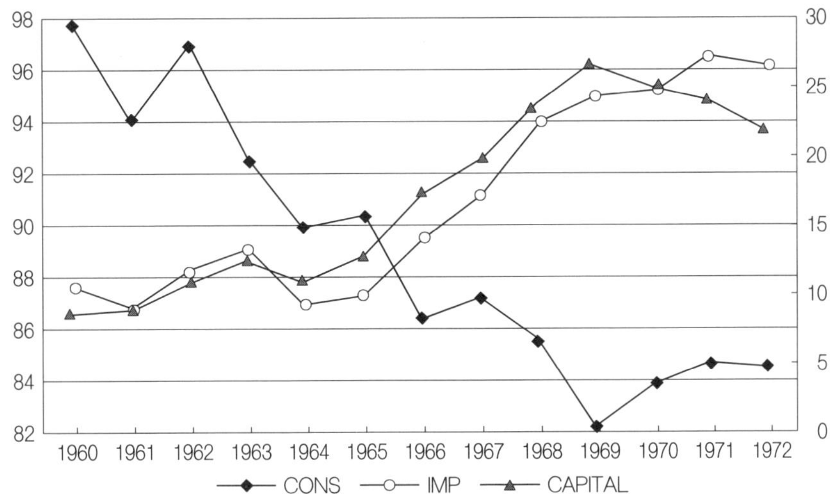

주: 1) 총지출은 소비(민간소비+일반정부소비)지출, 국내총고정자본형성, 재고증가, 수출, 해외순수취요소소득(海外純受取要素所得)을 합계한 것에 재화와 용역의 수입을 공제한 것으로, 공제분을 마이너스로 계산하여 100으로 지수화함. 따라서 소비와 자본형성의 합은 100이 넘음.
2) CONS: 소비비중, CAPITAL: 자본형성률, IMP: 수입비중.
3) CONS는 왼쪽 Y축 값이고, CAPITAL, IMP는 오른쪽 Y축 값임.

자료: 한국은행(경제, 1976).

1인당 부가가치 생산액은 실현된 국내수요의 대변수로 사용될 수 있다.[54] 이를 이용해 당시 국내수요의 소득탄력성을 추계해 보면 〈표 2-9〉와 같다.

여기에서 1970년까지 내수시장에서 경공업 제품의 소득탄력성은 1.9488로 나타나는 데 비해 중화학공업은 3.6390으로 매우 높게 나타나고 있음을 알 수 있다. 결국 수출시장에서만이 아니라 내수시장에서도 중화학공업은 소득탄력성이 매우 높아 그 수요가 지속적으로 성장하고 있으며 또한 성장할 것임을 확인할 수 있다. 실제로 〈표 2-10〉에서 보듯이 1970년대 중화학공업, 특히 금속제품, 일반기계, 전기전자기기, 수송용 기기, 정밀기기 등의 소득탄력성은 경공업에 비해 매우 높았으며, 제조업 총산출액에서 차지하는 각 업종의 큰 구성비 변화는 수요의 소득탄력성 크기로 설명될 수 있는 것으로 나타났다.[55]

[54] 물론 당시의 경제구조에서 사전적(事前的) 수요는 공급보다 많아 일치하지 않을 수도 있지만 실현된 사후적 수요는 일치하게 된다.

[55] 한국은행(공, 1987), p. 10.

표 2-9 실현된 국내수요의 소득탄력성(1953~1970, 1965년 불변가격)

산 업	소득탄력성	소득탄력성 추정식	R^2	F
경공업	1.9488	ln*Y*= −5.1547 +1.9488 ln*Y*	0.9544	334.85
(음식료품, 담배)	1.7866	ln*V*= −4.8172 +1.7866 ln*Y*	0.9696	510.30
(섬유)	2.1655	n*V*= −6.5380 +2.1655 ln*Y*	0.9304	213.77
(기타 경공업)	1.8727	n*V*= −5.4313 +1.8727 ln*Y*	0.9147	171.56
중화학공업	3.6390	ln*V*= 13.1700+3.6390 ln*Y*	0.8981	141.00
(화학)	3.8218	n*V*=−14.2956+3.8218 ln*Y*	0.9014	146.21
(1차금속)	4.1679	n*V*=−16.4909+4.1679 ln*Y*	0.7846	58.27
(기타 중공업)	3.3114	ln*V*=−12.1116+3.3114 ln*Y*	0.9109	163.58
제조업	2.3527	ln*V*= −0.6823+2.3527 ln*Y*	0.9563	350.11

주: *V*: 1인당 부가가치액(원화), *Y*: 1인당 GNP(원화).
자료: 국제협력문제연구회(1972), p. 18.

표 2-10 1970년대 제조업 부문별 소득탄력성(1974~1978)

구 분	부 문	소득탄력성	구 분	부 문	소득탄력성
경 공 업	음식료품 및 담배	0.9983		비금속광물제품	1.3828
	섬유 및 의복	1.3890	중 공 업	제1차금속	2.4045
	제재 및 가구	1.5117		금속제품	3.4569
	종이 및 인쇄출판	1.4494		일반기계	3.2834
	기타 제조업	1.7647		전지전자기기	3.2244
석유, 화학	화 학	2.3117		수송용 기기	3.2708
	석유정제	1.1908		정밀기기	3.4929

자료: 한국은행(공, 1987), p. 11.

한편, 정부부문에 의해서도 당시 중화학공업 생산물에 대한 내수구조의 안정화와 구매력안정성 제고가 이루어졌다. 당시 내수시장에 대한 정확한 정량적 변수를 갖고 있지 못하였던 정부가 이러한 내수문제를 매우 중요시하였고, 또 대비하고 있었음은 여러 문서와 정책에서 확인된다.[56] 대표적으로 정부는 중화학공업의 선정에서 전후방연관효과가 큰 것을 우선 기준으로 함으로써 이러한 내수의 불안정성을 없애려 하였다.[57] 나아가 정책면에서 중화학공업화 초기에 기업들의 선택을 바꿔 중

56 상공부(상보, 1973. 12. 14).
57 중화학공업추진위원회기획단(중계, 1973), pp. 6~7.

화학공업에 참여하도록 유도하기 위해서도 그러하였지만, 석유위기가 오자 내수구조를 안정화시키기 위해 즉각 내수시장 보호장치를 작동하여 비관세(非關稅) 수입자유화율을 1972년 52.1%에서 1974년 50.7%, 1975년에 49.1%로 떨어뜨렸다.[58] 그러나 이는 어디까지나 외생변수의 측면에서 1973년 이후 나타난 석유위기와 정부측의 정보불완전성에 따른 '예비적 정책'에 의한 것이었으며, 앞에서 보듯이 시기적으로 1970년 초 당시에는 이미 중화학공업구조 전환을 위한 내수구조 및 시장규모가 확립되어 가고 있었다고 볼 수 있다.

결국 내수부문에서 조건이 이루어져 있지 않았음에도 정부의 낙관적인 수출시장 전망에 의존하여 중화학공업화를 시작하였다는 기존의 시각은 많은 부분 1960년대 공업발전과 1970년대 초의 내수시장에 대한 인식과 분석, 그리고 당시 정부의 문서검증을 크게 고려하지 않고 이루어진 것이었음을 알 수 있다.

2.5 맺음말

기존의 1970년대 중화학공업화에 대한 비판론은 물론이고, 긍정론들도 대부분 1970년 초 중화학공업구조로의 전환은 시기적으로 적절하지 못하였다고 전제하여 왔다. 따라서 시기적 부적절성의 문제는 부의 집중, 자원배분의 왜곡과 함께 1970년대 중화학공업화의 가장 일반적인 비판의 요점이 되어 왔고, 이런 전제 위에서 중화학공업화와 이후의 경제정책에 대한 평가가 이루어져 왔다.

그러나 본장은 실질적인 관련 경제변수로 검토해 볼 때 수요 측면에서 1970년대 중화학공업화의 시기가 잘못되었다고 전제하는 것은 문제가 있음을 보여 준다. 당시 한국 경제는 다음과 같이 동태적이고 유기적인 측면에서 공업구조의 전환이 필수불가결한 시기였다.

우선, 1970년대 들어서면서 국제시장과 교역재의 구조가 중화학공업 중심으로 바뀌고 있었고, 이는 한국 경제의 병목으로 작용하고 있었다. 둘째, 한국 경제가 가지고 있었던 대외경쟁력 우위요소이면서 도덕적 해이(moral hazard)를 적게 가진 값싼 노동력이라는 생산요소와 그 생산요소의 가격탄력성에서 변화가 나타나고 있었

58 상공부(조사, 1979).

고, 그 결과 주수출품의 무역특화지수가 정체하고 있었다. 따라서 비교우위가 숙련노동집약적·기술사용적인 공업방향으로 바뀌어야 하였으며, 소득탄력성이 높고 평균비용의 대폭적 하락을 실현시켜 줄 공업부문으로의 전환이 필수불가결하였다. 셋째, 중화학공업으로의 공업구조 변화를 위해 한국 경제에서 1차적으로 충족되어야 하는 중화학공업 제품에 대한 내수구조의 확립과 구매력 안정성이 이루어져 가고 있었다. 이는 ① 공업부문의 중간재 수요비율 또는 완성자본재 구입액 증가비율, ② 중화학공업의 수요증가에 따른 공급애로를 보여 주는 중화학공업재의 수입의존도와 완성자본재 수입의존비율, 그리고 ③ 최종지출구조에서의 소비와 자본형성비율 변동구조 등 공업내수구조를 보여 주는 모든 대변수에서 공통적으로 확인된다.

따라서 본장의 검토결과는 1970년대 한국 중화학공업화 평가에서 수요 측면에서 본 시기적 부적절성을 이유로 제외되어 왔던 많은 내생변수가 다시 고려되어야 하며, 나아가 당시 시대와 정책에 대한 전체적인 공통의 인식 역시 재검토되어야 함을 보여 준다.

이제 시기의 적정성을 판단하기 위해 남아 있는 문제는, 시기적으로 국제시장 및 국내시장구조의 변동에서 공업구조 변화의 필요성과 적정성이 인정된다고 하더라도 그것이 내재적으로 국민후생의 감소 없이 가능한가라는 공급 측면의 문제이다. 이 문제는 머리말에서 밝혔듯이 다음 제3장에서 다루게 될 것이다.

부 록

1. 보 주

〈보주 2-1〉 1960년대 선진국과 발전도상국의 격차확대

1960년대 세계무역은 지속적으로 팽창하고 있었다. 그 결과 세계무역량이 1970년에는 1960년의 2배 이상으로 확대되었다.[59] 그러나 극히 일부 국가를 제외하고 이는 어디까지나 1961년에 서유럽 18개국과 미국·캐나다로 만들어진 '국제경제협력개발기구', 즉 OECD(Organization for Economic Cooperation and Development)의 지도하에 움직이는 선진자본주의 국가들의 잔치였다.[60] 선진자본주의 국가 간의 무역은 1960년 전 세계교역의 53.4%에서 1970년에는 61.7%로 확대된 반면, 발전도상국 간의 교역 또는 발전도상국과 선진자본주의 국가와의 교역은 1960년대 42.2%에서 33.7%로 감소되면서 발전도상국은 세계시장에서 오히려 배제되었다.[61] 이러한 무역구조하에서 선진자본주의 국가들은 1960년대 수출이 연평균 9.6%씩 성장하여 국민총생산에서 차지하는 수출비중은 25% 수준으로 확대되었지만, 발전도상국들의 수출 연평균성장률은 6.9%에 머물렀다.[62]

결국 선진국들의 성장과 달리 후진국 경제는 1960년대에도 선진국만큼 개선되지 않았다. 〈보주그림 2-1-1〉에서 보듯이 선진국들의 국내총생산액(GDP)은 1960년 9,440억 달러에서 1970년 2조 980억 달러로 증가하였지만, 발전도상국의 경우 1960년 1,830억 달러에서 1970년 3,890억 달러로 늘어나는 데 그쳤다. 1인당 국민소득으로 비교해 보면, 선진국의 경우 1960년 1,965달러에서 1970년 2,900달러로 증가하였지만, 발전도상국의 경우 1960년 180달러에서 1970년에도 불과 230달러에 머

[59] UNCTAD(1979).

[60] OECD는 1960년대 말까지 일본(1964), 핀란드(1969)가 가입하였고, 1970년대에는 호주(1971), 뉴질랜드(1973)가 가입하여 상당히 폐쇄적인 선진국 조직으로 유지되었다. 그러다가 1990년대에 들어와 멕시코(1994), 체코(1995), 헝가리(1996), 폴란드(1996), 한국(1996) 등에게 개방되었다.

[61] 발전도상국 간의 교역은 1945년 세계교역의 10% 수준이었지만 1970년에는 4.0% 수준으로 급감하였다(楊井克己·石崎昭彦 編, 1973, p. 183; 金宗炫, 1990, p. 456에서 재인용).

[62] UNCTAD(1979).

보주그림 2-1-1 1960년대 선진국과 발전도상국의 격차(1970년 불변가격)

단위: 달러

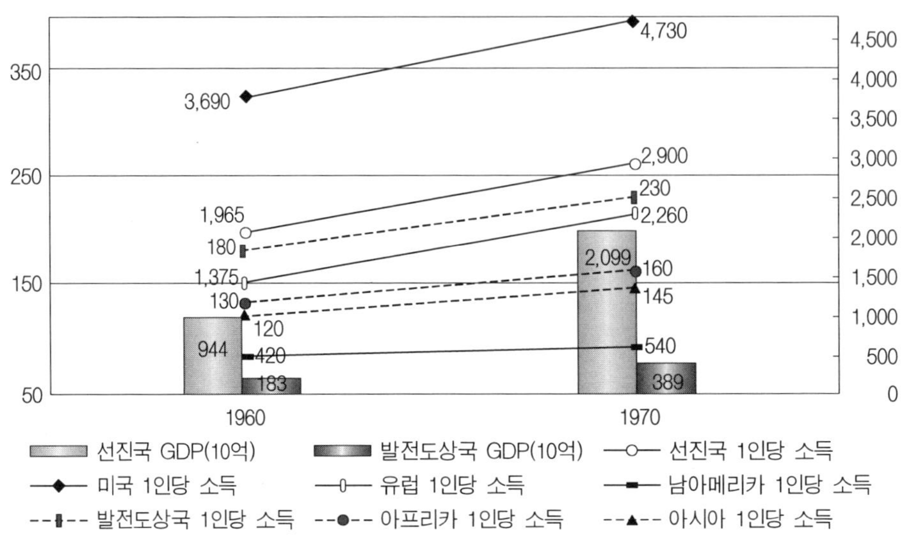

주: 점선은 왼쪽 축, 실선과 막대그래프는 오른쪽 축 수치임.
자료: United Nations(YNA, 1975); 볼프람 피셔(1997), 부표.

물러 있어 그 격차가 10.9배에서 12.6배로 확대되었다.

특히, 1960년대까지 세계에서 가장 빈곤한 지역이었던 아시아의 경우 1인당 국민소득은 1970년에도 145달러에 불과하였다. 반면 미국의 경우 1인당 국민소득은 1960년 3,690달러에서 1970년 4,730달러로 늘어나 미국과 아시아의 1인당 격차는 1960년의 30.8배에서 1970년 32.6배로 확대되었다. 이러한 소득격차의 확대 속에서 발전도상국은 국제수지의 만성적인 적자와 빈곤으로 빚이 늘어나게 되었고, 따라서 발전도상국들의 외채문제는 1960년대 더욱 심화되고 있었다.

이러한 근본원인은 1960년대 급속히 발전한 중화학공업 기술에서 발전도상국이 뒤떨어진 데 있었다. 1970년 전 세계 수출품에서 중화학공업 제품의 비중은 36%로 급속히 늘어났는데,[63] 수출되는 공업제품의 93~94%가 선진자본주의 국가들이 수출하는 것이었다. 또한 중화학공업의 발전으로 발전도상국이 수출하던 원료·재료들도 선진국들이 만들어 수출하기 시작함으로써 원료수출에서의 비중 역시 발전도상국이 선진국보다 뒤지기 시작하였다.

[63] United Nations(MBS, 1975. 12).

〈보주 2-2〉 한국 전환점에 관한 제 견해와 전환점

기존 연구는 한국에서의 전환점 시점에 대해 몇 가지 다른 견해를 보여 주고 있다. R. A. Sedjo(1976)는 농업부문의 노동한계생산성과 실질임금 변화라는 고전적 해석에 그대로 충실하게 입각하여 1963년 이후 농업·공업부문 모두 실질임금이 급상승하고, 농업인구 감소와 농업고용이 정체되며, 공업고용이 급속히 증가하는 현상을 보이므로 전환점을 1963년으로 보았다.[64] K.-s. Kim and M. Roemer(1979)는 1960년대 후반 실질임금이 급속히 상승하여 노동의 과잉공급이 끝났다고 보았고, 메이슨(E. S. Mason) 등은 역시 1965년 이후의 실질임금 상승을 들어 1960년대 중반 한국에서는 노동과잉공급이 중단되었다고 보았다.[65] 한편, 1인당 저축률이 자본-노동비율을 유지하는 데 충분한 정도를 넘어서는 단계를 도약(take-off)의 기본 조건으로 본 S. C. Tsiang and R.-I. Wu(1985)는 한국의 경우 1966~1967년경 도약점(take-off point)이 이루어졌다고 하였다.[66]

배무기는 농업의 전환점을 1969년이라고 보았지만, 여전히 남아 있는 도시전통부문의 과잉노동력으로 인해 실질적인 두 번째의 최종 전환점은 1975년경으로 보았다.[67] 그러나 쿠즈네츠(P. W. Kuznets)는 1970년대 중반 중화학공업화로 임금격차가 벌어지자 정부가 나서 저임금노동자들의 임금을 올림으로써 임금격차를 줄이려고 하였고, 이에 따라 1970년대 후반에 임금의 급상승이 나타났다고 하면서 배무기가 이 점을 잘못 인식했다고 지적하였다.[68] 와타나베 토시오(渡辺利夫)는 저렴하고 잘 훈련된 노동력이 이제 제한적인 요소로 되어 가고 있고, 실질임금이 1970년대 초부터 오르고 있으며, 석유위기도 이 경향을 막지 못하였다고 지적하면서 1970년경을 한국의 전환점으로 보고 있다.[69] 화이(J. C. H. Fei) 등은 1972년 이후 한국에서 비숙련 노동자의 부족이 초래되었다고 보았다.[70] 조순(S. Cho)은 중화학공업화에 이은 1970년대의 급속한 임금상승을 지적하면서 1974~1979년이 한국 경제에서 전환점을 기록한 것으로 보인다고 말하고 있다.[71] 쿠즈네츠는 위의 연구에서 전환점에

[64] R. A. Sedjo(1976), pp. 213~222.
[65] E. S. Mason, M. Kim, D. W. Perkins, K. Kim, and D. C. Cole(1981).
[66] S. C. Tsiang and R.-I. Wu(1985), pp. 320, 322.
[67] M.-K. Bai(1982), pp. 117~140; 배무기(1983).
[68] P. W. Kuznets(1994), pp. 61~62.
[69] 渡辺利夫(1984b), p. 100; Toshio(1985), p. 109.
[70] J. C. H. Fei, K. Ohkawa, and G. Ranis(1985), pp. 35~64.
[71] S. Cho(1994), p. 86.

관한 내용과 기존 추계의 문제점을 정리하면서 노동시간과 노동력 구성을 보면 1975년경이 전환점이라는 주장에도 일리가 있다고 보고, 이 시기에 주요한 비경제활동인구인 가정주부의 증가율이 정체되고 비농가여성들의 경제활동인구 증가가 급속히 나타나는 것도 전환점의 주요한 근거가 될 수 있다고 지적하였다.[72] 또 쿠즈네츠는 연구정리에서도 1975년경을 과잉공급에서 부족으로 전환하고 있다고 보았다.[73]

당시 중화학공업기획단은 "무급노동공급에서 유한노동공급으로 전환된 시점은 대체로 제2차 5개년계획 중반인 1968년경이라고 생각된다"[74]고 보았다.

저자는 쿠즈네츠가 지적한 대로 1970년대 후반 정부에 의한 노력과 인위적인 임금상승이 있었음을 인정하지만, 그럼에도 불구하고 실질임금과 노동구조에 초점을 맞추어 뚜렷이 상승과 변화가 나타난 1967년경을 1차 전환점, 1975년경을 2차 전환점으로 보고 있다.

72 P. W. Kuznets(1994), pp. 60~63.

73 P. W. Kuznets(1994), p. 138.

74 중화학공업추진위원회기획단(공발1, 1979), p. 245.

2. 부 표

부표 2-1 주요 수출상품의 원자재 수입의존도(1971년 말)

단위: %

구 분	가득률(稼得率)	수입의존도	수입의존도 중 대일 수입의존도
의 류	30	70	95
메리야스	30	70	100
쉐 타	70	30	100
직물 및 원사	40	60	100
가 발	50	50	70
철강제품	20	80	100
금속양식기(金屬洋食器)	55	45	100
신 발 류	40	60	50
합성수지	30	70	100
통 조 림	85	15	100
합 판	20	80	–
전자부품	40	60	10

자료: 상공부(상보), 1973. 12. 14.

부표 2-2 중화학공업부문별 수입 추이

단위: 백만 달러

연 도	화 학	1차금속	금속제품	일반기계	전기기계	수송용 기계	계
1964	84.3	19.2	2.9	38.2	19.7	11.6	175.9
1965	103.4	34.1	6.4	35.7	12.6	25.2	217.4
1966	134.5	57.0	12.5	95.6	26.1	50.0	375.7
1967	113.0	75.3	19.9	141.2	47.6	121.4	518.4
1968	128.5	36.7	22.9	282.9	95.9	154.3	781.2
1969	136.7	130.2	18.3	307.0	113.7	172.5	878.4
1970	163.8	127.5	26.4	305.9	132.9	150.8	907.3
1971	201.0	167.1	30.4	350.7	167.2	167.5	1,083.9

주: CIF기준, 통관허가일자 기준임.
자료: 관세청(수통), 1964~1971.

CHAPTER 3 중화학공업화와 시기선택: 공급문제

 3.1 머 리 말

기존 연구들이 공감대를 형성하며 지적해 온 1970년대 중화학공업화의 시기적 비합리성 문제는 수요와 공급의 양 측면에서 이루어졌다. 우선 수요 측면의 시기문제는 제2장에서 고찰하였다. 여기에서 「중화학공업화 선언」 이후 중화학공업으로의 공업구조 전환은 수요 측면에서 평가해 볼 때 시기적으로 필수불가결한, 적정한 선택이었음을 확인하였다. 1970년대 들어서면서 국제시장과 교역재의 구조가 바뀌었고, 동시에 중화학공업으로의 공업구조 변화를 위해 한국 경제에서 1차적으로 충족되어야 하는 중화학공업 제품에 대한 국내수요구조의 확립과 구매력 안정성 역시 이루어져 가고 있었기 때문이었다. 국내수요구조의 확립과 구매력 안정성이 매우 중요한 것은 막대한 초기자본이 투입되는 중화학공업의 경우, 특히 국제경쟁력이 확고하지 못한 발전도상국의 중화학공업화에서는 그 전제로서 우선 안정적인 수요확보가 필수적인 것이었기 때문이다.

이러한 수요 측면에서의 재평가에 이어 본장에서는 공급 측면에서 접근한다. 왜냐하면, 시기적으로 국제시장 및 국내시장 수요구조의 변동에서 공업구조 변화의 필요성과 적정성이 인정된다고 하더라도, 그것이 내재적으로 국민후생의 감소 없이 가능한가의 문제가 남아있기 때문이다.

이제까지의 다수 연구들은, 당시 정부가 "중화학공업화 정책선언은 우리나라 경제의 여러 가지 여건과 시대적인 특성에 비추어 더없이 시기에 맞는 단안이라고 하겠다"[1]라고 언급한 것과 달리, 1970년대 초 중화학공업 중심 구조로의 전환은 '능력'에서 시기상조였다는 '시기선택'의 문제를 상당 부분 공감하며 지적하여 왔다.[2] 특히, 1980년대 이는 집중적으로 지적되었는데 "중화학공업계획은 ……자본조달면에서 이를 충족할 만한 조건이 아직도 성숙되지 않은 상태에서 추진"[3]되었다는 것이다. 1970년대 중화학공업화에 대해 일부 정부 고위인사 출신들이 증언한 것도 "1970년대 중화학공업은 ① 막대한 건설자금과 제품이 연불수출을 감당할 수 있는 충분한 자금공급능력, ② 기술·기능인력의 확보, ③ 선진국과 경쟁하여 시장을 확보할 수 있을 정도의 기술수준과 품질보증 등 기본적인 전제조건의 정비가 병행되지 않은 상태에서 무리하게 추진한 데서 문제가 발생하였"[4]고 "시기상조였다"[5]는 것이었다. 즉, 중화학공업화가 한국 경제에서 필요하였다고 하더라도 1970년대 초에 이를 시행하였던 것은 '능력'에서 보아 시기적으로 잘못된 것이라는 지적이다. 최근 1970년대 중화학공업화에 대한 긍정론이 대두되고 한국 경제에서의 대기업집단의 역할에 대한 재평가가 진행되자 중화학공업화에 대한 비판론이 '능력에 넘는 과욕의 성급한 시기선택'에 초점을 맞추는 경향마저 보이고 있다.

본장은 바로 이런 점에서 공급구조에 초점을 맞추어 1970년대 중화학공업구조 전환 시점에 대해 검토하여 보고자 한다.

 3.2 공급능력과 공급 측면의 위험(risk)

중화학공업으로의 공업구조 변동을 위해 한국 경제에서 1차적으로 충족되어야

1 중화학공업추진위원회(해, 1973), p. 14.

2 시기문제 지적은 중화학공업화를 너무 일찍 서둘렀다는 것이지만, Y. Lim(1999, p. 24)에서 보듯이 학습이라는 차원에서 오늘날 시각으로부터 보아 더 일찍 시작하였더라면 더 이익을 볼 수 있었을 것이라는 견해도 있다. 그러나 이는 어디까지나 학습이라는 측면에서 본 것이고 일반적으로는 시기상조론의 비판이 절대 다수를 이루고 있다.

3 이갑섭(李甲燮, 1980. 12), p. 26.

4 강경식(姜慶植, 1987), p. 22.

5 강경식(1992), p. 86.

하는 것은 중화학공업 제품에 대한 국내공업 수요구조의 확립과 구매력 안정성이었다. 그러나 이러한 필요조건이 만족된다고 하더라도 결국 수요보다 공급병목을 갖고 있는 후발공업국으로서는 공급 측면에서 이를 충족시켜 줄 공급능력의 문제가 결국 최종적인 충분조건이 된다.

이는 바로 중화학공업 구조로의 전환시기 비판에서 하나의 주요한 근거로 제시되고 있는 위험문제(리스크, risk)와 비용(cost)의 문제로 귀결된다. 기존 연구에서 제기된 위험문제와 비용문제에서 시기의 부적절은 두 가지 측면에서 제기되었다. 첫째는 한국이 사회·정치적 요인 때문에 경제적으로 공급능력을 갖추지 못한 상태에서 준비 없이 과도한 위험부담을 걸었다라는 점이고, 두 번째는 중화학공업구조로의 전환을 선언한 바로 그 해인 1973년 말부터 닥쳐온 불황으로 볼 때 위험과 비용면에서 매우 부적절하였다는 주장이다.[6] 비용에 관한 보다 자세한 분석은 다음 제3절에서 다루고, 여기에서는 공급능력면에서의 위험문제에 초점을 맞추어 보자.[7]

우선 사후적인(ex-post) 면에서 평가해 보자.[8] 1960년대 세계경제에서는 후발국의 체화(embodied)된 기술습득에 따른 경제발전과정에서의 단축과 이익이라는 근대화 이론과 달리 남북문제의 확대가 나타났다. 이런 가운데 세계무역구조에서 중화학공업 제품의 수출은 이미 공업구조가 성숙되어 있었던 선진공업국이 담당하고 있었고, 발전도상국은 경공업에 수출을 특화하는 공업분업구조가 형성되어 있었다. 이런 구조 속에서 당시 자원과 기술력에서 절대열위였던 한국의 공급능력에서 볼 때 1970년대 초 중화학공업구조로의 전환은 시기적으로 너무 위험과 비용부담이 컸다는 것이 비판의 주요 초점이다.

그러나 이러한 공업 간(between-industry) 수직적 국제분업이란 그 가측성에서 정태적(靜態的) 비교우위에 입각한 것이라는 점에서 뚜렷한 한계가 존재한다. 우선 위험이란 불확실성(uncertainty)에서 나오는 것이므로 그 최종적인 평가는 사후적인 장기적 관찰에 의해서만 가능하다. 이 점에서 현재 한국 경제상황과 세계무역구조를

---

6 대표적으로 강경식(1987), pp. 22~23.

7 중화학공업화 전략의 위험성에 대해 ① 발전에서의 중화학공업의 역할, ② 중화학공업 내 전문화, ③ 국내 GDP 성장, ④ 환율(경쟁적인가 높은가), ⑤ 중화학공업의 과정, ⑥ 다국적기업에의 접근 등 6가지 기준으로 대만·한국·브라질·멕시코·인도·중국 6개국을 비교한 R.M. Auty(1994, p. 125)는 한국이 위험성이 낮았다고 하였다. 그러나 아우티(Auty)의 구분은 항목선택도 주관적이고 평점도 정성적이며 주관적인 결론만을 보여 주고 있어 참고인용하기에는 어려움이 있다. 이에 대해서는 본장 부록의 〈부표 3-1〉 참조.

8 중화학공업 구조전환시점에 대한 사전적(ex-ante)인 의미에서의 비판에 대해서는 본장 부록의 〈보론 3-1〉 참조.

보게 되면 정태적 구조에 입각한 이런 비판은 부적절함을 1차적으로 알 수 있다.

공급능력면에서의 위험문제와 이에 따른 비관적 견해는 1980년대의 많은 비판만큼이나 이미 1970년대 초 공업구조의 전환문제가 나왔을 때 제기되었던 것이었다. 우선 세계은행 등 국제기구가 한국의 자원과 국내시장, 자본 등의 문제를 들면서 한국의 중화학공업화를 시기상조로 보고 있었으며, 한국 경제에의 영향력이 절대적이었던 미국의 정부와 경제개발 입안자들 역시 시기상조를 들어 직·간접으로 반대하고 있었다. 그러나 이런 견해는 브레튼우즈(Bretton Woods)체제의 동요 속에서 당시 국제무역질서의 안정성을 주요 목표로 추구하고 있던 미국과 선진 각국들이 후진국에 대해 정태적 관점에서 가지고 있었던 국제분업질서를 기초로 한 것이었다. 나아가 선진국들의 이러한 반대논리에는 경제적 요인 이외에도 제2차 세계대전 이후 독립된 후발공업국 경제에 대한 정체성 인식과 과소평가가 기본적으로 존재하고 있었다. 따라서 경제적 변수에 대한 고려 없이 이러한 당시 정태적 비교우위론의 상황과 주장을 근거로 하여 1970년대 중화학공업화가 위험 측면에서 잘못된 선택이었다는 것은 문제가 있음을 알 수 있다.

두 번째로 당시 한국이 중화학공업화를 본격적으로 추진할 수 있는 공급 측면의 능력이 없었다는 비판은, 기본적으로 1950~1960년대의 경제적 상황이 충분히 연구되지 않은 데 따라 당시 한국의 산업·경제를 지나치게 저평가한 데 기인한다.

한국 경제는 한국전쟁으로 치명적인 타격을 입었지만 공급총량으로서의 국민총생산은 제1차 경제개발5개년계획 기간(1962~1966년)에 연평균 7.7% 성장한 데 이어 제2차 경제개발5개년계획 기간(1967~1971년)에도 10.5% 성장률을 기록하였다. 경제규모와 기준베이스가 낮다고 해도 3,000만 명 이상의 수요시장을 가진 개방화된 경제의 두 자릿수 국민총생산 성장률과 가속적인 성장률 변화는 교역관련국과 주변국에 영향을 미칠 수 있는 높은 성장률이라고 볼 수 있다.

더구나 이 성장률에 기초가 된 것은 1차산업이 아닌 광공업부문이었다. 실제로 1차산업의 국민총생산 성장기여율(contribution rate to growth) 추세선을 구해 보면 〈그림 3-1〉에서 보듯이 계속 감소하는 것으로 나타나는 데 비해, 광공업부문의 성장기여율 추세선은 상승하는 것으로 나타나 1965년 이후에는 성장기여율의 역전현상이 나타난다. 특히, 1975년 불변가격으로 제조업의 성장률은 1962년 11.7%, 1963년 16.1%, 1964년 9.9%, 1965년 20.5%, 1966년 17.3%, 1967년 21.6%, 1968년 27.2%, 1969년 23.2%로 바뀌었다. 이 기간의 1차산업 성장률 －6.0%, 9.5%, 15.6%, －1.0%, 11.6%, －5.9%, 1.3%, 10.5%보다는 물론이고, 국내총생산성장률 2.1%, 9.1%, 9.7%,

그림 3-1 산업별 성장기여율

단위: %

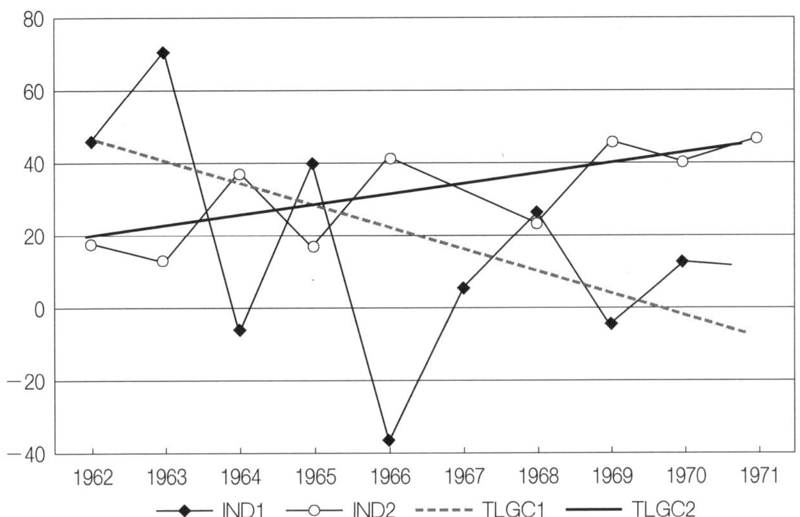

주: IND1: 1차산업의 성장기여율, IND2: 광공업의 성장기여율, TLGC1: 1차산업의 성장기여율 추세선, TLGC2: 광공업부문의 성장기여율 추세선.
자료: 경제기획원(지표, 1980).

5.7%, 12.2%, 5.9%, 11.3%, 13.8%보다 매우 높았다.[9]

그 결과 1960년 이후 1972년까지 광공업부문의 연평균 성장률은 16.5%에 이르고,[10] 특히 제조업의 국민총생산 성장기여율은 1970년 불변가격 기준으로 제1차 경제개발5개년계획 기간중 23.2%에서 2차 계획기간중에는 37.0%로 급증하였다.[11] 산업구조를 보면 〈표 3-1〉에서 보듯이 1960년대 후반 급속한 개선이 있었으며, 중화학공업화율은 1968년 이후 35%를 넘어서고 있었다. 이에 따라 1950년대에 이미 기초적인 비내구재(非耐久財)의 수입대체(輸入代替)에 진전을 보고 있었고,[12] 제2차 경제개발5개년계획을 통해 경공업부문의 수입대체가 거의 완료되면서 국제경쟁수준으로 발전하여 높은 증가율의 수출을 하고 있었으며,[13] 일본이 그러하였듯이 한국의 경우도 전면적인 중화학공업구조 전환에 앞서 초보적 단계라고 하지만 화학공업의

[9] 한국은행(국, 1987).
[10] 한국은행(경제, 1973).
[11] 한국은행(국, 1975).
[12] P. W. Kuznets(1977).
[13] 조순(1991), p. 188.

표 3-1 제조업 비중과 중화학공업화율

단위: %

구 분	1962	1963	1964	1965	1966	1967	1968	1969	1970	1971	1972
광공업 비중	16.4	16.3	17.4	20.0	20.5	21.0	21.6	21.7	22.4	22.4	22.5
제조업 비중	14.4	14.7	15.6	18.0	18.6	19.1	20.1	20.3	20.9	21.2	21.3
중화학공업화율	28.6	29.7	30.4	31.4	34.1	34.7	38.0	37.6	37.8	36.9	37.3

주: 중화학공업화율은 경상가격비율임.
자료: 한국은행(계, 1987).

건설이 진행되었다. 1970년에는 나프타분해공장의 일부가 완성되었고, 울산석유화학공장이 1968년 착공되어 1972년 완공되었다.

수출성장률은 제1차 경제개발 5개년계획 기간중 연평균 44.0%, 제2차 5개년계획 기간중에는 연평균 33.8%를 이루어, 1967년 수출 3억 달러에 이른 지 불과 3년 후인 1970년에는 수출 10억 달러를 돌파하였다. 특히, 1970년 이후 수출에서 공산품이 차지하는 비율은 1970년 83.6%, 1971년 86.0%, 1972년 87.7%로 높아져 수출상품구조의 변화도 진행되고 있었다.[14]

한편, 20여 년간 지속된 이 공업화와 수출구조로의 전환과정에서 한국은 여전히 매우 저렴하면서도 매우 잘 훈련되고 잘 교육받은, 그러면서도 애국심과 근로의식을 동일시하는 그런 우수하고 성실한 노동력을 형성하는 데 성공하였다. 또한 정부의 관리들과 기업가들은 수출, 즉 국제경쟁력을 위한 매우 중요한 경험을 축적하게 되었다. 따라서 중화학공업화를 위해 가장 중요한 인력과 지식, 경험이라는 공급능력이 20여 년의 수입대체공업화, 수출화 경험으로 충분히 그리고 실질적으로 갖추어져 있었다. 나아가 중화학공업 개발의 전략으로 "정부는 기술인력의 확보와 개발을 위해서 두뇌개발과 기술숙련체제를 혁신하였으며, 기능자격제, 기능장제(技能章制)를 확립하여 국민의 1인1기(技)의 실현을 도모하기로 하였다. 또한 5대전략산업기술연구소를 설립하여 선박, 기계, 석유화학, 전자 및 해양 등 중화학공업 개발을 기술면에서 뒷받침할 계획을 수립하였다."[15]

전후 분단으로 한국 경제에 가장 치명적이었던 사회간접자본의 확충이 이루어져 사회간접자본의 국민총생산 비중은 1953~1955년 1.5%, 1962~1966년 5.7%에서 1967~1971년에는 10.1%, 특히 1970~1972년에는 13.2%를 차지하게 되어[16] 중화학공

[14] 1961년 수출에서의 공산품 비중은 18.2%에 불과하였다(경제기획원(지표), 1977).
[15] 중화학공업추진위원회기획단(공발2, 1979), p. 255.

그림 3-2 산업분류별 고정자본형성 구성비

단위: %, 1970년 불변가격

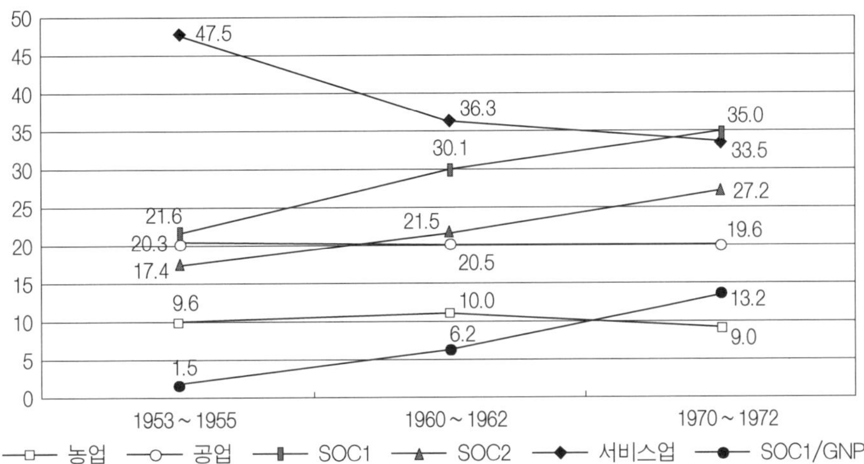

주: 1) 광업 등이 제외되고 있어 총계가 100이 되지 않음.
2) SOC1: 건설, 전기, 가스 및 수도, 운수, 창고 및 통신업, SOC2: 운수, 창고, 통신업.
자료: 한국은행(경제, 1973, 1976).

업을 위한 기초기반도 마련되고 있었다. 특히, 제1차 경제개발5개년계획에서 급속한 경제성장이 가져다 준 전력과 교통망의 부족은 1967~1971년까지의 제2차 경제개발5개년을 통하여 발전설비의 건설과[17] 고속도로망의 건설[18] 집중으로 일정 부분 해소되었다.[19] 「중화학공업화 선언」 직전인 1970~1972년 3년을 기준으로 1960~1962, 1953~1955년[20] 등 1950, 1960, 1970년대 초반 3년씩을 비교하면 서비스업에 대한 자본형성 비중이 대폭 감소하고 사회간접자본투자의 비중이 급속히 늘었음을 알 수 있다(〈그림 3-2〉 참조).

여전히 낮은 저축률 속에서도 〈그림 3-3〉에서 보듯이 자본형성률은 1962~1966

16 한국은행(경제, 1973, 1974).

17 발전량은 1962년 1,978.5GWH에서 1966년 3,885.8GWH, 1970년 9,167.4GWH, 1971년 10,540.1GWH으로 바뀌어 전력예비율(reserve margin)은 1962년 −9.8%에서 1970년 23.2%, 1971년 34.6%로 되었다(경제기획원(업무), 1980).

18 도로보유율(km/km^2)은 1961년 0.276에서 1966년 0.350, 1970년 0.409, 1972년 0.435로 급속히 증가하였다. 고속도로는 1968년 이후 만들어져 불과 4년 후인 1972년에는 655km에 이르렀다(경제기획원(업무), 1980).

19 P. W. Kuznets(1980), p. 72.

20 1950~1952년은 전쟁으로 인한 가변수(dummy variable)문제와 통계 자체의 문제가 있어 1953~1955년을 보았다.

그림 3-3 총수요에서의 자본형성비율과 재원자립률(財源自立率) (1961~1971)

단위: %

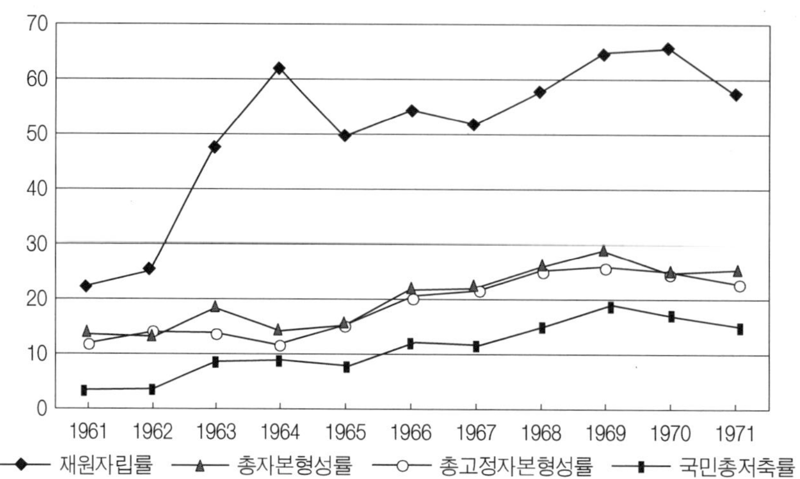

주: 1970년 이후는 신국민계정에 의해 추계함.
자료: 한국은행(계, 1987).

년 GNP의 21.6%라는 높은 수준을 이루었고 나아가 1967~1971년 기간중에는 25.1%로 더욱 증가하였다.[21] 1970년대 들어와서도 1970~1972년 GNP의 1/4이 자본형성에 투입되고 있었고, 결과론적으로 「8.3조치」는 1971년 대비 제조업의 채무상환율(채무상환액/순매출액)을 3.3% 포인트 낮추고 이윤율을 2.8% 포인트 상승시킴으로써 중화학공업 투자를 위한 기업의 공급능력을 확대시켰다.[22] 특히, 건설 및 기계설비 부문의 총고정자본형성률(gross fixed capital formation ratio)이 매우 높았음은 공급능력의 확충이 양적으로 지속적으로 이루어지고 있었음을 보여 준다.

결국 제2차 경제개발5개년계획(1967~1971년)까지를 통하여 한국의 공업은 "획기적인 전환을 이룩"하였고, "이른바 중화학공업화에 필요한 자본, 기술, 시장이 확보됨으로써 중화학공업화의 여건이 성숙되었으며" 이런 점은 바로 중화학공업추진위원회기획단에 의해서도 확인되고 있다.[23]

경제하부구조(infra structure)의 발전과 함께 상부구조에서도 공급확충을 위한 내적 기반이 만들어졌다. 이미 제2차 경제개발5개년계획 기간중 「기계공업진흥법」

[21] 경제기획원(지표, 1987).
[22] 한국은행(기, 1971); Office of Planning and Coordination Office of the Prime Minister(1973), p. 98.
[23] 중화학공업추진위원회기획단(공발2, 1979), p. 245.

(1967), 「조선공업육성법」(1967), 「전자공업진흥법」(1969), 「조선공업진흥장기기본계획」(1970), 「자동차공업육성계획」(1969), 「철강공업육성법」(1970), 「석유화학공업육성법」(1970), 「비철금속정련사업법(非鐵金屬精鍊事業法)」(1971) 등이 만들어졌다. 아직 본격적인 중화학공업화가 추진된 것도 아니고 중화학공업에 중점이나 초점이 맞추어진 단계도 아니었지만, 이러한 중화학공업 관련 제반 법률과 계획은 박 대통령과 정부가 「중화학공업화 선언」 이전부터 중화학공업을 포함하는 종합적인 공업화를 염두에 두고 준비하고 있었음을 보여 주며, 실질적으로 「중화학공업화 선언」이 있었던 1973년보다 이미 2년 전인 1971년 대통령 취임식의 다음 취임사에서도 이러한 점은 확인된다.

> ……. 나는 앞으로 중화학공업시대의 막을 올리고 한강변의 기적을 4대 강에 재현시킬 것이며…….
>
> (「1971년 제7대 대통령 취임사」, 한국역대대통령취임사편집부(1988), p. 75.)

이상과 같이 한국의 상·하부구조 변화로 1960년 이래 한국에 대한 국제적인 신용이 급속히 향상되고 있었고, 한국의 외자 수용태세와 수용능력에 대한 긍정적 평가가 높아졌으며, 또한 적극적인 경제외교 교섭이 활발히 진행되고 있어 한국의 중화학공업화에 필요한 "외자소요액의 조달은 그 조달전망이 낙관시되고 있었다."[24] 결국 중화학공업화가 1973년 공급 측면의 준비 없이 시작되었다는 비판은 과소평가된 1960년대까지의 한국 경제에 대한 선험적 저평가에 많은 부분 기초하고 있음을 알 수 있다. 한국은 1950, 1960년대를 통해 기본 공급능력을 확대하고 있었고 또한 성공하고 있었다.[25] 그래서 1960년대를 통해 경험적으로 이미 "교육받은 훌륭한 질의 저렴한 노동력이, 한국에 대한 신뢰와 커진 경제의 총자원사용능력(absorption capacity)으로 도입될 해외기술·자본과 결합됨으로써 중화학공업화가 경제적으로 충분히 가능하다"[26]고 판단되었던 것이다. 나아가 중화학공업 자체에 대한 기초조사가 진행되고 장기계획이 수립됨으로써 공급 측면에서 중화학공업구조로의 전환을 위한 사전적 공급구조가 준비되고 있었다.

세 번째로 이러한 공급능력의 확대 속에서도 정부가 직접 '위험(risk)'을 낮추고자 노력하였고, 이는 성공하여 실질적으로 '위험'은 낮았었다. 이는 정부의 중화학

[24] 중화학공업추진위원회기획단(공발2, 1979), p. 258.

[25] 따라서 1960년대를 조순은 한국 경제에서 매우 성공적인 연대로 평가하고 있다(조순, 1991, p. 203).

[26] Planning Office, Heavy and Chemical Industry Promotion Council, Government of the Republic of Korea (1976), p. 8.

공업 선정기준 자료와 당시의 공업정책, 산업조직정책의 내용에서 찾을 수 있다. 구체적으로 정부는 공업구조 전환에 따른 위험부담을 최대한 줄이기 위해 자원의 집중과 외화절약, 부존자원 이용적 기술을 선택하였으며, 일본의 경험을 최대한 이용하였다.

우선 정부는 위험을 줄이기 위해 노동-기술집약적(labour-technology intensive) 중화학공업을 우선으로 선택하였다.[27] 또한 '중화학공업추진위원회기획단'이 1973년 6월에 중화학공업의 육성계획을 구체화하여 발표한 것에 의하면, 당시 위험을 줄이는 것이 정부에 의해 가장 먼저 고려되고 있었음을 알 수 있다. 즉, 업종선정에 있어서 전후방연관효과(前後方聯關效果, forward and backward linkage effect)가 크고 산업전반에 성장기여도 및 부가가치 유발이 높으며 기술집약산업으로서 국제수준에 이를 잠재력을 가진 업종을 중점 육성한다는 것이었다.[28] 이에 따라 철강·비철금속·화학·기계·조선·전자의 6개 업종이 중화학공업 주도업종으로 선정되었다. 나아가 해외자원 도입에 따른 위험도를 낮추기 위해 중화학공업의 선정기준은 외화가득 및 절약효과, 외자유치성이 크고 국내자원의 활용도가 높은 것으로 지정되었다.[29]

정부의 위험부담에 대한 고려와 회피노력은 산업조직정책과 연계된 공업정책에서도 잘 나타나고 있다. 정부는 대규모 기업집단(재벌)을 허용하고, 시기별로 자원집중적인 공업육성정책을 시행하였다. 대규모 기업집단의 허용은 바로 자원과 정보의 집중을 통해 위험부담을 최소화하고자 하는 것이었다.[30] 또 정부는 「중화학공업화 선언」 이전의 1960년대 초에는 시멘트·비료·석유정제산업, 1960년대 후기에는 석유화학산업에 투자를 집중한 데 이어 1970년대 초기에는 조선공업·화학공업·자본설비재, 그리고 1970년대 중·후기에는 내구소비재, 1970년대 후기 1980년대에는 기계공업이라는 단계별 투자집중을 시행하였다. 이는 단기간의 압축된 공업발전전략 속에서도 부족한 자본을 연차적으로 집중하고 위험을 최소화하기 위한 것이었다.[31]

위험을 낮추고자 하는 노력의 일환이었으며, 실질적으로 위험을 낮추는 데 공

27 "자본 및 기술집약도가 비교적 낮고 노동집약도가 비교적 높은 중화학공업분야는 ……이들 분야에 대한 우리의 진출가능성은 더욱 큰 것이다"(국무총리기획조정실(중오3), 1973, pp. 7~8).

28 중화학공업추진위원회기획단(중계, 1973), p. 6.

29 중화학공업추진위원회기획단(중계, 1973), p. 7.

30 이는 이후 부(富)의 집중이라는 문제를 가져오는 한 원인이 되었고, 이런 점에서 성장 개념으로 본 효율성은 성공하였지만 분배성과는 실패하였다는 평가가 가능하다. 또한 실질적으로 대규모 기업집단으로의 자원집중이 위험을 낮추는가라는 문제는 장기곡선에서 달라질 수 있지만 발전도상국의 경우 중단기적으로 이는 받아들여질 수 있다.

31 이러한 성공적 예는 19세기 독일의 기술개발전략과 신산업전략에서 잘 나타난다(Y. G. Park, 1996, pp. 243~260).

헌한 또 하나는 정부와 기업들이 일본의 경험을 이용하였고 일본을 계속 중화학공업화 초기에 끌어들인 것이다. 특히, 일본이 전후 중화학공업화를 단축시키고 비용을 절감하기 위해 외국의 중화학공업 기술과 설비의 도입에 매우 적극적이었던[32] 점은 한국에도 그대로 적용되었다. 당연히 비슷한 자원조건을 갖추고 중화학공업화를 먼저 진행해 온 일본의 경험을 정책에서 채택함으로써 위험은 대폭 낮아졌다.

결국 한국이 사회정치적 요인 때문에 공급능력을 갖추지 못한 상태에서, 공급능력과 위험에 대한 고려 없이 중화학공업화를 시행하였다는 비판은 상당히 많은 문제를 갖고 있음을 알 수 있다.

이제 시각을 바꾸어 중화학공업구조로의 전환을 선언한 바로 그 해인 1973년 말부터 닥쳐온 불황으로 볼 때 위험과 비용면에서 매우 부적절하였다는 주장에[33] 대해 살펴보자. 한국의 중화학공업화에 대해서 긍정적 평가를 하고 있는 아우티(R. M. Auty) 역시 1970년대 두 차례의 석유위기를 중심으로 거론하면서 한국의 중화학공업화는 더 나쁠 수 없는 최악의 환경·시기에 진행되었다고 지적하고 있을 정도로 석유위기와 관련한 시기선택문제는 많이 지적되고 있다.[34] 시기적으로 「중화학공업화 선언」이 발표된 1973년 바로 석유파동이 일어남으로써 그 동안 1970년대의 중화학공업은 집중적으로 비난받아 왔다(석유위기가 미친 영향과 1974년 이후 외부충격의 효과 각국 비교에 대해서는 본장 부록의 〈부표 3-2〉, 〈부표 3-3〉 참조).[35] 자본형성의 역사적 불완전성과 자원부족으로 중화학공업화의 필요재원과 자원을 해외저축과 해외자원에 의존해야 하였던 한국 경제에 이러한 일련의 사태는 분명 큰 부담이었다. 그러나 이러한 비판은 두 가지 측면에서 적절하지 않다.

첫 번째는 석유파동과 이에 이은 불황은 외생변수의 성격을 보다 많이 가지고 있기 때문이다. 물론 예측력과 정보라는 점에서 내생적인 변수문제로 바꾸어 볼 수도 있고, 또한 1974년 불황은 전후 지속된 케인지언정책의 필연적 결과라는 시각에서 내생변수의 성격이 강하였다는 비판이 제기될 수도 있다.

그러나 2차례의 석유파동과 연 7.75%에 달하였던 미국 우량대출금리가 1979년 15.25%, 1980년 21.50%로 바뀌고, 유로달러 금리가 연 7.1%에서 14.44%로 뛰는 국

---

32 서울대 상과대학 한국경제연구소(1973), p. 89; S.-C. Lee(1991), p. 439.

33 "제1차 석유파동 이후……. 에너지 다소비형인 중화학공업의 건설을 서두름으로써 79년 전후의 제2차 석유파동의 충격을 더욱 심화시키는 결과를 초래하기도 하였다"(강경식, 1987, p. 23).

34 R. M. Auty(1994), pp. 123~142.

35 충격의 절대규모에서 발전도상국 중 한국은 타격이 가장 큰 나라의 하나였다. 그러나 이는 한국이 산유국이 아니기 때문이었다. GNP규모로 볼 때 한국의 충격은 다른 나라보다 낮은 편이었다.

제금리 폭등은 어느 선진경제도 예측에 실패한 외적 경제변수의 성격이 보다 강하였던 것이었다. 이러한 악화는 사후적으로 발생한 것이며, 1970년대 초 중화학공업 착수 당시에는 이를 고려해야 할 어떤 이유도 존재하지 않았던 것으로, 이는 세계 경제학계에 이론적 위기를 가져온 외생적 돌발사태였던 것이다. 따라서 이를 비판의 근거로 사용함은 옳은 것이라고 볼 수 없다.[36] 또한 한국 경제는 오히려 석유위기에 편승한 중동 오일달러를 회수함으로써 성공하였고,[37] 특히 이미 석유위기 당시 그 위험성에 대해서는 논의가 있었고, 전 세계의 석유소비라는 측면에서 볼 때 한국의 소비량은 매우 적으므로 중화학공업을 위해 필요한 한국의 소비량을 확보하는 것이 어렵지 않다는 검토하에[38] 중화학공업이 진행된 것이라는 점은, 현존 비판의 근거를 더욱 약화시킨다고 볼 수 있다. 비용에 관한 보다 자세한 것은 다음 제3절의 비용에서 논의한다.

두 번째는 투자시점의 경제논리이다. 여전히 많은 학자들이 불황기의 투자확대를 위험 측면에서 비판하고 있으며, 실제로 한국은 1980년 불황이 오고 중화학공업을 추진하였던 정부가 바뀌면서 바로 중화학공업 조정에 나섰는데, 그 주요 내용은 바로 기업합병 및 공급축소라는 공급조정(supply-side adjustment)이었다.[39] 즉, 한국의 경우 언제나 불황기에는 투자를 줄이는 공급조정을 선호해 왔고,[40] 언제나 이 논리 속에서 석유파동과 함께 진행된 1970년대 중화학공업은 자연스럽게 비판되어 왔다.

그러나 이론적·경제사적 검증의 어떤 면에서 보아도 불황기 자원의 불완전고용이 진행될 때는 공급조정보다 수요조정(demand adjustment)이 이루어져야 함은 분명하다. 투자의 확대와 정부의 확대가 불황일 때 이루어져야 함은 경기회복기나 호황시는 금융수요가 늘어나므로 투자비용이 상승하고, 정책의 개입 역시 시차(time lag)에 따른 인플레이션과 경기과열을 가져올 확률이 높아 오히려 불황기가 위험이 낮기 때문이다. 특히, 장치산업의 성격이 강한 중화학공업의 경우 장기간의 투자기간이 소요되므로 불황시의 적극적 투자만이 호황시의 수요견인에 대응할 수 있게 된다. 또한 이러한 불황기의 투자확대는 수요를 확대하고 이어 공급능력을 확대하

36 아무 것도 하지 않으면 손실도 최소화된다는 마이너스 평가논리는 비판의 논리가 될 수 없다.

37 구체적 수치는 〈표 3-2〉 참조.

38 제1차 석유위기 이후 국내에서 중화학공업의 주요한 원료가 석유인데, 그 가격이 오르고 있고 또 수급상황이 좋지 않으므로 중화학공업의 육성은 위험하다는 주장이 있었고, 이에 대해 석유소비와 확보라는 측면에서 반대검토가 있었다(「최창락(崔昌洛) 전동력자원부 장관 증언」, 日韓經濟協會, 1991, p. 99).

39 이에 대한 내용과 비판은 박영구(1996a)와 본서 제9장 참조.

40 1997년의 불황구조 속에서 새 경제팀이 정한 경제정책 역시 이러한 기조를 띠었다. 이런 점에서 불황기 한국 경제정책의 성격은 공급 측면의 조정이라는 역사적인 동일성을 가지고 있다고 볼 수 있다.

는 시차적인 이중효과를 가짐으로써 인플레이션을 수반하는 스태그플레이션 극복의 가장 적절한 대처수단이 된다. 19세기 후반 대불황기 영국과 독일의 투자량과 투자 조정정책, 그리고 그에 따른 경제성장률 및 수출성장률과 경제안정성의 차이는 이를 귀납적으로 잘 보여 주고 있다.[41] 결국 1973년 중화학공업화라는 공업구조 조정 정책 시작 후 불황이 왔다고 해도 그것은 위험 측면에서 문제가 될 수 없는 것이며, 고려해야 할 점은 비용이라고 볼 수 있다.

 3.3 비 용

우선 명시적 비용(explicit cost)의 충당이란 점에서 볼 때 투자재원이 충분히 확보되지 않은 상태에서 많은 투자비용이 요구되는 중화학공업이 이루어진 것은 잘못된 것이라는 비판이 제기되어 왔었다. 그러나 한국 경제는 자본축적의 역사적 불완전성으로 경제구조면에서 국민저축률로는 투자재원을 충당하지 못하는 원천적 한계를 갖고 있었다. 즉, 중화학공업이 아니었다고 해도 한국 경제는 해외저축에 의존할 수밖에 없었고 〈그림 3-4〉에서 보듯이 실질적으로 1960년대와 1970년대 초 투자재원의 자립률은 낮게 나타나고 있었다. 특히, 개선되고 있던 투자자립률은 1970년대 들어 국민저축률의 급속한 하락으로 65.9%, 57.8%로 바뀌면서 정체 또는 감소하는 상황으로 반전되었다.

따라서 투자재원이 충분히 확보되지 않은 상태에서 중화학공업이 이루어진 것이 잘못된 것이 아니라 오히려 역사적으로 형성된 구조적이고 지속적인 투자재원의 부족을 타파하기 위해서는 빨리 부가가치가 높은 공업구조로 전환하여 자립적인 재원을 확보하는 것이 보다 합리적 선택이었다고 할 수 있다.[42] 실제로 투자재원의 자립도는 중화학공업 추진 이후 석유위기로 다시 낮아진 1974, 1975년을 제외하고 1973년 86.6%, 1976년 86.4%, 1977년 91.7%, 1978년 85.6%로 급속히 상승하였다. 1974, 1975년의 경우도 60.7%, 61.1%로 중화학공업 추진 이전의 5년 평균과 같은 수준이었고, 1960년대 중반까지보다는 현저히 높은 수준이었다.

---

[41] Y. G. Park(1997), pp. 511~534.

[42] 여기에는 해외저축의 높은 효율성이 전제되어야 하지만 1970년대 한국 해외저축의 높은 효율성은 세계은행 보고서를 비롯한 여러 곳에서 인정된 바 있다.

그림 3-4 총자본형성률과 국민저축률, 투자재원의 자립도(1973~1978)

단위: %

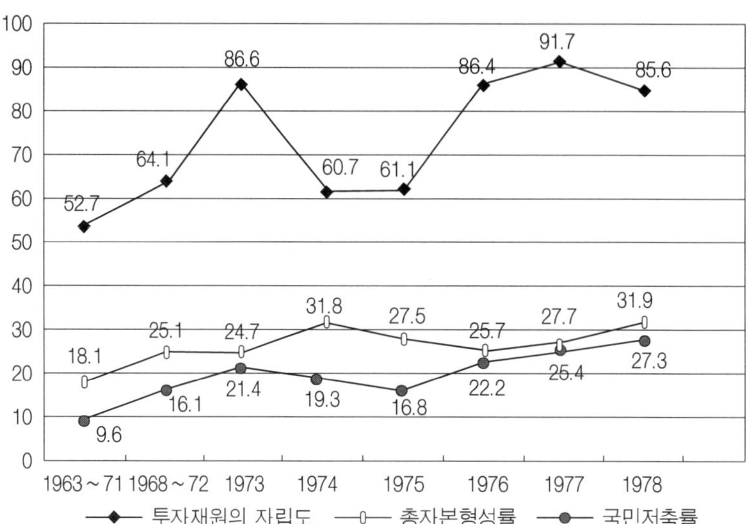

자료: 한국은행(계, 1987).

나아가 정부는 1960년대 후반기에 들어서부터 보다 많이 시장기구를 이용한 투자재원 개발에 적극 나서고 있었다. 1966년에는 「외자도입법」을 제정하였고 1967년 4월에는 '한국개발금융회사'를 설립하여 외자유입 확대를 추진하고 있었다.[43] 여기에 보다 장기적이고 안정적인 투자재원 확보를 위한 조치가 대폭 더하여 이루어졌다. 우선 대외적으로 1968년에는 가트(GATT, 관세 및 무역에 관한 일반협정)에 가입함으로써 안정적인 해외저축의 공급을 위한 주요 계기를 만들었다. 1972년에는 「AID 개발차관협정」을 맺었다. 내부적으로는 1968년 「자본시장 육성에 관한 법률」, 1969년 「주식대중화를 위한 종합대책 요강 및 법」 시안을 공포하고, 나아가 1970년대 들어서는 1972년 「단기금융업법」과 「상호신용금고법」, 「신용협동조합법」을 제정하여 내자공급의 확대와 안정성을 추구하였다. 1972년 말에는 「기업공개촉진법」을 제정하여 정부의 기업공개권 발동을 규정함으로써 내자동원체제를 확립시켰다.[44] 심지어 "8.3조치 이후 모든 상장주식의 시가가 액면을 상회하고 있고 발행시장에도

[43] 이에 힘입어 외국자본의 직접투자는 1967년부터 증가하여 1972년에는 1억 달러를 넘어섰다(경제기획원(백), 1973).

[44] 이는 1974년 박 대통령의 「5.29 특별지시」로 구체화되어 나타나고, 이어 재무부가 「기업공개촉진법」에 의한 공개지정권 발동, 1975년 8월 8일의 '기업공개보완시책'에 의한 대기업 주력기업의 공개지향 강권으로 이어진다.

왕성한 투자수요를 보이고 있으므로 우량기업은 자본시장을 통하여 필요한 자금조달을 할 수 있는 여건이 조성”[45]되었다는 대통령 대외비보고에서 보듯이 8.3조치도 내자동원책으로 이용되고 또 성공하고 있었다.

중화학공업이 시작된 후 석유위기가 닥침으로써 에너지가격과 금리가 급등하였으므로 만약 다른 시기에 중화학공업을 진행하였다면, 즉 그렇게 급속히 서둘러 진행하지 않았다면 보다 적은 비용으로 중화학공업 추진이 가능하였다는 것 역시 비용면에서의 주요한 비판이었다.[46] 기존의 부정적 또는 일부 긍정적인 견해는 이러한 국제환경의 변화에 초점을 맞추어 중화학공업화를 하기에는 '국제위기'였다는 점을 강조하고 있는 것이다.

그러나 이러한 예측불가능한 외생변수에 따른 사후적 평가가 갖는 1차적 문제는 이미 앞에서 위험문제를 다룰 때 지적하였다. 또 이러한 비판은 석유가 상승에 초점을 맞추어 비용이 높아졌음을 지적하지만,[47] 사실 이러한 주장은 대부분 실질적인 수입-지출의 순액 측정에 근거한 것이 아니다. 금리에 초점을 맞추어 금리폭등이라는 비판도 있지만 이것 역시 세계 명목금리였고, 한국에 대거 도입된 오일달러는 당시 유가상승으로 나타난 인플레이션과 함께 실질이자율이 매우 낮았다.[48] 보다 중요한 것은 당시 비용의 급등을 주장하는 비판들은 다음에서 보듯이 보다 중요한 많은 변수를 고려하지 않아 비용문제를 왜곡시키고 있다는 점이다.

첫째, 기존 비판에서는 석유위기에 기초하여 형성된 오일달러가 국내에 유입됨으로써 한국은 중화학공업구조 전환을 위한 해외자본을 대규모로 이용할 수 있었다는 측면(마이너스 비용)이 고려되지 않고 있다. 그러나 사실은 〈표 3-2〉에서 보듯이 상품수출을 제외한 순수 중동지역의 건설, 용역, 건설관련 장비수출액 총액만 해도 1977년 40억 6,700만 달러, 1978년 89억 5,220만 달러, 1979년 64억 5,490억 달러에 달하였다. 이 중동지역 건설관련 총수출액만 하여도 이미 1976년 석유수입액을 넘어섰으며, 1974~1978년 이 금액은 같은 기간 석유수입액의 221.4%에 해당하는 금액이었다.[49]

45 경제제1수석(19730827).

46 대표적으로 World Bank(K1987a), pp. 45, 47을 들 수 있다.

47 1970년대 오일쇼크의 충격이 주는 이미지 때문에 에너지가격의 상승을 흔히들 지적하고 있지만 사실 에너지가격을 측정해 보면 이와 다르다. 국내총생산(GDP)의 1,000달러당 에너지 소비를 보면 1973년에 0.68에서 1978년에는 오히려 0.64로 줄어들고 있다(S.-C. Lee, 1991, p. 462). 대부분의 비판들이 계측 없이 선험적 판단으로 비판하고 있음을 알 수 있다.

48 물론 이는 1970년대 후반 미국의 고금리정책으로 다시 영향을 받는다.

49 수출액 속에는 비용과 수입유발액이 들어 있다. 대한건설협회 자료로 계산한 C. H. Lee(1991, p. 541)는

표 3-2 중동지역 건설·용역수출과 효과

단위: 백만 달러, 명, %

구 분		1974	1975	1976	1977	1978	1979	1980	1981
건설수출		88.8 (34.1)	751.2 (92.6)	2,429.1 (97.1)	3,387.0 (96.3)	7,982 (98.0)	5,958 (93.8)	7,819 (94.7)	12,671 (92.6)
하역용역수출		–	19.1 (100)	56.6 (100)	244.7 (98.9)	47 (100)	132 (97.8)	288 (98.0)	168 (100)
인력진출		395 (2.7)	6,466 (30.8)	21,269 (57.2)	52,247 (75.0)	81,987 (80.4)	99,141 (81.9)	120,535 (82.3)	138,310 (79.0)
건설관련 설비수출		155.8	385.3	900.7	435.3	923.2	364.9	471.6	390.8
건설·용역관련 총수출액(1)		244.6	1,152.6	3,386.4	4,067.0	8,952.2	6,454.9	8,578.6	13,229.8
석유수입액(2)		1,108	1,328	1,492	1,926	2,187	3,100	5,633	6,371
(1)/(2)		0.22	0.87	2.27	2.11	4.09	2.08	1.52	2.08
건설·용역 외화입금	총액	na	na	512.5 (50.0)	1,259.4 (93.3)	2,195 (96.5)	2,051 (91.6)	1,715 (88.6)	2,148 (84.9)
	순액	na	na	990	660.8	1,071	1,436	1,432	1,785

주: 1) ( )는 전체 해외진출 중 중동지방 비중.
2) 건설관련 설비수출 중 1974~1976년은 중동지방 수출액.
3) 건설관련 설비수출 1977~1981년은 건설관련 전체 설비 및 자재 수출액을 중동지방의 건설수출비중으로 곱해 구함.

자료: 경제기획원(백, 1976, 1977, 1978, 1979, 1982).

그 결과 비판론이 지적하듯이 석유위기로 1974년과 1975년 외환지급이 대폭 늘어나 외환경상거래수지는 적자로 되었지만, 오히려 1976년부터는 중동특수로 외환경상거래 계정상의 수입(受入, receipts)이 더 늘어나 외환경상수지는 흑자로 반전되고 있다(〈그림 3-5〉 참조). 오일쇼크로 시작된 중동특수는 한국에게 1976년 이후 불과 5년 만에 284억 5,000만 달러의 외환수입을 가져다주었는데,[50] 이는 중화학공업정책이 정점에 있었던 1977년과 1978년 2년간 외환경상거래 계정상의 총지급액 270억 9,000만 달러보다 많은 액수였다. 석유위기 이후 IMF 역시 세계위기감 속에서 오일달러가 비산유국으로 흐르도록 유도하고 있어 이 시기 한국은 중동진출과

이러한 비용과 수입유발액(한계수입성향 0.64를 곱한 가정치)을 뺀 1977~1979년 전체 건설수출의 순(純)금액으로 계산하고 있다. 그러나 순금액을 계산하려면 원유 역시 가공되어 수출되는 분을 제외한 순액으로 계산해야 할 것이다.

[50] 경제기획원(백, 1979, 1981, 1982).

그림 3-5 외환경상수지

단위: 백만 달러

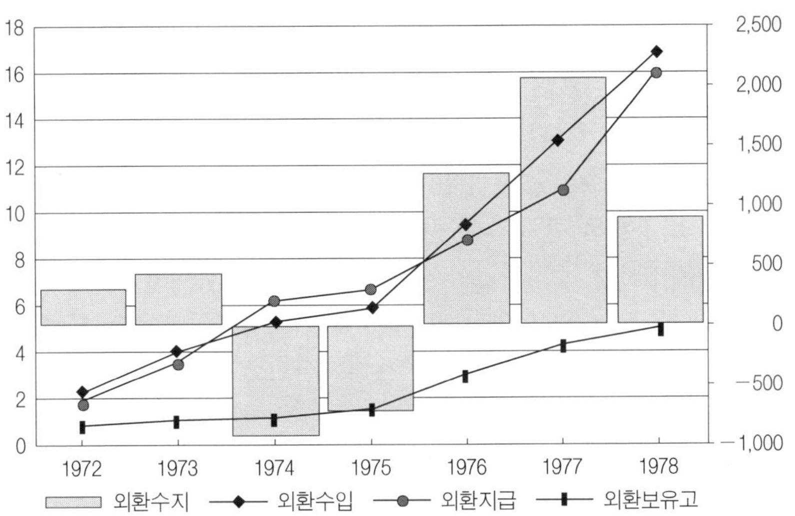

주: 외환수입, 외환지급, 외환보유고는 왼쪽 Y축, 외환수지는 오른쪽 Y축 좌표.
자료: 경제기획원(업무, 1980).

함께 오일달러의 직접적인 수혜국이었다.

여기에 철강공업 등은 처음 석유위기로 바로 명시적 비용이 상승하였지만 점차 오히려 석유파동에 따른 특수가 나타나 짧은 시간에 급성장함으로써 비용을 줄이는 데 절대적 도움을 받았다. 석유위기로 석유수입액이 1973년 3억 500만 달러에서 1974년 11억 480만 달러로 증가한 뒤 1979년에는 다시 33억 3,060만 달러로 급격히 증가하였지만,[51] 석유수입액의 수출액 대비 비율은 1974년 24.8%로 급등한 뒤 1979년 22.1%로 나타나 1970년 후반 장기적으로 오일가격 상승을 수출이 방어하고 있음을 보여 준다.[52]

결국 석유위기로 인한 오일달러의 대량유입은 중화학공업구조 전환의 주요 자본형성 재원으로 쓰였다는 점과, 또 오일쇼크가 다른 암묵적·명시적 비용을 낮추어 주었다는 점이 석유위기에 따른 비용문제 고려에서 그 동안 빠져 있었음을 알 수 있다.

두 번째로 고려해야 할 점은 늦게, 1980년대에 중화학공업화를 시작하였더라면

[51] 동력자원부(1989), p. 17.
[52] 경제기획원(업무, 1980).

오히려 분명히 이전에 시행하였던 것보다 많은 비용을 부담했어야 하였다는 점이다.

분명 석유위기는 에너지비용의 급상승을 가져와 중화학공업에 타격을 주었고 또한 중화학공업으로의 전환이 없었다면 적었을 비용의 추가적 상승을 가져왔다. 이에 1973년 말 오일쇼크가 일어나자 '경제기획원'과 '전경련'은 즉각적으로 계획의 축소조정을 원하였고,[53] 나아가 1월 14일 「국민생활 안정을 위한 대통령 긴급조치」 후 부총리를 위원장으로 하는 '긴급조치 대책위원회'가 열려 중화학공업의 추진계획도 물가가 안정될 때까지 늦추기로 결정하였다.

그러나 에너지소비형 중화학공업은 철강 및 비철금속이었고, 조선·전자공업·기계공업은 에너지 소비가 적은 산업이었다. 또한 석유화학공업 등은 이미 더 이상 한국 경제의 현실상 선택의 여지가 없어 에너지위기와 상관없이 전반적인 기본 계획을 수정할 수 없는 것이었다. 이러한 사정은 당시 박 대통령의 1974년 1월 18일 기자회견에서 분명히 확인되고 있다.

> ……부문적인 조정이라고 그랬습니다. ……에너지 소비가 비교적 적은 부문을 우선적으로 추진해 나가자, 예를 들면 조선이라든지, 전자공업이라든지, 기계공업과 같은 것은 비교적 에너지가 적게 소비됩니다. ……석유화학계열 공장도 지금 석유화학에 대한 원자재의 태반을 우리는 외국에서 수입을 하고 있기 때문에 …… 계속 계획대로 추진을 해야 하겠습니다. ……
>
> 《박정희(1975), p. 58.》

나아가 '경제기획원' 장관이 10년 후 증언하고 있듯이 당시 전 세계가 인플레이션에 휩쓸려 있어 소규모 개방경제(small open economy)였던 한국은 중화학공업이 없었다 해도 물가안정에는 한계가 있었으며, 또 벌여 놓은 투자사업을 중단하였다면 그 직·간접 비용은 더욱 컸었다.[54]

그럼에도 '경제기획원' 내 일부와 '전경련'이 「중화학공업화 선언」 이전부터[55] 적극적이 아니었고 그리고 제1차 석유위기가 오자 즉각적으로 이의 수정을 요구한 것은 이유가 있었다. '경제기획원'은 1971년부터 실시된 투자사업심사제로 인력·자금·사업기간 등 모든 면에서 투자결정에 집중적인 기능을 갖고 있었다. 그러나 국무총리 소속하에 경제기획원 장관을 위원장으로 하는 '중화학공업추진위원회'에 실

---

[53] 이만희(李晩熙, 1993a), pp. 219, 235; 전국경제인연합회(20, 1983), p. 552; 조선일보, 1973. 12. 27.

[54] 조용목(趙鏞木), 「남덕우 전부총리와 박필수(朴弼秀, 한국생산성본부 회장)와의 대담」, 『經友』 3권 (1987. 12), p. 15; 이만희(李晩熙, 1993a), p. 236 재인용.

[55] 이만희(1993a), pp. 219, 221~223; 전국경제인연합회(20, 1983), pp. 267~268.

무를 담당하는 '기획단'이 만들어지면서 청와대의 개입기능이 강화되고 상공부의 역할이 점점 커지고 있는 것에 대해 경제기획원 내 일부는 부정적인 입장을 견지하게 되었다. 경제기획원은 투자의 효율적 배분, 투자우선순위를 걱정한 것이다. 전경련 역시 1960년대 정부주도의 경제개발계획 추진으로 기업의 자율성이 위축되어 있는 상황 속에서 중화학공업이 추진되면 기업자율성이 더욱 제약되고 또 그 위험을 기업이 떠맡을 가능성이 높다는 점을 염려하고 있었다. 대기업이 1970년대 초 중화학공업에 적극적인 태도를 취하지 않음으로써 정부는 중화학공업 초기에 기업의 진입유인정책을 도입해야 할 정도였다.

여기에서 시각을 바꾸어 보면 석유위기가 지난 후인 1980년대에 시작하였다면 비용은 상상할 수 없을 정도로 높아졌을 것이라는 점을 지적할 수 있다. 1970년대의 2차례 석유위기로 이후 1980년대까지 스태그플레이션이 지속됨으로써 1979년 이후 비용의 증가는 기하급수적으로 상승하였고 이후 지속되었다. 여기에 1980년대 중반 세계적인 경기호황이 이루어짐으로써 철강과 석유화학제품의 품귀와 함께 원자재가격의 폭등이 발생하였다. 따라서 중화학공업이 한국 경제에 항구적으로 필요하지 않았고 그래서 중화학공업화를 이후에도 시행하지 않는다고 한다면 다른 비판이 가능하지만, 필요하다고 하였다면 1970년대 초가 1970년대 말이나 1980년대보다 비용이 적었다는 것은 당연하다. 실제로 석유위기가 계속 왔을 때 그나마 중화학공업구조 전환이 일찍부터 시작된 것이 천운이었다고 생각하는 견해가 정부 내에서 제기되었을 정도였다.[56] 실례로 1960년대 중화학공업화율에서 한국을 추월한 후[57] 1973년 같은 시기에 중화학공업화를 본격 시작하고도 1차 중화학공업화에 이어 거대장치산업의 본격적인 중화학공업화를 미루었던 대만의 경우,[58] 현재까지도 경쟁력 있는 대형 중화학공업을 육성하지 못하고 있다.[59] 또 1980년대 남미 국가들은 아시아에 시장을 내어 주고 성장의 정체를 겪으면서도 중화학공업화에 나설 수 없었고, 1990년대 중국의 경우도 중화학공업화를 위해 시장을 내주는 유인대가를 지

---

[56] 오원철 전경제수석 증언(1994. 12. 20).

[57] 국제협력문제연구회(1972), pp. 29~30.

[58] 대만은 한국보다 조금 늦은 1973년 11월 장경국(蔣經國)이 9대 사회간접자본 사업계획을 선언하면서 석유화학·철강·조선을 포함한 중화학공업이 시작되었다. 그러나 대만의 중화학공업은 석유위기가 진행되면서 대규모 철강·자동차·조선 등 장치산업이 아니라 기계·전기전자 등 숙련노동집약적인 산업 중심으로 이루어졌다. 한국과 대만의 중화학공업화 비교에 대해서는 조준현(2001), pp. 35~54 참조.

[59] E. F. Vogel(1991, p. 60)은 "대만은 1970년대 한국의 중화학공업화에 뒤처질까봐 걱정하다가 한국이 무역수지와 외채가 급속히 확대되자 자신들이 좀더 신중하였다는 사실과 더 빨리 외채를 갚을 수 있다는 점에 대해 안도하였지만 한국의 중화학공업화는 1980년대 초 그 궤도에 올라섰다"고 양국 차이를 지적하고 있다.

불하면서도 한국보다 훨씬 높은 현시적인 비용을 지불해야 하였다.

결국 한국이 1970년대 중화학공업구조를 취함으로써 석유위기에서 타격을 받았다는 것은 중화학공업화의 시점에 대한 종합적인 내용이 아니라 존재하였던 일부 사실을 지적한 것일 뿐이다. 또한 오히려 이 시기 석유위기로 한국이 더 큰 비용을 절약할 수 있었던 사실을 고려하지 못하고 있음을 알 수 있다.

세 번째로 자본이 부족한 후발국의 경우 가장 큰 비용절감요인은 국민적 합의에 의해 도덕적 해이(moral hazard)를 배제하고자 하는 노동공급자들의 자발적 노력인데, 1970년대 초는 바로 이런 점에서 비용을 가장 줄일 수 있는 적기였다는 점이다. 발전도상국의 경우 여전히 위험성이 큰 공업구조의 전환에서 노동공급자들의 합리적 기대(合理的期待)에 기초한 합의는 인적자본(human capital)의 증가를 가져와 노동생산성 증대를 실현시킴으로써 명시적·암묵적 비용의 하락을 가지고 온다. 이는 역으로 국민들의 합의가 유도될 때 산업정책의 전환을 추구하는 것이 가장 비용을 적게 들이며, 따라서 이때가 산업정책 전환의 적기임을 의미한다.

한국의 경우 1960년대 이루어진 급속한 성장 및 이에 따른 자신감의 획득은 노동공급자들의 물방울효과(trickling-down effect)에 대한 기대를 크게 높였다. 정부는 1965년 단일변동환율의 실시와 함께 1967년에는 가트(GATT)에 가입하고 무역자유화 조치로서 네거티브리스트시스템(negative list system)을 채택함으로써 수출만이 한국 경제의 살 길이라고 국민들에게 광고·교육하였다. 이어 정부는 수출품목구조를 바꾸기로 하고 「기계공업진흥법」(1967)과 「전자공업진흥법」(1969) 등으로 이어진 공업육성책을 실시하였다. 그 결과로 "불가능할 것이라고 수군대던, 현실을 떠난 꿈같은 이야기라던 3억 달러"[60] 수출이 1967년에 달성된 데 이어 불과 3년 후인 1970년에는 수출이 10억 달러를 돌파하였다. 10억 달러라는 정량화된 수치달성과 정부발표는 수출을 경제발전의 가능성과 지표로 생각하게 된 당시 한국민들에게는 부(富)에 대한 기대와 자신감을 주기에 충분한 것이었고, 정부의 정책신뢰를 대폭 높이면서 국민들의 합의를 이루어 내는 계기가 되었다.

정부는 이런 국민들의 합의를 더욱 높이기 위해 '국가경제 발전의 내자충당을 위한 저축증대'를 전 교육기관에서 장려하였고, 국민투자기금도 단순히 금융기관에 돈을 대출하라고 규정하는 것이 아니라 금융기관으로부터 돈을 거두어 다시 금융기관을 통해 대출하도록 하였다. 이런 것은 중화학공업화의 중요성을 국민들에게 알

60 「박충훈(朴忠勳) 전상공부 장관 기고문」, 오원철(한경1, 1996), p. 328.

리고 범국민적 참여의식을 고취하기 위한 목적이 컸던 것으로 볼 수 있다.[61]

또한 북한은 1968년 대규모 무장공비를 서울에 침투시켰고, 미국의 전함 푸에블로(USS Pueblo)호를 피납한 데 이어 1969년에는 울진·삼척지구에 대규모 무장공비를 출현시켰으며, 미국 정보기 EC 121기를 격추시켰다. 국민들의 불안감이 한층 고조된 속에서 그래도 북한으로부터 남한을 지켜 줄 것이라던 미국은 1970년 들어 닉슨 대통령이 한국 내 지상군을 5년 이내에 철수하겠다고 밝혔고, 1971년 3월 27일에는 첫 2만 명이 철수하였다는 사실이 현실로 발표되었다. 의도하든 아니든 간에 바로 1970년대 초의 이 위기의식은 자주국방을 기초할 수 있는 공업, 즉 중화학공업으로의 공업구조 전환을 필수적인 것으로 국민들에게 심어 주고 있었다. 정부도 자주국방이라는 말을 자주 중화학공업화와 연계하여 사용하고 있었지만[62] 국민들 스스로가 이러한 필요성에 적극 공감하고 있었다.[63]

이런 점에서 1970년대 초는 공업구조 전환이라는 시기선택에서 국민적 합의가 가장 높은 시기였다. 이후 어느 시기라도 그런 국민적인 합의에 따라 비용의 대폭적 절감을 얻을 수 없었다. 1970년대 초는 석유위기로 비용이 많이 들었던 시기가 아니라 국민들의 자신감과 스스로의 도덕적 위험을 배제하고자 하는 국민적 합의가 형성되어 있었기 때문에 가장 적은 비용으로 공업구조 전환이 이루어질 수 있는 시기였던 것이다.

이상의 세 가지보다도 어쩌면 더 중요한 것으로 네 번째로 고려해야 할 점은 중화학공업화를 시행하던 1970년대 초가 선진국으로부터 중화학공업의 기술과 자본을 이전받는 비용이 가장 낮은 시기였다는 점이다. 즉, 비판론이 제기하듯이 석유위기로 비용이 높아진 것이 아니라 오히려 비교할 수 없을 수준의 비용하락이 석유위기로 이루어졌다는 점이다.

후진공업국의 경우 공업구조를 전환할 때 선진국으로부터의 이전에 따른 높은 이전비용(移轉費用)을 지불해야만 한다. 심지어 높은 기술이전비용을 지불한다고 해도 선진국들은 기술이전을 거부하거나 또는 이전한다고 해도 후발공업국의 기술평가수준이 낮은 것을 이용해 제품사이클(product life cycle)에서 시장성이 높은 선진공업제품의 기술은 후진국에 넘겨 주지 않는 것이 일반적이다. 따라서 후진공업국

[61] 谷浦孝雄(1989), p. 49.

[62] 박 대통령은 미국측의 대응이 미온적이라는 것에 대해 불만을 갖고 있었고, 이러한 사태가 중화학공업을 촉진시켰다(오원철(한경3), 1996, pp. 230~236).

[63] 이것이 중요한 것은 대만 역시 중화학공업구조로의 전환이 요청되고 있었지만 국민들을 설득시키는 주요한 계기가 되었던 것은 바로 1971년 닉슨의 미·중국 관계정상화였다는 점에서 알 수 있다.

의 경우 산업전략이 있어도 선진기술을 이전받고 습득하는 것이 가장 큰 문제이며, 이를 해결하기 위한 높은 기술습득비용을 지불해야만 한다.

그러나 1970년대 초는 중화학공업 제품이 여전히 국제시장에서 높은 시장성을 가지고 있는 상황임에도 당시 선진국들이 노동력 부족·인건비 상승과 공해문제 등[64] 국내문제로 중화학공업을 피하고자 하는 움직임이 나타나고 있었다.[65] 미국과 일본을 방문한 중화학공업 투자유치 출장방문단도 미국과 일본에서 "에너지 공급 및 공해문제는 생각하였던 것보다 심각한 이슈로 대두되고 있음"[66]이라고 대통령에게 보고할 정도였다. 특히, 한국이 초기에 전략산업으로 선택한 비철금속제련공업·석유화학공업 등은 공해면에서, 전자공업·조선공업 등 주 내구재의 조립공업은 노동력면에서, 그리고 철강공업·조선공업 등은 공업용지면에서 선진국들이 발전도상국에 이전하고자 하고 있었다.[67] 일본은 "입지·공해 등으로 공장이 포화되어……. 공장건설은 해외로 전개"하고 있었고, "지리적·입지적 여건으로 한국에 대한 진출붐이 일고 있었다."[68] 일본이 한국으로 자본을 진출하고자 하였던 것은 1차적으로 일본의 입지·공해문제로 과잉자본의 수출문제가 대두되었던 것에 따른 것이지만, 한국을 더 선호한 것은, ① 지리적·입지적으로 일본과 가장 깊은 수송네트워크를 갖추고 있어 단순 거리근접성 이상의 의미를 역사적으로 형성하고 있었고, ② 주한미군 공유로 안정성을 확보하고 있었기 때문이었다. 장기적으로 같은 친미국가로서 ②의 요인도 일본 기업에게는 매우 중요한 고려요인이었다. 미국 역시 국무부와 국방부의 논쟁이 있었지만 결국 국방부의 의견을 일부 수용하여 미군 철군과 재정수지 방어를 위해 한국 등 주요 미군 주둔지 국가들이 방위산업을 육성할 것을 권하고 있어 관련공업 이전 및 기술습득 비용을 부담할 의사를 보이고 있었다.[69] 특히, 미국은 당시 1960년대 말~1970년대 초 미국과 일본의 무역전쟁이 심화되면서, 동시

---

[64] "최근 일부의 선발공업국이 노동력과 공해 등의 요인에 의하여 중화학공업 제품에 대한 지금까지의 전통적 비교우위를 지속하기에 어려움을 느끼고 있다"(중화학공업추진위원회(해), 1973, p. 12). "철강공업에 있어서 공해문제는 구미 및 일본 등 선진 철강국에서 가장 큰 문제로 되고 있다. ……공해산업으로 불리는 비철금속제련업의 경우 총투자 중 공해방지투자비가 차지하는 비중을 보면 미국은 13.2%, 일본은 12.0%에 이르고 있다. ……오늘날 선진국의 중화학공업에 있어서 인건비의 상승은 생산성을 상회하고 있으며, 이는 이들 나라에 있어서 중화학공업의 경영조건 악화를 촉진하고 있다. ……이러한 제 문제에 직면하고 있는 선진국의 중화학공업은 그것을 해결하는 하나의 방책으로서 외국, 특히 저개발지역으로 입지를 전환하는 경향에 있다"(한국무역연구소, 1974, pp. 33, 35).

[65] N. Fujita and W. E. James(1989), p. 237.

[66] 중화학공업추진위원회기획단(중투, 19730620), 종합 8.

[67] 한국무역연구소(1974), pp. 468~469.

[68] 중화학공업추진위원회기획단(중투, 19730620), 종합 7.

[69] 김정렴(金正濂, 1990), p. 359.

에 아시아에서 일본 시장이 확대되고 일본 지배가 커지는 것에 대해 이를 견제하고자 하는, "일본에 대한 적대감정이 노골화되어,"[70] "재무부, 상무부가 한국 투자에 적극 호응하고 민간회사의 한국 진출을 강력히 권장"[71]함으로써 한국을 지원할 자세로 전향하고 있었다. 그래서 한국의 중화학공업화에 대한 부정적 생각을 바꾸지 못하면서도[72] 일본의 한국 시장 지배의 주원천이 되고 있는 기계류에 대한 한국 투자와 판매에 대한 조사를[73] 고려하고까지 있었다. 따라서 이 시기야말로 미국·일본 등의 "대한(大韓) 진출동향은 적극적이며 우리나라의 중화학공업화는 시기적으로 적절하다고 판단"되는 시기였고 "앞으로 2, 3년의 기간이 중화학공업화의 성패를 좌우하는 가장 중요한 시기이며, 이 기간을 잘 포착[74]하여 기회를 일실(逸失)하지 말아야 중화학공업화를 기대할 수 있을"[75]시기였다. "과거 유례가 없었던 일로" "미국에서의 3차례 공개 (투자)설명회에서 각각 약 100여 명, 일본에서 약 350명씩의 청중이 모였던 것은"[76] 이런 시기적 이유 때문이었다.

여기에 더하여 석유위기가 일어나고 이어 1970년대 중반 선진국들의 경제가 스태그플레이션의 현상을 보이면서 어려움을 겪자, 이들 선진국의 자본들은 자본수출구(資本輸出口)를 경쟁적으로 찾았다. 석유위기와 스태크플레이션하에서 선진국들은 더욱더 탈전통공업화(脫傳統工業化)의 국내산업 방출을 하게 되어 "기계공업, 철강공업, 선박 및 전자공업 업종은 선발공업국으로부터 속속 이양되고 있거나 또는 이들 업종을 위해 선발공업국의 자본과 기술이 후발공업국으로 급격히 진출하고"[77] 있었다. 한국은 1970년대 세계가 침체를 겪으면서 모두 투자를 꺼려 하고 있는 이런 시점에서, 과감히 새로운 산업설비를 구입하려는 매우 적은 구매자 중의 하나였

70 1973년 부총리 일행의 중화학공업 유치 미국 방문단은 "미·일 간의 경제경쟁 의식은 심각하며, 미국의 일본에 대한 적대감정은 노골화된 느낌임"이라고 보고하고 있다(중화학공업추진위원회기획단(중투), 19730620, 종합 3).

71 이에 대해서 본장 부록의 〈자료 3-1〉과 〈자료 3-1 설명〉 참조.

72 남북대치에 따른 국방부의 주장, 그리고 일본을 견제하고자 하는 상무부와 재무부의 개입으로 미국의 인식은 개선되었고 일부 한국 투자가 실현되었지만, 이런 일부 부처의 필요성에 의한 변화 가운데에도 미국의 전반적인 한국 중화학공업화에 대한 부정적 인식은 계속되었다. 이에 대해서는 본서 제12장 중화학공업과 과잉투자 참조.

73 "(미국) 상무부의 Atkins를 단장으로 하는 기계공업조사단이 한국을 방문하여 투자가능성 조사 및 미국 기계류 판매시장의 정도를 조사하기로 하였음"(중화학공업추진위원회기획단(중투), 19730620, 종합 4 나).

74 문서에는 捕捉이 아니라 捕促으로 기록되어 있다.

75 중화학공업추진위원회기획단(중투, 19730620).

76 중화학공업추진위원회기획단(중투, 19730620).

77 중화학공업추진위원회(해, 1973), p. 12.

으므로 선진국 판매자들로부터 이전과 이후에 기대할 수 없는 선진기술 도움과 유리한 금융조건을 받을 수 있었다.[78] 1950~1960년대 선진국들의 경제성장률은 이전은 물론 이후와 비교해서도 매우 높았는데,[79] 선진국들은 이러한 낙관적 상황이 곧 다시 계속되리라고 믿고 있었기에 높은 성장률에 대한 자신감에서 1970년대 후발공업국으로의 기술이전, 후발공업국의 '따라잡기효과(catch-up effect)'를 크게 두려워하지 않았다.

이러한 배경과 과정으로 당시 공급 측면에서의 중화학공업 기술이전비용은 이후와 비교할 수 없는 정도로 낮게 나타났다. 이 시기'가' 아니라 이 시기'만' 이런 절호의 기회가 주어지고 있었던 것이다. 이런 시기였기에 한국은 이전과 이후에 결코 기대할 수 없는 중화학공업화에 대한 기술과 설비를, 그것도 비교적 첨단기술과 첨단설비로 받을 수 있었다. 도입된 기술과 설비가 비교적 앞선 것이었기에 이후에도 한국 경제의 추가적 비용하락과 생산성 경쟁력 향상은 큰 도움을 받았다.

공급 측면의 이러한 변화에도 불구하고 1970년대 초 대부분의 발전도상국들은 1960년대 심화된 남북격차의 확대로 기술·자본력에서 여전히 중화학공업을 수용할 공급능력을 갖고 있지 못하였다. 이를 수용할 수 있었던 남미와 남아시아 국가들이 1960년대 후반 수입대체전략에서 실패함으로써 중화학공업에 대한 기술수요가 적었다. 따라서 1970년대 전(前)반기는 후발공업국 중 선도적으로 중화학공업구조로 전환하는 경우, 낮은 비용으로 선진국의 중화학공업에 대한 자본과 기술을 독점적으로 이전받을 수 있는 기회였고, 바로 이런 상황 속에서 도입에 적극적이었던 한국으로의 자본유입과 중화학공업 플랜트 수입이 장벽 없이 저비용으로 이루어졌다.[80] 실제로 한국측의 수요증대도 있었지만 외자조달에서 상업차관이 1976년 이후 급속히 증가한 것은,[81] 당시 선진 자본공급국가들의 적극적이고 우호적인 조건의 개

---

78 M. L. Clifford(1998), p. 108.

79 1950~1970년의 연평균 경제성장률은 미국이 3.7%로 선진국들은 3% 이상이었는데, 이전의 경제성장률은 1.5%보다 낮았다. 1970년대 이후에는 다시 성장률이 떨어져 2.2%로 감소되었다. 이는 미국만의 현상이 아니라 독일·일본·프랑스·캐나다·영국·이탈리아 등 이른바 G7 선진국 모두에 나타난 현상이었다. 1970년대 이후 선진국들은 왜 이렇게 성장률이 떨어졌는가와 다시 성장률을 회복하기 위한 방법은 무엇인가를 알아내기 위해 필사적으로 노력하였다. 처음에 의심되었던 근로자 1인당 물적자본(physical capital)이나 인적자본 투자액을 조사한 결과 이것이 생산성 증가세 둔화와 관련이 없다는 것을 알아냈다. 재화와 서비스의 생산에 대한 새로운 아이디어의 창조가 둔화된 데 기인한다는 기술지식자본(technological knowledge)에 대한 논의도 활발하였지만 발명이 둔화되지 않았다는 것이 확인되었다. 그렇다면 무엇이 문제였을까? 결국 경제학자들은 경제사적으로 장기적으로 관찰해 본 결과 1970년대 이후가 낮은 성장률이 아님을 알아내었다. 즉, 1970년대 이후 성장률이 크게 둔화된 것이 아니라 오히려 1950~1960년대 성장률이 너무 높았던 것이다(N. G. Mankiw, 2001, pp. 593~595).

80 鄭章淵(1991), p. 208.

선에 기인하는 것이었다.[82]

바로 이상의 점에서 한국은 시기적으로 볼 때 가장 낮은 비용으로 중화학공업화를 시작하였던 것이며, 이 암묵적(implicit) 비용절감은 그 동안 무시되어 왔지만 사실 중화학공업 자체에 투입되는 현시적 비용만큼이나 매우 큰 것이었다. 이 시기 석유위기와 스태그플레이션이 오지 않았다면 한국도, 후발공업국 어느 곳도 매우 높은 비용을 지불하고도 선진국으로부터 기술과 설비를 제대로 공급받을 수 없었을 것이며, 이런 점에서 기존 비판과 달리 한국은 세계경제위기가 옴으로써 오히려 수혜국의 입장에서는 행운의 시기에 중화학공업화를 시작한 것이었다.[83] 이후 중화학공업으로 공업구조를 전환하였거나 전환하려고 한 후진국들은 미국, IMF, IBRD, GATT 등의 지원을 받을 수도 없었고 이것이 일부 가능하였다고 해도 보다 높은 비용을 지불해야 하였다.[84] 1970년대 초의 시기적 상황을 잘 인식하고 미국·일본 등 선진국을 이 시기 가장 잘 이용한 국가가 바로 한국이었다.

 3.4 맺 음 말

기존의 1970년대 중화학공업화에 대한 연구들은 중화학공업구조로의 전환시점이 위험과 비용이라는 공급 측면에서 볼 때 합리적이지 못했다는 공감대를 형성하고 있었다. 1970년대 중화학공업구조로의 전환은 성공적인 결과를 이루었다고 할지라도 공급 측면의 능력에 대한 합리적 고려 없이 시작된 것으로 전제되어 왔다. 그

81 상업차관은 1976년 8억 4,100만 달러에서 1977년 12억 4,200만 달러, 1978년 19억 2,980만 달러로 급증하였다.

82 이 밖에도 중화학공업화로 방위산업이 급신장하자 한국은 이를 미군철수 억제의 논리로 사용하여 성공하였다. 즉, 만약 한국이 적화되어 소련의 손에 중화학공업과 방위산업능력이 넘어가면 바로 그것은 미국에게도 큰 위협이 된다는 논리를 사용하였다(오원철 증언, 1993. 11. 28). 이런 점에서 보면 중화학공업화는 주한 미군의 군사력을 유지시켜 국방비를 절감하는 데 도움이 되었고, 결국 또 다른 비용의 하락을 가져다 주었다.

83 J. L. Enos and W.-H. Park(1988, pp. 215~216)은 "한국이 세계철강 생산능력이 줄어들고 세계의 기술과 자본재 공급업자들의 경쟁이 매우 심하였을 때 (철강)건설 프로젝트를 시작한 것은 진실로 행운이었다"라고 말하고 있으며, L. E. Westphal, Y. W. Rhee, and G. Pursell(1981)은 "자주 지적되듯이 한국은 기술을 얻는 데 거의 어려움이 없었다(그러면서 세계시장은 규제적인 것이 아니었다)"고 지적하고 있다.

84 오늘날의 중국·인도네시아 등 큰 국내시장을 가지고 있는 경우 미래수요를 위해 세계의 중공업 업체들이 기술과 자본을 이전해 주고 있지만, 한국의 경우 시장면에서 이들 국가보다 훨씬 유인동기가 작았다.

결과 1970년대 초 공급능력 측면에서의 중화학공업화의 시기적 부적절성 문제는 부의 집중, 자원배분의 왜곡 등과 함께 1970년대 중화학공업에 대한 가장 일반적인 비판의 요점이 되어 왔고, 이런 전제 위에서 중화학공업과 이후의 경제정책에 대한 모든 평가와 연구가 이루어져 왔다.

그러나 본장의 검토결과 주요 논점이 되고 있는 공급 측면의 위험과 비용 측면에서 기존에 전제된 인식이 문제를 갖고 있음을 확인하였다. 한국은 수요와 공급 양 측면에서 적절하고 필요한 시기에 중화학공업화를 시작한 것이었다.

한국의 중화학공업 역시 물론 문제점을 가질 수 있다. 그러나 본장과 제2장 수요 측면에서의 결과와 함께 결합하여 볼 때, 설사 현재의 중화학공업이 문제를 가지고 있더라도 그 문제는 정책시기의 문제가 아니라 1970년대 다른 요인에서 발생하였거나 1980년대 이후의 과정에서 발생한 문제임을 보여 주며, 나아가 기존 경제 정책의 평가에도 많은 수정이 있어야 할 것을 암시해 주고 있다. 이와 함께 본장의 검토는 정부나 대기업집단의 역할, 중화학공업, 중화학공업 조정 등 기존 평가에 대한 재검토와 함께 중화학공업기에 대한 보다 본격적인 연구가 필요함을 제시하고 있다. 이렇게 할 때 실질적으로 한국 경제 발전과정에 대한 정확한 이해와 그에 따른 올바른 정책시사점을 구할 수 있을 것이다.

부 록

1. 부 표

부표 3-1 아우티(Auty)의 정성적 리스크 비교, 중화학공업화 전략과 위험 정성적 기준

a. 정성적 기준

구 분		전략위험	
		낮 음	높 음
전략디자인	1. 발전에서의 중화학공업의 역할	낮 음	지 배 적
	2. 중화학공업 내 전문화	낮 음	높 음
마 케 팅	3. 국내 GDP 성장	유지됨	불규칙함
	4. 환 율	경쟁적	높 음
실 행	5. 중화학공업의 과정	단계적	일 괄 적
	6. 다국적기업에의 접근	높 음	낮 음

b. 정성적 평가

국 명	1	2	3	4	5	6	종 합 점
대 만	3	1	1	1	2	1	0.33
한 국	3	1	2	1	5	1	0.43
브 라 질	3	1	3	4	3	2	0.53
멕 시 코	3	1	5	4	3	3	0.63
인 도	5	3	4	3	3	4	0.73
중 국	5	1	3	3	4	5	0.77

주: 1) 1에 가까울수록 위험도가 낮고 5가 가장 위험도가 높음.
2) 종합점은 1.0이 6항목에서 가장 위험도가 높음.

자료: R. M. Auty(1994), p. 125.

부표 3-2 석유파동(오일쇼크)의 영향

단위: 10억 달러

구 분		재화수출		재화수입		경상수지			순 외 채		실질GNP(1980년 가격, 조 원)	
		실질	충격	실질	충격	실질	충격		실질	충격	실질	충격
							양	GNP(%)				
1차	1973	3.28	매우 작음	3.85	0.13	−0.30	−0.16	1.2	3.02	0.16	22.75	0.11
	1974	4.52	−1.20	6.45	0.40	−2.02	−1.75	9.5	5.02	1.91	24.55	−0.55
	1975	5.00	−2.33	6.67	−0.03	−1.89	−2.60	12.4	7.03	4.51	26.41	−1.16
2차	1979	14.71	매우 작음	19.10	매우 작음	−4.15	−0.15	0.2	14.0	0.15	38.98	매우 작음
	1980	17.21	−3.13	21.60	0.46	−5.32	−4.29	7.1	19.6	4.44	37.91	−1.18
	1981	20.67	−6.66	24.30	−1.55	−4.65	−6.75	10.2	24.5	11.19	40.72	−2.52
	1982	20.88	−12.49	23.47	−4.99	−2.65	−10.17	14.7	28.3	21.36	43.04	−6.22

자료: V. Corbo and S.-W. Nam(1992), p. 46.

부표 3-3 석유파동 등이 있을 때 외부충격 정도의 아시아 각국 비교(1974~1982년 평균)

구 분	외부충격(백만 달러)	외부충격/GNP(%)
홍 콩	−2,800.1	−26.7
한 국	−3,668.1	−13.3
싱 가 포 르	−2,506.1	−46.3
대 만	−2,360.4	−12.7
아세안 4국	−2,462.9	−14.9
남 아 시 아	−1,885.2	−14.2

주: 아세안 4개국은 인도네시아·말레이시아·필리핀·태국이며, 남아시아는 미얀마·인도·파키스탄·스리랑카임.

자료: Asian Development Bank, Economic Office(1985); International Monetary Fund(IFS, 1970~1985); International Monetary Fund(BS, 1981~1990); United Nations(YIT, 1970~1982); W. E. James, S. Naya, and G. M. Meier(1989), p. 115.

2. 보　론

〈보론 3-1〉 중화학공업의 사전적(ex-ante) 검토에 관하여

1970년대 초 중화학공업구조로의 전환은 비판론이 제기하듯이 단순히 사회·정치적 목적에서 이루어진 것이 아니라, '나름대로'의 실증적 관찰값과 이론 위에서 사전적으로 필요성·가능성이 검토되고 검증되었다. 이는 여러 경로에서 확인된다.

우선 당시 중화학공업 추진팀들이 귀납적으로 실험결과를 얻은 곳은 후발공업국이면서 급속한 경제성장을 이룬 뒤, 다시 패전으로 파괴되고 이어 다시 급속한 경제성장에 성공해 경제성장의 모델이 된 일본과 독일이었다.

일본의 공업정책은 비록 명시적인 것은 아니었지만 언제나 한국의 공업정책 결정자들에게 가장 우선적으로 영향을 미쳤다. 기본적으로 주요 산업에 대해 투자의 목표를 정해 놓고 재정·금융상의 모든 지원을 행하는 일본의 산업목표 추구(industrial targeting)방식은 1960년대 한국 산업정책의 주요 방법으로 광범위하게 사용되었다.[85]

일본은 이미 1930년대 중화학공업을 추진하였고,[86] 그 일부를 북한 지역을 중심으로 한국에서도 시행하였었다. 전후 패전국 일본에 대해서 미국은 당시 자본부족과 저임금을 기초로 경공업 중심의 공업정책을 권고하였지만 일본이 성장산업으로 삼았던 것은 다시 일관된 중화학공업이었다.[87] 즉, 패전 후 일본은 공업생산구조를 다시 내구소비재 중심의 중화학공업에 집중함으로써 투자가 연관효과(linkage effect)에 의해 가속되는 경제시스템을 성공시켰다. 한국과 유사한 산업문화조건을 갖고 있으면서 역시 에너지자원이 부족한 일본이 이미 1930년대부터 화학·조선 등 중화학공업에 의존해 성장을 추구하였고, 전후 역시 이러한 추구를 계속하였으며 그렇게 함으로써 성공적인 경제성장을 이루었다는 것은, 당시 한국의 공업정책 최고결정권자들에게 중화학공업을 할 수 있고, 또 해야 한다는 귀납적 실험의 결과로 인식되었다.

---

[85] 조순(1991), p. 200.

[86] L. Klein and K. Ohkawa(1968), pp. 74~75.

[87] 1960년대 일본 산업정책의 목표는 '산업구조(產業構造)의 고도화(高度化)'로 공식적으로 제기되었다. 그 결과 부가가치 기준 일본의 제조업 내 중화학공업 비중은 1958~1960년 37.6~43.2%였으나 1961~1963년 51.8~55.5%로 급상승하였다(日本工業新聞社, 1959~1965).

라인강의 기적으로 불리며 1960년대 이후 한국 경제의 지향점으로 교육되었던 독일의 경우 역시 자본부족 속에서도 19세기 경공업과 함께 중화학공업을 동시에 육성하여 성공한 대표적 사례였고 중요한 실험결과로 인식되었다. 당시 독일의 공업발전은 20세기 미국·일본 등에도 정책적인 면에서 영향을 주었으며 중화학공업을 추진하였던 박정희 대통령 역시 경제발전, 특히 중화학공업의 모델로 독일을 생각하여 자주 인용하였고[88] 5.16 후 바로 독일을 직접 방문하였다.[89] 이런 분위기 속에서 한국의 경제관료들은 독일의 경제발전을 본보기로 삼는 것이 일반화되어 있었다. 경제발전의 대명사와 상징성으로 가장 많이 회자된 것이 '라인강의 기적'이었고 한국 경제발전의 목표를 상징하는 말이 이를 그대로 따내어 지은 '한강의 기적'이었다. 이후 '한강의 기적'은 정부의 여러 문서에서 사용되어졌고 '라인강의 기적'은 학교의 경제교육에서 강조되었다. 상대적으로 자원과 자본이 부족하였던 후발공업국 독일이 중화학공업에서 세계제일로 성장하였고 나아가 세계에서 가장 강한 산업경쟁력을 가진 국가로 성장한 것은 한국 정부에게 있어서 또 하나의 주요한 귀납적 실험결과였던 것이다.

이론적으로는 당시 발전도상국에 인기가 있었던 경제발전론 경제학자들, 특히 한국 경제에의 영향력이 컸던 호프만(W. G. Hoffmann, 1958)의 발전단계에 따른 자본재부분 비중 증가론이 한국에서 중화학공업구조 전환의 이론으로 사용되었다. 나아가 P. N. Rosenstein-Rodan(1943), A. O. Hirschman(1958), H. B. Chenery(1960)[90] 등의 동태적 경제발전이론도 1960년대와 1970년대에 경제발전이론의 도입에 적극적이었던 한국에서 공업구조 전환의 이론적 기초가 되었다. 이들 이론은 미국 경제학이 빠른 속도로 들어오면서 이를 도입한 경제학자들에 의해 한국의 경제발전에서 경제정책의 중요한 이론적 기초로 되고 있었다.

이상에서 볼 때, 당시 중화학공업구조 전환은 비판론이 제기하듯이 단순히 사회·정치적 목적에서 이루어진 것이 아니라 '나름대로'의 실증적 관찰값과 이론 위에서 위험선호적(risk-loving)으로 진행되었던 것이었다고 말할 수 있다.

---

[88] 이는 박정희 전대통령의 1971년 제7대 대통령 취임사에서 잘 나타난다(한국역대대통령취임사편집부, 1988, p. 75).

[89] 박정희 전대통령은 1964년 12월 독일을 방문하였다. 이때 독일의 아우토반을 보고 박 대통령이 고속도로에 착수하였을 것이라고 오원철 씨는 증언하고 있다(오원철(한경2), 1996, pp. 301~302).

[90] 채너리(Chenery)는 제조업을 소비재·중간재·투자재로 분류한 뒤 성장탄력성(growth elasticity)을 측정하여 중화학공업부문이 경공업보다 성장의 속도가 빠름을 보여 줌으로써 투자의 우선순위가 중화학공업에 있음을 보였다(H. B. Chenery, 1960, pp. 624~654).

3. 자　　료

[자료 3-1]

중화학공업 투자유치 출장보고(중화학공업추진위원회기획단, 〈중화학공업 투자유치 출장보고〉, 6월 26일 대통령 결재문서, 대비경(이) 보고번호 제36호, 보고관 오원철(吳源哲), 대통령비서실, 1973. 6. 20) 중 미국 상무성, 재무성이 한국 진출을 기업에 장려한 내용

……

4. 재무부, 상무부가 대한 투자에 적극 호응하고 민간회사의 한국 진출을 강력히 권장하고 있음.
   가. Georpe Ball Mission과 같은 David Kennedy 조사단을 파한하기로 하였고 Kennedy가 불가능하면 Georpe Ball Mission을 보내기까지 계획하였음. 동 조사단은 9월 또는 10월경에 내한하기로 하였고 양측 대사관에서 연락을 담당하기로 하였음.
   나. 상무성의 Atkins를 단장으로 하는 기계공업조사단이 한국을 방문하여 투자가능성 조사 및 미국 기계류 판매시장의 정도를 조사하기로 하였음. 현재 주한 미대사관과 추진위원회 간에 연락을 취하고 있음.
   다. 미국의 한국 투자진흥에 대한 문제가 있으면 각 부 장관(Schultz 및 Deut)은 각각 직접 연락할 것을 당부하고 있는 실정임.
5. 한·미 민간 간에 설치키로 합의된 한·미 무역 및 투자협의회는 정부에서도 적극 밀어 주기로 합의되었음. 상무장관은 본 협의회에 상당한 관심을 표명하고 이의 설치는 양국이 경제협력 확대를 위하여 절대 필요하며 시기적절한 것이라고 피력한 바 있음.
6. 미국 EXIM BANK에서는 자금은 현재 여유가 있으므로 한국에의 차관공여는 환영한다고 함.
   가. 신청사업의 소요자금의 3할만 투자하면 기업성 조사를 안 하더라도 차관 제공이 가능한 것으로까지 발전하였음.
   나. 영남화학(嶺南化學)의 확장공장에 있어서 공장주가 아닌 Flour회사에서 1,600만 달러 차관신청서를 받았으나 Flour가 아닌 제3자가 되더라도 차관이 가능하다고 함.
   다. 미국에서 공장도입시 미국의 Service Fee는 고가($6,000/월 소요)이기 때문에 Service는 미국이 아닌 다른 지역에서 도입하고 기계류만 미국에서 구매하여도 무방한 것으로까지 되어 있음.

[자료 3-1 설명] 자료의 의미

당시 미국 내 국무부를 비롯한 정부 전체, 학계, 미국의 분위기는 한국의 중화학공업을 부정적으로 보고 있었지만 남북 대치에 따른 국방부, 그리고 일본을 견제하고자 하는 상무부와 재무부는 긍정적으로 검토하고자 하였다. 일본의 아시아·한국 시장지배의 가장 원천이 되고 있는 것은 일제 기계류였다. 따라서 일본을 견제하고자 하는 의도 때문에 상무부는 "상무부의 Atkins를 단장으로 하는 기계공업조사단이 한국을 방문하여 투자가능성 조사 및 미국 기계류 판매시장의 정도를 조사하기로" 하였다. "미국의 EXIM BANK가 미국에서 공장도입시 미국의 Service Fee는 고가($6,000/월 소요)이기 때문에 Service는 미국이 아닌 다른 지역에서 도입하고 기계류만 미국에서 구매하여도 무방한 것으로까지" 한 것도 일제하부터 역사적으로 형성되고 다시 1960년대 강화된 아시아의 일제 기계 사용을 대체하고자 하는 미국 상무부·재무부의 입김이 작용한 것이다.

그러나 미국은 전반적으로 한국의 중화학공업에 대해 긍정적 생각을 갖고 있지 못하였으며, 다만 1970년대 초 다른 선진국과 마찬가지로 공해 및 과잉자본에 대한 수출의도가 있었고 그것이 한국이든 다른 나라이든 관계가 별로 없었다. 그래서 미국 수출입은행(EXIM BANK)의 대응은 한국이 투자지로 적격이어서 자금을 제공하는 장기적 투자목적이 아니라 "자금은 현재 여유가 있으므로" 한국에의 차관공여는 환영한다고 한 것이었다. 이는 "기업성 조사를 안 하더라도 차관제공이 가능"하다는 것이나 "영남화학(嶺南化學)의 확장공장에 있어서 공장주가 아닌 Flour회사에서 1,600만 달러 차관신청서를 받았으나 Flour가 아닌 제3자가 되더라도 차관이 가능하다"고 한 점, 그리고 또 앞서 보았듯이 "서비스(service)는 미국이 아닌 다른 지역에서 도입하고 기계류만 미국에서 구매하여도 무방한 것으로까지" 한 점 등에서도 나타난다.

3

정책과 진행

CHAPTER 4
중화학공업화와 금융 그리고 금융정책*

4.1 머리말

경쟁산업의 기초가 제대로 형성되어져 있지 않았던 1960년대 산업정책은 여전히 총괄적인 지원정책, 보다 구체적으로 총괄적인 수출지원정책이 우선이 될 수밖에 없었다.[1] 그러나 섬유 등 경공업을 중심으로 한 기본 산업이 만들어지면서 1970년대에는 전략적인 특정 산업의 효율성을 높이고 성장을 지원하기 위한 산업정책이 만들어지기 시작하였다.

이러한 특정 산업에 대한 산업정책적인 지원은 크게 재정·금융 그리고 해외부문에 대한 보호로 나누어지며,[2] 이상의 지원정책은 선·후발 공업국을 막론하고 초기 산업발전단계에서 자본축적의 단축이나 추격·추월을 위해 일반적으로 사용되었

* 본장의 일부는 박영구(2001c)로 발표된 것을 수정·확대한 것이다.

1 정부는 제2차 경제개발5개년계획에서 ① 외화가득률이 높고, 수출산업으로서 개발육성이 비교적 용이한 산업부문, ② 다른 산업과의 연관효과 및 고용효과가 높은 산업부문, ③ 장래 자립경제 달성의 기반이 되는 기초산업부문의 3부문 육성강화를 방침으로 하여 각종 중점산업 육성법을 1966~1970년대에 걸쳐 제정하였다. 그 결과 「기계공업진흥법」(1967), 「조선공업진흥법」(1967), 「전자공업진흥법」(1969), 「철강공업진흥법」(1970), 「석유화학공업육성법」(1971) 등이 만들어졌다.

2 이 밖에 진입규제를 주요한 정부의 산업정책으로 지적할 수 있다. 하지만 진입규제는 대부분의 경우 해외부문으로부터의 보호와 중복되어 나타나고, 나아가 재정·금융수단과 결합되어 나타난다. 기타 행정지원의 경우도 이와 동일하다. 참고로 중화학공업만이 아니라 섬유 등 경공업의 산업육성법에서도 진입규제가 행해졌다.

다. 일본의 경우만 보아도 직접보조, 조세제도지원 등 재정지원, 신용의 차별적 배정 등 금융지원, 그리고 외국기업으로부터 국내산업의 시장보호 등 해외부문 보호와 기타 정부구매지원 등의 개별 산업지원 산업정책이 실시되었다.[3]

본장에서는 1970년대 중화학공업에 주어진 지원정책을 금융을 중심으로 중화학공업에서의 정부역할에 대해 검토해 보고자 한다. 여기에서 금융을 먼저 분류해 보는 것은 재정과 분리하고자 하는 편의적인 목적 외에 두 가지 주요한 이유가 있기 때문이다. 첫째, 이제까지 중화학공업에 관련된 연구에서 "중화학공업의 중요한 지원은 바로 금융의 집중"이었고 "중화학공업의 육성에는 한국 정부의 다양한 금융유인 제공"이 있었다고[4] 지적되어 왔듯이, 중화학공업 지원에 대한 비판의 핵심은 금융집중에 있었기 때문이다.[5] 둘째, 정부는 1970년대에 점차 재정의 역할을 감소시키면서 주요 정책기제를 금융으로 돌렸기[6] 때문이다. 특히, 중화학공업에 대한 금융집중과 금융특혜 비판은 오늘날만이 아니라 1970년대 당시에도 크게 있었기에 1980년대 이후 신정부가 들어서면서 대국민 광고를 위해 중화학공업을 비판할 때면 언제나 금융지원액의 삭감 또는 중단을 논리로 사용하여 왔다.[7]

본장에서는 우선 금융과 관련된 정부의 역할에 대한 그 동안의 논의를 정리하고, 이어 금융과 관련하여 1970년대 중화학공업정책에 관한 연구들의[8] 논지와 중화학공업화 정책을 다시 검토해 나가면서 오늘날 한국 경제에 주는 역사발전론적인 시사점을 찾아보도록 한다.

---

[3] M. Noland(1998), pp. 343~350.

[4] 중화학공업은 경공업에 비해 자금접근도가 높았고 자본비용도 훨씬 낮았다고 인정되어 왔다(이기영, 1994).

[5] 대한상공회의소(한2, 1982); 박준경(1995); 변형윤·임원택(2000); 劉進慶(1983); 川上桃子(2001); 韓福相(1995); S. Haggard(1994a); S.-C. Lee(1991, p. 441); T. Matthews and J. Ravenhill(1994); H. Pack and L. E. Westphal(1986); J.-C. Rhee(1994); L. E. Westphal, Y. W. Rhee, and G. Pursell(1988); World Bank (K1987a); World Bank(K1987b). S. Haggard(1994a, p. 51)는 1973~1980년 금융시장은 1960년대 후반의 자유화와 매우 대비된다고 적었다. 통상적으로 중화학공업화에서 이루어진 금융집중에 대한 비판은 "다른 무엇보다도 1970년대 중화학공업에 주어진 금융에의 접근과 자본비용에서의 혜택이 중화학공업화에 가장 중요하였다"라는 World Bank(K1987b, p. 103)나 M. L. Clifford(1998, p. 111)의 경우처럼 차별적이라고 주장된 저리의 이자율과 결합하여 비판이 이루어지고 있다. 드문 경우이지만 U.-C. Chung(1990, pp. 118~120)처럼 1980년 이전 금융부문에 대한 정부의 개입은 초기 한국의 공업화에서 경제성장에 도움이 되었다는 인식도 있다.

[6] 박영구(2002b), pp. 117~144.

[7] '국가보위비상대책위원회'는 국민발표문에서 여러 번 이를 '국가보위비상대책위원회' 산업개입의 합리적 근거로 제시하고 있다(국가보위비상대책위원회 상공자원분과위원회, 1980. 8. 19, pp. 3~5, 7; 〈보도자료〉, pp. 10~11).

[8] 1980년대 초의 자료들을 포함하는 대부분의 연구들이 중화학공업화에서의 금융왜곡문제를 다루고 있다. 대표적으로 뒤에 인용할 한국개발연구원(기본, 1982)이 있다.

4.2 정부역할에 대한 기존 연구[9]와 고려할 점

한국 또는 동아시아에서의 정부역할에 대한 평가는 많이 소개되고 있고 알려져 있다. 한국을 포함하는 동아시아의 경제성장이 정부정책, 즉 보호주의, 수출주도형 정책 등에 힘입은 것이었다는 주장은 지속적으로 이루어져 왔다.[10] 넓게 보아 수정주의론(revisionist view), 발전국가론(development-state view)들의 견해로[11] 함께 분류될 수 있는 이들 정부개입론의 정당성 주창론자들(제도주의자, institutionalists)은 후발공업국의 경우 생산의 외부성이 크고, 신용의 제한이 컸던 것 등 시장이 불완전하게 작동하고 있었던 점과, 시장에서는 외국기업과 국내기업이 불공정한 거래를 하고 있었던 점을 지적한다. 그래서 시장의 억제력을 완화하고 과도기를 조정하는 정부의 역할이 필요하다는 것이며, 이들 주장은 정부가 시장이 하는 것보다 더 신속히 경제구조를 변환시킴으로써 공업화 과정을 촉발시켜야 한다는 주장으로[12] 연결된다. 특히, 신무역이론(new trade theory)들이 지적하듯이 가격기구가 작동하는 곳에서는 이미 가격만으로 새로운 발전도상국의 세계시장 신규 진입이 어렵도록 기존 선진국 생산자들이 가격경쟁 우위장치를 가지고 있고, 따라서 정부의 보조·보호로 성공적인 진입이 이루어지면 초기의 정부에 의한 보조 및 보호를 보상할 수 있는 충분히 장기적인 이익이 발생한다고 보았다.[13]

이런 이유로 불완전한 자본시장에 대한 정부의 개입은 지속되었으며, 심한 경우 정부는 산업의 성장을 위해 가격유인체계를 왜곡까지 하였다고 보았다. 하지만 이들에 의하면 중점육성대상 산업의 생산성이 분명히 높았으며, 강한 정부가 산업 근대화의 주요한 추진력이 되었다.[14] 따라서 이들은 한국에서의 수출지향적인 정책이 시장지향적이었으며 중립적이었고 사기업에 기초를 둔 것이었다는 신고전학파의

---

9 이병기(1998)의 정리는 매우 뛰어나다. 본장과 본장 부록의 〈보론 4-1〉에서도 이병기의 정리가 많은 도움을 주었으며 많은 부분을 인용하였다.

10 C. Dahlman and L. Westphal(1982), p. 129; H. Pack and L. E. Westphal(1986), pp. 87~128; M. S. Alam (1989a); M. S. Alam(1989b); A. H. Amsden(1989); A. Krueger(1990); World Bank(EA, 1993); J. K. Kwon(1994); D. Rodrik(1994); R. Wade(1990b).

11 M. Aoki, K. Murdoch, and M. Okuno-Fujiwara(1997).

12 De Long, J. Bradford, and L. H. Summers(1991).

13 R. M. Auty(1994), p. 5.

14 J. K. Kwon(1994), pp. 635~644.

견해는 적어도 한국·대만·일본에 적용할 때 타당성이 부족하다고 보았다.[15]

그러나 아시아의 허상으로 논의를 시작한 비주류(contrarian) 경제학자들은 동아시아의 성장이 생산요소의 투입확대에 의한 것이었다는 측정결과를 제시하였다.[16] 그 결과로 이들은 동아시아 신흥공업지역(NIEs)의 성장은 자본 및 노동이라는 생산요소의 양적인 투입증가에 의해 설명이 가능하며 수정주의가 강조하는 정부의 정책은 그 중요성이나 의미가 매우 작다고 보았다. 심지어 홍콩에 비해 싱가포르의 낮은 총요소생산성 증가는 정부의 개입, 산업정책, 즉 차별적인 금융지원, 건물 및 토지 대여비용의 인하, 노동교육비용의 정부책임 등 정부의 개입 때문이라고 보았다.[17]

이러한 주장은 소련의 붕괴와 함께 1990년대 말 아시아의 외환위기로 큰 주목을 받았지만, 사실 아시아의 외환위기와 상관없이 이들 주장은 논리적으로 사전적인 동의가 충분히 가능하다. 한국의 경우 그 동안 정부의 역할이 아무리 컸다고 해도 경제운영의 제일 주체는 분명히 기업이었으며 성공의 공과(功過) 역시 1차적으로 기업의 입장에서 평가하는 것이 당연히 맞기 때문이다. 계획경제가 아닌 이상 정도의 차이는 있지만 동아시아 역시 동일하다. 즉, 정부의 역할을 어느 정도 인정한다고 하더라도 정부역할 때문에 경제성장이 이루어졌다고 보는 것에는 한계가 있는 것과 마찬가지로, 역으로 정부의 역할 때문에 경제성장이 근본적으로 정체되었다는 주장도 분명히 그 자체로 이미 한계를 갖는 것이라고[18] 볼 수 있다. 또한 한국을 포함한 동아시아처럼 단축된 성장에서 자본의 기여도가 높다는 것은 당연하다. 압축된 성장에서 가장 중요한 요소는 바로 공업화로 상징되는 자본축적이며, 동아시아 국가들은 장기간 자본축적의 역사에 실패함으로써 압축된 자본축적을 추구한 공통점이 있기 때문이다.[19]

---

[15] M. S. Alam(1989a), p. 252.

[16] P. R. Krugman(1994); J.-I. Kim and L. J. Lau(1994); P. R. Krugman(1995); A. Young(1994); A. Young(1995). P. R. Krugman은 동아시아 성장이 고도성장기에 있었던 소련(USSR)과 같이 효율성에 의하기보다는 자본·노동 같은 생산요소의 높은 투입증가에 의해 이루어졌다고 주장하였다. J. I. Kim and L. J. Lau는 홍콩(1966~1990), 싱가포르(1964~1990), 한국(1960~1990), 대만(1953~1990) 등 동아시아 경제성장의 48~72%를 자본축적으로 설명하고, 노동의 성장기여도는 13~23%로 보았으며, 한국은 성장원천으로 자본 67%, 노동 19%, 기술진보가 14%라고 설명하였다. 반면 프랑스(1957~1990), 서독(1960~1990), 일본(1957~1990), 영국(1957~1990), 미국(1948~1990) 등 5개 선진공업국은 자본이 24~49%, 노동기여도에서는 −7~28%(프랑스 −1, 서독 −7, 일본 6, 영국 4, 미국은 28)로 차이가 있지만, 기술진보가 경제성장의 46~71%를 설명한다고 하여 아시아와 대비시켰다. A. Young은 홍콩(1966~1991), 싱가포르(1970~1990), 한국(1966~1990), 대만(1966~1990) 등을 사례로 총요소생산성을 측정하여 총요소생산성 증가율이 낮았다는 추정결과를 보여 주었다.

[17] A. Young(1992).

[18] P. Romer(1986); R. E. Lucas(1988).

총요소생산성 문제 역시 방법론적으로 여전히 많은 문제가 있는데, 실제로 한국을 대상으로 한 측정결과는 매우 다양한 다른 결과를 보여 주고 있으며, 측정방법, 데이터, 기간 등에 따라서 상반된 결과도출이 가능하다(문제점과 다양한 결과에 대해서는 본장 부록의 〈보론 4-1〉 참조). 나아가 총요소생산성의 성장기여도는 작았다고 하는 평가와 달리, 정반대의 해석과 총요소생산성이 높았다는 결과도 1980년대 중반 일찍부터 시작하여 1990년대 이후 세계은행, 그리고 최근 여러 비교 및 실증 연구에 이르기까지 계속 제기되고 있다.[20]

신고전학파 견해(neo-classical view)는 당연히 정부의 역할을 중립적이고 소극적인 것으로 평가한다. 이러한 견해는 정부의 역할을 전면적으로 부정하지는 않되, 아시아의 경제발전이 주의 깊게 스스로를 통제해 나간(carefully delimited) 정부의 한정적 개입주의 결과라는 시장친화주의론(market-friendly view)들과 연결된다. 한국 정부는 재산권 제한과 공공재 공급에 개입하였고 안정적인 환율을 위해 노력을 하였지만, 성장은 주의 깊은 정책의 결과이며 정부의 역할은 시장이 효율적으로 자원을 배분할 수 있도록 적절한 환경을 정비하는 데 머물렀다는 것이다. 즉, 정부의 역할이 시장활성화를 위한 것, 인적자본 적정투자, 기업을 위한 경쟁적 환경의 조성, 국제무역 개방, 거시경제의 안정적 운용이었다는 것이다.[21] 따라서 동아시아 경제발전

[19] M. Sarel(1996, p. 6)은 따라서 이들 비주류(contrarian)들의 주장은 "아시아 4용(한국·대만·홍콩·싱가포르)의 성장은 노동과 자본의 대규모 축적이 예상되는 당연한 결과로 나온 것"이라는 기존의 견해와 전혀 다를 것이 없다고 말하고 있다.

[20] World Bank(WS, 1992), p. 35; World Bank(EA, 1993); M. Sarel(1996). 한편, 비교연구로 World Bank (K1987b, Appendix IB, Table B1.4)는 같은 시기 한국의 총요소생산성이 경제성장에 미친 영향이 미국보다 매우 크다고 밝혔으며, M. I. Nadiri("Output and Labor Productivity, R&D Expenditure and Catch-up Scenarios: A Comparison of the U.S., Japanese, and Korean Manufacturing Sectors," Korea Economic Research Institute, *Technology Innovation and Industrial Technology Policy*, KERI, 1994, p. 27. Y. Lim, 1999, p. 27에서 인용) 역시 미국·일본에 비해 한국의 총요소생산성 증가율이 높았음을 보였다. 경제 전체의 총요소생산성을 32개국 분석한 H. Beyer("Sources of Economic Growth: Cross-Country Comparisons," UCLA Discussion paper, University of California, Los Angeles, 1996. A.C. Harberger, 1998, p. 25에서 인용)는 1971~1991년의 총요소생산성 연평균 증가율에서 대만·태국·한국이 미국·서독·프랑스·영국·콜롬비아 등 다른 국가보다 월등이 높다고 측정하였다. 앞의 M. Sarel (1996, pp. 8~9) 역시 동아시아 4개국과 기타 100개국을 비교하여 동아시아가 월등히 높았음을 보여 주었고, 싱가포르 역시 총요소생산성 증가율이 결코 낮지 않다는 결과를 제시하였다. A. Young(1995)은 동아시아의 생산성 증가가 과장되어 있다고 하였지만, 그럼에도 측정된 한국의 제조업 총요소생산성 연평균 증가율은 조사대상 국가 중 가장 높았다는 점을 보여 주고 있다. 자세한 내용과 측정기간, 측정대상, 수치는 본장 부록의 〈보론 4-1〉 참조).

[21] M. Aoki(1997)는 기존의 발전국가론(development-state view)과 시장친화주의론(market-friendly view)들이 정부와 시장을 완전대체적이고 양자택일적인 것으로 보고 있다는 점에서 문제가 있다고 비판하고, 정부가 시장을 활성화시키고 민간부문과 보완적 조화를 이루어 나간다는 시장향상론(market-enhancing view)을 제시하였다. 그런데 이 주장은 정부를 중립적인 것이 아닌 그 자체의 동기를 가질 수 있는 내

에서 시장이 중심적인 위치를 차지하고 있었으며, 정부의 역할은 결정적이지 않았다고 보고 있다.[22] 여기에서 동아시아의 성공은 "시장개입 때문에 이루어진 것이 아니고 시장개입에도 불구하고(in spite of rather than because of) 이루어진 것"이라는 명제가 만들어졌다.[23] 실제로 초기 견해인 C. Wolf, Jr.(1988)는[24] 다음과 같이 두 가지를 주장하였다. 첫째, 홍콩·한국·대만 등은 정책의사결정시 정부의 역할을 제약하는 의사결정과 정책으로 크게 이득을 보았으며, 대신에 시장이 그 불완전성과 결점에도 불구하고 자원배분을 결정하는 데 결정적 역할을 하였다. 둘째, 한국과 대만 정부는 낮은 물가상승률, 비교적 안정적인 거시경제환경을 제공하였고, 이들 지역은 실질환율이 거의 상승되지 않았으며 수입대체공업화도 짧은 기간으로 한정되었기 때문에 기업들이 상대가격보다 생산성을 향상하는 데 집중할 수 있었다.[25]

그러나 한국 정부가 선택적인 산업정책에 조심스러웠고 또 반대하였다는 결론 속에서도 1970년대 중화학공업화에 대한 일부 부정적 시각은 여전하다. 예컨대, 세계은행은[26] "한국의 선택적인 육성산업은 중화학공업부문"이었고, "중화학공업정책의 추진비용은 아직까지 완전하게 알려지지 않았지만 이 비용은 매우 컸다"고 하여 중화학공업에 대해서 일부 부정적 입장을 밝혔다. 이는 중화학공업화에 대해 비판적인 의견을 제시하고 있는 한국의 기존 통설이 너무 강고하고, 또 '중화학공업과 관련된 정부의 큰 역할'이 분명한 상으로 모든 연구에서 선험적으로 이제까지 받아들여졌기 때문이다.

흥미로운 것은 한국에서의 그 동안 1970년대 중화학공업화에 대한 연구는 대부분 정부역할에 대해 부정적인 입장과 정부개입의 과도성을 문제점으로 견지하고 있다는 것이다. 심지어 중화학공업화 정책은 제조업 성장을 지체시키는 효과까지

생변수로 취급할 것을 주장하는 등 차이점이 있지만, 결국 정부정책이 시장활성화를 위한 것이라는 점에서 정도의 차이가 있는 시장친화론으로 연결해 볼 수 있을 것이다.

22 동아시아 경험에 대한 새로운 해석, 그리고 불완전경쟁에 따른 여러 모형과 정책, 규모의 경제추구, 학습과 성장촉진정책 등에 대한 기존 연구와 문제점, 새로운 시각 등에서는 D. Rodrik(1993)의 pp. 21~26, 26~38을 각각 참조.

23 World Bank(EA, 1993), p. 86.

24 C. Wolf, Jr.(1991).

25 R. M. Auty(1994, pp. 41~45)가 "한국 경제에서 거시경제의 역할, 즉 빠른 국내경제 성장을 유지하고 경쟁적인 환율을 유지함으로써 중화학공업의 투자위험을 줄인 거시경제의 역할을 강조하고, 제도주의자들(institutionalists)은 한국의 성공에서 거시정책에 의해 이루어진 역할을 과소평가하고 있다"고 말하고 있는 점은 이와 유사하게 보인다. 그러나 Auty는 "순고전학파(neo-classical school)가 말하는 것보다는 훨씬 더 실용적인 방법으로 한국의 경쟁산업정책이 부문별 목표를 건전한 거시경제 관리로 보완하였다"고 말하는 등 순고전학파의 견해와도 또 다르다.

26 World Bank(EA, 1993), p. 308.

있었음도 시사하고 있다. 이성순(1988)은 정부의 특정 산업 육성정책이 실시된 1973~1978년에 시장기능이 크게 왜곡되고 약화되었다고 보면서 1978~1983년에 시장기능이 어느 정도 회복되어 총요소생산성 증가에 미친 기여도가 증가하고 있다고 보았다. 유정호(1991)는 정부의 산업정책이 생산성 향상이나 경쟁력 강화를 가져다주지 못하였으며, 중화학공업군은 1970년대 중반에 자본집약도가 빠르게 증가한 반면 경공업군은 하락하거나 거의 증가하지 않았고 중화학공업군의 자본효율성은 1970년대 경공업에 비해 훨씬 낮았는데, 이는 중화학공업에 대한 과잉투자 때문이라고 결론지었다.[27]

이러한 연구들이 갖고 있는 측정방식에는 여러 가지 문제제기가 가능하고 따라서 측정방식과 변수에 따라 다른 결론도 가능한데, 우선 이러한 시각은 로드릭(D. Rodrik)[28]이 지적하고 있듯이 대부분 자원배분의 왜곡이라는 정태적 효과에 관한 것이고 후발공업국의 동태적인 기술·학습·성장의 효과를 적극 고려하지 않고 있다는 것을 지적할 수 있다. 지적하는 현상수치 그 자체가 맞다고 하더라도 인과관계의 해석문제도 있다. 경공업의 자본효율(생산/자본)이 높았던 것은 경공업이 중화학공업보다 생산효율성이 높았기(생산/노동) 때문이 아니라, 유정호(1991)도 지적했듯이 중화학공업의 1/2에 불과할 정도로 경공업의 자본축적(자본/노동)이 거의 일어나지 못하였던 것이 더 큰 문제였고, 이는 대기업들의 선택이었을 수도 있는 것이다. 중화학공업 역시 일부 시기에 효율성이 낮았던 것도 사실이지만 이는 일부 기업들의 집중적인 단기간 중복진입이 정책 자체보다 더욱 중요한 요인이었고, 이 점은 측정된 바가 있다.[29] 또 생산성·효율성은 글자 그대로 결과만 보여 주는 것이므로 당시의 정부문서와 관련문서 등 정책을 검증하지 않은 상태에서 인과관계를 정책으로 귀결시키는 것은 문제가 있다. 더하여 중화학공업화와 직접 관련해 보면 한국 제조업의 생산성 증가에 관한 다양한 측정방법과 결과의 차이에도 불구하고 중화학공업 또는 자본재부문의 총요소생산성 증가율이 더 높았다는 점은 거의 공통적으로 발견된다.[30]

시기에 대해서도 J. Lee(1996)는 총요소생산성을 측정하여 총요소생산성 증가가 1972~1980년 기간에 나타나기 시작하였음을 보여 주었다. 대부분의 자본집약적인

---

27 유정호가 분류한 중화학공업과 경공업은 정책수혜 정도에 따른 분류로 본서 제1장 주 50 참조.

28 D. Rodrik(1993), pp. 7~8.

29 박영구(1995). 본서 제7장 참조.

30 Y. Lim(1999), p. 28.

산업은 기술진보를 통해 생산증가가 가속적으로 증가하였으며, 대부분의 노동집약 산업은 1972~1980년 기간에 생산성 증가를 보이다가 1980~1990년에야 생산성 증가의 저하가 나타나고 있다는 것이다. 즉, 한국의 비교우위가 적어도 1970년대 초 정부에 의해 이루어진 자본집약적인 부문에 의해 지배되고 있음을 보여 주었다. 그러면서 세계은행(World Bank)은 선택적인 정부개입의 가치와 중요성을 과소평가하였다고 보았다.

이러한 새로운 해석, 새로운 시각이 제기되면서 연구의 급진전이 이루어지는 가운데에도, 역시 정부의 역할에 대한 논쟁에서 그러하였듯이 1970년대 중화학공업화에서 정부의 역할이 컸다는 합일은 그대로 받아들여지고 있다. 그러나 이러한 점에 대해 다음의 몇 가지 점에서 의문점이 있다.

우선, 첫째 1970년대 한국 중화학공업의 비중에서 볼 때 중화학공업과 한국 경제를 완전 별개로 취급할 수 있는 것이 아니었다는 점이다. 둘째, 정부개입의 전체적인 긍정적 효과란 여전히 의문시되는 점을 많이 갖고 있지만, 동시에 역으로 1970년대의 한국 경제는 정부가 목표로 한 높은 수준의 정책목표들을 초과하여 이루어 왔다는 점에서 역시 부정적인 정부역할에 대한 의문점도 제기된다. 셋째, 만약 정부의 개입이 그렇게 강력한 것이었다면 문제가 되었던 중복투자는 어떻게 가능하였을까라는 점이다. 넷째, 이미 1970년대 정부역할에 대한 비판이 학계에서 계속되고 있었던 상황이었는데, 왜 정부는 그렇게 과도한 개입을 계속하였을까 하는 점이다. 다섯째, 국영기업체 운영 등 투자·생산주체로서의 역할을 보면 한국 정부의 역할은 발전도상국 경제 중에서 아주 낮았고 이들 투자·생산역할은 기업이 대부분 수행하여 대기업집단('재벌')이라는 구조가 발전하여 왔다는 점이다. 여섯째, 한국 정부의 산업개입은 '과연 다른 선진국과 비교해 특별히 차이점을 가지고 있었고, 아시아 성장의 이론이 따로 필요할 만큼 역할이나 정책이론, 정책기제가 달랐는가'를 볼 때 그렇지 않았다는 것이다.

이상의 의문점에 대한 보다 자세한 내용과 재정면에서의 정부역할 규명은 다음 제5장에서 다루기로 하고, 일단 여기에서는 그 동안 가장 문제가 되었던 금융정책수단을 중심으로 1970년대 중화학공업화를 재검토해 봄으로써 그 동안 논쟁에서 제시되었던 결과가 아니라 정책과정 부분을 찾아내 보도록 한다.

금융정책과 정책의 성격

4.3.1 지원비중

높은 인플레이션율하에서 근본적으로 만성적인 금융의 초과수요가 존재하고 있었고, 더구나 자본시장의 불완전성이 지속되었던 1970년대 상황에서[31] 금융지원은 그 자체로 매우 큰 지대를 형성할 수 있는 것이었다. 1970년대 존재하였던 높은 거래비용면에서 보면 "중화학공업화 정책에서 더 중요하였던 것은 저금리보다 금융의 안정적 공급이었다"고 지적한 J.K. Galbraith and J. Kim(1998, pp. 12~16)의 견해는 타당하다. 한국의 경우 상부구조가 급속히 전환된 해방과 이후 전쟁 때문에 금융에 대한 정부의 지배가 일찍부터 확립되어 있었다. 이미 경제를 지배하는 다른 정부라고 불리는 한국은행이 재무부의 지배하에 포함된 것이 1950년대 전쟁기와 전후 복구기였다. 이후 「한국은행법」이 만들어지면서 더욱 강화된 정부의 금융통제는 1970년대에도 지속되었다.

이런 상황에서 중화학공업에 금융이 집중되었다고 하는 것으로 가장 많이 지적되는 근거가 다음에서 보듯이 정책자금비율과 국민투자기금(국민투자기금에서의 중화학공업 대출비중)이다. 그러나 이것은 일단 다음의 몇 가지 점에서 잘못된 비판이다.

우선 세계은행[32] 등에서 일반적으로 말하듯이 정책자금의 비율로 중화학공업에 금융이 집중되었다고 비판하는 것은 옳지 않다. 정책금융은 크게 지정정책금융, 비지정정책금융, 무역금융의 세 가지로 나눌 수 있는데, 이 중 전체 금융대출의 18~19%, 정책금융의 31~32%를 차지하였던 지정정책금융은 농업, 중소기업 그리고 주택건설 대출을 합한 것으로 사실상 중화학공업과 관련이 없다. 정책금융 중 단일항목으로 가장 높은 비중을 차지한 무역금융(수출금융)은 전체 대출의 9~11%, 정책금융의 22~26%를 차지하였는데, 이는 중화학공업에만 적용된 것이 아니라 모든 산업부문에 적용되는 것이었고, 또 〈표 4-1〉에서 보듯이 일본·서독·대만 등에서도 공통적으로 존재하는 것이었다. 나머지 비지정정책금융은 국민투자기금 대출, 외환비지정 대출, 한국산업은행 대출을 합한 것인데, 이 비지정정책자금 중 중화학공업과

[31] 1979년의 상공부 중화학공업 지원체제 개편방안에서도 '자본시장 육성'이 대통령에게 보고되고 있었다(대통령비서실(중화학공업추진위원회기획단)(중종), 19790315).

[32] World Bank(K1987a), p. 39.

표 4-1 일본·서독·대만의 중화학공업 수출지원정책 중 금융지원

국 가	금융지원
공 통	특별저리융자를 통한 우대금융은 각국이 공통적이나, 서독의 경우 금융긴축시에도 수출금융만은 제한 없이 공급
일 본	정부금융기관인 일본수출입은행이 담당. 일본수출입은행은 6개월~15년의 기간으로 수출액의 80% 정도를 융자하였는데, 선박의 연불수출 지원이 대종을 이룸.
서 독	중장기 수출금융은 민간금융기관인 수출금융회사와 부흥금융회사에서 담당. 수출금융회사는 1~8년을 융자기간으로 하여 인보이스 가격의 최고 80%까지 융자하였고, 그 후속조치로서 8년 이상의 장기금융지원을 부흥금융회사가 담당
대 만	수출입은행은 1979년 1월 11일 발족되었으나 그 이전부터 기계 및 기술용역 수출에는 7년, 기타 주요 공산품의 수출에는 3년을 융자기간으로 하여 수출계약의 90%까지 융자

자료: 김광두(金廣斗, 1979), pp. 23~25.

관련성이 가장 컸던 산업은행과 국민투자기금의 전체를 보아도 연말 대출구성비는 1978년 정책자금 중 15.7%, 14.9%였고, 1979년에는 16.5%, 15.4%에 불과하였으며,[33] 엄밀히 말해 중화학공업에 집중 사용된 것은 이 비지정정책금융, 그 중에서도 그 일부였다.[34]

두 번째로 J.-C. Rhee(1994), 深川由起子(1997)가 국민투자기금의 59~60%까지가 중화학공업에 집중되었다거나[35] 세계은행(World Bank)이 국민투자기금의 2/3, 산업은행 제조업 대출의 4/5가 중화학공업에 투입되었다고 말한[36] 예에서 보듯이, 흔히 중화학공업에 금융이 집중되었다는 근거로 산업은행의 제조업 내 대출, 또는 국민투자기금에서의 중화학공업부문 집중을 든다. 그러나 이는 일본에서도 일본개발은행, 수출입은행 등 정부금융기관을 통해 재정투융자자금을 석탄·전력·조선·철강 등에 중점적으로 투입하여 중화학공업화에 커다란 역할을 한 것처럼,[37] 처음부터 중화학공업에 집중하려는 목적을 가지고 있는 금융만을 끄집어 내어 말하는 것이므로 당연히 옳지 않다. 비판의 근거로 가장 많이 이용되는 국민투자기금 중 1974~1979

33 한국은행(경제), 1980~1982.

34 정책금융(자금)에 대해서는 본장 부록의 〈보론 4-2〉를, 국민투자기금에 대해서는 제5장 부록의 〈보론 5-4〉, 〈자료 5-3〉, 〈자료 5-4〉를 참조. 특히, 국민투자기금 사용에 대해서는 제5장 부록의 〈보론 5-4〉의 〈보론표 5-4-2〉 참조.

35 J.-C. Rhee(1994), p. 73; 深川由起子(1997), p. 35.

36 World Bank(K1987a), p. 40.

37 신태곤(辛泰坤, 1982), pp. 13, 23.

표 4-2 선별적 산업지원자금의 중화학공업 대출잔액 현황과 비중(1978)

단위: 억 원, %

구 분	금 액	구성비
중화학공업 일반	904.0	3.4
화 학	1,338.9	5.1
비금속광물 가공	555.7	2.1
1차금속	1,263.6	4.8
금속기계·장비	6,115.0	23.2
중화학공업 합계	10,177.1(15,229.3)	38.5(40.3)

주: 1) 구성비는 전체 선별적 산업지원자금 내 비중임.
2) ( )는 1979년.
3) 국민투자기금, 산업합리화자금(1975년 이후 중단), 기타 산업은행 대출, 수출입은행 연불수출(延拂輸出) 지원 및 예금은행(deposit money banks) 기계공업 육성자금의 합임.
4) 일반수출지원금융과 중소기업자금은 분류·추계상의 문제로 제외함.
5) 화학은 산업용 화학과 석유정제를 같이 계산함.
자료: 한국은행(경제, 1974~1981); 한국은행(투기, 1974~1980); 한국개발연구원(예산, 1982).

년 중화학공업 대출액은 8,782억 원(1974~1978년은 5,760억 원)으로 이는 1979년 민간부문 대출금의 9.8%(1974~1978년은 1978년의 8.7%)에 불과하였다.[38] 그리고 〈그림 4-1〉에서 보듯이 산업은행의 중화학공업 대출금 비중은 73.6~89.9%로 그 설립목적상 일반은행이나 특수은행에 비해 매우 높았는데, 그럼에도 산업은행의 총대출액에서 중화학공업에 대한 대출비율은 1973~1978년간 28.1~40.5%였다[39](시계열 대출현황은 본장 부록의 〈부표 4-3〉 참조). 역시 잘못된 시각이지만 산업은행처럼 선별적 산업지원자금만으로 보면 중화학공업부문 대출비중은 〈표 4-2〉에서 보듯이 선별 산업지원자금의 38.5~40.3%를 차지하고 있었다.

잘못된 기존 비판의 시각과 달리, 중화학공업에 금융이 집중된 정도는 대변수로서 중화학공업으로의 전체 금융대출 현황에서 바로 확인할 수 있다. 1973~1978년 일반은행·특수은행·한국산업은행 전체의 제조업 내 중화학공업에의 대출비중을 정리해 보면 〈그림 4-1〉에서 보듯이 41.3~55.2%가 된다.

금융이 절대액, 특히 1978년 제조업 내 74.9%(1979년 77.2%)까지에 이른 시설

38 잔액기준으로 1978년 민간부문 대출금은 6조 6,090억 원이었고, 1979년 민간부문 대출금은 8조 9,778억 원이었다(경제기획원(지표), 1985).

39 추계된 대출금융의 모(母)집단에 따라 비율은 차이가 난다. J. Kim(2002, p.35)은 국민투자기금, 수출입은행, 한국산업은행분에서 25~30%가 중화학공업부문에 대출되었고, 무역금융을 합하면 이보다 더 커질 것이라고 기록하고 있다.

자금배분과 특정목적자금배분에서 중화학공업에 대폭 투입되었다는[40] 것은 의심의 여지가 없다. 이러한 근본적인 원인은 중화학공업이라는 산업특성과 한국의 공업발전단계에 따른 것이다. 또 1970년대 한국의 경우 공식적으로는 이자율이 상한으로 억제되어 있었고, 위험 정도(risk)에 따른 이자율 차이를 인정하지 않았기 때문에, 금융기관들은 거래비용(transaction cost)과 상환불이행위험(default risk)을 줄여 이윤을 높이려 하였고, 따라서 금융기관들이 정부에 의해 정책적으로 추진되고 있는 중화학공업화 부문의 대기업을 선호하였기 때문이다.[41] 1970년대 금융을 통제하고 있었던 정부 역시 이러한 금융기관의 선호가 정책목표와 일치하고 있었으므로 금융기관들의 이런 행태를 방임하고 있었다.

그러나 이것이 과도한 지원이었는가를 보기 위해서는 기존의 논의에서 제시하고 있는 절대금액이나 특정 목적 부문에서의 비율이 아니라, 당연히 금융 전체로 각 산업의 측면에서 합리성을 측정하는 미시적·정성적 의미를 보고 그리고 최종적으로 국민경제 전체의 자원배분 효율성이라는 거시적 측면에서 보아야 한다.

우선 금융대출과 관련된 모든 해당 산업의 미시적·정성적 입장에서 본 합리적 배분 여부는 금융에 접근할 수 있는 능력 정도에 비해 실제로 얼마만큼 금융을 공급받을 수 있었는가를 보는 금융접근에의 편이성으로 측정할 수 있다. 자기자본수준이 높으면 당연히 그에 따라 기업 또는 채권회수의 안정도가 높아지므로 절대부채규모가 커지고 금융산업의 금융공급자가 늘어난다. 따라서 금융배분의 적정성을 평가하는 주요한 지표가 되는 금융에의 접근편이성은 절대부채액이 아니라 '타인자본의존도' 또는 '부채비율(debt ratio)'로 불리는 '부채/자기자본 비율'로 정의할 수 있다.[42]

1973~1979년간 부채-자기자본 비율을 산업별로 구해 보면 〈표 4-3〉과 같다. 여기에서 오히려 부채-자기자본 비율, 즉 금융접근 편이성에서 경공업이 중화학공

40 한국은행(경, 1980~1982).

41 World Bank(K1987b), p. 106.

42 한국은행의 기업경영분석은 제1장에서 밝혔듯이 중화학공업 합계에서 기타비금속광물로 세분류하고 있다. 분류영향이 작고 내용전개에 문제가 없어 이를 그대로 인용한다. 한편 World Bank(K1987b, p. 116)는 금융대출에의 접근성을 보기 위해 '은행과 차관 대출-자산 비율'을 쓰고 있다. '은행과 차관 대출-자산 비율'로 측정하면 중화학공업과 경공업이 1973년에는 유사하다 1974~1975년에는 경공업이 높고 1976~1978년에는 중화학공업이 높은 것으로 나타난다. Cho and Cole(1992, p. 127)은 같은 표를 사용하여 1970년대 대기업, 수출산업기업 그리고 중화학공업의 접근성이 높았다고 말하고 있다. 총체적 비교순위에는 변화가 없지만 자산으로 할 경우 부채가 포함되므로 이중계산을 피하기 위해 보다 정확한 의미로는 부채-자기자본 비율이 좋다. World Bank(KD, 1984, p. 82)는 한국은행 자료를 이용하여 일부 주요 산업의 1978년 부채/순자산 비율을 구해 중화학공업과 경공업은 차이가 없음을 보여 주었다.

표 4-3 금융접근 편이성(부채-자기자본 비율)

구 분	1973	1974	1975	1976	1977	1978	1979
제 조 업	272.7	316.0	339.5	364.6	367.2	366.8	377.1
중화학공업	259.2	275.1	284.7	324.0	328.7	344.5	331.3
경 공 업	285.3	365.0	408.7	417.0	385.3	403.4	449.1
음 식 료	375.5	415.6	410.2	453.5	390.5	359.5	409.5
섬유·의류	310.9	440.6	505.7	497.3	528.1	548.6	638.8
제재·가구	442.3	1,688.6	1,751.1	631.0	558.3	560.4	604.7
종이·출판	160.3	243.2	257.5	283.2	310.0	307.5	287.5
화학제품	226.4	257.9	259.3	242.5	276.0	228.2	299.8
비금속광물제품	373.0	376.0	282.9	323.6	270.3	406.9	422.8
1차금속	233.8	192.1	282.3	342.2	318.9	301.9	324.9
조립금속 및 기계·장비	245.0	291.9	286.9	381.0	379.0	477.7	335.5
수 산	1,0361.1	2,160.6	7,839.6	7,281.2	2,361.4	2,850.4	–
광 업	159.0	153.3	143.0	167.3	186.5	257.4	369.6
전 기	330.6	320.6	200.6	133.5	138.8	167.4	197.2
건 설	198.9	306.5	256.6	368.7	310.9	349.8	383.5
도소매·숙박	174.3	202.6	281.6	396.1	373.0	431.0	442.1
운수·창고	342.1	372.2	602.5	419.0	474.9	488.5	449.0
부 동 산	332.7	161.0	416.0	461.8	164.4	185.0	189.0
기타 서비스	132.2	90.5	99.8	97.8	118.1	141.4	311.0

자료: 한국은행(기, 1977~1980).

업보다 일관되게 높음을 볼 수 있다. 경공업에서는 종이·출판을 제외한 전 산업의 부채-자기자본 비율이 전 시기 높은 반면, 중화학공업은 1973~1974년간 비금속광물제품이 높다가 1970년대 말로 가면서 비금속광물제품과 함께 조립금속·기계 및 장비의 부채-자기자본 비율이 높은 점이 발견된다. 다른 산업과 비교해 보아도 중화학공업은 공공재 산업의 성격이 강하였던 광업, 전기·가스업보다는 금융접근 편이성이 높았지만 민간산업인 농수산, 건설, 도소매 및 숙박, 운수 및 창고 등 대부분의 주요 산업보다 낮았다.

보다 중요한 거시경제적인 면에서 금융의 배분적정성은 각 산업의 거시경제에

그림 4-1 은행별 중화학공업 대출금 비중과 중화학공업의 대출금비중/부가가치비중 (제조업 내) 단위: %

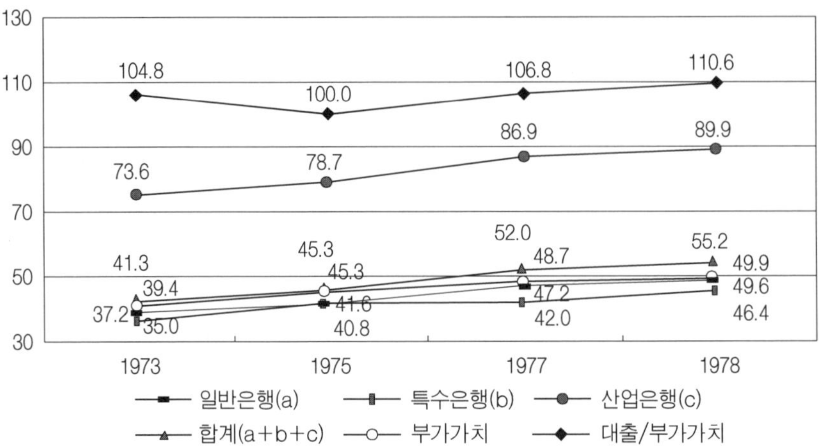

주: 1) 경상가격이며 연말잔액 기준임.
2) 재정자금, 국민투자기금, 산업자금, 차관, 외화예금, 할인 및 AID대출 등 포함.
자료: 한국은행(경제, 1979, 1981); 한국은행(계, 1987).

미친 공헌도, 효율성 대비로 측정할 수 있다. 왜냐하면, 국민경제에서 차지하는 공헌도, 효율성이 높은 부분으로 금융이 이동하는 것은 합리적인 자원배분에 어긋나지 않기 때문이며, 오히려 시장기구의 가장 큰 장점인 자원배분의 효율성이 이루어지고 있는 것이기 때문이다. 더구나 부가가치가 높은 곳에 금융이 집중되는 것은 자립적 자본축적 실패와 자본공급 병목이라는 경제사적 한계를 가지고 있는 한국의 경우 자원의 효율적 배분이라는 측면에서 매우 필요한 문제이기도 하다.

거시경제면에서의 공헌도와 효율성 지표로는 부가가치 지표가 생산액이나 수출액 지표보다 당연히 더 적절하므로 이를 이용해 보자. 일반은행·특수은행과 산업은행 그리고 이들 총괄의 중화학공업 대출금비율을 구하고, 중화학공업의 부가가치비율도 구한 다음, 중화학공업의 '대출금비중/부가가치비중'으로 계산한 값을 모두 구하여 보면 〈그림 4-1〉과 같다.

〈그림 4-1〉을 살펴보면, 우선 중화학공업에 대한 대출이 경공업보다 부가가치대비 기준으로 보아 높은 현상을 발견할 수 있다. 즉, 거시적 효율성의 측면에서 보면 금융기관 대출에서 중화학공업에 적정 이상의 비중이 주어졌으며 이는 확대되었다. 이와 같은 사실은 1970년대 후반 경공업과 중화학공업의 설비투자효율 차이와 변화,[43] 나아가 기업단위의 이익률 논점까지[44] 연계될 수 있는데 이는 1976년 말

이후 급속히 민간 대기업이 중화학공업에 중복진입을 확대하였기 때문이다(본서 제7장 참조).

그럼에도 불구하고 이 비율수준을 보면 금융기관의 중화학공업에의 대출집중도가 기존의 인식처럼 "매우 심하다"고 할 수준은 아님을 알 수 있다. 1973~1977년간 그 초과 정도는 0~3.3%p 수준이었으며, 1979년 이후 예외적 상황(본서 제8, 9장 참조)을 제외하면 중화학공업이 절정에 있었던 1978년만 5.3%p까지 초과하고 있다. 10%(50% 수준에서의 약 5%p) 이하의 수준이라면 변수선택이나 측정상의 문제, 그리고 유의성에서 볼 때 과도하다고 보기 어려운 수준이었다. 더구나 당시 중화학공업은 경공업과 비교해 대규모 설비장치공업으로 분명히 초기투자단계였다. 따라서 동태적으로 중화학공업화로 나아가고 있는 시기에 이미 충분히 설비투자가 이루어지고 효율성이 높아져 있는 경공업에 비해 중화학공업으로 투자를 이 정도 수준에서 더 늘리고 있는 것은 오히려 적은 것이라고까지 볼 수 있다. 실제로 당시 중화학공업 자금지원 부족이 지적되었고 수출지원의 문제점으로 "중화학제품 수출을 지원하는 연불수출금융에서, 수출선수금 비율 및 연불기간의 부적절 등으로 융자신청에 대한 승인비율이 매우 낮아 어렵게 자금이 조달되고 있는 상황"[45]이 지적되고 있었다.

결국 중화학공업에 대한 금융배분은 세 가지 결론을 가짐을 알 수 있다. 첫째, 시설자금 또는 관련 정책금융부분 내 비중에서 중화학공업에 금융이 대폭 투입되었음은 확인된다. 둘째, 금융접근 편이성으로 볼 때 미시적인 측면에서 중화학공업이 혜택을 받았다는 주장은 맞지 않는다. 셋째, 보다 중요한 국민경제 전체의 자원배분 효율성이라는 거시적 측면에서 보면 제조업 내 금융배분은 중화학공업에 많았지만, 그럼에도 그 편중은 정도가 과장되어 평가되어 왔고, 특히 이를 동태적·산업발전단계로 보면 결코 중화학공업에 과집중되었다고 볼 수 없다.

이러한 세 가지 결론은 1970년대 금융배분의 편중이 있었다면 이는 중화학공업·경공업의 산업 간 문제보다는 보다 큰 다른 요인에 기인하는 문제에 있음을 암시한다. 이를 구체적으로 확인해 보기 위해 제조업 내 대기업과 중소기업의 금융접근 편이성을 나타내는 부채-자기자본 비율을 중화학공업·경공업 차이와 대비해 구

---

43 본서 〈그림 7-2〉 참조.

44 World Bank(K1987b), p. 119. 중화학공업과 경공업·중화학공업의 부문별 각종 투자효율에 대해서는 본서의 제7장 참조.

45 김광두(1979. 2), p. 22.

그림 4-2 부채-자기자본 비율(제조업)

단위: %

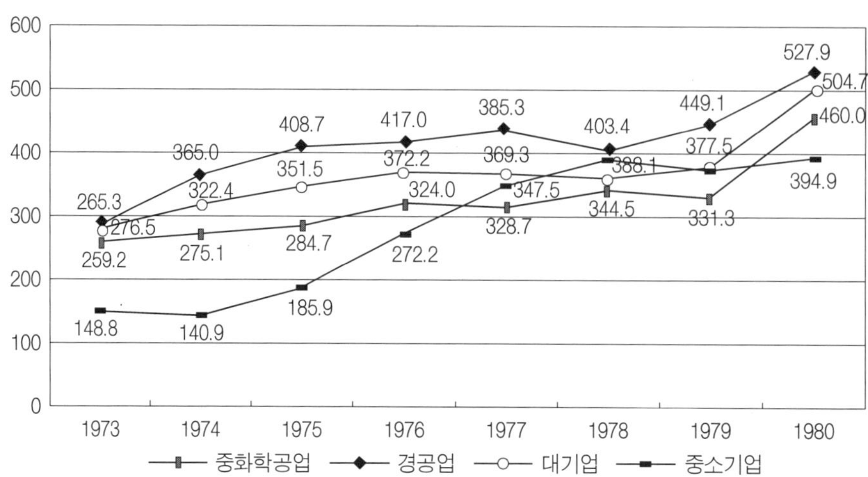

자료: 한국은행(기, 1973~1981).

해 보면 〈그림 4-2〉와 같다.

여기에서 규모별로, 즉 제조업의 대기업으로 계산한 부채-자기자본 비율이 그동안 비판받아 온 중화학공업이라는 산업군으로 계산한 값보다 일관되게 높으며, 역시 규모기준 중소기업으로 계산한 부채비율이 소외되었다고 인식되어 온 산업기준 경공업으로 계산한 값보다 일관되게 낮음을 확인할 수 있다. 실제로 평가교수단은 1978년 제조업의 문제점의 하나로 "대기업 주요 사업이 타인자금 의존비중이 높다"는 것을 지적하였다.[46] 그럼에도 불구하고 기업(경상)이익률과 총자본(경상)이익률을 계산해 보면 〈표 4-4〉에서 보듯이 중소기업이 대기업보다 1972~1980년 전 기간 더 높았다. 결국 금융에의 접근편이성 차이, 금융배분의 편중성 문제는 중화학공업·경공업의 문제보다는 대기업·중소기업의 문제였던 것이다.

특히, 1972~1979년간 10대 대기업집단의 자산증가를 보면, 〈표 4-5〉에서 보듯이 자기자본 증가는 자산증가의 21.2%에 불과하고 78.8%가 부채증가에 의해 이루어지고 있음을 알 수 있다. 그런데 1972~1979년간 10대 대기업집단의 자산증가에서 43.1%는 애초에 제조업과는 전혀 관계가 없는 건축·무역·금융·운수부문의 자산증가였고, 중화학공업부문의 자산증가는 전체의 절반에도 미치지 못하였다.[47]

[46] 1978년 완공된 중요 사업의 자기자금비율은 종합기계공장의 경우 21~25% 수준이었으며, 대형 디젤엔진 공장은 30.9%에 불과하였다(국무총리기획조정실(42산), 1979, pp. 203, 205).

표 4-4 기업(경상)이익률(A)과 총자본(경상)이익률(B) (제조업)

단위: %

구 분		1973	1974	1975	1976	1977	1978	1979	1980
A	중소기업	13.61	12.81	10.87	11.22	12.25	12.23	11.81	11.10
	대 기 업	12.75	10.86	9.43	10.37	10.06	10.82	10.57	8.84
B	중소기업	8.96	9.02	5.96	5.48	5.72	5.30	4.19	1.98
	대 기 업	7.88	5.59	3.78	4.55	4.24	4.93	3.24	−0.59
중소기업-대기업	A	0.86	1.95	1.44	0.85	2.19	1.41	1.24	2.26
	B	1.08	3.43	2.18	0.93	1.48	0.37	0.95	2.57

주: 기업이익률 $=\frac{\text{경상이익}+\text{금융비용}}{\text{총자본}}\times 100$, 총자본이익률 $=\frac{\text{경상이익}}{\text{총자본}}\times 100$.

자료: 한국은행(기, 1973～1981).

표 4-5 1979년 10대 대기업집단의 재무구조 변동(10억 원, 경상가격)

구 분	자 산			자기자본(주식)		
	1972(A)	1979(B)	연평균증가율	1972(C)	1979(D)	(D−C)/(B−A)%
현 대	64	2,016	63.7	12	625	31.4
럭 키	131	1,088	35.3	22	228	21.6
삼 성	121	1,346	41.1	27	200	14.2
대 우	16	1,328	88.0	3	345	26.1
효 성	23	614	59.9	9	89	13.7
국 제	9	554	80.1	3	79	14.3
한 진	46	743	48.8	11	103	13.3
쌍 용	72	669	37.5	5	95	15.2
한 화	69	456	31.0	9	104	24.8
선 경	44	309	32.1	4	41	14.0
평 균	59.5	912.3	47.7	10.5	190.9	21.2

자료: S. K. Kim(1987), p. 172.

1970년대 대기업들의 외부자금 의존도는 1960년대에 비해 급속히 증가하였고, 이에 대한 실효성 있는 견제장치가 없었던 것은 문제였다. 정부가 대기업 자체에

[47] S. K. Kim(1987), pp. 173, 187.

문제가 있다는 것을 어느 정도 인지하고 있었음은 경제기획원이 "국내제조업에 종사하는 기업들의 자본구성을 보면 자기자본율이 매우 낮아 미국·영국의 40~50%의 절반 수준인 25%선에 머물고 있다. ……최근 대기업의 경우 자기자본구성이 낮을 뿐만 아니라 점차 감소하는 추세를 나타내고 있다"고 기록하고 있는 점에서 확인된다.[48] 정부는 알고 있으면서도 그리고 실제로 1974년 5월 30일 「금융여신과 기업소유 집중에 대한 대책」 등으로 정책을 내놓기도 하였지만(제11장 부록의 〈자료 11-3〉 참조) 실효성 있게 견제장치를 마련하는 것에 성공하지 못하고 있었던 것이다.[49] 그 결과 대기업·비제조업으로 자금이 이동하는 가운데, 일반설비금융 대출취급방식이 거의 대부분 부동산담보 취득형태로 이루어져 중소기업은 금융에서 소외되고 있었고, 동시에 제조업의 기술개발 등 핵심 분야로의 금융흐름은 제약되고 있었다.

1970년대 중화학공업화에서 금융편중문제의 본질은 중화학공업이라기보다 대기업이었다. 중화학공업화 정책은 「기계공업의 기본 지침」에서 보듯이 "재무구조의 건전화를 지향, 자기자본의 비율 30% 이상 유지"[50] 등으로 자기자본의무를 강조하고 있었다. 대기업들이 제조업, 나아가 제조업 이외의 산업에서도 차입금비중을 늘려 나가고 있었음에도, 이를 1970년대 중화학공업의 문제로 비판해 왔고 그 결과 1990년대 초까지도 수정기회를 놓치고 외환위기까지 지속되었던 것이다.

4.3.2 금융지원 금리

금융과 관련한 기존 주요한 두 번째 비판은 금융지원의 방법에 관한 것이다. 즉, 배분된 정책금융은 저금리로 배분되었다는 것인데, 이러한 저금리와 관련된 그동안의 비판은 다음의 두 가지 점에 맞추어져 있다.[51] 첫째는 1978년 이전 6대 중화학공업분야에 대한 대출금리는 물가상승률과 비교해 볼 때 가격차에 따른 수익구조를 유지하고 있었고 "시장금리가 17%가 넘는 가운데 12%로[52] 중화학공업을 지원, 저금리로 중화학공업에만 집중 지원하는 역금리체계를"[53] 만들어 냈다는 것이

[48] 경제기획원(백, 1976), p. 445~446.

[49] 정부의 대기업 견제에 대한 각종 정책과 경과, 실효성에 대해서는 본서의 제11장 참조.

[50] 대통령비서실(중선, 19730130), p. 34.

[51] 대부분의 수치를 World Bank(K1987a, 1987b)에서 인용하고 있는 S.-C. Lee(1991, p. 443)는 중화학공업 기업의 경우 상환기간에서도 유리하였다고 지적하고 있다. 그러나 이는 사례별로 달랐으며 전체적으로 그렇지 않았다.

[52] 시장금리가 17%를 넘었던 것은 1977년 이후였고, 산업은행 주요 산업시설자금이 12%였던 것은 1976년 이전으로 과장된 증언이다. 하지만 당시의 인식이 어떠하였는가를 보여 주는 대목이다.

표 4-6 금리비용과 물가상승률

단위: %

구 분	1973	1974	1975	1976	1977	1978	1979	1980
일반은행 상업어음할인(1)	15.5	15.5	15.5	15.5	17~18	18.5~19	18.5~19	23.5~24
일반은행 수출어음(2)	7.0	9.0	7.0*	7.0	8.0	9.0	9.0	15.0
산업은행 시설자금, 국민투자기금(3)	10.0 –	10.0 –	12.0 12.0	12.0 12.0	13.0 14.0	15.0 16.0	15.0 16.0	21.0 22.0
물가상승률(4)	3.2	24.3	25.3	15.3	10.1	14.4	18.3	28.5
(1)−(3)	5.5	5.5	3.5	3.5	3~5	2.5~4	2.5~4	1.5~3
(2)−(3)	−3	−1	−5	−5	−6~−5	−7~−6	−7~−6	−7~−6
(4)−(3)	−6.8	14.3	13.3	3.3	−3.9~−2.9	−1.6~−0.6	2.3~3.3	6.5~7.5

주: 1) 산업은행 시설자금은 주요 산업시설자금임.
2) 물가상승률은 전 도시 소비자물가 상승률임.
3) 모든 할인율, 대출금리는 6월 말 기준임.
4) 일반은행 상업어음 할인은 1년 이내물임.
5) 일반은행 상업어음 할인율에서 낮은 할인율이 우량업체 할인율임.
6) 1975년 일반은행 수출어음 대출금리(*)는 원자재 수입금융에 대해서는 9% 적용되었음.
자료: 한국은행(경제), 1976~1982; 한국은행(조), 1976~1982.

다. 두 번째는 중화학공업에 적용된 금융비용, 대표적으로 금리는 다른 산업에 적용된 금리에 비해 매우 유리한 '특혜적'이었다는 것이다.[54]

이러한 기존 인식을 검토해 보기 위해 일반은행 상업어음 대출할인율, 수출어음 대출금리, 그리고 인플레이션율과 대비하여, 제조업 내 중화학공업 대출비율이 80~90% 수준이었던 산업은행 주요 산업시설자금 대출금리, 국민투자기금 대출금리를 정리한 것이 〈표 4-6〉이다.[55]

여기에서 그 동안 물가상승률에도 미치지 못하는 중화학공업 대출금리라고 모

53 최동규 전장관 증언, 김흥기 편(1999), pp. 264, 268~269.

54 중화학공업과 경공업의 대출이자율 차이를 World Bank(K1987a, p. 42)는 1975~1978년간 약 25%, World Bank(K1987b, p. 103)는 20~35%라고 지적하였으며, Y. J. Cho(1988)는 1974~1979년간 약 3.5%p, D. M. Leipziger(1987)는 1974~1979년간 3%p 수준이라고 밝혔다. J. K. Galbraith and J. Kim(1998, pp. 12~16)은 "1970년대 중화학공업화에서 한국 정부는 새로운 중화학공업에 특혜적인 낮은, 그리고 더 중요한 것으로 안정적인 금리를 제공하였다"고 하였으며, 邊衡尹·林元澤(2000, p. 7)도 "중화학공업 기업들은 국내적으로는 일반대출금리보다 금리면에서 크게 유리한 정책금융도 제공받았다"고 지적하였다.

55 한국은행의 『기업경영분석』 자료에 의존하였다고 밝힌 World Bank(K1987b, p. 118)의 대출평균비용은 구체적 근거를 밝히지 않았는데, 한국은행의 자료와 대조해 보면 맞지 않다.

두가 인식하고 비판하였던 것은 1974~1976년, 1979~1980년임을 알 수 있다. 이 시기는 바로 유가충격이라는 해외구조적 요인 때문에 물가상승률이 폭등, 28.5%까지 이르렀던 궤도이탈의 비정상적인 시기였다. 따라서 이 시기는 물가상승률이 매우 안정적이었던 극소수 국가를 제외하고 칠레 −38.6%, 아르헨티나 −31.2%, 터키 −14.7%, 멕시코 −10.7%, 브라질 −8.0%, 필리핀 −4.9%, 인도 −0.3% 등 대부분 국가의 실질이자율이 마이너스였으며, 한국은 중간 정도 수준이었다.[56] 즉, 이 시기가 비정상적인 물가상승기였을 뿐, 1970년대에 중화학공업을 위한 중화학공업 시설자금의 대출 마이너스 실질금리 특혜를 일반화시켜 보기는 어렵다는 것이다. 이런 점은 일반경공업 등 모든 부분에 적용되었던 일반기업의 은행상업어음 할인금리를 보아도 역시 이 시기에는 대출금리가 물가상승률보다 낮은, 동일한 결과가 나타나고 있는 것에서 알 수 있다. 석유파동의 외부충격이 소멸되고 중화학공업이 제 궤도에 들어서는 1977, 1978년에는 중화학공업 우대대출금리는 물가상승률보다 높았다. 또한 기업이 발행한 회사채의 이자율은 1976년 이후 1980년까지 20.4, 20.1, 21.1, 26.7, 30.1%로 〈표 4-6〉에서 보듯이 전 도시 소비자물가 상승률보다 매우 높았다.[57]

다른 금융과 대비해 중화학공업에 적용된 금리가 매우 '특혜적'이었다는 두 번째의 측면을 검토해 보자. 중화학공업 우대대출금리는 1970년 후반에 상승하여 1973~1974년 10%였던 금리는 1978~1979년 15~16, 17%로 되어 일반금리와[58] 2.5~4% 포인트로 격차가 줄어들고 있으며 1980년대 들어서는 다시 그 격차가 1% 포인트대로 떨어진 후, 1982년에는 중화학공업에 유리하였던 이자율 차가 사라졌다.[59] 반면 중화학공업이 대출받았던 중화학공업 시설자금, 국민투자기금 우대대출금리와, 이보다 금리가 더 낮으면서 전 공업이 혜택을 받았던 수출금융금리와의 격차는 1970년대 3→5→6→6~7% 포인트 차로 확대되었다. 이에 따라 심지어 한국의 정부보호를 일관되게 비판하고 있는 세계은행도 수출기업에 대한 금융조달비용상의 우대는 계속되고 있는 반면, 중화학공업화에 대한 금융조달비용상의 우대는 1979~1980년 이후 없어지고 있다고 지적하고 있다.[60] 또 전력자금 · 석탄자금 · 공익사업자

---

56 R. Agarwala(1983), p. 23. 실질이자율이 −5.0%로 되어 있어 1980년대 초이다. Stern, J.-b. Kim, Perkins, and J.-h. Yoo(1995), p. 47에서 인용.

57 한국은행(경제), 1976~1981.

58 이는 경공업의 대출금리를 말하는 것이 아니다. 경공업도 기업규모와 자금용도에 따라 중화학공업보다 우대금리를 받은 곳도 많았다.

59 Y. J. Cho(1988), pp. 101~110.

표 4-7 총투자의 산업별 배분계획(자본형성기준, 10억 원, 1970년 가격)

구 분	1973~1981		1973~1976		1977~1981	
	금 액	%	금 액	%	금 액	%
총 투 자	13,120	100.0	3,976	100.0	9,144	100.0
농림수산업	1,323	10.1	485	12.2	838	9.2
광 공 업	4,786	36.5	1,394	35.1	3,392	37.1
(중화학공업)	(2,980)	(22.7)	(975)	(24.5)	(2,005)	(21.9)
사회간접자본·기타	7,011	53.4	2,097	52.7	4,914	53.7

자료: 경제기획원(전, 1973. 12).

금·해운자금 등에 대출된 산업은행의 특수자금 대출이자율도 중화학공업 우대금리로 대출된 산업은행 재정시설자금 금리보다 평균 6% 포인트 낮았으며, 그 격차도 6월 기준 1973~1976년 4.5% 포인트, 1976년 하반기 이후 6% 포인트, 1980년 8% 포인트로 1970년대에 더욱 확대되었다.[61] 분명히 1970년대 후반으로 갈수록 중화학공업 금리의 우대성이 사라지고 있고, 차별적 저금리는 중화학공업보다 타자금용도, 타업종에서 더 오랜 동안 잔존되었으며, 어떤 면에서 중화학공업도 역차별의 대상이 되고 있었다. 또 국내우대금리보다 매우 쌌던, 사실상 마이너스 금리였던 해외자금 도입액이 중화학공업에 투입된 것은 30% 정도뿐이었다.[62] 그 동안 이런 사실들은 전혀 지적되지 않았다.

이상의 사실은 산업은행 시설자금이나 국민투자기금 저금리가 기존의 인식처럼 중화학공업에 대한 일방적인 '특혜'보다, 오히려 중화학공업의 산업특성상 초기 대규모 설비투자가 필요한 데 맞추어 적정 금융배분과 적정 금융비용이 이루어지도록 하고, 나아가 불확실성으로 초기에 이루어지고 있지 않은 중화학공업의 투자진입을 촉진하는 단계적 초기조치였다는 측면을 보여 준다. 실제로 경제기획원의 중화학공업 투자액 계획을 보아도 〈표 4-7〉에서 보듯이 후기에 광공업 투자비중이 늘고 있음에도 오히려 적어지도록 처음부터 계획되었다. 중화학공업은 공업특성상 단기간에 이윤이 기대되지 않으며, 건설기간이 상대적으로 길기 때문에 초기에는 장기간의 저이자가 필요하다.[63] 특히, 한국처럼 "자본, 자원 및 기술이 원시적으로 결핍되

60 World Bank(K1987a), pp. 42~43; World Bank(K1987b), p. 103.
61 한국은행(경제, 1979~1981).
62 경제기획원(지표, 1983). R. A. Auty(1994), p. 129; Y. C. Park(1985), p. 323.

어” 있는 경우 “민간기업을 유도하는 과정을 밟는 것”[64]은 필수불가결한 것이다. 이렇게 보면 한국에서의 중화학공업에 대한 금융비용상의 우대는 “전 산업에 확산효과가 나타나는 기초산업에 대해, 초기진입을 유도하기 위해 중화학공업으로서는 오히려 짧은, 불과 5년 정도 시기에만 존재했다”라고 보다 적극적으로 평가할 수도 있다. 이렇게 “전 산업에 확산효과가 나타나는 기초산업에 대해, 초기진입을 유도하기 위해 짧은 기간 비용을 낮추어 주었던 것”은 공업별 금융대출비용을 연도별로 정리해 보아도 분명히 확인할 수 있다. 공업별로 차이가 있지만 1960년대 이미 진입하기 시작한 화학공업의 경우는 1970년대 금융대출비용이 경공업과 차이가 없거나 오히려 일부 높았고, 대출금융비용이 가장 낮은 것은 시설투자가 계속된 강철 및 1차금속 등 기간산업이었는데, 이는 타산업에 중간재로 공급되는 기초소재였다.[65] 한국 중화학공업화에서 나타난 금융비용상의 우대대상과 시기·정도·동태적 변화는 세계에서도 가장 짧은 진입지원시기를 가진 정도였고, 이를 한국만이 가진 중화학공업화의 문제로 지적할 수 있는 정도는 아니었다.

금융지원금리와 관련하여 또 하나 반드시 지적해야 할 점은 〈표 4-6〉에서 보듯이 1970년대 후반 1년 어음 할인금리도 15.5~19.0%, 심지어 중화학공업 시설자금에 부여된 ‘한국산업은행’, ‘국민투자기금’의 우대금리도 12% 이상 16%로, 이는 세계시장수준에서 볼 때 매우 높은 금리였다는 점이다(국내·국외 연도별 명목금리·실질금리에 대해서는 본장 부록의 〈부표 4-2〉, 〈부표 4-4〉 참조). 제2제철을 건설하기 위해 1973년 10월 17일 경제기획원에서 미국 수출입은행(EXIM)에 제2제철 차관 $386,750(85% 해당액)를 신청하였는데, 이때 미국이 제시한 금리는 연 6%(단, 미사용 잔액에 대한 0.5% 약정료가 있음)였고, 광양지구 매립을 위해 네덜란드 HAM사가 제공하기로 한 차관 3,000만 달러는 연이자율 6.5%였다.[66] 1974년 당시 석유위기 때문에 높아진 한국의 위험도를 반영하여 빌려 오는 국제금리도 ‘현대조선중공업’과 ‘한일정화공업’·‘포항종합제철’의 차관이자율 7.5%, 9.0%, 7.0%에서[67] 보듯이 7.0~9.5% 수준으로, 국민투자기금이나 산업은행 금리보다 매우 낮았다. 현실이 이렇기에 정부 역시 1976년 3월 19일 제정된 「도입기계시설 국산화 추진요강」을 강화하

[63] Planning Office, Heavy and Chemical Industry Promotion Council, Government of the Republic of Korea (1976), p. 18.

[64] 중화학공업추진위원회기획단(공발2, 1979b), p. 196.

[65] 한국은행(기), 1973~1981; World Bank(K1987b), p. 124.

[66] 중화학공업추진위원회기획단(14, 1973), 의안 1-의안 2.

[67] 외자도입심의위원회(100현197410). 외자도입심의위원회(100한197410). 외자도입심의위원회(100포197410).

여[68] 적극적인 국산화를 추진하도록 1978년 10월 10일 제도화할 때, "우대 국산화 자금으로 사용한다고 해도 융자조건이 차관 또는 외화대부보다 금리·상환기간 등에서 불리하다"는 점을 바로 문제점으로 지적하고 있었다.[69]

따라서 중화학공업에 주어졌던 일정 시기 저금리는 국제기준에서 볼 때 인플레이션과 환율변화를 모두 반영한 국내외 금리차에서도 1960년대 10% 이상 심하게 왜곡되어 있던 것을, 중화학공업재라는 개방, 교역재부문에서나마 1970년대에 정부가 일부 수정한 것으로 볼 수 있다. 오히려 국제기준에서 볼 때 1960년대와 1980년대가 국내이자율의 왜곡이 심하였던 기간이었다고 할 수 있는데, 1980년 이후 환율이 크게 변동함으로써 국내외 실질이자율이 역전되어 국내대출의 실질이자율이 해외보다 낮게 나타났다.[70] 실제로도 1975~1977년 10.18%, 1978~1980년 8.10%에 달하였던 1970년대 후반의 낮지 않은 투자의 한계수익률(real marginal rate of return to investment)에도 불구하고[71] 시장의 금리, 심지어 우대금리조차도 이보다 매우 높아 1970년대 기업들의 정상적인 경영은 매우 압박이 컸었다.

다시 말해, ① 기업의 해외자본 직접차입이 일정 부분 억제되고 있어[72] 1970년대 후반 실질차입금리가 마이너스(−)이던 해외의 저비용 자본을 완전히 이용할 수 없으면서도 해외시장을 목표로 생산을 하고 있는 산업에서, ② 국내제조업 기업들이 금리차 때문에 점점 더 해외자본에 의존하고자 하는 경향이 확대되고 있는 가운데, ③ 더구나 〈그림 4-3〉에서 보듯이 1970년대 무역대상 경쟁국이었던 일본·미국·대만·독일 등보다도 매우 높은 거래비용을 가지고 있는 국가로서, ④ 특히, 거래비용이 높았던 1974~1979년 기간에 가장 기본적인 국내외 금리차를 반영하려는 금리면의 노력은 지극히 당연한 것이라고 볼 수 있다.

국내외 큰 금융비용차에 대해 정부는 개방, 교역재를 생산하는 중화학공업화

---

68 300만 달러 이상의 자본재를 도입하고자 하는 자는 국내업체를 주계약자로 하는 국내입찰을 실시하여 국내기계공업체 및 엔지니어링회사가 자기책임하에 산업설비를 건설하고 그 과정에서 적극적인 국산화를 추진하도록 제도화하였다.

69 중화학공업추진위원회기획단(공발3, 1979), p. 465.

70 본장 부록의 〈부표 4-4〉의 내용과 자료 참조.

71 L. Sabin and H. Kato(1989); Stern, J.-b. Kim, Perkins, and J.-h. Yoo(1995), p. 133 재인용.

72 억제된 이유는, 첫째 1960년대와 1970년대 초 기업에게 외자도입을 허용한 결과 기업부실화로 국가 전체가 그 비용을 물어야 하였기 때문이고(오원철, 산군, 1993. 1. 18~1994. 3. 30), 둘째 "중화학공업을 착수하는 업체는 원칙적으로 총투자의 30% 이상을 자기자금으로 확보, 총소요자금의 60% 이내에서 외자를 조달, 외국인의 직·합작투자비율은 50% 이내에서 억제"(중화학공업추진위원회기획단, 중계, 1973, p. 14)하였기 때문이며, 셋째 만성적인 국제수지 적자하에서 한국산업은행과 금융기관의 보증으로 외자가 도입됨에 따라 외자부실이 거시경제에 미친 영향이 매우 컸기 때문이다. 그래서 외자도입은 정부에 의해 검토되고 승인되었다.

그림 4-3 각국별 거래비용(위)과 한국 거래비용의 변동(아래) (1970~1979)

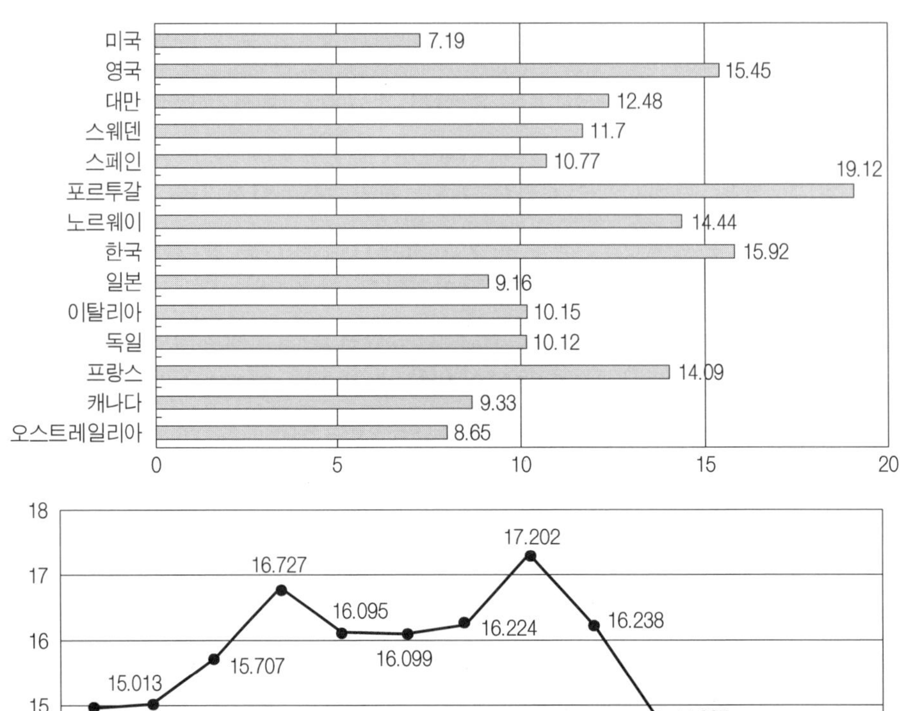

주: Clague 등(1996)이 재산권안정성 지표로 사용한 (M2−은행보유 외 현금)/M2를 Jwa가 역으로 은행보유 외 현금/M2 비율로 하여 거래비용의 대변수로 함.
자료: International Monetary Fund(IFSY, 1995); S. H. Jwa(2000), pp. 411, 427.

계획 처음부터 의식하지 않을 수 없었고, 그래서 "(기계공업단지 내 기계공업은) 기계공업 육성자금, 사업합리화 자금 등 장기저리의 금융지원을" 하되 그 목적은 "'국제이자율'로서 자금을 쓸 수 있도록 한다"라고 생각하게 되었다.[73] 중화학공업화에서 기계공업의 체질개선을 위하여 정부가 적극 지원한다는 금융금리지원은 처음부터

[73] 대통령비서실(중선, 19730130), p. 37.

그림 4-4 통화금융기관의 대출시장 점유비중

단위: %

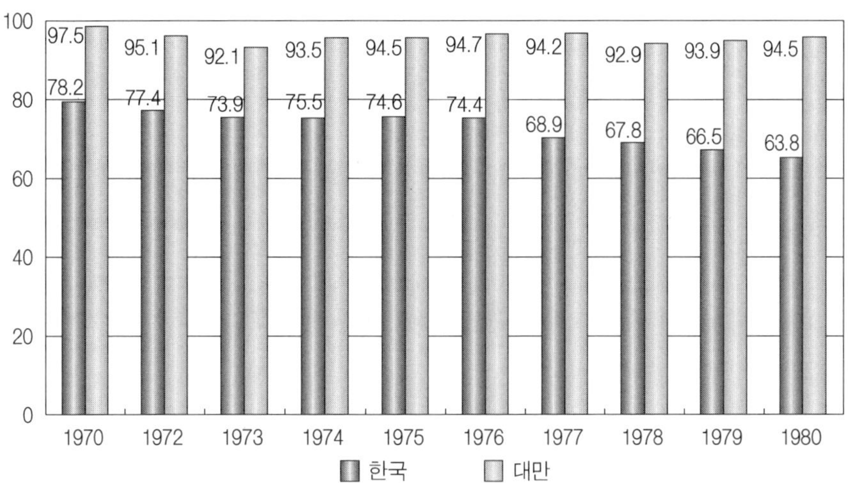

자료: 한국은행, Central Bank of China, BOJ를 이용한 S. Cho(1994), p. 126.

성격이 '특혜'나 '산업보호'가 아니라 사실 "시설 및 운영자금을 경쟁국과 같게 '국제수준'의 장기저리로 융자해"[74] 보고자 하는 것이었다. 그러나 이러한 계획에도 불구하고 가장 지원이 많았다고 평가받는 1970년대 후반에도 여전히 해외에서의 차입금리보다 매우 높았다. 인플레이션율과 환율을 반영한 우대금리에 의한 국내외 실질금리차로 보아도 마찬가지였다.

〈그림 4-4〉에서 보듯이 한국 기업들은 경쟁국에 비해 고금리의 비(非)통화금융기관(non banking financial institution)을 더 많이 이용해야 하였다. 또 〈표 4-8〉에서 보듯이 1970년대에 유가증권, 은행, 보험, 외자 등 공(公)금융시장(제도금융시장, organized financial market) 외에 사(私)금융시장(사채시장)에 대한 기업들의 금융의존도가 크게 늘어나 기업들은 40% 이상[75] 고리의 사채시장[76] 비중을 줄일 수 없었다. 1970년대 사채금리가 40% 이상으로 비정상적으로 높았던 사실 자체가 사채금리에 대한 과수요가 존재하였음을 반영하며, 사채금리로 보면 국내외 실질금리차는 1970

74 중화학공업추진위원회(해, 1973), p. 100.

75 한국은행(조), 1973~1980.

76 사채시장의 규모는 전체 금융대출액의 40% 정도로 추정되었다(T. Scistovsky, 1990, p. 170). 조사연도를 밝히지 않고 있으나 비교국 대만은 1979~1980년을 최종연도로 거론하고 있다.

표 4-8 민간기업들의 금융재원 의존구성

단위: %

구 분	1973	1975	1978	1980
유 가 증 권	21.8	16.1	32.8	23.3
은 행 대 출	39.3	27.0	48.3	30.3
(정 부 기 금)	(7.4)	(15.5)	(12.6)	(8.4)
보험·투자사	7.5	4.6	8.1	4.7
기타 사금융	6.9	6.7	16.2	21.2
외 채	24.5	45.6	−5.4	20.5
총 계	100.0	100.0	100.0	100.0

자료: 한국은행(경제, 1983); T.-W. Kwack(1986), p. 119.

년대 후반 평균 27.2%p에 달하였다.[77]

따라서 이론적으로 중화학공업 기업이 설정자금 전액을 산업은행 시설자금, 국민투자기금 자금으로 받았다 하고, 여기에 환율변동까지 반영해도 이상과 같은 당시 기업들의 현실까지 반영하면 국내외 총평균금리차는 매우 컸다. 오히려 앞서 지적하였듯이 1980년대 들어 크게 국내금리 인하를 하여 국내외 실질금리차를 역전시키고 있는 것은 1970년대 우대금리도 국제기준에서 부족했었다고 인식하였음을 보여 준다. 그렇기에 1979년 박정희 대통령 사후 전경련의 정부건의에서 바로 나타난 것도 중화학공업에 대한 국제수준의 금융조건 제공 및 세제상 우대였다.[78] 심지어 1995년 5월 18일 발표된「한국 경제의 세계화를 위한 자본재산업의 육성대책」도 1996년까지 국내외 금융조건의 불균형 해소를 목표로 1995년 중 국제금리수준의 외화표시 국산기계 구입자금규모를 확대할 것을 포함하고 있듯이,[79] 이러한 1970년대 한정적인 금융비용 인하노력은 정당성을 포함하는 것이었다.

더구나 1970년대 중화학공업은 초기단계였으며 또한 이 금리로 지원받는 조건도 그러하였고, 지원받은 후에도 해외시장에서 경쟁함으로써 그 효율성을 검증받고 있었다는 점에서 이는 효율적인 자원배분과 어긋나지 않는 것이었다. 나아가 저금리 적용노력은 기업들로 하여금 임금/자본비용(wage-rental) 비율의 큰 상승을 느끼게 함으로써 보다 자본집약적인 기술로 움직이게 만들었고, 보다 자본집약적인 상

77 한국은행(조), 1975~1980; IMF(IFS), 1975~1982.

78 전국경제인연합회(새환, 1979).

79 한국개발연구원(반세, 1995), pp. 723~727.

품을 수출하도록 하였으며 중화학공업을 촉진시키도록 만들었다.[80] 이것 역시 자원배분의 효율성에서 정당성을 보여 주는 것이다.

결국 한국 경제 전체로서 보다 중요한 문제는 중화학공업에서의 산업금융 배분량이나 중화학공업의 초기진입을 유도하기 위한 저금리가 아니라, 대기업집단들이 전 산업에서 상대적으로 저리의 간접금융을 계속 사용할 수 있었다는 점에 있었다. 〈표 4-8〉에서 보듯이 민간기업들은 간접금융, 특히 은행대출의 비중을 1970년대 후반 늘려 1978년에는 전체 필요기업자금의 48.3%를 은행에서 빌리고 있었는데, 이것은 물론 대기업집단으로 집중되었다. 앞서 지적하였듯이 국내우대금리보다 매우 쌌던 해외자금 도입액의 30% 정도만이 중화학공업에 투입되고 있었던 사실도 해외자금의 주 수혜대상이었던 대기업집단들이 업종에 상관없이 저리금융을 사용하고 있었음을 보여 주는 것이다.

물론 앞선 보았듯이 대기업에게 금융이 집중되었다고 해도, 대기업이 성공적일 수 있고 또 우선순위의 산업을 발전시키기에 적당할 수 있으므로[81] 이 자체는 문제가 되지 않을 수도 있다. 또한 대기업이 간접금융을 많이 사용하였다는 것도 일본·프랑스 등의 상황에서 공통적으로 나타나는 것이고, 심지어 일본의 경우 은행간접금융으로도 부족해 정부자금에 의존하는 경우도 발견되므로[82] 이 자체가 비판의 중심문제가 될 수 없을 수도 있다. 그러나 기업지배구조나 기업투명성, 기업사전위험경보장치의 미흡을 고려할 때 1970년대 모든 산업에서 대규모 기업집단에게 금융배분이 집중되어 이루어졌던 것은 문제였다. 이용비용을 적절히 물리지 않았고 집중된 금융이 엄격히 검증되지 않았기에, 장기적이고 지속적인 간접금융 이용확대는 역으로 대기업들의 재무구조 악화를 가져온 원인이 되어 1990년대 말 한국 경제위기의 근본원인으로 자리잡게 되었다. 결국 모든 산업에서 나타난 대기업집단으로의 간접금융 집중을 시장기구 내에서 검증하고 그에 상응하는 적절한 억제장치가 없었던 것이 문제이지, 중화학공업 '특혜' 저금리 또는 중화학공업 금융 '특혜' 자체의 기존 논리에 대해서는 한정적인 결론일지라도 보다 엄밀한 재평가가 필요하다고 볼 수 있다.

80 J.K. Kwon(1990), p. 37.

81 P.W. Kuznets(1994), p. 125.

82 鶴田俊正(1982), p. 72; 신태곤(辛泰坤, 1982), pp. 14~15; J.-C. Rhee(1994), p. 48.

4.4 맺음말

1970년대 중화학공업화 과정에서의 금융 또는 금융정책에 대한 성격과 평가는 다음과 같이 정리가 가능하다.

우선 시설자금이나 관련 정책금융부분 내 비중에서 중화학공업에 금융이 대폭 투입되었음은 분명하다. 그러나 동시에 중화학공업에로의 금융집중은 그 동안 특정 정책금융 내의 절대금액이나 비율로 추산되어 과장되게 평가되었다. 거시적인 효율성 측면에서 측정해 보면 중화학공업에 더 집중되었지만 그 정도로 보아 이제까지의 비판적 인식은 과장되어 있고, 또 동태적·산업발전단계에서 보면 중화학공업에 과도하게 집중되었던 것은 아니었다.

문제가 되는 것은 차별적 저금리였다. 그러나 이것도 적용된 자금, 기업에게 해당되는 것이었고 중화학공업에서보다 모든 공업에서 더 오랫동안 잔존되고 있었다. 또 설정된 저금리는 기존의 인식처럼 중화학공업에 대한 일방적인 '특혜'보다, 오히려 중화학공업의 산업특성상 초기 대규모 설비투자가 필요한 데 맞추어 적정 금융배분과 적정 금융비용이 이루어지도록 하고, 불확실성으로 초기에 이루어지고 있지 않은 중화학공업의 투자진입을 촉진하는 단계적 초기조치였다. 한국 중화학공업화에서 나타난 금융비용상의 우대대상과 시기, 정도는 세계에서도 가장 짧은 진입지원시기를 가진 정도였고 시간이 지날수록 국내에서의 중화학공업에 대한 상대적 금융비용상의 우대성은 축소되어 갔다. 나아가 중화학공업 시설자금에 부여된 '한국산업은행', '국민투자기금'의 우대금리도 세계시장수준에서 볼 때는 낮은 수준이 아니라 오히려 경쟁이 어려운 높은 금리였다. 즉, 중화학공업화에서 저금리는 중화학공업만의 문제도 아니었고, 또 장기적인 조치도 아니었으며, 경쟁국보다 낮은 '특혜적'인 것도 아니었다. 더구나 이렇게 상대적인 저리로 지원된 중화학공업은 해외시장에서 계속 검증되고 있었고, 또 상대적인 저리는 기업들로 하여금 상대가격 변화로 보다 자본집약적인 기술로 움직이게 만들었다는 점에서 자원배분의 효율성에서도 정당한 것이었다.

1970년대 금융의 문제는 중화학공업·경공업의 문제라기보다는 기업투명성, 기업사전위험 경보장치의 미흡 문제였다. 1970년대 역사적 경험은 금융시장에서, 특히 금융병목이 존재하는 경우, 금리수준이나 금융절대량보다 금융의 정상적인 흐름을 자율적으로 통제하고 투명하게 할 수 있는 시장 또는 비시장 기구의 필요성이 더욱 중요함을 암시해 준다.

부 록

1. 부 표

부표 4-1 제조업 부문별 총자본이익률(1973~1979)

단위: %

구 분	1973	1974	1975	1976	1977	1978	1979
제조업 전체(3)	7.90	5.66	3.88	4.61	4.53	4.98	3.37
음식료(31)	6.36	4.10	4.09	5.10	8.23	10.46	6.10
섬유·의류(32)	10.61	2.10	0.92	3.20	1.40	2.93	1.15
제재 및 가구(33)	12.16	−7.00	−0.48	1.32	4.52	9.00	0.95
종이·인쇄출판(34)	10.51	7.55	3.68	5.05	6.11	6.12	5.47
화학물(35)	8.17	7.03	7.70	7.90	5.21	8.42	6.84
비금속광물제품(36)	3.63	3.59	5.79	4.46	6.75	4.84	4.71
1차금속(37)	5.65	14.35	3.20	3.15	3.53	3.75	2.66
조립금속·기계·장비(38)	6.17	6.86	6.80	4.41	5.95	2.82	1.86
기타 제조업(39)	6.69	8.29	10.48	6.70	4.95	2.74	−0.47

주: 후년도 수정한 값으로 채택함.
자료: 한국은행(기, 1974~1980).

부표 4-2 연도별 국내대출 금리와 리보 해외대출 금리(12월 기준)

단위: %

연 도	국내은행대출 이자율(A)	리보 해외대출 이자율
1971	22.0	5.81
1972	15.5	6.19
1973	15.5	10.03
1974	15.5	10.19
1975	15.5	6.63
1976	17.0	5.38
1977	15.0	7.50
1978	18.5	12.31
1979	18.5	14.44

자료: World Bank(K1987b).

부표 4-3 산업은행 대출현황

단위: 억 원, %

구 분	제 조 업				1차산업	3차산업	총대출액
	중화학공업			제조업 대출			
	금 액	비중(제조업 중)	비중(총대출 중)				
1973	894	73.6	28.1	1,214	159	1,812	3,185
1974	1,212	75.4	28.5	1,607	184	2,466	4,257
1975	1,675	78.7	29.0	2,127	200	3,451	5,778
1976	2,567	84.6	34.7	3,033	200	4,166	7,399
1977	3,925	86.9	38.9	4,515	229	5,335	10,079
1978	5,840	89.9	40.5	6,499	298	7,638	14,435
1979	9,413	88.5	44.0	10,637	312	10,432	21,380
1980	14,627	89.5	47.1	16,341	287	14,425	31,052

주: 1) 연말잔액 기준임.
2) 제조업을 분리하기 위해 광업을 1차산업에 넣음.
자료: 한국은행(경제, 1975~1982); 한국산업은행(월보, 1979~1985).

부표 4-4 국내(단기), 미국 명목이자율과 실질이자율 차(12월 기준)

단위: %

구 분	명목이자율		도매물가지수 변동(연) (3)	환율변화(연) (4)	실질이자율	
	국내단기대출 (1)	미국 대출 (2)			국내대출 (1)−(3)	미국 대출 (2)−(3)+(4)
1977	16.0	7.8	10.1	0	5.9	−2.3
1978	19.0	11.5	12.2	0	6.8	−0.7
1979	19.0	15.5	23.8	0	−4.8	−8.3
1980	20.0	21.0	42.2	36.4	−22.2	15.2
1981	17.0	15.8	11.3	6.2	5.7	10.7
1982	10.0	11.5	2.4	6.9	7.6	16.0
1983	10.0	11.0	−0.8	6.2	10.8	18.0

주: 1) 국내단기대출 이자율은 보통은행 1년 이내 대출이자율임.
2) 미국은 우대금리 대출이자율임.
자료: 한국은행(경제, 1978~1983); US Department of Commerce, Bureau of Econmomic Analsis(Vol. 57, No. 1~66, No. 12, 1977~1986); K. S. Kim(1991), p. 62.

2. 보　론

〈보론 4-1〉 총요소생산성과 동아시아 경제발전[83]

총요소생산성 측정을 통해 1970년대를 포함하는 한국의 제조업에서 생산성 증대가 낮았다는 점이 그 동안 일부 연구에서 지적되어 왔다.[84] 이들 논리는 1970년대 일부 또는 전부를 포함하는 기간의 총요소생산성 증가는 매우 낮은 반면 요소투입의 증대는 컸다는 것이다. 특히, 〈보론표 4-1-1〉에서 보듯이 자본의 투입증가율이 높았던 데 비해 자본의 생산성증가율이 낮았다고 보았다.

그런데 이러한 기존의 총요소생산성 측정에 의한 연구들은 방법론적으로 다음의 여러 문제가 있다.

① 자본스톡 증가율 추정의 문제점이 있다.[85] ② 총요소생산성 변화를 측정하기 위해 사용하는 방법은 일반적으로 생산함수를 계량적 방법에 의해 추정하는 방식과 성장회계(growth accounting)방식의 두 가지가 있다. 그런데 생산함수에 의한 추정치와 성장회계방식에 의한 추정치가 다르게 나타난다. 물론 절대값이 큰 의미를 갖지는 않지만 절대수준만이 아니라 상대적 변화유형면에서도 차이가 크게 나타날 수

보론표 4-1-1 요소증가 및 생산성 분해(1971～1978)

구　분	총요소	자　본	노　동	에너지	재　료
생산성	1.08	−7.64	8.79	10.78	3.33
투　입	22.90(총생산)	30.54	14.12	12.12	19.57
노동생산성 증가 구성요소	1.08 (12.28)	4.55 (51.75)	–	−0.08 (−0.90)	3.25 (36.97)

주: 1) 생산성, 투입은 생산액, 투입액기준의 연평균 증가율임.
2) 노동생산성 증가는 p. 153에서 8.78로, p. 155에서 8.79로 나와 있으나 반올림값으로 보아 8.79로 통일함.
3) 노동생산성 증가 구성요소 ( ) 안은 비중임.

자료: J. K. Kwon and K. Yuhn(1990), pp. 153～156.

---

83 이병기(1998)의 정리가 많은 도움을 주었으며 또 일부 직접 인용하였다.

84 P. R. Krugman(1994), pp. 62~78; J.-I. Kim and L. J. Lau(1994), pp. 235~271; P. R. Krugman(1995); A. Young(1994), pp. 964~973; A. Young(1995), pp. 641~680. 〈보론표 4-1-2〉의 내용과 자료를 참조.

85 M. Sarel(1996, p. 6)은 동아시아 생산성 증가에 대해 비관적인 연구들(contrarian)이 조사한 기간의 동아시아 국가들에 대한 자본스톡을 측정하는 데에는 어려움이 있다고 이들 연구를 반박하고 있다.

있다. ③ 국민계정상의 자본소득분배율과 노동소득분배율 추정상의 문제점이 있는데, 이는 성장회계방식을 택할 때의 문제가 된다. ④ 자본축적의 시작연도를 어떻게 할 것인가의 문제가 있다. ⑤ 선정기간, 특정 기간 포함 여부 등에 따라 측정결과가 달라질 수 있다.[86] ⑥ 요소소득 분배율에 따라 완전 반대 결과도 가능하다. 특히, 사렐(M. Sarel)은 ⑤와 ⑥, 즉 측정기간과 노동·자본의 상대적 기여도(요소소득분배율) 설정은 크게 유의적으로 측정결과에 영향을 미치고 있다고 지적하면서, A. Young (1994)이 홍콩·싱가포르·한국·대만 등을 사례로 총요소생산성을 측정하여 동아시아의 총요소생산성 증가율이 낮았다고 한 것은 통상적인 0.3333보다 훨씬 높은 0.45라는 요소소득분배율을 주었고, 또 측정기간의 문제가 있었기 때문이라고 밝혔다.[87] ⑦ 생산함수에 따라서도 결과는 다르게 나온다.[88] 왜냐하면, 총요소생산성은 산출물의 증가와 투입물 증가의 잔차로 얻어지기 때문이다. ⑧ 산업정책의 유효성을 평가하기 위해 1960년대를 포함하는 것은 적절하지 않다. 물론 1960년대에 산업정책이 없었다고 볼 수는 없지만 역시 본격적인 산업정책은 1970년대를 중심으로 해야 알 수 있다. 이런 점에서 1960년대를 포함한 한국의 경험기간을 비록 동일한 기간을 포함한다 하더라도 다른 나라와 비교하는 것은[89] 적절하지 않다. ⑨ 산출액을 부가가치기준으로 평가하는 부가가치모형을 사용하느냐, 아니면 생산액기준으로 하는 산출모형을 사용하느냐에 따라 결과가 달라진다. 일반적으로 전자가 본원적인 생산요소인 노동·자본투입과 분리하여 고려할 수 없는 중간재 투입을 고려하지 않음으로써 과대평가되는데,[90] 추정결과도 대체로 이런 경향을 보여 준다.[91] ⑩ 사용데이터에 따라 다른 결과가 가능하다. 우리 나라의 경우도 『국민계정』을 사용하느냐 『광공업통계조사보고서』 자료를 사용하느냐에 따라 결과가 달라진다. 이 밖에도

86 전반적으로 1960년대 전반을 포함하면 국민소득 성장요인이든 제조업 성장요인이든 총요소생산성 증가율이 낮아지고 1960년대 후반을 포함하면 높아진다(김광석·박승록, 1988, pp. 109, 112 참조). 그러나 M. Nishimizu and S. Robinson(1984, pp. 177~206) 등에서 보듯이 예외적인 결과도 있다. 또 1980~1981년을 포함하면 낮아지고 1980년대를 많이 포함할수록 높아진다. 특히, J. K. Kwon(1994, p. 637)에서 보듯이 중화학공업에서 화학공업의 경우 석유위기가 있었던 1973~1974, 1980~1981년을 포함하여 1973~1981년의 이 기간만을 보면 매우 낮아지고, 이로 인해 중화학공업 그리고 제조업 전체의 총요소생산성 증가율이 매우 낮아진다.

87 M. Sarel(1996), pp. 10~11.

88 규모에 대한 수확불변인가, 수확체감인가 등의 기술변화에 대한 가정의 문제는 트랜스로그 생산함수(translog production function) 등을 이용함으로써 극복되고 또 영향을 크게 미치지 않는다. 하지만 함수 자체의 문제는 여전히 존재한다.

89 A. Young(1994), pp. 964~973; A. Young(1995).

90 J. R. Norsworthy and D. H. Malmquist(1983), pp. 947~967.

91 김광석·박승록(1988).

⑪ 전통적인 신고전학파의 생산함수와 생산가정을 사용하느냐, 아니면 규모의 경제를 반영하는 생산의 비용탄력성 등을 고려하여 비용 측면(cost-side)에서 측정하느냐 등에 의해서도 총요소생산성은 달라진다.[92] ⑫ 로머(P. Romer), 루카스(R.E. Lucas), 그로스만(G.M. Grossman)과 헬프만(E. Helpman) 등이[93] '높은 성장률을 가진 신흥공업경제를 설명하는 데에는 규모에 대한 수확불변이 아닌, 변화하는 규모의 경제에 대한 중요성을 강조'하였듯이 대부분 총요소생산성을 측정하기 위해 사용하고 있는 규모에 대한 수확불변, 완전경쟁, 장기균형 등 전통적인 신고전학파의 가정들은 급속히 성장하는 동태적인 경제에서는 맞지 않고, 따라서 그러한 측정 역시 적절하지 않다."[94] 나아가 ⑬ 노동의 질을 고려하느냐 고려하지 않느냐에 따라 총요소생산성은 달라지는데, Y. Lim(1999)이 지적하고 있듯이[95] 교육량 등 노동의 질을 고려할 경우 일반적으로 총요소생산성은 낮아진다는 문제가 있다.

실제로 한국의 제조업을 대상으로 한 총요소생산성 실증측정 결과는 〈보론표 4-1-2〉에서 보듯이 매우 다양하다. 같은 함수, 가정을 사용하고 측정시기도 거의 일치하게 측정하여도 측정자에 따라 연평균 총요소생산성 증가율은 8.8%, 2.0%로 큰 차이가 나타났다.[96] 같은 저자에 의한 추정이라도 1986년에 추정한 1972~1978년 총요소생산성 증가율은 4.8%인 반면, 1989년 추정의 1971~1978년은 1.08%로 추정되는 등 '생산량을 부가가치로 할 것인지, 총생산으로 할 것인지, 생산기술을 어떻게 규정할 것인지, 생산요소의 투입을 어떻게 가공할 것인지(특히, 자본투입)'에 따라 총요소생산성은 크게 달라졌다.[97] 또한 낮은 제조업 생산성 증가율을 보여 준 연구들은 방법론과 별개로 시기에서 1974년 1차 석유위기와 1979~1980년의 2차 석유위기를 포함하면서 이러한 외생변수의 영향력을 중립화시키지 못하는 짧은 시기의 연구들이 주로 해당된다는 문제점을 가지고 있다.

나아가 총요소생산성을 다른 나라와 비교해 보면 한국의 총요소생산성 증가율은 오히려 매우 높았다는 측정결과도 계속 제기되고 있다. K.-s. Kim and J.K. Park

---

92 Seung Rok Park and Jene K. Kwon("Rapid Economic Growth with Increasing Returns to Scale and Little or no Productivity Growth," mimeo, Dekalb: Northern Illinois University, 1993)은 1967~1989년의 같은 기간, 같은 자료를 측정해도 전자의 방법에 의할 경우 연평균 총요소생산성 증가는 2.0%, 후자의 방법에 의할 경우 −1.6%로 다르게 나온다고 밝혔다(Jene K. Kwon, 1994, pp. 636~637 인용).

93 P. Romer(1986), R.E. Lucas(1988), G.M. Grossman and E. Helpman(1990).

94 J.K. Kwon(1994), p. 636.

95 Y. Lim(1999), p. 28.

96 S.R. Park and J.K. Kwon(1993); J.K. Kwon(1994); World Bank(EA, 1993).

97 J.K. Kwon and K. Yuhn(1990), p. 156.

보론표 4-1-2 제조업의 총요소생산성 증가율(연평균)

단위: %

연 구	측정기간	총요소생산성 증가율
김적교·손찬현(1979)*	1971~1975	1.1
Rhee(1982)	1967~1977	4.67
Nishmizu and Robinson(1984)	1960~1977	3.71
김적교·유지성·황규호(1984)*	1973~1979	2.5
김재원(1984)**	1971~1979	2.2
Kwon(1986)**	1972~1978	4.8
김광석·박승록(1988)*	1973~1979	4.8
김광석·박승록(1988)**	1973~1979	1.4
최정표(1988)	1974	−0.1
Kwon and Yuhn(1989)**	1971~1978	1.08
D. Dollar and K. Sokoloff(1990)	1963~1979	6.1
문희화·조병탁·황인호·김형범(1991)	1971~1989	3.7(3.66)
김광석·홍성덕(1992)**	1973~1979	1.7
표학길·공병호·권호영·김은자(1993)*	1970~1990	1.1(1.07)
World Bank(1993)	1968~1988	8.8
Park and Kwon(1993)****	1967~1973	1.3
Park and Kwon(1993)****	1973~1981	−5.2
M. Ishaq Nadiri(1994)	1975~1990	3.32
Alwyn Young(1995)	1966~1990	3.0
이병기(1998)	1970~1975	1.56
이병기(1998)**	1975~1980	−3.10

주: 1) 김적교·손찬현은 솔로우(Solow) 방법에 의한 수치임.
2) *는 부가가치기준 추정값, **는 생산액 기준 추정값임.
3) ****는 레온티에프(Leontief) 비용함수와 베이지안(Baysian) 측정법을 이용한 비용 측면(cost-side)에서 측정한 것임.
4) Kwon and Yuhn(1990, pp. 156~157)도 쓰고 있듯이 많은 연구들이 부가가치기준 등 측정방법을 정확히 밝히지 않고 있으며, 자본스톡을 사용하여 추계하고 있음.
5) A. Young(1995)의 같은 제목 원고이면서 발표 전 1994년 2월 원고를 D. Rodrik(1994, p. 4)이 인용한 것은 2.7%로 되어 있음.

자료: 김적교·손찬현(1979). M. Nishimizu and S. Robinson(1984). 김적교·유지성·황규호(1984). 김재원(1984). J. K. Kwon(1986). 김광석·박승록(1988). Rhee(1982, 한국개발연구원, 1982년 미발표 논문)와 최정표(1988), Kwon and Yuhn(1989)은 J. K. Kwon and K. Yuhn(1990, p. 156). D. Dollar and K. Sokoloff(1990)는 A. Young(1995, p. 666). 문희화·조병탁·황연호·김형범(1990). 표학길·공병호·권호영·김은자(1993)는 이병기(1998). 김광석·홍성덕(1992), World Bank(EA, 1993). Park and Kwon(S. R. Park and J. K. Kwon, 1993)은 J. K. Kwon(1994, p. 637). M. I. Nadiri("Output and Labor Productivity, R&D Expenditure and Catch-up Scenarios: A Comparison of the U.S., Japanese, and Korean Manufacturing Sectors," Korea Economic Research Institute, *Technology Innovation and Industrial Technology Policy*, KERI, 1994, p. 27)는 Y. Lim(1999, p. 27). A. Young(1995). 이병기(1998).

보론표 4-1-3 요소증가 및 생산성 분해(1971~1978) : 경제성장의 원천구성(공급 측면, 연평균 증가율) 단위: %

구 분	한 국						일 본		미 국			
	1963~1982		1963~1972		1972~1982		1953~1971		1963~1973		1973~1982	
	구성	비중	구성	비중	구성	비중	구성	비중	구성	비중	구성	비중
국민소득	8.13	100	8.23	100	8.02	100	8.81	100	3.92	100	1.55	100
노 동	2.92	35.9	2.74	33.3	3.04	37.9	1.51	17.1	1.32	33.7	0.66	42.6
자 본	1.58	19.4	1.14	13.9	2.10	26.2	2.10	23.8	0.85	21.7	0.69	44.5
총요소생산성(N)	3.63	44.6	4.35	52.9	2.88	35.9	5.20	59.0	1.75	44.6	0.20	12.9
N 중 지식진보	1.09	−	1.89	−	0.30	−	−	−	−	−	−	−

주: 비교를 위해 미국의 경우 노동자에게 주어진 교육효과를 제외하였음.
자료: 원자료를 K.-s. Kim and J. K. Park(1985)과 Denison(1985)으로 밝힌 World Bank(K1987b), Appendix IB, Table B1.4.

(1985)의 1972~1982년의 한국 측정과 Denison(1985)의 1973~1982년의 미국 측정결과를 비교한 세계은행은 같은 시기 한국의 총요소생산성이 경제성장에 미친 영향은 35.9%로 미국의 12.9%보다 매우 크다고 밝혔다[98](〈보론표 4-1-3〉 참조). M. I. Nadiri (1994) 역시[99] 1975~1990년 제조업부문 총요소생산성 연평균 증가율은 미국이 0.77%, 일본이 1.23%이었던 데 비해 한국의 증가율은 3.32%였다고 밝히고 있고, A. Young (1995)도 동아시아 국가들의 생산성 증가율이 매우 높았다는 것은 사실이 아니라는 비판에도 불구하고 1966~1990년의 한국 제조업 총요소생산성 연평균 증가율이 3.0%로 역시 대만(1966~1990) 1.7%, 싱가포르(1966~1990) −1.0%, 브라질(1960~1980) 1.0%, 칠레(1960~1980) 0.7%, 멕시코(1940~1970) 1.3%, 베네수엘라(1950~1970) 2.6%보다 매우 높은 것을 보여 주고 있다. 경제 전체의 총요소생산성을 32개국 분석한 H. Beyer(1996)는[100] 1971~1991년의 총요소생산성 연평균 증가율은 대만이 3.68%, 태국이 2.96%, 한국이 2.38%로 미국(0.23%), 서독(1.29%), 프랑스(0.99%), 영국(0.22%), 콜롬비아(0.74%) 등 다른 국가보다 월등히 높다고 측정하였다. 세계은행은 나아가 기존 한국 분석에 대한 반성에서 "한국 기업들은 높은 총요소생산성 증가율을 얻었고 세계수준의 제품과 생산과정을 개발하였지만 이런 사실들이 그 동안 거의 발굴되지 않았다"[101]고 지적하였다. M. Sarel(1996)은 1975~1990년의 한국·홍콩·대만의 총요

[98] World Bank(K1987b), Appendix IB, Table B1.4.
[99] Y. Lim(1999), p. 27.
[100] Herald Beyer(1996); A. C. Harberger(1998), p. 25.

소생산성 증가율이 미국·일본, 그리고 여타 세계 100개국을 훨씬 능가한다고 보았고, 이들 국가의 총요소생산성 증가율은 산출성장률만큼 매우 높음을 보여 주었다. 싱가포르 역시 이들 국가보다 낮지만 그래도 미국보다 높고 세계평균보다는 월등히 높다. 실제로 A. Young(1995)에서 낮은 총요소생산성 증가로 측정되고 정부정책의 실패로 지목된 싱가포르는 국가경쟁력에서 최상위로 평가받고 있고 각국의 벤치마킹 대상이 되었다.[102] 1인당 생산성장률에 대한 총요소생산성(기술진보) 기여도를 보면 홍콩·대만은 일본·미국보다 높고 한국과 싱가포르는 홍콩·대만보다는 약간 낮지만 역시 한국은 미국·일본과 거의 동등하게 매우 높으며, 이런 속에서도 한국의 자본축적률은 다른 어느 국가보다도 매우 높은 것으로 분석되고 있다.[103] 한국은 이들 국가 중에서 압축성장의 과정을 전형적으로 보여 주고 있는 것이다.

〈보론 4-2〉 정책금융(정책자금)

정책금융의 비중은 정책금융을 어떻게 보느냐와 항목집계를 얼마만큼 세분하느냐에 따라 차이가 있다. 가장 손쉽게 일반적으로 추계하는 방법은 정책금융을 무역금융, 지정(指定)정책금융, 비(非)지정정책금융으로 나누어 무역금융은 예금은행(deposit money banks) 무역금융과 한국수출입은행의 모든 대출을 합하고, 지정금융은 농업, 중소기업, 그리고 주택건설 대출을 전부 합하며, 비지정정책금융은 국민투자기금 대출, 외환비지정 대출, 한국산업은행 대출을 전부 일률적으로 합하는 것이다. 대한상공회의소는 한국은행 자료를 이용하여 1972~1976년간 정책금융을 45.1%(이 가운데 무역금융은 11.8%), 1977~1980년 정책자금을 50.2%(무역금융은 11.1%)로 집계하고 있으며,[104] 남종현(1981)은 1977년 48.6%, 1978년 51.5%로 보았고, 세계은행 역시 이와 유사하게 1970년대 43~50%가 정책자금이다[105]라고 보았는데, 저자의 개략적 추정결과 역시 1970년대 정책금융을 전 대출금액의 45~55% 수준으로 보는 것이 적절한 것임을 확인하여 준다. 이해주는 민간신용에서 차지하는 정책자금비중으로 1977년 44.4%, 1979년 50.1%, 그리고 예금은행 대출금비중으로는 1977년 42.1%,

---

101 World Bank(WS, 1992), p. 35.

102 IMD(2000~2001).

103 "이들 한국·대만·홍콩·싱가포르 4개국의 1인당 생산증가율에 대한 생산성 증가율 기여도는 미국·일본과 비슷하다"(M. Sarel, 1996, pp. 9~10).

104 대한상공회의소(한2, 1982), p. 257.

105 World Bank(K1987a), p. 39.

1979년 42.2%라고 추계하였다.[106] U.-C. Chung(1990)은 주택·농업·중소기업 지원, 그리고 국방을 포함한 총자금을 정책자금으로 하여 1973~1979년간 예금은행, 한국산업은행, 수출입은행 대출금의 53~63%로 보았는데, U.-C. Chung(1990)에 의하면 정책자금은 1973~1976년간 53~55% 수준이다가 1977년 이후 급속히 늘어나 1977년 57%, 1978년 60%, 1979년 63%로 되었다는 것이다. 해거드(S. Haggard)는 1971년 이전 40% 이하였으나 1976~1977년 55% 그리고 1978년에는 거의 70%였 다[107]고 매우 높게 말하고 있지만 그 계산근거를 제시하고 있지 않은데 구체적인 신빙성이 떨어진다. 주요 산업 투입분을 전부 합산한 한복상(韓福相)의 경우도 1973~1978년의 정책금융을 총대출금의 78.0~79.0%로까지 보고 있지만[108] 역시 정책자금의 범위를 너무 넓혀 추계하였음을 알 수 있다. J. Kim(2002)은 한국은행 자료로 1973~1978년간 농업, 중소기업 등 지정특별금융 16.15~19.37%, 무역관련 특별금융비율 9.01~11.32%를 포함하여 총 52.66~60.66%로 기록하고 있다.[109] S.-H. Jwa(2001)는 1975~1978년간 지정정책자금 17.78~19.17%를 포함하여 전체 54.61~61.93%로 집계한 유정호[110]의 연구를 인용하고 있다.[111] 유정호의 이 추계를 일부 수정하여 게재한 것으로 보이는 수치를 J. J. Stern 외(1995)[112]에서 볼 수 있는데, 세계은행의 다른 기준 추계값과 함께 종류별로 분류하여 시계열로 정리해 보면 〈보론표 4-2-1〉과 같다. 작성방법은 전 국내 대출 및 할인을 합한 것으로 하되 비지정은 국민투자기금과 정부기금에 의한 대출, 외국환비지정 대출, 한국산업은행 대출 그리고 기타 분을 합한 것이고 무역금융은 예금은행에 의한 무역금융대출과 한국수출입은행의 모든 대출을 합한 것이다. 지정금융은 농업, 중소기업 그리고 주택건설 대출을 합한 것으로 하였다.

이제 구체적으로 정책자금의 산업부분별·은행별 정책자금 배분비율을 보면 〈보론표 4-2-2〉와 같다. 정책자금의 제조업에 대한 대출비중이 높은 것은 한국산업은행 등 개발금융기관보다 오히려 예금은행이었다. 예금은행의 경우 서비스업에의 정책자금 대출비중이 제조업에 비해 매우 낮은 특징이 있었다.

여기에서 다음 사항을 확인할 수 있다.

---

106 이해주(1989), p. 165.

107 S. Haggard(1994a), p. 52.

108 韓福相(1995), p. 109.

109 J. Kim(2002), p. 39.

110 유정호, KDI working paper No. 8904, 1989.

111 S.-H. Jwa(2001), p. 23.

112 J. J. Stern, J.-b. Kim, D. H. Perkins, and J.-h. Yoo(1995), p. 67.

보론표 4-2-1 국내대출 중 정책금융비중

단위: %

연 도	예금은행·산업은행·수출입은행 합				예금은행
	비 지 정	무 역	지 정	총 비 중	
1970	29.7	5.6	12.2	47.4	29.3
1971	30.3	6.1	11.9	48.3	29.6
1972	26.7	6.7	20.3	53.8	29.3
1973	25.5	10.5	19.4	55.4	33.7
1974	23.9	11.3	17.5	52.7	32.6
1975	27.2	9.0	16.6	52.8	27.1
1976	26.3	10.0	16.2	52.4	32.9
1977	29.3	10.4	16.2	55.8	33.8
1978	32.3	10.8	17.5	60.7	37.1
1979	33.4	10.6	15.0	59.0	35.1
1980	34.1	11.5	14.2	59.8	35.2
1981	31.3	12.7	14.6	58.7	33.7
1982	29.6	12.3	12.5	54.4	31.8
1983	28.0	12.7	14.0	54.7	33.0
1984	26.5	12.7	14.8	54.0	31.7
1985	25.1	12.9	14.8	52.8	30.8

자료: J. J. Stern, J.-b. Kim; D. H. Perkins and J.-h. Yoo(1995), p. 67; World Bank(K1987b), p. 114; 한국은행(대, 1986. 12).

보론표 4-2-2 산업부문별 은행별 정책자금 배분비율

단위: %

구 분	1973~1974		1975~1977		1978~1979	
	예금은행	산업은행	예금은행	산업은행	예금은행	산업은행
농림수산업	11.5	0.1	10.5	0.4	9.4	0.7
제 조 업	56.1	37.9	56.9	41.6	54.4	47.8
서 비 스 업	23.8	57.5	23.8	55.7	26.4	50.5
기타 및 불명	8.6	4.5	8.8	2.3	9.8	1.0

자료: 한국은행(경제, 1976, 1981); 경제기획원(한통, 1977, 1982); 韓福相(1995), pp. 110, 119~120, 123~124.

흔히 한국산업은행 등 개발금융기관의 제조업 내 정책자금 중화학공업 대출비중 77%를 근거로 중화학공업에 금융이 집중적으로 대출되었다는 것이 많이 지적되고 있는데, 이는 잘못된 것이라는 것이다. 왜냐하면, 개발금융기관의 경우 민간 보통예금과 대출을 취급하지 않으므로 정책자금을 주로 다루고 있고, 또 이들 개발금융기관의 전체 대출비중은 한국산업은행이 15~16%, 다른 개발금융기관을 전부 합해도 16~17%에 불과하였기 때문이다. 나아가 전체 대출액 중 제조업부문에 대출한 것은 37.9~47.8%에 불과하였다는 점도 항상 간과되고 있지만 생각해야 한다. 따라서 실질적으로 1970년대 말 정책금융으로 한국산업은행이 중화학공업에 투입한 돈은 총금융대출의 3.4% 정도였다. 정책자금의 82.7%를 사용하는 예금은행의 경우에도 전 금융기관 대출금의 11.2% 정도에 불과하다. 결국 전체 민간대출금 중 정책자금으로 중화학공업에 투입된 돈은, 1970년대 말로 보아도 산업은행 3.4%, 예금은행 11.2%로 두 기관의 합계는 14.6%에 불과하다.[113]

[113] 〈부표 4-3〉의 자료를 이용하면 산업은행 대출 중 중화학공업 대출비율이 0.3955가 되어 총금융대출의 3.2%가 되고, 두 기관의 합은 14.4%가 된다.

CHAPTER 5 중화학공업화와 재정 그리고 재정정책*

제 5 장

5.1 머 리 말

한국의 경제성장에서 정부가 미친 영향에 대해서는 여러 가지 논쟁이 있어 왔다.[1] 그러나 어느 쪽 입장에서도 항상 전제되고 있는 것은 1970년대 중화학공업화에서 높은 수준의 정부개입이 있었다는 것이다.[2] 심지어는 1970년대 중화학공업화는 시장기구의 작동을 무력화시킴으로써 이후 균형과 효율로의 자율적인 조정과 위기경보의 시장기능이 작동되지 않는 한국 경제의 가장 고질적인 구조적 문제를 가져왔다는 것도 자주 지적되어 왔다. 실제로 중화학공업화가 시행되었던 1970년대에는 산업정책을 총괄하던 상공부가 중화학공업을 담당하였던 기업에 보조와 제한을 행사하고 있었고, 이를 위해 경제기획을 총괄하던 경제기획원이 강력한 힘을 발휘하고 있었으며, 중화학공업화라는 특정 산업정책을 위한 중화학공업추진위원회기획단이 청와대 내에 만들어져 작동하고 있었다. 나아가 대통령이 직접 산업현장에 출

* 본장의 일부는 한국경제연구학회의 『한국경제연구』에 게재된 박영구(2002b)를 확대·보완한 것이다.

1 제4장의 4.2 정부역할에 대한 기존 연구와 고려할 점 참조.

2 강광하(2000); 김흥기 편(1999); 大韓商工會議所(한2, 1982); 안충영(1986); 유정호(1991); 송대희(1995); 梶村秀樹(1984); 深川由起子(1997); 劉進慶(1983); 川上桃子(2001); 韓福相(1995), pp. 97~137; J. J. Stern, J.-b. Kim, D. H. Perkins, and J.-h. Yoo(1995); R. Luedde-Neurath(1988); M. S. Alam(1989b); M. S. Alam (1989a); P. W. Kuznes(1994); World Bank(K1987b).

현하여 지시를 내리고 있었고, 당시의 기업이나 공무원들은[3] 이러한 상황들을 공통적으로 증언하고 있다. 또 일부 연구들은 당시 정부자료에서 '정부개입'이나 '정부주도', '막대한 재정자금 투입' 등을 찾아 내 보여 주기도 하고 있다.[4]

이렇게 '과도한 정부개입론'으로 인해 반작용으로 등장한 것이 1979년 이후 제기된 중화학공업화 비판과 1980년대 경제정책의 전체 기조로 된 안정론, 통합정책의 대두, 그리고 민간자율경제의 확대라는 구호였다. 이에 따라 이후 공식적으로는 성장을 위한 정부개입의 산업정책보다 인플레이션 억제에 정책초점이 주어졌고, 1981년 「기술개발촉진법」 개정에 이어 1986년에는 7개 특별법이 폐지되고 「공업발전법」이 제정되기에 이르렀다. 이때부터 오늘날까지 한국 경제의 문제, 기업 및 산업의 경쟁력문제, 한국 경제의 위기구조를 논할 때면 언제나 '1970년대 만들어진 정부개입'이 비판되어 왔으며, 중화학공업화는 '과도한 정부개입의 표본'으로 사용되었고, 따라서 중화학공업화 비판의 많은 부분도 이런 정부의 역할과 정책 자체에 초점이 맞추어져 있었다. 나아가 현재의 산업·기업·정책의 문제점에 대한 인식과 논쟁에서도 과거의 정부·정책 탓으로 돌리는 책임 또는 구조 회귀론이 일반적으로 통용되고 있기도 하다. 그 결과 해외에서는 한국이 중화학공업화 과정에서 많은 정부지원이 있었음을 집중적으로 강조하면서, 이를 한국의 대표산업·기업에 대해 적용해 자신들의 시장보호적 자세를 합리화하는 논리적 근거로까지 사용하고 있다.[5]

그런데 이렇게 국내외적으로 당연시되고 있는 주장을 한국 경제의 사실·내용과 비교해 보면 금방 논리적으로 다음과 같이 의문점이 제기된다.

첫째, "만약 정부의 개입이 그렇게 강력한 것이었다면 그런 중앙집중적이고 계획적인 정부하에서 그렇게 문제가 되었던 중화학공업의 중복투자는 어떻게 가능하였을까"라는 점이다. 즉, 정부개입을 비판하면서 이들이 동시에 그렇게 많이 주장하는 중복투자가 있었다는 사실 자체는 이미 계획적인 정부주도가 존재하지 못하였다는 것을 보여 주는 증거라고 볼 수밖에 없기 때문에, 이는 기존의 정부역할에 대한 인식에 당연히 의문점을 주게 된다.

---

[3] 중화학공업화 시기 정부의 과도한 개입을 지적하고 있는 공무원은 대부분 경제기획원 출신, 유학파들이다. 대표적으로 강경식은 1970년대 중화학공업에 대해 "정부주도에 의한 방식이었"으며 "전략산업의 선정이 정부에 의하여 결정되었고, 심지어는 실수요자의 선정도 정부에서 주도하여 결정하였다"고 말하고 있다(강경식, 1987, p. 158). 1970년대와 1980년대 중화학공업화를 둘러싼 경제기획원의 역할과 위치에 대해서는 박영구(2006a, pp. 277~305)와 본서 제12장 참조.

[4] 그 구체적 내용에 대해 본문에서 밝혀 나가기로 한다.

[5] World Bank(K1987a); World Bank(K1987b)를 참조.

둘째, "이미 1970년대 정부역할에 대한 비판이 학계에서 계속되고 있었던 상황이었고, 이후에도 이에 대한 비판은 여지없이 지속되었는데, 왜 그리고 정말 1970년대의 정부는 그렇게 정부개입을 계속하였을까" 하는 점이다. 당시의 정부는 의견을 수렴할 능력도 창구도 갖지 못하였다고 보는 것은 적어도 1970년대의 정부를 설명하기에는 맞지 않는다. 그렇다면 정부는 단순히 지대추구행위(rent-seeking) 때문에 그렇게 잘못된 줄 알면서 정부개입을 계속하였었던 것일까? 하지만 이미 인정되고 있듯이 1970년대까지의 박정희 정부는 정통성 문제에 신경을 쓰고 있었고, 관료들은 근대화에 대한 사명감을 기초로 근대화가 그들을 포함하는 전 국민의 주관적·객관적 이익으로 연결될 수 있었기에 합리적 선택점을 추구하고 있었다는 점에서,[6] 특히 당시 경제관료들이 후발공업국은 물론 선진국, 또는 오늘날과 비교해도 뒤떨어지지 않는 자질과 효율성, 엘리트 의식과 긍지를 가지고 있었던 점에서 역시 이 점은 의문시된다. 실제로 중화학공업화가 한창 진행되던 1977년 당시 한국을 관찰한 일본인은 "한국 성장의 원동력은 ……중견 테크노크라트층의 고도의 적극성……이다. ……특히, 경제분야에서는 근대경제학의 이론과 계량모델을 구사하는 근대적 감각의 엘리트가 ……철야로 토론을 반복하는 열정을 갖고……. 객관적으로 보아도 행정테크노크라트들이 효율성과 경제민주화의 조화에서 뛰어나다"[7]라고 기록하고 있었다. 따라서 역시 당시 정부역할에 대해 사실과 다른 것이 있었던 것이 아닐까라는 의문이 제기된다.

셋째, 정말 정부의 역할이 그 정도로 강력하고 일방적이었다면 적어도 역사적 사실로 입증된[8] X-비효율(X-inefficiency)이나[9] 이론적으로 증명된 비효율성이 발현되었을 것이고, 이것이 '분명한' 부정적 영향으로 나타나야 한다는 점이다. 이러한 정부역할의 비효율성은 R. J. Barro(1989), R. J. Barro(1990) 등이 분명히 보여 주고 있고, 한국의 예도 J. Lee(1990)가 1953~1986년간의 자료를 이용해 성장률과 정부의 상대적 크기(개입도) 간에는 큰 역의 관계(significant negative relationship)가 존재하며,

---

[6] 한국 정부의 개입은 이권추구행위로 연결되지 않았고 효율적인 관료제로 기업행동에 유리한 환경을 조성하였다(R. Wade, 1990b; K. Choi and Y. s. Lee, 1990, pp. 63~64; 이준구, 1992, pp. 340~341).

[7] 永木幸夫(1977), pp. 111~112. 이런 지적은 다음과 같이 일반화되어 있다. "한국의 중화학공업화는 상대적으로 매우 성공하였다. 다른 발전도상국과 다른 점은 무엇이었을까?…… 여러 이유 중 한 가지는 다른 발전도상국의 산업정책과 비교할 때 한국의 중화학공업화 정책은 상당한 일관성을 가지고 진행되었고 능력 있고 상대적으로 효율적인 관료들에 의해 진행되었다는 것이다"(J. J. Stern, J.-b. Kim, D. H. Perkins, and J.-h. Yoo, 1995, p. 123).

[8] World Bank(DR, 1983).

[9] H. Leibenstein(1966), pp. 392~415.

민간부문의 자본생산성은 공공부문 자본생산성의 거의 10배에 달하고 있었다는 것을 실증적으로 보여 주었다.[10] 그러나 비록 1970년대 한국 경제가 여러 문제점을 가지고 있었지만, 그럼에도 1970년대의 한국 경제는 정부가 세운 높은 수준의 정책목표, 광고적인 효과까지 가진 경제성장상의 여러 정책목표들을 초과하여 이루어 왔다는 점에서[11] 역시 정부역할에 대한 의문점이 남게 된다.

넷째, 국영기업체 운영 등 투자·생산주체로서의 정부의 직접 역할을 보면 한국 정부의 역할은 발전도상국 경제 중에서 아주 낮았고,[12] 또 생산·투자역할은 기업이 대부분 수행하여 대기업집단('재벌')이라는 구조가 발전하여 왔다는 점이다(정부의 전체적인 재정역할과 그 변화에 대해서는 본장 부록의 〈보론 5-1〉 참조). 국민총생산에서 차지하는 국영기업체의 점유비율은 남미가 20~40%, 아시아의 경우도 일반적으로 25% 수준이었지만 한국은 가장 낮은 국가 중의 하나로 10% 정도의 수준만을 유지하였다.[13] 투자비율로 보아도 비농업부문 총투자 중 국영기업의 투자비율은 방글라데시·볼리비아·멕시코가 75% 이상이며, 인도와 터키가 약 50%인 데 비해 한국은 25~33% 수준에 머물러 있었고,[14] 한국·싱가포르·대만의 아시아 3개 신흥공업국만을 비교해 보아도 1973~1978년간 총고정자본에서 공공부문이 차지하는 비중은 한국은 10% 수준으로, 대만·싱가포르의 1/2~1/5 수준에 머물렀다.[15] 제조업에서 공기업의 비중은 부가가치로 보아 1970년 23%였지만 1977년에는 이미 12%로 떨어졌고, 1970년대 말에는 10% 이하로 떨어졌다.[16]

1960년대 초 민간기업들은 수출을 축으로 하는 소비재·경공업에 집중되어 있었고, 대규모 자본이 요구되는 철강·정유·비료 등 주요 기간산업이나 중화학공업은 국영기업으로 시작되었다. 하지만 이미 이때부터 민영화에 대한 논의가 계속되었고, 결국 재정수요의 팽창, 기계공업 육성자금의 재원확보, 그리고 침체된 주식시

---

[10] R. J. Barro(1989); R. J. Barro(1990); J. Lee(1990), pp. 281~288.

[11] 정부의 역할에 대해 부정적인 이제민(2001, pp. 504~505) 역시 한국의 경우 보호유치산업은 성숙하였고, 특히 1960년대 이후 정부의 육성대상이 되었던 중화학공업이 경공업보다 생산성 증가율에서 앞서고 있다고 지적하였다. 나아가 R. Luedde-Neurath(1988)는 한국의 성공적인 발전은 정부의 개입이 저발전국의 경우 필요전제조건이 될 수 있음을 보여 준다고 하고 있다.

[12] 공업화 시기 한국 재정정책의 특징은 상대적으로 작은 공공부문 ……에 있다(K. Choi and T. Kwack, 1990, p. 260).

[13] 1970년대 경제발전모형에서 항상 대비되는 대만과 비교해 보아도 1976년 대만의 공기업 비율은 GDP의 22%를 차지하였지만 한국은 9%에 불과하였다(C. Johnson, 1987, p. 149).

[14] M. Gillis(1980), pp. 254~255.

[15] J.-S. Shin and H.-J. Chang(2004), p. 51 그림 2.9.

[16] 한국산업은행(내부자료, 1983).

장의 활성화와 자금동원을 위해 국영기업은 1960년 후반에 대부분 민영화되었다.[17] 1968년에는 '대한조선공사', '대한해운공사', '인천중공업주식회사', '대한철광개발주식회사', '한국기계공업주식회사', '대한통운주식회사'가 '극동해운', '한양', '인천제철', '삼미사', '신진자동차', '동아건설'에 각각 흡수되어 민영화되었고, 1969년에는 '대한항공공사'가 '한진상사'로, 1970년에는 '석유공사'가 '선경'으로 인수되어 민영화되었다. 1971년에는 '대한광업제련공사', '대한염업주식회사', 1972년에는 '한국상업은행', 그리고 1973년 들어서는 '한국수산개발공사'가 계속 민영화되어[18] 실제로 중화학공업화 선언이 이루어진 1973년 이후 1970년대 중화학공업 또는 제조업부문에서 일시적으로 정부가 관리하거나 산업은행 출자기업체[19]가 아닌 국영기업체는 '포항종합제철'과 국영으로 떠넘겨진 '한국종합화학'뿐이었다.[20] '한국종합화학' 소유주식 역시 1973년에는 이미 민간매도 방침이 결정되어 있었다.[21] 산하 제조기업체 중 자산투자기업인 '영남화학(3肥料)', '진해화학(4肥料)', '한양화학(韓洋化學)' 등은 정부가 경영에 직접 참가하지도 않았지만, 어쨌든 완전소유기업이었던 '대한화학펄프공업'을 제외하고 '한양화학(韓洋化學)', '한국카프로락탐', '한국메탄올', '영남화학', '진해화학' 등 산하 제조업체는 1973년 5월 16일 매각방침이 결정되었고 7월 24일 매각세부지침이 시달되었다.[22] 남아 있는 '대한화학펄프'는 1979년 6월에야 가동이 예정되어 있는 미완공기업이었다.[23] '포항종합제철'은 계속 확장·건설중인 국영기업이었고 비록 최고관리자가 정부에 의해 임명되었지만, 이때 대통령에 의해 비중 있는 인물로 직접 임명되어 사실상 기업운용은 정부의 관리를 배제하고 자치적으로 이루어졌다. 즉, 한국의 경우 국영이었다고 하지만 그 운용은 거의 사기업에

---

17 부산일보, 1968년 3월 19일; 한국산업은행(월보, 1973), 215호; 경제기획원(공백, 1988), p. 66.

18 이 밖에 한국관광공사 소유의 '관광호텔', 농어촌개발공사 산하의 기업체들이 모두 민영화되었다(사공일·유훈(兪焄)·박영철·L. P. Jones, 1974, p. 8).

19 1973년 중화학공업화가 선언되던 해 산업은행 출자 중화학 제조기업이었던 '인천제철'·'한국비료'·'한영공업(韓永工業)'·'한국알미늄'·'한국특수강' 등도 1970년대를 통해 청산, 민간기업에 양도되었다. '제2종합제철'은 1980년에 건설완료로 예정되어 있었다.

20 1976년 국회에 제출된 상공관련 국영기업체명은 '대한석탄공사'·'한국전력주식회사'·'한국종합화학공업주식회사'·'포항종합제철주식회사'·'대한무역진흥공사'·'대한광업진흥공사'의 6개였고, 1977년 '대한석유공사'가 신설되었으나 이 중 중화학공업 기업체는 2개였다(대한민국국회 사무처(95)-상공제1차, 1976. 3. 18, p. 7; 경제기획원(공백), 1988, p. 65).

21 대통령비서실(중경19730825). 경제제1수석(19730827).

22 합작투자회사인 '한양화학'·'3비(肥)'·'4비(肥)'는 경쟁입찰로 하고 100% 투자회사 중 '한국카프로락탐'은 51% 경쟁입찰, 49% 공모매각, '한국메탄올'은 향후 주식공개 조건부 경쟁입찰로 하기로 세부지침이 시달되었다(국무총리기획조정실(중오3), 1973, p. 196).

23 대한민국정부(행백, 1977), p. 224.

가까웠고, 이는 정부의 계속적인 파견 감독과 개입, 그리고 통제를 받는 다른 나라의 국영기업체와 분명히 구분되었다.[24] 이렇게 된 데에는 당시 미국의 압력과 영향도 작용하였다.

이상의 여러 점에서 본장에서는 중화학공업화와 관련된 정부의 산업개입과 보호의 정도 및 과정에 대해 검토해 보고자 한다. 이를 통해 오늘날 정부·기업 등 경제주체와 한국 경제정책, 나아가 발전도상국 경제정책에 주는 함의도 발견할 수 있을 것이다. 이 중 금융과 관련된 고찰은 앞의 제4장에서 다루었으므로 여기에서는 재정정책에 초점을 맞추어 본다.

 현실과 대응

보조라는 정부의 역할에 맞추어 본다면 기업보조는 기업진입의 보조와 진입 후 이루어지는 사후적 보조로 나누어진다.

첫째, 진입보조를 보자. 중학공업화에서 정부의 기업진입 지원은 1970년대에 이루어졌다. R. M. Auty(1994, p. 41)가 "남미의 산업정책과 달리 한국의 산업정책은 기존 기업을 확대하여 이용하지 않고 새로운 진입을 활성화하는 데 집중하였다"고 한 것처럼 이 점은 뚜렷하였다. 정부의 보호를 반대하는 경제학자들이 기업진입 지원을 포함하는 유치산업 보호에 회의적인 것은, 결국 유치산업이란 장기적으로 경쟁력을 가진다는 것이 전제되는 것인 만큼 이 경우 합리적인 기업들이 장기적인 관점에서 장기적인 보다 큰 이윤을 위해 단기적인 손실을 감수하는 선택을 당연히 할 것이라는 것 때문이다. 실제로 G7의 많은 기업들은 이러한 방식을 택하여 성공하였으며, 19세기 미국·독일의 대영국 산업경쟁력 우위확보과정에서도 이런 점은 발견된다.[25]

그러나 중화학공업화가 시작될 1970년대 초기 한국의 대기업들은 중화학공업이 '실질적으로' 시기상조라는 생각 또는 자체 선택에 의해 중화학공업에의 진입을 꺼리거나, 또는 자본부족으로 진입고려를 하지 않고 있었다.[26] 아래의 '호남비료'

---

[24] 중화학공업화와 직접 상관은 없지만 1953~1986년간 기간을 넓혀 보아도 한국의 공공부문 자본스톡의 상대적 크기는 전체 자본스톡의 9% 수준에 불과하였다(J. Lee, 1990, pp. 281~288).

[25] Y. G. Park(1996).

[26] 전국경제인연합회(20, 1983), pp. 267~268, 271, 274; 박병윤(1980. 5); 김광모(金光模, 1988), pp. 238,

예에서 보듯이 극소수 민간자본이 초기수요가 안정적으로 확보되는 일부 공업에 진입하고자 하는 시도는 일찍부터 있었지만, 이들도 정상적인 기업회계·재무관리나 합리적인 진입·성장계획을 실행하지 못해 투자자금조차 제대로 조달하지 못한 채 국영화되거나 지지부진한 상태로 있었다.

> '호남비료'는 1955년 12월 26일 제2비료공장으로 설립되었는데, 상대적으로 비료수요는 안정적으로 확보된다는 점을 들어 1958년 정부보유 달러와 함께 민간자금으로 '호남비료' 나주공장을 1958년 3월 착공하였다. 그러나 원래 1960년 완공예정이었으나 무계획적인 자금동원 부족으로 인해 공사가 중단되었다. '호남비료'는 동력원 입지선정과 원료입지, 나아가 자금동원까지 정확한 계획 없이 덤벼들었던 것이다. 결국 '호남비료'는 1961년 국영으로 전환되어 비로소 1962년 12월 20일 준공되고 1963년 7월 가동에 들어갔다. 다시 1973년 4월 1일 '충주비료'와 '호남비료'가 합병되어 '한국종합화학공업주식회사'로 설립되었고, 4월 3일 호남비료 나주공장은 '한국종합화학주식회사' 나주공장으로 변경되어 국영으로 남아있었다.[27]

진입투자가 가능한 대기업들은 조립가공과정의 공정과 경공업, 비교우위공업에 익숙해 있었고 1970년대 전반기 중화학공업부문을 위한 고정자본투자에 인색하였던 것이다. 더구나 1973년의 석유위기는 더욱 이러한 기업들의 소극적 투자행태를 강화시켰다. 불황과 관련된 한국 기업의 문제점은 호황시에는 투자를 늘리다가도 불황만 오면 즉시 연구개발투자부터 시작해 투자를 매우 신속히 그리고 대폭 줄인다는 것인 데,[28] 당시 진입을 꺼려하던 대기업들에게 1차 석유위기는 당연히 투자기피를 가져왔다. 그래서 1974년 창원기계공업단지의 분양에는 대기업 중에서는 '금성사'만이 소형 모터공장으로 신청하는 등 1974년이 다 가도록 대기업들의 중화학공업 진입기피가 계속되었다.[29] 정부는 "각종 혜택을 제시하고 기업이 필요로 한 각종 사회간접시설을 확충하는 등의 제반 노력을 아끼지 않았으나 ……비단 기계공업만이 아니라 전자 등 타부분에서도 ……기업인들의 ……참여할 것이냐 말 것이냐

271; 김홍기 편(1999), p. 149.

27 중화학공업추진위원회기획단(공발1, 1979), pp. 729~733, 751~752; 한국비료공업협회(1979~1980); 김광모(1988), p. 39.

28 이러한 대기업들의 잘못된 선택으로 불황극복과정도 결국 고비용저수익 상태로 비효율적으로 진행되며, 나아가 다시 불황에 자주 노출되고 호황이 와도 경쟁력이 뒤지게 된다(전재욱·박영구, 2000, pp. 48~50). 불황기의 투자가 결국 장기적 경쟁력으로 나타나게 되는 사례는 19세기 대불황시 독일과 영국의 투자와 결과에서 분명히 나타난다(Y. G. Park, 1997, pp. 511~534).

29 창원기계공업공단(1979).

하는 눈치보기와 망설임은 여전하였다."[30] "민간기업인의 이니셔티브에만 의존할 경우 중화학공업부문의 투자는 적정한 수준에 미달할 것이므로 정부의 개입이 필요하다"[31]는 의견이 제안되고 있을 정도였다. 이에 오원철 대통령 수석은 "기업들을 찾아가 설득"해야 하였고,[32] 10월 1일에는 정부가 "1975년도 중화학공업건설 지원규모를 1974년 390억 원에서 46% 증액하여 총 570억 원 투입하겠다"는 계획을 발표하였으며, 이어 12월에는 중화학공업 육성정책의 일환으로 광범위한 「조세감면규제법」까지 개정해야 하였다.

이렇게 대기업들이 중화학공업에 진입을 꺼리고 있었던 원인은 대기업들의 무임승차(無賃乘車, free riding) 추구도 있었지만, 근본원인은 바로 사실과 상관없이 대기업들이 판단하는 시장한계 때문이었다. 우선, 자금동원을 위한 자본시장이 당시 제대로 형성되어 있지 않았으므로 자본비용이 매우 높았다.[33] 또 낮은 경쟁력 때문에 해외수요가 존재하지 않는 속에서 기업들은 국내생산물시장 규모 역시 작다고 판단하고 있었다.[34] 특히, 후발공업국의 초기단계에서 자본시장의 한계는 해외저축·해외기술에 의존하여 극복한다고 하더라도,[35] 1970년대 초의 작은 재화시장규모를 기업들이 근본적인 한계로 생각하는 것은 당연하였다.[36] 즉, 기업들은 중화학공업화가 본격화되기 전의 1970년대 초 당시의 국내시장규모를, 불완전한 자본시장하에서 이윤극대화를 추구한다고 해도 그 수준에서도 손실이 발생하여 진입 자체가 불가능한 규모로 판단하고 있었다(관련 설명그림은 본장 부록의 〈보론 5-2〉 참조). 이는 19세기 후반 국가경쟁력을 결정지었던 핵심 산업인 철강공업의 혁신적인 베세머(Bessemer)강, 마르탱(Martin)강이 독일 등지에서 1870년대 확대되지 못하고 있었던 것처럼[37] 모든 후발공업국의 초기 공업발전단계에서 공통적으로 나타나는 현상이었다.

이런 경우 정부는 순이익을 발생시키는 시장규모가 존재한다는 것을 먼저 진입함으로써 보여 주거나, 독일·미국 등의 예에서[38] 보듯이 그러한 시장규모를 창출하

30 동남지역공업단지관리공단(1996), p. 282.
31 사공일·유훈·박영철·L. P. Jones(1974), p. 81.
32 오원철 전경제수석, 중화학공업추진위원회기획단장 증언(1993. 6. 2).
33 김영우(金永佑, 1978), pp. 40~41.
34 1960년대를 중심으로 1970년대까지의 화학섬유산업 사례는 이상철(1997) 참조.
35 후발공업국이 가지는 기술적 한계는 도입과 학습, 응용에 의해 극복가능하다. 이 실증적 예에 대해서는 Y. G. Park(1996); 이상철(1997) 참조.
36 이는 중화학공업화를 통해 계속 애로점으로 지적되고 있었다(김창수(金昌洙), 1978, p. 46; 김영우, 1978).
37 Y. G. Park(1999).

는 것이 필요하다. 만약 이 두 가지가 불가능할 경우 사회적 후생증대를 상쇄할 만한 큰 비용요인이 존재하지 않는 한(실질적으로 상쇄할 만한 정도로 존재하지 않았다)[39] 정부가 '기업이 사전적으로 우려하는 손실을 보전'해 주더라도 진입을 유도하는 것이 사회적 순(net)이익으로 된다. 즉, 소비자후생효과(consumer-surplus effect)가 마이너스의 진입기업 이윤효과(profit-from-entry effect)를 초과한다면 진입비용을 부담해도 사회후생 증대가 발생되는 것이다.[40] 물론 진입이 이루어진 후에 학습효과 등을 통해 평균비용이 하락하면 마이너스의 진입기업 이윤효과는 줄어들거나 없어지게 되는데, 실질적으로 이는 한국의 경우 급속하게 이루어졌다. 여기에 생산이 일어남으로써 '고용효과→수요증대→전체 승수효과 작동'의 시장확장효과와 추가적인 산업연관효과(linkage effect)까지 발생하게 되면 사회후생은 더욱 증가한다. 나아가 1차적 외부효과(externality)와 교역조건효과(terms-of-trade effect)는 무시할 정도라고 하더라도[41] 가격경쟁력을 갖게 되어 순수출이[42] 나타나면 교역규모 변화에 따른 사회적 후생증대도 나타난다(이상의 내용을 보다 자세히 그림과 수식을 포함하여 보려면 본장 부록의 〈보론 5-2〉 참조).

이런 상황에서는 정부의 진입유도나 진입보조는 합리적인 것이 되며, 정부는 진입기업에 대해 혜택을 부여할 정당성이 존재하게 된다. 한국만이 아니라 이러한 시장실패가 존재하는 경우 산업에 대해 한시적으로 지원하는 것이 정당하였다는 것은 다른 나라의 사례에서도 확인된다.[43] 특히, 공급 측면의 병목이 존재하고 시장의 불확실성이 크며 기업의 경쟁 및 투자경험이 적고 시장제약이 존재하는 후발공업국에서는, '국내외 거시경제적으로 정보취득비용이 낮은 정부가 적정생산규모 등 정보를 종합하여 제시하고 나아가 그 정보에 대한 보험기능을 현실적으로 제공함으로써 미시적인 투자주체인 기업의 위험도를 줄이는 것'이 초기의 투자유도를 위해 정

38 Y. G. Park(1999).

39 이러한 비용은 공급과 수요 측면에서 존재할 수 있다. 공급 측면에서는 여전히 기술적 제약이 존재하여 평균비용이 매우 높고 순수입효과가 발생하는 경우이고, 수요 측면에서는 수요가 너무 부족해 역시 생산의 평균비용이 매우 높아지고 따라서 보전비용이 매우 높아져야 할 경우이다. 그러나 1970년대 초 한국의 경우는 그렇지 않았다. 이 점에 대해서는 의존성, 공급과 수요 측면 각각에서 다음을 참조하라. 박영구(2000c); 박영구(1997a); 박영구(1997b); 본서 제11, 3, 2장 참조.

40 만약 기업의 이윤효과가 양(陽, 正)이거나 양으로 전환되는 경우 이 사회후생 증대효과는 더욱 크게 되는데, 한국의 경우 중화학공업 기업들의 학습커브(learning curve) 기울기는 매우 컸었다. 실제로 1970년대 중화학공업화에서 경공업에 집착하였던 부산지역은 1980년대 이후 가장 높은 경제고통지수를 유지하면서 최악의 경제상태를 겪었다.

41 한국은 1970년대 초 국제시장에서 가격을 움직일 정도의 시장규모를 갖고 있지 않았다.

42 이는 사전적 잠재성의 문제로 당연히 그렇게 판단되었기에 중화학공업이 착수되었다.

43 G. M. Grossman(1991), pp. 87~125; 정창영·이종욱·박영구(2001).

당성을 가지며 또한 중요하다. 실제로 1970년대 초 한국의 경우 중화학공업을 순수하게 민간부문이 먼저 담당하기에는 당시 시장상황에서는 무리인 점도 있었다.[44]

나아가 당시 정부가 직접 지도하지 않고 시장에 맡겨 두었던 결과 1960년대와 1970년대 초 나타난 부실기업화, 외자의 부실화 문제로 한국 경제는 큰 비용을 물어야 하였기에[45] 당시 절대적인 자본애로를 가지고 있던 한국 경제로서는 단순히 기업자율에만 의존할 수도 없는 상황이었다. 한국의 문제는 부족한 자본이라는 공급제약이었으므로 진입유도 자체도 이 점이 고려되었고, 이후 중화학공업의 정부개입 핵심도 중화학공업의 투자심사제도(投資審査制度) 운영이었으며 중화학공업의 투자심사제도가 정부의 정책주도권의 핵심을 이루었다.[46]

당시 기업의 진입유도는 투자의 확대가 아니라 투자의 사전유도적 성격이 매우 강하였음은 모든 당시의 정부문서에서 확인된다.[47] 정부는 중화학공업의 육성에 있어서 전체 사업계획을 미리 공고함으로써 유도적 기능을 지향하였고,[48] 이것이 달성된 경우에는 구체적인 투자결정을 기업에 맡기려고 하였으며 또 그렇게 하였다. 이렇게 기업에 맡긴 것이 바로 일부 시점, 일부 공업에서의 중복투자가 일어난 본질이었으며, 1970년대 말부터 시작된 중화학공업 조정이 결국 산업 전체의 투자조정이 아니라 기업조정으로[49] 연결된 것도 이와 같은 이유에서였다. 여기에 1970년대에 이미 중화학공업이 선진국에서 공해산업으로 문제가 확대되어 후발공업국에 수출되고 있는 이상,[50] 당시 정부의 진입개입은 이를 감독할 수 있다는 점에서도 그 정당성이 인정될 수 있었다.

그러나 미시경제적으로 입증되는 사회후생의 증대와 차후 외부경제의 창출, 외부비경제 감독이라는 점에서 정부에 의한 진입유도가 합리적이라고 하더라도, 진입이 일어난 후 정부가 기존 또는 신규 기업에 대해 계속 개입하는 것이 정당한가라는 문제는 다르다.

왜냐하면, 진입 후 정부의 보조 또는 간섭은 '기업 간 특정 기업의 생산량에 영

---

44 김흥기 편(1999), p. 149.

45 전청와대 경제수석 오원철(吳源哲) 씨의 증언(오원철(산군), 1993. 1. 4~1. 5).

46 오원철 증언(1994. 2. 23); 이만희(1993a), p. 228.

47 박영구(1995).

48 대통령비서실(중선19730130); 『관보』, 1973년 5월 14일자; 김광모(1988), pp. 218~219; 이만희(1993a), p. 228; 중화학공업추진위원회(해, 1973), p. 87.

49 박영구(1996a).

50 본서 제3장의 '3.3 비용' 참조. 일본도 토지이용·공해·노동력 부족 등을 이유로 중화학공업을 한국에 이전하고자 하고 있었다(박영구, 2008a).

향→이윤변화→생산자잉여 변동'을 통해 이윤획득효과(profit-capture effect)를 가져오고, 나아가 진입보조에서도 발생하지만 계속된 정책지원은 '기업의 사적 비용≠사회적 비용'의 외부효과(external effect)가 지속적으로 발생하여 차별적인 특정 기업의 이익으로 귀결될 수 있기 때문이다. 또 지원으로 국내가격이 변하면 사회후생이나 자원배분효율에는 영향이 없더라도 소득분배에 영향을 미치게 된다. 일단 기업을 보조해 주되 장기적으로 외부효과가 발생되지 않도록 경쟁을 강화하고 초과이윤을 없앤다고 해도 문제는 여전히 발생한다. 개별 기업은 회계기준을 바꿈으로써 결국 사회 전체적으로 보아 생산자후생(기업이윤효과) 감소효과를 발생시키게 되기 때문이다. 이렇게 보면 결국 기업이 진입된 산업에서의 보조는 산업의 자원활용을 비효율적으로 만듦을 알 수 있다. 보조금이 해외부문 경쟁을 위해 지급된다고 해도 마찬가지이다. 보조금이 수출보조로 지급되면 국내가격이 국제가격보다 커도 순수출이 늘어나고, 결국 사회후생은 감소한다(이상의 내용을 보다 자세히 그림과 수식을 포함하여 보려면 본장 부록의 〈보론 5-2〉 참조). 또 국내기업을 보호하기 위해 외국기업의 진입 또는 상품진입을 추가적으로 억제할 경우 이에 따른 잠재적인 소비자잉여 감소가 존재하게 된다. 만약 장기적으로 국내기업의 이윤효과를 높여 이 소비자잉여 감소분을 상쇄한다고 한다면 사회후생 전체로 볼 때 문제가 없지만, 관세효과에서 보듯이 이러한 경우는 일반적이지 않으며 그 때에도 소비자후생을 줄이고 기업후생을 증대시킨다는 문제가 발생하게 되고 또 세대 간 부담문제(overlapping generation problem)도 발생하게 된다.

결국 기업진입이 이루어진 산업에서의 기업에 대한 정부지원 및 보호의 결과는 가격기구의 왜곡에 의해 각 기업의 적정의사결정과 상관없이 국민경제 전체 차원에서의 자원배분 비효율성과 소득분배 왜곡으로 연결될 수 있다는 한계를 가진다. 가격기구가 정상적으로 작동되고 있지 않으므로 검증이나 수정 기회 없이 비효율적인 부문 간 투자의 불균형이 지속될 수 있는 것이다. 특히, 가용자본과 자원이 부족하고 자본시장의 발전이 낙후된 한국과 같은 후발공업국의 경우 지속적인 자원배분의 왜곡은 심각한 국민경제의 위기원인이 될 수 있다.

이렇게 보면 초기 중화학공업 진입을 위한 정부의 유인정책, 의도적 지원정책이 필요불가결하다 할지라도 이는 한시적이어야 하며 궁극적으로는 내수확대, 안정성 제고 등으로 시장의 자율적 기능이 작동하도록 하는 정책을 실시해야 함을 알 수 있다. 동시에 이 전환과정이 산업정책적 관점에서 길어진다고 할 경우에는 그 과정에서 자원배분의 효율성 제고와 소득분배의 왜곡 수정에 항상 주의를 기울여야 한다는 결론을 얻을 수 있다.

여기에서 1970년대 정부의 개입문제를 다음과 같이 정리할 수 있다. 첫째, 중복투자를 막고 계획적인 초기진입을 위해 정부가 개입한 것은 단기적으로 정당성이 존재한다. 둘째, 기업진입 이후 관련산업의 기업지원을 지속하였다면 문제가 있는데, 그 문제의 정도는 추가적인 지원이 가져다 주는 비효율적 자원배분과 소득이전을 얼마나 완화시켰는가에 달려 있다. 셋째, 정부의 개입문제는 필요한 만큼의 한시적인 것이었고, 장기적으로는 시장기구를 정상적으로 작동시켜 나가는 방향으로 진전되고 있었는가라는 동태성이 중요한 평가기준이 된다.

이제 구체적으로 지원정책을 하나씩 분석함으로써 이러한 점을 검토해 보자.

 5.3 정책의도와 정부전략: 진입유도

중화학공업화 선언 후 중화학공업추진위원회는 정부가 할 일과 산업계가 할 일을 다음과 같이 분명히 구분하고 사전적으로 규정하였다.

【정부가 할 일과 산업계가 할 일】

> 정부의 역할은 너무나 크다. 우선 중화학공업화의 구체적인 방향을 조기에 확정하고 이를 뚜렷이 제시함으로써 민간부문의 예측과 결단을 선도해야 하며, 치밀한 실천계획을 수립하여 제시함으로써 산업계의 참여를 이끌어야 한다. 둘째, ……필요한 모든 세부적인 사항을 결정하는 일에 이르기까지 산업계와 기술계 등과 협의해야 한다. 셋째, 사업별 정착대상 지역을 정하고 실질적인 사업착수에 선행되어야 할 용지·용수·동력·지원시설 등 각종 사회간접자본을 조성해 주어야 하며, 나아가서 산업계의 자본동원능력을 보완하여 내자나 외자의 적정조달을 가능케 하거나 또는 기술·시설재 등의 도입 및 국내조달체제를 갖추기 위하여 재정·금융 및 조세상의 모든 조치를 강구하여 외부비경제를 배제시켜 주어야 한다. 그러나 정부는 단지 선도하고 조정하는 데 지나지 않으며, 실제 중화학공업화라는 거대한 사업을 이끌어 가는 공업구조 개편의 실질적 수행자는 산업계이다. 그러므로 산업계의 역할은 가장 중추적이고 실무적인 것이라고 하겠다.
>
> 《중화학공업추진위원회(해, 1973), p. 87.》

여기에서 정부의 역할은 세 가지로 뚜렷이 규정되어 있다. 첫째, "민간부문의 예측과 결단을 선도"하고 "산업계의 참여를 이끌어" 낸다. 즉, 산업 초기에 진입을 촉진시킨다. 둘째, 모든 사항을 정부가 임의로 정하지 않고 "산업계와 기술계 등과 협의"한다. 셋째, "각종 사회간접자본을 조성"하고 "모든 조치를 강구하여 외부비경제를 배제"한다. 그리고는 정부의 역할에 대해 "정부는 단지 선도하고 조정하는 데 지나지 않으며, 실제 중화학공업화라는 거대한 사업을 이끌어 가는 공업구조 개편의 실질적 수행자는 산업계"라고 못 박고, "그러므로 (정부가 아니라) 산업계의 역할이 가장 중추적이고 실무적인 것"이라고 분명히 선언하였다. 공업구조 개편론에서[51] 나타나고 있는 정부의 역할도 개별적인 산업과 기업내용이 아니라 '전체 우리나라 공업의 모델', '출발방식', '연차별 공업건설계획'이라는 것으로 개별 산업과 개별 기업이 하지 못하는 거시적 당면과제 확정이고, 나아가 정부는 직접 건설자가 아니라 "발전도상국가의 공업화에 따르는 여러 가지 문제점을 검토·지원·해결"하는 보조자로 규정하고 있다. '정부주도'라는 용어가 사용되고 있는 곳을 보면 그 내용은 '공업발전단계가 유치기에 있을 때'라는 시기적 전제 위에서 비용과 시간을 줄이는 '거시적인 총괄 건설계획 일람표'를 의미하는 것이지 '중화학공업의 실질 추진주체'나 개별 사업에 관해 언급한 것이 아니다. 정부는 산업계의 참여 유도, 그리고 각종 사회간접자본 조성과 외부비경제 배제라는 당연한 정부의 역할에 머물도록 하였다.

이러한 점들은 당시의 중화학공업을 직접 담당하였던 사람들의 증언에서도 확인된다.

> 처음부터 중화학공업의 프로젝트가 시작될 때 정부가 하는 것이 좋은가 아니면 민간이 하는 것이 좋은가라는 것은 상당히 정부 내에서 논의되었다. 최종적으로 당시 박 대통령은 민간의 활력을 이용하는 것이 당연하다고 결론을 내었고, 이후 이러한 형태가 계속 지켜지며 진행되었다.
>
> 《최창락(崔昌洛) 전동력자원부 장관 인터뷰, 日韓經濟協會(1991), p. 100.》

> 중화학공업기획단에서 사업(project)을 정의하고 그 사업을 적절한 대기업에게 맡겼다. ……세부적으로 기업을 선정해 나갈 때에는 정부가 관여하지 않았다.
>
> 《李宣基 경제기획원 전차관 증언. 김흥기 편(1999), pp. 260, 263.》

심지어 중화학공업화에서의 과도한 정부개입을 비판하고 있는 경제기획원 유학파 관료들까지도 "중화학 전략업종은 대부분 대기업이 담당하였다"[52]라는 증언을

[51] 대통령비서실(중선19730130); 『관보』, 1973. 5. 14.

첨부하고 있다.

이미 1970년대 초 4대 핵공장사업의 실패에서 정부는 중화학공업화를 위해 정부의 역할을 줄여야 한다는 교훈을 얻어 실행하고 있었고,[53] 이는 1973년 이후 중화학공업화에서 관철되었다. 이러한 정부의 인식은 중화학공업추진위원회기획단이 1차 석유위기가 터지자 가장 긴급하였던 중앙집유(集油)기지(CTS) 건설에서도 "소요자금은 전액 투자가 책임하에 조달하고 차관의 경우 지불보증이 없어야"[54] 한다고 대통령에게 보고하고 있듯이, 각종 대규모 주요 투자사업에서 투자자 자신의 책임을 강조하고 차관에서의 정부보증을 축소하는 노력으로 직결되고 있었다.

그럼에도 중화학공업화가 시작되면서 정부의 역할로 '기업의 진입유도와 문제점 해결'을 정부가 분명히 한 것은, 바로 중화학공업의 초기과정에서 이를 맡을 수 있었던 대기업들이 진입투자를 꺼리고 있었기 때문이었다.[55] 기업들의 투자기피는 '경제발전의 선도적 역군이 될 것을 다짐하는 전국경제인대회 개최'[56]라는 형식을 정부가 추진해야 할 정도였다. 현실적으로 진입능력에 가장 근접해 있던 대기업집단의 '전국경제인연합회' 등 경제계도 중화학공업의 추진에 긍정적이지 않은 입장을 가지고 있었다. "국제적 차원에서는 아직 훨씬 못 미치는 규모일 뿐 아니라 기술축적이 미약하기 때문에 실질적으로는 중화학공업화에 어느 정도 준비기간이 필요하다"는[57] 것이 대기업들의 신중한 생각이었다. 사실 여부와 상관없이 '전경련'이 1960년대 후반부터 지속적으로 국공영기업의 민영화를 주장하였던 점을[58] 생각하면 이러한 전경련의 주장은 스스로 이율배반적인 면이 있었다. 동시에 이미 국가경제적으로는 중화학공업화가 요구되는 단계에서[59] "(산업계가) 경공업에만 매달려 있다면 그것은 산업계를 지금처럼 길러 준 국민과 정부의 지원에 대한 보답이 아닐 뿐 아니라 어떤 면에서는 국민과 국가의 기대와 소망을 저버리는 비도덕적 행위로 해석될 수도 있는"[60] 것이라는 비판에도 불구하고 대기업들은 소극적으로 대처하였다.

---

52 강경식(1987), p. 159.

53 박영구(2007).

54 중화학공업추진위원회기획단(14), 의안 6. CTS건설 추진계획.

55 김광모(1988), p. 238.

56 대통령비서실(예전19730403).

57 전국경제인연합회(20, 1983), pp. 267~268.

58 '전국경제인연합회(전경련)'는 1969년 12월에 1970년대 정책건의를 통해 국공영기업을 조속히 민영화할 것 등을 요구하는 등 매년 기업계의 자체능력을 강조해 왔다(전국경제인연합회(20), 1983, pp. 530~534).

59 박영구(1997a); 박영구(1997b).

60 중화학공업추진위원회(해, 1973), p. 87.

여기에 경제기획원 일부조차 미국이 주장하듯이 '중화학공업에는 막대한 자본이 소요되고, 회임기간도 길어 효율성을 기대할 수 없으므로 중화학공업의 재원을 전략산업인 경공업의 산업경쟁력 강화재원으로 활용하는 것이 훨씬 효율적'이라는 입장을 보임으로써[61] 이들 대기업에 동조하고 있어 기업들은 더욱 진입을 망설이고 있었다.[62] 이들 경제기획원 일부나 '전국경제인연합회'의 기본 논리는 '비교우위 생산요소인 노동집약기반산업 추구'라는 '정태적 비교우위'와 '위험선호적 투자행위 억제에 입각한 거시경제 안정성 추구'라는 미국 경제학자와 미국 정부의 1950년대 이후 논리를 기초로 한 것이었다.[63] 민간기업들이 참여를 꺼리고 있어 당장 진행해야 할 "여천지구의 석유화학 계열공장 건설담당 지주회사"도 국영인 "종합화학이 우선 출자하여 설립"[64]하도록 중화학공업추진위원회가 결정해야 할 정도였다. 여기에 1973년 1차 석유파동이 오자 경제기획원은 다시 경제안정화를 위해 중화학공업의 문제점을 지적하며 중화학공업화의 조정을 주장하였고, 결국 1974년 1월 14일 '국민생활 안정을 위한 대통령 긴급조치' 발표를 이끌어 낸 후 이어 경제부총리를 위원장으로 하는 '긴급조치 대책위원회'를 구성하면서 중화학공업 추진계획도 물가가 안정될 때까지 늦추는 등의 조치를 취하였다. 이러한 경제기획원의 태도에 따라 대기업들 역시 "기술지향적 산업으로서 노동계수가 비교적 높은 부분에 집중적 투자와 정책적 지원이 이루어져야 한다"고 주장하고 나아가 "신규 투자를 가급적 억제하는 한편 ……경기적응능력을 배양하도록 각별한 정책적 배려를 할 것"을 촉구하는 등,[65] 투자주체로서의 기업의 책임보다 정책적 배려를 주장하면서 더욱더 투자를 꺼리고 있었다. 거시경제로 보면 반드시 그 산업이 필요하면서도[66] 의사결정 주체인 기업의 진입이 이루어지지 않자 "정부가 각종 지원을 함으로써 국내민간기업으로 하여금 기계공업에 진출하도록 적극 유도할 필요성이 있다"라는 내용의 연구보고서가 학계 주요 인사에 의해 제출될 정도였다.[67]

결국 이러한 기업들의 미(未)진입사태는 유사한 애로를 가지면서도 이미 발전 경험을 가지고 있었던 일본·독일의 사례에 자극받은 대통령이 직접 나서는 것으로

61 주태산(1998), p. 117; 이만희(1993a), pp. 222~223.
62 이러한 정부의 시그널과 관련한 기업의 의사결정, 그리고 산업에 미친 영향에 대해서는 박영구(1994) 참조.
63 박영구(2006b).
64 중화학공업추진위원회기획단(14), 의안 4.
65 전국경제인연합회(20, 1983), pp. 552, 548.
66 이에 대해서는 본서 제2장 참조.
67 한국무역연구소(발행인 조순(서울대), 편집인 김종현(서울대), 1974), p. 494.

발전하였다. 1973년 10월 4일 박 대통령은 국회 시정연설을 통해 1974년도 10대 시정방침을 발표하였는데, 여기에서 미국과 국내 다방면으로부터의 요구가 있었던 안정기반의 공고화를 가장 먼저 언급하면서도 분명히 중화학공업의 건설촉진을 강조하였다(본장 부록의 〈자료 5-1〉 참조).[68] 이어 박 대통령은 석유위기에 따른 중화학공업 조정의 요구가 빗발치는 가운데 1974년 1월의 기자회견을 통해 중화학공업에 대해 조정을 부분적으로 하되 계획대로 추진한다는 것을 다음과 같이 공개적으로 선언하였다.

> ……부문적인 조정이라고 그랬습니다. ……에너지소비가 비교적 적은 부문을 우선적으로 추진해 나가자, 예를 들면 조선이라든지, 전자공업이라든지, 기계공업과 같은 것은 비교적 에너지가 적게 소비됩니다. ……석유화학계열 공장도 지금 석유화학에 대한 원자재의 태반을 우리는 외국에서 수입을 하고 있기 때문에 ……계속 계획대로 추진을 해야 하겠습니다.
>
> ⟬박정희(연4, 1975), p. 58.⟭

결국 대통령의 적극적인 의지로 경제기획원 장관은 "자유세계 국가 전체가 인플레에 휩싸여 있는 판에 우리의 물가안정에는 한계가 있고 이미 벌여 놓은 투자사업을 중단한다면 그 직접·간접 손실은 헤아릴 수 없어 성장기조를 유지한다"로[69] 입장을 정하게 되었다. 그러나 이런 경과 후에도 대부분의 기업가는 여전히 중화학공업분야에의 참여를 꺼리고 있었고, 투자효과가 빨리 나타나는 소비재산업에 눈을 맞추고 있었다. 따라서 우선 산업 전체에서 초과수요가 이미 존재하고 또 예상되는[70] 중화학공업부문 투자진입을 위해서는, 잠재적으로 투자진입이 가능한 층이면서, 소비재산업과 「8.3조치」 등 정부의 보조를 통해 부의 축적을 이룩한[71] 대기업들의 진입을 유도할 필요와 정당성이 존재하였다. 실제로 한국의 중화학공업화에 매우 비판적인 세계은행의 보고서도 다음과 같이 단언하고 있고, 1970~1984년간 경제기획원과 청와대에서 근무하면서 한국 중화학공업화에서 과도하다고 정부개입에 비판적 입장을 보였던 인사들도 증언에서 분명히 하고 있듯이, 정부의 진입지원이 없

---

68 박정희(대19731004).

69 조용목(趙鏞木), 「남덕우 전부통리와 박필수(朴弼秀) 한국생산성본부 회장과의 대담」, 『經友』, 통권 3호, 1987. 12, p. 15. 이만희(1993a), p. 236 재인용.

70 박영구(1997b).

71 1972년 「8.3조치(경제의 안정과 성장에 관한 긴급명령)」로 기업들, 특히 이 조치가 기간산업부문에 초점을 맞추고 있었기 때문에 대기업집단들은 재무구조상의 큰 혜택을 보았다. 이런 점에서 보면 결국 「8.3조치」는 중화학공업화에 대한 진입보조로 작용하였다고 자리매김할 수 있다.

었다면 민간주도의 중화학공업화 출발은 이루어지지 않았다.

> 중화학공업 투자에 당시 정부의 지원이 없었다면 어떠한 민간기업들도 위험을 감수하려고 하지 않았을 것이다.
>
> 《World Bank(K1987a), p. 47.》

> 단순히 민간기구 혹은 시장에 맡겨 두었다면 (중화학공업의) 어떤 투자도 불가능했을 것이다.
>
> 《S.-C. Lee(1991), p. 458.》

그래서 정부의 진입유도가 시작되었다. 기업의 이윤동기를 바탕으로 가격기구의 조절기능에 맡겨 진입을 하도록 기대하기 어려운 실정이었기에 계획당국이 개발계획을 만들어 민간기업을 유도하는 과정을 밟은 것이다.[72] 그리고 진입유도를 진행하면서 대통령이 다시 한번 직접 나서 1974년 6월 28일 대통령의 계속 의지를 재천명하였다.

> 중화학공업계획은 작년의 오일쇼크와 세계 인플레이션으로 심각한 도전을 받기도 하였다. 우리들 중 일부는 오일쇼크 등 새로운 경제환경의 변화를 생각할 때 중화학공업계획이 실질적으로 수정되어야 한다고 제안하였다. 그러나 정부는 중화학공업의 기본 틀을 손상하지 않고 계속 실행하였고 이는 효과를 나타내기 시작하고 있다.
>
> 《대통령비서실, 『박정희대통령 연설문집』, 제5집, 1974.
> S.-C. Lee(1991), p. 435에서 재인용.》

정부는 크게 두 가지 방향에서 진입유도를 진행하였는데, 이는 앞에서 보았듯이, ① 수요가 존재하는 부분에서는 순이익을 발생시키는 시장규모가 존재한다는 것을 보여 주는 것과 동시에, ② 직접 중화학공업 기업을 지원하는 것보다 사회간접자본 등으로 진입비용을 낮추어 주어 기업이 우려하는 사전적 손실규모를 보전해 주고 총사회후생을 증대시키는 방향이었다. 1차적으로 수요를 확인해 기업의 불확실성을 제거해 주어 기업 스스로 진입을 하게 되면 조세나 가격의 왜곡에 따른 경제적 순손실(deadweight loss)을 없앨 수 있어 최선의 정책이 된다. 그러나 사정이 그렇지 못한 경우 똑같이 가격과 한계비용의 괴리에 따른 사회적 순손실이 나타나지만 그래도 진입비용을 낮추어 주는 것이 정부구매나 인위적 가격상승보다 좋은 정

72 중화학공업추진위원회기획단(공발2, 1979), p. 196.

책이 된다. 왜냐하면, 정부구매나 가격상승보다 진입비용을 낮추는 것이 결국 기업들에게 시장경쟁을 위해 추가적인 비용인하의 혁신을 계속하게 하며, 나아가 가격을 올릴 경우 이들 중화학공업 기업의 생산물을 원자재로 이용하는 기업들이 높은 가격으로 구매해야 하기 때문에 중화학공업 육성목표에도 맞지 않게 되기 때문이다. 실제로 비용을 낮추어 주는 것이 아닌 구매·고가격정책은 참여기업들의 비용을 줄이고자 하는 노력을 등한시하게 만드는 도덕적 해이(moral hazard)를 더 촉발시키게 된다. 한편, 사회간접자본 건설을 통해 진입비용을 낮추는 노력은 전반적으로 모든 기업이 혜택을 보는 반면,[73] 구매·가격정책은 해당 기업만 이익을 보는 이익의 독점현상도 발생하므로 좋지 않은 선택이 된다. 동시에 사회간접자본 건설은 단순히 총수요 변동에만 작용하는 것이 아니고 구매·가격정책보다 장기적으로 총공급을 증대시키는 정책이 되므로 재정정책의 밀어내기효과(crowding out effect)와 물가상승 등 충격을 완화시키는 보다 장기적이고 안정적인 대책이 된다. 따라서 다른 선발공업국을 포함하는 대부분의 국가에서도 사회간접자본 건설을 통해 기업비용을 낮추어 주는 정책이 일반적으로 타정책에 비해 선호되었다(이에 대해서는 본장 부록의 〈자료 5-2〉 참조). 특히, 일본은 정부투자를 주로 도로·항만 등의 산업기반 조성에 지출함으로써 중화학공업을 중심으로 한 민간설비투자를 크게 자극하였고, 이는 중화학공업에 유효하게 작용하였다.[74] 또 영국의 사례에서 보듯이 오늘날 선진국에서도 일반적인 자본이입·자본진입정책으로 사용되고 있다.

우선, 첫째 정부는 진입유도를 위해 가능한 산업부문에서는 순이익을 발생시키는 시장규모가 존재한다는 것을 먼저 진입함으로써 보여 주고자 하였다.

정부는 에탄올의 생산 실수요자로 선정된 '동신화학(東信化學)'이 지명에도 불구하고 진입을 꺼려 결국 진입을 포기하자, 정부기업체인 '忠州肥料(한국종합화학)'를 시켜 1974년 12월에 울산석유화학단지에 연산 3만 톤 규모의 에탄올공장과 2만 4,000톤 규모의 아세트알데히드공장을 준공하였다.[75] '여천석유화학단지'는 건설 전부터 기업측들의 진입불가론과 진입기피가 있었지만, 정부는 이익규모의 수요가 있다는 것을 보여 주기 위해 선발 착수를 강행하였다.[76] 과수요와 잠재적 수요가 컸던 '제7비료'와 '메탄올'이 선발업종으로 선정되었고, 기업들이 정부의 신호(시그널)를

[73] 이 의미는 추가적 특정 세금으로 경제적 순손실이 발생한다 해도 이것이 특정 기업의 이익에 봉사하는 것이 아니라 모든 기업에 고루 혜택이 돌아감을 의미한다.

[74] 신태곤(1982), p. 15.

[75] 중화학공업추진위원회기획단(공발3, 1979), pp. 564~565.

[76] 김광모(1988), p. 271.

분명히 알고 따르도록 하기 위해 투자주체에 앞서 공장건설계획이 먼저 수립되었다. 이렇게 하여 국영기업인 '한국종합화학(韓國綜合化學)(주)'의 자회사로 '남해화학(南海化學)(주)'이 설립되어 '제7비료공장'이 추진되자 비로소 민간 한·일 합작회사인 '대성(大成)메탄올(주)'이 메탄올공장 건설에 나섰다.[77]

대규모 수요가 확인된 나프타 분해공장도 순이익을 발생시키는 시장규모가 존재한다는 것을 정부가 먼저 진입함으로써 보여 주었다. 경공업은 물론 석유화학공업에서 원료 초과수요가 존재하였던 나프타 분해공장은 이미 그 필요성이 긴급을 요하고 있었고, 석유화학단지 건설 역시 시급을 요하였지만 민간기업은 참여하지 않는 상황이 지속되고 있었다.[78] 따라서 정부는 먼저 진입을 시도하였고 나머지 계열공장 역시 민간기업의 진입이 사실상 이루어지지 않았기에 국영으로 하되 정부투융자 자금의 한계상 외국과의 합작으로 건설하였다.[79]

이러한 화학공업에 대한 정부의 적극적인 진입과 진입공표는 결국 민간기업의 진입을 이끌어 내게 되었다. 기업들은 1960년대부터 그러하듯이 정부의 적극적인 신호와 의지표명하에서 진입을 본격적으로 표명하게 되었다. 그러자 정부는 민간기업의 진입이 보일 때마다 투자주체로서의 역할을 시장으로 이행시켰다. '한국종합화학' 소유의 '한국화약', '한국카프로락탐', '한국메탄올', '제3비료(영남화학(嶺南化學))', '제4비료(진해화학(鎭海化學))' 주식매각 확정에 이어[80] '나프타 분해공장'과 '호남석유화학(주)'의 정부투자분인 종합화학주식을 '대림산업'의 '호남(湖南)에틸렌(주)'과 '롯데' 계열의 '호남석유화학(湖南石油化學)(주)'에 매각하였다. 그 결과 1960년대 늘고 있던 국영기업체는[81] 앞서 보았듯이 줄어들었다. 정부는 화학공업에의 기업진입을 촉진시켰고 성공시킨 것이다.

이 밖에도 정부가 예산에 계상하지 못한 채 예비비로 이자 및 수수료를 지출하면서까지 1973년 5월 10일 TCOM 도입을 위한 미국 수출입은행(EXIM) 차관도입 체결을 서두른 예[82] 등에서 보듯이 정부는 전기·통신·기계 등에서 기업을 자극하고 정부의 의지를 보여 주려고 노력하였다.

둘째, 기업들의 진입비용을 낮추어 기업이 사전적으로 우려하는 손실이 없도록

---

77 그러나 여전히 이 업체도 1차 석유파동이 오자 다시 가동을 중지하는 불안한 진입상태를 보이고 있었다.
78 오원철 전청와대 경제수석 증언(1994. 2. 12).
79 김광모(1988), p. 273.
80 1973년 6월 1일 대통령의 재가를 받아 매각방침이 확정되었다(한국개발연구원(반세), 1995).
81 한국산업은행(월보, 1973), 215호; L. P. Jones(1975); 경제기획원(공백, 1988).
82 대통령비서실(예미19731015).

유도하였다. 이 과정에서도 정부는 "항구·정박소 등 배타적 사용을 위한 설비는 그 최종사용자의 기금으로 건설되어야 한다"[83]고 한 「중화학공업기업 외자도입 6원칙」에 따라, 진입비용 인하를 모든 기업이 혜택을 보는 것에 한정하려고 하였다.

정부는 용지만 있으면 저렴한 비용으로 공장건설에 착공할 수 있다는 점에 착안하여 입지를 결정하여 주고, 정부가 미리 부지매입과 조성공사를 하여 주었다. 이를 위해 정부는 1973년 12월 24일 「산업기지개발촉진법」(법률 제2657호)을 제정하고 중화학공업을 집중적으로 추진하기 위해 필요한 지역을 산업기지 개발지역으로 지정하면서 산업기지 개발에 관한 기본 계획을 수립하게 되었다. 이 기본 계획에는 ① 공업용지, ② 공업용수시설, ③ 도로·철도·항만 기타의 수송시설, ④ 전력, ⑤ 통신, ⑥ 주택용지, ⑦ 기타 산업기지에 기반이 될 주요 시설에 대한 계획이 포함되었다. 한편, 이 법에 의해 산업기지 개발에 관한 모든 사업은 '수자원개발공사(水資源開發公社)'에서 이름이 바뀐 '산업기지개발공사(產業基地開發公社)'가 담당하였는데, 이 공사의 자본금 1,000억 원은 정부에 의해 전액 출자되었다.[84] 이렇게 정부는 공업기지 조성으로 기업들의 진입비용을 낮추었고, 1975년 작성된 「중화학공업 추진방향」의 지원대책 방향에서도 사회간접자본 확충을 분명히 명시해 놓았다.[85] '창원기계공업기지' 단지조성은 '국민투자기금'을 투입하여 '산업기지개발공사'가 하게 하고, 단지관리와 공장유치는 상공부가 '기계공업공단'을 만들어 수행하였다. 이 밖에도 포항제철기지, 울산석유화학공업기지, 온산비철금속공업기지, 포항철강관련공업기지, 옥포조선공업기지 등을 정부가 건설하여 기업을 입주시켰다. 또 1973년부터 정부는 군산 외항 건설계획을 확정하고 수출자유지역 급수시설, 진입로 건설 등 수출자유지역단지 조성, 부산항·묵호항 개발사업 등 사회간접자본 확충공사를 대대적으로 시작하였다.[86]

정부가 중화학공업화 정책에서 "막대한 재정자금의 투입을 전제로 한다"고 한 것은 바로 이러한 '국토계획'[87]이라는 막대한 사회간접자본에 대한 투자를 의미하는 것이었다. 사회간접자본 건설이 곧바로 중화학공업화와 연결되는 것은 아니지만, 한국·일본·대만은 GNP 대비 정부지출면에서 보면 정부의 상대적 크기가 세계에

83 Planning Office, Heavy and Chemical Industry Promotion Council, Government of the Republic of Korea (1976), pp. 17~18.

84 한국무역연구소(1974), p. 425.

85 대한민국정부(중추, 1975).

86 대통령비서실(예부19731015).

87 중화학공업추진위원회기획단(공발2, 1979), p. 96.

서 가장 작은 나라 중 하나였음에도 동시에 이 세 국가의 정부지출은 공공투자부문에 집중되어 있었다.

이런 진입유도 속에서도 정부는 소득이전문제를 고려하였다. “우선 육성해야 할 공업분야를 제시하고 이를 담당할 개별 기업이 결정된 후 해당 분야의 수익성이 높으면 수익성이 낮은 분야를 함께 끼워서 하도록” 함으로써 진입유도와 함께 차후 발생할 소득이전, 집중을 경계하였다. 예컨대, ‘럭키’그룹이 모든 대기업들이 노렸던 수익성이 높은 전자공업을 따내자 수익성이 낮아 모든 기업이 진입을 꺼려 하는 석유화학을 동시에 하도록 하는 방법을 사용하였다.[88] 이미 “중화학공업부문에서 민간기업인의 이니셔티브에만 의존할 경우 ……주식분산에 바탕을 둔 과다한 부의 편중을 지양하고 주식의 광범위한 분산을 도모하려는 정부의 노력과 상충되므로 정부의 개입이 필요하다”[89]는 인식이 대두되고 있었기 때문이다. 적어도 소득이전의 문제가 중화학공업화와 동시에 시작되었던 것은 아니었다.

5.4 지원정책: 과정과 내용

5.4.1 재정지원

경제발전과정에서 재정정책면에서의 혜택이 커질수록 이는 기업 정상이윤의 주요 원천을 제공한다. 기존의 인식과 연구들은 이런 전제 위에서 중화학공업화 기간 중 정부의 재정지원은 중화학공업에 과도하게 이루어졌다고 인정해 왔다. 이를 확인하기 위해 재정지원부터 검토해 보자.

(1) 규　모

기존 인식이 큰 전제에서 빠뜨리고 있는 것은 정부가 처음부터 중화학공업화의 투자재원을 정부의 직접투자나 출자보다는 민간의 참여를 기본 원칙으로 하였다는 점이다. 정부는 처음부터 중화학공업화 계획 1973~1981년간 중화학공업 총투자 2조 9,800억 원 중 정부투자분은 1,089억 원으로 3.65%에 불과하게 하고, 나머지 96.3%인 2조 8,700억 원은 민간에서 담당하도록 하였다.[90] 그 구체적 투자계획을

88 김홍기 편(1999), p. 263.
89 사공일 · 유훈 · 박영철 · L. P. Jones(1974), p. 81.

표 5-1 부문별·투자주체별 중화학공업 투자계획(1973~1981, 10억 원, 1970년 가격)

주요 내역		합 계	정 부	민 간
총투자지출		13,457	4,360	9,098
제 조 업		4,661	321	4,339
중화학공업		2,980	109	2,871
금속공업	포항종합제철 확장(조강 103만→700만M/T) 제2종합제철 건설(조강 500만M/T) 특수강공장 건설(특수강 50만M/T) 동제련소 건설(동괴 10만M/T) 등	913	79	834
기계공업	공작기계공장(선반·드릴반 등 10만 대/연) 섬유기계공장(방적기(紡績機) 등 3만 5,000대/연) 조선능력 확장(19만G/T→630만G/T) 전자제품 및 부품공장 건설	1,336	13	717
화학공업	석유화학공장(에틸렌기준 60만M/T 확장, 건설) 정유공장(30만 BPSD 증설 및 101만 BPSD 건설) 시멘트공장 증설, 7비료, 판유리공장, 소다공장 증설 등	731	13	717
경 공 업		1,681	212	1,469

자료: 경제기획원(전, 1973), pp. 152~159.

부문별·투자주체별로 살펴보면 〈표 5-1〉과 같다. 여기에서 중화학공업 투자액 중 3.65%만이 정부부담분이라는 중화학공업 내 절대적 비율만이 아니라, 경공업부문은 투자액의 12.6%를 정부가 담당하고 전 산업투자액은 32.4%를 정부가 담당하도록 계획되어 있었던 것과[91] 상대적으로 비교해도 중화학공업에서 정부의 역할이 크지 않았음을 확인할 수 있다. 이미 중화학공업화를 시작하면서 대통령과 청와대 참모들은 대규모 비용이 수반되는 중화학공업은 향후 여러 부분에서 문제가 복잡해질 정부지원방식에서 벗어나야 한다는 점을 공감하고 이를 확인하고 있었으며, 전문경영인에 의한 경영에 정부가 간섭함이 없이 독립성을 보장해야 한다는 것을 분명히 공유인식하고 있었다. 더구나 당시 미국이나 세계은행의 한국 중화학공업화에 대한 부정적 인식을 고려할 때 그래야만 하는 당위성이 충분히 내부적으로 인식되고 있었다.

이렇게 투자와 경영의 주체를 정부가 아닌 민간으로 하였던 점은, 경제1수석비

---

[90] 국무총리기획조정실(중오3, 1973), p. 13; 경제기획원(전, 1973), pp. 156~157.

[91] 경제기획원(전, 1973), pp. 152~163.

서관이 「중화학공업 추진을 위한 기업경영시책」을 대통령에게 보고하고 대통령이 결재한 다음 문서의 내용에서도 분명히 확인되고 있다.

> **【전망과 과제】**
>
> 특히, 중화학공업은 앞으로 우리 경제의 기반이 될 것이고, 소요자금의 방대성에 비추어 개인 위주와 정부가 직·간접으로 지원하는 방법에서 탈피하여 범국민적 참여가 되도록 하여야 할 것임.
>
> **【시책내용】**
>
> 중화학공업은 공모증자 또는 유능한 경영자를 중심으로 모집설립에 의하여 추진함을 원칙으로 한다. ……위와 같은 제 시책의 추진과 더불어 유능한 경영자에 의한 기업경영의 전문화와 그 독립성을 보장토록 하는 방안을 강구함과 동시에 기업의 공시제도를 확립하여 기업에 대한 사회적 신인을 높이도록 한다.
>
> 《경제제1수석(19730827).》

그 결과 중화학공업과 관련된 정부지출은 매우 작았다. 중화학공업과 관련한 정부재정은 주요 사업 재정출자분과 재정지원금으로 나누어지는데, 재정지원금에는 상공행정비, 산업기지 지원금, 그리고 주요 정책사업에 대한 정부이차보전비(利差補塡費)가 포함된다. 따라서 중화학공업 관련 재정지출을 알기 위해 1973~1980년간 이들 항목별 금액과 구성비를 일반회계와 특별회계에서 전부 뽑아 정리해 보면 〈표 5-2〉와 같다(중화학공업 관련 재정회계와 계정의 변천에 대해서는 본장 부록의 〈부표 5-1〉 참조).

여기서 재정지원금의 성격과는 다른 재정출자분을 모두 포함하여도 이 금액은 〈그림 5-1〉에서 보듯이 1973~1979년간 재정의 1.2~3.1%에 불과하였다. 지방재정비를 제외하고 중앙재정비만으로 계산해도 1.4~3.6%에 불과하다. 엄밀히 말해 1975년 한 해만 그 비중이 3.1%(중앙재정비의 3.9%)로 높았고, 나머지 기간은 모두 2.3%(중앙재정비의 2.9%) 이하였다. 1973~1979년간 중화학공업의 국민총생산 비중이 10.5~17.9%에 이르렀던[92] 점을 고려할 때 결코 과대지원된 금액이라고 볼 수 없다. 이런 점은 「중화학공업화 선언」으로 중화학공업화가 본격화된 1973년 이전의 중화학공업 지원금비중이 더 높았던 점과, 1980년 '국가보위비상대책위원회(국보위)'에 의한 대대적인 중화학공업 강제조정이[93] 진행되고 있는 과정에서도 중화학공업에 대한 재정비중규모가 2.2%(중앙재정의 2.7%)로 줄고 있지 않은 점에서도 알 수 있다.[94] 나

[92] 한국은행(국, 1971~1982); 한국은행(경제, 1971~1982).

[93] 박영구(1996a), pp. 549~571.

표 5-2 중화학공업에 대한 재정지원의 구성별 금액

단위: 백만 원, %

구 분	상공행정비		산업기지지원금		주요 사업재정출자		이차보전		합 계	
	금 액	구성비	금 액	구성비	금 액	구성비	금 액	구성비	금 액	구성비
1973	61	0.46	3,522	26.31	8,447	63.11	1,355	10.12	13,385	100
1974	478	1.25	20,675	54.23	12,205	32.01	4,768	12.51	38,126	100
1975	183	0.24	26,505	34.39	40,476	52.51	9,914	12.86	77,078	100
1976	202	0.30	36,815	55.07	17,000	25.43	12,840	19.21	66,857	100
1977	343	0.38	41,593	46.57	25,000	27.99	22,369	25.05	89,305	100
1978	540	0.39	47,735	34.79	63,815	46.50	25,133	18.32	137,223	100
1979	709	0.76	44,323	47.33	0	0.00	48,614	51.91	93,646	100
1980	2,423	1.06	52,183	22.74	138,571	60.40	36,259	15.80	229,436	100

주: 1) 정부 이차보전비는 국민투자기금, 산업합리화 자금 및 기계공업 육성자금에 대한 이차보전비.
2) 상공행정비는 중화학공업추진위원회 기획비용을 포함한 전 금액.

자료: 경제기획원(예개, 1972~1980); 대한민국정부(세입, 1973~1981); 재무부(결, 1973~1981); 남종현(1981), p. 177; 재무부(재백, 1982).

아가 〈그림 5-1〉에서 보듯이 1970년대 경제개발비 비중이 재정의 14.8~21.7%에 이르렀던 점을 고려하면 중화학공업에 재정부문의 과대지원이 있었다고 보기는 어렵다.

제4차 경제개발5개년계획의 이런 점은 제4차 경제개발5개년계획의 투자계획에서도 뚜렷이 확인된다. 〈표 5-3〉에서 보듯이 정부투자비중은 전체 산업으로 보아 30.5%였지만 중화학공업부문에서 정부투자비중은 불과 2.7%에 불과하다. 전체 투자액에서 정부가 중화학공업에 투자하는 금액은 0.5%, 정부투자액 중에서도 중화학공업에 투자하는 비율은 1.5%에 지나지 않는다. 지방정부·중앙정부를 망라한 총재정규모의 국민총생산에 대한 비율은 1976년 27.1%에서 1981년 27.9%로 늘어나게 되어 있지만,[95] 제4차 경제개발계획을 보면 중화학공업에서 정부역할은 매우 작고 정부가 또 중화학공업을 위해 재정투자지출을 늘릴 의도가 전혀 없었음이 확인된다.

계속 비판의 대상이 되었던 재정투융자[96] 배분만으로 보아도 기존 비판과 달리

94 1980년대에는 중화학공업의 효율성이 높았기 때문에 재정지원비중을 달리 평가해야 한다는 지적이 있다. 그러나 중화학공업의 효율성을 측정하면 조정 이후 1980년대의 효율성이 높은 것은 아니었다(박영구, 2001b).

95 대한민국정부(행백, 1977), p. 49.

96 재정투융자는 1973~1979년간 평균 총재정규모의 35.1%를 차지하였다(재무부(재백), 1982).

그림 5-1 중화학공업 관련비의 재정상의 비중

단위: %

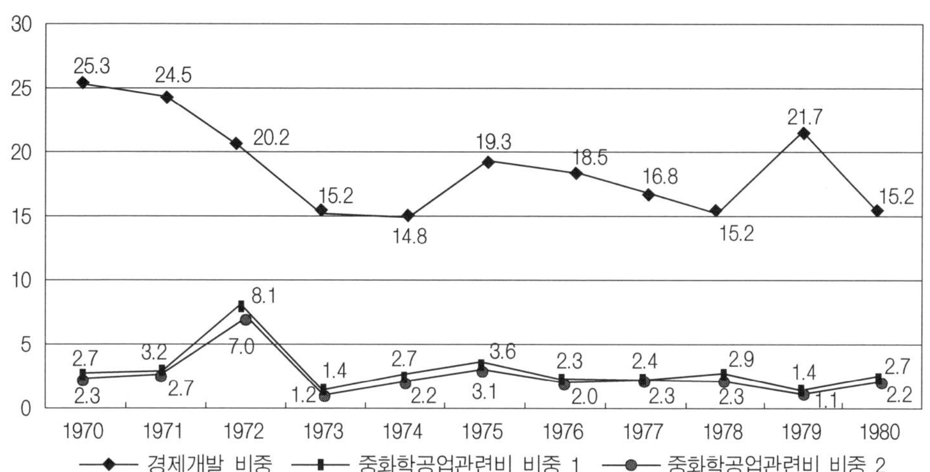

주: 1) 일반회계와 특별회계를 총괄한 것임. 중화학공업 관련 재정회계와 계정의 변천에 대해서는 본장 부록의 〈부표 5-1〉 참조.

2) 경제개발비는 항목상의 금액이고 중화학공업 관련비는 일반 및 특별회계에서 주요 사업 재정출자비, 일반상공행정비, 산업기지 지원시설 지원비, 주요 정책사업에 대한 정부이차보전비를 총합계한 것임.

3) 중화학공업 관련비 비중 1=중화학공업 관련비/중앙재정비.

4) 중화학공업 관련비 비중 2=중화학공업 관련비/총재정비.

자료: 재무부(결, 1970~1981); 내무부재정국(1971~1981); 대한민국정부(세입, 1971, 1975, 1976, 1980~1981); 경제기획원(예개, 1972~1981); 남종현(1981); 재무부(재백, 1982); 한국재정40년사편찬위원회(2권, 1990); 한국재정40년사편찬위원회(4~6권, 1991).

표 5-3 4차 개발계획 투자계획(내자 10억 원, 외자 백만 달러, 1975년 가격)

구 분	내 자	외 자	합 계	정 부	민 간
총 액	14,188.0	10,000.0	19,028.0	5,798.3	13,229.7
제 조 업	3,183.7	3,934.1	5,087.8	113.2	4,974.6
중화학공업	1,830.9	2,979.8	3,273.1	88.5	3,184.6

자료: 대한민국정부(행백, 1977), p. 552.

사실은 재정역할이 매우 작았다. 1973~1979년 농림수산업에 투입된 금액이 13.4~28.2%, 사회간접자본에 투입된 금액이 61.8~80.7%였지만[97] 직접 중화학공업에 투입된 비중은 〈표 5-4〉에서 보듯이 정부출자금을 전부 포함해도 0.3~8.6%에 불과하였

97 재무부(결, 1972~1980); 재무부(재금, 1982); 재무부(재금, 1984. 4).

표 5-4 중화학공업부문 재정투융자·개발비와 전체 비중

단위: 백만 원, %

구분		조선공업	산업은행	기계공업	전자공업	호남비료	정밀기기	종합제철	석유화학	인천제철	중화학공업 합계	제조업 합계	재정투융자·개발비 총계	비중
1972	일반	950	50,500	1,781	112	550	48	13,059	1,473	600	69,073	73,638	239,991	–
	특별	0	0	0	7,070	0	0	10,082	0	0	17,152	17,152	57,070	–
	합계	950	50,500	1,781	7,182	550	48	23,141	1,473	600	86,225.	90,790	297,061	29.03
1973	일반	0	200	1,250	105	0	112	0	1,230	270	3,167	8,021	176,750	–
	특별	0	0	0	0	0	0	6,744	0	0	6,744	14,657	71,809	–
	합계	0	200	1,250	105	0	112	6,744	1,230	270	9,911	22,678	248,559	3.99
1974	일반	0	9,100	1,448	15	0	385	2,557	0	0	13,505	14,366	301,073	–
	특별	0	0	0	0	0	0	0	0	0	0	10,734	89,209	–
	합계	0	9,100	1,448	15	0	385	2,557	0	0	13,505	25,100	390,282	3.46
1975	일반	0	33,476	2,474	51	0	722	0	7,000	0	43,723	45,701	522,261	–
	특별	0	0	0	0	0	0	0	0	0	0	16,564	148,317	–
	합계	0	33,476	2,474	51	0	722	0	7,000	0	43,723	62,265	670,578	6.52
1976	일반	0	71,742	945	0	0	810	0	0	0	73,497	82,316	669,516	–
	특별	0	0	0	0	0	0	0	0	0	0	12,176	186,341	–
	합계	0	71,742	945		0	810	0	0	0	73,497	94,492	855,857	8.59
1977		3,071	25,000	1,726	67	0	934	0	0	0	30,798	57,142	1,022,655	3.01
1978		3,448	31,815	1,913	66	0	1,059	32,000	0	0	70,301	100,333	1,244,569	5.65
1979		2,681	0	2,291	59	0	763	0	0	0	5,794	61,545	2,138,324	0.27

주: 1) 일반은 일반재정부문, 특별은 특별회계부문임.
2) 정부출자를 포함함.
3) 결산액 기준임.
4) 비중=중화학공업부문/전체 재정투융자금액.
자료: 재무부(결, 1973~1980).

다[98](본장 부록의 〈보론 5-3〉 참조). 그것도 1976년 산업은행 투입분이 일시적으로 높아져 8.6%로 중화학공업부문 비중이 높아졌고, 1973~1979년간 0.3~6.5%에 불과하였다. 사실상 중화학공업화에서 문제가 된 기계부문과[99] 문제가 발생된 특정 시기를 제외하고 1973년 이후 조선(1977년 재개)·전자·비료부문, 1974년부터는 제철·석유화학부문에서 지정된 재정투융자는 없어지거나 의미가 없어질 정도로 작았다.

이렇게 보면 "재정투융자계획은 중화학공업 건설에 역점을 두었다. ……1978년과 1979년에 다시 재정투융자가 증가하였는데, 중화학공업의 건설은 어떻게 해서라도 그 기반을 구축해야겠다는 정부의 강한 의지였음을 읽을 수 있다"[100] 등 기존에 많이 보이는 일반인식에는 문제가 있음을 알 수 있다. 〈표 5-4〉에서 보듯이 재정투융자가 중화학공업보다 3차 경제개발계획의 중점목표였던 다른 부문, 예컨대 사회간접자본 건설과 국토의 효율적 개발 등에 집중적으로 이루어졌기 때문이다. 심지어 1979년의 경우에는 재정투융자가 71.8% 급등하고 있지만 중화학공업부문 재정투융자는 오히려 91.8% 대폭 감소하여 중화학공업의 비중이 0.3%에 불과하였다.

재정궁핍이라는 요소도 작용하였지만 정부가 중화학공업부문에 재정투입을 줄이고자 하였던 노력은 기업들의 중화학공업 진입을 유도하고 중화학공업화의 효율성을 높이기 위해 건설한 중화학공업기지 건설에서도 나타난다. 통상적으로 산업기지는 용지매수-부지조성-기반시설 완공-기업입주-공장가동의 순서로 이루어지는 것이 정상적인 것이고 또 정상적인 것으로 인식되었지만, 정부는 재정보전과 재정자금 투입을 줄이기 위해 편법적인 두 가지 방법을 선택하였다.

하나는 단지조성과 동시에 분양·가동을 통해 민간부문으로부터 최대한 빨리 투자금을 회수할 수 있도록 하는 동시다발형 개발이고, 또 하나는 「산업기지개발촉진법」 제11조로 사전분양을 통해 선수금을 회수하고 이 돈을 재투입하도록 함으로써 재정투입을 줄이려고 한 것이었다. 이에 따라 정부는 중화학공업화가 착수된 직후인 1974년부터 창원기계기지가 건설중임에도 분양과 입주·제품생산을 동시에 추

98 앞서 보았듯이 사회간접자본투자의 일부가 중화학공업화, 진입유도를 위해 쓰였지만, 사회간접자본투자가 중화학공업을 의미하는 것은 아니며 중화학공업과 분명히 구분된다. 용도면에서 보더라도 사회간접자본 건설은 중화학공업 기업만을 위한 것이 아닌 공공재이다. 물론 중화학공업기지 투자로 한정시키면 중화학공업과의 연계성은 높아지지만 전체적으로 사회간접자본투자는 중화학공업과 직접 관련이 없는 지역과 시설 등에도 이루어졌다. 또 중화학공업기지로 한정해도 뒤의 본문에서 나오듯이 정부지출을 줄이려고 정부는 노력하고 있었으며, 사회간접자본투자 지원은 중화학공업에 대한 직접지원이 아니라 간접지원이었다.

99 박영구(2005), pp. 423~425.

100 한국재정40년사편찬위원회(6권, 1991), pp. 294~296.

그림 5-2 창원기계기지 분양면적

단위: m²

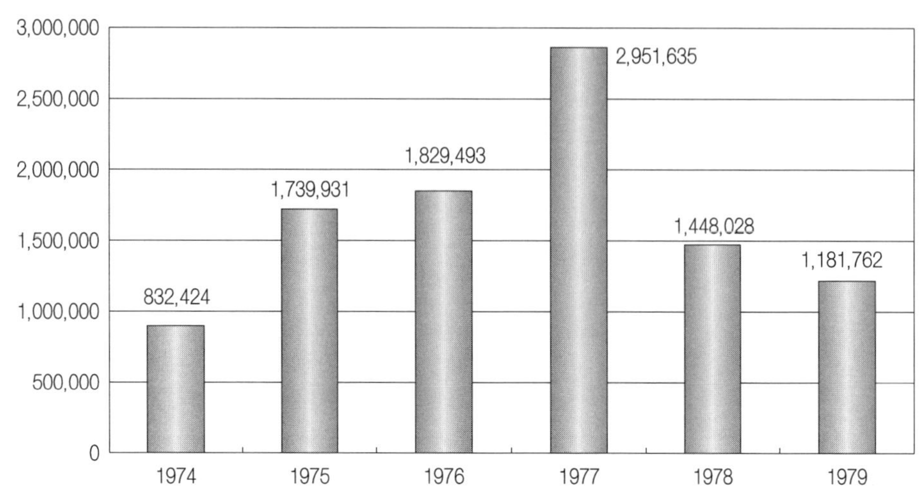

자료: 동남지역공업단지관리공단(1996), p. 209.

진하였고 〈그림 5-2〉에서 보듯이 1975~1977년에는 분양을 증가시켜 사전분양된 공장용지에서 징수된 분양대금을 기지건설을 위해 재투자하였다.[101]

결국 선험적 인식과 달리 1970년대 중화학공업화를 통해 정부재정의 역할은 어느 곳에서도 높지 않았으며, 정부의 총지출이 GNP에서 차지하는 비중도 매우 낮았다. 이는 오히려 한국 재정정책의 주요한 특징이기도 하였다[102](이에 대해서는 본 장 부록의 〈보론 5-1〉 참조).

중화학공업에 대한 재정역할이 과대평가되고 있는 것에서 나아가, 정부가 재정을 통해 중화학공업에 지원한 자금의 사용도 일반적으로 인식·비판되고 있듯이 다른 예산으로부터 무작위로 끌어당겨 쓸 수 있었던 것은 아니었다. 중화학공업추진위원회가 계획을 세우고 대통령이 승인한 매우 시급한 과제였음에도 예산을 구하지 못하는 경우가 발생하였고, 이에 '수자원개발공사'가 우선 융자를 받아 건설부에 대여하고 다음 해 건설부가 예산을 책정해 상환하는 다음 사례는 중화학공업 자금으로 예산이 함부로 전용될 수 없었음을 보여 준다. 또 특별교부금 지출과 관련된 내용과 자금융자 융통계획은 대통령에게 일일이 보고해야 할 정도로 자금사용이 엄격

101 동남지역공업단지관리공단(1996), pp. 209, 212.
102 K. Choi and T. Kwack(1990), p. 260.

하였다.

> 건설부는 1973년 6월 29일 제8차 중화학공업추진위원회의 각서에 의거하여 기계획된 중화학공업기지에 대한 긴급실시 설계 및 외국기술용역에 소요되는 사업비 6억 5,400만 원 중 2억 원을 특별교부금으로 지출코저 건의하여 왔으므로 이를 보고드립니다. ……잔여 4억 5,400만 원은 회의각서에 의거하여 수자원개발공사가 융자를 받아 건설부가 사용하도록 수속중에 있으며 이는 74년 건설부 예산으로 상환할 계획입니다.
>
> 《대통령비서실(중기19730725).》

대통령이 지시한 중화학공업의 종합적인 지원체제 개편방안 작업에 소요되는 예산을 무역협회 특계자금에서 집행하도록 한 것도[103] 기존 인식과 달리 재정자금 집행이 엄격하였음을 간접적으로 확인해 준다.

(2) 변화방향

중화학공업에 대한 정부재정 지원이 높지 않았다는 것과 정부는 재정부문 지원을 줄이려고 노력하였다는 것에 붙여 두 번째로 주목해야 할 것은 시기적 변화이다.

앞서 지적하였듯이 「중화학공업화 선언」 이후 대기업들의 투자기피가 있었고 거기에 석유위기까지 겹치면서 기업진입이 이루어지지 않았다. 이에 정부는 중화학공업에 대한 진입 초기조건을 만들기 위해 지원회계를 늘리고 있지만, 진입 후에는 재정지원을 줄이고 있다. 실제로 1972년 오원철(吳源哲) 수석은 박정희 대통령에게 중화학공업계획을 보고하면서 "현재 한국의 기계공업·비철금속공업은 보호단계(protection stage), 중점지원단계(정부의 선도진입유도단계, government leading stage), 민간자립발전단계(self-sustaining stage) 중 정부의 선도진입유도단계에 있다"고 하면서, "이 단계 정부의 역할은 운송·통신 혹은 전력시설을 늘릴 미래의 계획을 기업에게 알려 주는 것"이라고 말하고 있다.[104] 또 중화학공업기획단은 "1970년대 중반 한국의 중화학공업화는 이미 보호단계가 아닌 중점지원단계에 있지만, 1977~1981년의 4차 계획 전(前)반부에는 전자공업·조선공업 등이 민간자립발전단계로 모두 이행할 것이며, 후(後)반부에는 석유화학공업·철강공업·기계공업 그리고 비철금속부문 등 나머지 모든 중화학공업이 정부의 유도단계를 지나 자생적 단계로 들어갈 것이다"라고 밝히고 있다.[105] 그리고 이러한 변화는 더 빠르게 진행되었다.

---

[103] 대통령비서실(중화학공업추진위원회기획단)(중종19790315).

[104] 오원철(중8, 1972); O Won-chol(1975), p. 277.

첫째, 〈그림 5-1〉에서 보면 「중화학공업화 선언」 이후 1973년부터 1975년까지 중화학공업에 대한 재정지원이 1.2%, 2.2%, 3.1%(중앙재정의 1.4%, 2.7%, 3.6%)로 늘고 있음을 알 수 있다. 그러나 대기업집단들의 진입에 의해 중화학공업화가 왕성하게 진행되었던 1970년대 후반에 가면 재정회계에서 중화학공업에 지원된 총액비율은 오히려 줄어들고 중화학공업화가 정점이었던 1978년에도 2.3%에 머물고 있다. 「중화학공업화 선언」 이전 1972년 중화학공업 지원비중이 7.0%(중앙재정의 8.1%)로 급상승한 것도 민간기업 투자유도를 위한 정부의 초기출자 때문이다.

둘째, 중화학공업기지 건설에 대한 정부지원 역시 이런 변화를 보여 준다. 「상공부 공고 제7552호」로 1973년 최초로 입안된 기지 입주자 선정내용은[106] 1975년과[107] 1976년[108] 개정되고 있는데, 처음에 명시되었던 '입주기업체에 대한 조세·금융상의 혜택보장'이 1976년 8월의 3차 개정에서는 삭제되었다. 물론 지원항목을 만들어 공장건설자금 우선지원, 대지매입대금 분할상환 등 금융면에서의 일부 지원은 계속해 주었지만 정부의 재정·금융상의 명시적 지원규정을 없애고 있는 것이다.

셋째, 예산편성지침에서 나타난 우선순위에서도 이런 변화가 간접적으로 확인된다. 1970년대 예산지침의 우선순위는 대체적으로 ① 안정, ② 자주국방, ③ 농어촌개발, 그리고 ④, ⑤ 중화학공업 또는 수출촉진으로 나타나고 있는데, 중화학공업은 1972~1973년 5위에서 1974년 2위로 상승하여 나타나다가 다시 1975년 이후에는 원상태로 나타난다.[109] 1974년 중화학공업의 우선순위 상승은 기업들의 진입을 촉진시키기 위한 의도가 깔려 있는 것이었다.

넷째, 〈표 5-5〉에서 보듯이 1970년대 진입규제, 시설투자 및 생산규제, 연구개발 보조, 재정(조세)지원, 금융지원, 산업단지 조성지원 등 산업정책의 내용 중에서 중화학공업 지원이 경공업과 차이가 나는 부분은 재정(조세)지원 외에 '연구개발 보조'부분이다. 연구개발 보조는 조선(造船)을 제외하고 나머지 5개 중화학공업 관련 육성법에 모두 나타나고 있지만 경(섬유)공업에서는 관련조항이 없었다. 그런데 연구개발 보조는 전형적으로 진입을 촉진하기 위한 정책이다. 경공업의 연구개발 보조가 없었던 것은 차별이 아니라 이미 경공업은 발전수준상 진입단계가 아닌 성숙

105 Planning Office, Heavy and Chemical Industry Promotion Council, Government of the Republic of Korea (1976), pp. 9~10.

106 상공부 장관(기19731011).

107 상공부 장관(창19750701).

108 상공부 장관(창19760802).

109 1972~1975년의 최우선순위는 건전재정과 안정이었고, 1976~1979년의 최우선순위는 국방·안보로 나타나고 있다(경제기획원, 「각년도 예산편성지침」, 한국재정40년사편찬위원회(2권), 1990).

표 5-5 산업육성법에 나타난 정책보호 비교

구 분	중화학공업	경 공 업
진입규제	있 음	있 음
시설투자 및 생산규제	일부 있음	일부 있음
연구개발 보조	있 음	없 음
재정(조세)지원, 공공요금 할인	있 음	일부 있음
금융지원	있 음	있 음
산업단지 조성 등 지원	일부 있음	있 음

주: 중화학공업은 중화학공업 관련 육성법에서 50% 이상 공통으로 나타난 것이고 경공업은 섬유공업임.
자료: 각 산업별 진흥법, 공업육성법.

단계였기 때문에 필요가 없었기 때문이었다. 심지어 중화학공업화 초기에는 주요한 연구개발을 모두 정부와 정부관련 연구기관이 맡아 수행함으로써 대기업들은 진입비용을 대폭 낮추도록 기획되고 운영되었는데, 이는 역설적으로 이후 대기업에게 기술개발의 무임승차자(free rider) 지위에 익숙한 구조를 만들어 한국 경제의 문제점으로 남게 되었다.[110]

다섯째, 정부가 1970년대 기업의 진입이 본격화되면서 제조업에서 그 역할을 줄이고 있음은 제조업에서의 공기업 비중과 제조업부문에서의 재정투융자 비중에서도 나타난다. 공기업 비중을 보면 1973~1977년 공기업의 GDP상 비중은 7.9~8.7%에 불과하였다.[111] 비(非)농업 내 비중을 보면 1970년 13%, 1973년 11.8%, 1975년 11.3%, 1977년 10.6%,[112] 그리고 제조업 내 비중도 동기간 앞서 보았듯이 1970년 23%에서 1977년 12%, 1970년대 말 10% 이하로 하락하였다. 〈표 5-4〉에서 보면 재정투융자 중 중화학공업에 투입된 비중은 1972년 29.0%였고, 1973년「중화학공업화 선언」이후 1973~1974년 4.0~3.5%, 1975~1976년 6.5~8.6%였다가 1976년을 정점으로 1977~1978년 3.0~5.7%, 그리고 1979년 0.3%로 추세적으로 낮아져 전·후기가 구분되고 있다.[113] 중화학공업에 대한 정부의 법인세 감면과 관세감면액 합이 재정

---

110 대기업들의 무임승차에 대해서는 김광모(1988), pp. 233, 290; 경제기획원(개발, 1982), pp. 316, 334 참조.

111 한승수, "Economic Adjustment"(1983년 미발표 논문), T. Michell(1988), p. 167 appendix table 7 재인용.

112 사공일(1980); 한승수, "Economic Adjustment"(1983년 미발표 논문), T. Michell(1988), p. 167 appendix table 7 재인용.

113 재무부(결, 1973~1980).

투융자 중 중화학공업에 지원된 금액보다 크다고 하여 정부의 과대지원을 비판하는 주장도 있지만,[114] 사실 재정투융자 중 제조업에 투자된 비중 자체가 낮았고 줄어들었던 것이다. 이는 민간기업들의 비중확대에 따른 결과이지만 정부는 이를 유도하는 입장이었다.

여섯째, 정부가 1970년대 후반 중화학공업에서의 정부역할을 줄이고 간접지원으로 변화시키고 있음은 제조업에서 재정투융자의 비중이 낮아지고 있었을 뿐만 아니라 재정투융자 중 재정투자가 급속히 줄어드는 것에서도 나타난다.

1970년대 사회간접자본 투자는 일관되게 90% 이상이 재정투자로 이루어졌다.[115] 중화학공업화 정책에서 정부의 중화학공업 지원 중 중요한 것의 하나는 항구설비·용수공급·도로 등의 사회간접자본 건설이었으며, 정부재정의 우선순위가 사회간접자본 건설에 주어졌다.[116] 그런데 제조업에서는 대기업들의 중화학공업 진입이 폭발적으로 늘어나기 시작한 1977년 이후 〈그림 5-3〉에서 보듯이 제조업부문 재정투융자 비중의 급속한 감소와 함께 1960년대 재정투융자의 80%를 넘었던 재정투자비중이 10%대로 떨어지고 있다. 이는 1970년대 중화학공업이 진행되면서 중화학공업 정책이 간접지원정책으로 전환하고 있으며, 투자주체상 민간기업의 역할확대가 이루어지고 있음을 보여 준다.

일곱째, 이 밖에도 1970년대 후반기 정부의 중화학공업 지원이 직접적인 지원에서 간접적인 지원으로 바뀌고 있었음을 보여 주는 여러 시책의 변화가 있었다. 1977~1981년의 4차 5개년계획 작성에서 정부는 "중화학공업을 지원하기 위하여 공업단지·공업용수·항만시설 등 사회간접자본 시설투자에 역점을 둘 것"[117]이라고 밝히고 있다. 또 1979년 3월 상공부는 대통령보고에서 중화학공업 지원체제 개편방안을 보고하고 있는데, 그 내용으로 '자본시장 육성, 기술인력 교육기관 확충 등 간접지원체제 강화방안'[118]을 보고하고 있다.

결국 정부의 중화학공업에 대한 직접재정지원은 적었으며 그 지원 정도도 기업진입에 따라 줄이고 있었다고 결론내릴 수 있다. 더구나 정부의 역할이 1970년대 후반 확대되고 있었음에도[119] 중화학공업에 대한 재정지원은 줄이고 있었다. 중화학

---

[114] 梶村秀樹(1984), p. 178. 梶村의 주장은 한국개발연구원(예산, 1981년판) 내용을 근거로 한 것인데 이 내용 자체도 추정치로서 다른 많은 연구에서의 수치와 다르다.

[115] 재무부(재백, 1982).

[116] Planning Office(1976), p. 22.

[117] 경제기획원(백, 1976), p. 408.

[118] 대통령비서실(중화학공업추진위원회기획단)(중종19790315).

그림 5-3 제조업에의 재정투융자 중 재정투자비중

단위: %

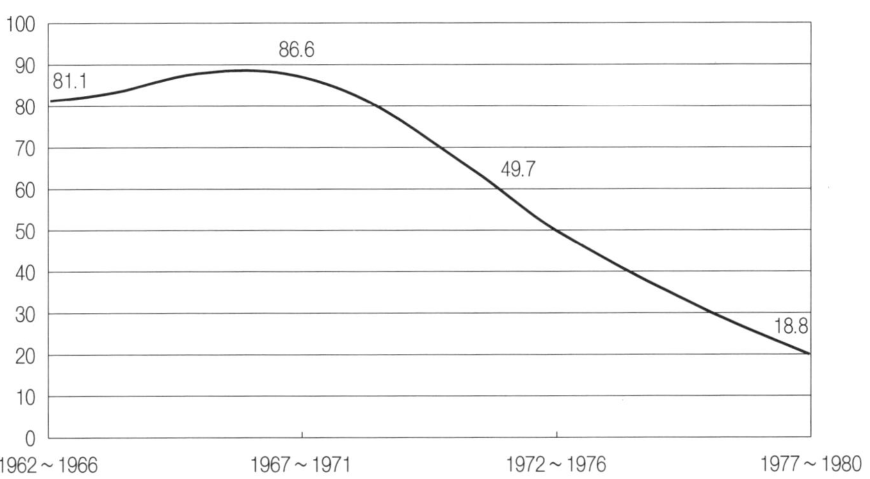

자료: 재무부(재백, 1982); 재무부(재금, 1984); 재무부(결, 1961, 1968~1982).

공업에 대한 재정지원이 중화학공업화 초기진입 유도 필요상 높았고 진입이 진행되면서 줄어들었다는 점은 전 세계 중화학공업화에서 보이는 세계사적 현상이며, 이론적으로도, 또 당시 한국의 현실조건상으로도 합리적인 것이었고 문제점으로 지적할 수 없는 것이었다.

(3) 재정융자기금: 국민투자기금과 정부 역할

이제 정부의 재정융자기금을 검토해 보자. 중화학공업화와 직접 관련성이 있는 기금은 1973년 12월 14일 「국민투자기금법」(법률 제2635호)으로 제정된 '국민투자기금'이다(본장 부록의 〈자료 5-3〉 참조). '국민투자기금'은 1974~1979년간 재정융자기금 회계 총액의 79.2%, 83.2%, 89.5%, 88.6%, 86.0%, 87.1%를 차지하고, 특히 공업부문 재정융자기금의 99.0%를 차지하고 있었다.[120] 이렇게 재정융자기금의 절대부분을 차지하면서 "우리 나라 설비금융방식 중 가장 광범위하고 강력한 정책금융제도"였던 국민투자기금은 "중화학공업 등 중요 산업에 대한 자금공급을 위한 내자동원계획의 일환으로" 제정되었다(본장 부록의 〈자료 5-4〉 참조). 왜냐하면, "중화학공

119 본장(재정) 부록의 〈보론 5-1〉, 〈보론그림 5-1-1〉 참조.
120 재무부(재백, 1982).

업화 정책을 추진하기 위해서는 우리나라의 국내저축률이 최소한 25% 이상 제고되어야 할 것으로 추정되었지만 1972년경 국내저축률은 15%선에 머물러 있었기"[121] 때문이었다.

그러나 중화학공업화와 관련하여 비판의 핵심이 되었던 국민투자기금에 대한 기존 논의에서 우선 두 가지 새로 고려해야 할 점이 있다.

첫째, 마치 중화학공업에 전액 사용된 것처럼 인식되고 있는 이 기금이 사용된 "중요 산업이란 철강, 비철금속, 조선, 기계, 화학, 전자공업, 식량증산사업과 대통령이 정하는 산업으로" 되어 있어[122] 실질적으로 이 기금 중 1974년부터 1979년까지 중화학공업에 투입된 것을 전부 추계해 보면 61.1%(1974~1978년은 58.7%)였고, 나머지는 전기사업·수출금융·식량증산사업·공장새마을사업 등에 사용되었다는 것이다(자세한 연도별 내용은 본장 부록의 〈보론 5-4〉와 〈보론표 5-4-2〉 참조). 나아가 처음부터 국민투자기금이나 재정융자기금의 주 목적은 공업부문에 있었으므로 중화학공업에 투입된 비중의 정도를 객관적으로 평가해 보기 위해 금융기관 대출액과 대비해 보면, 국민투자기금을 통한 1974~1979년 중화학공업 대출액은 8,782억 원(1974~1978년은 5,760억 원)으로 이는 1979년 민간대출의 9.8%(1974~1978년은 1978년의 8.7%)에 불과하였다.[123] 이런 점은 그 동안 지적되지 못하였다.

둘째, 창원기계공업단지 예에서 보듯이 중화학공업 산업기지 건설에 국민투자기금이 투입된 것은 틀림없지만, 본장 부록의 〈자료 5-5〉에서 보듯이 기본적으로 건설비용은 사후 판매시기 차이에 따른 금리까지도 고려하여 분양을 통해 회수되는 것이었다는 점이다. 이는 1974년 3월 15일 제3차 중화학공업 차관보급 실무회의와 1974년 4월 11일 경제장관회의를 통하여 분명히 확인된다.[124] 1979년 대우중공업·특수강·풍산금속 등 주요 일부 중화학공업체에 대해 국민투자기금의 연체가 문제가 되었던 것은[125] 국민투자기금이 그냥 투입된 것이 아니라 회수되는 자금으로 계속 운영되고 있었음을 보여 준다. 그럼에도 상당수의 기존 연구가 중화학공업 또는

121 김용환(金龍煥, 2002), pp. 117~118.

122 처음 재무부가 만든 '국민투자기금'안은 이 기금을 철강·조선·기계·전자·화학공업 등에만 활용하기로 하고, 기타 사업은 대통령령에 위임하는 등으로 하였으나 국회 심의에서 여야 의원들이 식량증산사업을 지원대상으로 법에 명기할 것을 요구해 공식적으로 이 항목이 지원사업으로 포함되었다(중화학공업추진위원회기획단(공발3), 1979, p. 358).

123 잔액기준으로 1978년 민간부문 대출금은 6조 6,090억 원이었고, 1979년 민간부문 대출금은 8조 9,778억 원이었다(경제기획원(지표), 1985).

124 동남지역공업단지관리공단(1996), pp. 149~150, 194~195.

125 중화학공업추진위원회기획단(보99).

기지건설에 국민투자기금이 투입되었다는 사실과 투입금액·비중만을 가지고 비판하고 있는 것은 시각에서 문제가 있는 것이다. 우선 이 두 가지 점이 분명히 지적될 필요가 있다.

이제 국민투자기금과 재정과의 관련성을 보도록 하자.

국민투자기금은 원래 "국민투자채권의 발행과 정부예산으로부터의 전입금 또는 예탁금에 의하여 자금을 조달하고 이를 금융기관에 대하여 동법에서 정하는 중화학공업과 수출산업에 융자하도록 되어"[126] 있었다. 그러나 사실 운용된 돈은 재정자금이 아닌 금융기관 돈, 즉 민간부문의 돈을 동원·운용한 것이었고[127](본장 부록의 〈보론 5-4〉와 〈보론표 5-4-1〉 참조), 정부가 재정으로 보전해 준 것은 이차보전비용(利差補塡費用)뿐이었다. 물론 당초 정부는 재정자금의 출연을 대폭 확대할 계획이었으나 당초 의욕대로 출연이 되지 않았다.[128] 인플레이션과 재정적자가 문제점으로 등장하면서 1973년 이후 긴축예산 편성, 긴축재정이 강조되었고,[129] 이에 정부는 농어촌개발과 중화학공업 건설을 위한 재원조달을 금융부문으로 바꾸면서 "각 금융기관의 예금 일정 비율 이상을 국민투자기금으로 기탁하게끔 강제하고 이를 저금리로 중화학공업에 집중 지원하여 ……재무부가 재정기능을 금융기능으로 탈취하는"[130]기금정책으로 전환하였던 것이다.[131] 따라서 실질적으로나 형식적으로나 국민투자기금은 국가예산을 통한 지원사업이 아니었고, 그 결과 국회의 심의와 의결을 거치지 않고 단지 국무회의의 심의만을 거쳐 그 운용계획이 이루어졌다.[132] 물론 금융전환기능을

126 경제기획원(개발, 1982), p. 149.

127 1970년대 저축성예금 연말잔액비율은 GNP의 20%를 넘었다. 1960년대 중반 이 비율은 4%에 불과하였다. 1960년대 말부터 정부는 정부부채나 화폐증발이 아니라 사채 등 민간부문 시장의 돈을 제도권으로 흡수하고 있었다.

주표 5-1 저축성예금/GNP 비율(연말잔액기준)

단위: 10억 원

연 도	1961	1965	1967	1969	1970	1972	1974	1976	1978	1980
저축성예금	6.0	30.6	128.9	451.5	576	912	1,472	2,613	5,132	8,577
GNP	294.2	805.7	1,281	2,155	2,788	4,194	7,592	13,900	24,063	36,857
비 율	0.02	0.04	0.10	0.21	0.21	0.22	0.19	0.19	0.21	0.23

자료: 경제기획원(지표, 1985).

128 중화학공업추진위원회기획단(공발3, 1979), p. 359.

129 경제기획원, 「예산편성지침」, 1973~1980; 한국재정40년사편찬위원회(2권, 1990).

130 최동규 전장관 증언, 김흥기 편(1999), pp. 268~269.

131 경제기획원(개발, 1982), pp. 134, 148.

132 이 기금의 확정계획은 매년 회계연도 개시 90일 전까지 예산심의의 참고자료로 국회에 제출되고는 있다.

정부가 쓸 수 있었던 것은 정부에 의한 금융지배구조가 이미 1960년대에 이루어져 있었기 때문이지만,[133] 분명한 것은 기금에 대한 재정역할은 매우 미미하였다는 것이다. 이러한 정부의 노력은 이 기금의 설치로 1974년 1월부터 '재정자금운용특별회계'를 '경제개발특별회계'로 이관통합한 데 이어 1976년에 '경제개발특별회계'마저 폐지하고 모두 '일반회계' 경제개발계정으로 통합한 정부의 조치에서도 상징적으로 확인된다(본장 부록의 〈보주 5-1〉과 〈부표 5-1〉 참조).

그 결과 재정자금이 투입된 예산 내의 '자금관리특별회계'는[134] 농수산·사회간접자본부문에 집중되고 광공업에 지원된 금액은 1973년 이후 거의 없었다.[135] 재정에서 지불된 이차보전비 역시 기금만이 아니라 타금융기관을 포함한 1973~1979년간 중화학공업 총정책자금으로 계산해도 재정규모의 0.56%에 불과하였다.[136] 나아가 1970년대 후반에 가면 기업에 대한 정부기금의 역할도 절대액은 늘고 있었지만 그 비중은 감소하고 있었다. 전체 기업으로 보아 기업의 투자재원 조달에서 정부기금이 차지하는 비중은 1975년 15.5%에서 1978년 12.6%로 줄어들어 순수금융기관 의존도가 높아졌다.[137]

결국 중화학공업에 대한 재정융자기금은 이름만 재정융자일 뿐 사실상 재정자금 동원체제가 아니었고, 실질적인 재정부담은 매우 작았으며 그 비중도 진입유도가 끝나면서 줄어들고 있었다.

5.4.2 조세감면

중화학공업에 대한 조세감면은 〈표 5-5〉에서 보았듯이 연구지원을 제외하면 경공업부문과 차별되는[138] 가장 특징적인 것이었다. 1974년 「중요산업 조세감면규제법」(제4조 제8항)과 「관세법」(제28조 제1항)에 의해 주요 12개 중화학공업을 포함

133 1961년 6월 「금융기관에 관한 임시조치법」이 발효되어 부정축재자 주식환수와 민간주주의 의결권 10% 제한, 은행감독원장, 금융기관의 임원 임명승인권 장악 등 사실상의 금융기관 정부지배가 진행되었다. 이어 1962년 5월 「한국은행법」이 개정되어 재무부 장관이 '금융통화운영위원회' 위원장을 맡음으로써 정부의 금융장악이 완성되었다. 동시에 중소기업은행·국민은행·한국외환은행·한국주택은행 등 특수은행이 1961년부터 1967년까지 만들어졌다.

134 1977년 1월 1일 '자금관리특별회계'가 신설되고 기존의 '재정차관자금특별회계'·'청구권자금특별회계'·'경제개발특별회계'의 '대충자금계정'과 '융자계정'을 승계하게 되었다.

135 재무부(재백, 1982).

136 경제기획원(예개, 1973~1980); 대한민국정부(세입, 1973~1980); 재무부(결, 1973~1980).

137 한국은행(경제, 1983).

138 World Bank(K1987a), pp. 42~44.

하는 14개 중요 산업부문의 기업들은 특별세율을 적용받았는데,[139] 여기에는 투자세액공제(投資稅額控除)·특별감가상각·관세 등이 포함되었다.[140] 이에 따라 〈표 5-6〉에서 보듯이 중화학공업분야는 중요 산업으로 5년간 투자세액공제나 조세감면 또는 가속상각(加速償却) 중 한 가지를 선택할 수 있는 세제상의 유인이 있었고[141] 관세도 70~100%까지 면제되었다.[142] 이는 「조세감면법」과 「지방세법」에 의해 이루어지던 면세특혜가 중요 산업 여부와 상관없이 불공평하게 이루어지고 문제가 되자[143] 이를 명확히 조정한 것이다. 특별감가상각은 1972년 「대통령 긴급명령」과 1975년 「법인세법」에 의한 특별감가상각제도 도입으로 중화학공업만이 아니라 조건에 해

표 5-6 중화학공업에 대한 조세지원 내용

구 분	산 업	조세감면규제법	관 세 법
지원대상	철 강	연 10만 톤 이상 제철·제강·일관제철	연 20만 톤 이상 제철·제강·압연 일관제철 등
	비 철	연 3만 톤 동광(銅鑛) 연 1만 톤 연광(鉛鑛)	모든 제련·정련
	기 계	22개 품목	일반기계 14개 품목 등
	조 선	3,000톤급 이상 도크조선대	1,000톤 이상 철동선(鐵銅船) 등
	전 자	11개 품목, 30개 부품	20개 품목, 14개 재료
	화 학	나프타 분해공업, 석유화학 유틸리티사업	7개 업종
지원내용	1) 직접감면: 3년간 100%, 2년간 50% 2) 투자세액 공제: 8~10% 3) 특별감가상각: 100% 위 1), 2), 3) 3개 중 택일		관세감면 70~100%

주: 투자세액공제 중 10%는 국산기계류를 사용할 경우 적용됨.
자료: 경제기획원(백, 1981).

139 「조세감면규제법」에 규정된 중화학공업 지원대상은 철강·비철금속·기계·항공·조선·전자·나프타분해·화학비료이었고, 「관세법」 지원대상 중화학공업은 1차금속·일반화학부품·수송기계·전자전기·화학·석유정제·시멘트로 되어 있었다. 중복된 것을 제외하고 보면 12개 중화학공업이 된다.

140 1972년 8월 3일 「경제의 안정과 성장에 관한 긴급명령」으로 중화학공업의 투자촉진을 위한 조세지원제도가 강화되었고, 이것이 1974년 「조세감면규제법」의 중요 산업에 대한 조세특례조항으로 명문화·구체화되었다.

141 1970년대 이 세 제도의 혜택측정 결과에 대해서는 K. Choi and T. Kwack(1990), p. 254.

142 여기에 간접적인 조세감면이라고 할 수 있는 각종 공공요금의 할인 및 공공시설의 지대할인도 이루어졌다. 예컨대, 조선·전자·비철금속 등에는 없었지만 기계·철강·석유화학에서는 공공요금의 할인이 이루어졌는데, 이는 섬유공업에는 없던 것이었다. 각 산업별 진흥법, 공업육성법 참조.

143 대통령비서실(긴공19730421). 대통령은 이를 상공부·건설부가 참조하라고 첨필하고 있다.

당되는 모든 산업이 40~80%의 특별상각을 받을 수 있었지만 중요 산업의 요건에 해당되고 기업이 선택하면 100%까지 받을 수 있도록 한 것이었다.

1970년대 간접세가 시장의 상대가격체계에 미친 영향은 컸지만, 간접세율이 1차상품, 섬유 및 관련제품, 화합물, 건축자재, 1차금속 및 금속제품, 일반기계, 기타 제조업 등에서 낮아 산업별 뚜렷한 특징이 없었던 반면, 결과로써 관세와 법인세는 경공업과 중화학공업부문에서 매우 차별적으로 나타났다.[144] 이렇게 차이가 나는 것은 중화학공업 중요 산업 중 필요조건을 충족하는 해당 공장에 중화학공업화 시기 조세혜택이 주어졌기 때문이었다. 실제로 조르겐슨-설리번(Jorgenson and Sullivan)방식[145]을 이용하여 할인율·인플레이션율 등을 고려한 유효한계세율을 구해 보면 〈표 5-7〉에서 보듯이 일반 중화학공업과 경공업은 차이가 없었지만, 조세감면 혜택을 받는 중화학공업 공장의 경우 경공업과 유효한계세율의 차이가 뚜렷이 나타났다.[146] 또한 중화학공업에 대한 관세감면액은 1978년 현재 화학공업 84.0억 원, 중공업 865.3억 원 등 총 949.3억 원으로 사실상 관세감면이 중화학공업에 집중적으로 적용되었기 때문에 이는 전체 산업지원 관세감면액 1,279.9억 원의 74.2%를 차지하였다.[147]

결국 중화학공업화 기간의 재정지원에서 문제가 되는 것은 특정 해당 중화학공업 기업에 대한 차별적인 조세감면이었다. 차별적인 조세감면은 가격구조의 왜곡을 가져와 자원배분 효율성의 저하를 가져온다. 이는 1970년대 중화학공업의 효율성 변화로도 측정되는데,[148] 결국 자본 및 자원 공급병목에 있는 한국으로서는 비용을 물어야 하였음을 의미한다.

그러나 다음에서 보듯이 중화학공업 세금감면은 모든 국가에서 있었고, 일부에서 낮아진 이 조세부담수준도 실질부담률과 발전단계별에 맞추어 다른 국가 경쟁기업들과 비교해 볼 때, 더 많은 혜택을 받고 있었다고 보기 어려우며, 또 한국만의 차별적 정책이었다고 보기도 어렵다.

---

144 차별은 분명히 거시적 비용을 올리게 된다. 교육에서의 차별이 거시경제에 준 영향에 대해 독일과 영국을 비교·연구한 것으로는 박영구(1998a) 참조.

145 D. W. Jorgenson and M. A. Sullivan(1981).

146 다른 공업별 연도별 유효한계법인세율은 곽태원(1985, pp. 63~70) 참조. 심지어 1977년 이후 격차가 확대되고 있었지만, 중화학공업 지원을 비판하고 있는 한국개발연구원(기본, 1982)은 1978년의 경우 경공업부문 법인세 감면율은 8.0%에 불과하였지만 중화학공업부문은 40.1%가 되었다고 추정하고 있다. K. Choi and Y. s. Lee(1990, p. 58)는 이 수치를 사용하고 있다.

147 1979년에는 729.1억 원, 그리고 1980년에는 377.3억 원으로 급속히 줄었다(관세청(관세), 1981).

148 박영구(1995), pp. 103~124.

표 5-7 제조업 부문별 유효한계세율

단위: %

제조업부문	1973	1975	1978	1980
가공식품·음료·담배	50.6	55.1	42.8	46.7
섬유·가죽·종이·인쇄	49.8	54.3	42.1	46.1
건설자재	50.3	54.6	42.8	46.5
화학제품(일반)	48.9	54.2	41.1	45.3
화학제품(특별)	46.3	38.8	29.5	32.0
기초금속·금속제품(일반)	49.0	53.2	41.9	45.5
기초금속·금속제품(특별)	46.9	38.7	31.0	32.9
기계·전기·전자장비(일반)	49.3	53.7	42.0	45.8
기계·전기·전자장비(특별)	47.1	39.1	30.9	33.0
법정최고세율	40.0	40.0	40.0	40.0
인플레이션율(자본재시장, 3년 이동평균)	17.0	33.7	8.2	19.4

주: 1) 일반은 특별세를 받지 않는 기업에 적용되는 것이고, 특별은 조세감면 인증을 받은 회사에 적용되는 세율.

2) 가능최저(lowest possible) 유효한계세율로 실질적인 유효한계세율과는 다름.

자료: T.-w. Kwack(1986), p. 112.

첫째, 중화학공업에 조세감면이 있었다고 하지만 이는 어디까지나 진입을 유도하기 위한 3년간의 한시적 조치로 처음에 만들어진 것이었으며, 다수 국가에서 공통적으로 중화학공업화 초기에 나타나는 일반적인 내용이었고, 1970년대 중화학공업의 조세분배율, 즉 영업이익과 감가상각비를 합한 금액에서 조세액이 차지하는 비율을 보면 한국의 중화학공업 기업이 낮지 않았다. 실제로 당시 중공업과 화학공업은 조세분배율이 경공업보다 높았다. 이는 자료를 구해 조세분배율이 계산가능한 58개 상장 대기업을 측정하여 정리한 〈표 5-8〉에서 확인된다. 1970년대 후반 조세부담을 나타내는 조세분배율을 보면 중공업은 9.0~14.9%, 화학공업은 9.8~15.0%이었지만, 경공업은 6.1~11.7%이었다.

둘째, 조세감면에도 불구하고 한국 중화학공업 관련기업들이 직면하는 실효한계세율은 〈표 5-7〉에서 보듯이 국제수준에서 볼 때 오히려 절대수준에서 높았다. 조세감면대상이 되어 특별세율을 적용받은 중화학공업 기업도 낮은 유효한계법인세율을 적용받았음에도 불구하고 역시 국제수준에서 절대적으로 높은 세율을 감내하고 있었다. 그래서 당시 상황에서는 "세제면에서 다각적인 지원이 실시되고 있지만

표 5-8 58대 상장 대기업의 이윤에 대한 조세분배율(1985년 불변가격)

단위: %

구 분	58대 상장 대기업			중소기업
	중 공 업	화학공업	경 공 업	
1975	10.9	10.7	6.1	–
1976	9.0	13.8	7.2	18.0
1977	13.2	12.7	9.8	22.6
1978	14.9	15.0	11.7	19.4
1979	9.7	9.8	8.2	17.3

주: 조세분배율=조세액/(영업이익+감가상각비).
자료: 각 기업 감사보고서, 한국은행(기, 1975~1980) 이용 이재희(1990), p. 201.

초기단계에 있는 중화학제품의 수출을 강력히 촉진하기에는 미흡한 상태에 있다"[149] 고까지 지적되고 있었다. 심지어 1979년 박정희 대통령 사후 전경련은 정부건의에서 오히려 중화학공업에 대한 국제수준의 세제상 우대를 요구하기에까지 이르고 있었다.[150] 박 대통령 사후 세제를 선진국 국제수준에 맞추어야 한다는 요구가 나오고 있었던 것이다.

1970년대 일본·서독·대만 등에서도 중화학공업 제품의 육성과 수출지원책은 금융·세제·보험제도면에서 일반적으로 존재하고 있었다(본장 부록의 〈자료 5-2〉 참조). 한국의 투자유인제도인 가속상각제도(특별감가상각제도)와 투자세액공제제도는 여러 선진국에서 사용되던 것을[151] 한국이 도입한 것이었다. 따라서 세계시장수준에서 보면 경쟁력이 취약한 세계시장 초기참여자인 한국의 중화학공업부문에서, 그것도 제한적인 범위에서의 법인세 인하 등 유효세율 인하는 그 자체로서 정당성을 갖는다. 시각을 돌려보면 1970년대 한국의 경우 일부 중화학공업이 경공업과 차별적인 유효세율을 갖고 있었다고 하나, 중화학공업이 1970년대 이제 막 시작된 공업이라는 점에서 30~39% 수준이라는 유효한계세율 역시 국제수준상 낮지 않았고, 또한 이미 1950년대부터 수출로 전환되면서 경쟁력을 확보한 경공업과 수평적으로 비교하는 것 자체가 조세의 일반원칙을 이해한다면 문제가 있다고 볼 수 있다. 심지어 2000년 이후 현재까지도 외국과의 조세경쟁 압박이 큰 법인세 세금은 과감히 인하

149 김광두(金廣斗, 1979), p. 23.
150 전국경제인연합회(새환, 1979. 12. 22).
151 김광두(1979), pp. 23~25; 신태곤(1982), p. 23.

하고 자본소득에 대한 세부담을 경쟁국보다 낮은 수준으로 유지하는 것이 필요하다는 점이 지적되고 있는 것은[152] 이런 당위성을 분명히 확인해 준다고 볼 수 있다.

셋째, 중화학공업에 주어진 조세감면 내용이 국내에 진입한 외국인 투자와 비교해 차별적으로 이루어지지 않은 수준이었다. 1970년대 후반 외국인 국내투자에 주어진 법인세는 공개법인이 20~27%, 비공개법인이 20~40%였는데 5년간 전액 감면받았으며, 다음 3년간 50% 감면이 적용되었다.[153] 한국 중화학공업 및 중요 산업에 대한 법인세 감면이 직접감면 3년간 100%, 2년간 50%였으니 오히려 역차별이 존재하는 것이었다. 한 예로 구미(龜尾)공단의 외국인 투자가에게 초기에 주어진 특전을 보면 소득세·법인세·재산세 및 취득세와 이익배당금, 잉여금의 배당금에 대한 제 세금 5년간 면제 외에도, 영업세는 수출분에 대해 전액 면제, 외국인 종사자의 근로소득세 전액 면제, 이익배당금의 송금과 원금송환 완전 보장, 재산재·원자재에 대한 관세·물품세·직물류세 등 전액 면제 등의 특전이 있었다.[154]

넷째, 중화학공업에 대한 투자세액공제(investment tax credit)는 투자를 늘려 수요를 확대함으로써 연관산업들의 애로를 바로 크게 해결하는 것만이 아니라 결국 총공급을 늘려 나가는 장기적인 정책이라는 이중의 의미에서, 단기적 수요병목과 만성적인 자본부족, 공급병목이 존재하는 후발공업국의 가장 합리적인 선택이었고, 선진공업국에서도 일반적으로 선택되었다. 선진국의 경우에도 초기 공업화 또는 유사 경기침체기에는 이를 일반적으로 사용하는데, 일본의 경우도 고도성장기를[155] 맞아 법인 기본세율(유보소득)을 1955년 42%에서 40%로 낮춘 후 1966년 35%로의 인하까지 계속 법인세를 낮추어 1970년까지 유지하다가, 이 단계가 지나자 이후부터 올렸다.[156] 미국의 경우도 1964년 미국의 케네디 대통령은 투자세액공제제도를 도입함으로써 미국의 경제번영시대를 열었다.[157] 또 조세감면은 차별적일 때 문제가 되지만, 분명히 정부개입이 높은 발전도상국에서 이는 정부의 개입확대와는 반대방

152 손원익(2001. 10. 16).

153 경제기획원(백, 1981); 최동규(崔東奎, 1992), p. 114.

154 한국무역연구소(1974), p. 440; Planning Office(1976), pp. 20~21.

155 1955~1973년이 고도성장기로 지적되고 있다(金森久雄 編, 1990, p. 12).

156 日本大藏省(1986. 5). 일본 법인세는 1961년 이래 유보소득과 배당소득에 대한 법인세가 다르게 이원화되었다.

157 K. Choi and T. Kwack(1990, pp. 247~262)은 한국의 재정정책이 GNP에 대한 낮은 정부 조세 및 지출, 간접소비세에 대한 의존, 저축과 투자에 대한 광범위한 조세인센티브 제공, 후생부문에 대한 낮은 관심 등에서 볼 때 선진국의 공급주도경제학(supply-side economics) 논쟁이 이루어지기 훨씬 이전에 한국은 이 공급주도경제학을 시행하고 있었다고 말하고 있다. 이는 유사한 경제적 환경에서 나타나는 사실을 지적한 것이다.

향의 움직임을 가진다는 점에서 긍정적 평가가 가능하다.[158]

이상의 점 외에도 한국의 중화학공업화 시기에 대한 한국 조세감면의 효과가 과대평가되고 있는 점도 지적되어야 한다. 중화학공업 해당 공장에 시행된 조세특례비율과 그 양은 분명히 총량으로 과장되어져 있다. 1970년대 한국의 법인세 절대 수준은 변함 없이 매우 높아 법인세/내국세 비율은 1970년 14.9%, 1975년 12.9%, 1980년 13.1%로 거의 변화가 없었고,[159] 조세체계와 전 산업의 업종구성이 다르므로 국가 간 직접비교가 불가능하지만 1975~1978년간 각국의 법인세/총조세 비중을 보면 한국은 미국·독일·영국·프랑스 등보다 높은 수준이었다.[160] 1970년대 후반 중화학공업 지원을 위한 법인세 감면조치는 법인세수와 법인세수의 탄력성에 유의적인 영향을 미치지 않았다.[161] 조세의 특례 정도를 측정하는 하나의 방법으로 이러한 특례조항이 정리되고 나타나는 변화값을 측정할 수 있는데, 사실 1981, 1982년에 1970년대 중화학공업기에 존재하였던 각종 특례조항이 정리되고 난 후 1975~1979년 대비 1982~1983년 실질적인 유효한계세율의 증가를 보면 불과 0.02%p 정도에 불과하였다.[162]

결국 경공업과 비교해 상대적으로 중화학공업 일부에 대한 조세경감은 가격기구의 왜곡과 분배구조의 왜곡을 가져왔다는 점은 분명하지만, 이것이 조세분배율 등 효과로 보면 과장되었고 또 한국만의 특혜로 평가되어 왔음을 알 수 있다.

이런 점에서 볼 때 한국의 중화학공업화 시기 조세체계와 관련하여 제기할 수 있는 보다 중요한 문제는 특정 시기 이러한 조세체계가 있었는가가 아니라 선발공업국에서 관찰되는 것처럼 산업의 진입과 발전, 경제구조의 변화에 따른 조세체계의 변화, 즉 동태성이라고 볼 수 있다.

중화학공업에 적용된 「조세감면규제법」 조세특례조항은 원래 진입유도를 위한 정책이었고, 이는 진입기간 3년이 지나면 1976년 종료하기로 되어 있었다. 이런 점은 "43개 육성대상 기계업종 중 '직접세 감면에 의하지 않고는 육성이 어려운 업종에 대하여' 소득세 및 법인세를 가동일로부터 3년간 면제하고 그 후에는 2년간 50% 감면"[163]해 주도록 한, 즉 '자율적 육성이 어려운 업종'에 대해서 적용한다는 초기

---

158 오늘날 WTO 보조금 지급규정에 의하면 이는 분명한 정부의 보조이다. 본장 부록의 〈보론 5-5〉 참조.

159 그 결과 소득세/내국세의 비율은 1970, 1975, 1980년 29.7%, 19.6%, 18.0%로 줄어들고 있다(국세청, 1973~1983).

160 이진순(1991); International Monetary Fund(IFS, 1976~1980); International Monetary Fund(G, 1977~1980).

161 이진순(1991), pp. 240~241.

162 곽태원(1985), p. 53.

기계공업 육성계획에서도 분명히 확인된다. 초기진입시기에 이것이 갖는 정당성은 앞에서 보았다.

조세특례조치는 1976년에 1981년까지로 연장되었지만, 1978, 1979년에는 특별·일반 세율격차 축소가 이루어졌다.[164] 그 후 1981년 조세개정에 의해 특정 기간 세금감면제(tax holiday)가 폐지되었다. 투자세액공제제도도 1981년 개정으로 기계와 전자공업에만 한정되었으며, 공제율도 6%(국산기계에 대한 10%는 유지)로 낮아졌다가 1982년 다시 3%(국산기계는 5%)로 낮아졌다. 전 산업에 적용되었던 40~80%의 특별감가상각제도도 1982년 폐지되었다. 다만 중요 산업에 대한 100% 특별감가상각제도는 유지되었다. 산업발전에 따른 이러한 조세체계의 변화는 모든 선진국가에서 보여지는 방향성에서 정상적인 동태성을 보여 주는 것이었다.

그러나 한국의 경우 문제가 하나 있었다. 그 문제는 대상과 필요기간에 대한 세밀한 검증과 보완없이 연장되었으며 그 결과 1970년대 후반으로 갈수록 대기업의 중화학공업 진입이 이루어져 조세특례 연장조치는 이제 대기업들에게의 혜택집중을 가져온다는 점이었다.

실제로 〈표 5-8〉에서 보았듯이, 1970년대 후반 일관되게 58대 상장 대기업의 조세분배율을 보면 업종에 상관없이 중소기업에 비해 낮았다. 중화학공업화 시기 대기업으로의 집중도가 커지면서 대기업과 중소기업 간 이러한 불평등의 문제가 있었던 것이다.

이러한 결과는 정부가 특례조항을 차별적으로 적용함으로써 일어난 것이 아니라 대기업들이 조세특례조항을 이용하고 특례조항이 지속된 중화학공업에 대기업집단이 단(短)시간 내에 사후에 진입함으로써 일어난 것이다.

따라서 중화학공업에 대한 조세정책의 문제는 대기업 진입 이후에도 계속된 가격왜곡과 혜택의 불평등성을 동태적으로 완화 또는 수정하지 못한 데 있다. 즉, 진입기와 달리 1977년 이후 대기업집단의 중화학공업 중복진입으로 산업의 효율성이 떨어지고 있음에도,[165] 정부가 조세정책을 보다 범산업적이고 범기초적인 기초기술, 인력지원, 기초구조 지원 등 외부경제효과(external economy)가 분명한 기능별 지원조세체제로 전환하지 못하고 결국은 대기업이 더 유리하도록 정부보조를 지속하였던

163 한국무역연구소(1974), pp. 437~438.

164 1977년 중소기업의 기계설비투자에 대한 특별감가상각률을 30%에서 50%로 올리는 제한적 조치가 취해졌다.

165 박영구(1995), pp. 103~124.

데 있다. 특히, 1979년 들어 상공부가 「지원체제 개편방안 검토」에서 "선진공업국의 단계별 지원시책 변천과정 분석-대상국: 일본·서독·미국·대만"[166]이라는 일부 전환된 시각을 대통령에게 보고하고 있음에도 그 구체적 시책의 실현이 이루어지 않았던 것은 문제였다. 설사 「경제안정화 종합시책」(1979. 4. 17)에서 말하듯이 '중화학공업의 집중지원체제의 구축'은 "경험축적시까지의 지원제도 확립으로 한다"는[167] 필요가 있었다고 해도 중소기업과 비교해 더 컸던 대기업들의 혜택에 대한 보완대책으로 거시적인 비용을 낮출 필요가 있었던 것이었다.

 5.5 시장왜곡과 총정부개입도 평가

정부개입과 관련하여 제기되는 최종적이고 근본적인 문제는 그 결과로서의 시장왜곡이 된다. 시장의 왜곡은 결국 장기적으로 경제 전반에 걸쳐 잠재적 비효율성(x-inefficiency)을 가져다 주고, 그 비용은 어느 비용보다 크기 때문이다. 이제 최종적으로 시장왜곡도를 검토해 보자.

중화학공업화가 진행되었던 1970년대 같은 발전도상국 30개국의 경험적인 경제성장률 값과 왜곡지수의 관계를 보면 〈그림 5-4〉와 식 (5-1)과 같다.

예상대로 귀납적인 조사결과는 전체적으로 왜곡지수가 낮을수록 경제성장률이 높음을 보여 준다. 경제성장률(*G*)과 왜곡지수(*DI*)의 단순회귀결과를 보아도 이 점은 확인된다. 식 (5-1)의 회귀식에서 보듯이 비록 설명력이 34%에 불과하지만 횡단면 분석임을 감안하면 왜곡지수가 경제성장의 설명변수로 통계적 유의성이 매우 높음을 볼 수 있다. 이 밖에도 측정방법과 상관없이 성장률과 시장왜곡은 역의 관계를 가진다는 실증보고가 많이 이루어졌다.[168] 한국의 사례 역시 전체 사례와 전혀 다르지 않았다. 한국은 조사대상 발전도상국 30개 국가 중 1970년대 GDP성장률이 연평균 9.5%로 가장 높았고, 1970년대 왜곡지수는 같은 수준의 발전도상국 조사대상 국가 중에서는 가장 낮은 것으로 나타났다.

166 대통령비서실(중화학공업추진위원회기획단)(중종19790315).

167 한국개발연구원(반세, 1995).

168 R. J. Barro(1991). G. Ranis and S. A. Mahmood(1992)는 한국·대만·필리핀·태국·콜롬비아·멕시코를 비교해 이런 귀납적 결과를 보여 주고 있다.

그림 5-4 1970년대 왜곡지수와 경제성장의 관계

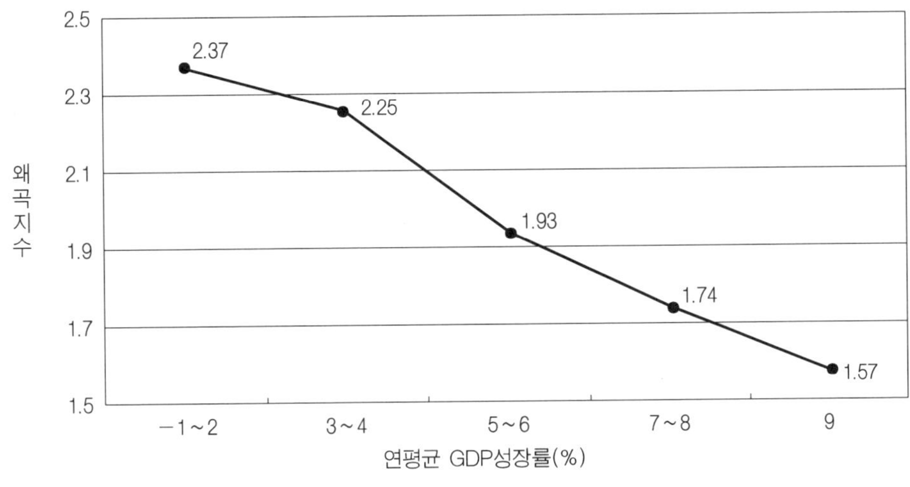

$G = 11.2 - 3.4DI(3.8)$

$R^2 = 0.34$ SEE(잔차승합)=2.0 (5-1)

여기서, G: 경제성장률

DI: 왜곡지수

( ): t값

주: 발전도상국 30개국 대상.
자료: R. Agarwala(1983).

왜곡 정도, 정부의 개입 정도가 낮았던 것은 〈표 5-9〉에서 보듯이 중화학공업화가 본격 선언된 1973년 이후 재정적자의 대GNP 비율과 전반적인 정부의 시장개입도를 보여 주는 재정팽창지수(fiscal impulse indicator)를[169] 구해 보아도 분명히 나타난다. 1973년 이후 재정적자의 GNP 비율은 2% 이하로 낮았으며, 재정팽창지수는 중화학공업화가 가장 왕성하게 진행된 1970년대 중반 이후 정부의 지출이 정상적인 궤도보다 많이 이루어지지 않았음을 보여 준다. 한국의 경우 1970년대 초 이후 재정정책이 총수요에 미친 영향은 매우 작았다.[170]

중화학공업화 기간중 자본·시장 등에서 개방경제로서의 발전전략을 취할 수밖에 없었던 한국 정부로서는 마찰을 일으킬 정부개입의 직접적 역할을 줄이려고 노력할 수밖에 없었고, 이는 당시 정부의 여러 문서 전체에서 공통적으로 확인된다.[171]

169 양의 큰 값일수록 정부가 단기적인 경기변동에 적극 대응한 것을 보여 준다.

170 R. N. Cooper(1994a), p. 131.

표 5-9 1973~1979년 정부개입의 크기

구 분	1973	1974	1975	1976	1977	1978	(1979)
일반재정적자/GNP	−0.1	−2.0	−1.7	−0.9	−1.8	−1.7	(−1.6)
중앙정부 재정적자/GNP	−0.5	−2.2	−2.0	−1.4	−1.8	−1.3	(−1.8)
재정팽창지수	−2.2	2.1	0.2	−1.2	−0.1	−0.0	(−1.1)

주: 1) 일반재정적자는 일반정부와 비금융 공기업을 합한 총공공부문 적자.
2) 재정팽창지수(fiscal impulse indicator)는 V. Cobo and S.-W. Nam(1992, p. 53)에서 인용한 값으로 IMF 방식으로 정점(peak)구간의 중간값 GNP를 사용하여 구한 값임. 단, OECD 방식으로 구하여도 이 기간의 차이가 적음.

자료: 경제기획원 조사통계국(한통, 1969~1988); 경제기획원(지표, 1960~1989); International Monetary Fund (IFSY, 1970~1985); World Bank(WT, 1976~1986); V. Corbo and S.-W. Nam(1992), p. 53.

또 시장개입에 가장 강력한 도구가 금융이었는데, 역설적으로 이미 중화학공업 당시 한국 정부는 산업금융을 지배하고 있었기 때문에 사전적으로 다른 경제구조에의 개입을 강력히 도모할 필요성이 없었다.[172] 한국은 중화학공업화를 통해 전체적으로 수출장려 등 시장경쟁원리가 도입·확대되고 있었으며,[173] 개별 산업부문을 정부가 직접 담당하지 않고 세제·금리 등 인센티브를 주어 사기업이 담당하도록 하여[174] 다른 후발공업국과 뚜렷이 대비되는[175] 특징을 만들어 내었다.[176] 심지어 한국의 경

171 공통된 선험적 인식과 달리 중화학공업화가 진행되었던 3차 경제개발계획 기간중 총투자에서 정부부문이 차지하는 비율은 평균 22%로 오히려 제2차 경제개발5개년계획 기간인 1967~1971년의 평균 25%에 미치지 못하고 있다. 국내저축 역시 정부부문 기여도가 제3차 경제개발계획 기간중 16~29%로 1971년의 42%에 비해 대폭 감소하고 있다. 절대적인 양과 상관없이 정부의 역할은 경제규모에 비해 상대적으로 분명히 감소되고 있었던 것이다.

172 이는 사전적 의미였으며, 사후적으로 결과에서 중화학공업에 금융이 과도하게 집중되었던 것은 아니었다. 이에 대해서는 본서의 제4장 참조.

173 R. M. Auty(1994, p. 41)는 A. H. Amsden(1989)이 한국 정부가 가격을 왜곡함으로써 산업정책의 성공을 거두었다고 지적한 것에 대해 Amsden이 한국의 거시경제 관리의 공헌을 과소평가하고 있다고 하면서 한국 거시정책은 거시경제의 후퇴위험을 줄임으로써 경쟁산업정책 동기를 강화하였다고 보았다. 또 같은 책 p. 127에서 "한국의 중화학공업화 정책은 광범위하게 시장순응(market-conforming)적인 산업정책을 추구하였고, 그 산업정책은 더 큰 NICs 다른 국가들보다 훨씬 더 증대되는 비교우위와 밀접히 관련되어 있었다"고 보았다.

174 김흥기 편(1999), p. 271.

175 대만의 경우도 한국과 동시기인 1973년을 경계로 중화학공업화에 나섰다. 1974년에 철강일관기업인 '중국제철회사(中國製鐵會社)'를 설립하고, 1977년에 제1기 공사가 완성되었다. 1973년 에틸렌 23만톤의 플랜트 도입을 계획하여 1975년에 그 공사를 완성하였고, 1974년에는 '중국조선회사(中國造船會社)'를 설립하는 등 철강·석유화학·조선의 3부문을 중심으로 일련의 중화학공업투자가 이 시기에 행해졌다. 문제는 대만의 경우 이러한 중화학공업부문을 결과적으로는 정부공영기업의 형태로 운영한 것이다. 따라서 대만에서의 중화학공업화 과정은 오히려 공영기업체제가 역으로 강화되었고, 이 점에서 한국과 크게 달랐다(劉進慶, 1983, p. 16).

176 이런 점에서 중화학공업 투자조정도 정부가 시장을 고려하지 않은 데서 비롯되었다는 일반인식에 문

우 정부 준지대(準地代)의 가장 큰 몫이 될 수 있는 '수입결정권도 상당 부분을 정부가 아니라 업계단체가 가지고 있는 경우가 많아'[177] 오히려 문제가 발생할 정도였다.[178]

한국 정부는 1970년대 각종 병목이 존재하는 제한된 조건하에서 시장기구를 최대한 보장하는, 즉 이윤동기를 최대한 보장하는 시장기구의 적극적 활용을 시종일관 유지하고 있었다. 1961년 이후 대기업들의 요구에 의해 이루어진 "신규 투자는 정부가 큰 테두리만 정하고 세부적인 사항은 기업인들에게 맡긴다"는 원칙은 1970년대에도 계속 유지되었다.[179] 특히, 1970년대 들어와 중화학공업화에서 대기업집단의 주도권을 인정하였다.[180] 진입을 위해 산업은 보호되었지만 다른 후발공업국의 초기 중화학공업화 단계를 고려할 때 다른 나라와 비교해 과도하게 직접 보호되었다는 증거는 없으며, 보호된 산업에서까지 수출을 통해 항상 경쟁과 효율성 제고가 이루어지도록 유도하고 강제하였다.[181] 또 가능성 면에서도 중화학공업화가 본궤도에 오르기 시작한 1977~1978년 이후는 시장규모, 대기업집단의 비중이 매우 커짐으로써 정부역할의 확대라는 역행은 엄청난 국민경제의 비용상승을 가져올 것이 분명하게 되었고, 동시에 대기업집단의 정보습득과 분석면에서의 우위적 지위획득은 정부의 시장지배 노력을 내용면에서 대부분 좌절시킬 수밖에 없었다.[182] 심지어 1970년대 말 "기업의 입장을 항상 고려하였던 상공부가 자유화 품목을 정하는 것은 문제가 있다"[183]는 지적까지 제기되고 있었다.

제가 있다. 단기적으로 정부의 계획경제적 요소가 강할수록 과잉투자의 가능성은 작아지며, 시장에 방임하였거나 방임하도록 강요되었기에 기업들의 과잉경쟁으로 중화학공업의 투자조정이 제기되었던 것이다. 장기적으로 시장은 과잉투자를 조정하는 기능이 있지만 우리의 경우 매우 짧은 시간에 투자가 집중(중복투자)되었고, 이 시장의 조정기능이 이루어지기 전에 새 정권에 의한 조정개입이 있었다. 따라서 조정은 더 많은 비용을 물어야 하였다(박영구, 2000b; 본서 제9장 참조).

177 深川由起子(1997), p. 38.

178 박영구(2003); 본서 제12장 참조.

179 1961년 유럽과 미국에 다녀 온 기업인 차관교섭단은 몇 가지 여건만 들어 준다면 민간차관을 유치하는 것은 그리 어렵지 않다고 보고하였다. 그 국내여건이란, ① 부정축재자 처리문제를 완화하고, ② 차관도입에는 정부가 보증해 주며, ③ 신규 투자는 정부가 큰 테두리만 정하고 세부적인 사항은 기업인들에게 맡긴다는 것이었다(이종재, 1993, p. 140). 정부는 이를 수락하였고 이후 ③의 기업에 의한 투자원칙은 계속 지켜졌다.

180 중화학공업화에서의 정부의 역할, 금융부문 개입을 강조한 劉進慶(1983, pp. 14~22)도 이 점을 인정하고 있다.

181 R. M. Auty(1994, p. 83)는 한국이 신부문을 성숙시키는 반면, 기존부문은 경쟁력을 유지하도록 무역체제를 강조한 점이 남미와 다른 뚜렷한 특징이라고 보았다.

182 박영구(1994); 박영구(1996a); 박영구(2001b); 본서 제8~10장 참조.

183 서석태(徐錫泰, 1979. 5), p. 29.

이상의 복합적 이유로 사실상 그 큰 가능성에도 불구하고 중화학공업화가 시장을 왜곡시켰던 정도는 적었던 것이다. 정부의 개입을 문제점으로 지적하고 있는 J. J. Stern, J.-b. Kim, D.H. Perkins, and J.-h. Yoo(1995)도 중화학공업화에서의 사례연구를 통해 한국의 중화학공업화 산업전략은 매우 높은 경제수익률을 가진 부문들을 진행하였다는 점에서 사실 크게 시장지향적이었으며, 경제와 시장가격의 왜곡이 상대적으로 작았다는 점을 다른 발전도상국과의 차이, 그리고 중화학공업화의 상대적 성공이유로 꼽고 있다.[184] 한국 경제는 정부가 개입하였기 때문에 성공하였다는 D. Lal(1985, pp. 46~47)의 주장이나 또는 정부의 개입이 있었지만 그럼에도 불구하고 전반적으로 성공하였다는 세계은행(World Bank, EA, 1993)의 의견은 재평가되어야 한다.

5.6 맺 음 말

1970년대 한국 중화학공업화에서 정부의 역할은 모든 국가에서 그러하였듯이 후발공업국에서 반드시 필요한 두 가지 면에서 이루어졌다. 첫째는 시장이 만들지 못하는 초기진입 유도이고, 둘째는 선진국과 달리 존재하였던 자본·자원 등의 공급 병목문제를 해결해 주고 외부비경제를 해결하는 것이었다. 이렇게 시행된 1970년대 중화학공업화를 통한 정부의 재정정책문제는 다음과 같이 정리할 수 있다.

첫째, 중복투자를 막고 계획적인 초기진입을 위한 정부개입이 있었지만, 이는 모든 국가에서 나타나는 사회적 후생증대와 연계될 수 있으므로 그 자체로 부정적으로 평가될 수 없다. 더구나 초기에는 분배구조까지 고려되고 있었고, 정부개입의 정도를 줄이려는 노력도 함께 만들어졌다.

둘째, 정부개입이 있었지만 직접적 재정지원보다는 간접적 지원이 중심이었으며, 정부의 재정지원은 전체적으로 과대평가되어 있다. 오히려 한국의 경우 늦은 출발에도 불구하고 정부저축을 줄이고 민간저축에 의한 투자자금 조달의 방식전환 추구가 산업발전단계에서 볼 때 상대적으로 일찍부터 이루어졌다(본장 부록 〈보론 5-3〉 참조). 또한 재정정책은 장기적·동태적으로 시장기구를 작동시켜 나가는 방향으로 유도되고 있었고, 따라서 효율적 자원배분에도 성공하였다. 그 결과는 기존 인

184 J. J. Stern, J.-b. Kim, D.H. Perkins, and J.-h. Yoo(1995), pp. 122~123.

식과 달리 시장왜곡도가 매우 낮고 높은 성장률을 달성한 것으로 분명히 나타났다.

셋째, 중화학공업 조세감면 해당기업에는 차별적 조세정책이 분명히 존재하였다. 그러나 이것은 한국만의 차별적 정책이었다고 보기 어렵고 변화방향에서 시행 4년 후 특별·일반 세율격차 축소가 이루어지기 시작하여 8년째 기간세금감면제가 폐지되는 등 선발선진공업국과 차이가 없었다.

넷째, 그러나 여러 완화가능한 증거에도 불구하고 대기업이 중화학공업에 진입한 이후에도 조세정책에서 혜택의 집중을 완화시키는 조정실패로 불평등이 확대되었으며, 추가적인 거시경제 효율성 제고에 실패하였다.

이런 검토의 결과는 한계적이지만 두 가지를 암시해 준다. 첫째, 한국 중화학공업화 정책에서의 정부개입은 이론적으로는 그 자체로 부정적 요소를 갖고 있다고 해도, 실제의 방법과 진행과정에서는 총체적으로 중립적이었던 것으로 평가가능하다. 중화학공업에서 정부의 유도적 기능(indicative function)이 있었지만 선진국이나 다른 후발공업국 초기 공업화·중화학공업화 단계와 비교해 정부의 역할이 특별히 높았다고 볼 수 있는 증거는 분명하지 않다. 따라서 문제가 발생하면 과거나 또는 과거 정부의 실패로 모든 것을 원인화하는 논의는 재고해 볼 필요가 있다. 선험적인 이분법에 입각한 과거 비판이 사실과 달리 현재의 정부·기업의 개혁필요성을 약화시킬 수 있기 때문이다. 나아가 이런 발견은 향후 연구의 시각이 정책 중심 일변도에서 벗어나 보다 미시적인 기업·산업단위의 연구가 필요함을 보여 준다.

둘째, 소득이전 완화 실패와 그에 따른 추가적인 효율성 제고 실패는 조세정책에서 대기업의 진입 후 1970년대 후반에도 산업에서 기능으로의 정책방향 전환이나 산업조직의 재검토가 진행되지 않은 데 있었다. 더구나 최적의사결정을 추구해 왔던 정부와 기업의 협력이 1977년 이후 붕괴됨으로써 정보와 교섭력에서 잠재적 우위에 선 대기업집단이 형성되어졌음에도, 정부는 조정능력에 대해 과신하고 있었으며, 결국 이는 1980년대 이후 국민부담으로 연결되었다. 이러한 사례는 정책은 끊임없이 변화된 상황에 맞는 계속적인 지표개발과 측정이 있어야 함을 보여 주며, 정부의 조정능력에 대한 과신이 사후적 비용으로 나타남을 보여 준다.

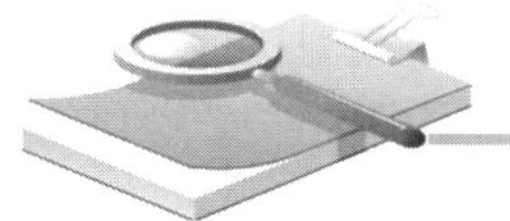

부 록

1. 보 주

〈보주 5-1〉 정부계정 변동[185]

'경제개발특별회계'·'재정자금운용특별회계'·'대충자금특별회계(對充資金特別會計)'에서 운용되던 재정투융자사업은 1973년 12월 30일 「경제개발특별회계법」의 개정 및 여타 「특별회계법」의 폐지에 따라 '경제개발특별회계'로 일원화되어 1974~1976년간 실시되었다. 그리하여 '경제개발특별회계'의 융자계정은 '재정자금운용특별회계'를 승계하게 되었고 그 투자계정은 '경제개발특별회계'를, 대충자금계정은 '대충자금특별회계'를 각각 승계하게 되었으며, 재정융자는 융자계정으로 전출하였다.

다시 재정자금 운용의 효율화를 기하기 위하여 재정투융자 재원의 주된 공급원인 재정차관자금과 청구권자금(請求權資金)이 회계를 달리하고 있던 것을 일반화하여 「자금관리특별회계법」을 제정하였고, 이를 1977년 1월 1일부터 시행하게 되었다. 이에 따라 설치된 '자금관리특별회계'는 모두 4계정으로 구성되었는데, 차관자금계정은 '재정차관자금특별회계'를, 청구권자금계정은 '청구권자금특별회계'의 차관계정을, 대충자금계정의 자금운용계정은 '경제개발특별회계'의 대충자금계정과 융자계정을 각각 승계하게 되었다. 따라서 1977년부터 재정융자는 '자금관리특별회계'의 '자금운용계정'에서 담당하게 되었다. '경제개발특별회계'의 투자계정과 '청구권자금특별회계'의 징수금계정은 '일반회계'가 승계함에 따라 재정투자업무는 '일반회계'에서 담당하게 되었고, 재정융자업무는 '자금관리특별회계'에서 담당하게 되었다.

185 유한성(2002), pp. 292~293.

2. 부　　표

부표 5-1　중화학공업 관련 재정회계와 계정 변천

구　분	재정회계 및 계정
1962~1972	정부의 예산체제에서 중화학공업과 관련된 재정지원은 ① 일반회계, ② 경제개발특별회계, ③ 재정자금운용특별회계, ④ 대충자금특별회계의 각 부분에서 복합적이고 비체계적으로 지원됨.
1966	재정차관 및 청구권자금 특별회계
1973	대충자금특별회계가 재정자금운용특별회계로 통합
1974	재정자금운용특별회계가 다시 경제개발특별회계로 통합
1976	경제개발특별회계 폐지, 일반회계 경제개발계정으로 통합—이후 중화학공업부문은 일반회계의 경제개발계정과 이차보전(利差補塡)계정에서 관리함.
1977	자금관리특별회계를 신설하고 재정차관 및 청구권자금 특별회계를 통합함.

3. 보 론

〈보론 5-1〉 1970년대 정부의 재정역할과 변화

정부의 역할 정도는 여러 변수를 통해 직·간접으로 측정가능하다.

우선, 고정자본형성과 총지출에서의 정부비중을 연도별로 정리해 보면 〈보론그림 5-1-1〉과 같다. 고정자본형성과 총지출비중이라는 점에서 본 정부의 역할은 1960년대 중반에도 낮았던 적이 있지만, 1970년대가 1960년대 후반과 1980년대에 비해 뚜렷이 낮음을 알 수 있다. 특히, 1973~1978년 간에는 정부가 고정자본형성의 비중을 대폭 줄인 것이 분명하게 확인된다. 이와 함께 1970년대 후반 국민총생산에서 정부비중이 늘어나고 있음에도 총투자에서 차지하는 정부투자의 비중은 1970년대 후반 감소하였다.[186]

보론그림 5-1-1 연도별 정부의 역할(GNP 내 비중)

단위: %

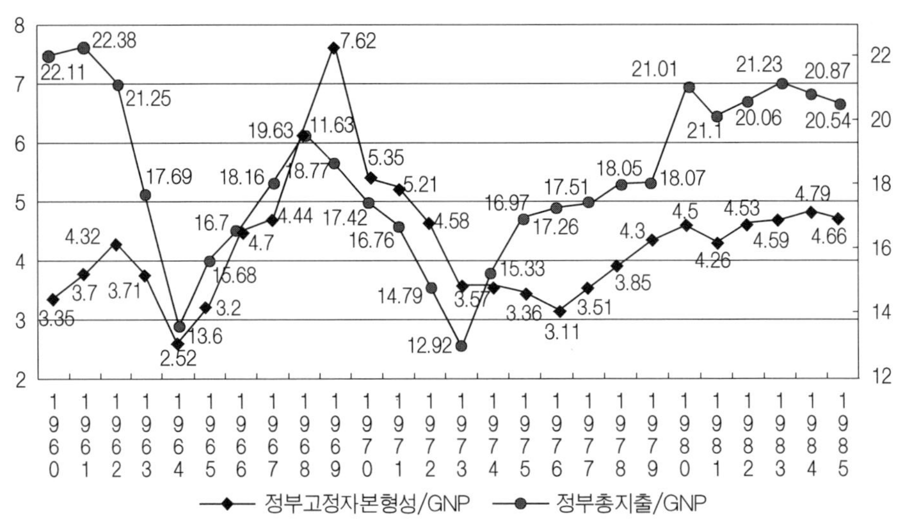

주: 정부총지출은 국민소득계정상의 정부지출액임.
자료: 한국은행(국, 1967~1984, 1986~1987); J. Lee(1990), p. 267.

---

186 경제기획원(지표, 1982, 1986); 한국은행(경제, 1986); 한국은행(국, 1986); K. Choi and Y. s. Lee (1990), pp. 53~72.

보론그림 5-1-2 재정팽창지수

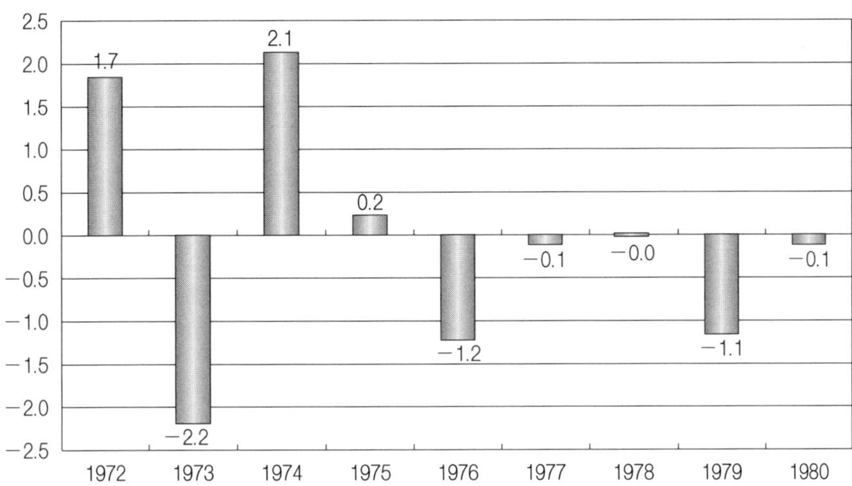

주: IMF 방식으로 정점(peak)구간의 중간값 GNP를 사용하여 구한 것임.
자료: 경제기획원(지표, 1960~1989); V. Cobo and s.-w. Nam(1992a), p. 53.

두 번째로 정부의 총수요에 미친 영향을 보여 주는 지표로 재정팽창지수(fiscal impulse indicator)와 재정적자의 대GNP 비율을 사용할 수 있다. 재정팽창지수는[187] IMF가 정부의 재량적 재정운용의 정도, 정부의 시장개입도를 측정하기 위해 개발한 지수로, 일반적으로 양의 값이면 팽창재정, 마이너스이면 긴축재정을 뜻하고 0이면 재정이 경기에 중립적임을 나타낸다. 결국 이는 얼마만큼 정부가 단기적인 경기변동에 적극 대응하였는가를 보여 주는 것이다. 반면 재정적자의 대GNP 비율은 정부의 역할을 바로 나타내지는 않지만, 장기적으로 균형재정에 수렴하고자 하는 사전적 동기가 작동하고 있으므로 이 비율확대는 바로 정부의 역할확대와 상관관계가 크다.

먼저 1970년대 재정팽창지수를 구해 보면, 〈보론그림 5-1-2〉에서 보듯이 1973년 −2.2 이후 1974~1975년 2.1, 0.2로 팽창재정을 보여 주었지만, 이후 1976년부터 1979년까지 마이너스 값으로 긴축재정을 분명히 보여 준다.

이어 재정적자/GNP 비율을 구해 보면 1970년대 후반 선진국조차도 보호무역

187 재정팽창지수는 실질재정적자와 경기순환적인 중립적 재정적자(정부지출이 잠재적 GNP와 비례하여 증가하고 조세수입이 실질GNP와 비례하여 증가한다고 가정하여 구한 재정적자)와의 차로 구한 재정구축(thrust)의 변화율이다. +면 정부의 지출이 정상적인 궤도보다 많이 이루어졌음을 의미한다.

보론표 5-1-1 재정적자(중앙정부)/GNP 비중

단위: %

구 분	1977	1978	1979	1980
한 국	−1.8	−1.3	−1.8	−2.3
미 국	−0.3	0	0.5	−1.2
일 본	−3.9	−5.5	−4.7	−4.1
영 국	−3.2	−4.3	−3.2	−3.5
서 독	−2.6	−2.7	−2.9	−3.4
OECD	−	−	−2.0	−2.5

자료: 경제기획원 조사통계국(한통, 1969~1988); 경제기획원(지표, 1960~1989); 한국개발연구원(최근, 1982); 한국개발연구원(세계, 1982); 한국은행(경제, 1978~1982); 한국은행(통, 1995); Organisation of Economic Co-operation and Development(EO, 1982).

경향 속에서 정부의 개입이 확대되면서 이 비율이 컸었다. 〈보론표 5-1-1〉에서 보듯이 1977~1979년간 비교적 양호하였던 미국을 제외하고 일본이 3.9~5.5%, 독일이 2.6~2.9%, 영국이 3.2~4.3%로 나타났다. OECD 평균으로 보아도 재정적자/GNP 비율은 1979년 2.0%였다. 그러나 한국의 경우 이 기간에 1.3~1.8%를 기록해 이들 선진국가들보다 재정적자비율이 낮았고, 또 1972년 3.9%, 1973년 0.5%, 1974~1975년 2.2~2.0%로 1970년대 전반기(前半期)보다 후반기에 더 낮아졌다. 오히려 중화학공업화가 비판되고 조정이 일어난 1980년 다시 재정적자폭이 2.3%로 확대되었다.

결국 중화학공업화 시기 정부의 개입도가 낮았음을 알 수 있고, 특히 1970년대 중반 이후 정부의 지출이 정상적인 궤도를 많이 이탈하여 이루어지지 않았으며, 정부가 단기적인 경기변동에 적극적으로 개입·대응하고 있지 않았음을 알 수 있다. 한국의 경우 1970년대 초 이후 재정정책이 총수요에 미친 영향은 매우 작았다.[188]

세 번째로 총조세비중을 보면 〈보론그림 5-1-3〉에서 보듯이 한국의 경우 1960년대 이후 일관되게 조세부담률이 증가하고 있었다. 총조세/GNP 비율을 보면 1962~1966년간 9.1%, 1967~1971년간 13.9%, 1972~1976년간 14.1%, 1977~1981년간 17.3%, 1982~1985년 18.9%였다. 조세부담률은 선진국수준에 도달하기 위한 정부의 공언대로 계속 높아졌고 오늘날에도 높아지고 있다.

이러한 총조세/GNP 비율 변화에서 두 가지를 알 수 있다. 하나는 1970년대 조세부담률이 높아진 것은 중화학공업화와 관련되어 높아진 것이 아니라는 것이다.

[188] R. N. Cooper(1994a), p. 131.

보론그림 5-1-3 경제개발계획 기간별 정부의 역할(지출과 조세)

단위: %

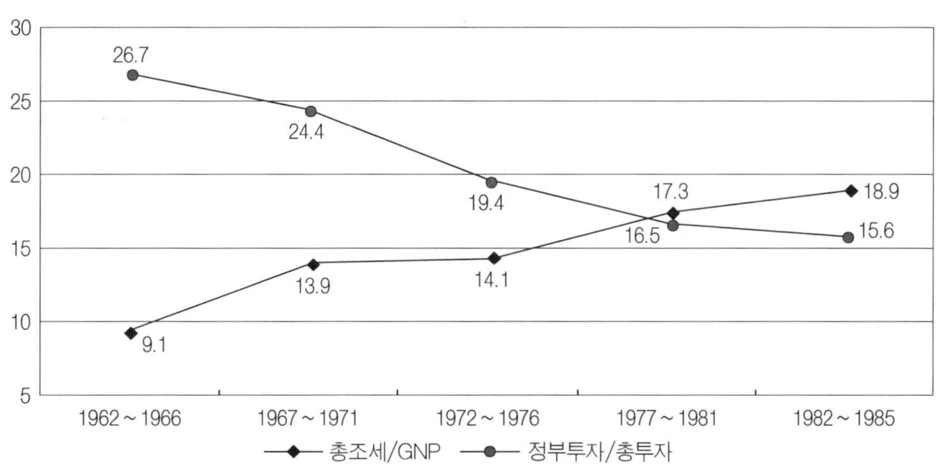

주: 지방정부 포함.
자료: 경제기획원(지표, 1982, 1986); 한국은행(경제, 1986); 한국은행(국, 1986).

중화학공업 비판 이후 조세부담률이 더욱 높아지고 있는 것도 이를 반영한다. 또 하나는 "중화학공업화 기간을 통해 중화학공업화를 위해 법인세 인하가 너무 심하게 이루어졌다"는 기존 비판이 큰 설득력이 없음을 보여 준다. 물론 중화학공업화기를 통해 총조세비중은 여전히 다른 나라가 높지만 일부 국가에서는 낮아지고 있음에도 한국만 지속적으로 상승하고 있는 것은 이를 반영한다.

네 번째로 직접 정부의 자본형성에서의 역할과 관련하여 총투자에서 차지하는 비중을 보아도 〈보론그림 5-1-3〉에서 보듯이 역시 일관되게 급속히 감소하는 추세에 있다. 중화학공업화기를 통해 정부의 투자기관 역할은 대폭 감소하고 있으며, 오히려 중화학공업화 비판기인 1982~1985년에 정부역할 감소가 주춤하고 있다.

총괄적으로 1970년대 중화학공업화 시기보다 1980년대 중화학공업 비판이 나온 이후 오히려 정부역할이 확대되고 있음을 알 수 있는데, 이는 대기업들의 요구에 이끌려 정부가 더욱 깊이 산업구조조정 등에 개입하였기 때문이다.[189] 이런 점에서 과도한 정부역할과 관련한 1970년대 중화학공업화의 원죄론은 상당 부분 근거가 희박하다. 오히려 이 시기 한국 재정정책의 특징은 작은 정부역할을 보여 주는

189 박영구(1996a), pp. 549~571; 박영구(2001b), pp. 213~231.

상대적으로 작은 공공부문, 균형재정에의 집착, 상대적으로 낮은 세금으로 특징지을 수 있다.[190] 나아가 일반적으로 지적되고 있듯이 1980년대 이후 이른바 '민간자율시대'로의 진행이라는 표현은 근거가 매우 빈약한 것임을 확인해 준다. 분명히 어떤 면에서 보더라도 정부의 역할이 1970년대에는 감소하였던 반면, 오히려 그 필요성이 감소한 1980년대에 산업조정 등 필요 이상의 부분에서 정부역할이 다시 증가하였던 것이다.

〈보론 5-2〉 진입조건과 사회후생

〈보론그림 5-2-1〉에서 보듯이 중화학공업화가 본격화되기 전의 1970년대 초 국내시장규모는 불완전한 자본시장하에서 이윤극대화를 추구하더라도 그 수준은 Q_1으로 되어 진입 자체가 불가능한 규모로 대기업들에 의해 판단되고 있었다.

이런 경우 정부는 순이익(P_2567)을 발생시키는 시장규모가 GD처럼 존재한다는

보론그림 5-2-1 1970년대 초 기업이 고려한 시장규모와 기업의 손익점

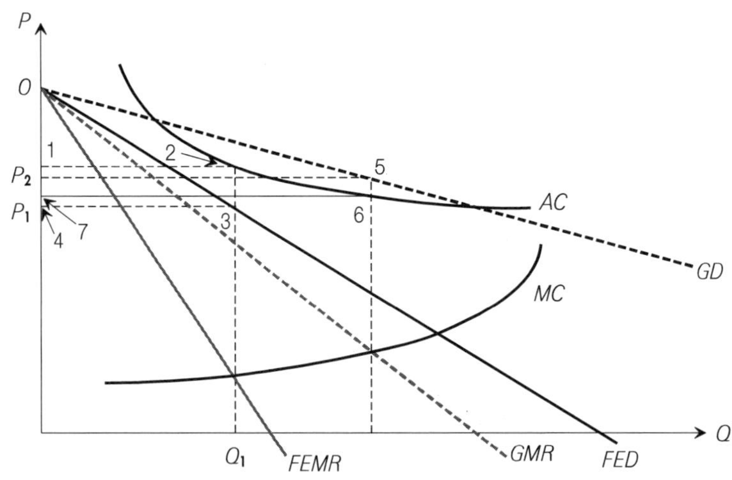

주: 1) *FEMR*: 기업이 생각하는 현재의 한계수입, *GMR*: 실질적으로 진입이 가능하게 되는 한계수입, *FED*: 기업이 생각하는 현재의 시장수요곡선, *GD*: 실질적으로 진입이 가능하게 되는 수요곡선, *AC*: 기업의 자체 평균비용, *MC*: 기업의 자체 한계비용.
2) 수요곡선은 해외수요를 포함하지만 1970년대 초 국내 중화학공업재에 대한 해외수요는 무시가능하다.

---

190 K. Choi and T. Kwack(1990), p. 260.

것을 먼저 진입함으로써 보여 주거나 독일·미국 등의 예에서 보듯이 그러한 시장규모를 창출하는 것이 필요하다. 만약 이 두 가지가 불가능할 경우 사회적 후생증대를 상쇄할 만한 큰 비용요인이 존재하지 않는 한(실질적으로 상쇄할 만한 정도로 존재하지 않았다) 정부가 '기업이 사전적으로 우려하는 1234의 손실을 보전'해 주더라도 진입을 유도하는 것이 〈보론그림 5-2-1〉에서 보듯이 사회적 순(net)이익으로 된다. 즉, 034의 소비자후생효과(consumer-surplus effect)가 음(陰)의 진입기업 이윤효과(profit-from-entry effect)를 초과하여 사회후생 증대가 발생되는 것이다.[191] 논의전개 편의를 위해 개방경제하 산업이 창출하는 총사회효용식을 보론식 (5-2-1)로 표시하면 이 의미는 $\{U'(X)-P\}dX>\{Pq-C(q)-E\}dN$을 의미한다. 물론 진입이 이루어진 후에 학습효과 등을 통해 평균비용(AC)이 하락하면 음의 진입기업 이윤효과는 줄어들거나 없어지게 되는데, 실질적으로 이는 한국의 경우 급속하게 이루어졌다. 여기에 생산이 일어남으로써 '고용효과→수요증대→전체 승수효과 작동'의 시장확장효과와 추가적인 산업연관효과(linkage effect)까지 발생하게 되어 사회후생은 더욱 증가한다. 나아가 1차적 외부효과(externality)와 교역조건효과(terms-of-trade effect)는 무시할 정도라고 하더라도[192] 가격경쟁력을 갖게 되어 순수출[193]이 나타나면 $(P-P1)dT$의 교역규모 변화에 따른 사회적 후생증대도 나타난다.

$$SW=N\{(P+S)q-C(q)\}-N(E-L)+\{U(X)-PX\}$$
$$-(P-P1)T-SNq-NL \qquad (5\text{-}2\text{-}1)$$

여기서, SW: 총사회후생
N: 산업기업수
P: 국내시장가격
S: 생산단위당 지급되는 보조금
q: 기업의 생산량
$C(q)$: q생산에 들어가는 비용 중 진입비용을 뺀 총비용
E: 진입비용
L: 진입촉진을 위해 생산량과 관계없이 지급되는 일괄보조금(lump-sum subsidy)

---

[191] 만약 기업의 이윤효과가 양이거나 양으로 전환되는 경우 이 사회후생 증대효과는 더욱 크게 되는데, 한국의 경우 중화학공업 기업들의 학습커브(learning curve) 기울기는 매우 컸었다. 실질적으로 1970년대 경공업에 집착하였던 부산 등 지역들은 1980년대 이후 가장 높은 경제고통지수를 유지하면서 최악의 경제상태를 겪었다.

[192] 한국은 1970년대 초 국제시장에서 가격을 움직일 정도의 시장규모를 갖고 있지 않았다.

[193] 이는 사전적 잠재성의 문제로 당연히 그렇게 판단되었기에 중화학공업이 착수되었다.

$U(X)$: 소비자효용
X: 생산량
$P1$: 국제시장가격
T: 순수출량

미시경제적으로 입증되는 사회후생의 증대와 차후 외부경제의 창출, 외부비경제 감독이라는 점에서 정부에 의한 진입유도와 보조가 합리적이라고 하더라도, 진입이 일어난 후 정부가 기존 또는 신규 기업에 대해 어떤 산업적 목적을 위해 계속 개입하는 것이 정당한가라는 문제는 다르다.

왜냐하면, 진입 후 정부의 보조 또는 간섭은 '기업 간 특정 기업의 생산량 영향→이윤변화→생산자잉여 변동'을 통해 이윤획득효과(profit-capture effect)를 가져오고, 나아가 진입보조에서도 발생하지만 계속된 정책지원은 '기업의 사적 비용≠사회적 비용'의 외부효과(external effect)가 지속적으로 발생하여 차별적인 특정 기업의 이익으로 귀결될 수 있기 때문이다. 또 지원으로 국내가격이 변하면 사회후생이나 자원배분 효율에는 영향이 없더라도[194] 소득분배에 영향을 미치게 된다.

일단 기업을 보조해 주되 장기적으로 외부효과가 발생되지 않도록 경쟁을 강화하고 초과이윤을 없앤다고 해도 문제는 여전히 발생한다. 개별 기업은 회계기준을 바꿈으로써 결국 사회 전체적으로 보아 생산자후생(기업이윤효과) 감소효과를 발생시키게 되기 때문이다. 즉, 사회후생식 식 (5-2-1)에서 기업의 총수입은 $(P+S)q$이고 장기적으로는 초과이윤이 사라지면 $(P+S)q=C(q)$ 또는 $(P+S)q=C(q)+E$가 되는데, 기업은 이윤극대화를 위해 한계수입=한계비용($MR=MC$) 점에서 생산량을 결정하므로 기업이윤 획득효과 dSW/dq와 진입기업 이윤효과 dSW/dN는 식 (5-2-2), 식 (5-2-3)과 같이 마이너스(陰)로 나와 기업이윤 획득효과와 진입기업 이윤효과의 합으로서의 기업이윤효과, 생산자후생은 사회 전체적인 면에서 음으로 나타나게 되는 것이다.

$$\begin{aligned} dSW/dq &= NP-NC'=NP-N(P+S)(\because MC=MR) \\ &= -NS \end{aligned} \tag{5-2-2}$$

$$\begin{aligned} dSW/dN &= Pq-C(q)-E \\ &= -Sq(\because (P+S)q=C(p)+E) \end{aligned} \tag{5-2-3}$$

194 식의 $SW=N\{(P+S)q-C(q)\}-N(E-L)+\{U(X)-PX\}-(P-P1)T-SNq-NL$에서 $dSW/dP=Nq-X-T=0$이 된다.

여기서, SW: 총사회후생
N: 산업기업수
P: 국내시장가격
S: 생산단위당 지급되는 보조금
q: 기업의 생산량
$C(q)$: q생산에 들어가는 비용 중 진입비용을 뺀 총비용
E: 진입비용
L: 진입촉진 위해 생산량 관계없이 지급되는 일괄보조금
$U(X)$: 소비자효용
X: 생산량
$P1$: 국제시장가격
T: 순수출량
C': 한계비용(dC/dq)

물론 이는 기업이 정부보조를 하늘에서 떨어진 것으로 생각해 $P+S=C'$, 즉 기회비용 $C'(dC/dq)$를 가격 P보다 보조금 S만큼 크게 생각하여 움직이기 때문이다. 이렇게 보면 결국 기업이 진입된 산업에서의 보조는 산업의 자원활용을 비효율적으로 만듦을 알 수 있다.

보조금이 해외부문을 위해 지급된다고 해도 마찬가지이다. 보조금이 수출보조로 지급되면 국내가격이 국제가격 $P1$보다 커도 순수출이 늘어나고 $P-P1>0$, $(P-P1)T>0$이 되어 식 (5-2-1)에서 보듯이 사회후생은 감소한다.

〈보론 5-3〉 재정투융자와 정부의 개입—일본 사례와 비교

1970년대 재정투융자가 투입된 곳은 포항종합제철 확장공사, 아연제련소 건설의 비철금속기지 공사, 창원기계공업단지 조성과 기계공업 중점육성업종 27개 공장 건설공사, 현대조선소 확장공사·옥포조선소 건설·죽도 고려조선소 건설 등 조선기지 확장공사, 구미전자공단과 21개 공장 건설공사, 여천화학기지의 석유단지 건설, 제7비료(肥料)공장 건설, 대단위 화학펄프공장 건설, 한일(韓一)·아세아·쌍용 등 시멘트공장 확장공사, 그리고 기계제염공장 건설과 현대자동차·기아자동차·GM코리아 등 자동차 국산화율 제고 시설지원 등 거의 모든 부문에 걸쳐 이루어졌다.

그러나 중화학공업에 투자된 비중은 앞의 본문에서 지적하였듯이 1973~1979년 정부출자금을 전부 포함해도 0.3~8.6%에 불과하였다. 제조업 전체로 보아도 투입된 재정투융자 비율은 〈보론그림 5-3-1〉, 〈보론표 5-3-1〉에서 보듯이 10%에 훨씬 못

보론그림 5-3-1 정부개발비(재정투융자) 중 제조업부문 비중

단위: %

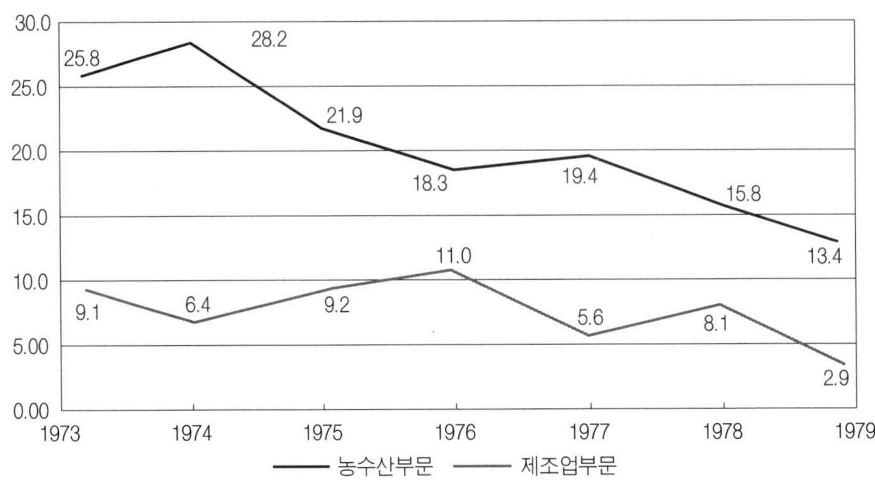

주: 1) 현물 및 용역차관 포함한 집행실적임.
2) 총계는 반올림 오차가 있음.
자료: 재무부(재금, 1984. 4).

보론표 5-3-1 재정투융자의 배분

단위: %

구 분	1973		1974		1975		1976		1977		1978		1979	
	금액	비중	금액	비중	금액	비중	금액	비중	금액	비중	금액	비중	금액	비중
농림수산업	647	25.8	1,113	28.2	1,483	21.9	1,597	18.3	1,984	19.4	1,967	15.8	2,865	13.4
제 조 업	227	9.1	251	6.4	623	9.2	945	11.0	572	5.6	1,003	8.1	616	2.9
사회간접자본	1,556	62.1	2,439	61.8	4,501	66.4	5,984	68.7	7,432	72.7	9,167	73.7	17,250	80.7
총 계	2,507	100	3,945	100	6,776	100	8,711	100	10,227	100	12,446	100	21,383	100

주: 1) 현물 및 용역차관 포함한 집행실적임.
2) 총계는 반올림 오차가 있음.
3) 광업이 빠져 있어 총계가 일치하지 않음.
자료: 재무부(재백, 1982); 재무부(재금, 1984. 4).

미치고 있으며, 이는 61.8~80.7%를 차지하는 사회간접자본 투자비중이나 심지어 농수산부문의 투자비중과 비교해 보아도 극히 낮은 수준이었다. 즉, 정부는 총괄적인 전체 계획과 전체 산업비용에 영향을 미치는 사회간접자본 투자에 집중하였고, 개별적인 중화학공업의 투자는 주로 기업에 의해 이루어졌다.

나아가 시계열로 보아도 중화학공업에 투입된 재정투융자는 1972년 29.0%, 1973~1976년 4.0~8.6%로 높았지만 1976년 8.6%를 정점으로 1977~1979년에는 3.0%, 5.7%, 0.3%로 줄어들고 있고,[195] 제조업 전체에 투입된 금액비중으로 보아도 1976년 11.0%를 정점으로 1977~1979년에는 5.6%, 8.1%, 2.9%로 낮아지고 있다.

한국 정부는 재정에서 정부저축 극대화에 주 목표를 두고[196] 개발세정에 주력하였는데, 이는 경제발전의 초기, 그리고 중화학공업화와 같은 기간산업의 도입기에는 불가피한 조치이며, 자본시장이 발달되지 못한 상태에서 정부자금의 유도는 정부의 역할에 부합하는 것이다. 특히, 후발공업국이면서 자원빈약국인 경우 수입기술·수입자원·수입생산재에 의존하고 있으므로 임금이 낮아도, 환율로 실질임금을 내려도 수입원자재·수입생산재·수입기술의 코스트가 상승하면 원천적으로 경쟁력을 가질 수 없다. 따라서 국내의 생산현장에 직·간접적인 방법으로 보조를 통하여 생산비를 낮춤으로써 규모의 경제를 키울 수밖에는 경쟁수단이 없다. 여기에서 정부의 역할이 초기에 이루어지는 것은 매우 정당하며 한국의 1970년대 중화학공업화 초기는 가장 전형적인 이 경우에 해당된다. 이는 한국만이 아니라 선진공업국 모든 국가의 1, 2차 중화학공업화 단계에서 나타나고 있는 현상인 것이다.

한국이 중화학공업화 기간을 통해 항상 선발사례로 관찰하였던 일본의 산업자금 공급에 대한 국가자금비율을 정리해 보면 〈보론표 5-3-2〉와 같다. 이를 보면 설비투자자금에 대한 정부자금의 비중이 1955년 37.6%를 정점으로 이후 감소하여 1961년 8.8% 수준까지 떨어지고 있으나, 강·조선·유기합성화학을 중심으로 1960년대 본격적인 2차 중화학공업화 정책을 시행하면서[197] 1963년부터 늘어나 1966년에는 다시 21.9%에 이르고 있다.

특히, 일본의 재정지출은 공업구조상에서 중화학공업화를 촉진하는 요인의 하나로 작용한 것이 그 구조적 특징이었다. 1950~1960년 일본의 재정투자율(투자지출의 GNP 비중/재정지출의 GNP 비중)은 24.2%로 미국의 8.8%, 독일의 8.5%보다 월등히 높다.[198] 1955년 이후 1966년까지의 기업의 금융의존비율을 보면, 첫 번째로 금융기관 간접금융, 두 번째로 정부금융(간접금융 중 1955년 22.2%, 1960년 15.7%, 1965년 16.0%, 1966년 18.8%), 그리고 직접금융·해외금융 유입의 순이었다.[199] 1955년부

[195] 재무부(결, 1973~1980).
[196] 박승(朴昇, 1977), pp. 13~14.
[197] R. Castley(1997), p. 95; (日本)總理府統計局(1971).
[198] 서울대 상과대학 한국경제연구소(1973), p. 127.
[199] 中村隆英(1968); 서울대 상과대학 한국경제연구소(1973), p. 73.

보론표 5-3-2 일본의 산업자금 공급에 대한 국가자금비율

단위: %

구 분	a	b	c
1947	33.1	−	25.0
1948	15.6	−	13.0
1949	2.3	−	1.7
1950	18.8	−	11.4
1951	13.0	−	8.6
1952	24.5	35.7	17.1
1953	11.4	27.5	7.2
1954	30.4	35.6	15.9
1955	15.8	37.6	7.6
1956	8.0	19.5	4.7
1957	8.2	17.1	4.9
1958	9.7	16.5	5.9
1959	8.9	17.2	5.1
1960	7.5	13.0	4.3
1961	5.5	8.8	3.3
1962	7.1	8.9	4.4
1963	5.2	11.7	3.2
1964	8.1	13.0	4.5
1965	8.6	15.1	5.9
1966	10.0	21.9	6.0

주: a: 외부자금 총액에 대한 정부금융기관, 융자특별회계 및 외화대부대출의 산업자금 공급비율.
b: 설비투자자금에 대해 a와 같은 비율로 계산한 것.
c: 분모에 내부자금을 추가하여 산업자금 총액에 대해 a와 같은 비율로 계산한 것.
자료: 中村隆英(1968); 서울대 상과대학 한국경제연구소(1973), p. 71.

터 1963년까지 일본 정부의 고정자본형성 중 주택·교육의 사회간접자본 설비에 투입한 것은 21.8% 정도에 불과하였다. 대부분 도로건설·국철 등 전체의 78.2% 정도가 생산활동을 뒷받침하는 투자로 이루어졌다.[200]

〈보론표 5-3-3〉에서 보듯이 1951~1953년부터 1960년대 일본의 조세특별조치

200 서울대 상과대학 한국경제연구소(1973), p. 75.

보론표 5-3-3 일본의 조세특별조치에 의한 비과세준비금과 특별상각액

단위: 억 원

구 분	면세소득	비과세준비금	특별상각(特別償却)
1950	10	111	–
1952	74	895	31
1954	177	3,011	138
1956	513	5,310	335
1958	522	7,197	785
1960	493	9,670	na
1962	372	11,945	na
1964	359	15,529	na

자료: 日本租稅協會(1966); 서울대 상과대학 한국경제연구소(1973), p. 136.

에 의한 면세(免稅)소득액이나 비과세(非課稅)준비금 등은 점점 거대화되었는데, 이 제도를 주로 이용한 곳은 대기업이었으므로 이렇게 볼 때 조세특별조치도 자산재평가조치와 마찬가지로 전후 일본 경제의 중화학공업화를 크게 촉진시키는 역할을 하였다.[201] 자산재평가조치는 1950년 「자산재평가법」과 1954년 「기업자산 충실을 위한 자산재평가 등의 특별조치」로 감가상각액 증가를 통해 과세감면을 가져왔고, 따라서 규모가 큰 중화학공업을 맡았던 대기업이 유리하였다.

한국의 경우 오히려 늦은 출발에도 불구하고 정부저축을 줄이고 민간저축에 의한 투자자금 조달의 방식전환 추구가 산업발전단계에서 볼 때 상대적으로 일찍부터 이루어졌다. 정부는 재원을 민간저축으로 전환하기 위해 매우 노력하였으며, 특히 1976년 이후 이를 적극 추구하였다. 민간부문의 저축증대를 위해 정부는 1977년에도 "지난 해 총력저축의 범국민적 노력을 이어받아 저축이 국민의 생활 속에 깊이 뿌리박게 하기 위하여 의욕적인 목표와 추진계획을 마련하고 배전의 노력을 기울이고 있다"고 공개적으로 밝혔다.[202] 이러한 정부의 노력으로 간접금융이 대기업에 집중되면서 바람직하지 못한 금융의 편중현상을 가져다 주는 결과까지 나타났다.

201 서울대 상과대학 한국경제연구소(1973), pp. 134~136.

202 고병우(재무부)(1977. 5), p. 25.

〈보론 5-4〉 국민투자기금의 구조와 운용

국민투자기금의 전체 구조를 보면 〈보론그림 5-4-1〉과 같다.

우선, 국민투자기금의 재원을 보면 국민저축조합자금, 각종 공공기금, 우편저축과 국민복지연금, 은행기관자금, 보험신탁자금, 그리고 전년도 수지와 상환금으로 충당되었다. 최초 투입이 계획되었던 정부의 재정으로 충당된 것은 이차보전비용(利差補塡費用)뿐이었고 그 외 재정금액의 투입은 없었다.

국민투자기금의 가장 중요한 3대 재원은 〈보론표 5-4-1〉에서 보듯이 은행, 공공기금 그리고 전년도 수지와 상환금이었다. 각 금융기관은 저축성 예금 증가분의 15%를 국민투자기금채권 매입에 사용하도록 하였으므로 역시 국민투자기금의 가장 압도적 재원은 은행이 되었다. 은행은 1974년 국민투자기금 재원의 52.1%를 충당하였고, 1975년 50.0%, 그리고 1976년에는 54.2%까지 충당하였다. 이후 은행의 충당비중은 약간 줄어 44.6~47.6%를 유지하다가 1980년에는 25.2%로 그 비중이 크게 낮아졌다. 그 다음으로 1977년까지는 각종 공공기금의 충당비중이 13.4~21.4%였으나 1978년부터는 전년도 수지와 상환금비중이 30% 이상 30.3~32.0%로 높아져 1978, 1979년 공공기금의 충당비중은 11.9~12.2%로 급속히 낮아졌다. 이 세 곳을

보론그림 5-4-1 국민투자기금의 정책금융구조

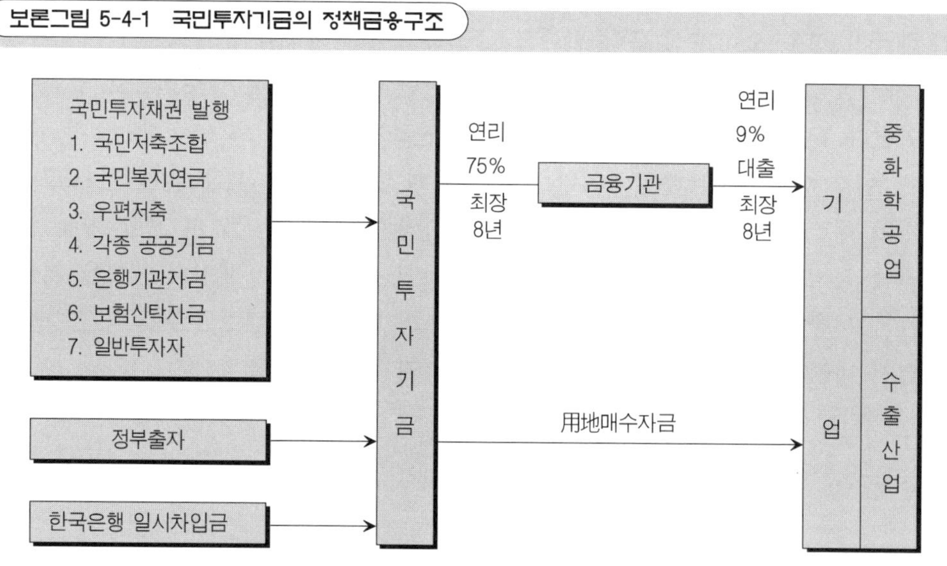

자료: 대한상공회의소(중건, 1975), 재무부(재백, 1982).

보론표 5-4-1 국민투자기금 재원

단위: 억 원, %

구 분		국민저축 조합	각종 공공기금	우편저축, 국민복지연금	은행기관 자금	보험 신탁자금	전년도 수지와 상환금	총 계
1974	금액	88	115	100	369	26	10	708
	비율	12.4	16.2	14.1	52.1	3.7	1.4	100
1975	금액	113	168	150	535	74	30	1,070
	비율	10.6	15.7	14.0	50.0	6.9	2.8	100
1976	금액	121	254	185	1,024	122	184	1,890
	비율	6.4	13.4	9.8	54.2	6.4	9.7	100
1977	금액	170	453	−21	1,004	181	331	2,118
	비율	8.0	21.4	−1.0	47.4	8.5	15.6	100
1978	금액	264	546	0	2,000	241	1,436	4,487
	비율	5.9	12.2	0	44.6	5.4	32.0	100
1979	금액	390	644	0	2,572	163	1,636	5,405
	비율	7.2	11.9	0	47.6	3.0	30.3	100
1980	금액	418	914	0	1,025	240	1,471	4,068
	비율	10.3	22.5	0	25.2	5.9	36.2	100

주: 정부의 재정으로 충당된 것은 이차보전비용(利差補塡費用)뿐이었음.
자료: 한국은행 기금운용부(1989).

제외한 다른 부문의 기금충당은 적었으며, 우편저축과 국민복지연금은 1974년 14.1%를 충당하였으나 1977년부터 재원을 내지 않았다.

국민투자기금의 대출대상은 중화학공업·전기사업·수출금융 그리고 식량증산사업과 새마을공장사업이었고, 운용계획은 국무회의의 심의에서 결정하였다. 국민투자기금 중 중화학공업에 운용된 자금은 〈보론표 5-4-2〉에서 보듯이 45.6%에서 최고 66.1%였다. 은행기관을 통한 대출비중은 1974~1981년 연평균 기금의 45.3%였다.[203]

그런데 금융기관으로부터 돈을 거두어 다시 금융기관을 통해 대출한 것은 어떻게 보면 비효율적이었다. 그러나 금융기관에 돈을 바로 대출하라고 규정하지 않은

[203] 鄭章淵(1991), p. 209.

보론표 5-4-2 국민투자기금 사용내역

단위: 억 원, %

구 분	중화학공업			전기사업	수출금융	식량증산사업, 새마을공장사업	합 계
	금 액		비 율				
	설비대출	계					
1974	307	344	54.9	170	0	113	627
1975	490	543	45.6	432	30	187	1,191
1976	809	1,007	56.5	400	100	274	1,781
1977	1,099	1,353	61.8	400	300	137	2,190
1978	2,167	2,513	62.5	1,020	297	191	4,021
1979	2,677	3,022	66.1	1,000	300	252	4,574
1980	2,257	2,667	60.8	1,200	300	217	4,384
계	9,806	11,449	–	4,622	1,327	1,371	18,768

주: 1) 중화학공업 자금은 설비대출자금과 국내기계 구입자금대출로 나뉘며 중화학공업부문 절대액과 비율 모두 재무부(재백, 1982)의 계산값보다 많게 추계되어 있음.
2) 비율=중화학공업 투입금액/전체 금액.

자료: 한국은행 기금운용부(1989).

이유는 당연히 필요한 효율적인 관리라는 측면도 있지만, 정부 스스로가 중화학공업화의 중요성을 국민들에게 알리고 범국민적 참여의식을 고취하기 위한 목적이 컸었다. 실제로 이 기금은 처음에 국민 모두 출자함으로써 국민 스스로 주체임을 느끼게 하자고 '국민출자기금'안으로 명명되었으나 주주 개념에 대한 용어혼선을 우려하여 '국민투자기금'으로 바뀌었다.[204]

국민투자기금의 책임자는 재무부 장관이, 채권발행 및 기금의 운용관리는 한국은행 총재가 맡았다. 국민투자기금의 수입과 지출을 명확히 하기 위하여 국민투자기금계정을 한국은행에 설치하도록 국민투자기금법 시행령이 1994년 12월 23일 개정되었다.

〈보론 5-5〉 WTO 보조금 지급규정

WTO체제의 성립과 함께 산업정책의 많은 수단이 사용 불가능하게 되었다. 우

[204] 중화학공업추진위원회기획단(공발3, 1979), pp. 355~356.

선 무역관련 조치로서 국산품 사용의무(예컨대, 자동차의 경우 국산차에 대해서는 국산화율이 몇 % 이상일 때는 세제우대조치 등)를 철폐하도록 하였다. 자국의 유치산업 보호를 위해 「수출입관리법」 또는 「관세법」을 통해 수입금지조치를 취하던 것을 못하게 한 것이다. 또 본장 논의와 관계되는 것으로서, 발전도상국의 경제발전을 위한 보조금 지급이 사실상 불가능하게 되었다. 특히, 협정은 보조금을 정부의 재정지출기준이 아니라 기업의 수혜를 기준으로 함을 명시적으로 규정함으로써 조세감면 등의 조치까지 포괄하였다.

그래서 ① 무상지원·대출·지분참여 등 직접적 자금이전, 잠재적 자금이전 또는 대출보증 등의 채무부담, ② 조세감면 등의 조세혜택, ③ 일반사회간접자본 이외의 재화 용역 제공 및 재화의 구매, ④ 정부가 자금공여기관 또는 민간기관을 활용하여 그런 역할을 대행시키는 경우가 보조금으로 간주되어 불가능하게 되었다. 또 특정 산업 또는 특정 기업에 대한 영업손실의 보전 또는 채무의 면제(정부보유 채권의 면제 및 채무상환을 위한 무상지원) 등은 상계가능 보조금으로 무역상대국에 피해를 줄 경우 보복조치를 받을 수 있게 하였다. 이런 규정은 발전도상국의 정책자율권에 가장 직접적인 제약을 가하는 부분으로서, 이렇게 해서 산업합리화제도, 투자촉진지원제도 등이 상당한 제약을 받게 되었다. 실제로 EU는 2002년 EU 조선업계가 한국 조선산업으로부터 받은 피해 때문에 역내 조선업계에 대해 보조금을 지급한 적이 있다.

4. 자　　료

[자료 5-1]

1974년도 10대 시정방침 연설내용 요지

(박정희, 「대통령 국회시정연설문」, 1973. 10. 4)

1. 경제안정의 공고화
2. 새마을사업을 주축으로 한 농어촌의 중점적 개발
3. 중화학공업의 건설 촉진
4. 내자동원의 극대화
5. 경제외교의 강화에 따른 수출의 지속적 신장과 관광사업의 진흥
6. 기술의 혁신과 국민생활의 과학화
7. 중소기업의 적극적인 육성
8. 사회간접자본의 균형 있는 확충
9. 사회복지의 증진
10. 국제인플레와 자원부족에 대처하는 시책

[자료 5-2]

일본·독일(서독)·대만의 1970년대 중화학공업 육성정책과 수출지원정책[205]

1. 중화학공업 육성정책
   1) 투자촉진정책
      가. 일본
         a. 특별상각
         b. 신제품 생산에 대한 법인세 공제
         c. 일본개발은행을 통한 장기저리의 재정자금지원
         d. 계열융자제도

[205] 김광두(1979), pp. 23~25.

e. 과점적 시장구조정책

나. 독일(서독)

a. 특별상각

b. 유보이익의 50%를 법인세 대상에서 공제

c. 선별적 자본시장 육성

d. 기간산업에는 '투자기금'을 통한 지원

다. 대만

a. 특별상각

b. 영업소득세 감면

c. 정부기업의 육성

2) 기술도입 및 개발정책

가. 일본

a. 기부금 공제제도

b. 신기술개발사업단을 설립하여 기술개발 연구에 대한 지원

나. 독일(서독)

a. 기부금에 대한 공제

b. 기업의 연구개발 투자시 투자액의 30~50%를 과표에서 공제하고 투자액의 10%를 보조

3) 사회간접자본 확충

가. 일본·대만

거의 정부투자에 의해 확충

나. 서독

교통부문은 정부가 전담 정비하였고, 여지 공장부지·통신·항만·전력 등의 부문은 정부지원책에 의하여 유치된 민간자본으로 확충, 정부는 유치된 민간자본에 대하여 지역개발정책과 관련하여 보조금을, 고용효과와 관련하여 소요투자자금을 지원함.

2. 중화학공업 수출지원 중 세제지원정책

가. 일본

수출소득공제제도를 실시. 수출대금의 1~5% 또는 수출소득의 50~80% 중 적은 쪽을 과세소득에서 공제한다. 또 각종 준비금(수출계약취소준비금, 해외시장개척준비금, 해외투자손실준비금)제도를 도입·활용하고 있다.

나. 서독

수출소득공제제도를 실시. 수출대금의 3%를 과세소득에서 공제한다.

별도로 수출대금의 1~3%를 특별적립금 형태로 유보케 하고 이에 대한 세액은 10년간 분할납부할 것을 허용한다. 또한 수출품에 대한 거래액세·어음세 및 보험세를 면제.

이 외에도 수출보험제도로 일본은 수출대금보험제 등, 서독은 본드(Bond)보험제도 등을 활용하고 있다.

[자료 5-3]

국민투자기금의 성립과정과 폐지[206]

박정희 대통령은 1973년 초 중화학공업을 획기적으로 육성할 수 있는 방안을 마련하도록 내각에 지시하는 한편 재무부에 중화학공업 육성에 필요한 내자동원방안을 강구하도록 지시하였다. 지시를 받은 남덕우(南悳祐) 장관과 김용환(金龍煥) 차관은 우선 이 작업을 누구에게 맡길 것인가에 대해 논의하였다. 처음에는 이재국장(理財局長)이 중심이 되어 내자조달방안을 만들도록 할 계획이었으나 이재국은 일상업무가 너무 많아 어렵다고 판단하여 새로운 '금융제도심의관'이란 직제를 설치하여 전담시키기로 결정하였다. 서둘러 직제개정안을 마련하여 총무처의 승인을 얻어 3월에 하동선(河東善) 씨를 금융제도심의관으로 임명하였다.

재무부가 그 대안을 마련하고 있을 때 대통령은 김용환 차관을 경제특보로 전보발령하였다. 김 차관이 청와대로 가자 최각규(崔珏圭) 차관보가 차관으로 승진되어 국민투자기금 조성을 위한 작업을 총지휘하고 하동선 금융제도심의관이 실무작업을 진행하였다.

이때 경제기획원과 한국개발연구원이 1981년까지의 한국 장기경제전망을 작성하였으므로 재무부에서 이에 맞추어 1차로 전체적인 내자동원계획 및 추정작업을 진행하였다. 그 결과 중화학공업 육성을 위해서는 조직적인 자금동원체제 확립이 긴요하다는 결론을 얻었다. 우선 저축률을 높이는 것이 필요하지만 자금을 중화학공업에 집중 투입하는 효율적인 자금배분책을 마련하는 것이 긴급으로 요청되었다. 이에 따라 재무부는 한국은행 및 산업은행 관계자들을

206 중화학공업추진위원회기획단(공발3, 1979), pp. 354~360; 한국은행 금융결제국(2003. 4. 10).

차출, 선진 각국의 설비금융체제에 대한 자료를 수집토록 하고 우리 실정에 맞는 제도를 연구검토하였다.

여기에서 국민들의 저축을 극대화하고 저축된 자금을 중화학공업에 집중투자하기 위해서는 기금을 조성하는 것이 소망스럽다는 일치된 견해가 나왔다. 그래서 처음에는 '국민출자기금안(國民出資基金案)'으로 명칭이 제기되었다. 모든 국민들이 중화학공업 건설에 출자를 함으로써 국민 스스로 중화학공업 건설의 주체임을 느끼게 하자는 뜻이었다. 그러나 '출자'라는 개념은 주주의 한 사람으로 직접 참여한다는 것이어서 혼란을 야기시킬 가능성이 있다는 주장이 나와 '국민투자기금'으로 명칭을 바꾸었다.

재무부가 처음 '국민투자기금안'을 마련할 때 경제기획원 등 관계부처와 사전협의 없이 거의 단독으로 작업을 진행하였다. 재무부가 다른 부처와 충분한 사전협의 없이 '국민투자기금안'을 독자적으로 만들어 내놓자 경제기획원 측에서는 재무부 안에 반대 입장을 표시하였다. 태완선(太完善) 경제기획원 장관은 재무부가 마련한 '국민투자기금안'은 기금을 조성하는 방법과 배분하는 방법에 모두 문제가 있다고 반론을 제기하였다. 재무부는 관계부처의 의견을 약간 가미하여 8월 중 박 대통령이 참석한 '중화학공업추진위원회'에서 '국민투자기금안'을 보고하였고, 이 자리에서 관계부처 장관들의 사소한 반대의견이 있었으나 대통령으로부터 승인을 받았다.

박 대통령의 내부승인을 받은 재무부는 바로 '국민투자기금안'을 확정, '경제장관회의'와 각의의 의결을 거쳐 국회에 제출하였다. 각의 의결과정에서는 별다른 반대의견이 없었고, 총무처에서 기금의 출연문제에 이의를 제기하여 약간의 논란이 있었을 정도였다. '국민투자기금' 법안이 국회 심의에 들어가자 야당 의원들은 기금출연이 강제저축 성격을 펴고 있으며, 금융자금을 일부나마 특정기금에 위탁하여 계획사업에 투자하는 것은 관주도로 금융자금을 배분하려는 통제경제체제로의 전환을 뜻한다고 반대의사를 표명하였다. 그러나 남덕우 재무장관은 기금조성이 절대로 강제저축으로 이루어지는 것이 아니며, 저축된 재원을 가능한 한 중화학공업부문에 흘러들어가게 하는 역할을 할 뿐이라고 의원들을 설득하였다. '국민투자기금' 법안이 국회에 상정되자 국회의원뿐 아니라 경제계나 학계 일부에서도 강제저축제도이며 효율적인 금융자금 배분의 왜곡화를 초래할 가능성이 있다고 반론을 제기하였다.

일반인들에게서도 반대의사가 나타났는데, 정부가 이유를 조사해 보니 오해가 있다는 것이 밝혀졌다. 일반인들의 오해를 산 것은 국민들은 공무원의 퇴직연금이나 국영기업체 임직원의 퇴직금을 현금으로 주지 않고 국민투자기금채권을 주는 것으로 알고 있었으며, 체신저축이나 은행예금 보험금 등도 만기가 되면 현금은 찾지 못하고 국민투자기금채권으로 받는 줄 알았기 때문이었다. 그러나 사실은 공무원연금의 경우 연금기금을 관리하는 총무처가 기금운용방법의 하나로 '국민투자기금채권'을 인수토록 하고, 개인저축을 흡수하는 은행·우체 국·보험회사 등이 일부를 '국민투자채권'을 인수 활용하도록 한 것이었다.

자금출연에 대한 오해가 풀리자 국회 심의과정에서 별다른 수정이 없었으며, 자금의 활용방안만이 국회에서 일부 수정되었다. 당초 재무부는 '국민투자기금'을 철강·조선·기계·전자·화학공업 등 5대 중요 산업에만 활용하기로 하고, 식량증산사업 등 기타 사업에 대한 지원은 대통령령에 위임, 필요한 경우 지원을 해 줄 수 있도록 하였다. 그런데 국회 심의과정에서 여야 의원들은 식량증산사업을 지원대상으로 법에 명기할 것을 제의하여 이것이 지원사업 대상에 추가되었다.

정부는 '국민투자기금' 법안의 국회심의와 동시에 IMF 및 IBRD 연차총회를 맞아 '국민투자기금'의 내용을 팸플릿으로 만들어 IMF 및 IBRD 관계자들에게 설명하고 조언을 요청하였다. IMF 및 IBRD 관계자들은 지금까지 다른 나라에서 선례가 없는 독특한 제도로 그 성과가 크게 기대된다는 반응을 보였다. 이들은 별다른 조언이 없다면서 아주 훌륭한 아이디어라고 정부관계자들을 격려하였다. 선진 각국이 독특한 설비금융체제를 갖추고 있지만 한국의 '국민투자기금'처럼 뚜렷한 목표와 조직적인 자료조성 및 배분계획을 갖춘 제도는 없다는 것이 IMF 및 IBRD 관계자들의 설명이었다. 이에 정부는 자신을 갖고 국회 심의를 마칠 수 있었다.

그러나 '국민투자기금'은 처음부터 당초 계획과는 빗나간 방향에서 운용되었다. 당초 정부는 '국민투자기금'에 재정자금의 출연을 대폭 확대할 계획이었으나 막상 시작하자 정부의 당초 의욕대로 재정출연이 되지 못하였다. 그래서 정부는 연차적으로 재정자금 출연을 확대해 나간다는 원칙을 다시 세우고 매우 소액의 출연만으로 시작하였다.

국민투자기금은 2003년 폐지되었다.

한국은행 금융결제국은 2003년 4월 10일「국민투자기금 업무 종료」발표를 통해 2003년 4월 10일(목요일)부로「국민투자기금법」폐지에 의거하여 국민투자기금의 청산 잔여자산 497억 원을 국고에 납입함으로써 국민투자기금이 공식 종료됨을 발표하였다.

[자료 5-4]

국민투자기금법(1974. 12. 14)

가. 국민투자기금의 재원

(1) 국민투자기금의 부담으로 발행하는 국민투자채권(국회 의결 필요)

(2) 정부의 각 회계로부터의 전입금 또는 예탁금

(3) 국민투자기금의 결산상 잉여금

(4) 기타 국민투자기금의 부담으로 한국은행으로부터 일시 차입한 당해 회계연도 내에 상환하는 조건

나. 국민투자기채권의 인수 및 기금에의 예탁업무자 등

(1) 저축증대에 관한 법률에 의한 국민저축조합의 조합원의 저축자금

(2) 국민복지기금법에 의하여 조성된 자금

(3) 우편저금과 국민생명보험에 의하여 조성된 자금

(4) 정부, 지방자치단체, 기타 공공단체가 관리보조 또는 출연하는 기금 중 대통령령이 정하는 자금

(5) 금융기관의 저축성 예금으로 조성된 자금

(6) 신탁회사의 불특정금전신탁에 의하여 조성된 자금

(7) 보험회사의 보험에 의하여 조성된 자금: 단, 금융기관 저축성 예금 자금에 의한 채권인수와 기금에 대한 예탁금의 합계액은 금융기관 저축성 예금 증가액의 20%를 초과할 수 없도록 제한하고 기타 정부, 지방자치단체, 기타 공공단체가 공업단지·도로 또는 중요 산업의 건설을 위하여 대통령령이 정하는 임야나 유휴지를 매수하는 경우에 그 대금의 전부 또는 일부를 국민투자채권으로 지급가능

다. 국민투자기금의 운용

(1) 중요 산업의 설비자금(용지의 취득 또는 단지의 조성을 위한 자금 포함)

(2) 중요 산업의 운전자금

(3) 한국수출입은행법 제18조의 제1호, 제3호 및 제4호의 규정에 의한 업무를 수행하기 위한 수출지원자금

(4) 법 제9조에 의한 용지매수자금(이 경우 금융기관을 거치지 않고 운용할 수 있음)

(5) 기타 대통령령이 정하는 용도의 자금: 단, 지원대상이 되는 중요 산업은 철강, 비철금속, 기계, 화학, 전자공업, 식량증산사업과 기타 대통령령이 정하는 사업으로 한정

라. 국민투자기금의 관리

(1) 국민투자기금운용심의회

국민투자기금의 운용기준, 연도별 조달 및 운용계획 결산보고 기타 국민투자기금의 운용에 관한 중요 사항을 심의하기 위하여 국민투자기금운용심의회를 설치

(2) 국민투자기금 운용기준

국민투자기금 운용의 조건 및 원칙과 금융기관이 국민투자기금을 운용함에 있어서 준수하여야 할 사항 등을 내용으로 하는 국민투자기금 운용기준을 작성하여 국민투자기금운용심의회의 의결을 거친 후 국무회의의 심의를 거쳐 대통령의 승인을 얻어야 함.

(3) 국민투자기금의 연도별 조달 및 운용계획

재무부 장관은 회계연도마다 국민투자기금의 조달 및 운용계획을 작성하여 국민투자기금운용심의회의 의결을 거친 후 국민회의의 심의를 거쳐 대통령의 승인을 얻어야 함.

[자료 5-5]

한국기계공업공단 분양대금 결정방식[207]

1) 산업기지개발공사에 국민투자기금을 3년 거치 5년 상환에 연리 9%로 융자(1974년 3월 15일 제3차 중화학공업 차관보급 실무회의 결정)
2) 산업기지개발공사는 이를 한국기계공업공단에 판매(1974년 3월 15일 제3차 중화학공업 차관보급 실무회의 결정). 판매가격은 건설부 장관이 정하고 대금상환은 역시 3년 거치 5년 상환을 원칙으로 하되 산업기지개발공사의 국민투자기금 상환계획에 부합하도록 함. 이때 한국기계공업공단이 국민투자기금 채무인계로 상계도 가능함.
3) 한국기계공업공단 설립은 일반금융에서 신용대출을 받되 원리금은 1974년 추경예산 또는 1975년 예산에 반영하여 상환하고 한국기계공업진흥회가 200만원을 출연(1974년 4월 11일 경제장관회의 결정)
4) 한국기계공업공단은 분양매입한 땅을 그 가격대로 입주업체에게 분양하는 것

207 동남지역공업단지관리공단(1996), pp. 149~150, 194~195.

을 원칙으로 하되 판매시기 차이에 따른 금리부담 등을 고려하여 조정할 수 있음. 대금상환은 3년 거치 5년 상환을 최장기로 하고 역시 산업기지개발공사의 국민투자기금에 대한 상환계획에 부합하도록 조정하되 초기 입주시는 장기로, 후기 입주시는 단기로 되게 함. 단, 입주시 부지매입대금의 30%는 현금으로 납입토록 함(1974년 3월 15일 제3차 중화학공업 차관보급 실무회의 결정).

CHAPTER 6

산업보호와 개방: 성격과 시각

6.1 머 리 말

산업정책은 크게 재정·금융 그리고 해외부문으로부터의 보호정책으로 나누어진다.[1] 이런 점에서 산업보호를 광의적으로 해석하면 국내에서의 재정·금융면의 산업보호가 있지만 1차적으로 산업보호를 이야기할 때는 수량면에서의 수입규제, 가격면에서의 관세부과 등을 통해 외국제품의 수입을 억제하고 국내생산을 촉진하는 해외부문으로부터의 보호를 의미한다. 그러나 해외부문의 보호를 보다 일반적인 인식론 측면에서 보면 '자국의 산업'을 보호하기 위한 보호, 즉 해외의 자본·기업·산업으로부터의 자국산업의 모든 보호를 의미하고 있다.[2] 사실 해외부문으로부터의 보호는 역사적으로 보아 산업보호 중 가장 광범위하게 이루어졌고, 오늘날에도 이루어지고 있다. 그렇기에 세계시장의 발전은 그 대표 상징성과 성과에서 보면 해외부문으로부터의 보호 완화를 위해 노력한 역사였으며, 그 결과로서 오늘날 WTO체제에서 문제가 되는 보호는 해외부문으로부터의 보호를 우선적으로 지칭하고, 또한 이는 분명히 금지된 원칙으로 각국 간 확인되고 있는 것이다.

---

[1] 이 밖에 진입규제를 주요한 정부의 산업정책으로 지적할 수 있다. 하지만 진입규제는 대부분의 경우 해외부문으로부터의 보호와 중복되어 나타나고 나아가 재정·금융수단과 결합되어 나타난다. 기타 행정지원의 경우도 동일하다.

[2] 정확히 말하면 국내에서의 해외부문으로부터의 보호만이 아니라 해외에서의 해외부문으로부터의 보호도 포함한다. 본장에서는 통상적으로 인식되고 있듯이 전자에 초점을 맞추어 논의한다. 후자에 대해서는 본장 부록의 〈보론 6-1〉 참조.

이제까지 한국 중화학공업화와 관련된 산업보호에 대해서는 해외에서는 물론이고 국내에서도 다음의 세 가지 사실을 대체적으로 지적해 왔다. 첫째, 한국의 중화학공업화는 수입제한 등 보호에 의해 이루어졌다.[3] 둘째, 중화학공업화에서 이루어진 보호는 다른 국가와 차별적이고 분명히 구분되는 특징을 가지고 있으며, 이것이 시장의 왜곡과 비효율을 가져왔다.[4] 셋째, 중화학공업화에서 외국기업과 국내기업과의 국적차별적 대우, 국내기업에 대한 차별적 우대가 해외부문으로부터의 보호에 의해 이루어졌다.[5] 특히, 국내에서의 연구성과보다 지면이 인색한 한국의 경제발전을 소개하는 우수한 연구의 해외발행 성과에서 한국의 중화학공업화에 대한 이러한 사실이 지적되고, 따라서 해외연구자들은 이러한 사실을 당연시하면서 한국 경제의 문제점을 지적하고 있는 것을 쉽게 발견할 수 있다.[6] 세계은행 등은 한국이 중화학공업화 과정에서 많은 보호와 차별적 보호를 하였음을 강조하면서, 그러므로 한국은 오늘날 더 많은 개방을 해야 하고 더 많은 국제시장에서의 양보를 해야 한다는 논리적 근거로까지 사용하고 있다.[7]

그러나 이러한 모든 비판과 당연한 인식에도 불구하고 역사적·논리적으로 보아 1970년대 한국이 다른 나라와 비교해 보다 차별적인, 강도가 높은 보호정책을 가진다는 것이 가능했을까라는 의문이 제기된다. 자원이 부족하고 시장한계가 있었던 한국과 같은 전형적인 자원부족, 소규모 경제의 경우 개방성을 추구할 수밖에 없었고, 당시 실제로 계속 그랬듯이 미국 등이 한국의 산업보호를 묵인하지 않을

---

[3] 강경식(1987); 변형윤·임원택(2000); 유정호(1991); 韓福相(1995); S. Cho(1994); K. Choi and Y. s. Lee (1990); C. S. Kim(1987); K. S. Kim(1994); S.-C. Lee(1991); T. Matthews and J. Ravenhill(1994); K. Ohno and H. Imaoka(1987); J.-C. Rhee(1994); World Bank(K1987a); World Bank(K1987b); S.-G. Young (1992). 이러한 인식은 나아가 중화학공업화 이후, 즉 1980년 이후에도 수입자유화율이 높아졌지만 '한국의 수입은 여전히 높이 제한되어졌다'(P. W. Kuznets, 1994, p. 126)든가 또는 '특히 중화학공업과 관련하여 많은 개별 관세가 증가했다'(R. N. Cooper, 1994b, p. 276)는 등의 지적으로 연결되고 있으며, '한국정부가 특별법, 규제, 행정지도 등을 통해 우선순위 부문의 수입을 제한'(P. F. Allgeier, 1988, pp. 85~97)하였다는 지적으로까지 연결되고 있다.

[4] "한국은 다른 발전도상국에서도 아주 드문 여러 가지 직접적인 개입을 하였다"(M. S. Alam, 1989b, p. 48). "1970년대 한국 경제는 자본집약적인 제조업부문에 유리하도록 재화와 생산요소시장에서 심각한 왜곡이 유지되었다"(W. Hong, 1990, p. 125). 이 밖에도 W. Hong(1979); K.-S. Kim and M. Roemer (1979); B. I. Kravis, A. W. Heston, and R. Summers(1982); J. J. Stern, J-b. Kim, D. H. Perkins, and J.-h. Yoo(1995) 등이 있다.

[5] "…… 더욱이 외국자본으로부터 민족자본을 지키기 위해 정부는 모든 면에서 적극적인 경제활동에 개입했다"(深川由起子, 1997, p. 17).

[6] K. Choi and Y. s. Lee(1990, pp. 57~58)는 1978년 한국의 중화학공업 실효보호율은 72.8%에 이르고 있고 수송장비·전기기기·화학제조물은 100%가 넘었다고 기록하고 있다. 1978년 부문별 실효보호율에 대해서는 본문을 참조.

[7] World Bank(K1987a); World Bank(K1987b)를 참조.

것이므로, 폐쇄적이고 강력한 산업보호는 국민경제가 감당할 수 없는 큰 비용을 수반하였을 것이기 때문이다.

저자 역시 한국 중화학공업이 보호를 통해 성장했음을 인정한다. 측정되는 산업보호는 분명하다. 다만 본장에서는 앞의 의문에서 출발해 총체적인 면에서 보호보다 개방이라는 시각을 강조해 보고자 한다. 이러한 다른 시각을 통해, 해외보호가 있었다는 자체가 아니라 중화학공업화에서 나타난 보호와 개방의 성격과 그것이 가지는 경제사적인 의미, 시사점을 새로 보고자 한다.

6.2 해외부문으로부터의 보호

다른 공업부문, 다른 나라의 예에서와 마찬가지로 1970년대 중화학공업에서의 보호 역시 재정·금융부문과[8] 함께 해외부문에서[9] 이루어졌다. 그런데 이제까지 지적되어 온 문제는 한국의 경우 해외부문으로부터의 보호에서 정부에 의한 직접보호가 차별적으로 높았다는 것이다. 이러한 사실은 두 가지에서 바로 입증된다.

첫째, 직접적인 수입규제로서의 낮은 수입자유화율이다.

해외부문으로부터의 보호는 관세를 중심으로 한 가격보호와 직접적인 수입 및 수량규제로 크게 나누어진다. 오늘날 WTO체제하에서 관철된 원칙은 '예외 없는 관세화'로 수입 및 수량 규제를 금하고 있으며, 가격보호는 인정하되 관세도 명백히 증명된 사회적 후생감소를 줄이고 경쟁을 촉진시키기 위해 반드시 제시한 일정에 따라 감소시키도록 되어 있다. 그러나 1차적인 저(低)수준의 해외부문 보호는 우선 수입규제 또는 수량규제로 나타난다. 한국 역시 1970년대 수입규제가 존재하였다.

이제 일반적으로 사용된 방식대로 직접수입규제의 제한승인품목수를 이용하여 1970년대 산업별 수입자유화율을 구해 보면 〈표 6-1〉과 같이 나타난다.[10]

---

[8] H. Pack and L. E. Westphal(1986), pp. 87~128; L. E. Westphal, Y. W. Rhee, and G. Pursell(1981); 이기영(1994).

[9] 한국개발연구원(기본, 1982). "중화학공업 육성을 위한 산업정책의 핵심은 정책금융과 재정을 동원하여 투자재원을 중요 산업에 집중시킨 것과 가격통제, 수입규제와 대내경쟁억압 등 보호적 정책으로 요약된다"(유승민, 1995, p. 41).

[10] 1978년(수입자유화) 이후 자동 또는 제한승인품목수와 전체 수입자유화율의 변화에 대해서는 본장 부록의 〈부그림 6-1〉 참조.

표 6-1 산업별 수입자유화율(1970년대)

단위: %

구 분	1970년	1976년	1980년
식 품	13.2	22.4	37.5
음 료	0.0	0.0	0.0
담 배	0.0	0.0	0.0
섬 유	23.7	25.2	74.7
의 류	16.7	16.7	70.6
신 발 류	25.8	35.5	70.8
목 재	53.8	64.1	93.1
가 구	14.3	14.3	0.0
종 이	40.0	20.0	63.2
인 쇄	27.3	54.5	90.0
산업용 화학물(KSIC 351)	38.5	35.0	25.7
KSIC 351 제외 화학물	43.3	51.7	54.9
석유정제	6.3	12.5	12.5
석유제품	100.0	100.0	100.0
고 무	35.3	52.9	88.2
비금속광물	71.4	65.7	77.3
철 및 강	64.6	67.1	84.2
비철금속	64.6	67.1	84.2
금속제품	33.3	33.3	70.4
비전기계	56.3	33.8	47.6
전기기기	23.5	17.6	31.0
운송장비	65.0	13.8	44.4
잡 제 품	41.7	40.1	56.6

주: 수입자유화율=자동수입승인품목/(자동승인품목+제한승인품목).
자료: 김광석(1988).

여기에서 우선 1970년대 해외부문관련 보호가 상당 부분 수입제한승인으로 취해졌음을 확인할 수 있다. 이러한 사실은 1970년대 중화학공업에 대한 수량규제적인 해외부문 보호가 있었다는 인식의 정당성을 보여 준다. 특히, 2차 수입자유화 조치(1978. 9. 12)의 대상품목 선정에서 “주무부가 선정한 특별법상의 제한품목을 대상으로 하였으나 이 중에서도 중화학제품으로서 개발단계에 있는 품목, 중소기업 제품으로서 국제경쟁력이 약한 품목과 사치성이 큰 품목은 제외"[11]한다고 한 점에서 중화학공업의 일부에 수량규제적인 해외부문으로부터의 보호가 있었음을 알 수 있다. 더구나 1970년대 후반 화학·기타 화학·석유정제·비전기계·전기기기·운송장비 등에서의 수입자유화율 상승이 정체되고 있는 것으로 보인다.

두 번째는 가격보호면에서의 높은 실효보호율이다.

가격보호는 국내생산자가격과 국제가격의 차이를 국제가격으로 나누어 표시한 명목보호율로 알 수 있다. 명목보호율은 법정관세율·실적관세율 및 잠재관세율을 산출하고 품목의 수출입 비중, 수출입의 수량규제, 국내시장의 가격규제, 상품특성 및 질적 차이 등의 자료를 이용하여 추정해야 한다. 그런데 법정관세율이나 실적관세율은[12] 수입을 양적으로 규제하는 경우 국내산업의 보호도를 정확하게 반영한다고 볼 수 없으며, 국내가격이 규제, 차별적으로 적용되는 경우는 더욱 지표로서의 정확성이 떨어진다고 할 수 있다. 이를 피하기 위해 개별 품목의 국내가격(국내생산자가격)과 국제가격을 비교한 잠재관세율이 많이 이용된다. 정확한 잠재관세율의 추정은 신뢰성 있는 명목보호율 추정을 가능하게 하며, 나아가 이 명목보호율을 이용하여 추정하게 될 실효보호율의 추정 신뢰도도 높이게 된다.[13]

한편, 실효보호율은 중간재의 문제를 해결하기 위한 것으로, 명목보호율이 그 제품생산에 투입된 중간재의 문제를 고려하고 있지 않기 때문에, 보다 정확한 보호의 정도를 측정하기 위해 중간재를 고려한 것이다. 즉, 실효보호율은 중간재를 고려하여 국내시장에서 이루어지는 국내생산자가격에 의한 부가가치와, 보호가 없는 자유무역이었다면 이루어졌을 부가가치, 즉 국제가격 기준의 부가가치와의 차이를 국제가격 기준 부가가치로 나누어 표시한 것이다. 이때 중간재로 사용되는 비교역재의 보호율을 0이라고 가정하고 계산하는 방법이 발라사(Balassa) 방법이고, 보호가 비교역재 산업에도 영향을 미친다고 보고 비교역재를 생산하는 국내산업에서 발생하는 부가가치를 계산에 넣는 것이 코르덴(Corden) 방법이다. 이 차이는 실효보호율을 구하는 수식에서 분명히 확인할 수 있는데, 최종재 부가가치에서 비교역재의 부가가치부분을 빼면 발라사 방법, 포함하면 코르덴 방법이 된다.[14] 여기에서는 가격

---

[11] 「제2차수입자유화조치」, 1978. 9. 12; 한국개발연구원(반세, 1995), p. 355.

[12] 1978~1979년 전체 법정관세율과 실적관세율 추이에 대해서는 한국개발연구원(관세, 1982) 참조.

[13] 홍성덕(1997), pp. 1~2.

[14] 본장 부록의 〈보주 6-1〉 참조.

표 6-2 제조업 전체와 중화학공업·경공업 구분에 의한 실효보호율

단위: %

구 분	1970년	1975년	1978년	1980년
경 공 업	8.7	−15.1	−5.7	10.7
중화학공업	25.5	6.8	37.4	44.2
제조업 평균	15.3	−3.8	9.5	18.6
중화학−경공업	16.8	21.9	43.1	33.5

주: 총판매에 대한 것임. 연구시점상 비금속광물이 경공업에 포함.
자료: 이제민(1999b).

보호의 정도를 알기 위해 경공업과 중화학공업으로 나누어 실효보호율을 구하되 코르덴 방법으로 계산하여 구한 값을 기준으로 보도록 한다. 연구시점상 분류상의 작은 차이가 있지만 이렇게 구한 값을 가져온 것이 〈표 6-2〉이다.

여기에서 중화학공업화기를 통해 1970년대 중화학공업과 경공업의 실효보호율 격차가 벌어지고 있었으며, 가장 격차가 심한 1978년의 경우 경공업의 실효보호율이 −5.7%이었던 데 반해 중화학공업의 실효보호율은 37.4%이었음을 확인할 수 있다.[15] 이후 경공업·중화학공업 모두 실효보호율은 더욱 확대되어 1980년에는 중화학공업의 실효보호율이 44.2%에 이르고 있다. 비록 1970년대 한국은 평가절상된 환율을 유지하고 있어 실효보호율은 계속 떨어지는 효과를 가지고 있었지만,[16] 실효보호율로 볼 경우 중화학공업에 대한 가격보호는 존재하였음을 알 수 있다.[17] 이런 점 때문에 1970년대의 중화학공업화는 수입대체공업화 전략으로 규정되기도 한다.[18]

개방으로의 시각을 바꾸어 논의를 전개하기 전에 시각을 바꾸는 한 원인으로 우선 한국의 수입자유화율과 실효보호율에서 몇 가지 고려해 보자.

15 실효보호율 측정을 위해 참고할 수 있는 대표적인 자료로는 KDI가 연속해 만든 가격 데이터베이스가 있다. 김광석·홍성덕(1982), 홍성덕(1992, 1997)은 실효보호율 계산값과 함께 산출에 필요한 DB까지 제시해 연구자들이 쉽게 이용할 수 있도록 해 주고 있다. 한편, 시기적으로 1980년대 들어와 이전 1970년대 중화학공업의 보호를 비판하였던 한국개발연구원(기본, 1982) 보고의 경우 71.2%라는 중화학공업의 실효보호율을 제시하고 있고, 같은 자료를 이용한 것으로 보이는 K. Choi and Y. s. Lee(1990) 역시 유사한 높은 값을 제시하고 있다.

16 S. Haggard(1994a, p. 51), Y. C. Park(1985, pp. 300~301)은 환율이 고정되어 있어 높은 인플레이션으로 원화는 1974~1979년 사이에 18% 실질 평가절상되었다고 보았고, S. Haggard(1994a, p. 51)는 이러한 지속적인 실효보호율 하락을 상쇄시키기 위해 기계공업 등 부문별 우선권을 주고 투자를 촉진시키는 외과적 수단인 보호가 이루어졌다고 보았다.

17 해외부문으로부터의 보호 중 가격보호에 따라 존재가능한 사회적 비용에 대해서는 본장 부록의 〈보론 6-2〉 참조.

18 유승민(1995), p. 42; 김낙년(1999b), pp. 40~41.

첫째, 자동승인품목수와 제한승인품목수를 가지고 수입자유화율을 계산하는 방식은 형식과 논리에서 문제가 없으나, 실질적인 내용을 가지고 분석하면 이는 다르다. 이 승인제도는 1970년대 매우 탄력적으로 운용되어 사실상 국내외에서 필요하다고 요구하는 경우 제한승인품목이라고 하더라도 대부분 수입이 허용되었기 때문이다. 특히, 외자관련기업이 요구하는 품목에 대해서는 완제품을 제외하고 제한승인품목이라고 해도 거의 모든 것이 수입이 허용되었다. 1978년 수입되고 있는 품목의 75%가 수입제한승인품목이었던 것은 이런 실태를 보여 준다.[19] 따라서 정부가 공표된 승인품목수를 가지고 계산한 기존의 수입자유화율은 현실과 맞지 않는다.

둘째, 실효보호율은 기존 연구들이 그러하듯이 장기간 시계열 연구에서는 유용하며, 동일한 기준의 비교를 위해 매우 효과적이어서 분명 범시간·범공간적으로 좋은 보호수준의 대변수임에 틀림없다. 그러나 측정상의 분류와 대상범위, 자료차이에 따라 큰 차이를 보여 주는 근본 한계가 있고, 특히 한국의 1970년대 실효보호율 측정은 실재구조를 반영하기 어려운 점이 있다. 우선 기본문제로 실효보호율은 부가가치 측정에 의한 방식으로 기업들이 부가가치 극대화를 추구한다고 가정하고 있으나 1970년대 한국 대기업집단을 연구해 보면 당시 대기업집단의 행동원리가 부가가치 극대화 추구에 있었다고 보기 어렵다. 또 실효보호율 추정이론의 전제가정인 생산투입계수의 불변성은 한국 역사상 가장 급속하였던 1970년대 한국의 생산구조 변화를 고려할 때 1970년대 한국 산업에 적용하기에는 부적당하며, 생산요소가격의 안정성 가정 역시 국내외에서 가장 극심하였던 1970년대를 생각하면 적용의 한계성이 크게 드러난다. 추정에 가장 중요한 변수인 1970년대 관세율은 뒤에서 보겠지만 필요산업에 따라 실제로는 아주 낮게 운용되었고, 정책목적상 한국 산업조직구조상 당시 어떤 관세율이든 가격의 괴리가 워낙 심해서 현실을 반영하기에는 역부족이다. 앞서 지적하였듯이 잠재관세율을 이용한다고 하지만 역시 동일하다. 특히, 이미 정착된 구조를 가진 경공업과 달리 설비투자기인 중화학공업의 경우 1970년대 국내생산자가격 자체가 정상이윤을 포함한 제품만의 생산비에 입각한 가격으로 형성되지 않고 있었고, 경공업재와 달리 많은 중화학공업재의 경우 국제가격으로 쓰이게 되는 수입가격도 정상적인 국제가격이 아니라 정치·국제관계·인맥 등의 비경제적 요인이 반영된 국제가격과 괴리된 가격이었다.[20] 또 최종적으로 실효보호율이 추정된다고 해도 당시 한국에서는 철강·기초화학재 등 주요 중화학공업

[19] R. M. Auty(1994), p. 83; 상공부(기별, 1973~1981).
[20] 익명요구자증언(1993. 10. 21).

그림 6-1 국내생산 가중치를 고려한 가격규제와 수량규제를 포함한 총수입자유화율

단위: %

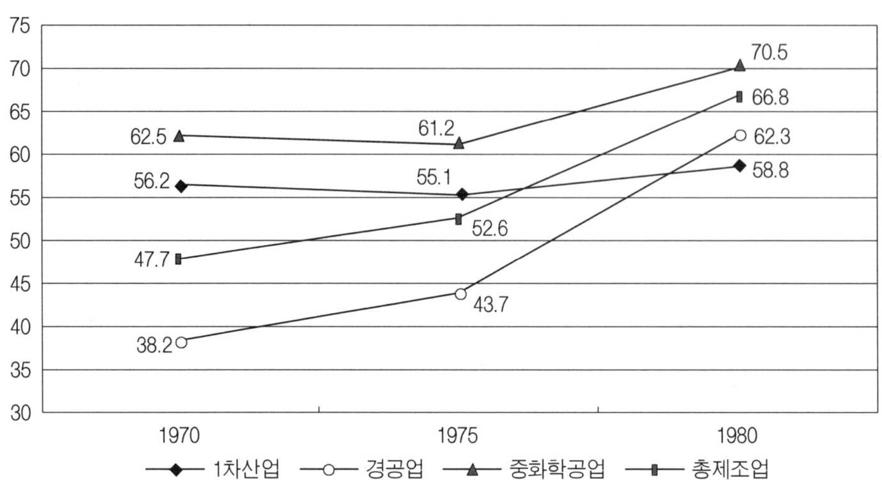

주: 국내생산의 경상가격으로 가중한 것임.
자료: K. S. Kim(1990), pp. 105~106.

관련재가 다국적기업·수출기업 등 주요 생산업체에서는 국내생산자가격과 상관없이 국제가격으로 공급되는 경로가 따로 존재하고 있어[21] 보호 정도를 나타내기에는 제약이 있다.

셋째, 중화학공업 수입자유화율이 낮았고 실효보호율이 높았지만, 현시적인 수입자유화율이나 가격을 반영한 총수입자유화율을 산업별로 세분하여 보면 중화학공업이 특별히 중화학공업화를 위해 해외보호를 많이 받았다고 볼 수 없다는 것이 발견된다. 〈표 6-1〉에서 보듯이 1980년 수입자유화율이 가장 낮은 것은 경공업 제품인 음료·담배·가구로 0%였고, 그 다음 낮은 것이 석유정제·화학물·전기기기·식품 등이며, 운송장비와 비전기계·잡제품도 60% 이하의 수입자유화율을 보여 주고 있다. 경공업과 비교해 볼 때, 어느 의미에서는 경공업에 대한 보호가 더욱 높았다. 단순히 수량적 의미만이 아니라 국내생산 가격가치를 가중치로 주면서 수량규제와 국내, 국내외 가격도 반영하는 종합적인 총수입자유화율을 구해 보면 〈그림 6-1〉에서 보듯이 1970년대 중화학공업이 경공업보다 더 높았음을 알 수 있다.

〈표 6-1〉과 〈그림 6-1〉 그리고 〈표 6-2〉에서 보듯이, 당연히 측정방법의 차이

[21] R. M. Auty(1994), p. 83; 국무총리기획조정실(중오3, 1973), p. 118.

에 따라 나타날 수 있는 것이라고는 하지만, 중화학공업과 경공업의 보호 정도가 역전되어 나타나는 것도 기존의 공표된 수입자율화율 측정이나 실효보호율 측정상 여러 제약이 있음을 바로 그리고 강력히 암시해 주는 것이다.

넷째, 1980년 중화학공업에서 가장 수입자유화율이 낮았던 것은 석유정제·화학물·전기기기 등이었는데, 이들 부문은 다국적기업과의 합작비율이 가장 컸던 부분으로[22] 그 보호의 성격이 국내기업 보호가 아니라 외국자본의 도입, 나아가 외국자본의 보호를 위해 한국 정부로서는 수동적으로 취할 수밖에 없었던 조치였다. 이에 대해서도 뒤에 자세히 서술한다. 결국 중화학공업의 수입자유화율이나 실효보호율만을 가지고 1970년대 한국 중화학공업의 산업보호 정도를 말하기에는 한계와 불완전성이 존재한다.

해외부문으로부터의 보호와 그에 따른 사회적 비용문제는 가장 오래 된 역사현상이며 모든 선진 국가들에게서도 있었다.[23] 그럼에도 불구하고 이들 선진국들을 '해외부문으로부터의 보호를 주 수단' 또는 '해외부문으로부터의 보호를 특징'으로 하여 성장한 '원죄'를 가진 국가라고 하지는 않는다. 그 이유는, 첫째 이들 국가들이 발전단계와 발전구조에 맞게 효율적으로 요구되는 수단을 선택하였고, 둘째 그러면서 폐쇄나 보호 자체를 지속적인 수단으로 하지 않았다는 점과, 셋째 나아가 초기 해외부문으로부터의 보호 속에서도 시장기구를 통한 경쟁을 추구하고 기술 및 자본시장 개방에 점점 더 긍정적으로 움직였기 때문이다.

따라서 한국도 당연히 한 시점에서 국가별·산업별 차이를 반영하지 않은 변수, 특히 1970년대 현실을 반영하는 데 한계가 있는 것으로 나타나고 있는 수입자유화율이나 추정 실효보호율과 같은 변수에 따라 산업보호만을 볼 것이 아니라, 당시 한국 경제의 발전단계와 발전구조를 종합적으로 고려해 해석가능한 당시의 사실을 개방이라는 시각에서 보고자 하는 것이다. 이렇게 함으로써 '한국의 중화학공업화 과정'에 존재하였던 보호의 성격·비용을 새로 볼 수 있고, 또 그렇게 함으로써 한국 경제에 대한 또 다른 시사점을 찾을 수 있다는 점에서 더욱 그러하다.

---

22 〈그림 6-4〉 참조. E. Y. Park(1984), p. 144.

23 정창영·이종욱·박영구(2001); H.-J. Chang(2004). 본장 부록의 〈보론 6-3〉 참조.

6.3 중화학공업화와 개방시책

6.3.1 개방과 개방동기

왜 한국은 진입기 필요에 의해 수입제한승인이라는 산업보호를 취하고 있었음에도 이미 수입되고 있던 품목의 75%가 수입제한품목이었던, 즉 사실상 제한품목을 자유롭게 수입허가하는 이중성을 가지고 있었을까? 또 미국·일본 등 선발공업국으로부터 수입개방 확대를 압박받고 있었으면서도 석유정제·화학물의 다국적기업이 많이 진입한 부문은 수입자유화율이 그렇게 낮은 '특혜'를 주었을까? 그리고 중화학공업은 왜 1970년대 진입 초기의 투자산업임에도 오히려 경공업보다 일부 현시적인 수입자유화율 또는 총수입자유화율이 낮지 않았을까? 왜 다국적기업과 수출기업 등 주요 기업들에게는 국제가격으로 그대로 공급되는 경로가 존재하였을까? 이러한 간단한 질문이 그 동안의 연구에서 배제된 채 측정된 실효보호율이나 수입자유화율이 계속 제시되어져 왔는데, 이제 이러한 모순된 질문들에 대답하기 위해 당시 한국 경제의 발전단계 및 발전구조면을 종합적으로 검토해 보자.

앞서 1970년대 수입자유화율이나 실효보호율이 가지는 한계를 설명하였지만 1970년대 한국의 경제발전 단계 및 구조를 고려하지 않고 해외부문 보호를 오늘날의 경우처럼 대변수의 설명력이 높은 공시된 수입자유화율이나 실효보호율로 규정할 경우 오류의 해석이 나타날 수 있음은 귀납적으로 바로 확인할 수 있다. 1960년대 우리 나라 중화학공업의 실효보호율은 경공업에 비해 매우 낮았는데,[24] 한국 경제의 발전단계 및 구조를 고려하지 않으면 이것은 1960년대 우리나라의 중화학공업이 경공업보다 더 비교우위가 있었던 것으로 해석된다. 그러나 이는 1960년대 전(前)반기 저(低)수준 단계로서의 1차적인 경공업 수입대체 산업화가 진행되었고,[25] 전체적으로는 중화학공업 등 공업이 매우 낮은 수준에 있어 비교기준이 성립되지 않았기 때문이지, 중화학공업의 경쟁력 우위를 의미하는 것은 아니다. 특정 경제변수를 어렵게 추출해 낸 후 그 경제변수 자체를 갖고 해석하는 것은 많이 있었지만, 바로 이러한 당시의 실질적인 발전단계와 발전구조에 대한 고려가 그 동안의 연구에서 고려되지 않았다.

---

24 김광석·홍성덕(1982).

25 이제민(1999b), p. 93.

단순 수입자유화율이 아니라 발전 정도를 반영하는 경제규모로 평가한 수입개방률(수입/GNP)을 한국의 소득·규모·순자원유입 등으로 조정하여 세계수준에서 구해 보면 〈그림 6-2〉와 같다. 여기에서 한국의 수입개방률은 1966년 이후 일관되게 세계수준에서 그 정도 수준이어야 할 평균보다 매우 높았고, 특히 1973년 이후 세계 각국이 보호주의 성향을 나타내면서 한국의 실질개방도와 세계수준에서 보아 한국 규모의 국가가 행하리라 예측되는 개방수준과는 더 격차가 벌어져[26] 한국은 개방도가 가장 높은 국가에 포함되어 있었으며, 심지어 가장 높은 국가였음을 알 수 있다.[27] 미국과 세계은행은 선두그룹 선진국들의 평균관세율이 한국을 포함한 발전도상국보다 낮다고 말하고 있지만,[28] 제조업 발전단계를 반영하는 동일한 1인당 국민소득수준 시기와 선진국과 후발국의 동일한 소득격차 시기의 평균관세율로 비교해 보면, 한국의 중화학공업화 시기의 평균관세율은 이들 선두 국가들과도 비교가 되지 않을 정도로 낮았다.[29] 한국의 1973~1978년 1인당 국민소득은 396~1,406달러였지만[30] 당시 법정관세율은 31.5~29.7%, 실질적인 시행관세율은 3.8~8.9%였다.[31] 이에 비하여 한국의 보호주의를 문제삼았고, 지금도 그런 논리를 생산해 내고 있는 미국의 1875년경 1인당 국민소득은 2,599달러였지만[32] 이때 미국의 평균관세율은 40~50%,[33] 이후 1912~1913년 32~33%(공산품은 더욱 높아 44%), 1925년 29%(공산품은 37%)로,[34] 이미 19세기에 한국의 1970년대보다 더 잘 살았던 미국은 제2차 세계

[26] 이것이 대외의존 또는 대외종속 강화와 다른 것은 박영구(2000c)와 본서 제10장 참조. 중화학공업화는 개방을 추구할 수밖에 없었지만 해외의존성을 강화시킨 것은 분명히 아니었다. 중화학공업화를 통해 원칙면에서 또 실현가능한 시점에서 언제나 해외의존을 최소화하고자 하였고 실제로 노력과 대안, 성과가 이루어졌다.

[27] World Bank(DR, 1988), P. A. Petri(1990, p. 61)에 의하면 1986년에도 GNP 대비 비율로 계산한 한국의 무역개방률은 78%로 세계에서 가장 높았다.

[28] World Bank(DR), 1978~1988, 1991.

[29] 선두 선진국이 공업화 초기에 관세보호 등 산업보호정책을 시행하였음을 실증적으로 밝히고 있는 H. J. Chang(2004, pp. 128~129)은 "현재의 개발도상국과 선진국 사이의 생산성 차이가 과거 현 선진국들 사이에 나타났던 생산성 차이보다 매우 크다. 그러한 점을 감안한다면 현재의 개발도상국들이 실질적으로 현 선진국들의 초창기 산업보호 수위와 같은 수준의 보호를 제공하고 싶을 경우 현 선진국들이 과거 부과하였던 것보다 더 높은 관세를 매겨야 한다. ……메디슨의 측정에 따르면 가장 가난하였던 현 선진국들(핀란드·일본)과 가장 부유하였던 현 선진국들(네덜란드·영국) 사이의 1인당 구매력평가 소득비율은 19세기 내내 약 2(또는 4) 대 1이었다. 이것은 현재의 개발도상국들과 선진국들 사이의 소득비율과는 도저히 비교가 안 된다. ……미국이 19세기 자국의 산업에 40% 이상의 보호관세를 부여하였을 때 미국의 1인당 구매력평가 소득은 이미 영국의 1인당 구매력평가 소득의 약 4분의 3에 해당하였다"라고 말하고 있다.

[30] 한국은행(경제), 1974~1981.

[31] 〈표 6-5〉 참조. 재무부; 경제기획원; K. S. Kim(1991), pp. 40~41.

[32] A. Maddison(1995).

[33] P. Bairoch(1993).

그림 6-2 한국의 실질수입개방률과 세계 주요국의 한국 규모 반영 예측 평균수입개방률

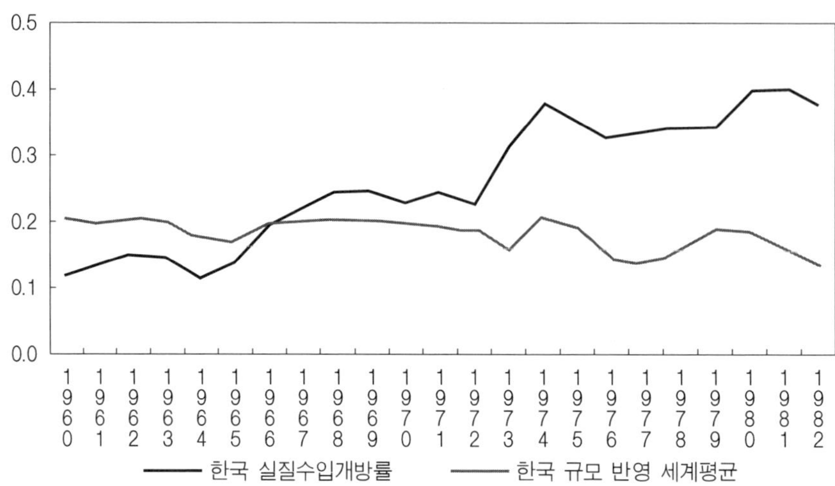

주: 1) 수입개방률=수입/GNP.
2) 세계는 인구 2천 만 명 이상의 국가로 계산함.
자료: World Bank(DR), 1988; P. A. Petri(1990), p. 60.

대전 전까지도 평균관세율을 32% 이하로 내린 적이 없었다.[35] 자유무역의 신봉자였던 영국의 1820년 1인당 국민소득이 1,756달러로[36] 한국의 1978년 수준보다도 높았지만, 이때 영국의 평균관세율은 45~55%였다.[37]

1970년대 중화학공업화를 위해 한국이 가지고 있었던 가장 큰 애로는 본원적 축적의 취약에 따른 자본부족과 기술부족, 그리고 해방 후 분단과 동서문제로 인한 시장의 협소였다.[38] 따라서 중화학공업화를 위해서는 폐쇄적인 해외부문으로부터의 산업보호가 아니라, 오히려 해외자본·해외기술·해외자원에 대한 개방확대와 해외시장 확대가 필수적이었다. 한 마디로 한국의 공업정책은 외자와 기술의 적극적 도입에 의한 수출지향일 수밖에 없었고 그러하였다.

우선 문제는 중화학공업화를 위한 자금이었다. 1973년부터 정부는 내자동원을

34 宮崎犀一·奧村茂次·森田桐郎 編(1981), pp. 94, 117.
35 H.-J. Chang(2004), pp. 129~130.
36 A. Maddison(1995).
37 P. Bairoch(1993).
38 "석유화학공업을 더하여 제3차 계획이 되었지만 그때 외자를 어떻게 할 것인가, 그리고 기술을 어떻게 할 것인가가 가장 문제였다"(최창락(崔昌洛) 전동력자원부 장관 인터뷰, 日韓經濟協會, 1991, p. 100).

위해 1972년 말 제정된 「기업공개촉진법」을 적극 장려하였지만, 이것조차도 대기업과 대기업관련 차관, 합작기업들이 꺼려 1973년 상반기 기업공개를 통해 자본시장에 내자동원된 실적은 200억 원에 머물렀다.[39] 대통령의 「중화학공업화 선언」으로 새로이 구성한 장기경제전망에서도 경제기획원은 5가지 장기경제정책의 방향 중 두 번째로 '내자동원의 극대화'를 강조하였지만[40] 동원할 수 있는 내자는 한국의 발전 과정과 발전단계상 한계가 있었었다.

따라서 중화학공업화를 위한 외자도입은 1973년 5월 11일 상공부 장관이 공개적으로 발표한 「중화학 건설원칙」(본장 부록의 〈자료 6-3〉 참조)에서 이전과 동일하게 합작비율을 50% 미만으로 한다는 원칙을 명시적으로 밝히고 있지만, 이미 내면적으로 중화학공업이 폐쇄적인 입장에서는 불가능하다는 것을 정부는 알고 있었다. 이에 1973년 6월에 정리된 중화학공업추진위원회기획단의 「소요자금조달계획」과 「중화학공업투자소요계획」을 보면 여전히 내용에서 박정희 대통령의[41] 민족주의·내자원칙·차관원칙을[42] 강조하고 있지만, 〈표 6-3〉에서 보듯이 중화학공업은 외자비중을 60.2%로 설정하고 있다. 대통령의 원칙마저도 현실적인 실무계획에서는 후퇴할 수밖에 없는 객관적 상황이 시장과 자본·기술의 필요성에서 존재하고 있었던 것이며, 대통령 자신도 이것을 잘 알고 있었다.[43] 실제로 중화학공업화에 소요되는 총투자의 조달을 위해 정부는 1981년까지 제3차 경제개발5개년계획 중에 44억 달러, 제4차 5개년계획 중에 54억 9,000만 달러, 총 98억 9,000만 달러를 도입할 것을 계획하였다.[44] 그리고 이러한 외자도입은 1977년 「외자도입 인가방침」을 발표할 정도로 왕성하게 이루어졌다(본장 부록의 〈자료 6-4〉 참조).

【중화학공업추진위원회기획단의 중화학공업 소요자금 조달계획】

중화학공업을 착수하는 업체는 원칙적으로 총투자의 30% 이상을 자기자금으로 확보하도록 하여 재무구조의 취약성 및 이로 인한 부실화 요인을 사전에 방지하

39 경제제1수석(19730827).

40 경제기획원(전, 1973), pp. 88~98.

41 박정희 대통령이 이 민족주의 원칙을 고수하려고 노력하였던 것은 박 대통령이 죽자 1980년 9월 25일 「외국인투자유치 확대방안」 발표로 이 원칙의 예외항목이 대폭 확대되고 있는 것에서 역으로 확실히 알 수 있다.

42 중화학공업이 아닌 전체 산업에서의 이러한 노력도 일본의 경우와 동일하였다(M. L. Clifford, 1998, p. 111). 즉, 전반적인 이러한 인식과 노력 자체가 바로 한국만의 보호나 폐쇄성을 특별히 보여 주는 것은 아니다.

43 M. L. Clifford(1998, p. 110)는 이에 대해 박정희 대통령의 자급자족, 경제적 민족주의가 매우 실용적이었으며, 그는 국가가 외국 기술과 자본이 필요하다는 것을 알고 있었고 실질적으로 도입했다고 말했다.

44 한국무역연구소(1974), p. 423.

표 6-3 중화학공업부문별 투자소요계획(1973~1981)

단위: 백만 달러

구 분	외 자	내 자	합 계	구성비(%)
철 강	1,502	674	2,176	22.7
비철금속	222	123	345	3.6
기 계	1,049	1,137	2,186	22.8
조 선	416	352	768	8.0
전 자	593	599	1,192	12.4
화 학	1,523	662	2,185	22.8
소 계	5,305(53.9)	3,547(40.1)	8,852(100.0)	92.3
기 타	468	273	741	7.7
합계(구성비)	5,773(60.2)	3,820(39.8)	9,593(100.0)	100.0

자료: 중화학공업추진위원회기획단(중계, 1973. 6).

도록 하고 개발금융체제를 강화하고 자본시장을 육성하며 범국민적 저축운동을 전개하여 내자동원체제를 강화함과 아울러 외자도입은 국산이 불가능하거나 시설근대화를 위하여 필요한 시설재의 도입과 선진기술의 확보에 주안을 두고 원칙적으로 총소요자금의 60% 이내에서 조달하도록 할 것입니다.

외자도입은 원칙적으로 유리한 조건의 차관도입에 우선을 둘 것이나 안전한 원료의 공급, 해외시장의 확보·개발, 선진기술의 도입 및 소요자금의 확보 등을 위하여 필요한 경우에는 직·합작투자를 인정 유도할 것입니다.

이 경우 외국인의 직·합작투자비율은 원칙적으로 50% 이내에서 억제할 것이며, 50% 이상이 불가피할 경우에는 외국인의 자본참여에 대한 과실회수(果實回收)를 감안하여 일정 기간이 경과한 이후 점차 내국인에게 소유주식을 이양하도록 권유할 것입니다.

《중화학공업추진위원회기획단(중계, 1973. 6), p. 14.》

당장 필요한 것은 자금이었지만 내용상 자금보다 더 중요한 것이 기술·시장·경영능력이었다. 후발 발전도상국이 중화학공업화를 위해 도입해야 하는 외자는 현금만이 아니라 시설 및 기술도입 그리고 원료확보 등 모든 것이 필요하였다.[45]

당시 정부는 중화학공업화 기간 내내 "중화학공업의 추진과 이에 따르는 산업기술의 급격한 수요에 대처하기 위하여 선진기술의 도입 및 이의 소화개량을 촉진

[45] 한국무역연구소(1974), p. 460.

할 것이다”[46]라는 일관된 계획을 세우고 있었다. 청와대·중화학공업추진위원회기획단은 이 문제를 충분히 그리고 가장 절감하고 있었다.[47] 그렇기에 정부 역시 해외의존을 최소화한다는 원칙을 처음부터 분명히 하고,[48] ‘토착화’, ‘자주적인 과학기술개발’을 강조하면서도 당장 필요한 기술도입에 적극 나설 수밖에 없었다.

> 중화학공업의 각종 장치에 집적된 기술의 습득을 위해서는 말할 것도 없거니와 소재나 원료생산에 필요한 핵심적 기술능력을 확보하기 위해서도 기초 및 응용과학의 장기적 바탕이 없고 막대한 연구개발투자가 어려운 우리로서는 무엇보다 기술도입에 적극성을 띠지 않으면 안 된다. ……후발공업국의 중화학공업화는 어쩔 수 없이 외국 선진기술의 모방기술을 체화한 설비도입기술 및 설비의 국내공급 기술의 파급 기술개발이라는 일련의 운동을 거침으로써 가능한 것이기 때문이다.
>
> 《중화학공업추진위원회(해, 1973), p. 65.》

> 중화학공업의 추진과 이에 따르는 산업기술의 급격한 수요에 대처하기 위하여 선진기술 도입 및 이의 소화개량을 촉진할 것이다. ……중화학공업 건설에 따른 산업기술의 수요에 대응할 수 있도록 새로운 기술의 적극적인 도입과 토착화를 기하고, 특히 연구학원도시 조성과 연구소 신설 등으로 자주적인 과학기술의 발전을 촉진할 것이다.
>
> 《경제기획원(전, 1973), pp. 62, 97.》

> (중화학공업의 전략) 정부는 약 1백억 달러 규모의 외자유치계획을 미국·일본·EC 제국의 확약을 거쳐 다지는 한편 기술도입과 연구개발 및 기술인력 양성계획을 수립, 이를 연차적으로 펴나가기로 하였다.
>
> 《중화학공업추진위원회기획단(공발2, 1979), p. 255.》

심지어 1973년 중화학공업추진위원회는 석유화학공업 육성계획을 논의하면서 “사업추진을 위한 지주회사 설립, 단지조성 기공시기 등 구체적 집행은 외국투자가의 확고한 의사를 더욱 타진한 후에 결정하도록 할 것”[49]이라고 의결할 정도로 한국은 중화학공업화 초기에 자본·기술 등을 도입하지 않을 수 없는 근본제약을 갖고 시작하였다. 그래서 새로운 기기의 도입에는 항상 합작투자와 기술매입이 고려

[46] 경제기획원(전, 1973), p. 62.
[47] 전청와대 경제수석 오원철 증언(1993. 12. 22).
[48] 이에 대해서는 박영구(2000c) 또는 본서 제10장을 참조.
[49] 중화학공업추진위원회기획단(14, 1973. 11. 8), 의안 4.

표 6-4 외국인 투자의 내수·해외시장 지향도 조사(1969~1974)

단위: 건수

구 분	내수시장 지향	해외시장 지향
목 제 품	1	15
섬 유·의 류	1	100
화 학	17	62
금 속 제 품	6	36
기 계	9	87
전 기 제 품	2	170
총 계	50	630

주: 총계는 기타가 있어 합계와 일치하지 않음.
자료: S.-H. Jo, "Direct Foreign Private Investment," Chong-kee Park, ed., 1980, p. 140, R. Castley(1997), p. 140 인용.

되었다.[50]

그 결과 1973년 이후 1979년까지 기술도입건수 중 경공업부문은 불과 67건에 불과하였던 반면 중화학공업부문은 956건에 이르러, 중화학공업부문이 차지하는 비중은 93.5%에 이르렀다. 중화학공업을 위해 기술도입이 직접 필요하였고 그렇게 이루어졌음을 알 수 있다[51](본장 부록의 〈부표 6-1〉 참조). 계속 대외종속을 걱정해 해외합작을 최소화한다는 원칙을 확인하면서도, 외자수요 감소를 계속 추구하면서도, 외자가 부족해 외자를 도입해야 하였던 정부로서는,[52] 자금·기술·시장의 문제를 동시에 충족시켜 줄 합작을 일단 추구하지 않을 수 없었다. 물론 오늘날 다국적기업을 유인하는 가장 큰 요인인 고용효과도 있었지만,[53] 그것보다 자금·기술 그리고 나아가서 안정적인 해외시장을 구하기 위해서 합작투자가 반드시 필요하다는 것은 〈표 6-4〉에서 보듯이 외국인 직접투자를 개방할 경우 이들이 수출지향적으로 움직이고 있는 결과에서 경험적으로 분명히 확인되고 있었다. 이에 따라 중화학공업추

[50] 대통령비서실(예통197606).

[51] 과학기술처(과연, 1980).

[52] 대통령비서실(예정19730502).

[53] 1978년 제조업에서 외국인 기업의 고용비율은 9.5%에 이르렀다(경제기획원, 외투, 1981). 하지만 1970년대 당시 정부의 합작 또는 외국기업 유도에 대한 주 관심은 국내 고용효과에 있지 않았으며 실제로 합작 또는 외국기업의 고용효과는 생산·부가가치 비중과 비교해 상대적으로 낮았다. 국내기업과 비교해 보아도 중화학공업부문에서 외국인 지분이 높은 제조업부문 사업체의 자본-노동 비율(K/L)이 국내사업체보다 높았다. 국내 외국인 기업의 고용효과와 관련 연구값에 대해서는 본장 부록의 〈보론 6-4〉 참조.

진위원회기획단(공발2, 1979)과 국무총리기획조정실(중오3, 1973) 등에서는 외자유치와 해외시장 확보를 고려한 전략이 계속 일관되게 만들어지고 있었다.

> 해외시장 확대 및 전자공업 육성자본을 확보하기 위해서 외국의 투자유치를 적극화하되 내·외자 각각 50%를 원칙으로 한다. 그리고 제품은 수출 52%, 내수 48%를 목표로 한다.
>
> 《중화학공업추진위원회기획단(공발2, 1979), p. 271; 국무총리기획조정실(중오3, 1973), p. 99.》

그래서 정부는 다음과 같이 중화학공업화 초기에는 "기술면에서도 그러하거니와 시장자금 및 경영능력 등이 불비하였던"[54] 한국 기업이 합작기업의 형태를 취하도록 하고, 적정한 시기에 이르면 국내기업으로 이양시켜 중화학공업화의 주요 목표인 자립성 확대라는 원칙에도 어긋나지 않도록 하는 방법까지 고려, 사용하고 있었다.

> 기술의 모방이나 전파를 가능하게 할 뿐만 아니라 안정된 시장을 바탕으로 국제시장 정보를 얻을 수 있고 추후의 시장개척력을 길러 주기도 하며 자금의 용이한 확보와 아울러 당해 부문의 선진적인 경영능력을 습득할 수 있는 이점이 크다는 점에서 초기단계에서는 외국기업과의 합작을 택하였고 어느 정도 경험을 쌓은 후에 적절한 시기에 이르러 국내기업으로 점차 이양하도록 하였다.
>
> 《중화학공업추진위원회기획단(공발2, 1979), p. 207.》

6.3.2 중화학공업화 수단으로서의 개방확대시책

결국 원칙과 관계없이 현실상 성숙된 공업화, 중화학공업화를 위해 개방은 필연적인 것이었다. 이를 인식한 박정희 대통령은 1960년대 화학공업을 하면서부터 이미 걸프의 울산정유공장 투자를 두고 "한국에 투자한 미국 대기업의 존재는 미군 1개 사단과 맞먹는다"라고 자주 말하면서 외국기업의 투자에 대한 역할을 높이 평가하였고,[55] 또 1965년 1월 4일 대비정 100~101호로 외자도입 촉진을 위한 체제개혁의 연구를 지시하고 있었다.[56] 청와대는 「중화학공업화 선언」 직전인 1972년 말에는 외국인 투자유치를 확대하기 위해 추가경정예산까지 편성하여 SRI(Stanford

---

[54] 중화학공업추진위원회기획단(공발2, 1979), p. 206.

[55] 오원철(1999), pp. 118~119. 물론 이는 복합적 의미를 포함한다.

[56] 대통령비서실(연구, 19650104); 경제과학심의회의(연, 19650201).

Research Institute) · OPIC(Overseas Private Investment Corporation)와 합동으로 "정확하고 자세한 한국투자편람"을 발간하고 대통령의 결재를 얻고 있었다.[57] 1970년 수출자유지역을 만들 때에도 입주자격에서 100% 국내자본의 입주를 가능하게 하였던 대만과 달리 한국은 외자와 합작투자 또는 외자 100% 기업만 입주를 허용하였고,[58] 외국인용 기숙사를 공업단지 건설에서부터 대통령이 직접 지시하고 있었다.[59] 더구나 당시 단계에서의 중화학공업화는 단순한 전통적인 수출전략보다 훨씬 더 세계시장에의 연계확대, 개방을 의미하는 것이었으며,[60] 또 중화학공업화를 위한 자본재의 수입수요가 급증함으로써 그 결과로 경제의 대외지향성이 급속히 확대되었다.[61] 전전에 이미 중화학공업화의 경험을 가지고 있었던 전후 일본도 중화학공업화를 위해 「외자법」을 만들어 외국기술 도입에 적극적이었던바,[62] 당연히 경험이 없었던 1970년대 한국의 중화학공업화는 폐쇄와 보호가 아니라 개방과 외자의 한국 진입을 촉구해야만 하는, 선택의 여지가 없었던 발전단계와 구조를 가지고 있었던 것이다.

그렇기에 〈표 6-5〉에서 보듯이 법정 평균관세율도 1972, 1976, 1978년 세 차례 공시로 1973년 「중화학공업화 선언」 첫 해부터 대폭 하락하여 1972년 39.12%에서 1979년 24.77%로 내렸는데, 이것도 실제로 시행된 관세율을 구해 보면 앞서 지적하였듯이 법정관세율보다 매우 낮은 3.8~8.9%의 관세율이 중화학공업화기에 적용되었다. 수출을 위한 원자재는 관세가 실질적으로 면제되었고, 주요 산업을 위한 기계·설비 등의 수입에도 세제·금융상의 특별조치를 취해 관세와 물품세를 면제시켜 주었다.[63] 특히, 중화학공업화가 시행되면서 초기 1973~1975년에 거두어진 관세를 직접 계산한 실질유효관세율은 3.8~5.1%로 당시 경쟁력이 약하였던 발전도상국의 입장에서 보면 관세주권을 포기할 정도로 낮았다. 관세와 함께 징수되던 부가관세 성격인 특수세도 1973년에는 0.1%, 1974년에는 0% 수준으로 떨어졌고 1975년부터는 징수되지 않았다.

정부는 1973~1981년 총투자액 13조 1,200억 원을 산정하면서 이 중 88%인 11

---

57 대통령비서실(예외19721004).

58 石田浩(2007), p. 321.

59 대통령비서실(중지19730410), p. 5.

60 World Bank(K1987a), p. 39.

61 D. Rodrik(1994).

62 일본 역시 중화학공업을 다시 일으키기 위해 1950년 「외자법」을 만들어 외국의 모든 것을 수용하도록 태세를 갖추고 외자도입을 원활하게 하였는데, 이 법 시행 이후 1950년대에 외국기술 도입은 대폭 이루어졌다(신태곤, 1982, p. 13; 성병탁, 1993, p. 31).

63 日韓經濟協會(1991), p. 77; K. S. Kim(1991), pp. 41~42.

표 6-5 관세율 평균

단위: %

구 분	1968	1970	1972	1973	1974	1975	1976	1977	1978	1979
법정관세율	39.12	39.12	39.12	31.50	31.50	31.50	31.50	29.72	29.72	24.77
실질일반관세율	7.0	6.3	5.1	4.8	3.8	5.1	6.5	7.4	8.9	7.4
실질유효관세율	9.2	8.1	5.9	4.9	3.8	5.1	6.5	7.4	8.9	7.4

주: 실질유효관세율은 일반관세율에 외국환세와 특수세를 합한 것임.
자료: 재무부; 경제기획원; K. S. Kim(1991), pp. 40~41.

조 5,520억 원을 내자로 계획하였음에도,[64] 자본·시장·기술의 필요성 때문에 철강·비철금속·조선·전자·기계·화학 등 6대 중화학공업부문의 투자재원 외자비중은 60.2%로[65] 높게 설정하였다. 심지어 기술도입이 요구되는 특수품목 제조업체에 대해서는 100% 투자까지 허용할 계획을 하였다.[66] 특히, 해외자본 유치가 절실하였던 기계공업의 경우 기계공업 육성을 위한 실수요자 선정원칙에서 기존 업체 중점지원 대상자로 "기술도입 실적이 있는 자 또는 합작으로 사실상 기술도입이 된 자"로 하고 합작비율도 오히려 외국과의 합작투자비율을 50% 이상을 원칙으로 하기까지 하고 있다.[67] 또 보다 과감한 대규모 해외자본 유치가 필요하였던 전자공업의 경우는 "외국인 투자를 적극 유치하여 합작투자에 의거 공장건설한다"는[68] 기본 전제와 함께 전 산업에 대해 100% 단독 외국인 투자허용조치까지[69] 발표하였다. "수출시장의 확대를 위하여 외자 및 고도의 기술도입을 촉진할 것이며, 외국인 투자환경 조성 및 기술인력의 확보 등 지원정책을 강화할 것이다"라는 원칙도 발표되었다.[70]

한국의 대기업집단이 전부 국내기업인 것에 대해 한국 정부가 일본의 예를 따라 엄격히 외국인의 직접투자를 금지하고 폐쇄적 입장을 택하였기 때문이라고 외국의 연구들은 보고 있지만[71] 중화학공업의 진행과정을 실제로 보면 이는 사실이 아

64 국무총리기획조정실(중오, 1973), p. 12.

65 경제기획원이나 한국개발연구원은 중화학공업투자의 외자의존도를 이보다 낮은 40.1%(사공일·유훈·박영철·L. P. Jones, 1974, p. 77), 제4차 경제개발5개년계획에서도 44.1%(대한민국정부, 4경, 1976, pp. 162~163)로 하여 일단 중화학공업추진위원회기획단보다 외자도입 필요비중에 대해 낙관적이었음을 알 수 있지만, 이들도 모두 중화학공업화에는 외자가 절대 필요하다는 것을 알고 있었고 그래서 각각 총투자재원의 외자의존도 12%, 25.4%에 비해 높게 책정하고 있었다.

66 국무총리기획조정실(중오3, 1973), p. 102.

67 상공부 장관(기19731011).

68 중화학공업추진위원회(해, 1973), p. 129.

69 「수출확대회의」, 1973. 8. 28. 상공부 보고.

70 경제기획원(전, 1973), p. 53.

니며, 또한 한국의 대기업집단들이 중화학공업을 중심으로 성장하였다는 점에서 직접투자의 금지 때문에 한국에 국내기업만의 대기업집단이 형성되었다는 주장도 사실이 아니다. 오히려 한국에 대기업집단이 국내기업만으로 형성된 것은 한국의 중화학공업화를 여전히 부정적으로 보았던 외국기업들이 적극적이지 않았기 때문이다. 즉, 알려진 것과 같은 폐쇄적 입장을 취한 것은 정부가 아니라 오히려 외국기업들이었다. 이들은 당시 1970년대 초기의 한국의 중화학공업화에 대한 불신감으로 1970년대 한국 중화학공업시장 진입을 꺼려하였는데, 1975년 3월 19일, 「제2제철 건설계획」이 합작선인 유에스스틸(US Steel)이 계속 부정적으로 나옴으로써 백지화된 것은 바로 이런 사실관계를 단적으로 보여 준다.

나아가 1971년 결정된 한일합작의 투자금융회사가 중단된 것과[72] 달리, 당장 정부는 「중화학공업화 선언」 후 「외자도입법」을 3월 12일 개정하고, 이어 「외국인투자에 관한 일반지침」을 제정하여, 기술·경영면에서 기계·금속·전기전자·화학공업분야 등 대규모 중화학공업의 4개 장치산업을 외국인 직접투자 적격사업으로 지정하면서[73] 세제와 노사관계상의 우대조치를 취하였다.[74] 이와 함께 "1973년에는 새마을사업과 중화학공업 등 장기개발자금을 확보하고 이를 효율적으로 활용할 수 있도록 외자도입법과 동 시행령을 다시 개정하였다."[75] 또 정부는 해외기업과 해외자본을 위해 직접 토지조성을 행하였고, 도로·항만·수도·전력까지도 정비하면서 기업유치에 나섰다.[76]

중화학공업화와 함께 대기업들이 차관도입을 서두르고 있을 때에도 차관도입만이 아니라 합작투자가 유도되었다.[77] 일부 공업의 경우 기술의 낙후, 수출시장 확보와 함께 원료조달면에서도 합작과 기술도입 필요성이 지적되었다.[78] 심지어 외자도

---

71 B. Balassa(1990), p. 11.

72 한일합작의 투자금융회사를 설립하도록 1971년 제3회 '한일민간합동경제위원회' 회의에서 결정하고 구체적으로 진행되었으나 중단되었다(日韓經濟協會, 1991, p. 64).

73 1970년대 내내 이 지정은 유지되었으며 중화학공업화 중심 정책이 폐기된 후 1980년 9월 25일이 되어서야 「외국인 투자유치 확대방안」 발표로 이 4개 분야에 식품, 의약품 제조업과 유통 및 서비스업 사업의 4개 업종이 추가되었다(한국개발연구원(반세), 1995).

74 L. E. Westphal, Y. W. Rhee, and G. Pursell(1981)은 한국으로의 투자자원 이입이 주로 차관의 형태로 들어왔다는 점에 주목하고 있지만 사실 중화학공업화에서 직접투자는 적극 장려되었고 직접투자와 관련한 기술도입이 매우 활발하게 이루어졌었다(과학기술처(과연), 1975, 1981). 이에 대해서는 본장 부록의 〈보론 6-5〉 참조.

75 대통령비서실(한경, 1975), p. 33.

76 日韓經濟協會(1991), p. 77.

77 외자도입심의위원회(99인197409); 외자도입심의위원회(100선197410); 외자도입심의위원회(100창197410).

78 외자도입심의위원회(100창197410); 외자도입심의위원회(100한197410).

입심의위원회에 의해 합작 및 기술도입의 필요성이 직접 강조되면서 "현 기술도입 계약상 특허권의 행사지역이 명시되어 있지 않으므로 이를 한반도 전역에 걸치도록 계약수정하게 함이 타당"하다는 검토의견을 내고 "신청인의 계약수정 각서를 징구"하기까지 하고 있었다.[79] 나아가 정부는 중화학공업화 과정 중 생산과 경영에 대해 분명히 기업에 맡기고 있었음에도 자본·기술의 도입에는 적극적인 지원을 하였다.[80]

또 제2차 5개년계획 기간부터는 "금속·기계 등 중화학공업분야의 기술도입으로 기술도입의 중점이 바뀌었으며,"[81] 1974년에는 가장 대표적인 중화학공업인 금속·기계·전자공업을 외국인 투자유치사업으로 지정하였다. 1977년에는 외자도입 인가방침[82] 속에서도 중화학공업·전원개발사업의 차관도입을 우선적으로 인가하고, 1978년에는 외국인 투자기업에 대한 수출의무조항을 삭제하는 등 중화학공업 자본·기술 개방조치를 계속하여 취하였다.[83] 이러한 일련의 정부 노력으로 한·일무역에서 계속 문제가 되었던 대일무역적자에 대해 일본측으로부터 "대일무역의 불균형 확대는 한국 내부에 원인이 있는데 왕성한 기술개선에 대한 의욕과 그것에 수반하는 자금수요이다"라는[84] 지적까지 나올 정도였다.

이러한 노력은 중화학공업에 대기업들의 진입이 일어나고도, 〈표 6-6〉에서 보듯이 1978년 이후 기술도입 및 외자도입 자유화 조치가 진행되면서 계속되었다. 1978년「외자도입법 시행령」개정령에서 상업차관의 도입하한선을 1,000만 달러 이상으로 상향조정하여 상업차관의 도입을 더욱 억제하였으나 중화학공업에 대해서는 도입을 계속 허용하였으며, 1979년의「외자도입법 시행령」개정에서도「기술도입 자유화」조치 속에 중화학공업 기술도입 및 개발정책은 자동인가가 이루어지도록 하였다. 1980년 '제5차 5개년계획 작성을 위한 경제사회정책협의회'에서도 외자문제에 대해 주의가 기울여지는 가운데에도 "중화학공업부문은 품질에 대한 인정도 향상 및 수출증대에 유리하게 하기 위해 가격·기술면에서 취약부문에 대한 합작투자 등 외자도입을 해야 한다"[85]고 일관되게 밝히고 있다.

---

[79] 외자도입심의위원회(100선197410), 2면 검토 및 문제점.

[80] 劉進慶(1983, pp. 15~16)은 이를 다음과 같이 잘 지적하고 있다. "정부는 개입수단으로서의 공영기업의 역할을 정리·축소하고 재벌을 담당자로 하여 중화학공업화를 추진하였다. 예를 들어, 철강·조선·석유·화학·자동차·기계 등의 중화학공업부문에서 국영 포항제철을 제외하고 거의 신흥 중화학공업을 정부는 재벌자본에 맡겼다. 그러나 외국의 자본과 기술을 도입할 필요성이 양적·질적으로 확대되고 있어 이에 대한 정부지원은 계속되었다."

[81] 대통령비서실(한경, 1975), p. 37.

[82] 본장 부록의 〈자료 6-4〉 참조.

[83] 경제기획원(외투), 1981.

[84] 日韓經濟協會(1991), p. 91.

제 6장

표 6-6 기술도입 및 외자도입 자유화 조치

연월일	내 용	대 상
1978. 4. 20	외자도입법 시행령 개정(기술도입심사위원회) ① 외자도입 행정의 개선, 기술도입 및 개발 촉진정책 ② 상업차관의 도입 하한선 1,000만 달러 이상으로 상향조정. 중화학공업, 전원개발사업, 방위산업, 기타 중요 산업에 대해서는 도입을 계속 허용 ③ 기술도입 자유화 조치: 착수금 3만 달러, 정률 3%, 기간 3년 이하, 정책은 10만 달러 이하	기계·조선·전자·전기·금속·화학·섬유
1979. 4. 24	외자도입법 시행령 개정(「기술도입 자유화」 조치) 중화학공업 기술도입 및 개발정책 대상 자동인가: 착수금 50만 달러, 정률 10%, 기간 10년 이하	원자력·방위산업 제외
1980. 7. 7	외자도입법 시행령 개정(「기술도입 자유화 조치」) 자동인가: 정률 10%, 기간 10년 이하	전 산업

자료: 한국산업기술진흥협회(1988).

 6.4 결과로 본 중화학공업화 과정에서의 개방

이렇게 중화학공업에서 자본·경영·기술 그리고 원자재·시설자본재 때문에 개방확대 외에 선택의 여지가 없었던 점은 '내재적이고 독립적인 능력을 키우기 위해' 직접투자를 피하던[86] 박정희 정부하에서도 분명히 나타난 중화학공업에서의 직접투자 개방비율에서도 나타난다.

1978년 99대 대기업에 속하는 중화학공업 71개 기업 중 중공업은 22.7%, 화학공업은 44.4%가 외자 합작기업이었다.[87] 제조업 외국인 투자 중 중화학공업의 외국인 투자비중을 인가기준으로 보면 〈표 6-7〉과 같은데, 제조업 외국인 투자 중 중화

[85] 한국개발연구원(5차, 1980), p. 490.

[86] 세계은행(World Bank, WS, 1992, p. 36)은 한국에 대한 기존 입장을 반성하면서 "한국이 내재적인 능력을 키우기 위해" 직접투자를 배제하고자 하였던 전략이 '세계은행'의 입장과 배치된다는 이유로 그 동안 무시되어 왔다고 밝히고 있다. 한국의 직접투자 배제는 일관된 원칙으로 계속 유지되었고 이런 점에서도 중화학공업의 개방성격은 과히 혁신적인 것이었다. 그런데 세계은행이 초기 중화학공업화를 위해 한국이 합작을 적극 개방하고 있었던 사실에 대해서 제대로 알고 있었더라면 스스로 논리적 모순과 반성을 행하지는 않았을 것이다.

[87] 대한상공회의소(한외, 1979); 한국생산성본부(1972~1979); 이재희(1990), pp. 136~139.

표 6-7 경제개발계획 기간별 제조업 외국인투자 중 중화학공업 비중(인가기준)

단위: 1,000달러, %

구 분	1962~1966	1967~1971	1972~1976	1977~1979
중화학공업	21,734	53,261	363,243	157,994(244,613)
제 조 업	22,897	69,043	431,413	189,873(290,607)
비 율	94.92	77.14	84.20	83.21(84.17)

주: ( ) 안은 1980년을 포함한 것.
자료: 경제기획원(외투), 1981.

표 6-8 외국인투자 비율별 구성(인가기준)

단위: 1,000달러, %

구 분		50% 미만	50%	50~99%	100%	총 계
중화학	금 액	160,566	309,428	54,489	222,702	747,185
	비 율	21.49	41.41	7.29	29.81	100.00
경공업	금 액	33,272	42,514	49,259	10,700	135,745
	비 율	24.51	31.32	36.29	7.88	100.0

주: 1966~1981년 합계.
자료: 경제기획원(외투), 1981.

학공업 비중이 매우 높고 중화학공업화가 본격적으로 진행된 1970년대 후반에는 83% 수준을 넘고 있음을 알 수 있다. 특히, 중화학공업화가 시작되면서 중화학공업에 대한 외국인 투자비중은 이전 5년에 비해 매우 높아졌다. 실제로 중화학공업화 선언과 함께 중화학공업화가 시작되자 외자도입 중 외국인 직접투자의 비율은 1972년 7.7%에서 1973~1974년 15.5~14.1%로 급등하였다.[88]

이를 보다 구체적으로 인가기준 외국인 투자비율별로 산업구성을 보면 〈표 6-8〉과 같은데, 여기에서 50% 이상 외국인 투자가 차지하고 있는 비중이 중화학공업부문은 41.5%로 나타나 경공업 29.0%에 비해 개방도가 매우 크다. 100% 외국인 투자기업도 33.7%로 나타나 경공업의 6.1%와 대조를 보여 주고 있다. 50% 이상 외국인 투자는 '독점적 기술보유'의 경우나 '전량 해외수출'의 경우에만 허용하는 것을 원칙으로 하였으므로[89] 이는 중화학공업에서 정부가 기술도입과 시장확대를 주요하게 고려하였고 고려하지 않을 수 없었으며 실질적으로 그렇게 했음을 보여 주

[88] 경제기획원(차, 1979); 재무부경제협력국(한외, 1991).

[89] "1973년에는 「외국인 투자비율에 관한 원칙」을 제정하여 50% 이하의 비율을 원칙으로 합작투자하도록 하였다"(중화학공업추진위원회기획단(중계), 1973, p. 14; 대통령비서실(한경), 1975, p. 33).

그림 6-3 중화학공업 외국인 직접투자 중 업종별 비중(인가금액)

단위: %

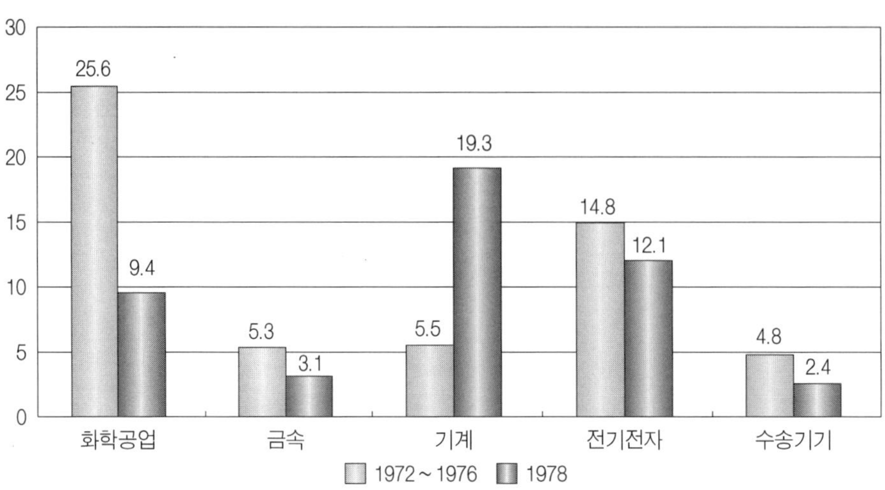

자료: 경제기획원(외투, 1981).

는 것이다. 도착기준으로 보아도 제조업 외국인 투자 중 중화학공업에 대한 비중은 1977, 1978년에는 95.8%, 96.4%에 이르렀다.[90]

업종별로 보면 〈그림 6-3〉에서 보듯이 중화학공업화 초기 1970년대 중반까지는 기술도입과 시장확보가 우선시되었던 화학부문, 전기·전자부문이 전체 외국인 직접투자의 25.6%, 14.8%를 차지할 정도로 높았다. 기술도입과 시장확대의 필요성이 직접투자의 주요 원인이 되었음은 화학부문, 전기·전자부문 기술이 국산화됨에 따라 이 부분 전체 외국인 직접투자의 비중이 10% 정도로 줄어들고,[91] 대신 전체 직접투자의 5%에 불과하였던 기계부문은 기술도입의 필요성이 커지고 시장확대효과가 커짐에(본장 부록의 〈보론 6-5〉 참조) 따라 1978년에는 전체 외국인 직접투자의 19.3%를 차지할 정도로 높아지는 것에서 바로 확인된다.

그 결과 1978년이 되면 〈표 6-9〉에서 보듯이 이미 외국인 직접투자의 건수와

[90] 외국인 직접투자는 원칙적으로 억제되고 있었기에 1967~1971년 이미 제조업 외국인투자 중 중화학공업에 대한 비중은 78.1%였다. 즉, 거의 중화학공업에서만 외국인 직접투자가 이루어졌다(경제기획원(외투), 1981).

[91] 99대 대기업의 자회사 설립에서 차지하는 외국합작회사의 비중은 1973~1975년 75%로 급속히 높아졌는데, 역시 기술습득이 어느 정도 이루어지면서 1976~1978년에는 23.1%로 급감하고 있다. 이는 1982년 이후 다시 2세대 기술도입의 필요성으로 70%대로 급상승한다(이재희, 1990).

표 6-9 외국인 직접투자 제조업 부문별 현황(1978)

구 분	직접투자건수	금액(천 달러)
음 식 료	10	3,135
섬유, 의류	79	99,663
제재, 가구	4	663
화 학 물	95	193,540
약 품	10	5,049
비 료	4	41,825
석 유 화 학	6	70,845
요 업	25	13,067
철, 강, 금속	62	48,050
기계 및 부품	115	76,273
전 기·전 자	197	131,010
수 송 장 비	12	37,397
기 타	107	20,396
합 계	726	740,913

자료: 경제기획원(외투자료, 1981).

금액 모두에서 섬유·의류부문마저도 중화학공업부문에 절대적으로 뒤져 투자건수로는 전기·전자부문이 197건으로 1위, 기계부문이 115건으로 2위가 되었고 금액으로 보면 화학부문이 193,540천 달러로 1위, 전기·전자가 131,010천 달러로 2위가 되었다. 또 20% 이상 회사지분을 가진 외국인 직접투자 사업체가 총생산에서 차지하는 비율은 1979년에도 10% 수준에 머물던 경공업과 달리, 석유정제의 경우에는 96.8%, 산업화학물은 47.9%, 전기기계가 35.2%, 기타석유제품과 비철금속제품이 각각 23.0% 그리고 일반기계, 수송장비가 22.7%, 22.0% 등 중화학공업에서 외국인 직접투자기업이 차지하는 비중이 매우 높아졌다(〈그림 6-4〉 참조). 특히, 석유정제화학과 석유화학공업에서 그 비율이 높아 걸프(Gulf)·칼텍스(Caltex)·유니온오일(Union Oil)·미쯔이(三井)·벡텔(Bechtel)·다우케미컬(Dow Chemicals)·브리티시페트롤럼(British Petroleum)·아람코(Aramco) 등 주요 세계기업 거의 전부가 한국의 석유화학공업에 관여하였고, 따라서 비료공장·석유화학공장은 한국 단독으로 건설한 것이 없다고 지적될 정도였다.[92]

그림 6-4 20% 이상 외국인 지분 직접투자 사업체의 산업 내 생산비중(1979)

단위: %

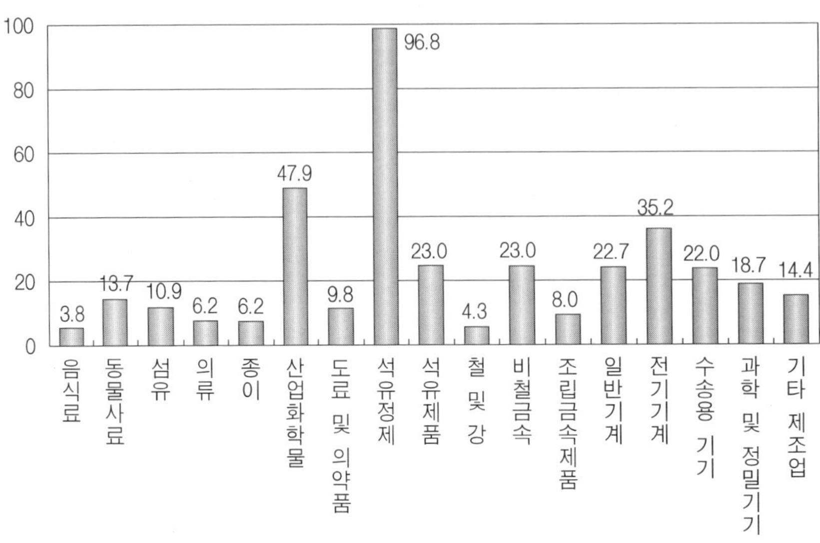

주: 총매출액 2억 원 이하 제외한 사업체임.
자료: 경제기획원을 원자료로 한 E. Y. Park(1984), pp. 138, 144.

외국인 합작은 자본도입만이 아니라 기술도입·시장개척의 역할까지 담당하고 있었기에 정부는 이를 중화학공업의 필수요소로 보고 확대하였고, 이들의 역할은 한국의 중화학공업화를 수행하는데 자본·기술·시장면에서 큰 영향을 미쳤다. 중화학공업에 거의 진출하고 있었던 대기업 중 외자합작기업으로부터 기술도입건수는 1970년대 급증하여[93] 1973~1978년간 중공업 8개, 화학공업 8개 합계 16개 중화학공업 대기업이 총기술도입의 50~60%를 차지하였고, 직접투자금액의 유입 외에 나아가 합작기업의 추가적인 차관의 도입비중도 차관도입의 20~30%를 차지하였다. 외국인 직접투자기업은 1970년대 그 수가 전체 7.7~15.5%였지만 이를 통한 기술도입액은 전체 기업의 27.4%로 그 효과가 컸다(본장 부록의 〈보론 6-5〉의 〈보론표 6-5-1〉 참조). 또 중화학공업 수출액 중 외국인 직접투자기업의 수출액이 차지하는 비율은 1974년 36.1%, 1978년 34.0%로 계속 1/3을 넘었으며,[94] 외국인 직접투자기

[92] J.-e. Woo(1991), pp. 138~139.

[93] 제1차 경제개발5개년계획부터 제4차 경제개발5개년계획까지 기술도입을 동반한 외국인 직접투자를 금액별로 정리해 기간별로 나누어 보면 1, 2차 계획기간 1962~1971년간에는 불과 전체의 9.2%가 이루어졌고, 90.8%가 3, 4차 계획기간인 1972년 이후 1972~1981년에 이루어졌다(L. E. Westphal, L. Kim, and C. J. Dahlman, 1985, p. 189).

업 중화학공업의 수출/매출 비율은 35.1%로 중화학공업 기업 전체의 동비율 24%보다 매우 높았다(본장 부록의 〈보론 6-5〉의 〈보론표 6-5-3〉 참조). 수출업자들과 수출관련 업자들은 수입관련 보호수단에서 예외적용되고 있었고 관세면제는 실제로 부과된 관세보다 컸는데,[95] 사실 이들도 중화학공업 전체 기업보다는 오히려 외국인 직접투자관련 기업들에게 혜택이 더 컸었다. 외국인 합작의 역할이 이렇게 중화학공업화에서 컸기에 당시에도 이미 중화학공업의 문제를 거론할 때면 언제나 '다국적기업을 어떻게 볼 것인가'라는 것이 논의의 대상이 될 정도였다.[96]

중화학공업화 초기 출발을 위해 보호가 아니라 오히려 개방과 수입이 필요하였음은 변화방향에서도 그대로 나타난다. 정부가 중화학공업을 진행시키기 위해 한국경제의 발전단계와 구조상, 외자와 외국기업의 한국 진입을 적극 유도하고 있었던 것은 앞서 보았지만 중화학공업 대기업 역시 적극적으로 기계·석유화학제품의 수입을 시행하고 있었다.[97] 우선 중화학공업재의 체화된 기술습득을 위해 적극적 수입이 필요하였다. 또 중화학공업화에서 선두를 점하고자 하는 경쟁 때문에 첨단 기계와 첨단 중간재가 필요하였다. 심지어 이들 대기업들은 국산기계에 대한 신뢰도가 매우 낮아[98] 국내에서 제품이 수입대체되어 감에도 불구하고 국내산은 품질이 나쁘다고 생각하고 수입을 더 선호하였다. 정부는 국산재 장려를 위한 여러 정책을 시행하였지만 앞서 보았듯이 사실상 제한승인품목조차도 수입에 매우 관대하였던 것은 체화된 기술습득을 위해 자본재의 도입이 필요하다는 것을 인정해야 하였고 필요하였기 때문이었다.

이런 필요성이라는 성격 때문에 중화학공업화가 진행되면서 기술·자본·시장 확대라는 개방의 필요성이 1970년대 후반 줄어들자 박 대통령과 중화학공업추진위원회기획단팀은 서서히 자신감을 갖고 필요성이 줄어든 해외자본에의 개방을 줄이기 시작하였다. 기술이 이전됨에 따라 외국기업에게 주었던 조세감면과 보조금은 줄여 나갔고 기술이전과 수출조건을 보다 까다롭게 붙였는데,[99] 이는 중화학공업의 정착 정도에 따라 변화해 나간 것이었다. 중화학공업추진위원회기획단은 1970년대 중반 한국의 중화학공업화는 이미 보호단계(protection stage)가 아닌 진입유도단계

---

[94] 한국무역협회(연감), 1975~1979.
[95] World Bank(K1987a), p. 34.
[96] 정경문화(1981. 5), pp. 79~80.
[97] Y. C. Park(1985), p. 301.
[98] 한국무역연구소(1974), p. 459.
[99] M. L. Clifford(1998), pp. 110~111.

(government leading stage)에 있으며, 이것도 1977~1981년의 4차계획 전(前)반부에는 전자공업·조선공업 등이 자생적인 단계(self-sustaining stage)로 모두 이행하고 후(後)반부에는 석유화학공업, 철강공업, 기계공업 그리고 비철금속부문 등 나머지 모든 중화학공업이 자생적 단계로 들어갈 것이라는 단계론을 분명히 하였다.[100]

이런 점에서 보면 중화학공업화 기간은 차별적인 폐쇄적 산업보호의 구조로 이루어진 것이 아니고 오히려 더욱 외자 진입유도와 개방이 확대되었던 시기이며, 중화학공업화 이후 시기인 1980년대가 더 폐쇄적 구조를 띠고 있었다고까지 볼 수 있다. 실제로 1970년대에는 중화학공업화에 따른 필요 때문에 외국차관이 차관액과 차관기업수에서 모두 증가하였으나 오히려 1980년대 이후 대기업의 외국차관이 감소하였고, 대기업의 합작기업 역시 수적으로 1970년대까지 증가하다가 이후 합작기업의 기업수도, 외국자본의 지주비율도 감소하였다.

결국 이상의 사실로 볼 때 1970년대 존재하였던 공표된 낮은 수입자유화율이나 높은 실효보호율을 가져오게 한 구조는 한국 중화학공업화의 폐쇄적 성격이나 자본주체에 따른 국적차별적 자국산업보호의 성격보다는 오히려 외국자본의 국내진입 유도를 위한 성격이 강했음을 알 수 있다. 공식적으로 존재했던 산업보호는 한국의 중화학공업이나 중화학공업 관련 한국 특정 기업에 대한 보호도 있었지만, 오히려 필요한 외국의 자본도입을 위한 보호였던 것이다. 수입자유화가 중화학공업화에 따른 유치산업보호론에 기초하여 후퇴한 것이라는 일반주장이[101] 사실이 아님은, 수출입공고에서 적자요인으로 지적된 일반기계의 수입은 수입규제의 대상으로 억제되지 않았던 점, 즉 기술과 시장확대가 가능하다면 유치산업과 상관없이 바로 개방으로 확대되었던 점이나, 사실 수입이 필요한 품목(특히, 다국적기업이 요구한 품목)에서는 거의 모든 수입이 제한 없이 이루어지고 있었던 점에서도 분명히 나타난다. 물론 중화학공업화 기간인 1970년대를 통해 정부는 외국기업에 대해 시장참여를 일부 제한하는 보호조치를 취하기도 하였지만, 이것 역시 선도 외자기업의 진입을 유도하기 위한 것이었고[102] 따라서 국적차별이 아니라 국내기업이나 경공업에도 동일하게 적용되었다. 우리의 필요에 의해 이루어진 중화학공업에 대한 외국인 투자

100 Planning Office, Heavy and Chemical Industry Promotion Council, Government of the Republic of Korea (1976), pp. 9~10.

101 深川由起子(1997), p. 38.

102 정부는 「철강공업육성법」, 「석유화학공업육성법」 등 일부 법을 통해 중화학공업 진입을 억제하는 규제를 시행함으로써 선발기업은 외국기업 및 여타 한국 기업에 대해 투자와 시장참여를 제한하는 등의 보호를 받았다(한국산업은행(80전), 1981, pp. 6~8; 김흥기 편, 1999, pp. 263~264).

개방이었기에 외국기업과 국내기업에 대한 차별적 보호가 있을 수 없었고, 실제로 〈표 6-3〉, 〈표 6-7〉, 〈표 6-8〉, 〈그림 6-3〉, 〈그림 6-4〉 등 앞에서 보았듯이 개방 정도에서 차별적 보호가 없었다고 확인된다.

오히려 1970년대 후반 외국인 투자에 주어진 법인세는 공개법인 20~27%, 비공개법인 20~40%로 5년간 전액 감면받았으며 다음 3년 간 50% 감면이 적용되었는데,[103] 우리나라 중화학공업 및 중요 산업에 대한 법인세 감면은 3년간 100%, 2년간 50%이어서 국적 역차별까지 있었다. 이러한 역차별 지적은 오늘날까지도 대기업집단에 의해 계속 제기되고 있기도 하다. 외국인 투자를 유도하기 위해 구미(龜尾)공단 예에서 보듯이 외국인 투자가에게 소득세, 법인세, 재산세 및 취득세와 이익배당금세, 잉여금배당금세 5년간 면제 외에도 영업세는 수출분에 대해 전액 면제, 외국인 종사자의 근로소득세 전액 면제, 이익배당금의 송금과 원금송환 완전보장, 재산재·원자재에 대한 관세·물품세·직물류세 등 전액 면제 등의 역차별적인 특전을 주기도 하였음에도[104] 한국이 중화학공업화를 위해 외국인에게 차별적인, 자국산업 보호정책을 취하였다고 하는 것은 적절하지 않다.

1970년대 후반에서 1970년대 말로 가면서 중화학공업화에서 점차 자본·기술의 도입, 진입문제가 해결되자 시각은 자연스럽게 이제 국내에서의 문제가 아니라 수출지상주의하에서의 시장확대를 위한 대책으로 나아가야 하였다. 이제 국내로의 유도를 위해 존재하였던 이중적인 개방태도는 필요가 없어졌으며 오히려 공식적으로도 한국 상품이 진출해 가야 할 대외시장에 한국이 수입자유화를 높이고 수입개방을 확대하고 있음을 천명할 필요가 있었다. 이러한 변화과정 속에서도 여전히 국내에서의 국내산업과 국내경제주체 보호에 앞서 선진국과의 마찰을 최소화하면서 시장애로를 해결하는 방식으로 개방정책이 이루어졌는데, 이러한 사실들은 정부의 기록에서도 공식적으로 확인되며, 또한 실질적인 보호의 효과에서도 나타난다.

우선 1976년 8월 2일 소집된 '경제정책심의회 공업계획분과위원회'는 토의내용 보고에서 "100억 달러 이상을 수출할 경우 국제적 압력으로 개방체제를 추구해야 할 것"[105]이라고 분명히, 그리고 정확히 향후 변화방향을 인식하고 있었다. 그리고 정부기록을 보면 실제로 정부는 '수출이 1978년 세계수출시장의 1%에 육박하면서 선진 제국의 무역장벽이 구체적으로 나타나자'[106] 공식적인(대외공표되는) 수입자유

103 경제기획원(백), 1981; 최동규(1992), p. 114.
104 한국무역연구소(1974), p. 440.
105 상공부 중공업계획반, 화학 및 경공업계획반(1976), p. 11.

표 6-10 한국의 세계수출시장에서의 위치

단위: 개, 국, %

연　도	품목수	상대국수	세계수출 내 비중
1960	–	–	0.03
1970	1,504	122	0.3
1972	–	–	0.4
1973	–	–	0.6
1975	2,759	163	0.6
1978	5,696	164	1.0
1979	5,904	160	0.9
1980	6,010	172	0.9

주: 표준산업분류 10단위 기준 1,000달러 이상.
자료: 한국무역협회(편람, 1968, 1973, 1975, 1977 ~ 1985).

화율을 급히 확대하였다고 밝히고 있다. 이렇게 국내산업과 국내경제주체 보호에 앞서 언제나 자본·기술, 그리고 점차 시장애로를 해결하는 방식으로 정책이 이루어지고 또 변화되어 가고 있는 것이다.

1970년대 중화학공업화 기간을 통해 중화학공업에 국내산업 보호나 국내기업 보호를 위한 산업보호가 개입될 여지는 일관되게 매우 적었다. 보호의 대상이라고 하여도 중화학공업화 처음부터 중화학공업화를 위한 자본·기술 등 총체적인 외자도입에 필요하다고 인정되면 실제로는 거의 대부분 수입·개방이 가능하였다. 나아가 이 목적이 달성되고 1970년대 후반 수출이 더 중요해지면서 수출업자들에게 보호의 역효과가 나타나지 않도록 주의가 주어졌다.[107] 1973년 이후 급등한 수출이 국내총생산(GDP)의 30%를 차지하게 되었고[108] 〈표 6-10〉에서 보듯이 세계수출에서 차지하는 비중이 1973년 0.6%, 1978년 1.0%로 급등하면서 수출상대국수가 170여 개국으로 급등하는, 더구나 세계중화학공업시장에서 한국제의 비중이 1973년 0.33%에서 1977년 0.54%, 1978년 0.7%[109]로 급등하는 상황에서, 시장의 확대가 중요한

[106] 정부는 "첫째, 오일위기로부터 세계경제와 세계교역이 회복되고, 둘째 만성적인 경상수지 적자가 1977년을 고비로 흑자로 전환하였으며, 셋째 우리의 수출급증으로 선진국 무역장벽이 강화되고 있고, 넷째 선진외국의 수입자유화가 경제성장의 원동력이 되었다는 사실 등이 촉진제로 작용하여 수입자유화를 추진"하였다(경제기획원(개발), 1982, p. 212).

[107] M. A. Richard(1994), p. 83.

[108] 한국은행(국), 1974~1983.

것이었기에 역시 계속적으로 국내시장·국내기업의 보호는 성립될 수 없었던 것이다.

결국 1970년대 중화학공업화에서 문제가 지적되었던 산업보호란 공식적으로 존재하였던 것인데, 이것도 일반적 인식에서 받아들여지는 국적과 지역차별이라는 성격보다는 오히려 국내에 진입한 외국자본(자금·기술·경영 등)이 일정 기간 추가적인 경쟁으로부터 보호받기 위한 것이었다고 해야 한다. 이것이 일반적인 산업보호로 지칭되는 해외부문으로부터의 보호와 다른 것은 국내에서 국내기업으로부터의 경쟁에서도 보호되고 있었기 때문이다. 일반적으로 보호가 국내기업의 보호를 의미하는 것이 분명하므로, 한국의 1970년대 중화학공업화와 연계시켜 개방과 해외자본 진입유도라는 부분을 배제한 보호만을 지적하는 것은 이런 의미에서 적당하지 않다. 오히려 이보다는 후발공업국 모두에서 나타나는 기간산업·중화학공업의 초기 시작과 정착을 위해 "대내외 경쟁으로부터의 보호를 통한 시장의 안정적 확보"[110]를 국적차별 없이 선도기업에 주겠다고 공표하고 진입을 유도하고 있었다는 것이 더 정확히 역사적 사실과 일치한다.

더구나 이들 자본에 대해서도 중화학공업화 기간을 통해 지속적으로 해외시장 지향의 대외경쟁 유도가 있었다. 정부는 중화학공업화를 통해 전체적인 진행방향에서는 직접적인 수량통제가 아닌 분명히 관세 등을 통한 가격기구를 작동시키려 하였으며, 중화학공업화 기간중 일관되게 중화학공업의 수출촉진을 통해 중화학공업과 그 참여기업들이 내재적으로 국제시장에 지속적으로 편입되도록 하였다. 또한 포항제철의 경우 생산량의 1/3을 수출하고 남은 2/3 중 1/3은 수출업자들에게 국제가격으로 공급하도록 하였으며[111] '호남(湖南)종합화학기지' 실수요자 선정기준에는 "국제가격선으로 판매하여야 한다"[112]는 조건이 삽입되었고, 나아가 중화학공업 참여기업들 전체에게도 "제품가격은 국제가격수준이 되어야 한다"[113]라는 외자도입 원칙을 정하는 등 중화학공업의 경우 국제가격을 기준으로 내수가격을 규제하는 방식으로 계속 국제시장가격 움직임을 반영시켜 나갔다.[114]

---

[109] J. J. Stern, J.-b. Kim, D. H. Perkins, and J.-h. Yoo(1995), p. 84. 여기에서 중화학공업과 경공업 계산에서 일부가 빠져 양 합은 전체 수출제조업의 80.3~88.1%임.

[110] 상공부(개방, 1986. 8), p. 5.

[111] R. M. Auty(1994), p. 83.

[112] 국무총리기획조정실(중오3, 1973), p. 118.

[113] Planning Office, Heavy and Chemical Industry Promotion Council(1976), pp. 17~18.

[114] 1980년 중공업 기업들에 대한 조사결과는 수출가격 역시 가격결정요인으로 국제시세를 1/4 이상 반영하고 있음을 보여 준다. 전기전자제품의 경우 국제시세가 가격에 미치는 영향은 14.1%였고, 철강은 28.6%, 기타 중공업 제품들은 27.6%를 차지하였다. 경쟁회사의 수출가격까지 포함하면 이 두 요소가 가격에 미치는 영향은 철강 53.6%, 전기전자제품 24.2%, 기타 중공업 제품 35.5%였다(대한상공회의소

이렇게 개방과 세계시장에 맞추기 위한 노력이 진행되었기에 한국은 보호가 가져다 줄 시장왜곡지수가 1970년대 같은 발전도상국 30개국 중에서도 가장 낮았다.[115] 이는 역으로 한국의 경우 1970년대 산업보호가 적었음을 간접적으로 보여 주는 것이다. 이러한 실증결과는 기존의 일반적 인식과 다르다고 생각될 수도 있지만, 앞에서 이제까지 고찰하고 언급하였듯이 경제발전 단계 및 구조에서 보면 한국의 이러한 낮은 왜곡지수 결과는 오히려 당연한 것이며 더 논리적으로 설명가능한 결과이다. 앞서 지적한 자본과 기술에서도 그렇고 나아가 한국은 분단경제로서 다른 어떤 발전도상국보다 내수시장규모가 작아 해외시장을 직접 이용하지 않을 수 없었기 때문이다. 이러한 당위성은 1950년대 경공업의 수입대체화 전략과 1950년대 말의 불황을 통해 이미 발전한계를 직접 확인하였던 점에서 분명하였다. 나아가 앞서 지적하였듯이 수출에서의 관세면제가 부과된 관세보다 컸고, 국제시장가격을 그대로 반영시키려는 노력이 중간재나 최종수출재에서도 계속 이루어졌다. 또 〈표 6-11〉에서 보듯이 이미 1960년대 말부터 수출을 촉진하기 위해 강한 수출잠재력을 가지고 있는 산업에서는 해외부문으로부터의 국내보호를 없애고 있었다.[116] 즉, 수출교역재의 경우 국내산업 보호를 없애 세계시장에의 참여를 유도하고 있었던 것이다.

더구나 대외시장 진출정책 속에서 당연히 개입보호는 한국이 항상 대외협상에서 마찰요소로 금지를 강요받은 요소였고, 특히 보호의 수단 중에서 해외부문관련 보호는 직접 드러나는 정책수단이었으므로 1970년대 한국의 경우 지속적으로 선택할 수 있는 수단이 될 수 없었다. 자본·기술·시장 등에서 개방경제로서의 발전전략을 취하지 않을 수 없었던 한국으로서는 국내외 부문 모두에서 분쟁의 소지가 될 보호를 줄이려고 노력할 수밖에 없었고, 이는 당시 정부의 여러 문서 전체에서 공통적으로 확인된다. 또한 한국의 중화학공업을 포함하는 수출지향산업에 있어 사실상 인센티브 정책은 자유무역체제하에서의 가격과 비교하여 가격왜곡을 거의 가져오지 않았다는 점에서 이는 중립적인 것이었다.[117] 동시에 개방경제에서 확인된 효율성과 부족한 자원의 효율적 배분방법 모색은 더욱 이러한 정부의 개방과 국제화 정책경향을 확대시켰다. 기업보조와 부실기업 퇴출기준이 수출실적 등 개방시장,

---

(80), 1980).

115 R. Agarwala(1983). 본서 제5장의 '5.5 시장왜곡과 총정부개입도 평가' 참조.

116 World Bank(K1987a), pp. 34~35.

117 L. E. Westphal and K. S. Kim(1982); C.-H. Nam(1986), pp. 187~217.

표 6-11 상품범주별 유효보조율(세계부가가치)

단위: %

구 분	수출재	수출·수입재	수입대체재	비교역재	전 체
아르헨티나	−5	−144	−189	−147	−38
콜롬비아	−2	−15	−50	46	−11
이스라엘	−51	−72	−91	−33	−60
한 국	35	−44	−52	3	−1
싱가포르	−2	−11	−18	−3	−7
대 만	12	−1	5	−1	14

주: 1) 유효보조율=수출판매의 실효보호율−국내판매의 실효보호율.
2) 아르헨티나·콜럼비아·대만은 1969년, 한국·이스라엘은 1968년, 싱가포르는 1967년 값임.
자료: B. Balassa(1982b), pp. 34~35.

세계시장 요소를 기초로 만들어졌는데, 이러한 점은 오히려 1980년대 이후 정부의 인위적인 기업 진·퇴출 및 합병 기준보다 더욱 객관적인 것이었고 분명히 시장의 효율성을 더 많이 이용하는 것이었다.

다른 선진국의 중화학공업화기에 존재하였던 것처럼 한국도 중화학공업화를 통해 해외부문으로부터의 보호가 존재하고 있었지만, 전체적으로 국제가격 수렴, 수출장려 등 시장경쟁원리가 도입·확대되고 있었다. 이런 점은 한국에서의 성공적 정부개입의 특성이 경쟁적 생산을 지향하는 것이었다는 지적으로도 연결된다.[118] 실제로 한국을 포함하여 정부의 개입과 보호를 공업발전의 주요 계기로 지적받아 온 일본이나 독일 등의 경우도 정부개입이 다른 선발공업국과 두드러진 차이가 있었다고 보기 어렵다.[119] 자본축적기간의 단축이라는 목표를 가진 선발공업국이든, 안정적 자본시장 형성과 추격시간의 단축이라는 목표를 가진 후발공업국이든 정부의 해외부문으로부터의 보호는 모든 국가에서 일정 기간, 일정 부분 공통적으로 나타나는 것이며 따라서 1970년대 특정 기간산업, 중화학공업화를 위한 정부의 초기보호가 공개된 지표상 일정 기간 나타났다고 해서 그 사실만으로 한국 시장의 왜곡도가 더 심하였다고 말할 수는 없다. 다만 독일·일본이나 한국의 경우 공업화의 역사가 바로 중화학공업화와 상당 부분 중복되어 진행됨으로써 중화학공업의 특성상 나타나는 자본, 특히 금융수요, 생산물수요의 대규모성 때문에 정부의 보호가 매우 크게

118 R. Wade(1990a), pp. 129~163.

119 한국을 포함하여 비교한 일본, 그리고 일본·프랑스의 사례는 M. S. Alam(1989b)과 J.-C. Rhee(1994)를, 독일의 사례는 박영구(1999)를 참조.

존재하였던 것처럼 보였던 것이다. 나아가 자동차산업과 같은 특정 대규모 조립산업에서의 산업보호가 전체 한국 중화학공업의 산업보호로 강하게 인식되어 왔던 것이다.

이렇게 세계시장의 역할, 개방경쟁이 배합됨으로써 한국의 경우 분명히 존재하였던 일부 산업, 일부 초기보호에서 나타나는 비효율성도 상당 부분 제거할 수 있었다. 국내시장은 규모가 작았기 때문에 유치산업조차도 곧 국제경쟁의 압박 속에서 수출이 강조되었고 수출을 고려하도록 유도되었다. 이러한 시장환경이 조성되어 있었으므로 중화학공업에 참여한 대기업들은 잠재적 경쟁(potential competition)에 따른 약탈가격(predatory price)을 설정할 필요가 없었음에도 불구하고 자연적으로 비용절감·품질개선 등을 위해 노력하지 않으면 안 되었고, 한국의 성공적인 시장기구의 작동은 수출을 특별히 강조함으로써 함께 간 것이라는 평가가 가능하게 되었다.

결국 1970년대 중화학공업과 관련하여 그 동안의 해외부문관련 산업보호에 대한 인식은 당연시되어야 할 산업발전주기와 경제발전구조를 사상하고, 오늘날 기준으로 선택된 변수에 따라 모두 같은 시점으로 놓고 비교, 이루어졌다고 볼 수 있다. "어쨌든 중화학공업화와 함께 완전한 표리일치의 수입자유화, 관세율 인하를 하였다면 생산성이 더 높아져 더욱 효율적이 되었을 것이다"라는 비판도, 실증적인 제조업 분석결과 수량규제와 관세의 효과를 종합한 종합수입자유화율 변화와 생산성 증가율 간에는 오히려 음의 관계까지 나타나고 있어[120] 일방적으로 그렇게 얘기할 수 없다. 그러므로 일부 공표된 조치와 특정 변수로 인해 한국 정부·한국 기업·한국 산업의 폐쇄성이 비판받는 것은 적절하지 않다. 한국은 중화학공업화를 통해 다른 선진국과 똑같이, '폐쇄나 보호 자체를 지속적인 수단으로 하지 않았으며' 나아가 일부 특정 산업 또는 일부의 '초기보호 속에서도 시장기구를 통한 경쟁을 추구하고 기술 및 자본시장 개방에 점점 더 긍정적으로 움직였다'.[121]

분명히 한국 중화학공업화 과정에서 타국 공업화 과정과 비교될 정도의 차별적인 산업보호, 폐쇄성, 국적기업 간의 차별성 문제는 있지 않았다. 오히려 본장에서

---

120 단순상관관계는 통계적 유의성이 없었으며 순위(順位)상관계수의 통계적 유의성은 충분하였다(김광석·박승록, 1988, p. 10).

121 심지어 한국의 중화학공업화를 전형적인 보호정책으로 보고 있는 World Bank(K1987b)도 소결론에서 "한국은 소규모 개방경제이므로 궁극적인 수출목표 없이는 산업전략을 추구할 수 없다. ……(중화학공업의) 투자프로그램은 상당히 수입을 강화시키는 것이었다. ……한국의 전체적인 수입요구는 여전히 높고 세계경제에 크게(highly) 통합되어 있다"(p. 16)고 사실을 인정하는 내용을 기록하고 있다. 한국이 중화학공업화를 통해 수입대체, 폐쇄보다 수입·수출 개방이 강하게 추진되었다는 사실 자체를 인정하지 않을 수 없었던 것이다.

검토하였듯이 1970년대 중화학공업화 시기 한국은, 비록 한국 스스로의 필요성과 전략이 있었다고 하지만,[122] 세계경제사상 초기 공업화 과정에서는 유례를 보기 힘든 가장 앞선 개방국가였다. 1970년대 한국의 일반산업 진입에까지 충고를 하고 있었던 미국과 국제기구가 한국의 낮은 수입자유화율에 대해 참고 있었던 것은, 앞서 보았듯이 사실 내용면에서 낮은 실질관세를 포함한 폭넓은 개방이 이루어지고 있었고 또 외자·합작기업들을 차별 없이 오히려 우대하였기 때문이었다.

6.5 맺 음 말

1970년대 중화학공업화 과정에서 존재하였다고 지적받아 온 보호는 사실 폐쇄적 정부보호가 아니라 개방과 시장기구, 즉 해외시장 지향의 대외경쟁 유도, 기술·자본시장의 개방을 통해 효율성을 높이는 보완점을 가지고 이루어졌고 따라서 시장 왜곡의 정도도 선험적 주장과 달리 적었다. 중화학공업화를 통해 원칙면에서 또 실현가능한 시점에서 언제나 해외의존을 최소화하고자 하였고 실제로 노력과 성과가 이루어졌지만, 단계론적으로 중화학공업화의 필요 때문에 필요한 부분에 대한 개방은 적극적으로 과감히 이루어졌으며 중화학공업화 기간을 통해 중화학공업에 국내산업 보호나 국내기업 보호를 위한 산업보호가 개입될 여지는 원천적으로 일관되게 적었다. 보호대상이라고 하여도 중화학공업화 처음부터 중화학공업화를 위한 자본·기술도입에 필요하다고 인정되면 언제든지 실제로는 거의 대부분 수입·개방이 가능하였고 또 이루어졌다. 나아가 이 목적이 달성되고 1970년대 후반 세계시장이 더 중요해지면서 수출업자들에게 불리한 효과가 나타나지 않도록, 이중적으로 존재하였던 수입자유화 등에서도 확대가 이루어졌다. 이러한 중화학공업화에서 개방의 과정과 정도는 다른 어느 선진국의 중화학공업화 과정과 비교해 보아도 차이가 있는 수준이 아니었으며, 오히려 한국은 초기단계에서 다른 어느 국가보다도 개방적인 국가에 속하였다.[123] 한국의 중화학공업화에서 산업보호는 존재하고 있었지만, 당시

122 수입자유화율이나 실효보호율과 관련하여 본 한국의 전략과 실패에 대해 본장 부록의 〈보론 6-6〉 참조.

123 미국의 언론과 미국·한국의 일부 지도자들은 "한국은 보수적이고 폐쇄적이다"라고 말하는 것을 자주 발견할 수 있다. 특히, 무역마찰이나 국제협상·국제회의가 있을 때 이 말은 자주 인용된다. 그러나 한국을 자주 방문한 미국 상공인이나 정치인들은 이에 대해 바로 "한국은 내가 다녀 본 어느 국가보다도 외국인에 대해 우호적이었다"고 답한다. 우리는 언제까지 외국에 대해 스스로 죄의식을 가지고 항

한국 경제의 발전단계와 구조를 고려해 볼 때 과대한 것이 아니었으며 국적차별적인 것도 아니었고, 오히려 해외기술·자본도입을 위한 해외유입자본 보호의 성격이 강한 것이었다.

해외부문으로부터의 보호가 국내산업·국내자본·국내기업의 보호를 의미하는 것이 분명하므로, 한국의 1970년대 중화학공업화와 연계시켜 개방과 해외자본 진입 유도라는 부분을 배제한 채, 해외부문으로부터의 보호라는 말을 강조사용하는 것은 적당하지 않다. 본장의 검토는 해외부문 관련 보호에서 항상 제기되는 한국의 원죄적인 수세적 입장이 상당 부분 근거가 약한 것임을 보여 준다. 이런 점에서 모든 중화학공업화 평가에서 '보호'라는 말보다 '대외개방지향적'이었다는 용어를 우선적으로 사용하거나 최소한 동시병렬적으로 사용할 필요가 있다. 한국은 중화학공업화를 통해 다른 선진국과 똑같이, '폐쇄나 보호 자체를 지속적인 수단으로 하지 않았으며' 나아가 특정 일부 산업, 일부의 '초기보호 속에서도 '시장기구를 통한 경쟁을 추구하고 개방에 점점 더 긍정적으로' 움직였다.

상 대해야 할까? 왜 한국에는 존재하지도 않는 '코리안 타임'이 "한국인들이 그런 것이 한국에 있다더라"고 하면서 사전에까지 등재하고 있는 것일까?

부　록

1. 보　　주

〈보주 6-1〉 실효보호율 구하는 수식과 두 방법 비교[124]

V_j를 국내가격 기준 부가가치, W_j를 국제가격 기준 부가가치, A_{ij}를 j에 대한 교역재 i의 투입계수, A_{nj}를 비교역재 n의 투입계수, r_{in}, r_{wn}을 각각 비교역재 n에 대한 교역재 I의 직·간접 투입비율과 부가가치비율이라고 하면 코르덴(Corden)의 실효보호율 Z_j^c는 (1)과 같고, 발라사(Balassa)의 실효보효율 Z_j^B는 (2)와 같이 구한다.

$$Z_j^c = (V_j^c - W_j^c)/W_j^c \qquad (1)$$

여기서, $W_j^c = 1 - \sum_i A_{ij} - \sum_i \sum_n A_{nj} \cdot r_{in}$

$V_j^c = (1+T_j) - \sum_i A_{ij} \cdot (1+T_i) - \sum_i \sum_n A_{nj} \cdot r_{in} \cdot (1+T_i)$

단, $r_{in} + r_{wn} = 1$

$$Z_j^B = (V_j^B - W_j^B)/W_j^B \qquad (2)$$

여기서, $W_j^B = 1 - \sum_i A_{ij} - \sum_i \sum_n A_{nj} \cdot r_{in} - \sum_w \sum_n A_{nj} \cdot r_{wn}$

$V_j^B = (1+T_j) - \sum_i A_{ij} \cdot (1+T_i) - \sum_i \sum_n A_{nj} \cdot r_{in} \cdot (1+T_i) - \sum_w \sum_n A_{nj} \cdot r_{wn}$

단, $r_{in} + r_{wn} = 1$

결국, $\sum_n A_{nj} = \sum_i \sum_n A_{nj} \cdot r_{in} + \sum_w \sum_n A_{nj} \cdot r_{wn}$이고, $W_j^c = W_j^B + \sum_w \sum_n A_{nj} \cdot r_{wn}$이므로 바로 교역재 j의 부가가치에서 $\sum\sum A_{nj} \cdot r_{wn}$이 포함되는가 여부에 따라 두 방법이 다르게 되는 것이다.

124 홍성덕(1997), pp. 17~18.

2. 부표와 부그림

부그림 6-1 1978년 이후 전체 수입자유화율 변화

단위: %

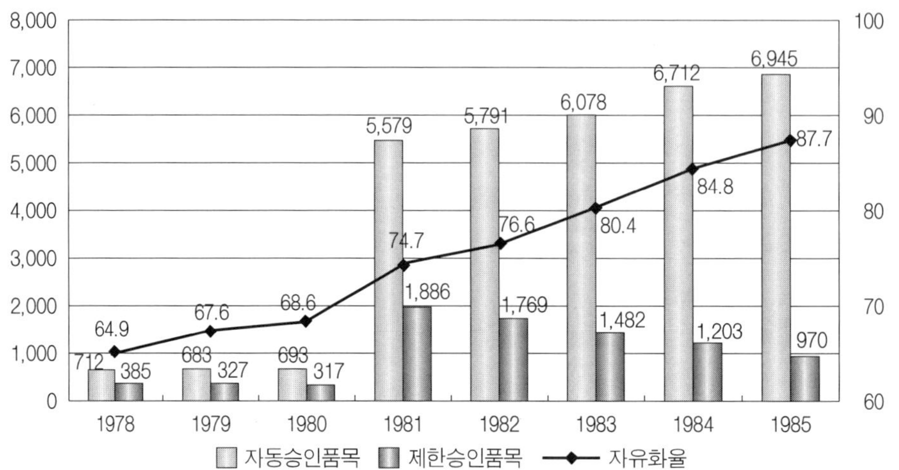

주: 1) 1978년 이후 사용된 관세품목분류표(CCCN) 분류체계 4단위 기준 추계가 1981년 이후 8단위로 바뀌었으며, 1980년 4단위 1,010개 품목을 8단위로 바꾸면 총품목수가 7,465개로 늘어남.

2) 1979년의 경우 바뀐 기준 총품목수 1,010개가 아니라 상공부가 1980년 기준에 맞추어 환산한 것에 의하면 자동승인품목 753개, 제한품목 344개로 수입자유화율이 68.6%가 되어 1980년과 동일하게 됨.

자료: 상공부(기별, 1977~1981); 경제기획원(개발, 1982); 한국무역협회(연감, 1980~1987).

부표 6-1 기술도입 업종별·연도별 인가현황(제조업, 1973~1979, 건수)

구 분	1973	1974	1975	1976	1977	1978	1979	계
식 품	3	1	0	2	0	1	9	16
펄 프·제 지	0	2	0	1	3	2	0	8
방 직·직 물	2	0	3	4	2	2	1	14
화 학 섬 유	5	1	1	3	1	6	12	29
요업·시멘트	2	3	2	2	3	9	7	28
정 유·화 학	9	16	20	23	25	42	54	189
제 약	2	1	0	0	1	4	0	8
금 속	9	9	14	12	17	25	26	112
전 자·전 기	16	19	17	24	31	47	43	197
기 계	12	22	30	42	60	117	109	392
조 선	3	1	3	1	7	12	3	30
계	63	75	90	114	150	267	264	1,023

자료: 과학기술처(과연, 1980).

3. 보　론

〈보론 6-1〉 해외시장에서의 해외부문으로부터의 보호(수출관련)

해외부문으로부터의 보호는 두 부문으로 나누어 보아야 한다. 하나는 국내시장에서 해외부문으로부터의 국내기업 보호이고, 하나는 해외시장에서의 국내기업 보호이다. 일반적으로 말하여지고 있는 것은 본문에서 다룬 전자(前者)이지만, WTO의 규정에 의하면 국내시장에서의 차별적 대우보다 더 엄격하게 해외시장, 수출을 위한 해외부문에서의 자국기업 보호를 금지하고 있다.

한국의 경우 그 동안 중화학공업의 현시적 비교우위가 달성되지 못함으로써 정부는 해외시장에서의 중화학공업 제품 경쟁, 즉 수출을 위해 지원하였고 이런 정부의 지원으로 수출이 가능하였다는 논리가 국내외적으로 있었다. C.-H. Nam(1990)은 수출지원을 통해 수출지향정책이 이루어졌다고 보았고, K. Choi and T. Kwack (1990)의 "수출산업들은 이러한 조세인센티브로부터 혜택을 받았다"[125]는 간접적인 지적도 이런 점을 지적한 것이다. 해외에서는 알람(M. S. Alam)의 다음 지적이 중화학공업에 직접 초점을 맞춘 것은 아니지만 이를 대변한다.

> 1978년 실효보조율(effective subsidy rates)은 한국이 비교우위를 누릴 수 있도록 여러 산업에서 실질적인 수출편중(export bias)정책을 취하였음을 보여 준다. ……제조업 전체로 보아도 동일하다.
>
> 《M. S. Alam(1989b), pp. 31~32.》

> 신고전학파 경제학자들이 말하는 한국의 수출지향(export orientation policy) 정책은 중립적이고 시장지향적(market-oriented)이며 사기업에 기초하고 있었다는 것은 전체적으로 옳지 않다. 한국은(정부는) 수출유도, 자본부채구조, 판매, 배당, 외국인 참여, 기업합병 등 직접 기업에 여러 개입을 하였다. 한국의 성장은 수출확대를 통한 동태적 이익, 유치산업의 적극적인 육성, 자원활용의 조화된 노력 등에 의해 이루어졌다.
>
> 《M. S. Alam(1989a), pp. 233~257.》

---

[125] K. Choi and T. Kwack(1990), p. 260.

A. H. Amsden(1990), T. Matthews and J. Ravenhill(1994) 등도 한국이 철강·조선·자동차·반도체 등 중화학공업에서도 정부보조를 통해 경쟁력을 얻었다고 보았다.[126] 실제로 한국의 수출은 정부보조를 받으면서 성장하였다.

그러나 수출을 위한 정부보조가 존재하였지만, 앞서 지적하였듯이 그 혜택은 한국에 진출한 외국합작기업들이 더 받았고, 또 그 변화가 제대로 지적되지 못하고 있었다.[127] 정부는 1970년대 수출지상주의 속에서도 가트(GATT)와 미국의 도움을 절대 필요로 하였기에 중화학공업화 과정에서 가장 먼저 이의가 제기되고, 갈등을 일으키는 해외시장에서의 보호를 줄이려 노력하고 이를 실행하고 있었다.

우선, 정부는 1973년 수출 및 기타 외화소득에 대한 직접감면을 폐지하여 1974년부터 완전히 없앴다.[128] 또한 1973년부터 수출용 원자재 감모(減耗)허용을 점진적으로 축소하였다. 1975년에는 수출용 생산을 위한 원자재 수입에 대한 관세 감면을 관세환급제도로 바꾸어 1달러 수출에 65.4원에 달하던 관세 감면혜택은 1978년 30.0원으로 줄어들었다. 동시에 1975년부터 공공요금 할인을 폐지하였다. 물론 수출금리지원은 1973년에서 1974년 줄어들었다가 다시 1978년 11.0%로 늘어났고, 간접세 감면도 1973년 1달러당 21.3원에서 1978년 42.7원으로 늘어나는 보완조치가 취해져 수출을 위한 자극은 계속 이루어졌지만 전반적으로 수출지원은 1973년 이후 감소되어 갔다.

그 결과 〈보론표 6-1-1〉에서 보듯이 달러 1달러 수출에 대한 총보조지원은 1970년 29.4%에서 1973년 24.3%, 그리고 1978년에는 17.3%로 감소하였다.[129] 1970년대 수출금융지원하의 금융상의 금리지원과 직접세 감면의 순수보조지원만을 보면 이미 1973년 「중화학공업화 선언」 이후 1970년 6.5%에서 1973년 2.5%로 대폭 낮춘 이래 1975년 2.1%, 1978년 2.3%로 낮은 수준을 유지하였다. 문제가 된 정책수출금융도 저금리에도 불구하고 전체 금융대출에서 차지하는 비중은 1970년대 후반

---

126 A. H. Amsden(1990); T. Matthews and J. Ravenhill(1994), pp. 58~60.

127 신고전학파적 입장에서 한국의 수출을 고찰하여 정부의 국내외 시장간·산업간 정책은 거의 중립적이었다고 본 연구들은 많이 있다(C. R. Frank, Jr., 1975; A. O. Krueger, 1981).

128 수출에 대해 직접 지원금을 지불하는 제도와 수출달러에 대한 프리미엄제도는 이미 1965년부터 해제되었다.

129 곽태원이 추계하였다고 밝힌 K. Choi and T. Kwack(1990, p. 258)에 의하면 전체 수출에 주어진 자본비용 인센티브와 그렇지 않은 경우의 자본비용과의 차는 1966~1971년에 21.46~26.11%p였다가 1972~1982년에 10.05~20.02%p로 한 차례 대폭 감소한 후 1983년 이후 5~6%p차로 거의 없어지는 것으로 나타나고 있다. 이는 중화학공업만을 의미한 것은 아니지만 수출에서의 보호가 순차적으로 약화되고 있다는 결과는 동일하다.

보론표 6-1-1 1달러 수출에 대한 지원: 수출실효환율

단위: 원/달러, %

구 분		1970	1973	1974	1975	1978
공정환율		310.4	398.5	406.0	484.0	484.0
순 수 보 조	금리지원	16.6	8.6	7.2	10.1	11.0
	직접세 감면	3.6	1.4	–	–	–
	순수보조합	20.2	10.0	7.2	10.1	11.0
	순수보조율	6.5	2.5	1.8	2.1	2.3
직접세·관세 감면	직접세·관세 감면	46.2	66.8	55.8	33.8	30.0
	보 조 율	14.9	16.8	13.7	7.0	6.2
총 보 조	순수보조합	20.2	10.0	7.2	10.1	11.0
	관세 감면	42.6	65.4	55.8	33.8	30.0
	간접세 감면	28.5	21.3	22.8	33.3	42.7
	총보조금액	91.3	96.7	85.8	77.2	83.7
	총수출보조율	29.4	24.3	21.1	16.0	17.3
명목실효환율					561.2	567.7
실질실효환율					561.2	463.2

주: 1) 실질실효환율은 구매력 패리티지수로 조정한 것임.
2) 구매력지수는 1965=100으로 하여 1970년 77.3, 1971년 72.8, 1972년 70.2, 1973년 80.5, 1974년 68.6, 1975년 56.7, 1976년 53.1, 1977년 53.4, 1978년 56.2, 1979년 50.5, 1980년 41.4임(K. S. Kim, 1991, p. 24).

자료: C.-H. Nam(1986), pp. 187~217; 한국개발연구원(기본, 1982), p. 52.

14% 수준에 머물러 있었다.[130]

이 정도의 해외시장에서의 보호수준은 선발 선진국이나 오늘날의 한국과는 달리 당시 중화학공업 세계시장에 진입하는 후발공업국인 한국 입장에서는 견딜 수 있는 최저수준에 가깝다고 볼 수 있으며, 더 비율을 낮춘다는 것은 후발공업국 초기 공업단계에서 수출을 포기하는 것을 의미하였다. 나아가 보조의 척도로 많이 사용되는 직접세 및 관세 감면의 수출보조율을 계산해 보면 1973년 16.8%에 이르렀으나 1975년 이후 급속히 떨어져 1975년 7.0%, 1978년에는 6.2%에 불과하였다. 이는 1970년대 후반 중화학공업화를 시행하면서 정부가 차별적인 수출시장에서의 산업보호가 가져다 줄 마찰문제에 신경을 쓰고 있었음을 보여 주며, 이는 선진 대규

130 한국은행(조, 1973~1984).

보론표 6-1-2 중공업 제품 업체의 해외시장 조사방법

단위: %

구 분	지 사	조사단 파견	해외 조사기관	거래은행	문헌조사	해외 주재공관	기 타	무 응 답	계
구 성 비	46.2	6.8	5.2	5.0	9.0	4.7	10.5	12.6	100

자료: 대한상공회의소(80, 1980), p. 69.

모 해외시장을 찾아야 하는 정부의 고육적인 선택이었다.

실제로 정부는 수출의 필요성이 컸음에도 불구하고 1975년 이후 환율을 484.0원에서 그대로 1979년까지 유지함으로써 오르는 노동단가의 상승에도 불구하고 수출가격의 하락에 의한 수출증대를 추구하지 않았는데, 이는 국내물가 상승의 압력 때문이기도 하였지만 동시에 미국이나 다른 선진 세계시장의 눈치를 보지 않을 수 없었기 때문이었다. 정부는 환율을 유지함으로써 생기는 손실을 다른 보조로 충당하여 계속 기업들의 수출을 촉진시키되 그 수준은 결국 실질실효환율을 일정하게 유지하는 수준으로 하고자 하였고, 그래서 보조금을 넣은 실질실효환율은 항상 안정적인 것으로 유지하려 하였지만 〈보론표 6-1-1〉에서 보듯이 1975년 561.2원이던 실질실효환율은 1978년 463.2원으로 급속히 떨어졌다. 1966년 공정환율 270.3원, 수출총보조 45.5원으로 명목실효환율 315.8원을 얻어 실질실효환율을 구해 보면 578.2원을 구할 수 있는데,[131] 이는 1970년대 후반보다 높다. 즉, 1975년 이후 고율의 인플레이션으로 실질실효환율이 대폭 하락하여 실질적인 평가절상이 일어나고 있으며,[132] 따라서 수출가격경쟁력은 전체적으로 사실상 악화되고 있었다.

정부의 해외시장에서의 해외부문 보호를 보다 적극적 의미에서 기업의 최종 판매 제 비용에 도움을 주는 행위로 본다면, 당시 정부는 무역마찰을 걱정하고 또 해외에서의 남북외교전에 집중함으로써 기업들의 해외수출·해외활동 등 해외부문 보호를 체계적으로 시행하지 못하였다. 1970년대 다른 나라의 정부가 자국기업을 위해 해외에서 한 노력과 달리 〈보론표 6-1-2〉에서 보듯이 한국의 중화학공업 기업들은 해외시장의 조사까지도 자체적인 힘으로 대부분 해결해야 하였다.

131 한국개발연구원(5차, 1980), p. 260.

132 Y. C. Park(1985), pp. 300~301; S. Haggard(1994a), p. 51.

〈보론 6-2〉 해외부문으로부터의 보호에 의한 사회적 비용

해외부문으로부터의 가격보호에 따라 필연적으로 존재가능한 높은 잠재적 사회적 비용 중 우선 생각할 수 있는 것이 소비자후생 감소와 이 감소된 소비자후생 중 경제주체들 간 상쇄 또는 이전흡수되고도 결국 사회 전체적으로 사라진 사회적 비용(social cost of protection)을 들 수 있다. 1978년 제조업에서 소비자후생을 박탈시키는 '소비효과(consumption effect)'의 정도는 국민총생산의 1.3% 정도인[133] 것으로 추정된 바 있다. 물론 일부가 보호(보호효과, protective effect)에 의한 '생산효과(production effect)'로 일정 부분 국내생산을 확대시키고, 또 당연히 예상되는 정부 등 공공부문에서의 흡수증가를 가져다 주지만, 정태적으로 볼 때 분명히 결국은 어느 곳으로도 귀속되지 않고 사라진 일부 부분이 있고 이는 바로 가격보호가 가져다 준 손실, 가격보호에 의해 제기된 사회적 비용이다. 그러나 장기 적·동태적 관점에서 볼 때 생산자에게 귀속된 보호효과나 정부귀속분이 더 높은 파생 효용을 창출해 낼 수 있는데, 한국의 경우 이러한 장기적·동태적 효과가 매우 컸다고 볼 수 있다.

가격보호에 의해 발생하는 잠재적 비용으로 두 가지를 더 생각할 수 있다. 첫째, 가격보호는 근본적으로 가격을 왜곡시킴으로써 자원배분의 비효율성을 초래한다. 그러나 한국은 제5장과 본장에서 보았듯이 시장왜곡을 억제하였고 실제로 시장왜곡도가 낮았다(제5장의 5.5 참조). 둘째, 국내기업들이 내수시장에서 독과점으로 이익을 남기면서 기술개발 등 생산성 향상을 위한 노력을 게을리하게 하는 원인이 되기도 하는데, "지원과 개입은 기술수준의 향상을 위한 노력의 필요성을 감소시켜 과도한 기술도입비용의 지불과 산업의 근본적인 경쟁력 강화의 기회를 상실하는 결과를 가져오게 되었습니다"라는 상공부[134] 지적에서 보듯이 20세기 말까지 한국 경제는 이런 점에서 주요한 사회적 손실을 겪었다고 볼 수 있다. 그러나 해외부문으로부터의 가격보호는 자원·자본병목에 있는 후발공업국에서 자원집중이라는 순기능도 가지며, 한국 대기업의 경우 "보호를 받은 기업이 일정 기간 경과 후 외국기업과 경쟁할 수 있는 경쟁력을 가져야 하고 그래야 합리적이다"는 밀-베스타블의 시험(Mill-Bestable test) 전제를[135] 한계적이나마 충족하였다는 점에서 보다 긍정적이

[133] 이는 실효보호율을 구하는 계산식에서 한국개발연구원(기본, 1982)이 구한 비율과의 차이를 반영하여 계산한 것이다.

[134] 상공부(개방, 1986), p. 5.

[135] G. M. Meier(1963), p. 126.

보론표 6-3-1 1970~1980년대 미국의 한국 상품 수입규제

기 간	규제내용	규제대상
1974년 7월 ~1980년 6월	MFA 수량규제 대상	섬유
1977년 7월 ~1981년 6월	시장질서유지협정 대상	신발
1976년 ~1982년 6월	상계관세	가죽핸드백
1978년 12월~1980년 6월	시장질서유지협정 대상	컬러TV 세트
1979년 1월 ~1984년 1월	상계관세	타이어·튜브
1984년 ~1989년(이후 계속)	자율규제협정 대상	철강
1986년 ~1989년(이후 계속)	MFA 수량규제	섬유
1988년 4월 ~1989년(이후 계속)	수입금지명령	비닐백
1989년 3월 ~1989년(이후 계속)	수입금지명령	EPROM 제품

주: MFA: Multi-Fiber 협정. OMA: orderly marketing agreement(시장질서유지협정). VRA: voluntary restraint agreement(자율(自律)규제협정).
자료: S. Cho(1994), p. 169.

고 적극적인 고려가 필요하다.

〈보론 6-3〉 1970~1980년대 미국·유럽의 보호주의

다른 나라와 마찬가지로 미국 역시 자국의 산업이 경쟁력을 갖지 못하는 경우 보호조치를 발동해 왔다. 물론 그러한 미국 경쟁력의 약화가 대미수출국의 덤핑 등 잘못된 관행에 의한 것도 있어 일부 정당성을 갖기도 하지만, 한국의 경우 〈보론표 6-3-1〉에서 보듯이 1970~1980년대 대미경쟁력을 가지는 물품이 미국 산업의 보호조치 대상이 되어 수입규제를 당하였다.

EU의 전신인 EC 역시 1980년대 섬유·철강·조선 등에 관한 산업구조 조정정책을 통한 보호정책을 시행하였다.[136]

〈보론 6-4〉 외국인 투자(합작 또는 외국인)기업의 고용효과

1978년 제조업에서 외국인 투자기업의 고용비율은 〈보론표 6-4-1〉에서 보듯

136 상공부(개방, 1986), p. 17.

보론표 6-4-1 국내진출 외국인 투자기업의 고용효과(제조업)

단위: 천 명, %

구 분		1974	1975	1976	1977	1978
고용인원	제조업	153	174	218	245	288
	전 체	159	180	225	257	315
고용비율(외국회사 피고용자/전체 피고용자)	제조업	7.6	7.9	8.1	8.8	9.5
	전 체	1.4	1.5	1.8	2.0	2.3

주: 외국인 기업 내 한국인 고용자만 계산함.
자료: 경제기획원(외투,1981).

보론표 6-4-2 제조업 부문별 외국인 투자기업의 고용인원과 고용비중(1978)

단위: 천 명, %

구 분	합작 또는 외국기업 피고용자	합작 또는 외국기업 피고용자비율
섬유·의류	38.2	6.0
산업·기타화학	24.5	24.1
석유정제	3.7	100.0
1차금속	7.5	48.1
기계	14.9	17.1
전기기계기구	82.2	35.4
운수장비	16.8	14.6
합계	257.1	12.2

주: 1) 5인 이상 고용 사업장만 계산함.
2) 마산수출자유지역은 제외함.
자료: 경제기획원(외투, 1981).

이 9.5%, 전체 산업에서의 고용비율은 2.3%였다.

공업별로 보면 석유정제업이 100% 합작기업으로 이루어져 있지만 사실상 고용효과는 1978년 3,700명에 불과하다. 고용효과가 큰 공업은 전기·전자공업으로 1978년 외국인 기업 피고용자비율이 산업피고용자의 35.4%에 해당하였고, 절대 인원수도 8만 2,200명에 이르렀다. 제조업 전체로 보아 외국인 투자기업의 고용비율은 제조업 전체의 12.2%였다(〈보론표 6-4-2〉 참조).

그러나 〈보론표 6-4-3〉에서 보듯이 제조업 전체적으로 합작 또는 외국기업의 생산과 부가가치 점유비율을 보면 외국인 투자기업이 고용유도적이었다고 볼 수는 없다. 왜냐하면, 1978년 생산과 부가가치 점유율이 전 제조업의 19.3%, 18.9%를 차지하고 있지만 고용은 9.5%에 불과하기 때문이다. 이는 자국으로의 재수출 등 국내

보론표 6-4-3 외국인 투자기업의 생산, 부가가치비중(제조업)

단위: %

구 분	1974	1975	1976	1977	1978
부 가 가 치 율	16.6	21.8	25.7	29.9	29.0
부가가치점유율	9.9	14.1	17.0	19.9	18.9
생 산 점 유 율	15.4	17.0	18.3	18.8	19.3

注: 1) 부가가치율=부가가치 창출액/총매출액.
2) 부가가치 점유율=부가가치액/제조업 GNP.
3) 생산점유율=합작 또는 외국기업 제조업생산액/제조업 총생산액.
4) 모두 경상가격으로 계산함.

자료: 경제기획원(지표, 1982); 한국은행(경제, 1982); 한국은행(국, 1981); 경제기획원(외투, 1981). 생산점유율은 B. Y. Koo(1985), pp. 200, 202.

의 저렴한 노동력을 적극 이용하고자 하였던 다국적 기업, 진입자본도 많았지만, 합작 또는 외국인 기업의 경우 순수하게 저임의 노동력을 이용하기 위해 국내에 진입한 것만은 아님을 보여 준다.

국내기업과 비교해 보면 경제기획원 조사는 중화학공업부문에서 외국인 지분이 높은 제조업부문 사업체의 자본-노동 비율(K/L)이 일반사업체보다 높음을 보여 주고 있다.[137] 한편, E. Y. Park(1984)은 전체 제조업으로 보아 외국인 투자지분의 차이가 고용, 즉 생산요소비율에 큰 영향을 미치지 못한다고 보았다.[138]

〈보론 6-5〉 외국인 직접투자의 기술도입효과와 시장확대(수출)효과[139]

우선 기술도입효과부터 보자. 기술료(royalty)는 기술도입량의 크기를 나타내는 가장 간편한 가격대변수로 쓰인다. 〈보론표 6-5-1〉에서 보듯이 한국의 차관기업과 외국인투자 기업의 1970년대 기술료 지급실적은 1억 8,600만 달러, 1억 2,200만 달러로 전체 기업에서 차지하는 비중의 41.7%, 27.4%를 차지한다. 한국의 경우 외자도입이 주로 차관형태로 이루어져 직접투자의 비중이 낮음에도[140] 불구하고 기술료 지급액에서는 차관기업과 직접투자기업의 큰 차이가 없는 것은 직접투자와 관련한

137 경제기획원(광, 1973~1980).
138 E. Y. Park(1984), p. 145.
139 재무부경제협력국(한외, 1991).
140 1973~1979년간 중화학공업화기 외자도입 중 외국인 직접투자 평균비율은 7.74%였다. 역시 1973년 중화학공업화와 함께 그 비율이 15.5%로 급등하였으나 1970년대 후반 급속히 낮아졌다(경제기획원(차), 1979; 재무부경제협력국(한외), 1991).

보론표 6-5-1 외국인 투자기업의 기술료 지급실적(1971~1980)

단위: 천 달러

구 분	전 체	차관기업	외국인 투자기업
농 림 어 업	5,441	139(2.6)	–
광 업	–	565	–
제 조 업	394,613	170,450(43.2)	110,779(28.1)
기타 서비스업	44,967	14,525(32.3)	11,044(24.6)
전 산 업	445,021	185,679(41.7)	121,823(27.4)

주: 1) 설문조사 결과임.
2) 1971~1980년 누계임.
3) ( ) 내는 산업별 우리나라 전체 기술료 지급액에 대한 외자기업의 기술료 지급액비중임.
자료: 과학기술처(과연, 1975, 1981).

보론표 6-5-2 기술특허도입 건수(1978년 말)

단위: 건, %

구 분	기술특허도입 계약건수		합작 또는 외국기업 점유비
	총 계	합작, 외국기업	
산업·기타화학	192	68	35.4
석 유 정 제	22	17	77.3
유리·유리제품	7	5	71.4
1 차 금 속	59	11	18.6
조립금속제품	60	14	23.3
기 계	231	41	17.7
전기기계기구	237	87	36.7
운 수 장 비	143	13	9.1
비 제 조 업	60	14	23.3
총 계	1,180	302	25.6

자료: 경제기획원(외투, 1981).

기술도입이 활발하게 이루어졌음을 의미한다.

1978년 말 기술특허도입건수를 정리해 보면 〈보론표 6-5-2〉와 같다. 총 1,180건이 계약되었는데, 그 중 합작 또는 외국기업이 도입한 기술특허도입 계약건수는 302건으로 25.6%를 차지하였다. 특히, 제조업 중 중화학공업에서 합작 또는 외국기업이 도입한 기술특허도입 계약수는 경공업의 13.8%에 비해 화학 35.4%, 석유정제 77.3%, 조립금속제품 23.3%, 전자 36.7%로 매우 높았다. 이런 점은 중화학공업화에

보론표 6-5-3 외국인 직접투자기업의 수출실적(제조업)

단위: 백만 달러, %

구 분	1974	1976	1978	연평균 증가율
전체 기업	4,460	7,715	12,711	29.9
외국인투자 기업	1,024(23.0)	1,961(25.4)	2,885(22.7)	29.6

주: ( )는 우리나라 전체 제조업 수출액에 대한 외자기업의 수출액비중임.
자료: 경제기획원(외투, 1981).

서 합작 또는 외국기업이 기술도입에 긍정적인 역할을 하였음을 보여 준다.

다음으로 시장확대효과, 즉 수출효과를 보자. 외국인 직접투자기업이 수출에 어떤 영향을 미쳤는가를 보기 위해서, 첫째 제조업에서 직접투자기업의 수출실적 및 그것이 우리나라 제조업 총수출에서 차지하는 비중과, 둘째 제조업에서 직접투자기업의 매출액 중 수출이 차지하는 비중과 전체 기업의 수출/매출액비중을 구해 비교하여 보자.

우선 〈보론표 6-5-3〉을 보면 제조업에서 외국인 투자기업의 수출실적은 1974년 총수출의 23.0%를 차지하고 1978년에도 그 비율이 22.7%로 나타나고 있음을 알 수 있다. 연평균 증가율에서 30%에 육박하고 있었다. 두 번째로 외자기업의 수출실적이 매출액에서 차지하는 비중과 한국 전체 기업의 그것과 비교해 보면 외국인 투자기업의 경우 1971년 그 비율이 27.4%에서 1980년 41.5%로 높아졌는데, 이는 우리나라 전체 기업의 비율 6.9%, 13.3%보다도 월등히 높으며, 차관기업의 비율 15.1%, 31.6%보다도 높다.

한편, 제조업에서 합작 또는 외국기업과 이를 제외한 국내기업으로 이원화하여 수출비율과 수출성향을 구해 비교하여 보면 여기에서도 국내기업과 대비하여 외국인 투자기업의 수출성향이 매우 높아 합작 또는 외국기업의 시장확대효과가 크다는 것을 확인할 수 있다.

〈보론 6-6〉 이중전략의 성공과 이후의 실패: 수입자유화율 변화

1970년대 공표된 공식 수입자유화율과 측정된 실효보호율이 아니라, 1970년대의 상황을 한국 경제의 발전단계와 발전구조라는 다른 면에서 고려하여 중화학공업화 기간중 보호의 실질적인 형태와 내용을 본문에서 검토해 보았다. 결국 당시 중화학공업화 기간중 한국에는 공식적으로 높은 보호율이라는 외면과 내면상으로는 필요한 국내외 기업은 자유수입 가능과 시장개방이라는 이중적인 개방지침이 전략적으로 존재하였던 것을 알 수 있었다. 이 전략은 미국 등과의 무역마찰을 피하면서도 중화학공업화를 위해 필요한 자본과 기술, 시장확보에 유리하였으므로 성공한 전략이었다고 평가된다.

그런데 이러한 공식적으로 낮은 수입자유화율을 1980년대 말까지 연장해 살펴보면 주요한 사실을 발견할 수 있다. 중화학공업화 기간 내 이중성을 가졌던 수입자유화율을 이렇게 따로 분석하는 이유는, 즉 공식적인 수입자유화율이 1980년대 이후 중요하게 된 이유는, 박정희 대통령 사후 중화학공업화가 비판되면서 공식적인 제한승인과는 다른 자유로운 수입경로가 약화되어 공식적인 수입자유화율이 그대로 현실을 반영하는 값에 가까워지고 1970년대 말 이후 공업발전단계가 달라지고 있기 때문이다. 이런 점에서 실제로 수입자유화율은 1980년대에 새로운 의미를 가진다고 볼 수 있다.

발견된 중요한 사실은 바로 중화학공업화가 일정 부분 성공을 거두고 대기업 진입이 이루어진 시기 이후에는 이러한 이중전략이 필요가 없어졌음에도, 수입자유화율을 장기간 낮게 유지함으로써 잘못된 신호와 지침이 시장을 교란시켰고 이후 거시적 비용을 올리게 되었다는 것이다.

한국의 중화학공업화 시기로 보는 1970년대의 경우, 산업발전 주기면에서 볼 때 진입기와 진입 이후기의 두 시기로 나누어진다. 우선 1977년 초까지의 상황은 중심 대기업조차 이제 막 중화학공업에 집중 진입하는 중화학공업 이식 및 진입시기였다. 1977년경까지의 한국의 중화학공업화란 진입을 위한 모방과 학습·분해·조립이 중심이었고, 산업의 해외부문으로부터의 보호 자체를 논할 수준에 미달해 있었다. 1970년대 말까지도 한국에서는 '전자'보다 '전기'라는 말이 산업계, 대학 모집 및 연구단위, 학계에서 더욱 일반적으로 쓰이고 있었던 점은 이를 단적으로 뒷받침해 준다.

이렇게 1977년 초까지 한국의 중화학공업은 산업 초기진입단계에 있었는데, 이 단계에서는 어느 시대, 어느 국가에서도 진입유도를 위한 보호가 필요하고,[141] 또 2차 산업화를 진행한 미국·독일·프랑스 등 모든 국가에서 실제로 수행되었다. 비록 보호가 과장되어 알려져 있기는 하지만, 일반적으로 미국은 1890년, 독일은 1879년, 프랑스는 1882년에 산업보호관세가 공통적으로 시행되었다고 알려져 있는 것도 그

[141] 진입과 진입유도의 필요성, 국민후생의 관계에 대해서는 박영구(2002b).

러한 성격의 하나이다. 이 밖에도 이러한 일부 산업에 대한 집중적인 보호는 1911년 이후 일본, 20세기 초의 스웨덴 등 광범위한 지역에서 역사적으로 발견된다. 미국·러시아·스페인 같은 나라들은 포괄적(blanket) 보호관세를 사용하였고, 다른 국가들은 일부 주요 산업에 대해 높은 관세율을 유지하는 집중적(focused) 보호관세를 사용하였다.[142] 나아가 일본도 재정지원·금융지원과 함께 수입제한·고율관세 등 외국기업으로부터 국내산업의 시장보호를 위한 해외부문으로부터의 보호와 기타 정부구매지원 등의 개별 산업지원 산업정책을 실시하였다.[143] 일본이 수입자유화를 시행한 것은 중화학공업화가 대체로 완료된 1960년대 중반이었다.[144] 다른 국가들도 대체로 이런 경향은 동일하였다.[145] 특히, '중화학공업의 경우 생산시설 구축기간이 길고 자본투입량도 크기 때문에 국제적인 수급변동에 민첩하게 적응하기가 어려워'[146] 모든 국가에서 공통적으로 중화학공업과 경공업의 차별적인 보호가 필요하다고 판단하였고 그렇게 존속시켰다. 더하여 당시 세계시장은 후발공업국이 중화학공업 등 소득탄력성이 높은 제품에 시장진입을 시작할 경우 덤핑이라는 형태로 약탈가격(predatory pricing)을 설정하여 초기진입을 억제하고 있었으므로, 후발공업국의 경우 진입하는 해당 공업이 국가공업구조상 꼭 필요하다면 정부가 수입제한 같은 보호조치를 공표하는 것이 진입 초기에는 필수적인 부분도 있었다. 한 예로 한국공업에 필수적인 메탄올을 한국이 생산하기 시작하자 바로 메탄올의 한국 수입가격

[142] H.-J. Chang(2004), pp. 94~95.

[143] 서울대 상과대학 한국경제연구소(1973), p. 112; 찰머스 존슨(1984), pp. 5~33, 63~76; M. Noland(1998), pp. 343~350; J.-C. Rhee(1994); 永木幸夫(1977), p. 109. 일본은 「무역외환관리법」(1949년 12월)을 제정하여 엄격한 수입제한으로 국내산업, 특히 중화학공업을 보호하고 중화학공업 원자재의 수입을 확보하였다. 또 일본은 1955년 「석유화학공업의 육성대책」, 1956년의 「기계공업진흥임시조치법」, 1959년의 「전자공업진흥임시조치법」을 위시하여 「일본합성고무주식회사에 관한 임시조치법」(1950), 「합성수지공업의 육성에 대하여」(1955), 「항공기공업진흥법」(1958) 등 특별입법이나 통산성 산업정책을 통해 자금지원이나 세제면에서의 우대 및 수입제한, 관세보호 등으로 당해 산업을 육성·발전시키고자 하였다(大島清, 1978, p. 22; 신태곤, 1982, pp. 13~14). 이렇게 일본에서는 "국내경쟁력이 약한 산업을 외국기업과의 직접적인 경쟁에서 보호하기 위한 수입제한, 고율관세, 자본유입 제한 등의 정부 중화학공업 육성정책이 산업구조의 중화학공업화에 커다란 역할을 하였다(신태곤, 1982, p. 23)." 일본에서 실시된 외화할당제도 등도 수입총액을 제한하고 국내산업 보호를 위한 수단으로 이용되었다(성병탁, 1993, p. 31). 예컨대, 이 외화할당제도로 자동차 수입이 극도로 제한되었고, 자동차산업은 국내시장을 확보하여 중화학공업화의 조건을 만들 수 있었다. 석유수입 제한도 마찬가지였다.

[144] 김광두(1979), p. 24.

[145] 독일이 1951년 전후 중화학공업화 추진과 동시에 수입자유화를 시행하였다고 알려져 있지만, 이는 전후 중화학공업화 재추진이고 또 전후 패전국으로서 복구와 관련된 문제였으며, 대만의 수입자유화가 한국보다 빠르게 나타난 것도 대만이 대규모 국영기업체 중심으로 중화학공업화를 진행하여 보호의 필요성이 일찍부터 해소되었기 때문이었다.

[146] 서석태(徐錫泰, 1979. 5), p. 30.

은 톤당 $70에서 $40의 약탈가격으로 변경되었는데,[147] 이런 경우 단위경쟁규모에 이르기까지의 보호는 어느 국가에서든 불가피하고 필수적인 것이 된다.

따라서 진입시기 공개적인 공업보호 설정은 성공한 공업국에서 발견되는 주요한 산업 초기의 성공전략이며, 이것이 중화학공업화에서 비판받아야 할 주요 모순이나 특성이 될 수는 없다. 오히려 본문에서 보았듯이 1970년대 중화학공업화 시기 한국은 이런 점에서 볼 때 세계경제사상 초기 공업화 과정에서 가장 모범적인 개방국가였다. "한국은 남미 국가와 대조가 되게 가장 낮은 비교우위를 가진 품목에 대해서는 보호를 취하였지만 비교우위가 있는 재화에 대해서는 거의 그렇지 않았다"는 R. M. Auty(1994, p. 83)의 지적은 정당하지만 오히려 부족한 면이 있다.

그러나 1978년 이후는 한국에서도 중화학공업에 대한 진입이 이루어졌고,[148] 중화학공업화는 가시적인 성과를 거두기 시작하였다. 따라서 진입을 위해 정부가 운용하였던 이중전략, 이중적 개방태도는 당연히 더 이상 필요하지 않게 되었다. 분명히 정부도 그런 점을 알고 있었기에 1978년 들어 공식적인 수입제한 승인조치를 완화하기 시작하였다. 1978년 5월부터 1979년 1월까지 3차에 걸쳐 수입자유화 확대조치가 공식발표되어 1978년 5월부터 9개월 사이에 14.7%p 수입자유화율이 상승 공표되었다.[149]

그러나 문제가 있었다. 이미 1978년경 기업진입이 이루어진 이후였고, 그래서 수입자유화 확대 공식조치가 취해졌음에도 본장 부록의 〈부그림 6-1〉에서 보듯이 1985년까지 공식 수입자유화율은 87.7%에 머물렀고,[150] 〈보론표 6-6-1〉에서 보듯이 중화학공업의 공식 수입자유화율 역시 1980년 이후 일부 공업에서 매우 느리게 변

---

147 중화학공업추진위원회기획단(공발2, 1979b), pp. 199~200.

148 박영구(1995).

149 상공부가 1978년 기준으로 총 1,097개 품목으로 통일하여 환산한 값을 이용했다. 상공부 통일 환산에 의하면 수입자유화 이전 1978년 4월까지 자동승인품목은 591개, 제한품목은 456개이고, 1차 수입자유화(1978. 5)로 자동승인품목 666개, 제한품목 385개, 2차 수입자유화(1978. 9)로 자동승인품목 712개, 제한품목 385개, 그리고 3차 수입자유화(1979. 1)로 자동승인품목 753개, 제한품목 344개로 바뀐 것이 된다. 그러나 사실 1976년까지는 SITC, 1978년 이후는 CCCN 분류체계 4단위 기준으로 품목이 공식 추계됨으로써 1977년 총품목수는 1,312개였으나 1978년 총품목수는 1,097개, 1979년 총품목수는 1,010개로 대상품목수가 단순화되었다. 바뀐 그대로 추계하면 1978년 4월까지 자동승인품목은 691개, 제한품목은 621개로 수입자유화율이 52.7%, 1978년 1, 2차 수입자유화로 자동승인품목 712개, 제한품목 385개로, 수입자유화율은 64.9%, 그리고 3차 수입자유화로 1979년 1월 자동승인품목 683개, 제한품목 327개로 되어 수입자유화율이 67.6%가 된다(상공부(기별), 1973~1981; 경제기획원(외투), 1981; 경제기획원(개발), 1982; 한국무역협회(연감), 1980~1987; 한국개발연구원(반세), 1995).

150 1978년 이후 CCCN 분류체계 4단위 기준 추계가 1981년 이후 다시 8단위로 바뀌어 1980년 4단위 총 1,010개 품목이 7,465개로 늘어났다. 설명과 자료에 대해서는 상공부(기별, 1978~1981); 한국무역협회(연감, 1980~1987); 경제기획원(개발, 1982).

보론표 6-6-1 1980년 이후 수입자유화율(1980년대 전반, 산업별)

단위: %

구 분	1980	1983	1985
식 품	37.5	34.1	55.9
음 료	0.0	13.0	19.6
담 배	0.0	9.1	9.1
섬 유	74.7	75.4	86.9
의 류	70.6	44.8	95.7
신 발 류	70.8	74.6	93.5
목 재	93.1	96.2	100.0
가 구	0.0	60.5	95.6
종 이	63.2	88.5	88.0
인 쇄	90.0	100.0	100.0
화 학 물	25.7	46.6	66.6
기 타 화 학 물	54.9	59.6	66.4
석 유 정 제	12.5	51.2	53.5
석 유 제 품	100.0	100.0	100.0
고 무	88.2	92.7	92.9
비 금 속 광 물	77.3	80.1	83.6
철 및 강	84.2	93.3	95.6
비 철 금 속	84.2	93.3	95.6
금 속 제 품	70.4	91.5	94.6
비전기계(非電機械)	47.6	64.4	76.5
전 기 기 계	31.0	46.9	64.5
운 송 장 비	44.4	58.8	69.2
잡 제 품	56.6	64.1	77.1

주: 화학은 산업화학물(KSIC 351)임.
자료: 김광석(1988).

화하고 있었다는 것이다.

물론 수입자유화 확대속도에 대한 적정성 절대기준은 존재하지 않는다. 하지만 한국과 비슷한 단계를 통과하면서 역시 수출지향이라는 유사전략을 채택하고 부존자원 등 경제환경이 매우 유사한 1960년대 이후 일본과 대만의 공식 수입자유화율

보론그림 6-6-1 대만·일본의 수입자유화 확대 이후 수입자유화율 변화 단위: %

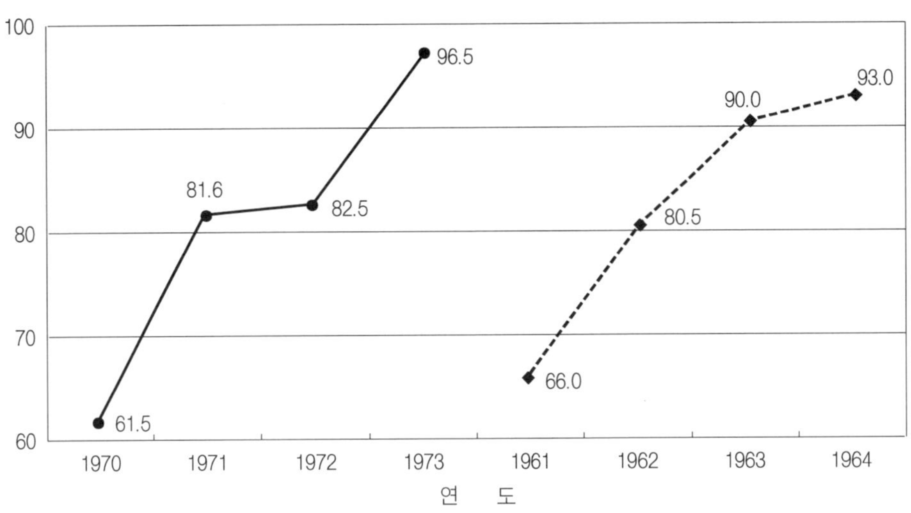

주: 실선은 대만, 점선은 일본임.
자료: 경제기획원(수자, 1975, 1981); 한국개발연구원(기본, 1982).

변화와 비교해 보면 한국의 문제를 확실히 알 수 있다. 국가 간에 시기적 차이가 있고 또 한국은 이미 제한승인품목도 수입을 허용하여 전체 수입되고 있는 품목의 75%가 수입제한품목이었던 내용상의 보완조치가 일찍부터 있었던 점에서 절대수치를 바로 비교하기는 어렵지만, 〈보론그림 6-6-1〉에서 보듯이 일본·대만이 수입자유화율 60%를 돌파하고 90%를 돌파하는 데 걸린 시간은 3년 정도에 불과하였다. 특히, 이들 국가는 진입이 끝나면서 바로 수입자유화율을 80%로 급상승시키고 있다. 그러나 한국의 경우 진입이 이루어진 1978년 이후 공식적인 수입자유화 확대조치가 이루어지고 수입자유화율이 90%를 넘어선 것은 1987년으로 1978년 수입자유화 확대조치 후 10년 만이었다.[151] "유치단계에 있을 때의 정부의 개입이나 지원이 경쟁력을 확보한 이후에도 지속"[152]된 것이었다.

151 1988년 이후부터는 일부 농산물·수산물·광산물 등의 수입제한품목을 제외하고는 모든 공산품이 공식적으로 완전 수입자유화되었다. 그에 따라 1991년에는 수입자유화율이 97.2%를 나타내었고, 1992년에는 10,034개 품목이 자유화되어 수입자유화율이 97.7%를 기록하였다. 1994년에는 농산물의 자유화율도 90% 이상으로 높아져 전체 수입자유화율이 98.5%로 증가하였다. 2002년부터 수입승인품목의 폐지로 농산물을 포함한 완전 자유화가 이루어졌다(산업자원부, 2003. 2. 10).

152 상공부(개방, 1986. 8), p. 5.

결국 한국의 문제는 중화학공업에 대기업 진입이 이루어짐으로써 1978년 이후 낮은 수입자유화율을 유지할 필요성이 약화되었음에도, 현실을 반영하게 된 수입자유화율의 상승속도가 1980년대 말까지 매우 느렸다는 것이었다. 이렇게 달라진 시장구조, 산업조직의 변화를 신속히 수용하지 못함으로써 1980년대는 중화학공업화 시기와 달리, 존재하였던 해외부문으로부터의 산업보호의 이익이 새로 진입한 중화학공업 대기업집단들의 이익으로 집중 귀속되었다. 사회적 후생감소를 가져다 준 낮은 수입자유화율이, 내수시장을 독과점적으로 지배하고 있었던 특정 집단의 이익으로 집중되었던 것이다. 이러한 문제점으로 한국은 효율적인 시장기구의 작동이 늦어지고, 결국 1980년대 세계호황과 저금리, 저유가, 엔고라는 기회에도 불구하고 이에 대응하여 수출대기업들의 경쟁력이 최단시간 내에 급상승할 수 없었던 사회적 비용을 물어야 하였던 것이다. 이러한 실패는 일본의 예에서 보듯이 개방속도에서 시민계·산업계·학계·정부기관이 참여하는 논의가 활발하게 이루어지지 못하고,[153] 정부가 이미 우위에 있었던 기업정보와 기업요구에만 의존하였기 때문이었다.

153 일본은 수입자유화율 결정에서 정부기관·산업계·연구계의 전문가로 구성된 각종 심의회의 역할이 중요하였다. 기업들은 자유화 확대에 반대하였지만 자유화를 찬성하는 학계 및 소비자 대표들의 의견이 이 심의회를 통해 반영됨으로써 과감한 수입자유화율 상승이 가능하였다(서석태, 1979, p. 29).

4. 자 료

[자료 6-1]

수입자유화 추진계획(1978. 2. 16)[154]

1. 배 경
   가. 국내산업의 국제경쟁력 강화(국제화): 과잉보호체제의 탈피/업계의 체질 개선 및 산업합리화
   나. 국산화 정책과의 조화: 국내유치산업의 보호 육성/중화학공업 적극 추진
   다. 국제무역환경에의 적응: GATT, MTN과 관련하여 추진/지역 간 무역수지 불균형 조정
   라. 물가수준의 원활과 국내물가수준의 안정: 자유경쟁에 의한 자동조절기능 채택/국내물가수준의 적정선 유지
   마. 국제수지 변화에의 대응: 외환보유고의 적정수준 유지
2. 기본방향
   가. 관련정책과의 유기적 연계하에서 추진: 산업지원정책, 산업조정정책, 관세 및 가격정책과의 유기적 상호 보완
   나. 단계적 자유화: 예시제 실시/제한품목의 수입폭 확대
   다. 기별공고제도의 개편(감시품목제도 도입): 현행 수입금지품목, 수입제한품목, 수입자동품목을 수입금지품목·수입제한품목·수입감시품목(준자동품목)·수입자동품목으로 개편
   라. 직접적 수입제한을 간접적 수입제한(관세제도 활용)으로
   마. 지역적 편중의 지양
3. 내 용
   가. 업종유형과 자유화 대책
      (1) 수입자유화 대상: 국내생산이 전혀 없거나 국산품과의 경합이 없는 업종/국내생산을 계획하지 않는 업종/국내생산을 계속하는 업종으로서 국제경쟁력이 강한 것(관세조치로 보호)
      (2) 수입감시대상(준자유화 품목): 수입을 제한하지 않되 동향을 점검한

154 한국개발연구원(반세, 1995), pp. 351~352.

후 수입자유화 또는 제한 등을 강구

(3) 수입제한대상: 육성산업의 산품으로서 일정 시점까지 국제경쟁력이 불충분할 뿐 아니라 관세로서 보호되지 아니하는 품종/농수산품과 중소기업 제품으로서 민간품목/규모의 경제면에서 현 단계에서는 바로 개방이 곤란한 품목/국제관례상 규제품목(연초·주류 등)/국내에서 대량소비가 불필요하다고 인정되는 사치재/기타 특수한 사정이 있는 품목

(4) 수입금지대상: 국헌위반, 공질양속의 문란과 국민보건상 이유에 한하여 금지.

나. 수입자유화 작업 추진계획

(1) 작업실무반 구성: 부문별로 하되 공산품반은 상공부가 주관/총괄작업반은 경제기획원·재무부·상공부·대통령비서실·국무총리실로 구성

(2) 부문별 작업실무반은 소관부처의 해당 품목에 대하여 본 추진기본원칙에 따라 기별공고를 재편성 작업함.

(3) 총괄작업반은 독자적으로 본 추진기본원칙에 따라서 기별공고를 재편성 작업함.

(4) 상기 두 안을 소위원회에 검토, 본위원회에 상정·심의함.

(5) 작업일정계획: 1978. 2. 16 수입자유화 추진기본방향 설정/1978. 3. 15 기본 원칙에 의한 현행 기별공고 재편안 제출/1978. 3. 31 상기 실무안 작성완료/1978. 4월 초 수입자율화대책위원회 상정·심의.

[자료 6-2]

1~3차 수입자유화 조치

1. 1차 수입자유화 조치(1978. 5. 1)

가. 기본방향

(1) 수입제한요인의 제거

(2) 국내산업의 국제경쟁력 강화

(3) 외래품과의 경쟁에 의한 가격조절

(4) 수입감시제 및 예시제 실시

(5) 단계적 자유화 실시

나. 조치내용

(1) 기초소재 및 원자재, 국내공급이 독과점 상태에 있는 품목, 기타 국제경쟁력이 갖추어진 321개 품목을 선정

(2) 즉시자유화: 133개 품목

다. 수입자유화 품목의 선정

(1) 기초원자재: 펄프·원모·원목·원당 등

(2) 기타원자재: 커피원두·코코아원두·벤젠·단열재 등

(3) 중간원자재: 화학제품 원료·공업용 원료·착색제 등

(4) 최종소비재: 세탁비누·그루타민산소다·합성수지 제품, 신발류 등

2. 2차 수입자유화 조치(1978. 9. 12)

가. 기본방향

(1) 주요 원자재의 국산화 문제, 중소기업의 보호 및 사치풍조를 조장하는 물품의 수입억제 등에 유의

(2) 수입자유화 품목을 늘리고 수입한도를 증액

(3) 수출용 원자재 수입비율을 상향조정

(4) 수입허가기준을 완화

(5) 관세조정에 의한 원부자재의 안정적 공급

나. 대상품목의 선정

(1) 물가안정에 기여할 수 있는 품목

(2) 독과점품목

(3) GATT 다자 간 협상의 양허품목

(4) 국제경쟁력을 갖춘 품목

(5) 주무부가 선정한 특별법상의 제한품목을 대상으로 하였으나 이 중에서도 중화학제품으로서 개발단계에 있는 품목, 중소기업 제품으로서 국제경쟁력이 약한 품목과 사치성이 큰 품목은 제외

다. 대상품목의 소관별 내용

(1) 상공부 소관: 중간원자재 일부 및 중소기업 품목

(2) 농수산부 소관: 사료관리법 대상품목 4개

(3) 보건사회부 소관: 약사법 대상품목 18개

3. 3차 수입자유화 조치(1979. 1. 1)

가. 수입자유화 대상품목

(1) 1979년부터 자유화 예시품목

(2) 국제경쟁력을 갖춘 품목

(3) 물가안정에 기여할 수 있는 품목

(4) 국산품 품질향상에 기여할 수 있는 품목
(5) 열관리효율성 제고에 기여할 수 있는 품목
(6) 기타 주무부에서 선정한 품목 중에서 선정(문제가 된 농수산물의 수입 자유화는 다음으로 미룸)

나. 수입자유화 추진실적표 첨부

[자료 6-3]

상공부 장관 발표, '중화학 건설원칙'(1973년)[155]

기 준	원칙내용
대 상	제철·조선·금속·석유화학·정유·비철금속·비료
규 모	국제규모
투자비 조달	자기자금 30%
생산공정	증명된 최신공정, 공해발생 최소화
원료조달	장기수입계약, 또는 구체적인 확보책 마련
수 출	내수 제외 전량 수출
합작비율	50% 미만
합작 및 차관계획	원료의 장기조달계획, 엔지니어링 및 노하우 제품의 수출보장규정을 포함시킬 것

〈자표 6-4〉 외자도입 인가방침 발표(1977)

1970년대 외자도입이 증가하면서 원리금상환 증가, 국가신인도 문제가 커지자 외자도입을 합리화하기 위한 조치가 1977년 취해졌다. 이 조치는 현금 및 물자 차관의 도입을 규제함으로써 외자도입을 조정하고 불리한 조건의 자본재차관 도입을 개선하면서 동시에 통화증발요인을 억제하고자 하는 것이었다. 외자도입 인가방침은 자본재차관 인가방침 외 3가지로 나뉘어 다음과 같이 발표되었다.

155 상공부 장관(중19730511).

[자료 6-4]

외자도입 인가방침 외 세 가지

가. 자본재차관 인가방침

첫째, 자본재차관 인가의 우선지원업종은 중화학공업·전원개발·수출산업·관광호텔업 및 기타 중요 사업으로 제한한다.

둘째, 차관금액은 300만 달러 이상(외국인 투자업체는 제외)으로 크게 인상하고, 착수금은 자기자금 또는 국내외화출자금으로 지불하도록 한다.

셋째, 상환기간은 거치기간을 포함하여 7년이 초과되도록 한다. 다만 국제관례상 장기차관을 공여하지 않는 젖소·중고선박 등 특수자본재는 예외로 한다.

나. 현금차관 인가방침

첫째, 자본재 도입을 수반하지 않는 현금차관은 원칙적으로 허용하지 않는다.

둘째, 기술료 지불, 이미 도입한 차관을 유리한 조건으로 대체하기 위한 차관, 재정투자기관사업, 중화학공업사업, 전원개발사업 및 관광호텔사업을 위한 국산기자재 구매자금은 국내자금지원이 어렵다고 판단되는 경우 예외로 현금차관을 허용한다. 단, 허용조건은 차관액 300만 달러 이상, 상환기간 5년 이상, 이자율 리보(LIBOR)+2% 이하, 수수료 1.5% 이하(약정수수료 제외)인 경우에 한한다.

다. 물자차관 방침

첫째, 물자차관은 원칙적으로 허용하지 않는다.

둘째, 국제시세의 변동이 예상되는 원자재로서 비축이 타당시되는 품목, 장기원자재 공급계약에 의하여 도입되는 품목, 방위산업에 소요되는 품목, 기타 국민생활에 긴요한 물자의 경우 외화대출 연지급수입 및 국내금융으로 지원할 수 없거나 지원이 불충분한 경우 물자차관을 허용한다. 이때 허용조건은 차관액 300만 달러 이상, 상환기간 3.5~5년, 이자율 리보(LIBOR)+2% 이하, 수수료 1.5% 이하(약정수수료 제외)인 경우에 한한다.

CHAPTER 7
중화학공업의 효율성: 변화와 변화원인*

 7.1 머 리 말

기존의 1970년대 중화학공업화에 대한 연구는 당시 중화학공업의 과잉, 중복투자-낮은 조업률, 저효율을 지적하여 왔다.[1] 그리고 논점의 차이는 존재하지만 그 원인으로 정부의 산업정책 잘못,[2] 예컨대 수출 중심,[3] 시기와 속도,[4] 정책특혜와 선별정책[5] 등 정부·정책이라는 외적 변수에 초점을 맞추고 있었다. 나아가 '기업의 입장상 나타나는 당연한 논리귀결'이기도 하지만 이러한 정부·정책에 대한 비판은 1980년대 이후 각 기업의 사사(社史)에서도 일반적으로 강조되고 있다.[6] 특히, 이러

* 본장의 일부는 제6차 국제한국인경제학자 학술대회에서 발표되고 한국경제학회 『경제학연구』에 실린 박영구(1995)를 수정·보완한 것이다.

[1] 대한상공회의소(전산, 1985), p. 112; 산업연구원(20, 1986), p. 4; 대한상공회의소(한2, 1982), p. 70; 박우희(朴宇熙, 1979), p. 156; 주학중(朱鶴中, 1987), p. 168; 한성신(韓成信, 1991), p. 259; 강호진(姜鎬珍, 1991), p. 262; 한국은행(연, 1981), p. 72; 한국산업은행(80산, 1982), pp. 10~12.

[2] "1973년 이후 정부의 자의적인 중화학공업육성정책이 오히려 중화학공업부문의 효율성을 낮추는 결과를 가져왔음을 의미한다"(김광석·박승록, 1988, p. 5). "중화학공업 육성전략은 왜곡된 유인제도에 의한 정책적 자원배분의 비효율성 등 미시경제적 비용을 증대시켰다"(강광하, 2000, p. 65).

[3] 대한상공회의소(한2, 1982), p. 70; 한성신(1991), p. 257.

[4] 산업연구원(20, 1986), p. 4; 박우희(1979), p. 160; 정경문화(政經文化, 1981), p. 75.

[5] 한국개발연구원(기본, 1982), pp. 44~49; 백낙기(白洛基) 외 2인(1988), p. 27; 대한상공회의소(전산, 1985), p. 55; 주학중(198), p. 168; 강호진(1991), p. 267; 한성신(1991), p. 257.

한 관점은 1980, 1981년 신정부의 성립과 중화학공업 조정작업이 이루어지면서 강조되어[7] 정착되어졌다.

이러한 비판에도 불구하고 1970년대 중화학공업의 투자-효율성에 대한 검증은 활발하지 못하였으며 또한 경제적 효율성이 어떻게 움직이고 있었고, 그러한 변동의 내적 경제변수는 무엇이었던가 하는 연구는 미진하였다고 할 수 있다. 즉, 그 동안 문제를 규명하기 위한 실질적인 산업효율성이 검증되지 않았으며 1970년대 제반 중화학공업의 효율성 변화에 대한 원인과 시계열적인 인과관계, 시사점 등이 논의되지 않았던 것이다. 물론 기존 연구도 과잉투자-저효율의 근거로 중화학공업과 경공업의 투자량, 특정 산업의 단기적인 산업가동률 등을 제시하여 왔다. 그러나 중화학공업이 경공업보다 투자량이 많은 것은 당연하며, 또한 중화학공업은 장치산업이므로 경공업과 비교한 가동률 자체의 경제적 의미는 낮을 수밖에 없다. 따라서 투자량·가동률에 입각한 기존 중화학공업의 평가는 정당성을 떠나 산업논리 측면에서 문제가 있음을 알 수 있다.

중화학공업은 대규모 설비산업이라는 점에서 장기적인 효율성, 장기적인 수요가 중요하다. 따라서 평가는 장기적인 시점에서 필요하며 이에 따라 효율성을 분석하는 본장에서는, 물론 구체적 분석은 역시 다른 장과 마찬가지로 1973년부터 1978년까지로 하지만, 1960년대와 1980년대로 확장하여 총괄적인 시각을 취하도록 한다. 이렇게 1980년대로 확장하여 총괄비교적인 시각을 취하고, 또 중화학공업관련 개별 기업의 의사결정을 보기 위한 목적을 보다 정확히 반영하기 위해 화학을 산업용화학물과 석유정제로, 중공업은 각 부문으로, 비금속광물제품은 더 세분하여 시멘트를 포함하는 기타비금속광물제품 부문으로 분리해 본다.[8]

---

6 "정부의 개입과 편중지원은 ……많은 문제점을 야기하였다. 관주도로 이루어진 중화학공업 육성정책은 ……,"(현대중공업주식회사, 1992, p. 390).

7 "정부는 그 동안……. 중화학공업분야에 과도한 설비투자를 함으(하므)로써……," 국가보위비상대책위원회상공자원분과위원회(1980. 8. 19).

8 제1장에서 지적하였듯이 한국은행의 기업경영분석이 이렇게 하고 있고 1980년대로 가면 분류가 이렇게 분화되는 경향이 나타난다. 그러나 본서 제1장에서 이미 지적하였듯이 더 세분화하지 않고 해도 본장의 모든 분석결과는 동일하다. 다만 사실정확도를 더 높이기 위한 목적일 뿐이다.

7.2 투자적정성과 설비투자 효율성

효율성(efficiency)이란 모든 주어진 조건하에서 주어진 자원으로부터의 부가가치를 극대화하는 것이다.[9] 따라서 우선 총체적인 중화학공업 효율은 부가가치[10]비중과 생산액비중의 비율지수인 1차적 효율지수에 의해 측정가능하다. 1970년대 중화학공업의 이 1차적 효율지수를 구해 1960년대, 1980년대와 비교해 보면 〈그림 7-1〉과 같다.

〈그림 7-1〉은 부가가치 고도화라는 산업효율성 측면에서 볼 때 1970년대의 중화학공업은 효율적이었음을 분명히 보여 준다. 흔히 중화학공업의 부가가치비중에

그림 7-1 부가가치에 의한 중화학공업의 1차적 효율지수(제조업)

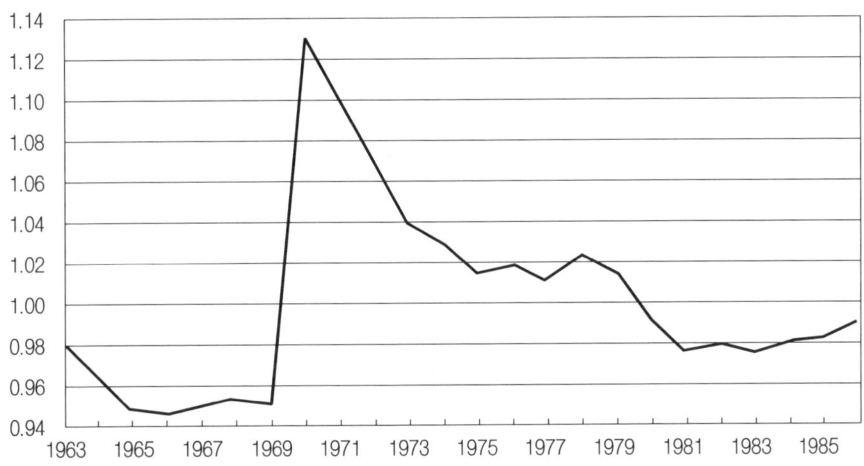

주: 1) 1차적 효율지수=제조업 내 부가가치비중/생산액비중.
2) 1980년 불변가격.
자료: 경제기획원(지표), 1984, 1989.

[9] 엄밀한 의미에서 이는 자원의 배분효율성이지만 이 경우 주어진 시점에서 기술적 효율성(technical efficiency)이 달성되고 있는 것으로 볼 수 있다. 기술적 효율과 배분효율성에 대해서는 S. C. KUMBHAKAR (1990), pp. 201~202.

[10] 부가가치는 독과점이윤 여부에 따라 달라질 수 있는데 1970~1980년대 한국의 경우 독과점적 지위의 대기업집단 기업들이 전 산업에 진출하고 있었고, 또 본서에서 일관되게 밝히고 있듯이 경공업에서도 역시 독과점의 정도가 심하였기 때문에 이 문제는 상쇄된다.

의한 이 1차적 효율지수는 1 이상인 것으로 생각하지만, 〈그림 7-1〉에서 보듯이 1980년대 중화학공업 조정 후는 1 이하로 나타나고 있으며, 이는 다른 나라의 예에서도 발견된다. 1960년대가 1 이하인 것은 초기단계의 유의성에 대한 비판도 적절하지 않음을 보여 준다.

그러나 이러한 1차적인 효율지수는 산출편이성이 높고 정성적인(qualitative) 분석에는 유효하지만 구체적인 연도별 정량(quantitative)분석에는 적합하지 않다. 즉, 1973~1978년의 경우 중화학공업이 1보다 높아 효율성이 있다는 것을 알 수 있지만 그 차는 전 기간 0.027 정도에 불과하고, 특히 1975~1978년의 경우 그 차가 0.011에 불과해 정량적으로 유의적인 변화를 측정할 수 없다는 한계를 가지고 있다.

따라서 정량적 분석으로 논의를 확대하여 중화학공업의 투자적정성이란 차원에서 논의를 분명히 하기 위하여 1970년대 중화학공업의 설비투자 효율성을 구해 보자. 설비투자 효율지수는 투자우선순위의 결정과 설비투자의 적정성을 검증하기 위한 유효한 지표가 된다. 사실 과잉투자에 대한 논의는 직접 설비투자와 관련되어 있다고 볼 수 있으며, 실제로 1970년대 중화학공업화에 대한 비판도 과도한 설비투자에 초점이 맞추어져 있다.

중화학공업의 설비투자효율, 총투자효율, 1인당 부가가치는 한국은행의 『기업경영분석』에서 1972년부터 추계가 가능하다. 한국은행은 1972년부터 통계체계를 산업별·업종별로 바꿈으로써 이전 중화학공업의 설비투자효율, 총자본투자효율, 1인당 부가가치는 얻을 수 없으며, 산업별 효율성 측정을 위한 산업별 통계도 1969년까지만 소급해 구할 수 있다.

이제 중화학공업의 투자효율성과 부가가치를 경공업과 비교해 보면 〈그림 7-2〉와 같다.

〈그림 7-2〉에서 보면 전체적으로 중화학공업의 설비투자효율이 경공업보다 낮고 총자본의 투자효율을 보아도 중화학공업이 낮음을 알 수 있다. 이것이 바로 중화학공업 비판의 논거로 사용될 수 있을 것이다. 그러나 중화학공업 설비투자효율이 경공업보다 낮은 것은 중화학공업의 특성상 나타나는 초기 대규모 투자현상을 보여 줄 뿐이며, 이것으로 1970년대 중화학공업정책이 잘못되었다고 하는 것은[11] 중화학공업의 성격을 고려하지 않은 결과론적인 해석이 된다.

1970년대 중화학공업의 설비투자효율을 보면 중화학공업화 초기인 1970년대

[11] World Bank(K1987b), p. 103; 유정호(1991), p. 65.

그림 7-2 중화학공업과 경공업의 투자효율과 1인당 부가가치

단위: 천 원, %

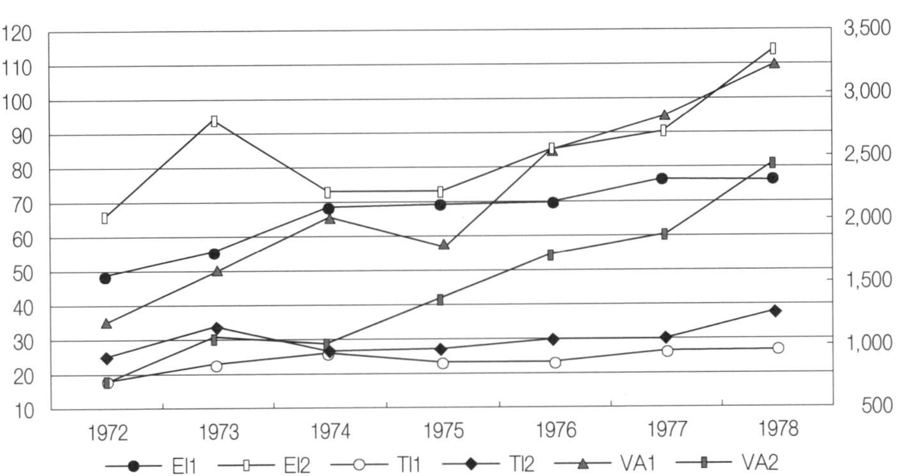

주: 1) VA: 1인당 부가가치, EI: 설비투자효율, TI: 총투자효율. 첨가수자 1은 중화학공업, 2는 경공업을 의미함.
2) 투자효율은 왼축 Y값, 단위는 %, 부가가치는 오른축 Y값, 단위는 천 원임.
3) 1인당 부가가치=(법인세차감전순이익+인건비+금융비용+임차료+조세공과+감가상각비)/종업원수, 설비투자효율=(부가가치/(유형고정자산−건설가계정))·100, 총자본투자효율=(부가가치/총자본)·100.
4) 1975년, 1977년 연도별로 작은 오차가 있어 수정값을 사용함.

자료: 한국은행(기, 1976~1980).

전반(前半)에는 48~68% 수준이지만, 1970년대 중반 이후 급격히 증가하여 76%대를 넘어서고 있다. 특히, 경공업과 달리 진행방향으로 볼 때 1977년까지 설비투자효율은 계속적으로 증가하여 1972~1973년 평균 경공업보다 27.7%p 낮던 것이 1974~1975년에는 불과 4.55%p의 차로 근접하고 있고, 1974~1977년 그 차가 좁혀져 있다. 총자본투자효율도 중화학공업과 경공업의 차가 1972~1973년 8~10.5%p였으나 그 격차는 급격히 줄어들어 1974년에는 동일지수를 보여 주고 있으며, 이후 1974~1977년까지 평균격차는 매우 근접하여 3.1%p로 줄어들고 있다. 중화학공업 1인당 부가가치는 경공업에 비해 거의 50% 이상 매우 높았다. 여기에서 그 동안의 중화학공업정책에 대한 비판이 상당히 일방적인 것이었음을 알 수 있다. 중화학공업이 경공업에 비해 높은 설비투자가 필요하기 때문에 설비투자효율이 단기적으로 나쁜 것은 당연한 것이며, 더구나 일본·영국의 경험처럼 오랜 중화학공업의 경험을 가지고 있지 못한 중화학공업 태동기의 1970년대 한국에서 이는 당연하였던 것이다.

그러나 1978년이 되면 중화학공업의 설비투자효율은 다른 방향을 띠어 상황이 역전되어 나타난다. 〈그림 7-2〉를 보면 경공업은 설비투자효율이 크게 증가하고 있는 데 비해, 1977년까지 증가하던 중화학공업의 설비투자효율은 오히려 감소하는 역방향이 나타나 38.3%p라는 큰 격차를 보여 주고 있다. 여기에서 문제는 1978년도에 있음을 뚜렷이 확인할 수 있다. 총자본투자효율도 1978년 중화학공업과 경공업 부문이 반대방향으로 움직이면서 격차가 벌어져 있음이 발견된다.

 생산요소 배분적정화와 산업별 효율성

이제 중화학공업화 기간 경제변수의 인과관계를 규명하기 위해 산업별 효율을 측정해 비교해 보자. 산업별 효율비교의 방법은 한 산업의 시계열(time series) 비교분석과 타산업과의 횡단면(cross-section) 비교분석이 있다. 문제는 한국의 경우 급격한 공업구조 변동에 따른 산업분류의 변경, 조사표 및 수록방법의 변경으로 시계열 자료는 단층이 생긴다는 점이다. 따라서 이에 따른 편향을 없애기 위해 횡단면 분석을 한 후에 시계열 변화를 비교하는 방법을 쓰도록 한다. 구체적인 효율성의 측정방법은 생산요소 투입과 부가가치 산출자료를 이용한 부가가치 정의식을 사용한다. 이렇게 하면 여전히 문제로 되고 있는 사전적인 생산함수 형태나 기술과 관련된 특성화(specification) 문제, 그리고 이에 따른 편차문제를 완화시킬 수 있기 때문이다.[12] 산업별 효율을 측정하기 위한 각 산업효율지수는, 해당 산업의 1인당 실질 부가가치를 주어진 산업자본집약도로 생산하는 전 산업의 평균 1인당 부가가치 추정값(산업평균값)으로 나누어 구할 수 있다(구체적인 과정은 본장 부록의 〈보론 7-1〉 참조). 이 산업효율지수는 미시적인 기업의 투자결정과는 상관관계가 작지만 거시적인 산업효율성을 잘 정의하여 보여 준다. 규모에 대한 수익불변을 가정할 경우 이 산업별 효율지수 E는 다음과 같이 정의된다.

$E>1$: 산업효율이 있는 산업
$E=1$: 중간효율산업
$E<1$: 비효율산업

[12] 효율성 측정의 문제점과 연구에 대해서는 B.-H. Gong(1989), pp. 98~99; P. W. Bauer(1990), pp. 39~56.

표 7-1 2년 평균 산업별 산업효율지수

구 분	E(1973~1974년)	E(1974~1975년)	E(1975~1976년)	E(1976~1977년)	E(1977~1978년)
산업용 화학물	1.2988	1.4599	1.3663	1.2138	1.1751
석유정제	0.9564	0.9636	0.9946	0.9668	0.9666
기타비금속광물	1.1352	1.2094	1.2041	1.2432	1.2129
제1차 철강	1.1777	1.0366	0.6292	0.8321	0.8685
제1차 비철금속	0.8317	0.9581	0.9867	1.0226	1.2129
금속제품	0.9485	1.0546	1.0607	0.9316	0.8989
기 계	0.8784	0.8852	0.9797	0.9781	0.9287
전기기계기구	0.9363	0.8968	0.9681	0.9921	0.8808
수송장비	0.8449	0.8487	0.7982	0.9764	0.9777
기타기계기구	0.9673	0.8805	0.9878	0.9076	0.7939

자료: 한국은행(기, 1974~1988).

그런데 이렇게 구한 효율지수에는 통계상·분류상의 1차적 오차가 존재하므로, 이를 완화하고 또한 경제적 의미를 보다 정확히 하기 위해서 10%의 유의구간을 두도록 한다. 즉, 산업효율지수 E값이 1.1 이상인 산업을 효율적인 산업, 0.9 이하를 비효율적인 산업, 그리고 0.9와 1.1 사이를 중간효율산업으로 정의한다. 같은 이유로 효율지수의 변동 역시 전년 대비 10% 이상의 변동만을 유의적인 변동이라고 정의하자.

이렇게 하여 구한 산업효율지수를 우선 특정 연도의 통계적 오차에 따른 급격한 변화를 고려하여 2년 이동단위 평균으로 구해 보면 〈표 7-1〉을 구할 수 있다.

〈표 7-1〉에서 1976년까지 상승국면이 지속되고 있음을 확인할 수 있다. 1974, 1975년의 상승에 이어 1975, 1976년의 경우 1973, 1974년에 비해 산업효율지수 상승산업은 8개, 하락산업은 2개, 그 중 유의적인 지수 상승산업은 3개, 하락산업은 1개로 상승국면을 보여 주고 있다. 그러나 1976, 1977년이 되면 산업효율 상승산업과 하락산업이 각각 5개, 유의적인 상승산업과 하락산업이 각각 2개로 상승국면이 중지되고 보합국면이 발견된다. 1977, 1978년이 되면 1975, 1976년에 비해 산업효율 상승산업이 4개, 하락산업이 6개로 역전되어 상승국면이 하락국면으로 반전되고 있음을 알 수 있다. 이러한 변화는 1973~1976년까지와 1977~1978년 양 기간을 비교하면 뚜렷이 나타난다. 두 기간 평균을 비교해 보면 산업효율지수가 하락한 산업

표 7-2 연도별 산업효율지수와 산업효율

구 분	1973~1975		1976		1977		1978	
	지 수	효 율	지 수	효 율	지 수	효 율	지 수	효 율
산업용 화학물	1.3921	EF	1.1539	EF	1.2736	EFF	1.0766	ME
석유정제	0.9653	ME	1.0061	ME	0.9275	ME	1.0057	ME
기타비금속광물	1.2054	EF	1.0623	ME	1.4241	EF	1.0017	ME
제1차 철강	0.9815	ME	0.6693	NO	0.9949	ME	0.7420	NO
제1차 비철금속	0.9041	ME	0.9244	ME	1.1209	EF	1.3049	EF
금속제품	0.9995	ME	1.0199	ME	0.8432	NO	0.9545	ME
기 계	0.8882	NO	1.0515	ME	0.9047	ME	0.9526	ME
전기기계기구	0.9023	ME	1.1019	EF	0.8824	NO	0.8792	NO
수송장비	0.8300	NO	0.7962	NO	1.1566	EF	0.7988	NO
기타기계기구	0.9208	ME	1.1477	EF	0.6675	NO	0.9203	ME

주: EF: 효율적 산업($E>1.1$), NO: 비효율적 산업($E<0.9$), ME: 중간효율 산업($0.9<E<1.1$).
자료: 한국은행(기, 1975~1984).

은 7개 산업이고 상승한 산업은 3개에 불과하였다. 산업효율을 보아도 제1차 철강, 금속제품, 전기기계기구, 기타기계기구산업 등 4개 산업이 중간효율 산업단계에서 비효율적 산업으로 바뀌고 있고 수송장비와 비철금속만이 상승하고 있다.

이러한 원인을 보다 정확히 규명하기 위해 문제가 되는 1976년 이후의 지수와 산업효율을 연도별로 구해 보면 〈표 7-2〉와 같다.

〈표 7-2〉에서 우선 1975년까지 산업효율 평균치를 구해 보면 중화학공업 10개 산업분야 중 효율적인 산업은 산업용 화학물·기타비금속광물(非金屬鑛物)제품의 2개 산업이고, 비효율적인 산업은 기계·수송장비(輸送裝備) 등 2개 산업으로 나타난다. 그러나 낮았던 기계·수송장비도 0.89, 0.83이고, 나머지 전 산업이 0.9~1.39 수준으로 효율기준점인 $E=1$ 수준에 가깝게 있어 중화학공업 전체로 보면 제조업 평균효율수준에 있음을 알 수 있다.

후반기인 1976년이 되면 중화학공업이 정착되면서 산업용 화학물, 석유정제, 기타비금속광물제품, 금속제품, 기계, 전기전자기기, 기타기계기구 등 중화학공업 10개 산업 중 7개 산업의 효율성이 1보다 높아지고 있고, 그 중 3개 산업이 1.1보다 큰 산업효율성을 가지게 된다.

그러나 이러한 산업효율의 상승국면은 1977년이 되면 다른 양상을 보여 주기 시작한다. 물론 1977년까지도 여전히 기타비금속광물, 제1차 철강, 제1차 비철금속제품, 수송장비 등이 유의적인 지수상승을 지속하여 수송장비는 비효율적 산업에서 효율적 산업으로, 철강산업은 비효율적 산업에서 중간효율 산업으로, 그리고 비철금속산업과 기타비금속광물제품은 중간효율에서 효율적인 산업으로 변동하고 있다. 이는 기타비금속광물제품이 정책적인 카르텔로,[13] 비철금속이 방위산업으로 산업보호를 받고 있고 여전히 민간기업 참여가 제한적이었던 개발단계에 있다는 점,[14] 철강[15]·수송장비[16]의 경우에는 그 산업의 성격상 대규모의 시설투자가 필요하고 진입시기가 긴데다 기타 진입장벽이 높고 신규 증설산업이라는 공급 측면의 특수성이 있었기 때문이다.

그렇지만 금속, 기계, 전기기계기구, 기타기계기구 등 4개 산업은 유의적인 효율지수 하락이 진행되어 진입이 쉬운 전기기계기구, 기타기계기구 산업은 효율적 산업에서 비효율적 산업으로 바뀌고 있고, 금속제품산업 역시 중간효율 산업에서 비효율적 산업으로 바뀌고 있다. 이들 산업의 특징은 정부의 보호가 지속되지 않고 중공업 중 진입장벽이 낮으면서도 고부가가치산업에 노동-기술사용적 산업(labour-technology using industries), 조립가공산업이라는 공통점을 갖는다. 사실 비효율적 산업으로 바뀌고 있는 중화학공업을 보다 정밀하게 분석하기 위해 중화학공업을 화학공업·중공업으로 나누고 중공업을 다시 소재산업·자본재산업·조립가공산업으로 나누어 보면 중화학공업에서 항상 시간경과와 함께 효율성이 떨어지고 있는 이유가 바로 이러한 손쉬운 조립가공산업에 기업들이 집중, 중복진입해 효율성을 떨어뜨리고 있기 때문임을 확인할 수 있다(본장 부록의 〈보론 7-2〉 참조).

특히, 1977년은 화학산업분야를 제외하고 다른 연도와 달리 산업별 지수의 상승과 하락이 전부 유의적인 수준을 훨씬 넘는 대폭적인 특징을 보여 주며, 후발산업의 정상화, 선발산업의 하향화라는 중화학공업 전환점의 의미를 갖는 해였다. 그

---

[13] 경제기획원은 1976년 6월 13일 시멘트산업에 대해 시한부 불황 카르텔 결성을 승인하는 등의 조치를 취하였다.

[14] "(1978년 1월 현재) 비철금속은 아직도 개발단계에 있다(김동규(金東圭), 1978. 1, p. 39).

[15] 철강산업의 경우 1974년 총자본효율이 17.4%에서 28.3%로, 설비투자효율이 34.0%에서 61.2%로, 산업효율지수가 0.8714에서 1.4841로 대폭적인 상승을 보여 준다. 그러나 이는 철강산업에 미친 석유파동이라는 외생변수의 수요충격(demand shock)에 의한 것이었고 1975, 1976년에는 다시 이전의 정상적인 수치를 보여 주고 있다.

[16] 1976년 11월 17일 '산업은행'이 '신진자동차'를 결국 인수하는 등 자동차산업의 정리가 계속되었다. 정부는 이 사건 직후 12월에 특별소비세와 휘발유세를 대폭 인하하여 수요견인책을 씀으로써 1977년에 자동차산업은 '현대'를 중심으로 정상화되었다.

러나 중화학공업은 여전히 호황국면인 속에서 전환점이 이루어지던 시기였으므로, 바로 가장 적은 비용으로 자율적인 시장조정이 가능한 정책제시의 적정시기였다.

1978년이 되면 이어 다른 중화학공업까지 산업효율이 하락하는 확대국면을 보여 주게 된다. 수송장비가 효율적인 산업에서 비효율적인 산업으로 바뀌게 되고 산업용 화학·기타비금속광물제품 등 2개 산업이 효율적인 산업에서 중간효율산업으로, 철강이 중간효율에서 비효율적 산업으로 산업효율이 대폭 감소하게 된다. 반면에 산업효율이 상승한 산업은 1977년에 0.88, 0.67로의 대폭적인 효율하락에 따른 반전이 있었던 금속·기타기계기구산업뿐으로, 이것도 1976년 수준에 전혀 미치지 못하는 중간효율단계에 머무르는 상승이었다. 그 결과 효율적 산업은 정부의 방산(防産)보호가 지속되었던 비철금속을 제외하고 실질적으로 전무하게 되고 있다. 비철금속은 방위산업에 따른 수요확대로 계속적인 지수상승을 보여 주고 있다. 1976년과 비교해도 산업효율은 역시 비철금속을 제외하고 전체적인 하락 또는 정체에 머물고 있다.[17]

[17] 이러한 1978년의 변화는 산업효율과 지수변화 방향을 나타낸 〈표 7-3〉에서 보듯이 1973~1977년의 산업효율 평균지수와 비교해 보면 잘 나타난다.

표 7-3 1978년의 산업효율 변동

구 분	1973~1977		1978 산업효율	산업효율 변화방향	효율지수 변화방향	유의적 변화방향
	지 수	효 율				
산업용 화학물	1.3208	EF	ME	하 락	하 락	하 락
석 유 정 제	0.9659	ME	ME	변화 없음	상 승	변화 없음
기타비금속광물	1.2205	EF	ME	하 락	하 락	하 락
제 1 차 철 강	0.9217	ME	NO	하 락	하 락	하 락
제1차 비철금속	0.9515	ME	EF	상 승	상 승	상 승
금 속 제 품	0.9723	ME	ME	변화 없음	하 락	변화 없음
기 계	0.9242	ME	ME	변화 없음	상 승	변화 없음
전기기계기구	0.9382	ME	NO	하 락	하 락	변화 없음
수 송 장 비	0.8886	NO	NO	변화 없음	하 락	하 락
기타기계기구	0.9155	ME	ME	변화 없음	하 락	변화 없음

주: 1) EF: 효율적 $E>1.1$, NO: 비효율적 $E<0.9$, ME: 중간 정도 $0.9<E<1.1$.
2) 유의적 변화는 10% 이상 변화율을 가질 때.
여기에서 1973년부터 1977년까지의 산업효율 평균지수값과 1978년 값을 비교해 보면 10개 산업 중 상승은 3개, 하락은 7개 산업으로 나타난다. 유의적인 변동을 보여 주는 5개 산업 중 산업용 화학·기타비금속광물제품·제1차 철강·수송장비 등 4개 산업이 하락하는 분명한 하락국면을 보여 주고 있는 것이다. 산업효율을 보아도 산업용 화학과 기타비금속광물제품이 효율적 산업에서 중간효율산업으로 바뀌고 있고, 철강과 전기기계기구산업이 중간효율산업에서 비효율적 산업으로 바뀌는 등 4개 산업이 하락하고 있다.

자료: 한국은행(기, 1975~1984).

7.4 투자결정과 산업정책

이제 앞에서 추정한 각종 효율성의 변화원인을 규명해 보자. 기업의 입장에서 가장 중요한 투자결정 지표는 총자본투자효율이 된다. 물론 설비투자효율이 중요하지만 현실적으로 설비투자효율은 단기적인 불확실성이 있고 효과검증이 분리되어 이루어지기 어렵기 때문에[18] 총자본효율이 결정지표가 되는 것이 일반적이다. 이런 점에서 거시경제적 차원의 자원배분 적정화나 효율성 극대화는 기업의 의사결정과 유리될 수 있는 소지를 가진다.

초기 중화학공업이 정부에 의해 선언될 당시 기업들은 상당히 위험기피적인 (risk-averting) 의사결정행위를 하고 있었고, 정부는 기업유인정책을 실시해야만 하였다.[19] 1973년 가을 석유파동이 시작되고 기업들의 재무구조가 더욱 열악해지면서 기업들의 참여의욕은 더욱 움추러들었다.[20] 그러나 〈표 7-4〉에서 보듯이 「중화학공업화 선언」 첫해인 1973년의 결과는 총자본투자효율에서의 대폭적인 상승으로 나타났다.

〈표 7-4〉에서 철강과 기타기계기구를 제외한 전 산업의 총자본투자효율이 급상승하였으며, 철강과 기타기계기구산업에서도 바로 다음해인 1974년에 큰 폭의 상승이 나타났음을 알 수 있다. 특히, 당시 가장 효율성이 우려되면서 경제사상 매우 중요한 일관제철소(一貫製鐵所)로[21] 완공된 '포항제철'은[22] 6개월 만인 1차년도 1973년부터 1,200만 달러(46억 원)의 흑자를 나타냈고,[23] 역시 우려의 대상이었던 '현대

[18] 이는 생산요소별 분배식에서의 자본수익률과 자본재수익률 논의에서 잘 나타난다. 자본은 생산요소가 아니므로 수익이 있을 수 없으며, 따라서 자본재부문만이 고려되어야 하지만 현실적으로 이는 불가능하고 투자주체에 의해 채택될 수도 없다. 이런 점에서 자본수익률은 총자본의 이자율과 같아진다.

[19] 한 예로 정부는 중전기(重電機)부문에서 1979년까지 '효성중공업(曉星重工業)' 이외에는 투자만 인정할 뿐 제품생산을 불허하였다. 정부의 진입유도에 대한 자세한 내용에 대해서는 제5장 참조.

[20] 전국경제인연합회(20, 1983), pp. 546~548, 549~552.

[21] 일관제철소의 완성은 1880년대 세계 2차 산업혁명의 생산력 비약단계에서 보듯이 산업상 비용 및 기술 측면에서 획기적인 주요한 의미를 갖는다.

[22] '포항제철'은 서독의 DKG안, 미국의 Blaw-Knox안, 서독의 입철식제철(粒鐵式製鐵)안, KISA안, 일본의 제철법안 등 총 5개의 안이 논의되다가 일관제철소로 1973년 완공되었다. 이는 당시 철강산업 지배를 자국의 산업진출과 연결시키는 선진국의 철강정책을 간접적으로 보여 주고 있다(한국경제신문, 1993. 1. 18).

[23] 포항제철(1974); 이대환(2004), pp. 366, 385. 포항제철 내부자료(J. L. Enos and W.-H. Park, 1988, p. 214)에 의하면 세후이익이 1973년 46억 원에 이어 1974년에는 355억 원으로 급상승하였고, 판매액 대

표 7-4 중화학공업 및 산업별 총자본투자효율

단위: %

구 분	1972	1973	1974	1975	1976	1977	1978
중화학공업	–	22.7	25.7	23.3	23.7	26.2	25.9
산업용 화학	18.6	24.3	25.5	29.6	25.4	20.2	26.9
석유정제	14.6	16.7	15.2	15.4	19.1	11.7	19.0
기타비금속광물	18.8	26.0	23.7	30.6	25.1	28.8	27.7
제1차 철강	17.3	17.4	28.3	11.1	14.4	20.1	16.2
제1차 비철금속	17.6	19.6	19.2	24.4	22.3	26.7	43.4
금속제품	35.1	41.9	47.9	45.8	41.9	42.3	42.0
기계	33.0	39.3	32.4	39.0	33.5	32.8	36.5
전기기계기구	33.7	40.1	41.7	41.9	40.1	37.1	40.4
수송장비	15.3	19.5	21.6	18.7	19.6	27.1	22.5
기타기계기구	45.3	44.5	57.7	45.0	55.4	60.6	50.8
경공업	–	33.2	25.7	26.7	29.4	29.5	37.7

주: 총자본투자효율=(부가가치/총자본)×100.
자료: 한국은행(기, 1975~1984).

조선(現代造船)' 역시 세계적인 2.5배의 수요증대라는 신조선(新造船)의 대호황으로 1973년에는 세계수요의 2.64%를 수주받으면서[24] 1975년에는 이미 흑자를 실현하였다.[25] 그 결과 10%p 이상의 큰 차를 가지고 있었던 중화학공업과 경공업의 총자본투자효율은 그 격차가 급격히 줄어들어 1974년에는 같아지고 이후 1974~1977년까지도 그 격차는 3.4, 5.7, 3.2%p에 불과하였다. 앞에서 고찰하였듯이, 중화학공업 1인당 부가가치도 경공업에 비해 50% 이상 높았고 설비투자효율도 급격히 높아져 경공업과 근접하고 있었다. 1976년의 총자본효율을 「중화학공업화 선언」 이전인 1972년과 비교해 보면 급속한 확장에 있었던 철강을 제외하고[26] 전부 큰 상승을 보여 주었다.

기업의 입장에서 중화학공업이 경공업에 비해 많은 설비투자가 필요하기 때문

비 이익률 역시 1973년 11.0%에서 1974년 34.2%로 급등하였다.

24 한국경제신문, 1994. 3. 30.

25 중화학공업추진위원회기획단(공발3, 1979), p. 332.

26 '포항제철'의 경우 1973년 조강(粗鋼)환산 연산 100만 톤 완공에 이어 불과 3년 후인 1976년 5월까지 연산 260만 톤으로 확장되었다.

에 설비투자효율과 총자본효율이 단기적으로 나쁜 것은 당연한 것이다. 문제는 기업의 의사결정에 직접 영향을 미치는 동적 변화에서 이미 중공업과 경공업의 자본효율성 격차는 소멸되었거나 곧 소멸될 것이라는 기대(expectation)가 기업들에게 합리적으로 받아들여지기 시작한 것이었다. 더구나 경공업은 1974, 1975년 설비투자효율과 총자본효율이 매우 악화되어 있었고 이는 직접투자 수익률에 반영되어 나타났다.[27]

이러한 투자효율의 변화와 기대형성, 그리고 대규모 선두 중공업기업의 예상 외 빠른 수익성이 나타나자 비로소,[28] 대기업집단들은[29] 중화학공업 기업인수 및 설립에 의한 진입과 투자확대를 1976년 말부터 1978년까지[30] 단기간에 경쟁적으로 진행하였다.[31] 마침 중동특수에 의한 기업 재무구조 호전과[32] 1977년 한국개발연구원(KDI)의 "1991년에는 국내총생산의 27.5%, 전 수출의 41.4%가 중화학공업제품이 될 것"이라는 발표는[33] 이를 더욱 촉진시켰다. 대기업집단들은 중화학공업 확장을 차후 재계주도권을 결정하는 사업으로 간주하였다.[34] 그 결과 중복투자 붐과 함께 1978~1979년의 투자금액은 비정상적일 정도로 집중되었으며, 전체 고정투자(fixed investment)가 연평균 GNP의 25% 수준에서 1978년에는 GNP의 31%, 1979년에는 33%로 급등하였다.[35]

---

27 이윤·금융비용으로 계산한 투자수익률을 경공업과 중화학공업으로 나누어 구해 비교해 보면, 1973년 이전과 달리 중화학공업 기업의 평균투자수익률은 1974년 경공업의 평균투자수익률보다 30% 이상 높은 수준으로 급등하였고, 1975년에도 그 차이가 없이 거의 비슷하였다(World Bank, K1987a, p. 53, Figure 2.3).

28 정부의 각종 '특혜', 특히 금융'특혜' 때문에 대기업들이 중화학공업에 진입하였다는 기존 대부분의 논리(J.-C. Rhee, 1994, p. 78)는 틀리지는 않았다 해도 재검토되어야 할 점이 있다. 본서 제4장과 제5장에서 보았듯이 금융이나 재정면에서의 중화학공업 '특혜'론은 과장된 것이다. 중화학공업화 선언 당시부터 정부는 여러 진입유도정책을 썼지만 대기업집단들은 중화학공업 진입에 매우 소극적이었다. 1976년부터 급속히 이루어진 대기업집단들의 중화학공업에의 진입은 대기업 자체의 계산이 1차적으로 작용한 것이었다.

29 1975년 중화학공업에 참여업체는 38개로 1974년까지 14개 업체에 비해 급증하였지만 여전히 중소기업 규모 중심이었고 대부분의 대기업집단들은 여전히 위험기피적 선택을 갖고 수익을 주시하면서 주로 진입준비 또는 형식적 진입에 머물고 있었다.

30 1977년부터 시작된 제4차 5개년계획의 중화학공업부문 총투자계획의 97%가 1977, 1978, 1979년에 투자되었다. 그 결과 이 시기 계획은 제조업 총투자액의 64%를 중화학공업에 투자하는 것으로 되어 있었으나 79.8%가 투자되었다(한국개발연구원(기본), 1982).

31 "기계류의 수출이 활발하자 기계공업 진출을 망설이던 대기업들도 속속 기계공업에 진출을 시도했다" (중화학공업추진위원회기획단(공발3), 1979, p. 507).

32 1974년 6월 6일 '삼환'이 사우디아라비아의 카이바-압울라 간 164km 고속도로 국제입찰에 낙찰되고 12월 1일 2,405만 9,000달러 공사계약을 체결함으로써 이후 중동건설이 본격화되었다.

33 한국개발연구원(장기, 1977), pp. 367~370.

34 박병윤(1980. 5), p. 201.

'대우(大宇)'그룹은 '대우전자'(1974)에 이어 '한국기계'를 흡수하여 '대우중공업(大宇重工業)'(1976)으로 공식 출범하였으며, '대우엔지니어링'을 설립하고 거절과 강권이라는 배경하에서 산업은행 출자 49%, 판매확보 등의 조건을 받아 '옥포조선(玉浦造船)'을 인수하였다('대우조선(大宇造船)', 1978). 동시에 '대한전선' 통신사업부를 합병하고, '신진자동차공업'을 맡아 '새한자동차'로 자동차부문 경영을 시작하였다('대우자동차', 1978).[36] '동양'그룹은 '동양기계공업'을 '동양종합공업'에 합병시켜 기계공업의 종합적인 운용에 나서고 '동양광공(東洋鑛工)', '동양자원개발'을 설립하였다.[37] '럭키'그룹은 '금성계전'(1974)에 이어 '동국중공업(東國重工業)', '대한반도체(大韓半導體, 금성반도체)'(1979), '서통전기(瑞通電機)', '서흥전기(瑞興電機)', '서통전자(瑞通電子)', '서통정밀(瑞通精密)'을 인수하고 '럭키엔지니어링'을 설립하였으며, 창원(昌原) 전기공장(電機工場), 창원컴퓨레셔공장, '금성전선(金星電線)'의 구미(龜尾) 통신공장, 사상(沙上) 주물공장, '금성정밀(金星精密)'(1976)의 금오(金烏)공장 가동을 시작함과 동시에[38] 여천(麗川) 화학공장 건설에 착수하였다.[39] '삼성(三星)'그룹은[40] '삼성정밀(三星精密)'(1977), '삼성GTE'를 설립하고 '우진조선(宇進造船)(주)'('삼성조선(三星造船))'(1977),[41] '대성중공업(大成重工業)', '신동양건설', '한국반도체'(1977년 인수, 1978년 '삼성반도체'), '코리아엔지니어링(1978, 1991년 삼성엔지니어링)'을 인수하였으며 '삼성중공업'의 창원 제1공장, '삼성라디에이터'의 창원공장을 준공시키고[42] '삼성석유화학(三星石油化學)'(1974)의 울산공장을 신설하였다.[43] '쌍용(雙龍)'그룹은 '쌍용중기(雙龍重機)'를 설립하고 '진일공업(進一工業)', '동양중전(東洋重電)', '승리기계제작소(勝利機械製作所)', '성풍전자(晟豊電子)'를 인수하여 발전기기, 디젤엔진분야에 진출하고, '쌍용전기공업', '승리전자공업', '쌍용엔지니어링'을 발족시켰으며 '쌍용양회'의 마산 분공장 준공, 풍납동, 남서울 공장 신설, 그리고 '쌍용중기(雙龍重

---

[35] World Bank(KD, 1984), p. 8.

[36] 한국능률협회(1989), pp. 506~513; 한국자동차공업협동조합(자편, 1993), p. 9.

[37] 동양시멘트공업주식회사(1987), pp. 196, 876~879.

[38] 금성사(1985), pp. 524~555, 914~922.

[39] 한국산업은행조사부(한산, 下, 1979), pp. 39~40.

[40] 삼성산요파츠(1973년 설립. 1977년 삼성전자부품, 1978년 삼성전기로 개명), 삼성코닝(1973), 삼성중공업(1974), 삼성석유화학(1974) 등이 있었다.

[41] 1974년 3월 15일 설립된 '고려조선(高麗造船)(주)'은 그 해 12월 2일 기공식을 거행하였지만 1977년 2월 23일 '진로(眞露)'그룹에 인수되어 '우진조선(宇進造船)(주)'으로 변경되었다. 이를 1977년 4월 22일 삼성그룹이 다시 인수하여 '삼성조선(三星造船)(주)'으로 변경하였다(중화학공업추진위원회기획단(중추), 1979, p. 85).

[42] 삼성비서실(1988), pp. 904~908.

[43] 한국산업은행조사부(한산, 下, 1979), pp. 38~39.

機)'의 창원공장을 준공시켰다.[44] '현대'그룹은[45] '현대미포조선(現代尾浦造船)'(1975)에 이어 4개 민영화 계획의 핵심인 '인천제철(仁川製鐵)',[46] '대한(大韓)알루미늄'을 인수하고 '현대중전기(現代重電機)'(1978), '현대정공(現代精工)'(1978), '현대(現代)엔진공업'(1978), '현대알루미늄공업', '금강항공', '현대차량(現代車輛)'(1978)을 설립하였으며, 철구사업부를 플랜트사업부로 바꾸어 발전설비·산업기계 생산독려체제로 바꾸면서[47] '현대중공업'체제를 재출범시키는 동시에 여천(麗川) 석유화학공장 건설에 착수하였다. 그리고 '현대종합금속'의 단양공장, 포항공장 준공, '현대강관'의 공장 생산설비 완공, 일본 '오노다'社와의 시멘트 설비기술 제휴, '인천제철' 전기로 설치 등을 시행하였다. '효성(曉星)'그룹은 '한영공업(韓永工業)'을 흡수하여 '효성중공업(曉星重工業)'을 정식 출범시키고 중전기기(重電機器)사업의 대대적 확장을 하였으며[48] 여천 석유화학공장 신설에 착수하였다.[49] '대한중기(大韓重機)'는 '인천공장'을 합병하였고, '이천전기(利川電機)'는 일본과 합작투자를 시작, 중전기기사업의 대규모 확장을 시작하였다.[50] '금호'그룹은 '금호화학'을 설립하고, '한국합성(韓國合成)고무'의 여천공장 건설에 착수하였다.[51] '동아자동차'가 출범되었으며, '국제전기(國際電機)'는 안양공장 생산을 시작하였고, 선경의 '선경화학'(1976)과 '선경마그네틱'(1976)이 설립되었다. '제철화학(製鐵化學)'은 울산에, '대림'의 '호남(湖南)에틸렌', '호남석유화학', '동양화학(東洋化學)' 등은 여천에 화학공장 건설을 착수하였다.[52] '한라(漢拏)시멘트'가 설립되고 '한일시멘트공업'은 단양·부산·대전 공장을 완공하였으며 '한국고로(韓國高爐)'가 시멘트산업의 가동을 시작하였다. 비철금속의[53] '고려아연(高麗亞鉛)'이 준공되고[54] '동신화학(東信化學)'이 폐쇄되었다.[55] 이 밖에도 미원그룹은 '내

---

44 쌍용(1989), pp. 734~737; 쌍용공업주식회사(1992), pp. 329~332, 664~666, 735~737.

45 현대중공업주식회사(1992), pp. 405~407, 744~756; 한국산업은행조사부(한산, 下, 1979), pp. 38~39.

46 '현대'는 1977년 '현대종합제철주식회사'를 설립, 제2제철을 놓고 '포항제철'과 경합하였다. 1978년 산업은행의 출자관리 기업인 '인천제철(仁川製鐵)'의 인수를 놓고 '현대'·'럭키'·'대우' 등이 경합하였고, '동아건설'·'대림산업'도 관심을 갖는 등 대기업의 치열한 경쟁 끝에 결국 5월 10일 '현대'가 인수하였다(현대중공업주식회사, 1992, pp. 407~408).

47 플랜트사업본부 인원통계만 보아도 1977년 말 1,869명에서 불과 6개월 만에 7,194명으로 4배 확대되는 등 대규모의 확장이 있었다(현대중공업주식회사, 1992, p. 405).

48 한국산업은행조사부(한산, 上, 1979), p. 370.

49 한국산업은행조사부(한산, 下, 1979), pp. 39~40.

50 한국능률협회(1989), pp. 597, 2041; 한국산업은행조사부(한산, 上, 1979), p. 307.

51 한국산업은행조사부(한산, 下, 1979), pp. 39~40.

52 한국산업은행조사부(한산, 下, 1979), pp. 38~40.

53 온산동제련소(溫山銅製錬所)는 1979년 연산 8만 M/T규모로 준공되었다(대한상공회의소(한상), 1984, p. 508).

셔날화공기계'를 '미원(味元)기계'로 바꾸고 1977년부터 정상가동 시작하였고, '삼양사(三養社)'는 '이천중기(利川重機)'의 경영권을 장악하여 기계공업에 진출하고 중전기제품의 본격생산에 나섰으며(1976), '벽산(碧山)'그룹도 1976년 창원기계공업단지에 3만 평의 부지를 확보하고 농기계엔진, 각종 기계 등 생산에 나섰다. '진양화학(進洋化學)'은 '진성기계(進盛機械)'를 '진양기계(進洋機械)'로 바꾸고 자본금을 증자(1977. 11), 1978년부터 각종 기계류 생산에 나섰다.[56]

이 과정은 '한국기계'·'신진자동차공업'·'한영공업(韓永工業)'·'연합철강' 등의 붕괴에서 보듯이, 1960년대와 1970년대 전반기 위험선호적(risk-loving)으로 중화학공업에 진입하여 공업기초를 닦아 놓았던 중소형 기업들이 일제히 대기업집단에게 흡수되는 과정이기도 하였다. 조선호황이 본격화되자[57] '삼성'(1977. 4)·'대우'(1978. 8)가 진입한 조선(造船)부문은 중소형 조선업체들이 3년 사이에 21개 업체가 몰락하였으며,[58] 1978년 한 해만 100여 개의 기업들이 대기업집단에 의해 매수·흡수되었고[59] 1979년에도 이 경향은 계속되었다.[60] 그 결과 1974년 말과 1978년을 비교하면 '국제'그룹은 7개 계열기업군에서 24개로, '금호'는 9개에서 17개로, '롯데'는 6개에서 18개로, '대우'는 10개에서 35개로, '대한전선'은 6개에서 22개로, '럭키'는 17개에서 43개로, '삼성'은 24개에서 33개로, '삼화'는 10개에서 30개로, '선경'은 8개에서 23개로, '쌍용'은 17개에서 20개로, '코오롱'은 15개에서 22개로, '현대'는 9개에서 31개로, '효성'은 8개에서 24개 계열기업군으로 확장되었다.[61] 또한 부가가치가 아닌 매출액으로 보면 100대 기업의 매출액이 1977년 GNP의 44.4%에 이르고 1978년에는 45.3%에까지 이르게 되며 10대 대기업집단의 매출액만으로도 그 비중은 34.3%로 되었다.[62] 그런 가운데 원유수송을 국적선으로 함에 따라 조선수요 확대요인이[63] 존재하였지만, 호남·경인·극동 등 기존 대형 정유업체들이 '국내건조 아닌

54 '고려아연(高麗亞鉛)'은 온산공업단지 내 첫 가동공장으로 첫 대단위 아연제련소였다.
55 한국산업은행조사부(한산, 上, 1979), p. 237.
56 중화학공업추진위원회기획단(공발3, 1979), pp. 504~505.
57 조선부문은 1976년에 수출물량이 1974년 최고 호황 때의 22만 톤을 넘어 34만 톤을 수출하였고 걸프와의 협상에 의해 원유수송을 국적선으로 함에 따라 해운산업이 급성장할 수 있는 호기를 맞았다.
58 한국산업은행조사부(한산, 上, 1979), p. 455.
59 동아일보사(1979), p. 346; 姜英之(1979. 11), p. 133.
60 1979년 7월까지 다시 39개사가 흡수합병된 것으로 보고되었다(서울경제신문, 1979년 8월 15일자; 姜英之, 1979. 11, p. 133).
61 박병윤(朴炳潤, 1980), p. 200.
62 姜英之(1979. 11), pp. 132~133.
63 국적선 원유수송선 비율이 1977년 23%에서 55%로 증가하고 있었다(한국경제신문, 1994. 3. 30).

선박수입'이라는 미시적 의사결정을 함으로써 상공부의 "자국선 자국건조원칙에 의한 「계획조선(計劃造船)」"[64]이라는 조선공업 육성계획에도 불구하고 높은 산업비용을 지불해야 했다.

대기업집단의 단기적인 중복진입 결과, 종합기계부문에는 '현대양행(現代洋行)'·'삼성중공업(三星重工業)'·'대우중공업(大宇重工業)'·'현대중공업(現代重工業)'·'강원산업(江原産業)'·'효성중공업(曉星重工業)'·'쌍용중기(雙龍重機)'·'국제종합기계(國際綜合機械)'·'대한중기(大韓重機)'·'조선공사(造公)'·'대우조선(大宇造船)'이, 발전설비(發電設備)부문에는 '현대건설'·'대우중공업'·'삼성중공업'·'현대양행'이, 중전기(重電機)부문에는 '효성중공업'·'현대양행'·'이천전기(利川電機)'·'현대중전기(現代重電機)'·'현대중공업'·'대한중기'·'쌍용중기'·'금성계전(金星計電)'·'서통전기(瑞通電機)'·'국제전기(國際電機)' 등 대기업의 대거진입이 진행되었다. 특히, 전자교환기·중전기기·디젤엔진·동제련(銅製鍊) 4개 부문에는 대기업 17개 업체가 중복참여하게 되었다.[65] 정부의 계속적인 유도에도 중화학공업 진입에 신중한 자세를 견지하던 대기업들은 1977년 이후 급속히 일부 기계부문에 중복진입하여 창원(昌原)기계공업단지의 입주기업은 1975년 38개, 1976년 52개에 불과하였으나 1977년 88개, 1978년 122개 업체로 급증하였으며, 특히 1977년에는 대기업집단 관계기업들이 집중적으로 진입하였다.[66]

석유화학(石油化學)부문에서는 이 기간에 대단위 메탄올공장·무수(無水)마레인산(酸)공장·PVC 페이스트레진공장·펜타에리스톨공장에 이어 석유수지(石油樹脂)공장·ABS수지공장·스티렌모노머공장 등이 새로이 완공되었다.[67]

이 결과가 바로 앞에서 확인한 효율성의 급반전이었다. 지속적인 성장을 보여오던 중화학공업 설비투자효율은 1978년 반전되면서 경공업에 비해 38.3%p나 떨어져, 1974~1977년 대폭 좁혀졌던 격차는 다시 중화학공업 원년의 격차로 돌아가게 되었다.[68] 나아가 각 산업효율 하락이 중화학공업 전체에 나타났던 것이다.

앞에서 1978년에 앞서 먼저 1977년에 금속, 기계, 전기기계기구, 기타기계기구의 4개 산업효율성이 급속히 유의적인 하락을 보이고 있으며, 특히 전기기계기구와 기타기계기구산업은 효율적 산업에서 비효율적 산업으로 대폭적인 산업효율성이 감

64 상공부중공업국(주업, 1975. 9. 26).
65 한국은행(연, 1981), p. 72.
66 창원기계공업공단(1979), pp. 125~176.
67 한국산업은행조사부(한산, 下, 1979), p. 12.
68 자본의 총투자효율도 1977년 3.3% 격차에서 11.8%로 격차가 벌어지고 있다.

소하고 있음을 밝혀 냈다. 바로 이 산업들은 이미 1975년에 39% 이상의 높은 총자본투자효율이 나타났던 상위 4개 산업과 정확히 일치하고 있다. 이들 산업, 특히 전기기계기구·기타기계기구는 진입장벽이 낮으면서도 자본투자효율이 40~50%로 높았던 즉, 대기업의 입장에서 당연히 그리고 가장 진입하고 싶은 산업이었던 것이다.

이러한 대기업들의 미래 산업정보에 대한 유리한 해석과 단기적인 의사결정은 1978년에 중화학공업 전체에 악영향을 미쳤다. 대규모 장치가 필요한 자본집약적 산업으로 1977년에 정상화에 도달한 산업이나, 산업카르텔로 진입장벽이 높았던 기타비금속광물산업까지[69] 진입이 진행됨으로써 유의적인 산업효율의 하락이 나타나게 되었던 것이다. 동시에 대기업들의 중복진입이 진행된 조립금속·기계·장비부문, 특히 발전설비·디젤엔진·운송장비부문에서는 가동률도 낮게 나타났다.[70]

이제 1980년대 신정부 수립 후 사장되었던 1970년대 초의 정부문서를 통해 비판의 초점이 되고 있는 당시 정부의 중화학공업에 대한 입장을 검토해 보자. 정부는 「중화학공업화 선언」 직전인 1972년 가을에 기업의 과잉진입에 의한 PVC파동을 막 수습한 경험을 갖고 있었다. PVC산업은 '대한플라스틱'체제에서 '공영화학(共榮化學)'·'한국화성(韓國化成)'·'동양화학(東洋化學)'·'우풍화학(友豊化學)' 등이 잇달아 진입함으로써 산업 전체가 몰락하였는데(본서 제12장 부록의 〈보론 12-3〉 참조) 당시 PVC산업은 정부보증의 외자에 의존하였으므로 그 충격은 매우 컸었다.[71]

이러한 경험에서 배운 교훈과 대규모 경제성의 추구로 청와대와 정부는 처음부터 중화학공업화에서 기업난립을 배제하고자 하였다. 1972년 청와대 제2경제수석에 의해 작성되어 11월 대통령에게 보고, 확정됨으로써 「중화학공업화 선언」 이후 중화학공업화의 기본 지침이 된 대통령비서실의 「중화학공업화 정책선언에 따른 공업구조개편론」이나 청와대의 사전지시와 협의에 의해 상공부에서 작성된 1972년의 「공업육성계획」[72]은 이러한 의지를 보여 준다. 「중화학공업화 정책선언에 따른 공업구조개편론」은 공업별 지침 기계공업에서 대량생산체제, 품종별 단일공장제도, 규모의 대형화를 강조하고 결론을 규모의 확대, 기술의 집중화, 전문공장 설치 및 대량생산방식을 채택할 것으로 하고 있다.[73] 기계공업의 구조부문에서도 공정별·품

---

[69] 비철금속은 방위산업보호 때문에 예외적인 것이었다.

[70] 경제기획원(광, 1971~1985); 한국은행(기, 1970~1986); World Bank(KD, 1984), p. 214; World Bank (K1987a), Table A9.2. 가동률 논의에 대해서는 본서 제13장 참조.

[71] 당시 대통령 경제수석 오원철(吳源哲) 씨의 증언. 당시 기간산업이었던 판유리업계도 과잉경쟁으로 부실화되어 1973년 8월에 1개사로 합병되었다(오원철(산군), 1993. 1. 5).

[72] 대통령 경제수석 오원철 씨의 증언(오원철(산군), 1993. 1. 11).

종별 단일생산공장을 설치하도록 하고 있고 관리청에서 메이커 또는 상사 상호간의 과당경쟁을 조정하도록 하고 있다.[74] 화학공업도 대규모화를 지향하고 있으며, 철강공업도 관련제품과의 통합화와, 선철(銑鐵) 일관제철소와 철강관련 제품 생산설비를 동일한 장소에 건설하는[75] 다분히 포항종합제철 중심의 통합화를 계획하고 있었다. 조선공업도 대형의 신조선소 건설과 기존 조선소의 통합확장이 요구된다고 밝히고 있다.[76] 중화학공업에 대한 기본 계획은 단독 또는 소수 기업 집중, 규모의 경제성에 입각한 대규모 생산집중이었음을 알 수 있다.[77]

개별 산업별로 보아도 청와대나 정부의 이러한 의도는 뚜렷이 나타나고 있다. 자동차산업의 경우 대통령 지시문[78]이나 상공부 문서[79]에서 "자동차 조립공장의 신설 및 합작투자를 불허, 기존 공장 중심으로 육성, 부품공업은 자동차공장별로 난립건설 불허, 공장합병"을 1973년 대통령 지시사항으로 분명히 명기하고 있다. 상공부가 작성한 「자동차공업육성 7개 기본원칙」의 완성차부문에서도 "기존 공장 중점적으로 육성 및 확장, 신규 설계 및 외자합작 불허, 기도입계열 이외의 신규 외제차종 도입 불가"로 되어 있다.[80] 또한 상공부의 「자동차공업 육성계획 추진안」에서도 초기 육성계획으로 '1개 부품, 1개 공장 전문화 원칙, 기개발품목은 기존 공장 중심으로 육성, 합병, 공동투자 적극 추진'이 작성되어[81] 대기업의 신규 진입을 억제하고 있었다. 나아가 상공부는 아세아자동차의 합병을 제시하여 1974년 3월에 상공부안으로 이를 확정지음으로써[82] 신규 진입억제에서 나아가 기존 완성차업체 합병도 생각하고 있었다. 이러한 원칙은 동년 8월 한국기계공업진흥회의 정부, 산업 간담회의 자동차공업 육성대책에서도 분명히 제시되고 있다.[83]

조선산업에서도 1968년 삼성이 이미 '대한조선공사' 민영화 때 매수를 위해 노력했으나 거부당하였다. 1973년의 신조선(新造船)건설 계획시 '삼성'은 조선공업 진출을 위해 경상남도 안정리(安井里)에 조선소 입지를 정하고 토지매입도 하였지만,

---

73 대통령비서실(중선19730130), pp. 33~35.
74 대통령비서실(중선19730130), pp. 36~37.
75 대통령비서실(중선19730130), pp. 44, 52.
76 대통령비서실(중선19730130), p. 53.
77 이는 오원철 전수석의 몇 차례 대담에서도 분명히 확인되고 있다.
78 대통령비서실(자대197306).
79 「대통령각하 지시사항」, 상공부(문, 1974. 1).
80 상공부(자진, 1973. 7. 4); 한국경제신문, 1993. 10. 25.
81 상공부(자육, 1974).
82 한국경제신문, 1993. 10. 26.
83 한국기계공업진흥회(1974. 8. 29).

정부는 9월 제2조선소로 신규 대기업보다 기존의 옥포(玉浦) 대한조선공사(大韓造船公社)를 지정하였다.[84] 이에 삼성은 1974년 3월 일본 '石川島播磨重工業'과 합자계약을 맺고 정부에 사업자 신청서를 제출해야 하였다. 이후 삼성은 석유위기를 이유로 진출을 미루고 있다가 1977년 4월 '우진조선'을 인수하여 '삼성조선'으로 변경하였다.

중공업 산업별 중장기 목표와 계획을 작성한 1975년 가을의 상공부 중공업국 문서도[85] 당시 정부의 시각을 잘 보여 주는 자료이다. 이에 의하면 우선 자동차공업의 경우 신규 조립공장의 확대는 전혀 고려되고 있지 않고 내수기반 확충과 기술배양, 수출확대만이 거론되고 있다. 철강공업의 경우 1981년까지 포항제철을 850만 톤 규모로 계획하고 기존 공장은 단지 150만 톤만 확장시키며, 그 외 특수강은 일반특수강과 고급특수강으로 나누어 각각 '대한중기'와 '한국특수강'이 1976년 12월과 1979년 6월까지 100만 톤, 250만 톤의 생산공장을 갖추도록 계획되어 있었다. 비철금속은 아연제철소 1개만 1981년까지 10만 톤 규모로 하고, 조선공업은 조선능력을 1980년까지 77.8% 증가로 낮추고 수리능력을 중점적으로 910.3% 증가시키는 것으로 계획되어 있었다.[86]

이렇게 볼 때 1976년 말~1978년의 단기간 다수 대기업의 중복진입이라는 기업진입상황은 청와대나 정부의 중화학공업 초기 정책의도와 전혀 다른 방향으로 진행된 것임을 알 수 있다. 계획과 전혀 다른 방향으로 진행되는 상황 속에서도 정부가 개입할 수 없었던 것은 자유경쟁의 효율성 논리가 대기업측에서만 아니라 정부 내와 정부연구기관까지 확대되고 있었고, 무엇보다 중화학공업화가 진행되면서 거대해진 기업의 시장지배 우위가 점차 실현되기 시작해 정부의 통제범위를 넘어서기 시작하였기(이에 대해서 본장 부록의 〈보론 7-3〉 참조) 때문이었다. 1978년 현재 여전히 규모의 대단위가 필요하다는 논리가 정부 일각에서 제기되었지만[87] 그 뜻은 이미 힘을 발휘하지 못하고 있었다.

---

84 상공부중공업국(중요, 1976); 한국경제신문, 1994. 3. 29.

85 상공부중공업국(주업, 1975. 9. 26).

86 상공부중공업국(주업, 1975. 9. 26).

87 석유화학·철강·비철금속은 (1978년 현재) 여전히 규모의 대단위가 필요하다. 그래서 이들은 규모의 대단위화로 국제경쟁력을 강화하고 자급체제를 확립한다(김동규, 1978. 1, p. 39).

7.5 맺 음 말

본장의 분석결과 1970년대 중화학공업은 분명 기대 이상의 효과를 거두면서 진행되고 있었고, 당시 중화학공업의 단기적 효율성 하락문제는 정부의 중화학공업 정책보다는 오히려 기업의 합리적 정보습득 실패와 단기간의 중복진입, 그리고 단기적인 의사결정에 있었음을 보여 준다. 즉, 문제는 대기업집단들이 위험을 공유(risk-sharing)하거나 위험선호적(risk-loving)인 선택을 시간을 두고 하는 것이 아니라, 특정 산업이 팽창국면으로 전환되고 이익이 확대되면 단기적으로 중복진출 한 데 있었음을 알 수 있다. 이는 산업효율의 연차적인 하락이 이전의 총자본투자효율 상위수준과 일치하는 점과, 1976년 말~1978년에 대기업의 단기적인 중복진입이 있었던 점, 1977년 대기업들의 미시적 의사결정, 그리고 정부문서를 통한 정부의 정책의도 검증에서 잘 나타난다.

물론 정부의 책임이 있지만 그것은 중화학공업화라는 산업구조정책에 있는 것이 아니라 1970년대 후반의 기업진입에 대한 사후적인 산업조직정책, 또는 기업투자에 대한 정부와 기업의 정보공유정책, 즉 산업정보정책이 잘못된 것이었다. 이러한 오류는 정부-기업의 적극적 정보공유에 의한 자율 조정시기를 놓쳤다는 점과, 동시에 문서검증을 통해 나타났듯이 '집중화'라는 중화학공업 초기계획을 지킬 수 없었던 경제상황의 진전에 기인하는 것이었다. 기업의 단기적 중복진입에서 보듯이 이미 1970년대 후반 시장에서 기업의 역할이 커지고 있었고 정책의 역할은 축소되어지고 있었다.

기대수익이 높은 곳에 기업투자가 확대되는 것은 자연스러운 시장동기이며 이것이 문제가 될 수는 없다. 기업진입 역시 기업의 합리적 판단에 의해 기업이 책임을 갖고 이루어지므로 시장의 자동조절기능에 맡겨질 뿐, 기업이 비난받아야 할 일은 절대 아니다. 다만 앞 장에서 보았듯이 다른 나라에서도 있었고 또 그 정도가 과장 인식되었다고 하지만, 한국의 중화학공업 대기업들이 분명히 국내에서 금융, 조세, 산업보호의 이익을 보고 있었고 또 한국 경제가 선진국과 달리 여전히 자원배분상의 문제를 가지고 있는 발전도상국 경제였다는 상황면에서 문제가 있었다. 이런 상황에서 기업들이 초기부터 위험을 감수하는 적극적인 투자와 시장개척활동이 아니라 사후적인 관찰에 의한 단기간의 중복진입과 다분야로의 혼합결합적인 확대 등으로 이후 그 조정비용 및 추가적 기회비용을 국민에게 전가시킨다는 것은 문제가 있는 것이다.

이런 점에서 본장의 1970년대 중화학공업 효율성 분석은 산업조직정책 및 산업정보정책, 그리고 이에 따른 기업의 합리적 정보획득과 해석이 경제정책의 합리성을 확정시켜 주는 주요한 요인이 됨을 보여 준다. 물론 시장의 자기조절기능을 적극 지향하고 대외경쟁력을 키워 나가는 것은 장기적으로 문제가 될 수 없다. 또한 적정개입시기를 넘긴 상황에서의 정부개입이 시장효율성을 감소시킬 가능성이 매우 크다는 한계는 분명히 존재한다. 본장이 검증한 것은 공급애로를 가진 경제단위에서의 단기적인 비효율성과 그 비용이며, 거시경제의 확대에 의한 장기적인 효과는 아니다. 다만 본장이 한정적으로 암시할 수 있는 것은 제약점을 가진 경제단위가 갖는 장기적인 동일 지향점하에서의 보다 낮은 비용이 가능한 선택경로와 시장개입의 시기문제인 것이다.

부 록

1. 보 론

〈보론 7-1〉 산업효율지수식과 측정방법

자본의 통합문제(aggregation problem of capital)를 고려하고 추정치를 산업평균값으로 하기 위해서 각 산업의 생산함수가 규모에 대한 수익불변이라고 가정할 경우, 평균총부가가치식 (1)에서 산업평균값 추정식 (2)가 도출된다.[88]

$$V_iP_i = W_iL_i + P_{ki}K_i \quad (1)$$

$$(V_iP_i)/L_i = \alpha + \beta(K_i/L_i) + U_i \quad (2)$$

$$i = 1, 2, 3, 4, \cdots\cdots, n.$$

여기서, V_iP_i: i산업의 명목부가가치
W_i: i산업의 명목임금률
L_i: i산업의 노동투입량(종업원수)
P_{ki}: i산업의 자본가격
K_i: i산업의 자본투입량
U_i: 오차항
$(V_iP_i)/L_i$: 종업원 1인당 부가가치 생산액
K_i/L_i: 자본집약도
α: 평균임금률
β: 자본집약도에 따른 평균자본수익률

이렇게 구한 추정식에 실질자본집약도를 넣어 얻은 추정값을 EST(VA*i*)라고 하면 이는 주어진 자본집약도로 생산하는 산업의 평균 1인당 부가가치 생산수준이 된다.

여기에서 E값을 다음과 같이 정의하고 이를 산업효율지수로 정의하자.

---

[88] 姜哲圭·張錫仁(1989), pp. 33~39.

산업효율지수 $E = \{(V_i P_i)/L_i\} / \{EST(VA_i)\}$
여기서, $(V_i P_i)/L_i$: i 산업의 1인당 실질부가가치
　　　$EST(VA_i)$: i 산업의 추정치

규모에 대한 수익불변을 가정하였으므로 다음과 같이 정의된다.

$E>1$: 산업효율이 있는 산업
$E=1$: 중간효율산업
$E<1$: 비효율산업

이제 계측을 위해 제조업을 한국표준산업분류 세 자릿수의 소분류산업으로 나누어 일관성을 가지지 못한 산업부문을 제외한 경공업 17개 산업, 중화학공업 10개 산업에 대해[89] 통상최소자승(ordinary least square: OLS)법을 사용해, α, β를 추정하면 〈보론표 7-1-1〉과 같다.

보론표 7-1-1 연도별 제조업 α, β값 및 추정결과

단위: %

연 도	추 정 식	R^2	F
1973	$(V_iP_i)/L_i = 501.88 + 0.1618(K_i/L_i)$ (6.95) (24.08)	0.96	580.23
1974	$(V_iP_i)/L_i = 666.14 + 0.1506(K_i/L_i)$ (5.63) (18.10)	0.93	327.61
1975	$(V_iP_i)/L_i = 759.98 + 0.1482(K_i/L_i)$ (5.39) (20.15)	0.94	406.09
1976	$(V_iP_i)/L_i = 763.98 + 0.1824(K_i/L_i)$ (6.19) (32.93)	0.98	1,084.10
1977	$(V_iP_i)/L_i = 1{,}548.78 + 0.1111(K_i/L_i)$ (8.47) (13.40)	0.88	179.69
1978	$(V_iP_i)/L_i = 1{,}441.78 + 0.1761(K_i/L_i)$ (8.27) (24.74)	0.96	612.09

주: 1) ( )는 t값임.
2) 1977년 단순유의추출법(單純有意抽出法)에서 층화임의추출법(層化任意抽出法)으로 바뀜에 따라 1976년 단층이 생기지만 오차가 적어 수정치로 사용함.
3) 일관성이 없는 장신구 및 관련제품(391, 1976~1983), 사무 및 회화용품(392, 1973~1976), 가발(393, 1973~1976), 운동 및 경기용품(393, 1977~)은 제외함.
자료: 한국은행(기, 1974~1989).

[89] 따라서 추정은 산업분류에 따른 오차가 존재할 수 있다.

〈보론 7-2〉 중화학공업에서 효율성이 떨어진 분야와 그 하락의 이유

중화학공업에서 효율성이 급속히 하락한 분야는 어디였을까?

중화학공업을 화학공업·중공업으로 나누고 중공업을 다시 소재산업·자본재산업·조립가공산업으로 구분해 1980년 제조업 전체에서 차지하는 종업원수 비율과 부가가치비율을 구해 보면 다음 〈보론그림 7-2-1〉과 같다. 이 비율은 대략적인 효율성을 보여 준다.

여기에서 중화학공업의 효율성을 낮추고 있는 것은 비중과 내용에서 보아 바로 1976년 이후 단기적으로 기업들이 집중 진입한 중공업의 조립가공산업임을 알 수 있다. 자본재산업은 여전히 미미한 비중으로 영향이 작았다.

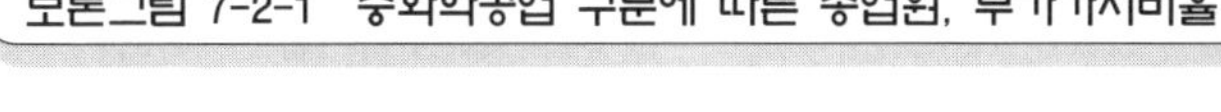
보론그림 7-2-1 중화학공업 구분에 따른 종업원, 부가가치비율

단위: %

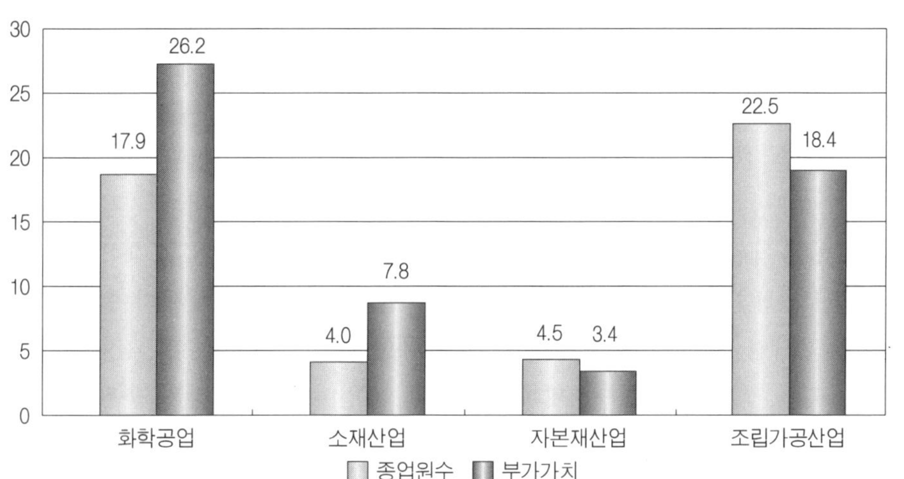

자료: 경제기획원(광, 1980).

〈보론 7-3〉 정부와 기업의 관계

저자는 일찍부터 1970년대 중화학공업화를 통해 시장에서 역할상 기업의 정부에 대한 우위가 이루어졌다고 주장해 왔고, 1994년 이후 본 주장을 학술지에 계속 게재한 바도 있다.[90] 앞의 본문에서 살펴보았듯이 이 시기는 대체적으로 1978년 전후가 된다고 보아왔다.

그런데 한국의 정부와 기업의 관계에 대해 구체적인 내용을 밝히고는 있지 않고 또 '매우 한정적인 전제'하에서 말하고 있지만 이와 같이 저자의 주장과 유사하게 기업의 자주성, 우위를 약간이나마 인정하는 내용이 오히려 해외출간물에서는 발견되었다. 磯崎典世(1995)는 '자동차산업에서' '국가의 지도적 역할이 컸지만' 기업들이 일방적으로 지도를 받은 것이 아니고 산업정책의 진행을 보면서 스스로 경영전략을 선택하였다고 보았다.[91] E. M. Kim(1997)은 국가의 성격이 점점 포괄적인 것에서 한정적으로 바뀌면서 1960~1970년대에 걸쳐 기업의 자주성이 '어느 정도' 보인다고 말하였다. 石崎采生(2000)은 정부와 기업은 일방적 관계가 아니라 항상 상호작용으로 작동한다고 말하고 있고, 수많은 정부-대기업집단 유착론 연구 가운데 郭洋春(1987)은 1970년대 특히 중화학공업화단계 이후는 대기업집단의 소리를 무시해서는 경제개발이 원활하지 않을 정도로 대기업집단의 힘이 커져 정부와 대기업집단의 '상호 유착관계'가 형성되었다고 지적하였다. 그러나 이런 시각이 그 동안 국내에서 별로 제기되지 못하였기에 이와 같은 한정적인 전제하에서의 언급도 저자가 인용하고 있지만, 시장에서 정부와 기업은 항상 상호작용하고 이 과정에서 중화학공업화와 같은 생산대규모화와 세계화를 통해 기업이 점점 시장의 우위를 가진다는 것은 논리적으로 당연하며 이런 점은 세계경제사의 발전에서도 일반적으로 발견된다. 본장의 내용은 한국 역시 그러하다는 것을 보여 주고 있다.

한편, J.-C. Rhee(1994)는 "유지되던 정부의 기업지배가 권위주의 국가의 한계로 중화학공업 투자조정을 통해 붕괴되었다가 전두환정권하에서 이 지배가 다시 이루어졌다"고 보았다. 이 시각은 "1977~1978년 중화학공업화를 통해 기업의 우위가 나타났고, 오히려 1980년대 들어와 중화학공업 조정 등으로 시장기구가 후퇴했으며, 정부의 개입이 확대되었다"는 저자[92]와는 시기와 시각에서 다르지만 1980년대

90 박영구(1994); 박영구(1995).

91 磯崎典世(1995), pp. 31~72.

92 박영구(1994); 박영구(1995); 박영구(1996a); 박영구(2001b); 박영구(2003).

해석에서 일면 통하는 면이 있다.

그러나 여전히 Y.-h. Lee(1997) 등에서 보듯이 일관되게 정부의 우위, 국가의 자율성이 지속되었다는 전통적 견해가 우세하거나 또는 C.-i. Moon(1994)에서 보듯이 박정희정부 시대는 역시 정부의 우위가 있었고 이후 전두환·노태우정부하에서는 대기업집단의 성장으로 이 관계가 매우 불안정하여진다는 1980년대 시장자율화론이 주류이다.

CHAPTER 8
1970년대 중화학공업 조정: 정책신호(시그널), 정책실행력, 비용

8.1 머 리 말

정책은 산업에 직접 영향을 미치기도 하지만 기업의 의사결정과정을 통해 관련 산업에 영향을 미치는 것이 주경로가 된다. 기업은 정부의도·정책방향 등을 보여주는 공식·비공식 정부발표 또는 정부 내 협의·기안 등과 같은 정책신호(정책시그널)를 통해 사전적인 의사결정을 하게 된다. 그리고 난 후 정책이 현시화되면 기업은 사후적으로 이에 맞추어 기존 대응을 조정하면서 새롭게 대응한다. 이때의 기업 대응은 정부역할, 정부의 정책실행력에 따라 달라지게 된다. 따라서 정책신호와 정부의 정책실행력은 정책확산과정에서 정책유효성을 결정짓는 두 가지 주요한 변수가 된다.

한국의 경우 기업이 사전적인 정책신호에 보다 민감하였던 것은 비록 오차 손실이 있다고 하더라도 정책변화에 빨리 대응하는 기업이 갖는 '시간이익(time benefit)'이 매우 컸기 때문이다. 이는 특히 다음 두 가지 측면에서 그 원인을 찾을 수 있다. 첫째는 한국의 경우 금융에 대한 초과수요가 만성적으로 존재하고 있고 이 금융배분에 상당 부분 정부의 재량적 배분(discretionary allocation)이 개입한 점이다.[1] 두 번째는 한국의 경우 여타 발전도상국과 비교해 볼 때 정부관료가 비교적 합리적 의사결정과정에 속박되어 있어 결국 정책이 확정될 경우 먼저 대응한 기업이 이익을 볼

[1] 사공일과 존스는 이 점으로 한국 재벌이 일본 및 아시아 각국의 재벌과 다른 특징을 갖는다고 보았다(사공일(司空壹)·L. P. Jones, 1981, pp. 143~144).

가능성이 매우 높다는 점이다. 따라서 정책신호 변화를 누가 먼저 파악하여 대처하는가가 기업투자의 성패를 결정짓는 요소가 되므로 기업들은 정책신호에 매우 민감하게 반응하였다.

한편, 산업정책에서의 정책실행력과 이에 따른 기업-정부의 관계 역시 정책효과를 결정짓는 중요한 요소가 된다. 기업의 입장에서는 사전적으로 정책실행력 역시 정책신호로 평가하게 된다. 그런데 정부와 기업의 관계는 일단 수직적·대립적 경기(power game)요소가 있어 상황에 따라 단순히 가격요소로만 설명할 수 없는 한계가 있다. 물론 규제(regulation)와 대응(reaction)을 이용한 게임이론은 이를 어느 정도 극복해 주고 있지만 정부-기업관계가 단순한 수평적 관계가 아니라는 한계는 여전히 존재한다.

이런 점에서 볼 때 산업정책을 미시적으로 규명하고자 할 경우 정책신호와 정책실행력이 미친 영향, 특히 정책신호가 미친 영향을 귀납적으로 규명하는 것은 매우 중요한 과제라고 할 수 있다. 이는 비록 경제단위와 제약조건이 달라졌다고 해도 여전히 한국 경제에서 정책요소의 중요도는 높기 때문이다.[2]

본장에서는 1970년대 중화학공업 조정을 통해 정책신호와 정책실행력, 특히 정책신호(정책시그널)의 관점에서 이것이 경제정책에 미친 영향과 의미를 재조명하고 이를 통해 정부역할의 한 모델을 모색해 보고자 한다.

8.2 이중적인 정책신호와 중복진입: 1976~1978

일반적으로 중화학공업 조정은 1980년대 신정부의 수립에 의해 1970년대 중화학공업이 비판되면서 시작된 것으로 이해되고 있다. 그러나 중화학공업 조정은 1976년 말부터 이미 산업정책에서 논쟁화하고 있었다. 1970년대 후반 들어 중화학공업에서 총자본투자효율의 상승과 상승기대가 커지면서 1976년 말 이래 대기업집단들의 중화학공업 진입이 급속도로 진행되자[3] 중화학공업조정론이 제기되기 시작

[2] 발전도상국의 경우 규모의 경제, 초기 고정비용의 과다, 자본시장의 불완전성, 외부성 존재 등 시장실패(market failure)로 선진국과 달리 정부개입은 후생수준을 증대시킬 수 있다. 특히, 기술개발과 학습곡선(learning curve)의 기울기가 클 경우 정부개입은 합리적이다(P. R. Krugman, 1987, pp. 41~55).

[3] 박영구(1995). 본서의 제7장 참조.

한 것이었다.

정부는 1976년 12월 30일 경제장관협의회에서 중화학공업 조정으로 우선 변압기와 차단기(遮斷機)의[4] 일부 조정을 협의결정하였다. 내용은 ① 1979년 말까지 154KV 변압기 제조를 위한 차관과 기술도입을 불허, ② 전력용 변압기 신규 업체 설립불허, ③ 345KV 변압기·차단기 등은 '효성중공업'으로 일원화하는 것이었다.[5] 이후 엔진은 부문별로 나누어 전문화시켰으며,[6] 자동차는 '현대자동차'·'새한자동차'·'기아산업'으로 3원화하였다. 통신 및 전력 케이블은 '대한전선'·'금성전선'으로, 건설용 중장비는 '현대양행'·'대우중공업'으로, 컬러TV 브라운관은 '삼성'·'금성'·'대한(大韓)'의 3원화로 결정되었다. 과산화수소는 '대한제당'·'동양화학'으로 각각 이원화(二元化)하였다. 또한 농기계는 '대동(大同)'·'유신(惟新, 국제)'·'동양물산(東洋物產)'·'진일(進一)기업(효성)'으로 4원화하고, 폴리에스테 필름은 '선경화학'으로 일원화시켰다.

그러나 정부의 이러한 조정결정은 즉각적이고 강제적으로 시행되지 않았다. 왜냐하면, 이미 1976년 이후 자유경쟁의 효율성을 주장하는 논리가 정부 내에서 급속히 제기되고 있어 정부 내 의견대립이 나타나고 있었기 때문이었다. 정부 내 의견대립으로 이중적인 정책신호가 나오기 시작하였고 기업들은 이러한 이중적인 정책신호를 기초로 기업에 대해 정부의 개입이 크게 약화될 것이라는 것과, 나아가 형식적으로 여전히 초기 중화학공업정책 당시의 대형화·집중화 원칙이 유지되고 있지만 기업들의 중화학공업 진입확대와 합병확대에 정부가 개입하지 않을 것이라고 판단하게 되었다. 실제로 정부는 조정결정과 상관없이 정부 내 의견대립 속에서 조정의 시행감독에 적극 나서지 않고 있었다.

그 결과 투자조정의 주체인 기업들이 투자조정에 나서려 하지 않는 것은 물론,

[4] 중전기는 1970년대 초에 '한영공업(韓永工業)'·'이천(利川)전기'·'국제전기'·'동양중전(東洋重電)'·'신한(新韓)전기' 등이 진입해 있었으나 중소기업들이 중심이었다. 그러다가 '한국전력'이 「송전선 고속화계획」을 확장하자 대기업들의 관심을 끌게 되었다. 먼저 '효성(曉星)'이 '한영공업(韓永工業)'을 인수하는 조건으로 정부에 대해 변압기분야의 신규 기술도입 불허라는 독점권을 받아냈다. 그러나 '쌍용'은 '동양중전(東洋電重)'을 인수한 후 154KV의 기술도입 승인을 얻었다. '국제'와 '대명(大明)전기'도 기술도입 없이 154KV의 시제품을 생산하였다. 1976년 승압계획이 발표되자 이 중전기경쟁은 더욱 커졌다(김의균, 1980b, pp. 256~257).

[5] 그러나 '현대조선'이 서독 '시멘스'사와 제휴하여 중전기 참여를 들고 나왔을 때 정부가 반대했으나 진입하였고, 이어 '국제전기'를 인수한 '코오롱'과 '쌍용중전기'도 정부의 '효성중공업' 일원화 결정을 무시하였다(김의균, 1980b, p. 257).

[6] 6,000마력 이상 대형엔진은 '현대조선', 600~6,000마력 대중형엔진은 '쌍용중기', 600마력 이하 소형엔진은 '대우중공업'으로 조정하였다. 또 철도차량엔진은 '대우중공업'·'조선공사'로 이원화하였으며, 디젤엔진은 '현대차량'으로 일원화하였다.

표 8-1 조정필요산업의 업체수와 내수 대비 생산능력

구 분	발전설비	제 강	중 전 기	석유화학	시 멘 트	건설중기	전 동 차
관련업체수(개)	14	7	6	9	7	4	3
내수 대비 생산능력(배)	10	4	2.5	12	2.5	25	4

자료: 상공부(대기, 1978. 4).

오히려 중화학공업부문에서의 혼합결합(conglomerate mergers)을 확대시키게 되었다. 여기에는 차후 만약 조정이 있을 경우 해당 산업에서의 기득권을 주장할 수 있다는 인식도 상승작용을 일으켰다. 그러나 이러한 대기업집단들의 혼합적인 중화학공업으로의 진입은 직접비용의 증가와 정책불확실성에 따른 간접비용의 증가를 가져올 수밖에 없었다.

이렇게 중화학공업에서 대기업집단들의 신규진입과 확장이 급속히 진행되자 이에 대한 우려가 학계를 중심으로 제기되고, 관련재계에서도 역시 비용과 수요문제가 점점 심각하게 대두되게 되었다. 1972, 1973년 때의 파동 우려가[7] 고조되면서 상공부는 적극적으로 중화학공업 조정을 주장하였다. 마침내 1977년 5월 21일, 경제장관협의회는 우선 당장 문제가 들어난 발전설비산업(본장 부록의 〈보론 8-1〉 참조)의 조정에 착수하게 되었다. 발전설비 업체는 당시 황금알로 비유되면서 대기업들이 일제히 진입해 관련업체수가 14개에 이르고 내수 대비 생산능력 과잉이 가장 우려되는 부문 중의 하나였기 때문이다(〈표 8-1〉 참조).

조정의 내용은 '현대건설'·'대우중공업(大宇重工業)'은 해외진출을 위한 엔지니어링 습득에, '삼성중공업'의 보일러공장은 산업용 보일러 제작으로 전문화시킴으로써 사실상 일단 발전설비는 '현대양행'으로 일원화하는 것이었다.

그러나 이런 과정 속에서도 정부 내의 자유경쟁 주장은 점점 더 확대되어 1977년 후반이 되면 정부신호도 조정철폐와 방임 쪽이 주류를 이루게 되었다.

이 과정에서 경제기획원이 1976년 7월 작성을 의뢰하여 한국개발연구원이 1977년 12월에 부총리 겸 경제기획원 장관에게 보고한 향후 15년간 전망에 대한 답신서가 나왔다. "경제기획원 기획국과 긴밀한 협조하에 작성되었다"[8]는 보고서의 내용은 1991년에 이르면 1975년 불변가격으로 GNP의 41.4%, 제조업의 65.1%가 중

[7] 당시 기간산업이었던 PVC업계와 판유리업계는 높은 수익에 따른 과잉진입으로 1972년 가을, 1973년 각각 파동을 겪고 정부에 의해 강제 정리되었다(한국경제신문, 1993. 1. 15).

[8] 한국개발연구원(장기, 1977), p. 3.

화학공업 제품이 될 것이라는 것이었다.[9] 이 보고서는 대기업집단들에게 '1990년대 재계판도를 결정하는 것은 중화학공업이므로 중화학공업 확장을 서둘러야 한다'는 생각을 촉진시키는 결정적 계기가 되었다. 더구나 보고서의 공업구조 개편에서 나타난 '경공업 위주 공업화'에 대한 비판과 '중화학공업을 중심으로 한 산업구조 개편의 불가피성'[10] 주장은 정부가 앞으로 어느 쪽을 지원할 것인가를 가늠하는 정책신호로 대기업집단들에 의해 받아들여졌다.

사실 1970년대 한국개발연구원(KDI) 보고서는 매우 중요한 정책신호 역할을 하였다. KDI보고서는 경제기획원과 교감이 이루어지고 있었으며 단순히 정책건의의 성격만 가지고 있었던 것이 아니라 최종보고서는 경제기획원 의도를 검증받는 기능을 가지고 있다는 점에서 그러하였다. 경제기획원은 바로 다른 경제부처의 이견을 조정할 수 있는 기획권과 예산권을 가지고 있었다. 그런 경제기획원이 이제까지의 중화학공업화에 대해 쓴소리를 내던 입장과 달리 적극적인 중화학공업구조로의 전환예측을 내놓은 것은 중요한 의미를 가진 것으로 보여졌다. 바로 이런 점에서 KDI 보고서에 의해 대기업집단들이 중화학공업부문 진입촉진과 규모키우기를 서두른 것은 당연한 것이었다.

대기업집단들의 노력이 맞물리면서 경쟁을 강조하는 정부부처 내 의견과 대기업집단들의 중화학공업 확장노력은 상승작용을 일으켜 갔다. 1978년 2월 8일부터 24일까지 진행된 '삼성중공업'·'현대양행'·'대우중공업'·'효성중공업'·'쌍용중기'·'현대중공업'·'강원산업'·'조선공사'·'대한중기' 등 9개 업체의 상공부 장관 대단위 기계공업업무 보고에서 나타난 기업들의 중공업 자체투자계획만 해도 1조 6,952억 원에 이르렀다.[11] 한정적인 투자재원하에서 이는 당연히 문제가 있는 것이었다. 특히, 중공업의 특성상 절대 요구되는 규모의 경제면에서 이는 심각한 문제를 야기할 수 있는 것이었다.

그러나 이러한 우려도 '독점'의 횡포를 막고 경쟁효율성을 살리기 위해 경쟁체제를 확립해야 한다는 자유경쟁의 논리 앞에서 무기력해졌고, '규모의 경제' 문제도 수출로 해결할 수 있다는 논리에 의해 배척당하였다. 개입을 주장하던 상공부까지 1978년이 되면서 반대할 수 없을 정도로, 자유경쟁에 반대하는 논리는 개방과 자율, 국제화에 뒤진 것으로 인식하는 분위기가 급속히 확대되어 갔다.[12] 여기에는

[9] 한국개발연구원(장기, 1977), pp. 367~370.
[10] 한국개발연구원(장기, 1977), pp. 98~100.
[11] 박병윤(1980. 5), pp. 201~202.

1960년대 이후 경제개발계획과정에서 나타난 거대정부(big government)와 독점의 확대에 대한 심리적 반발이 배경에 깔려 있었다.[13] 그 결과 중화학공업 조정은 실질적으로 철회되고 있었다. 이에 대기업집단들은 보다 공개적으로 혼합결합을 진행시켰다. 당장 중공업에서 가장 큰 규모였던 '현대중공업'과 '대우중공업'이 당시 대기업들이 모두 참여하고자 하였던 발전설비산업의 일원화 철폐를 요구하였다.[14] 물론 여기에는 이제 분명해진 정부의 정책신호가 주요한 계기로 작용하였다.

결국 정부는 1978년 4월 22일 경제장관협의회에서 원자력발전설비 산업에서의 일원화를 공식적으로 철회하고 '현대중공업'·'대우중공업'의 참여를 허용하였다. 동시에 1976년 12월 30일의 중전기(重電機) 조정안도 수정하여 154KV 변압기의 제조시설투자를 자유화하고 변압기 신규 업체 설립불허를 철회하여 '현대중공업'의 중전기분야 참여를 사실상 허용하였다. 여기에서 중화학공업의 주무부서인 상공부는 구획조정안을 내었지만 경제기획원이 중심이 되어 자유경쟁을 다시 주장함으로써 완전개방이 결정되었다.

문제는 두 가지에 있었다. 우선 독점을 방지하고 경쟁을 허용한다는 분명 합리적인 논리하에서 이루어진 산업조정 철회는 오히려 대기업집단의 혼합결합적인 확장을 가져왔다는 점이었다. 즉, 경쟁에 이기기 위해 보다 전문화하는 것이 아니라 대기업집단들이 전략상 기존 전문기구들을 바꾸면서까지 다른 중화학공업에 진입하는 현상이 일어나게 된 것이다. 이는 위험부담으로 진입을 주저하던 1970년대 초반과 달리 중화학공업에 대한 기대가 확대되고 있었고 정부의 산업정책신호가 조정철회라는 쪽으로 보다 분명하게 되어졌기 때문이었다. 또 한 가지 문제는 발전설비산업에서 경쟁효율을 높이기 위해 현대와 대우의 진입을 허용한다고 정부가 천명하면서도 삼성·효성 등 여타 기업의 진입은 과열이라는 이유로 허용하지 않았다는 점이다. 여기에서 정부는 자유경쟁·방임쪽으로 향하고 있으면서도 내적·현실적으로는 과잉진입을 우려하고 있었음을 알 수 있다. 이러한 정책의 이중성은 분명 논리적 모순이었으며, 결국 기업관계에서 산업정책기준과 명분의 애매모호성을 가져와

---

12 당시 경제기획원 일부(기획국)는 '한국 경제의 당면과제와 대책' 보고서를 만들어 수입자유화, 수출금융의 축소, 새마을운동 축소, 금융제도 개편 등과 함께 중화학공업 투자조정도 포함하여 부총리에게 보고하였다. 그러나 이는 채택되지 않았다.

13 1970년대 형성된 독점과 정부과개입에 대한 비판이 이를 사회적 윤리로 정당화시키는 데 공헌하였다. 그러나 이는 경제적 논리와는 별개의 문제였다.

14 이때 '한전'은 20억 달러 원자력 5, 6호기 건설실수요자로 미국 '웨스팅하우스'사와 영국 GEC사를 선정하였었다.

대기업관계에서 정부의 정책권위를 실추시키는 것이었다.

더구나 이제 정부의 정책신호가 조정철회, 자유방임으로 분명해지는 상황에서 기업은 정부의 추가적인 조정해제를 확신하고 있었다. 8월에 경제기획원이 작성한 「중화학공업화 수출주도전략」[15]에 이어, 12월 8일 '포항종합제철'의 3기 확장준공식에서 대통령이 한 "86년까지 중공업을 세계 10대 강국으로 만들겠다"는 말은 중공업에서의 보다 분명한 자유방임을 허용하는 신호로 받아들여졌다. 이에 대기업은 중화학공업에 대한 진입확대를 계속해도 정부의 제재조치가 없을 것을 거의 확신하고 정부에 대해 조정철회를 촉구하며 한편으로는 중화학공업에 대한 확대를 계속하였다. 대표적으로 '삼성중공업'은 8월 26일 제3차 '방위산업 진흥확대회의'에서 대통령의 '항공기 연내제작 착수방침' 발표가[16] 나오자 비행기엔진 제작관련 가스터빈 제작사업에 착수하였으며, 창원공장에서의 발전용 보일러 제작 허용을 계속 요구하였다.[17]

중화학공업에 대한 기업들의 과잉 중복진입을 우려하던 상공부 관련 당사자들에게도 이미 정부 내 '자유경쟁'을 최고선으로 하는 여론 대세에는 어쩔 수가 없었다. 여론을 등에 업은 자유경쟁, 작은 정부 논리는 이에 맞설 수 있는 방법이 없었기 때문이었다.[18] 나아가 사실 1976년 말부터 시작되어 그 동안 진행된 정부 조정발표의 예에서 보듯이 정부가 조정을 결정하여도 이미 대기업집단들이 정부 내의 정보를 파악하여 정부의 결정을 신속히 수행하지 않음으로써 정책효과가 반감되고 있었던 점도 조정을 포기하는 원인이 되었다.

결국 예상된 대로 정부는 10월 28일 중화학공업 정리를 위한 '경제장관협의회'를 열어 '삼성중공업'에게도 발전설비부문에 참여하도록 허용하였다. '경제장관협의회'는 '동아자동차'의 버스조립생산 허용, '기아산업'과 '현대양행'의 차량용 디젤엔진산업 참여허용도 결정하였으며, 소형디젤엔진 역시 '대우중공업'의 일원화를 해제하여 '현대자동차'·'현대양행'·'기아산업'의 참가를 공식으로 허용하였다. 중형디젤엔진 부문에서는 '현대중공업'에게 사실상의 허용조치를 취하였다.[19]

---

15 경제기획원(한당, 1978. 8).

16 경제기획원(개발, 1982), pp. 518~545.

17 박병윤(1980. 5), p. 203.

18 이론적으로 자유경쟁은 가장 효율적이지만 현실에서는 이론적 가정의 미충족성으로 인해 반드시 그런지는 밝혀지고 있지 않다. 특히, 공급애로에 있는 후진국의 경우는 그러하다. 또한 과신하는 정부나 반대로 무책임한 정부의 입장에서 정부의 실패와 책임회피 논리로 자유경쟁 논리가 이용될 수 있다.

19 화학공업은 조금 더 조정이 연장되었지만 이후 제3석유화학에는 '럭키'·'대한전선'·'동양(東洋)화학'·'삼성유화'·'동양나일론' 등 복수기업을 선정하였고 11월 22일에는 제2석유화학을 불하하여 '대림'·'롯

그림 8-1 기계류 및 장비 총고정자본형성(1980년 불변가격)

단위: %, 10억 원

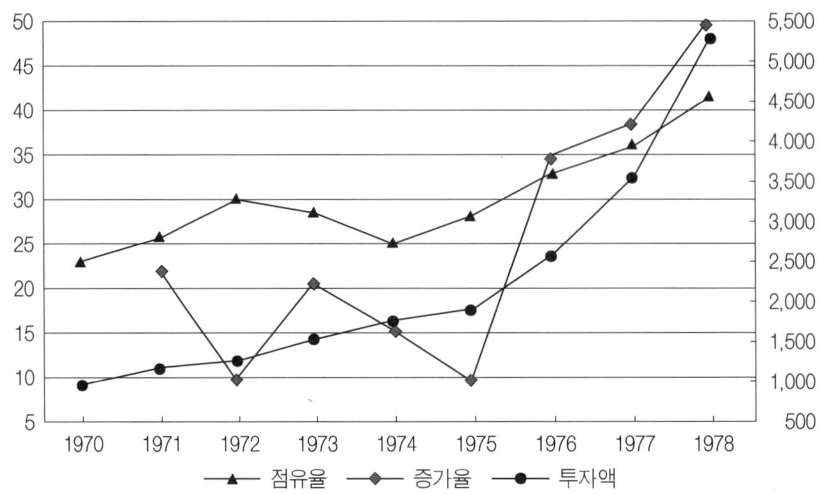

주: 1) 한국은행 자본재 형태별 분류에 따름.
2) 기계·장비류 투자점유율, 기계·장비류 투자증가율은 좌측 *Y*값이며 단위는 %, 기계·장비류 투자액은 우측 *Y*값이며 단위는 10억 원임.

자료: 한국은행(계), 1987.

1978년까지 중화학공업 조정은 사실 조정이 진행되는 과정이 아니라 오히려 필요에 의해 제기되고 발표된 조정이 해제되는 과정이었다. 이 시기의 중화학공업 조정은 진입제한의 문제였고 따라서 경쟁논리가 점차 득세하면서 조정의 필요성이 하나하나 부정되었던 것이다. 이런 속에서 대기업집단들의 중화학공업부문에의 진입과 기계설비투자는 확대되어 갔다.[20] 그 결과 자본장비율이 높은 중화학공업과 연관성이 높은 기계·장비류 등 자본재 투자는 〈그림 8-1〉에서 보듯이 다시 1978년 49.7%라는 큰 폭의 증가율로 급상승하여 자본재 형태별에서 기계·장비류 투자가 차지하는 투자점유율은 1977년 35.9%에서 41.3%로 급팽창하게 되었다. 공급애로에 있는 한국 경제의 입장에서 볼 때 거시적으로 분명 문제가 있는 것이었다.

중화학공업 조정이 제기되었던 1976년 말부터 1978년까지의 기간은 중화학공업 초기의 정책의도인 대규모 집중화가 형식적으로 그대로 유지되면서도 내용상으로 방임·경쟁이라는 산업정책의 변화가 진행되던 시기였다. 따라서 변화에 따른 이

데' 공동참여로 결정하였다.

20 박영구(1995).

중적인 정책신호는 기업들에게 정보·거래비용의 확대와 투자조정 지연을 가져왔다.

정책이 투명하고 명확하지 않은 상태에서 이중적인 신호에 기초한 기업들의 투자추진은 고비용과 저효율 경로를 선택하는 경우가 많았으며, 그럼에도 기업들은 이런 가운데 중화학공업 진입과 확대를 계속해 나갔다. 이는 이후 산업조정 등 거시적 비용의 증대를 가져오는 원인이 되었다. 이런 점에서 이 시기는 한국처럼 자본공급 애로에 있는 발전도상국의 산업정책에서 분명하고 장기적인 정책제시와 정책투명성이 매우 중요함을 보여 준다.

 정부 내의 신호혼란과 비용: 1979 상반기

1979년 1월 19일 연두기자회견에서 대통령은 한국을 세계 10대 중공업국으로 만들겠다고 다시 한번 강조하였다. 이에 따라 상공부는 1월 24일 무역확대진흥회의에서 「10대 전략산업 육성계획」을 보고하였고, 이어 2월 2일 상공부 연두순시에서는 자동차 200만 대 생산계획이 보고되었다.[21] 대통령은 이에 호응해 상공부 연두순시에서 "중화학공업의 국제경쟁력을 비교·분석하고, 특히 외국과 비교하여 종합적인 지원체제의 개편방안을 검토하여 보고토록" 지시하였다.[22]

대기업집단들은 이러한 사태의 진전을 정부의 중화학공업 조정논의 중단 및 자유화 내지는 정부의 중화학공업 공장문제 해결의지의 확실한 정책신호로 받아들여 경쟁적으로 중화학공업을 확장시키고 있었다. 대표적으로 자동차생산업체인 '현대'·'새한'·'기아산업' 등이 상공부안에 맞추어 각각 자동차 100만 대, 70만 대, 60만 대 계획을 제시하였다. 1978년 10월에 1조 7,660억 원으로 예상되었던 민간부문의 1979년 중공업 투자는 1979년 4월에는 2조 2,341억 원으로 불어났으며, 심지어 경공업에서도 대기업집단들은 1978년 예상치를 훨씬 넘어 1979년 투자를 늘려 나가고 있었다.[23] 3월 15일 대통령비서실을 통해 상공부가 대통령에게 보고한 중화학공업의 해결해야 할 두 가지 문제점으로 일반적인 "금융·세제·기술·인력·자금 및

21 상공부는 1979년 중화학공업에 7,258억 원의 지원계획을 가지고 있었다(중앙일보, 1979. 5. 2; 姜英之, 1979, p. 130).

22 대통령비서실(중화학공업추진위원회기획단)(중종19790315).

23 경제기획원(안정1, 1979. 4. 17).

기타 행정지도" 외에 "대단위 공장의 운영상 문제점 분석"을 지적한 것이나 "지원체제 개편방안"에서 "대단위 공장운영 지원방안"을 보고한 것도[24] 대기업에게 유리한 작업이 진행되고 있다고 믿을 수 있었다. 실제로 중화학공업의 종합적인 지원체제 개편방안 작업예산을 무역협회특계자금에서 집행하겠다고 한[25] 상공부의 입장은 이러한 정책이 결국 대기업에게 이익이 된다는 상공부 인식이 들어가 있었음을 보여 준다.

그러나 바로 이 시기에 대기업들이 이제 분명해졌다고 확신하고 있었던 것과 다른 정책신호가 돌출되었다. 정책신호의 혼란은 중화학공업의 직접 관련부서인 상공부와 경제운용을 총괄하는 경제기획원의 시각차이에서 시작되었다. 상공부가 「10대 전략산업 육성계획」으로 한창 중공업에 매진하고 있는 상황에서 갑자기 경제기획원이 국내외 경제환경의 변화를 들어 성장 위주의 경제정책 기조가 변화되어야 한다는 안정우선론을 들고 나온 것이다. 문제의 심각성은 중화학공업을 다루는 상공부, 경제기획원이 협의 없이 독자적으로 중화학공업에 대한 입장을 달리하여 정책발표를 하고 있었다는 것에 있었다.

경제기획원 장관은 1979년 1월 11일 대통령에게 경제대책을 보고하는 자리에서 중화학공업의 '공급능력에 여유가 예상되는 부분의 투자조정'[26]이라는 한 문장을 삽입하여 대통령의 결재를 받은 적이 있었다. 경제기획원은 이를 기초로 하여 중화학공업조정안을 2월에 본격적으로 거론하였고, 마침내 1979년 3월 말의 청와대회의 보고에서 단기적·장기적으로 중화학공업 투자조정이 이루어져야 한다는 주장까지 나아갔다.[27]

이제까지 경제기획원은 중화학공업 기업들에 대한 상공부의 과잉 중복진입 우려를 일축하고 다수기업의 경쟁을 주장해 왔었다. 그러다 1979년 들어 이번에는 상공부의 중화학공업 추진 자체를 반대하고 나선 것이다. 물론 경제기획원의 안정논리는 당시 공감대를 형성할 만큼 거시경제 차원에서 보면 원론적인 것이었지만, 중화학공업에 한정시켜 보면 결과적으로 분명 기존 입장과 모순되는 면이 있었다. 그러나 경제기획원은 정부개입을 줄이기 위해, 정부가 개입해 중화학공업 조정에 착수해야 한다는 논리를 제시하였다. 경제기획원은 3월의 청와대회의에서 중화학공업

24 대통령비서실(중화학공업추진위원회기획단)(중종19790315).
25 대통령비서실(중화학공업추진위원회기획단)(중종19790315).
26 경제기획원 장관(우당, 1979. 1. 11).
27 경제기획원(과검, 1979. 3. 31).

을 계속 추진하면 무리한 국산화를 위해서 정부보호가 더욱 필요하고, 이로 인한 부작용이 더 클 것이라는 점으로 논리를 제시하였다. 그러나 과대확장에 대한 경고와 이를 막기 위한 정부개입은 1978년까지 상공부가 주장해 온 것이었고 당시 경제기획원은 경쟁을 주장해 상공부안에 반대하였는데, 이번에는 경제기획원이 중화학공업 조정을 주장함으로써 상공부의 중화학공업 계속투자안에 반대한 것이다.

상공부는 지금 중화학공업화를 중지 또는 축소하면 이제까지의 노력이 허사로 된다고 경제기획원 주장에 반대하였다. 그래서 3월 15일 대통령비서실을 경유해 대통령에게 중화학공업의 종합적인 지원체제 작업계획을 제출하였다.[28] 상공부와 경제기획원의 중화학공업화에 대한 시각은 '계속'과 '축소 내지 중지로의 조정'이라는 기본적인 인식의 차이를 가지고 있었고, 이 과정에서 산업정책에 가장 필수적인 정부 내 협조가 붕괴되어 갔다. 이는 바로 기업입장에서 정부신호의 혼란을 의미하는 것이었으며 정확한 신호내용을 찾기 위해, 또는 찾을 때까지 추가적 비용을 지불해야 함을 뜻하는 것이었다.

경제기획원은 중화학공업 조정의 주요한 근거 중 하나로 인플레이션과 산업불균형을 들었다. 1970년대 거시경제지표에서 문제가 된 것은 〈그림 8-2〉에서 보듯이 중화학공업화를 선언한 1973년 이후 급속히 진행된 인플레이션, 특히 1970년대 후반 진행된 식료품가격의 폭등이었고, 이를 억제해야 한다는 데에는 학계나 정부 내에서도 이론의 여지가 있을 수 없었다. 경제기획원은 바로 이 인플레이션과 경공업 침체, 식료품-소비재의 부족원인으로 중화학공업 투자를 지적하였다. 특히, '1973년 이후 진행된 인플레이션=중화학공업화'라는 등식을 제기하였다.[29]

1970년대 중화학공업부문 설비투자는 기본적으로 기계·장비류에 대한 산업수요 증가로 급증하고 있었다. 실제로 전체 기계·장비류 투자증가율을 보면 〈그림 8-3〉에서 보듯이 1973~1974년을 제외하고 총자본형성·총고정자본형성·GNP증가율보다 높았다. 특히, 1975년 이후 그 격차는 급격히 벌어져 1978년에는 기계·장비류 증가율이 총투자·GNP보다 크게 높게 나타나고 있었다.

그러나 제조업 내 투자구성비를 보면 1976년 이후 중화학공업부문이 적정수준을 넘고 그 결과 중화학공업의 과잉투자, 낮은 가동률,[30] 그리고 인플레이션이 나타나고 있다는 것이 '경제기획원'의 지적이었다. 중화학공업이라는 산업적 특징상, 그

[28] 대통령비서실(중화학공업추진위원회기획단)(중종19790315).

[29] 경제기획원(안정1, 1979. 4. 17).

[30] 경제기획원 장관(우당, 1979. 1. 11).

그림 8-2 물가지수 변화(1975=100)

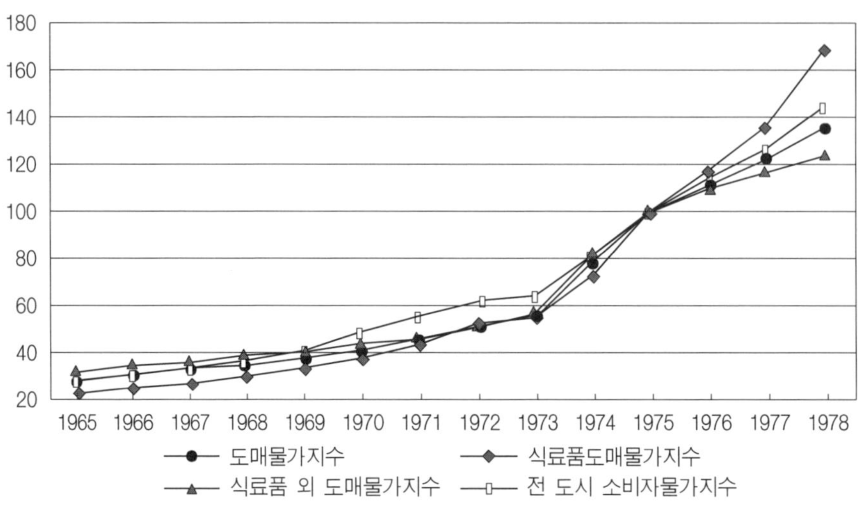

자료: 한국은행(경제, 1981).

그림 8-3 투자증가율과 GNP성장률(1980년 불변가격)

단위: %

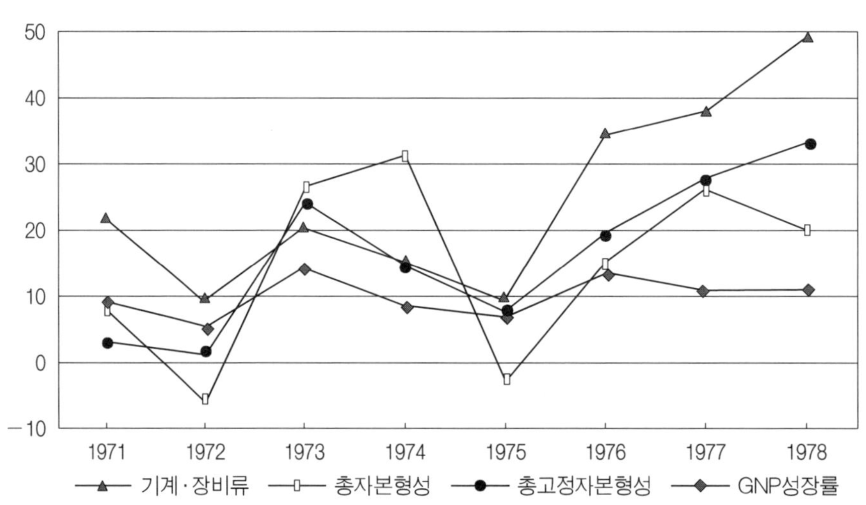

자료: 한국은행(계, 1987).

리고 중화학공업이 이제 시작단계인 집중투자단계에 있다는 점, 그리고 무엇보다도 근본적인 자본부족이라는 후진국 애로에 있던 한국으로서[31] 중화학공업에의 투자재원 집중은 어쩔 수 없는 선택이었다.[32] 그러나 중화학공업 '과잉투자'와 '낮은 가동률'이 모든 곳에서 거론되며 비판의 근거가 되고 있었다.[33]

또한 경제기획원은 경공업 침체, 소비재 부족의 원인으로 높은 통화발행증가율에도 불구하고 계속된 중화학공업 투자집중에 따른 경공업부문 투자비중의 절대적 부족을 들었다. 경공업 투자가 중화학공업부문에 비해 낮았을 뿐만 아니라 최근 3년간 경공업투자구성비가 경공업생산액구성비에 대비해 보아도 낮았다는 것이다.

여기에 이미 중화학공업의 문제점을 지적해 온 비정부부처는 중화학공업에 더욱 비판적 입장을 나타내었다. 경제과학심의회의는 3월 청와대회의에서 '중화학공업 신규 사업은 선별하여 일부를 이월'[34]할 것을 제시하였고, '한국개발연구원' 역시 청와대회의에서 "신규 사업은 면밀히 검토하여 시장전망에 따라 적절히 연기 조정"[35]할 것을 제시하는(본장 부록의 자료 〈자료 8-1〉 중화학공업추진방향: 1979. 3. 31 경제기획원 청와대 보고 참조) 등 경제과학심의회의 · 한국은행 · 한국개발연구원이 같은 목소리로 조정을 제시함으로써[36] 상공부와 경제기획원의 중화학공업에 대한 대립은 점차 조정쪽으로 확정되어 갔다.

마침내 4월 6일 경제기획원 장관은 공개적으로 투자조정의 필요성을 먼저 암시하여[37] 여론의 추이를 최종 확인한 후, 4월 12일 열린 경제장관협의회에서 상공부 장관이 불참한 가운데 경제기획원 장관 주도로 '중화학공업 투자조정 및 수출지원폭 축소'를 골자로 하는 중화학공업 투자조정안을 통과시켰다. 이는 4월 17일 「경제안정화 종합시책」으로 발표되었다(본장 부록의 〈자료 8-2〉 참조).

발표 서두에서 이례적으로 '경제기획원' 장관은 이 조치가 대통령의 지시임을 분명히 밝히고 있는데[38] 물론 이는 당시 정부 내 이론(異論)과 정책신호 혼란에 대

31 박영구(1988).

32 발전도상국에서 발전 초기 부족한 자본축적 부족을 극복하기 위해 정부보호하 기업이 육성되는 경험까지도 많이 있다(P. A. Yotopoulos and J. B. Nugent, 1976, Ch. 7).

33 과잉투자와 가동률에 대해서는 박영구(2006a) 또는 제12장 참조.

34 경제과학심의회의(우경19790331).

35 한국개발연구원(안정, 1979. 3. 31).

36 이는 중화학공업 중복투자로 문제가 많다는 신부총리 의견에 따라 대통령이 진해 해군사관학교 졸업식 후 창원공단을 전격 방문하고 이후 박 대통령이 한국은행 총재 신병현, 경제과학심의회 상임위원 장덕진, 한국개발연구원 원장 김만제 3인을 청와대에 비밀리 소집하여 보고서를 제출하도록 지시함으로써 이루어졌다(조선일보, 1979. 5. 26).

37 "무리한 기업집중으로 규모의 경제가 저해되어 국제경쟁력이 약화되고 타인의존도가 높아짐으로써 기업의 체질이 약화되어 기업의 선별적 지원이 필요하다(신현확(申鉉碻) 경제기획원 장관 발언, 매일경제신문, 1979. 4. 6).

38 경제기획원 장관은 기자회견을 통해 국내외정세 변화가 있어 대통령이 그 동안 집념을 불태워 온 '중

한 여론, 기업의 비판을 반영한 것이었다.[39] 발표내용은 서민경제 안정대책과 함께 중화학공업부문에 대해 집중지원체제 구축, 중화학사업의 선별추진으로 경쟁력 확보 등의 지원방향 개선과, 무리한 투자연기 등 투자계획 조정안이었고, '투자사업조정위원회'를 설치·운용하여 심의하고 대통령에게 보고하여 확정짓도록 한다는 것이었다.[40] 종합시책은 '중화학공업 조정으로 500만 달러 이상 차관 및 외화대출 신규 사업의 철저한 타당성 검토', '미착공공사 연기가능성 검토', '추진사업의 연기' 등 개별 대책 검토와, '연기에 따른 추가비용 분담방안 수립', '연기된 사업은 5차 계획기간 중 추진 검토' 등을 골자로 하고 있었다.

기업의 입장에서 볼 때 이 발표는 매우 중요한 정부입장과 정부의 정책실행력을 보여 주는 정책신호였다. 비록 안정화 대책으로 중화학공업 건설이나 수출확대를 늦추더라도 생활필수품의 공급을 원활히 한다는 내용 등이 있지만, 앞으로 중화학공업 조정이 있다고 하더라도 실질적인 큰 변화가 없거나 상당히 완곡한 조정이 될 것이라는 점과, 여전히 조정은 시간이 걸릴 것이라는 점이다. 왜냐하면, 첫째는 내용에서 중화학공업은 여전히 집중지원체제와 지원금융대상으로서 발전요건이 확대된다는 내용이 포함되어 있었고, 둘째는 조정은 기업합병 등 기업조정보다 신규사업의 경우 철저한 타당성 검토, 기존 사업의 경우 투자연기 등의 투자조정, 그것도 투자취소가 아닌 투자의 연기를 기본 방침으로 하고 있으며, 셋째는 나아가 주장이 다른 전 정부부서가 참여하고 있고,[41] 대통령에게 보고해 확정하도록 하고 있었기 때문이었다. 물론 이러한 내용은 중화학공업 조정이 당연시되어 가면서도 여전히 대통령을 포함한 정부 내 의견조율이 완전히 이루어지지 못한 데서 나온 것이었다.

발표 직후 투자사업조정위원회는 투자조정에 착수하였으나 상공부가 지금 중화학공업을 후퇴시키면 10년 후퇴하게 된다며 이의를 강하게 제기해[42] 예상대로 이후에도 계속 정부 내 의견조율이 이루어지지 못하였다. 경제기획원은 "중화학공업의

화학공업 건설' 등을 조정해서라도 민생안정을 위한 종합대책을 세우라는 대통령의 지시로 이를 발표한다고 밝혔다(경제기획원(안정2, 1979. 4. 17), 1. 서언).

39 동시에 투자조정의 필요성으로 ① 설비의 증가가 인력공급 속도를 상회, ② 설비증가 속도가 기술흡수 속도를 상회, ③ 판매금융 속도가 국내저축증가 속도를 상회, ④ 대규모 투자소요로 경공업 압박—공급애로, ⑤ 설비의 증가가 수요를 상회—낮은 가동률을 제시하였다.

40 경제기획원(안정1, 1979. 4. 17), 경제안정을 위한 시책별 추진계획—3. 중화학투자의 조정.

41 '투자사업조정위원회'는 부총리를 위원장으로 재무부 장관, 상공부 장관, 동자부 장관, 경과심(經科審) 위원, 경제 제1수석, 제2수석, 총리실 행정조정실장이 참석하는 전 정부를 망라하는 조직이었다.

42 박병윤(1980), p. 205.

투자축소와 통폐합으로 경제안정을 구축해야 한다"고 계속 주장하였고 상공부는 "현재 우리나라의 공업구조를 중화학공업 중심으로 고도화하지 않을 수 없으며 현재 수출수요가 불투명하나 80년대 중반에는 회복할 전망이 있다"고 주장하였다.[43] 결국 위원회는 4월 30일 결렬에 이어 5월 8일 '경제기획원'의 기계·조선에 대한 한정적 논의라는 양보제안이 나온 후,[44] 다시 5월 21일, 5월 22일 3차에 걸쳐 계속 열려야 하였고, 1달 이상 지체된 5월 25일에야 일단 '현대양행창원공장(現代洋行昌原工場)' 및 '옥포조선소(玉浦造船所)'에 초점을 둔 타협조정안이 나올 수 있었다.[45] 포항제철 제4기와 제3석유화학 건설은 "추진하되 ……보류, 다시 논의," "최근의 석유수급사정과 전망에 비추어 정유시설 확장계획의 확정시에 논의," "예정대로 추진" 등으로[46] 계속 바뀌면서 불분명하게 유보된 상태에서 5월 25일 발표되었다.[47] 이런 점들은 최종 순간까지 정부 내의 이견이 심하였음을 보여 준다.

5.25 조정은 〈표 8-2〉에서 보듯이 총 19개 사업에 관련된 1조 2,610억 원의[48] 약 30%에 해당하는 8개 사업분야 3,727억 2,100만 원의 투자유보 내지 투자중지에 관한 것이었다(본장 부록의 〈자료 8-3〉, 〈자료 8-4〉 참조). 조정이 두드러진 것은 발전설비 제작분야로 발전설비 제작사업을 현대그룹이 '현대양행'에 증자하여 현대그룹으로 흡수통합함으로써 제1그룹으로, '대우중공업'과 '삼성중공업'이 상호증자 또는 통합하여 제2그룹으로 이원화하도록 결정되었다. 이들 내용은 정부발표에서 조정사업과 조정금액으로 그대로 반영되어 '현대중공업'과 '대우중공업'의 발전설비계획 '중지'로 표현되었다. 그러나 '중지'로 표현된 이들 기업의 투자사업과 투자금액은 타기업에의 증자나 통합을 고려하여 종합적인 순(純, net)액으로 계산된 금액이 아니

43 정태성(1979. 9), p. 165.

44 매일경제신문, 1979. 5. 8.

45 경제기획원(현대, 1979. 5. 25).

46 경제기획원(개발, 1982, pp. 335~336)이 경제기획원의 중화학공업 투자조정 내용으로 기록하여 남긴 자료를 보면 포항제철 제4기와 제3석유화학 건설의 경우 단지 "예정대로 추진"으로만 되어 있다. 이것이 한국개발연구원(반세, 1995)에도 그대로 실려 있다. 이는 두 가지로 해석할 수 있다. 하나는 경제기획원이 상공부의 반대에 대해 타협안으로 제철과 석유화학은 그냥 두기로 한 것으로 이러한 추측은 매일경제신문 1979년 5월 8일자 내용에서 얻을 수 있다. 둘째는 '경제기획원' 역시 대외적 입장과는 달리 내부적으로는 제철과 석유화학의 경우 원 계획대로 진행될 필요를 인정하고 있었다고 볼 수 있다. 특히, 시간이 지나면서 경제기획원은 그러한 필요성을 스스로 인정하지 않을 수 없었다고 생각할 수 있다.

47 발표문에는 "약 700억 원이 필요한 포항종합제철 제4기 확장과 제3석유화학 건설을 예정대로 추진하되 최근의 원유수급 사정과 전망에 비추어 일단 보류하고 앞으로 정유시설 확장계획이 확정된 이후에 다시 논의키로 함"으로 되어 있다. 또 보고문에는 "최근의 석유수급 사정과 전망에 비추어 정유시설 확장계획의 확정시에 논의한다"로 되어 있다.

48 손준철(孫俊哲, 1985. 4), p. 39.

표 8-2 5.25 투자조정 발표문에 나타난 사업분야와 조정금액표

단위: 억 원

사 업 명		조 정 액	비 고
고려아연, 연제련소		98.61	1년 연기
현대종합상사 타이어공장		414.00	유 보
대우실업 타이어공장		550.00	유 보
삼성중공업 제2기 사업		867.41	유 보
효성중공업 산업기계공장		978.40	유 보
발전설비부문	현대중공업	171.79	중 지
	대우중공업(보일러)	247.00	통합(계속)
현대양행 중장비용 엔진공장		400.00	중 지
계		3,727.21	

자료: 경제기획원(현대, 1979. 5. 25); 국무총리기획조정실(43산, 1980), p. 183.

라, 그 기업만의 내용과 금액을 적은 것이고, 또 진행중인 투자가 아닌 투자계획수준의 것이었다. 문제가 된 나머지 '옥포조선조'는 1978년 8월 '경제장관협의회'에서 대우 인수가 결정된 대로 대우가 그대로 계속 추진하고,[49] 디젤엔진은 '현대엔진'·'쌍용중기(雙龍重機)'·'대우중공업' 기존 3사 외에 신규 진입을 불가하는 선으로 마무리되었다. 기타 건설중장비와 석유화학 역시 유보되었다.

여기에서 조정의 몇 가지 특징이 발견된다. 첫째는 발전설비만 제외하고[50] 기업조정은 없다는 점이다. 상공부의 조정반대와 함께 조정은 하되 기업에 대한 경쟁을 유도해야 한다는 경제기획원의 기존 입장이 만난 타협적인 결과였다. 이는 1980년 국가보위비상대책위원회(國家保衛非常對策委員會)의 발표에서도 지적되고 있다.[51] 둘째는 '현대양행'의 중장비용 디젤엔진공업공장 건설중지 외에는 투자사업 자체보다 투자계획·투자수준의 조정에 머물고 있다는 점이다. '현대양행'의 문제도 투자자체보다 '현대양행'의 재무구조가 악화된 데 따른 것이었다.[52] 셋째는 '현대타이어'·

49 1978년 8월 경제장관협의회에서 '조선공사' 투입분 138억 원은 현금결제하고 산업은행이 319억 원 출자, 그리고 대우는 319억 원 이상 출자하여 대우가 인수하기로 결정하였다. 이어 11월 경제장관협의회에서 옥포종합기계공단화 계획을 승인하였다(경제기획원(현대), 1979. 5. 25).

50 조정이 결정된 발전설비마저도 "쌍방(업체)으로부터의 특혜요구 및 기투자분에 대한 대가요구 등으로" 조정이 지연되었다(경제기획원(개발), 1982, p. 217).

51 "1979년 5월 25일의 중화학공업분야에 대한 투자조정작업은 ……경쟁체제만 이루어지면 곧 수출이 되어질 것이라는 중공업분야의 국제경쟁력을 너무나 안이하게 생각한 점이 없지 않았읍니다"(국가보위비상대책위원회 상공자원분과위원회, 1980. 8. 19, pp. 1~2).

'대우타이어' 등 투자절약으로 발표된 대부분의 계획이 대기업집단들에게 결정적인 중요성을 가지고 있는 사업이 아니었다는 점이다. 넷째는 '효성중공업' 산업기계공장 건설계획, '고려아연' 제련소 건설계획, '삼성중공업' 2기 확장사업 등 보류된 사업이 아직 계획단계에 있는 사업이 많았다는 사실이다. '삼성중공업'과 '효성중공업'의 경우 이미 업체 스스로가 자진해서 사업을 연기할 뜻을 비쳤던 것들이고 '대우실업'·'현대종합상사'의 타이어공장과 '고려아연'의 연제련소 역시 그냥 두어도 기업들 스스로 연기하려는 것들이었다.[53] 다섯째는 건설중장비·석유화학은 취소가 아니라 유보였는데, 이 중에서도 제3석유화학의 여천기지 제2단지계획도 사실 이미 2~3년 연기하게끔 되어 있었던 것이었다.[54] 마지막 여섯째는 조정조치가 여전히 중화학공업 계속지원을 전제로 한 조치였다는 점이다. 이는 발표문에서 "대단위 종합기계공장의 육성을 위해 지원체제면에서 근본적인 개편조치를 별도로 강구한다"는 것으로 나타나 있다. 실제로 7월 830억 원을[55] 시작으로 8월, 9월, 10월에 계속 정부의 특별자금 지원조치가 이루어졌다. 따라서 중화학공업 기업에 주어진 특별구조자금은 차관원리금 도래 지원과 수출지원금융 등을 제외하고도 5,053억 원으로 중화학공업 조정에서 삭감된 금액 1,326억 원, 조정예정금액 3,727억 원을 훨씬 초과하였다.

결국 1979년 상반기의 중화학공업 조정안은 정부 내의 대립으로 대(對)기업조치에 대해 매우 소극적이었고, 대기업집단들의 저항이 없을 사업들을 중심으로 이루어졌음을 알 수 있다. 투자조정 역시 투자사업 자체보다 축소·연기·유보에 머물렀고[56] 이것마저도 실행이 지연됨으로써 실질적인 조정은 미약하였다.

이러한 정부 내 이견에 따른 정책신호의 혼란은 한국 경제에 기회비용의 상승을 가져왔다. 기업들은 정부 내 힘의 대립을 지켜보며 불확실한 정책신호 속에서 자기들에게 유리한 입장을 주장하고 있었다. 조정발표 전, '현대양행'은 문제가 된 발전설비 및 건설중장비 부문에 있어서 생산다원화시에는 내수시장의 협소로 전체 부실화를 초래할 것이므로 발전설비 및 건설중장비, 제철제강 설비의 제작은 경쟁

52 '현대양행'의 자산·자본은 1978년 기준 자산 2,266억 원에 자본은 175억 원에 불과하였다(경제기획원(현대), 1979. 5. 25). 본장 부록의 〈부표 8-1〉 참조.

53 손준철(1985. 4), p. 41.

54 김광모(金光模, 1988), p. 97.

55 서울경제신문, 1979. 9. 1; 姜英之(1979. 11), p. 125.

56 이러한 정부의 입장은 국보위의 1980년 발표에서 당시의 한계로 지적되고 있다. "79년 5월 25일 ……. 중화학공업분야에 대한 투자조정작업은 재벌의 과도한 팽창의욕을 진정시키는 정도의 효과에 그쳤으며 ……"(국가보위비상대책위원회 상공자원분과위원회, 1980. 8. 19, p. 1).

력을 갖출 때까지인 1985년까지 자기들이 국내공급을 독점해야 한다고 주장하였고, 다른 기업들은 국가기간산업을 1개 그룹으로 일원화하는 것은 독점의 폐단을 초래하게 되고 민간업계의 건실한 투자의욕을 상실하게 한다고 주장하였다.[57] 그러다 발전설비의 조정안이 발표되자 '현대양행'·'대우중공업' 등 상대적으로 피해를 보게 된 관련기업들의 반발이 뒤따랐지만 이 과정에서도 각 기업들은 자신에게 유리한 논리를 들고 나왔다. '현대양행'의 정인영은 IBRD(세계은행)와의 관계를 강조하며[58] 반발하여 상공부와 경제기획원에 조정취소를 요구하였으며,[59] '대우중공업'은 보일러부문에서 '독일바브콕'과 50 : 50 합작한 '대우바브콕'이 일본 IHI와 합작한 '삼성중공업'과 합쳐야 한다는 것은 잘못된 정리라고 반박하고 나섰다.[60] 이렇게 정부 내 협조의 붕괴와 이에 따른 정보, 정책신호의 혼란은 불확실성을 확대시켜 아시아 다른 국가들과 달리 한국만 수출에서 문제가 발생하는 등[61] 바로 비용요인으로 나타났다.

이에 경제장관협의회는 조정발표 후 6월 25일 수출부진현상의 타개를 위해 수출지원금융의 달러당 융자비율을 일률적으로 30원씩 인상하고 실적기준가득액금융한도 확대, 완제품구매자금융자한도 확대, 외국바이어와 직거래하는 선수출계약서(先輸出契約書, D/A)에 의한 금융한도 무제한 허용, 관세징수 유예품목을 확대강화하는 등의 결정을 내렸다. 이는 불과 두 달 전의 4.23 수출금융규제 강화 이전보다 오히려 금융지원폭이 확대되는 것이었는데다가, 또 신현확(申鉉碻) 경제기획원 장관은 재무부 장관의 경제장관협의회 내용 발표 당일 "수출지원시책에도 불구하고 긴축은 계속될 것이다"[62]라고 강조함으로써 더욱 정책신호상의 혼란을 드러냈다. 특히, 6월 25일 결정은 4월 12일 경제장관협의회가 상공부 장관이 외유중인 가운데 경제기획원 장관 주도로 중화학공업 투자조정안을 통과시킨 것과 반대로, 경제장관협의회가 경제기획원 장관 외유중인 가운데 상공부 장관의 주도로 이루어짐으로써[63] 기업들에게 주는 정책신호는 더욱 혼란스러웠다. 당시 신문이 다음과 같이 직접 문제를 제기할 정도로 이는 심각한 것이었다.

---

57 한국개발연구원(안하, 1981).
58 본서 제9장 부록의 〈보론 9-2〉 참조.
59 김의균(1980b), p. 258.
60 매일경제신문, 1979. 5. 28.
61 동아일보, 1979. 6. 26.
62 동아일보, 1979. 6. 26.
63 강경식(1988), pp. 39~40.

25일 경제장관협의회에서 확정된 수출지원금융 확대조치는 경제팀의 총수인 신현확(申鉉碻) 경제기획원 장관과는 사전협의 없이 그가 외국출장중인 사이에 골격이 완전히 짜여짐으로써 경제팀의 불협화음이 심각한 단계에 달했음을 암시. 이번 조치는 최각규(崔珏圭) 상공장관이 지난 15일 유럽에서 귀국한 즉시 청와대로 올라가 우리 수출의 문제점을 보고, 이에 따라 박 대통령이 남덕우 특보를 불러 申 장관이 없는 사이이라도 수출지원대책을 검토하라고 지시했으며 이를 계기로 관계부처 장관협의를 거쳐 지원방안을 마련. 이것이 경제장관협의회에서 거의 원안대로 확정됨으로써 申 장관은 결국 방관자로서 협의회 의결이라는 요식절차만 주재한 셈. 申 장관은 IECOK 참석차 유럽으로 떠나기 앞서 수출금융제도 불변방침을 확정하고 출국했으며 이에 따라 김원기 재무장관이 이 방침을 공식천명했으나 이를 뒤엎고 지원확대방침이 굳혀져 경제팀 총수부재를 겨냥한 수출우선파의 안정론자에 대한 기습작전으로 풀이되기도. 지난 4월 崔 장관의 미국 출장중에 수출금융에 대해 철퇴가 내렸었고 반대로 申 장관 부재시에 안정에 타격을 가하는 금융확대방안이 확정되는 등 협의와 조정보다는 가격(加擊)과 피격이 거듭되는 경제장관들 사이의 불화가 앞으로 경제팀 운영에 결정적인 균열로 발전하지 않을까 의문.

《동아일보, 1979. 6. 26.》

이러한 정부정책신호의 혼란과 붕괴는 바로 1970년대 말기의 중화학공업, 나아가 한국 경제가 큰 비용을 물어야 하는 원인이 되었고, 2차 석유파동을 맞아 더욱 혼란을 겪어야 하는 기본 원인이 되었다.

 8.4 수정 중화학공업 조정안의 내용과 평가

정부는 1979년 하반기 경제전망을 발표하면서 1979년 소비자물가와 도매물가 상승률을 16%, 14%에서 21~22%, 24~25%로 확대·수정하였다. 하반기에 들어와서 7월 12일 박 대통령은 '무역진흥확대회의'에서 대기업 총수들에게 "더 이상의 중화학공업분야의 투자조정은 없다"라고 단언하는 등[64] 대통령의 직접 노력으로 정부 내 외형적인 갈등은 가라앉았다.

[64] 청사편집부 편(1984), p. 412.

상공부는 하반기에도 34사에 걸친 중화학공업과 방위산업부문의 자금난 해소를 위해 연내 3,500억 원 재원을 재무부에 요청하였다.[65] 재무부는 1979년 7월 12일 '온산동제련', '옥포조선', '쌍용시멘트', '현대양행' 등 중화학공업부문에 대한 826억 원의 추가지원을 하기로 관계부처와 협의하여 결정하였음을 대통령에게 보고하였고 이는 대통령의 결재로 이어졌다(본장 부록의 〈자료 8-5〉 참조). 같은 날 경제기획원은 「하반기 경제전망과 대책방향」을 발표하여 긴축정책을 더욱 강화하되 "수습애로 및 완공단계사업을 집중지원키로 하고 종합대단위기계 · 조선 · 시멘트 · 판유리 · 철근 · 신문용지 · 크라프트지 · 소다회 · 알킬벤젠 등 9개 업종을 대상으로, ① 수습애로 품목 중 공장건설이 진행중인 사업, ② 완공단계에 있는 소재 및 중간재업, ③ 부지조성이 끝나 계속 건설키로 확정된 사업을 선정 지원키로 하여"[66] 철강 · 기계 · 조선 · 화학 등 중화학공업 지원을 한정적으로 시행하기로 하였다.

발표상의 차이에서 보듯이 조정이 포기되고 있었던 것은 아니었다. 중화학공업의 대책이 은밀히 정리된 8월 경제기획원 내부자료[67]는 중화학공업 조정에 대한 경제기획원의 보다 적극적인 개입의지와 이전에 비해 좀더 잘 정리된 시각을 보여 준다. 특히, 이 내부자료는 비공개자료로 당시 경제기획원이 타부처를 의식해 조절한 중화학공업 조정의도를 볼 수 있다는 점에서 중요한 의미를 갖는다.

자료를 보면 경제기획원은 중화학공업의 문제점으로 자금부족과 차입의존의 과대를 들고 그 원인으로 '내수시장 규모미달', '기업들의 경쟁적 참여', '경쟁력 취약으로 해외시장 개척에 시간소요', '해외경기 악화 등에 따른 수입규제'를 들었다. 여기에서 기업들의 경쟁적 과잉진입을 제외한 나머지 3가지는 외생변수의 성격으로 단기적인 조정정책변수가 아니었다. 따라서 경제기획원은 우선해야 할 시책으로 중화학공업에 대한 산업조정보다 기업단위의 경영합리화 계획을 들어 중화학공업의 문제를 기업의 투자문제에서 찾으려 하였다. 따라서 그 대책도 4, 5월의 조정안과 달리 기업조치가 고려되고 있었다.

경제기획원은 중화학공업을 4개의 영역으로 나누었다. 이에 따르면 자동차 · 석유화학은 수요는 있되 경쟁력은 약하고, 일반산업기계 · 디젤엔진 · 발전설비 · 건설중장비 · 중전기 등은 경쟁력도 수요도 없는 것으로 보았다. 수요와 경쟁력 모두에서 문제가 없다고 인정된 것은 철강과 시멘트이고 조선과 컬러TV는 경쟁력은 있되 수

65 한국일보, 1979. 9. 20; 姜英之(1979. 11), p. 130.
66 조선일보, 1979. 7. 12.
67 경제기획원(중, 1979. 8).

표 8-3 경제기획원의 8월 새로운 중화학공업 조정방법(1979. 8)

항 목	수 요		경 쟁 력	
평 가	−	+	−	+
산업 및 조정내용	조선-투자연기	철강-축소추진	산업기계-전문화	옥포조선-투자연기
	산업기계-전문화	시멘트-축소추진	디젤엔진-합병	철강-축소추진
	디젤엔진-합병	자동차-없음	건설중장비-연기	시멘트-축소추진
	건설중장비-연기	석유화학-없음	중전기-합병	컬러TV-없음
	중전기-합병		발전설비-축소추진	
	발전설비-축소추진		자동차-없음	
	컬러TV-없음		석유화학-없음	

자료: 경제기획원(중, 1979. 8).

요가 부족한 것으로 조사되었다.

그런 다음 경제기획원은 〈표 8-3〉과 같이 3개의 주요 대책, 7개의 소대책을 제시하면서 이를 부처별로 업무분담하고 구체적으로 기간을 명시하여 중화학공업 조치계획을 미시적·기술적으로 구체화하였다.

구체적인 정부의 조정방법과 방향은 조정예시에서 볼 수 있는데 이는 당시 매우 민감한 문제였던 점에서 이미 구체적으로 거명된 것은 정부의 거의 확정적인 의도를 보여 주는 것이었다. 경제기획원은 산업별로 투자중지, 투자축소, 투자연기, 합병유도로 분류하여 기업들을 나누었다.

내용을 보면 우선 "'효성중공업'·'쌍용전기(雙龍電機)'·'이천전기'·'코오롱종합전기'·'현대중전기'·'신한전기'·'대명중전기'가 참가하는 중전기사업과 '현대엔진'·'쌍용중공업'·'대우중공업'이 참가하고 있는 선박용 디젤엔진사업은 너무 많은 업체가 참가한 대표적 산업으로 합병유도"로 되어 있다. "'현대양행'·'현대중공업'·'대우중공업'·'삼성중공업'·'강원산업' 등 5개 업체가 참여하는 일반산업기계부문은 전문화"로, "'옥포조선'은 투자연기"로, "'포철' 4기·시멘트·발전소 건설은 가용재원 범위 내에서 조정·추진"으로 하였다. 그리고 "신규 사업은 1981년 이후 고려"하는 것으로 되어 있다.

조정된 중화학공업 조정안의 특징은 세 가지로 요약된다. 이러한 특징은 조정은 하되 충돌은 피하고자 하는 경제기획원과 조정 자체를 줄이려는 상공부의 의도를 결합시켜 만든 타협점 모색에서 나온 것이었다.[68]

우선, 첫째 조정의 기본 원칙이 경쟁력보다 수요에 있었다는 점이다. 즉, 경쟁력이 취약하다고 하더라도 적정수요가 있는 산업의 조정은 검토되고 있지 않았다. 예컨대, 자동차·석유화학의 경우 합병, 축소, 전문화, 투자연기 등의 조치가 고려되고 있지 않았다. 반면에 경쟁력이 높다고 하여도 수요가 부족한 조선의 경우 투자연기가 결정되고 있다. 컬러TV의 경우 수요가 적고 경쟁력이 있다고 되어 있지만 이는 정부의 의지로 바로 수요를 늘릴 수 있는 점에서 달랐다.

두 번째의 특징은 5월 조치보다 진전되어 있지만 여전히 한계적 개입을 염두에 두고 있었다는 점이다. 수요와 경쟁력이 떨어지는 일반산업기계·디젤엔진·중전기 부문은 적극적인 정부개입인 전문화·합병이 고려되고 있으나, 똑같이 수요와 경쟁력이 떨어지는 기타 발전설비, 건설중장비는 가용재원 내 추진 및 투자연기의 간접조정으로 되어 있고 자동차·석유화학·전자교환기·동(銅)제련 분야는 조정조차 고려되고 있지 않았다. 또한 경쟁력은 있지만 현재 수요가 매우 낮아 가동률이 낮았던 컬러TV 역시 조정이 고려되지 않았다. 한계적 개입이라는 정부의 태도는 수요나 경쟁력 중 어느 하나라도 긍정적 요인이 있으면 합병이나 전문화 등의 직접적이고 대폭적인 개입을 고려하고 있지 않다는 점에서도 잘 나타난다.

1979년 8월 조정안의 세 번째 특징은 두 번째 특징과 맥을 같이 하는 것으로 기업책임을 고려하되 직접적인 기업통폐합을 최소화하려고 한 점이다. 합병유도 업종은 중전기와 선박용 디젤엔진뿐이고 1980년에 강제합병되고 있는 자동차·건설용 중장비·발전설비·전자교환기·동제련산업분야는 기업합병계획이 고려되고 있지 않았다.

또한 경제기획원의 조정시안은 단계적이고 정책수단에 대해 매우 신중한 점이 발견된다. 이는 당시의 상황이 초(超)시장기구를 구성하면서 또한 전적인 책임을 전(前)정부에 미룰 수 있었던 1980년 이후의 중화학공업 조정과는 상황이 달랐기 때문이다. 경제기획원은 우선 업종별 합리화 계획을 수립하여 지원조건 및 우선순위를 정하고, 두 번째로 조정계획을 수립하여 중지·축소·연기·합병유도 등의 사업을 선정하도록 하였다. 여기에서 지원조건의 우선검토와 우선순위의 결정은 산업 및 기업조정을 위해 반드시 사전에 충분히 검토되어야 할 필요조건이었고 동시에 중화학공업 조정의 성공을 가져올 충분조건이 되는 것이었다.

---

68 이러한 융합은 「중화학투자공사(公社)」안으로도 나타난다. '공사'안은 중화학공업의 투자지원 및 사후관리 효율화를 목적으로 하되 그 주체를 향후 정부가 아닌 '공사'로 바꾸는 것으로 되어 있다(경제기획원(중), 1979. 8).

표 8-4 중화학공업 조치계획과 정부부처별 할당

대 책	주부처	일 정	관계부처
중화학건설의 합리적 추진			
1. 기업별 경영합리화 계획 수립	상공부	9월: 기업별 계획수립	기획원
2. 중화학투자계획의 조정	상공부	9월: 심의, 조정위 상정	기획원
	동자부	10월부터: 시행	
3. 중화학투자공사 설립	기획원	9월: 법안, 운용요강 작성	재무부
		10월: 정부안 확정	상공부
중화학운용의 정상화 촉진			
4. 기계판매 금융의 제도화	재무부	9월: 계획, 조정위 상정	기획원
		1980년 1월부터: 시행	상공부
5. 연구개발 및 현장기술 향상 및 지원	과기처	9월: 계획, 조정위 상정	기획원
		10월부터: 시행	상공부
6. 하반기 당면대책	기획원	9월: 계획, 조정위 상정	상공부
	재무부	9월부터: 시행	동자부
중화학지원의 효율화			
7. 자금운용계획의 종합조정	기획원	9월: 조정위운용요강 수립	관계부처

자료: 경제기획원(중, 1979. 8).

그러나 이러한 조정시안의 신중함과 합리성에도 불구하고 조정안은 정부 내의 이견을 완전히 제거하지 못하고 공통인자를 찾아 내는 데 주력함으로써 정책신호의 혼란을 노정시켰다. 사실 조정안이 매우 신중하게 결정되었던 것도 바로 정부 내 이견에 따른 영향이었다. 따라서 정부의 중화학공업 조정 주요 시책도 단일기구로 통일되지 못하고 〈표 8-4〉에서 보듯이 부처별로 나누어졌다.

이렇게 조정시책을 '중화학공업의 합리적 추진', '중화학공업의 정상화 촉진', '중화학지원관리의 효율화' 등 3가지로 나누어 상공부·재무부·경제기획원·동력자원부·과학기술처 등으로 할당한 새로운 중화학공업 조정분담은 정책전문성을 높인다는 장점이 있었다. 그러나 이는 동시에 정확한 정책수단의 제시에도 불구하고 부처 간 업무중복과 이해관계로 중화학공업 조정이 계속 지지부진해지는 원인이 될 수밖에 없었다.

총괄적으로 볼 때 조정된 1979년 후반기의 중화학공업 조정안은 기업책임의 고려, 그런 가운데에도 기업통폐합보다 투자조정 우선, 수요 측면을 우선 고려한 조정, 정부개입과 개입산업의 최소화, 단계적 조정과 구체적 정책수단의 개발 및 제시 등 비교적 총괄적으로 보아 합리적인 방향으로 나아가고 있었다고 평가할 수 있다. 중화학공업의 문제가 1976~1978년 단기간의 대기업집단 중복진입으로 악화되었다는 점과 이미 한국 경제의 규모가 1970년대 초와는 확연히 달라진 상황에서 사후적인 정부의 개입확대는 또 다른 문제를 가져올 것이므로 이러한 조정방향은 적절한 것이었다고 볼 수 있기 때문이다.

그러나 중화학공업 조정이 1979년 들어 사회적으로 공감되고 있으면서도 정작 중요한 관련부처 간 조정에 대한 기본 인식에서의 의견대립은 계속되었다. 여기에 정부역할론과 시장경쟁우선론이 정부연구기관 내에서도 관련기관에 따라 맞서고 있어 의견절충을 위한 시간이 계속 소비되고 있었다. 당연히 이 과정에서 형성되어 나오는 정책신호는 통일된 방향을 갖지 못하고 있었다. “긴축과 안정화, 산업투자 조정 필요성은 공유되고 있다”와 그러나 “수출주도형 성장과 중화학공업을 주축으로 하는 우리 정부의 기본 정책방향의 전환을 의미하는 것을 아니다”[69]라는 정부의 이중신호는 이러한 갈등을 단적으로 보여 준다.

그 결과 충격은 시장에서도 이원화되어 나타났다. 경제기획원의 계속된 긴축강화와 유류값 인상으로 다수 기업들은 자금난에 투자중단, 경영난 확대를 겪은 반면, 대기업들은 오히려 설비투자 증가, 금융수요 확대를 이루고 있었다.

첫째, 긴축강화와 유류값 인상으로 다수 기업들은 다음과 같이 자금난에 투자중단, 경영난 확대를 겪게 되었다.

> 창원공단 입주기업들은 금융긴축으로부터 고유가 파동에 이르기까지 계속 누적된 자금난과 수주격감 및 이에 따른 가동률 저하 등으로 심각한 경영난을 겪고 있는 것으로 나타났다. 10일 관계당국이 조사한 창원공단 입주업체 경영실태 조사결과에 따르면 지난 7월까지 2개 업체는 완전휴업했고 입주업체의 20%에 해당하는 12개사가 가동률 25% 이하에서 긴축경영 기조를 유지하고 있다. 또 가동률 저하에 따라 대부분의 입주기업이 인력관리에 있어서 엄청난 난맥을 빚고 있는데 36개 업체에서 1천 2백 명을 감원했고 10개 업체에서 8억 5천만 원의 임금을 체불하고 있는 실정이다. 공단입주업체들은 자금사정이 극도로 악화된데다 유류값 인상 이후 주요 제조업체들의 설비투자가 급격히 줄어 재고가 크게 늘고 있으며, 이에 따라 금년 내에 준공·가동을 계획하고 있던 20여 개 업체들

[69] 대한민국정부(행백, 1979), p. 114.

도 공장건설을 중단하고 있으며, 정부투자계획에 따라 정책적으로 집중투자하고 있던 대단위 종합기계 공장들도 대부분이 투자를 중단하고 있다. 또한 일부 입주업체들은 경영난 타개를 위해 정부운영자금 등 지원을 요청하고 있으나 긴축정책에 가려 특별한 지원을 기대하기는 어려운 실정이다.

《한국경제신문, 1979. 8. 11; 동남지역공업단지관리공단(1996), p. 280.》

둘째, 이런 속에서도 계속된 정책신호의 혼란은 당시 대기업집단들에게 급격하고 강제적인 기업조정, 즉 기업 통폐합이 없을 것이라는 것과 조정시 기득권이 보호될 소지가 많다는 생각을 갖게 하였다. 이에 대기업들은 정부의 명령적 조정이 일어나기 전에 최대한 요구조건을 관철하면서도 조정시의 기득권을 확보하기 위해 긴축정책의 기조가 강화되는 속에서도 중화학공업부문 투자를 오히려 확대시켜 나갔다. 당장 조정과 직접 관련이 되어 있던 '현대중공업'이 앞장서 발전설비 2원화의 5.25조치에 따른 통합주체 대가로 정부에 대해 정부지원 및 공사특혜를 요구하였으며, 뒤이어 다른 관련기업들도 모두 정부에 대해 여러 조건을 요구하면서 조정시의 기득권을 위해 중화학공업부문 투자를 확대시켰다.

이렇게 대기업집단 기업들이 정부의 중화학공업 조정논의 속에서도 오히려 투자를 늘려 나가고 있었던 점과 그리고 기득권을 얻기 위해 이 사실을 기정사실화하려고 노력하고 있었던 것은 이들 대기업집단이 정부에 제출한 중화학공업 투자계획을 정리해 보면 알 수 있다. 1979~1981년간 주요 대기업이 작성하여 정부에 제출한 중화학공업 투자계획은 〈표 8-5〉와 같다. 과잉논의가 진행되는 중인 1979년 이후 3년간 화학공업의 11개 대기업이 계획한 투자사업은 8,010억 원이었고 중공업 15개 대기업이 계획한 투자사업은 1조 7,432억 원으로, 이들 26개 대기업의 중화학공업 총투자계획액은 2조 5,442억 원에 달하고 있었다. 더 좁혀 '대우중공업'·'현대양행'·'현대중공업'·'삼성중공업' 등 8개 중화학공업체의 투자계획을 보면 1979년부터 5년간 7,637억 원으로 이는 1978년까지의 투자액 2,678억 원의 2.85배에 해당하는 것이었다.[70]

그 결과 〈표 8-6〉에서 보듯이 1979년 40대 중화학공업 관련 대기업[71]의 시설투자액은 1조 3,580억 원에 달하였다. 문제는 기업 자체조달액이 40대 대기업이 필

---

70 매일경제신문, 1980. 5. 14.

71 한국전력을 제외하고 계산한 것이며 일부 공기업도 포함되어 있다. 정부자료에서도 물론 한국전력과 중화학공업은 분리되어 있다. 1979, 1980년 한국전력과 한국전력을 포함한 전체 시설투자액, 소요자금과 자체조달액은 본장의 부록 〈부표 8-2〉 참조.

표 8-5 정부에 제출된 1979~1981년간 주요 대기업의 중화학공업 투자계획(경상가격)

단위: 억 원

구 분	산 업	투자계획과 내용	합 계
중공업	철 강	포항종합제철 6,778(7,472), 삼미종합특수강0(961), 강원사업 25(152)	6,803(8,585)
	비철금속	한국광업제련(온산동제련) 342(1,075)	342(1,075)
	자동차	현대자동차 427(609), 기아산업 345(345), 대우자동차 613(766)	1,385(1,720)
	기계조선	한국중공업(현대양행) 1,198(2,870), 삼성중공업 329(901), 현대엔진 56(406), 쌍용중공업 56(265), 대우조선공업 2,641(3,185)	4,280(7,627)
	전 자	금성사 2,118(2,530), 삼성전자 2,292(2,720), 삼성전관 212(294)	4,280(7,627)
화학공업	정 유	유공 2,260(2,260), 호남정유 1,533(1,533), 경인에너지 780(780), 쌍용정유 503(1,201)	5,076(5,774)
	화 학	남해화학 175(175), 삼성석유화학 228(565), 호남석유화학 536(1,398), 호남에틸렌 673(1,898)	1,612(4,036)
	시멘트	쌍용양회 788(848), 성신양회 105(336)	893(1,184)
	유 리	삼성코닝 429(437)	429(437)

주: 1) ( )는 전체 투자사업비.
2) 삼성중공업은 기계와 조선의 두 사업계획을 합한 것임.
자료: 한국개발연구원(재정, 1983); 이재희(1990), p. 203 인용.

요한 자금소요액의 29.5%에 불과한 5,620억 원에 불과하였는데도 이렇게 사후 기득권을 위해 시설투자를 대폭 늘리고 있다는 점이었다. 차입을 하여 자금공급을 하겠다고 되어 있으나 사실은 내자부족액이 25.3%에 이르는 것으로 나타났다. 이 40개 기업의 부족금액은 1979년 통화증가분의 83%, 총통화증가분의 27%에 해당하는 막대한 것이었다.[72]

이러한 이원화된 시장반응, 하지만 둘 다 위험상황으로 진전되는 시장반응에 대처하기 위해 대통령비서실은 1979년 9월 8일 '긴축기조하의 중화학공업대책'을 대통령에게 보고하였고 이에 이은 후속조치로 중화학공업추진위원회기획단은 1주일 후인 9월 15일 산업은행 자금의 지원을 확대하고 창원공단 방위산업체의 체불임금을 지원하는 「중화학공업의 자금지원」 보고서를 아래의 내용으로 다시 대통령에게 제출하였다. 지원내용은 위 이원화된 두 가지 현상에 대한 동시적 대처였지만 임금체불액이 7억 8,500만 원에 불과하여 사실상 주 내용은 원화 972억 원, 외화

[72] 경제기획원(중, 1979. 8).

표 8-6 중화학공업 40개 대기업의 자금소요액·공급액·부족액(1979)

단위: 10억 원, %

구 분		금 액	비 율
자금소요액	총 액	1,907	100
	시설투자액	1,358	71.2
	차입금 상환	225	11.8
	기 타	325	17.0
자금공급액	자체조달액	562	29.5
	外資조달액	554	29.1
	內資차입액	791	41.5
정책자금		158	8.3
내자부족액		483	25.3

주: 1) 중화학공업 40대 대기업은 금속부문의 '포항제철'·'종합특수강'·'대한중기'·'고려아연'·'온산동제련', 기계부문의 '현대양행'·'삼성중공업'·'현대엔진'·'쌍용중기'·'강원산업', 자동차공업부문의 '현대'·'기아'·'새한', 조선부문의 '옥포조선조'·'삼성조선', 전자부문의 '금성사'·'삼성전자'·'삼성전관'·'삼성코닝'·'오리온전기', 화학부문의 '호남에틸렌'·'호남석유'·'삼성석유'·'전해공장(電解工場)'·'동해펄프'·'남해화학'·'고려합섬'·'옥티놀'·'현대카프로락탐', 시멘트의 '쌍용'·'성신(星信)'·'한라'·'현대', 정유의 '유공'·'호남정유'·'한이석유'·'경인'과 기계부문 3개 업체이다.

2) 정책자금비율=정책자금/자금소요액. 자금부족액비율=자금부족액/자금소요액.

자료: 경제기획원(중, 1979. 8).

4,150만 달러 지원의 산업은행 지원확대였다. 중화학공업추진위원회기획단은 산업은행 업무계획을 조정까지 하여 은행차관자금 2억 달러를 재원으로 원화자금을, 원자재 비축자금에서 외화대출로 변경하면서 외화자금을 긴급지원에 나서고 있는 것이다.

【중화학공업의 자금지원】

(대통령결재문서)

1. 산업은행자금의 지원확대
   가. 지원계획(산은업무계획 조정)
      원화자금: 972억 원(은행차관자금 재원 2억 불)
      외화자금: 41.5백만 불(원자재 비축자금에서 외화대출로 변경)
   나. 지원원칙
      (1) 시설자금
         -중화학 및 방위산업 등 연내완공사업 우선 지원(포철, 동제련, 케미칼, 정유 등)

-에너지대체, 생필품부문 증설 지원(태양열산업, 유리공장)
-산은관리 기업체의 지원(원진레이온)

(2) 운영자금
-중화학 및 방위산업 중 초기 시동자금지원(삼성조선, 동제련 등)
-외채 및 국민투자기금 등의 대불(代拂)(연체) 및 체임 일소(대우중공업, 특수강, 풍산금속(豊產金屬) 등)
-중화학, 방위산업 등의 판매부진에 따른 운영긴급자금지원(포철, 대한중기(大韓重機), 강원산업(江原產業))
-산업관리기업체의 외채 등 대불(代拂)(고려(高麗)나이론, 원진(源進)레이온 등)

다. 지원규모(단위: 억 원)

구 분	중화학	방위산업	기 타	계	비 고
시설자금	267	–	15	282	기타는 태양열개발
운영자금	341	195	154	690	기타는 부문미확정자금
계	608	195	16		

* 외화 41.5백만 불(방위산업: 10백만 불, 계획조선: 25백만 불, 기타: 6.5백만 불).
* 일정 부문의 국민투자기금, 산은자금 등의 원리금 상환연기문제는 현재 재무부에서 검토중이므로 곧 내용을 확정 조치하겠음.

2. 창원공단 방위산업체의 체불임금 정리
……
(참고) 산은자금 지원내역[73]

【중화학공업추진위원회기획단(보99, 1979. 9. 15).】

지원내용은 시설자금과 운영자금으로 나뉘어 있는데, 경제기획원의 안정화, 중화학공업 조정의 주장을 고려하여 지원원칙이라는 조건을 제시하고 있다. 지원원칙을 보면 우선 시설자금은 중화학 및 방위산업 등 연내완공사업 우선지원, 에너지대체, 생필품부문 증설지원, 산은관리 기업체의 지원으로 되어 있다. 운영자금의 지원원칙 역시 초기 시동자금지원, 외채 및 국민투자기금 등의 代拂(연체) 및 체임 일소, 운영긴급자금지원 등으로 제한되어 있다.

그러나 내용에서 사실상 산업으로 보면 철강·비철금속·화학·조선·기계 등으로 전자를 제외한 당시 중점적인 중화학공업이 지원산업에 전부 포함되어 있으며,

73 지원기록에서 '삼성중공업'·강원산업'·'고려나이론' 등의 대기업명이 기타로 그냥 분류되어 있어 흥미롭다. 당시 중화학공업 지원에 대해 원칙적으로 찬성하면서도 대기업집단의 지원을 탐탁치 않게 생각했던 대통령과 청와대의 의중 때문에 일부러 표기하지 않았을 수도 있다. 9월 15일 산업은행 지원내역에 대해서는 본장 부록의 〈자료 8-6〉 참조.

또 대상으로 보면 관련 대기업에 집중되도록 되어 있었다. 산업은행 지원 중 원화자금의 중화학공업에 지원되는 비중이 62.6%, 방위산업을 합하면 이 비중이 전체의 82.6%에 달하고 있고, 외화는 조선에 60.2%, 방위산업을 합하면 84.3%였다. 기타 지원내용도 태양열개발이나 부문미확정자금이어서 역시 중화학공업이나 해당 대기업과 관련성이 농후한 것이었다. 즉, 내용이 포괄적이어서 관련 대기업의 요청이 반영될 수 있도록 되어 있으며, 상공부의 의견과 가깝게 중화학공업은 계속 추진되도록 되어 있었다. 구성으로 보면 소수기업에의 시설자금지원이 전체의 29.0%이고 나머지는 조선·비철금속·기계·화학의 초기자금·원리금상환자금·운영자금 지원이어서 사실상 관련 대기업의 확장지원 및 구조자금이었다.[74] 더구나 대통령 보고는 "현재 재무부에서 검토중이므로 곧 내용을 확정 조치하겠음"이라고 하여 재무부를 통해 추가적 지원조치가 계속 이루어질 것임을 밝히고 있다.

결국 투자붐과 함께 이미 대기업집단들의 중화학공업 경쟁으로 1978년에 1980년 불변가격으로 53.5%나 급등하였던 제조업의 고정자본형성증가율은 다시 1979년에도 1차산업·광업 등의 감소에도 불구하고 16.6% 상승하였고, 1978년에 GNP의 30.8%까지 상승하였던 고정자본형성(fixed capital formation)비중은 1979년 GNP의 32.8%로 더 급등하였다.[75] 그 결과 〈그림 8-4〉에서 보듯이 투자조정 논의 속에서 오히려 1978, 1979년 계속하여 중화학공업부문의 대출이 급상승하는 것으로 나타났다. 더구나 ① 일반은행(commercial bank)의 대출규모를 보면 1979년 이후 1억 이상 대출이 차지하는 비중이 이전의 66.2%에서 73.1%로 급등하였던 점과,[76] ② 자기자본비율 5% 이하 전체 비금융계 상장기업의 비율은 1978년 2.18%에서 1979년 2.07%로 오히려 줄고 있음에도 상장기업규모 상위 10% 기업 중 자기자본비율 5% 이하인 기업은 1978년에 0%에서 1979년 10.34%로 급등하고 있는 두 가지 점에서,[77] 상위규모 기업에게로의 대출확대가 집중되고 있음을 알 수 있다.

---

74 姜英之(1979. 11, p. 130)는 "일단 14개사에 지원된 자금은 사실상 대기업의 확장 및 개인용도 및 구조자금으로 운용된 것이었다"고 기록하고 있는데 당시 증언을 들었을 것으로 보인다.

75 고정자본형성증가율 자체는 전기·가스와 도소매업부문에서 더 높았지만 고정자본형성비중이 이 두 부분은 각각 2.0%, 7.8%인 데 비해 제조업은 20% 수준이어서 제조업의 영향이 컸다. 자본재 형태별로 보아도 자본형성에서 중화학공업과 비교적 관계가 적다고 보이는 주거용 건물부문은 1979년 증가율이 1980년 불변가격으로 −17.6%로 나타나 총자본형성 중 점유비율이 1977년 16.5%, 1978년 20.5%에서 1979년 16.2%로 오히려 감소하였다(한국은행(국), 1975~1981; World Bank(KD1984), pp. 8, 22, 109, 111).

76 한국은행(경제, 1983); World Bank(KD1984).

77 1978년 275개, 1979년 290개 비금융기업에 대한 표본조사의 결과이다. 1979년 조사기업의 하위 90% 기업 중 자기자본비율 5% 이하 기업은 1.15%에 불과하였다(E. H. Kim, 1990, p. 346).

그림 8-4 제조업 내 중화학공업부문 금융대출비중

단위: %

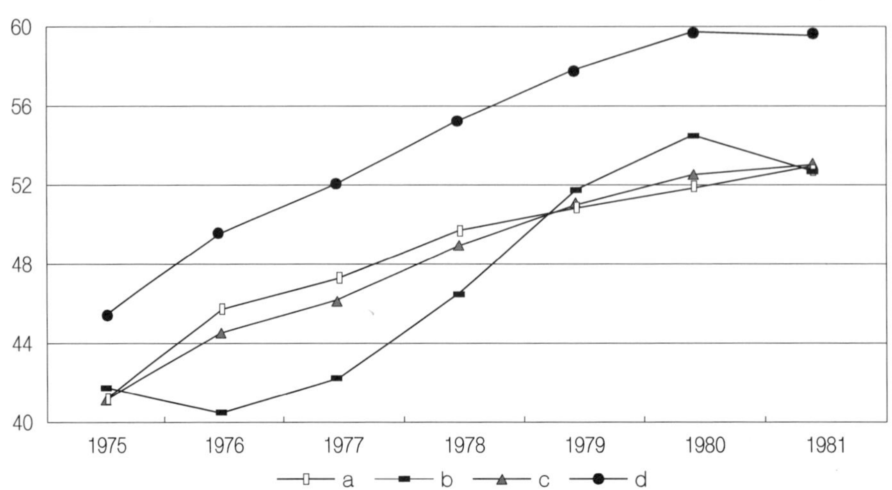

주: a=일반은행(7개 시중은행, 10개 지방은행, 46개 외국은행지점), b=특수은행(한국외환은행, 중소기업은행, 국민은행, 한국주택은행, 각 협동조합, 한국주택은행), c=일반은행+특수은행, d=일반은행+특수은행+한국산업은행.

자료: 한국은행(경제, 1979~1982); 한국은행(계, 1987); 한국산업은행(월보, 1975~1982).

결국 1979년 5월부터 10월까지 제기된 중화학공업 조정안은 실현가능성, 효율성 등이 뛰어난 내용상의 충실성과 기업책임의 발견, 정부역할의 축소, 시장지향의 우선성 등 방향의 시기적절성에도 불구하고 실제로는 어떠한 가시적인 성과도 얻지 못하였다. 1979년의 산업조정 정책과정은 정부 내 의견조율과 통일, 그리고 확고한 정책방향의 확립과 공유가 산업조정정책의 성패에 필수적임을 보여 준다. 동시에 정부의 의견과 기구가 통일되어 있지 못함으로써 발생하는 정책신호의 혼란은 정부의지와 상관없이 기업대응을 매우 비탄력적인 것으로 만들고 오히려 정책목표와 반대되는 기업의사결정을 유도할 수 있음을 보여 준다. 외환위기를 가져온 1990년대 전반기 정부 경제정책의 실패 역시 동일한 성격의 것이었다.

8.5 정책실행력 변화와 관련비용

중화학공업 조정에 대한 정부 내 의견과 기구가 통일되지 않았고 따라서 정책실행력이 약하였으며 정책신호가 계속 이질적으로 나오고 있었던 상황에서 기업들의 중화학공업 조정작업은 부진할 수밖에 없었다. 이런 가운데 1979년 대통령암살이라는 10.26사건이 터지고 이제까지 제시된 중화학공업 조정정책은 계속성이 단절되었다. 최규하 대통령 정부는 정치적 수습에 비중을 둠으로써 경제정책은 순간적으로 부재현상이 발생하였다.[78] 그러나 새로운 공업정책을 수립할 여력은 없었는 데 반해, 정치적 변화에 따른 박정희 대통령 정부하의 정책비판, 특히 중화학공업에 대한 비판은 학계를 중심으로 사회적으로 급속히 그리고 크게 확산되었다.

따라서 명분과 안정이라는 점에서 10.26 정부는 우선 중화학공업 조정을 완결지으려 하였다. 물론 구체적 방법에서 여전히 문제는 있었지만 그럼에도 중화학공업 조정은 '박정희 대통령 정부=중화학공업=1970년대 경제폐해의 원인'이라는 등식이 확대되고 있었고, 이미 조정이 이전 정부하에서부터 진행되고 있었던 점에서 정책위험이 가장 작은 조치였음에 틀림없었다.

정부의 정책부재 속에서 당연히 중화학공업에 대한 기존 조직과 정보를 가장 잘 유지하고 있었던 것은 대기업집단이었다. 대기업집단들은 석유위기와 시대변화에 대응하여 문제가 된 중화학부분을 정리하고자 하였고, 기업 역시 중화학공업화에서 피해자임을 주장하며 안정을 위해 기업을 우선 살려야 한다고 강조했다. 대기업집단을 대표하는 전국경제인연합회가 먼저 10.26 후 바로 11월 2일 중화학공업의 가동률 향상을 위한 종합대책과 국내설비투자에서의 국산화율 향상을 위한 대책, 그리고 기술집약형 중화학공업의 선별집중육성을 상공정책 방향으로 제시하였다.[79] '현대양행'은 정부가 독점공급에 대한 약속, IBRD(국제부흥개발은행, 세계은행)에 대한 약속을 지키지 않은 것 때문에 문제가 발생하였다고 주장하고, 만약 '현대양행'이 발전설비를 포기한다면 그 대신 추가부채와 자산평가차액 및 기술계약과 공사계약, 인수 등에 따른 막대한 대리보상을 요구하였다.[80] 대우는 정부에 의해 대우가

78 "무엇인가 결정을 해야 될 일이 생겨도 제대로 결정을 못 내리는 상황이 일어났다. ……중요한 경제정책을 신속하게 결정을 내리지 못하는 경우도 있었다"(강경식, 1988, p. 164).

79 전국경제인연합회(19, 1979. 11. 2).

‘옥포조선소’를 강제로 떠맡았다고 주장하면서 ‘옥포조선소’가 정상궤도에 오를 때까지 정부가 금융지원과 업무량 확보를 해 줄 것을 요구하였다.[81] 현대그룹 역시 정부요구에 의해 투자·조정이 이루어졌음을 강조하며 시설 및 운전자금 1,000억 원, 작업량 확보 요구에 이어 중장비 수출대금 355억 원의 상환연장 등 금융지원과 원자력 7, 8호기 일괄 수주 등을 계속 요구하였다.[82]

정부로서는 10.26 이후 경제안정화가 무엇보다 중요한 문제였고 또한 정부의 정보는 통제되고 있지 못한 반면, 기업정보는 전부 대기업집단들에 의해 관리되고 있었기에 현실적·이론적으로 대기업집단의 요구를 수용하지 않을 수 없었다. 10.26 이후 정부는 새로운 중화학조정대안을 제시할 능력과, 특히 정책과정에 필수적인 정책지속성을 위한 충분하고도 필요한 시간에 자신을 갖고 있지 못하였다.

이런 이유로 5.25조치 후 안정적인 정부하에서도 5달 동안 실행되지 못하였던 조정에 따른 기업요구가 10.26 후의 불안정 속에서도 불과 1달 만에 신속하게 처리되었다. 여기에는 정부의 성격상 처음부터 산업조정에 따른 비용이전 등의 장기비용과 정부의 역할, 기업관계 등이 종합적으로 고려될 수 없었고 또한 고려되지 않았다. 경제장관협의회는 11월 28일 〈표 8-7〉에 나타나듯이 현대그룹의 추가요구를 대폭 수용할 것을 전격적으로 결정하였다. 혼란기에는 정부와 기업의 관계에서 통상적으로 기업의 지위가 급속히 약화되지만 한국의 경우 이와 반대되는 현상이 이루어졌다.

11월 28일의 경제장관협의회 결정내용은 현대측에 대한 대금상환기간 연장, 대체금융, 대출적금의 해약 등 4, 5월의 경제안정화 대책에서 정부가 축소하고자 노력했던 금융지원이 주내용이었으며, 나아가 정부사업의 수의계약(隨意契約)에 의한 ‘현대’에의 일괄수주 등도 허용되었다.[83] 결국 기업책임을 도입하고자 하였던 경제기획원의 조정안은 10.26 후 원점으로 돌아가게 되었다. 불안정한 정부하에서 이전 정부의 안은 의미가 없었고 대기업집단들은 다시 정부의 역할을 매개로 한 기업합병, 기업경영 확대를 진행시켰다.

이러한 정부의 조치로 일단 ‘현대중공업’은 ‘현대양행’을 통합하지만,[84] 정부의

---

80 ‘현대양행’은 시장실질감정가와 ‘현대중공업’이 주장한 장부가와의 자산평가차액이 1,000억 원에 달할 것으로 주장하고 합리적인 보상액만도 500억 원이 넘는다고 주장하였다(매일경제신문, 1980. 4. 23).

81 매일경제신문, 1979. 11. 29; 매일경제신문, 1980. 1. 8.

82 매일경제신문, 1979. 11. 29; 한국개발연구원(안상, 1981), pp. 84~85.

83 한국개발연구원(안상, 1981), pp. 84~85.

84 현대중공업주식회사(1992), pp. 756~787.

표 8-7 현대측의 요구와 11. 28 경제장관협의회 결정내용 (1979)

현대측 건의사항	정책결정 내용
1. 중장비 수출대금 355억 원의 상환기간을 판매완료 시까지 연장	원칙적으로 지원, 구체적인 것은 재무부 검토
2. 국내 차입금의 대체금융(代替金融)	지원 1979년 말까지 소요 53억 원 우선, 기타 원칙적으로 지원
3. 대출조건부 가입적금의 해약환불	지원
4. 원자력 7, 8호기 토목건설공사, 원자재 국산화 수의계약에 의한 일괄수주	현대그룹에 수의계약에 의한 일괄수주 방향으로 動資部 관리하 상공부와 협의하여 결정
5. 기타 통합완료 후 검토사항 -금융지원(시설추가소요 내자 1,300억 원) -업무량 확보 -건설중장비 신규 공장 투자제한 -조세지원(기자재 관세감면 등)	통합완료 후 추후 검토함

자료: 매일경제신문(1980. 1. 8); 한국개발연구원(안상, 1981), pp. 84~85.

정책부재, 정보부재, 정책정보의 통제불능 속에서 이 밖에도 현대측이 요구한 1,300억 원의 금융지원과 기자재 관세감면 등 재정지원, 경쟁제한과 수요확보, 건설중장비 신규 공장 투자제한 등도 정부는 통합완료 후 검토하겠다는 정책부재와 약한 정부상을 보여 주었다. 그러나 현대그룹의 추가적 요구는 계속되었고 따라서 경제장관회의의 결정사항도 시행이 부진하였다.[85]

기업경영 악화에 따른 기업인수가 가격기구에 의해 이루어진다면 소유집중이라는 부정적 효과에도 불구하고 자원배분의 적정성과 효율극대화라는 거시적인 긍정적 효과가 나타나게 된다. 그러나 조정이 이루어진 발전설비에서 '현대중공업'의 '현대양행' 흡수는 처음부터 정부지원을 기초로 이루어지고 있다는 점에서,[86] 또한 '대우중공업'의 '삼성중공업'으로의 보일러 발전설비 통합 역시 대우그룹에게의 지원을 전제하고 있다는 점에서,[87] 이는 직접적인 국민부담 확대라는 문제가 있는 것이었다.

1970년대 중반까지 정부·기업의 관계는 정부가 대외지향적 성장구조상 필요에

85 경제기획원(개발, 1982), p. 217.
86 경제기획원(현정, 1980. 1).
87 정부는 선통합 후지원을 하겠다고 밝혔다(매일경제신문, 1980. 1. 11).

의해 산업조직정책을 등한시하였고, 이를 이용하여 기업집단들은 직·간접으로 정부보호를 받는 관계가 형성되어 있었다.[88] 그러다가 1970년대 후반 기업들은 커진 시장규모하에서 정부보다 우위에 서게 된 정보와 시장지배력을 이용해 정부의 의도와 달리 일제히 중화학공업에 대한 중복진입 및 기업흡수를 진행시켰고 그 결과는 중화학공업 효율성의 약화로 나타났다.[89] 그러면서 제기되기 시작한 정부의 조정에 기업들이 빨리 순응하지 않은 것은 어디까지나 경제기획원을 중심으로 한 자유경쟁의 정책신호 변화와 정부의 신호이중성에 기초한 것이었다. 그러다가 1979년 들어 정부는 기업의 책임을 직시하면서 지적하기 시작하였고 이는 정부-기업관계의 재정립을 요구하는 것이었다. 그러나 10.26사태는 이러한 정부노력을 일순간 무너뜨렸다. 정부는 이제 시장에서의 정보·기능에서 우위를 가진 대기업집단 요구를 따라가면서 승인·보조하는 형태를 보여 주게 된 것이다. 대기업집단들은 불안한 정부가 안정을 우선하고 있다는 신호를 얻을 수 있었고 따라서 정부가 기업의 요구를 수용하지 않을 수 없으리라는 것을 알고 있었다.

이러한 기업들의 정부에 대한 요구확대 및 강화는 이 사태를 지켜보던 12.12세력들에게[90] 기업이 매우 이기적이라는 생각을 갖게 하였다. 12.12사태 후 집권한 12.12세력들은 경제문제에서 10.26 이후 나타났던 대기업집단의 산업조정권을 인정하려 하지 않았고, 12.12사태 불과 1주일 만인 12월 18일 기업윤리와 공공이익을 침해한 기업인들을 엄중 문책할 것임을 발표하였다.[91]

그러나 이러한 정부의 입장은 곧 외자기업과 관련한 외국의 반발과 한국 경제에 대한 미국·일본 등의 우려로 나타났고, 한국 경제는 불확실성이 확대되는 사태로 발전하였다. 이에 경제기획원 장관은 12월 27일 소급입법을 제정하지 않을 것임을 분명히 밝혀 경제불안을 안정시키려 하였고 대기업집단들은 이를 정부의 정책실행력 약화라는 또 새로운 신호로 받아들였다. 대기업집단들은 한국 경제성장과 안정에서의 대기업 공헌도와 중요성을 강조하고 나섰다. '전국경제인연합회'는 1980년 1월 5일 부정축재 문제제기는 바람직하지 않으며, 금융특혜는 기업이 아니라 박정희 대통령 정부에 의해 금융이 장악됨으로써 일어난 것이라고 하는 정부책임론을

88 이것이 국적차별적이거나 발전단계상 선진국과 비교해 차이가 있었다고 보기 어렵다는 것은 제6장에서 밝혔다.

89 박영구(1995) 또는 본서 제7장 참조.

90 1980년 5월 국보위를 결성하여 9월에 정권을 인수하는 12.12세력들로 이들은 1979년 12월 12일 이후 산업정책에도 간여하게 되었다.

91 동아일보, 1979. 12. 18.

들고 나왔다.[92]

기업의 기대대로 불안정한 정부하에서 다시 대기업집단에 대한 정부의 양보가 진행되었고 중화학공업 조정도 이러한 틀을 벗어날 수 없었다. 1980년 1월 11일 경제기획원은 1979년 11.28 경제장관협의회에서 유보시켰던 현대그룹의 요구를 마저 받아들여 원자력 7, 8호기의 '현대중공업' 일괄발주를 발표하였다.[93] 정부의 이러한 기업집단에 대한 무기력은 상공부의 중화학공업 대책과[94] 2월의 재무부 대책발표에서도[95] 잘 나타난다. 재무부는 중화학공업에 대해 상반기 중 2,000억 원 규모의 운전 및 시설자금을 특별지원하겠다고 발표하였다.[96] '현대중공업'이 '현대양행'에 자본을 증자함으로써 사실상 '현대중공업'으로 통합한다는 내용은 양사 모두가 버팀으로써 다시 '현대중공업', '현대양행'이 아닌 새로운 회사를 설립하는 것으로 바뀌었다. 역시 '대우중공업'의 버티기가 계속되자 '삼성중공업'은 '대우중공업'의 보일러부문을 통합하여 보일러 생산에 특화하고 '대우중공업'은 터빈발전기를 독점생산하는 것으로 정리되었다. 동시에 정부는 이들 기업의 요구대로 국민투자기금에서 '현대양행'에 300억 원, 대우 '옥포조선조'에 200억 원을 지원하기로 결정하였다.[97] 그러나 '현대양행'과 '대우'는 자신들의 요구액인 1,000억 원과 400억 원에 매우 부족하다고 주장하였고 사실상 자금동원능력이 1,000억 원에 불과하였던 정부가 무리하여 2,000억 원 규모를 중화학공업에 추가지원하겠다고 밝혔지만, 이것도 상반기 지원필요 기업소요자금의 50%인 3,134억 원으로 계산하여 상공부가 요청한 합계 3,416억 원의 58.5%에 불과하였으므로 기업들의 요구는 수그러들지 않았다.[98]

정부의 불안정과 이에 따른 정부권위의 약화는 바로 대기업집단의 교섭력(bargaining power)이 커지는 것을 의미하는 것이었고, 이는 대기업집단의 요구강화를 가져와 중화학공업 조정은 여전히 실질 내용면에서 부진하였다. 현대그룹이 기투자분의 정산 및 인수조건에 따른 금융지원 등을 계속 요구하는 등 '현대양행'·'삼성중공업'·'대우중공업' 등 모든 대기업이 자사의 지원을 계속 요구함으로써 조정작업이 지지부진하였던 것은 이를 단적으로 보여 준다.[99]

---

92 동아일보, 1980. 1. 5.
93 경제기획원(현정, 1980. 1).
94 상공부(중화현, 1980. 1).
95 재무부(중, 1980. 2).
96 산업연구원(한산, 1988), p. 388.
97 매일경제신문, 1980. 2. 14.
98 매일경제신문, 1980. 2. 14.
99 경제기획원(개발, 1982), p. 217.

여전히 불안정하였던 최규하 대통령 정부와 12.12세력들은 현실적인 조건상, 그리고 대기업집단과의 협상상의 정보, 기술적인 열위와 낮은 위협점(threatening point)으로 인해 계속되는 대기업집단의 요구와 의견을 받아들이지 않을 수 없었다. 신집권세력들은 정권안정에 가장 필요한 경제안정은 대기업집단 협력에 의해 가장 위험이 적게 이루어질 수 있다고 믿었다. 이러한 믿음은 기업에 대해 초기 강력한 조치를 취하였던 국보위, 전두환 대통령 정부에까지 이어져 중화학공업 조정에서 대기업집단 중심의 조정으로 일관되게 나타나게 된다. 정부로부터의 "대기업집단을 통제할 능력도 새로운 조정안을 내놓을 의욕도 없다"는 정책부재에 대한 신호는 기업에 분명히 인식되었고 대기업집단들은 '안정을 위한 기업요구의 수용'이라는 보다 분명한 정책신호를 받을 수 있었다. 대기업집단들의 요구는 계속되었다.

현대측의 요구로 조정이 난관에 봉착하자 경제기획원과 재무부·상공부 차관 그리고 현대그룹 대표는 다시 협의를 계속해 1980년 3월 17일 합의내용을 발표하기에 이르렀다. 합의 발표내용은 "4월 15일까지 통합을 완료하되 현대그룹과 산업은행이 55 : 45의 출자비율로 수권자본금 1,000억 원 규모의 신설법인을 설립하여 '현대양행' 창원공장을 인수한다"[100]는 것이었다. 산업은행의 출자는 '현대양행' 대출금을 원칙으로 하되 추가자금수요를 고려해 재무부와 현대그룹이 별도협의하여 지원하도록 하였다. 이로써 현대측은 비용의 추가투입을 대폭 줄이고 추가자금지원을 받을 수 있게 되었다. 이러한 총체적 결과는 〈그림 8-5〉에서 보듯이 중화학공업 비판으로 1979년 줄어들었던 재정에서의 중화학공업 관련 지원액이 1980년 오히려 급팽창하는 것으로 나타났다.[101]

당연히 대기업집단에 대한 정부자금의 지원확대와 이에 대한 비판이 고조되었다. 이에 1980년 5월 경제장관협의회는 현대그룹 중심의 신설법인 설립안을 수정하여 한국산업은행 450억 원 외에 역시 정부소유 은행인 한국외환은행이 100억 원을 출자하도록 하여 '현대중공업'과 '현대양행'의 450억 원, 285억 원 출자를 포함한 총수권자본금 1,285억 원의 기업을 설립하고, 운영을 정부 전직관리로 하는 사실상의 국영안을 서둘러 결정하였다.[102] 그러나 이러한 국영안은 바로 대기업들의 반발로 취소되어 8월 19일 자동차를 가져간 현대그룹의 양보 속에 발전설비는 대우그룹

[100] 한국개발연구원(안상, 1981), pp. 86~87.

[101] 정부의 계속적인 후퇴로 전체 중화학공업에 대한 정책자금은 1979, 1980년 오히려 팽창을 가져왔다(유정호, 1991, p. 72).

[102] 매일경제신문, 1980. 5. 14.

그림 8-5 예산상의 중화학공업 지원비중

단위: %

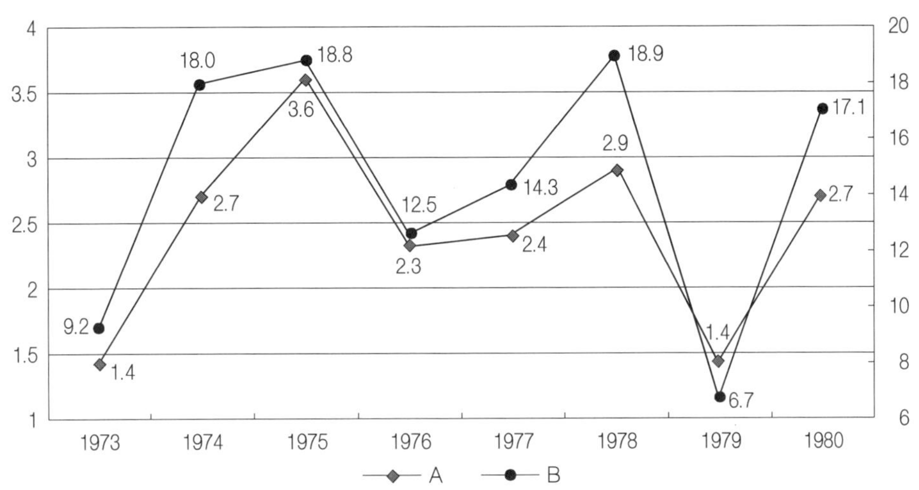

주: 1) A(좌측 Y값)=예산상의 중화학공업지원 관련비/재정규모(일반회계+특별회계).
2) B(우측 Y값)=예산상의 중화학공업지원 관련비/경제개발 예산(경제개발비).
자료: 경제기획원(예개, 1973~1981).

측으로 다시 넘어갔다가(당시 상황에 대해서는 본장 부록의 〈보론 8-1〉 참조) 11월 27일에야 다시 국유화를 시행할 수 있었다.[103]

최규하 대통령 정부도, 12.12세력들도 산업조정에 대해 이념도 준비도 없었다. 이러한 정책부재의 정부에 대해 대기업집단들은 실리를 챙길 수 있었다. 더구나 10.26 이후 정부개입에 대한 거부 분위기가 확대되면서 중화학공업 조정에서 대기업집단의 요구강화와 정부의 약화는 당연한 것으로까지 용인되고 있었다. 스스로 과도기적이라고 생각한 최규하 대통령 정부는 중화학공업 조정에서 가장 중요한 정부의 일관되고 분명한 정책지향점과 수단, 그리고 기업책임을 정확히 제시하지 못함으로써 장기적인 국민부담의 확대를 초래하였다.

그러나 이러한 중화학공업 조정에서 나타난 대기업집단의 지속적인 요구와 주도는 이후 5.17 후 '국가보위비상대책위원회(國家保衛非常對策委員會, 국보위)'와 신정

[103] 정부가 국유화를 원하는 것은 아니었다. 당연히 정부는 민간부문에 넘기기를 바라고 있었고 가능한 국영기업으로 떠맡으려고 하지 않았다(이에 대해서는 본서 제9장 참조). 그러나 계속되는 정부지원과 이에 대한 비판, 대기업 간 조정과 타협의 곤란으로 일시적이나마 국영화 외에 선택방법이 없었다. 그러나 이것도 이미 시장에서 우위를 가지고 있었던 대기업들이 관심을 갖고 찬성하지 않는 이상 쉽게 이루어질 수 없었다.

부로 넘어가면서 정부가 정부-기업의 협력에 의한 합리적 대응의 필요성을 부정하는 계기가 되었다. '국보위'와 이후 정부는 정부-기업 간 정보협력이 이루어질 경우 정부가 항상 밀린다고 보았고 이러한 문제를 정부권위의 약화와 기업집단의 정부에 대한 저항으로 생각하였다. 따라서 중화학공업 조정에서 가장 중요한 기업의견 수렴과 정책수단의 합리적 고려를 하지 않았다. 다만 정부의 독자적인 중화학공업 조정결정을 단기간에 시행하도록 기업들에게 일방적으로 강제하는 입장을 취하였으며, 이러한 태도는 바로 최규하 대통령 정부하에서 일어난 기업집단들과 정부의 관계라는 일련의 게임에서 체득한 것이었다.

최규하 대통령 정부하의 중화학공업 조정기간은 대기업집단에 의해 주도되는 정책부재의 전형적인 시기였으며 시간비용을 소모하고 이후 국민부담을 확대시킨 기간이었다. 또 이 기간은 대기업집단에 의해 주도되었다고 하지만 경쟁과 효율이라는 요소가 배제됨으로써 민간주도경제, 작은 정부와는 의미가 본질적으로 다른 기간이었다. 결국 조정정책 자체에서도, 대기업관계에서도 모두 실패한 기간이었다. 최규하 정부하에서의 산업조정 정책과정은 안정에 집착하여 확고한 정책목표 없이 기업요구에 끌려갈 경우 결국 국민의 직접비용 증대와 수정시간 손실 등의 장기적 비용이 증대됨을 보여 준다. 이후 노태우 대통령 정부의 산업정책 실패도 여기에 기인하는 것이었다.

 8.6 맺음말

1970년대 말 중화학공업 조정을 둘러싸고 정부 내에서 협조의 붕괴와 이에 따른 정보·정책신호의 혼란이 나타났다. 그 결과 조정은 투자주체로서의 기업책임소재 규명에 매우 소극적이었고, 대기업집단의 저항이 없을 사업을 중심으로 사업규모 축소·연기·유보에 머물렀으며 이것마저도 실행이 지연되었다.

정책신호의 혼란은 기업과 한국 경제 모두에 비용의 상승을 가져왔다. 대기업집단은 통일되지 못한 정책신호를 받으면서 불확실한 미래의 선점효과를 노린 중화학공업을 확대하였고, 정책신호의 혼란은 전체적으로 한국 경제의 불확실성을 심화시켰다. 이는 바로 1970년대 말기의 중화학공업, 나아가 이후 한국 경제가 큰 비용을 물어야 하는 원인이 되었다. 이런 점에서 1970년대 말 중화학공업 조정과정은 자본공급 애로에 있는 경제의 경우 분명하고 장기적인 정책방향 제시와 정책투명성, 정책공유가 매우 중요함을 보여 준다. 동시에 정부 내 협조관계가 이루어지지 못하고 의견과 기구가 통일되어 있지 못함으로써 발생하는 정책신호의 혼란은 정부의지와 상관없이 기업대응을 매우 비탄력적인 것으로 만들고 오히려 정책목표와 반대되는 기업의사결정을 유도할 수 있음을 확인해 준다.

한편, 최규하 대통령 정부하의 중화학공업 조정기간은 대기업집단에 의해 주도되는 정책부재의 전형적인 시기였으며 산업조정정책 자체에서도, 대기업관계에서도 실패한 기간이었다. 최규하 대통령 정부하에서의 산업조정정책과정은 정부가 확고한 정책목표 없이 개입에 나설 경우 결국 국민의 직접비용 증대와 수정시간 손실 등의 장기적 비용이 증대됨을 보여 준다.

1970년대와 최규하 대통령 정부하에서의 중화학공업 조정과정은 정책신호의 혼란과 정책신뢰성 붕괴에 따른 정책실행력의 약화는 결국 장기적 국민경제의 비용 증가로 나타남을 분명히 증명해 주고 있다.

부 록

1. 부 표

부표 8-1 중공업 관련업체의 재무구조 현황(1978)

단위: 억 원

구 분	현대양행		현대중공업		대우중공업		삼성중공업	
	금 액	비 중	금 액	비 중	금 액	비 중	금 액	비 중
총 자 산	2,266	100.0	3,494	100.0	1,900	100.0	370	100.0
(고정자산)	1,067	47.0	1,943	55.6	860	45.3	250	67.7
부 채	2,091	92.0	1,270	36.3	1,473	77.5	312	84.3
(유동부채)	932	41.0	886	25.4	745	39.2	163	44.1
(고정부채)	1,159	51.0	384	10.9	728	38.3	149	40.2
자 본	175	8.0	2,225	63.7	427	22.5	58	15.7
(자본금)	95	4.0	40	1.2	325	17.1	100	27.0
(잉여금)	80	4.0	2,185	62.5	102	5.4	−42	−11.3

자료: 경제기획원(현대, 1979. 5. 25).

부표 8-2 1979~1980년 중화학공업 및 한전의 자금수요와 부족액

단위: 10억 원

구 분	1979년			1980년		
	중화학공업	한 전	계	중화학공업	한 전	계
자 금 소 요	1,907	1,086	2,993	1,698	1,448	3,146
(시설투자)	1,358	817	2,175	1,053	1,044	2,097
자 체 조 달	562	335	897	551	408	959
외 자 조 달	554	505	1,059	395	681	1,076
내자차입액	791	246	1,037	753	359	1,112
내자부족액	483	50	533	363	119	482

자료: 경제기획원(중, 1979. 8).

2. 보　론

〈보론 8-1〉 대기업집단(재벌)들의 영토전쟁: 발전설비부문 경쟁[104]

발전설비부문의 경쟁은 1970년대를 특징짓는 재계의 '영토분할전쟁 첫 장'이면서도 가장 치열한 신경전이 계속되었던 곳이다.

대기업 간 발전설비부문의 1차 경쟁은 1976년 수주경쟁에서 시작되었다. 당시 '한국전력'은 '울산화력' 4, 5, 6호기와 '아산화전(牙山火電)'(30만kW, 2기) 1, 2호기의 건설계획을 만든 후 국내기술의 축적을 위해 이 발전소의 건설을 국내업체에게 수의계약으로 시행하겠다고 밝혔다. 1기당 1,000억 원(화력)에서 5,000억 원(원자력)에 달하는 사업규모에다 정부가 향후 20년간 100억 달러를 발전소 건설부문에 투입하겠다고 밝혔으므로 처음부터 대기업 간 직·간접 경쟁은 치열하였다. 결국 '아산화전'의 1, 2호기는 '현대건설'이 미국의 '웨스팅하우스'와 합작하여 받아내었고, '대우중공업'은 스위스의 '브라운 보래리'사와 합작하여 '울산화전(蔚山火電)'의 4, 5, 6호기를 차지하였다. 그러나 사실 발전설비에서 '대우중공업'은 이와 관련된 도급경험이 전혀 없었으며 전부 외자에 의존하고 있었고, '현대건설' 역시 일본 '마루베니'와 '히타찌(日立)'에서 기자재를 공급받아 '히타찌'에 184만 달러, 미국 '브라운 후르'사에 980만 달러를 지불하는 수준이었다.[105] 기업들에게는 현재에 대한 손익계산이나 고려보다 미래시장에 대한 선점과 대기업 간 경쟁의 상징성이 더 중요하였던 것이다.

여기에 불만을 가진 곳이 '현대양행(現代洋行)'이었다. 당시 '현대양행'은 IBRD로부터 8,000만 달러의 차관을 얻어 창원(昌原)에 대단히 종합기계공장을 짓고 있는 중이었는데, 정부는 IBRD의 차관도입시 향후 안정적인 수익성을 보장하였기 때문이다. 그러나 이미 시장은 삼성·현대·대우·효성·대한중기(大韓重機) 등이 시장조사와 함께 진입을 시도하는 등 발전설비부문에서의 대기업 간 경쟁은 '현대양행'으로의 안정적 독주를 묵인하려고 하지 않고 있었다. 특히, '삼성중공업'은 일본의 '이시가와지마하리마(石川島播磨重工業)'사에서 기술협력을 받아 삼천포화력(三千浦

---

104 이 내용의 많은 부분은 박병윤(1978), 박병윤(1980), 김의균(1980a), 김의균(1980b), 이갑섭(1980) 그리고 동아일보, 매일경제신문 등 일간지 해당 일자분에서 참고하고 인용하였다.

105 박우희(1979), p. 155.

火力)을 건설하고자 구체적인 건설 구매의향서까지 받아내는 데 성공하였다. '현대양행'은 '울산화력' 4, 5, 6호기와 '아산화전(牙山火電)' 1, 2호기 수주를 '대우중공업'과 '현대건설'에 빼앗긴 데 이어 또 다시 뺏길 수 없다는 각오를 피력하였고, 정부에게 '현대양행'이 창원에 발전설비공장을 만들면 수익성을 보장한다는 정부-IBRD와의 협약을 강조하였다. 이때부터 '현대양행'과 '삼성중공업'의 싸움은 매우 심각하게 발전되어 나갔다.

정부는 IBRD와의 협약도 문제이지만 당시 프랑스와 서독의 발전설비업체가 1개씩이며 영국도 일원화를 추진중이고 일본 역시 3개이지만 줄이고 있다는 점을 감안하여 일원화를 추진하려고 하였다. 그러나 '현대양행'과 '삼성중공업'의 대립은 심각하였고, 결국 정부는 이 문제를 담당부처에서 해결하지 못한 채 경제장관협의회에서 논의해 결정하기로 하였다. 1977년 5월 21일 경제장관협의회는 장시간의 격론 끝에 '삼성중공업'으로 기울어 있던 '삼천포화력(三千浦火力)'을 '현대양행'으로 넘기는 원칙론으로 돌아갔다. 그 결과 '삼천포화력'은 '현대양행'으로 넘어갔고, 정부는 발전설비 제작은 '현대양행'으로 일원화하고 '삼성중공업'에게는 산업용 보일러 전문업체로 지정해 주었다.

그러나 대기업집단들의 이의제기는 계속되었다. 원자력 5, 6호기 건설계획이 발표되자 '현대중공업'과 '대우중공업'이 외국기업을 등에 업고 참여를 강력히 주장하였고 결국 1978년 4월 18일과 22일 열린 경제장관협의회 결의로 '현대중공업', '대우중공업'이 참여하게 되어 발전설비기업은 일원화가 폐지되고 3원화되었다(4.22조치). 그러나 여기에서 배제된 '삼성중공업'과 '효성중공업'이 강력히 이의를 제기하였다. 결국 다시 10월에는 '삼성중공업'까지 진입을 허용하여 4원화가 되었다. '현대중공업'은 9월 '서해화력'과 '삼천포화력'에 들어갈 기자재를 울산으로 옮겨 더욱 경쟁체제를 다듬었다. 중복진입은 시작되었다.

1979년 중화학공업 1차조정 5.25조치로 발전설비는 다시 이원화되었다. '현대중공업'-'현대양행'을 제1그룹으로 통합하여 '현대양행' 창원공장의 경영권이 '현대중공업'에 넘어갔고, '삼성중공업'-'대우중공업'이 통합하여 제2그룹으로 되었다. 여기에서 '현대중공업'·'대우중공업'의 투자 418억 원 축소도 결정되었다. 그러나 이러한 조정은 실현가능성이 없었다. '현대중공업'이 '현대양행'에 자금을 투입하기로 하였으나 '현대중공업' 역시 투자여력이 없었고 투자환경도 나빠 투입할 이유도 없었다. '삼성중공업'·'대우중공업'의 통합이 안 될 것은 당시 재계에서는 처음부터 예상하고 있었다.[106] 대기업집단들의 의욕과 자체계획은 있었지만, 사실 문제가 된

발전설비 4업체 중 '현대양행'을 제외하고 나머지 3사는 발전설비 생산허가 외에 생산은 없었다.

그러다가 1980년 8월 19일 국가보위비상대책위원회 회의와 20일 발표로 발전설비는 '대우중공업'으로 일원화가 되어 발전설비는 5년 만에 원점으로 돌아왔다. 9월 13일 '현대양행'은 정부의 '선인수 후정산' 원칙에 따라 임시주총을 열고 경영권을 '대우중공업'에 넘겼다. 대우의 김우중 회장은 이 발전설비를 따내기 위해 사재 200억 원을 사회에 환원하는 조치를 취하였고 대우센터와 방계회사 부동산을 매각하여 1,000억 원의 재원을 마련, 1985년까지 회사를 정상화시키겠다고 공언하였다.

대우의 발전설비 인수는 비록 2개월 만에 취소되었지만 대우의 재계전쟁 승리와 대우의 위상이 그만큼 높아졌음을 의미하는 것이었다. 발전설비에 들어간 투자규모로 보아 '현대양행'이 2,600억 원, '현대중공업'이 500억 원이었지만 1976년 9월과 2월에 세워진 '대우바브콕'과 '대우전기(大宇電機)'의 투자규모는 150억 원에 불과하였기 때문이다. 더구나 정부는 '대우'에 '서해화력(西海火力)' 기계제작, '삼천포화력' 기계 토목건축, '고정(高亭)' 1, 2호기의 보일러 제작, 원자력 7, 8호기의 토목건축까지 설계시공일괄입찰방식(턴키베이스)으로 주었기 때문이다.

'현대중공업'은 당연히 이를 인정하려고 하지 않았고 '현대중공업'의 투자액 계산에서 대우와 '한전'의 제안을 인정하지 않았다. '한국중공업'으로 통합한 대우는 총투자액의 1%를 제안한 반면 현대는 설계도를 포함 10%를 주장하면서 '설계도를 그냥 태워버리는 것이 낫다'고 불편한 심기를 드러냈다. '한전' 부사장을 반장으로 하는 '한국중공업'·'현대중공업' 기술진 40여 명이 실사작업을 하고 '한전'은 중간선인 5.5%를 제안하였으나 사실 돈보다 재계경쟁이 밑바탕에 기본적으로 있었으므로 합의는 불가능하였다. '현대중공업'은 단일화된 '한국중공업'에 인력도 넘겨 주려고 하지 않았다. 현대는 스스로 자동차를 택하고 발전설비를 넘겨 주는 선택을 하였지만 여론이 결국 대우가 유리한 방향으로 이겼다는 평가를 하자 현대는 자존심에 큰 상처를 입었다.

〈보론 8-2〉 5.25 중화학공업 투자조정안(1979)의 비현실성과 한계[107]

5.25 중화학공업 조정안은 처음부터 다음과 같은 한계를 가진 것이었다.

---

106 김광모(金光模, 중화학공업기획단부단장)(1988), p. 97.

107 이 내용의 많은 부분은 이만희(1993a, pp. 262~263)에서 공통적으로 지적되고 있고 저자도 참고하였다.

첫째, 중화학공업은 연관효과가 큰 산업이라는 점이 고려되고 있지 않았다. 따라서 어떤 특정 부문의 투자조정은 반드시 다른 연관산업에 큰 영향을 미치게 되어 있었고 이에 대한 고려가 필요하였음에도 불구하고 이 점이 고려되지 않은 채 산술적인 투자금액의 조정이 바로 계획되었다. 실제로 정부는 12대 대상기업의 투자규모를 1조 2,610억 원에서 29.6% 투자축소가 가능하다고 보았다.

둘째, 한국의 각 기업들은 기술도입선이 달라 생산공법이 다르다는 점이 고려되지 못하였다. 도입기술의 이질성으로 기업 간의 통합이 단순 양적 통합으로 이루어지기 어려웠지만 이 점이 고려되지 않았다.

셋째, 외국기업과의 기술합작을 체결 또는 예정하고 있어 조정안이 진행될 경우 국제사회의 비난이 제기될 것이 분명하였으나 정부는 이에 대해 대비하지 않았다. 예컨대, '현대양행'의 경우 정부조정안처럼 경영주체를 바꾸면 차관선인 IBRD의 동의를 얻어야 하였음에도 이에 대한 사전준비가 미흡하였다.

넷째, 특정 기업에 특혜를 주고 있다는 인상을 불식시키지 못함으로써 기업들의 저항에 스스로 부딪혔다. 기업통합시 이미 맺은 수주계약이나 기술도입 등을 승계하자면 피통합기업의 협조가 전제되어야만 하며, 이를 위해서는 공정성을 분명히 보여 주어야 할 필요가 있었다.

다섯째, 해당 기업의 이해조정을 거치지 않고 바로 정부의 지원정책을 제시함으로써 기업은 이를 이용하였다. 정부는 정부방안에 협조하지 않는 업체는 지원을 중단하거나 향후 마련될 육성지원대책 수혜대상에서 제외한다고 천명하였으나 대기업들은 정보력·교섭력 우위로 이를 극복하고 있었다.

여섯째, 결정적으로 정부는 정부의 능력을 과대평가하고 단기적 광고와 과시에 집착하였다.

그런데 이상의 한계는 사실 1979년 5.25 조정조치에서만이 아니라 중화학공업 투자조정 전 과정을 통해 정도의 차이를 두고 나타났다.

3. 자　　료

[자료 8-1]

중화학공업 추진방향

(1979. 3. 31 경제기획원 청와대 보고)

1. 지원대책의 방향
   가. 자　　본
      (1) 내자동원의 극대화: 금리체계 개선
      (2) 재정기능의 전환: 양특적자(糧特赤子) 축소로 기계연불수출(機械延拂輸出) 지원
   나. 인　　력
      (1) 농촌인력의 이동 촉진
      (2) 직업훈련 능력 제고
      (3) 인력의 활용도 제고: 인력재배치
      (4) 해외유학 장려
      (5) 외국두뇌 유치: (4), (5)로 인력의 국제화 추진
   다. 기　　술
      (1) 기술도입 자유화: 기술의 국제화
      (2) 연구개발지원 강화
      (3) 방위산업기술 파급 촉진
   라. 시　　장
      (1) 국내플랜트 시공에 의한 기술축적방식의 지양 선진기업과 기술제휴(하청) 선진기술의 소화 후 수평분업
   마. 사회간접자본 확충
2. 중화학공업투자의 조정방향
   가. 단기적 조정: 정책사업의 조정
      (1) 시설의 여유가 있는 업종
      (2) 경쟁력 확보가 어려운 에너지 다소비 산업
      (3) 기타 소요인력의 수준 및 기술수준에 투자의 시기가 지나치게 빠르다고 판단되는 사업

나. 장기적 조정: 비교우위원리에 입각

(1) 중화학공업은 기술, 인력, 사회간접자본비용과 생산성의 관계에서 볼 때 단기간 내 선진국과 경쟁할 수준에 이르기는 어려움.

(2) 따라서 중화학공업화를 정책적 목표대로 추진하기보다는 경제의 안정을 바탕으로 인력, 기술, 사회간접자본을 확충하여 비교우위가 형성되도록 유도.

(3) 무리한 수입대체(국산화)를 위해서는 보호가 필요하며 이로 인한 부작용이 더 큼.

[자료 8-2]

경제안정화 종합시책(1979. 4. 17) 발표문 중 중화학투자 조정부문: 경제기획원

가. 중공업건설상의 문제: 속도와 균형

(1) 설비의 증가와 인력공급속도를 상회

(2) 설비증가속도가 기술흡수속도를 상회

(3) 판매금융수요가 국내저축 증대 가속도를 상회

(4) 대규모 투자소요가 경공업 압박: 공급애로

구 분	1976	1979(전망)	1979(계획)
경공업투자비율	26	18	22
중화학투자비율	74	82	78

주요 업종별 가동률

구 분	1978	1979(전망)	1979 생산능력증가율
산업기계	62	60	47
조 선	28	29	44
컬러TV	54	26	42

나. 중화학공업의 지원방향

(1) 중화학공업 발전요건의 확대

인력개발의 촉진

기술도입의 원활화

지원금융체제의 확립

(2) 중화학공업 집중지원체제의 구축

경험축적시까지의 지원제도 확립(수입대체단계→수출단계)

중화학부문 이외의 산업에 대한 보호의 완화와 경쟁의 도입

식료품·생필품 수입 확대→회임기간 중의 소비재 공급 확대

(3) 중화학사업의 선별추진으로 경쟁력 확보

다. 투자계획의 조정: 不急사업의 연기

민간의 설비투자 계획(1979, 10억 원)

구 분	1978. 10 전망	1979. 4 전망	증 감
중공업	1,966.0	2,234.1	468.1
경공업	405.0	473.7	68.7
합 계	2,171.0	2,707.8	536.8

(1) 무리한 투자에 대한 연기 등 조정

장기적으로 대외경쟁력이 현저히 떨어지는 사업(생산가격이 수입보다 월등히 높은 사업)

시설과잉 또는 중복투자가 되어 부실화될 가능성이 큰 사업

자기자금 투입비율이 낮은 사업

라. 조정방침

(1) 신규 사업: 철저한 타당성 검토(500만 불 이상 차관 및 외화대출사업)

(2) 인가 후 미착공사업: 연기가능성 검토

(3) 건설추진중인 사업: 연기 등 개별 대책 검토와 연기에 따른 추가비용의 분담방안 수립

(4) 연기된 사업은 5차계획기간 중 추진 검토

마. 투자사업조정위원회의 설치운용

(1) 위원장: 부총리

(2) 위원: 재무부 장관, 상공부 장관, 동자부 장관, 경과심 상임위원, 경제제1수석비서관, 경제제2수석비서관, 총리실 행정조정실장

(3) 심의결과를 수시 대통령 각하께 보고·확정

[자료 8-3]

중화학공업 투자조정(1979. 5. 25) 결정 보고문[108]

본 건에 대하여 3차에 걸친 투자사업조정위원회의 회의결과 합의된 방안을 다음과 같이 보고드립니다.

- 제1차 회의(1979. 4. 30)
- 제2차 회의(1979. 5. 21)
- 제3차 회의19(79. 5. 22)

1. 발전설비에 대하여는 다음과 같이 상호합자 또는 통합하여 그룹별로 이원화한다.
   - 제1그룹: 현대그룹이 현대양행에 증자
   - 제2그룹: 대우중공업과 삼성중공업이 상호 합자 또는 통합

   단, 상기 제2그룹의 T/G부문 제작을 위한 설비투자에 있어서는 현대양행이 투자한 일정 금액 이상의 대형설비의 도입은 상공부 장관의 사전승인을 받도록 한다.
2. 발전소건설 입찰시(원자력발전소 제외) 상기 2개 그룹별로 참여한다.
3. 옥포조선소의 건설은 상기 조건하에서 대우가 계속 추진한다.
4. 현대양행은 재무구조 내실화를 위하여 창원사업과 관련없는 방계사를 80년 6월까지 처분토록 한다.
5. 현대양행의 자기자본 내실화를 위하여 80년 6월까지 일정률 범위 내에서 현대그룹이 증자토록 하고 필요한 경우 산은도 일부 출자한다.
6. 디젤엔진의 생산을 위한 기존 3사(현대엔진, 쌍용중기(雙龍重機), 대우중공업) 이외의 신규전용설비의 투자는 금후 인정하지 않는다.
7. 제3석유화학의 건설은 최근의 석유수급 사정과 전망에 비추어 정유시설 확장계획의 확정시에 논의한다. 단, 나프타분해공장은 계획대로 추진한다.
8. 대우중공업의 건설중장비 제작을 위한 캐터필라(Caterpillar)사로부터의 기술도입은 발전설비 제작업체의 조정확인 후 별도 논의한다.
9. 대단위 종합기계공장의 육성을 위하여 지원체제면에서 근본적인 개편조치를 별도 강구한다. 〈별도 보고〉

---

[108] 경제기획원(현대, 1979. 5. 25).

중화학투자조정종합표 (단위: 백만 원)

사 업 명		조 정 액
고려아연(高麗亞鉛)		9,861
현대종합상사 타이어공장		41,400
대우실업 타이어공장		55,000
삼성중공업 제2기사업		86,741
효성중공업 산업기계공장		97,840
발전설비부문	현대중공업	17,179
	대우중공업	24,700
현대양행 중장비용 엔진공장		40,000
계		372,721

[자료 8-4]

경제기획원 기록 중화학공업 투자조정(1979. 5. 25) 내용[109]

가. 1차 조정

① 발전설비제작사업을 '현대양행' 및 '현대중공업'을 묶는 제1그룹과 '대우중공업' 및 '삼성중공업'을 묶는 제2그룹으로 나누어 이원화(다만 원자력발전소의 경우에는 반드시 두 개 그룹에만 한정되는 것은 아님).

② '대우중공업'의 중장비제작을 위한 '캐터필라'사로부터의 기술도입 인가는 잠정적으로 유보시켜 이 분야의 투자계획을 연기토록 함.

③ 디젤엔진 생산은 기존의 '현대엔진', '쌍용중기', '대우중공업' 이외에 신규 설비투자를 앞으로 인정하지 않기로 함.

④ '현대양행'의 중장비엔진공장 건설계획(미국 커먼스엔진사)은 백지화시키기로 함(400억 원 투자중지).

⑤ 대우조선의 옥포조선소 건설은 발전설비 이원화 및 건설중장비 조정을 조건으로 계속 추진하도록 함.

⑥ 고려아연의 연제련소 준공을 1년 연기함.

---

109 경제기획원(개발, 1982), pp. 335~336; 한국개발연구원(반세, 1995)에 실려 있는 내용과 일치한다.

⑦ 현대종합상사 및 대우실업이 각각 추진중에 있는 '타이어'공장 건설사업과 '삼성중공업'의 제2기 사업(867억 원 소요), 효성중공업의 산업기계공장 건설사업(978억 원 소요) 등은 모두 보류.

나. 1차 조정 후속조치

① 발전설비 제작부문의 제2그룹인 '대우중공업'과 '삼성중공업'은 상호 합작 내지 통합방식으로 운영하되 터빈제네레이터부문의 제작을 위한 설비투자에 있어서 '현대양행'과 중복된 대형설비부문의 도입은 상공부 장관의 사전인가를 받도록 함.

② '현대양행'의 재무구조 개선을 위하여 창원(昌原)사업과 관련없는 방계회사는 1980년 6월까지 처분하도록 함.

③ '현대양행'은 자기자본 충실화를 위해 일정률 범위 내에서 현대그룹이 증자하도록 하고 필요한 경우 산업은행도 일부 출자하도록 함.

④ 대단위 종합기계공장의 육성을 위하여 지원체제면에서 근본적인 개편조치를 별도로 강구

다. 2차 조정작업

① 약 700억 원이 필요한 포항종합제철 제4기 확장과 제3석유화학 건설을 예정대로 추진.

② 1차년도에 1,000억 원이 소요되는 제2제철소 건설 및 1,500억 원 상당이 소요되는 한국전력의 발전설비 및 시설확충, 대단위 기계공장 건설 등은 투자를 보류하거나 공기를 1년 또는 2년 정도 늦추는 방안을 강구함.

③ '쌍용중기', '현대양행', '강원산업', '삼성중공업', '대우중공업' 등이 맡고 있는 보일러, 터빈 등 발전설비와 중기계(重機械) 등에 대한 투자규모를 축소함.

④ 1980년도의 신규 사업으로는 농업기계화, 석유비축 등 4, 5개 내외로 대폭 축소할 방침 수립.

[자료 8-5]

대통령비서실, 「79년도 국민투자기금 확대지원(재무부)」, 대통령 결재문서, 1979. 7. 12[110]

보고번호	제 호
실 명	경제제1
기안일자	1979. 7. 12

		대 통 령
수석비서관	비서실장	

대통령 각하

보고관 민해영

제목: '79년도 국민투자기금 확대지원(재무부)

'79년도 국민투자기금에 의한 중화학공업지원을 위하여 재무부가 관계부처와 협의한 결과 당초 4,180억 원에서 826억 원을 추가한 5,006억 원의 규모로 지원키로 하였음을 보고 올립니다.

대통령 비서실

110 대통령비서실(7국19790712).

1. 국민투자기금 집행실적(1979. 6 말 현재)(단위: 억 원)

부 문 별	79년 계획	대출승인		비 고
		실 적	진도율(%)	
1. 중화학공업	2,630	1,690	64.3	자금조달 1,705억 원 (48%)
-국산기계 구입	350	273	78.0	
-기계공업체 건설	550	274	49.8	
-계획조선	350	244	69.8	
-방위산업	300	164	54.5	
-기타 중화학	880	656	74.5	
-전년도 초과대하(貸下) 승인	200	79	39.5	
2. 식량증산사업	200	158	78.8	
3. 전 기 업	1,000	1,000	100	
4. 새마을공장	50	22	44.0	
5. 연불수출	300	112	37.2	
계	4,180	2,980	71.3	

2. 국민투자기금 확대지원

가. 확대지원 추진방침

-동원가능한 최대한의 가용재원 범위 내에서 지원함.

-계속사업 중 연내완공 또는 80년 상반기 완공예정사업에 우선지원함으로써 공사를 적기에 마무리하고 투자의 효율화를 도모함.

-주요 물자 생산부문(시멘트, 석유 등)의 조기완공을 지원하여 수요증대에 적시 대응토록 함.

나. 추가지원계획(단위: 억 원)

재원조달		추가지원	
1. 전년도 이월	739	온산동제련	56(57)
2. 전년도 초과대하 승인액(200) 중 잔액	121	옥포조선(玉浦造船)	110(20)
3. 기존 계획부분 간 조정	40	호남에틸렌	91(40)
4. '79년도 재원조성 감소 예상액	−74	호남석유	69(17)
		한이석유	136(45)
		동해(東海)펄프	1,114(47)
		시멘트(쌍용, 성신(星信))	200(−)
		현대양행	50(70)
소 계	826	소 계	826(296)
'79년 당초계획	4,180	'79년 당초계획	4,180
합 계	5,006	합 계	5,006

주: ( )는 '79년 당초계획에 의한 지원금액.

[자료 8-6]

1979. 9. 15 산은자금 지원내역 대통령 보고[111]

(산업은행 중화학공업 지원내역, 1979. 9. 15)

구 분		시설	운영	계	비 고
중공업	포항제철	150	100	250	4기확장 및 유가인상
	온산동제련	28	20	48	건설비, 시운전자금
	기타(3)	—	81	81	
	계	178	201	379	
화학공업	다우케미칼	15	—	15	공장건설(90%)
	원진(源進)레이온	38	108	146	증설부족자금 및 원리금 상환
	한·이석유	16	—	16	건설부족자금
	기타(6)	20	32	52	
	계	89	140	229	
방위산업	종합특수강	—	60	60	원리금 상환
	대우중공업	—	60	60	원리금 상환
	풍산금속	—	50	50	원리금 상환
	대한중기	—	25	25	운전자금 부족
	계	—	195	195	
기타	태양열개발	15	—	15	
	기타	—	154	154	
	계	15	154	167	
총 계		282	690	972	

* 저자주: 기타에 삼성중공업·강원산업 등 대기업이 포함되어 있음.

111 중화학공업추진위원회기획단(보99, 1979. 9. 15).

4

조정과 비판

CHAPTER 9

1980년 중화학공업 조정: 정책과정과 거시적 영향

9.1 머 리 말

1980년 중화학공업 조정에 대한 연구는 방법론과 인식에서 일반적인 공통점을 갖고 있다. 우선 방법론에서 대부분 시각을 조정기업, 조정산업에 맞추고 있고 따라서 기업경영수지, 가동률 변화,[1] 나아가 산업효율성의 변화를[2] 평가하는 것이다. 또 하나의 공통점은 인식 측면으로 1970년대 중화학공업의 부정적 측면을 지적하여 온 기존 연구들을 기초로 1980년 중화학공업 조정은 필연성과 합리성이 있었으며 그 결과로서 민간경제 주도로의 전환과 자원배분의 불균형 시정이 이루어졌다는 것이다.[3]

그러나 긍정적 효과로 가장 많이 거론되고 있는 경영수지, 가동률은 실사(實査) 통계로 내생변수와의 상관관계가 매우 낮고[4] 도덕적 해이(moral hazard) 등 통계적 문제점이 있으며, 또 결과적으로 산업의 독과점화와 동의반복적으로 쓰인 것에 불과하여 이것이 조정의 합리성과 인과관계를 보여 주는 것은 아니다. 설령 경영수지 개선과 가동률 증가가 있었다 하더라도 여기에는 비용이 고려되고 있지 않으며, 또

[1] 경제기획원(시책, 1986), pp. 313~316.

[2] 강철규 · 장석인(1989), pp. 44~47.

[3] "중화학공업에 대한 투자를 연기도 하고 줄이기도 하면서 결국은 하나씩 하나씩 정책을 제 궤도에 올려 놓았다"(강경식, 1988, p. 150). 중화학공업에 대한 기존 논의와 연구에 대해서는 제7장의 7.1 머리말을 참조.

[4] Y. J. Lee and J. K. Kwon(1994), pp. 981~990.

한 그 원인도 해외요인에 1차적으로 기인하는 것이어서 조정에 따른 내생변수의 함수가 아니라는 한계가 존재한다. 물론 내수도 증가하였지만 이는 정부의 다른 유인조치에 힘입은 것이었다. 예컨대, 1986년 중화학공업 호황은 원유가하락을 중심으로 한 3저와 수출시장요인 등 외생적인 요인과, 1985년 하반기부터 실시된 정부의 설비투자 촉진을 위한 대기업 여신규제 완화, 수출금융과 수출산업 설비자금 공급 확대 등 인위적 유인책이 원인이었다.[5] 자동차산업의 활황만 보아도 이는 조정효과가 아니라 역으로 조정이 1987년부터 해제되는 데 따른 시설투자의 적극성과[6] 무엇보다도 미국·캐나다 등으로의 수출호조, 그리고 자동차 대중화(autorization)가 그 원인이었다.

논리적으로 보아 중화학공업 조정이 필요하였다 해도 이것이 곧 1980년 조정이 합리적이었음을 증명해 주는 것이 아님은 당연하다. 오히려 정부가 1986년 7월의「공업발전법」시행을 계기로 1980년 조정산업 7개 산업을 재검토한 후 자동차·디젤엔진·중전기기(重電器機)·건설중장비 등 4개 분야에 대해 다시 합리화 대상으로 지정한 것은 조정의 효과가 매우 낮았음을 보여 주는 것이다. 나머지 3개 산업이 산업합리화 대상으로 지정되지 않은 것도 정상화에 따른 것이 아니라 독점에 따라 합리화 지정이 필요없었기 때문이었다.[7] 사실 기업의 경영호전이라고 하지만 이는 2차 석유위기로 촉발된 저점(低點, trough) 1980년과 대비한 장부상의 수치이고 내용적으로는 여전히 적자 또는 매우 열악한 상태에 있었다.

그럼에도 산업정책사에서 매우 중요한 1980년 중화학공업 조정에 대한 연구는 미비한 상태이며 여전히 긍정론이 선험적으로 받아들여지고 있다. 또한 방법론적으로 연구의 시각은 조정기업과 조정산업에 대부분 맞추어져 있고 실제로 조정과 관련되어 당시 한국 경제가 물어야 하였던 거시적 비용에 대해서는 관심을 갖지 않음으로써 산업사적 평가가 이루어지지 못하고 있다. 이러한 이유는 그 동안 1970년대에 대한 비판적 시각이 기본적으로 있었기 때문이었지만, 또한 1970년대와 차별화를 강조한 정부 역시 성과를 강조하는 수치만 조사하여 발표하였기 때문이었다. 따라서 비용이라는 시각에서 접근하여 검증해 보는 것은 1980년 조정의 종합적 평가를 위해 당연히 필요한 과제라고 할 수 있다. 이렇게 하여 선행적인 효율성 연구[8]

---

[5] 경제기획원(백, 1986), pp. 192~195.

[6] 경제기획원(백, 1986), pp. 200~201.

[7] 경제기획원(백, 1986), pp. 232~233.

[8] 저자는 박영구(2001b)에서 1980년대 중화학공업의 효율성 측정을 통해 1980년 중화학공업 조정이 실패하였음을 논증한 바 있다. 이 연구의 내용과 결론에 대해서는 본장 부록의 〈보론 9-1〉 참조.

와 결합된 종합적인 시각을 가질 때 1980년 중화학공업 조정이라는 정부의 산업개입사가 비로소 오늘날 산업정책에서의 정부역할과 정책방향 모색을 위한 의미 있는 귀납적 실험을 제시해 줄 수 있을 것이기 때문이다.

본장은 이런 점에서 1980년[9] 중화학공업 조정을 검토하되 기존처럼 조정을 1970년대 중화학공업화의 문제해결을 위해 당연히 있었던 사건과 결과로서가 아니라, 한국 현대산업사 측면에서 정책과정과 조정의 변화과정, 그리고 거시적 비용에 초점을 맞추어 전면적으로 검토해 보고자 한다. 이 과정에서 과연 기존 인식대로 조정은 정당성을 갖게 이루어졌는지, 그리고 중화학공업 조정의 목적은 잘 달성되었는지, 그 결과로 기존 인식대로 민간경제주도로의 전환과 자원배분의 불균형 시정이 나타났는지를 검토해 볼 것이다. 특히, 문제의 초점을 그 동안의 시각에서 빠져 지적되고 있지 않았던 거시적 비용문제에 맞추어 볼 것이다.

9.2 제1차 중화학공업 조정과 비용

국가보위비상대책위원회(이하 국보위)는 이전 정부와의 차별성을 국민들에게 보여 주기 위해 이미 1976년 말부터 진행되었지만[10] 지진하였던 중화학공업 투자조정조치를 완결짓고자 하였다. 그러나 10.26 이후 정부와 대규모 기업집단(이하 대기업집단)의 힘겨루기를[11] 보아 왔던 국보위는 처음부터 기업의견과 기업정보를 충분히 고려하지 않았다(1976년부터 중화학공업 투자조정의 전 과정을 총괄정리한 것으로 본장 부록의 〈자료 9-2〉 참조).

국보위의 중화학공업 조정은 국보위가 1980년 7월[12] 「발전설비 및 자동차분야 문제 해결방안」[13]을 제시하고 이에 따라 '현대'와 '대우'가 5차례에 걸친 회의 끝에 8월 19일 마지막으로 선인수 후정산(先引受後精算)에 합의하여 국보위가 8월 20일

---

[9] 1980년 5월까지의 중화학공업 조정은 1970년대 과정이 이월된 내용이어서 제8장에서 주로 다루었다.

[10] 1976년 12월 30일 경제장관협의회는 변압기와 차단기의 일부 조정을 결정하였고 이후 중화학공업 조정이 계속 논의되었지만 실행은 매우 부진하였다. 제8장 참조.

[11] 10.26 후 정부와 '현대' 및 기타 대기업집단들의 요구대립이 계속되었다. 경제기획원(개발, 1982), p. 217; 한국개발연구원(안상, 1981), pp. 84~85; 본서 제8장 참조.

[12] 국가보위입법회의(1980. 11. 5, p. 8)의 상공부 기획관리실장 차상필(車相弼) 보고에 따르면 1980년 7월 28일에 확정되었다.

[13] 국가보위비상대책위원회(발, 1980. 7).

「중화학투자조정조치」를 전격 발표함으로써 시작되었다. 이는 발전설비·자동차 그리고 건설중장비부문의 중화학공업 제1차 조정조치였다.

국보위 1차 조정은 발전설비제작과 건설중장비생산을 '대우'로, 승용차생산을 '현대'로 통합하는 일원화 조치였다(본장 부록의 〈자료 9-1〉 참조). 우선 발전설비시설 통합의 핵심인 '창원(昌原)종합기계공장'이 대우로 통합되었다. 3,500억 원의 '창원종합기계공장'은 1976년 '현대양행'이 IBRD와 손잡고 처음 출발한 것이었다. 이 '창원종합기계공장'은 수권자본 800억 원, 불입자본이 420억 원으로, 이 가운데 '현대양행'이 200억 원, 산업은행이 170억 원, 외환은행이 50억 원을 각각 투자하였는데 이것을 '대우'가 전담하게 된 것이다.[14] 한편, 자동차는 '현대자동차'가 대우의 '새한자동차'를 통합하고 '기아산업(起亞産業)'은 5톤 이하 트럭만 전문생산하도록 조정하였다. 당연히 이 일원화 조치로 '기아산업'이 생산하던 승용차 '브리사', '피아트'·'뿌조'와, '현대'와 '새한'이 생산하던 5톤 이하 트럭 '바이슨'·'엘프' 등은 생산중단으로 사라지게 되었다. 그러나 '새한자동차'가 생산하던 승용차 '레코드'·'제미니'는 GM과의 문제가 있어 계속생산 여부를 결정하지 못한 채 남게 되었다.

생산일원화 통합은 '군부 지도자들이 내건 정의사회에도 맞지 않는다'는 상공부의 반대에도 불구하고 경제기획원에서 파견되어 온 김재익의 주장으로 관철되어 결정되었다.[15] 그러나 당시의 기업수 축소라는 필요성 공감에도 불구하고 왜 꼭 일원화이어야 하고 또 '현대'와 '대우'그룹이 통합주체가 되어야 하는지에 대한 이유는 명확하지 않았다.

국보위는 일원화의 부족한 근거와 독점통합에 대한 비판을 의식, 우선 외국의 통합 예를 보도자료를 통해 밝히고 있다. 그러나 서구의 경우는 정부가 아닌 시장기구에 의한 M&A가 주된 기제로 효율성·비용 측면이 한국의 경우와는 근본적으로 다른 것이었다.[16] 오히려 한국의 경우와 보다 가까운 일본의 경우는 발전설비에서 '미쯔비시(三菱)'·'도시바(東芝)'·'히타찌(日立)'의 3원화로 경쟁이 효율성을 촉진시켜 세계 1위로 성장하였다.

국보위는 자동차산업의 통합근거로 생산능력이 수요를 초과하는 점, 가동률 저

---

14 이창희(1986), p. 161.

15 이는 J.-C. Rhee이 인터뷰한 내용이라고 한다. 언제 누구와 인터뷰한 것인지는 구체적으로 나와 있지 않다(J.-C. Rhee, 1994, p. 163).

16 시장기구에 의한 수평결합은 ① 경영자의 효율적 기업관리를 유도하고, ② 다공장경영의 경제성(economies of multiplant operation) 확립, ③ 초과설비 관리에서의 한계적 공장부터의 처리에 따른 효율증진을 가져온다. 이는 D. M. Barton and R. Sherman(1984)에서 보듯이 실증적으로도 증명되고 있다.

하로 유급(有給)유휴인원이 과다한 점, 승용차 경제단위 미달로 경쟁력이 약한 점을 들었다. 그러나 이러한 근거는 논리적으로 전혀 합리적인 근거가 될 수 없었다.

우선 중화학공업은 규모의 경제(economies of scale)와 범위의 경제(economies of scope)를 염두에 둔 적정자본규모를 목표로 한 자본형성을 상당 기간 지속해야 하는 동태적 성격의 산업인데, 비교 내수전망을 1980년 고정시점으로 잡은 것은 중화학공업의 성격을 전혀 이해하지 못한 것이라고 할 수 있다. 발표문에서도 밝혔듯이 당시 자동차관련 조세공과금의 과중과 1979년의 석유파동,[17] 그리고 정국불안요인으로 1980년의 수요는 단기적으로 수요충격(demand shock)을 겪고 있었기 때문이다. 이는 1980년 승용차의 내수가 47.8% 감소하고 수출수요가 20.6% 감소한 점, 조세공과가 낮았던 지프차는 29.3% 수요가 증가한 점에서도[18] 알 수 있다. 이론적으로 보더라고 공급애로를 가진 초기 성장단위에서 단기적으로 공급이 수요를 초과한다고 해서 수요증대요인이 존재함에도 공급을 줄이는 것은 물론 틀린 정책수단이 된다.

두 번째의 논리 역시 일원화할 경우 정책적인 억제수단에도 불구하고 단기적으로는 오히려 분명 고용문제를 악화시킨다는 점에서 맞지 않는다. 세 번째 논리는 당시 자동차공업이 여전히 초기단계였다는 점에서 일견 합리적이다. 그러나 이는 중화학공업 초기에 이미 예견되었던 것으로[19] 초기 과잉기업진입을 제도적으로 막지 못한 이상, 사후적으로 경제단위 미달은 정부가 아닌 진입기업의 책임으로 남는 것이다. 또한 "버스·트럭의 경우 단위공장마다 경제생산단위에 도달하였다", "승용차는 경제단위 미달로 경쟁력이 약화되었다"고 하지만 상용차 역시 세계경쟁단위로 보아 경제단위에 훨씬 미달되고 있었던 점에서 이는 승용차부문 통합을 위한 논리 자체였음을 알 수 있다.[20]

결국 이러한 비합리성으로 인해 승용차산업 일원화는 이후 1981년 2월 28일 「자동차공업 합리화 조치」에서 '상호경쟁, 소비자보호, 중소부품업체의 예속화 방지, 자동차공업의 답보상태 제거'[21] 실패와 "관련기업들의 계획과 상치되는"[22] 점에서 오류였다고 정부 스스로에 의해 인정·발표되었다.

[17] 국가보위비상대책위원회 상공자원분과위원회(1980. 8. 19), 보도자료, p. 13.
[18] 한국자동차공업협회(3자, 1994), pp. 23~24.
[19] 대통령비서실(중선19730130).
[20] 물론 당시 정부는 '수출=소형승용차'라는 등식을 갖고 있었다.
[21] 상공부(자합배, 1981. 2. 28), pp. 5~6.
[22] 상공부(자합배, 1981. 2. 28), pp. 3~4.

표 9-1 조정 전 자동차업체 지표 비교(1979년 말)

업 체	자본금(백만 원)	투자액(10억 원)	생산능력(연간 대수)		국산화율(%)	
현대자동차	88,250	1979년까지 131.6 1980～1986년 계획: 334.6	승 용 차	97,000	포 니	95
			버스·트럭	21,000	코 티 나	62
새한자동차	18,500 GM 50%	1979년까지 87.2 1980～1986년 계획: 920.2	승 용 차	62,000	제 미 니	85
			버스·트럭	22,000	레 코 드	65
기아산업	15,000	1979년까지 66.1 1980～1986년 계획: 292.0	승 용 차	33,000	브리사2	95
			트 럭	45,000	피아트132	62

자료: 한국자동차공업협회(투자, 1980. 2. 20); 한국자동차공업협회(3자, 1989); 국무총리기획조정실(43산, 1980), pp. 235, 239.

당시 모든 대기업집단들이 수익성이나 규모, 그리고 이후 기술응용, 정부지원 등의 면에서 가장 참여하고 싶어 하였던 발전설비산업과 건설중장비산업 역시 과잉 경쟁이 문제되었지만 일원화의 합리적 근거는 매우 미약하였다. 실제로 발전설비의 경우 당시 발전설비와 직접 관련된 '한국전력'도 일원화를 반대하였지만[23] 묵살되었다.

'현대'가 승용차 일원화 업체로 선택된 것은 1차적으로 국보위의 강압에 의해 '현대'가 승용차를 원하였기 때문이었다. '현대'의 일원화 조치 반대에 대해 국보위는 설득과 협박을 통해 8월 최후통첩을 보냈고[24] 대신 '현대'에 대해 자동차와 발전설비 중 우선선택권을 주었는데 '현대'는 자동차를 선택하였다(본장 부록의 〈보론 9-2〉 참조). 국보위와 '현대'의 이러한 선택은 〈표 9-1〉에서 보듯이 '현대자동차'가 자동차회사 중 자본금, 투자규모, 생산능력, 국산화율 진전 등 모든 면에서 가장 앞서고 있다는 점 때문에 산업조직과 중소기업에 대한 보완조치 미비에도 불구하고[25] 자동차관련 기업을 제외한 다른 기업들이 반대할 수 있는 입장은 아니었다.

23 경제기획원(현대, 1979. 5. 25).

24 현대그룹이 일원화 조치를 반대하였고 이에 대해 국보위의 설득 및 협박이 있었던 것은 여러 증언에서 나타나고 있다(정주영, 1991, pp. 186~190; 이장규, 1992, pp. 80~89). 이 밖에도 '현대'와 자동차공업협동조합 여러 사람에게서 직접 공통된 증언이 있었다.

25 국보위는 '자동차부품업체의 각종 지원제도 개선, 공정거래법과 소비자보호법 등 제정, 정부 행정규제'를 시행하겠다고 밝히고 있다. 그러나 실질적 조치는 없었다. 공정거래법은 조정과 상관없이 이미 1979년 4월 이후 개정작업에 들어가 1980년 6월 18일에는 초안이 작성되어 있었으며 조정에 따른 어떤 보완은 이루어지지 않았다(경제기획원(공정7), 1979. 9. 19; 경제기획원(공정8), 1980. 4. 4; 경제기획원(공정), 1984, pp. 54~55).

표 9-2 발전설비업체의 비교

단위: 억 원, %

구분		현대양행	현대중공업	대우중공업	삼성중공업
재무구조	자 산	2,266	3,493	1,900	370
	자 본	175	2,225	427	58
설비능력	발전설비	주기기(主機器), 보일러 제조설비 선발	–	–	보일러 제조 설비 선발
	중 장 비	국산화 가능설비 국산화율: 60	–	언더캐리지 제작설비 미비 국산화율: 34	–
수주실적		남제주화력#1, 2 국산화율: 100*	아산화력 #1, 2 국산화율: 44.5	울산화력 #4, 5 국산화율: 40.2	–
		삼천포화력 국산화율: 56	원자력#5, 6 국산화율: 23.7	–	–
		서해화력 #1, 2 국산화율: 56*, 36**	아산화력 #5, 6 국산화율: 50.8		–

주: 1) 재무구조는 1978년 기준임.
2) *는 보일러, **는 T/G임.
자료: 경제기획원(현대, 1979. 5. 25).

그러나 발전설비·건설중장비 산업의 경우는 달랐다. 우선 당시 주요 발전설비 업체였던 '현대중공업'·'현대양행'·'대우중공업'·'삼성중공업'의 업체별 국산화율, 재무구조, 설비능력, 수주실적 등을 '경제기획원' 자료를 통해 비교해 보면 〈표 9-2〉와 같다.

'현대양행'은 설비능력·수주실적·국산화율 등에서 모두 뛰어났지만 재무구조상 자본비율(자본/자산)은 7.7%에 불과한 열악한 구조를 갖고 있었다. '현대중공업'은 재무구조가 비교적 좋고 수주실적·국산화율이 좋지만 설비능력이 떨어져 있음을 알 수 있다. 선정된 '대우중공업'의 경우 중장비부문에서 조금 앞서고 있지만 언더캐리지(under carriage) 제작설비가 여전히 미비된 상태였고 발전설비에서는 취약한 구조를 갖고 있었다. 수주실적도 '현대양행'이나 '현대중공업'보다 뒤져 있었다. 또 〈표 9-3〉에서 보듯이 1980년 조정 발표 직전 이 분야에 대한 대우의 투자는 '대우바브콕'과 '대우전기(大宇電機)'가 투자한 150억 원에 불과해 '현대양행'의 2,600억 원은 물론, '현대중공업'의 500억 원보다도 훨씬 적었다. 이는 1979년 투자예정액 851억 원보다 훨씬 미달한 것으로 '현대양행'이나 '현대중공업'이 이미 1980년에

표 9-3 발전설비, 중장비 투자 비교

단위: 억 원

구 분		현대양행	현대중공업	대우중공업
발전설비(1979. 5)	기투자액	934	244	50
	총투자액	1,093	415	561
중장비(1979. 5)	기투자액	298	–	70
	총투자액	298	–	290
기투자액(종합, 1980. 8)		2,600	500	150
그룹재무구조	총 자 산	–	20,162	15,797
	자기자본	–	5,780	2,788
	부 채	–	14,380	13,009
	부채/자본	–	249%	470%

주: 1) 총투자액은 기투자액과 투자계획을 합한 것임.
2) '삼성중공업'의 1979년 5월 현재 발전설비분야 기투자액은 213억 원, 총투자액은 764억 원이었음.
자료: 경제기획원(현대, 1979. 5. 25); 김의균(1980a), pp. 130, 133.

투자예상액을 넘어서고 있는 것과 뚜렷이 대비되고 있다. '삼성중공업'은 보일러 제조설비에 선발기업으로 참여하고 있었지만 큰 수주실적이 없고 중장비부문에서는 여전히 약한 기업으로 평가되고 있었다.

문제는 사전적인 일원화 결정에 있었으며 국보위는 '대우중공업'을 선택하였다. 〈표 9-3〉에서 보듯이 대우그룹 전체로 보아도 2,788억 원이라는 자기자본규모나 470%에 달하였던 부채비율로 보아 선택될 수 없는 상태였지만 발전설비와 중장비를 '대우'에 넘겼다. 이러한 무리로 건설중장비에서는 1982년 11월 11일, 11월 14일, 1983년 9월 16일 계속 투자조정의 변경이 이루어져야 하였고, 마침내 1986년 7월 16일에는 '상공부 공고 제86-41호'로 다시 산업합리화를 겪어야 하였다.

어쨌든 1980년 8월의 중화학공업 조정으로 당시 기업들이 가장 원하였던 발전설비와 건설중장비·승용차산업은 '대우중공업'·'현대자동차'로 독점분할이 이루어졌으며, 발전설비와 중장비를 독점통합받은 '대우'의 김우중 회장은 이에 대한 보답으로 사재 200억 원을 사회에 환원하였다.[26] 이렇게 일원화, 그것도 합리적 대책제시 없이 근거가 모호한 통폐합은 기업들의 불만을 가져왔다. 이에 국보위는 보완대책을 강구중이며 이를 1개월 이내에 발표하겠다고 공언하였다.[27] 그러나 "발전설비

[26] 김의균(1980a), p. 130.
[27] 국가보위비상대책위원회 상공자원분과위원회(1980. 8. 19), p. 6.

통합에 따른 보완대책을 8월 28일에 수립"[28]하여 대통령과 '국가보위비상대책위원회'의 재가를 받았다고 하지만 통합된 기업에 대한 실질적인 대책은 공개되거나 실현되지 못하였다. 통합된 기업대책은 '향후의 작업계획'에서 단지 '계획수립'으로[29] 되어 있었던 점에서 사실은 조정 당시 제대로 준비되거나 고려되지 않았음을 알 수 있으며, 이후 수립된 대책은 "발전설비 통합의 보완대책을 수립하였으며 ……현대중공업에서는 업무량 인수인계작업이 현재 진행중에 있으며 이 작업은 11월 중으로 완결될 것입니다"[30]에서 보듯이 작업을 빨리 완결하는 것에만 초점이 맞추어져 있었다.

1980년의 불안정 속에서 국보위의 관심은 빨리, 그리고 안전하게 조정을 완결하는 것이었다. 그리고 그 방법은 '현대'·'대우'·'삼성'·'금성'·'효성'·'쌍용' 등 대기업집단에게 산업을 분할하는 것이었음이 1, 2차 조정에서 나타나고 있다. 이것이 가장 위험을 줄이는 방법이라고 믿었던 것이다.

국보위는 동일 제시한 보도자료에서[31] "발전설비의 경우 '대우중공업'이 '현대양행'과 같은 수준의 국산화율에 도달하려면 최소한 4~5억 달러의 추가투자가 필요하고 일원화시켜도 연 3~4억 달러 수출이 이루어져야 정상가동이 가능하며, 국내독점시에도 14개 발전도상국 발전소 건설의 약 50%를 수주하여야 정상가동이 가능하다"고 밝혔다. 이는 국보위가 1차 조정의 명분으로 여러 번 강조한 정책금융삭감, 정부개입 축소 공언과 달리 사실 정부지원을 필연적인 것으로 하고 있었음을 보여준다.[32]

이미 1980년 들어 세계적인 석유위기와 함께 중화학공업 생산물시장의 과잉공급과 외자시장의 축소가 급격히 나타나고 있었다. 이에 〈표 9-4〉에서 보듯이 한국 중화학공업 기업들은 1조 3,600억 원에서 1조 500억 원으로 시설투자를 이미 22.5% 대폭 줄이고 있었다. 동시에 5,500억 원에 달하였던 외자조달액도 4,000억 원으로 줄여 29.1%에 이르고 있었던 외자의존도 역시 23.3%로 대폭 줄이고, 자금원을 내자로 전환시키고 있었다. 따라서 이런 시장상황을 이용하면 비용을 최소화하면서 투자조정이 가능하였으며, 기업재무구조 합리화도 촉진시킬 수 있었고, 동시에 비

28 국가보위입법회의(1980. 11. 5), p. 8.

29 국가보위비상대책위원회 상공자원분과위원회(1980. 8. 19), p. 16.

30 국가보위입법회의(1980. 11. 5), p. 8.

31 국가보위비상대책위원회 상공자원분과위원회(1980. 8. 19), 보도자료, p. 10.

32 국보위는 1차 조정으로 1983년까지 1조 2,000억 원이 절약된다고 밝혔다(국가보위비상대책위원회 상공자원분과위원회, 1980. 8. 19, 보도자료, p. 5).

표 9-4 중화학공업기업의 자금수급 및 의존도

단위: 10억 원, %

구 분	1979년		1980년	
자금수요	금 액	점 유 도	금 액	점 유 도
자금소요액	1,907	100	1,698	100
시설투자액	1,358	71.2	1,053	62.0
차입금 상환	225	11.8	243	14.3
기 타	325	17.0	401	23.6
자금공급	금 액	의 존 도	금 액	의 존 도
자체조달액	562	29.5	551	32.5
외자조달액	554	29.1	395	23.3
내자차입액	791	41.5	753	44.3
정책자금	158	8.3	200	11.8

자료: 상공부(중조, 1980. 10. 7).

효율적인 기업을 현시화시킬 수도 있었다. 그럼에도 국보위는 이러한 시장을 통한 간접조정보다 정부 추가지원을 전제로 하면서까지 기업에의 직접개입을 발표한 것이었다. 국보위는 나아가 발표문에서 "……기타의 과잉투자사업은 ……필요한 경우에는 정부가 개입할 것임을 이 기회에 아울러 밝혀 두는 바입니다"[33]라고 계속적인 정부의 직접개입 의지를 밝혔다.

1차 조정이 어떻게 준비되었으며 그 근본문제는 무엇이었는가는 '향후의 작업계획'에서 볼 수 있다.

첫 번째로 국보위는 여기에서 기초적인 피통합(被統合)법인의 자산평가, 법인청산시의 법적 절차, 폐기설비의 평가 및 처리문제 등을 향후 조사하겠다고 밝히고 있다. 기업통합을 발표하면서 발표 당시까지 기업·산업의 기초조사도 시행하지 않았던 것이다. 중화학공업 1차 조정이 얼마나 급조되었는가는 당시 경제기획원의 자동차분야 정책자료를 보면 통합에 따른 내용을 경제기획원이 몰랐던 데에서 단적으로 나타난다.[34] 결국 이는 정부가 9월이 되면서 조정시간을 연장하고 나아가 조정이

33 국가보위비상대책위원회 상공자원분과위원회(1980. 8. 19), p. 4.

34 조정발표 당시의 경제기획원 자료는 자동차분야 통합이 전혀 고려되지 않은 채 일관되게 완성차 5사체제로 되어 있고 단지 전체 두 군데서 추가로 끝에 통합사실이 첨필되었다(경제기획원(5계), 1980. 8, pp. 13, 33).

실패하는 근본원인이 되었다.

두 번째로 "향후 합작선 및 국제기관을 설득하겠다"고 한 것은 합작기업 또는 관련 해외기관과 사전적인 협의 없이 발표가 이루어진 것을 보여 주는 것으로, 이는 국보위가 외자의 성격에 대해 무지했다고밖에 볼 수 없는 것이었다. 이러한 국제적인 비전문성을 노정한 성급한 결정은 외자합자회사인 '새한자동차' 문제에서 정부가 후퇴할 수밖에 없음으로써 전체 조정계획에 결정적인 차질을 가져왔다.

세 번째로 "발전설비 및 자동차공업 육성 기본 계획을 향후 수립하겠다"는 발표는 통합조치가 전혀 거시적인 산업구조 및 산업조직체계의 고려 없이 결정되었음을 보여 준다. 즉, 산업, 관련공업의 전체 계획이 입안되고 그 실천계획으로서 기업조정이 이루어진 것이 아니고 미시적인 기업경영 개선 측면에서 조정이 이루어졌음을 알 수 있다. 이는 정부발표에서 조정효과로 '공장들의 정상가동', '원가절감책' 실현, '흑자실현' 등이 여러 차례 지적되고 있는 점에서 잘 나타난다.[35] 결국 이러한 잘못된 조정방향은 이후 정부의 제2, 제3 개입이라는 악순환을 가져오고 거시적 비용을 증대시키는 원인이 되었다.

국보위는 일원화의 효과로 발전설비의 경우 1986년에 경상이익이 되며[36] '현대자동차'는 단일공장으로 세계 10위가 될 것으로[37] 보았다. 여기에서 국보위가 추상적인 장기적 낙관론에 근거하고 있음을 알 수 있다. 사실 1980년대 중반 이후 세계경제가 회복되리라는 것은 당시 충분히 예상되고 있었으므로 1986년경 긍정적 효과가 '일원화' 조정의 함수가 아니라 '시간'의 함수로 나타나야 한다는 것이 당연한 것이었다. 그러나 조정 후 이 목표는 둘 다 달성되지 않았고 '한국중공업'은 이후 적자를 지속하였다.

정부는 1차 조정 발표 후 실행수단과 제약조건을 고려하지 않은 1차 조정이 잘못되었음을 금방 발견할 수 있었다. 자동차 일원화는 GM문제로 처음부터 불가능한 것으로 판명되었다(본장 부록의 〈보론 9-2〉 참조). GM은 주식배당을 50%로 해야 한다고 주장하였고 '현대'는 이를 거부하고 있었다. 발전설비와 건설중장비 일원화에서는 '대우'와 '현대양행'·'현대중공업'이 기업의 필요에 의한 것이 아니라 정부명령에 의한 조정이라는 점 때문에 모두 버팀으로써 정산금액에는 2~10배의 큰 차이가 나타났다.[38] 관련기업으로서는 정부가 통폐합을 강제하였다는 이유로 정부지원

35 국가보위비상대책위원회 상공자원분과위원회(1980. 8. 19), pp. 3, 5~6, 보도자료, p. 10.
36 국가보위비상대책위원회 상공자원분과위원회(1980. 8. 19), 보도자료, p. 10.
37 국가보위비상대책위원회 상공자원분과위원회(1980. 8. 19), pp. 5~6.

을 기대하였다. 발전설비 일원화로 '대우'그룹이 당장 필요한 자금은 은행차입금의 원금반제 및 하청대금 결제액 1,600억 원, 조업필요자금 1,500억 원, 운전자금 1,000억 원, 은행차입금의 출자교체비 1,000억 원 등 약 5,000억 원이 넘는 것으로 나타났다.[39] '대우' 김우중 회장은 1985년까지 '현대양행' 정상화에 5,000억 원, '옥포종합기계공장' 정상화에 3,000억 원 등 총 8,000억 원이 필요한데 '현대양행'에 관해서는 '대우' 역시 자체적으로 1,000억 원을 조달하여 투자할 것이므로[40] 정부가 4,000억 원을 도와주어야 한다고 주장하였고[41] 9월 9일 정부에 이 막대한 자금지원을 요청하였다.[42] 정부는 중화학공업에 착수하면서 자금동원계획을 세워 두었지만 이런 규모는 정부의 예상을 훨씬 뛰어넘는 것이었다(본장 부록의 〈보론 9-3〉 참조).

따라서 형식적으로 9월 13일 '대우' 김우중 회장이 '현대양행'의 경영권을 인수하고 '한국중공업'을 설립하였지만 여전히 내용면에서 통합조정은 어느 것 하나 완수되지 못한 채 당장 늘어나는 이자비용과[43] 함께 발전설비산업에서 정부지원은 불가피한 것으로 되어 갔다. '현대양행'의 납입자본금 420억 원에서 '현대양행' 분을 제외한 '한국산업은행', '한국외환은행' 분이 220억 원으로 사실상 정부소유지분이 52.4%에 이르고 있었다.[44] 이미 정부는 '대우'가 재정상의 문제가 있는 것을 알고 있었으므로 정부분을 제외한 나머지의 50% 부분만 소유하도록 유도했고 또한 '대우'의 재정적 어려움을 덜어주기 위해 '한국중공업'에 '서해화력(西海火力)' 기계제작, '삼천포화력(三千浦火力)' 기계, 토목, 건축, '고정(高亭)' 1, 2호기의 보일러 제작, 원자력 7, 8호기의 토목, 건축까지 턴키베이스로 일괄하여 줌으로써 모든 발전설비를 독점공급하도록 하였다.[45] 이미 엄청난 특혜라고 비난받고 있는 이런 상황 속에

---

38 우선 1979년 5.25 투자조정으로 '현대양행'에 투자한 '현대중공업' 분에 대해 '대우'와 '현대'의 평가는 매우 달랐다. '대우'는 6,000만 달러, '현대'측은 1억 3,000만 달러로 평가하였다(木神原芳雄, 1984, p. 207). 두 번째로 '한국중공업'의 발전설비에 대한 평가가 '대우'와 '현대' 간에 매우 달랐다. '한국중공업'과 '현대중공업' 실무자 40명이 실사작업을 한 결과 '현대'는 설계도를 포함 계획총투자액의 10%를 상환할 것을 주장한 반면 '대우'는 1%로 평가액을 정하였다. 정부('한국전력')는 이에 대해 5.5%를 제시하였다. '현대'는 1%를 받을 것이면 설계도면을 모두 소각시키는 것이 낫다고 주장하였다(김의균, 1980a, p. 130).

39 木神原芳雄(1984), p. 208.

40 대우빌딩 매각으로 500억 원, 대우그룹 방계회사 부동산 처분으로 235억 원, 그리고 '새한자동차' 주식을 '현대자동차'에 넘기고 받은 돈으로 1,000억 원의 자금을 조달하겠다고 밝혔다(매일경제신문, 1980. 8. 30; 김의균, 1980b, p. 263; 배병휴, 1981. 3, pp. 162~164).

41 이 밖에도 발전소 건설독점과 이자삭감을 요청했다고 한다(인터뷰 내용. J.-C. Rhee, 1994, p. 169).

42 김의균(1980b), p. 263.

43 '현대양행'의 창원공장은 완공 이전까지 매일 1억 원의 이자지불이 필요하였다고 한다(J.-C. Rhee, 1994, p. 169).

44 李昌熙(1986), p. 161.

서 정부가 다시 금융지원을 계속하게 된다면 이는 바로 특정 대기업에의 공개적인 막대한 지원을 의미하는 것이었다.

결국 정부는 10월 21일 재정자금에서 1,000억 원, '한국산업은행'이 450억 원, '한국외환은행'이 650억 원 등 총 2,100억 원을 '한국중공업'에 추가출자하여 자본금을 3,800억 원으로 하고 나아가 당장 필요한 운전자금 지원을 위해 현금차관 1,000억 원의 도입허용, 내자에 의한 500억 원의 금융지원도 제공하되,[46] 정부가 '한국중공업'을 회수하는 '한국중공업' 공사화라는 고육책을 발표하게 되었다. 공사안의 세부안은 10월 28일 완결되어 29일 운영정상화 방안으로 발표되었는데, ① 21일 발표한 대로 1980년에 우선 지원을 시행하고, ② 이어 1981년에 정부 1,000억 원, '한국산업은행' 500억 원을 추가 출자하기로 한 한편, ③ '대우'의 반발과 입장을 고려해 초기에는 대우의 김우중(金宇中) 회장에게 경영권을 맡기는 것으로 하였다.[47] 그러나 5,100억 원의 자금지원을 통해 만들은 공사와 대기업집단 회장의 공사경영은 단순 중간혼합안으로써, 사회여론상으로도 융합될 수 없는 것이었다. 따라서 김우중 회장 경영의 공사화안은 다시 조정에 들어가야 하였고, 신정부는 '한국중공업'을 11월 27일 '공공성'을 명분으로 '한국전력'[48] 계열로 흡수함으로써 완전한 국유화 조치를 완성하였다.[49]

조정과정에서 나타난 '한국중공업' 공사화 과정은 미시적으로 기업들에게, 거시적으로 한국 현대경제사에 매우 중요한 의미를 주는 것이었다. 우선 미시적으로 볼 때 기업들이 시장보다 정부 움직임에 보다 민감한 경영을 하게 되는 계기가 되었다. 중기업뿐 아니라 대기업집단까지 조정강제에 이어 정부의 의지 하나로 기업주가 바뀔 수 있고 또 그 결정 역시 언제든지 바뀔 수 있다는 사실을 분명히 본 것이었다. 거시적으로 볼 때 발전설비산업의 공사화-국영화는 1970년대 말 제기된, 그리고 주창되고 있었던 '민간주도로의 경제전환'이라는 기본 기조가 후퇴하는 전환점의 의미를 갖는 것이었다. 발전단계와 경제규모로 볼 때 5.16 직후의 기업국유화와는 의미가 완전히 다른 것이었다. 산업 측면에서 보아도 건설중장비를 포함하는

45 매일경제신문, 1980. 8. 20; 김의균(1980a), p. 130.

46 대한상공회의소(한상, 1984), p. 163; 손준철(1985), p. 42. 이 밖에 만기도래 채무의 상환연기(roll-over)도 허용되었다고 한다.

47 경제기획원(현운, 1980. 10. 28); 국가보위입법회의(1980. 11. 5), p. 8.

48 J.-C. Rhee는 '당시 '한국전력'이 이를 흡수할 수 있도록 가장 영향력 있는 군부지도자 중 한 명에게 로비를 하였다'는 인터뷰 증언이 있었다고 밝혔다(J.-C. Rhee, 1994, p. 173).

49 한국개발연구원(안상, 1981), p. 87.

발전설비산업은 정부가 1977년 5월 최초로 조정을 시도할 정도로 기업들이 가장 관심을 가졌고 이익과 규모에서 대규모 종합산업으로 지칭되던 시장상징성이 큰 산업이었던 것이다. 실제로 '한국중공업' 공사화를 계기로 이후 조정이 보완·수정되는 과정을 통해 계속 정부의 개입확대가 이루어졌다. 그 결과 1980년대 전반기 정부역할이 압도적으로 커진 경제구조가 나타나게 되었다.

 제2차 중화학공업 조정과 비용

중화학공업 2차 조정은 당시 과잉공급의 수급상황을 보이고 있던 전자교환기, 중전기기, 선박용 엔진(디젤엔진), 동제련 4개 산업에 초점이 맞추어졌다. 2차 조정은 1차 조정 때의 정부개입에 대한 불만과 대기업 '특혜'에 대한 비판을 불식하는 데에 처음부터 주의가 주어졌다. 그래서 1차 조정 때와는 다르게 조정 전에 '자율조정기간 설정', '대기업집단의 경영건전화 촉구'라는 조치가 먼저 취해졌고, 조정방법도 '완전 일원화가 아닌 분할통합'이라는 방법으로 시행되었다.

우선 조정에 앞서 1980년 9월 13일 서석준(徐錫俊) 상공부 장관은 전자교환기 4개사, 중전기기(重電機器) 8개사, 선박용 엔진 3개사, 동(銅)제련 2개사 등 17개 업계대표를 불러[50] 9월 30일까지 기업들의 조정을 요구하는 이른바 자율조정 요구를 먼저 발표하였다.[51] 그러나 기업들은 짧은 자율조정기간, 당시의 정부의 개입의지 등을 고려할 때 이미 정부가 의도한 대로의 정부개입이 곧 있을 것을 기정사실화하고 있었다. 정부의 개입의지는 이미 1차 조정 발표문에서 나타나 있었고[52] 신정부와 1차 조정의 주체들이 일치하였기 때문이었다. 이러한 기업들의 인식은 관련 기업집단들이 정부가 제시한 자율조정의 시간이 불과 17일로 매우 촉박함에도 불구하고 정부발표 10일째인 22일에야 형식적인 협상을 시작해 기간도 채우지 않고 5일만인 27일 협상을 끝내고 있는 데서 잘 나타난다.[53] 예상대로 정부는 자율조정 요구한 달도 안 된 10월 7일 중화학공업 2차 조정을 전격적으로 발표하였다.

---

[50] 김의균(1980b), p. 261.
[51] 상공부(중조, 1980. 10. 7).
[52] 국가보위비상대책위원회 상공자원분과위원회(1980. 8. 19), p. 4.
[53] 상공부(중조, 1980. 10. 7).

두 번째로 국보위는 9월 27일 「기업체질강화대책」을 발표하였다. 내용은 12월 31일까지 "기업의 비업무용 부동산을 처분토록" 하고 상위 20개 내외 대기업집단의 "계열법인 정리를 유도"하며 "구제금융 억제대책을 강구"하고 "여신관리기능을 강화"하는 것이었다.[54]

정부는 이상 9월의 두 가지 사전적인 조치 발표 후 실질적인 진행 여부와 상관없이 10월 7일 중전기기·디젤엔진·전자교환기·동제련부문[55] 17개 업체에 대한 중화학공업 2차 조정을 통보하고 발표하였다. 이런 점은 당시 정부의 9월조치 발표가 전시적이고 명분적인 성격이 강하였음을 보여 준다.

2차 조정에서는 1차 조정의 일원화에 따른 비난을 의식해 형식적으로 일원화가 아니었지만 내용적으로 산업이 집중되도록 시도하고 있었던 점은 동일하였다. 국가보위비상대책위원회 이후 신정부까지 정부는 장기적인 산업구조와 산업조직을 고려하지 않은 채 대기업집단에게의 산업별 집중구조가 안정화에 가장 빨리 도달하는 방법이라고 일관되게 생각하였던 것이다.

중화학공업 2차 조정의 내용을 문서에 나와 있는 순서대로 대상 산업별로 정리해 보면 〈표 9-5〉와 같다.

2차 조정의 구체적 내용을 분석해 보면 다음과 같다. 우선, 그 동안 기종별로 2개씩 복수업체로 하는 다원화 계획대상이었던[56] 전자교환기산업의 경우 정부는 1종에서 '삼성'계열의 '한국전자통신'을,[57] 2종에서 '금성'계열의 '금성반도체'를 선택함으로써 '삼성'과 '금성'은 전자교환기산업을 양분하였다.

기업들에게는 관심이 높았지만 일반국민들에게는 중요성이 크게 부각되지 않았던 전자교환기가 당시 발표의 제일 앞에 놓여진 것은 조정의 합리적 명분이 가장 컸기 때문이었다. 전자교환기부문은 〈표 9-6〉에서 보듯이 '한국전자통신'·'금성반도체' 그리고 '동양정밀(東洋精密)'·'대한통신'[58] 등 4개 업체가 경쟁하고 있었는데, '한국전자통신'과 '동양정밀'이 미국 ITT/BTM社와 기술제휴를, '금성반도체'와 '대한통신'은 미국 '웨스턴 일렉트릭(Western Electric)'과 기술제휴를 맺고 있었다. 따라서 이는 누가 보아도 과잉경쟁에 따른 동일기술의 이중도입이라는 비판이 제기되고 있었기 때문이었다.

54 국가보위비상대책위원회(기, 1980. 9. 27), 발표문, Ⅳ.

55 또한 석유화학, 자본집약적 장치산업은 신규 투자를 억제하도록 하였다(한국은행(연), 1981, p. 72).

56 국가보위입법회의(1980. 11. 5), p. 8.

57 후에 '삼성반도체(三星半導體)'로 되었다(삼성비서실, 1988, pp. 904~908).

58 대우계열로 '대우통신'으로 바뀌었다(한국능률협회, 1989, pp. 506~513).

표 9-5 중화학공업 2차 조정(1980. 10. 7) 내용

구 분	중화학공업 조정내용
전자교환기	1. 국설(局設) 전자교환기: 제1기종: '한국전자통신'이 '동양정밀(東洋精密)' 흡수 제2기종: '금성(金星)반도체'가 '대한통신' 흡수통합 2. 농어촌 전자교환기: '동양(東洋)정밀'로 전문화 3. 기계식 사설구내(私設構內) 교환기: '금성통신'·'동양정밀'에서 생산하는 기계식 사설구내 교환기는 이미 설치된 유지보수용을 제외하고 10월 17일자로 생산 금지. '대한통신'이 전문화 4. '대우'그룹: '대한통신' 출자지분 회수, '한국중공업' 발전설비에 투자
중전기기	1. '효성중공업(曉星重工業)': '쌍용전기(雙龍電機)'·'코오롱종합전기(綜合電機)' 흡수·합병. 154KV급 이상(초고압) 변압기 독점 2. '현대중전기': 수출과 선박용 자체수요에 한정 3. '금성계전(金星計電)': 154KV급 이하 차단기(遮斷器) 등 한정 4. '신한전기(新韓電氣)', '대명중전기(大明重電機': 154KV급 이하 변압기 5. '이천전기(利川電機)': '효성중공업'에 통합되거나 또는 '신한전기'·'대명중전기'처럼 중하나 택일
디젤엔진	1. 6,000마력 이상 선박용: '현대엔진' 2. 6,000마력 이하 선박용 및 산업용: '쌍용중공업' 3. '대우중공업': 차량용 엔진만 생산
동 제 련	'한국광업제련(韓國鑛業製鍊)'이 '온산동제련(溫山銅製鍊)'을 흡수·합병

자료: 상공부(중조, 1980. 10. 7).

표 9-6 전자교환기분야 생산업체 현황

업 체	기 종	기 술 선	생산능력(천 회선)
한국전자통신	제1기종(M10CN)	미국 ITT/BTM	200
동 양 정 밀			200
금 성 반 도 체	제2기종(No. 1A)	미국 웨스턴 일렉트릭	300
대 한 통 신			200

자료: 상공부(중조, 1980. 10. 7).

그러나 통합의 기준이 될 생산규모에서 각 업체들의 기준은 비슷하였다. 〈표 9-6〉에서 보듯이 제1기종 M10CN의 경우 '한국전자통신'과 '동양정밀'의 생산능력이 20만 회선으로 동일하였고, 제2기종의 경우는 '금성반도체'가 30만 회선, '대한통신'이 20만 회선 생산능력을 가지고 있었다. 정부는 1차 조정에서 발전설비부문

표 9-7 중전기기분야 수급현황(초고압변압기)

단위: 대

구 분	1978년	1979년	1980년
총수요 MVA	4,801 (92)	4,867 (72)	5,291 (101)
생산능력 MVA	7,000 (140)	10,640 (153)	17,000 (293)

자료: 상공부(중조, 1980. 10. 7).

의 일원화 업체로 지정된 바 있는 '대우'를 제외하였고, '동양정밀'은 회선능력이 적다고 배제하면서 대신 농어촌 전자교환기부문을 주었다.[59] '한국전자통신'으로의 통합근거는 발표되지 않았고 또 계속 '한국전자통신'으로만 기록·발표하고 '삼성' 계열이라는 점은 전혀 언급하지 않았는데 이는 대기업집단 나눠먹기 통합이라는 비난을 인식한 때문이었다. 조정과정을 통해 대기업 우선을 지향하는 정부의 조치에 대한 비판은 높았다.

중전기기의 경우 〈표 9-7〉에서 보듯이 과잉생산이 존재하고 있었고 사회문제가 되고 있었다. 그런데 주요 업체별로 초고압변압기를 포함해 총생산능력을 보면 '효성중공업'이 7,680MVA, '쌍용전기'가 4,000MVA, '코오롱종합전기' 3,800MVA, '현대중전기' 3,800MVA, '이천전기' 2,354MVA, 그리고 이어 뉴코리아전기가 1,500MVA였다(개별 업체별 현황에 대해서는 본장 부록의 〈부표 9-1〉 참조). 중전기기에서 대기업이 이렇게 고른 성장을 할 수 있었던 것은 중전기기업체의 난립에도 불구하고 한전의 송전승압과 중화학공업 투자수요 증대가 계속되었기 때문이었다. 그러나 이 점은 정리에서 난점으로 작용할 수밖에 없었다. 우선 '현대'의 경우 1차 조정에서 승용차부문 일원화로 보상이 충분히 이루어졌고 또한 수출과 자체수요시장을 줌으로써 해결하는 것으로 하였다. '신한전기(新韓電機)'와 '대명중전기(大明重電機)'는 생산규모가 작아 계속 소규모 생산을 유지시켜도 문제가 될 것이 없었다. 오히려 대기업집단으로의 통합에 대한 비난이 제기되고 있으므로 이들을 남겨 두는 것이 정부입장에서 훨씬 유리해 154KV 이하 주상용(柱上用) 변압기 등 소형생산으로 제한하여 남겨 두었다. '이천전기(利川電氣)' 역시 이런 광고를 노린 정부측 입장으로 선택권을 부여받았는데 10월 15일 전문업체로 남겠다고 통보하여[60] 남게 되었

[59] 따라서 당시 전자교환기 조정은 나누어 주기로 진행되어 10개월 이전 상태로 그냥 환원시켜 놓은 것에 불과하다는 비판도 제기되었다(김의균, 1980b, p. 262).

다. 문제는 '쌍용전기(雙龍電機)'와 '코오롱종합전기' 등이었는데 결국 이들에게는 '효성'그룹으로의 통합이 유도되었다. 이로써 '효성중공업(曉星重工業)'은 경쟁이 치열했던 154KV급 이상 중전기기의 생산 및 내수시장 독점을 이루게 되었다.

전자교환기의 경우 '동양정밀'에게 농어촌 전자교환기부문을 주었고, '대우'에게는 이미 1차 조정에서의 혜택이 있었으므로 시장을 나머지 '삼성'과 '금성'으로 나누어도 큰 반발은 없었다. 실제로 정부는 "전자교환기부문은 사전투자조정이 이루어짐으로써 특별한 후속조치 없이 비교적 순조롭게 이루어지고 있다"고 국가보위입법회의에서 보고하고 있다.[61] 그러나 중전기기의 경우 문제는 달랐다. 당연히 '쌍용전기'와 '코오롱종합전기'·'이천전기' 등의 문제가 복잡할 수밖에 없었다. 따라서 특히 발전설비와 함께 기업들의 이해가 컸던 중전기기의 경우 1차 조정처럼 기업마찰이 생길 것이 확실하였다. 이에 '상공부'는 이번에는 보다 강제로 개입한다는 뜻을 분명히 사전적으로 밝혔고[62] 통합을 반대하지 못하도록 조정 이전에 먼저 통합부터 하라는 선통합 후정산(先統合後精算)원칙을[63] 강권하였다. 다만 개입조정주체를 '정부'라는 말로 쓰지 않고 '공인기관'이라고 하고 있지만, 이는 명백히 '정부'개입을 예고한 것이었고 무엇보다 당시 기업들이 그렇게 받아들이고 있었다. 그러나 1차 조정 때와 달리 이렇게 우회적인 표현을 사용한 것은 정부개입에 대한 당시 비판적 여론이 매우 높았음을 보여 준다.

동(銅)제련의 경우 '온산동제련(溫山銅製鍊)'의 산업은행 출자분 48.4%, 약 133억 원을 전부 '한국광업제련'에 매각하기로 하였다. 계약금 10%만 내고 잔액은 5년 거치 7년 상환조건으로 하였으며 투자원금에 대한 이자 49억 원을 합하면 총인수금액은 182억 원이었다.[64] 원래 이 조정은 별 문제가 있을 수 없었다. 비록 초기 경영수지의 악화가 심각하였지만 〈표 9-8〉에서 보듯이 자본금·생산능력·시설·공해방지시설 등 모든 면에서 '온산동제련'이 우수해 주식을 사들이는 데 망설일 이유가 없었고, 인수조건도 괜찮았으며 무엇보다도 '온산동제련'의 대주주가 '한국광업제련(韓國鑛業製鍊)'과 같은 '금성'·'대한(大韓)'이었으므로[65] 통합실무마찰이 적었기 때

60 김의균(1980b), p. 262.
61 국가보위입법회의(1980. 11. 5), p. 8.
62 상공부(중조, 1980. 10. 7).
63 국가보위입법회의(1980. 11. 5), p. 8.
64 상공부(중조, 1980. 10. 7).
65 '한국광업제련'은 '금성'·'대한'이 각각 26%의 지분을 갖고 있었는데 이 2대 대주주가 '풍산금속(豊山金屬)'과 정부출자를 얻어 '온산동제련'을 설립하였다.

표 9-8 동제련분야 현황

구 분	한국광업제련	온산(溫山)동제련
자본구성	자본금: 53억 원	자본금: 276억 원
	형태: 공개, 민영기업	형태: 비공개, 정부투자기업
	주주: 금성·대한(大韓)	풍산(豊山)·금성·대한
생산능력	전기동: 4만 톤/년	전기동: 8만 톤/년
	연괴: 8,000톤/년	황산: 26만 톤/년
시설현황	재래공법(용광로)	최신 자용로(自熔爐) 시설
	공해시설미비로 농번기 조업중단 (1980년: 4개월 중단)	황산공장 건설로 공해방지 완벽

자료: 상공부(중조, 1980. 10. 7).

표 9-9 디젤엔진분야 업체 현황

업 체	생산범위	기술도입처	건설기간
현 대 엔 진	6,000HP 이상 대형	SULZER 외 3사	1977. 1 ~ 1978. 12
쌍 용 중 기	400 ~ 6,000HP 중형	B&W 외 6사	1975. 10 ~ 1978. 12
대우중공업	400HP 이하 소형	MAN, KUBOTA	1978년 확장

자료: 상공부(중조, 1980. 10. 7).

문이었다. 더구나 동제련은 방산업(防産業)의 성격이 강해 정부의 차후 지원이 확실시되었다. 그러나 준비 없이 일방적으로 통합이 진행되었다는 점은 동일하였다. 그 결과 통합에 따른 여러 실무마찰문제가 없었으면서도 기업정보협조 미비와 정책수단 불비로 1982년 7월 31일에야 '한국광업제련'에의 통합이 이루어졌다.[66] 이러한 진행과정의 완만함 역시 결과적으로 당시 정부의 산업조정이 체계적이고 합리적인 준비과정 없이 시작되었음을 단적으로 보여 주는 것이다.

〈표 9-9〉에서 보듯이 3개 업체가 있었던 디젤엔진의 경우는 상대적으로 조정이 적었지만 여기에도 6,000마력 이하에서 '쌍용'그룹으로의 집중이 이루어졌다.[67] 이는 쌍용이 중전기부문에서 강제로 퇴거당한 데 대한 보상이었다. 이로써 '쌍용'과

66 대한상공회의소(한상, 1984), p. 508.

67 이를 위해 '대우'의 선박용 엔진사업을 통합시키고 400마력 이하의 생산을 허용하는 조치가 취해졌다(상공부(중조), 1980. 10. 7).

'현대'가 디젤엔진산업을 양분하였다. 이러한 디젤엔진산업 조정에서의 보상이라는 비합리적 근거와 양분화는 결국 장기적으로 산업에 부정적으로 작용해 1986년 7월 16일 '상공부 공고 제86-42호'로 디젤산업은 산업합리화 조치대상이 되었다.

2차 조정은 내용적으로 1차 조정에 비해 약했고 형식적으로 일원화가 철회되는 산업분할의 형식을 보여 준다.[68] 이는 물론 1차 조정 실패, 정부개입, 일원화, 규모 우선 조정에 대한 비난이 예상 외로 커지자 정부가 후퇴한 데 기인하는 것이었다. 정부의 이러한 후퇴는 2차 조정 발표에서 "중화학공업분야에 대한 투자조정을 종결키로 했다"와 "모든 조정은 10월 말까지 완결한다"는 정부의 조정종결 단언에서도 잘 나타난다.

정부가 조정을 축소하면서 종결의지를 강조한 것은 우선 정부개입에 대한 강한 비난 때문이었다. 그러나 내면적으로 더 문제가 된 것은 2차 석유위기와 10.26에 이은 불황에 더하여, 1980년 8월 이후 정부의 중화학공업 기업조정에 따른 불확실성 확대로 기업투자위축이 나타나 경제위기심화 조짐이 나타나고 있었기 때문이었다.

정부는 기업불안이 확대되고 투자가 위축되자 1차 조정 후 9월 16일 1~2%p 금리인하를 중심으로 한 투자활성화 조치를 발표하였다.[69] 사실 정부는 1차 조정 직전 6월 5일 금리인하와 통화발행 확대조치를 취하였고[70] 그 결과 7월 설비투자 관련지표인 건축허가면적과 기계류수입, 국산기계 출하율이 6월에 비해 회복조짐을 보였었다.[71] 그러던 것이 8월의 중화학공업 조정에 따른 통폐합과 계속적인 조정 예고는 석유파동과 10.26에 따른 투자의욕감소를 다시 급격히 가져왔고 제조업 생산지수도 다시 떨어뜨리고 있었다.[72] 이에 다시 9월의 투자활성화 조치가 발표되었지만 계속되는 통폐합 조정과 정부개입으로 인한 투자위축은 전 산업에 파급효과를 미쳐, 9월 제조업 생산지수가 추가 하락한 외에도 전 산업 생산지수가 전년동기 대비 8.2% 대폭적으로 하락하였다.[73] 이에 정부는 서둘러 2차 조정에서 더 이상 추가조치가 없

---

68 2차 조정의 원칙으로 '1. 과잉투자의 방지, 2. 기회의 균등한 배분과 집중방지가 먼저 강조되었고, 이어 3. 국가이익에 부합하는 한 업계의 자율적 조정을 존중, 4. 중장기분야별 전망과 계획감안, 5. 과거의 경영분석과 연고권에 대한 평가, 6. 현재의 투자실적 및 자본동원능력 감안, 7. 종합조정의 기본 목표가 저해되지 않는 범위 안에서 경쟁체제 확립' 등이 들어졌다.

69 경제기획원(개발, 1982), p.346.

70 대출금리가 1%p 인하되고 총통화증가율은 20%에서 25%로 상향조정되었으며 달러당 융자액도 507원에서 525원으로 인상되었다(경제기획원(당경), 1980. 6).

71 전년 동기 대비 건축허가면적과 기계류수입, 국산기계출하율은 각각 −10.3%, −57.8%, −24.7%에서 7월에는 각각 −6.3%, −17.4%, −8.7%로 약간 회복기조에 있었다(경제기획원(우당), 1980. 9. 16).

72 계절변동조정 제조업산업생산지수(1975=100)는 6월 208.7에서 7월 216.1로 상승하였다가 8월 212.7로 떨어졌다(한국은행(경제), 1981).

표 9-10 중화학공업 조정과 투자활성화 조치

일 자	내 용
1980. 8. 19	중화학공업 1차 조정조치 발표(국보위)
1980. 9. 16	· 중화학공업관련 정책대출금리 21.0~22.0%에서 20.0~21.0%로 인하 · 일반은행 콜론(call loan)금리 24%에서 22%로 인하 · 달러당 융자액 525원→540원, 부동산 양도소득세 인하
1980. 10. 7	중화학공업 2차 조정조치 발표(상공부)
1980. 11. 8	· 중화학공업관련 정책대출금리 20.0~21.0%에서 18.0~19.5%로 인하 · 일반은행 콜론(call loan)금리 22%에서 20%로 인하 · 중화학 등 주요 업종, 건전기업→1,000억 원 자금공급 확대
1881. 2. 28	· 승용차생산 이원화(二元化) 조정조치(상공부) · 관련 금융기관 자금지원 천명
1981. 4. 4	· 제2금융권 금리 1~2% 인하 · 시설자금, 단기대출금→장기대출금으로 전환 · 2,000억 원 수출산업 설비대체 및 확충자금 지원 · 중소기업 특별자금 중 시설자금 규모 500억 원→1,500억 원 국산기계 구입자금지원 확대, 융자조건 개선

주: 중화학공업관련 정책 대출금리는 기계공업육성자금, 투자기금 일반자금, 재정자금 시설자금, 주요 산업 시설자금의 대출금리임.

자료: 경제기획원(당경, 1980. 6. 5); 경제기획원(우당, 1980. 9. 16); 경제기획원(개발, 1982); 재무부(경활, 1980. 11. 8).

음을 다짐하기에 이르렀던 것이다.

이와 함께 정부는 2차 조정 후에도 〈표 9-10〉에서 보듯이 다시 '중화학공업 관련 정책대출금리 1.5~2%p 인하, 일반은행 콜론금리 2%p 인하, 기업지원 1,000억 원 자금공급 확대'[74] 등 투자활성화 대책을 이어 발표하여 기업 "투자수요의 급격한 감퇴"[75]를 바꾸려고 노력하였다. 특히, "중화학 등 국민경제상 긴요도가 높은 업종"[76]으로 중화학공업을 직접 거론하여 조정관련 중화학공업기업들에게의 지원을 표명하기까지 하였다. 1, 2차 조정 발표 50여일 동안 2.5~4%p나 하락하는 인위적인 대출금리 인하와 통화공급 확대가 있어야 하였던 만큼 경제는 불확실성 확대에 따

73 한국은행(경제, 1981).
74 재무부(경활, 1980. 11. 8).
75 재무부(경활, 1980. 11. 8), p. 1.
76 재무부(경활, 1980, 11. 8), 참고 Ⅱ.

그림 9-1 제조업 내 중화학공업부문 금융대출비중

단위: %

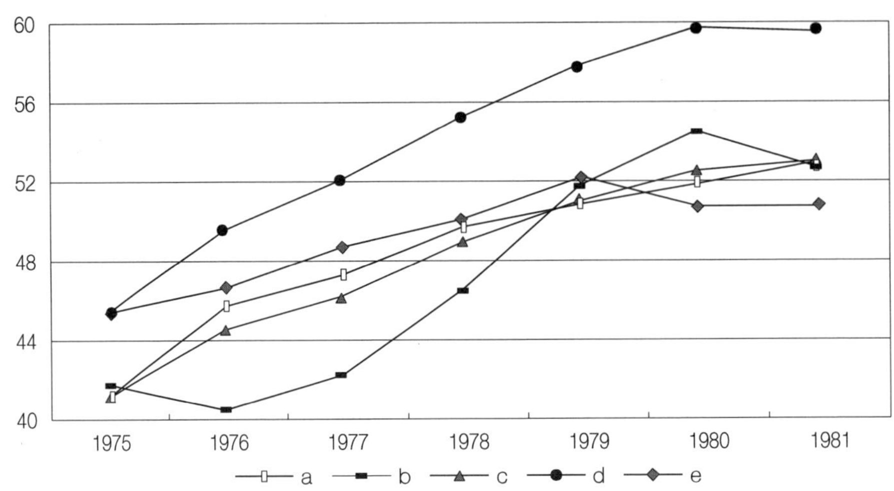

주: a=일반은행(7개 시중은행, 10개 지방은행, 46개 외국은행지점), b=특수은행(한국외환은행, 중소기업은행, 국민은행, 한국주택은행, 각 협동조합), c=일반은행+특수은행, d=일반은행+특수은행+한국산업은행의 제조업 내 중화학공업부문 금융대출비중, e=제조업 내 중화학공업 부가가치비중.

자료: 한국은행(경제, 1979~1982); 한국은행(계, 1987); 한국산업은행(월보, 1975~1982).

른 심각한 투자위기를 맞고 있었던 것이다.

계속되는 정부의 투자활성화 조치의 결과 1980년 전반적인 위기구조 속에서 모든 부문 투자가 급속히 줄어들고 있는 가운데에도[77] 제조업 대출 중 중화학공업 대출비중은 〈그림 9-1〉에서 보듯이 오히려 증가하고 1970년대보다 월등히 높아졌다. 또 중화학공업 4개 대기업의 시설투자액 중 차입금의 비중이 1979년 이미 99.0%에서 1980년 다시 108.9%로 더 늘어났다.[78] 반면 1980년 중화학공업의 부가가치비중은 오히려 크게 떨어졌다. 그 결과 중화학공업 대출비중과 부가가치액 비중을 비교해 보면 1970년대 후반기 격차보다 1980년 급격히 벌어짐을 알 수 있다. 이는 1980년 중화학공업 조정이 1970년대 후반에 집중비판과 조정명분의 대상이 되던 자원배분의 비효율성[79] 개선에서 실패하였음을 보여 주는 것이다. 물론 이러한 대

[77] 제8장에서 보았듯이 1979년 조정에서는 대기업집단들이 오히려 투자절대량을 대폭 늘리는 도덕적 해이(moral hazard)현상을 보여 주었지만, 1980년에는 전반적인 위기구조 속에서 일단 전 부문의 투자절대량은 줄어들고 있었다.

[78] 경제기획원(중, 1979. 8).

기업집단의 선택이 가능하였던 것은 신정부가 경제안정화에 대기업집단이 절대 필요하다는 것을 인정하고 이들 대기업집단들의 움직임을 방임, 나아가 도와주고 있었기 때문이었다. 실제로 서석준(徐錫俊) 상공부 장관은 10월에 "계열기업정리를 중공업투자조정처럼 정부가 직권으로 하지 않겠다"고 공언하였고[80] 또 「기업체질강화대책」 완료시한 하루를 남긴 12월 30일, 상공부가 「계열기업정리조치」 발표로 1984년까지 유예기간을 줌으로써[81] 스스로 「기업체질강화대책」을 철회하여 대기업진단에게 면죄부를 주었다.

그러나 정부개입과 기업조정에 대한 우려는 이후에도 계속되었고[82] 기업통폐합과 이에 이은 전격적 공사화(公社化)에서 보듯이 기업주체가 언제 바뀔지 모른다는 우려가 팽배하였다. 우려대로 정부의 무리한 조정에 따른 후속조치와 개입이 계속되었고, 1981년 2월 28일에는 '승용차생산 이원화 조정'조치가 발표되었다. 이 조치에서는 바로 관련 금융기관의 자금지원 방침까지 천명하였지만,[83] 1981년 들어 나타난 물가안정, 국제수지 적자 축소 등의 거시지표 개선에도 불구하고 정책에 대한 신뢰는 회복되지 못하였고 기업의 투자심리는 여전히 위축되어 있었다. 이에 〈표 9-10〉에서 보았듯이 정부는 다시 이원화 조정조치 한 달 후 1981년 4월 4일 '산업합리화 및 투자장려정책'으로 금리인하, 수출산업 투자자금 2,000억 원 확충, 국산기계자금 지원확대 등을 발표해야 하였다.[84]

이러한 정부의 연속적인 금리인하와 확대금융정책으로 1981년 전체 투자가 미미하나마 양(+, positive)의 방향으로 돌아섰다. 그러나 〈표 9-11〉에서 보듯이 총고정자본형성에서 사후 평가가 어려운, 그러나 생산성과 직접 연계성이 컸던 기계류·운수장비류의 자본재부문은 1981년에도 투자가 전년에 비해 떨어졌다. 1979, 1980년 중화학공업 조정논의 속에서도 조정시 유리한 조건을 얻기 위해 오히려 자금을 끌어 가던 중공업 대기업들도 투자를 줄여 〈그림 9-1〉에서 보았듯이 1981년에는 일순간 제조업 내 중화학공업부문 금융대출비중이 줄어들었다. 투자위축으로 기계류·장비류의 자본재투자가 총투자에서 차지하는 점유율도 1980년 41.4%에서 38.8%로[85] 줄어들었다. 실제로 산업은행이 1981년 말의 상황을 두고 "속히 조정문제 마

---

79 경제기획원 장관(우당, 1979. 1. 11); 경제기획원(안정2, 1979. 4. 17).
80 동아일보, 1980. 10. 23.
81 산업연구원(한산, 1988), p. 86.
82 한국산업은행(월보, 1982), 3115호.
83 상공부(자합배, 1981. 2. 28), p. 3.
84 경제기획원(개발, 1982), pp. 205~206.

표 9-11 기계 및 장비류 투자액과 투자증가율(1980년 불변가격)

단위: 10억 원, %

구 분	1975	1976	1977	1978	1979	1980	1981	1982
기계·장비투자액	1,905	2,563	3,542	5,301	6,164	4,881	4,868	4,942
(증가율)	-	34.6	38.2	49.7	16.3	-20.8	-2.6	1.5
총투자액	6,818	7,833	9,878	12,821	14,864	11,789	12,536	12,553
(증가율)	-	14.9	26.1	29.8	15.9	-20.7	6.3	1.4

자료: 한국은행(계, 1987).

무리 지어야 투자마인드 살아난다"[86]고 지적한 것은 당시의 조정에서 정책불확실성이 컸고 또 투자주체들이 혼돈을 겪고 있어 투자가 이루어지지 못하고 있었던 점을 극명히 보여 준다.

따라서 정부는 다시 중화학공업 조정에 따른 기업들의 투자의욕 고취를 위해 중화학공업기업에 대한 지원을 늘려 1981년 11월 원리금상환 유예조치를 통해 채무상환을 연기하고 구제금융의 추가지원을 다시 제공하였다. 이때 원리금상환조치로 유보된 채무상환액은 1,681억 원에 달하였다.[87] 1982년 상반기에도 조정작업이 완결되지 못하고 "기업의 생산활동이 위축되어 투자가 저조"[88]한 상태가 계속되자 6.28조치로 중화학공업관련 대출금리를 다시 낮추어 10.0%로, 일반은행 콜론금리를 14%로 낮추었다.[89] 이로써 기계공업육성자금, 재정자금시설자금, 주요산업시설자금 등 중화학공업관련 대출금리가 불과 1년 9개월 만에 11.0~12.0%p, 일반은행 콜론금리가 10%p 하락하는 금리대하락이 나타나게 되었다(〈그림 9-2〉 참조).

이렇게 중화학공업 조정 20개월 동안 시행된 '원리금상환 유예', '급속한 금리의 인위적 인하'와 '통화공급 확대'조치는 1979년 4월부터 시행된 경제안정화 정책과 10.26 이후의 '안정화, 기업건전화 촉구'[90] 정책방향이 후퇴되고 있음을 의미하는 것이었다.

이러한 금융조치는 정부의 공언과 달리 은행의 정책대출자금 비중증가를 가져

[85] 한국은행(계, 1987).
[86] 한국산업은행(80산, 1982), p. 13.
[87] 경제기획원(중조, 1982. 2. 16).
[88] 경제기획원(개발, 1982), p. 354.
[89] 또한 단자회사 어음할인율이 4.5%p, CP 할인금리가 5.5%p 각각 낮추어졌다. 동시에 법인세율이 13~18%p 하향되는 등 세율개정이 이루어졌다(경제기획원(개발), 1982, pp. 355~356).
[90] 재무부(환, 1980. 1. 12).

그림 9-2 중화학공업 관련 대출금리 및 일반 콜론금리 변화

단위: %

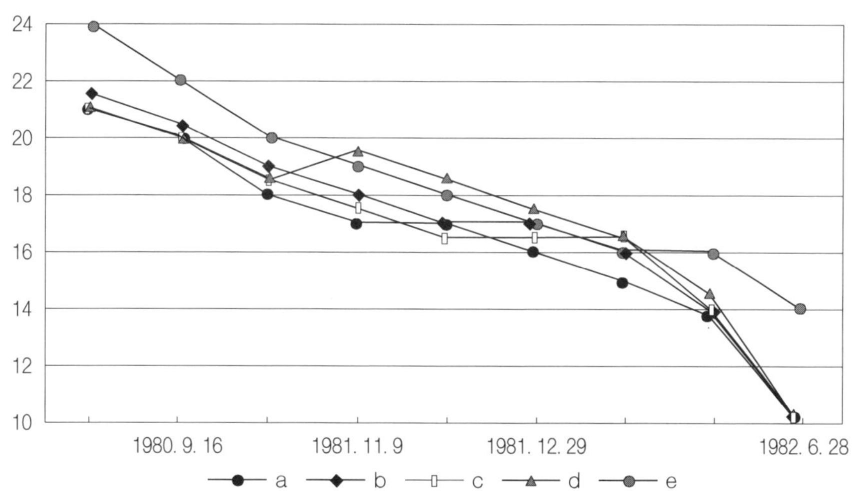

주: a는 기계공업육성자금, b는 투자기금일반자금, c는 재정자금시설자금, d는 주요산업시설자금, e는 일반은행 콜론금리.

자료: 한국은행(조, 1983. 4).

왔다. 통화금융기관 중 민간 은행금융산업발전과 직접 관련된 시중·지방은행의 정책대출금 비중과 수익성·안정성·성장성을 보면 〈그림 9-3〉과 같다.

〈그림 9-3〉에서 시중은행의 정책대출비중은 1973~1979년 평균 40.0%에서 1981~1983년 51.8~52.8%로 급상승하였으며, 지방은행의 경우도 9.6%에서 14.5~17%로 급상승하였음을 알 수 있다. 이와 함께 은행의 수익성·안정성·성장성은 급격히 악화되었다. 1970년대 0.84, 1.20%에 머물던 시중은행·지방은행의 수익률은 급속히 악화되어 1982년 0.25%, 0.34%, 그리고 1983년에는 0.13%, 0.25%까지 떨어졌다. 경영자율성이 상대적으로 높고 정책자금비중이 낮았던 투자신탁회사 이윤율은 1979년 0.88%에서 오히려 1981~1983년 9.4~12.8%로 급상승하고 있었던 점과[91] 뚜렷이 대비된다. 총자산증가율로 표시한 은행의 성장성도 1981년 이후 급하락하였다. 이러한 결과는 중화학공업 조정에서의 정부 장담과 1980년대 전반기의 금융에 대한 제반 선언적 조치와[92] 달리 내용적으로 1980년대 전반기 은행금융산업 발전이 오히

[91] 전국은행연합회(금융, 1985), p. 177.

[92] 1980년대 전반기에 은행민영화, 외국은행 영업허가, 실질금리 인상, 정책금융 저금리 철폐와 특별기금 규모 축소 등의 선언적 조치가 이루어지기 시작하였다.

그림 9-3 은행의 정책대출비중과 수익성·성장성 단위: %

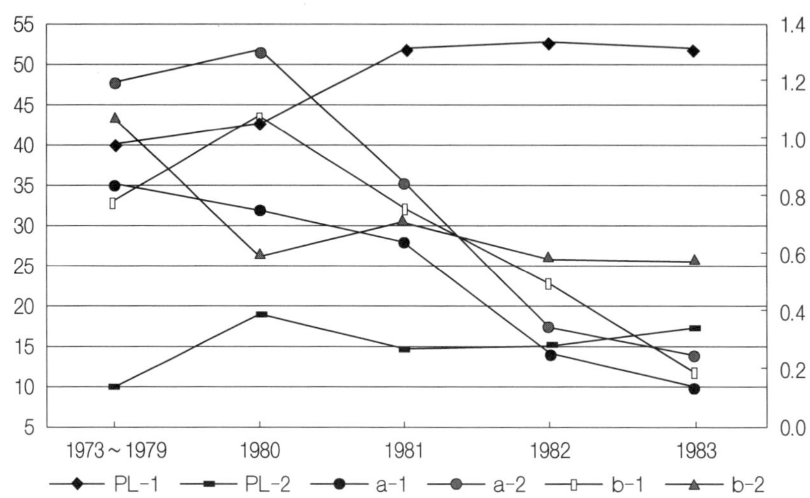

주: 1) PL: 정책대출비중, a: 수익성=총자본수익률, b: 성장성=총자산증가율.
2) 1: 시중은행, 2: 지방은행.
3) a: 우측 Y좌표., PL, b: 좌측 Y좌표.
자료: 전국은행연합회(금융, 1985).

려 후퇴하였음을 보여 준다.

1980년은 2차 석유위기와 10.26 이후 급격한 정부변동으로 경제안정기조가 흔들리고 경기불황이 급속히 진행되던 시기였다. 이 시기에 시장을 통한 간접적인 투자조정이 아닌 정부의 직접개입에 의한 중화학공업기업 조정을 장기간 유지하였던 것은 투자심리 위축과 함께 불황을 심화시켰다는 점에서 시기적으로나 방법론적으로 적절하지 못한 것이었다. 이러한 부적절성은 결국 금융산업 등 관련산업 발전면에서 적정비용 이상의 과대비용요인으로 나타나게 되었고 자원배분 효율성을 현저히 떨어뜨리게 되었다.

9.4 추가조정, 제3차 조정과 파급비용

중화학공업 조정작업은 정부의 장담과 공언에도 불구하고 추가적인 정부개입조치가 계속되었다. 경제기획원은 상공부의 2차 조정 발표 후 10월 28일 '현대양행'에 대해 운영정상화 방안을 발표하였다.[93] 1차 조정의 자동차부문 역시 '현대'와 GM의 대립으로(본장 부록의 〈보론 9-2〉 참조) 부진하자 정부는 우선 국내의 자동차산업을 일으켜야 한다는 것으로 방향을 돌려 1980년 10월 '자동차육성계획'을 발표하였다.[94] 그 내용은 1980년부터 1986년까지 6년간 내자 1조 8,492억 원, 외자 9,125억 원 등 총 2조 7,617억 원을 자동차기업과 부품업체에 지원하여 1986년의 자동차 생산능력을 연간 110만 대로 올리고 31만 2,000대를 수출한다는 것이었다. 그러나 1981년이 되어도 "'기아산업'은 픽업 1톤 이상 5톤 이하 트럭과 버스를 생산할 수 있고, '현대'·'새한' 통합사는 승용차, 픽업 8톤 이상의 트럭과 버스를 생산하도록 한다"[95]는 생산차종별 분할원칙 외에는, '현대'-GM의 대립지속 등 자동차부문 조정은 구체적인 어느 것 하나 이루어지지 못하고 있었다.

마침내 정부는 1981년 2월 28일 「자동차공업 합리화 계획」을 다시 발표하여 1차 조정의 무효와 새로운 조정을 선언하였다. 중화학공업 3차 조정이었다(〈표 9-12〉 참조). 새 조정 발표문에서 "현실적으로 추진가능한," "관련당사자들과의 충분한 사전협의를 거쳐"[96] 등이 강조되고 있는 것은 당시 정부가 조정과정과 막대한 시간, 비용을 지불하고 비로소 학습효과(learning by doing)를 통해 조정의 방법을 하나씩 배우고 있음을 보여 준다.

이 발표는 크게 4개 항으로 되어 있다. 우선 승용차 생산은 일원화 조치를 취소하고 '현대자동차'·'새한자동차'로 이원화한다는 것이었다. 제2항과 제3항은 상용차에 관한 것인데 제2항의 내용은 '동아자동차'가 특수특장차의 생산을 전문화하고 '기아산업'은 1~5톤의 중소형버스 생산을 특화하며, 8톤 이상 트럭 및 대형버스 등은 경쟁체제로 한다는 것이었다. 제3항의 내용은 '동아자동차'와 '기아산업'을 통합하여 특수차량 전문생산공장화한다는 내용이다. 제2항과 제3항의 발표는 비록

93 경제기획원(현운, 1980. 10. 28).
94 상공부(자수, 1980. 10).
95 국가보위입법회의(1980. 11. 5), p. 8.
96 상공부(자합, 1981. 2. 28), p. 1.

표 9-12 중화학공업 3차 조정(1981년 2월 28일): 자동차부문

차 종	생산업체
승 용 차	현대·새한
픽 업	현대·새한
트럭(1~5톤)	기아
트럭(8톤 이상)	현대·새한·기아(아세아)
버스(중소형)	기아(아세아)
버스(대형)	현대·새한·동아·기아(아세아)
특 장 차	동아(소방차 등 4종은 독점)·현대·새한
지 프	신진(민수·수출용)·기아(아세아)는 특수용
오토바이	대림·효성

주: 특장차의 동아 독점 4종은 소방차·믹서트럭·비포장시멘트운반차·유조차임.
자료: 동아일보, 1981. 2. 28.

"전문생산체제를 대비하여"라고 되어 있지만 회사는 합병하되 생산체제는 독립적으로 한다는 내용이다. 결과적으로 최대규모 또는 외자합자기업만 조정에서 수혜기업이 되었음을 의미하는 것이었다.

우선 승용차 일원화 조치를 철회한 제1항은 중공업 조정에 임하는 정부의 임시응변식 대처방식과 논리적 비합리성을 보여 주는 것이었다. 동일 발표된 '자동차공업 합리화 조치의 배경'을 보면 정부는 1차 일원화 조정조치의 실수를 변명하는 데 급급한 나머지 현재 정부가 취하고 있는 조정조치의 정당성을 스스로 부정하는 논리적 오류를 범하고 있다.

발표문은 "현대자동차와 새한자동차의 통합은 양사의 계획과 상치되는 것이었다"[97]고 밝히고 이원화의 이유로, 첫째 한국형 자동차의 육성과 세계적 기술인 세계차 체제의 참여에 의한 상호경쟁, 둘째 소비자보호, 셋째 중소부품기업의 1개사에의 예속화 방지, 넷째 국내시장에 안주한 자동차공업 답보상태 제거를 들었다.[98] 그러나 이는 일원화 조정이 수정되어야 하는 이유였지만 여타 자동차업체는 제외시키고 '현대자동차'와 '새한자동차'의 이원화로 가야 하는 이유는 아니었다. 예컨대, 이원화의 이유 네 가지인 상호경쟁, 소비자보호, 중소부품업체의 예속화 방지, 자동차

97 상공부(자합배, 1981. 2. 28), pp. 3~4.
98 상공부(자합배, 1981. 2. 28), pp. 5~6.

공업의 답보상태 제거라는 목적은 모두 이원화보다 삼원화로 가면 더욱 촉진 또는 확대될 것이기 때문이다. 따라서 일원화 조치를 취소하여 '새한자동차'만 구제하여 이원화 생산으로 한다는 정부조정은 기업들에게 정부의 정책중립성에 대한 불신을 심화시키는 계기가 될 뿐이었다. 정부는 이 점을 의식하여 "국내시장, 수출경쟁력, 경영실적으로 보아 3사체제는 무리이고 2개의 종합자동차공장으로 충분히 성장해 나갈 수 있을 것으로 본다"[99]라고 밝히고 있지만, 1차 조정에서는 똑같은 이유를 들어 일원화가 필요하다고 하였던 바가 있었다. 결국 실질적인 산업조사와 합리적인 수요·공급 예측 등을 기초로 제시하고 있지 못한 점에서 설득력이 없는 것이었다. 정부의 설명과 달리 이원화 결정은 미국측의 반발로 '새한자동차'의 통합이 불가능한 데 따른 것이었다. 그러나 정부는 이러한 근본적인 오류는 덮어 둔 채로 강제력이 가능한 국내 특정 기업의 생산중지, 무조건적인 우선통합을 강요하였던 것이다.

당연히 '기아산업'과 '동아자동차'의 입장에서 보면 1차 조정에 이어 「자동차공업 합리화 조치」 제2항과 제3항의 발표는 받아들일 수 없는 것이었다. 통합의 이유와 수단이 전혀 제시되지 않았기 때문이었다. 우선 양 기업의 입장에서 보면 통합의 이유가 전혀 없었다. 상공부는 양 기업의 통합이유로 경제적 생산규모 이룩, '기아산업'의 승용차 생산중단에 따른 경영위기 극복, 트럭과 버스의 생산유사성, 일부 특장차의 과잉투자 방지 등 네 가지를 들고 있다.[100] 그러나 '동아자동차'의 생산실적이 매우 낮아[101] 통합이 실질적인 경제규모 증대효과에 미치는 영향은 미미한 정도이며, 또한 경제적 생산규모 이룩과 상용차의 생산유사성 논리는 통합의 근거는 되어도 독립생산의 근거가 되지는 못하는 것이었다. 또 한 가지 일부 특장차의 과잉투자 방지를 위한다는 것은 전문화의 근거는 되어도 통합의 근거가 될 수 없음은 물론이다. 결국 남아 있는 한 가지 이유, 즉 '기아자동차'의 승용차 생산중단에 따른 경영위기 극복이 유일한 이유가 될 수 있으며 이는 산업조정에서 피해를 입은 기업에게 다른 어떤 '선물'을 더해 주려는 매우 위험한 정책발상임을 알 수 있다.

결국 2월 28일 조치는 정부가 거시경제적 고려보다 강제력이 미치는 기업을 희생시켰다는 인식을 기업에게 주는 정책위기를 가져왔고, 이후 기업들에게 위험을 고려한 외자문제의 역선택(adverse selection)과 기업규모 확장을 더욱 촉진시키는 계기가 되었다.

---

[99] 상공부(자합배, 1981. 2. 28), p. 5.

[100] 상공부(자합배, 1981. 2. 28), p. 6.

[101] 1979년 전체 특장차의 생산실적은 1,410대에 불과하였다(한국자동차공업협회(3자), 1994, p. 22).

그림 9-4 대규모 기업집단의 제조업 집중률

단위: %

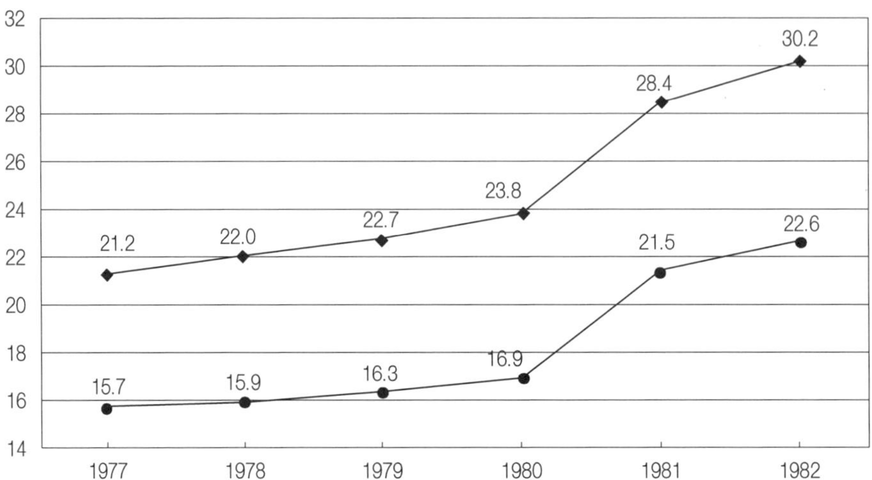

주: 위는 10대 기업집단, 아래는 5대 기업집단의 제조업 내 출하액 점유율임.
자료: 이규억·이상순(1985), p. 97.

중화학공업 조정의 종합적인 결과는 〈그림 9-4〉에서 보듯이 시장구조에서 바로 반영되어 나타났다. 조정으로 '대우'·'현대'·'삼성'·'금성'·'효성'·'쌍용'그룹은 성장시장인 건설중장비·승용차·전자교환기·중전기기·디젤엔진부문에서 독과점을 형성하였다. 여기에 조정과정 중 정책적으로 금리의 대하락과 금융지원이 이루어졌고, 이 조치의 가장 큰 수혜자는 중화학공업 조정에서 선별된 대기업집단들이었다. 그 결과 1977~1980년 15.7~16.3%로 정체하고 있던 상위 5대기업집단의 제조업 집중률은 1981년 21.4%로 급상승하였다. 10대 기업집단의 집중률 역시 1970년대 21.2~22.7%로 정체하다가 1981년 28.4%로 급상승하였다. 이러한 상황은 경제위기와 이에 따른 정부개입에서 시공과 상관없이 일반적으로 나타났던 것이었다.[102]

102 "대공황기 1933년 6월에 통과된 NIRA(산업부흥법)는 국가긴급상황을 이유로 독점금지법을 2년간 정지시켰다. 그리고 NIRA 규정에 의한 정부간섭은 민간기업의 투자의욕을 잃게 만들었다. 그러나 경제적 조건이 가장 열악하던 산업에서는 이 NIRA 조항을 환영하였고 오래된 대기업일수록 정부규제를 받아들이는 데 앞장섰다. 북부의 전통적 대기업들은 환영을, 남부의 신흥소기업들은 불만스러워하였다. 과잉설비에 시달리던 철강기업들은 NIRA를 찬성하였으며……. 자동차·고무산업의 주도회사들은 NIRA의 가격안정조치를 지지하였다. ……석유화학부문에서도 NIRA가 입안되는 과정에서 소규모 기업들이 배제되었다. ……한편, 항공·화학 등 장래성 있는 신산업의 의견도 이에 반영되지 못하였다. NIRA 규정 자체가 경제단체에 의해 고안된 경우가 많았다. 그래서 직물·철강·석유 등 대표적 구산업과 대기업의 정치력이 커지고 신산업이나 중소기업의 의견은 반영되지 못했다"(양동휴, 2006a, pp. 137~138.

중화학공업 조정과정에서 발표된 정부발표의 변화를 정밀하게 검토해 보면 주요한 정부의 태도변화를 발견할 수 있다. 이는 1차 조정에서 정부가 조정의 가장 큰 대의명분으로 강조한 금융지원에 관한 것이다. 1980년 8월의 1차 조정 발표문 서두에서는 "정책금융이 전체 금융의 약 80%를[103] 차지하게" 되었다고 비판하는 것을 시작으로 여러 차례 "국민부담 경감", "정책금융 부담요인 경감", "정부의존의 구태 말소",[104] "투자절감", "이원화 유지 경우 정책금융의 공급 불가피"[105] 등으로 정책금융 삭감과 민간주도 경제로의 전환을 반복하여 강조하고 있다. 이어 9월 27일 「기업체질강화조치」 발표에서는 '구제금융 억제, 여신관리 강화' 등이 다시 강조되고 있다.[106] 그러나 10월의 2차 조정 발표에서는 금융지원 억제에 대한 언급이 완전히 삭제되어 나타나지 않고 있다. 그러다가 한 달 후인 11월 8일에는 정부 스스로가 중화학공업에 대한 자금지원을 발표하였다.[107] 1981년 들어와 발표된 2월의 합리화 조치 제4항에서는 "관련금융기관은 ……자금문제가 발생치 않도록 지원"[108] 한다고 하여 오히려 금융지원 방침을 분명히 하고 있다. 실제로 1981년 9월에는 투자조정에도 불구하고 경영부실이 심한 기업을 포함하여 28개 중화학공업 대기업에게 총 1,988억 원의 시중은행 대출원리금 상환을 3년간 유예하는 특별조치를 발표하였는데, 구체적으로 '기아산업'은 '제일은행'에서 차입한 172억 원의 대출금상환이 1981년 10월부터 1984년 9월까지 유예되었고, '쌍용전기'와 '코오롱종합전기'를 흡수한 후 오히려 재무구조가 악화된 '효성중공업'에 대해서는 1981년 12월에 시중은행 대출금 235억 원을 상환유예시키는[109] 등의 조치가 취해졌다.

결국 중화학공업 조정은 조정의 처음 대의명분과 달리 금융지원, 특히 해당 대기업집단으로의 금융지원을 오히려 늘리는 기제로 작용하였는데, 조정대상 12개 기업에 대한 '한국산업은행'의 금융지원을 보면 조정이 본격화된 1980년 이후 1983년 6월까지 3,221억 원의 대출, 6,251억 원의 지급보증을 포함하여 총 1조 1,357억 원의 금융지원이 이루어졌다(〈표 9-13 참조〉).

---

103 80%의 근거는 밝히고 있지 않지만 당시 산업은행의 제조업 중 중화학공업부문 대출비중이 1973~1980년 71.3%에서 86.9% 수준으로 약 80% 수준이었다.

104 국가보위비상대책위원회 상공자원분과위원회(1980. 8. 19), pp. 1, 2~4, 7.

105 국가보위비상대책위원회 상공자원분과위원회(1980. 8. 19), 보도자료, pp. 10~11, 14.

106 산업연구원(한산, 1988), pp. 82~83.

107 재무부(경활, 1980. 11. 8), 참고 Ⅱ.

108 상공부(자합배, 1981. 2. 28), p. 3.

109 이재희(1990), pp. 207~208. 기아산업, 「감사보고서」, 각 연도라고 밝혀져 있고 후자는 한국개발연구원(기본, 1982)이라고 되어 있다.

표 9-13 한국산업은행의 중화학공업 투자조정 대상기업지원(1980. 1～1983. 6)

단위: 억 원

산 업	기 업	대 출	지급보증	투 자	합 계
발전설비	한국중공업	637.37	2,760.97	1,780.00	5,178.34
중전기기	효성중공업	214.09	378.56	–	592.65
디젤엔진	현대엔진	110.72	124.96	–	235.68
	쌍용중공업	143.66	49.50	–	193.16
	대우중공업	264.84	298.04	40.00	602.88
동제련	한국광업제련	1,034.33	451.79	–	1,486.12
전자교환기	삼성반도체통신	182.18	61.06	–	243.24
	금성반도체	27.04	604.19	–	631.23
자동차	현대자동차	198.85	1,522.83	64.10	1,785.78
	대우자동차	13.50	–	–	13.5
	기아산업	316.08	–	–	316.08
	동아자동차	78.56	–	–	78.56
	합 계	3,221.24	6,251.90	1,884.1	11,357.24

자료: 이재희(1999b), p. 144.

이러한 정부의 입장 변화는 한국 경제사에 매우 중요한 의미를 갖는 것이다. 국보위와 1980년 정부는 학계를 중심으로 일어나고 있었던 기존 중화학공업화에 대한 비판 중 금융·재정지원에 비판이 집중되는 것을 보고 이의 삭감과 그 결과로서의 민간주도 경제로의 전환을 중화학공업 조정의 명분으로 삼았다. 그러나 조정과정에서 정책수단 미비에 대한 비판이 거세어지고 조정이 순조롭게 진행되지 않자 정부의 개입은 계속 그리고 오히려 확대되었고, 그 결과 앞서 보았듯이 1980년대 전반기 정책금융 감소노력은 큰 효과를 가질 수 없었다.[110]

1980년대 초 중화학공업 조정은 산업별 중복기업수 축소와 중복생산 억제라는 긍정적인 효과를 가져왔지만, 자원의 효율적 재배분과 정책금융 등의 정부개입 감소라는 기본 목적달성에는 실패하였다. 그런 가운데 정책불신과 불확

[110] 중화학공업 정책금융비율은 분류방법과 추계기준에 따라 약간씩 다르지만 1980년대 전반기의 비중이 중화학공업이 진행되던 1973~1978년보다 월등히 높았다는 것은 확실하다(한국은행(경제), 1975, 1978, 1983, 1987).

실성을 제거해 주지 못함으로써 기업투자심리를 위축시켜 경기불황을 심화시켰다. 이에 대한 정부의 당혹감은 반복되는 종결선언과 무리한 기업강요로까지 나타나고 있다. 정부는 1980년 2차 조정 발표에서 "더 이상의 추가조치는 없다"고 분명히 선언하였었다.[111] 그러나 보완조정이 계속되었고 정부는 1981년 2월 28일의 이원화 및 합병을 위한 자동차 합리화 조치 발표에서도 "금번 중화학투자조정의 마무리를 계기로……"라고 하여 이 안이 정부최종안이라고 다시 조정완결을 강조하였다. 한편, 합리화 조치 제3항과 제4항에서는 '기아산업'·'동아자동차'에게 "인수 이전이라도 먼저 경영은 인수"하도록 불가능한 조치를 강요하고 있었다.

이러한 시행착오를 겪고 나서 정부는 비로소 자동차공업 전면 실태조사를 1981년 3월 10일부터 4월 20일까지 시행하겠다고 밝히고 있다.[112] 정책수단으로서의 최초 순서여야 하였던 산업조사 작업으로 이제 돌아가게 된 것이다.

정부의 최종이라는 다짐에도 불구하고 1981년 2월의 자동차기업 이원화 및 합병조치 역시 정책수단과 관련기업 정보협조 등에 대한 의식의 전환 없이 통합이 강제된 조치였다는 점에서 다시 실패로 끝날 수밖에 없는 것이었다. '기아산업'과 '동아자동차'는 상공부의 명령에 따라 12월 31일 이전에 합병절차를 마치기로 하고,[113] 11월 19일 양사 건의서 상공부 제출, 11월 30일 상공부 차관 주재 4시간의 회의와 기본 통합 발표,[114] 그리고 12월 1일 1 : 1 합병의 '기아산업' 흡수안인 합병계약서에 서명까지 하였다.[115] 그러나 실질내용에서는 문제점만 노정시켜 결국 정부는 1982년 7월 26일 이 조정을 다시 무효화하였다.[116] '동아자동차'의 특장차 전문생산 역시 백지화하였다(본장 부록의 〈부표 9-2〉 참조). 1980년 10월 7일 이루어진 중화학공업 2차 조정 역시 1983년 8월 18일 후속 보완조치로 '한국중공업'에 선박용 대형디젤엔진 생산이 허용되어 다시 6,000마력 이상 선박용 디젤엔진 생산은 '현대엔진'과 '한국중공업'의 이원화로 바뀌었다.[117] 이렇게 되자 자동차용 디젤엔진을 독점생산하던 '대우중공

111 상공부(중조, 1980. 10. 7).
112 상공부(자합, 1981. 2. 28), pp. 5~6.
113 기아산업, 동아자동차(1981. 3. 18).
114 한국자동차공업협동조합(자편, 1994), p. 449.
115 오원철(산군), 179호.
116 상공부는 그 이유로 ① 양사의 주장이 자율적인 합의에 도달하기 어렵고, ② 합병되었다 해도 경영권 문제 등에서 상호 원활한 관계조성이 힘들며, ③ 실질적 합병을 통한 자체중복투자의 합병이 뒤따르지 않는 한 합병이 별로 이익이 없다고 판단된다고 밝혔다(상공부(자보), 1982. 7. 26).

업'에 대해 '현대자동차'가 자신도 참여해야 한다고 주장하였고, '효성중공업'으로 일원화된 중전기에 대해서도 수출과 선박용 자체수요분 생산에 한정된 '현대중전기'가 내수시장에 참여하겠다고 주장하고 나섰다.[118] 1985년 1월 상공부는 신년업무계획 보고를 통해 회사별 차량생산계획의 완전 해제를 보고하였다.[119] 자동차부문 조정은 계속적인 파행을 거쳐 결국 원천취소된 것이었다. 그러나 이후 1986년 경제기획원의 공식화를 시작으로 정부는 중화학공업 조정이 성공적이었다고 평가하였고,[120] 조정의 과정은 묻혀진 채 그렇게 인식되어 왔다 (1986년 경제기획원의 평가내용과 문제점에 대해서는 본장 부록의 〈보론 9-4〉 참조).

9.5 맺음말

1980년 중화학공업 조정과정에서 정책의 기본 원칙은 거시적 위험을 줄이고 미시적 기업경영 개선을 도모하기 위한 통합이었다. 그 결과 장기적인 산업구조, 산업조직을 무시하고 산업조정에 필수적인 기초산업조사와 기업협조 그리고 이에 기초한 정책수단의 개발을 등한시함으로써 1980년대 전(前)반기 한국 경제의 비용상승을 가져왔다. 또한 조정은 산업별 중복기업수 축소와 중복생산 억제라는 긍정적인 효과를 가져왔지만, 금융배분·정책금융·재정융자 등에서 볼 때 자원배분의 효율성 제고라는 원칙에 실패하였고 나아가 1980년 전반기 '민간 은행금융산업의 자율화·효율화' 기회를 잃게 만들었다.

특히, 1980년 조정은 이미 진행되고 있었던 시장의 자율조정을 이용한 간접방식이 아니라 정부 '직접개입'에 의한 '기업수 조정'의 형태를 띰으로써 불확실성(uncertainty) 확대, 투자의 위축을 가져와[121] 2차 석유위기와 10.26에 따른 경기침체를 심화시키고 악화시켰으며 장기화시켰다. 이런 점에서 중화학공업 조정은 방법과

117 상공부(국보, 1983).

118 이창희(1986), pp. 163~164.

119 손준철(1985. 4), p. 43.

120 경제기획원(시책, 1986), pp. 313~316.

121 "1981년 중화학부문의 투자는 약 1조 800억 원으로 1980년에 비해 30.3%의 감소를 나타내었는바, 이는 전기기기·기계·종이제품을 제외한 대부분의 업종에서 투자가 부진하였기 때문이다"(경제기획원(백), 1982, p. 266).

시행시기에서 실패하였음을 보여 준다.

나아가 1980년의 조정은 산업사 측면에서 한국 경제에 부정적 영향을 미침으로써 1980년대와 이후 한국 경제의 비용요인을 창출하였다. 첫째, 조정은 1970년대 말 진행되던 시장기구로의 변화라는 기본 기조가 후퇴하는 계기가 되었다. 조정에서만 아니라 정부개입은 공사화, 후속조치, 금융·재정지원 확대로 강화되어 1980년대 전반기 금융산업 발전, 민간경제 자율화는 역류하게 되었다.

둘째, 조정은 제조업에서의 급속한 산업집중률 상승을 가져왔다. 조정으로 독과점이 형성되었으며, 인위적인 11%p 이상의 금리인하와 통화공급 확대가 뒤따랐다. 대규모 기업집단들은 일관된 목표와 합리적 정책수단을 제시하지 못하였던 정부의 산업과 산업정보 전문성 부재 속에서 조정이 지향한 업종전문화보다 계속 중화학공업 다업종을 지향하였고 대형화를 도모하였다. 그 결과 1981년 5대 기업집단의 제조업 매출액 집중률은 4.5%p 급상승한 20% 이상으로 되었다.

셋째, 조정은 미시적으로 기업들이 전문성보다 규모에, 시장보다 정부에 보다 민감한 경영을 하게 되는 계기가 되었으며, 이후 안정성을 위한 외자문제에서의 역선택(adverse selection)과 무분별한 규모확대 노력을 가져왔다.

넷째, 1980년 중화학공업 조정조치는 추가적인 국민비용을 절감할 수 있었음에도 대폭 높이는 계기가 되어 1970년대 중화학공업화에 대한 부정적 시각이 고조되는 계기가 되었다.

1980년의 중화학공업 조정은 몇 가지 정책적 의미를 보여 준다. 우선 거시적 측면에서 정책필요성이 공감된다 하더라도 언제, 어떤 원칙에서, 어떻게 시행할 것인가라는 정책실행시기, 정책방향과 정책수단이 매우 중요하며, 정부개입은 시장을 반영하여 이루어져야 한다는 것을 보여 준다. 나아가 미시적 측면에서 정책의 합리성은 최종적으로 투자주체인 기업의 대응에 의해 검증되는 것이므로 정책은 투자주체인 기업의 대응을 고려해야 하며, 기업과 정부의 협조가 없는 단기적인 정책강제는 실패하고, 또한 민간경제주체들의 불확실성을 제거해 주지 못하는 정부개입은 거시적 비용증대를 가져옴을 보여 준다. 동시에 거시적인 산업구조 및 산업조직을 고려하지 않은 정부개입 역시 장기적인 비용확대를 가져옴을 보여 준다.

부 록

1. 부 표

부표 9-1 주요 중전기 업체 현황(1979년 말)

단위: 100만 원, MVA

업 체	자 본 금	주요생산물	총생산능력
효성중공업	3,072.3	변압기, 자동용접기, 회로차단기, 유도로	7,680
쌍용전기	2,050.0	변압기, 회로차단기, 자석스위치	4,000
현대전기엔지니어링	9,000.0	변압기, 회로차단기, 자동제어장치	3,800
코오롱전기	2,400.0	변압기, 자동제어장치	3,800
이천전기	2,823.0	변압기, 유도로, 발전기	2,354
금성계전(金星計電)	6,379.5	회로차단기, 기타 기구	–
뉴코리아전기	900.0	변압기, AC전기용접기	1,500
대명전기	335.3	소형변압기, 유도전동기	–

자료: 한국산업은행(중화, 1980. 10).

부표 9-2 자동차공업 조정조치의 변화

날 짜	시 행 처	합병 및 조정조치 내용
1980. 8. 19	국 보 위	1. 승용차: '현대' 일원화('새한' 통합), '기아' 생산 중지 2. 중소형 트럭·버스(1～5톤): '기아산업'에 전문화 3. 특장차 및 1～5톤 이외 차량: 자유화
1981. 2. 28	상 공 부	1. 승용차: '현대', '새한' 합병 취소, 이원화 2. '동아자동차': 특수특장차의 생산을 전문화 3. '기아산업': 1～5톤의 중소형버스 생산 특화 4. 8톤 이상 트럭 및 대형버스: 경쟁체제 5. '동아자동차', '기아산업' 통합 6. 오토바이: '대림(大林)공업', '기아기연(起亞技硏)' 인수, '효성기계(曉星機械)' 이원화
1982. 7. 26	상 공 부	1. '기아', '동아' 통합 취소 2. '동아자동차': 특장차 전문생산 백지화 3. 특장차, 민수용 지프: 생산자유화(승용차: 현대·새한·대형버스: 현대·새한·기아·동아. 대형트럭: 현대·새한·기아. 중소형 트럭 및 버스: 기아)
1985. 1	상 공 부	회사별 차량 생산계획의 완전 해제(신년업무 계획보고)

자료: 국가보위비상대책위원회 상공자원분과위원회(1980. 8. 19); 상공부(자합배, 1981); 대한상공회의소(한상, 1984); 한국자동차공업협동조합(자편, 1994).

2. 보　　론

〈보론 9-1〉 1980년대 중화학공업 조정의 효과와 시사점[122]

1980년 이후 정권의 교체와 함께 학계는 정부의 근대화론이 가지는 문제점을 집중적으로 지적하였다. 정부의 교체와 함께 1970년대까지의 정부정책, 그 가운데 경제정책의 핵심으로서의 중화학공업화는 일제히 공격의 대상이 되었고 이후 모든 정책실패는 언제나 1960~1970년대 정책의 실패에 따른 구조적 문제로 비판되어 왔다. 그 결과 1980년대의 중화학공업 조정은 1980년대의 경기호황과 함께 검증없이 합리적인 것으로 정부에 의해 평가되었고, 또 그렇게 이제까지 받아들여져 왔다.

그러나 1980년대 후반의 호황은 정부의 개입에 의한 중화학공업 조정이 아니라 다른 요인으로 이루어진 것이었다. 이러한 호황은 공급 측면에서의 투자조정효과가 아니라 세계경제가 회복되면서 해외시장의 수요가 확대되고 있었던 수요 측면에 기인하는 것이었다. 가장 문제로 지적되었던 자동차공업이 폭발적인 자동차붐이라는 수요확대로 가장 일찍부터 원상회복된 것은 이를 잘 보여 준다. 결국 이미 증가세로 반전하고 있고 세계경제가 변하고 있었던 상황에서 자동조절 메커니즘이 작동될 수 있었는데, 이를 마치 조정, 정부개입의 효과에 의한 것처럼 설명하여 왔던 것이다.[123]

박영구의 연구검토 결과는 실제로 1980년대의 정부개입에 의한 중화학공업 조정이 성공적이라고 믿을 수 없다는 점을 보여 준다.[124] 동시에 1980년 이후 오늘날까지 한국 경제의 취약점 원인으로 지적되고 있는 1970년대의 중화학공업화 비판 역시 문제가 있음을 보조적으로 보여 준다. 또한 대기업집단의 두 가지 측면 중 1970~1980년대 희생양인 측면을 강조하고[125] 그들의 투자주체로서의 책임을 지적하지 않음으로써 기업구조조정의 필요성을 약화시켜 이후 한국 경제의 구조적 취약점

122 이는 본서에 실리지 않았지만 박영구(2001b)의 내용을 요약한 것이다.

123 이러한 사실은 오히려 1980년대 국제경기 회복시 만약 한국이 1970년대를 통하여 중화학공업재 상품화를 이루어 놓지 않았다면 수출병목 애로가 있었을 것을 보여 준다.

124 박영구(2001b).

125 "대기업집단들은 1970년대 정부의 잘못된 중화학공업정책에 희생되었고 1980년대에는 혹독한 중화학공업 조정에서 큰 피해를 겪으면서도 한국 경제의 지속적인 성장의 견인차 역할을 하였다"는 지적들이 그것이다.

을 더욱 악화시켰다는 점도 지적할 수 있다. 이전 정부와의 차별성을 부각시키고자 한 정부의 추상적이고 총괄적인 규정에 입각한 산업조정은, 대기업집단들에게 기업책임인 기업별 중복투자에 대해 면죄부를 주면서 동시에 기업애로점을 정부 도움으로 국민의 비용을 들여 해결할 수 있도록 해 주었고, 오히려 특정 대기업집단의 이익으로 끝나는 결과를 가져왔던 것이다. 여기에 당시 정부가 조정의 불확실성을 최소화·단기화하지 못하고, 투자조정에 이어 채무상환 연기, 구제금융 제공, 계속적인 금리인하조치 등 대기업집단들을 적극 지원한, 조정의 잘못된 과정이 더욱 조정의 실패를 악화시켰다. 이러한 대기업우위 선별지원과 투자과잉논리는 이후 내수시장에서의 경쟁과 신규 기업의 참여를 억제하여 독과점적 이윤을 확보시켜 줌으로써 대외적으로 1980~1990년대 한국의 국제경쟁력을 약화시킨 요인이 되었던 것이다. 결국 1980년대 정부의 조정과 개입은 국제경쟁력에 마이너스 요인으로 작용하였다고 볼 수 있다.

1980년대 초 중화학공업 조정의 시사점은 다음과 같이 정리할 수 있다. 산업조정을 전정권의 정책비판, 그리고 '단순 과잉투자'라는 측면에서 접근하여 단순히 기업수의 감소, 이른바 '빅딜'(비즈니스 스와핑)에 주력한 인위적 조정은 문제가 있다는 것이다. 이러한 기업 간 조정은 당연히 비용과 효율성과는 거리가 있으며, 그러한 조정을 가져온 근본원인과 대기업집단에 대한 보완적 조치가 취해지지 않아 결국 다시 한국 경제의 장기적인 비용으로 남겨지기 때문이다.

산업조정의 개입시기와 방법면에서 산업규모와 산업발전단계를 고려하지 않은 무리한 정부개입과 일방적 공급조정은 결국 시장외적인 추가개입을 가져와 국민경제의 비용을 증대시킨다. 이런 비경제적 논리의 산업개입은 한국 경제의 가장 큰 문제이며 현재에도 동일하다고 볼 수 있다.

중복투자였다고 하더라도 1970년대 중반까지와 달리 경제규모가 확대된 1980년대 이후에는 공급 측면에서의 투자조정이 비용 측면에서 비효율적일 수 있으며, 따라서 생존논리에 입각한 M&A나 세계시장구조 변화에 따른 수요견인책 등을 써서 균형을 모색하는 다른 방법이 더욱 합리적이었다고 볼 수 있다. 1980년대 각 산업의 수요변동과 산업정상화 과정의 높은 연관성은 이러한 점을 확인해 주고 있다. 1980년대 중화학공업 조정과정과 효과의 검토결과는 언제나 산업조정에서 획일적으로 나타나는 공급 측면의 기업통합, 기업수 축소노력을 이제는 재검토할 필요가 있음을 암시하고 있다.

〈보론 9-2〉 중화학공업 조정과 해외간섭[126]
—발전설비와 자동차부문의 예[127]

1) 발전설비

1979년 5월 조정안에서 발전설비의 경우 '현대'그룹이 '현대양행'에 증자하여 '현대양행' 창원공장을 '현대' 정주영 사장이 통합운영하도록 결정되었다. 조정이 발표되고 1979년 9월 '현대양행' 정인영(鄭仁永)은 "'현대중공업'이 '현대양행'을 흡수합병하기로 하고 합의되었기에 자에 각서를 제출합니다"라는 문서를 정주영과 공동작성하여 상공부에 제출하고 5.25 조정조치 4개월 만에 창원공장 운영을 '현대중공업'에 이양하였다.

그러나 '현대양행'의 경우 정부조정안처럼 경영주체를 바꾸면 차관선인 IBRD의 동의를 얻어야 하였고, 또 기존 수주계약이나 기술도입 등을 승계하자면 이전 계약 당자자인 '현대양행' 정인영 사장의 협조가 전제되어야만 하였다. IBRD의 동의를 받아야 하는 이유는 1977년 창원공장에 IBRD가 8,000만 달러의 차관공여를 할 때 조건을 붙여 놓았기 때문이다. IBRD는 처음부터 대단위 공장에 대한 투자신뢰성을 정부에 요구하였고, 그래서 공장준공 후 5년간 적정가동률을 정부가 보장해 주기를 바랐으며 외자가 필요하였던 정부는 이를 승낙하였었다.

이에 따라 '현대양행'의 통합정책이 발표되자 IBRD는 어느 쪽이 자신에게 유리한 것인가를 생각하며 한국 정부의 마음을 캐내려고 하였고, 1979년 11월 조사단을 한국에 파견하여 협정위반을 한국에 추궁하며 남아 있는 차관자금 2,400만 달러의 인출중단 의사를 표명하였다. IBRD의 주장은 발전설비 다원화는 협정위반이며 이러한 위반은 오직 한국 정부만이 할 수 있는 일이라고 비판하였다. 또한 창원공장의 경영주가 바뀔 경우 사업성 재검토가 불가피하며, 이에 대해 소요될 기간은 최소한 6개월 이상에 이른다고 밝혔다. 이는 사실상 정인영을 퇴장시키면 최소한 6개월 이상 공장준공을 지연시킨다는 것을 통보하는 것이었다. 물론 다시 사업성을 검토한다는 것은 원칙적으로 전부 취소할 수도 있다는 압력을 의미하였다. 1980년

---

126 해외기업 또는 해외자본과 관련하여 한국 경제가 어려움을 겪는 것은 자주 발생한다. 1997년 외환위기도 그렇고 2003년 3월에 현재화된 한국 경제 위기론도 SK그룹의 문제로부터 시작되었는데, 이 문제의 본질에는 사실 JP Morgan과 SK그룹 간의 문제가 있었다. "JP Morgan Shakes SK-Shameful Winner in Questionable Deal," *Koreatimes*, 2003. 3. 13 참조.

127 이 내용의 많은 부분은 김의균(1980b), 손준철(1985), J.-C. Rhee(1994, pp. 171~173)를 참조하고 인용하였다.

들어 IBRD는 다시 경제기획원에 통합에 따른 긴급하고 복잡한 문제해결의 확약을 요청하였다. 4월 3일에는 제이콕 국장의 전문이 답지하였는데, 그 내용은 "정부의 재정지원과 경영면에서의 우선보장, 신회사 설립의 법적조치 종결, 자산과 부채의 이양 및 '현대양행'과 신회사 간의 보상문제 합의, 이양에 대한 '현대양행'의 채권 동의 요구" 등이었다. IBRD는 이 세 가지를 긴급한 문제라고 불렀다. 사실상 이는 한국 정부가 행하고 있는 중화학공업 조정에서 발전설비의 4원화 조치 취소와 '현대양행'에 주어진 보장을 영속시킬 것을 주장한 것이었다. 이에 정부는 4월 말 경제기획원과 상공부 담당자를 IBRD에 보내 정부의 입장을 설명하고 협조를 요청하였다. 이때 정부는 신회사에 IBRD의 이익이 충분히 보상되도록 하겠다고 약속하였다. 그러나 IBRD는 계속 긴급문제의 해결이 안 되고 있다고 주장하며 차관인출 중단을 고집하였다.

그러자 국내에서도 통합에 불만을 갖고 있던 '현대양행'의 정인영 사장이 문제해결자로 자임하면서 태도를 다시 강경하게 가져갔다. 비록 '현대중공업'과 '현대양행'이 한집안 관계인 것은 맞지만 회사는 분명히 다른 회사로 정부나 '현대'측은 처음부터 부채에 허덕이던 정인영 사장에게 줄 우호적인 통합조건은 고려하고 있지 않았다. 정인영은 정부와 정주영이 기업을 빼앗아 간다고 생각하였고, 정주영은 동생을 빚더미 위에서 구해 준다고 생각하여 두 사람은 전혀 다른 생각을 하고 있었다. 원래 정인영은 정주영이 출자형태로 구제해 줄 것을 기대하였지만 정주영은 문제해결책으로 정인영의 퇴진을 요구하였다. 두 사람의 갈등은 계속되었고 실질통합은 이루어지지 못하고 있었다.

결국 정부가 개입하여 몇 차례 압력을 넣기에 이르렀고 1980년 4월 30일 상공부 장관실에서 '현대양행'에 '한국산업은행'·'현대중공업'·'한국외환은행'이 공동출자하여 총자본 1,285억 원의 새 법인을 7월까지 세운다는 데 합의하였다. 출자비율은 '산업은행':'외환은행':'정인영':'현대중공업'이 각각 35:7.8:22.2:35로 하기로 결정하였다.

그러나 IBRD와의 마찰이 계속되자 정인영은 이 합의를 강요된 것이라며 승복할 수 없다고 다시 입장을 밝혔다. 결국 조정은 실질적인 내용에서 진전이 이루어지지 않고 있었다. 자산평가에서 '현대중공업'은 장부가격을 기준으로 하자고 하였지만 '현대양행'측은 '실지가'로 감정하자고 주장하였다. 대립이 계속되는 가운데 마침내 1980년 5월 '현대양행'은 5.25 조정조치의 백지화를 정부에 건의하였다. 이 건의는 경제기획원과 상공부에는 매우 공격적인 것으로 받아들여졌다. 경제기획원은 상공부와 함께 통합회사를 빨리 발족시켜 IBRD의 신용을 회복하고 공장건설을 마무리짓는 데 온갖 노력을 기울이고 있었기 때문이다. 이에 정부는 '관계부처 간 통합추진회의'를 열고 조정을 밀어부쳤다. 그러나 조정은 이루어지지 못하였다.

결국 1980년 10월 28일 경제기획원은 상공부와 함께 발전설비 일원화 방침과 '현대양행'에 대한 운영정상화 방안을 만들어[128] 대통령의 결재를 받고 이틀 후 1980년 10월 30일에 IBRD에 수정된 발전설비 통합내용을 발송해야만 했다. 이때까지, 즉 1980년 10월까지 IBRD는 신규 차관인출을 중단시켜 놓고 있다가 이를 인수하고 나서 11월부터 이를 해제하였다.

2) 자 동 차

국가보위비상대책위원회가 '현대' 정주영 사장의 완강한 반대에도 불구하고 강제로 일원화 조치를 단행하면서 1980년 8월 '현대'에 우선 선택권을 주었을 때 가졌던 예상과 전략은 '현대'가 발전설비를 선택하리라는 것이었다. 당시 한국의 자동차공업은 불안정한 수요를 가지고 있었던 반면 발전설비는 황금알을 낳는 거위로 안정적인 수요가 보장되어 있었고 또 '현대'는 '현대중공업'이라는 확실한 주력 생산기반을 가지고 있었기 때문이었다. 이 경우 자동차부문에서 참여 정도가 낮았던 '대우'와 GM의 협상은 큰 문제가 되지 않을 것이라는 것이 김재익(金在益)이 주도하고 있었던 국가보위비상대책위원회의 판단이었다.

그러나 '현대'의 정주영은 장기적인 관점을 내다보았고 발전설비가 아닌 자동차를 선택하였다. 자동차를 선택하지 않으면 '현대자동차'를 '빼앗기는' 것이지만 발전설비를 선택하지 않아도 '현대중공업'은 빼앗기지 않는다는 것이 정주영(鄭周永)의 생각이었고, 나아가 정주영 회장은 '현대중공업'이 살아 있으면 국내에서 영업을 못해도 이미 해외에서 1억 달러 계약을 하고 있듯이 해외에서 영업이 가능하다는 판단이 있었기 때문이었다.[129]

이러한 국내 자동차 1위기업 '현대'의 선택으로 혼란이 시작되었다. 1980년 8월 20일의 1차 중화학공업 조정안은 '현대자동차'가 '새한자동차'의 '대우' 지분(50%)을 장부가격(132억 5,000만 원) 평가 현금으로 먼저 인수하고 사후 청산하라고 되어 있었다. 그러나 '현대자동차'는 '새한자동차'의 '대우' 지분을 인수하지 못하였다.

---

[128] 경제기획원(현운, 1980. 10. 28).

[129] '현대자동차'는 자동차를 선택한 대의명분으로 정주영 회장의 자동차에 대한 집념, 자동차를 통한 국가에의 공헌, 국산모델 수출에의 집념도 들고 있다(현대자동차주식회사, 1987, pp. 380~381).

왜냐하면, '대우'와 GM은[130] '새한자동차'에 합작투자를 할 때 어느 일방이 주식지분을 팔 때에는 180일 전에 통보하고 동의를 얻도록 규약을 정하고 있었기 때문이다. 따라서 자동차 통합을 위해서는 '현대'와 '대우'가 아니라 '현대'와 정부가 GM의 동의를 얻어야 하였다.

한국에서의 자동차시장 일원화는 GM으로서는 아시아 시장, 나아가 세계시장 전략에 중대한 변수가 생겼음을 의미하는 것이었다. 당시 GM이 이를 얼마나 중요하고 심각하게 생각했는가는 GM이 정부의 중화학공업 조정안이 발표되자 서둘러 바로 이틀 뒤인 8월 22일 GM 부회장 맥코맥(John P. McCormack)을 단장으로 하는 GM 선발협상단을 우선 파견하고, 이어 8월 28일에는 본격적인 본 협상단을 보낸 것에서 알 수 있다.

'현대'는 정부의 지침대로 통합하고 그 원칙에 따라 지분을 나누자고 주장하였다. 그 원칙내용은 '현대자동차'의 현자본금은 382억 5,000만 원이며 '새한자동차'의 자본금이 265억 원이므로 '현대'가 '새한자동차'의 '대우' 지분을 인수하는 형태로 두 회사를 합쳐 새 회사를 설립하면 총자본금은 두 회사의 자본금을 합친 647억 5,000만 원이 되고 통합지침에 따르면 '현대'측 자본금은 GM의 '새한' 참여가격 132억 5,000만 원을 제외한 515억 원이 된다는 것이다. 이렇게 되면 '현대자동차'의 지분은 전체 지분의 80%가 된다. 그러나 GM의 입장에서 보면 이렇게 될 경우 상법상 경영권이 '현대'로 넘어가는 것을 의미하는 것이었으므로 받아들이기를 거부하였다. GM은 'GM의 지분이 20%가 될 경우 상법상 총주식의 1/3이 되어야 가지는 거부권(비토권)도 확보하지 못하므로 경영권은 고사하고 사실상 한국 자동차시장에서 물러나야 한다'는 것이라고 말하며 원래대로의 50% 지분을 요구하였다. '50%의 지분요구는 결코 지배권을 가지려는 것이 아니며 이전 '새한자동차'에서 그랬듯이 똑같은 평등을 요구하는 것이고, 이렇게 되어 양쪽이 거부권을 가지는 것이 서로 타협양보하며 통합회사의 이익을 항상 최우선한다는 것을 확실히 하는 강력한 자극제 역할을 한다'는 점을 강조하였다.[131] GM은 자본금을 더 출자해 50% 지분을 만드는 것과 동시에 ① 대규모 부품공장을 지어 세계 50여 개국에 진출한 GM 출자회사를 통해 판매해 주겠다는 것과, ② 세계판매망을 만드는 데 필요한 인력을

[130] GM은 1972년 '신진자동차'와 합작투자로 한국 진출 후 시보레(Chevrolet) 한 기종만 조립생산하고 추가투자를 하지 않았다. '신진자동차'는 1976년 부도로 '새한자동차'로 바뀌었고, 이때 '대우'와 50 : 50으로 합작하였다.

[131] 매일경제신문, 1980. 10. 23.

훈련하고 전문가를 공급해 주겠다는 부대조건까지 제시하며 '현대'를 설득하였다.

'현대'의 입장에서는 GM에 50% 지분을 줄 경우 실질적인 시장점유율이 오히려 하락한다고 보았다. 즉, 3사가 시장을 나누고 있었을 때에 '현대자동차'는 시장점유율이 70%였는데 오히려 1원화되어 통합된 마당에 잘못되면 GM차 50%, 현대차 50%가 될 수도 있다고 생각하였다. 경영권 확보를 위해서도 GM이 상법상 비토권 주식보유수인 총주식의 1/3, 즉 30% 이상을 가져서는 안 된다고 주장하였다. '현대자동차'의 정세영 회장은 GM에게 50% 지분을 허용할 경우 한국 자동차산업은 세계 다국적기업이 지배하게 되며 단순히 GM의 세계 자동차 조립라인의 한 부분이 될 것이라고 주장하면서, '현대'그룹이 경영권을 확보할 경우 '현대건설'과 '현대중공업'을 공개해서라도 자동차공업 육성에 1,500억 원을 신규 투자하겠다고 밝혔다.[132] 이렇게까지 '현대'가 GM의 경영권 참가를 거부하려고 한 또 다른, 보다 중요한 이유는 자동차산업을 '현대'의 중심 주력으로 키우려는 '현대'에 있어, GM과 합작하고 경영권을 넘겨 준 '신진자동차' 부도에서 보듯이 GM의 경영간섭이 매우 위험한 것이라고 느꼈기 때문이었다.[133]

'현대'는 협상이 타협점을 찾지 못하자 1980년 10월 '현대'의 입장을 발표하였다.[134] '현대'는 GM의 「세계차계획(World Car Plan)」을[135] 비판하면서 50 : 50의 자본참여 및 경영을 배격하고 기술을 자체개발하겠다고 선언하였다. GM의 참여 없이도 1983년 말까지 30만 대 생산체제를 갖추고 10만 대 이상 수출할 기반이 갖추어져 있다고 주장하였다.

결국 '현대'와 GM은 10여 차례나 협상을 벌였지만 합의점을 찾지 못하였고 따라서 정부가 직접 협상에 개입하였지만 역시 GM의 입장은 부정적이었다. 초조해진 정부는 직접 개입하여 최종안을 10월 말까지 제출하라고 통보하고 이를 접수받아 검토한 후 1980년 11월 중에 합작문제를 매듭짓겠다고 국회에서 밝혔지만[136] 역시 GM과 미국의 힘에 의해 결정을 내리지 못하고 해를 넘기게 되었다.[137] 이에 따라 자동차부문 조정은 장기적으로 지지부진한 상태로 남겨졌다.

---

132 매일경제신문, 1980. 10. 23. *The Korea Herald*, 1980. 10. 23.

133 매일경제신문, 1980. 10. 23.

134 현대자동차(1980. 10).

135 이는 세계 각국에 부품 공장을 전문화시켜 두고 모델의 개발은 미국 또는 서독의 '오펠'사에서만 담당한다는 계획이다.

136 국가보위입법회의(1980. 11. 5), p. 8.

137 J.-C. Rhee는 '당시 중화학공업 조정에서 미국 정부가 GM문제에 대해 영향력을 행사하였기 때문에 정부는 GM을 설득할 수 없었다'는 인터뷰 증언이 있었다고 밝혔다(J.-C. Rhee, 1994, p. 173).

〈보론 9-3〉 정부의 중화학공업 조정의 자금동원계획[138]

첫째, 경제기획원은 우선 중화학공업체들이 스스로 빈약한 재무구조를[139] 개선하기 위한 자금조달방법으로 증자, 연관업체의 방계기업 처분과 비업무용 부동산 매각을 추진하였다. 그러나 국민저축의 부족과 국내 자금난으로 증자는 사실상 어렵게 되었으며, 기업의 방계회사 처분과 비업무용 부동산 매각은 일부 실행되었으나 기업들의 비적극성으로 근본적인 재무구조를 개선하는 데는 역부족이었다.

둘째, 경제기획원은 중화학공업 투자조정의 자금지원 및 사후관리의 효율화를 위한 목적으로 채권발행과 해외차입에 의한 5,000억 원 상당의 자금을 조성하여 중화학공업투자공사의 설립을 검토했었다.[140] 그러나 이 계획은 백지화되었으며, 조정과정에서 '대우'그룹의 한국중공업에 대한 투자재원 부족을 해결하기 위한 방안으로 '한국중공업'을 공사화하는 데 그쳤다.

셋째, 국보위 상공자원관리위원회는 중화학공업 투자조정과 관련된 외국의 투자처와 기술제휴업체에 대해서 그들의 의견을 최대한 존중·반영함으로써 계속적인 투자유치를 확보하고 조정작업에 필요한 재원을 조달하려고 하였다. 그러나 이러한 계획은 오히려 국내기업과 외국투자처의 이해관계 상충으로 난관에 부딪쳤다. 결국 외국기관의 투자유치는 난항을 거듭하여 투자재원 조달에 어려움을 가져왔다.

넷째, 상공부는 중화학진흥기금으로 재정자금에서 1,170억 원을 확보하여 기계·전자·자동차 등 주요 전략의 생산성 향상과 기술개발을 지원하기로 하였으나, 중화학업체들의 자금난을 해소하여 투자조정정책의 성과를 올리는 데는 역부족이었다.

결국 중화학공업 조정에서 필요한 자금을 위해 여러 자금동원 계획안이 검토되었으나 실질적으로 적절히 조달되지 못하였다.

〈보론 9-4〉 경제기획원의 중화학공업 조정평가 내용과 문제점

1980년대 초 신정부에 의한 중화학공업 조정의 사후적인 정부평가는 1986년

---

138 다음을 참고하였다(손준철, 1985. 4, pp. 45~46).

139 1978년 12월 말 자기자본비율을 보면 '현대양행'은 8.4%, '삼성중공업'은 15.7%, '대우중공업'은 22.8%, '현대중공업'은 65.4%였다.

140 경제기획원(중, 1979. 8).

경제기획원의 『80년대 경제시책 해설』에 공식화되어 나타나고 있다. 여기에서 경제기획원은 1980년의 투자조정은 경영수지 호전과 중복과잉투자 절감, 가동률상승 등의 효과가 컸다고 밝히고 있으며, 특히 경영수지 개선을 주요한 효과로 지적하였다.[141] 그러나 이러한 평가는 근본적인 몇 가지 한계를 가지고 있다.

첫 번째는 경제기획원의 중복과잉투자 절감이란 참여기업수 축소를 그대로 과잉투자 절감으로 해석·평가한 것이라는 점이다. 1980년 국보위와 이후 정부의 조정에 따른 특정 기업집단 지원내용을 보면, 정부의 인식은 금융배분의 효율성을 고려하지 않은 채 기업수(數)를 줄이면 과잉투자 해소-지원액 감소가 된다는, 순수한 기업수에 초점을 맞춘 공급 측면의 단순계산에 기초하고 있었음을 알 수 있다. 그 결과 무리한 기업수 조정에 따른 정부·금융기관의 자금지원은 사실 오히려 확대되었다.[142] 분명한 것은 언제나 '불황→과잉투자 비판→정부개입과 조정'이라는 정부의 상황인식과 공급 중심 대응 속에서 금융의 편중과 왜곡은 더욱 심화되어 이 과정에서 관련 대기업집단의 이익은 확대되고 소외기업들이 상대적 피해를 받았다는 것이다. 분명히 조정상황은 관련 대기업집단에 대한 비판이 고조된 상황하에서 진행되었음에도 처리결과는 국민경제의 안정을 위해서라는 명목하에서 관련 대기업집단에게 유리하게 진행되었던 것이다.

그 결과 〈보론표 9-4-1〉에서 보듯이 조정 후 1983, 1986년 조립가공산업부문과 소재부문이 동반 증가하는 것이 아니라 대기업집단이 집중 진입하고 있었던 조

보론표 9-4-1 1980년대 조정 속의 공업 및 수출구조 변화

단위: %

	구 분	1980	1983	1986	(1989)
공 업	소 재 산 업	27.2	27.5	26.9	(28.2)
	조립가공산업	20.4	26.6	31.6	(36.8)
	소비재산업	51.9	45.8	41.5	(35.0)
수 출	경 공 업	53.8	43.5	45.4	(42.5)
	중화학공업	46.2	56.5	54.6	(57.5)

주: 1) 1990년 불변가격, 부가가치기준.
2) 소재산업: 화학·고무·비철금속·1차금속.
3) 조립가공산업: 조립금속제품 및 기계장비, 운수장비.
자료: 한국은행(계, 1987); 한국은행(통, 1995).

141 경제기획원(시책, 1986), pp. 313~316.

142 '국보위'와 이후 정부의 조정이 가지고 있었던 한계, 금융과 관련된 자세한 문제는 본장 본문에서 지적하였다.

립가공산업의 비중이 늘어나고 있는 반면, 소재공업의 비중은 감소하고 있다. 물론 이는 조정 후 1980년대 산업구조의 변화가 산업구조의 고도화와는 거리가 있음을 보여 주는 것이다. 수출에서의 중화학공업 비중을 보아도 역시 경제기획원(시책, 1986)이 중화학공업 조정의 효과가 분명히 나타났다고 한 1986년에 오히려 1983년보다 후퇴하고 있다. 즉, 1980년 조정 후 변화는 수출산업으로 성장할 수 있는 중화학공업의 경쟁력 강화와도 거리가 있었다.

두 번째는 비교의 시점에 관한 것이다. 경제기획원은 투자조정의 합리성 근거로 조정이 이루어진 1980년을 기준연도로 하여 1983, 1984, 1985년의 수치를 비교하면서 중화학공업 조정의 효과를 보이고 있다. 당연히 1980년대 중화학공업 조정의 효과를 평가한다면 중화학공업화가 본격적으로 진행되었던 1970년대의 상황과 비교하여야 함에도 불구하고 정치적·대외적 가(proxy)변수요인이 매우 커 성장률이 마이너스(陰)였던 1980년과 비교한다는 것은 그 자체로 경제적 의미가 없음은 물론이다.

세 번째는 비교척도의 문제로 비교변수가 미시적인 기업의 매출액, 경영수지와 가동률에 맞추어져 있다는 점이다. 실제로 조정된 대기업의 가동률과 매출액을 보면 개선되고 있다.

그러나 정부의 개입에 의해 강제적으로 시장구조를 소수 대기업으로 집중화할 경우, 기업의 매출액·경영수지와 가동률이 증대됨은 사전적으로 당연한 동의반복 이상의 의미를 갖지 못하게 된다. 즉, 긍정적으로 평가된 기업의 가동률과 매출액·기업이익은 시장경쟁에서가 아니라 정부에 의한 소수 대기업으로의 인위적 집중에 의해 이루어진 그 기업에 대한 평가라는 점에서 근본적인 평가지표로서의 한계를 갖는다. 사실 조정 대기업이 아니라 조정과 집중에서 소외되었던, 따라서 정부의 추계에서 이후 빠진 많은 중기업들은 기업 자체의 존립을 위협받았고 대기업조차도 조정에서 상대적으로 소외된 경우 심각한 경영상의 위협을 받았다. 더구나 중화학공업의 가동률은 내용면에서 근거가 매우 불충분한 것으로 정부의 조사 및 보고의 목적상 과대평가(upper-biased)되었을 가능성이 매우 높다. 또한 가동률 자체가 실사통계로 내생변수와의 상관관계가 매우 낮아 산업 측면에서의 효율성·효과와는 연계되어 있지도 못하다는 한계가 있다는 것은 앞의 본문에서 지적한 대로이다.

네 번째는 경제기획원의 미시적인 기업지표상의 논리를 따른다고 하여도 나타나는 문제점이다. 경제기획원의 논리와 지표를 따른다고 하여도 조정이 성공적이었다고 한다면 구조조정에 따라 기업의 손익구조에서 투자조정 후 정상화에 진입될수

보론표 9-4-2 조정기업의 손익변화

단위: 억 원

구 분		조정 전		조정 후	
		1980년	1983년	1984년	1985년
발 전 설 비	한국중공업	−1,062	31	−297	−212
중 전 기 기	효성중공업	−83	10	16	1.6
	현대중전기	−23	5	7	0.6
디 젤 엔 진	현 대 엔 진	−85	109	47	19
	쌍용중공업	−90	−41	−7	−35
동 제 련	온산동제련	−418	−	−	−
	광 업 제 련	−9*	−219**	−176**	−83**
전자교환기	삼성반도체	−25	21	63	65
	금성반도체	−18	19	41	42
자 동 차	현대자동차	−193	257	184	288
	대우자동차	−294	104	145	88
	기 아 산 업	−238	291	234	175
	동아자동차	−41	15	14	12

주: 1) *는 1981년 수치임.
2) **는 '한국광업제련'으로 흡수통합된 수치.
자료: 경제기획원(시책, 1986. 6).

록 점점 이익이 커져야 하는 것이 당연하다. 그러나 〈보론표 9-4-2〉에서 보듯이 조정 후 기업의 이익구조가 다시 악화되는 동태적인 비효율성이 나타나고 있어 이익구조라는 것이 조정의 성공에 의한 구조적인 것이 아닌 일시적인 다른 변수에 의한 것임을 알 수 있다.

〈보론표 9-4-2〉에서 보면 단일체제로 바꾼 발전설비의 '한국중공업'은 손익이 1980년과 비교해 개선되었다고 발표되고 있지만, 1983년 31억 원 흑자에 이어 1984, 1985년에는 다시 297억 원, 212억 원의 연속적자를 내고 있다. 중전기기(重電機器)의 경우 '효성중공업'과 '현대중공업'은 1983년 손익이 10억 원, 5억 원, 1984년 16억 원, 7억 원 수준에서 1985년에는 1억 6,000만 원, 6,000만 원의 낮은 수준으로 다시 악화되어 나타나고 있다. 디젤엔진의 경우도 '현대엔진'과 '쌍용중공업' 모두 1983년 109억 원, −41억 원 손익에서 1984년 47억 원, −7억 원, 1985년 19억 원, −35억 원으로 손익이 악화 또는 적자상 개선 후 악화되고 있다. 동(銅)제련의 경우 '한국광업제련'으로 단일화됨으로써 순수독점 형성으로 손실이 줄고 있지만 1983, 1984, 1985년 계속 큰 손실을 보이고 있다. 전자교환기부문만 시장의 급속한 팽창과 복점(duopoly)구조에 의해 이익이 증대되고 있지만 시장규모 확대의 비율에 비해 이익규모는 이미 1985년 정체되고 있다. 여기에서 정부발표와 달리 정부가 사용한 미시적인 기업이익 측면에서 보아도 중화학공업 조정에 문제가 있음을 알 수 있다.

오히려 앞의 본문에서 보았듯이 1980년대 초기의 2차에 걸친 조정이 취소되면서 4개 기업 원상태로 환원된 자동차산업이 수요 측면의 자동차 대중화(autorization)가 진행되면서 이익이 가장 높았다는 점과 수요가 급속히 팽창한 전자교환기부문에서 이익이 증대되었다는 것은 당시의 인식과 달리 기업의 이익이 공급 측면의 기업조정함수가 아니라 수요 측면의 변수에 의해 움직이고 있었음을 보여 준다.

그럼에도 이러한 경제기획원의 공식적 평가는 이후 검증 없이 그대로 중화학공업 조정의 성공이라는 당연한 인식으로 받아들여지고 사용되면서 계속 이어졌다.

3. 자 료

[자료 9-1]

중화학공업 조정(1980. 8. 20): 국가보위비상대책위원회[143]

구 분	중화학공업 조정내용
발전설비, 건설중장비	1. '현대양행'의 군포(軍浦)공장을 포함한 창원(昌原)종합기계공장과 '대우'의 옥포(玉浦)종합기계공단을 1개 법인으로 통합. 2. 통합 법인은 '대우'그룹이 책임지고 경영토록 한다. 3. 발전설비와 건설중장비의 생산을 일원화함으로써 빠른 시일 내에 이들 공장이 정상가동할 수 있도록 만든다.
자 동 차	1. 기존 '현대자동차'와 '새한자동차'를 1개 법인으로 통합하여 '현대'그룹이 책임지고 경영한다. 2. 기아산업에 대해서는 중차량(重車輛)생산체제로 육성함으로써 급속한 기술혁신으로 날로 경량화·저공해량화되고 있는 자동차산업의 세계적 발전추세에 부응할 수 있는 기술개발체제의 조속한 확립과 경제생산규모화에 의한 원가절감 등을 실현하여 국제경쟁력을 높여 빠른 시일 안에 우리 수출주종산업으로 육성될 수 있도록 한다.
종 합	1. 이 조정으로 새로이 합병된 법인은 '현대'그룹과 '대우'그룹이 각각 책임지고 경영함으로써 중복투자와 과당경쟁 기술의 분산을 막아 진실한 국제기업으로 자랄 수 있도록 하여 부실경영에서 일어나는 정책금융의 과다한 부담요인을 경감시키도록 한다. 2. 앞으로는 중화학분야사업 중에서 투자효율이 적은 사업은 과감하게 연기하거나 취소케 하여 중전기기(重電機器), 디젤엔진 그리고 전자교환시스템 등 기타의 과잉투자사업은 기업합병 또는 기업 간 협업을 통하여 분야별로 전문화가 이루어질 수 있도록 업계의 자발적인 노력을 기대하고 필요한 경우에는 정부가 개입할 것임을 밝혀 둔다.
보완조치	1. 이번 조정과 관련된 기업으로서 구체적인 언급이 없는 삼성중공업·기아산업 관련 중소기업에 대하여는 1개월 이내에 그 대책을 발표한다. 2. 이 조정과 관련된 외국의 투자선과 기술제휴 등에 대하여는 협의를 진행하는 과정에서 이들의 의견을 최대한 존중하여 앞으로도 계속해서 한국의 경제개발계획에 적극 참여할 수 있도록 문호를 개방한다. 3. 정부는 발전설비와 자동차공업부문에 대하여 육성기본계획을 수립하여 곧 발표할 것이며, 새로이 설립되는 통합법인은 주기기(主機器)만 생산토록 하고 여러 부분품은 전문생산업체가 계속 생산토록 하여 계열화 체제를 정비강화하고 중소기업을 키운다. 4. 중공업에 대한 금융제도와 조세제도 등을 포함한 각종 지원제도를 개선하여 과거 일부 기업들이 정부에 과도하게 의존하던 구태를 일소케 함과 동시에 스스로 재무구조 개선과 자주적인 기술개발에 노력을 기울인 기업만을 계속 지원해 나가는 방안을 수립한다. 5. 특정 기관이 국가기간산업을 독점함으로써 발생할 수 있는 공급상의 횡포나 연구개발투자의 태만 등의 폐해는 정부의 행정규제를 통해 단속한다.

143 국가보위비상대책위원회 상공자원분과위원회(國家保衛非常對策委員會 商工資源分科委員會, 1980. 8. 19).

[자료 9-2]

중화학공업 투자조정 총괄표(1976～1982)

구 분	1976. 12. 30	1977. 5. 21
실 행	경제장관협의회	경제장관협의회
발전설비		1. '현대양행'으로 일원화 2. '현대건설'·'대우중공업': 해외진출 위한 엔지니어링 습득 3. '삼성중공업'(보일러공장): 산업용 보일러 전문화
중전기기	1. 1979년 말까지 154KV 변압기 제조를 위한 차관과 기술도입 불허 2. 전력용 변압기 신규 업체 설립 불허 3. 345KV 변압기·차단기: '효성중공업'으로 일원화	
엔진 및 디젤엔진	1. 6천마력 이상 초대형 엔진: '현대조선' 2. 600～6,000마력 대중형 엔진: '쌍용중기' 3. 600마력 이하 중소형 엔진: '대우중공업' 4. 디젤엔진: '현대차량'으로 일원화	
기 타	1. 통신·전력 케이블: '대한전선'·'금성전선' 이원화 2. 컬러TV 브라운관: '삼성'·'금성'·'대한' 삼원화 3. 농기계: '대농'·'유신(惟新)'('국제')·'동양물산'·'진일(進一)기업'('효성') 4. 건설용 중장비: '현대양행'·'대우중공업' 5. 과산화수소: '대한제당'·'동양화학' 6. 폴리에스터 필름: '선경화학'	
자동차 및 차량	1. 자동차: '현대'·'새한'·'기아'의 삼원화 2. 철도차량: '대우중공업'·'조선공사' 이원화	

구 분	1978. 4. 22	1979. 5. 25
실 행	경제장관협의회	투자사업조정위원회
발전설비	3원화 1. 원자력발전설비 산업에서의 일원화 철회 2. '현대중공업'·'대우중공업' 참여 허용	1978년 10월 사원화된 것을 2개 기업씩 합병하여 이원화 1. '현대양행'+'현대중공업'('현대중공업'이 경영권 가짐: 자본금 1,285억 원(KDB 35%, KEB 7.8%, '현대양행' 22%, '현대중공업' 35%) 2. '대우중공업'+'삼성중공업' 3. '현대중공업' 171억 7,000만 원 발전설비 투자계획 취소
중전기기	1. 1976년 12월 30일의 중전기(重電機) 조정안 수정 2. 154KV 변압기의 제조시설 투자를 자유화하고 변압기 신규 업체 설립불허를 철회 3. '현대중공업'의 중전기분야 참여를 사실상 허용	
엔진 및 디젤엔진		1. '현대엔진'·'쌍용중공업'·'대우중공업' 2. 진입(신규 참여) 금지
기 타		1. '대우중공업'의 중건설설비에 대한 '캐터필라'사의 기술지도 보류 2. '한국아연'의 아연제련공장 투자 9,681백만 원 1년간 보류 3. '현대'·'대우'의 타이어공장 각각 550억 원, 860억 원 투자보류 4. '삼성중공업' 제2공장 864억 7,100만 원 투자계획 보류 5. '효성중공업' 산업용 기계공장 978억 4,000만 원 투자계획 보류 6. '현대양행' 중설비를 위한 엔진공장 400억 원 투자계획 취소
자 동 차		

구 분	1980. 8. 19(8. 20)	1980. 10. 7
주 체	국 보 위	상 공 부
발전설비	1. 1, 2 그룹 '대우'로 일원화 2. '삼성중공업' 보일러에 전문화	
중전기기		1. '효성중공업': '쌍용전기', '코오롱종합전기'를 흡수. 154KV급 이상 변압기 독점 2. '현대중전기': 수출과 선박용 자체수요만 3. '금성계전': 154KV급 이하 차단기 등 한정 4. '신한전기(新韓電氣)'('뉴코리아전기')·'대명중전기(大明重電機)': 154KV급 이하 변압기 5. '이천전기(利川電機)': '효성중공업'에 통합 또는 '신한전기'·'대명중전기'와 同
디젤엔진		1. 6,000마력 이상 해상 및 산업용 디젤엔진: '현대엔진' 2. 6,000마력 이하 선박용 및 산업용: '쌍용중공업' 3. '대우중공업': 차량용 엔진만 생산
동 제 련		'한국광업제련'이 '온산동제련(溫山銅製鍊)'을 흡수·합병('온산동제련'의 48.4% 인수).
전 자 교환기		1. 국설(局設) 전자교환기: 제1기종: '한국전자통신'이 '동양정밀' 흡수. 제2기종: '금성반도체'가 '대한통신' 흡수 2. 농어촌 전자교환기: '동양정밀'로 전문화 3. '대우'그룹: '대한통신' 출자지분 회수, '한국중공업' 발전설비에 투자
자 동 차	1. 승용차, 8톤 이상 트럭·버스: '현대'로 일원화 -'현대': '새한'을 통합('새한자동차': GM과 50% 합작으로 제미니, 레코드 등 100,000대 생산중이었음) -'기아': 생산 중지('기아': 브리사·피아트 132, 프조 등 90,000대 생산중이었음) 2. 중소형 트럭·버스(1~5톤): '기아산업'에 전문화 3. 특장차 및 1~5톤 이외: 자유화 4. 군용지프, 장갑차 등 군수용 대형버스, 트럭: '아세아'	

구 분	1981. 2. 28	이 후
주 체	상 공 부	
발전설비		'한국중공업'으로 국영화
중전기기		'효성중공업' '현대중전기'
디젤엔진		'현대엔진' '쌍용중공업' '대우중공업'
동 제 련		'한국광업제련'
전 자 교 환 기		'삼성반도체통신' '금성반도체'
자 동 차	1. '현대', '새한' 합병취소 -양사 모두 승용차 생산 가능 -양사 모두 8톤 이상 트럭·버스 생산 가능 2. '동아자동차'·'기아산업'·'아세아자동차' 통합 -'동아자동차': 특장차 -'기아산업': 1~5톤 버스 -'아세아자동차': 군용 특산 3. 8톤 이상 트럭 및 대형버스: 경쟁체제	1982. 7. 26 상공부 발표 1. '기아'·'동아' 통합 취소 2. '동아자동차': 특장차 전문생산 백지화 3. 특장차 생산자유화 4. '현대'·'대우'('새한')·'기아'·'동아'('쌍용') 원상태로 돌아감.

자료: 국가보위비상대책위원회 상공지원분과위원회(1980. 8. 19); 박병윤(1980); 대한상공회의소(한상, 1984); 상공부(중조, 1980. 10. 7); Korea Exchange Bank(1980. 12); 상공부(자합배, 1981. 2. 28); 한국경제신문(1981. 3. 1); 한국자동차공업협동조합(자편, 1994).

CHAPTER 10

중화학공업화와 대외의존성*

10.1 머 리 말

한국의 경우 자립적인 경제발전과정이 단절되고 장기간의 식민지경제를 겪었기에 해방 후 경제발전의 추구점은 단순히 총생산의 증가 이상의 보다 많은 경제발전 목표를 가져야 했다. 대표적인 목표로, 첫째 소득구조의 개선이라는 분배문제의 개선, 둘째 산업구조의 왜곡을 조정하고 고도산업단계로 나아가기 위한 산업구조의 고도화 내지 공업구조의 고도화, 그리고 셋째 기술 및 자본종속에서의 독립이라는 자립적 경제구조의 확립 등이 이루어져야만 하였다.

이 중 소득구조의 개선은 1차적으로 1950년대의 농지분배와 1960년대 이후의 높은 교육투자에 의한 노동생산성의 상승을 기초로 어느 정도 이루어졌다고 볼 수 있다. 물론 한국의 소득분배에 대한 측정과 평가결과는 다를 수 있지만, 최근의 심각한 양극화 진전에도 불구하고 한국의 소득분배는 지니(Gini)계수와 십분위분배율로 평가할 때 독일·일본 등 주요 선진국을 제외하고 대체로 양호한 것으로 평가된다. 산업구조의 고도화와 공업구조의 고도화 역시 여전히 취약한 구조 속에서도 1970년대 이후 중화학공업화로 1차 및 저수준 3차산업 우위의 경제구조와 단순노동집약 중심의 경공업체계를 어느 정도 해소하는 데 성공하였다고 평가된다.[1]

* 이 장의 일부는 한국국제경제학회 1999년도 정기학술대회(1999. 12)에서 발표되었고, 박영구(2000c)로 학회지에 게재된 것을 수정·보완한 것이다.

[1] "1980년대에 1970년대 성장의 기초가 마련된 중화학공업의 성숙화가 나타나 공업구조의 고도화가 이루

문제는 중화학공업화와 관련하여 제기되고 있는 세 번째 부문이다. 1970년대 중화학공업화는 자본 및 자원·기술·경영기법 등 모든 면에서 애로에 있던 당시 한국의 입장에서는 높은 수입과 해외저축의존도를 가지고 진행될 수밖에 없는 한계가 근본적으로 내재되어 있었고 1960년대와 달리 수출을 또 다른 한 축으로 갖고 전개되었다. 이런 이유로 박준경(1995), 韓福相(1995) 등 수입의존도가 감소했다는 지적도 있지만, 1970년대 중화학공업화가 바로 한국 경제발전 추구점인 자립적 경제구조의 후퇴를 가져온 면이 있다고 계속 지적되어 왔다.[2] 심지어 1970년대 일본에서는 '한국의 종속적 발전'이라는 용어가 고정용어로 사용되었다.[3]

본장은 이 문제에 대해 자립적 경제구조의 후퇴라는 근거들을 재검토해 봄으로써 1970년대 「중화학공업화 선언」 이후의 중화학공업화가 가지는 산업사적 성격의 대외적 측면을 보고자 한다.

 10.2 중화학공업화와 대외의존성

한국의 중화학공업화는 자립기반의 확립, 자립도(self-sufficiency, industrial independence)의 상승, 해외의존적 성장의 탈피라는 수단과 정책방향을 분명히 1차적으로 정립해 두고 그 위에서 시작되었다. 이는 중화학공업추진위원회가 중화학공업화의 배경으로 든 '한국이 가지게 된 갖가지 모순' 해결부분 중 하나로 '해외의존적 경제성장'을 지적한 것에서 우선 나타난다.[4] 실제로 한국중화학공업화의 전제조건,

---

어졌다"(한국산업은행조사뷰(한산), 1981, p. 17). "우리나라 공업구조는 1970년대 후반의 중화학공업화와 더불어 이들 업종의 비중이 크게 높아지면서 현저하게 고도화되었다"(한국은행(공), 1987. 9, p. 18). "중화학공업화는 우리 경제의 체질강화에 기여하고 ……장기적인 측면에서 산업구조의 고도화를 달성하였다"(한성신, 1991, pp. 257, 228~229).

[2] 이재희(1999b) 등은 "1970년대 중화학공업화는 종래의 경공업이 지니고 있던 재생산구조의 대외종속성을 중화학공업의 그것으로 전치시킨 것이다. ……1970년대 말까지 재생산구조의 종속성은 이전보다 심화되었다"라고 지적하고 있다. 그러나 중화학공업과 대외종속성 문제를 비교적 자세히 연관시켜 단일주제로 중점 연구한 논문은 없다. 1970년대 중화학공업을 언급하는 연구, 교과서, 자료, 심지어 정부측 자료에서도 이 점이 어떤 규명 없이 선험적인 당연한 사실로 그냥 내용 속에 사용되는 경우가 발견된다. 이런 점에서 박준경(1995, p. 54)의 "(중화학공업화로) 중화학공업이 차지하는 생산비중이 경공업을 상회하게 되었으며 산업연관이 심화되어 중간재의 생산비중이 증가하고 수입의존도가 개선되었다"라는 지적이 오히려 의외적인 지적으로 보일 정도이다. 저자는 박준경과 같은 입장이지만 아쉽게도 박준경 역시 자세한 내용을 분석하고 있지 않다.

[3] 金子文夫(1976. 10), pp. 6~7.

목적과 목표, 방법과 정책방향이 해외의존의 축소, 자립경제구조의 강화에 있음은 중화학공업추진위원회의 의지나 당시 정부의 주요 입장에서 다음과 같이 확고하게 나타난다.

> 두 번에 걸친 경제개발5개년계획에서……. 이러한 요소효율에 대한 경시는…… 외자도입과 자원의 수입을 과도하게 하여 혹은 국제수지를 악화하며 혹은 원리금 상환부담을 심하게 증대시켰다. 따라서 이번에 제시된 중화학공업화정책선언은 내자동원제체의 확립과 외자의존성 극소화는 물론 능률의 극대화라는 조건을 동반하고 있는 것이며…….
>
> 《중화학공업추진위원회(해, 1973), p. 39.》

> 중화학공업은 향후 한국 경제가 자립기반을 확립하는 데 가장 중추적인 역할을 맡게 될 것이다. ……경공업의 발달만으로는 경제의 자립을 성취하는 데는 한계점이 있으므로 ……중화학공업의 건설에 역점을 두기 시작하였다.
>
> 《경제기획원(백, 1973), p. 13.》

> (중화학공업) 금속, 기계, 조선, 전자 및 석유화학과 같은 연관효과가 크고 인력 및 기술집약부문을 집중적으로 개발함으로써 ……자본재의 해외의존성을 탈피하고 산업의 능률을 높이는 동시에 나아가 자립적 경제구조를 기하게 될 것이다. ……1980년대의 산업구조는 중화학공업의 건설과 영농기반의 조성으로 자립적인 경제규모를 이룩하고……. 자립적인 공업구조를 이룩하기 위한 전략산업인 철강, 비철금속, 조선, 기계, 석유화학 등 중화학공업의 투자를 촉진할 것이다. ……중화학공업 건설에 따른 산업기술의 수요에 대응할 수 있도록 새로운 기술의 적극적인 도입과 토착화를 기하고 특히 연구학원도시 조성과 연구소 신설 등으로 자주적인 과학기술의 발전을 촉진할 것이다.
>
> 《경제기획원(전, 1973. 12), pp. 46, 96, 97.》

> 1978년 혹은 1979년 초까지 중화학공업의 첫 단계 계획이 성공적으로 완성되면 국가산업은 1960년대 이루어진 사회간접자본 건설과 경공업에 의해 확고하게 다져진 산업기반 위에 자립적인 단계로 이행될 것이다. ……기본 정책방향은 국내 산업원자재와 자본재의 생산확대를 통해 산업의 자립성을 높이는 데 초점을 둘 것이다. 산업원자재의 자립도를 높이기 위해 철강공업, 화학공업 그리고 비철금속공업이 중화학공업화 계획하에서 집중적으로 육성되도록 선택되었다.

---

[4] 중화학공업추진위원회(해, 1973), p. 6.

《Planning Office, Heavy and Chemical Industry Promotion Council(1976), pp. 10~11.》

중화학공업 추진을 맡은 중화학공업추진위원회기획단 역시 중화학공업화 계획을 위한 세 가지 기본 정책방향으로 '국제경쟁력(규모)', '산업기지 건설'과 함께 '산업의 자립성'을 들었고 특히 산업자립성을 제일 먼저 기본 정책방향으로 설정하고 있었다.[5] 분명히 대만과 함께 한국의 중화학공업화는 생산재 수입, 최종재 수출이라는 가공무역형의 종속적 경제구조로부터 자립적 경제구조로의 전환이라는 국민적 과제에 의하고자 하는 것이었다.[6] 대통령의 「중화학공업화 선언」으로 새로 작성된 한국 경제의 장기전망에서도 "1980년대 초까지의 목표는, 첫째 수출 100억 달러의 목표를 달성함으로써 국제수지의 균형을 이루고, 둘째 중화학공업의 건설을 통해 자립적 경제구조를 구축하며"[7]로 하여 중화학공업은 자립적 경제구조를 구축하기 위한 것이라고 공표되어 있었다.

그럼에도 불구하고 중화학공업화가 대외의존도를 높였다는 기존의 비판은 크게 세 가지 측면에서 제기되어 왔다.

우선 첫 번째로 중화학공업이 자립적 경제구조의 확립이라는 경제발전 목표를 오히려 후퇴시켰다는 가장 일반적인 비판은 수입면과 연계되어 이루어져 왔다. 이러한 수입면에서 기존의 대외의존성 심화논리를 몇 가지 지표로 보면 다음과 같다.

첫째, 기간별로 뚜렷이 대비되는 1970~1980년대의 수입증가율, 수입의존도, 대외의존도 지표를 들 수 있다. 비교분석을 위해 중화학공업화 이전 시기, 중화학공업화 중점추진시기, 중화학공업 조정 이후 시기의 3기로 나누어 보자. 비교를 위한 이 각 기간은 1기를 「중화학공업화 선언」이 이루어지기 전인 기간으로 하되 1960년대와 차별화하고 통계적인 단층문제를 없애기 위해[8] 1970~1972년의 3년간[9]으로 보자. 그리고 공식적으로 중화학공업화 선언이 이루어지고 정부의 지원과 중화학공업화가 본격적으로 진행되었던 1973~1978년의 6년간을 제2기, 그리고 2차 석유파동과 대통령 피격 등 정치적 혼란과 중화학공업 조정이 이루어진 1979~1980년의 가변수(dummy)기간을 제외한 이후 1981~1986년의 6년간을 제3기로 하자. 기간별 연평균 수출입 증가율과 국민총생산 대비 수입·수출 비율을 구해 보면 〈표 10-1〉과 같다.

---

[5] Planning Office(1976), pp. 11~14.

[6] 渡邊利夫(1979), pp. 145~146.

[7] 경제기획원(전, 1973. 12), pp. 5~6.

[8] 1970년 이전과 달리 이후 한국은행 통계는 신 SNA계정으로 추계되어 있어 통계적 단층이 존재한다.

[9] 3년에 불과하다는 자료의 대표성 문제가 있다. 그러나 연구목적과 통계적 단층문제로 3년으로 하고 있으나 이전 6년으로 연장해 보아도 결과는 동일하다.

표 10-1 수출입 증가율 및 수출·수입 비율(연평균)

단위: %

구분	기 간	수출증가율	수입증가율	수입비율	수출비율	대외의존도
제1기	1970~1972년	28.3	10.1	25.37	17.23	42.6
제2기	1973~1978년	23.5	20.5	35.97	30.32	66.28
	(1974~1975년 제외)	(32.58)	(26.6)	(34.28)	(31.33)	(65.5)
제3기	1981~1986년	12.4	6.4	42.87	38.55	81.42

주: 1) 수입비율=수입/GNP, 수출비율=수출/GNP, 대외의존도=(수출+수입)/GNP.
2) 수출입비율과 대외의존도는 경상가격기준, 증가율은 1980년 불변가격기준.
3) 1974, 1975년 제외 수치는 단순평균치임.

자료: 한국은행(국, 1987).

1974, 1975년을 제외한 기간을 따로 기록한 것은 이 기간이 1979~1980년처럼 석유위기라는 외적 충격변수가 있어 이를 참고해 보도록 하기 위한 것이다.

제2기의 연평균 수입증가율은 「중화학공업화 선언」 이전 3년 평균의 10.1%에서 20.5%로 급상승하고 있다. 이렇게 중화학공업화가 중점적으로 시행되었던 1973~1978년의 시기에 수입증가율 자체가 매우 높아지고 있다는 점에서 중화학공업화는 수입유발적이었고 따라서 국민총생산 대비 수입비율이 이전의 25.37%에서 동기간 35.97%로 증가하였다는 주장이 이루어져 왔다.[10]

두 번째는 산업연관표에 나타나는 수입관련 지수를 들 수 있다. 1980년 한국은행의 투입산출표에서 수입관련 지수를 구해 보면 〈표 10-2〉와 같다. 여기에서 수입계수·수입의존도·수입유발계수에서 중공업이 경공업에 비해 높다는 점이 발견된다. 1970년대 중화학공업화가 대외의존성을 오히려 높였다는 대부분의 연구들은 1980년의 수입중간재 투입률, 수입유발계수 등 수입관련 지수가 1970년보다 악화되었다고 지적하고 있다.[11] 이런 사실들을 근거로 1970년대 중화학공업화는 전형적인 수입유발형 공업화이었고[12] 오히려 한국 경제의 자립경제구조 형성이라는 경제발전의 한 목적을 후퇴시켰다는 것이다.

세 번째는 수입비중의 변화이다. 〈그림 10-1〉을 보면 중간재의 비중이 1970년

[10] B. Balassa(1990, p. 7)는 고정투자와 중간재, 중기계를 생산하는 산업의 높은 수입집중이 한국 산업의 경쟁력 악화와 결합하여 1977~1979년의 수입을 1970~1977년의 14%에서 연평균 21%로 크게 급속히 증가시키는 데 기여하였다고 보았다.

[11] 대표적으로 김대환(1987), p. 229; 변형윤·임원택(2000), p. 8.

[12] 안충영(1986), p. 817.

표 10-2 1980년 중화학공업과 경공업의 수입관련 지수

단위: %

구 분	수입계수	수입의존도	수입유발계수
제 조 업	16.5	22.7	0.38
중화학공업	24.0	30.2	0.46
경 공 업	7.4	15.0	0.29
전 산 업	14.8	14.2	0.28

주: 수입계수=수입액/총공급액, 수입의존도=수입중간재/총생산액, 수입유발계수=수입유발액/항목별 최종수요액.
자료: 한국은행(산작, 1983); 한국은행(조, 1985. 10).

그림 10-1 수입상품의 용도별 구성 추이

단위: %

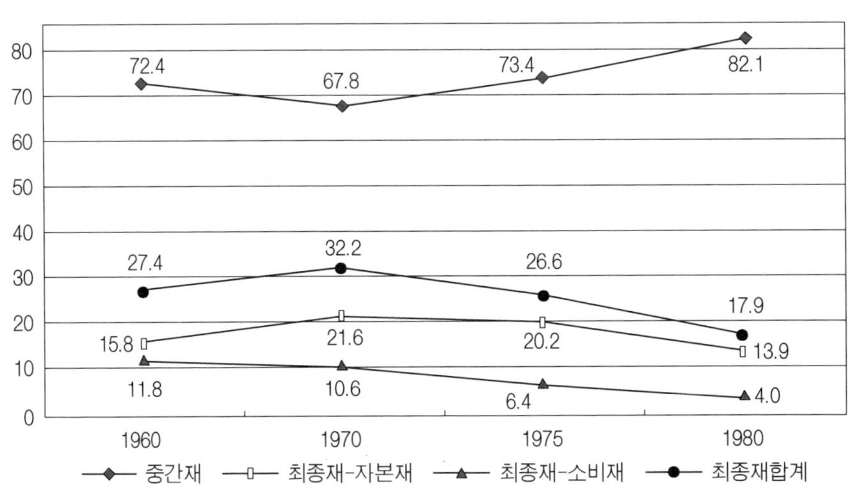

자료: 한국은행(조, 1973. 7); 한국은행(산작, 1983).

67.8%에서 1980년 82.1%로 늘고 있으며 이는 중간재 성격이 강한 중화학공업의 실패, 중화학공업의 대외의존성을 반영하는 것으로 지적되어 왔다.

수입면과 달리 두 번째로 중화학공업이 자립적 경제구조의 확립이라는 경제발전 목표를 오히려 후퇴시켰다는 비판은 수출면과 연계되어 이루어져 왔다. 1970년대 중화학공업이 수출을 다른 한 축으로 지향함으로써 대외의존도가 높아졌다는 것이다.

중화학공업이 수출을 지향하고 있었다는 것은 다음의 대통령비서실의 자료와 중화학공업추진위원회의 설명 등에서 우선 나타난다.

> 중공업은 앞으로 급증할 제품의 수입대체는 물론 수출주도 업종으로 개발되어야 한다. ……각 업종에 포함된 단위공장은 품질·가격면에서 수출능력이 처음부터 있게끔 계획되어야 한다. ……싼 노임을 주무기로 하여 제품을 수출하는 형태에서 기술을 가미한 제품을 수출하는 형태로 전환하여야 한다.
>
> 《대통령비서실(중선19730130), pp. 15. 18, 19.》

> 설사 수입대체 등 다소의 국내수요가 있는 업종에 있어서도 단 한 개의 중소규모 공장이 건설되기만 해도 곧 수요부족을 직면하게 되어 생산은 정체되거나 위축되어 버릴 위험이 있는 것이다. ……중화학공업의 경우 국내시장만에 의존한다는 것은 거의 기대하기 힘들 것은 명백한 일이다. ……결국 중화학공업화의 실현은 수출의 확대 여하에 달려 있다고 말해도 결코 지나치지 않을 만큼 수출의 중요성은 막중한 셈이다.
>
> 《중화학공업추진위원회(해, 1973), pp. 29~31.》

분명히 1973년 1월 12일 박정희 대통령은 이른바 「중화학공업화 선언」에서 "1980년대 초 수출 100억 달러, 1인당 국민소득 1,000달러로 집약되는 이른바 상위 중진국수준에 도달하기 위해서 중화학공업정책을 적극 추진"[13]한다고 하고 "중화학공업 개발의 전략으로…… 중화학공업을 전략적 수출산업으로 육성"[14]한다고 밝히고 있다. 또 당시 상공부와 경제기획원이 세운 중화학공업 건설의 목표는 중화학공업 제품의 수출비율을 1971년 19.1%에서 1980년 60% 이상,[15] 1981년 65%로[16] 한다는 것이었다.

이상의 수입·수출과 관련된 근거 외에 세 번째로, 그 동안 1970년대 중화학공업이 대외의존도의 상승을 가져왔다는 또 하나의 근거로 사용된 것은 "막대한 투자재원을 외채에 의존함으로써 해외저축의 비중을 대폭 높였다"는 것이었다.[17]

한국의 투자비율은 1972년 GNP의 22%에서 1979년에는 31%로 늘어났고 이에

---

13 김정렴(金正濂, 1995), p. 324.

14 김정렴(1995), p. 326; 오원철(吳源哲, 전청와대 경제수석) 증언(1993. 12. 1).

15 상공부(수출, 1973).

16 경제기획원(전, 1973. 12), p. 6.

17 "중화학공업은 더구나 막대한 투자재원을 외채에 의존함으로써 외채부담을 가중시켰다. ……이러한 여러 가지 부작용은 외채의 누적증대 ……유발시켰다. 따라서 한국 경제는 중화학공업의 무리한 추진으로 인해 진통을 겪지 않을 수 없었고 그 후유증은 제4차 계획기간중에 나타났다"(한국재정40년사편찬위원회(6권), 1991, pp. 294~295).

따라 외자도입이 급증하였다(본장 부록의 〈부표 10-1〉 참조).[18] 1973~1981년 기간중 중화학공업 투자비용의 40.1%를 외자에 의존하도록 계획되어 있었기 때문에[19] '외자도입 확대와 연결된 중화학공업화에 따른 대외의존도 심화'라는 비판은 이런 측면에서 당연한 것으로 받아들여졌다.

이제 이상의 문제들을 비판의 정도와 순서에 따라 하나씩 검토해 보자.

 수 입

수입과 관련되어 이루어진 대외종속성 심화의 논리에 내재되어 있는 문제로 가장 먼저 지적해야 할 것은 이들 비판적 지적들이 복합적 의미를 가질 수 있는 정태적인 특정 결과변수자체 비교로[20] 대외의존성을 지적하고 있고 이러한 지수가 나오게 된 관련 직접변수와 관련 경제논리에 대해서는 거의 검토하지 않았다는 것이다. 그 결과 중화학공업화와 대외의존성 심화라는 논리는 여러 측면에서 취약점을 가지고 있으며 심지어 왜곡되어 있다.

우선 중화학공업이 본격화된 1970년대는 시기적으로 석유파동과 자원가격의 상승에 따른 석유류 및 수입원자재의 대폭적인 가격상승이 나타났기 때문에 수입액만으로 경제구조를 평가하는 것은 당연히 적절하지 않다. 석유파동이라는 비경제적 외부요인에 의한 경상가격 상승분이 그대로 인용되고 있는 것은 당연히 경제적 의미에서 문제가 있는 것이다. 예컨대, 1970년대에 중간재 수입비중이 증가하였다고 하지만 이는 바로 〈그림 10-2〉와 〈그림 10-3〉에서 보듯이 조원료(crude materials)·광물성 원료(mineral fuels) 등의 가격폭등에 따른 것이었지, 한국의 중화학공업과 관련된 것은 아니었다.

이러한 국제시장에서의 원유 및 원자재 가격 폭등으로 〈그림 10-4〉에서 보듯이 1974년 이후 수입액 중 원천적으로 대체불가능한 원유비중은 2배 이상 급등하고 있다. 실제로 1981~1986년(제3기) 수입증가율의 대폭적 하락은 석유가격 등 원자재가격의 안정에 기인하는 것이었다. 오히려 원자재 수입비중은 1960년대와 비교

18 한국은행(경제, 1972~1980).
19 경제기획원(백, 1982).
20 H. B. Chenery and S. H. Robinson(1986); World Bank(K1987b), p. 13.

그림 10-2 1970년대 전(前)반기 국제시장 1차자원 수출가격지수(1971=100)

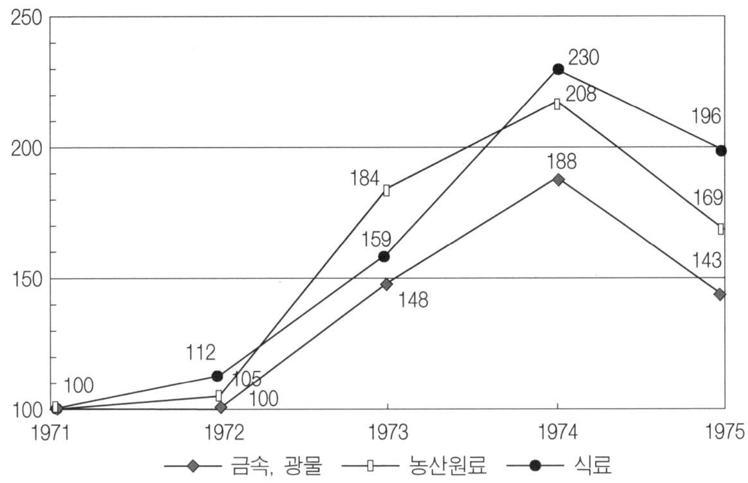

자료: UNCTAD(1977).

그림 10-3 석유가격의 변화(배럴당)

단위: 달러

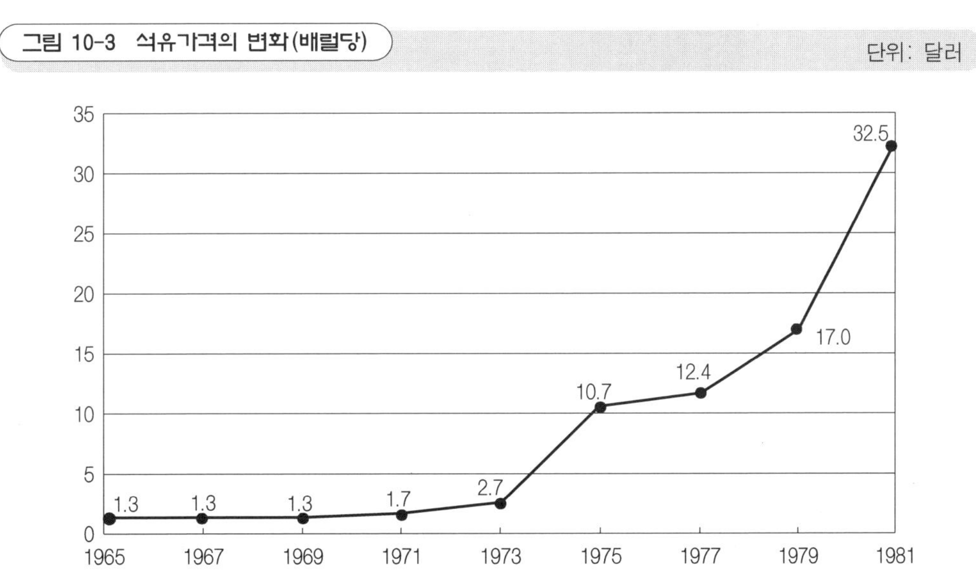

자료: International Monetary Fund(IFS, 1982).

하여 보면 1970년대에는 공업발전으로 대체가능한 국내수요용의 원자재비중이 크게 줄어들어 있음을 알 수 있다.

그림 10-4 자본재·원자재·원유 수입비중

단위: %

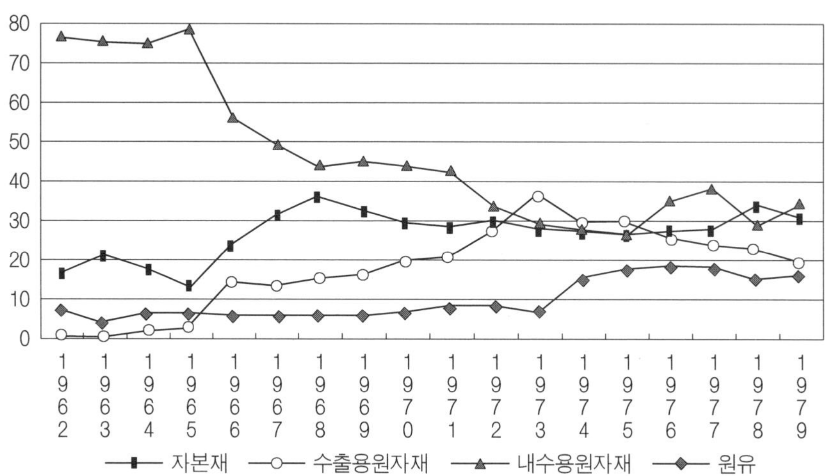

주: 1) 자본재, 수출용원자재, 내수용원자재, 원유의 합을 100으로 함.
2) 관세청에 의하면 통관기준 CIF 기준임.
자료: 경제기획원(지표, 1980), pp. 182, 195.

두 번째로 경제종속의 지표로 초기 성장경제모형에서, 특히 10% 수준의 고성장을 이루었던 특정 초기 고성장시기에서 수출·수입의 절대량 변화방향과 증가율을 보는 것은 당연히 경제적인 의미가 약할 수밖에 없다는 점이다. 초기 자본축적의 불완전성으로 시장·기술 제약을 근본적으로 가지고 있던 한국의 경우 수입증가는 경제적으로 보았을 때 긍정적 의미로도 해석가능하기 때문이다. 즉, 수입은 한국의 경우 바로 잠재적·실질적 수출시장의 확대를 의미하는 것이었으며,[21] 나아가 수입에 의한 기술집약적인 자본재 도입과 그 체화된 기술(embodied technology)의 습득은 한국 공업화에 매우 중요하였기 때문이다.

1970년대 한국의 기술이전 원천은 외국인 직접투자·기술도입·기술자문·자본재수입이었으며, 이 중 자본재수입은 외국기술 이전유형의 94.3%를 차지하고 있어 그 비중이 절대적이었다.[22] 그래서 한국 정부도 기술도입을 위해 중화학공업화 초기

[21] 시각을 넓혀 이후를 보아도 마찬가지이다. 1992~1993년, 1997~1998년 경제위기시 수출보다 수입이 보다 급속히, 그리고 큰 폭으로 감소한 것은 이를 보여 준다. 한국 경제의 경우 수입의 대폭적 감소는 가동률의 후행지수이고, 바로 시차를 갖고 수출의 감소로 이어진다는 점에서 수입감소에 의한 무역수지 흑자 확대가 반드시 소망스러운 것을 나타내는 것은 아니다.

표 10-3 연평균성장률

단위: %

연도	1970	1971	1972	1973	1974	1975	1976	1977	1978	1981	1982	1983	1984	1985	1986
GNP	7.6	9.1	5.3	14.0	8.5	6.8	13.4	10.7	11.0	6.6	5.4	11.9	8.4	5.4	12.5
GDP	8.8	9.8	5.6	14.3	8.6	7.5	13.2	10.9	10.9	7.4	5.7	10.9	8.6	5.4	11.9
연평균 성장률	7.19			10.71						8.34					

주: 1) 1980년 불변가격기준.
2) 1970년 이후 신 SNA계정으로 이전과 불연속.
3) 연평균성장률은 GNP 기준.
자료: 한국은행(국, 1987).

계획에서부터 "기계도입 인가시 설계도를 첨부토록 의무화한다"고 규정하는 전략을 쓰고 있었다.[23] 1970년대 실질총생산의 연평균성장률과 수입비율의 상관관계는 0.7에 이를 정도로 높았다.[24] 이런 점은 수입, GNP증가율, 국민총생산 대비 수입비율의 방향에서도 확인된다. 〈표 10-3〉과 〈표 10-1〉에서 보듯이 GNP증가율이 급속히 감소하는 1981~1986년(3기)에 수입증가율 역시 이전 기간 연평균 20.5%에서 6.4%로 급속히 감소하고 있다. 또 수입증가율이 줄어도, GNP가 감소하자 오히려 수입비율은 36.0%에서 42.9%로 40%를 넘어서고 있다. 이는 수입증가율과 수입비율이 중화학공업화와 관련된 문제라기보다 경제성장률과 보다 연관성이 큰 변수임을 보여 주는 것이다.

결국 동태적인 공업화의 한 시점에서 경제구조의 의미를 해석하기 위해서는 고정된 특정 시점의 증가율 수치가 아니라 그 결과로서의 이후를 포함하는 연속적인 시계열상의 지수가 검토되어야 한다. 다시 말해, 경제발전단계상 어느 시점까지 수입/GNP 비율이 급증하는 것은 발전전략상 또는 현실상 당연하다고 볼 수 있어, 만약 이 추세가 연속성을 갖지 않는다면 이것은 후발성(posteriority)이나 발전단계, 자원부존성 또는 시차(time lag)의 문제이지 대외의존성 강화의 근거가 될 수 없는 것이다.

더하여 중화학공업 조정이 중화학공업 자체의 조정이 아니라 기업수를 줄이기 위한 기업수 조정의 성격을 띠고 있었고,[25] 1980~1986년간 중화학공업의 연평균성

22 한국산업기술진흥협회(1999).
23 대통령비서실(중선19730130), p. 37.
24 한국은행(경제, 1972~1982).

장률은 16.0%로 경공업의 연평균성장률 8.6%보다 여전히 매우 높았음에도[26] 3기 수입증가율이 대폭적으로 하락하고 있는 점은, 2기에서 중화학공업 자체가 수입을 확대시킨 것이 아니라 기업 또는 다른 선택적 요인에 의해 수입이 확대되었음을 보여 준다.

세 번째로 수입계수·수입의존도·수입유발계수에 대해 검토해 보자. 이를 순차적으로 정리한 〈표 10-4〉, 〈표 10-5〉, 〈표 10-6〉에서 보면 비판적 시각들이 지적하고 있듯이, ① 1970년대 중화학공업의 수입계수, 수입의존도와 수입유발계수가 경공업보다 높았고, ② 중화학공업의 수입계수는 1970년대를 통해 전체적으로 개선되고 있지만 중화학공업 수입의존도와 수입유발계수는 1970년에 비해 오히려 1980년이 악화되었다고도 볼 수 있다.

그러나 1970년대에 경공업의 수입계수·수입의존도·수입유발계수가 중화학공업보다 낮기 때문에 중화학공업화가 문제가 있었다는 것은 당시 상황을 이해하지 못하고 결과적인 숫자 자체에만 매인 오류이다. 왜냐하면, 제반 수입관련 지수의 상승요인에도 불구하고 경공업의 이들 지수가 낮게 유지된 것은 바로 중화학공업화의 성과로 이루어졌기 때문이다. 실제로 중화학공업화는 경공업의 재료, 자본재 수입대체를 성공시켰고, 이에 따라 경공업의 수입의존도가 감소하였으며 또 중화학공업과 경공업의 국내분업 관련성이 높아졌다. 한 예로 섬유산업용 기계의 자급률은 1973~1980년 14.5%에서 30.1%로 상승하였고, 섬유산업의 주원료인 화학섬유원료의 자급률은 1973~1980년간 3.9%에서 36.4%로 급상승하였다.[27]

한국의 공업발전단계와 부존자원에서 볼 때 1970년대 중화학공업의 수입계수·수입의존도와 수입유발계수가 경공업보다 절대값에서 높다고 하는 것은 너무나 자연스럽고 당연한 것으로, 이를 비판하는 것은 중요한 경제적 의미를 갖지 않는다. 또 1980년이 두 차례의 석유파동에 따라 원유가 등 화학제품 원자재가격 폭등이 있었던 점을 사상하고 정태적으로 1980년을 선택해 전체를 단순비교하는 것은 당연히 문제가 존재한다. 그러므로 중화학공업화가 미친 영향을 보기 위해서는 해외외생변수의 변화, 중화학공업의 구성내용, 그리고 중화학공업화가 본격적으로 진행됨에 따라 수입계수·수입의존도와 수입유발계수가 어떻게 변화하고 있는가를 동태적으로 보아야 한다.

---

25 박영구(1994); 박영구(1996a); 본서 제9장 참조.

26 한국산업은행(한구, 1995).

27 한국산업은행조사부(한산, 1971~1980); 이재희(1990), p. 158.

표 10-4 수입계수 변화

구 분	1970년	1975년	1980년
경 공 업	9.2	8.1	7.4(8.2)*
중화학공업	36.9	29.8	24.0(21.9)*
화학공업	23.8	19.6	15.0
석유제품	–	9.4	12.2
기초화학제품	–	43.8	34.3
1차금속	35.3	27.6	18.9
철강 1차제품	–	25.8	11.9
금속제품, 기계 및 장비	50.6	41.7	35.8
금속제품	–	13.3	12.5
일반기계	–	69.5	59.0
전자 및 통신기계	–	31.9	30.0
수송용 기계	–	40.6	34.3
정밀기계	–	46.9	41.5

주: 1) 수입계수=수입액/총공급(총수요)액. ( )*는 1983년임.
2) 산업연관표에 기기, 장비가 모두 기계로 표시됨.
자료: 한국은행(산, 1973, 1978, 1983, 1985); 한국은행(산분, 1985. 10).

우선 1970년대의 수입계수를 추계해 보면 〈표 10-4〉와 같다. 여기에서 중화학공업의 수입계수가 지속적으로 하락하고 있고 또 수입계수 하락폭이 경공업에 비해 크다는 것과 나아가 1983년에는 중화학공업의 수입계수는 계속 하락하고 있는 데 비해 경공업은 오히려 상승하고 있음을 알 수 있다.[28] 부문별로 보아도 가격이 급상승한 석유를 제외하면 중화학공업의 모든 분야에서 수입계수가 크게 하락하고 있음을 알 수 있다.[29]

28 World Bank(K1987b, p. 13)에도 역시 같은 한국은행의 1-O 자료를 이용하여 수입/총수요로 정의한 중화학공업 수입계수는 1970년 37.1, 1975년 29.5, 1980년 23.7로 되어 있고 1970, 1975, 1980년 각각 연도에 화학공업은 23.8, 19.6, 15.0으로, 1차금속은 35.3, 27.6, 18.9로, 금속제품, 기계 및 장비는 50.6, 41.7, 35.8로 모든 중화학공업의 수입계수가 현저히 감소하는 것으로 나온다. 이 자료는 1980년대 후반 작성되어 비금속광물제품을 경공업으로 분류하였다고 기록하고 있으나 사실은 다르다.

29 장하원(1999, pp. 105~106)은 1960년대에도 제조업의 수입계수가 하락하였고 따라서 산업화의 진행에 의해 국내생산능력이 배양된 이후에 수입대체산업이 성장한 것이 아니라고 주장하고 있는데, 1960년대 수입계수의 대폭적 하락은 경공업에서 이루어졌고(38.7%), 중화학공업은 13.4% 하락에 불과하였던 반면, 1970년대에는 경공업에서는 수입계수의 하락이 12.0%에 머물렀고 중화학공업은 35.0% 대폭 이루

표 10-5 수입의존도

구 분	1970년	1975년	1980년
농림어업	1.2	2.4	2.2
광업	1.7	4.0	0.6
제조업	17.6	22.0	22.7
경공업	–	14.2	15.0
중화학공업	29.2	33.1	30.2(28.2)*
(1차금속)	36.0	30.1	20.2
철강 1차제품	–	23.5	14.7
(금속제품, 기계 및 장비)	23.6	25.3	21.1
금속제품	–	18.3	15.6
일반기계	–	13.3	15.8
전자 및 통신기계	–	36.7	27.2
수송용 기계	–	24.8	23.7
정밀기계	–	40.7	27.3
(화학공업)	30.7	40.1	42.2
석유제품	–	67.7	75.6
기초화학제품	–	17.1	14.2
기타 산업	3.5	3.8	6.0
전체 산업	8.7	12.8	14.2

주: 1) 수입의존도=(수입중간재 투입액/국내총생산액)×100.
2) 기타 산업은 건설·전력·상업·운수·금융·서비스업임.
3) ( )*는 1983년임.
자료: 한국은행(산작, 1983); 한국은행(산, 1985); 한국은행(산분, 1985. 10); 한국은행(경제, 1981).

수입의존도 역시 1970년대 전·후반으로 나누어 보면 제조업과 3차산업의 수입의존도는 계속 증대하고 있는 데 비해, 중화학공업의 수입의존도는 1970년대 전반 일시적으로 상승하고 있지만 후반 들어 1975년 33.1에서 1978년 31.5,[30] 그리고 1980년 30.2로 역시 1970년대 후반에는 지속적으로 줄어들고 있음을 알 수 있다(〈표 10-5〉 참조).[31] 일본에서 통상 말하여지고 있는 "한국은 1970년대 중반 이후 중

어졌다는 분명한 차이가 있다.

30 한국은행(산, 1980).

화학공업화가 진전되어 가는 가운데 자본재의 수입도 확대되고 있고 이러한 높은 수입의존도로 무역수지 악화가 나타났다"는[32] 주장은 과장되어 있다.

물론 절대값이 여전히 높고 이는 조립가공성격이 추구된 한계를 보여 준다. 그러나 주 원인은 석유파동으로 화학부문의 금액단위가 증가하였기 때문이다. 실제로 조사년인 1975년과 1980년은 1, 2차 석유위기로 석유·화학부문 수입가가 급등한 해이므로 중화학공업의 수입계수나 수입의존도가 급등하는 것으로 되어야 함에도 그렇지 않았던 것은 중화학공업화로 인한 수입의존의 감소 때문이었다. 따라서 화학부문을 제외하고 추계하면 1차금속이 1970년 36.0에서 1980년 20.2로, 금속제품, 기계 및 장비류는 1970년 23.6에서 1980년 21.1로 모두 1970년대를 통해 감소하고 있다. 1차금속은 1970년대를 통해 지속적으로 수입의존도가 감소한 반면, 금속제품, 기계 및 장비류는 기계류의 육성지체로 1970년대 초에 증가하다가 1970년대 후반 감소한다는 차이는 있지만 전체적으로 중공업이 1970년대를 통해 수입의존도를 낮춘 것은 분명하다. 이러한 경향은 지속되어 1983년 중화학공업의 수입의존도는 28.2로 감소하고 있다. 기계·장비를 일반기계·전자 및 통신기계(기기)·수송용 기계(장비)·정밀기계(기기) 등 주요 부문에서 보면 중공업 중에서 일반기계의 수입의존도가 1970년대 후반 약간 높아지고 있지만 일반기계부문이 중화학공업에서 차지하는 평균비중은 생산액으로 6.1%에 불과하였다.

이러한 동태적 변화는 비판의 요점이 되고 있는 수입유발계수를 제조업의 주요 산업별·기간별로 세분하여 구한 〈표 10-6〉에서도 확인된다.

〈표 10-6〉을 보면 전기·전자부문과 정밀기계부문 수입유발계수가 각각 1973년 0.550, 0.545에서 1978년 0.445, 0.465로 중화학공업화가 본격적으로 추진되었던 1973~1978년간 유의적인 큰 폭의 하락을 보여 주고 있다. 나아가 동기간 1차금속이 0.582에서 0.518로, 심지어 중공업 중 유일하게 1970년대 후반 수입의존도가 늘고 있었던 일반기계부문도 수입유발계수가 0.428에서 0.388로 낮아지고 있음을 확인할

[31] World Bank(K1987b, p. 13)에도 역시 같은 한국은행의 I-O 자료를 이용하여 수입중간재/총투입액(부가가치 포함)으로 정의한 중화학공업 수입의존도는 1970년 29.1, 1975년 33.7, 1980년 31.1, 1983년 29.1로 되어 있고 1970, 1975, 1980년 각각 연도에 화학공업은 30.5, 40.1, 42.2로, 1차금속은 36.0, 30.1, 20.2로, 금속제품, 기계 및 장비는 23.6, 25.3, 21.1로 같은 결과를 보여 주는 것으로 나온다. 경공업은 각각 1970년 12.3, 1975년 13.8, 1980년 13.7로 되어 있다. 앞서 지적하였듯이 이 자료는 1980년대 후반 작성되어 1980년대 변화를 반영해 비금속광물제품을 경공업으로 분류하였다.

[32] 北村かよ子(1991), p. 15. 北村かよ子는 재화형태별 수입을 이용해 자본재의 수입이 늘고 있다고 말했지만, 北村かよ子가 이용한 통계 그대로 구성해 보아도 자본재의 비중은 1960년대 말 증가 이후 1970년대 중화학공업화를 통해 증가하지 않았고 정체되어 있었다(〈그림 10-4〉 참조).

표 10-6 제조업 주요 산업별 수입유발계수

연 도	음 식 료	섬유가죽	종이나무	화 학	1차금속	금속제품	일반기계	전기전자	정밀기계	운송기계
1970	0.164	0.326	0.509	0.353	0.511	0.378	0.294	0.386	0.468	0.377
1973	0.272	0.352	0.577	0.401	0.582	0.434	0.428	0.550	0.545	0.422
1975	0.189	0.350	0.519	0.436	0.568	0.441	0.379	0.443	0.512	0.413
1978	0.215	0.352	0.517	0.426	0.518	0.442	0.388	0.445	0.465	0.428
1980	0.203	0.372	0.567	0.432	0.533	0.399	0.363	0.410	0.411	0.428

주: 1) 수입유발계수=최종수요 부문별 수입유발액/항목별 최종수요액.
2) $A^m(1-A^d)^{-1}$형(A: 투입계수행렬, A^m: 수입투입계수행렬).
자료: 한국은행(통, 1995).

수 있다. 그 결과 1975년을 기준으로 비교해 보면, 1970년대 후반 여전히 중화학공업의 수입유발계수가 경공업보다 높다고 하나 경공업은 정체되고 있는 데 비해 중화학공업은 1975년 0.52에서 1980년 0.46으로 개선되고 있음을 확인할 수 있다.[33] 이후에도 완성자본재와 제철·제강 등 소재부문의 국산대체로 수입유발계수는 1980년 0.42에서 1983년 0.35로 지속적으로 낮아지고 있다.

네 번째로 중간재와 최종재 중 중간재의 수입비중이 늘었다는 비판은 그 자체가 논리적으로나 경제적 의미로나 한계를 가진다. 우선 이는 중간재의 수입의존도가 높아진다는 것을 의미하는 것이 아니며 단지 최종재의 국산화로 그 비중이 줄어들면 중간재의 비중이 늘어나게 되어 있으므로[34] 이 비중은 중화학공업 또는 대외의존도와 일정한 방향성을 갖지 않는다. 오히려 산업발전단계에서 2차산업, 특히 최종자본재의 국산화가 진행되고 공업화의 정도가 높아질수록 1차산업, 저수준 부품산업의 중간재 수입비중이 느는 것은 생산요소 부존 및 세계시장 분업구조상 당연한 것이며 또한 문제가 없다.[35] 이는 선진공업국가의 발전단계에서도 나타나는 일반적 현상이다.[36] 실제로 그러한 성격이 있었다는 것은, 첫째 외화가득률(外貨稼得率)의 개선이 나타나고,[37] 둘째 〈그림 10-5〉에서 보듯이 1970년대 수입의 30%가 다

33 한국은행(산, 1989).

34 더구나 앞에서 지적하였듯이 최종재·중간재로 분류할 때 중간재의 수입비중이 늘고 있다는 것은 수입의존도 상승이 아니라 원유가 등 순수자원가격의 상승에 기인하는 바가 크다는 점이 다시 지적될 필요가 있다.

35 1980년대 무역적자의 위기는 이와 반대되는 현상이 진행된 것에 기인한 것이다.

36 철강공업에서 선철(pig-iron)수입과 관련하여서는 박영구(1996b) 참조.

37 한국무역협회(연감, 1981). 뒤의 〈그림 10-8〉 참조.

그림 10-5 수입재의 최종소비처 구분

단위: 백만 달러, %

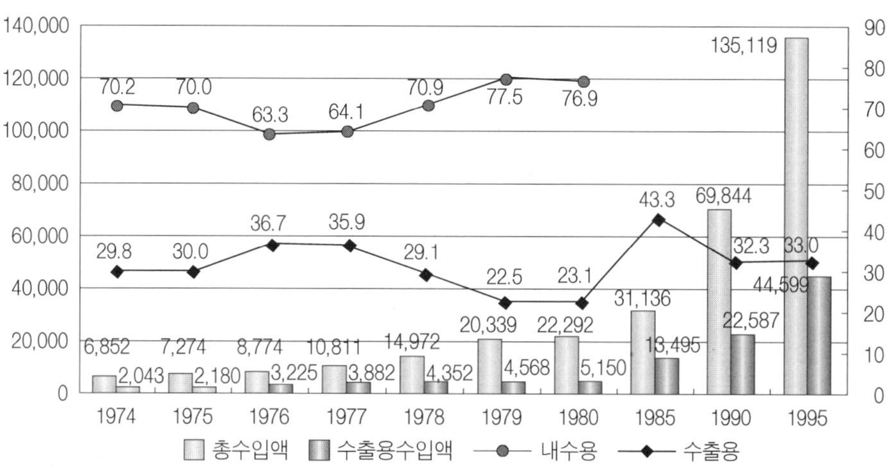

주: 1973년 이전은 내수용·수출용 구분 불가함.
자료: 한국무역협회(연보, 1972~1976, 1978~1998); 한국무역협회(편람, 1973, 1975, 1977~1981, 1982~1988, 1990~2000).

시 수출을 하기 위한 중간재였다는 점에서 분명히 나타난다. 특히, 1976~1977년의 경우 수입재의 36.7%, 35.9%가 수출을 위한 수입이었다. 1980년대 초 수출위기로 이 비율이 잠시 떨어지지만 1980년대 이후 이 비율이 30% 이상 대를 유지하고 있음은 중간재 수입이 느는 것이 중화학공업의 문제점을 보여 주는 것이 아니라 역으로 공업발전 정도와 관련이 있음을 보여 준다.

이상의 문제점을 완화시키기 위해 수입구조를 중간재와 최종재라는 단순 이분법이 아니라 한국은행 I-O 기본 분류별에 따라 비내구소비재, 자재 및 재료, 내구재로 나누고 다시 자재와 재료를 건축자재와 화학제품, 그리고 금속 및 금속제품으로 세분화하여 보면 〈표 10-7〉과 같다.

여기에서 순수중간재 성격을 띠고 있는 '자재 및 재료'의 수입비중이 1973년 40.7%에서 1980년 31.8%로 대폭 감소하고, 특히 자재와 재료 중 중화학공업과 직접 연관되어 있는 화학제품 및 금속·금속제품의 수입비중이 39.7%에서 30.9%로 대폭 감소하고 있음을 알 수 있다. 실제로 다음의 상공부와 중화학공업추진위원회, 그리고 전국경제인연합회의 증언과 자료에서 나타나듯이 중화학공업은 국내에서 중간생산재가 부족한 국내산업구조의 불균형현상을 해결하기 위해 시작되었다.

표 10-7 특수산업분류별 수입비중의 변화(제조업)

단위: %

구 분	수입비중			평균증가율 오차
	1973년	1975년	1980년	
비내구소비재	18.6	19.4	19.9	−1.1
자재 및 재료	40.7	35.8	31.8	−4.0
(건축자재)	1.1	1.4	0.8	−4.1
(화학제품)	22.8	23.4	18.5	−3.4
(금속 및 금속제품)	16.9	11.0	12.4	−5.0
내 구 재	40.6	44.8	48.4	2.9
제 조 업	100.0	100.0	100.0	−

주: 1) 한국은행 기본 15분류에 따름.
2) 비내구소비재: 음식료 2, 섬유, 의류 및 피혁 3 및 기타 11번.
3) 자재 및 재료: 건설자재 5, 화학제품 4, 12, 금속 및 금속제품 6번.
4) 내구재: 일반기계 7, 전기기기 8, 전자제품 9, 운송장비 10번.

자료: 한국은행(경제, 1974~1982); T.-w. Kwack(1986), Table 5.

제2차 계획기간 중의 공업발전에도 불구하고 산업 간의 관련효과가 큰 기초화학공업과 금속 및 기계공업의 발전이 늦어 원재료의 수입이 늘어남에 따라 국제수지의 개선을 저해하게 되었고……. 이러한 공업 내부의 불균형을 바로잡고 국제경쟁력을 강화하기 위하여 산업연관도가 높은 중화학공업을 더욱 촉진하고…….

《최종명(상공부 기획관리실장, 1972), p. 21.》

우리나라는 처음부터 자원이 극히 부족한 상태에서 공업화를 출발하였고 부족한 자원은 주로 수입에 의존하였다. ……그 결과 원재료의 수입의존성은 크게 심화되었으며 이로 인한 국제수지상의 부담도 커지게 된 것이다. ……중간재의 생산이 곧 중화학공업화의 대상이기 때문에 초기단계에서부터 이를 전부 국산화한다는 것은 기대하기 힘든 일임에는 틀림이 없다. 오히려 중화학공업화의 실현이 곧 이들 중간재 생산을 실현하는 것이고 중간재 생산을 위해서는 또한 중화학공업화가 요구되는 것이므로 어떤 면에서는 양자는 동의어가 될 수 있는 것이다.

《중화학공업추진위원회(해, 1973), pp. 70~73.》

제조업의 구조를 중화학공업 중심으로 바꾸어 우리 경제의 해외의존도를 낮추고 자립경제기반을 확고히 다지려는 것이 정책당국의 의도이다.

《김립삼(金立三, 전국경제인연합회 상임부회장, 1973), p. 32.》

……산업에서 언밸런스가 생기고 ……어쨌든 국내에서 중간생산재나 수출신장을 위해서도 뭔가 국내에서 자급가능한 체제를 만들지 않으면 안 된다라는 사정이 있었다. ……그래서 중화학공업이 시작되었다. ……국내산업구조의 언밸런스 시정, 대외적인 문제를 가운데에 두고 중화학공업의 문제에 진지하게 나아갔다.

【최창락(崔昌洛, 전동력자원부 장관) 인터뷰, 日韓經濟協會(1991), p. 99.】

수입과 관련한 이상의 사실들은 1970년대 중화학공업화로 대외의존도가 심화되었다는 주장에 한계가 있음을 보여 준다. 한국의 경우 1950~1960년대의 공업화·중화학공업화가 있었다고는 하지만 이것은 대부분 노동집약적 조립공업으로 자립적인 중간재 공급을 위한 것은 아니었다. 따라서 식민지하와 해방 후 만들어진 한국 공업화의 역사적 조건 때문에 제조업이 발전함에 따라 자재와 원자재의 수입비중이 높아진 것은 필연적인 것이었다. 즉, 1960년대까지의 공업구조는 단순히 기계제 공업과 기술을 해외에 의존하는 것만이 아니라 국내에서 자급가능하였던 원료와 중간재까지도 해외에 의존하는 구조로 만들어졌고 따라서 공업화의 정도가 높아질수록 수입의존도가 높은 구조가 형성되어졌기 때문이었다. 여기에 원유·원자재가격의 폭등이라는 외생변수 때문에 1970년대 초에는 금액기준으로 수입의존도와 수입유발계수가 높았던 것이다. 그러나 1970년대 후반에는 이와 뚜렷이 대비되는 변화가 관찰된다. 중화학공업에 진입이 완료된 것은 1970년대 후반에 들어서였다.[38] 그런데 1970년대 후반에는 중화학공업 수입관련 지수가 개선되고 있는 것이다. 이것은 1970년대 후반 진정한 수입대체가 진전되는 공업구조가 만들어지기 시작하였음을 의미한다.

수입면에서 볼 때 중화학공업이 대외의존도 심화를 가져왔다는 지적은 한국 경제의 역사적 조건과 구조, 공업발전단계, 그리고 경제지표에 대한 동태적인 변화, 관련 경제변수와의 연관성 고려없이, 정태적인 외부충격의 특정 시기 수치값에 의존한 것이었다고 볼 수 있다. 실제로 한국과 대만은 중화학공업화에서 자기완결형의 국민경제형성을 목표로 하고 있었고 이는 같은 대외지향형 공업화를 지향한 홍콩이나 싱가포르와는 분명히 구분되는 한국 중화학공업화의 특징이었다.[39]

[38] 박영구(1995).

[39] 小川雄平(1983), pp. 187~188.

10.4 수 출

10.4.1 수출지향의 성격

1970년대 중화학공업화가 대외의존도의 증가를 가져왔다는 또 하나의 주요한 논지는 중화학공업이 수출지향적으로 개발되었다는 것이다.[40]

제2차 세계대전 후 해방된 후발공업국가들은 1차적으로 그들의 역사적 교훈에서 대외의존도를 줄이고자 하였고 이는 바로 수입대체공업에의 주력으로 나타났다. 따라서 1960년대까지 모든 발전도상국에서 수입대체공업화 전략은 일반화되어 있었다. 이러한 전략과 함께 대부분의 후발공업국들은 '영국형'과 달리 부족한 자원을 보다 효율적으로 한 곳에 집중시키기 위해 공업발전에서 정부의 역할을 보다 크게 하고 있었다. 실제로 어느 국가에서든 공업발전의 초기단계에서 정부의 시장개입은 보다 일반화되어 있었고 시장기구의 손은 보다 한정적으로 움직이고 있었다.[41]

그러나 사회적 최적균형점은 당연히 잠재적 생산가능곡선과[42] 시장규모라는 두 현실제약조건을 벗어날 수는 없다. 이런 점에서 한국이 수출지향을 추구해야 하는 것은 경제사적으로 20세기 전반기에 형성된 자본·시장조건에서 볼 때 필연적인 것이었다. 대규모의 잠재적 시장을 확보하고 있는 남미 국가들의 경우와 달리 해외자본을 얻고 부족한 내수시장을 타파하기 위해 1960년대 중반 수입대체전략을 수출지향정책으로 전환하여야만 했던 것이다. 한국과 유사한 환경에 있었던 동아시아 소경제권(small economies) 중 싱가포르와 홍콩이 가장 먼저 수출지향정책을 취하였고, 이어 대만과 한국이 수출지향정책을 취한 것은 적어도 경제적인 면에서 보면 선택의 문제가 아니라 필연성의 문제였다. 1980년 (수출+수입)/GNP 비율은 한국이 88.9%인 데 비해 대만이 95.8%, 홍콩이 153.5%, 싱가포르가 384.0%였다.[43] 홍콩

---

[40] 수출구조와 관련된 문제는 뒤의 10.4.2 수출구조 참조.

[41] 한국의 경제발전에 대해 정태적 비교우위에 입각한 수출시장의 역할을 중시한 신고전파 견해와 정부역할을 강조한 수정주의 견해의 충돌이 오랫동안 있어 왔다. 그러나 전자도 한국 정부의 역할을 인정하는 시장친화적 견해로 바뀌는 경향을 일부 보여 주고 있고, 현실적으로 정부역할을 인정하는 절충론이 제기되고도 있다. 전자의 대표적인 논저로는 B. Balassa(1978), A. O. Krueger(1978), A. O. Krueger (1997)가 있고, 후자의 대표적 논저로는 R. Wade(1990b), 그리고 절충된 시장확장형 견해로는 M. Aoki, K. Murdoch, and M. Okuno-Fujiwara(1997)가 있다.

[42] 이를 기술조건 또는 생산력 조건이라고 부를 수 있다.

[43] 한국은행(세, 1994), pp. 104~108.

과 싱가포르는 중화학공업이 육성되지 않았으며, 대만 역시 한국에 비해 한계적인 중화학공업을 시행하였다. 즉, 수출지향책은 내수시장 크기에 반비례하는 필연성의 문제이지, 중화학공업과 같은 특정 산업을 육성함으로써 나타나는 대외의존성이라는 개념과는 상관성이 적은 것이다. 그렇기 때문에 이미 1960년대와 「중화학공업화 선언」 이전의 수출증가율이 오히려 중화학공업화 2기보다 높았던 것이고,[44] 따라서 중화학공업화 때문에 또는 중화학공업이 수출지향적이었으므로 대외의존도가 높아졌다고 볼 수 없다.

이런 필연성이 있었음에도 한국의 수출은 1970년대 초 현격히 둔화되었다. 선진국들의 경기침체와 수입규제로 수출수요가 정체되고 있었으며, 1960년대 수출을 주도하고 그 결과 성장을 가져온 비내구소비재(非耐久消費財)의 교역조건(交易條件)은 현저히 악화되었다. 이런 상황 속에서 1960년대의 수입대체를 위해 추구하던 보완적 중화학공업화와는 다른, 본격적인 중화학공업화를 통한 중화학공업재의 수출지향정책은 1970년대 초의 상황에서 유일하고도 필수적인 선택이었다고 볼 수밖에 없으며 이것이 바로 이른바 「중화학공업화 선언」으로 나타났던 것이다. 더하여 1974년 이후 '제2의 경제위기'라는 스태그플레이션이 일반화되면서 모든 선진국들도 이의 극복을 위해 수출의존도를 늘려 나가는 수출전쟁에 본격 나서고 있어(본장 부록의 〈보론 10-1〉 참조) 1970년대 수출확대는 대외의존도의 심화가 아니라, 오히려 국민경제의 성장률 회복과 실업감소를 위해 필수불가결한 것으로 이미 세계시장에서는 경험적으로 받아들여지고 있었다. 특히, 내수시장의 규모가 작았고 개방도가 높아 국제적인 충격을 그대로 흡수해야 하였던 아시아의 소규모 개방경제 국가들, 후발공업국에서 수출확대는 이제 성장의 필수요건으로 바뀌고 있었다.

문제는 격화되는 세계무역전쟁 중에서 중화학공업의 수출이 가능한가라는 것이었으며, 당시 대부분 발전도상국들의 경우 이런 공급 측면의 제약이 존재하고 있었다. 따라서 지속적인 외환부족을 겪고 국제수지 적자에 시달리면서도 국제시장에서 경쟁할 수 없었던 발전도상국들에게 수입대체공업화 전략은 선택의 문제가 아니라 강제된 문제였던 것이며, 한국 역시 이런 점에서 1960년대 극히 일부의 중화학공업은 수입대체공업으로 육성될 수밖에 없었다. 그러나 1970년대 들어와 한국은 비용과 위험도 면에서 중화학공업화와 중화학공업 제품의 수출이 동시에 가능하게 되었고,[45] 따라서 중화학공업화 수출지향전략으로의 전환은 당연히 필요하고 정당한 것

[44] 한국은행(국, 1987).
[45] 박영구(1997a); 박영구(1997b); 본서의 제2장과 제3장 참조.

이었다.

이론적으로나 경험적으로도 정부의 개입을 통한 수입대체공업화 과정은 대외시장지향의 수출지향보다 각종 인·허가 과정을 통한 지대추구활동(rent seeking behavior) 등 비생산적 활동의 추구와[46] 경제효율성의 감소를 가져 온다. 반면 수출지향의 경우 다수시장과의 접촉에 따른 경쟁확대, 높은 학습효과, 그리고 규모의 경제와 관련된 평균비용의 하락으로 효율성이 높아진다. 따라서 한국이 만약 경쟁을 통한 수출지향정책을 취하지 않고 정부개입에 의한 일방적인 수입대체에 머물렀다면 1970년대의 급속한 기술개발이나 효율성 제고는 상당 부분 늦어졌을 것으로 추측가능하다. 실제로 동일시기대에 남미 국가들이 수입대체 중화학공업화에 지속적으로 매달렸지만 산업효율성이 현저히 떨어진 것이나, 큰 내수규모를 갖추고 있으면서도 내수시장 중심의 중화학공업화 전략을 추구한 사회주의 산업정책이 실패한 것은 이를 확인해 준다. 북한의 예에서 극단적으로 보듯이 수출지향이 아닌 수입대체 중화학공업화는 목표인 대외의존도를 낮춘 것이 아니라 오히려 낮은 효율성으로 외부경제의 도움에 절대 의존해야 하는 상황을 만든 것이다. 이런 효율성의 문제와 경험사례들은 한국의 중화학공업화를 통한 수출전략, 수출전략을 통한 중화학공업화 전략이 자립경제의 측면에서도 틀리지 않았음을 보여 주며, 동시에 한국의 중화학공업화가 대외의존도를 높였다는 논리를 부정해 주고 있다.

10.4.2 수출구조

수출구조 측면에서 볼 때 높은 대외의존도란 해외시장의 충격에 약한, 즉 독점적 경쟁력(monopolistic competitiveness)을 갖지 못한 수출구조의 불안정성을 의미한다. 1970년대 초 한국 경제의 수출확대는 저렴한 가격에만 의존하여 〈그림 10-7〉(〈그림 10-6〉이 아님)에서 보듯이 일본과 뚜렷이 대비되어 있었다. 이는 당시 한국의 주 수출품 시장에서의 대만·일본과 대비되는 것으로[47] 〈그림 10-6〉에서 보듯이 산업기술의 동태적 주기구조에서 볼 때 한국의 수출구조가 일반화되고 사양화된 기술에 의존하고 있었음을 의미하는 것이었다.

이러한 수출의 과도한 가격의존구조는 생산비용 상승의 인위적 억제, 시장가격

[46] N. Bhagwati(1990), p. 37.

[47] 당시 대만·일본의 경우 가격하락이 급속히 이루어졌지만 이것이 시장점유율 확대와 연관성을 갖고 있지 않았다.

그림 10-6 산업기술의 동태적 주기와 경쟁수단

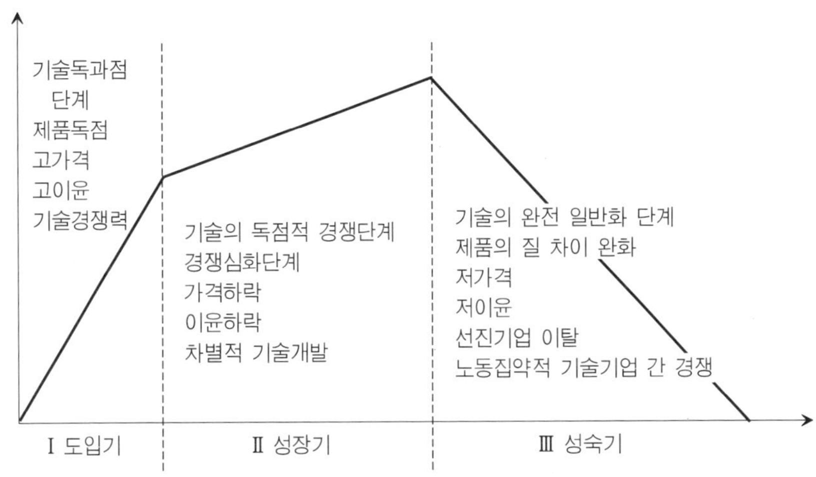

의 작동억제, 재분배정책의 실행억제를 가져올 수밖에 없었고, 또한 교역조건의 악화로 '수출물량은 늘어도 수익은 적은' 불안정안 수출구조를 지속시켰다. 따라서 수출구조에 따른 사회후생의 감소도 문제였지만, 그나마 이러한 가격의존적인 수출구조 자체도 1970년대에는 국내외 사회·경제적 환경변화로 지속가능성이 점점 불투명해지고 있었다.[48] 결국 필요충분한 해결책은 중화학공업화에 의한 수출구조의 변화밖에 없었다. 왜냐하면, 당시 중화학공업 제품은 높은 소득탄력성으로 세계시장 수요는 지속적으로 증가하고 있었음에도 선진각국이 환경문제, 공업구조 재편 등으로 생산을 확대하지 않음으로써 해외시장에서 고가격을 유지하고 있었기 때문이었다.[49]

1970년대 중화학공업화에 의한 수출구조의 개선효과는 무역통계에서 뚜렷이 나타난다.

우선 한국의 수출품목 변화를 보면 〈표 10-8〉에서 보듯이 1972년까지 8위 수출품목 중 중화학공업 제품은 노동사용적(labour-using)인 전자제품뿐이었고, 나머지는 의류·합판·스웨터·섬유·면제품·가발·신발 등의 경공업 제품이었다. 이들 7개 경공업 제품이 수출에서 차지하는 비중은 전체 수출의 46.6%였다. 그러나 1978년에

48 박영구(1997b).

49 중화학공업 제품에 대한 소득탄력성 추계는 박영구(1997b) 참조.

표 10-8 한국의 수출품 품목변화(수출비중)

단위: %

연 도	1위	2위	3위	4위	5위	6위	7위	8위
1962	쌀	수산물	생사	철광석	텅스텐	무연탄	합판	면섬유
	16.2	14.1	7.3	6.9	6.2	4.9	4.2	3.3
1967	합판	스웨터	가발	생사	의류	면섬유	텅스텐	철광석
	11.5	7.2	5.5	5.4	5.2	4.4	3.2	2.8
1972	의류	합판	전자제품	스웨터	섬유	면제품	가발	신발
	14.6	9.7	7.9	6.1	4.7	4.4	3.6	3.5
1978	의류	전기·전자	운반용기기	직물류	신발류	철·강	합판	기계
	20.3	9.8	8.8	6.9	5.4	4.5	2.7	1.7
1979	의류	전기·전자	운반용기기	철·강	직물류	신발류	합판	기계
	18.9	11.2	7.3	7.0	6.7	4.8	3.3	2.1

자료: 한국은행(경제, 1964~1981); 한국무역협회(지표, 1983).

표 10-9 특수분류별 제품의 수출품 구조

단위: %

연 도	식료, 직접소비재	원 연 료	경공업 제품	중화학공업 제품
1970	9.6	8.0	69.6	12.8
1972	7.5	4.7	66.6	21.2
1978	8.2	10.8	54.5	34.7
1979	7.7	2.4	51.4	38.5

자료: 한국무역협회(지표), 1983.

는 상위 8개 품목 중에는 운반용 기기, 전기전자, 철 및 강, 기계 등 중화학공업 4개 부문이 포함되어 있고, 이들만의 비중이 전체 수출의 24.8%, 1979년에는 27.6%를 차지하게 되었다.

이러한 변화는 특수분류별 수출비중에서도 그대로 나타난다. 수출제품을 식료, 직접소비재, 원연료, 경공업, 그리고 중화학공업 제품으로 나누어 보면 중화학공업 제품의 수출비중이 1970년 12.8%에서 1978년 34.7%, 그리고 1979년에는 38.5%로 바뀌고 있음을 계산해 낼 수 있다(〈표 10-9〉 참조).[50]

[50] 특수산업분류별 수출비중의 변화는 한국무역협회(지표)를 연도별로 참조.

그림 10-7 한국과 일본의 수출가격과 세계시장 점유율의 관계

a. 한 국

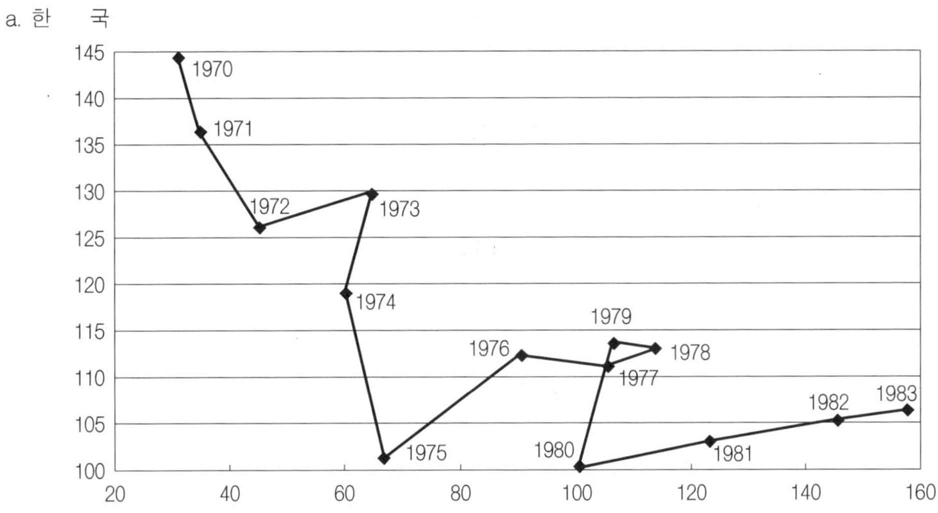

b. 일 본

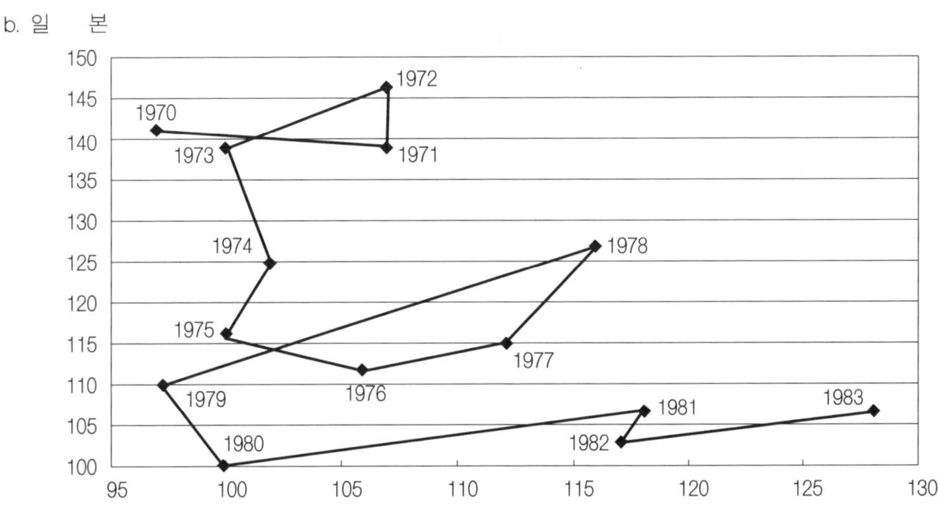

주: 가로축은 1980=100으로 한 세계수출시장점유율 지수(=한국(일본)수출액/세계수출액)이고, 세로축은 1980=100으로 한 상대수출가격지수(=한국(일본)수출단가지수/세계수출단가지수).

자료: 한국은행(경제, 1970~1985); 한국은행(조, 1985. 6); 日本銀行(年報, 1970~1985); International Monetary Fund(IFS, 1970~1985).

수출구조가 이렇게 바뀌면서 나타나는 효과를 보기 위해 1970~1983년간 상대 수출가격과 세계시장(수출)점유율 변화를 계산해 보면 〈그림 10-7〉과 같이 나타

난다.

〈그림 10-7〉에서 일본과 달리 1970년대 초에는 수출구조가 가격하락에만 의존하고 있었지만, 중화학공업 제품이 수출품으로 대체되던 1975~1978년에 이르러서는 수출가격이 상승하면서 오히려 한국의 세계시장 점유율은 늘어나고 있음을 확인할 수 있다. 그 결과 소득교역조건(income terms of trade)이[51] 1975년 기준 1976년 이후 154.9, 197.4, 236.4로 급등하였다.[52] 이러한 현상은 이후 1980년대에도 지속되는데, 이는 이른바 당시 '일본형'이라는 수출구조 고도화가 중화학공업화와 그 제품의 수출에 의해 일부나마 실현되고 있음을 의미한다. 이는 한국이 점점 더 수평적인 국제무역시장에 참여하고 있음을 의미한다.

이러한 수출구조의 개선과 중화학공업화에 의한 수입재 대체로 1970년대 외화가득률(外貨稼得率)은 개선되었으며 1970년대 후반만 보아도 〈그림 10-8〉에서 보듯이 우리나라 전체 수출물품의 외화가득률은 1976년 58.2%에서 1980년 67.1%로 개선되었다.[53] 1978년 대비 1980년 외화가득률 증가가 크지 않았던 것은 1980년이라는 시점상의 문제로 이는 1979년 하반기 이후의 2차 석유파동에 의한 수입가격 폭등에 기인하는 것이다. 사실 1970년대 두 차례의 석유파동에 따른 석유류 등 원자재 수입가격의 폭등으로 이를 전적으로 수입에 의존하는 구조를 가진 한국의 외화가득률은 매우 악화될 수밖에 없었지만, 중화학공업화로 수출구조가 개선되고 일부 수입원자재의 국내생산이 이루어짐으로써 이를 막을 수 있었다.[54] 외화가득률의 기

---

51 1970년대 두 차례의 석유파동은 교역조건의 악화를 가져왔다. 1975=100으로 할 때 순상품교역조건(net barter terms of trade)은 1차 석유파동으로 1972=143.7에서 1973, 1974년 136.4, 111.0으로 악화되었다. 이후 1976년부터 114.0, 122.0, 128.0으로 개선되다가 2차 석유파동으로 1979년부터 125.3, 103.9, 101.6으로 악화되었다(한국무역협회(지표), 1983).

52 **표 10-10 소득교역지수**

연 도	1971	1972	1973	1974	1975	1976	1977	1978
지 수	45.6	68.2	101.6	90.3	100.0	154.9	197.4	236.4

주: 소득교역지수=순상품교역조건×수출수량지수. 순상품교역조건=수출단가지수/수입단가지수.
자료: 한국은행(경제, 1981).

53 앞에서 보았듯이 1970년대 후반 감소한 중화학공업 제품 생산의 수입유발계수(최종수요부문별 수입유발액/항목별 최종수요액)에 비해 1970년대 후반 중화학공업 제품 수출의 수입유발도(수입유발액/수출액) 개선도는 낮았는데, 이는 초기 중화학공업재 수출에 따르는 수출시장의 요구 때문으로 의존도와 다르다. 반면 이전부터 계속된 수출의 경험으로 이러한 요구에서 자유로울 수 있었던 경공업 제품 수출의 수입유발도는 1970년대 후반 중화학공업화로 대폭 감소한 반면 오히려 생산의 수입유발계수는 정체하고 있다.

54 한국은행(산분, 1985. 10, p. 29)에 의하면 '한국무역협회' 추계와 달리 제조업의 외화가득률은 1980년에 1975년 대비 오히려 감소한 것으로 나타나고 중화학공업은 정체되어 있는 것으로 나타난다. 추계방법

그림 10-8 수출의 외화가득률 변화

단위: 백만 달러, %

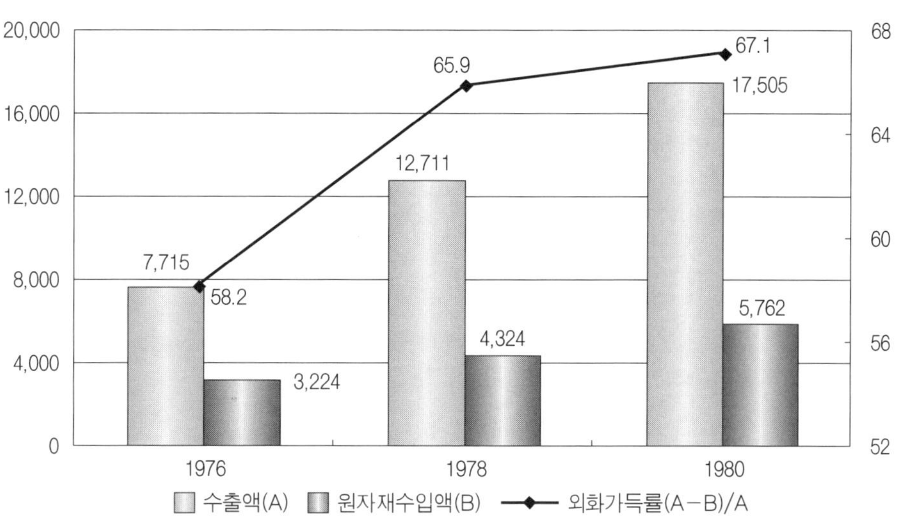

자료: 한국무역협회(연감, 1981).

초가 되는 산업별 부가가치율을 보아도 역시 두 번의 석유위기로 수입금액이 급상승한 기초화학제품·석유제품 부분을 제외하고 중화학공업 부가가치율의 뚜렷한 개선을 확인할 수 있다.[55] 1971~1981년의 실질총생산 연평균증가율과 수입의 상관관계가 0.67인 반면 수출과 수입의 상관관계는 1978년 0.39로 낮아진 것도[56] 외화가득률의 상승을 반영한다. 한편, 중화학공업화가 정점으로 향하던 1976~1978년의 경우 GDP 대비 무역수지 적자의 비율이 평균 3.9%에 그쳐 중화학공업화 이전 1968~

의 차이를 그대로 인정한다면 이러한 감소의 원인은 경공업의 외화가득률 저하 때문이고, 중화학공업에서 이를 만회하지 못하는 이유는 1980년 2차 석유위기로 인한 석유가, 석유화학부문 수입가의 대폭적인 상승 때문이다. 그러나 이 자료에 의해 보아도 1980년 석유파동에 의한 화학부문을 제외하면 1975년 대비 1980년 경공업은 외화가득률이 감소하는 데 비해 중공업부문은 외화가득률이 상승하고 있는 반대현상을 뚜렷이 알 수 있다.

55 부가가치율을 중화학공업 전체로 보면 원유가 폭등으로 1975년 24.7%에서 1980년 22.2%로 큰 유의적 변화가 없었다. 원유가 요인을 제외하기 위해 기초화학제품·석유제품 부분을 제외하고 중화학공업의 부가가치율을 추계하면 부가가치율의 분명한 개선을 발견할 수 있다. 실제로 원유가 파동이 안정되기 시작한 1983년 산업연관표 추계에서 중화학공업의 부가가치율은 23.5%로 바로 개선되고 있다. 한편, 부가가치율+중간투입률=1의 항등식이 성립되므로 결국 국민경제 차원에서 수입관련 지수의 개선은 (대외적인) 부가가치의 개선이 된다. 그러므로 수입부문에서 중화학공업의 대외의존도 개선을 밝힌다면 다시 부가가치에 대해 논의하는 것은 이중논의가 된다. 이 문제에 대해서는 이미 10.3 수입부분에서 논의하였다.

56 今岡日出紀(1985), p. 24.

1971년에 비해 크게 개선되었다.[57] 수출지향 중화학공업화를 추진하였던 대만과 한국이 무역수지 흑자나 개선을 이룬 데 반해 브라질 등 수입대체공업화를 추진한 지역의 국내총생산 대비 무역적자비율이 1976~1978년 46.4%로 현저히 악화되는 것도 1970년대 수출지향 중화학공업 자체가 외화가득, 무역수지에 긍정적으로 작용하였음을 간접적으로 시사해 준다.[58]

 외자, 자급도

10.5.1 비판논리의 검토와 재평가

그 동안 중화학공업화가 대외의존도의 상승을 가져왔다는 또 하나의 중요한 비판근거는 투자재원을 외채에 의존함으로써 해외저축의 비중을 대폭 높였다는 것이었고 이는 외채문제와 연결되어 받아들여졌다.[59] 일단 뒤에서 구체적으로 검토하듯이 도입외자의 30% 정도만이 중화학공업에 배분되었다는[60] 의미에서 볼 때, 외채 전체액 증가로 중화학공업을 비판한 기존인식은 잘못된 것이다. 이제 구체적으로 거시적 측면에서 기존논리의 타당성을 검토해 보자.

거시적인 측면에서 해외의존도를 구체적인 관련 경제지표로 확인해 보기 위해 총투자율, 국민저축률, 정부저축률, 해외저축률, 해외저축의존도, 투자자립도 등을 구해 보면 〈표 10-11〉와 같다.[61]

〈표 10-11〉에서 총투자율을 보면 1970~1980년대 전 기간을 통해 계속 증대하였고 중화학공업화가 집중진행된 2기(1973~1978년)에 그 증가속도가 가장 컸음을 알 수 있다. 그러나 문제가 되는 투자자립도를 보면 중화학공업화기인 2기에 월등

57 통계청(통5, 1998).

58 경제기획원(해외, 1987).

59 "중화학공업 투자가 가속화되면서 투자율(총고정자본형성/GNP)은 1974~1977년 25%에서 1978~1980년 31~33%로 급등하였다. 낮아진 저축률과 높아진 투자율로 경상수지 적자가 증가하고 국내저축의 부족을 보충하기 위한 외채가 증가하였다"는 P. W. Kuznes(1994, p. 95)류의 견해가 대다수이다. 그런데 韓福相(1995)은 계측지수를 구하여 1978년 이후 기간에는 중화학공업에 의한 중간수요수입대체가 현저히 진행되고 한국 경제는 서서히 자립경제구조로 되었다고 하면서 "정책금융이나 외채 등이 비효율적으로 사용되어 특히 중화학공업의 해외의존도가 심화되었다"는 것과 "기업부문이 자기자본비율이 낮고 투자재원도 대부분 해외저축에 의존하였다"는 것은 오류라고 지적하였다.

60 경제기획원(지표, 1983); Y. C. Park(1985), p. 323.

61 1960년대, 1970년대 연도별 총투자액·해외저축·투자재원 자립도에 대해서는 본장 부록의 〈부표 10-2〉 참조.

표 10-11 투자자립도 주요 지표

단위: %

구 분	GIR(%)	NSR(%)	GSR(%)	FSR(%)	FSR/GIR	NSR/GIR
1970 ~ 1972	23.53	15.47	3.87	8.2	0.34	0.69
1973 ~ 1978	28.22	22.07	3.58	5.7	0.20	0.80
(1974, 1975 제외)	27.50	24.08	4.30	2.95	0.11	0.88
1881 ~ 1986	30.33	26.00	6.57	4.3	0.14	0.86

주: 1) 1970년부터 신 SNA 추계치로 바뀌어 이전과 불연속성을 가짐.
2) 경상가격.
3) GIR: 총투자율, NSR: 국민저축률, GSR: 정부저축률, FSR: 해외저축률, FSR/GIR: 해외저축의존도, NSR/GIR: 투자자립도.

자료: 한국은행(국, 1987).

히 향상되고 있으며 해외저축의존도는 현저히 개선되고 있다. 심지어 중화학공업화가 정점으로 가고 있는 1976~1978년 투자재원 자립도는 90.5%, 97.8%, 89.4%로 각각 나타나고 있다.[62] 오히려 중화학공업화 이후 1980년대 3기(1981~1986년)에 들어와 투자자립도는 정체되고 있다. 특히, 석유위기의 가변수가 개입된 1974, 1975년을 제외할 경우 중화학공업화기 2기의 해외저축률은 2.95%로 매우 낮으며, 자립도 역시 0.88로 이후 3기보다 절대치에서 더 높음을 알 수 있다. 즉, 석유파동에 따라 1974~1975년의 해외저축률이 급격히 높아졌을 뿐,[63] 중점적으로 중화학공업화가 추진되던 1973년, 1976~1978년은 이전 1970~1972년 수준보다 낮고 이후 1981~1986년 수준보다 낮거나 거의 유사한 수준으로 나타나고 있는 것이다. 더욱이 의미가 있는 것은 이 기간 국내저축 중 투자자립도에 결정적으로 공헌한 것은 민간저축, 즉 가계저축이었다는 것으로 1978년 이 부문은 국내저축의 82.6%를 차지하였다.[64]

국민저축률은 1970년대 초까지 20% 미만이었으나 중화학공업화 기간에는 1973년 23.6%에서 1978년 28.5%로 높아졌는데 일본이 동기간 38.1%에서 오히려 33.1%로 감소하고 있고, 대만이 34.6%에서 35.2%로 거의 변동이 없었던 것을[65] 비교해 보면 이는 매우 높아진 것이다. 따라서 외채, 즉 해외저축에 의존한 투자는 대폭 줄고 있다. 사실 정부는 이미 외채도입 활용의 실패 때문에 1970년대 초 외채에

62 본장 부록의 〈부표 10-2〉 참조(경제기획원(외투), 1981).
63 이는 1979~1980년 석유위기 때에도 똑같이 나타난다.
64 한국은행(국, 1987).
65 한국개발연구원(구상, 1985), p. 143.

대해 심각한 위기를 느끼고 있었고 심지어 경제1수석이 8.3조치도 다음과 같이 내자동원책으로서 성공이라는 점을 대통령에게 보고할 정도로 해외저축에 대한 의존도 감소는 주의가 주어졌고 지속적으로 추구되어졌다.

> 8.3조치 이후 모든 상장주식의 시가가 액면을 상회하고 있고 발행시장에도 왕성한 투자수요를 보이고 있으므로 우량기업은 자본시장을 통하여 필요한 자금조달을 할 수 있는 여건이 조성됨.
>
> 《경제제1수석(19730827).》

외자 자체액에 대한 기존의 비판 역시 문제점을 가지고 있다.[66] 이미 보았듯이 투자비율이 1972년 GNP의 22%에서 1979년에는 31%로 늘어남에 따라 1970년대 차관을 중심으로 한 외자도입 역시 급증하였고, 이에 따라 외자도입액에 따른 비판이 중화학공업화에 항상 붙어 제기되어 왔다. 그러나 세계은행 자료의 GNP 대비의 외채/GNP 비율을 보면 1972년 34.0%에서 1978년 26.5%(1979년에는 28.4%)[67]로 오히려 대폭 줄어들었다.[68] 측정자에 따라 차이가 있지만(본장 부록의 〈부표 10-3〉 참조), 1970년대에는 40% 이하 수준으로 오히려 1980~1985년 50%를 넘어서는 수준에 비해 매우 낮았고, 1975년 이후 1978년까지 40%, 37%, 34%, 29%로 감소하고 있었다. 더구나 이 시기 평가절하를 반영하여 볼 때 1970년대 외채비율은 더 큰 폭으로 줄어들었음을 알 수 있다.[69]

또한 도입외채의 질을 나타내는 단기외채비중을 보면 1973~1978년 14.3~26.0%로[70] 이후 1980년대에[71] 비해 질적으로 매우 우수하였다(본장 부록의 〈부표 10-4〉,

[66] 외자도입이 많았던 것이 대외의존의 확대인가라는 문제도 존재한다. 1970년대 들어와 노동부족, 공해로 중화학공업 이전이 선진국에서 이루어지고 남북문제에 대한 주의가 환기되면서 자본의 이전도 이전에 비해 쉬워졌는데, 이러한 외자도입의 가능성은 모든 후발국가에 있었지만 실제로 실현성의 문제에서는 달랐다. 사실 후발공업국의 경우 1970년대 선진자본에 대한 과잉수요가 있었고 공급자 입장에서는 이익실현(원리금상환) 가능성이 있는 곳에 자본을 공급하였음은 당연하다. 즉, 남미처럼 담보자원이 없음에도 이루어진 외자도입은 객관적인 국가발전 가능성에 대한 대변수가 될 수도 있다.

[67] 1979년과 1980년에는 2차 석유위기와 대통령저격 등 사회·정치적 불안 등으로 외채가 상승하였다(본장 부록의 전 부표 참조).

[68] World Bank(K1987a, Table A5.2, A5.3). 재무부(공), 한국은행(경제), E.-G. Hwang(1993, p. 234), M. Hart-Landsberg(1993, p. 146) 등을 이용하여 재계산, 정리하면 총외채/GNP는 1972년 33.6%, 1978년 28.9%로 개선되고 순외채/GNP는 1972년 27.4%에서 1978년 19.2%로 개선된 것으로 나타난다(본장 부록의 〈부표 10-3〉 참조).

[69] 1975년 외채/GNP 비율 급등은 이 해에 환율이 404.47원에서 484.00원으로 20% 평가절하한 데 따른 환산율 변화 때문이다. 이 점을 고려하면 결국 1970년대 계속 외채/GNP 비중은 저하하였다.

[70] 재무부 통계 이용시 단기외채의 비중이 더욱 양호해진다.

[71] 1981년 30.7%, 1982년 32.8%, 1983년 29.9%, 1984년 26.4%(World Bank, K1987a, Table A5.2).

그림 10-9 외채원리금상환능력지수(DSR)와 원리금상환액/GNP 비율

단위: %

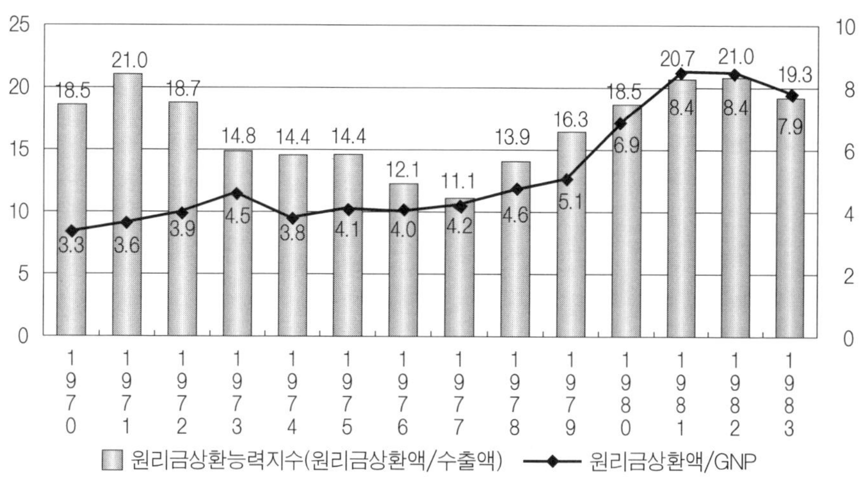

주: World Bank(K1987a, Table A5.2, A5.3)의 수치를 보면 1977~1983년간 DSR이 11.5, 13.6, 16.0, 18.5, 20.1, 20.6, 18.8로 거의 차이가 없는데 같은 자료를 수정한 것으로 보임.
자료: Y. C. Park(1985), pp. 318~320.

〈부표 10-5〉 참조). 그리고 1997년 외환위기를 촉발한 단기외채비중은 1996년 58.3%였다.[72]

한편, 외채도입에 따른 실질적인 상환능력을 나타내는 현시적인 외채원리금 상환능력지수(원리금상환금/수출금액, DSR)를 구해 보아도 중화학공업화 기간 중 한국은 오히려 개선을 이루었다. 외채상환능력지수는 〈그림 10-9〉에서 보듯이 1978년 13.9%로 1972년의 18.7%에 비해 25.7%의 대폭적인 개선율을 나타냈으며, 세계은행 기준값에 의하여 보아도 〈그림 10-10〉에서 보듯이 한국의 경우 1978년[73] 10.5%로 1970년의 19.4%, 1972년 20.1%에 비해 대폭 감소하여 세계은행(World Bank)이 분류한 중소득국가(middle-income countries) 중에서 1970년대 외채상환능력개선율이 가장 높은 국가였다[74](기존 DSR비율 집계에 대해서는 본장 부록의 〈부표 10-6〉 참조). 1973~

72 J.-S. Shin and H.-J. Chang(2004), p. 76.

73 1979년은 2차 석유위기라는 외생변수로 비산유국이면서 수출의존도가 큰 한국이 타격을 크게 받았으며, 나아가 한국의 경우 대통령의 암살이라는 변수로 불규칙성이 큰 이상연도이므로 제외하고 1978년까지로 비교하였다. 그러나 1981년 World Bank(DR, 1981)가 발표한 1979년 외채의 상환능력지수(원리금상환금/수출금액)로 보아도 한국의 경우 13.5, 1970~1979년 개선율 30.4%로, 이는 15.8, 9.9를 보인 이집트·우루과이 정도를 제외하고 여전히 세계에서 개선율이 가장 높은 국가 중의 하나였다.

그림 10-10 상환능력지수(원리금상환액/수출액)와 외채상환능력개선율

단위: %

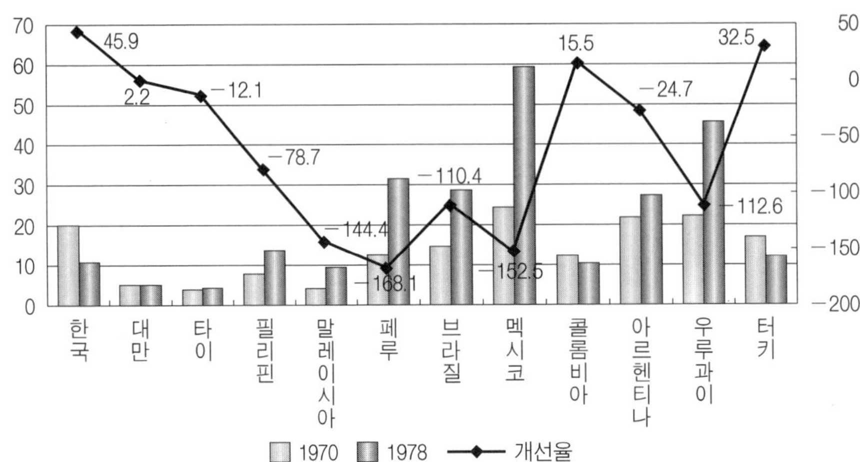

주: 1) 외채상환지수는 왼쪽 축으로 막대그림, 외채상환능력개선율은 오른쪽 축 수치임.
2) 외채의 상환능력지수=원리금상환금/수출금액.
3) 외채상환능력개선율=100×(1−(1978년 외채상환지수/1970년 외채상환지수)).
4) 수출금액은 재화 및 용역의 수출을 모두 포함하는 순수자산적인 외자의 공급을 의미함.

자료: World Bank(DR, 1980).

1978년간의 DSR은 15% 미만으로 세계은행 경고수준인 18%[75]보다도 매우 낮았고 또 앞뒤 시기와 비교해도 비정상적이라고 할 정도로 낮았다. 1970년대 외채원리금 상환금의 GNP 대비 비중이 높았다고 일부 선험적으로 말하여지고 있지만 실질적으로 측정한 결과는 〈그림 10-9〉에서 보듯이 1973~1978년간 3.8~4.6%로 낮았으며, 상대적으로 1980년 이후 6.9~8.4%에 비해 매우 낮은 수준에 머물러 있었고, 나아가 1970년대 상환능력인 한국의 수출과 GNP의 증가는 매우 높았다. 외자가 도입되었지만 도입비용은 좋은 상환조건의 낮은 이자율이었으며,[76] 따라서 외채의 평균차입비용(=실질전체이자지불액/전년외채액) 역시 1973~1978년 4~6%로 1981~1984년 9~10%와[77] 비교해 매우 낮아, 외채비용 역시 매우 양호하였던 것으로 평가된다(본장 부록의 〈부표 10-5〉 참조).

[74] World Bank(DR, 1978~1981).

[75] J.-S. Shin and H.-J. Chang(2004), p. 77.

[76] J. G. Sachs(1985), pp. 523~573. R. M. Auty(1994, pp. 128~129) 역시 한국은 명목이자율 8% 또는 이하의 낮은 이자율, 좋은 상환조건의 자본을 도입하였다고 지적하고 있다.

[77] Y. C. Park(1985), p. 290.

표 10-12 외환수급계획과 실질수급량

단위: 백만 달러

구 분	수입(공급)			지출(수요)		
	계 획	실 질	지 수	계 획	실 질	지 수
1972	1,972	2,252	114.2	2,032	2,206	108.6
1973	2,592	4,358	168.1	2,507	5,041	201.1
1974	5,716	6,315	110.5	6,574	6,811	103.6
1975	7,239	7,219	99.7	7,924	6,957	87.8
1976	7,353	10,004	136.1	8,450	8,932	105.7
1977	11,907	12,803	107.5	12,780	12,592	98.5
1978	15,639	16,295	104.2	19,690	17,987	91.4
1979	22,065	22,225	100.7	31,560	23,261	73.7

주: 1) 계획은 연초 계획으로 수정치는 제외한 것임.
2) 경상·자본거래를 모두 포함한 것임.

자료: Korea Annual(1970~1980)로 밝힌 R. Luedde-Neurath(1988), p. 83.

이상의 사실들은 기존의 비판과 달리 중화학공업화 기간 중 증가된 외자의 투입-산출계수가 매우 낮았고 외자가 효율적으로 도입되었으며 또 사용되었음을 보여준다. 한국 정부의 외자상환계획 역시 매우 잘 이루어졌다는 평가가 가능하다. 특히, 석유위기가 동기간 중에 있었음을 고려하면 외자의 사용이 성공적이었고 따라서 외자도입 자체가 중화학공업화 비판의 요소가 될 수 없음을 알 수 있다.

사실 중화학공업화 기간인 1970년대를 통해 외환의 수급은 〈표 10-12〉에서 보듯이 1973년 석유위기로 인한 때를 제외하고는 재무부가 매년 작성한 계획 목표대로 '매우 인상적으로 정확히 안정적'으로 이루어졌다.[78] 외환수입(공급)은 항상 계획대로 또는 계획을 초과하였으며 1975, 1977, 1978년의 지출(수요)은 계획보다 오히려 적었다. 이는 본질적으로 한국의 실질적인 외자수급이 계획대로 잘 이루어졌음을 의미한다. 동시에 이렇게 외환수급이 계획과 어긋나지 않았다는 것은 안정적인 자본운용이 가능하였음을 의미하는 것이며, 외자문제에 대해 경제주체들에게 그만큼 신뢰가능한, 지속적으로 예측가능한 신호(시그널)가 주어지고 있었다는 의미가 된다.

[78] R. Luedde-Neurath(1988, pp. 82~83)은 이러한 '인상적인 정확성'을 엄격한 배분은 아니지만 일정한 외환배분과 개입에 의한 것으로 보고 있다.

10.5.2 외자문제와 중화학공업화

이제 실질적으로 외자문제를 중화학공업화와 직접 관련하여 보도록 하자. 정부는 중화학공업화를 시작하면서 두 가지 이율배반적인 사실을 발견하였다. 그것은 한편으로는 한국이 대외의존성 또는 대외종속성을 피하고 자립경제를 이루기 위해 중화학공업화를 해야 한다는 것이었고, 다른 한편으로는 중화학공업화를 위해서는 외자(기술·시장확보를 포함하는)가 절대 필요하다는 것이었다. 어쩌면 어려울 수 있는 이 문제에 대해 양면에서 모두 성공한 전략이 바로 1970년대 중화학공업화였고 그런 점에서 한국의 중화학공업화는 세계경제사상 후발공업국으로서는 매우 우수한 정책이었다.

정부가 선택한 전략은 바로 다음 세 가지였다. 첫째, 원칙은 분명히 대외의존을 최소화한다. 그러나, 둘째 초기 중화학공업화의 출발을 위해 필요한 경우 자본과 기술, 경영, 체화된 생산물 등 어떠한 제한 없이 그리고 국적차별 없이 적극 도입하고 최대한 개방하되, 차후의 문제발생을 억제하기 위해 세계시장에서의 경쟁이라는 효율성에 맞추어 검증한다. 그러면서, 셋째 효율성을 위해 개방은 계속 적극 추진하되 중화학공업화를 통해 자급이 실현가능한 시점에서는 바로 기술이나 자본의 해외의존을 최소화시키도록 노력한다. 이러한 세 가지 원칙은 실제로 중화학공업화 기간을 통해 일관되게 노력되었고 그리고 성공적인 성과가 이루어졌다. 이미 본서 제6장에서 산업보호와 관련하여 개방화를 적극 추진하면서도 이러한 세 가지 원칙이 충실히 반영되고 실현되고 있는 과정에 대해 고찰한 바 있다. 이제 본장의 주제인 대외의존성과 관련하여 외자문제에만 초점을 맞추어 고찰해 보자.

첫째, 정부는 중화학공업화를 시행하면서 바로 대외의존의 문제에 신경을 쓰고 있었고 해외의존을 줄이겠다는 원칙을 세웠다.[79] 1973년 5월 11일 상공부 장관은 「중화학공업 건설원칙」 발표로 '투자비 자기자금 30% 이상, 합작비율 50% 미만'을 '중화학공업건설의 원칙', '외국인 투자비율에 관한 원칙'으로 분명히 명시하였다.

【중화학공업 건설원칙】

첫째, 중화학공업 건설의 대상은 제철, 조선, 금속, 석유화학, 정유, 비철금속, 비료로 한다. 둘째, 중화학공업의 건설규모는 국제규모로 건설한다. 셋째, 중화학

[79] 이렇게 대외의존 축소원칙을 세우고 이를 실현하기 위해 노력하였던 원인에 대해 여러 분석이 있을 수 있다. 이에 대해서는 본장 부록의 〈보주 10-1〉 참조.

공업 건설의 투자비 조달은 자기자금 30%로 한다. 넷째, 중화학공업 건설의 생산공정은 증명된 최신공정으로 하고 공해발생을 최소화한다. 다섯째, 중화학공업 건설의 원료조달은 장기수입계약, 또는 구체적인 확보책을 마련한다. 여섯째, 중화학공업 건설의 합작 및 차관계획은 합작비율 50% 미만으로 하고 합작 및 차관은 원료의 장기조달계획, 엔지니어링 및 노하우 제품의 수출보장 규정을 포함한다. 일곱째, 중화학공업 건설의 공장입지는 정부가 지정하고 전용부두시설 건설 및 부두시설 준설은 자기자금 또는 정부 공동참여로 한다.

《상공부 장관(중19730511).》

이러한 대외의존 최소화-자립추구 원칙은 바로 중화학공업추진위원회기획단의 1973년 중화학공업화 계획에서의 대외의존에 대한 자립추구원칙 천명과 1976년 중화학공업추진위원회기획단의 중화학공업 영문소개에서도 구체화되어 있다. 외자도 국산이 불가능하거나 필요한 시설재의 도입과 선진기술의 확보에 주안을 두고 어쩔 수 없이 조달해야 하였지만 역시 원칙적으로 총소요자금의 60% 이내로 하며, 중화학공업화를 위해 합작이 50% 이상이 불가피할 경우에는 허용하되 외국인이 손해보지 않도록 과실회수를 감안하여 일정 기간이 경과한 이후 한국인에게 이양하도록 정해졌다.

……중화학공업을 착수하는 업체는 원칙적으로 총투자의 30% 이상을 자기자금으로 확보토록 하여 재무구조의 취약성 및 이로 인한 부실화 요인을 사전에 방지토록 하고 개발금융체제를 강화하고 자본시장을 육성하며 범국민적 저축운동을 전개하여 내자동원체제를 강화함과 아울러 외자도입은 국산이 불가능하거나 시설근대화를 위하여 필요한 시설재의 도입과 선진기술의 확보에 주안을 두고 원칙적으로 총소요자금의 60% 이내에서 조달토록 할 것입니다. 외자도입은 원칙적으로 유리한 조건의 차관도입에 우선을 둘 것이나 안전한 원료의 공급, 해외시장의 확보·개발, 선진기술의 도입 및 소요자금의 확보 등을 위하여 필요한 경우에는 직·합작투자를 인정유도할 것입니다. 이 경우 외국인의 직·합작투자비율은 원칙적으로 50% 이내에서 억제할 것이며, 50% 이상이 불가피할 경우에는 외국인의 자본참여에 대한 과실회수(果實回收)를 감안하여 일정 기간이 경과한 이후 점차 내국인에게 소유주식을 이양하도록 권유할 것입니다.

《중화학공업추진위원회기획단(중계, 1973), p. 14.》

산업근대화와 자립경제 이룩의 마지막 단계는 중화학공업의 발전이었습니다. 수출확대를 이끌어 온 경공업은 이미 분명한 한계에 봉착했으며 수출증가에 따라 높은 해외원자재 의존으로 수입증가가 필연적으로 되었습니다. 따라서 해외원자재에 대한 의존을 줄이고 수출을 더 늘림으로써 근본적으로 무역구조를 개선하기 위해서는 중화학공업 건설이 요구되었습니다. ……한국은 산업원자재에서 자립을 달성함으로써 산업독립성을 확고하게 만들 것입니다.

《Planning Office, Heavy and Chemical Industry Promotion Council, Government of the Republic of Korea(1976), p. 142.》

이런 정부의 대외의존 최소화 원칙은 대통령비서실의 '중화학공업화 정책 선언에 따른 공업구조개편론'에서 중화학공업화와 함께 "이제부터" 이전과 다른 원칙으로 강조되면서 수출자유지역, 심지어 중화학공업추진위원회의 중앙집유(集油)기지(CTS) 건설추인에서도 분명히 제시되었다.

앞으로의 수출자유지역에서는 100% 외국인 회사에서 이제부터는 합작·투자 형태로 변경되어야 하며 이 경우 내국인 지분율을 증가하는 방향으로 지향하여야 한다.

《대통령비서실(중선19730130).》

【CTS건설 추진계획】

3백만kℓ 규모 CTS 2개를 다음과 같은 실수요자 선정기준하에 추진함.

가. 회사운영권은 한국측이 확보하여야 함.

나. 일정 기간 후 일정 비율 이상의 원유를 수송할 수 있는 유조선을 확보하거나 발주하여야 하며 한국적 유조선의 우선사용을 보장하여야 함.

다. 정부가 정하는 원유재고량을 항상 유지하여야 함.

……

사. 시설재 중 국내생산이 가능한 품목은 국산을 사용하여야 함.

《중화학공업추진위원회기획단(14, 1973. 11. 8), 의안 6.》

외국인 투자를 50% 이하로 한다는 원칙은 1975년 대통령비서실 간행물[80]에서도 확인되듯이 이후에도 지켜졌다.

이런 원칙하에 작성된 중화학공업의 자본소요계획을 보면 실제로 〈표 10-13〉에서 보듯이 처음부터 외자가 53억 500만 달러로 소요액 88억 5,200만 달러의 59.9%, 예비, 기타비를 포함하여도 57억 7,300만 달러로 전체의 60.2%가 되도록 계

[80] 대통령비서실(한경, 1975), p. 33.

표 10-13 중화학공업 부문별 투자소요계획(1973~1981)

단위: 백만 달러

구 분	외 자	내 자	합 계
철 강	1,502	674	2,176
비 철 금 속	222	123	345
기 계	1,049	1,137	2,186
조 선	416	352	768
전 자	593	599	1,192
화 학	1,523	662	2,185
소계(구성비)	5,305(59.9)	3,547(40.1)	8,852(74.1)
기 타	468	273	741
합계(구성비)	5,773(60.2)	3,820(39.8)	9,593(100.0)

자료: 중화학공업추진위원회기획단(중계, 1973. 6).

획되어 있었다.

총투자액으로 보아도 1973~1981년까지 1,000달러 소득과 100억 달러 수출을 위해 투자할 총투자액 13조 1,200억 원(1970년 가격)의 12%인 1조 5,680억 원(5,049백만 달러)만이 해외저축으로 조달하도록 계획되었는데, 해외저축의존율 12%는 과거 1960년대 해외저축률이 40%선, 1972년 30%에 이르렀던 것과 비교하면 크게 줄어든 것이고 자립도가 대폭 향상된 것이었다.[81] 1970년대 중화학공업정책 담당자들은 한국이 자생적이고 내재적인 자본축적을 할 기회를 상실함에 따라 신산업인 중화학공업화에서만은 기술·시장확보를 포함하는 외자가 불가피하다고 인정하지 않을 수 없었고, 실제로 중화학공업화를 통해 외자만이 아니라 기술·시장 등 필요부분과 연계해서는 외자도입과 개방화를 적극적으로 시행하였다.[82] 그러나 외자도입합리화 시책(1968년 1월) 등을 두고 견제하였음에도 1970년대 초 부실외자기업문제의 발생으로 곤혹을 치루었고 또 외자도입에 따른 추후의 재무구조 취약, 추가적인 기업부실화, 나아가 대외종속의 심화를 예상할 수 있었기에 외자도입을 원칙적으로 가능한 억제하고자 하였던 것이다.

둘째, 정부는 중화학공업화를 시행하면서 '국내에서 구할 수 없는 자본재와 선진기술 도입이 필요할 때에는 외자를 도입하는 것을 허용'하되 관련 참여기업들에

81 중화학공업추진위원회기획단(공발2, 1979), p. 258; 국무총리기획조정실(중오3, 1973), p. 12.
82 본서의 제6장 참조.

게도 다음과 같이 외자도입원칙을 세워 과도한 외자의 도입을 처음부터 억제하고 있었다.

【기업외자도입원칙】

1. 총투자액의 30% 이상은 자기자본을 확보해야 한다. 외자는 원칙적으로 60% 이하로 제한되며 외국인 차관과 투자는 국내에서 구할 수 없는 자본재와 선진기술 도입이 필요할 때 활용된다.
2. 좋은 조건의 외국인 직접투자에 우선권이 주어지지만 이것 역시 허가를 받아야 한다. 이는 원자재의 신뢰할 만한 공급처 확보, 생산물시장의 확대 또는 선진기술의 도입을 촉진할 경우 특히 장려한다. 그러나 이 경우도 원칙적으로 외국인 지분율은 50%를 넘지 않아야 한다.
3. 첨단기술과 신기술만 도입이 허가된다.
4. 외국인 자금에 의한 프로젝트는 국제적으로 경쟁력 있는 규모가 되어야 하며 그 제품가격은 국제가격수준이 되어야 한다.
5. 프로젝트와 외국차관의 최종수행자는 경쟁에 의해 선출된다.
6. 항구, 정박소 등 배타적 사용을 위한 설비는 그 사용자의 기금으로 건설되어야 한다.

《Planning Office, Heavy and Chemical Industry Promotion Council(1976), pp. 17~18.》

기업경영시책에서 합작기업에 대해 한국측이 51%의 자금을 마련해야 한다는 원칙론이 〈그림 10-11〉에서 보듯이 청와대 내 대통령과 참모 사이에 공유되고 대외비였지만 결재되고 있었다.

심지어 기술과 자본·시장에서 부득불 외자를 유치할 수밖에 없었던 산업, 중화학공업에 있어서도 대외의존을 줄이고 자립적 구조를 만들려는 조항들이 다음과 같이 모두 삽입되고 준비되고 있었다.

해외자본 유치가 절실하였던 전자공업은 "외국인 투자를 적극 유치하여 합작투자에 의거 공장을 건설한다"는[83] 기본 전제와 함께 전 산업에 대해 100% 단독 외국인 투자허용조치까지[84] 발표되었지만 그런 속에서도 "부품 및 원자재를 90% 이상 개발하며 해외의존을 탈피한다"[85]는 기본 전제를 넣었다. 역시 해외자본 유치가 절실하였던 기계공업은 장기기계공업 육성을 위한 선정 합작비율에서 1973년 10월

[83] 중화학공업추진위원회(해, 1973), p. 129.
[84] 상공부(수확, 1973. 8. 28).
[85] 중화학공업추진위원회(해, 1973), p. 129.

그림 10-11 중화학공업 추진을 위한 기업경영 시책—합작기업(2개 경우)

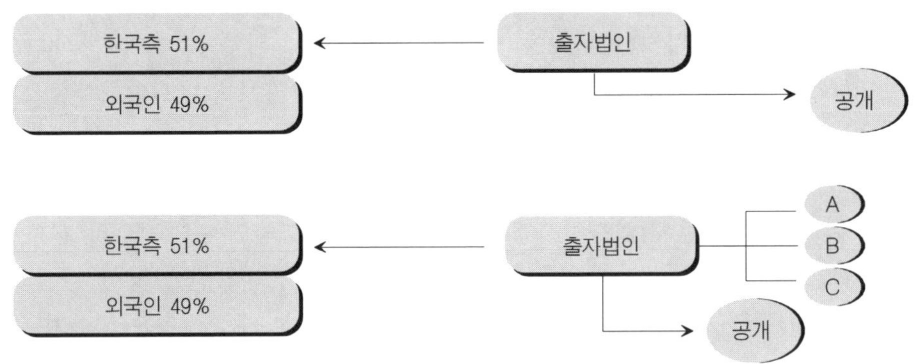

자료: 경제제1수석(19730827).

공고 당시에는 합작투자비율을 50% 이상으로 하였지만[86] 1975년 7월 공고에서는 "외국인과의 합작투자시는 내국인 투자비율이 50% 이상을 원칙으로 한다"로[87] 바꾸었다. 또 기업들의 외자도입을 필요에 의해 확인, 인정하면서도 정부인가를 받아 차관도입계약이 발표되도록 계약서를 수정하도록 하거나 발주 이전에 재검토 승인을 받도록 하는 등 계속 기업들의 외자도입을 정부가 감독하고자 하였다.[88] 나아가 경제1수석이 대통령에게 "중화학공업 계획의 상당한 부분이 합작기업 형태로 추진될 것을 감안하여 이 경우 기업공개에 관한 정책과 한국측의 경영권 확보를 조화할 수 있는 방안을 강구해야 할 것임"[89]이라고 보고하여 대통령의 결재까지 끝냄으로써 처음부터 중화학공업을 통한 해외자본의 경영권 위협에 대해 방어준비를 분명히 하고 있었다.

그 결과 계속되는 합작투자에서도 한국측이 51% 이상 지분을 갖도록 계약이 이루어졌다. '인천합금철주식회사'에서는 70%, '선경유화주식회사'에서는 55%, '창원공업주식회사'와 '한일정화공업주식회사'에서는 각각 51%를 한국이 갖도록 합작투자계약이 이루어졌다.[90] 심지어 '한일정화공업주식회사'의 한일합작사업의 경우

86 상공부 장관(기19731011).
87 상공부 장관(창19750701).
88 외자도입심의위원회(100현197410); 외자도입심의위원회(100금197410).
89 경제제1수석(19730827), p. 6.
90 외자도입심의위원회(99인197409); 외자도입심의위원회(100선197410); 외자도입심의위원회(100창197410); 외자도입심의위원회(100한197410).

처음에 한국인 지분이 51%이지만 내국인 투자비율을 60% 이상으로 제고할 것을 경제기획원이 인가조건으로 하고 있었다.[91]

셋째, 정부는 한국의 자본부족이라는 현실에서 결국 외자에 의존하지 않을 수 없지만 그래도 가능한 내자를 동원하고 장기적으로 외자의존을 줄이려는 의도를 분명히 가지고 이를 실행하고 있었다.

우선 청와대의 의도를 보여 주는 것이 대통령보고 비(秘)문서인데, 경제1수석은 중화학공업 추진을 위한 기업경영시책을 대통령에게 보고하면서 "주식 및 전환사채 등의 투자기회를 대폭 증대하고 발행조건을 합리적으로 조정하면 상당한 재원의 동원은 가능할 것"[92]이라고 언급하고, 시책내용으로 "중화학공업은 공모증자 또는 유능한 경영자를 중심으로 모집설립에 의하여 추진함을 원칙으로 한다"[93]고 밝혔다. 대통령의 의중이 반영된 결재용 보고서를 보면 청와대는 내자동원을 우선으로 고려하고 있으며 이것이 상당 부분 가능하다고 믿고 있었던 것이다.

이러한 믿음 위에서 1973년 10월 4일 박 대통령은 국회시정연설을 통해 1974년도 10대 시정방침을 발표할 때 중화학공업의 건설촉진을 강조하면서 또 하나 내자동원의 극대화를 10대 시정방침의 하나로 천명하였다.[94] 제3차 경제개발계획기간 내에도 이런 원칙은 계속 강조되었고, 심지어 1976년 1월 15일 연두기자회견에서 대통령은 "1976년을 '총력저축의 해'로 정하여 제3차 경제개발5개년계획을 마무리 짓는 마지막 해로서 모든 힘을 다하여 전 국민이 저축대열에 참가하여 투자재원의 국내조달비율을 최대한 올리자"고 독려하였다. 이에 따라 국무회의는 2월 24일 1976년 저축추진계획을 의결하였고 1976년 4월 9일에는 장충체육관에서 총력저축 전진대회가 열려 전 국민의 저축증대운동이 확대되었다. 이러한 내자동원운동의 총력적인 노력은 수출증대, 지출전환, 지출감소와 결합하여 국내총투자에서 국민저축이 차지하는 비중을 1976년 85.7%(해외저축 6.7%, 오차 7.6%)로 상승시켰고,[95] 제3차 계획기간중 GNP에 대한 경상가격 총투자율 25.0% 중 국내저축률 23.0%를 이루게 하였다.[96]

또 정부는 외자의존은 처음에 불가피하지만 점점 줄여 제4차 경제개발5개년계

[91] 외자도입심의위원회(100한197410), 경제기획원 인가조건.

[92] 경제제1수석(19730827), p. 6.

[93] 경제제1수석(19730827), p. 7.

[94] 박정희(대19731004).

[95] 대한민국정부(행백, 1977), pp. 162~163, 167.

[96] 대한민국정부(행백, 1977), p. 529.

표 10-14 중화학공업 투자액 총괄(1973~1979)

부 문 별	내 자 (백만 원)	외 자 (천 달러)	계 (백만 원)	자체자금 (백만 원)	자체자금비율 (%)
1. 시설설비	2,006,648	3,158,672	3,552,804	1,207,043	34.0
철강공업	601,319	1,374,939	1,268,164	593,910	46.8
비철금속공업	112,634	177,866	199,447	48,149	24.1
조선공업	150,067	120,698	208,605	75,979	36.4
화학공업	492,750	1,211,995	1,095,357	200,829	18.3
기계공업	452,394	258,120	577,521	165,175	28.6
전자공업	196,484	15,054	203,710	123,001	60.4
2. 지원시설	200,737	–	200,737	–	–
3. 기지조성	154,882	–	154,882	72,546	46.8
4. 인력개발	71,214	56,395	98,565	–	–
5. 연구개발	89,785	79,823	128,807	–	–
합 계	2,523,266	3,294,890	4,135,795	1,279,537	30.9

자료: 중화학공업기획단 자료로 밝힌 김광모(金光模, 1988), p. 312.

획이 끝나는 1981년에는 투자소요액 전부를 국내저축으로 충당하고자 하였다.[97] 제4차 개발계획 첫 해인 1977년에는 외자에 대한 전면적 재검토를 위해 해방 직후 1946년부터 1976년까지의 원조·차관·투자·기술도입을 총검토한 『외자도입백서』를 발간하였고,[98] 내자확대를 위해 "전 국민이 참여하는 국민저축운동"으로 금융저축목표를 1조 6,000억 원으로 정하였다.[99]

넷째, 결과로 보아도 정부의 이러한 자본소요계획은 잘 지켜져 중화학공업이 외자의존적이었다고 볼 수 있는 근거는 없다.

1979년까지 중화학공업에 투자된 투자액을 총괄하여 정리해 보면 〈표 10-14〉와 같은데, 여기에서 외자비율은 전체적으로 39.0%에 지나지 않음을 알 수 있다. 이 비율은 계획상 불가피하다고 정부가 억제하고자 하였던 초기 계획의 60%에 비

97 대한민국정부(4경, 1976); 한국무역협회(연감, 1976); 경제기획원(4계, 1976. 12); 대한민국정부(행백, 1977).

98 대통령비서실(예청, 1977. 2. 23).

99 대한민국정부(행백, 1977), p. 167.

표 10-15 산업별 차관도입 현황(확정, 1976~1978)

단위: 백만 달러, %

구 분	금 액			구성비		
	공공차관	상업차관	합 계	공공차관	상업차관	합 계
농림수산업	607.6	31.6	639.2	12.5	0.6	6.4
광 업	20.0	–	20.0	0.4	0.0	0.2
제 조 업	403.1	3,761.6	4,164.7	8.3	73.2	41.6
섬유공업	0.1	333.2	333.3	0.0	6.5	3.3
제지, 제재업	–	22.7	22.7	–	0.4	0.2
화학공업	–	879.9	879.9	0.58	17.1	8.8
시멘트, 유리, 요업	–	321.4	321.4	–	6.3	3.2
금속공업	17.0	1,630.0	1,647.0	0.3	31.7	16.5
기계공업	80.0	250.3	330.3	1.6	4.9	3.3
전기, 전자기기	–	143.7	143.7	–	2.8	1.4
운수장비	–	118.6	118.6	–	2.3	1.2
기 타	306.0	59.3	365.3	6.3	1.2	3.7
사회간접자본	3,833.4	1,342.3	5,175.7	78.8	26.1	51.8
합 계	4,864.1	5,135.3	9,999.6	100.0	100.0	100.0

주: 화학공업에 석유정제가 포함되고 음식료제조업은 상업차관 250만 달러만 있어 제외함.
자료: 경제기획원(백, 1977~1979).

해 매우 낮은 비율이었으며 1960년대 1962~1969년간 투자액 중 외자비율 44%에[100] 비교해 보아도 낮았다. 실제로 중화학공업화 외자투입 예상액은 57억 7,000만 달러였지만 실질외자도입액은 32억 9,000만 달러였다. 따라서 중화학공업이 과도한 외자의존으로 대외의존도를 높였다는 비판은 설득력이 약함을 알 수 있다.

다섯째, 해외차관의 사용처를 보면 〈표 10-15〉에서 보듯이 1976~1978년 도입 차관의 51.8%는 사회간접자본에 쓰였으며, 중화학공업에 쓰인 것은 34.4%에 불과하다는 점이다. 1976~1978년으로 계산하면 섬유공업이 전체 차관의 3.3%를 사용하였는데, 석유정제를 포함한 전 화학공업이 8.8%, 그리고 금속공업이 16.5%를 사용하였을 뿐 모두 이 비율보다 낮았다.

여섯째, 외채사용액/수출액을 보자. 1970년대 후반을 2년 단위로 중화학공업과

[100] 김흥기 편(1999), p. 192.

표 10-17 중화학공업의 외채사용액/수출액

단위: 백만 달러, %

구 분	1975~1976			1977~1978			1979~1980		
	FL	X	FL/X	FL	X	FL/X	FL	X	FL/X
제 조 업	1,224.5	10,968.7	0.11	2,258.1	19,958.5	0.11	1,743.3	29,443.5	0.06
중화학공업(HC)	868.6	3,587.4	0.24	1,829.8	7,501.0	0.24	1,400.7	12,705.2	0.11
(제조업 내 비중)	70.9	32.7	–	80.7	37.6	–	80.3	43.2	–
화 학 물	268.3	422.1	0.64	648.2	697.2	0.93	268.5	1,356.2	0.20
(HC 내 비중)	30.9	11.8	–	35.4	9.3	–	19.2	10.7	–
1차금속제품	368.4	977.3	0.38	870.7	2,136.7	0.41	865.7	4,269.9	0.20
(HC 내 비중)	42.4	27.2	–	47.6	28.5	–	61.8	33.6	–
-철 및 강	351.7	600.3	0.59	835.5	969.0	0.86	778.0	2,572.9	0.30
(HC 내 비중)	40.5	16.7	–	45.7	12.9	–	55.5	21.7	–
수송장비	142.6	526.0	0.27	142.6	1,798.3	0.08	91.4	2,250.6	0.04
(HC 내 비중)	16.4	14.7	–	7.8	24.0	–	6.5	17.7	–
-조 선	36.0	414.5	0.09	125.3	1,327.7	0.09	41.8	1,132.5	0.0-4
(HC 내 비중)	4.1	11.6	–	6.8	17.7	–	3.0	8.9	–
일반기계	55.3	414.5	0.13	112.4	697.9	0.16	165.2	1,233.5	0.13
(HC 내 비중)	6.4	11.6	–	6.1	9.3	–	11.8	9.7	–
전기기기	33.9	1,247.5	0.03	55.7	2,170.9	0.03	9.6	3,595.0	0.00
(HC 내 비중)	3.9	34.8	–	3.0	28.9	–	0.7	28.3	–
경 공 업	355.9	7,381.3	0.05	438.3	12,457.6	0.04	342.6	16,738.3	0.02
(제조업 내 비중)	29.1	67.3	–	19.3	62.4	–	19.7	56.8	–

주: 1) FL=외채사용액, X=수출액.
2) 화학물은 석유정제와 그 제품을 포함함.
3) 일반기계는 전문·과학기기·광학기기·시계의 SITC 86을 포함함.
자료: 한국은행(경제, 1975~1985); Y. C. Park(1985, p. 326) 이용 재계산.

중화학공업 각 공업별로 외채사용액, 수출액 그리고 그 비율을 구한 〈표 10-17〉을 보면, 우선 경공업·중화학공업 모두 외채사용액/외화취득액 비율이 매우 우수함을 알 수 있다. 비판되었던 중화학공업의 경우도 외채사용액/외화취득액 비율이 매우 우수하였고, 특히 100% 수입원유와의 관련성이 컸던 화학공업을 제외하고 여타 부문의 비율은 매우 좋았다. 중화학공업이 정점이었던 1977~1978년의 경우 중화학공업의 외채사용액은 18억 2,980만 달러였으나 수출액은 75억 100만 달러로 외채사용액/수출액 비율은 0.24에 불과하였다. 화학을 제외하면 11억 8,160만 달러의 외채를 사용하고 68억 380만 달러의 외화를 벌어 들여 외채사용액/수출액은 17.4%였으며, 특히 자동차·조선·전기기기의 경우 그 비율은 0.03~0.09에 불과하였다.

결국 이상의 점에서 종합적으로 볼 때 "중화학공업으로 막대한 투자재원을 외자에 의존함으로써 해외저축의 비중을 계획 이상 초과하여 높였고 막대한 외자를 도입함으로써 경제자립도를 현저히 약화시켰다"는 기존 비판은 한계를 가짐을 알 수 있다. 1차적으로 투자재원의 문제는 20세기 전반기, 자립적인 국민경제의 순환구조를 가지는 역사적인 자본축적에 실패한 한국 경제의 필연적인 선택문제이었고 이는 보다 장기적인 한국 경제사의 문제로 규명되어야 할 문제이지, 중화학공업화와 바로 직접적으로 관련된 문제는 아닌 것이다.

10.5.3 자 급 도

이제 조금 시각을 넓혀 제조업의 자급도 문제를 보도록 하자.

첫 번째, 산업별 1970년대 외자도입은 중화학공업이 아니라 사회간접자본 및 서비스업 부문이 압도적이었다.[101] 동시에 〈그림 10-12〉에서 보듯이 제조업 총고정

그림 10-12 제조업 투자 중 외국인 투자의 비중

단위: %

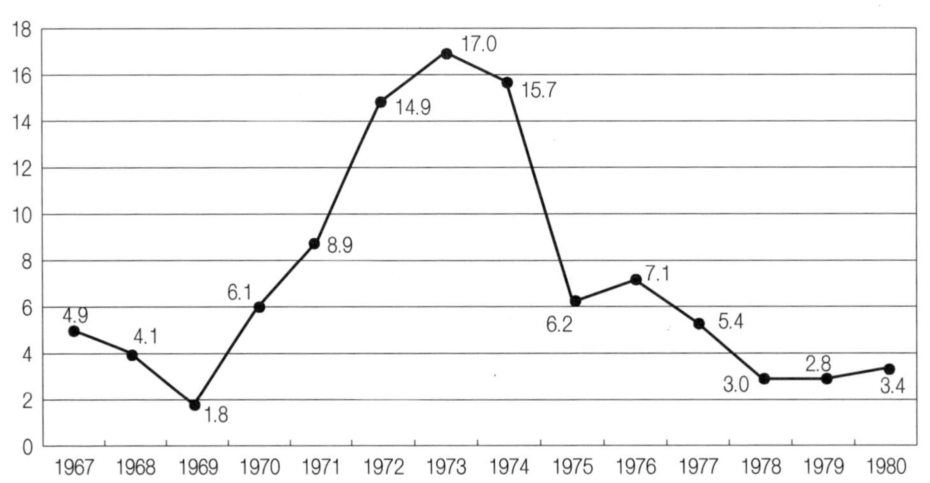

자료: 경제기획원(지표, 1981); 경제기획원(외투, 1981).

그림 10-13 제조업의 자급도

단위: %

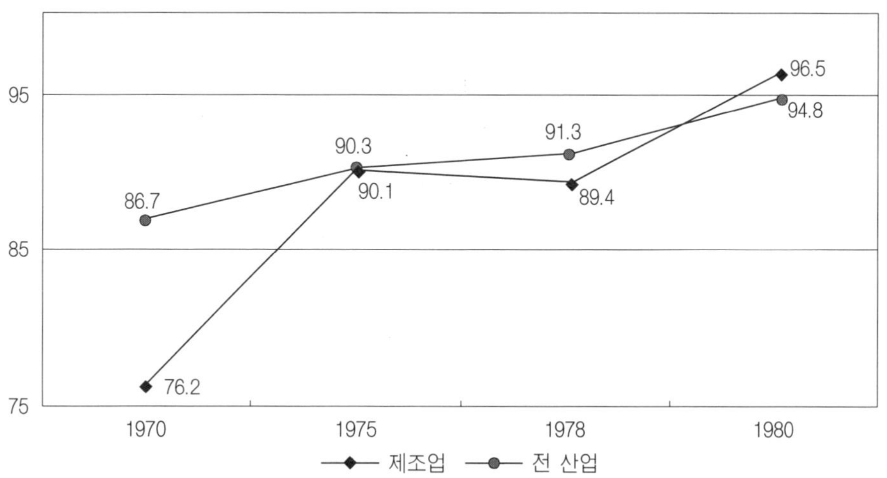

주: 자급도=국내생산/(국내생산+수입−수출).
자료: 한국은행(조, 1981. 4).

자본형성 중 외국인 투자비중 역시 1970년대 후반 급속히 매우 크게 감소하였다. 1972년 14.9%에서 1973년 17.0%로 급등하였던 외국인 투자비중은 1974년 15.7% 그리고 1976년 7.1%, 1977년 5.4%, 1978년 3.0%, 1979년 2.8%로 급속히 감소하였다. 1970년대 전반기에 필요하였던 외자도입 목적이 공업화 진전에 따라 충족되면서 외자도입비중이 급속히 줄어들고 있는 것이다.

두 번째, 수입·수출을 전체 국내생산과 연관시켜 1970년대 제조업의 자급도 변화를 구해 보자. 〈그림 10-13〉에서 보듯이 1970년대 후반 제조업부문의 자급도는 매우 높은 수준을 유지하였다. 1970년 제조업의 자급도는 76.2%로 전 산업 평균 86.7%에 비해 10.5%p나 낮았지만, 1975년 이후 90% 전후의 높은 수준을 유지하였으며 전 산업 평균과 차이가 없어졌다. 물론 1970년대 제조업부문은 중화학공업화에 의해 영향을 크게 받고 있었다.

세 번째, 산업연관지수를 보면 〈표 10-17〉에서 보듯이 중화학공업의 발달로 타 산업의 중간재를 제공하는 산업연관효과가 크게 일어나 전체적인 국내 제조업의 연관효과가 크게 향상되었다. 중화학공업의 전방연관효과를 보여 주는 중간수요율을

101 경제기획원(백, 1975~1982).

표 10-17 중화학공업과 경공업의 중간수요율

단위: %

구 분	1975년	1980년
경 공 업	30.8	36.8
중화학공업	67.0	69.6
(기초화학제품)	95.6	99.4
(석유제품)	90.6	94.3
(철강1차제품)	81.7	76.2
(금속제품)	62.9	50.3
(일반기계)	24.3	35.4
(전자통신기계)	35.7	38.9
(수송용 기계)	20.7	31.6
(정밀기계)	30.9	29.5
제 조 업	47.9	55.0

주: 중간수요율=(중간수요액/총수요액)×100.
자료: 한국은행(산작, 1983); 한국은행(산분, 1985. 10), p. 19.

보면 1975년 67.0%, 1980년 69.6%가 되었는데, 이는 경공업의 1980년 중간수요율 36.8%와 매우 대조적임을 보여 준다. 특히, 기초화학제품과 석유제품의 경우 중간수요율은 1980년 99.4%, 94.3%로 높아졌으며[102] 일반기계와 정밀기계의 경우 1970년대 후반 각각 절대값으로 11.1%p, 10.9%p 증가하여 그 증가율이 매우 높았다. 그 결과 두 차례의 석유위기로 1980년 총수요가 감소하는 불황과 함께 1차원료인 철강·금속 등의 수요가 줄어들었음에도 전 제조업의 중간수요율은 1970년 46.7%에서 1980년 55.0%로 신장되었다.

네 번째, 기술의 대외의존성이란 한국 대기업의 계속적인 문제가 있었지만, 1970년대 중화학공업화 시기에는 정부가 나서서 "중화학공업 건설에 따른 산업기술의 수요에 대응할 수 있도록 새로운 기술의 적극적인 도입"과 "토착화"를 유도하

102 주요 제품, 예컨대 석유화학제품 각각의 수입의존도를 연도별 그래프로 그려보면 1970년대 중반 이후 그래프가 푹 꺼지는 공통점이 모든 제품에서 나타난다. 인조섬유부문은 이미 1960년대 말부터 낮아지고 있었지만 에틸렌글리콜·카프로락탐·모노머 등 인조섬유를 위한 중간재는 1970년대 전반기에, 그리고 폴리에틸렌·폴리스티렌·PVC·폴리프로필린 등 인조수지도 1970년대 전반기에, HDPE·LDPE·VCM·폴리프로필린·폴리스틸렌(polystyrene) 등 중간재는 1970년대 중반에 급속히 수입의존도가 대폭 감소하였다(J. L. Enos and W.-H. Park, 1988, p. 51).

고, 특히 "연구학원도시 조성과 연구소 신설 등으로 자주적인 과학기술의 발전을 촉진"[103]하여 앞에서 보았듯이 수출구조의 개선이 이루어지고 있었다. 기술의 대외의존성이란 중화학공업화기의 문제가 아니라 한국 근현대사의 역사적 문제이고, 특히 1980년대 이후 한국 대기업의 생산기술 대외의존과 그에 따른 가치유출, 즉 기술종속이 1970년대보다 심화되고 있다[104]는 점에서 중화학공업화의 변수로 연계하여 생각할 수 없다. 기술의 대외의존성 문제는 발전단계의 진화에 따라 대기업들이 시장우위를 가진 1980년대에[105] 대기업들의 선도경쟁우위와 단기비용절감이라는 선택으로 심화되어 나타나고 있었던 것이다.

다섯째, 앞에서 수입·수출과 관련하여 자세히 검토해 보았지만 단순총괄하여 일반적으로 거론되는 대외의존성지수로서의 무역의존도, 즉 수출입의존도를 구해 보면 중화학공업화기 1970년대에 이 지수는 1974년 68.6%에서 1975~1977년 66.6~66.7%, 1978년 65.4%, 1979년 64.3%로 줄어들고 있었고, 오히려 1980년 이후 1980년 80.2%, 1981년 85.4%, 1982~1985년 78.5~81.5%로[106] 급등하고 있음을 확인할 수 있어 중화학공업화기에 수입과 수출 확대로 대외의존성이 강화되었다는 주장이 틀렸음을 알 수 있다.

 10.6 맺음말

1970년대 중화학공업화가 산업구조의 고도화, 높은 경제성장률에는 기여하였지만 대외의존도를 오히려 높였다는 점이 많은 언급에서 암묵적으로 전제되어 왔고 그렇게 자주 말해져 왔다. 이러한 주 근거는 수입·수출 그리고 외자의 측면에서 제시되었다. 그러나 본장의 검토결과는 이러한 전제가 대부분 정태적이고 특정 시점값에 의한 것임을 확인하여 주고 있다. 물론 1970년대 중화학공업화 과정에서 조립

103 경제기획원(전, 1973. 12), p. 97.

104 이재희(1990). p. 213. 그 결과 이재희(1990, p. 217)는 "(1970년대와 1980년대를 비교하면) 금융적 종속성에서 기술적 종속성으로 변화되었다"고 보고 있다. 그러나 1970년대에 금융종속이라고도 보기 어렵다는 것은 본장에서 지적하고 있는 대로이다.

105 저자는 1970년대 후반 1978년경을 전후하여 시장의 우위가 정부에서 대기업에게로 넘어가고 있다고 보고 있다. 이에 대해 본서의 제7, 8장 참조.

106 한국은행(계, 1987).

가공산업과 기초기술의 해외의존성, 특정 국가에 대한 수출입 의존성, 그리고 미시적으로 보면 원자재와 일반기계공업의 대외의존성 등의 문제가 여전히 존재하고 있었다. 그러나 이러한 한계에도 불구하고 중화학공업 나아가 제조업, 한국 경제 전체의 대외의존도는 개선되었다. 특정 국가에 대한 높은 수출입 의존도도 미국·일본·독일 등 최선진시장에 대한 의존도가 높다는 점에서 종속이 아니라 경쟁력의 변수로 해석이 가능하며 또 분명히 개선되고 있는 것으로 나타났다.

따라서 1970년대 한국 경제의 대외의존도 문제는 중화학공업화의 문제가 아니라 한국 경제의 역사적 자본축적과정과 시장구조에서 찾아야 한다. 한국은 20세기 전반기 자립적 경제구조 형성 실패로 기초산업의 발달이 미비하였고 원료의 자립적 확보도 이루지 못하고 있었다. 나아가 유기적 구성도가 높은 단계의 자본재 도입으로 계속 수입유발적 산업구조로 편성되어 있었다. 여기에 분단으로 인한 자원과 시장의 한계가 해방 후 더욱 확대되었다. 중화학공업과 상관없이 한국 경제의 발전과정이나 시장·자원·기술 등의 제약조건에서 볼 때 1970년대 소개방경제(small open economy)로서 한국 경제의 성장에 수출과 수입확대는 이미 필연적이었던 것이다. 여기에 시장의 지배력을 확대해 간 대기업집단들의 선택이라는 산업조직상의 문제가 이를 장기화시키고 있었다.

1970년대 중화학공업화 과정에서 중화학공업 내 공업 간 불균형발전이 있었고, 두 차례 진행된 석유위기로 교역조건의 개선이 크게 진전되지 못했다는 점이 있었다. 그러나 대외의존성은 산업구조의 변화 자체보다는 산업구조 변화 속에서 시장환경의 변화에 대응하는 기술변화에 있는 것이며, 따라서 대외의존성 문제는 산업정책에 앞서 1차적으로 기업의 시각에서 접근할 필요가 있다.

부 록

1. 보 주

〈보주 10-1〉 중화학공업화를 준비하면서 외자, 대외의존 심화를 원칙적으로 배척하고자 했던 원인에 대해

중화학공업화를 준비하면서 외자, 대외의존 심화를 원칙적으로 배척하고자 하였던 원인에 대해 여러 주장이 가능하다.

첫째, 매우 어리석으면서도 과감한 의문으로 제기할 수 있는 것이 당시 정부가 GDP 개념의 적용에 정확하지 못하였던 것이 아닌가라는 의문이다. 지금으로서는 물론 당시로 거슬러 보아도 매우 어리석은 의문으로 보이지만 사실 1970년대 초 세계에서 GDP 개념을 정책에서 잘 이용하고 있었던 국가는 미국 정도였고, 대부분 GNP 개념에 더욱 집착하고 있었으며 특히 한국의 경우 그러하였다.

둘째, 민족주의적 성향으로 영문사용까지 규제하고자 하였던 박정희 대통령과 박 대통령 정권의 특징을 들 수 있다. 1963년 9월에 발간한 『국가와 혁명과 나』에서 박 대통령은 미국의 대한원조정책을 비판하고 '민족적 민주주의'라는 용어를 사용하면서 독립된 자주국가를 주장하였다. 박정희의 이런 민족주의는 친미적인 당시 인식에 비판을 받을 정도여서, 박정희는 1963년 10월 7일 진주에서의 대통령선거 유세에서 "나는 반미주의자가 아닙니다"[107]라고 말하여야 할 정도였다. 박정희 대통령의 민족주의 성향은 이후 계속 발견되는데, 예컨대 1967년 4월 15일 박정희의 방송내용 중 "자립이야말로 민족주체성이 세워질 기반이며, 민주주의가 기착영생을 할 안주지인 것이다. 민족자립 없이 거기에 자주나 무슨 주의가 있을 수 없으며, 자립에 기반을 두지 않는 민족주체성이나 민주주의는 한낱 가식에 불과하다"라고 말했다. 1974년 6월 포철을 방문한 박정희는 영빈관 '백록대'에서 "집이 왜 하필 흰색이야. 백악관 냄새가 나잖아. 나는 싫어. 백악관이야 뭐야"[108]라고까지 말하였다고

[107] H.-A. Kim(2005), p. 198.

한다. 이러한 사례들은 박 대통령의 민족주의가 경제자립에 우선 초점을 맞추고 있었음을 보여 준다.

그러나 역시 가장 설득력 있는 원인으로는 1973년 이전 무분별한 외자사용으로부터 발생한 높은 비용을 직접 경험하였던 학습효과가 가장 크게 작용하였다고 보아야 할 것이다.

108 이대환(2004), p. 373.

2. 부　　표

부표 10-1 외환의 수입·지출 계획량과 실질량

단위: 백만 달러

연도	수입			지출		
	계획	실질	지수	계획	실질	지수
1972	1,972	2,252	114.2	2,032	2,206	108.6
1973	2,592	4,358	168.1	2,407	5,041	201.1
1974	5,716	6,315	110.5	6,574	6,811	103.6
1975	7,239	7,219	99.7	7,924	6,957	87.8
1976	7,353	10,004	136.1	8,450	8,932	105.6
1977	11,907	12,803	107.5	12,780	12,592	98.5
1978	15,639	16,295	104.2	19,690	17,987	91.4

자료: 한국은행(경제, 1974, 1980); 한국산업은행(중화, 1980. 10).

부표 10-2 투자재원의 조달(경상가격기준)

단위: 10억 원, %

연 도	총 투 자	국내저축	해외저축	투자재원자립도(%)
1961	38.7	8.4	25.3	34.6
1962	45.5	11.6	38.0	16.5
1963	91.1	43.7	52.4	42.5
1964	100.6	62.6	49.1	51.2
1965	120.9	59.4	51.5	57.4
1966	223.9	122.8	87.6	60.9
1967	280.7	145.8	112.9	59.8
1968	427.7	249.3	184.3	56.9
1969	621.3	405.9	229.6	63.1
1970	719.1	465.2	249.6	65.3
1971	831.4	506.2	353.2	57.5
1972	873.8	633.1	211.5	75.8
1973	1,341.0	1,233.5	198.9	85.2
1974	2,274.3	1,501.8	910.8	60.0
1975	2,881.8	1,823.4	1,023.0	64.5
1976	3,378.2	3,062.2	320.5	90.5
1977	4,645.0	4,278.3	101.9	97.8
1978	7,137.7	6,044.4	753.5	89.4
1979	10,293.5	7,728.4	2,221.7	78.4

주: 통계상 불일치가 있어 총투자=국내저축+해외저축이 되지 않음.
자료: 한국은행; 경제기획원(외투, 1981).

부표 10-3 기존집계된 외채 지표

단위: 백만 달러, %

구분	총외채/GNP					순외채/GNP		(총외채+직접투자)/GNP	이자상환			원금상환	
									장기	단기	차관		
	Park	WB	C	H	s-c	Park	H	Park	WB	WB	FI	FI	WB
1970	28.7				28.1	19.7		29.6			63	180	
1971	31.2				31.2			32.4			95	220	
1972	34.0			33.6	33.9			35.6			141	255	
1973	31.6		31.6	31.6	31.5	20.4		34.0			177	396	
1974	32.0		32.0	31.6	32.0			34.6			205	376	
1975	40.6		40.6	40.4	40.5	32.4		43.2			271	394	
1976	36.7		36.7	36.7	36.7			39.0			341	626	
1977	33.8	31.0	33.8	34.4	33.8	20.3		35.8	566	116	455	823	824
1978	28.6	26.5	34.5	28.9	28.5			30.2	758	214	620	1,363	1,363
1979	32.9	28.4	32.9	22.8	32.5	22.8	22.8	34.4	994	471	786	1,660	1,659
1980	44.7	39.1	49.3	32.4	44.4	32.5	32.4	46.4	1,426	1,165	1,049	1,578	1,579
1981	48.4	49.1	50.3	16.4	49.0	36.2	16.4	50.0	1,896	1,580	1,222	1,994	1,999
1982	52.7	53.5	54.4	20.2	52.0	39.6	20.2	54.4	2,386	1,234	1,416	2,201	2,201
1983		53.2	50.8	38.9	50.8	41.0	38.9		2,226	961	1,215	2,533	2,533
1984		52.3	52.4	37.8	49.5		37.8		2,532	1,288	1,343	3,031	3,031
1985		56.3	56.8	39.6	52.1		39.6		2,692	995			3,468
1986			47.4	31.6	42.3		31.6						
1987			31.0	17.4	27.6		17.4						
1988			21.1	4.2	18.0		4.2						

주: 1) IMF 자금을 포함함.

2) Park: Y. C. Park(1985). WB: 재무부 관리가 계산한 것으로 밝힌 World Bank(K1987a). C: R. N Cooper (1994b), p. 261. H: E.-G. Hwang(1993), p. 234. S-C: J.-S. Shin and H.-J. Chang(2004).

부표 10-4 외채관련 지수

단위: %

구 분	총외환보유고/외채	총외채/수출	단기외채/수입
1977	34.0	88.7	13.8
1978	33.2	80.2	13.9
1979	27.8	90.6	19.3
1980	24.0	106.0	26.7
1981	21.2	109.8	26.1
1982	18.7	123.1	32.3
1983	18.5	132.9	37.1
1984	19.1	128.1	32.1
1985	17.9	142.2	32.0

주: 1) 총외채는 연간 평균액임.
2) 단기외채는 외국은행 지점의 A계정 제외함.

자료: World Bank(K1987a).

부표 10-5 장단기 외채현황과 평균차입비용

단위: 10억 달러, %

구 분	장기외채	단기외채	IMF신용	이자지불액	단기외채/총외채(%)	평균차입비용(%)
1970	2.0	0.4		0.1	16.7	2.33
1973	3.6	0.6			14.3	4.39
1974	4.7	1.1	0.1	0.2	18.6	
1975	6.3	2.2	0.3	0.3	25.0	6.18
1976	7.2	2.7	0.4	0.4	26.2	
1977	8.7	2.9	0.3		24.4	4.65
1978	12.5	4.5	0.3	0.8	26.0	
1979	14.3	6.7	0.1	1.0	31.8	7.01
1980	18.5	10.6	0.7	1.6	35.6	
1981	21.9	10.2	1.1	2.0	30.7	9.24
1982	24.1	12.4	1.3	2.5	32.8	10.28
1983	27.0	12.1	1.4	2.4	29.9	9.37
1984	30.2	11.4	1.6	2.6	26.4	7.37
1985	35.3	10.7	1.5	2.8	22.5	
1986	34.3	9.3	1.5		20.6	
1987	30.0	9.3	0.5		23.4	
1988	25.9	9.8			27.5	

주: 1) 장기: 만기 1년 이상을 전액 합산하되 IMF 신용은 따로 계산함.

2) 이자지급액은 장기외채에 대한 이자지급액임.

3) 평균차입비용=실질전체이자지불액/전년도 외채액.

4) 재무부 추계방식과 다르게 추계해 장기외채가 낮고 단기외채가 높게 되어 있음. IMF 신용사용은 일치함.

5) 외채를 합산할 경우 자료에 따라 집계방식에서 차이가 있어 다른 자료의 총액과 일치하지 않음. World Bank(K1987a), p. 164의 Table A5.2에 의하면 1977~1985년 총외채는 12.6. 14.8, 20.4, 27.3, 32.5, 37.1, 40.4, 43.1, 46.8 10억 달러임.

자료: World Bank(WD, 1984~1988, 1991~1992); Y. C. Park(1985), pp. 318~319; R. N. Cooper(1994b), p. 261 이용 계산. 평균차입비용은 Y. C. Park(1985), p. 290.

부표 10-6 기존 연구의 DSR 비율

단위: 백만 달러, %

구분	DS		이자/수출	DSRL				DSR		
	FI	WB	WB	Park	WB	C	H	Park	WB	S-C
1970	243			18.2				18.5	(19.4)	18.2
1971	315			19.8				21.0		20.4
1972	396			18.4			20.0	18.7	(20.1)	18.4
1973	573			14.2			13.0	14.8		14.2
1974	581			12.4		11.0	11.0	14.4		11.2
1975	665			12.0		12.7	10.9	14.4	-	12.0
1976	967			10.6		10.4	9.7	12.1		10.6
1977	1,278	1,506	5.5	10.2	10.6		9.8	11.1	11.5	10.2
1978	1,983	2,335	5.7	12.3	12.3	11.3	11.4	13.9	13.6 (10.5)	12.1
1979	2,446	3,124	7.5	13.3	13.6	13.7	13.2	16.3	16.0	13.6
1980	2,627	4,170	11.5	13.0	13.3	14.0	12.2	18.5	18.5	13.3
1981	3,216	5,475	12.8	13.8	14.3	14.7	11.9	20.7	20.1	14.3
1982	3,617	5,821	12.8	15.9	16.2	16.1	13.0	21.0	20.6	16.2
1983	3,748	5,720	10.5	15.4	15.7	16.3	10.4	19.3	18.8	15.7
1984	4,374	6,851	11.4		16.6	16.3	10.6		20.4	16.5
1985		7,155	11.2		18.7	21.3	10.0		21.7	18.7
1986						24.4	11.2			20.8
1987						28.9	13.5			29.6
1988						13.5	8.5			13.8

주: 1) 순외채는 총외채－외화자산(외환보유고, 외상수출액, 외국은행 본사로부터의 한국은행들 외국지점에 대한 A계정론 포함).
2) WB의 이자는 원금상환에 포함된 중기채무(medium-term liability)이자를 제외함.
3) WB의 원금상환액은 일년 이하 부채원금상환액을 제외함.
4) DSR(원리금 상환능력지수, Debt service ratio)＝원리금상환금/수출금액.
5) DSRL: 1년 이상 장기만 계산함.
6) DSR: 단기이자분 포함함.
7) DS(debt service): 원리금상환금.
8) WB 총외채는 연중 평균임.
9) Hwang의 집계는 관세통관기준임.
10) DS의 FI(재무부)는 이자의 경우 차관이자만 합한 것임.

자료: 경제기획원(지표, 1983, 1985, 1989). Park: Y. C. Park(1985), pp. 318～320. WB: 재무부 관리가 계산한 것으로 밝힌 World Bank(K1987a), Table A5.2, A5.3. WB의 ( ) 안은 World Bank(DR, 1978～1981). C: R. N. Cooper(1994b), p. 261. FI: 재무부. H: E.-G. Hwang(1993), p. 234. S-C: J.-S. Shin and H.-J. Chang(2004). p. 76.

2. 보　　론

〈보론 10-1〉 1970년대 세계의 스태그플레이션

세계경제는 1974년 이후 경제침체(stagnation)와 인플레이션(inflation)이 동시에 나타나는 스태그플레이션(stagflation) 현상을 겪었다(〈보론표 10-1-1〉 참조).

2차 석유위기로 스태그플레이션은 1979년과 1980년에 더욱 악화되어 나타났다. 대표적으로 OECD 국가에서 볼 때 다음과 같이 성장률 둔화, 실업급증, 물가상승이라는 스태그플레이션의 전형적인 거시경제 지표 악화를 확인할 수 있다.

① OECD 국가들의 전체 GNP 성장률은 1973년 6.1%에서 1976년 4.9%, 1980년 1.3%로 둔화되었다.

② OECD 국가들의 실업률은 1973년 3.2%에서 1976년 5.2%, 1980년 5.8%로 높아졌다.

③ OECD 국가들의 소비자물가상승률은 1970~1973년 연평균 6.0%에서 1974~1980년 10.0%로 상승하였다.

스태그플레이션이 장기화되고 세계화되자 세계각국, 특히 선진국들은 이의 탈출방법을 모색하게 되었는데, 그 결과가 수출에 주력하는(export driving policy) 무역전쟁으로 나타났다. 주요 선진국들의 수출의존도는 〈보론표 10-1-2〉와 같이 상승하

보론표 10-1-1　1970년대 세계의 스태그플레이션

단위: %

구　분	실질경제성장률		광공업 연평균성장률		실업 연평균	
	1969~1973	1974~1978	1969~1973	1974~1978	1969~1973	1974~1978
일　본	9.7	3.7	10.8	1.0	1.2	11.9
미　국	3.3	2.5	5.3	2.4	4.4	6.6
영　국	3.6	0.8	2.8	0.6	3.1	5.1
서　독	5.1	2.0	6.2	1.0	0.7	3.2
프랑스	5.9	3.0	7.1	1.3	2.2	4.5
이탈리아	4.4	2.1	4.8	1.9	5.5	6.6

자료: 일본은행통계국; Organisation of Economic Co-operation and Development(EO), July 27, 1980.

보론표 10-1-2 1970년대 주요 선진국의 수출의존도 변화

단위: %

구 분	1960	1965	1973	1974	1979	1980
일 본	6.8	9.6	8.9	12.0	10.3	12.5
미 국	4.1	4.0	5.4	6.9	7.5	8.4
영 국	13.5	13.7	16.8	19.8	22.5	22.2
서 독	15.5	16.7	19.4	23.4	22.4	23.3
프 랑 스	10.3	10.3	14.1	16.8	17.5	17.8
이탈리아	8.7	13.2	15.7	19.5	22.2	19.8

자료: 日本銀行統計局(1971, 1980); 『東洋經濟統計月報』, 1981. 7.

게 되었다.

〈보론 10-2〉 중화학공업의 특정국가 의존도

우선 수출부터 검토해 보자. 1970년대 한국의 중화학공업 수출은 〈보론표 10-2-1〉에서 보듯이 특정 국가, 특정 지역에의 의존도가 높았다. 사실이 그러하지만 이 비판에는 다음과 같은 문제가 있다.

첫째, 이러한 집중은 1970년대 후반까지도 여전히 수치적으로 개선이 미미하였고 아시아와 북미에 편중되어 있었지만 서서히 유럽·아프리카·남미로 시장이 확대되는 변화가 나타났다. 10대 수출시장에 대한 중화학공업 제품의 의존도를 구해 보면 1977년 76.9%, 1978년 73.5%, 1979년 72.4%로 계속 낮아졌다.[109]

둘째, 〈보론표 10-2-2〉, 〈보론그림 10-2-1〉에서 보듯이 가장 첨단시장인 미국·일본에의 수출의존도가 매우 높고 유럽시장의 점유율은 낮아지거나 정체되는 가운데에도 독일·영국 등 가장 선진시장의 점유율은 상대적으로 높게 유지하고 있었다. 중화학공업 제품의 수출로 선진국 시장인 영국과 독일의 비중이 1960년대 초에 비해 3배 가까이 늘어나고 있는 것은 특징적이며 다원화에도 진전이 있음을 반영하는 것이다. 가장 첨단 선진공업시장에서의 중화학공업 수출의존도가 높은 것은 경쟁력 향상과 기술개발 등에서 매우 유리하다. 19세기 독일과 미국·영국의 사례는 이를 잘 보여 준다.[110] 이런 점에서 볼 때 중동 진출과 지역적 영향으로 3, 5위에 들어가

[109] 한국무역협회(편람, 1977~1981).

[110] 박영구(1996b).

보론표 10-2-1 중화학공업 제품의 수출지역 편중도 및 구성비

단위: %

구 분	1977년	1978년	1979년
구성비(%)	100	100	100
아 시 아	42.3	36.5	39.4
일 본	11.7	10.0	12.8
사 우 디	11.5	7.7	6.6
홍 콩	3.7	3.1	4.0
유 럽	14.9	18.4	15.0
서 독	2.8	4.5	4.5
북 미	37.0	39.4	37.5
미 국	32.5	35.4	33.4
남 미	1.0	1.0	1.6
아프리카	3.7	3.5	5.6
기 타	1.1	1.3	1.1
편 중 도	1.29	1.34	1.23

주: 1) 편중도는 총수출액에서 차지하는 특정 국가에 대한 수출액비중 가중치임.
2) 3% 이상 국가만 기록.

자료: 한국무역협회(편람, 1979).

보론표 10-2-2 중화학공업 제품 수출 10대 시장과 구성비

단위: %

구 분	1977년		1978년		1979년	
	순 위	구 성 비	순 위	구 성 비	순 위	구 성 비
미 국	1	32.5	1	35.4	1	33.4
일 본	2	11.7	2	10.0	2	12.8
서 독	6	2.8	4	4.5	4	4.5
캐 나 다	9	2.3	8	2.0	8	2.2
영 국	10	2.1	9	2.0	6	2.6
사 우 디	3	11.5	3	9.1	3	6.6
홍 콩	5	3.7	6	3.1	5	4.0
기 타	4	쿠웨이트 5.4	5	쿠웨이트 3.4	7	인도네시아 2.5

자료: 한국무역협회(편람, 1979~1980).

제 10 장

보론그림 10-2-1 미국·일본·독일·영국에의 전체 수출비중

단위: %

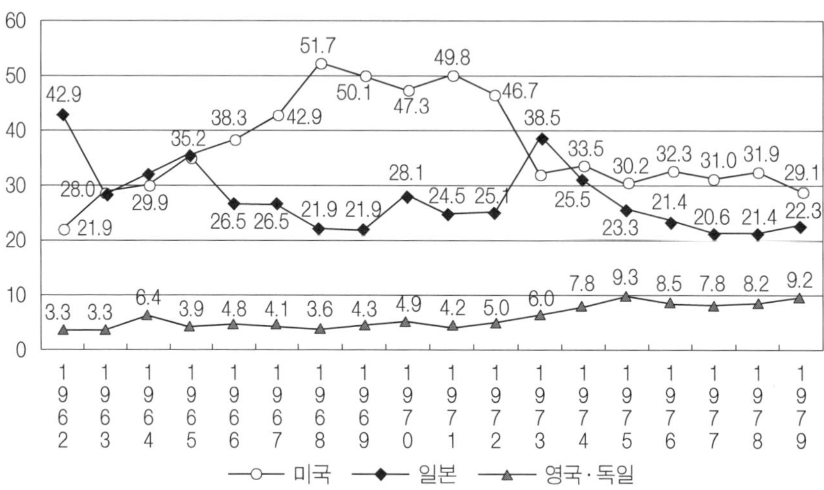

자료: 경제기획원(지표, 1980).

보론표 10-2-3 지역별 선후진국 중화학공업 제품 수출

단위: 백만 달러

구 분	선진국		발전도상국		수출액
	금 액	구성비	금 액	구성비	합 계
1977년	1,922	59.5	1,309.5	40.5	3,231.5(100)
1978년	2,791.2	63.3	1,615.2	36.7	4,406.4(100)
1979년	3,562.3	61.5	2,227.3	38.5	5,789.6(100)

주: 선진국은 일본·프랑스·서독·네덜란드·벨기에·노르웨이·스웨덴·이탈리아·스페인·덴마크·영국·스위스·오스트리아·캐나다·미국·호주·뉴질랜드 등 OECD 국가임.
자료: 한국무역협회(편람, 1979~1980).

있지만 사우디와 홍콩의 비중이 줄고 미국·일본·독일·영국 등 선진시장의 점유율이 높아지는 것은 매우 고무적인 것이다.

가장 첨단시장에서 검증받고 있었기에 그만큼 경쟁력이 높아져 한국 중화학공업 제품의 수출은 〈보론표 10-2-3〉에서 보듯이 1978년 63.3%를 선진 OECD 국가에 수출할 수 있었고, 전년에 비해 선진국 시장비중이 늘고 있었으며 장기적으로 더욱 수출시장을 계속 확대해 나갈 수 있었다.

이제 수입면에서 검토해 보자. 1970년대 후반 중화학공업 제품의 수입 5대 시

보론표 10-2-4 중화학공업 제품 수입 5대 시장

단위: %

구 분	1977년		1978년		1979년	
	순 위	구성비	순 위	구성비	순 위	구성비
일 본	1	61.3	1	62.2	1	53.2
미 국	2	17.8	2	14.4	2	19.0
서 독	3	6.3	3	5.7	3	8.1
프랑스	4	3.2	4	5.3	5	2.9
영 국	5	2.5	5	2.2	4	4.4

주: 2% 이상 비중국임.
자료: 한국무역협회(편람, 1979~1980).

보론표 10-2-5 미국과 일본에의 자본재 의존도

단위: 천 달러, %

구 분	1973년	1975년	1977년	1979년
미 국	317,705 (28.0)	500,693 (25.9)	719,779 (24.0)	1,369,290 (21.7)
일 본	579,107 (51.1)	941,784 (48.8)	1,564,479 (52.2)	3,017,864 (47.8)
미국·일본 의존도	79.1	74.7	76.2	69.5
자본재수입총액	1,132,831	1,929,458	2,995,302	6,316,128

자료: 무역협회(편람, 1975, 1977~1980).

장을 보면, 〈보론표 10-2-4〉에서 보듯이 수입에서도 역시 특정 국가의 의존도가 높다.

특히, 자본재 수입을 보면 다음 〈보론표 10-2-5〉, 〈보론그림 10-2-2〉와 같이 미국과 일본에 대한 수입의존도가 매우 높다.

그러나 수입에서 중화학공업화 기간을 통해 특정 국가에 대한 의존도가 높아진 것이 아님을 금방 발견할 수 있다. 이는 중화학공업화 때문이 아니며 일제 식민지와 해방 후 미군정 그리고 미국 원조를 통해 자연스럽게 이루어진 일본과 미국의 시장만들기의 결과로 그렇게 만들어진 것이며 또 한국의 필요에 의해 그렇게 수입시장을 형성해 나간 데 기인하는 것이다. 하지만 전반적으로 미국에 대한 수입의존도는 지속적으로 줄고 있으며, 일본에 대한 수입의존도 역시 1973년 이전에 비해 1973년 이후 1970년대에 줄어들고 있음을 알 수 있다.

보론그림 10-2-2 미국·일본·독일·영국에서의 전체 수입비중

단위: %

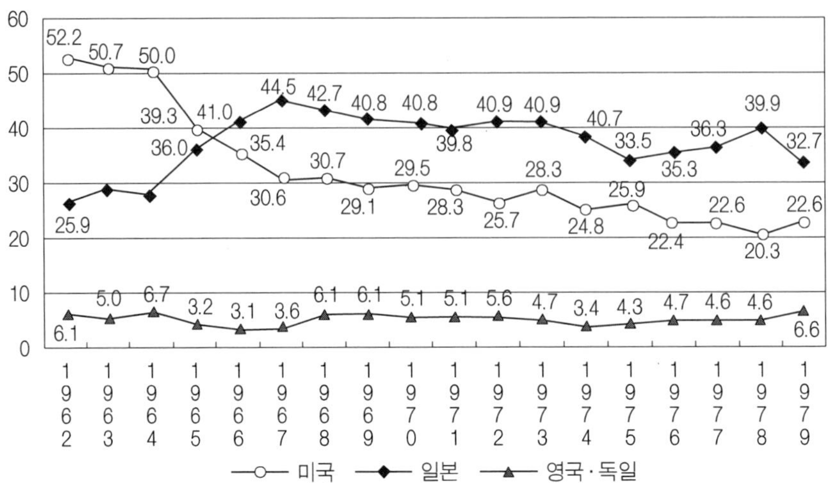

자료: 경제기획원(지표, 1980).

CHAPTER 11

중화학공업화와 경제력집중*

11.1 머 리 말

1970년대의 중화학공업화는 1960년대에 비해 본격적인 수출지향의 경제정책기조하에서 진행되었다. 비록 국제정세의 변화에 따른 자주국방이라는 수입대체요소가 있었고 또 그것이 영향을 미쳤지만,[1] 1973년의 수출지향정책-중화학공업화 선언은 수출구조를 중화학공업으로 바꾸는 것이었다.

이렇게 수출지향의 중화학공업화를 진행하는 과정에서 진입을 촉진하고 부족한 자본을 집중하며 또 위험(risk)을 줄이기 위한 여러 산업정책 지원이 이루어졌다. 이때 이루어진 정책지원은 현존하는 시장구조상, 그리고 최소효율규모(minimum efficiency scale: MES)에 기초한 평균비용 등 경제적 이유로, 그 과실이 대기업에게 1차적으로 돌아가는 것을 의미하였다.[2] 그 결과 중화학공업화 과정에서 주어진 각종 지원은 대기업이 내수시장을 독과점적으로 지배하는 기반이 되었다. 이런 점은 당시의 정책담당자들 역시 인정하고 있었다.[3]

이런 이유로 1970년대 중화학공업화와 경제력집중에 관해 언급한 연구들은 공

* 이 장의 일부는 박영구(2003)로 발표된 것을 확대·보완한 것이다.

[1] 오원철(吳源哲, 방위), pp. 458~501; 조경식 전경제기획원 장관 증언, 김흥기 편(1999), p. 256.

[2] 한국경제연구원의 다음과 같은 소수 의견도 있다. "(중화학공업화에 따른) ……정책특혜는 ……해당 기업의 입장에서 본다면 불확실성과 위험선택에 대한 기회비용으로 해석되어야 할 것이다"(한국경제연구원, 1995, p. 235).

[3] 강경식(1987), p. 159; 김흥기 편(1999), p. 269.

제 11 장

통적으로 1973년 이후 본격화된 중화학공업화로 대기업 중심의 경제력집중이 이루어졌다고 항상 지적해 왔다.[4] 특히, 대기업진단(재벌)으로 초점을 좁히면 "재벌은 1970년대 중화학공업화의 산물이었다"는[5] 인식이 사용되고 있다. 이 결론은 너무 당연하게 받아 들여졌기 때문에 그 동안 중화학공업화와 관련된 경제력집중의 문제에 대해서는 현상과 원인, 내용과 과정, 그리고 결과를 종합적으로 검토해 보고자 하는 노력이 충분히 이루어지지 않았다. 그 결과로서 다음의 몇 가지 점 역시 충분히 규명되지 않은 과제로 남아 있었다.

첫째, 중화학공업화가 경제력집중에 중요한 요소가 되었다는 것은 확실하지만, 과연 그 직접적 관련성 정도는 어느 정도로, 어떻게 보아야 하는지라는 시각에서 제대로 검토되지 않았다.

둘째, 경쟁을 통한 시장의 자율조정기구가 작동되는 결과로서의 경제력집중은 그 자체로서 문제가 될 수 없으며, 이를 위한 과정으로서 기업의 인수·합병(M&A) 자체 역시 문제가 될 수 없다는 점이 상당 부분 간과된 채로 집중 자체를 두고 비판이 이루어졌다. 한국의 대기업집단이 규모의 경제, 수출추구, 브랜드를 통해 국제경쟁력을 키워 왔음도 인정되며,[6] 미국 기업들의 효율성 우위는 인수·합병구조에 가장 노출되어 있기 때문이기도 하다. 따라서 오늘날에도 경쟁력 우선 추구라는 국제경제환경에서 여전히 보다 강력한 기업 인수·합병의 필요성이 제기되고 있고, 또 한국과 일본의 거시경제 구조조정과정에서 인수·합병이 유도되었던 것이다.

셋째, 다른 많은 문제에서도 발견되듯이 집중의 문제에서도 1979년 10대 대기업집단(재벌)의 GNP 비중은 9.7%였으나 1984년에는 16.1%로 급증하여,[7] 오히려 중화학공업화 비판이 이루어지고 중화학공업의 조정이 진행된 1980년대에 집중이 심화되었다는 사실에[8] 대해 설명을 못하고 있다는 점이다.[9]

---

[4] 1970년대 경제력집중의 원인으로 가장 많이 거론되는 것이 중화학공업화(1973), 다음이 종합무역상사제도(1975), 8.3 긴급경제조치(1972)의 순인데, 모두 직·간접으로 확대해석하면 중화학공업화와 관련되어 있다. 중화학공업화가 경제력집중현상을 가져왔다는 것은 거의 모든 연구에서 지적되고 있는데 대표적으로 강광하(2000), p. 65.

[5] 池東旭(2002); J.-S. Shin and H.-J. Chang(2004), pp. 36, 38.

[6] 산업조직상의 집중은 생산에서의 규모의 경제를 제공하고 해외에서 기업이름을 인식시키는 것만이 아니라 매출을 늘림으로써 한국에 도움이 되었다(B. Balassa, 1990, p. 11).

[7] S. K. Kim(1987), p. 3.

[8] 이재희(1990), p. 210.

[9] 이 점은 1980년대 이후 모든 문제의 비판에서 중화학공업화를 속죄양으로 거론하여 왔는데, 경제력집중의 문제 역시 그 원인을 1970년대 중화학공업화 또는 중화학공업정책으로만 돌린 것은 아닐까라는 의문과 연결된다.

넷째, 당시의 정부 입장과 역할에 대해 상당 부분 설명할 수 없다는 점이다. 물론 정부가 경제력집중에 대해 완전 방임하고 있었다고 단정한다면[10] 간단하지만, 이미 1971년 대통령선거부터 대기업집단의 경제력집중이 야당에 의해 비난공격될 정도로 경제력집중에 대한 비판이 1970년대 내내 많이 제기되었고, 따라서 당시 정부는 이를 방임할 수 없었던 것이 사실이었다.

따라서 본장에서는 이상의 점을 고려하면서 기존 연구에서 지적된 대로 경제력집중 그 결과 자체가 아니라, 1970년대 중화학공업화와 관련된 경제력집중의 현상과 내용, 집중의 영향과 진행과정, 그리고 정부의 대응과정과 정책기능을 평가하고자 한다. 이를 통해 오늘날의 한국 경제에 주는 시사점도 살펴본다.

11.2 경제력집중의 현상과 내용: 중화학공업화와 경제력집중의 관계

11.2.1 현 상

「중화학공업화 선언」이 이루어진 1973년 이후 한국에서 중화학공업화가 가장 본격적으로 진행되었던 1973~1978년간 〈표 11-1〉에서 보듯이 연평균 제조업 GDP 성장률은 17.2%였던 데 비해 10대 대기업집단의 제조업부문 부가가치 성장률은 30.3%에 이르렀고, 전체 GDP 연성장률은 9.9%였던 반면 10대 대기업집단의 부가가치 성장률은 28.0%에 달하였다. 특히, 이 기간중 5대 대기업집단의 제조업 부가가치 연평균성장률은 35.7%에 달해 제조업 총성장률의 2배가 넘는 성장을 기록하였다. 나아가 10대 대기업집단의 연평균 제조업 부가가치 성장률이 30.3%, 20대 대기업집단이 27.5%, 50대 기업집단이 24.4% 성장을 달성해 상위 대기업집단일수록 성장률이 높았다. 즉, 1970년대 중화학공업화 기간을 통해 상위 대기업집단일수록 성장률이 높았고, 또 이들 대기업집단의 총산업집중률(overall concentration ratio)이 더

[10] 한국 정부는 풀세트형 산업구조 구축을 강력히 희망하고 있었기 때문에 재벌경영자가 사업다각화, 그룹화하는 것은 정부에 협력하는 자세를 보여 주는 것이라는 深川由起子(1997, p. 125) 등이나, 청와대와의 직접적인 연결고리에 의해 회사를 마구 흡수해 나갈 수 있었고 문어발식 확장이 이루어졌다는 M. L. Clifford(1998, p. 111), 그리고 정부는 개별 공급자들을 다루기 위한 수단을 유지하기 위해 과점형태가 경제조직의 지배적 형태가 되도록 선호하였으며 이를 지원(state-supported)하였다는 M. Hart-Landsberg (1993, p. 63) 등은 1970년대의 산업관련 정부문서를 찾아보지 않았다고 보여진다.

표 11-1 기업집단의 성장률 및 GDP 구성비(1973~1978, 제조업)

단위: %

대기업집단 순위별수	제조업 부가가치 연성장률	제조업 GDP에 대한 구성비		
		1973년	1975년	1978년
5대 집단	35.7(30.1)	8.8(3.5)	12.6(4.7)	18.4(8.1)
10대 집단	30.3(28.0)	13.9(5.1)	18.9(7.1)	23.4(10.9)
20대 집단	27.5(25.9)	21.8(7.1)	28.9(9.8)	33.2(14.0)
50대 집단	24.4(22.8)	31.8(9.8)	(12.3)	43.0(17.1)
GDP	17.2(9.9)	100(100)	100(100)	100(100)

주: 1) 부가가치식: $VA = \pi + \alpha(X - \pi)$, VA:부가가치, π: 실제순이익, α: 산업연관표 해당 산업부분 계수, X: 순매출액.
2) 1975년 불변가격.
3) 50대 대기업집단은 자료를 구할 수 있는 46개 기업집단 조사임.
4) ( )는 전체 산업 국내총생산 내 부가가치 구성비임.
5) 한국개발연구원(5차, 1980, p. 639)에서는 GNP에 대한 구성비로 표시되어 있으나 숫자가 일치함.
자료: 한국은행(78국, 1979); 사공일(1980); 대한상공회의소(한2, 1982); 한국은행(기, 1973~1980); 한국개발연구원(5차, 1980).

확대되었다.

이 과정에서 제조업 GDP에서 차지하는 5대 대기업집단의 구성비가 「중화학공업화 선언」 첫 해인 1973년에는 8.8%였지만 1978년에는 18.4%로, 10대 대기업집단의 경우 13.9%에서 23.4%로 대폭 늘어났다. 이미 1978년에 상위 20대 기업집단만으로도 제조업 생산의 1/3을 차지하는 경제력집중이 중화학공업화와 함께 진행된 것이다. 경제력집중이라는 구조면에서 이미 전전(戰前)에 '재벌(財閥)'을 보여 준 일본이나, 전후 중소기업 중심 속에서 국영기업체라는 형태로 대기업집중을 보여 주고 있는 대만과 비교해 보아도[11] 집중도가 매우 높아[12] 세계경제사에 매우 특이한 한국형 대기업집단구조와 경제력집중구조가 발전한 것이다.[13]

[11] 산업연구원(일산, 1982); 산업연구원(한대, 1989); A. H. Amsden(1989); 이규억·이재형(1990); A. H. Amsden(1991); 조용득(1992); 강명헌(1996).

[12] 상위 3개 대기업집단의 제조업 내 총매출액 점유율은 한국이 62.0%(1981년), 일본이 56.3%(1980), 대만이 49.2%(1981)이었다(Amsden, 1989).

[13] S. H. Jwa(2000, pp. 412~413)는 1970년대(1970~1979) 비농업부문 고용 중 자가고용(self-employed)이 차지하는 비중이 29.96%로 프랑스(11.27%), 독일(9.02%), 일본(13.86), 영국(7.02%), 미국(6.87%)은 물론 중소기업 중심의 대만(24.17%), 이탈리아(21.91%)보다도 높아 세계에서 가장 높은 국가라고 밝히고, 이는 한국이 대기업들에 의해 지배되고 있다는 기존 인식이 틀린 것임을 보여 준다고 하였다. 그러나 식민지를 겪은 한국·대만이 특히 다른 나라보다 높은 것에서 보듯이 한국의 자가고용 고비중은 역사구

표 11-2 시장구조(1977~1979)

단위: %

구 분	1977년	1978년	1979년
독과점형	86	88	89(2,071)
CR_3≥70%	73	74	74
CR_3≥50%	13	14	15
경쟁형(CR_3<50%)	14	12	11(250)
총상품수	100	100	100

주: 1) *CRi*: 상위기업 집중률.
2) ( )는 품목수임.
자료: 경제기획원(백, 1980, 1981).

대기업집단의 확대와 함께 이들에 의한 개별 품목 장악도 진행되어 1970년대 말 3년간 시장구조를 보면 〈표 11-2〉와 같다. 여기에서 이미 1970년대 후반에는 90%에 가까운 독과점시장이 형성되어 있었음을 확인할 수 있는데, 실제로 1979년 2,321개 품목 중 경쟁형은 250개 품목에 불과하였다. 당시 이러한 시장구조의 급속한 집중에 대한 심각성은 이미 많이 지적·비판되고 있었고, 따라서 1979년 9월 경제기획원은, 1960~1970년대에는 차차기(次次期)의 문제로 인식하였던 「공정거래제도의 개선방안」을 만들어 발표하기에 이르렀다.[14]

11.2.2 내용: 중화학공업화와 경제력집중의 관계

앞서 보았듯이 중화학공업화와 경제력집중에 관한 높은 상관관계는 일반적으로 지적되고 있다. '중화학공업화와 이에 기초한 제반 정책'이 '특혜적 신용과 보조(preferential credit and subsidies)'로 중화학공업을 주도하고 있었던 대기업집단에게 유리하였고, 그 결과로서 시기적으로 중화학공업화가 본격적으로 추진되었던 1970년대에 경제력집중이 심화되었다는 것이다.[15] 이러한 인식은 〈표 11-3〉에서 보듯이 1978

조적 문제로 파행적으로 만들어진 것이며 산업조직상의 중소기업과 형태, 구조가 달라 식민지를 겪지 않은 다른 선진국과 수평적으로 비교하기 어렵다.

[14] 당시 인식에서 이 안이 얼마나 혁신적으로 받아들여졌는가라는 것은 이 방안의 제시 이후에도 1년 4개월이 지난 1980년 12월 31일이 되어서야 「독점규제 및 공정거래에 관한 법률」로 제정·공포되었던 점에서 알 수 있다.

[15] K. Choi and Y. s. Lee(1990), p. 59; 이규억·이재형(1990), p. 67; 강명헌(1996), p. 71; 이한구(1999), pp. 199~320; J.-S. Shin and H.-J. Chang(2004), pp. 36, 38, 57~59.

표 11-3 각 공업에서 기업집단이 차지하는 부가가치비중(1978)

단위: %

구 분	중화학공업	경 공 업
상위 1~ 5위 집단	31.7	5.7
상위 6~10위 집단	9.0	1.2
상위 11~20위 집단	11.6	8.2
상위 21~46위 집단	7.4	11.9
상위 1~46위 집단	59.7	27.0

자료: L. P. Jones(1987, table 4, 12)를 출처로 한 J.-S. Shin and H.-J. Chang(2004), p. 59.

년 중화학공업 부가가치 생산액의 31.7%를 상위 5대 기업집단이 생산하고 있었고 상위 대기업집단으로 갈수록 중화학공업에서 차지하는 비중이 경공업에서 차지하는 비중보다 더 높았던 점에서 더욱 그렇게 인식되어 왔다.

하지만 중화학공업이 장치산업이고 규모의 경제가 가장 크게 작동하는 산업인 이상(본장 부록의 〈보주 11-1〉 참조) 중화학공업에서 상위 기업집단의 점유율이 경공업보다 더 높다는 것은 우선 산업특징상 그리고 한국의 대기업집단 현실상 당연하다. 또 〈표 11-3〉은 상위 대기업집단들이 경쟁적으로 1970년대 후반 집중적으로 중화학공업에 진입함으로써 이루어진 1978년의 결과를 보여 주는 것이며,[16] 중화학공업과 대기업집단 성장의 인과관계를 보여 주는 것은 아니다.

중화학공업과 집중 간의 연관사실을 1차적으로 확인하기 위해 금융과 재정에서 대기업에게 유리하였던 점을 찾아보자. 우선 금융에서 보면 1973~1978년 대출 잔액 합에서 추계한 중화학공업 대출액은 제조업 금융대출액의 41.3~55.2%를 차지하고 있었고[17] 중화학공업의 성격상 중화학공업 내에서는, 특히 대기업에 시설자금의 85% 이상이 집중되었음을 찾을 수 있다.[18] 재정면에서는 정량화할 수 있는 가능한 부문별 최소유효한계세율을 계산해 보면 1970년대 중화학공업의 유효한계세율은 경공업과 큰 차이가 없었지만, 1974~1978년 특별세율을 적용받고 있었던 중화학공업기업의 경우 경공업이나 같은 중화학공업기업보다 12~16%p 낮은 유효한계세율을 적용받았음을 알 수 있는데(본서 제5장 〈표 5-7〉 참조), 이들 특별세율을 적용받은 기

16 박영구(1995). 본서 제7장.

17 한국은행(경제, 1974~1981); 한국은행(투기, 1974~1980). 본서 제4장의 논의와 자료, 특히 〈그림 4-1〉의 내용과 자료 참조.

18 상공부(중실, 1974~1981); 한국은행(경제, 1981). 〈그림 11-5〉 참조.

표 11-4 500인 이상 사업체의 중화학공업부문 출하액과 제조업 내 비중

단위: 10억 원, %

구 분	1972	1974	1977	1979	1981	1985
중화학공업	515.1	1,744.9	5,060.8	8,979.5	18,442.2	38,892.7
제조업 전체	1,132.9	2,989.1	8,584.4	14,457.3	26,799.5	42,360.9
중화학공업/제조업	45.5	58.4	59.0	62.1	68.8	91.8

주: 1979년을 기준으로 본 것은 중화학공업화 중단이 분명하였던 1980년대와 연속적으로 비교하기 위해서임.
자료: 경제기획원(광, 1974, 1976, 1979, 1981, 1983, 1987).

업들은 물론 대부분 대기업들이었다. 이상의 두 가지 사실을 확인해 볼 때 중화학공업화를 통해 경제력집중이 강화되었다는 점은 설득력을 갖는다.

그러나 이러한 사실의 확인에도 불구하고 중화학공업화와 경제력집중을 보는 시각에서 주의해야 할 점이 있다. 이를 찾아보기 위해 500인 이상 제조업 사업체의 제조업 내 출하액 비중변화와 사업체수 비중변화를 측정해 보자. 여기에서 출하액과 기업수를 기준으로 보는 이유는 당시 한국 대기업의 경우 다수가 시장에서 일반 지표였던 출하액 증가와 기업수 증가를 추구하고 있었기 때문이다.[19] 이런 이유로 제6장에서 실효보호율이 이론적 정당성과 달리 몇 가지 현실적 한계를 가지는 점을 지적한 바 있다.

우선 1970년대 500인 이상 사업체수가 급속히 증대하는 가운데 500인 이상 규모 사업체 중 중화학공업 출하액비중 추이를 보면 〈표 11-4〉와 같다.

〈표 11-4〉를 보면 산업생산재의 속성상 중화학공업의 출하액규모가 크다는 점은 역시 발견된다. 그런데 제조업에서 500인 이상 고용사업체의 중화학공업부문 출하액비중을 보면 「중화학공업화 선언」 전해인 1972년 말 45.5%에서 1979년 62.1%로 7년간 16.6%p만 증가하고 있는 데 비해, 오히려 중화학공업화가 비판·조정·중단된 1979년 말부터 1985년간에는 기간도 6년에 불과하지만 증가율이 29.7%p로 대폭 증가하고 있다. 즉, 500인 이상 사업체 중 중화학공업 사업체가 차지하는 출하액비중이 급속히 커지는 시기는 1970년대 중화학공업화 시기만이 아니라 중화학공업화가 중단된 이후 시기, 오히려 이후 시기가 더 커진 것이다. 이러한 사실은 중화학공업화 기간을 통해서는 대기업의 확장이 경공업과 중화학공업에서 동시에 이루어지고 있었던 데 비해, 중화학공업에서 경제력집중이 경공업에 비해 더욱더 강화

[19] 이런 이유로 대기업의 부가가치 증가율을 보면 시기변화에 따라 큰 차이가 없어 시기적 구분에 의한 특징을 추출해 낼 수 없다.

그림 11-1 500인 이상 사업체 중 중화학공업부문 사업체수와 제조업 내 비중

단위: 개, %

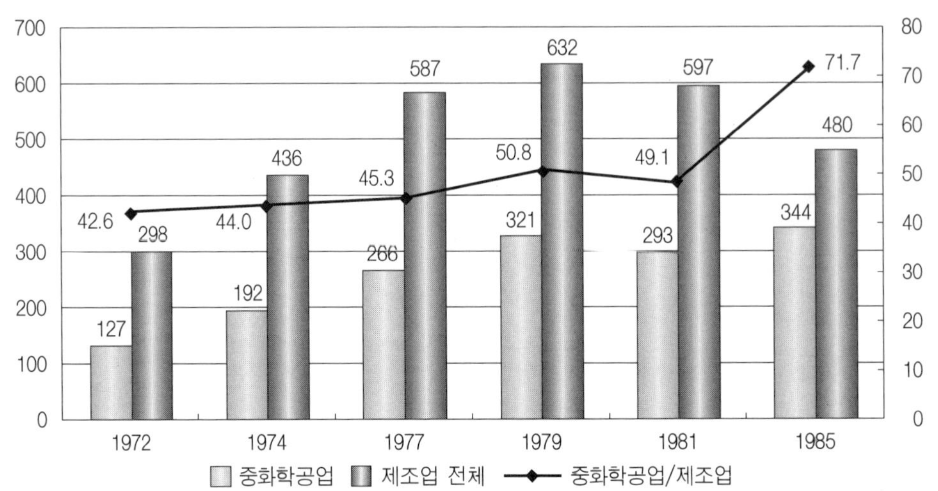

주: 1979년을 기준으로 본 것은 중화학공업화 중단이 분명하였던 1980년대와 연속적으로 비교하기 위해서임.
자료: 경제기획원(광, 1974, 1976, 1979, 1981, 1983, 1987).

된 것은 중화학공업화가 비판·중단되고 조정이 이루어진 1980년대 전반이었음을 보여 주는 것이다.

두 번째로 사업체수 비중으로 보자. 〈그림 11-1〉에서 보면 물론 500인 이상 제조업 사업체 중 중화학공업 사업체의 비중이 경공업보다 높아지고 있는 것으로 나타나고 있지만, 그 정도가 1972년 42.6%에서 1979년 50.2%로 7년간 7.6%p 상승에 불과한 반면, 1979년 말부터 1985년까지 6년간에는 20.9%p나 급등하는 것으로 나타난다. 이것은 출하액비중 변화에서와 마찬가지로, 1970년대 중화학공업화 기간에는 중화학공업에서만이 아니라 경공업부문에서의 사업체수 확대도 거의 동시에 이루어지다가 1980년대 들어와 500인 이상 대기업체 중 급속히 중화학공업부문이 경공업부문에 비해 확대됨으로써 중화학공업부문 사업체수가 차지하는 비중이 높아진 것을 보여 주는 것이다.

여기에서 다음 중요한 세 가지를 알 수 있다. 첫째, 중화학공업화 정책과 중화학공업화가 산업의 성격상 한국의 경제력집중을 촉진시켰다. 또한 대기업집단들이 중화학공업에 급속히 진출함으로써 각종 중화학공업 지원정책을 이용하여 경제력집중을 확대시켜 나갔다는 점도 분명하다.

둘째, 그러나 대기업집단들은 중화학공업화 기간을 통해 중화학공업에서만 아

니라 경공업부문에도 확장을 하여 나가 중화학공업화 기간중 상대적으로 대기업의 제조업 내 중화학공업 비중은 이후 기간에 비해 변동이 작았다. 즉, 중화학공업화 기간중 중화학공업과 직접 관련된 집중도 컸지만 대기업들이 경공업부문도 동시에 추구해 간 총산업집중(혼합결합)이 경제력집중의 더 큰 원인이었음에도 그 동안 연구자들은 경제력집중의 원인으로 1970년대 중화학공업화만 지적하고 있었다.

셋째, 중화학공업화 기간보다 오히려 중화학공업화가 중단되고 중화학공업 조정·비판이 진행된 1980년대에 중화학공업에서의 대기업집단의 집중이 더 급속히 진행되었다. 즉, 한국의 대기업집중은 1970년대 중화학공업정책 자체가 본질적 문제가 아니었다.

소수 상위 대기업집단들의 전 부문 확장은 *Far Eastern Economic Review*의 다음 내용에서도 단적으로 표현되고 있다.

> '삼성'은 빵부터 항공기 엔진까지, '럭키-금성'은 면도칼부터 TV 수상기, 그리고 치약부터 마이크로칩까지, '현대'는 자동차부터 선박 그리고 주택에서 가구까지 모든 것을 생산하고 판매하면서 국내산업과 시장의 그 어떤 것도 그들의 확장과 통제 밖에 두지 않았다. '실질적으로 이 나라의 어떤 것도 재벌의 눈 밖에 있지 않다'고 한 소기업가는 씩씩거렸다.
>
> 〘J. H. Shim, P. Engardio, and P. Ensor(1984), p. 43.〙

그 결과 〈표 11-5〉에서 보듯이 1973년 이후 1970년대 10대 대기업집단의 계열사는 급팽창하여 1973~1979년간 179개의 계열사가 증가하였는데, 이는 1972년 말 계열기업수 90개와 비교해 1.99배(순증가 1.82배), 즉 2배가 신규 증가하였음을 보여준다.[20]

특히, 1978, 1979년 2년의 경우 〈표 11-7〉에서 보듯이 제조업에서 상위 10대 대기업집단의 계열기업수는 68개가 순수하게 늘어 1977년 115개에서 183개가 되었는데, 이는 2년 만에 59.1% 증가라는 기록이었다. 총계열수에서 1974년 상위 20개사의 계열기업수는 99개였지만 1977년에는 229개로 급증하였으며,[21] 1978년까지

[20] 박병윤(1980), p. 200; 이갑섭(1980. 12), p. 28. 중화학공업화가 중점 진행되었던 1973~1978년간을 비교해 보면, 〈표 11-6〉에서 보듯이 10대 대기업집단의 전체 계열기업수는 1973년 80개에서 1978년 165개로 늘어났고 5대 대기업집단의 전체 계열기업수는 43개에서 111개로 늘어나 각각 106.25%, 158.14%의 증가율을 기록하였다. 이것도 1978년 명목상 분리된 계열사 157개를 제외하고 계산한 과소평가된 것이며 사실상의 계열사들을 포함할 경우 1978년 20개 이상 계열사를 가진 7대 대기업집단의 계열회사수만도 169개에 이르고 있다(姜英之, 1979, p. 132). 중화학공업기 대기업집단의 규모가 급팽창하였다는 것은 분명하며 더구나 상위 대기업집단일수록 기업집중과 팽창이 더욱 진행되었음을 알 수 있다.

표 11-5 1973~1979년간 10대 대기업집단의 변화(매출액 기준)

단위: 개

순 위	1972년			1979년			
	그 룹	계 열 사	관련산업	그 룹	계 열 사	1973~1979년 증가계열사	관련산업
1	삼 성	16	15	현 대	31	25	15
2	럭 키	18	14	럭 키	43	25	24
3	한 진	8	10	삼 성	33	17	26
4	신 진	8	–	대 우	34	32	20
5	쌍 용	6	7	효 성	24	20	15
6	현 대	6	5	국 제	22	19	16
7	대 한	5	–	한 진	15	7	15
8	한 화	7	8	쌍 용	20	14	13
9	극동해운	8	–	한 화	18	11	16
10	대 농	8	–	선 경	14	9	16

주: 관련산업은 SIC 2단위로 구분함.
자료: S. K. Kim(1987), pp. 171, 215.

'럭키'는 26개(17→43), '대우'는 25개(10→35), '현대'는 22개(9→31, '현대양행' 6개 제외), '삼화(三和)'는 20개, '국제'그룹은 17개, '대한전선(大韓電線)'과 '효성(曉星)'은 각 16개, '선경(鮮京)'은 15개, '삼성'은 9개(24→33), '금호(錦湖)'는 8개, '코오롱(Kolon)'은 7개, '쌍용(雙龍)'은 3개 계열사를 늘렸다.

한국의 경우 대기업집단은 1970년대 후반 정부의 통제·의도와 상관없이 정보와 분석상의 우위, 그리고 권위주의적 정부의 낮은 위협점(threatening point)을 이용해 기업집중에서 도덕적 해이(moral hazard)를 행사하였다. 즉, 정부가 소유집중을 경

표 11-6 대기업집단의 계열회사수(전체)

대기업집단	1973	1976	1977	1978
5대 집단	43	68	91	111
10대 집단	80	127	150	165
20대 집단	152	209	242	284
46대 집단	290	335	393	421

주: 1978년 명목상 분리된 계열사 157개를 제외함.
자료: 사공일(1980); 한국개발연구원(단기, 1983), p. 787.

21 주태산(1998), p. 184.

표 11-7 대기업집단의 계열기업수(제조업)

단위: 개

구 분	1977년	1979년	증 가 율
상위 5대 집단	76	113	48.7
상위 10대 집단	115	183	59.1
상위 15대 집단	159	227	42.8
상위 30대 집단	239	348	45.6
광공업 전체	27,785	32,776	18.0

주: 상위 30대 기업집단의 경우 광공업으로 표기되어 있으나 제조업 기업들임.
자료: 경제기획원(백, 1981).

계하였고,[22] 정책상에 중소기업 육성을 염두에 두고 있었지만 대기업집단의 선택은 이와 반대방향으로 이루어졌다. 대기업집단들은 정부의 의도와 상관없이 오히려 정부의 성장광고를 업고 주식시장에서 자금을 집중 조달하였을 뿐만 아니라 사채(社債)를 기채할 수 있게 됨으로써 대기업집단의 확장을 가져오는 데 이를 이용하였다. 나아가 대기업들은 정부의 의도와 상관없이 간접금융 확대를 이용하여 지속적인 혼합결합을 시도하였다.[23]

이런 점들은 일부 대기업집단의 비효율적인 투자자원의 중복집중이 산업정책 그 자체보다 정부와 사회의 자원배분 파악능력 부재 및 기업 내부요인에 있었을 가능성을 암시해 준다. 중화학공업화가 집중적으로 진행되었던 1970년대 후반과 중화학공업화가 비판받았던 중화학공업 조정기의 기업의사결정[24]은 이를 확인해 준다.

바로 이러한 구분과 인식이 없었기에 그 동안 일방적으로 중화학공업화 자체가 비난을 받는 반면, 대기업집단들이 가져다 준 사회적 비용과 대기업집단들의 책임은 오히려 중화학공업화의 비판 속에 과소평가되어 왔던 것이다. 나아가 1980년대 이후 중화학공업이 조정되면서 나타난 대기업집단들의 집중과 국민경제비용의 상승 역시 이후 적절히 지적·경고되지 못한 채 1970년대 중화학공업화 폐해의 논의 뒷면에서만 머물러 있었던 것이다. 그 결과 결국 20세기 말 한국은 외환위기와 함께 그 비용을 일시에 그리고 매우 크게 물어야 하였던 것이다.

22 김정렴(金正濂, 1995), p. 284.
23 대한상공회의소(1982), p. 258.
24 앞은 박영구(1995) 또는 본서 제7장, 뒤는 본서 제8, 9장 참조.

11.3 중화학공업화기 경제력집중의 경제적 비용

11.3.1 대기업집단의 거시경제에 미친 영향

(1) 효율성과 안정성

경제력집중 자체가 가지고 있는 일반적인 긍정적 효과와 부정적 효과[25] 이외에 보다 구체적으로 1970년대 중화학공업화기에 강화된 경제력집중이 실질적으로 한국 경제에 어떤 추가적 영향을 미쳤을까를 검토하는 것은 중요하다. 만약 당시 경제력집중이 국민경제의 비용을 현격히 저하시키고 보다 많은 긍정적 요소를 가지고 있었다면 일반적으로 비판되고 있듯이 경제력집중 자체를 비판의 대상으로 삼는 것은 설득력이 떨어지게 된다. 1970년대 중화학공업화를 통해 나타난 경제력집중의 대표적 형태가 대기업집단으로의 경제력집중이므로 대기업집단을 중심 대상으로 이를 검토해 보자.

대기업집단의 효율성은 두 가지로 검토해 볼 수 있다. 첫째는 1970년대 제조업 내에서 대부분 대기업들이 대규모 기업집단에 속해 있어 그 성격이 사실 모집단에서 일치하므로[26] 대변수로서 대기업과 대기업이 아닌 기업으로 나누어 기업규모 간 절대효율성을 각각 구해 비교해 보는 것이다. 둘째는 거시경제 차원의 자원배분 효율성이라는 측면에서 대기업집단의 자원배분효율성을 측정해 보는 것이다.

첫 번째, 기업규모 간 절대효율성을 비교해 보자. 제조업의 효율성을 보여 주는 지표로는 총자본투자효율성, 설비투자효율성, 기계투자효율성이 있다. 대기업집단의 집중도가 커지는 것이 1977년 이후이므로 1977~1979년 상시종업원수 300인 기준 대기업과 중소기업의 효율성을 측정해 보면 〈그림 11-2〉와 같다.

여기에서 어떤 효율성 지표로 보더라도 300인 이상 대기업의 효율성이 300인 미만 기업보다 매우 낮음을 알 수 있다. 평균적으로 총자본투자효율의 경우 상시종업원 300인 이상 대기업은 300인 이하 기업의 70.0%에 불과하고, 특히 설비투자효

---

[25] 이규억·이재형(1990).

[26] 2002년 노무현 대통령 당선자와 대통령직 인수위원회는 '재벌'과 '대기업'을 분리해 정책을 시행하겠다고 했는데 전국경제인연합회는 이에 대해 "사실상 둘을 구분한다는 것이 무의미하다"고 말한 점은 이를 보여 준다(2002. 12. 6).

그림 11-2 기업규모별 효율성 지표(제조업)

단위: %

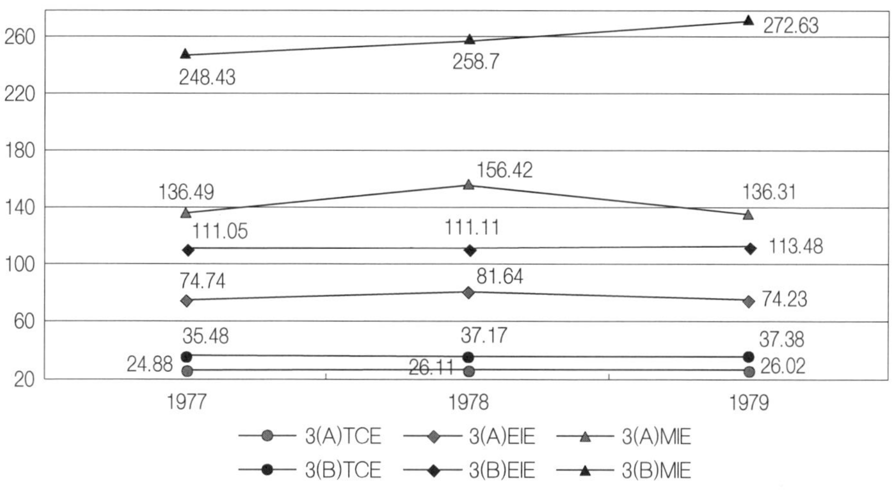

주: 1) 3(A)는 300인 이상 기업, 3(B)는 300인 미만 기업.
2) TCE: 총자본투자효율, EIE: 설비투자효율, MIE: 기계투자효율.
3) 총자본투자효율=부가가치창출액/총자본액, 설비투자효율=부가가치창출액/설비투자액, 기계투자효율=부가가치창출액/기계장치액.
4) 설비투자액=유형고정자산-건설가계정.
5) 300인 미만 기업의 기계투자효율은 1980년판에서 정정 계산함.

자료: 한국산업은행(재무, 1979~1980); 한국은행(기, 1977~1980).

율은 300인 이하 기업의 68.7%, 기계투자효율은 300인 이하 기업의 55.1%에 불과하다. 이러한 대기업의 낮은 효율성으로 인해 제조업부문 대기업 노동자의 1972년, 1980년 1인당 자본장비율(자본-노동 비율)은 중소기업의 3.7배, 2.4배에 달함에도 대기업의 1인당 부가가치 생산은 1972년 중소기업의 2.1배 그리고 1980년에는 격차가 줄어들어 1.4배에 불과하였다.[27]

두 번째, 거시경제 입장에서 자원의 효율적 배분이라는 측면을 검토해 보자. 앞서 지적하였듯이 1970년대 한정된 자본으로 장치산업인 중화학공업을 이루기 위해 금융이 중화학공업으로 이동하였으며, 그 결과 1977~1978년 대출잔액 합에서 추계한 중화학공업 대출액은 제조업 대출액의 52.0~55.2%를 차지하고 있었다. 그런데 중화학공업에 집중된 시설자금은 〈그림 11-3〉에서 보듯이 1970년대 후반 91% 이

[27] 한국은행(기, 1973, 1981); 대한상공회의소(한2, 1982), p. 246.

그림 11-3 중화학공업 중 대기업의 시설자금대출 점유 비중

단위: %

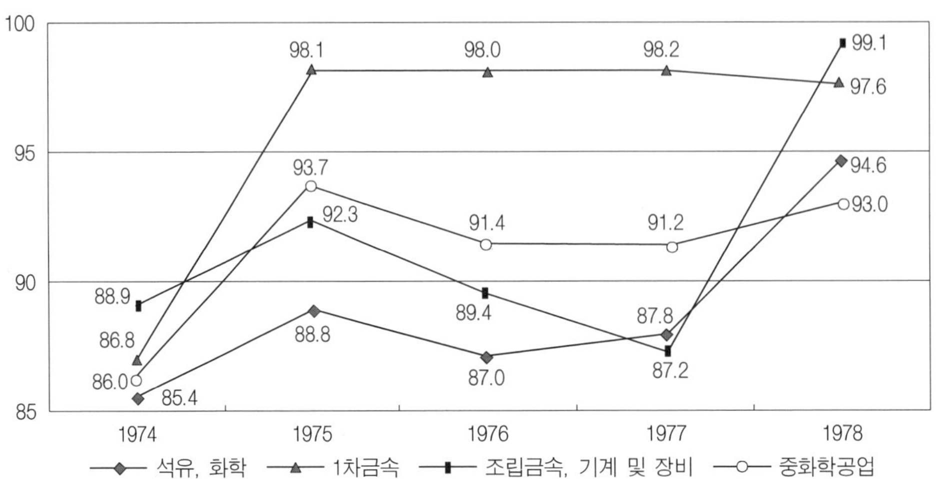

주: 1) 대기업은 중소기업에 대한 정의 변동에 따라 1974년은 200인 이상, 1975년 이후는 300인 이상임.
2) 비중=(예금은행과 산업은행 시설자금 대출금-중소기업 설비투자 차입금)/예금은행과 산업은행 시설자금 대출금.

자료: 상공부(중실, 1974~1981); 한국은행(경제, 1984~1980).

상이 대기업에게 집중되었으며, 특히 1970년대 후반기로 갈수록 대기업집단에 집중되어 1977년 1월부터 1978년 3월 사이에 대출한 것으로 확인된 중화학공업 투자 총시설자금 3,286억 원 중 59.4%에 해당하는 1,178억 원이 10개 대기업에 집중되었다.[28]

여기에서 금융배분과 그 효율성 구조를 알기 위해서는 이윤/금융비용으로 계산한 수익률을 구해 보면 된다. 당연히 가격구조가 정상적으로 작동된다면 가장 수익률이 높은 곳으로의 자원이동이 효율적이며, 이것이 바로 시장기구의 효율성 극대화 원리가 된다. 조사한 1973~1979년간 대기업의 평균수익률은 중소기업의 평균수익률보다 항상 낮았다.[29] 그런데 한국의 경우 금융비용이 정확히 부존자원의 시장가격을 반영하지 않는 문제가 있다.

28 한국중공업(현대양행) 300억 원, 포항종합제철 290억 원, 쌍용양회 203억 원, 한국광업제련 100억 원, 호남석유화학 80억 원, 호남에틸렌 40억 원, 삼성중공업 40억 원, 쌍용정유 37억 원, 대우중공업 28억 원, 성신양회공업 20억 원이었다(이재희, 1999b, p. 130).

29 World Bank(K1987a), p. 53 Figure 2.3.

표 11-8 대기업집단의 금융배분 효율성(부가가치비중/금융기관 대출비중)

구 분	3대 집단	10대 집단
대 출 액	380	758
금융기관 대출비중(a)	10.5	20.8
부가가치비중(GDP, b)	3.8	8.6
금융배분 효율성(b/a)	0.36	0.41

주: 3대 집단은 대우·삼성·현대이고, 10대 집단은 럭키금성·선경·쌍용·한진·대림(大林)·국제(國際)·한국화약을 더한 것임. 1982년 자료임.

자료: 국회보고자료, 제119회 정기국회 재무위원회 요구자료(1983); 류재헌(1988); 한국산업은행(재무, 1983); 한국은행(기, 1984).

따라서 이를 해결하기 위해 투자자본 배분액의 대(proxy)변수로서 대기업집단으로의 금융배분비율과 그에 따른 거시경제에의 공헌도 대변수로서의 부가가치액 비율을 비교해 보면 〈표 11-8〉과 같다. 여기에서 부가가치비중/금융대출비중으로 나타낸 대기업집단의 금융배분 효율성은 0.36~0.41 수준으로 매우 낮아 대기업집단이 국민경제의 자원배분 효율성을 낮추고 있음을 알 수 있다.[30]

이러한 효율성하에서 과연 안정성은 어떠하였는가를 평가해 보자. 왜냐하면, 통상적으로 효율성과 안정성은 상충(trade-off)관계가 존재하여 독립적으로 움직일 수 있기 때문이다. 한국 경제는 1970년대 안정성이 매우 중요한 과제로 되고 있었다. 따라서 낮은 효율성에도 불구하고 만약 대기업집단의 안정성이 높다면 그 자체로 매우 중요한 거시경제적 공헌을 한 것으로 평가할 수 있다.

안정성이란 국제통용기준상 기업의 자기자본비율 또는 부채비율, 고정비율 또는 유동비율 등의 자산안정성을 의미한다. 이를 확인해 보기 위해 99대 대기업 중 상장기업 66개사에서 자료수집이 불가능한 기업을 제외한 58개 상장 대기업의 중화학공업·경공업 구분별 자기자본비율, 그리고 대기업집단이 집중적으로 진입을 시작하여 대기업의 영향력이 커지는 1976년 말 이후 중화학공업 기업의 자기자본비율과 고정자본비율을 구해 보면 〈표 11-9〉, 〈표 11-10〉과 같다.

여기에서 1970년대 후반 대기업의 자기자본비율이 중화학공업과 경공업 간에는 큰 차이가 없지만[31] 중화학공업의 대기업 자기자본비율은 중소기업에 비해 월등

[30] 효율적일 수 있었던 부문에의 자원배분이 이루어지지 못하였으므로 사실상 암묵적 비용(implicit cost)을 고려한 기회비용을 생각할 때 중화학공업의 대기업집단이 국민경제에 준 거시적 비용은 더욱 높았다고 할 수 있다.

표 11-9 99대 상장 대기업의 자기자본비율 변화

단위: %

연 도	중공업	화학공업	경공업	중소기업
1975	18.1	23.8	21.1	36.1
1976	20.5	24.0	19.0	26.9
1977	19.2	25.9	18.5	22.3
1978	20.3	22.1	21.2	20.5
1975~1978	19.5	24.0	20.0	26.5

주: 1985년 불변가격으로 계산.
자료: 각 기업 감사보고서를 이용한 이재희(1990), p. 170.

표 11-10 중화학공업기업체의 자기자본비율과 고정비율

단위: %

구 분	자기자본비율				고정비율			
산업 \ 연도	1976	1977	1978	1979	1976	1977	1978	1979
1차철강	23.5	25.1	24.6	23.7	95.3	97.5	100.3	107.4
1차 비철금속	16.9	25.6	28.5	22.0	74.0	81.8	86.3	94.4
엔진 및 터빈	30.9	18.2	17.5	16.9	78.1	57.0	61.1	62.1
금속 및 목재 기계류	36.6	17.7	12.2	14.0	73.3	76.3	79.0	64.0
특수산업기계 및 설비	17.2	22.1	12.0	10.4	76.1	73.9	79.2	92.9
산업용 전기기계 및 기구	29.3	24.6	20.9	14.8	56.9	76.6	88.6	116.6
전기설비 및 가정기기	22.1	19.2	19.2	20.2	70.3	85.8	99.2	87.1
조 선	5.5	9.0	8.5	53.0	30.0	79.3	74.1	85.8
자 동 차	20.7	20.7	22.6	19.4	53.5	58.8	67.7	73.7

주: 자기자본비율=자기자본/총자산. 고정비율=고정자산/(자기자본+고정부채).
자료: Korea Exchange Bank(1980. 12), p. 8.

히 낮았음을 알 수 있다. 1975~1978년 중공업·화학공업의 대기업 자기자본비율은 각각 19.5%, 24.0%였으나 중소기업의 자기자본비율은 26.5%였다.[32] 그 결과 실제로 대기업집단이 집중 진입한 1970년대 후반 중화학공업은 전반적으로 자기자본비율

[31] 규모와 관계없이 중화학공업과 경공업만으로 나누어 재무구조를 보면 여러 지표에서 중화학공업의 안정성이 높게 나타나기도 하였다. 이에 대해서는 본장 부록의 〈부표 11-2〉 참조.

[32] 제조업 전체로 보아도 동일하다. 다만 계속된 대기업집단으로의 자금집중으로 1977년 이후 중소기업의 자기자본비율이 급속히 악화되어 비슷해지고 있다. 한국은행(기, 1971~1982). 본장 부록의 〈부표 11-1-4〉 참조.

이 개선되지 못하고 있었다. 특히, 1976년 이후 대기업진입이 늘고 있는 엔진 및 터빈분야, 산업용 전기기계 및 기구분야는 자기자본비율이 30%에서 1979년 16.9%, 14.8%로 일관되게 낮아지고 있었다. 또 전반적으로 대기업집단의 영향력이 커진 1977, 1978, 1979년 고정자산비율이 급속히 높아져 안정적인 유동성 자산을 확보하지 못하고 안정성이 떨어지고 있었다. 1차철강, 비철금속, 산업용 전기기계 및 기구, 자동차분야는 대기업들의 투자가 늘어나고 고정자산이 증가하고 있음에도 충분히 자기자본비율을 높이지 못함으로써 고정자산비율이 계속하여 증가하고 있었고 일부 급등하였다.

안정성을 검증해 볼 수 있는 또 하나의 수단은 안정성의 정의에 충실하게 외부충격에 따른 효율성의 변화를 관찰해 보는 것이다. 이를 위해 다시 대기업집단에 대부분 속하였던 대기업과 중소기업으로 나누어 각각의 외부충격에 따른 효율변화도를 측정해 보자. 중화학공업화 기간중 가장 큰 외부충격은 석유위기였으므로 1979~1980년 석유위기가 왔을 때의 자료를 이용하여 이때의 효율변화를 측정해 안정성을 확인해 보자.

1979년 종업원 300인을 기준으로 하여 기업을 나누어 측정한 결과 300인 이상 대기업은 석유위기가 왔을 때 바로 설비투자효율과 기계투자효율이 9.08%, 12.86% 감소한 것으로 나타났다. 반면 300인 미만의 기업은 설비투자효율과 기계투자효율이 오히려 2.13%, 5.38% 증가하여 300인 이상 대기업과 뚜렷이 대비되는 결과를 보여 주었다.[33] 즉, 한국의 경우 대기업이 오히려 외부충격에 약하였다. 따라서 보완관계의 중소기업들과 분업적 구조를 형성하고 있지 못한 대기업들은 외부충격시의 높은 불안정성으로 한국 거시경제의 불안정구조를 가져왔다. 실제로 이런 상황은 "한국은 중화학공업화를 급속히 진행하여 왔지만 그것을 지지해야 할 하청산업이 육성되지 않았기 때문에 오일쇼크의 충격을 정면으로 덮어썼다"는[34] 지적으로 나타났다.

결국 한국의 대기업 또는 대기업집단은 안정성에서도 매우 취약하여 국민경제에 추가적인 비용을 올리고 있었다. 물론 한국의 대기업이 외부충격에서 취약한 안정성 구조를 보여 주는 것은 기술 중심의 경쟁력 구조를 갖추지 못하고 산업구조도 협력적 분업구조를 형성하지 못한 채 단독집합적 조립가공산업에 집중적으로 진출하고 있었기 때문이었다(본장 부록 〈보론 11-4〉 참조).[35]

[33] 한국은행(기, 1980).

[34] 鳥羽欽一郎(1982), p. 12.

(2) 고용창출 및 유발

현대 거시경제정책의 두 가지 목표는 성장과 안정에 있으며, 이를 보다 구체적 정책과제로 표현하면 고용창출(실업감소)과 인플레이션 억제가 된다. 경제성장이란 결국 지속적 고용창출을 의미하며 이렇게 되어야만 소득분배를 개선시켜 추가 생산물수요 증가, 재생산 확대라는 선순환의 지속적 경제성장이 가능하게 되는 것이다. 이런 점에서 보면 기업의 거시경제에 미친 역할을 평가하는 데 고용창출효과는 중요한 요소가 되고 따라서 오늘날 세계 각 지역은 자본의 주체선택보다 고용을 유발하는 자본유치를 더욱 중요하게 생각하며 국민총생산(GNP)보다 국내총생산(GDP)을 실질적 부로 평가하고 있는 것이다.

고용면에서의 효과를 보기 위해 대기업집단의 제조업 매출액비중과 고용비중을 구해 보면 〈그림 11-4〉와 그 부속표와 같다.

여기에서 매출액비중으로 보면 1977, 1978년 기준 5대 대기업집단의 비중은 14.8%, 15.9%였지만 고용집중률로 보면 각각 8.5%, 9.5%에 불과하였다. 상위 30대 기업집단으로 보아도 매출액비중이 34.1%, 34.1%인 데 비해 고용비중은 20.5%, 22.2%에 불과하였음을 알 수 있다. 특히, 1977, 1978년의 경우 5대 대기업집단의 고용비중과 매출액비중의 격차가 매우 크게 나타난다. 물론 대기업집단일수록 자본집약적(capital-intensive) 생산방식을 채택할 가능성이 큰 것은 인정되지만, 그 비율지수가 0.574~0.696 수준으로 정도가 매우 낮다는 점은 분명히 문제로 지적할 수 있다.[36] 더구나 한국개발연구원에 의하면 1977년 50대 대기업의 고용비중/출하액비중은 16.9/35.0으로 0.483에 불과하고 1982년에는 0.427로 더 떨어지고 있다.[37]

따라서 한국의 대기업집단은 국민경제의 1차적 순환구조의 한 축인 고용이라는 공헌도에서, 나아가 고용창출을 통한 부의 재분배 측면에서도 부정적이었다고 할 수 있다. 1970년대 당시만 해도 대기업집단의 생산성격이 조립가공적 산업기술에 안주하고자 하는 성격이 많았던 점을 고려하면, 결국 상위 대기업집단들이 고용의

---

[35] 한국은 1973년 이후 중화학공업화 기간을 통해 기계보다 전기전자부문과 자동차·선박 등 수송용 기기부문으로 대표되는 조립가공형 중화학공업구조를 먼저 형성하였다. 여기에는 대기업집단의 선택이 있었다.

[36] 1977~1979년 제조업 고용비율/국내총생산비율 지수는 0.889, 0.911, 0.927로 나타나고 있다(경제기획원(지표), 1985).

[37] 이규억·이재형(1990). 1977~1982년 5, 10, 15, 20, 25, 30대 기업집단의 출하액, 고용비중은 이규억·이성순(1985), p. 97.

그림 11-4 대기업집단의 고용비율/매출액비율(제조업)

단위: %

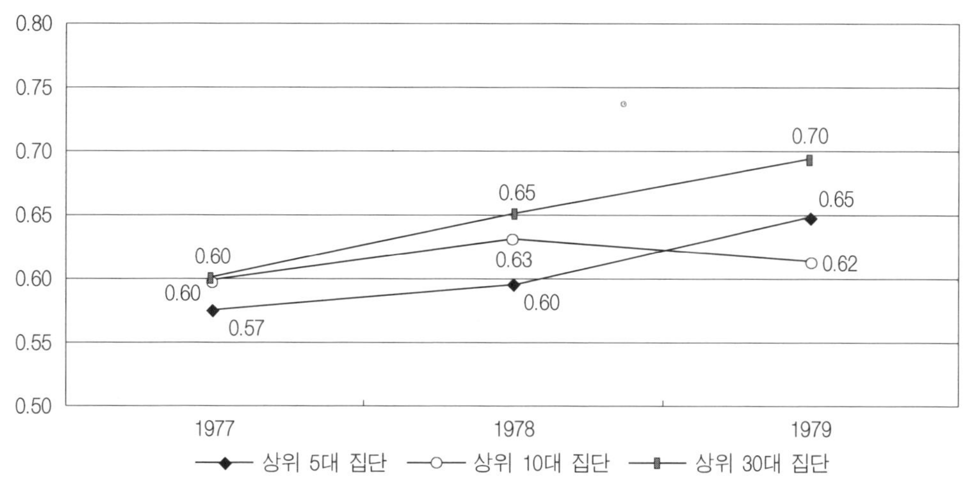

구 분	매출액비중(%)			고용비중(%)		
	1977	1978	1979	1977	1978	1979
상위 5대 집단	14.8	15.9	16.2	8.5	9.5	10.5
상위 10대 집단	20.4	22.0	22.6	12.2	13.9	13.9
상위 30대 집단	34.1	34.1	35.2	20.5	22.2	24.5

주: 1) 30대 집단 매출액은 출하액임.
2) 제조업 내 비중임.
3) 1978년 20대 기업집단의 매출액은 29.3%, 고용은 18.2%임.

자료: 5, 10대 집단은 경제기획원(백, 1981); C. Soh(1993). 30대 집단은 이규억·이성순(1985), p.97.

질이나 양을 늘려서가 아니라 노동시간을 늘리는 절대적 잉여가치의 증가에 입각한 생산을 하였던 것으로 볼 수밖에 없다.

11.3.2 외부효과: 중소기업과 관련하여

(1) 간접적 영향

공급제약(supply-bottleneck)이 존재하지 않는 선진경제에서는 '기업의 국민경제에 미친 영향' 평가는 그 기업 자체만으로 이루어질 수 있다. 그러나 전형적인 공급제약이 존재하였던 1970년대 한국 경제에서 대기업집단이 만약 다른 부분에 영향을 미치고 있었다면, 즉 외부효과를 가지고 있었다면 그 외부효과의 경제성을 평가해 보아야 한다. 만약 대기업집단이 효율성·안정성·고용창출이라는 측면에서 국민경제에 비용을 전가하였다고 하여도 외부경제(external economy)가 컸다고 한다면 그 자체로 사회적 비용(social cost)을 낮춤으로써 대기업집단이 미친 다른 사회·경제적 비용을 상쇄하기 때문이다.

대기업집단에 대부분 속해 있었던 대기업과 대비되는 한 부분으로 존재하였던 것은 이들 대기업집단에 속해 있지 않은 기업들, 특히 중소기업이었다. 대기업집단이 이들 기업에 비용에서 미친 영향은 자금과 우수인력의 배분독식 등 자원배분에 따른 비용상승이라는 간접적 영향과, 생산·시장·기술·기업인수위협 등에서 비용을 높여 몰락·피인수를 가져오는 외부비경제(external diseconomy)의 직접적 영향으로 나누어 볼 수 있다.

우선 간접적 영향부터 보자. 첫 번째로 간접적 영향의 자금 측면에서 중화학공업화는 장치산업 성격이 강한 산업의 속성상 중화학공업에 진입한 대기업집단의 대기업에게 자원이 집중되는 것을 의미하였다.[38] 하지만 자원의 공급애로를 갖고 있던 한국으로서 이러한 중화학공업화 과정에서 대기업집단의 대기업에 집중된 자원은 앞서 보았듯이 자본효율성이 더 높은 중소기업으로 가야 할 자원이 될 수밖에 없었다.[39] 실제로 중화학공업과 경공업으로 나누어 산업별 중소기업 시설자금대출을 비교해 보면 〈그림 11-5〉와 같다.

여기에서 중화학공업에서 중소기업에로의 시설자금대출 비중이 경공업에서 중소기업에 대한 시설자금대출 비중에 비해 훨씬 더 낮았다는 것을 알 수 있다. 경공업과 비교해 보면 그 격차는 1974년 3.1%p에서 1976년 12.0%p, 1978년 15.6%p, 1980년 16.2%p로 확대되었고, 특히 1970년대 후반기로 갈수록 중화학공업은 상위 대기업집단에 시설자금대출이 집중되었는데, 앞서 지적하였듯이 중화학공업 시설자금대출의 59.4%가 10개 대기업에 집중되고 있었다.[40] 여기에서 1970년대 중화학공업화가 결과적으로 중소기업의 희생 위에 이루어졌음을 보여 준다. 물론 1977년 일본의 경우 전체에서 중소기업에 대한 금융대출은 61.0%였는 데 비해 한국의 경우

---

38 중화학공업과 대기업집단을 바로 등치시켜서는 안 된다. 본서에서 일관되게 보고 있듯이 대기업집단은 경공업에서도 집중을 이루었기 때문이다.

39 전경련에서 발행되는 저널에서까지 언론인이 "중화학공업에의 자금집중은 기존의 생산부문과 특히 중소기업에 대한 자금혜택을 거의 무망(無望)하게 만들어 왔다(김성두(金成斗), 1980. 9, p. 11)"라고 지적한 것을 보면 그 정도는 당시에도 매우 심각하게 인식되고 있었음을 알 수 있다. 그러나 사실 '중화학공업에의 자금집중'보다 '중화학공업 대기업에의 자금집중'이 맞는 표현이다.

40 국회보고 내용으로 이재희(1999b), p. 130.

그림 11-5 산업분류에 의한 시설자금의 중소기업 대출비중

단위: %

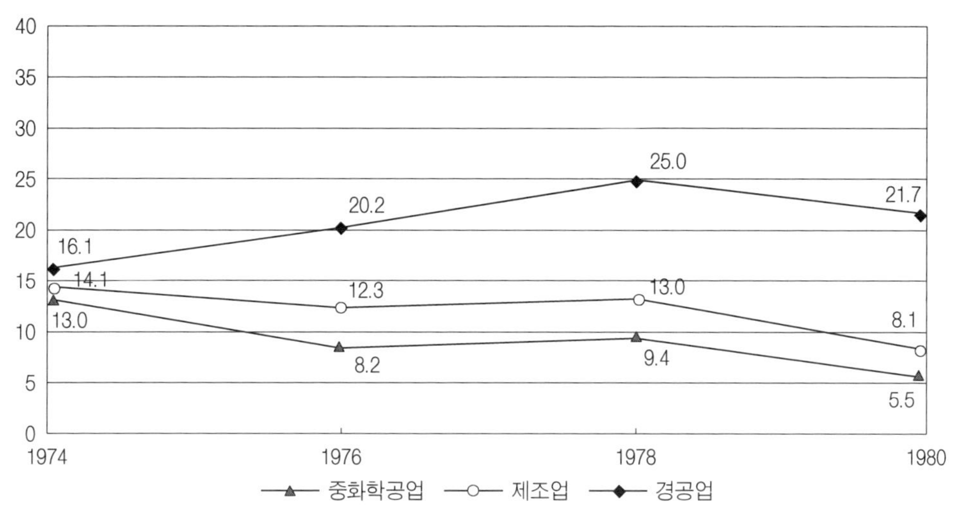

주: 1) 일반은행+특수은행+한국산업은행의 시설자금 대출총액 비중임.
2) 중소기업은 법규정 개정으로 1974년은 199인 이하 고용기업, 1975년부터는 299인 이하 고용기업.
자료: 상공부(중실, 1974~1981); 한국은행(경제, 1981).

1978년 23.0%[41]였던 점에서 알 수 있듯이 이것이 중화학공업에서만의 문제는 아니었지만 타산업보다 제조업에서, 제조업 내에서는 경공업보다 중화학공업에서 그 정도가 더욱 심하였던 것이다.

은행·주식 등 제도금융시장에서도 소외된 중소기업들은 만성적인 운용자금 부족을 겪어야 하였고 고비용의 사채금융시장에 더욱더 의존해야 하였으므로, 그 결과 〈표 11-11〉에서 보듯이 중소기업의 재무구조는 급격히 악화되었다. 1970년대 후반 유동비율과 자기자본비율은 1973년 136.6%, 40.2%에서 1978년 111.7%, 21.8%로 급속히 떨어졌고, 높은 금융비용과 거래비용(transaction cost)으로 인한 총자본이익률의 감소는 매우 크게 나타났다.

자금부족으로 중소기업은 그 고유의 경쟁력 원천인 높은 탄력성을 잃어 나가 중소기업과 한국 경제발전에 부정적 역할을 주었다. 제조업에서 중소기업들은 임금 수준이 1972년 대기업의 77.3% 수준에서 1980년 91.2%로 상승해 감에 따라 자본을 확대하려는 노력을 꾸준히 전개하였지만 근본적으로 자금공급의 부족으로 노동장비

41 한국개발연구원(5차, 1980), p. 485.

표 11-11 중소기업의 재무구조 변화

단위: %

구 분	1970	1973	1975	1977	1978
유동비율	150.6	136.6	123.5	104.5	111.7
자기자본비율	32.6	40.2	35.0	21.8	20.5
부채비율	78.6	148.8	185.9	358.8	388.1
총자본이익률	7.8	8.3	6.0	5.7	5.3

자료: 한국은행(기, 1971 ~ 1982).

표 11-12 중소기업 노후시설 현황

단위: 대, %

구 분	전 체	노후시설	노후비율
섬유기계	204,799	34,968	21.0
공작기계	47,117	9,897	17.1

자료: 한국개발연구원(5차, 1980), p. 489.

율은 대기업의 27% 수준에서 41% 수준으로밖에 올리지 못하였다. 주식이나 제도권 금융의 자금공급 빈곤으로 가장 필요한 설비마저 새 설비로 교체하지 못하고 있었는데, 실질적으로 〈표 11-12〉에서 보듯이 경공업과 중공업 중 가장 대표적인 섬유기계와 공작기계 부문에서도 중소기업은 17~21%의 설비를 적시에 교체하지 못하고 있었다.

1979년 말, 1980년대 초 중화학공업 조정과정에서 이러한 문제는 더욱 확대되었다. 중화학공업화 비판과 함께 불안정한 상황에서 진행된 중화학공업 조정에서 대기업집단은 조정을 이유로 추가적인 금융요구를 하였고 정부는 이를 수용함으로써 오히려 중화학공업에 대한 금융대출비중, 정책자금과 정부재정의 중화학공업 관련 지원액은 늘어났다.[42] 그 결과 1981년 5대 기업집단의 제조업 매출액 집중률은 4.5%p 급상승한 20%를 넘어서는 등 제조업에서의 급속한 산업집중률 상승과 중소기업 입지의 축소가 나타났다.[43] 이러한 중화학공업화 이후의 진행상황은 금융, 자원배분에서의 외부비경제가 특정 정책시기와 상관없이 대기업집단들의 선택에 의해 작동되고 있었음을 확인해 준다.

---

42 박영구(1996a); 유정호(1991), p. 72. 본서 제8장과 제9장.

43 중소기업의 문제는 그 자체로 보아서는 안 되고 전체 시장구조와 인과관계적인 역사성을 보완하여 보아야 장기적 대안의 가능성을 검증해 볼 수 있다.

표 11-13 기업규모별 월 이직률(1977~1979)

단위: %

연 도	10~19	20~99	100~299	300~499	500인 이상
1977	6.9	7.5	6.5	6.5	4.2
1978	7.8	8.1	6.8	6.8	5.3
1979	6.6	8.3	7.3	7.3	6.0

자료: 김선근·고상원·송종국(1994, p. 106)을 이용한 Y. Lim(1999), p. 119.

두 번째로 간접적 영향의 인력 측면을 보자. 중소기업 경영자들의 고통호소는 중소기업이 기술인력을 키워 놓으면 대기업들이 빼내 감으로써 직접비용과 시간비용에서 큰 타격을 받는다는 것이다. 이를 확인할 정량적 자료는 물론 존재하지 않으므로 간접적 방법으로 유추해 보자.

첫째, 인천·부평지역 인터뷰를 수락한 8개 중소기업 경영자(인사담당자 1인 포함)들에게 "1970년대 대기업이 중소기업의 인력을 빼내 가는 일이 많았는가"라는 질문을 하여 보았다(1997. 1. 8~1. 12). 이에 대해 "그렇다"라고 대답한 기업이 한 기업의 예외도 없이 100%였다. 또 "중소기업의 재산이 사람인데 대기업들이 너무했다"는 불만을 표출한 기업이 5개 기업이었다. 이는 이러한 사실이 아주 일반적으로 이루어졌음을 일단 확인해 준다.

둘째, 대변수로 1970년대 후반 기업의 고용규모별 이직률(separation rate, turn over rate)을 볼 수 있다. 당시 이직은 현재와 달리 고용중단이 아니라 이동이 중심이었다. 기업규모별 이직률을 1977~1979년 조사한 〈표 11-13〉은 중소기업의 이직률이 대기업보다 매우 높음을 보여 주어 중소기업으로부터 대기업으로의 인력이동이 있었음을 간접적으로 유추하게 해 준다.

중소기업으로부터 대기업으로의 기술인력 유출은 중소기업들로 하여금 자체적인 기술인력 육성을 포기하게 하고 결국 기술정보 접근과 기술입수에 어려움을 주어 중소기업들이 시장에서 자생적인 기술 나아가 제품경쟁력을 가질 수 없게 하는 요인이 되었다.[44] 이러한 현상은 대기업집단들의 선택에 의해 외부비경제가 작동되고 있었음을 확인해 주며, 중소기업의 기술개발이 부품산업에 미치는 영향이 크다는 점에서 이는 한국 경제의 장기적인 기술애로의 한 요인으로도 작용하는 큰 비용을 가져왔음을 알 수 있다.

[44] Y. Lim(1999), pp. 119~120.

(2) 직접적 영향

중화학공업화 기간을 통해 정부는 필요에 의해 "합병·계열화를 통하여 시설의 대형화를 유도"하고 "합병과 계열화에 의하여 영세기업과 대기업과의 보완관계를 향상시킨다"고 생각하고 있었다.[45] 이런 계획은 전자·기계 등 모든 중화학부문에서 나타나고 있는데, 예컨대 전자공업의 경우 1973년 1월 7일 구미전자공업단지 확장계획에서 "전자공업의 계열화·전문화를 기하고 투자환경 조성 및 유치를 위해 현 159천 평을 200만 평으로 확장"한다고 규정하고 있다.[46] 당시 정부가 대기업·중소기업의 계열화를 통한 중소기업 살리기를 언제나 정책과제로 하고 있었던 점은 여러 기록과 시행노력에서 다음과 같이 발견된다.

정부는 1975년 12월 31일 「중소기업계열화촉진법」(1976년 6월 3일 「중소기업계열화촉진법 시행령」(대통령령 제8114호), 6월 17일 「중소기업계열화촉진법 시행령 시행세칙」(상공부령 제483호) 제정·공포)에서[47] 산업자본지원과 함께 모기업·도급기업 관계에서 도급업체에 유리하도록 장기 위탁계약을 체결하도록 함으로써 중소기업 시설의 대형화·현대화를 유도하였다.[48] 이 법에서 ① 중소도급기업의 규모적정화, 시설개선, 기술개발, 원자재구입을 위한 장기저리자금을 지원하고, ② 모기업 횡포를 막기 위해 어음은 영수한 날로부터 60일 이내로 한정하며, ③ 장기위탁계약 체결 등으로 중소계열화 기업의 안정적 성장을 도모하였다. 이후 이 법에 의해 상공부는 매년 계열화 대상품목을 확대해 나가는 노력을 하였다.

그러나 문제는 정부의 의도가 어떻든 간에 그리고 정부가 그러한 결과를 어느 정도 미필적 고의로 방임한 것이든 간에 앞에서 보았듯이 현실은 다르게 진행되었다는 것이다. 상공부는 매년 이 제도에 의해 합병·계열화 기업을 지정·고시하였지만 그 실적은 제대로 이루어지지 않았다. 1980년 현재 계열화율은 1%에 불과하고 대상품목은 71개 업체, 업체수는 모기업 64개, 수급기업 263개의 실적뿐이었다. 지원된 자금도 1978~1979년 기간중 43.7억 원, 1980년 76.2억 원에 불과하였다.[49] 중소기업의 수주(受注)기업비율(수주기업체수/기업체수)은 25.7%, 그리고 수주판매비율(수주판매액/기업매출액)도 18.8%에 그치고 있었다.[50]

---

[45] 이만희(1993a), pp. 242~243.

[46] 한국개발연구원(반세, 1995), p. 312.

[47] 총무처(관보), 1975. 12. 31; 1976. 6. 3.

[48] 이만희(1993a), pp. 243, 279.

[49] 경제기획원(백, 1981), p. 247.

이러한 원인은 대기업들의 선택때문이었다. 1970년대 나타난 대기업집단의 경제력집중은 1차적으로 선발기업, 특히 중소기업을 인수하는 창업자이득(founder's profit)을 통하여 이루어진 것이었고 이는 1990년대까지지도 선호되었다. 그 결과 자산 기준 30대 대기업집단의 1971~1979년 기업설립 유형을 보면 신설이 202개, 취득이 135개로 취득이 신설의 67%에까지 이르고 있다.[51] 여기에 더하여 시장에서도 한국 "대기업체제는 중소기업과 대립적 관계에서 중소기업분야를 잠식하면서 이루어졌다."[52] 중화학공업에서도 대기업집단들은 1970년대 중반 이후 중화학공업의 주도권을 재계의 영토분할전쟁으로 인식하였고 이때 대기업집단들이 선택한 1차전략은 바로 영토분할에 참여하기에 앞서 기존 업체를 인수하여 일단 연고권을 확보하는 방식이었다.[53]

〈그림 11-6〉을 보면 1973년「중화학공업화 선언」이후 99대기업의 인수·합병이 매우 활발하게 진행되었으며, 특히 1976~1978년간 99대기업에서 중화학공업에

그림 11-6 99대기업의 경공업·중화학공업별 인수합병 추이

단위: 건

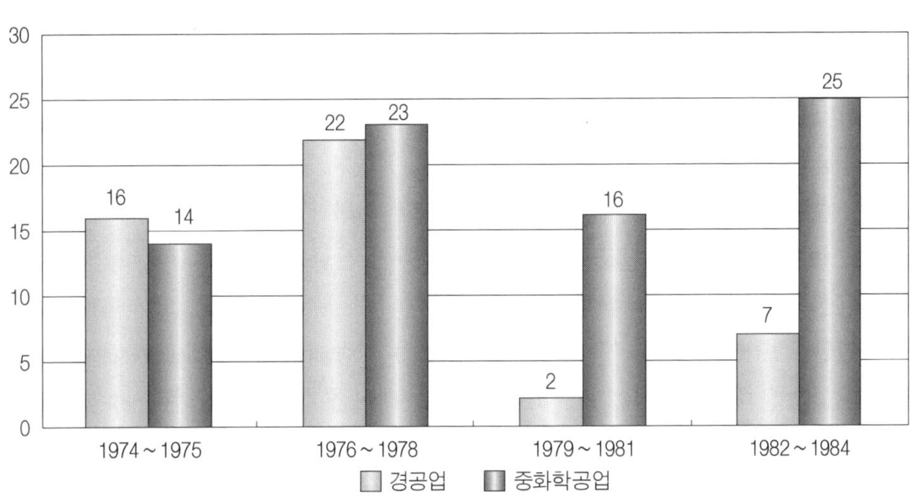

자료: 이재희(1990), p. 35.

---

50 어느 쪽이 좋으냐는 차치하고 당시 日本의 경우 도급기업의 비중이 60.7%에 이르고, 80% 이상을 도급거래에 의존하는 기업의 비중이 81.3%에 달한다는 점에서 한국과 대비되고 있었다(대한상공회의소(한2), 1982, p. 109).

51 이규억·이성순(1985), p. 93.

52 대한상공회의소(한2, 1982), p. 104.

53 김의균(1980b), p. 256.

서의 인수·합병 23건을 포함하여 45건의 인수·합병이 이루어지고 있음을 볼 수 있다. 동시에 〈그림 11-6〉은 앞서 지적하였듯이 ① 대기업집단들은 1973~1978년 중화학공업화 기간 중 중화학공업화 정책과 상관없이 이 시기 중화학공업에만 인수·합병을 진행한 것이 아니고 경공업부문에서도 이와 유사하게 인수·합병을 하는 혼합결합을 진행하고 있었다는 점과, ② 경공업과 달리 중화학공업에 대한 인수·합병을 통한 진입은 1970년대보다 오히려 중화학공업화에 대한 비판이 매우 높았던 1982~1984년에 더욱 심하였음을 보여 준다.

실제로 1970년대 후반기 주요 중소기업의 몰락과 피(被)인수는, 단기간 중화학공업·경공업 관련산업을 가리지 않고 경쟁적으로 진입하고 있는 대기업집단의 영향을 받은 기술 및 자금, 재고 등에서의 비용급상승이 중요한 원인이었다. 1970년대 중화학공업화를 배경으로 한 대기업집단의 성장은, 1960년대와 1970년대 초 위험선호적(risk-loving) 투자로 한국 경제의 압축성장과 공업기초를 이루어 낸 기업들의 인수·합병 위에 이루어진 것이다.

1973년 이후 이러한 인수·합병의 대표적 예를 보면 대우그룹은 '동국정밀(東國精密)'·'동남전기(東南電機)'·'대한전선(大韓電線)' 통신사업부·'제철화학(製鐵化學)'·'한국기계'[54]·'새한자동차'·'영진토건(永進土建)'·'동양증권(東洋證券)',[55] 럭키(LG)그룹은 '대성(大成)메탄올'·'국제전선(國際電線)'·'동국중공업(東國重工業)'·'대한반도체(大韓半導體)'·'서통전기(瑞通電機)'·'서흥전기(瑞興電機)'·'서흥전자(瑞通電子)'·'서통정밀(瑞通精密)'·'국제증권'·'세계산업(世界產業)',[56] 삼성그룹은 '고려조선'·'대성중공업(大成重工業)'·'우진조선(宇進造船)'·'통일건설(統一建設)'·'신동양건설(新東洋建設)'·'한국반도체(韓國半導體)'·'코리아엔지니어링'·'신진건설(新進建設)',[57] 쌍용그룹은 '진일공업(進一工業)'·'동양중전(東洋重電)'·'승리기계제작소(勝利機械製作所)'·'성풍전자(晟豊電子)',[58] 효성그룹은 '한영공업(韓永工業)'·'대동건설(大同建設)'·'한국전지(韓國電池)'·'원미섬유(元美纖維)'·'진일공업(進一工業)'·'대성목재(大成木材)'·'경화건설(慶和建設)' 등을,[59] 선경(SK)은 '신생공업사(新生工業社)'·'신원산업유한회사(新元產業有限會社)'·'삼덕산업(三德產業)'·'경성고무'·'협우산업(協友產業)', 국제그

54 '한국기계'는 1976년 인수 당시 자본금규모가 '대우'의 2배가 넘었다(이종재, 1993, p. 259).
55 한국능률협회(1989), pp. 506~513; 한국자동차공업협동조합(자편, 1993), p. 9.
56 金星社(1985), pp. 524~555, 914~922.
57 三星秘書室(1988), pp. 904~908.
58 雙龍(1989), pp. 734~737; 雙龍工業株式會社(1992), pp. 329~332, 664~666, 735~737.
59 한국산업은행조사부(한산, 1979), p. 370.

룹은 ‘삼양(三洋)펄프’·‘동우산업(東宇産業)’·‘풍국화학(豊國化學)’·‘연합철강(聯合鐵鋼)’·‘연합산업(聯合産業)’·‘연합개발(聯合開發)’·‘연합통운(聯合通運)’·‘대하건설(大河建設)’·‘유신기계(惟信機械)’·‘보고산업(寶高産業)’·‘원풍산업(元豊産業)’, 금호그룹은 ‘곡성제사’·‘전남제사(全南製絲)’·‘극동철강(極東鐵鋼)’·‘유니로얄판매’·‘마포산업’·‘천우사(天友社) 전자공장’·‘명천기업’·‘제일토건’·‘동남전기 안양(安養)공장’, 롯데는 ‘우진(宇進)건설’·‘호남석유화학(湖南石油化學)’·‘칠성사이다’·‘삼강’·‘평화건설’ 등을 인수하였다.[60] 조선(造船)호황이 본격화되자 ‘삼성’·‘대우’가 진입한 조선부문은 선도적인 중규모 조선업체들이 3년 사이에 21개 업체가 몰락하였고 전자부문,[61] 심지어 중동진출 붐을 이루고 있던 건설업에도 1977년 한 해에만 25개 대기업집단이 31개의 건설업체를 인수하는 등 동일하였다.[62] 특히, 중화학공업체의 선점경쟁은 정부가 추진하던 중화학공업화를 배경으로 대기업집단들의 경쟁우위를 보여 주는 상징으로, 또한 경제력집중의 기초수단으로 사용되었다. 그 첫 출발은 중전기부문으로 중전기부문은 1970년대 초까지도 ‘한영(韓永)공업’·‘이천(利川)전기’·‘국제(國際)전기’·‘동양중전(東洋重電)’·‘신한(新韓)전기’ 등이 중심이었으나[63] ‘효성(曉星)’이 ‘한영공업’을, ‘쌍용’이 ‘동양공전’을, ‘코오롱’이 ‘국제전기’를 인수하면서 이후 중소규모의 중견기업은 사라지기 시작하였으며, 이는 다른 모든 중화학부문에서 공통적인 현상으로 나타났다.

그 결과 1980년대와 달리 1970년대 중소기업의 성장은 원천적으로 억제되어 있었으며(본장 부록의 〈부표 11-3-1〉 참조),[64] 〈표 11-14〉에서 보듯이 1979년에는 종업원규모 200인 미만의 기업은 사업체수에서 94.2%를 차지하면서도 출하액비중 25.4%, 부가가치액 비중 28.1%밖에 차지하지 못하는 극단적인 불균형이 나타나게 되었다. 1979년 당시 미국과 일본에서 중소기업의 종업원수 비중이 58.2%, 71.4%에 이르고 있지만 부가가치액 비중은 51.4%, 57.1%를 차지하고 있는 점에서, 당시 한국 중소기업의 위치를 뚜렷이 비교해 볼 수 있다.[65] 1977~1978년으로 보면 이 불균형은 더욱 크다.

더구나 대기업의 잠재적 위협에 대항하기 위해 규모를 키우고자 하는 것이 모

---

60 李漢九(1999).
61 한국산업은행조사부(한산, 1979), p. 455.
62 이종재(1993), p. 272.
63 김의균(1980b), pp. 256~257.
64 경제기획원(광, 1972~1982).
65 대한상공회의소(한2, 1982), p. 107.

표 11-14 고용 200인, 300인 미만 기업의 비중(1979)

단위: %

구 분	사업체수	종업원수	출 하 액	부가가치액
200인 미만 기업	94.2	39.5	25.4	28.1
200인 이상 기업	5.8	60.5	74.8	71.9
300인 미만 기업	96.5(95.9)	47.8(46.0)	32.2(30.5)	35.2(32.4)
300인 이상 기업	3.5	52.2	67.8	64.8

주: ( ) 안은 1977년.
자료: 경제기획원(광, 1980).

든 중소기업에 일반화됨으로써 1970년대 후반 고정비용·금융비용의 과대를 가져와 결국 중소기업의 비용을 대폭 올리는 결과를 가져왔다. 실제로 당시 일본은 10인 이하의 영세기업이 90%를 차지하고 독일은 전체 기업의 95%를 차지하면서 이들이 기술개발 전문화에 주요한 역할을 하여 왔으나, 한국의 경우 중소기업의 규모를 1975년 이후 200인에서 300인 미만으로 바꾸어야 할 정도로 중 이상 규모로의 확장과 편중이 진행되었다.[66]

이렇게 대기업에 의한 중소기업 비용의 상승·흡수가 계속됨으로써 당시만이 아니라 이후에도 한국 경제에서는 계열연관효과(linkage effect)를 통한 기업규모별 협조적 분업구조가 형성되지 못하게 되었다. 그 결과 한국 경제의 기술분업구조에 의한 기술개발과 발전은 아주 낮게 나타나[67] 결국 한국 경제의 저부가가치형(低附加價值型) 기술구조로 장기간 작용하였다.

한국 경제발전에서 볼 때 대기업은 장기적·절대적 의미에서 수출, 한국 브랜드 등 국제시장에서 주요한 역할을 하였고 또 일부 기업은 특정 공업의 성장을 주도하였다. 그러나 경제력집중이 1970년대 말 심화되면서 상대적으로 문제를 가지게 된 것이다.

---

66 정경문화(政經文化, 1981. 5), pp. 82~83.

67 당시에도 이 문제의 심각성은 중화학공업과 관련된 토론에서 이미 지적되고 있었다. "전자·조선을 포함한 광의의 기계공업에 있어 독일의 경우 10인 이하 소업체수가 전체 기업의 95%, 일본은 90%인데 우리의 경우 영세업체의 기술개발 전문화가 안 되고 있는 상태에서 국제경쟁력이 우수한 전자산업 등의 해외진출을 얼마나 기대할 수 있겠습니까?"(『정경문화』, 1981. 5, p. 82).

11.4 과정과 대응

11.4.1 과정: 발전도상국과 초기 중화학공업화

집중의 과정에 대해 고려해야 할 점은 두 가지이다. 첫 번째는 한국에서 경제력집중의 중심으로서의 대기업집단이 거시경제에 미친 영향은 부정적이라고 하였을 때 과연 이러한 집중이 초기부터 필요했었는가라는 문제이다. 즉, 필요성이 있었지만 과정이 잘못됨으로써 비효율적인 결과를 가져다주었는지, 아니면 처음부터 필요하지 않았음에도 잘못된 정책 또는 기업판단에 의해 이루어지고 결국 결과도 비효율적으로 바뀌었는지에 관한 문제이다. 두 번째는 합리성과 상관없이 이러한 집중이 친시장기구적(market friendly)으로 만들어졌는지 아니면 '특혜적'으로 조장되었는지, 또 개입에서 가격기구가 정상적으로 작동되는 방향으로의 전환시스템은 작동되고 있었는지의 문제가 된다. 만약 가격기구가 작동되는 방향으로 발전되었다면 결과 역시 스스로 자기조정의 과정을 이루어 나갈 것이기 때문이다. 이상의 두 가지 사실의 검증은 사회과학의 가장 중요한 목적의 하나인 과거사실을 귀납적으로 연구함으로써 이후 정책시사점을 얻는 데 매우 중요하다. 정부의 대응평가는 뒤이은 '11.4.2 대응'에서 논의하고 여기에서는 일단 이 과정을 확인해 보도록 하자.

우선 첫 번째 문제부터 보자. 1970년대 중화학공업화가 본격화되면서 중화학공업 제품에 대한 국내시장의 규모는 국제경쟁력 규모로 볼 때 작다는 한계가 분명하였다. 심지어 대기업들은 당시 중화학공업에 진입하는 모든 기업에게 있어 각자의 시장점유량은 진입기업 모두에게 손실을 발생시키는 수준이라고 보고 있었다.[68] 따라서 만약 사회 전체적으로 수요와 공급 측면에서 중화학공업이 분명히 필요하고 또 중화학공업화로 사회적 후생을 높일 수 있다면, 이 경우 시장수요규모를 창출해 내거나 아니면 수요집중이 이루어지도록 하여 진입을 유도하는 것이 합리적이었다.[69] 1970년대 초의 한국 상황은 수요와 공급 측면에서 분명히 이러한 집중에 의한 중화학공업에로의 기업 진입유도가 필요하였다.[70]

진입에 이어 기업진입 후에도 집중의 선택문제가 발생한다. 특히, 대상산업의

[68] 박영구(2002b).
[69] 본서 제5장 부록의 〈보론 5-2〉를 참조.
[70] 본서의 제5장 참조.

학습곡선(learning curve)이 높은 기울기를 가지면, 즉 초기 생산비가 매우 높고 생산규모 확대에 따라 평균비용 감소속도가 매우 빠르다고 한다면 동태적 규모경제(dynamic scale economies)의 관점에서 집중의 필요성과 합리성이 더욱 커지게 된다. 이렇게 생산을 집중화하는 것은 화학, 철강, 자동차, 항공산업 등 초기 고정비용이 높은 중화학공업에서 분명한 긍정적 효과를 보이며 또한 자연적인 현상이 된다.[71] 그렇기에 중화학공업은 그 공업의 성격상 독점화의 기수업종이라고까지 불려지고 있다.[72] 그런데 초기에 진입시킨 기업이 추가적 기업진입을 산업적(기술적) 요인으로 억제하지 못하고 공멸의 위험이 있는 경우 제도적 요인으로 추가진입을 억제하고 집중을 유도할 필요가 발생한다. 결국 중화학공업화 초기에 거시경제적인 수요와 공급 양 측면에서 진입이 반드시 필요함에도 불구하고 규모의 제약으로 위험기피적(risk-averting)인 기업들이 진입을 하지 않는 경우, 기업이 진입과 투자에 나설 수 있도록 하고, 나아가 보다 큰 사회적 후생을 발생시키도록 하기 위해서 초기단계의 일정 기간 집중화를 하도록 하는 것 자체는 문제가 될 수 없다.

바로 이러한 모든 사항에 해당되는 것이 1970년대 한국에서의 중화학공업화 초기 상황이었다.[73] 따라서 한국의 중화학공업화에서 초기 대규모 시설투자를 위한 집중화는 합리성을 갖는 것이었다. 특히, 1970년대 초 한국의 부존자원과 기술수준에서 볼 때 국제경쟁력을 생각하면 반드시 고려되어야 할 것이 규모의 경제에 의한 비용인하였고 나아가 판매망으로서의 수출목적을 위한 창구의 대형화가 필요하였다. 1970년대 초 한국의 중화학공업은 "한 개의 공장조차 국제경쟁규모에 미달하는 상태에서 착수되었는데, 이를 다수기업에 맡겨 경쟁시키는 것이 타당하지 않은 문제가 있었던"[74] 것이다. 또 한국의 경우 초기 중화학공업에서 자본시장이 불완전하였으므로 집중의 필요성은 더욱 분명히 존재하는 것이었다.

사실 선택적 집중육성은, 1970년대 세계적인 스태그플레이션의 대응책으로 각국에 의해 선택된 무역전쟁에서 GATT 규범이 위협받게 되자 선발선진국도 포함하는 전 세계가 당시 전략산업 육성책으로 선택하고 있었던 것이었다. 당시 세계적으로 국제경쟁력 강화를 위한 규모의 경제 필요성, 초기 고정비용의 과다문제 해결 필요성, 기술개발효과와 초기 학습비용이 큰 산업의 선택과 육성 필요성이 존재하

---

71 이에 대한 설명과 수식은 본장 부록의 〈보주 11-1〉 참조.
72 한국무역연구소(1974), p. 22.
73 본서 앞의 모든 장에서 이는 서술되었다. 특히, 제2~7장 참조.
74 중화학공업추진위원회기획단(공발2, 1979), pp. 200~201.

는 경우, 그리고 자본시장이 불완전하거나 외부효과가 강하게 존재하는 등 동태적 시장기능의 실패가 존재하는 경우, 정책개입은 합리적인 효과를 가진다는 것이 입증되고 있었다. 이러한 선택적 집중의 효과는 1970년대 말, 1980년대 석유파동에 의한 스태그플레이션의 지속으로 1980년대에도 계속 주목을 받았고, 또 실증적으로 특정 산업의 전략적 육성 필요성과 효과가 분석되어지기도 하였다.[75]

국내외에 존재하는 이런 이유로 중화학공업화에서 집중에 의한 규모의 경제는 1970년대를 통해 정부의 모든 기록과 인터뷰에서 인식되고 고려되고 있었을 뿐만 아니라,[76] 정부 외에서도 그 필요성이 인식되고 공유되고 있었다.

> 각 업종에 포함된 단위공장은 품질·가격면에서 수출능력이 처음부터 있게끔 계획되어야 한다. ……따라서 앞으로는 국제단위공장 개념에서 국제 최대급 단계로 발전시켜야 할 것이다.
>
> 《대통령비서실(중선, 19730130), pp. 15, 18.》

> 시설규모의 국제단위 대규모화, 전문화, 계열화(기존 시설에 대해서도 합병 추진할 정도), 산업연관효과의 극대화.
>
> 《대한민국정부(3경, 1971), pp. 52~64; 대한민국정부(4경, 1976), pp. 57~63.》

> 중화학공업을 전략적으로 수출산업으로 육성하는 말하자면 수출을 전제로 한 국제단위규모로의 대형화를 추구해야 할 것이다.
>
> 《백영훈(白永勳, 1977. 12), p. 35.》

> 우리 산업, 구체적으로 상품의 경쟁력이 취약한 가장 큰 원인이 시설의 영세성에 있다는 점을 감안, 모든 시설의 국제경쟁단위 규모화에 집중적인 투자와 정책 및 경영의지가 모아져야 하겠다.
>
> 《정정섭(丁鼎燮, 1978. 2), p. 35.》

> 중화학공업에서는 규모의 경제가 존재하기 때문에 ……우리나라 중화학공업의 시설 및 규모의 확장 및 개체가 필수적이라 하겠다. ……우리나라 중화학공업은 ……생산규모 ……에서 아직 초기단계에 머무르고 있음을 알 수 있다.
>
> 《한일은행(1978. 3), pp. 5~6.》

75 A. K. Dixit and A. S. Kyle(1985).

76 박영구(2001c); 박영구(2002b).

두 번째의 문제를 보자. 앞서 지적하였듯이 당시의 정부가 초기 집중의 필요성을 인식하고 이를 고려하였다는 것은 여러 문서에서 확인된다. 정부가 진입유도 필요성에 따른 인센티브 제공에 이어, 기업설립보다 기존 기업의 확장에 따른 위험과 비용이 더 적으므로[77] 집중을 적극 억제하려고 하지 않았던 점 역시 발견된다. 실제로 중화학공업이 진행되던 1970년대에는 국적과 상관없이 일부 해당분야 선발기업은 후발기업의 투자와 시장참여를 제한하는 보호를 받았다.[78] 특히, 에틸렌(ethylene)은 '유공'과 '호남에틸렌', 폴리염화비닐(PVC)은 '럭키'와 '한국플라스틱', 저밀도폴리에틸렌(LDPE)은 '한양화학', 고밀도폴리에틸렌(HPDE)과 폴리프로필렌(PP)은 '호남석유화학'과 '대한유화공업', 텔레프탈산(TPA)은 '삼성석유화학'을 실수요 기업으로 지정하고 다른 기업진입을 억제하는 예에서 보듯이 화학공업 등 장치산업의 성격이 강할수록 이는 두드러졌다. 그러나 초기 중화학공업화에서 이런 정부의 보호는 사회적 후생의 순증가효과 때문에 한국만이 아니라 일본·인도 등 선후발국 모두에서 일반적으로 발견되는 것이었다.[79]

따라서 이러한 집중이 초기 중화학공업화에서는 상당 부분 시장기구에 의해 이루어진 것이 아니므로 문제는 중화학공업화의 과정에서 얼마나 정부가 거시경제 차원에서 비용을 최소화시키기 위한 평가와 전환 시스템을 작동시키고 있었는가라는 정도와 시기의 문제가 될 것이다. 나아가 거시적 차원에서 필요하다고 하더라도 이 집중이 미시적 차원에서 특정 주체에게 일방적 이익으로 돌아가지 않고 가격기구가 정상 작동되는 방향으로 유도되도록 상쇄비용을 적절히 매기고 있었는가가 중요한 요소가 된다. 이에 대해 실제의 정책대응을 검토해 보자.

11.4.2 대응: 정책

이론적으로 경쟁이 효율성을 높인다는 것은 당연히 한국 정부 역시 1960년대 초부터 알고 있었다. 그래서 '금성사'의 구인회 사장이 경기도 안양의 전선공장을 설립할 당시 '대한전선' 등 기존 전선업체의 엄청난 반발이 있었으나 정부는 '한국케이블공업'(1962) 설립허가를 강행하였으며, 또 '대한전선'에 라디오·TV·냉장고 등 '금성사'가 독점하다시피 한 것을 동시에 생산하도록 허가함으로써 경쟁체제를

[77] L. P. Jones and I. SaKong(1980).
[78] 김홍기 편(1999), pp. 263~264.
[79] 사공일(1980), pp. 10~11; A. Chaudhuri(1975); J. Hirschmeier and T. Yui(1975).

유도하였다.[80] 또 1963~1964년에 걸친 '한국양회공업협회'의 신규 시멘트공장 건설계획 중지에 대한 계속적인 탄원에도 불구하고 정부는 '중앙산업'의 부정축재혐의에 따른 공백을 '아시아시멘트'로 대체함에 따라 새로운 사업자를 선정하였다.[81]

그러나 1960년대 후반 이후 공업발전이 본격화되면서부터 대외경쟁을 위해서는 대기업 육성·집중이 필요하다는 점이 전문가만이 아니라 학계에서도 지적되고 있었다. 한국 중화학공업의 시작인 전자공업은 1967년 김완희의 대통령 보고에서 시작되었는데, 여기에서 김완희는 한국 전자공업 육성의 문제점으로 "외국인 기업에 대응할 수 있는 재벌급 기업이 없음"을 지적하였고,[82] 조순·김종현 교수 등이 작성한 중화학공업 관련 보고서(한국무역연구소, 1974)는 여러 곳에서 이런 필요성을 지적하였다. 특히, 중화학공업은 규모의 경제가 크게 실현되는 공업특징이 있으므로 이미 1930년대 항공기를 생산하였던 일본에서조차도 1950년대 자동차산업 등에서 기업에 과점적 지배를 허용하는 정책을 추구하였다.[83] 따라서 1970년대 중화학공업화가 본격 논의되면서 정부는 초기부터 기본적으로 규모의 경제를 통한 경쟁력 획득, 집중을 중화학공업화의 한 방법으로 인식하여 진행하였고, 심지어 공업단지 조성에서도 1960년대 균형·분산에서 1970년대 대단위 기지화와 집중으로 시점을 바꾸었으며 이는 기본적으로 중화학공업화를 통해 내내 관철되었다.

> 개발 초기 우리나라 공업단지 조성정책은 공업의 지방분산과 지역별 유휴노동력의 활용을 동시에 달성하고 지역사회 개발을 촉진함으로써 지역 간 균형발전을 도모하려는 데 기본목표를 두고 ……따라서 그것은 주로 중소기업을 육성하기 위한 정책의 일환으로 추진되어 왔다. 그러나 ……정부는 새로운 산업입지정책을 추진하지 않으면 안 되게 되었다. ……공업입지의 조성을 종래의 중소기업 육성시책의 일환으로 추진할 것이 아니라 중화학공업의 업종별 최적입지를 선정하고 ……대단위 기지 또는 임해공업단지의 조성을 추진하게 되었다.
>
> 《중화학공업추진위원회기획단(공발2, 1979), pp. 528~529.》

그러나 이런 효율성을 위한 산업생산에서의 집중이라는 방법론적 전환 속에서

---

80 서현진(2001), pp. 159~160.

81 한국양회공업협회는 1963년 8월 26일 '신규 시멘트공장 건설안의 재검토 촉구 건의서'를 제출한 데 이어 10월 4일 '신규 시멘트공장 건설안에 관한 제2차 건의서'를 제출하였고, 1964년 12월에 다시 '신규 시멘트공장 건설계획의 중지 및 기존 공장 시설확장계획의 연기를 요청하는 건의서', '시멘트공장 건설계획 중지를 요망하는 탄원서'를 제출하였다(한국양회공업협회, 1974).

82 김완희(1967. 9. 16).

83 水野順子(1996), p. 180.

도 대통령과 정부는 이미 독과점·경제력집중의 불평등 확대라는 소유·분배상, 그리고 산업조직상의 부정적 요소를 인지하고 있었다. 이에 중화학공업기획단은 1973년 초 이미 지난 10년간 "한편으로 지나친 독과점의 횡포가 있었다"는 점을 지적하였으며,[84] 또 정부는 향후 중화학공업화에서 더욱 확대될 경제력집중의 문제를 걱정하고 있었다.[85] 박정희 대통령은 '국책적으로 중점 지원·육성한 중화학공업과 방위산업에는 막대한 투자가 소요되므로 이를 부득불 대기업으로 하여금 담당하도록 하였으나 그 결과 부의 재벌 또는 대기업으로의 집중, 분배의 불공정, 국민들의 재벌 또는 대기업에 대한 위화감 등의 발생을 예견'[86]하였고 중화학공업화 초기에 개발이익의 환수책까지 연구시키고 있었다.[87] 그래서 실제로 정부는 대기업들의 중화학공업 진입유도 속에서도 공평성의 문제를 고려하였다. "우선 육성해야 할 공업분야를 제시하고 이를 담당할 개별 기업이 결정된 후 해당 분야의 수익성이 높으면 수익성이 낮은 분야를 함께 끼워서 하도록"하였다. 예컨대, '럭키'그룹이 모든 대기업들이 노렸던 수익성이 높은 전자공업을 따내자 수익성이 낮아 모든 기업이 진입을 꺼려하는 석유화학을 동시에 하도록 하는 방법을 사용하였다.[88] 나아가 경제제1수석이 대통령에게 보고하고 대통령이 결재한 「중화학공업 추진을 위한 기업경영 시책 대외비 문서」에서 보이는 초기의 중화학공업 시책내용은, "경영은 집중되도록 할 수밖에 없지만 소유는 집중이 아니라 공동으로 한다"는 것이었으며 또 "중화학공업 기업은 공개하도록 한다"는 것이었다.

> 실수요자가 경합하는 경우에는 원칙적으로 공동으로 참여하게 하되 경영은 유능한 경영자에게 맡기고 그 기업은 공개토록 한다. ……합작투자기업의 경우에는 원칙적으로 내국출자법인을 공개토록 하고 내국 실수요자가 경합할 때에는 공동으로 출자법인을 설립하게 하고 당해 법인은 공개토록 한다.
>
> 《경제제1수석(19730827).》

이러한 소유집중과 불평등에 대한 염려와 인식하에서 1973년 1월 대통령비서실의 '중화학공업화 정책선언에 따른 공업구조 개편론'과 10월의 대통령 국회시정연설,[89] 그리고 경제기획원의 장기경제전망[90] 등 1973년부터 시작하여 중화학공업화

[84] 중화학공업추진위원회(해, 1973), p. 17.
[85] 김정렴(金正濂, 1995), p. 284.
[86] 김정렴(1995), p. 286.
[87] 국무총리기획조정실(중조, 1974. 5), pp. 371~433.
[88] 김흥기 편(1999), p. 263.

초기 거의 모든 장단기 정책에 중화학공업과 함께 선언적으로 중소기업 육성이라는 용어나 육성책이 첨부되었다.[91] 또 1974년 1.14 긴급조치에 따른 중소기업 특별저리 자금 지원과 정부예비비에서의 보상지원[92] 등 중요시책 발표마다 중소기업정책을 함께 포함하였다. 사실 「중화학공업화 선언」이 이루어지기 바로 직전의 1972년 말 현재 200인 이하 중소기업체는 2만 2,896개로 전 제조업체의 96.5%, 종업원수 44만 786명으로 제조업체의 45.3%를 차지하고 있어[93] 정부는 전시적으로도, 현실적으로도 이들 중소기업을 위한 정책이 필요한 것은 분명하였다.

그러나 초기 자본이 집중적으로 투입되는 중화학공업화를 시행하면서, 규모의 경제를 위해 생산집중의 필요성을 분명히 확인하고 실천하기로 하였으면서, 동시에 자원을 대기업·중소기업에게 모두 공정하고 균형 있게 배분하는 것은 만성적인 자본부족하의 당시 한국으로서는 불가능한 것이었다. 결국 당위성과 현실 앞에서 정부가 취한 선택은 생산효율성 때문에 생산집중이 불가피하다면 경영의 집중은 인정하되 소유의 일부라도 분리하여야 한다는 이중적인 것이었다. 더구나 이를 위한 수단으로서의 기업공개는 당시 중화학공업화를 위해 필요하였던 내자동원을 위해서도 필요한 것이었다.[94]

흥미로운 것은 여러 증언을 토대로 하여 볼 때 이러한 소유집중에 대한 염려와 억제, 기업공개 노력이 경제부처보다 청와대의 직접적 개입으로 시작되었다는 점이다. 박정희 대통령은 경제에 대한 보고나 회의 때 '그룹'이라는 말을 듣기 싫어하였고 그때마다 "그룹은 무슨 그룹"하며 경제장관들이나 청와대비서들에게 불쾌함을 표시하였다고 하는데, 이는 "오늘날 업계에서는 특정인 중심의 가족적 기업군이 형성되어 이른바 무슨 그룹이니 하여 무리하게 여러 종류의 기업을 산하에 거느리고 있는 사례조차 있다. 그 결과 ……기업의 건실한 발전을 크게 저해하고 있는 실정이다"라는 대통령 지시문을 통해서도 확인된다.[95] 실질적으로 박정희는 '부의 재벌

[89] 박정희 대통령은 1974년도 10대 시정방침을 발표하였는데 중화학공업의 건설촉진을 강조하면서 동시에 중소기업의 적극적인 육성을 10대 시정방침의 하나로 천명하였다(박정희(대19731004)).

[90] "중소기업의 시설근대화와 합리화를 촉진하여 대기업과 중소기업 및 중소기업 상호간의 연관성과 보완성을 제고한다"(경제기획원(전), 1973. 12, p. 98).

[91] 재무부(금, 1974. 5. 30); 경제기획원(백, 1975), p. 196.

[92] 대통령비서실(예중19740807).

[93] 경제기획원(백, 1975), pp. 139~140.

[94] 중화학공업 건설재원을 위해 정부가 제시한 각종 내자동원시책 중 하나는 자본시장의 기능을 강화하고 기업공개를 촉진하는 것이었다(국무총리기획조정실(중오3), 1973, pp. 12~13).

[95] 김정렴(1995), pp. 437~438.

또는 대기업으로의 집중, 분배의 불공정을 예방·시정하기 위하여 1973년 이후 매년 경제부처에 대한 연두순시 때마다 기업공개의 필요성을 강조하고 진행상황을 보고받고 그 추진을 독려'[96]하였다.

대통령의 의지와 함께 정부는 1970년대에는 생산집중·경영집중 인정 속에서도 소유의 일부라도 분리하여 소유의 집중을 막으려는 노력을 하였으며, 오히려 1979년 이후 가족소유 회사에 대한 공개의 진전이 이루어지지 못하였다.[97] 1970년대의 이러한 노력은 김정렴(金正濂) 전비서실장이 후에 "만약 1980년 이후에도 이들 정책이 꾸준히 추진되었다면 오늘날 대기업 경제력의 과도한 집중문제는 크게 해소되었을 것이다"[98]라고 증언할 정도였다.

1970년대 정부의 소유집중억제 노력은 기업공개와 종업원지주제로 강조되었다. 1972년 말에는 「기업공개촉진법」(12.23 국무회의 통과, 12.30 제정)을 제정하여 기업공개의 권장 차원을 넘어서 공개대상 기업을 정부가 직접 심사·선정하여 공개를 명하고 불이행시 강력한 규제조치를 취하게 하는 강제를 입법화하였다. 이 조치는 '8.3조치'의 특혜적 성격에 따른 후속조치 성격도 띠고 있었다. 1973년 7월 24일 국영 '종합화학' 소유주식 매각의 세부지침을 시달할 때에도 '한국카프로락탐'은 51% 경쟁입찰, 49% 공모매각을, 그리고 '한국메탄올'은 향후 주식공개 조건부 경쟁입찰을 지침으로 정하였다.[99] '선경유화주식회사'의 합작 및 차관도입 심의·검토에서도 "주식공모를 인가조건으로 의무화"하였고 경제기획원은 "내국인 투자분 중 지주회사 주식의 49% 이상을 공개할 것"을 인가조건으로 하였다.[100] 기업공개와 동시에 정부가 추진한 것이 1973년 1월 도입한 '종업원지주제'였다. 상장법인·공개법인은 신규 주식과 기발행주식을 총주식의 10/100 범위 내에서 종업원에게 우선적으로 배정할 것을 제도화하였고,[101] 이에 따라 1974년 7월 '우리사주 조합제'가 채택되면서 정부는 「자본시장 육성에 관한 법률 중 개정법률」을 내어 1974년 10월에는 2개의 우리사주조합이 결성되었다. 당시 정부의 의도와 노력은 "중화학공업부문에서 민간기업인의 이니셔티브에만 의존할 경우 ……주식분산에 바탕을 둔 과다한 부의 편중을 지양하고 주식의 광범위한 분산을 도모하려는 정부의 노력과 상충되므로 정

[96] 김정렴(1995), p. 286.
[97] L.-J. Cho and Y. H. Kim(1991), p. 31.
[98] 김정렴(1994), p. 192.
[99] 한국개발연구원(반세, 1995), p. 313.
[100] 외자도입심의위원회(100선197410), 검토 및 문제점.
[101] 관보, 1972. 12. 30, pp. 6~7.

부의 개입이 필요하다"[102]는 주장으로 확인되어 나타나고 있다.

1973년 8월 25일에는[103] 대통령이 국무총리에게 중화학추진을 위한 6개 항의 지시각서를 시달하였는데(본장 부록 〈자료 11-1〉 참조), 그 내용에는 '중화학투자사업의 기업공개', '소유와 경영의 분리', '주식의 직원 배정', '주식분산'이 들어 있었다. 이는 대규모 생산으로 경영단위를 집중하되 소유는 주식공개로 소유집중을 막기 위한 것이었다.

경제제1수석은 8월 27일 「중화학공업 추진을 위한 기업경영시책」을 대통령에게 보고하여 결재를 받고 있는데 여기에서 대외비로 현재 기업경영의 문제점을 다음 다섯 가지로 분명히 지적하였다.

【기업경영의 실태와 문제점】

가. 개인에 의한 전단(專斷)경영과 기업의 폐쇄성에서 탈피하지 못함.

나. 다소 개선되고 있으나 외부자본 의존도가 아직 높음.

다. 자본가에 의한 경영독점으로 유능한 경영자의 양성과 경험축적이 되지 못하게 되고 따라서 전문적이고 능력 있는 경영자의 공급이 제한되고 있음.

라. 기업이 공개된 경우에도 소유와 경영은 분리되지 못하고 있음.

마. 차관 및 합작투자 기업이 규모상 국내기업의 상위그룹을 형성하고 있으나 이들 기업의 공개기피현상이 심함.

《경제제1수석(19730827), p. 11.》

이에 경제수석과 대통령은 기업공개와 함께 종업원지주제의 강제적 실행을 중학공업 추진을 위한 기업경영시책으로 내부적으로는 분명히 하고 있었다. 그 내용은 아래에서 보듯이 조건에 따라 종업원지주제 분량을 해당 주식의 30% 내지 50% 이내에서 실시하되, 그 실현을 도와 주기 위해 80%까지 융자지원하고 우선배정 매출시 30%까지의 가격할인도 시행하는 것이었다. 그리고 매각방침이 결정된 '종합화학(주)' 소유주식의 처분계획도 이미 7월의 세부지침에 이어 이러한 시책에 부응하는 방향에서 재조정하는 것으로 하였다.[104]

【중화학공업 추진을 위한 기업경영 시책내용】

…………………

라. 정부가 지정하는 중화학공업을 공모증자 또는 모집설립하거나 전 2~3항의

102 사공일 · 유훈 · 박영철 · L. P. Jones(1974), p. 81.

103 8월 28일에 그 내용이 공개되어 문서에는 8월 28일로 기록되어 있다.

104 경제제1수석(19730827), p. 11.

정하는 바에 따라 출자법인을 공개할 경우에는 그 주식(전환사채를 포함한다. 이하 같다)을 공무원, 국영기업체 직원 및 해당 법인의 종업원들에게 다음과 같이 우선배정하는 조치를 한다.

(1) 우선배정의 한도는 공모액의 30% 범위 내로 한다.

(2) 우선배정주식의 대금납입을 위하여 80% 한도 내에서 융자를 할 수 있다.

마. 정부가 직·간접으로 투자하고 있는 기업의 주식을 매출 또는 증자하는 경우에는 그 주식을 공무원, 국영기업체 직원 및 당해 기업의 종업원에게 다음과 같이 우선 배정하는 조치를 한다.

한 도	매출 및 발행액의 50% 이내에서 재무부 장관이 정한다.
대상범위	일반공무원 3급을(乙)류를 기준하여 정한다.
자금지원	대금납입을 위한 자금지원을 위하여 1년~1년 6개월의 기간으로 대금의 80%를 융자할 수 있다(국민은행).
가격할인	매출의 경우 시가 이하로 할인할 수 있고 할인한도는 30%로 한다.
1인당 청약한도	매출 및 발행 주식액의 100분의 1 범위에서 정한다.
기 타	이 경우 주식의 양도는 일정 기간 동안(예: 융자금 상환완료시까지) 제한한다.

【경제제1수석(19730827), p. 9.】

11월 25일에는 부총리 겸 경제기획원 장관이 「중화학공업개발을 위한 기업경영 추진방안」을 발표하였다.[105] 여기에서 앞으로 중화학공업은 모집설립 또는 공모증자에 의해 건설함을 원칙으로 하고 실수요자 선정의 경우 주식공모 매출비율이 높은 기업을 우선 지원하겠다고 밝혔다.[106]

그러나 이러한 청와대와 정부의 제반 의도는 이미 1960년대 이래 계속되어 온 대기업집단들의 반대로 좌절되었다(본장 부록의 〈자료 11-2〉 참조). 대기업들은 정부의 이런 노력이 이론적·실질적으로도 필요에 의해 강제력을 갖지 못하리라는 것을 알고 있었고 이런 점을 점점 더 확신하여 나가고 있었다.

1972년 말 제정된 「기업공개촉진법」과 1973년 1월의 '종업원지주제' 도입으로 1973년 상반기 중 공개기업은 31개가 있었지만, 청와대 조사에 의하면 국내 상위 기업군을 형성하는 차관 및 합작기업 495개 중 1973년 7월 말까지 기업공개를 실시한 기업은 '한국유리'·'KDFC'·'KIFC' 단 3개였으며 공개된 기업조차도 소유와 경영은 분리시키지 않고 있었다.[107] 이에 재무부는 경제력집중을 억제하고자 하는

105 자료문에는 11월 21일 확정된 것으로 되어 있다.

106 박병윤(1980. 5), pp. 196~197.

표 11-15 정부의 기업집중 억제와 경쟁유도정책 1기: 직접통제기

연 도	기업집중 억제와 경쟁유도정책 내용
1974	재무부, 「기업공개촉진법」에 의해 기업공개권을 발동 54개 지정(2. 28)
	공공차관의 도입 및 관리에 관한 행정개선(5. 24)
	대통령 5.29 특별지시(5. 29)
	재무부, 「기업집중저지대책」 발표(5. 30)
	기업공개촉진법 시행령 개정안 의결/「중소기업계열화촉진법안」 의결(11월)
	경제기획원, 중화학공업기업 공개원칙 발표(11. 21)
1975	재무부, 「기업공개보완시책」 발표: 대기업 주력기업 공개 강권조치(8. 8)
	「물가안정 및 공정거래에 관한 법률」 제정(12. 31, 시행령 76. 3. 15)
1976	독과점 품목에 대한 가격통제 일단 제도화
	경제기획원, 현금차관 및 물자차관의 도입을 대폭 규제키로 결정(7. 23)

계속조치의 일환으로 1974년 2월 27일 「기업공개촉진법」에 제도화된 기업공개권을 발동하여 다음 날 28일 적격 공개업체를 54개 지정하였지만 기업들은 이에 반응을 보이지 않았다.[108] 이후에도 〈표 11-15〉에서 보듯이 정부의 경제력집중 억제노력은 계속되었다.

대기업들에 의해 정부의 기업공개 요구가 계속 거부되자 1974년 5월 29일에는 대통령이 직접 나서 「기업공개에 관한 대통령 특별지시」가 발표되었다. 그 주요 내용은, 첫째 금융·외자·세제에서 기업공개 기피 기업에 대한 정부의 공개의지를 강력히 피력하고, 둘째 기업의 대규모화 과정에서 나타난 특정인 중심의 족벌적 기업군을 지양하고 기업의 문호개방과 기업체질의 개선 등을 강조하는 것이었다. 이어 다음 날 5월 30일에는 재무부가 기업집중 저지대책을 발표하여 기업공개를 강력히 추진할 것을 다시 천명하였다. 「금융여신과 기업소유 집중에 대한 대책」으로 명명되어 기업공개의 강권적 개입이 시작되었고 50억 원 이상 여신 계열기업군을 A, B 군으로 나누어 관리에 들어갔다(본장 부록의 〈자료 11-3〉 참조). 재무구조가 취약한 A군에 대해서는 재무구조개선 조치가 취해졌고 재무구조가 양호한 B군에 대해서는 공개지정권이 발동되었다. 1974년 11월 21일에는 경제기획원이 중화학공업과 바로 연관된 「중화학공업기업 공개원칙」을 발표하였다(본장 부록의 〈자료 11-4〉 참조). 이

107 경제제1수석(19730827).

108 매일경제신문, 1974. 2. 27~1974. 2. 28.

것은 직접 중화학공업 참여 대기업을 대상으로 한 것으로 중화학공업에 참여하는 기업들은 주식을 공개하여 소유와 경영을 분리하고 내자조달도 동시에 극대화하도록 한 것이었다. 구체적인 수단으로 향후 중화학공업기업은 모집설립 또는 공모증자에 의해 건설됨을 원칙으로 하고 실수요자 선정에서 주식공모비율이 높을수록 우선 배정하기로 하였다.[109]

그 결과 1975년 상반기까지 상장법인의 1/3인 48개 기업이 기업공개를 하였지만 여전히 주요 대기업은 공개를 하지 않고 있었다.[110] 이러한 상황은 언론에 의해 '주식분산지시 묵살'이라는 제목으로 "기업공개를 촉진하기 위한 5.29 대통령 특별지시에 따라 작년 연말까지 대주주 주식비율을 51% 이하로 분산, 상장요건을 갖추도록 지시하는 한편, 이를 이행하지 않을 경우 상장을 폐지하겠다고 통고하였으나 이들 업체들은 시한을 한 달이나 넘긴 1일 현재까지 주식을 분산하지 않고 있다"[111]고 보도되고 있는 정도였다. 이에 재무부는 1975년 8월 8일 「기업공개 보완시책」을 발표하여 대기업의 주력기업 공개를 지향한 강권조치를 취하였다. 재무부는 공개대상의 선정기준으로 계열기업의 주기업, 외형기준 100대 기업, 300만 달러 이상의 차관도입 기업, 수출실적순 100대 기업, 투자공사 실사결과 적격법인, 중화학공업기업 등을 지정하였는데, 공개우선순위는 위의 선정기준이 겹치는 기업, 계열기업군의 주기업, 중화학공업기업의 순으로 지정하였다. 구체적으로 1단계 공개대상 법인의 명단 공표, 2단계 공개지정 최고(催告), 3단계 공개지정과 법적명령 등 강제적인 공개방법까지 공개하였다.[112] 이 조치에서 중화학공업 대상기업은 전부 망라되었고, 또 중화학공업기업을 직접 거론함으로써 정부는 중화학공업화로 발생하는 경제력집중의 문제를 직접 해결하고자 하였다.

그러나 여전히 대기업의 반응은 미온적이었고 정부는 다시 1976년 발표한 4차 5개년계획의 공업정책 역점방향에서 중화학공업 건설 계열체계 확립, 경영합리화를 위한 기업공개의 촉진을 천명하였다.[113] 정부의 노력은 차관도입 인가조건과 독과점사업자 및 품목지정으로 계속 연결되었다. 정부는 기업들의 차관도입을 인가할 때는 계열업체 전체를 첨부하여 검토하였고 대통령에게 이를 동시에 보고하여 결재를 받았다.[114] 또 정부는 〈그림 11-7〉에서 보듯이 매년 독과점 사업자 및 품목을 지정

[109] 한국개발연구원(반세, 1995), p. 329.
[110] 김정렴(1995), pp. 283~284; 이종재(1993), p. 255.
[111] 동아일보, 1975. 2. 1.
[112] 김정렴(1995), p. 284.
[113] 상공부 중공업계획반, 화학 및 경공업계획반(1976), pp. 31~35.

그림 11-7 「물가안정 및 공정거래에 관한 법률」에 의거한 독과점 지정품목 및 사업체수 단위: 개

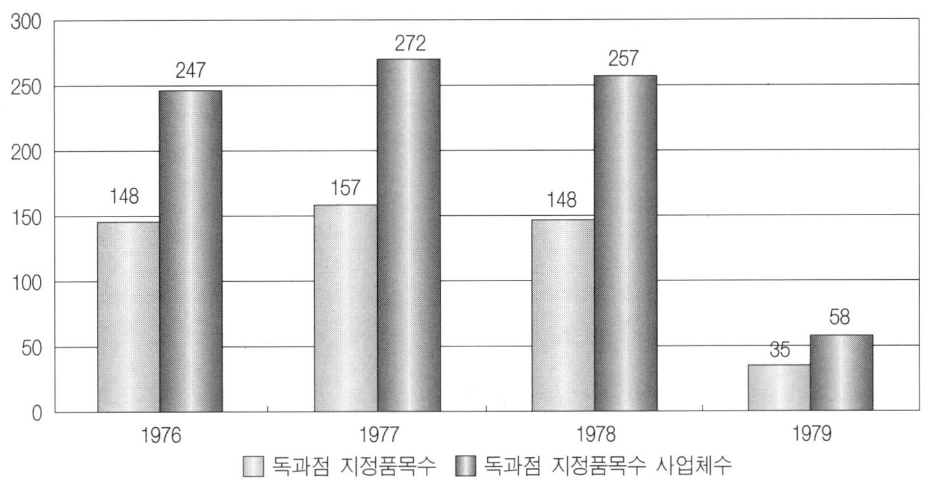

자료: 한국개발연구원(5차, 1980), p. 495.

하여 집중을 억제하고자 하는 노력을 지속하였다. 정부는 "수출산업을 중심으로 과점화를 유도해 왔지만 반면 과점화에 의한 가격면에서의 폐해를 법적으로 엄격히 컨트롤한다고 하는 이면(二面)작전을 취해 왔다."[115]

정부정책은 1977년 이후 국내에서의 경쟁유도를 위한 독과점 지정에서 전문 공인회계사를 채용한 독과점가격의 합리적 조정시도로 한 걸음 더 나아갔고,[116] 더하여 〈표 11-16〉에서 보듯이 개방을 통한 경쟁유도와[117] 중소기업 분리육성으로 시각을 바꾸었다. 개방요구 확대에 따른 시장의 상황변화가 분명히 이루어졌고 정부의 판단에도 이미 대기업 자체를 규제대상으로 하는 정책이 더 이상 실효성도 없다고 생각하였기 때문이다. 특히, 중소기업정책을 따로 만들어 관리하고자 하는 것은 1976년까지 심화된 대기업·중소기업 간 이중구조 심화가 "대기업과 중소기업 및

114 외자도입심의위원회(100현197410); 외자도입심의위원회(100금197410); 외자도입심의위원회(100선197410); 외자도입심의위원회(100창197410); 외자도입심의위원회(100한197410).

115 永木幸夫(1977), p. 110.

116 대통령비서실(예독19770331).

117 1차 수입자유화 조치(1978. 5. 1)의 내용을 보면 "국내공급이 독과점 상태에 있는 품목, 기타 등 321개 품목을 선정"한다고 되어 있고 2차 수입자유화 조치(1978. 9. 12)의 대상품목 역시 독과점 품목이 명시되어 있다. 1차, 2차 수입자유화 조치의 내용에 대해서는 본장 부록의 〈자료 6-2〉 참조.

표 11-16 정부의 기업집중 억제와 경쟁유도정책 2기: 간접통제기

연 도	기업집중 억제와 경쟁유도정책 내용
1978	경제기획원, 기술도입 자유화 방안 마련(2. 4)
	상공부, 전기냉장고, 흑백TV 등 133개 품목 수입자유화, 88개 품목의 수입예시품목 지정(4. 15). 321개 품목 선정, 133개 품목 즉시 자유화(5. 15)
	중소기업 특화업체 지정요령 공고(5. 2)
	중소기업진흥공단 설립 및 중소기업특별기금 조성(6. 14)
	1978년 독과점 사업자 및 품목 지정: 148개 품목, 257개 사업자(7. 14)
	부동산투기 억제와 지가안정에 관한 종합대책: 토지거래 허가제·신고제 도입, 토지개발공사 설립(8. 8)
	제2차 수입자유화 조치(9. 12): 299개 품목 수입자유화 대상품목 선정
1979	제3차 수입자유화 조치(1. 1): 제한품목수 344개
	중소기업진흥법 개정(3. 10), 발효(3. 26)
	중화학공업투자조정: 1차(5. 25)
	외국인 투자기업의 수출의무 해제 내지 완화(6. 4)-투자유치 확대 추구
	경제기획원, 「공정거래제도의 개선방향」 작성(9월)
	기술도입 자동인가제도 발표(12월)
	상공부, 349개 품목 수입자유화(12. 18)
	물가안정 및 공정거래에 관한 법률 제5조 제4항의 규정에 의한 독과점 사업 및 독과점 사업자의 범위와 기준에 관한 규정 개정(12. 19)

근대적 기업과 전근대적 기업 간의 상호보완적 생산관계를 결여시킴으로써 자원의 비효율적 사용과 전후방연관효과 및 외부경제의 소멸을 초래할 뿐만 아니라 장기적으로 기업의 성장을 제한하여 안정적 생산기반의 구축과 동태적 비교우위를 유지함에 있어 문제를 제기"[118]하였기 때문이다.

우선 대기업 스스로 필요에 의해 전문화를 추구하도록 유도하기 위해 3차에 걸친 수입자유화 위에 1979년에는 "1981년까지 수입자유화율 90%, 관세기준율 5%로 한다"는 원칙을 발표하였다. 그리고 1977~1981년의 제4차 경제개발5개년계획 공업계획에서는 기존의 집중시각을 완화하여 "중소기업의 육성을 적극 지원하며 산업의 지방분산으로 지역 간의 균형 있는 발전을 도모할 것"을[119] 천명하였다. 실제로 1978

[118] 경제기획원(백, 1976), p. 447.
[119] 경제기획원(백, 1976), p. 407.

년에는 중소기업에 대한 지원이 집중적으로 이루어져 〈표 11-16〉에서 보듯이 중소기업진흥공단 설립 및 중소기업특별기금 조성(6. 14)이 이루어졌고 이어 1979년에는 「중소기업진흥법」 수정과 발효 등이 잇달아 발표되었다. 이런 가운데 1978년 대기업들이 비업무용 부동산 518만 9,000평을 특혜융자로 투기한 것이 사회문제화되자 재무부는 이를 3단계로 나누어 처분하도록 지시하였다고 국회에 보고하였는데,[120] 이런 대기업의 특혜융자-부동산투기도 집중완화, 중소기업정책에 대한 요구를 더욱 강화시켰다.

1978년 2월에 이루어진 「대단위 기계공업 업무보고」에서 상공부 장관은 대통령에게 기업의 독점횡포를 막으려면 경쟁체제를 확립해야 한다는 논리를 공론화하여 제시하였다. 상공부는 정부가 양보해야 하는 필요성, 즉 규모의 경제에 따른 이익은 이제 수출로 가능하다고 판단하였다.[121] 1979년에는 신현확 경제기획원 장관이 투자조정의 필요성을 발언하면서 보다 구체적으로 "무리한 기업집중으로 규모의 경제가 저해되어 국제경쟁력이 약화되고 타인의존도가 높아짐으로써 기업의 체질이 약화되어……"라고 하여 무리한 기업집중이 이제는 규모의 경제를 오히려 저해하고 있다고 비판하였다.[122]

정부의 계속적인 이러한 견제로 1972년 66개에 불과하던 상장기업은 1979년에는 355개로 증가하였으며 309개 대기업이 공개되는 일부 성과가 있었지만,[123] 결국 1970년대를 통해 경제력집중 완화는 성공적이지 못하였다. 소유집중문제를 이중적·내재적 해결책으로 풀어 가고자 하였던 우리사주제도도 1977년까지 개선되고 있었지만 〈표 11-17〉에서 보듯이 1980년대 들어와 오히려 후퇴하였다.

정부는 계속 경제력집중 억제를 말하고 있었고 위에서 보듯이 그 필요성을 알고 있었고 또 정책을 계속 시행하고 있었다. 그러나 정부는 중화학공업화를 시행해 나가면서 생산의 집중이 어느 시기, 어느 정도까지 필요한 것인가를 진행단계별로 계속 검증하지 않았고 이에 따라 정책전환시기 모색을 적절히 행하지 못함으로써 정부 스스로 경제력집중을 조정할 수 있는 능력과 기회를 상실하였다. 그 결과 정부는 1970년대 후반과 1980년대 중화학공업 정리과정에서 대기업집단들의 혼합결합 확대와 경제력집중 확대를 막을 수가 없었다.[124] 사실은 진행단계에서 보아 처음

120 조선일보, 1978. 10. 12.
121 박병윤(1980. 5), pp. 201~202.
122 매일경제신문, 1979. 4. 6.
123 김정렴(1994), p. 192.
124 1970년대 후반에 소수 대규모 대기업집단으로 집중됨으로써 정부가 이들 기업을 마음대로 통제하기가

표 11-17 우리사주조합 현황

구 분	주식수(백만 주)			금액(10억 원)		
	우리사주조합 예탁주식주(A)	증권거래소 상장주식수(B)	A/B (%)	우리사주조합 취득금액(C)	증권거래소상장 주식시가총액(D)	C/D (%)
1974	0.3	487.6	0.1	0.1	532.8	0.0
1977	29.6	2,117.2	1.4	18.6	2,350.8	0.8
1980	21.6	3,875.6	0.6	13.1	2,526.6	0.5
1983	35.5	5,444.1	0.7	18.1	3,489.7	0.5

자료: 한국증권거래소(1983); 증권감독원(1984. 5); 한국개발연구원(구상, 1985), p. 158.

중화학공업화를 시작할 때와 달리 추가진입을 억제할 수 있는 가능성이 1970년대 후반인 1978년경에는 대기업집단의 진입과 집중에 의해 산업기술적 요인(industrial or technical factor)으로 형성되기 시작하였다. 그럼에도 불구하고, 정부는 정부 내 정책의지와 정책신호의 혼란을 보여 주었고(본서 제8장 참조), 나아가 집중이 진행됨에 따라 나타나는 대기업집단들의 이익과 상쇄되는 비용을 적절히 물리지 못함으로써 기업 스스로 경제력집중을 조정하는 노력을 하도록 유도하지 못하였다.

이런 점은 가장 효과적인 비용부과수단인 조세와 금리에서도 확인된다. 우선 〈그림 11-8〉에서 중화학공업기업 조세율(조세/총비용)의 대기업과 중소기업의 비율을 보면 중화학공업 기간 전체를 통해 1 이하의 수준에 머물러 대기업의 정부부과비용이 중소기업보다 낮았으며, 또한 1976, 1977년 일시적으로 상승하다가 다시 1978~1979년에는 1973년 수준으로 회귀하는 것에서 대기업 비용부과가 오히려 약화되고 있음을 알 수 있다. 구체적으로 대기업에 대한 조세혜택을 보면 이윤 중 조세나 관세를 감면해 주는 직접조세부담혜택이 매우 컸으며, 특별감가상각·준비금 설정제도 등 간접조세부담혜택까지 고려하면 전체적으로 대기업이 받는 조세보조액은 매우 컸는데, 이는 중화학공업·경공업에 상관없이 대기업이 받는 혜택이었다는 점에서[125] 중화학공업화의 관련된 문제라기보다는 대기업과 관련된 문제였다.

조세와 함께 금리를 보아도 이런 점은 나타난다. 공식적으로 1970년대 한국 금

쉽게 되었다는 B. Balassa(1990, p. 11)나, 한국 정부가 기업을 다루기 쉽도록 과점형태가 경제조직의 지배적 형태가 되도록 선호하고 지원하였다는 M. Hart-Landsberg(1993, p. 63)의 생각은, 1970년대 후반으로 갈수록 모든 능력에서 시장주도권이 오히려 대기업들에게 넘어가고 있는 사실을 보지 못하고 있다.

125 이재희(1990), pp. 200, 202.

그림 11-8 중화학공업기업 조세율의 대기업/중소기업 비율

단위: %

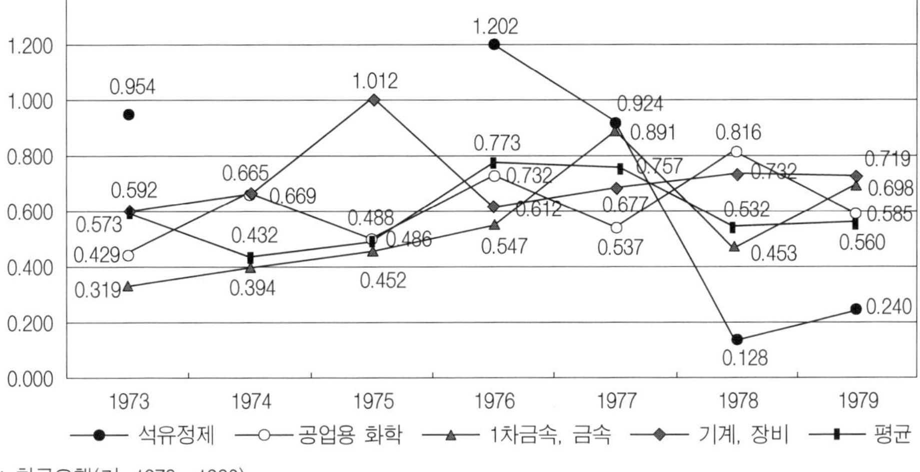

자료: 한국은행(기, 1973~1980).

그림 11-9 규모별 금융조달비용 차이(대기업/중소기업 비율, 제조업)

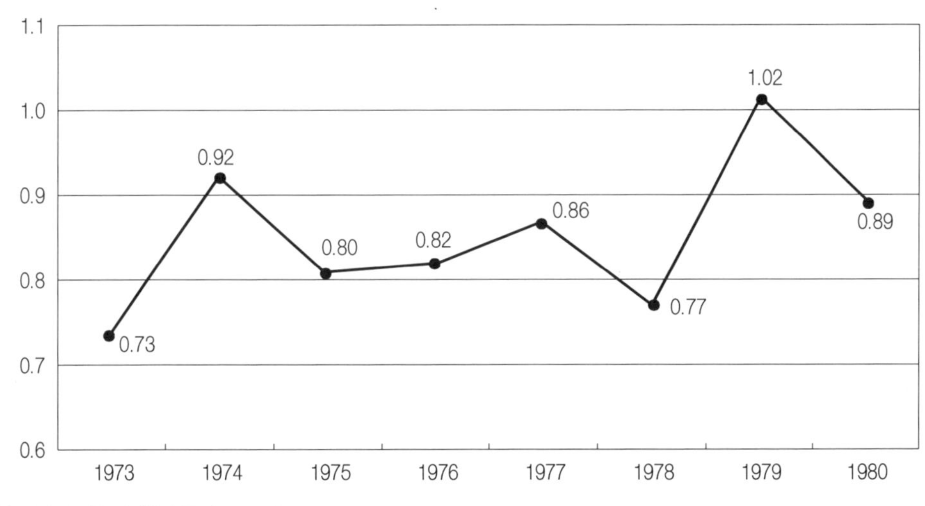

자료: World Bank(K1987b), p. 118.

융기관의 경우 이자율이 상한으로 억제되어 있었고 대출리스크에 따른 이자율 차이를 정부가 인정하지 않았다. 그럼에도 불구하고 〈그림 11-9〉에서 보듯이 이러한 규

정에 대한 감독이 미약함으로써 제조업에서의 대기업과 중소기업의 금융조달비용격차는 크게 나타나고 있었다. 1973~1978년간 제조업에서 대기업은 중소기업에 비해 20% 정도 저렴한 비용으로 금융을 조달하고 있었고, 1978년까지 이런 격차해소는 진전이 별로 없었다.

 맺 음 말

정책적으로 초기 중화학공업화에서 산업과 거시경제 전체의 효율을 높이기 위해 규모의 경제와 집중화를 선택하는 것은 어느 나라에서도 발견되는 합리성을 갖는다. 문제는 중화학공업화 과정에서 집중이 강화되고 있음에도 이에 대한 적절한 비용을 정부가 물리지 못함으로써 중화학공업화와 함께 진행된 경제력집중이 이후 한국 경제의 병목으로 작용하였다는 점이다. 이런 점에서 정부의 책임이 있지만 근본적으로 정부의 계속된 권고와 노력에도 불구하고 한국의 중화학공업화 기간에 집중이 강화된 것은 바로 대기업의 선택이었다. 엄밀히 말해 중화학공업화 기간인 1970년대에 중화학공업에서만 아니라 경공업 등 모든 부문에서 대기업집단에 의한 경제력집중이 진행되었으므로, 1970년대 경제력집중은 중화학공업화와 직접 관련된 문제가 아니라 대기업집단의 문제였기 때문이다. 이런 사실은 1970년대 후반 한국 경제에서 기업의 주도성이 정부보다 더 컸음을 의미하는 것인데, 이러한 사실과 의미가 그 동안 지적되지 않았다. 어쨌든 정부의 초기 의도와 배치되는 것이었지만 결과적으로 그러한 경제력집중이라는 결과를 가져왔다는 것이 중화학공업화의 가장 큰 모순의 하나였다.

정부는 정책선택에서 단기적 효율성과 필요성이 있다고 하더라도 계속 장기적 결과를 예측하고 대처하는 것이 필요하다. 산업정책에서 항상 문제가 되는 것은 특정 기업 또는 개인에게 도덕적인 위험이 발생하지 않도록 하는 것이다. 한국 경제는 이렇게 하지 않음으로써 이후 한국 경제의 불확실성을 확대시켰고 이 비용을 한국 경제 전체가 물었다. 이런 점에서 1970년대 중화학공업화와 경제력집중은 중요한 교훈을 주고 있다고 볼 수 있다.

부 록

1. 보 주

〈보주 11-1〉 규모의 경제와 집중

$C(q)=cq+F, \qquad AC=c+(F/q)$

여기서, $C(q)$: 비용
c: 가변한계비용
q: 기업생산량
F: 고정비용
AC: 평균비용

∴고정비용이 클 경우 기업생산량 증가의 평균비용 감소효과는 더 크다.

시장에서의 수요곡선 $P=a-bQ$ (1)

$dp/dq_i=-b$ (2)

여기서, P: 가격
a, b: 상수
Q: 전체 시장 균형량
q_i: i기업의 생산량

i기업의 한계수입(MR)

$R=Pq_i$(R: 수입),

$$
\begin{aligned}
MR_i &= P+q_i(dP/dp_i)\\
&= P-bq_i \qquad (\leftarrow(2))\\
&= a-bQ-bq_i \qquad (\leftarrow(1))
\end{aligned}
$$

이윤극대화 $MR=MC$, 여기에서 MC(한계비용)$=c$

$a-bQ-bq_i=c$ (3)

$Q+q_i=(a-c)/b$

완전경쟁시장하에서 시장생산량(Q^*)을 구하면,

$$P = MR = a - bQ^* = MC = c$$
$$Q^* = (a-c)/b \qquad (4)$$

모든 기업이 동일한 비용함수를 가지고 있다면

$Q = Nq^*$(N: 총기업수)

$Q + q_i = (a-c)/b$는

$Nq^* + q^* = (a-c)/b$

$$q^* = Q^*/(N+1) \qquad (\leftarrow(4)) \qquad (5)$$

단기의 시장균형가격

$$\begin{aligned} P &= a - bQ \\ &= c + bq^* && (\leftarrow(3)) \\ &= c + b\{Q^*/(N+1)\} && (\leftarrow(5)) \qquad (6) \end{aligned}$$

단기균형가격에서 각 기업의 이윤

$$\begin{aligned} \Pi &= \{c + (bQ^*)/(N+1)\}q - (cq + F) && (\leftarrow(6)) \\ &= b\{Q^*/(N+1)\}^2 - F && (\leftarrow(5)) \end{aligned}$$

기업진입에 따라 장기에서 이윤은 0

$$\therefore N^* = \{Q^*/(F/b)^{1/2}\} - 1$$

따라서 고정비용이 높은 경우 집중은 자연적인 현상이 된다.

2. 부　　표

〈부표 11-1〉 경제력집중 관련 부표

부표 11-1-1 출하액 기준 상위 100개사 누적점유율(제조업)

단위: %

구 분	출 하 액				종 업 원			
	1977	1978	1979	1980	1977	1978	1979	1980
상위 5사	13.9	12.3	12.7	15.9	2.1	2.0	1.5	1.5
상위 10사	18.3	17.1	17.4	20.1	4.2	5.3	4.6	4.3
상위 50사	34.7	34.1	33.7	36.4	14.1	14.9	14.6	13.6
상위 100사	45.0	43.6	43.1	46.3	20.8	20.8	20.6	19.4

자료: 경제기획원(광, 1977~1982).

부표 11-1-2 시장·경제력집중도

단위: %

구 분	1979	1980
상품시장집중도(상위 3사 시장점유율 70% 이상)	73.6	74.5
경제력집중도(상위 30개 재벌의 출하액비중)	35.0	34.7

자료: 상공부(체제, 1985).

부표 11-1-3 제조업에서의 독과점시장구조

단위: %

구 분		1970	1974	1977	1982
독 점	품 목 수	29.6	30.8	31.6	23.6
	판 매 액	8.7	12.7	16.3	11.4
복 점	품 목 수	18.7	17.9	20.1	11.1
	판 매 액	16.3	12.6	11.0	6.6
과 점	품 목 수	33.2	34.2	32.0	47.4
	판 매 액	35.1	38.6	33.9	50.6
비경쟁부문	품 목 수	81.5	82.8	83.7	82.1
	판 매 액	61.1	63.9	61.2	68.6
경 쟁 부 문	품 목 수	18.5	17.2	16.3	17.9
	판 매 액	39.9	36.1	38.8	31.4

주: 1) 독점: 집중률 80% 이상. 복점: 2기업 생산이 80% 이상. 과점: 상위 3기업 생산이 60% 이상.
2) 앞에서 인용한 경제기획원 자료보다 경쟁부분이 약간 높음.

자료: World Bank(K1987b), p. 30.

부표 11-1-4 자기자본비율의 대기업·중소기업 비교(제조업)

단위: %

구 분	1972	1973	1974	1975	1976	1977	1978	1979	1980
대 기 업	23.9	26.6	23.7	22.1	21.2	22.3	21.6	20.9	16.5
중소기업	41.9	40.2	41.5	35.0	26.9	21.8	20.5	21.1	20.2

자료: 한국은행(기, 1971~1982).

〈부표 11-2〉

부표 11-2 중화학공업의 안정성(재무구조)

단위: %

구 분	자기자본비율		유동비율		고정장기적합률		부채비율	
	1977	1978	1977	1978	1977	1978	1977	1978
제 조 업	22.2	21.4	112.4	109.8	86.1	88.3	350.7	366.8
경 공 업	20.6	19.9	105.0	103.8	89.5	92.1	385.3	403.4
중화학공업	23.2	22.5	120.0	115.6	84.3	86.4	328.7	344.5

자료: 한국은행(기, 1978~1979).

〈부표 11-3〉 중소기업 관련 부표

부표 11-3-1 중소기업의 비중 변화(제조업)

단위: %

연 도	사업체수	종업원수	출 하 액	부가가치액
1972	96.49	45.28	28.45	27.91
1974	94.74(96.5)	37.22(44.8)	23.74	25.34(31.2)
1975	96.17	45.70	30.85	31.63
1976	95.88	44.07	29.49	30.00
1977	95.94	46.01	30.51	32.42
1979	96.51	47.84	32.21	35.23
1980	96.61	49.64	32.05	35.16
1981	96.87	51.12	32.31	34.79
1982	97.30	53.77	34.22	36.21
1984	97.45	54.92	34.64	36.34
1985	97.53	56.10	35.28	37.62
1986	97.64	57.63	37.79	39.02
1987	97.64	57.28	37.83	39.43
1988	97.80	57.81	38.71	42.68
1989	98.12	60.90	42.31	44.98
1990	98.27	61.73	42.70	44.32

주: 1) 중소기업은 1975년부터 중소기업 규정변화로 300인 미만, 이전은 200인 미만 종업원 제조업체임.
2) 1974년 ( ) 안은 300인 미만으로 계산한 값.

자료: 경제기획원(광, 1974, 1976~1979, 1981~1990); 통계청(광공, 1990~1992).

부표 11-3-2 10년 단위 중소기업의 비중 변화(제조업)

단위: %

구 분	1960년	1970년	1980년
사업체수 비율	99.1	97.0	96.6
종사자수 비율	78.1	48.2	49.6
부가가치비율	66.3	28.0	35.2

주: 1) 〈부표 11-3-1〉과 동일.
2) 1980년 종사자수, 부가가치비율은 수정함.

자료: 상공부(체제, 1985).

부표 11-3-3 제조업에서의 중소기업 비중 한국·대만 비교

단위: %

구 분	1976년		1981년	
	한 국	대 만	한 국	대 만
사업체수 비율	95.9	99.4	97.3	99.4
종사자수 비율	44.1	68.8	53.8	69.7
부가가치비율	30.0	55.5	36.2	52.6

자료: 경제기획원(광, 1976~1982); 중소기업진흥공단(경지표, 1978~1985).

3. 보　론

〈보론 11-1〉 경제력집중을 가져다 준 5가지 사건[126]

1) 1960년대: 국영기업 불하

국영기업을 불하받은 기업은 그 자체 주요 기업을 차지할 수 있었지만, 더하여 장기저리의 융자에다 은행 빚이 주식으로 자본전환되는 혜택을 받았다. 여기에 국영기업을 불하받은 기업들은 독점권을 인수받고 또 인정되어 독점수익성까지 확보하였다.

이에 처음부터 국영기업 불하는 대기업들의 각축장이었고 이를 인수받는 여부에 따라 대기업집단의 운명이 바뀌었다.

① 제2정유공장

1966년 5월 정부는 제2정유공장 실수요자 공모를 발표하였다. 세계 석유시장은 이미 대규모 다국적 기업들이 지배하고 있었고 한국의 시장전망은 매우 밝았기에 실수요자 공모는 국제적인 경쟁으로 발전하였다. 한국화약의 '동양석유'는 미국 '스켈리'와 일본의 '수미토모(住友)', 롯데의 '동방(東邦)석유'는 일본 '이토추', 삼남(三南)석유는 미국 '선오일'과 '컨티넨털', 대한증권계 '삼양(三洋)석유'는 일본의 '日綿', 한양의 '한양석유화학'은 미국 '에소스탠다드', 락희(樂喜, 럭키)의 '호남정유'는 일본 '미쯔이(三井)'와 미국 '소코니 모빌' 등과 합작 파트너로 신청하였다.

정부는 모든 조건을 검토한 후 '럭키(樂喜)'를 적정기업으로 생각하고 있었다. 9월에 '럭키'의 합작선인 '미쯔이(三井)'가 삼성의 사카린 밀수사건에 연루되자, 정부는 '럭키'에게 '미쯔이' 대신 '칼텍스'나 '유니온'과 접촉할 것을 권고하였고 '럭키'는 이에 따라 '칼텍스'와 손을 잡았다.

1966년 11월 17일 정부는 전남 여수에 건설될 제2정유공장의 실수요자로 '럭키'계의 '호남정유'를 결정하였다고 발표하였다.

1969년 9월 일산 6만 배럴의 정유공장이 들어섬으로써 민간정유시대의 개막과 함께 '럭키'는 화학산업의 최강자로 자리잡았다.

126 여기에 기록된 사실 내용의 많은 부분은 대통령비서실 자료철, 중화학공업추진위원회기획단(공발3, 1979), 이종재(1993), 주태산(1998) 그리고 일간·경제신문에서 인용하였다.

② 새나라자동차

'새나라자동차'는 처음에 한일은행 관리로 넘어갔다가 다시 공매로 나왔다. '새나라자동차' 공매에는 '삼미사(三美社)'(김두식, 金斗植), '신진(新進)자동차'(김창원, 金昌源), '대동(大東)공업'(이용범, 李龍範), '영풍(永豊)상사'(장희병, 張希炳), '한진(韓進)자동차'(조중훈, 趙重勳) 5개 업체가 응찰하였다. 두 차례의 유찰 끝에 1억 2,500만 원으로 응찰한 '삼미사'의 김두식 사장에게 낙찰되었다. 그러나 김두식 사장은 진행 과정에서 낙찰권을 포기하였고, 1965년 11월 '신진자동차'가 새나라자동차를 인수하였다. 이때 '신진자동차'는 인수자금이 모자랐지만 부족자금 2억 4,000만 원을 시중은행 지급보증으로 메웠다. 당시 '신진자동차'는 고위층과 연결되어 있다는 소문이 돌았고 이어 1968년 실시된 '한국기계' 공매에서도 '신진자동차'의 김창원 사장이 낙찰받자 이 소문은 기정사실처럼 시중에 돌아다녔다.

'새나라자동차' 인수 후 '신진'은 1966년 2월 '한국자동차판매사'를 설립하고 '하동환(河東煥)자동차'를 합병한 후, '신진학원' 설립, '한국기계' 인수, '경향신문' 인수 등 급속히 사세를 확장하였다. 그 결과 당초 4억 원에 불과하였던 '신진자동차'의 자본금은 불과 3년도 안 되어 32억 원으로 늘어났고 1968년 1월부터 8월 사이의 이익금은 17억 원으로 발표되었다.

그러나 인수 당시 21%였던 국산화율을 1968년까지 89% 이상으로 높이겠다는 약속은 지켜지지 않았다. 이는 국회 차관업체 특별감사반의 집중적인 추궁대상이 되었고 국회에서 문제로 비화되었다. 김창원 사장은 1968년 10월 7일 여당의 김진만 공화당 원내총무를 비판하는 광고성격을 띤 해명광고를 신문에 게재함으로써 이는 여당이 압도적이었던 국회와 기업의 대결로 발전하였고 갈등은 1년여를 끌었다. 이러한 대결양상은 1969년 10월 2일 김창원 사장이 사과광고를 냄으로써 일단락되었다.

③ 기　타

'동국제강'(장경호, 張敬浩)은 부실기업 정리대상인 '한국철강'·'한국제강'을 인수하고 이어 '아세아자동차'를 인수함으로써 재계의 선두그룹에 들어갔다. 한편, '신동아'의 최성모(崔聖模) 사장은 1차 부실기업으로 발표된 '공영(共榮)화학'·'대한플라스틱'을 모두 인수하였다. '대한플라스틱'의 인수는 이를 지배하고 있었던 '대한생명'을 인수하는 것으로 연결되었고 동시에 '대한생명'이 모회사로 지배하고 있던 '삼척탄좌'와 '대성(大成)실업'까지 맡게 되었다. 여기에 '대한통운'을 인수함으로써 일약 대기업집단으로 성장하였다. 한편, 국영기업 '대한항공'의 민간불하는 바로 조중훈 사장을 이후 대기업집단 총수로 자리매김하는 기회를 제공하였다.

2) 1970년대 초: 8.3조치(「경제의 안정과 성장에 관한 긴급명령」)

기업들의 사채가 늘어나는 가운데 차관기업들의 원리금 상환이 1970년부터 시작되었고 수출촉진을 위한 1971년 18% 환율인상으로 차관기업들의 원리금 상환부담은 더욱 가중되었다.

위기를 느낀 전경련 김용완(金容完) 회장은 대통령 면담을 요청하였다. 1971년 6월 11일, 김종필 총리, 김학렬 부총리, 남덕우 재무부 장관, 전경련 김용완 회장, 부회장 신덕균·정주영이 참가하는 회담이 청와대에서 열렸다. 이에 대한 정부대책은 7월 중앙청 회의실에서 열린 월례수출확대회의에서 나왔다. 남덕우 재무부 장관은 차관기업의 부실을 막기 위해 100억 원(1970년 말 통화량이 3,065억 원)의 특별자금을 배정할 것이며 기업선정은 전경련이 맡아서 하라고 위임하였다. 그러나 전경련은 기업들의 사채가 1,800억 원에 이를 것으로 추정하고 이러한 대책은 효과가 없다고 진언하였다.

김용완 회장은 즉시 대통령 면담을 재요청하였고 이는 받아들여져 청와대에서 대통령과 독대하게 되었다. 이때 김회장은 "사채에 대한 비장한 결단을 내리지 않는 한 우리나라의 모든 기업이 연쇄도산하고 말 것입니다"라고 건의하였다. 충격을 받은 박 대통령은 김정렴 비서실장에게 대책을 보고하라고 지시하였고 김정렴 비서실장은 의견을 종합하여 보고하였다.[127] 여러 증언에 의하면 사채동결에 대한 아이디어 제공자는 김용완 전경련 회장이었다. 이후 11월부터 작업에 들어가 7개월간의 비밀작업이 진행되었다. 비밀작업은 청와대와 경제과학심의회에서 동시 진행하는 형태를 띠었다.

최종적인 안이 1972년 8월 3일 사채동결조치로 발표되었다. 비밀작업으로 진행되었기에 사채신고조정에 따른 경비는 사전 예산 없이 일반회계 예비비에서 지출되었다.[128] 사채조성대책본부장인 재무부 장관 명의로 '사채신고에 관한 안내와 상호신용금고업무 신고 및 인가신청요령'이 15개 일간신문에 2회에 걸쳐 공고되었으며,[129] '산업합리화심의회'가 설치되어 11월 31일 기업재무구조 개선의 일환으로 특별대환을 실시하였다.[130]

---

127 '경제과학심의회'에서 동시에 제안한 것이라는 증언도 있다.

128 대통령비서실(예사19730819).

129 대통령비서실(예사19721016).

8.3조치에 의해 1972년 8월 9일까지 7일간 이루어진 사채신고 금액은 3,456억 원이었고 신고건수는 40,677건이었다. 이는 통화량의 80%, 국내여신 잔액의 34% 수준에 이르는 막대한 것이었다. 해당 기업은 총 3만 9,676개 기업이었는데, 이 중 1억 원 이상의 사채를 쓴 기업은 543개로 이들이 전체 금액의 53%를 차지하였다. 박정희 대통령은 신고마감 다음날인 8월 10일 김정렴 비서실장에게 소액사채 구제안을 넘겼는데 이는 전체 건수의 90%, 전체 금액의 32%에 해당하는 300만 원 미만의 소액사채는 사채동결에서 제외하거나 완화하라는 것이었다.

8.3조치는 우선 세 가지 측면을 보여 준다. 첫째는 거시적으로 볼 때 이는 '산업합리화 시책'으로 기간산업, 그 중에서도 중화학공업에 정부개입으로 부실금융채권을 정리하는 의도를 가진 것이었다. 이를 통해 거시적으로 성장기조를 다시 회복하고 물가등귀를 수습하며 수출증가를 다시 연결하려는 의도였고 이는 어느 정도 성공하였다. 둘째는 그나마 1970년대 초여서 한국 경제의 생산규모가 작아 단기적으로 문제가 적었다는 점과, 또 신고 총사채액 3,456억 원의 1/3인 1,137억 원이[131] 자기 기업에 사채놀이한 기업주 사채이고 이들은 제외되었다는 점에서[132] 그나마 정당성이 인정될 수 있는 소지가 있었다. 셋째는 경제팀의 책임자인 경제기획원이 소외됨으로써 박정희의 경제기획원에 대한 불신이 나타난 사건으로 볼 수 있다.

그러나 가장 중요한 영향과 경제사적 측면은 시장의 근본법칙을 정부 스스로 어김으로써 기업금융부담의 경감이 일순간에 진행되었고, 따라서 사채동결로 불리는 이 8.3조치는 한국의 대기업집단들이 위기에서 회생하고 경제력집중을 할 수 있게 된 계기가 되었다는 것이다. 그 파격성으로 인해 정부는 당황하는 세계은행(IBRD)과 미국, 그리고 서구 국가들에게 제5차 IECOK(대한국제경제협의체) 회의를 앞당기면서까지 그 내용을 설명해야 하였다.[133]

3) 1970년대 후반: 종합상사

1970년대 대기업집단(재벌)의 발전을 견인한 것은 중화학공업·종합상사 그리고 해외건설공사의 3세트였다라고 말하여질[134] 정도였는데, 특히 이 중에서 분명하고도 뚜렷하게 대기업집단으로의 기업뭉침을 유도한 것은 종합상사였다. 흔히 중화학공

130 대통령비서실(예회19721108).
131 김홍기 편(1999), p. 233.
132 물론 이는 드러난 것이고 사실 그보다 당연히 많았을 것이다.
133 대통령비서실(예I19721019).
134 池東旭(2002), p. 92.

업과 종합상사를 중복되는 것으로 보아 동일시하는 연구들이 보이는데 1979년 중화학공업 제품 수출액의 39.8%가 종합상사에 의해 수출되었으며, 1977, 1979년 종합상사 수출액의 31.8%, 47.3%만이 중화학공업 제품이었고 오히려 경공업의 비중이 각각 61.2%, 48.5%로 더 높았다는 점에서[135] 동일시하기에는 문제가 있다.

종합상사의 요구는 당연히 대기업에서 나왔다. 1968년 3월 14일 '전국경제인연합회'의 전신인 '한국경제인연합회'는 이사회를 열고 종합무역상사 설립구상을 채택하여 청와대·경제기획원·상공부·재무부에 건의하였다. 당시의 건의내용을 보면 "종합무역상사는 ① 수권자본금 3백만 달러 이상의 공개법인으로, ② 중소영세상품을 종합 취급하고, ③ 일정한 수 이상의 취급상품이 있어야 하며, ④ 적정한 규모와 수의 해외지사망을 갖도록 한다. 그리고 ⑤ 정부는 종합무역상사의 육성을 위해 국제금리수준의 내외자 지원, 세제상의 특전 부여, 특정 물품의 수출입권 부여 등의 지원책을 실시토록 한다"는 것이었다. 그러나 정부지원에 의해 대형 무역상사가 출현할 경우 기존 군소무역업체들은 타격이 클 것이라는 거센 반발이 있어 성사되지 못했다. 이후에도 대기업들은 종합무역상사 설립구상을 계속 연구·검토하면서 이를 관철시킬 것을 기대하고 있었다.

1970년대에 들어와 상공부는 1960년대 이후 일본의 발전모델을 연구하는 과정에서 일본이 수출대국으로 성장하는 데 결정적 역할을 한 것이 바로 수출첨병으로서의 일본의 종합상사(소고쇼샤, 總合商事)였다는 결론에 도달하였다. 1970년 일본의 종합상사는 기계수출의 53.9%를 담당하고 있었다. 당연히 이낙선 상공부 장관은 이에 대한 관심이 높아, 한편으로는 '한국무역협회' 전액 출자로 이루어진 '고려무역(高麗貿易)'을 종합무역상사로 육성하려는 구상을 하고 또 다른 한편으로는 일본 4대 종합상사의 하나로 성공한 '이토추상사(伊藤忠商事)'에 종합상사의 모델을 제시해 줄 것을 요청하였다. 1973년 '이토추상사'의 세지마류조(瀬島龍三) 부사장은 이낙선 장관에게 한국에서의 종합상사 육성을 위한 종합상사 계획서를 제출하고 직접 브리핑과 의견을 제시하였다. 이것이 이른바 「세지마계획서」라고 불리는 것이다. 보내진 내용의 핵심은 수출을 성공적으로 올리기 위해서는 "수출전문상사를 만들어 점차 종합화하되 중소기업보다는 대기업 위주로 거래해야 한다"는 것과 "정부주도의 종합상사는 실효가 없다"는 것, 그리고 "일본 등 다른 나라의 비슷한 예를 본따 만드는 것은 무모하다"는 것이었다.

135 한국무역협회(수입, 1980); S.-H. Jo(1991), p. 520; I. Yamazawa and H. Kohama(1985), p. 439.

석유위기로 수출이 큰 시련을 겪게 되자 다시 '삼성'·'대우' 등 대기업 수출업체들은 이 기회를 이용하여 한국도 대형종합상사를 만들어 일본에 대항해야 한다고 건의하였다. 석유위기에 따른 위기의식을 느끼고 있던 상공부는 이 건의를 받자 바로 한국 실정에 맞는 한국형 종합상사를 만들기로 결정하였고, 1974년 10월경 '삼성물산'과 '대우실업(大宇實業)'은 우리나라 종합상사 육성방안을 만들어 상공부에 직접 제출하였다. 일부 대기업에게만 특혜를 주는 것이라는 반대여론 속에서도 상공부는 1975년 1월 대통령 연두순시에서 1978년까지 수출 100억 달러 달성을 목표로 보고하고, 그 방안으로 수출을 대단위로 그룹화·조직화하는 종합무역상사제도를 건의하였다.

수출을 지상주의로 하고 있었던 박정희 대통령은 이 건의를 당연히 기쁘게 받아들여 연구해 보라는 지시를 내렸다. 1975년 2월 15일 장예준(張禮準) 상공부 장관의 지시로 작업이 착수되어 완성된 내용은 3월 31일 수출진흥확대회의에서 「종합무역상사 육성방안」으로 박 대통령에게 보고되어 승인받았으며, 상공부는 4월 30일 상공부고시로 구체적인 종합상사의 내용과 지정요건을 발표하였다.[136] 그 핵심 내용은 ① 해외지사 10개 이상, 자본금 10억 원 이상, 50만 달러 수출품목 7개 이상이라는 조건을 갖추면 종합상사로 지정되며, ② 정부는 1978년 100억 달러 목표달성에 도움이 되는 모든 지원을 이들 종합상사에 해 준다는 것이었다. 즉, 수출을 확대하기 위해 수출을 위한 전문종합상사로 지정되면 정부가 지원을 해 준다는 내용이었다.

기업의 확장과 결합을 모색하고 있던 대기업들은 종합상사를 중요한 확장의 명분으로 사용하였고 실질적으로 이를 이용해 성장하였다. 가장 먼저 삼성이 '삼성물산'으로 1975년 5월 19일 국내종합상사 1호로 등록하였고, 이어 27일에는 '대우'와 '쌍용'이 종합상사로 등록하였다. 이어 '국제상사'·'한일합섬'이 1975년 말에 종합상사로 지정되었고, 1976년에는 '효성물산', 럭키금성의 '반도상사(半島商事)', '선경', '삼화(三和)', '금호실업(錦湖實業)'이, 그리고 1978년에는 '현대종합상사'와 '율산(栗山)실업'이 지정되었다. 이렇게 하여 종합상사는 13개로 되었는데, 이 중 중소기업 수출창구는 '고려무역'[137] 한 군데뿐이었다. 종합상사는 1979년부터 '한일'·'삼화'·

---

136 중화학공업추진위원회기획단(공발3, 1979), p. 427.

137 1969년 3월 19일 '한국무역협회'에 입금된 민간기금인 수출진흥기금의 지원으로 소량수출을 전담할 '한국수출진흥주식회사'가 설립되었다. 이것이 1973년 10월 31일 '고려무역'으로 명칭이 변경되었다(중화학공업추진위원회기획단(공발3), 1979, p. 352).

보론표 11-1-1 각 종합상사 수출액

단위: 백만 달러

구 분	1975	1976	1977	1978	1979	1980
삼 성	223	355	507	493	767	1,237
쌍 용	125	141	176	265	420	642
대 우	161	301	501	709	1,119	1,415
국 제	64	197	328	472	564	744
한 일	37	218	127	188	–	–
고려무역	–	18	25	24	51	67
효 성	–	113	199	338	583	764
반 도	–	134	212	330	467	493
선 경	–	114	247	283	320	430
삼 화	–	–	167	260	–	–
금 호	–	99	204	256	305	356
현 대	–	–	320	260	450	1,028
율 산	–	–	91	151	–	–
종합상사합	610	1,690	3,104	4,029	5,046	7,176
전 수출에서의 점유율	12.0	21.9	30.9	31.7	33.5	41.0

자료: 한국무역협회 자료를 이용한 Y. W. Rhee(1984), Appendix B-8, pp. 148~149.

'율산'이 수출중단함으로써 1979년부터 10개로 되었다.

종합상사 지정과 함께 예상된 대로 대기업집단의 성장속도는 가속도가 붙었다. 〈보론표 11-1-1〉에서 보듯이 1977년 13개 종합상사의 수출이 전체 수출에서 차지하는 비중은 30.9%가 되었으며, 1980년에는 '고려무역'을 제외한 9개 민간종합상사가 차지하는 수출비중이 40.7%(10개 종합상사 전체로는 41.0%)로 증가하였다. 한국이 모델로 삼았던 일본의 경우 〈보론그림 11-1-1〉에서 보듯이 종합상사가 전체 수출에서 차지하는 비중이 10% 정도였으므로 한국의 종합상사가 얼마나 그 규모를 확장시켜 나갔는지 짐작할 수 있다.

이 과정에서 종합상사의 육성방향이 다품종총량확대 쪽으로 이루어지면서 대기업집단의 혼합결합 및 확장에 좋은 명분을 제공하였다. 종합상사는 정부의 전폭적인 지원하에 그룹의 자금줄 역할과 기업확장 창구역할을 하면서 대기업집단의 확대에 핵심 기능을 수행한 것이다. 여기에 대기업집단 회장들 역시 기업확장과 집중에

보론그림 11-1-1 종합상사 수출의 총수출 내 점유비중 한·일 비교

단위: %

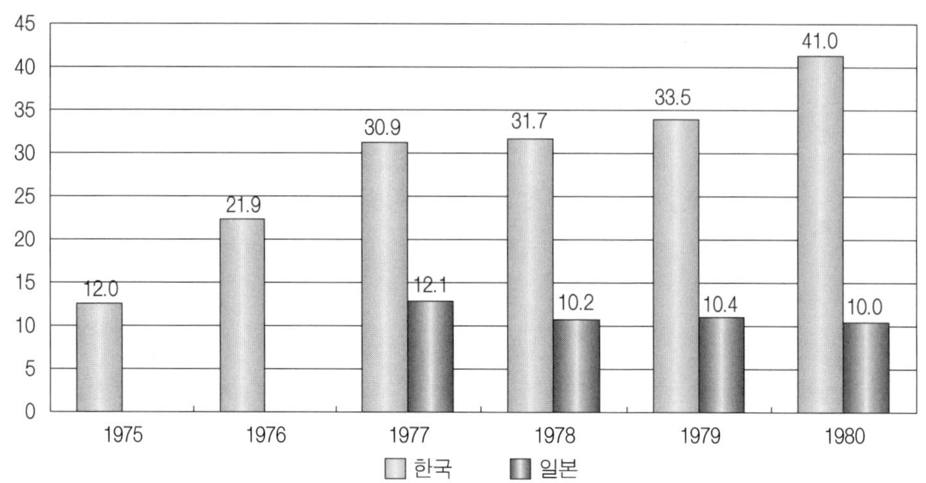

자료: 일본은 한국무역협회 내부 자료로 밝힌 S.-H. Jo(1991), p. 518.

적극 종합상사를 활용하였다. 그 결과 종합상사 시행 후 4년간 혼합결합은 극에 달해 '고려무역'·'율산'·'한일합섬'을 제외한 10개 종합상사가 속한 대기업집단은 161개의 기업을 인수·합병 또는 신설하였다. 물론 이들이 기업인수에 사용한 돈은 대부분 은행으로부터 빌린 간접금융의 부채였다. 각 대기업집단들의 중심 모기업과 같이 되어 버린 종합상사의 금융부채비율을 보면 1979년 6월 현재 '쌍용'이 1,706.4%, '효성물산'이 1,266.1%, '삼화' 1,204.7%, '선경' 910.1%, '금호실업' 614.6%, '삼성물산'이 553.2%였다.[138]

1978년 말을 기준으로 '고려무역'·'율산'을 제외한 11개 종합상사 대기업집단이 거느린 기업군은 국제 24개, 금호 17(연계내용면에서는 19개, 이하 동일)개, 대우 35(41)개, 럭키 43(47)개, 삼성 33(38)개, 삼화(三和) 30개, 선경 23(27)개, 쌍용 20개, 한일 8개, 현대 31(33)개, 효성 16개 등 총 280(303)개로 되었다. 이는 일본의 10대 종합상사의 연관 기업수 258개를 넘어서는 것이었다.

138 서울경제신문, 1979. 9. 21; 姜英之(1979. 11), p. 130.

4) 1980년대 초: 중화학공업 투자조정

본서의 제8장과 제9장을 참조.

5) 1980년대 후반: 부실기업 정리와 인수

1985년 8월 21일 여당 민정당 나웅배 의원(전 상공부 장관)은 다음과 같이 주장하였다.

> 한때 기여했던 산업이……. 일부 부실화되고 부실의 규모가 너무 커져 은행의 독단적인 처리가 어려운 것이 현실이다. ……기존 자산의 처분과 비주력업종을 정리할 수 있도록 금융세제상의 지원이 필요하다.

이러한 나 의원의 발언은 당시 정부와 여당이 어떤 인식을 가지고 있었는지 보여 준다. 이미 정부는 한국은행 특별융자를 통해 연리 3% 저리자금으로 부실기업 채권단의 손실을 보상해 주는 구체적 방안까지 마련하고 있었다. 이어 「조세감면법」이 국회에서 통과되었다. 이러한 사전 준비 위에 1986년 2월 김만제 부총리 겸 경제기획원 장관이 위원장인 '산업정책심의위원회'는 「산업구조조정 및 부실기업 정리를 위한 지원기준」을 마련하여 다음과 같이 발표하였다.

① 기업이 신청한 경우와 주무장관의 직권으로 대상기업 선정
② 기업군이 계열기업 전체를 전문화하거나 중소기업 고유업종을 처분할 경우 지원
③ 부실기업을 정리하거나 금융기관의 거액 결손을 메우기 위해 필요한 경우 조세지원

이에 따라 1986년 5월 9일 1차를 시작으로 9월 22일까지 4차례에 걸쳐 부실기업 정리가 실시되었다. 방법은 57개 기업을 3자가 인수하는 방식으로 진행되었다. 1차 정리로 '대한중기(大韓重機)'가 '기아'에게, '풍만제지(豊滿製紙)'는 '계성(啓星)'으로 인수되었다. 2차와 3차 정리에서 삼호와 국제계열 기업들이 넘겨졌으며, 4차 정리에서는 국제계열 7개사와 '경남기업'·'경남금속'·'정아(正亞)그룹'·'남광(南光)토건'·'한양(韓陽)그룹'·'삼익가구'·'대성목재'·'동양고속'·'남선(南鮮)그룹' 등 28개사의 정리와 인수가 발표되었다.

부실기업을 인수한 기업에게는 부채이자를 일정 기간 유예해 주거나 대출원금

의 탕감, 연리 10%의 손실보상 신규 대출지원, 대출원금의 상환유예 등이 이루어졌다. 동시에 부동산 양도차익에 대한 양도세와 취득세·등록세 등에서 조세감면조치도 취해졌으며, 원리금 상환유예에 따른 은행손실을 보전해 주기 위해 3%의 한국은행 특별융자도 시행되었다.

'극동건설'은 '국제상사'의 건설부문을 인수하면서 부채 4,087억 원 중 1,334억 원은 탕감받고 600억 원은 15년 거치 5년 분할상환에 무이자, 734억 원은 15년 거치 10년 분할상환에 무이자로 받았다. 인수받은 자산이 1,819억 원이었으므로 결국 인플레이션율을 감안한 현재가치로 보면 극동건설은 추가 비용부담 없이 '국제상사' 건설을 인수한 것이다. 부채보다 자산이 많았던 '연합철강'을 인수한 '동국제강'은 부채와 자산의 차액인 237억 원을 내고 총자산 2,418억 원의 기업을 인수받았다. '명성그룹'을 인수함으로써 일거에 그룹을 도약시킨 '한국화약'은 상업은행이 명성그룹을 자산 1,861억 원으로 평가하였으나 초과부채 1,097억 원으로 8년 거치 12년 분할상환으로 받았고 정리채권의 출자전환금으로 50억 원의 금융지원을 받았다. '한일합섬'은 500억 원의 신규 자금과 함께 골프장, 2개의 호텔을 인수하였다. 정부가 직·간접으로 지원한 돈은 이자감면 대출원금 4조 2,000억 원, 원금면제 9,800억 원, 손실보상 신규 대출 4,700억 원, 원금상환유예 8,000억 원으로 총 7조 5,000억 원에 달하였다. 이 과정에서 일부 인수기업은 은행으로부터 거액의 정상화 신규 대출까지 받아 이를 기업확장에 이용하기도 하였다.

부실기업 인수는 분명히 당시 상황에서 보아 경제력집중의 한 요인이 되었다. 인수기업들은 대형기업들을 인수함으로써 일시에 재계의 선두그룹에 진출하는 데에 성공하였다. 인수와 지원을 받은 기업은 총 24개사에 달하였는데, 이들은 '한진'·'기아'·'대림'·'해태'·'한일합섬'·'동국제강'·'대우'·'쌍용'·'한국화약' 등 이미 급속히 상위 대기업집단으로 부상하고 있는 기업들이었으며, 이 밖에도 '우성(宇成)'·'극동'·'벽산'이 있었다. 특히, 인수기업 중에는 '한일합섬'과 '한국화약'이 많은 부분을 인수하였고 '쌍용'도 '남광토건'을 인수하면서 많은 지원을 받았다. '한국화약'은 10대 대기업집단에 진입하였다.

단기적으로 경제력집중이 나타났지만, 해당 기업들의 인수이익에 대한 증언은 상당히 다르다. 오히려 부실기업을 기업의지에 반해 인수함으로써 장기적인 그룹의 손실이 되었다는 것이다. 실제로 인수기업 중 많은 기업이 몰락하였는데, 그 원인의 하나로 이때의 부실기업인수를 들었다. 분명한 것은 기업의 자율적인 자력인수가 아닌 정부 도움에 의한 인수는 결국 이들 인수기업에게도 장기적으로는 도움이 되지 못하였다는 것이다.

〈보론 11-2〉 한국에서 대기업집단(재벌)이 만들어진 이유

기업그룹·대기업집단은 세계 각국에서 발견되지만 한국의 대기업집단, 즉 '재벌'로 불리는 기업조직은 매우 독특하다. 따라서 세계 각국의 언어에서도 '재벌'은 그대로 번역 없이 '재벌'로 고유명사화하여 사용되고 있다. 이렇게 한국에 독자적인 '재벌'이라는 독특한 대기업집단이 형성된 이유는 무엇일까?

첫 번째는 한국 경제의 역동성과 이에 따른 위험성을 들 수 있다. 한국의 경우 경제발전의 속도가 매우 빨랐고 이에 따라 위험부담도 높았다. 그 결과 이러한 속도와 변동성에 대응하고자 하는 욕구, 즉 안정성을 추구하고자 하는 욕구가 강해 대기업집단이 만들어졌다는 것이다. 이러한 주장은 상대적으로 많은 학자들의 공감을 얻고 있다.

두 번째는 한국의 높은 금융비용을 들 수 있다. 이는 산업조직론에서 일반적으로 대기업이 선호되는 이유로 설명되고 있는 이론과 같다. 한국의 경우 만성적인 금융의 초과수요 속에서 금융비용은 한국 기업의 성패를 가르는 요소였고 따라서 대기업·대기업집단으로 안정성을 높일 때 금융비용을 낮출 수 있었던 것은 당연하다. 실제로 본문 〈그림 11-9〉에서도 보았지만 기업규모별 금융조달비용은 차이가 컸다.

세 번째는 한국의 지속적인 산업전략이었던 수출지상주의에서 기업들은 수출을 추구하였는데 대부분의 무역상대방이 한국의 대기업을 중심으로 선호하자 이에 따라 점점 더 대기업 중심, 재벌구조가 발전하였다는 주장이다.

외국의 구매자들이 대만에서는 중소기업을 선호한 반면 한국의 경우 대기업, 특히 대기업집단을 선호했었다는 것은 확인된다. 그러나 이는 한국과 대만을 비교해 보면 각각 그런 구조가 형성되어 있었으므로 외국의 구매자들이 그런 구조를 선호한 것이므로 원인과 결과관계가 도치된 것으로도 볼 수 있다.

네 번째로 소규모 개방경제로서 한국은 해외요인에 의해 큰 충격을 자주 받았는데 이 경우 단기간 나타나는 손실을 보전하고 기업을 유지하는 방법이 바로 기업을 묶는 집단화라는 설명이 있다. 한국의 대표적인 세계경쟁력 우위산업으로 가장 먼저 성장하고 또 주요 대기업집단이 공동으로 진입한 조선산업의 예를 보면 이런 점은 두드러지게 나타나며 또한 합리적으로 설명된다.

이 밖에도 대기업집단이 전근대적 소유구조에 기반을 두고 있기에 전혀 내·외부에 견제시스템을 갖지 못하였기 때문이라는 소유구조 자체의 문제를 지적한 주장이나 차입을 위주로 한 경영은 위험부담이 큰 투자를 선호하였다는 도덕적 위험을 제기한 의견도 있다.

〈보론 11-3〉 대기업들의 무임승차

대기업들이 경제발전의 과정에서 중요한 역할을 하였고 또 할 것이라는 점은 분명하다. 비록 어떤 점에서 부정적 의미를 갖고 있지만 이는 너무나 당연하다. 이런 점에서 보면 성공한 대기업에 대한 무조건적인 반기업적 정서는 정당성을 가지지 못한다. 그럼에도 불구하고 역사적으로 접근해 보면 우리나라 대기업들의 성장원인에는 대기업들의 노력, 보호 등 알려져 있는 것 외에 다음과 같은 중요한 세 가지 무임승차(free riding)가 있었다.

① 기업경쟁의 가장 중요한 원천인 기술개발에서 한국 대기업들은 오랫동안 정부에 의존하였다.
② 정부의 사회간접자본 혜택이 매우 컸다. 이는 기업의 비용을 떨어뜨려 기업의 성공을 가져왔다.
③ 우수한 인적자원들이 대기업을 선호하였으며, 이에 따라 대기업이 이들 우수 인적자원을 독식하였다. 물론 노동공급자들이 대기업을 선호하기 때문이기도 하였지만 문제는 이들 대기업이 우수인적자원의 교육비용을 거의 부담하지 않고 무임승차한 데 있다.

이러한 무임승차의 비용부담은 당연히 국민들의 부담(교육비), 세금이었다.

〈보론 11-4〉 대기업의 선택과 한국 공업구조의 문제점

한국 공업화의 문제로 우선 지적할 수 있는 것이 가장 기초 공업이면서 동시에 고기술을 요구하는 기계공업에서의 미발달 등 발전에 있어 공업구조상 매우 취약한 구조로 이루어졌다는 것이다. 이러한 원인은 어디에 있는 것일까? 1차적으로 공업을 선택하는 주체로서의 기업입장에서 이를 보기 위해 우리나라 기업들을 대기업과

보론표 11-4-1 유형별·규모별 공업구조(부가가치기준)

단위: %

구 분	1960년			1973년			1979년		
	중소기업	대 기 업	계	중소기업	대 기 업	계	중소기업	대 기 업	계
소재형(素材型)	29.8	31.8	30.8	34.6	38.6	37.3	34.1	33.5	33.7
저가공형(低加工型)	47.3	48.4	47.8	42.3	37.6	39.2	31.9	35.8	34.4
고가공형(高加工型)	22.9	19.8	21.4	23.1	23.8	23.5	34.0	30.7	1.9
계	100.0	100.0	100.0	100.0	100.0	100.0	100.0	100.0	100.0

주: 1) 소재형: 목제품, 가구, 고무제품, 화학, 석유정제, 석탄제품, 토석, 유리제품, 철강, 비철금속.
2) 저가공형: 음식료품, 섬유, 피혁, 지류(紙類), 금속제품.
3) 고가공형: 의류, 인쇄출판, 일반기계, 전기기기, 수송용 기기, 정밀기기, 기타 제조업.

자료: 대한상공회의소(한2, 1982), p. 105.

중소기업으로 나누고 공업구조를 소재형·저가공형·고가공형으로 나누어 살펴보면 〈보론표 11-4-1〉과 같다.

여기에서 한국 대기업들은 1960년대 이후 1970년대까지 일관되게 조립가공산업 중에서도 저(低)가공형 공업을 가장 높은 비중 또는 그와 유사한 비중으로 선택하고 있었음을 알 수 있다. 오히려 대기업과 달리 중소기업들은 1970년대 초까지 이와 같은 구조를 가지고 있었으나 1970년대를 통해 소재형과 고가공형의 비중이 저가공형 공업 비중을 추월하고 있다. 대기업들도 1970년대 후반 전기기기·수송용기기 등에 집중 진입함으로써 1970년대 말 고가공형의 비중이 높아지고 있으나 조립가공형 중심이었으며 여전히 저가공형에 가장 높은 비중을 유지하고 있었다.

3. 자 료

[자료 11-1]

중화학공업 추진을 위한 기업경영시책에 대한 대통령 지시
1973년 8월 25일 국무총리에게 지시, 8월 28일 공개[139]

1. 중화학공업은 공모증자 또는 유능한 경영자를 중심으로 모집설립에 의하여 추진함을 원칙으로 한다.
2. 실수요자가 경합하는 경우에는 원칙적으로 공동으로 참여케 하되 경영은 유능한 경영자에게 맡기고 그 기업은 공개토록 한다.
3. 정부가 지정하는 중화학공업은 공모증자, 모집설립 또는 공개할 경우와 정부가 직·간접으로 투자하고 있는 기업의 주식을 매출 또는 증자하는 경우에는 그 주식(전환사채를 포함함)을 당해 기업의 종사자, 공무원 및 국공영 기업체 직원에게 우선 배정하는 조치를 취한다.
4. 우선 배정주식의 공모주선업무는 '한국투자공사'가 담당한다.
5. 이미 매도방침이 결정된 종합화학(주) 소유주식의 처분계획은 위의 시책에 부응할 수 있는 방향에서 재조정한다.
6. 위와 같은 제시책의 추진과 더불어 유능한 경영자에 의한 기업경영의 전문화와 그 독립성을 보장토록 하는 방안을 강구함과 동시에 기업의 공시제도를 확립하여 기업에 대한 사회적 신인을 높이도록 한다.

[자료 11-2]

1970년 전반기까지의 기업공개를 둘러싼 정부와 대기업의 대립[140]

1964년 대통령 연두교서에서 박 대통령은 주식분산책을 언급하였다. 이에 화답하여 여당인 공화당은 2월 12일 주식분산책을 정부에 건의하였고 재무부는

[139] 대통령비서실(중경19730825).

[140] 내용의 많은 부분은 중화학공업추진위원회기획단(공발3, 1979), pp. 315~320에 나온 것이며 인용부호(" ") 부분은 일부러 자구 그대로 옮긴 것이다.

3월 8일「주식분산 및 내자동원」보고서를 경제각의에 제출하였다. 한편으로는 1960년대 증권업협회의 증권시장 육성을 위한 건의와 탄원서가 이어졌다.[141]

이런 노력 위에서 1968년 11월 29일「자본시장육성법」이 제정되었다. 법은 제정되었지만 "그러나 경영권 침해를 우려하는 경제인들에 의해 효력을 발휘하지 못했다." "전근대적인 기업인들의 경영관으로 ……획기적인 기업공개 무드를 조성할 수가 없었기" 때문이었다.

1972년 8월 3일에는 대기업들을 구제하는 '8.3긴급조치'가 발효되었고 사채가 동결되었다(본장 부록의 〈보론 11-1〉 참조). 이때 "남덕우 재무부 장관, 장덕진 차관, 洪寅基 증보국장팀은 8.3조치로 기업을 구제하면서부터 기업들도 국가와 사회를 위해 내놓을 수 있는 반대급부로 자본시장육성법보다 더욱 강력한 기업공개촉진법을 구상"하였다. 사채동결이라는 역사적으로도 유래를 찾기 어려운 반시장적인 구체조치를 받은 대기업들은 그럼에도 불구하고 역시 이에 대해 "불만을 표시하고 은밀히 반대공작을 폈으나 박 대통령의 신임이 두터워 남덕우·장덕진 팀은 이후 전개된 부실기업정리와 함께 기업공개촉진법을 밀고 나갔다."

결국 1972년 12월 30일「기업공개촉진법」이 제정·공포되었다. 그러나 1974년까지도 대기업들의 소극성으로 "기업공개에 대한 파격적인 세제혜택을 부여함과 동시에 기업공개를 강제할 수 있는 규정을 마련한「기업공개촉진법」의 공포에도 불구하고 기업의 공개는 여러 가지 구실로 지연되는 상황이 계속되었다." 이에 대통령은 1974년 5월 29일 대기업이 주식공개를 촉구하는 5개 항의 특별지시를 내리기에 이르렀다. "특별지시 5개 항의 골자는 공개법인에 금융·외자·세제상의 특별지원, 비공개 대기업의 여신 및 납세의 종합관리, 비공개 대기업의 금융의존 시정, 신규 자금조달에 주식공매 의무화, 대주주에 세무관리 및 외부감사를 강화하는 것 등이었다." 여기에는 '중화학투자사업의 기업공개', '소유와 경영의 분리', '주식의 직원 배정', '주식분산'이 명시되어 들어가 있었다.

"이처럼 60년대 후반부터 70년대 초반에 걸쳐 기업공개를 회피하려는 대기업을 공개시키기 위한 당국의 집중적인 노력이 기울여졌다. 즉, 대기업의 전근대적인 사고방식으로 인한 기업공개의 부진을 근본적으로 뜯어 고치기 위해 자본시장육성법, 기업공개촉진법, 5.29조치 등이 잇달아 나오게 된 셈이다." 이어 1974년 11월 25일에는 부총리 겸 '경제기획원' 장관이「중화학공업 개발을 위한 기업경영 추진방안」을 발표하였다. 여기에서 앞으로 중화학공업은 모집설립 또

141 '내자동원과 정부소유주식 처분방안에 관한 건의'(1964. 7. 2), '증권시장육성과 정부소유주식 처분에 관한 건의'(1964. 10. 15), '증권시장 육성에 관한 건의'(1966. 4. 30), 대통령에게 제출한 '증권시장 활성화 탄원서 제출'(1966. 6. 21) 등이 있었다.

는 공모증자에 의해 건설함을 원칙으로 하고 실수요자 선정의 경우 주식공모 매출비율이 높은 기업을 우선 지원하겠다고 밝혔다.[142] 1970년대 전반기를 마감하면서 이루어진 12.7조치(「국제수지 개선과 경기회복을 위한 특별조치」) 5일 후인 1974년 12월 12일 경제기획원 장관, 재무부 장관, 상공부 차관은 타워호텔에서 3경제단체장과 150명 재계인사들에게 기업공개, 관세환급제, 중소기업특별저리자금 500억 원 적기방출 등 정부방침을 설명하였다.[143] 그러나 기업공개는 이후에도 이루어지지 않았다. 기업공개를 이루려는 1970년대 전반기 정부의 의도는 대기업들의 소극성으로 계속 좌절되었다.

[자료 11-3]

금융여신과 기업소유집중에 대한 대책(1974. 5. 30) : 재무부 발표

1. 목 적

(1) 자기 자본이 미약한 동일인 지배하의 계열기업의 분산 정비를 유도
(2) 동일인 지배하에 있는 기업군의 재무구조 및 경영개선을 촉진
(3) 과다한 금융편중 경향을 시정
(4) 기업의 기회균등을 조장하여 중소기업의 성장과 신진 기업인의 진출을 조장
(5) 기업공개를 더욱 촉진
(6) 건실한 기업풍토를 진작하여 국민과 기업 간의 총화단합을 도모

2. 시정조치

(1) 계열기업군에 대한 종합기록 관리
대상: 여신액(대출+지급보증) 50억 원 이상의 계열기업군(수출금융 제외)
내용: 은행감독원은 계열기업군 전체에 대해 금융상황을 기록·비치하고 국세청 감독원에 대한 EDPS를 대폭 강화한다.

142 박병윤(1980), pp. 196~197.
143 중화학공업추진위원회기획단(공발3, 1979), pp. 411~412.

(2) 계열기업군에 대한 재무구조 개선조치

대상: 전 금융기관의 여신액이 대출과 지급보증을 합해 50억 원(수출금융 제외) 이상의 계열기업군을 둘로 나누어 A군은 재무구조가 상대적으로 취약한 계열기업군(자본 부채비율, 장기고정적합률, 유동비율을 감안), B군은 재무구조가 비교적 양호한 계열기업군으로 함.

내용: A군에 속하는 계열기업군에 대해서는 기본 조치(대출담보 및 차관도입을 위한 신규 지급보증은 원칙적으로 금지/새로운 기업의 신설 · 매입, 소유나 주식투자를 금지/비업무용 부동산의 취득을 금지)와 시정조치(주기업으로부터 향후 3년 이내에 기업의 공개계획, 증자계획, 방계기업의 처분계획, 공개시장에서의 회사채 발행계획, 합병 등 합리화 계획, 기타의 방법을 선택하여 재무구조를 개선하는 조치를 취하겠다는 연차별 계획서를 징구, 감독원장이 이를 검토하여 승인)를 취함. B군에 속하는 계열기업군에 대해서는 비업무용 부동산의 투자를 금지시킴과 동시에 공개적격성 및 증권시장의 시황을 참작하여 순차적으로 공개를 지정함. 공개지정을 받고도 공개를 이행하지 않는 기업에 대해서는 기업공개촉진법 제16조 내지 제18조에 의한 과세 및 금융사의 제재조치를 취함. 기업공개를 위하여 대주주의 주식을 매출하였을 때에는 그 매출대금이 기업에 재투자되도록 금융기관이 자금관리를 함.

(3) 공인회계사의 외부감사 의무화 시행

대상: 여신액(대출+지급보증) 50억 원 이상인 동일계열 기업군.

내용: 적용대상 계열기업군은 매 결산기마다 공인회계사의 외부감사를 받아 그 보고서를 금융기관에 제출해야 함. 감사사항은 연결재무제표, 개별 기업의 재무제표, 재산상황, 주식소유상황임. 타법령에 의거 공인회계사가 감사를 하였을 때에는 일부 또는 전부를 생략함.

[자료 11-4]

중화학공업기업 공개원칙(1974. 11. 21): 경제기획원 발표[144]

1. 취　　지

중화학공업 추진을 위한 기업경영시책 추진방안임.

2. 주요 내용

(1) 중화학공업 기업은 주식공개로 소유와 경영을 분리, 범국민적인 참여를 기하면서 내자조달의 극대화에 주안한다.
-앞으로 추진될 중화학공업기업은 모집설립 또는 공모증자에 의해 건설됨을 원칙으로 함.
-실수요자 선정에서는 주식공모의 비율이 높을수록 우선 지원함.

(2) 민간인의 경우 실수요자의 선정순위를 다음과 같이 함.
-주식비율이 발기인 30% 이내, 공모 70% 이상이 최우선권
-관련기업 50% 이내, 공모 50% 이상이 제2 우선권
-그 다음이 발기인 50%, 공모 50% 순

(3) 합작투자
-실수요자 1인이 단독 추진시에는 합작투자 사업체의 출자법인을 공개
-실수요자의 경합시에는 경합업체의 출자로 지주회사를 설립, 합작투자사업에 출자케 하되 출자업체는 공개

(4) 실수요자 법인
-일정 기간 내에 공개할 것을 조건으로 인가
-종업원에 대해서는 30% 이내에서 중화학공업 주식 배정
-50% 이내에서 정부출자기업체 소유주식을 우선 배정

144 한국개발연구원(반세, 1995).

CHAPTER 12
중화학공업화와 과잉투자론: 내용과 주체의 재검토

12.1 머 리 말

한국의 중화학공업화 투자와 관련하여 "눈감은" 비판으로 지적되는 것이 두 가지 있다. 첫째는 중화학공업화에서 과잉투자가 있었다는 것이며, 둘째는 "무슨 일이 있었는지" 정부가 이러한 과잉투자를 강행하였다는 것이다. 심지어 과잉투자론 속에서 '경제적으로 이해할 수 없는' 정부의 행동을 전제하고 정부의 행동을 '정치적' 동기로 설명하는 주장까지 다수 나타났다.[1]

이러한 중화학공업 과잉투자론은 세계은행(World Bank)-경제기획원-'국가보위비상대책위원회'-한국개발연구원(KDI) 평가-신정부의 연계고리로 연결되며 계속되었다. 그러나 무엇보다 이 논리를 전면적으로 확산시킨 것은 국가보위비상대책위원회(이하 국보위)였다. 국보위는 1980년 '국보위발표문'이란 제목으로 다음과 같이 발표하였다.

> 정부는 그 동안 ……중화학공업분야에 과도한 설비투자를 함으로써, 부족한 자본과 기술을 분산시켰고, 금융면에서도 단기간 내에 전체 금융의 약 80%를 점하게 되는 부작용도 없지 않았습니다. 이러한 편향된 금융의 여파로 중소기업과

* 본장의 일부는 박영구(2006a)를 확대·보완한 것이다.

1 "정부는 중화학공업화에 재벌 간의 중복투자와 재벌의 과잉투자를 통제할 수 없었다. ……중화학공업화 추진이 주로 유신정권의 정치적 정당성을 확보하려는 정치적 요인에서 정부에 의해 강압적으로 추진되었기 때문에 경제성이 크게 결여되었다"(김인영, 1998, pp. 107~108).

일부 경쟁력 있는 경공업이 시설합리화 등을 통한 경쟁력을 배양치 못하여 정책 금융이 해야 할 제 기능을 다하지 못하게 되었으며, 투자의 효율면에서도 심각한 문제를 야기시켰습니다. ……만약 중화학공업분야에 대한 과잉투자와 중복투자의 부작용과 역기능을 그대로 방치해 둔다면 이는 기업이나 금융기관 모두가 부실화를 심화시키는 결과밖에 되지 않으며, 나아가서는 국가경제 전반에 대하여 심각한 사태를 불러 일으킬 우려가 있는 것입니다.

《국가보위비상대책위원회 상공자원분과위원회(1980. 8. 19).》

이후 출범한 전두환 정부는 이전 정부기간의 중화학공업 과잉투자론, 그리고 신정부의 중화학공업 조정론으로 차별화를 분명히 하였다. 이런 속에서 1980년대 초 1970년대 중화학공업화 과잉투자론을 잘 정리해 보여 준 곳은 한국개발연구원이었다.[2] 이후 중화학공업 과잉투자, 투자부실화, 저가동률은 긍정적·부정적 판단과 상관없이, 또 중복투자와 구분없이 1980년대 남종현(1981), 김광석(1982), 대한상공회의소(1982), C. S. Kim(1987), 服部民夫 編(1987), T.-w. Kwack(1986), T. Michell (1988) 등에 이어 1990년대 이후에도 유정호(1991), K. S. Kim(1994), S. Cho(1994), 남상우(1995), 이재희(1999b), 磯崎典世(1999), 변형윤·임원택(2000), 池東旭(2002), J. Kim(2002) 등에서 보듯이 계속 사용되어 왔다. 동남지역공업단지관리공단(1996)처럼 중화학공업화에 대해 긍정적 입장을 쓰고 있는 곳에서도 과잉투자론은 그대로 나타났다. 중화학공업화 그 자체의 비난은 적절하지 않다고 지적하고 있는 강광하(2000, p. 65) 역시 중화학공업화에 대해 "예상수요를 정확히 예측하지 못하여 수요를 과대하게 책정하고 무리하게 투자를 한 것이 (잘못된) 원인"이라고 하면서 "중화학공업화 계획에 대하여 수요예측 등 경제 전반에 대한 예측 실패 및 집행방법"을 지적하고 있는 것도 사실 과잉투자와 연결하여 생각할 수 있다.

이러한 과잉투자가 가져온 폐해로 과잉투자론이 지적하고 있는 것은 인플레이션[3] 등 여러 가지가 있지만, 가장 주요한 공통적인 것은 남종현(1981)에서 가장 잘 요약되고 있듯이 "과잉투자가 바로 중화학공업만이 아니라 한국 경제 전체의 효율을 떨어뜨려 1979년 이후 경기후퇴, 불황을 가져왔다"는 것이었다.

중화학공업의 과잉투자는 해당 분야의 효율성만을 저하시키는 것이 아니라 투자규모의 대단위로 말미암아 우리나라 경제 전체에 대한 파급효과가 매우 심각한 것이었다. 즉, 이 부분의 과잉투자는 아직도 비교우위가 있는 경공업부문에의 투

[2] 한국개발연구원(5차, 1980); 한국개발연구원(기본, 1982).

[3] 劉進慶(1983).

자를 상대적으로 위축시킴으로써 투자재원의 효율적 배분을 저해하였으며, 또한 정책금융의 급격한 팽창은 국내물가의 상승과 원화의 과대평가 및 수출부진 등을 야기시켜 최근의 국내경기후퇴를 초래한 주요한 원인이 되었던 것이다."

《남종현(1981), p. 175.》

실제로 제7장에서 보았듯이 단기 동시진입으로 효율성이 분명 떨어지고 있었지만 문제는 1980년대에, 그 이후까지도 불황이 오면 그 원인으로 중화학공업 과잉투자가 항상 지적되었다는 것이다. 또 "1979년의 낮은 성장률은 4월 17일 발표된 경제안정화 시책의 추진과 해외경기의 둔화에 기인하는 수출부진에 주로 연유하는 것"[4]일 수 있음이 이미 당시 지적되고 있었음에도, 이러한 타변수의 가능성은 거의 거론되지 못한 채 많은 비판들이 불황의 원인으로 과잉투자를 거론하였다는 것이다. 이런 현상은 해외에서의 출간 연구에서도 이어졌다.[5]

그 결과 Scistovsky(1990) 등 해외연구자는 "한국에서 한국인 거의 모두가 이론(異論) 없이 그렇게 일치비판하는 중화학공업 과잉투자가 일어난 사실"에 대해 놀라워한다. 나아가 당연히 그들 역시 자연스럽게 한국은 중화학공업 과잉투자로 불황과 경제위기의 어려움을 겪었으며, 특히 C. S. Kim(1987), J.-C. Rhee(1994),[6] 石崎采生(1996) 등 대부분의 연구에서 일반적으로 지적되듯이 정부에 의해 그러한 잘못이 나타났다는 인식을 갖고 있음을 발견하게 된다.

(중화학공업부문의 투자라는) 민간부문 기업에 극적이고 급격한 변화를 가져다 준 것은 정부 압력과 유인이 매우 컸었기 때문이었을 것이다. 특히, 대부분의 투자가 수출수요가 그렇게 명확하지 않음에도 국내수요를 크게 초과하는 대규모 계획으로 이루어졌기 때문이다. 무슨 일이 있었는지 자세히 알 수 없지만 …… 중공업 투자는 철강·조선·화학·자동차 등에서 대규모 새로운 생산능력을 만들어 냈지만 많은 부분이 크게 사용되지 않은 채 남았다. 과욕의 투자에 대한 극단적인 예는 발전설비 제조업을 위한 대규모 건설이었다."

《T. Scistovsky(1990), pp. 175~176.》

본장에서는 이러한 중화학공업화와 관련한 과잉투자론을 검토해 본다. 과잉투

---

[4] 국무총리기획조정실(43산, 1980), p. 179.

[5] 金子文夫(1982); 鄭章淵(1991); S.-C. Lee(1991); K. S. Kim(1994); 池東旭(2002).

[6] J.-C. Rhee는 같은 책 p. 81에서 "정책의 과대한 야심과 비일관성에 기업그룹 간 헤게모니 투쟁이 결합된 것이 과잉투자이다"라고도 쓰고 있어 기업의 책임을 동시에 묻는 시각도 보이고 있지만 역시 더 큰 책임은 정부에 있다는 시각을 보이고 있다.

자론의 전개과정과 기존 과잉투자론의 제반 근거를 하나씩 검토해 볼 것이며 과잉투자론과 관련된 문제의 내용과 본질, 주체 문제에 대해서도 추적해 볼 것이다.

 과잉투자론의 근원과 전개과정

과잉투자론의 내용을 검토하기 위해 우선 과잉투자론의 근원과 전개에 대한 구조적이고 역사적인 문제를 검토해 보자.

한국 중화학공업화에서의 과잉투자론은 "한국 내부에서 계속 문제가 발생함으로써 제기되었을 것"이라는 일반적 인식, 즉 '굴뚝론'과 달리, 그 근원은 미국과 미국주도의 '세계은행'에 있었다. 자료를 추적해 올라가 보면 한국의 중화학공업 과잉투자론은 한국에 중화학공업이 도입되는 순간부터 이미 미국과 세계은행 그리고 일본에 의해 제기되어져 왔음을 발견할 수 있다.

1950년대 후반에 청주비료공장이 처음 건설될 때 이미 미국의 GAO(US General Accounting Office)는 한국의 비료공장 건설에 대해 과초과(overrun)와 비효율성을 비판하고 있었다.[7] 이어 1960년대에도 미국과 IMF, '세계은행(IBRD)'은 한국 정부에 과잉투자론을 제기하면서 계속 "한국 기업들에게 냉혹하게 대처할 것"을 주문하였다. 제1차 경제개발5개년계획에서 한국 정부는 제철소 건설과 종합기계제작소 건설을 계획하였지만 미국은 고성장률과 중화학공업계획에 대해 비판함으로써 결국 1964년 2월 이를 취소하고 투자율을 21%에서 15.5%로 낮추는 보완계획을 발표하도록 하였다. 이 보완계획으로의 수정에 의해 제철 등 금속공업과 기관차·조선·공작기계·자동차 등 기계공업, 화학공업 등 중화학공업이 주도산업에서 밀려나거나 취소되고, 시멘트·정유·비료를 제외한 소비재 경공업 및 조립가공산업으로 중점이 개편되었다.[8] 1967년에는 5개국의 13개사가 참가한 KISA(한국국제철강연합)와 한국정부가 조강(粗鋼)베이스 60만 톤 규모의 종합제철소를 건설할 것을 정식계약하고 1967년 10월 1일에 착공하기로 결정하였지만, 세계은행과 미국 주도의 '한국국제경제협력체(IECOK)'가 이를 부정적으로 비판함으로써 종합제철소 건설사업은 결렬되었다.[9] 이에 1969년 5월 19일 재무부의 발표와 대통령의 지시에 따라 부실기업 정

[7] M. L. Clifford(1998), p. 108.
[8] 이병천(1999), p. 158; 박태균(2000), pp. 113~146.

리가 이루어졌을 때에도 당시 한국 정부는 미국과 국제기구, 특히 당시 '세계은행'에 한국 정부가 과잉투자에 대해 강하게 대처하고 있다는 광고효과를 극대화시키기 위해 7차례에 나누어 청와대 부실기업정리조사반이 부실기업 정리를 해 나갔다. 1970년대 들어와서도 1970년 4월 23일 세계은행은 "한국 경제는 과잉투자에 기인한 계속된 인플레이션 압력, 무역수지의 적자 및 원리금 상환의 부담이 큰 데 문제가 있다고 지적, 안정된 바탕 위에서 지속적인 발전을 이룩하기 위해서는 투자억제조치를 계속 추진해야 한다고 권고"하였고, 일본 역시 "제네바 대한국제차관단 회의에서 한국에 대해 앞으로의 시설투자에 보다 신중을 기하도록 권고할 것"이며 "한국 경제가 과열투자경향을 나타내고 있다는 사실에 우려를 갖고 있다"고 의견을 제시하였다.[10]

그러나 1970년대 초까지 한국의 중화학공업은 그야말로 선진국의 시장과 충돌되지 않을 수준 정도의 내용이었다. 1970년대 들어와 상황은 달라지기 시작하였다. 미국을 중심으로 한 선진국의 입장을 대변하여 세계은행은 1972년 말 한국 정부의 매우 원초적인 자동차공업 발전안이 나왔을 때에도[11] "최소한 경제단위가 되려면 자동차 30만 대 정도 되어야 한다"[12]는 논리로 반대하였다. 이는 물론 30만 대 규모로 늘려야 한다는 것이 아니고, 한국이 그 정도 자동차를 생산할 수 없는 나라이므로 자동차공업을 한다는 것은 한국 입장에서 과잉투자라고 비판한 것이다. 이어 세계은행은 한국이 1973년 「중화학공업화 선언」을 통해 중화학공업에 박차를 가하자 바로 1974년 한국의 중화학공업에 대해 "한국이 세운 중화학공업 수출목표는 불가능한 것이며 경공업의 계속적인 수출잠재력을 무시하고 있다"고 비판하고 "투자우선순위를 재고하라"고 강력히 권고하였다.[13] 심지어 "철강공업도 지나치게 자본집약적"이라고 경고하는 등 특정 공업의 과잉투자까지 직접 거론하였다. 세계은행은 "창원공업기지 건설계획에 대하여 지극히 회의적이었고 세계가 불황의 밑바탕에서 허덕이고 있으므로 먼 한국의 황무지 같은 창원에 투자를 할 기업가는 없을 것이라

[9] 당시 IECOK 회장을 세계은행이 맡고 있었다(오원철(吳源哲, 한경7), 1999, pp. 128~129).

[10] 日本共同聯合뉴스, 1979. 4. 22; 동아일보, 1970. 4. 23.

[11] 1972년 연말에 청와대에서 '자동차공업육성회'가 열렸다. 정부는 중화학공업계획(안)을 짜면서 우선 자동차공업부터 착수해야 한다고 생각하였는데, 이는 "중화학공업 육성의 중추사업이 기계공업이고 자동차산업이 선도역할을 해야 한다"는 취지 때문이었다. 회의결과 "① 자동차공업은 중화학공업 육성계획의 테두리 내에 포함시킨다. ② 상공부는 곧바로 자동차공업진흥 세부계획을 작성한다"는 두 개의 내용이 결정되었다.

[12] 최동규 전장관 증언, 김흥기 편(1999), p. 259.

[13] World Bank(C75, 1975); World Bank(C77, 1977).

고 고개를 내저었으며"[14] 비판적이었다.

이러한 미국과 세계은행의 한국 과잉투자론과 비판은 중화학공업기획단이 해외에서의 협조를 구하기 위해 해외언론에 적극적인 홍보노력을 해야 할 정도였다. 1973년 6월 대통령에게 보고되고 있는 대통령비서실의 문서는 "우리의 중화학공업 정책을 대외적으로 홍보활동을 효과적으로 수행하기 위해서는 외국의 일간 일반지 또는 전문지를 이용함이 요구되므로 일본경제신문 및 일본공업신문과도 교섭중에 있는바 이들 신문의 특집발간을 건의 올립니다"[15]라고 적고 있다.

1980년 불황이 오자 당시 불황국면이 공급과 수요측 요인을 모두 포함한 세계적인 불황현상이었음에도 불구하고, 세계은행은 일관되게 발전도상국 문제에 초점을 맞추어 문제를 제기해 나갔고, 특히 한국에서의 불황은 중화학부문 과잉투자에 기인하므로 향후 중화학공업에 대한 투자를 제한해야 한다고 주장하였다.[16] 이후에도 세계은행은 한국의 중화학공업 과잉투자의 논리를 일관되게 확대시켰고 1980년대 후반에까지도 "(한국의 가전부분이) 지금 고도기술분야에 투자를 많이 하고 있고 세계 반도체시장에서 점유율을 높이려고 하고 있는데 이러한 전략은 높은 위험과 도박적인 투자"라고 비판하였다.[17]

즉, 한국에서의 과잉투자론은 중화학공업화의 계획단계에서부터 시작하여 1980년대 말까지 일관되게 미국과 세계은행에 의해 제기되었던 것이었다. 따라서 세계은행의 비판과 우려, 그리고 충고에 따랐다면 한국은 중화학공업 수준을 높이지 말아야 하였으며 또 1980년대에도 반도체에 투자하면 안 되는 것이었으므로 결국 한국은 오늘날의 전자·조선·자동차공업이나 메모리반도체 경쟁력을 결코 가질 수 없었다. 심지어 미국과 세계은행의 충고에 의하면 일본도 전후 중화학공업화를 시작해서는 안 되는 것이었다.

이러한 미국과 세계은행에 의한 한국 중화학공업 과잉투자론의 근간은 바로 인플레이션이 없는 안정론과 비교우위에 의한 국제분업이었다.[18] 인플레이션이 없는 안정론과 비교우위에 의한 국제분업은 미국과 미국 주도의 IMF·세계은행 등 국제기관이 전후 일관되게 주장한 논리였다. 이미 ECA(경제협력법) 원조의 대충자금을

---

14 동남지역공업단지관리공단(1996), p. 213.

15 대통령비서실(중화학공업추진위원회기획단)(외신19730625).

16 World Bank(KC, 1980), pp. 27~33.

17 World Bank(K1987a), p. 42; World Bank(K1987b), ch. 1; World Bank(EA, 1993).

18 "그들 선진국의 잠재적인 경쟁자가 된다는 것 때문에 반대하였다"는 증언(최동규 전장관 증언, 김흥기 편, 1999, p. 259)도 있다.

국내채무변제에 우선사용하도록 한「한미경제조정협정(마이어협정, Agreement on Economic Coordination between the Republic of Korea and the United States of America)」(1952. 5),「네이산(Nathan)(UNKRA) 예비보고서」(1952. 12),「타스카(Tasca)사절단(1953. 4) 재건계획」등 1945년 이후 미국과 한국 정부의 모든 정책논쟁에서 미국의 한국에 대한 일관된 입장은 바로 이 논리가 근간이 되었다.

그러나 "직장이 없는 8.2%만이 실업에 큰 관심을 가진 반면 인플레이션에는 100% 국민들이 모두 관심을 가지는"[19] 선진국, 그러면서 이미 자본주의가 성숙되어 기업이 충분히 자생적으로 경쟁하며 발전하고 있는 선진국에서는 너무나 당연한 '안정 우선의 경제정책과 국제지역 공업 간 분업과 공업 간 무역'이, 실질적으로 성장 없는 빈곤상태의 발전도상국에 맞는 것인가라는 논의는 여전히 확증되지 않은 논쟁으로 남아있다.

심지어 미국 내에서조차 인플레이션이 낮다는 것은 분명히 바람직한 현상이지만 많은 경제학자들이 인플레이션 제로지향 논리에 반대하고 있다. 왜냐하면, 과도한 인플레이션 억제로 인한 급속한 압박으로 인해 단기적으로 경기가 침체하면 모든 사람의 소득이 비례적으로 감소하는 것이 아니고 주로 기술수준과 경력이 낮은 저소득층, 즉 실업의 위험이 가장 큰 한계노동자군에게 그 부담이 가중되어 나타나기 때문이다. 실제로 유럽조차도 1980년대 인플레이션 저감정책으로 이후 10여 년간 높은 실업과 정체를 경험하였고, 미국 역시 볼커(Paul Volcker)가 연방준비제도이사회 의장 취임 후 1980년 10% 인플레이션율을 1983년까지 4%로 낮추었을 때 1982년 실업률은 대공황 이래 최고수준으로 되었었다. 한국의 경우도 임금상승이 1970년대 지속적으로 일어났으나 인플레이션 억제라는 경제기획원의 주장에 의해 정부의 정책방향이 1979년부터 안정화 정책기조로 바뀜에 따라 저임금 근로자의 임금 하한선에 대한 임금지도가 지양되었고,[20] 대기업들에게는 계속적인 금융공급이 이루어진 반면 오히려 중소기업들은 경제기획원의 계속된 긴축강화에 자금난으로 투자중단, 경영난 확대를 겪어야 하였다.[21] 인플레이션 저감은 분명히 필요하고 또 중요한 것이지만 그 저감에 대한 비용을 대부분 경제적 약자, 경제적으로 부담능력이 낮은 사람들이 진다는 점에서 극단적인 낮은 인플레이션의 논리는 여전히 논쟁중인 이론으로 현재에도 존재하고 있는 것이다.[22] 이러한 경고와 논쟁은 당연히

[19] US President(Vol. 11, No. 7), p. 183.
[20] 동남지역공업단지관리공단(1996), p. 275.
[21] 박영구(1994). 본서 제8장 참조.

빈부격차를 가진 국가 간에도 그대로 적용된다.

물론 루카스(Robert Lucas)나 사전트(Thomas Sargent)·베로(Robert Barro) 등 합리적 기대론자(rational expectationist)들이 주장하듯이 한국의 중앙은행이 독립적으로 움직이고 있고 또 높은 신뢰를 갖고, 받고 있어 비용을 들이지 않고 바로 국민들의 기대인플레이션을 낮춤으로써 실질인플레이션을 낮출 수 있다면 안정론은 일부 유효하지만, 한국의 1970년대는 분명히 상황이 그렇지 않았다.

그럼에도 불구하고 이러한 실업과 불황의 가능성이 훨씬 큰 후발공업국에 대해 이런 낮은 인플레이션, 안정 최우선의 논리를 강요하는 것은 매우 무책임하고 심지어 차별적이며 비도덕적이기까지 하다고 지적되어 왔다. 전후 서부유럽에 대해 급격한 긴축을 사용하고 싶어하지 않았던 미국이 "구소련 붕괴 후 동유럽에 대해서 긴축일변도의 정책권고를 지속하였던 것"은 분명히 차별적이고 비판받을 수 있는 것이었다.[23] 1960~1970년대 한국에 대해서도 동일하였다. 초기 공업발전에 있는 빈곤상태의 발전도상국에 대한 이러한 긴축안정 주장은 클린턴 시절 연방준비제도이사회 부의장이었던 블라인더(Alan Blinder)가 단적으로 표현한 "인플레이션이라는 감기를 치료하기 위해 뇌수술에 버금가는 처방"을[24] 내리는 것이었다. 그러나 '세계은행'은 한국이 안정화 정책을 취하도록 항상 권고하였고, 그렇게 할 경우 지불해야 하였던 고통과 비용에 상관없이 이는 좋은 진전을 이룬 것으로 일률적으로 평가하며 부추켜 왔다. 한 예로 '세계은행'은 1987년 보고서에서 중화학공업화를 매우 비판한 후 "1970년 박정희 사후 진행된 안정화 정책은 단기간에 세 가지 방향에서 진전을 이루었다"고 평가하고 있다.[25]

국내에서 이러한 미국, 세계은행의 논리에 동의를 나타낸 것은 한국 경제성장에 핵심적 역할을 해 온 경제기획원이었다. 경제기획원은 고급전문인력이 유입되면서 과잉투자론을 제기하였고 안정론을 주장하였는데, 물론 이는 '세계은행'과 미국의 선진경제학에 영향을 받은 것이었다. 심지어 1973년 10월 석유위기가 오자 경제기획원은 즉각적으로 투자의 축소조정을 원하였고[26] "안정을 도모하자는 주장을"

---

22 N. G. Mankiw(2001), p. 862; A. S. Blinder(1987), p. 65.

23 양동휴는 "마샬원조의 성격 중 하나는 IMF의 긴축기조로부터 서유럽을 구해 준 면이라고 언급"하면서 "구소련 붕괴 이후 동유럽에 대한 이러한 긴축일변도의 정책권고를 지속하는 것이 꼭 바람직한 것인지 의심스럽다"고 밝히고 있다(양동휴, 2006b, pp. 187, 227).

24 A. S. Blinder(1987).

25 World Bank(K1987a), p. 48.

26 이만희(1993a), pp. 219, 235; 박영구(2006b).

내세웠다.[27] 결국 박 대통령이 "경제정책 수행에 그렇게 자신이 없어 어떻게 하느냐. 장관들이 실무자들만 믿고 있으니 그런 것이 아니냐"고 못마땅해 하면서 비서진에 경제대책을 지시할 정도였는데,[28] 이는 경제정책을 책임진 경제기획원 내 세계은행 논리를 따르는 관료들의 주장에 대한 지적이었다. 경제기획원의 과잉투자론은 결국 박 대통령이 중화학공업화를 경제기획원에 맡기지 못하고 청와대에 따로 중화학공업추진위원회기획단을 두는 이유가 되었다.[29]

또 제4차 경제개발5개년계획 공업계획이 상공부로부터 1975년 12월 경제기획원에 제출되었는데, 경제기획원은 즉각 '세계은행의 자문을 참고하면서' 공업부문별로 투자규모를 조정하여 "첫째, 기계·전자 등 기술 및 노동집약적인 산업을 중점 육성한다. 둘째, 철강·비철·석유화학 등 자본집약적인 산업은 내수를 충족시키는 범위 내에서 적정규모로 육성한다. 셋째, 섬유 등 기존 수출대종 상품은 생산기반을 계속 확충한다"로 하여 노동집약적 부문, 전통적 경공업 등의 수출부문을 강화하고 중화학공업은 투자를 줄이도록 하였다. 특히, 상공부가 제출한 중화학공업 계획에 대해서는 "첫째, ……POSCO 4기 확장사업을 1년 연기……, 둘째 비철금속의 알미늄제련소(10만M/T)는 ……건설을 제외……, 셋째 화학공업부문에 있어서 4비(肥)와 5비(肥) 및 6비(肥)의 확장사업을 제외하고 화학펄프공장의 시설규모를 일산 800T/D에서 일산 300T/D로 축소"하도록 하였다.[30]

박정희 대통령에 대한 비판이 높아지고 있던 1979년 경제기획원은 다시 중화학공업 조정 주장의 주요 논리로 중화학공업 과잉투자론을 본격화시켰다. 이는 경제기획원이 입안하여 발표한 1979년 4월 17일의 '경제안정화 종합시책' 중화학공업 투자조정에서 그대로 나타난다. 경제기획원은 중화학공업의 과잉투자를 지적하며 가동률이 매우 낮아질 것이라는 우울한 전망을 내놓았다(본서 제8장의 부록 〈자료 8-2〉 참조).

경제기획원의 주장은 이후의 평가에서도 그대로 반영되어 중화학공업화 기간 1970~1984년 중 경제기획원에 근무하였던 이석채(Suk-Chae Lee)가 미국에서 낸 연구에서 다음과 같이 요약되어 나타난다.

27 "청와대 경제담당비서실에서는 물가를 현실화해야 한다는 전제를 내세운 반면, 경제기획원을 중심으로 한 행정부는 물가를 계속 행정력으로 억눌러 일시적인 안정을 도모하자는 주장을 내세웠고 이 갈등은 12월까지 계속되었다"(중화학공업추진위원회기획단(공발3), 1979, p. 395).

28 중화학공업추진위원회기획단(공발3, 1979), p. 396.

29 박영구(2005).

30 상공부 중공업계획반, 화학 및 경공업계획반(1976), p. 7.

정부가 성공적으로 경제를 발전시키기 위해서 가장 권고할 만한 경제전략은 중화학공업화 같은 극적인 것보다는 '세계은행'이 제시하는 것과 같은 좀더 안정적인 것을 추구하는 것이 맞을 것이다.

《S.-C. Lee(1991), p. 471.》

이러한 경제기획원의 주장은 박정희 사후 바로 국가보위비상대책위원회에 의해 공식 확대되었고 박정희 대통령과의 갈등으로 '해체론까지 직면하였던 경제기획원'을 다시 중심위치로 올려 놓았다.[31] 나아가 극도의 대립관계로 발전하던 한미관계 역시 박 대통령 사후 극적으로 개선되었다.[32]

12.3 과잉투자론의 가동률

중화학공업 과잉투자론은 한국 중화학공업화 기간의 과잉투자를 이미 의심·재고의 여지가 없는 것으로 단정하거나 또는 그 근거로 가동률·투자효율·부가가치·이윤율·자산회전율 등을 들고 있다. 이 중 가장 일반적으로 이용되고 있는 비판근거 지표는 일찍이 박우희(1979), 경제기획원(안정1, 1979)부터 남종현(1981),[33] 이영선(1986), 磯崎典世(1999), 변형윤·임원택(2000), 池東旭(2002) 등으로 계속 지적되어 온 낮은 중화학공업의 가동률이다. 따라서 여기에서 먼저 과잉투자론과 관련하여 그 비판의 가장 중심이 되는 가동률 논의를 검토하고, 다음 12.4에서 과잉투자론의 추가지표들을 검토해 보자.

12.3.1 가동률 비판내용의 검토[34]

중화학공업화에서 과잉투자가 있었다고 주장하는 가장 주요한 근거인 기존의

31 김흥기 편(1999), p. 286.

32 H.-A. Kim(2005), p. 339. 박 대통령 말기 한미관계가 악화되었던 것은 핵무기·미군철수 등의 문제가 직접적인 것이었지만, 본질은 본장에서 논의된 대로 미국의 '충고'에 따르지 않는 한국 정부와의 내재된 갈등 때문이었다.

33 남종현(1981)은 업종별 가동률을 보이고 1978년 이후 급속히 가동률이 나빠졌다고 지적하고 있다. 이는 1978년 들어 중복진입이 일반화되고 효율성이 떨어지고 있었으므로 시기적으로 일면 타당성이 인정된다(본서 제7장 참조).

34 엄밀히 말해 이론적으로 1970년대 한국의 중화학공업화에 대한 과잉투자, 초과생산설비 존재 자체의

가동률비판론은 비판시점상 한계를 명백히 갖고 있다. 왜냐하면, 한국 중화학공업의 낮은 가동률이라고 하지만, 한국의 중화학공업은 처음부터 국내수요를 목표로 한 것이 아니라, 수출을 목표로 하지 않을 수 없었고 또 실제로 장기적인 수출을 목표로 규모가 만들어진 것이므로,[35] 수출이 본격화되기 전의 초기단계 낮은 가동률을 두고 과잉투자를 말하는 것은 맞지 않기 때문이다.

한국 중화학공업의 장기적인 수출지향과 이를 위한 대단위 국제규모화는 대통령과 청와대, 중화학공업추진위원회와 기획단에서 다음과 같이 처음부터 계획적으로 이루어졌고 또 이후 항상 확인되고 있었다.

> 1980년대 초 100억 달러 수출을 달성하기 위해서는 전체 수출상품 중에서 중화학제품이 50%를 훨씬 넘게 차지해야 되며 그러기 위해 정부는 지금부터 철강, 조선, 기계, 석유화학 등 중화학공업 육성에 박차를 가해서 이 분야 제품수출의 강화를 추진합니다. ……이러한 대규모의 공장들을 수용하기 위해서 정부는 지금부터 동해안·남해안·서해안 지방에 여러 가지 대단위 국제규모의 공업단지 또는 기지를 조성해 나갈 생각입니다.
>
> 《박정희(대연, 1973. 1. 12).》

> 중공업은 앞으로 급증할 제품의 수입대체는 물론 수출주도업종으로 개발되어야 한다. ……각 업종에 포함된 단위공장은 품질·가격면에서 수출능력이 처음부터 있게끔 계획되어야 한다.
>
> 《대통령비서실(중선19730130), pp. 15, 18.》

> 중화학공업은 경공업의 수출한계를 돌파하여 1981년에 100억 달러 수출목표를 달성하기 위한 수출산업으로 육성된 것이어서 신규 중화학공장은 모두 대단위 국제규모 이상으로 건설할 것을 기본 원칙으로 하였다.
>
> 《중화학공업추진위원회기획단(공발2, 1979).》

> 적어도 10년, 20년 앞을 내다보고 건설되기 때문에 일정 기간 시설의 일부가 가동되지 않는 것은 당연히 있을 수 있는 것이다. 일본이 그랬던 것처럼 정부도 수출로써 이에 대처할 방침이었다.
>
> 《김정렴(1994), p. 193.》

논의는 문제가 있다. 이에 대해서는 본장 부록의 〈보론 12-1〉 참조. 그러나 분명 장기적인 지나친 낮은 가동률, 초과생산설비는 문제가 된다. 그러므로 여기에서는 존재 유무가 아니라 이러한 내용을 구체적으로 분석하고자 한다.

[35] 이영선(1986), p. 811.

중화학공업은 전략적으로 수출산업으로 육성하는, 말하자면 수출을 전제로 한 국제단위규모로의 대형화를 추구해야 할 것이다.

❰백영훈(白永勳,[36] 1977), p. 35.❱

그러므로 이미 발전단계상 시장규모가 커져 있어 언제나 내수시장규모를 우선 고려하여 공장설비를 건설하던, 그리고 수직적 분업으로만 나누어 세계시장을 보던 이들 선진공업국, 세계은행의 눈에는 당연히 저수준 '후진국'이었던 한국의 '대단위 국제규모 건설' 결정은 '과잉투자'로 비난받아 마땅한, 이해할 수 없는 것이었다. 이는 영국 은행가로 한국에서 1970년대 중반에 현대중공업을 방문하였던 앨랜 플럼(Alan Plumb)의 다음의 증언에서 나타난다.

(한국에서의) 공업활동의 대규모는 사실 같지 않게 느껴졌다. 한 번은 나는 울산에 있는 현대중공업을 방문하였는데 밖에서는 거의 볼 수 없었던 그 거대한 건선거(乾船渠, dry dock)에 들어갔다. 그것은 믿을 수 없을 정도였고 그들 한국인들은 이것이 단지 울산에만 있는 것이 아니라 대우 옥포에도 있고 또 다른 조선소가 거의 같은 크기로 만들어지고 있다는 것, 그리고 바로 위 포항 해변에는 대규모 제철소가 건설되고 있다는 것을 말하였을 때 더욱더 믿을 수 없을 정도였다.

❰1991년 3월에 인터뷰한 내용, M. L. Clifford(1998), p. 108.❱

하지만 중화학공업의 공업특성과 동태적 경쟁력, 그리고 한국의 시장제약을 고려하면 수출규모를 고려한 대규모화는 당연한 것이었고 이런 점은 당시 현대 간부의 증언 등에서 보듯이 현장에서 또는 실증연구를 통해 중화학공업을 직접 이해하고 있는 사람이라면 누구나 알고 있었다.

중화학공업은 규모의 경제가 작동하는 영역이니만치, 국내의 시장만으로는 그 수요가 도저히 충분하다고 볼 수 없으며 따라서 해외시장에 대한 수출이 우리나라 중화학공업 육성에 대한 하나의 전제가 되어야 할 것이다.

❰한국무역연구소(1974), p. 3.❱

세계 대부분에게 있어 현대조선과 같은 계획은 바보스럽게 보였을 것이지만 정주영은 사업을 아주 정상적 방법으로 하고 있을 뿐이다.

❰현대그룹의 한 이사 증언, M. L. Clifford(1998), p. 108.❱

[36] 백영훈은 1972년부터 1976년까지 중화학공업추진위원회 위원을 지냈다.

따라서 계획상 분명이 그리고 당연히 장기기간이 처음부터 의도되었음에도 불구하고 1970년대로 한정하여, 더구나 1970년대 수준에서 설비운용상 비교 불가능한 경공업과 비교하여 과잉투자로 비판을 하고 있는 다음과 같은 지적은 문제가 있다고 볼 수 있다.

> "정책혜택을 받았던 중화학공업군의 자본효율성은 1970년대 말까지 경공업군에 비해 훨씬 낮았는데 ……중화학공업에 대한 과잉투자의 결과이다."
>
> 【兪正鎬(1991), p. 65.[37]】

처음부터 그렇게 계획된 이상, 그 계획이 이루어지지 않은 단계, 현재 계획이 진행되는 단계를 두고 낮은 가동률을 비판할 수는 없는 것이다. 즉, 내수충당을 목표로 만들었는데 내수예측이 잘못되어 가동률이 낮아진 것이 아니고, 가동률이 당장은 낮더라도 처음부터 '계획'하에 수출시장을 목표로 한 것이었으며, 따라서 1970~1980년대 초 낮은 가동률은 예상 못한 사고가 아니라 계획된 대로(as planned) 움직이는 과정이었을 뿐이다. 한국의 "중화학공업, 특히 조선·1차금속·발전설비 등은 처음부터 수출을 위해 개발되었지만" 초기 세계시장 진입기에는 당연히 "단기간 수출이 어려웠던"[38] 그 과정에 있던 것이다.

계획 초기의 어떤 시점이 아니라 예정된 계획에 의해 진행되고 있었던 동태적 변화를 보면 〈표 12-1〉에서 보듯이 1970년대를 통해 일관되게 순매출증가율은 중화학공업이 경공업보다 높았다. 1973~1975년 중화학공업의 연평균 순매출액 실질증가율은 34.35%인 데 비해 경공업은 17.67%로 중화학공업의 50% 수준에 불과하였으며, 1976~1979년 경우도 중화학공업은 21.05%였던 데 비해 경공업은 17.52%에 불과하였다.

이러한 계획된 정상과정대로 진행되었기에 1980년대 중반에는 철강과 석유화학제품의 품귀현상과 함께 원자재가격의 폭등이 발생하였지만, 한국은 1970년대의 투자로 안정적으로 이에 대처할 수 있었고 타국과 비교해 높은 성장률을 이룰 수 있었으며, 1980년대 후반에는 원래 계획된 수치가 현실로 실행되어 나타난 것이다. 그나마 이것도 ① 1979년 이후 한국의 대통령저격 사망과 뒤이은 최규하 대통령 정부의 불안정, 전두환 정부의 집권과정의 불안정 심화, ② 중화학공업 조정으로 불확

[37] 유정호(1991)의 분류기준은 다르다(제1장 주 50 참조). 유정호는 1970년대 말부터 중화학공업의 효율성이 급속히 상승하여 1980년대 중반에는 거의 동일한 수준까지 접근하고 있다고 밝히고 있다.

[38] Y. C. Park(1985), p. 301.

표 12-1 순매출액 실질증가율

단위: %

구 분	1973	1974	1975	1976	1977	1978	1979
제 조 업	48.98	10.62	11.47	23.57	20.69	22.31	9.84
중화학공업	58.05	35.11	9.89	23.93	22.90	25.45	11.94
화학물, 석유, 석탄제품	39.58	41.51	19.75	14,65	14.07	14.20	17.58
비금속광물제품	30.27	14.39	31.41	15.93	22.80	10.07	15.72
1차금속	105.35	30.20	−16.32	35.46	20.27	28.99	14.00
조립금속, 기계, 장비	69.94	16.15	7.98	37.76	35.17	40.53	6.71
경 공 업	44.96	−5.00	13.05	23.04	19.23	20.07	7.73
중화학−경공업	13.09	40.11	−3.16	0.89	3.67	5.38	4.21

주: 순매출액 실질증가율=(1+순매출증가율)/(1+도매물가상승률).
자료: 한국은행(기, 1974~1980); World Bank(K1987b).

실성 확대,[39] ③ 1980년대 초 세계 석유위기와 선진국들의 금융긴축, 국제고금리, 비산유국들의 국제수지 악화에 따른 보호무역주의 확대, ④ 대기업들의 외국제 선호,[40] 그리고 ⑤ 1980년대 정부의 일관되지 못한 안정화 정책과 금융배분[41] 등 많은 큰 대내외 부정적 변수가 있었음에도 달성된 것이었다. 즉, 이러한 1980년대 한국이 가진 대내외의 매우 큰 충격변수에도 불구하고 1980년대 후반 이후 중화학공업 정상화가 이루어진 것은 바로 1970년대 중화학공업화의 목표가 잘 이루어지고 있었음을 보여 주는 것이다.[42]

그렇기에 처음부터 한국의 중화학공업화에 매우 부정적이었고 경제적 효율성에 매우 회의적이었던 세계은행도 결국 포항제철을 예로 들면서 "동태적인 면에서 보면 경제에 이익을 제공하고 있다(It has provided benefits to the economy in a dynamic sense)"고 장기적·동태적인 측면에서의 평가는 다르게 지적하게 되었다.[43] 또 1982년까지의 자료를 갖고 한국개발연구원이 "자동차공업이 경쟁력을 갖지 못하고 있

39 본서 제9장 참조.

40 박영구(1994).

41 박영구(1996a).

42 이것이 1980년대 초 중화학공업 조정의 효과가 아님은 1980년대 조정과정의 한계와 실패, 그리고 1981~1986년간의 산업별 효율성을 실증적으로 규명하여 이미 박영구(1996a), 박영구(2001b)에서 밝힌 바 있다. "1970년대의 중화학공업화는 실패였고 중화학공업 조정으로 단시간에 중화학공업이 국제경쟁력을 가지게 되었다"고 믿게 한 것은 참으로 놀라운 신정부의 마술이었다.

43 World Bank(K1987a), p. 45.

그림 12-1 제조업 부문별 고정자본형성증가율

단위: %

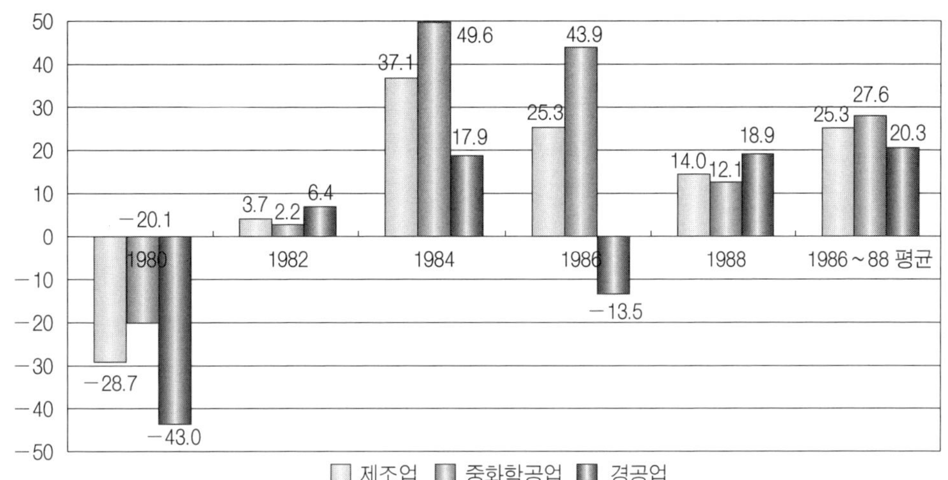

자료: 한국은행(기, 1981~1990); S.-C. Lee(1991), p. 456.

다"고 말했지만 세계은행은 자동차공업이 세계경쟁력을 갖고 성공하고 있음을 인정하였다.[44] 1970년대 중화학공업화에 부정적 평가를 내리고 있는 앞의 S.-C. Lee (1991, p. 457) 등도 1980년대 후반 정상적인 경로, 시간경과를 통해 나타나고 있는 한국 중화학공업화의 성공을 인정하고 있다.

과잉투자론과 달리 산업현실과 사실은 이러했기에 과잉투자론과 중화학공업화 비판이 유행처럼 제기되던 1980년대에도 〈그림 12-1〉에서 보듯이 산업현장에서는 석유파동 직후 바로 1984년부터 이미 다시 중화학공업의 투자율을 대폭 늘리고 있었으며, 1980년대 후반 들어 1986~1988년에는 그 비율이 연평균 27.6% 증가하여 경공업의 20.3%를 훨씬 웃돌았다. 나아가 이들 중화학공업 현장은 이구동성으로 박대통령 사후 진행된 사회의 중화학공업 과잉투자론으로 중화학공업의 투자를 줄인 것을 후회하였다.

가동률의 두 변수인 공급과 수요 측면에서, 특히 수요 측면에서 "중화학공업제품의 시장규모·시장잠재력은 정태적으로 보면 무의미한 것이며, 동태적으로 우리나라의 대외경쟁력이 어떠한 상태이며 또 어떻게 전개될 것인가와의 함수관계에

[44] World Bank(K1987a), pp. 45~46.

서 평가되어야 한다"는[45] 점이 이미 1970년대 당시 경제계에서 정확히 인식되고 있었음에도, 오히려 1980년 이후 국내외 비판이 초기 시점의 정태적인 가동률을 비판의 근거로 잘못 삼았음을 알 수 있다.

12.3.2 가동률 내용 검토

(1) 가동률 측정

이제 비판의 중심이 되는 가동률을 직접 검토해 보자. 관련자료는 경제기획원에서 얻을 수 있다.

문제가 되는 가동률을 공업별로 검토해 보면 기존의 비판과 달리 가동률은 낮지 않았으며, 다만 기존 비판들이 주장하는 중화학공업의 가동률이 낮다는 것은 산업의 발전단계를 고려하지 않고 전체 중화학공업의 평균을 내거나 특정 공업[46]을 추출함으로써 나타난 것임을 발견할 수 있다.

우선 1976~1979년 중화학공업의 가동률을 구해 보면 〈표 12-2〉에서 보듯이 화학의 경우 91.9~110.4%, 비금속광물제품은 77.9~88.2%, 1차금속은 78.6~88.1%로 매우 높았다. 절대적인 수준에서 낮은 것이 아니었지만 상대적으로 가동률이 낮은 것은 조립금속·기계·장비부문으로 57.1~62.6%였는데 이 수치로 인해 중화학공업 전체 평균가동률이 1차적으로 낮아진 것이었다.

더구나 조립금속·기계·장비부문 역시 전체 가동률이 낮은 것이 아니고 발전설비·디젤엔진·운송장비 등 특정 부문이 낮아 평균이 낮아졌던 것이다. 〈표 12-3〉을 보면 1978년 기계공업에서도 운송장비부문의 가동률이 낮은 것을 확인할 수 있다. 가동률이 낮은 이 부분들은 ① 대기업집단들이 일시적으로 집중 중복진입한 일부 공업이거나, ② 여전히 공업이 투자중이거나 투자조정중인 단계에 있었던 공업이었다.

실제로 〈표 12-3〉에서 문제가 된 1978~1981년의 낮은 운송장비 가동률은 〈표 12-4〉를 보면 1979년까지는 조선공업이, 1980~1981년은 자동차공업이 문제였음을 알 수 있다. 그러나 이 부문 역시 〈표 12-4〉에서 보듯이 조선공업은 1978~1979년 26.4~25.7%에서 1982~1983년에는 65.3~64.9%로 가동률이 급등하고 있고, 1979년

---

[45] 김영우(金永佑, 1978. 9), p. 39.

[46] 경제기획원과 한국개발연구원은 문제가 된 컬러TV, 조선공업의 가동률 54%, 28%를 제시하고 있다(경제기획원(개발), 1982, p. 328).

표 12-2 중분류 공업별 가동률[47]

단위: %

구 분	1970	1971	1972	1973	1974	1976	1977	1978	1979	1980	1981	1982	1983	1984	1985
제 조 업	65.9	62.1	65.1	74.3	69.5	78.9	81.7	88.3	82.1	69.5	70.3	69.4	75.8	80.4	79.2
음 식 료	59.2	61.8	70.6	66.4	62.9	62.4	75.8	85.6	82.4	69.3	64.3	64.9	75.4	78.8	73.0
섬유·의류	70.4	66.3	76.3	83.0	77.9	87.5	85.9	84.8	82.1	80.1	80.9	80.2	79.0	78.9	76.7
제재·가구	−	−	−	−	−	84.6	94.4	99.0	84.6	61.0	59.9	46.6	45.4	51.4	55.4
종이·출판	−	−	−	−	−	72.8	80.8	88.4	85.1	75.4	74.8	72.5	76.4	82.1	79.5
화학제품	61.8	62.1	66.2	73.6	70.0	91.9	98.1	110.4	95.4	80.3	76.0	70.9	75.4	78.5	80.2
비 금 속	72.5	73.1	71.7	75.5	77.2	81.9	88.2	87.3	77.9	63.6	61.1	68.3	77.6	78.4	72.6
1차금속	60.1	58.9	53.5	63.2	59.0	78.6	81.1	88.1	81.0	71.3	71.2	74.7	83.8	87.3	88.9
조기계장비	62.2	59.2	69.4	67.3	67.1	61.0	57.1	61.7	62.6	53.1	61.0	60.0	67.9	77.9	75.5

주: 1) 1974년의 경우 1월에서 6월까지 평균가동률임.
2) 계절조정지수임.
3) 비금속은 비금속광물제품, 조기계장비는 조립금속·기계·장비제조업임.
자료: World Bank(K1987a).

표 12-3 기계·장비공업 가동률

단위: %

구 분	1978	1979	1980	1981	1982	1983
일반기계	68.9	74.9	46.8	51.4	52.4	69.0
전기기계	71.1	74.9	65.3	69.0	65.2	76.3
운송장비	45.0	43.1	41.9	58.2	61.5	68.1
기계공업 합계	63.5	66.2	53.1	61.0	60.9	71.2

자료: World Bank(KD, 1984).

이후 세계적인 조선경기 회복과 함께 이미 1980년에 한국은 수주실적으로 일본에 이어 세계 2위가 되었는데,[48] 이는 한국의 조선공업이 다른 나라에 비해 결코 과잉투자되었거나 경쟁력이 떨어지고 있었던 것이 아님을 보여 준다. 자동차공업 역시 1980~1981년 31.1~39.0%, 1982년 53.0%에서 1983년 82.4%로 급등하고 있으며 이

47 1980년을 100으로 한 1975~1984년의 공업별 가동률은 경제기획원(지표, 1985)에 게재되어 있다. 가동률 차이는 집계주체, 집계시점의 차이에 따른 것인데 점차 높은 쪽으로 통일되어 기록되는 경향을 보여 주고 있다.

48 한국산업은행(월보, 307호, 1981. 6); 小川雄平(1983), p. 198.

표 12-4 일부 공업별 가동률

단위: %

구 분	1976	1977	1978	1979	1980	1981	1982	1983
제 조 업	78.9	81.5	88.1	81.9	69.5	70.3	69.8	76.7
기 계	69.3	66.9	69.1	75.1	46.8	51.4	52.4	69.1
조 선	36.1	23.2	26.4	25.7	40.9	65.0	65.3	64.9
전 자	75.3	72.0	71.2	74.8	65.3	69.0	65.2	76.3
자 동 차	48.2	62.2	83.9	56.0	31.1	39.0	53.0	82.4

자료: World Bank(KD, 1984).

후 세계경쟁력을 갖고 세계시장에서 성공하였다. 물론 이들 공업의 가동률 급등이 중화학공업 조정 때문이 아니었음은 이들 공업은 조정이 없었거나 연기·실패·취소로 사실상의 중화학공업 조정이 이루어지지 않았던 공업이었다.[49] 1980년 8월 19일의 승용차 일원화 통합조정은 1981년 2월 28일 이원화 및 합병조치로 취소되었고 다시 이 2.28 자동차 합리화 조치는 1982년 7월 26일 무효화되어 '현대'·'대우'('새한')·'기아'·'동아'('쌍용')의 조정 전 원상태로 돌아갔다. 오히려 과잉투자론으로 조정논의가 계속되어 혼란이 가중됨으로써 한국의 자동차생산은 1979년 204,447대에서 1980년 123,135대, 1981년 133,084대로 줄어드는 동안에[50] 대만은 116,580대에서 132,580대, 137,901대로 생산을 늘려[51] 이 기회를 이용하고 있었다.

공업현장에 있던 사람들과 달리 공업에 대한 이해부족도 중화학공업의 과잉투자 비판에 한몫을 하였다. 〈표 12-4〉에서 보듯이 1970년대 가동률에서 가장 문제가 되었고 또 전체 평균을 내림으로써 낮은 가동률의 직접적 원인을 제공하였던 조선공업은 조선공업의 성격을 이해한다면 낮은 가동률-과잉비판은 나올 수 없는 것이었다. 왜냐하면 조선공업은, 첫째 공급자가 생산량을 주도하는 일반공업과 달리 수요자 중심의 주문생산 공업이며, 둘째 선박의 건조기간이 수년 이상 장기간 소요된다는 점에서 다른 공업과는 생산과정이 완전히 다르며, 셋째 다른 공업과 달리 표준규격에 의한 대량생산이 불가능하므로 호황기 누적주문을 제외하면 평균적으로 가동률이 낮은 공업이기 때문이다. 이러한 조선공업의 특징 때문에 상공부도 〈그림

[49] 본서 제9장 참조.

[50] 1983년이 되어서야 1979년 수준을 회복하였다. 승용차부문만 보아도 동일하다(한국자동차공업협회(3자), 1989).

[51] 『通商弘報』, 1981. 12. 22; 『臺灣總攬』, 1982; 小川雄平(1983), p. 200.

그림 12-2 조선공업의 가동률 전망

단위: %

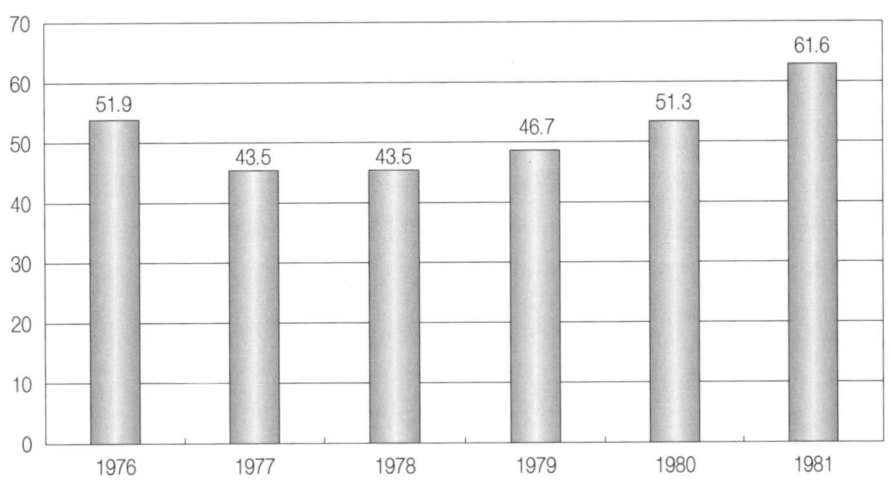

자료: 상공부 중공업계획반, 화학 및 경공업계획반(1976), p. 162.

12-2〉에서 보듯이 조선공업의 가동률을 다른 공업과 달리 처음부터 낮게 60% 내외로 목표를 잡았고 그것도 투자가 계속 이루어짐에 따라 가동률이 떨어지다가 다시 서서히 올라갈 것으로 계획부터 보고 있었던 것이다. 실제로 예상하지 못하였던 1981년 석유위기라는 큰 외부충격변수에도 불구하고 〈표 12-4〉에서 보듯이 조선공업의 가동률은 65.0%로 오히려 계획 61.6%를 초과하였다.

따라서 이러한 일부 조립·금속·장비부문을 제외한 화학·1차금속·비금속광물제품 등에서 이미 1977년에 가동률이 80% 이상으로 난 것은 매우 높은 것이었으며, 조선 등의 운송부문을 빼면 한국의 기술수준이 낮아 가장 낙후된 기계도 〈표 12-4〉에서 보듯이 가동률이 이미 1976~1979년 66.9~75.1%였다는 것은 가동률이 낮지 않음을 보여 주는 것이다. 경제기획원이 앞에서 보았듯이 1979년에 낮은 가동률 근거로 제시한 컬러TV 생산은 박 대통령의 지시에 의해 국내판매가 금지되고 있었던 순전히 비경제적 요인이 있었던 제품이었고 사실 전자부문도 71.2% 이상으로 가동률이 낮지 않았다.

(2) 가동률의 시계열 변화

중화학공업화를 통해 중화학공업의 가동률이 낮았다고 비판되고 있지만 〈표

12-2〉에서 보면 중화학공업화 기간을 통해 중화학공업들의 가동률은 「중화학공업화 선언」이 이루어지기 전인 1970년대 초에 비해 낮지 않았다. 가동률은 해외전문가가 놀랄 정도였으며, 따라서 1979~1980년의 가동률 하락 역시 과잉투자의 결과가 아니라, 오히려 경제위기를 가져온 다른 변수요인의 또 하나의 단순한 결과였다.

중화학공업화가 정점에 달하고 있던 1977, 1978년 한국 중화학공업에서 존재하였던 높은 가동률은 미국의 입장에서는 이해할 수 없을 정도였고 따라서 언제나 '과욕'의 한국인으로 보는 근거가 되고 있었다. 이러한 예는 미국 AID(국제개발처) 고문이었던 번스타인(Joel Bernstein)이 청주비료공장을 1978년 방문한 후 미국의회에서 행한 다음의 증언에서도 나타난다.

> 그들은 나에게 차트를 보여 주었는데 ……그 사용수준은 생산능력의 108~110%였다. 그래서 나는 그들에게 그 점에 대해 물었다. 나는 그런 종류의 가동률을 가진 석유화학공장을 본 적이 없었다. 그런데 그들은 가동을 멈추지 않고 하나하나 주요 부품들을 분해하는 방법을 고안해 사용하고 있었다.
>
> 《US Congress, House(1978), p. 56; M. L. Clifford(1998), p. 108.》

항상 거론되는 1979, 1980년의 가동률 하락과 낮은 가동률 수준, 위기는 우선 1979년 새로이 들어선 경제기획원팀들이 〈그림 12-3〉에서 보듯이 안정론에 의거하여 화폐공급을 대폭 줄이기 시작한 데에 더하여, 박정희 대통령 저격사망에 따른 수급양면의 불안이 한 원인이었다. 여기에 이 시기는 〈그림 12-3〉에서 보듯이 2차 석유위기로 인한 유가폭등과 국제이자율의 급등이라는 세계적인 공급 측면의 외생충격이 있었던 일시적 기간이기도 하였다.

분명히 경제성장률 −3.7%, 도매물가상승률 39.0%, 그리고 외채총액 2억 7,370만 달러에 달하였던 1980년 위기의 근본적인 원인은 갑작스러운 화폐공급의 감축과 이자율 급등에 따른 주요 기업들의 금융위기, 그리고 해외충격에 휘말린 한국공업(경공업)의 경쟁력 약화가 더 큰 원인이었다.[52] 그럼에도 박정희시대의 비판과 함께 묻혀 그 인과관계가 설명되지 않는 중화학공업 과잉투자가 일제히 비판·지적되어 왔던 것이다.

52 S.-C. Lee(1991), p. 453.

그림 12-3 화폐증가율, 국제이자율, 원유가

단위: %, 달러/배럴

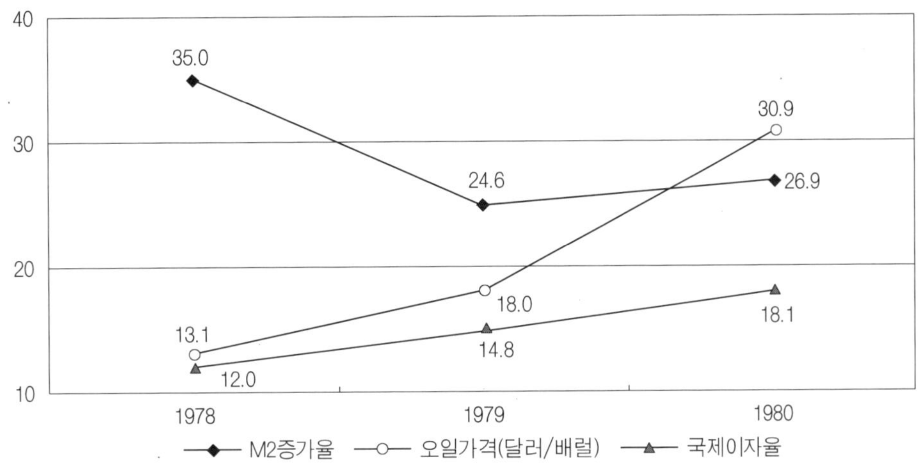

자료: 경제기획원조사통계국(한통, 1969~1988); 경제기획원(지표, 1975~1985).

(3) 가동률의 횡단면 비교

기존 가동률 비판은 비교관점을 갖지 못하고 동굴 속의 비판을 하고 있는데, 경공업이나 다른 국가의 가동률과 비교해 보면 한국의 중화학공업 가동률은 문제가 없었다. 사실 그 동안 중화학공업의 과잉투자, 낮은 가동률 비판론자들은 ① 경공업 가동률도 낮아졌다는 점, ② 다른 국가의 가동률도 낮아졌다는 점, 그리고 ③ 가동률 반등이 곧 있었다는 세 가지를 의식적·무의식적으로 무시하여 왔다.

우선 경공업과 비교해 보면 가동률이 낮아지던 시기는 중화학공업만이 아니라 경공업도 가동률이 낮아진 점을 발견할 수 있다. 심지어 〈표 12-2〉를 보면 목재·가구 등 경공업의 가동률이 중화학공업보다 더 낮아지고 있다. 사실 1980년의 평가교수단도 "중화학공업 건설의 문제점인 기술인력 부족, 기술의 낙후와 낮은 가동률도 (중화학공업의 문제가 아니라) 제조업 전체의 문제라고 할 수 있다"고[53] 분명히 적고 있었다. 그럼에도 이런 점은 비판에서 무시되어 왔다.

다른 나라와 비교해 보면 기존 한국 과잉투자론의 문제는 더욱 뚜렷이 나타난다. 다른 나라 역시 1980년대 초 석유위기와 금융긴축, 국제고금리, 비산유국들의

53 국무총리기획조정실(43산, 1980), p. 184.

표 12-5 국가별 철강공장 가동률(이용률)

단위: %

구분	1974	1975	1976	1977	1978	1979	1980	1981	1982	1983	1984
포철	114	117	105	96	103.9	100.9	107.3	102.3	103.3	99.7	101.0
일본	79	68	71	63	67.3	71.3	70.2	64.2	63.0	62.2	67.2
미국	97	71	81	78	86.8	87.8	72.8	78.3	48.4	56.2	68.9
EC	88	63	63	60	65.8	68.9	63.1	63.2	56.2	57.1	66.5
세계	–		–	74	78.0	79.7	70.7	69.1	59.6	61.6	68.3

주: 1) 이용률은 평가된 가동능력에 대한 연간 철강생산량 비율임.
2) 세계는 사회주의 국가를 제외한 철강공장 소유국 평균임.

자료: 중화학공업추진위원회기획단(공발1, 1979); 포항제철(특보, 1979, 1985); 日本鐵鋼連盟(1977); J. L. Enos and W.-H. Park(1988).

국제수지 악화에 따른 보호무역주의로 선진국을 포함한 세계 공업 전체가 과잉문제, 가동률 저하를 겪었다. 따라서 그것이 한국 중화학공업이 가지고 있는 문제가 아님에도 과잉투자론은 이를 언급하지 않고 철저히 한국의 중화학공업 문제로 지적하고 있는 것이다.

한국이 많은 부분 모델로 삼았고 일찍 중화학공업을 궤도에 올린 일본조차도 1970년대 말 이후 중화학공업을 중심으로 초과설비문제가 심각하게 발생하였다.[54] 따라서 1978년 5월 11일 「특정불황산업안정임시조치법(特定不況産業安定臨時措置法)」을 채택해야 하였는데,[55] 이 법은 1983년에 「특정산업에 대한 구조개선을 위한 특별조치법」으로 대체되었다. 1978년 특별조치법으로 일본은 ① 초과설비가 심한 산업, ② 회사의 반 이상이 최소 3년간 심한 금융상의 문제를 겪은 산업, ③ 회사의 2/3 이상이 지명을 요청한 산업을 침체산업으로 규정하였다(본장 부록의 〈보론 12-2〉 참조). 일본만이 아니라 1980~1982년에는 세계 모든 공업에서 동일한 현상이 나타났다.

이런 점에서 볼 때 국내와 세계은행의 한국 중화학공업에 대한 일방적인 과잉투자론 비판은 문제가 있다. 왜냐하면, 다른 나라와 비교하면 한국의 가동률은 낮지 않았으며 오히려 높은 경우가 많았기 때문이다. 한 예로 중공업을 대표하는 철강공업을 〈표 12-5〉에서 보면 1974년 이래 "세계철강업계가 큰 슬럼프에 빠져 있음에도 포항제철은 거의 전 가동수준에 가깝게 가동을 계속해 왔다."[56] 한국의 가동률은

[54] J.-C. Rhee(1994), p. 49.
[55] 內田公三(1996), p. 219.

표 12-6 주요 석유화학제품의 시설현황과 국제규모 비교(1979년 1월 현재)

단위: 만 M/T

구 분	사 업 체	시설규모	국제규모
나프타분해센터	대한석유공사	(에틸렌) 15.5	30
저밀도폴리에틸렌	한양화학(韓洋化學)	5	10
VCM	한양화학	6	15
폴리프로필렌	대한유화(大韓油化)	4.5	8
고밀도폴리에틸렌	대한유화	3.5	7
PVC	한국플라스틱	16	10
PVC	럭 키	5	10
폴리스틸렌	한남화학(韓南化學)	5	5
카프로락탐	한국카프로락탐	3.3	9
아크릴로니트릴	동서(東西)석유화학	7.7	8
SBR	한국합성고무	5	5
알킬벤젠	이수(梨樹)화학	1.3	3
무수프탈산	삼경화성(三敬化成)	2.34	5
에탄올	한국에탄올	3	5
메탄올	한국종합화학	1.5	30
PPG	한국포리올	1	2
무수마레인산	대농(大農)유화	1	1
카본블랙	럭키콘티넨탈카본	4.4	5

자료: 중화학공업추진위원회기획단(공발2, 1979), pp. 773~774.

다른 나라와 비교해 볼 때 실로 경이적인 것이었다.

화학공업에서도 전체 생산능력 심지어 1인당 생산능력을 경쟁국가와 비교하면 한국 중화학공업의 과잉투자론의 문제점은 더욱 분명해진다. 1980년 석유화학공업의 1인당 생산능력을 kg으로 보면 에틸렌은 한국 13.4, 대만 32.4, 일본 53.4이고, 합성수지는 한국 23.8, 대만 54.1, 일본 59.9, 합섬원료는 한국 7.7, 대만 34.8, 일본 28.4, 합성고무는 한국 2.0, 대만 5.7, 일본 12.1이었다(본장 부록의 〈부표 12-1〉 참조). 한국은 수출경쟁국가인 일본과 대만에 비해 전체 생산능력은 물론 1인당 생산능력

56 World Bank(K1987a), p. 45.

표 12-7 5대 범용(汎用)수지의 수급실적과 자급률

단위: M/T, %

연 도	생 산	수 입	수 요	자 급 률
1972	31,026	76,714	157,740	5,104
1973	117,113	44,821	218,934	79.5
1974	190,527	33,192	223,719	85.2
1975	199,514	46,409	245,922	81.1
1976	269,886	52,382	330,453	83.7
1977	321,814	153,382	475,196	67.7
1978	415,831	205,662	621,543	66.9

주: 5대 범용수지=폴리스틸렌, 저밀도폴리에틸렌, 폴리프로필렌, 고밀도폴리에틸렌, PVC.
자료: 한국석유화학공업협회; 중화학공업추진위원회기획단(공발1, 1979), p. 786.

에서 볼 때 화학공업규모가 여전히 매우 뒤져 있었다. 한국석유화학공업협회가 1979년 1월 현재 국제규모와 대비해 한국의 석유화학공업을 조사한 것에 의하면 〈표 12-6〉에서 보듯이 '대한석유공사'의 나프타분해센터가 에틸렌 기준 연산 15만 5,000M/T로 국제규격 30만M/T에 크게 미달되어 있었고, '한국플라스틱'의 PVC 정도를 제외하고 거의 대부분의 석유화학제품이 국제규모에 여전히 미달이었다. 〈표 12-7〉, 〈표 12-8〉에서 보듯이 한국은 석유화학공업의 3단계 공정인 합성수지·합성섬유에서 투자부족으로 오히려 1970년대 후반 자급률이 떨어지고 있었다. 결국 석유화학 주요 제품의 1979년 자급률을 보면 〈표 12-9〉에서 보듯이 저밀도폴리에틸렌(LDPE), 고밀도폴리에틸렌(HDPE) 40%, 50%, 염화비닐모노머(VCM) 26%, 폴리프로필렌(PP) 61%, 카프로락탐 34%, 폴리스티렌(PS) 53% 정도에 불과하였다.

한편, 가동률을 직접 비교가능한 화학비료의 경우 한국은 1970년대 매년 거의 완전가동률을 보여 왔으며, 1978년 현재 비료공업 전체로 보아 공칭능력을 상회하는 100.6% 가동률을 보여 주고 있는바, 이는 세계의 비료공장 평균가동률 85%에 비해 매우 높은 수준이었다.[57]

중화학공업이 아닌 다른 공업도 가동률이 낮아지고 있었다는 점이나 다른 국가도 가동률이 낮아지고 있다는 것, 그러면서 중화학공업의 가동률 정상화가 경공업에 비해, 또 다른 나라에 비해 먼저 이루어지고 있었던 점, 여전히 투자규모면에서

[57] 중화학공업추진위원회기획단(공발1, 1979), pp. 767~768.

표 12-8 합성섬유원료 공급실적과 자급률

단위: M/T, %

구 분		1972	1973	1974	1975	1976	1977	1978
카프로락탐	생 산	–	–	9,071	27,853	34,537	38,836	40,433
	수 입	30,842	37,193	34,402	34,609	45,383	46,249	60,298
	계	30,842	37,193	43,473	62,462	79,920	85,085	100,731
아크릴르니트릴	생 산	3,693	30,377	34,299	34,048	33,719	34,154	46,888
	수 입	24,700	5,766	28,293	50,444	69,330	81,931	79,114
	계	28,393	36,143	62,592	84,492	103,049	116,085	126,002
DMT/TPA	생 산	–	–	–	–	–	–	–
	수 입	32,747	45,908	68,859	117,334	130,410	149,713	192,283
	계	32,747	45,908	68,859	117,334	130,410	149,713	192,283
에틸렌그리콜	생 산	–	–	–	–	–	–	–
	수 입	13,214	18,214	27,326	48,672	50,105	63,743	79,087
	계	13,214	18,214	27,326	48,672	50,105	63,743	79,087
합 계	생 산	3,693	30,377	43,370	61,901	68,256	72,990	87,321
	수 입	101,503	107,081	158,880	251,059	295,228	341,636	410,782
	계	105,196	137,458	202,250	312,960	363,484	414,626	498,103
자 급 률		3.5	22.1	21.4	19.8	18.8	17.6	17.5

자료: 한국석유화학공업협회; 중화학공업추진위원회기획단(공발1, 1979), p. 789.

표 12-9 석유화학 주요 제품 자급률(1979)

단위: 만 톤, %

구 분	LDPE	HDPE	PVC	VCM	PP	PS	카프로락탐	AN
수 요	16.3	8.7	24.3	22.74	16.3	7.23	12.05	11.6
생 산	6.57	4.57	22.5	5.96	10.01	3.81	4.04	7.87
자 급 도	40	52	93	26	61	53	34	68

자료: 상공부; 국무총리기획조정실(43산, 1980), p. 267.

한국이 수출경쟁국보다 열위였다는 점 등은, 한국 중화학공업의 낮은 가동률이 한국 중화학공업 자체의 문제가 아님을 분명히 보여 준다. 1980년대 초의 낮은 가동률은 세계석유위기와 이에 뒤이은 경제불확실성의 확대로 인한 세계의 전반적인 수요문제에 기인하는 것이었고 오히려 한국의 중화학공업부문은 다른 나라보다 이를 먼저 극복하고 있었다. 그렇기에 한국 중화학공업화를 연구한 Auty(1994) 역시 낮은

가동률의 가장 중요한 원인으로 '예상치 못한 수요감소'를 들었던 것이다.[58]

그럼에도 중화학공업에 대한 과잉투자론과 낮은 가동률 비판이 총체적으로 구분 없이 제기되었고, 대부분의 사람들이 이를 반박하지 않았다. 심지어 일부 대기업은 이러한 과잉투자론을 기업의 잘못된 중복투자를 정리하는 기회로 이용하려 하였기에 이 논리를 역으로 확신시키기까지 하였다.

(4) 가동률 정상화 속도

원래 중화학공업은 규모의 경제에 민감한 산업이고 대규모 최소적정점(large minimum optimum plant size)을 갖기 때문에, 발전 초기에 설비규모는 국내수요를 당연히 크게 초과한다.[59] 이렇게 중화학공업은 규모의 경제가 크게 작동하는 대규모 설비투자를 중심으로 이루어지는 공업이므로, 앞서 지적하였듯이 건설단계 초기의 가동률이나 어떤 특정 해의 가동률이 중요한 것이 아니라, 투자가 이루어진 후 얼마나 빨리 효율성에 도달하는가가 중요한 평가지표가 된다. 즉, 어느 시점에서 가동률 상승과 함께, 가동 이후 기간별 생산액/설계생산가능액 비율이 높아지는가라는 것이 투자효율성의 척도가 된다.

이런 점에서 실제 투자가 이루어진 시점부터 계산해 가동률을 계산해 볼 경우 한국의 중화학공업부문은 다른 국가와 비교해 가장 일찍 목표생산능력에 접근하고 있었다. 〈표 12-10〉에서 보듯이 울산 석유화학의 경우 폴리에틸렌은 2달 만에 이미 설계생산가능액의 94%를 생산하였고 VCM 역시 적정 가동수준인 60%를 넘어서고 있었다. 여천 석유화학단지도 가동 1년 이내에 이미 60%를 넘어섰다. 포항제철 역시 6개월 만에 1, 2, 3단계 모두 100%를 넘어섰다. 3단계는 불과 2달 만에 100%를 넘어섰다. 가장 기초적인 생산재공업인 철강과 화학공업에서 주요 공장들은, 평가된 생산능력을 넘어서 지속적으로 이용되면서 이론적 최고값보다 110~139%까지 가동되고 있었다.[60] 심지어 한국의 "모든 신규 공장들은 세계에서 최고가 되거나 가장 커야만 했고 또 세계에서 가장 단시간에 건설되었다거나 역대 가동된 것 중 가장 효율적이라던가 하는 그런 점을 자랑하였다."[61] 한국이 중화학공업에서 단기간에 달성한 높은 가동률은 세계의 이목을 집중시켰고 '한국 방식'으로 명명되기까지 하

[58] R. M. Auty(1994), p. 128.
[59] R. M. Auty(1994), p. 1.
[60] M. L. Clifford(1998), p. 108.
[61] L.-e. Woo(1991), p. 131.

표 12-10 가동 이후 기간별 생산액/설계생산가능액 비율

단위: %

구 분			설계가능액	기간별 생산액/설계생산가능액 비율					
				1달	2달	6달	1년	2년	5년
석유화학	울산	폴리에틸렌	5만 톤/년	71	94	98	113	139	131
		VCM	6만 톤/년	40	64	69	93	92	103
	여천	폴리에틸렌	10만 톤/년	69	38	12	75	63	115
		VCM	15만 톤/년	11	22	54	63	76	87
디젤엔진			2.4만 개/년	NA	NA	NA	7	11	68
포철1단계			103만 톤/년	50	72	104	NA	NA	110
포철2단계			157만 톤/년	NA	NA	100	NA	NA	NA
포철3단계			290만 톤/년	NA	100	NA	NA	NA	NA

자료: J. L. Enos and W.-H. Park(1988), p. 237.

였다.

과잉투자란 분명히 시간을 경과해도, 투자의 감가상각이 소멸될 시점까지도 변동 없이 쭉 하락국면으로 가동률이 낮아지거나 낮은 수준에서 정체되어 있을 때 얘기할 수 있는 것이다. 그러나 한국의 중화학공업 가동률은 이미 효율성 수준으로 높았다가 일시적으로 다시 낮아지는 변화를 보여 주었다. 따라서 비록 결과는 같다고 하더라도 다시 가동률이 낮아지게 된 것에는 중화학공업 자체의 효율성이 아닌 보다 다양한 요인에 의한 시장의 반응이 반영되었음을 의미한다. 더하여 ① 장기간에 걸쳐 위험선호적인 투자를 안 하고 어느 부문이 잘 된다 하면, 경기가 이미 경고수준에 들어 갈 정도로 과열되었음에도 그때 전부 집중진입하여 투자하고, ② 그러다가 불황기가 오면 전부 일제히 투자를 줄여 경제를 가속도로 악화시키면서, ③ 결국 다시 선순환으로 돌아서 호황기가 오면 생산능력에서 이에 대처하지 못하였던[62] 많은 한국 대기업집단의 실수가 여기에 있었다. 이러한 사실들은 다음과 같이 당시 생생하게 지적되고 있었다.

> 불황 속에서 79년 후반기, 80년 1.4분기 중 투자가 계속 감소되고 있는 실정인데 우리 경제가 77년 수준만 된다고 해도 이 부분은 쉽게 풀려질 수 있다는 계

[62] 이런 점은 불과 25년 정도에 세계 중화학공업 최강국으로 등장하는 19세기 독일의 사례와 극으로 대조되며 결국 추월당하는 영국의 투자사례와 유사하다(Y. G. Park, 1997).

산이 나옵니다.

《정경문화(1981. 5), p. 81.》

12.4 과잉투자론의 추가지표 검토

과잉투자론의 핵심 비판은 앞서 검토한 가동률이다. 그러나 가동률 이외에도 몇 가지 지표에서 과잉투자론이 제기되고 비판되었다. 이에 대해 하나씩 검토해 보자.

12.4.1 투자수준과 공업 간 격차

우선, 1970년대 이전에는 투자수준이 경공업과 같았는데 이후 1973~1978년에 공업 간 투자격차가 발생했다는 점에서, 1970년대 중화학공업에의 과잉투자가 이루어진 것이 아닌가라는 점에 대해 검토해 보자.

J. J. Stern, J.-b. Kim, D. H. Perkins, and J.-h. Yoo(1995, p. 70)는 1973년 이전에는 중화학공업과 경공업이 비슷하다가 1973~1978년에는 확실한 자본축적률의 격차가 벌어지고 있다고 밝히고 있다.[63] 이는 모든 전략산업에서 그러하듯이 전 세계 모든 국가에서 중화학공업화가 진행되는 초기에 공통으로 나타나는 성격이며, 또 중화학공업의 산업성격상 당연히 그러한 것을 지적한 것이다. 실제로 〈표 12-11〉에서 보듯이 한국과 유사한 중화학공업화 시기의 일본 사례에서 보면 일본 역시 설비투자의 80% 이상이 중화학공업에 투입되었다는 점에서 이는 근본적으로 중화학공업의 성격과 초기 발전단계를 의미하는 것이지, 한국의 과잉투자를 보여 주는 것이 아니다.

표 12-11 일본의 중화학공업 설비투자 구성비(제조업 내)

단위: %

구 분	1961년	1966년	1967년
중화학공업	81.5	81.2	82.5
(철강)	(22.7)	(20.7)	(20.2)

자료: 日本經濟新聞社(白書, 1969).

[63] 저자들이 분류한 중화학공업과 경공업은 정책수혜 정도에 따른 분류로 제1장 주 50 참조.

J. J. Stern, J.-b. Kim, D. H. Perkins, and J.-h. Yoo(1995, p. 70) 역시 중화학공업화가 정점에 있던 1975~1978년 전기기기의 자본축적률이 의류·신발보다 낮은 것을 보여 주는데, 이는 전기기기의 자본축적이 1960년대부터 시작되어 어느 정도 이루어졌기 때문이고 반면 신발 등은 수출이 늘어났기 때문이다. 즉, 투자의 절대증가율은 자본축적의 정도와 수요에 따른 문제이지, 중화학공업의 과잉투자를 보여 주는 지표로 사용될 수 없다.

두 번째로 과잉투자의 지표로 거론될 수 있는 공업 간 자본집약도(K/L)의 변화는 1970년대 중화학공업의 과잉투자를 보여 주는 것이라기보다는 오히려 한국의 중화학공업과 경공업이 다른 나라에서 나타나는 발전과정과 같은 매우 정상적인 변화과정에 있었음을 보여 준다.

1973~1978년 중화학공업의 자본집약도 증가율이 더 높지만 중화학공업이 장치산업이라는 산업특성상 모든 국가에서 중화학공업화 기간에 자본집약도는 급상승한다. 하지만 이것은 투자율에서 지적하였듯이 국가적 특징이나 시기적 특징, 또는 자본 또는 요소 집중의 특징을 나타내는 것이 아니고 모든 국가에서 나타나는 중화학공업화 기간의 지극히 일반적 현상이다. 중화학공업화 단계를 통과하면서 중화학공업화의 효과가 나타나면 국내 자본재의 가격하락과 효율적인(한계생산성이 높은 따라서 임금이 높은) 중화학공업으로의 계속적인 노동력 이동으로 중화학공업에 이어 노동집약적인 경공업에서 자본의 대체가 급속히 일어나게 된다.

똑같은 원리로 세분화된 공업별로 보아 중화학공업에서도 집중적인 투자가 먼저 이루어진 순서대로 집약도의 변화가 나타나고 있는데 화학 그리고 이어 전기기기의 순으로, 먼저 1970년대에 자본집약도 상승률이 둔화되어 1970~1978년간 화학과 전기기기의 자본집약도 연평균 증가율은 1.7%, 8.8%로 10%에 미치지 못하고 있다.[64] 그 결과 한국의 중화학공업과 경공업을 대표하는 전기기기와 의류, 신발업을 비교해 보면 전기기기의 경우 이미 1970년대 중반까지 투자가 집중되었고 이후 1975년부터 급속히 자본집약도가 낮아져 결국 1970~1978년 전 기간을 통해 경공업인 의류·신발산업보다 자본집약도(K/L) 증가율이 더 낮아 양 부분 자본집약도 차는 1960년대 후반 자본집약도 7배 이상에서, 1970년 4배, 그리고 1978년 3배 정도로 배수격차가 급속히 줄어들고 있다.[65] 1980년대 이후는 다시 전자부문의 투자로

---

[64] Stern, Kim, Perkins, and Yoo(1995), p. 72. 화학은 1, 2차 석유위기로 1973~1975년, 1978~1983년 기간 증가율이 수치적으로 높게 나타난다.

[65] Stern, Kim, Perkins, and Yoo(1995), p. 72.

전기기기부문이 약간 늘어나는 것도 확인할 수 있다.

또 1973~1978년이 중화학공업화라는 기간상 중화학공업의 자본집약도 증가율이 경공업보다 더 높지만, 그 격차는 이전, 이후 연도와 비교해 볼 때 경공업의 너무 낮은 변화율에 원인이 있는 것이지, 중화학공업이 너무 높은 것에 원인이 있다고 보기 어렵다.

구체적으로 1970년대 후반 공업별 자본집약도를 구해 보면 설비산업인 1차금속제품, 화학 등에서는 당연히 자본집약도가 높으나 과잉투자론의 대상이 되고 있는 금속제품·기계·장비에서는 전체적으로 1978년까지 자본집약도는 낮아 경공업과 차이가 없다.[66] 자본스톡의 증가가 높았으나 유사하게 노동력 고용도 늘어났기 때문이다. 이러한 사실 자체도 역시 1970년대 중화학공업의 과잉투자론이 문제가 있음을 보여 준다.

발전도상국의 경제성장은 자본축적에 의해 촉진된다. 한국의 경우 특히 자본축적이 부족하였고 전형적인 공급병목이 존재하였던 1970년대에 자본축적은 절대적으로 필요하였다. 1972년 GNP의 22%였던 총자본형성률은 중화학공업화 선언 이후 점차 증대하기 시작하여 1976년에는 25.8%, 1981년에는 29.0%로 높아지게 중화학공업화에서 처음부터 설계되었다.[67] 이렇게 1970년대 중화학공업화로 인한 자본축적은 한국 공업의 성장과 이후 한국 경제의 밑거름이 되었다. 특히, 제3장(3.3)에서 언급하였듯이 1970년대 당시는 매우 적은 비용으로 자본축적이 가능하였다는 점에서 더욱 중요한 한국 경제의 장기발전 계기가 되었다. 오히려 1980년대 전반기 급격한 투자위축과 과소투자로 1980년대 후반 한국 경제는 다시 공급병목을 겪어야만 하였던 것이다.

12.4.2 투자효율·부가가치·이윤율

투자효율·부가가치 또는 이윤율이 낮았다는 것 역시 과잉투자론의 비판근거로 일부 사용되고 있다. 그러나 이러한 지적에도 불구하고 우선 이론적으로 보았을 때 특정 시기 이윤율은 과잉투자의 적정지표로 사용되기에 부적절하다. 원래 전통적으로 이윤율은 산업과 연관되어 있는 것으로 인정되어 왔으나 최근에는 기업의 내부특징, 즉 작업의 조직방식과 생산 및 분배관행 등이 더욱 이윤율에 영향을 미친다

66 한국은행(기, 1974~1979).

67 중화학공업추진위원회(해, 1973), p. 35.

는 연구가[68] 보편화되고 있기 때문이다. 특히, 1970년대 중화학공업화 기간 또는 1980년대 초의 비용상승에도 불구하고 세계적인 경기불확실성 확대로 수요가 감소하고 이에 따라 비용을 상쇄해야 하는 가격상승이 억제되었으므로 이 시기만을 보고 정상적인 이윤율을 논할 수는 없다. 이 시기 이윤율은 장기적인 안정적 이윤율과 다르게 나타나기 때문이다. 통상적으로 투자효율·부가가치·이윤율은 같은 방향으로 움직이므로 이러한 논리적 문제는 투자효율과 부가가치에도 적용된다.

투자효율·부가가치·이윤율에 입각한 과잉투자 논의는 우선 이런 논리적 한계가 있다. 그런데 사실은 비판되고 있는 이들 지표를 구해 보면 그 자체도 기존 비판과 다르다는 것을 알 수 있다.

우선 투자효율성과 부가가치를 보자. 제7장에서 우리는 1970년대 중화학공업의 산업별 효율성 분석과 정부의 문서검증을 통해 1970년대 중화학공업은 기대 이상의 효과를 거두면서 진행되고 있었고, 1978년 이후 나타난 문제는 중화학공업화의 문제라기보다는 오히려 대기업의 합리적 정보습득 실패와 특정 산업에의 단기간의 중복진입, 그리고 단기적인 의사결정에 있었음을 밝혔다. 부가가치 고도화라는 산업효율성 측면에서 볼 때, 1970년대의 중화학공업은 효율적이었으며 1970년대 중화학공업의 설비투자효율을 보면 중화학공업화 초기인 1970년대 전반(前半)에는 48~68% 수준이지만 1970년대 중반 이후 급격히 증가하여 76%대를 넘어서고 있다. 특히, 경공업과 달리 진행방향으로 볼 때 1977년까지 설비투자효율은 계속적으로 증가하여 1972~1973년 평균 경공업보다 27.7%p 낮던 것이 1974~1975년에는 불과 4.55%p의 차로 근접하고 있고 1974~1977년에는 그 차가 좁혀져 있다. 총자본투자효율도 중화학공업과 경공업의 차가 1972~1973년 8~10.5%p였으나 그 격차는 급격히 줄어들어 1974년에는 동일지수를 보여 주고 있으며, 이후 1974~1977년까지 평균격차는 매우 근접하여 3.1%p로 줄어들고 있다. 1976년의 총자본효율을 「중화학공업화 선언」 이전인 1972년과 비교해 보면 급속한 확장에 있었던 철강을 제외하고 전부 큰 상승을 보여 주었다. 중화학공업 1인당 부가가치는 경공업에 비해 거의 50% 이상 매우 높았다.[69]

총자본의 가장 대표적 수익성, 이윤지표인 총자본경상이익률(이익률)을 구해 보아도 이런 점은 분명하다. 〈표 12-12〉에서 보듯이 단기적으로 중복진입에 따라 1978~1981년간 중화학공업의 이익률(profit ratio)은 경공업 수준과 유사해지고 있다.

---

68 P. Cappelli and D. Neumark(2001), pp. 737~775.

69 박영구(1995). 본서의 제7장 논의, 특히 〈그림 7-2〉 및 〈표 7-4〉를 참조.

표 12-12 공업별 총자본경상이익률

단위: %

구 분	1973	1974	1975	1976	1977	1978	1979	1980	1981	1982	1983	1984
음 식 료	6.36	4.10	4.09	5.10	8.23	10.46	6.10	2.96	1.67	2.86	4.39	2.20
섬유·의류	10.61	2.10	0.92	3.20	1.40	2.93	1.15	−0.71	0.53	−0.05	1.29	1.65
제재·가구	12.16	−7.00	−0.48	1.32	4.52	9.00	0.95	−13.10	−9.24	−6.08	−1.23	−4.70
종이·출판	10.51	7.55	3.68	5.05	6.11	6.12	5.47	−0.17	−3.72	0.08	3.55	3.96
기다 제조업	6.69	8.29	10.48	6.70	4.95	2.74	−0.47	3.27	7.47	7.39	9.09	6.21
화학제품	8.17	7.03	7.70	7.90	5.21	8.42	6.84	3.29	0.81	2.57	5.08	5.95
비금속광물제품	3.63	3.59	5.79	4.46	6.75	4.84	4.79	2.06	−0.56	1.00	5.03	6.35
1차금속	5.65	14.35	3.20	3.15	3.53	3.75	2.66	−1.09	−0.05	0.73	3.19	4.66
조립금속, 기계, 장비	6.17	6.86	6.80	4.41	5.95	2.82	1.86	−2.94	−0.30	0.68	2.74	2.43

주: 총자본경상이익률=경상이익/총자본.
자료: 한국은행(기, 1973~1985).

그러나 이 시기 이전인 1970년대와 이후 시기 중화학공업의 이익률은 경공업보다 높았다.

결국 비판되고 있는 지표들이 중화학공업의 문제가 아니라 대기업의 급속한 중복진입에 따른 특정 시기, 특정 공업의 문제였던 것이다. 투자회수기간을 고려하여 볼 때 미성숙된 기간에서 단기적으로, 그리고 중화학공업의 특정 부문에서 과잉설비는 있었지만 이는 어느 시대, 어느 지역에서나 나타나는 보편적 현상으로 한국의 중화학공업이 과잉투자되었다는 주장은 옳지 않다.

12.5 문제의 본질: 내용과 주체

12.5.1 투자의 규모와 내용 검토

중화학공업 과잉투자론은 "중화학공업 과잉투자로 거시경제 또는 국민경제의 효율성이 떨어지고 나빠졌다"는 것이다. 그러나 너무나 당연히 비판되고 인식되어 왔던 것과는 달리 거시경제의 투자효율성을 추계해 보면 전체적으로 1970년대 투자의 효율성은 매우 좋았다. 이는 〈그림 12-4〉에서 보듯이 1980년대와 1990년 전반기와 비교할 때 뚜렷이 나타난다. 또 1970년대 후반 고정자본형성, 그 중에서도 중화학공업과 연관성이 높은 기업내구재 투자는 한국 경제의 성장을 주도하였다.

과잉투자론의 재검토 필요성은 시기별·산업별 한계투자율(Incremental capital-output ratios: ICOR)에서도 나타난다. 〈표 12-13〉에서 보듯이 1974~1977년 제조업의 한계투자율은 1.40으로 낮았으며, 1978~1981년간에도 높아졌다고 하지만[70] 역시 다

그림 12-4 총투자 효율성

단위: %

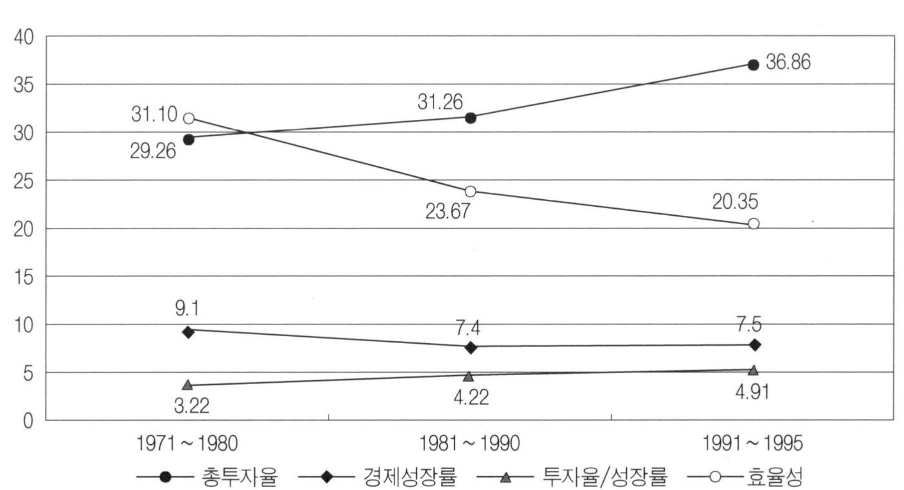

주: 1) 총투자율=국내총투자율.
2) 효율성=100×{1/(투자율/성장률)}.
자료: 한국은행, 통계청 자료를 원자료로 한 M.-G. Suh(1998), p. 48.

---

70 한국 중화학공업화의 과잉투자가 비판되면서 한국의 산업별 제조업 한계투자율은 일방적·편의적으로

표 12-13 산업별 한계투자율(ICOR)

단위: %

구 분	1970~1973	1974~1977	1978~1981
농업, 임업, 어업	1.84	1.73	8.35
광 업	1.49	1.54	8.74
제 조 업	1.37	1.40	2.63
전기, 가스, 수도	6.93	10.08	14.82
건 설	0.58	0.44	2.65
도소매, 식당 및 호텔업	7.40	7.46	10.01
금융, 보험, 부동산	0.87	0.58	0.64
주 택	27.39	49.75	60.77
공공기관, 국방	11.97	5.38	12.79
사회서비스	2.00	4.52	6.47
국내총생산	2.26	2.70	6.54

주: 1) ICOR=총투자증가/총생산증가.
2) 총생산은 1년 시차로 계산.
3) 구 SNA계정에 기초한 1980년 불변가격임.
자료: World Bank(K1987a), p. 152.

른 산업에 비해 낮았다. 오히려 1970~1973년의 1970년대 초기 제조업의 한계투자율은 건설업이나 도·소매업보다 높았지만 이후 1970년대를 통해 이들 산업보다 더 낮았다.

다른 나라와 비교해 보아도 1970년대 한국의 한계투자율(ICOR)은 발전도상국가들의 평균수준 정도였다. 1975~1980년을 보아도 한국은 4.84로[71] 역시 발전도상국 평균수준이었다(〈표 12-14〉 참조).

한국은 1960년대까지 세계에서 가장 투자가 낮은 나라 중 하나였고 따라서 1970년대 높은 투자가 분명히 필요한 상태였다. 1970년대 중반에 완성된 World Bank의 연구도 "기존에 있었던 한국 투자율이 너무 높다는 인식과 달리 한국의 계획투자와 저축이 불충분하다고 생각하였다. 세계은행은 한국의 계획입안자들이 중화학공업 목적을 이루기 위해 또는 경공업을 부추기기 위해 불충분한 자본을 공급

이용되거나 적절하지 못한 지표로 무시되기도 하였고 그리고 잘못 해석되기도 했다. 실제로 세계은행은 그 반성으로 "중화학공업 비판을 위한 산업별 한계투자율이 주의깊게 그리고 객관적으로 사용되지도 않았다"(World Bank, WS, 1992, p. 35)고 말하고 있다.

[71] World Bank(K1987a), p. 47.

표 12-14 한계투자율(ICOR) 국가별·시기별 비교

단위: %

구 분	1960~1970년	1970~1980년
아르헨티나	4.6	9.0
브 라 질	3.5	3.2
그 리 스	3.5	5.5
홍 콩	2.4	2.2
한 국	1.8	3.6
필 리 핀	3.9	4.3
포르투갈	3.3	3.7
싱가포르	2.5	4.0
태 국	2.7	3.5
유고슬라비아	5.5	5.4
평 균	3.4	4.4

주: ICOR=총투자증가/총생산증가.
자료: World Bank(K1987a), p. 47.

했다고 느꼈다"고[72] 분명히 기록하고 있다. 제4차 경제개발5개년계획 기간중 중화학공업부문 투자계획이 1977~1979년에 97.0% 일찍 투입소진된 것은,[73] 첫째 계속되는 높은 인플레이션하에서도 정부가 이를 정확히 반영하지 않은 채 인플레이션을 낮출 수 있으리라는 잘못된 환상으로, 둘째 중화학공업의 단계가 발전할수록 기술고도화에 따른 비용이 기하급수적으로 늘어난다는 사실을 너무 쉽게 간과하여 그리고, 셋째 1979년 중화학공업 조정조치로 중화학공업 지원이 대폭 확대될 것을 고려하지 못해서 처음부터 투자비용을 너무 낮게 잡았기 때문이지, 결코 과잉투자된 것이 아니다. 동시에 제4차 경제개발5개년계획 기간중 중화학공업부문 투자계획이 이미 3년 안에 거의 소진되었다고 하지만 분명히 목표가 일찍 달성되었으므로 효율성이 낮았던 것도 아니고 과잉투자된 것도 아니었다. 장기적으로 보아 여전히 한국의 경우 문제가 되는 것은 낮은 투자율이며, 특히 기업들의 낮은 투자율은 현재에도 문제가 되고 있고 앞으로도 될 것이다.

이제 투자의 내용을 세부적으로 검토해 보자. 1973년 「중화학공업화 선언」이

72 H. Pazan and D.C. Rao(1979), pp. 75~106; R.M. Auty(1994), p. 126.
73 한국개발연구원(기본, 1982), p. 50.

표 12-15 중화학공업 투자액 총괄(1973~1979)

부 문 별	내자(백만 원)	외자(천 달러)	계(백만 원)
1. 시 설 설 비	2,006,648	3,158,672	3,552,804(100%)
철 강 공 업	601,319	1,374,939	1,268,164(35.7%)
비철금속공업	112,634	177,866	199,447(5.6%)
조 선 공 업	150,067	120,698	208,605(5.9%)
화 학 공 업	492,750	1,211,995	1,095,357(30.8%)
기 계 공 업	452,394	258,120	577,521(16.3%)
전 자 공 업	196,484	15,054	203,710(5.7%)
2. 지 원 시 설	200,737	–	200,737
3. 기 지 조 성	154,882	–	154,882
4. 인 력 개 발	71,214	56,395	98,565
5. 연 구 개 발	89,785	79,823	128,807
합 계	2,523,266	3,294,890	4,135,795

자료: 중화학공업추진위원회기획단(중추, 1980).

후 1인당 국민소득 1,000달러, 수출 100억 달러의 중화학공업화 목적이 달성된 1979년까지 중화학공업 투자를 보면 다음 〈표 12-15〉에서 보듯이 4,135,795백만 원, 82.7억 달러를 사용하였다. 중화학공업화 계획은 1973년부터 1981년까지 96.0억 달러로 되어 있었으므로 중화학공업의 목적은 소요예상액의 86%를 사용하고 달성되었다. 중화학공업화 계획 자체가 과대하거나 과잉투자로 계획되었던 것이 아님은 1973~1981년 중화학공업부문 투자계획액이 전체 총투자의 22.7%에 불과하였던[74] 점에서 알 수 있다. 이러한 총량지표에 의한 사실은 중화학공업 투자의 거시적인 경제성이 매우 우수함을 보여 주는 것이다. 즉, 실질투자총량에서 볼 때 원계획에 비해 과대하게 투입된 과잉투자가 아니었으며 또 다음의 '12.5.2 특정 문제의 소재'에서 계속 확인해 보듯이 계획 자체도 과잉투자가 이루어지지 않도록 설정되어 있었다.

시설투자에 한정해 보면 중화학공업은 투자액이 그 산업의 성격상 당연히 매우 높다. 제조업 평균시설투자비가 투자액의 45%인 데 비해 중화학공업은 장치산업의

[74] 경제기획원(전, 1973), pp. 152~163.

성격으로 시설투자비가 투자액의 85.9%를 차지하기 때문이다. 사실 중화학공업화가 아니라 중화학공업의 조정에서 더욱 많은 조정비용이 투입된 것은 문제의 본질과 문제의 소재를 보여 준다. 그런데 〈표 12-15〉에서 중화학공업의 시설투자를 공업별로 보면 중화학공업 중에서도 철강공업과 석유화학공업에 각각 35.7%, 30.8% 집중투자되었음을 알 수 있다. 기계공업에 투자액의 16.3%, 비철금속·선박·전자 등에도 각각 투자액의 5~6% 정도씩밖에 투자가 이루어지지 않았다.[75] 이 사실만으로도 과잉투자론은 상당히 논리적으로 취약함을 알 수 있다. 왜냐하면, 이들 철강공업과 석유화학공업은 단순 조립가공산업이 아니라 집중시설투자가 필요한 기본 소재산업으로, 단순히 그 산업이나 중화학공업만의 문제가 아니라 전체 산업과 거시경제에 미치는 산업연관효과가 매우 크고 또 장기적으로 미치기 때문이다. 따라서 이 두 공업에 투자가 집중되었다는 것은 경공업을 포함하는 모든 공업, 그리고 1, 3차 산업을 포함하는 모든 산업의 기초가 되는 부분에 제한된 재원으로 투자가 집중된 것을 보여 주는 것으로, 이는 효과나 효율성에서 투자가 잘 선택되었음을 의미하는 것이지 결코 과잉투자를 보여 주는 것이 아니다.

중복진입된 특정 산업부문의 문제는 있었더라도[76] 중화학공업의 과잉투자가 아니었음은 이미 앞에서도 충분히 밝혔지만, 산업현장에서의 증언에서도 일관되게 나타나듯이 오히려 총산업, 거시 전체적으로 보면 안정화·조정논쟁과 미국·세계은행 등의 계속된 견제로 인해 거시적 차원의[77] 투자는 충분하지 못하였다고도 볼 수 있다. 투자결과로서의 자본스톡을 보면 여전히 중화학공업이 경공업에 비해 1970년대에 낮았으며,[78] 〈표 12-16〉에서 보듯이 생산액 기준으로 보아 1970년대 중반까지 대만보다 앞서 있던 중화학공업 비율이 오히려 1970년대 후반에는 뒤쳐지고 있었다. 또 수출상품 중 공산품 수출비중이 1977년 한국의 36% 수준과 유사하였던 단계의 다른 국가들의 중화학공업화율을 보면 서독이 63.3%(1956년), 일본이 53.3%

---

[75] 중화학공업추진위원회기획단(중추, 1980); 김광모(1988), p. 315.

[76] 하지만 대기업집단들이 선호하였던 특정 부문에 대해 시장의 반응을 고려하지 않고 잘못된 자의적 정보해석에 입각해 단기간 중복진입투자를 한 것은 잘못된 것이었고, 또 1979년 이래 1980년대 초 이를 바로잡아 줄 시장기구의 작동보다 정부보조로 이를 지속시킨 것은 더 잘못된 것이었다(본서 제7, 8, 9장 참조).

[77] 거시적 차원이라고 함은 대기업집단이 시설투자 없이 중화학공업기업을 사들이고 있는 미시적인 기업입장에서의 투자와 구분하기 위해서이다. 실제로 1970년대 후반과 1980년대 초 중화학공업 조정기를 통해 대기업집단은 선점권을 획득하기 위해, 기업규모 경쟁으로 간접금융에 의존한 기업사들이기를 계속하였다(본서 제7, 8, 9장 참조).

[78] H.-K. Pyo(1988).

표 12-16 중화학공업화 비율(생산액 기준)

단위: %

구 분	한 국	대 만
1975	48.7	47.8
1976	49.5	50.6
1977	50.1	52.9
1978	51.4	56.2

자료: 경제기획원(지표, 1979); (臺灣)行政院(1980. 2).

(1950년),[79] 같은 1977년에 같은 수준에 도달한 대만이 52.9%로 모두 한국보다 높았고 그 격차가 1978년 들어 더 확대되고 있었다. 중화학공업의 경쟁력·효율성을 보여 주는 수출품 중 중화학공업 제품이 차지하는 비중이 한국이 대만보다 더 높은 점에서,[80] 중화학공업 비율이 떨어지는 것은 한국 중화학공업의 비효율적 과잉투자 때문이 아니라 한국의 중화학공업 투자수준이 세계 선진국의 정상적인 평균수준보다 낮았기 때문이었음을 알 수 있다.

1970년대에 대한 당시의 사실인식 기록도 중화학공업 과잉투자론이 문제가 있음을 보여 준다. 1979년 중화학공업에 대한 평가에서 "화섬을 제외한 대부분의 중화학공업이 규모의 경제가 실현될 수 있는 시설규모에 달하지 못하고 있다"는 것이나 "공업단지, 공업용수와 같은 사회간접자본의 확충 등이 앞으로의 과제로 남아 있다"는[81] 지적은 여전히 과잉투자와는 관계가 먼 현실을 보여 준다. 오히려 여전히 규모의 확대가 필요하고 공업단지의 확대투자가 필요함을 제안하고 있는 것이다.

결국 당시 중화학공업에서의 문제는 특정 부문 그것도 단기간의 시각에서 나타난 대기업 간 중복진입투자이지, 중화학공업의 과잉투자라고 보기 어렵다. 또 일부 산업의 중복투자 역시 과잉투자의 일부라고 한국의 중화학공업화 전체가 비난받아야 할 것은 아니었다. 왜냐하면, 예상이윤이 높은 곳에 기업의 집중이 단기적으로 진행되는 것은 일반적인 시장의 현상이며 한국만이 아니라 일본 등 모든 선진공업국가에서도 일반적으로 나타났던 것이기 때문이다.[82]

---

79 김광두(1979. 2), p. 20.

80 경제기획원(지표, 1979); (臺灣)行政院(1980. 2); 『通商弘報』(1982. 5. 4); 『華民國進出口小貿易統計月報』(1980. 12); 小川雄平(1983), p. 201.

81 김광두(1979. 2), p. 22.

82 일본 역시 중화학공업화가 진행된 1955~1970년의 고도성장기 중 1962~1965년간 중화학공업의 과잉설비의 현재화와 함께 경제성장률 둔화가 나타났다(신태곤, 1982, p. 8).

12.5.2 특정 문제의 소재

낮은 가동률이나 과잉설비 자체를 사회적 순손실의 문제와 연결하여 볼 수 없음과 또 그간의 과잉투자론 비판은 문제가 있음을 앞에서 하나씩 검토해 보았다. 중화학공업의 과잉투자론은 실재와 괴리가 있으며 단기적으로 시장에서 발생하는 부분중복투자가 존재하였던 것이었다. 따라서 정확히 말해 문제는 객관적 공업상황보다 정치·경제적 요소를 섞어 놓은 비판 그 자체와, 시장의 자동적인 조정과정을 무시한 1980년 이후 조정과정에 있었다.[83] 이제 문제가 된 1980년 초 나타난 단기적인, 특정 부문의 중복투자문제가 왜 발생하였는가를 마지막으로 살펴보자.

중화학공업화 계획에서 처음부터 정부의 의도는 중복 또는 과잉투자가 불가능하도록 전체 '공장건설 일람표'를 제시하고 '종합산업발전의 테두리 안에서 계획적으로' 그리고 '연차별 공업건설계획'에 따라 추진하는 것이었다. 왜냐하면, 오원철 경제수석이 '날뛰는 야생마들'이라고 표현할 정도로 1960년대 말과 1970년대 초의 과잉중복진입투자로 야기된 출혈경쟁 및 동반몰락 그리고 외화낭비와 외채상환 부담의 위험을 청와대와 정부는 경험했고,[84] 관련기업들을 강제정리, 강제합병시켰던 경험이 있었기 때문이다(본장 부록 〈보론 12-3〉 참조). 실제로 당시 중화학공업추진위원회는 처음부터 중화학공업화의 배경에서 이미 다음과 같이 기존의 중복투자·과잉투자·투자불균형과 그 결과로서 투자의 효율저하를 지적하였다.

> (중화학공업화 선언 이전에는) 모든 가능한 공업부문의 성장을 동시에 추구하여 동일산업, 동일업종의 중복투자도 허용되었다. 그 결과 일부에는 과잉투자에 의한 과잉확대가 있었는가 하면 다른 일부에는 과소성장 또는 미개발이 있어 투자의 효율을 저하시켰다. ……지난 10여 년에 걸친 우리의 공업화 과정에서는…… 불요불급의 투자, 중복도입 또는 시장조건과 분리된 과잉설비와 같은 시행착오 또는 무분별이 있었고 이론 인한 희소생산요인인 자본이나 자원의 낭비가 허다하였고 과당경쟁으로 상호 잠식적인 파멸을 초래하기에 이르렀던 사실을 쉽게 상기할 수 있는 것이다.
>
> 【중화학공업추진위원회(해, 1973), pp. 17, 54.】

따라서 쓰라린 과잉중복투자 경험을 피하고자 하는 자각과 의식이 중화학공업화 선언과 함께 청와대와 중화학공업추진위원회기획단에서 다음과 같이 분명히 나

[83] 본서 제8, 9장 참조(박영구, 2001b).

[84] 오원철(산군, 1993. 1. 18~1994. 3. 30).

타났다.

【중화학공업화 정책선언에 따른 공업구조개편론 계획지침】

국가적 차원의 종합산업발전의 테두리 안에서 계획적으로 추진한다. ……본 공업구조 개편사업은 ……2) 투자를 적게 들인다. 3) 종합적 견지에서 합리적인 방법으로 한다.…….

《대통령비서실(중선19730130), pp. 19, 31.》

두 번에 걸친 경제개발5개년계획에서 ……이러한 요소효율에 대한 경시는…… 중복투자로 인한 과당경쟁과 과잉설비와 같은 결과를 피하지 못하게 하였으며 다른 한편으로는 외자도입과 자원의 수입을 과도하게 하여 혹은 국제수지를 악화하며 혹은 원리금 상환부담을 심하게 증대시켰다. 따라서 이번에 제시된 중화학공업화 정책선언은 ……능률의 극대화라는 조건을 동반하고 있는 것이며 …….”

《중화학공업추진위원회(해, 1973), p. 39.》

그럼에도 1960년대 말과 1970년대 초의 중복투자 파동과 처리에 이어 1973년 여름에 다시 기간산업이었던 판유리업계도 과잉중복진입투자로 부실화되어 1973년 8월에 1개사로 합병되자, 대통령이 직접 나서서 중복투자 회피를 지시하게 되었다. 1973년 9월 4일 대통령의 자동차공업 육성에 대한 지시는 이를 보여 준다.

【대통령의 자동차공업 육성에 대한 지시】

제한된 자원에 대한 시설의 중복을 피하며 관련공업의 유기적 참여로 전근대적 생산형태를 탈피하여 개개 공장의 근대화를 기하며 경제적 양산체제를 확립하여 국제경쟁력 있는 자동차공업으로의 육성을 기해야 할 것입니다.

《대통령비서실(자동, 19730904).》

현실적으로 시설중복투자를 방지하는 최선의 방법은 시설을 합병, 집중하여 국제규모의 대단위 공장으로 전문화하는 것이었다. 따라서 이미 자본부족과 외자도입 확대가 문제가 되고 있는 상황 속에서,[85] 중화학공업화의 전략 역시 규모의 경제를 최대한 살리고 수출을 지향한다는 것이었으므로 자연스럽게 다음과 같이 투자전문

---

[85] 현대조선의 대형크레인 도입과 관련차관에 대해서도 정부는 “정부인가를 받아 계약이 발표되도록 계약서를 수정”할 것을 지시하고 있고, 금성사에 대해서도 자본도입을 인정하되 “도입자본재는 발주 이전에 재검토 승인을 받을 것” 등을 지시하고 있다(외자도입심의위원회(100현197410), p. 2; 외자도입심의위원회(100금197410)).

화, 투자단위 대규모화가 원칙으로 지향되었다.

> 기존 시설에 대해서도 합병을 추진할 정도로 시설규모의 국제단위 대규모화, 전문화, 계열화, 산업연관효과의 극대화를 지향한다.
> 【대한민국정부(3경, 1971), pp. 52~64; 대한민국정부(4경, 1976), pp. 57~63.】

이에 따라 경제기획원은 중화학공업의 건설에 있어서 특정 기업에 집중하여 시설규모를 대형화·현대화하였고 '기존 시설에 대해서도 합병·계열화를 통하여 시설의 대형화를 지향'하였다.[86] 이상에서 보았듯이 중화학공업은 처음부터 집중을 유도하는 계획체제였으며 과잉중복투자가 억제되도록 계획되었다. 그리고 과잉중복투자 회피노력은 역설적이지만 1970년대 중반까지 대기업들이 중화학공업투자에 매우 소극적으로 나섬으로써 지켜졌다. 특히, 1차 석유위기 후 투자위험이 커지자 경제계 스스로가 규모의 경제, 집중화된 국제경쟁단위로 건설할 것을 정부에 촉구하기도 하였다.[87] 오히려 1975년까지는 과잉중복투자는 커녕 대기업들의 중화학공업 진입회피로 정부가 중화학공업의 진입투자를 적극적으로 유도해야 하는 수준이었다. 중화학공업화의 핵심 기지로 정부지원을 약속한 창원기지에 대해서도 대기업이 진입하지 않아 정부는 입주자 국내외 모집, 설명회를 개최해야 하였으며,[88] 이런 정부의 노력에도 불구하고 여전히 창원공단 입주업체는 1975년 38개 업체에 불과하였다.[89] 1975년 일본조사보고서 역시 당시까지 "한국에는 과잉투자라든가, 과다경쟁을 양성하는 융자가 행해진 것은 보이지 않았다"고[90] 분명히 명시할 정도였다.

정부는 오히려 대기업의 중화학공업 진입투자를 독려해야 할 상황에서 중화학공업화 계획 초기의 과잉중복투자 경계를 약화시키고 있었다. 바로 이런 속에서 1976년대 하반기 들어 대기업들의 움직임이 달라지고 있었다. 중화학공업의 효율성이 높았고 또 높아지는 것으로 나타나자, 이를 확인한 대기업집단들이 높은 성장성이 예상되는 일부 부문에 집중적으로 중복진입하였고 1977년과 1978년 2년 사이에 단기간 일부 업종의 중복진입투자가 이루어졌다. 심지어 높은 발전성이 예상되는 발전설비산업 같은 경우 1978년 2월 발전설비 제작사업을 하겠다고 7개 대기업집단이 동시에 정부당국에 생산계획을 제출하였는데, 그 신청 용량만도 국내 수요의

86 이만희(1993a), pp. 241, 242~243.
87 전국경제인연합회(20, 1983), pp. 549~552.
88 창원기계공업공단(1979), pp. 125~148.
89 창원기계공업공단(1979), pp. 148~176.
90 (日本)外務省經濟協力局(1975. 8), p. 209.

10배에 달하고 있었다.[91]

대기업집단들이 이러한 행동을 취한 이유는 J. Kim(2002)[92]이 잘 지적하였듯이 한국 대기업집단의 다음과 같은 특성에서 1차적으로 연유한 것이었다. 첫째, 당시 한국의 대기업집단들은 이익의 극대화가 최고 목표가 아니라 일본과 마찬가지로 시장점유율에 더 목표를 두고 있었다. 둘째, 대기업집단들이 자본시장을 지배하고 있었고 또 금융회사를 소유함으로써 그들의 자회사를 위해 금융을 많이 제공할 수 있었다. 이런 구조 속에서 이익이 될 듯 싶은 사업에의 선제적인 진출이 계속 이루어졌다. 셋째, 도덕적 해이가 작동하고 규모의 증가로 교섭력(bargaining power)의 상승을 기대하였다. 넷째, 재벌 간 라이벌의식이 작용하였다. 이익창출이 높은 곳에 기업이 진입하는 것은 당연한 것이지만, 당시 대기업집단들은 이보다 상대방 경쟁기업의 억제와 선점지위 확보에 중화학공업을 직접 이용하려고 하였고 이것이 특정 부문에의 단기간의 중복적인 진입을 촉발시켰다.

그 결과 한국은 단기간에 일시적 특정 공업의 중복투자를 경험하였다. 그리고 단기적인 일부 공업의 중복진입으로 해당 부문 숙련노동자의 부족, 기술노하우 부족, 경영능력 부족, 상품수요 부족 등의 병목이 나타났다. 이때 일반적으로 비판되고 있는 것처럼 중화학공업 투자가 철저한 정부주도였다면, 그래서 정부의 중화학공업화 초기계획이 그대로 적용되었다면 당연히 중복투자는 불가능하였다. 따라서 한국 중화학공업화에서 중복투자가 일부 산업에서 단기적으로 표출되었다는 것 자체가 바로 달라진 한국 대기업집단의 위상과 동시에, 정부가 아닌 기업들의 선택을 보여 주는 것이다.[93]

시장의 주체로서 역시 투자의 주체이었던 대기업집단들은 박정희 대통령 사후 빠른 안정화에 집착한 신정부와 국제기구·국제시장의 논리에 따라 중화학공업에서의 기존 중복진입의 책임을 이전 정부·정책으로 돌릴 수 있었다. 1980년대 사회적 분위기는 이를 당연시하고 있었다. 대기업집단은 이렇게 함으로써 시장의 자동조정 기능을 정부개입으로 피하였고 피해자로서 기업입장을 내세워 정부보조를 요구할 수도 있었다. 중화학공업에 대한 비판이 극에 달하고 있었던 1980년에 40개 중화학업체가 필요로 하는 투자자금 소요액은 3조 1,460억 원이었지만 기업이 조달가능한 것은 9,590억 원에 불과하였다.[94]

---

91 이갑섭(1980. 12), p. 28.
92 J. Kim(2002), pp. 50~51.
93 박영구(1995).

12.6 맺음말

당연시되어 온 기존의 인식에도 불구하고 모든 비판근거나 자료, 사실, 그리고 이론적 측면에서의 재검토를 통해 볼 때 1970년대 중화학공업의 과잉투자론과, 중화학공업화 정책 또는 정부의 투자책임론은 문제가 있음을 확인할 수 있다. 한국의 중화학공업화 과정에서 과잉투자가 일어났다고 보기는 어려우며, 대기업집단의 선점경쟁으로 1970년대 말~1980년대 초에 단기적인, 특정 부문의 과잉중복진입이 이루어졌다고 보아야 한다. 1970~1980년대를 통해 한국 사회가 필요하였던 것은 중화학공업화 기간에 대한 과잉투자 비판이나 이후의 정부개입에 의한 투자조정이 아니라, 오히려 여러 관련지표와 이후의 변화, 산업현장의 증언을 종합해 볼 때 시장의 조정기능, 기업의 투자자율과 책임이었음을 보여 준다. 그러나 이는 중화학공업화의 중단·비판과 함께 이루어지지 못하였다.

이렇게 검토되지 못한, 당연시되어 왔던 중화학공업 과잉투자론과 중화학공업화 정책책임론은 네 가지 면에서 한국 경제에 이후 비용을 확대시켰다.

첫째, 과잉투자론은 기존 기업을 보호하고 새로운 진입을 제한함으로써 효율적인 기업들의 진입과[95] 경쟁의 확대를 가져오지 못하게 하였다.

둘째, 이의를 허용하지 않고 대대적으로 진행된 과잉투자 비판과 이에 따른 강제조정은 시장의 투자주체인 기업에게도 투자자율성과 투자책임을 침해하여 이후 기업의 투자에 부정적으로 작용하였다.

셋째, 과잉투자론과 정부책임론은 일부 대기업들의 잘못된 선택에 대해 면죄부를 줌으로써 대기업 스스로의 수정, 발전기회와 시장에 의한 정상적인 조정의 기회를 놓치게 하고 이후 정부가 계속 개입하게 하였다.

넷째, 한국 경제 불황기 또는 문제발생시마다 이전 중화학공업의 과잉투자론을 제기함으로써 보다 근본적인 경제결정변수와 대안의 고려가 부족하게 되었다.[96]

---

[94] 이갑섭(1980. 12), p. 28.

[95] E. Montgomery and W. Wascher(1988), pp. 168~172.

[96] 한국 중화학공업화 연구에서도 선험적인 확고한 중화학공업 과잉투자론은 다른 주요한 변수의 발굴과 연구를 억제함으로써, 한국 중화학공업화 연구에 일정 부분 장해논리로 작용하였다고 보여진다.

부 록

1. 부 표

부표 12-1 석유화학공업 생산능력 비교(1980)

구 분	총생산능력(천 M/T)			1인당 생산능력(kg)		
	한 국	대 만	일 본	한 국	대 만	일 본
에 틸 렌	505	568	6,202	13.4	32.4	53.4
합성수지	894	949	6,947	23.8	54.1	59.9
합성섬유 원료	290	610	3,296	7.7	34.8	28.4
합성고무	75	100	1,401	2.0	5.7	12.1

자료: 전국경제인연합회(한연, 1981), p. 403.

부표 12-2 기업경상이익률

단위: %

구 분	1973	1974	1975	1976	1977	1978	1979	1980	1981	1982	1983	1984
제 조 업	12.77	10.91	9.50	10.42	10.75	11.03	10.74	9.14	9.98	8.80	9.59	9.67
음 식 료	11.51	9.48	11.28	13.21	15.36	16.83	13.35	11.97	11.52	10.55	10.97	8.88
섬유·의류	16.06	7.42	6.71	9.58	8.30	11.02	10.37	9.82	11.54	8.30	8.59	8.23
제재·가구	16.72	−1.00	7.77	7.71	10.62	14.72	8.24	−0.16	5.04	3.28	8.89	4.67
종이·출판	16.04	14.89	11.05	13.29	14.47	14.22	14.53	10.80	7.38	8.71	10.00	9.97
화학제품	12.60	12.45	12.89	13.16	10.53	14.12	13.98	12.18	10.91	10.75	10.98	12.40
비금속광물제품	10.00	8.63	12.26	10.15	12.81	10.53	11.96	10.50	9.39	9.56	11.66	12.16
1차금속	8.95	18.18	4.12	7.09	9.22	7.70	8.38	6.24	9.56	6.61	8.35	9.62
조립금속, 기계, 장비	10.92	12.26	11.70	10.03	11.81	8.78	8.93	7.04	8.71	8.45	9.04	8.81
기타 제조업	11.77	12.89	17.32	13.67	11.40	9.15	6.93	12.52	14.34	12.95	13.54	12.07

자료: 한국은행(기, 1974~1985).

2. 보　　론

〈보론 12-1〉 과잉투자 지적의 이론적 문제

이론적으로 볼 때 근본적인 문제로 1970년대 중화학공업화에서 과잉투자라는 존재 자체가 문제되는가라는 점이다. 과잉투자라는 것은 경제적 용어로 정확히 정의하면 평균총비용의 최저점에 도달하지 못하는 초과생산설비를 가진다는 의미이다. 한때 경제학자들은 초과생산설비가 존재하는 경우 분명히 존재하는 사회적 손실 때문에 비효율성이 나타난다고 생각하였다. 비판론 역시 이러한 전제에 입각하고 있다.

그러나 오늘날 이론적·실증적 연구를 통해 경제학자들은 이미 초과생산설비와 경제적 후생(효율성)은 직접적인 관련이 없다는 것을 분명히 알게 되었다.[97] 왜냐하면, 기업들이 가동률·생산을 늘려 평균비용 최저점에 도달한다고 해도, 이때가 더욱 경제적 후생 또는 시장성과가 바람직하다고 말할 수 없기 때문이다. 즉, 초과생산설비를 가지게 되었다는 것 자체로 나쁘다고 얘기할 수 없는 것이다. 심지어 당연시되었던 총요소생산성 증가율과 가동률지수 변화율 간의 관계도 1966~1983년간 두 변수의 상관계수를 실증적으로 검토한 결과 장기적으로는 통계적 유의성이 없는 것으로 확인되었다.[98]

1970년대 당시 중화학공업 제품시장은 세계적으로 독점적 경쟁(monopolistic competition)시장이었다. 제품차별화 등을 통해 개별 기업이 어느 정도의 독점력을 가지는 독점적 경쟁시장은 장기적으로 장기평균비용의 최저점보다 적은 생산량을 생산하므로 과잉설비가 존재한다.[99] 따라서 1970년대 중화학공업 시장에서는 초과설비 문제가 한국만이 아니라 세계 모든 기업에서 존재하였었다. 이 문제는 다른 나라에서도 1980년대 후반 이후 첨단기술의 발전, 일반화된 공정과 비용 차이에 따른 지역별 생산분화로 비로소 해결되었던 것이다.[100] 따라서 1970년대 당시 중화학공업에서의 초과생산설비의 존재 여부를 갖고 한국 중화학공업화의 문제라거나 한국 중

97 N. G. Mankiw(2001), p. 418.
98 김광석·박승록(1988), p. 9.
99 강태진·유정식·홍종학(2004. 12. 12).
100 이미 제9장 논의에서 밝혔지만 한국의 중화학공업 조정 때문에 일부 공업에서의 가동률문제가 해결된 것이 아니고 세계적인 해결과정이 1980년대 후반에 나타났었다.

화학공업화를 비판하는 것은 문제가 있다.

〈보론 12-2〉 일본의 특정불황산업안정임시조치법[101]

1978년 5월 11일 일본 역시 「특정불황산업안정임시조치법」을 채택하였는데,[102] 이 법은 1983년에 「특정 산업에 대한 구조개선을 위한 특별조치법」으로 대체되었다. 1978년 특별조치법에 의해 침체산업으로 지명되면 합동설비 감축계획을 위한 협상을 하도록 반독점법의 적용을 받지 않게 되었다. 기존 공장의 확장과 신공장의 신설이 원칙적으로 금지되었고 정부는 개별 회사 그리고 산업단체와 협의하여 안정화와 초과설비 감축계획을 개발하였다. 단, 정부가 초과설비를 줄이는 계획을 실행하는 권리를 가지지는 못하였다. 또 퇴직금을 위한 제한된 저금리대출이 주어지고 그 산업은 대출보증을 받을 수 있도록 하였다. 1983년 이루어진 조치법도 퇴출회사에 대해 비슷한 조치를 제공하였지만 효과가 적었던 금융지원에 대해 ① 근대화와 개선을 위한 일본개발은행의 저금리 대출, ② 연구개발(R&D) 지출, 특히 에너지 절감분야 R&D 지출을 위한 기금, ③ 근대화를 위한 설비감가상각의 가속화와 추가적인 세금혜택 등 좀더 광범위한 금융지원을 제공하고 있다는 점이 다르다. 또한 기업들이 공정거래위원회의 승인을 받아 그들이 생산 또는 판매활동을 서로 조정할 수 있도록 하는 사업연계의 형성을 허용하였다. 이러한 사업연계는 하나의 기업처럼 움직인다는 점에서 합병과 같은 효과를 내는 것이었다.

1978년 법으로 일본에서 14개의 산업이 침체산업으로 지명되었다. 7개는 설비를 감축하는 카르텔을 합법적으로 형성할 수 있도록 승인되었다. 이 산업들은 1977년 설비능력의 평균 24% 감축을 합의하였다. 이 비율은 과점산업에서의 미사용 설비능력과 같은 정도였다. 일본 정부 보고서에 따르면 14개 산업 중 12개가 최소한 목표설비의 90%를 처분하였다.[103]

---

[101] 內田公三(1996); World Bank(K1987b).

[102] 內田公三(1996), p. 219.

[103] World Bank(K1987b), pp. 93~95. 일본의 1978년 구조조정법하에서의 설비능력 감축에 대해서는 p. 95 Table A4.1 참조.

〈보론 12-3〉 중화학공업화 선언 이전의 과잉중복진입과 정리[104]
—중복투자에 대한 경험과 중화학공업화에 미친 영향

1969년 정부지급보증업체 83개 기업에 대한 실태조사가 진행되었다. 이 결과는 대통령에게 '자본 완전잠식 28개, 자본 10% 미만 17개 회사'로 보고되었고 5월 19일에는 재무부의 '5월 현재 차관업체 83개 중 45%가 부실기업'이라는 공식 발표로 이어졌다. 문제의 심각성을 느낀 박정희 대통령은 이에 대한 처리대책을 지시하였다. 대통령의 지시에 따라 7차례에 걸쳐 청와대 부실기업정리조사반이 부실기업 정리를 해 나갔다. 1차 정리기업은 석유화학업계로 '대한플라스틱'·'공영화학(共榮化學)' 등이 발표되었고 이어 23개 부실기업 명단과 대책방안이 공개되었다. 2차 정리는 6월 14일 발표되었는데 '인천제철'·'삼화제철(三和製鐵)'·'한국전기야금' 등 철강 3사가 포함되어 '인천제철'과 '인천중공업'은 합병·증자하고 '한국전기야금'은 '인천제철'이 투자·계열화하며 '삼화제철'은 채권자인 서울은행이 공매처분하는 것으로 되었다. 3차 정리기업은 '천우사(天友社)' 등이었고, 4차 정리는 7월 14일에 이루어졌는데 '아세아자동차'·'한국철강'·'한국제강' 등이 포함되었다. 5차 정리에서는 '삼양수산(三洋水産)'·'삼양관광'·'삼양개발'·'삼양항해'·'천양상사(天洋商社)'·'천양수산'·'대영수산(大榮水産)'·'삼해수산(三海水產)' 등의 기업이 포함되었고, 6차 정리기업은 '흥한화섬(興韓化纖)'·'내외방직'·'조선공사' 등이었다. 7차 정리대상 기업은 '동립산업(東立產業)'·'동양화학(東洋化學)'·'신흥개발(新興開發)'·'신흥수산'·'산흥냉동'으로 발표되어 마침내 8월 14일 총 92일간의 30개 부실기업이 정리됨으로써 부실기업 정리가 일단락되었다.

1960년대 말에 이루어진 이 부실기업 정리는 대통령과 청와대, 그리고 상공부에 과잉진입의 위험성을 경고하는 주요한 학습이 되었는데, 그 충격이 채 가시기도 전인 1972년 가을 다시 과잉진입에 의한 PVC파동이 터졌다. PVC산업은 '대한플라스틱'체제에서 수요가 급속히 늘어나자 '공영화학(共榮化學)'·'한국화성(韓國化成)'·'동양화학(東洋化學)'·'우풍화학(友豊化學)' 등이 잇따라 진입함으로써 산업 전체가 몰락한 것이었다.

사실 상공부는 1960년대 말 부실기업 정리의 교훈을 갖고 PVC산업 부실 이전에 사전 대처하고 있었다. 그래서 상공부는 '한국화성'의 진입을 반대하였지만 외자

[104] 이 내용의 많은 부분은 오원철(산군, 1993. 1. 4~1. 5)을 중심으로 한 오원철 전대통령경제수석, 중화학공업추진위원회기획단장의 증언에 의해 이루어졌다.

도입을 반대할 이유가 없다는 명분 앞에 결국 허가가 이루어졌다. '동양화학'은 상공부의 반대가 있을 것을 미리 고려하여 연산 6,000톤 규모의 공장을 은밀히 먼저 지어 공장이 완공되고 나서야 정부에 진입의사를 알림으로써 진입을 기정사실화하여 진입하였다. '우풍'의 경우 상공부의 반대를 알고 있었기에 1960년대 이래 대기업들이 일관되게 사용한 전략인 '전량 수출'을 조건으로 내걸고 1만 톤급 공장을 건설하였다. 수출을 위한 공장건설에 상공부가 개입할 수는 없었다. '공영화학'의 김종수(金鍾壽) 씨는 재일교포로 고국에 투자한다는 대의명분으로 자금을 들여왔는데, 역시 외화유입을 상공부가 억제할 수 있는 어떤 명분도 없었다.

결국 4개 기업 모두 신규 진입이 이루어졌고 그 결과로서의 과잉중복진입, 과잉생산이 발생하였다. 당시 PVC의 생산능력은 연산 6만 톤으로 늘어났는데 1970년대의 수요수준은 수출 8,600톤을 포함하여 3만 6,700톤에 불과하였다. 당연히 시장의 조정과 퇴출이 진행되어야 하지만 큰 문제가 있었다. 그것은 당시 PVC사업자들이 전부 정부보증 외자에 의존하여 사업을 시작하였다는 것이다.

'대한플라스틱'과 '공영화학'이 먼저 외채를 상환하지 못하고 부실화되었다. 이어 '동양화학'도 부실화되면서 외자의 상환이행에 실패하였다. 정부는 개입하지 않을 수 없었다. 정부보증형 외자에서 정부의 책임이 남겨졌기 때문이었다. 정부는 수요확대정책을 취하면서 동시에 공급조정을 위해 1972년 말부터 기업합병을 유도하기 시작하였다. 1973년 3월 경제장관회의에서 정부는 더 이상 부실화 심화를 방치할 수 없다고 보고 전체 합병이라는 초강수의 강제결정을 내렸다. 1972년 11월 PVC업계는 전체 합병되어 '한국플라스틱'으로 되었고 그리고 정상화되었다.

1960년대 말과 1970년대 초에 터진 두 차례의 대규모 과잉진입투자와 기업부실화에서 청와대와 정부는 자원과 자본이 부족한 공급병목하의 경제가 겪는 중복진입의 심각성을 경험하였다. 특히, PVC산업은 정부보증의 외자에 의존하였으므로 그 충격은 매우 컸었다. 따라서 이러한 쓰린 경험은 이후 중화학공업화 전략에서 항상 과잉중복진입을 억제한다는 고려점으로 작용하는 한 원인이 되었다.

5

중화학공업화 자료 및 참고문헌

CHAPTER 13
중화학공업화 자료

일러두기

1. 저자 뒤 ( )는 원자료에 있는 것이 아니고, 독자의 검색편의를 위해 붙인 인식표임.
2. 외국어로 된 자료는 독자의 검색편의를 위해 II. 해외발행 자료에 수록함.
3. 완전한 중화학공업화 관련 참고자료는 차후 단행본에서 제시할 것임.

I. 한국 내 발행자료

姜慶植, 『경제안정을 넘어서』, 한국경제신문사, 1987.

______, 『경제발전과 함께 한 나날들』, 부산발전시스템연구소, 1988.

______, 『가난구제는 나라가 한다: 경제부처 30년의 메모』, 삶과 꿈, 1992.

건설부(건편), 『建設統計便覽』, 1973, 1976~1978, 1980~1981.

______(남해), 『南海重化學工業基地豫定地地質調査報告書』, 1973.

______(산업), 『산업입지조사(공업단지현황조사편)』, 1981.

______(아산), 『牙山重化學基地豫定地 地質調査報告書』, 1973.

______(여수), 『麗水-光陽重化學工業基地豫定地地質調査報告書』, 1973.

______(중기), 『重化學工業基地 工場用地 適正價格判斷을 위한 調査研究』, 1974.

______(창기), 『昌原重化學(綜合機械)基地豫定地 地質調査報告書』, 1973.

경상남도지사, 「대통령각하 지시사항 보고」 지휘보고 제22호, 수신 청와대 정무수석 비서관, 내무부 장관, 1973. 7. 4.

經濟科學審議會議(기196912),『機械製造業體 및 使用業體調査報告書, V. 1: 製造業體精密調査, V. 2: 製造業體 및 使用業體設問調査』, 1969. 12.
______(연19650201),「연구관계(회신)」, 대비정(이), 경사일 100-79, 수신 대통령 각하, 참조 비서실장, 대통령 수신 문서, 1965. 2. 1.
______(우경19790331),「우리경제의 당면과제와 대책」, 청와대회의자료, 1979. 3. 31.
______(중19660613),「중화민국국방연구원방한단에 대한 정부주요시책 세미나 보고」, 1966. 6. 13.
경제기획원(4계),『제4차경제개발5개년계획』, 1976. 12.
______(5계),「5차계획 자료, 自動車部門 政策課題」, 교정분, 1980. 8.
______(8경),『80년대 경제정책의 추진성과와 향후과제』, 1986.
______(개발),『개발연대의 경제정책—경제기획원 20년사』, 1982.
______(경사),『經濟企劃院 30年史: 1981年-1992年, II』, 未來社, 1994.
______(계),『韓國의 重化學工業計劃』, 1973. 5.
______(공백),『공기업백서』, 1988.
______(공정),『공정거래백서』, 1984.
______(공정7),「공정거래제도의 개선방안」, 1979. 9. 19.
______(공정8),「公正去來制度의 개선」, 1980. 4. 4.
______(과검),「課題別 檢討資料」, 청와대 회의용 자료, 1979. 3. 31.
______(광), 『광공업통계조사보고서』, 『광공업센서스보고서』, 『산업센서스보고서』, 1968~2002.
______(당경),「당면 경제운용의 과제와 대책」, 경제장관 공동발표 자료, 1980. 6. 5.
______(백),『경제백서』, 1970~1986, 1988~1990.
______(수자),「수입자유화율 비교 자료」, 1975, 1981.
______(시책),『80년대 경제시책 해설』, 1986. 6.
______(안정1),「경제안정화 종합시책」, 1979. 4. 17.
______(안정2),「경제안정화를 위한 종합시책」, 申鉉碻 부총리 기자회견 발표문, 1979. 4. 17.
______(업무),『주요 업무지표』, 1978~1980.
______(예개),『豫算槪要』, 1972~1988.
______(예산),「각년도 예산편성지침」,『한국재정 40년사』 제2권, 한국개발연구원, 1991.

______(외투), 『외국인투자백서』, 1981.
______(우당), 「우리경제의 당면과제와 대책」, 1980. 9. 16.
______(인구), 『경제활동인구연보』, 1969, 1972~1990.
______(장), 『長期經濟社會開發: 1977-91: 展望과 課題』, 1978. 1.
______(전), 『우리경제의 장기전망 1972-1981』, 1973. 12.
______(중), 「重化學工業推進의 當面課題와 對策」, 1979. 8.
______(중조), 「중화학공업조정관련 자료」, 1982. 2. 16.
______(지표), 『主要經濟指標』, 1960~1989.
______(차), 「연도별 공공차관 도입현황, 연도별 상업차관 도입현황」, 1979.
______(청), 『請求權資金白書』, 1976.
______(투지), 「투자지원제도 개편방안」, 1980. 11. 26.
______(한당), 「한국경제의 당면과제와 대책」, 1978. 8.
______(한사), 『한국의 사회지표』, 1980.
______(해외), 『주요해외경제지표』, 1986, 1988.
______(현대), 「現代洋行昌原工場 및 玉浦造船所에 관한 대책」, 1979. 5. 25.
______(현운), 「현대양행 운영 정상화 방안」, 1980. 10. 28.
______(현정), 「현대양행 창원공장 정상화 대책」, 1980. 1.
경제기획원 장관(우당), 「우리경제의 당면과제와 대책」, 대통령보고 자료, 1979. 1. 11.
경제기획원 조사통계국(산생), 『산업생산연보』, 1982, 1984.
______(통월), 『한국통계월보』, 1967. 9~1990. 5.
______(한통), 『한국통계연감』, 1961~1988.
경제기획원 투자심사국(경투), 『投資事業審査便覽: 製造業部門』, 1978. 3.
경제제1수석(19730827), 「중화학공업 추진을 위한 기업경영 시책」, 8월 27일 대통령 결재문서, 대비경, 대통령비서실, 1973. 8. 27.
高炳佑(재무부 재정차관보), 「금융저축 증대의 의의와 정책시책」, 『금융』 278, 1977. 5, pp. 22~27.
과학기술처(과계), 『과학기술발전장기계획』, 1986.
______(과기연), 『과학기술연구개발활동조사보고(서)』, 『과학기술연구활동조사보고(서)』, 1986~1995.
______(과연), 『과학기술연감』, 1973~1989.

______(과행),『과학기술행정 20년사』, 1987.

______(연1),『연구보고서, STF-71(21~26, 28~31)』1~10권, 과학기술처, 1971.

______(연2),『연구보고서, STF-72(1~2, 4~8, 12, 15~16, 19)』1~11권, 과학기술처, 1972.

______(연3),『연구보고서, STF-73(2, 4~8, 13~14, 16~17)』1~11권, 과학기술처, 1973.

______(연4),『연구보고서(R), R-74(40~48)』1~9권, 과학기술처, 1974.

______(연6),『연구보고서, R-76, R-76(1~2, 5~8, 10)』1~8권, 과학기술처, 1976.

______(장인),『장기인력수급추계 및 정책방향: 1967-1986』, 1968.

______(정운수)(중공),『중화학 공장건설에 따른 기술및 인력의 수요분석과 그 개발방안』, 과학기술처, 1973.

______(중과),『중화학공업분야 과학기술계 인력구조분석 조사연구』, 1976.

______(한국산업개발연구소)(중연),『중화학 공업개발에 대비하는 연관공업지대 형성을 위한 종합기술조사』, 과학기술처, 1972.

관세청(관세),「관세감면 자료」, 1981.

______(수통),「수출입통계」, 1964~1972, 1974.

______(수현),「수입현황 자료」, 1974.

______(연보),『무역통계연보』, 1970~2002.

具本湖 KDI 부원장,「급성장하는 韓國重化學工業」, 日韓經濟協會, 1979. 2.

國家保衛非常對策委員會(기),「企業體質强化 對策」, 발표문, 1980. 9. 27.

______(발),「발전설비 및 자동차분야 문제 해결방안」, 1980. 7.

______(상),『상공분과위원회 회의록』, 1980.

國家保衛非常對策委員會 商工資源分科委員會,「發電設備 및 自動車分野 統合을 위한 投資調整」, 1980. 8. 19.

국가보위입법회의,「국가보위 입법회의, 경제제1위원회 회의록」제5호, 국가보위입법회의 사무처, 1980. 11. 5.

국무총리기획조정실(42산),『第4次經濟開發5個年計劃 2次年度 評價報告書: 제2편 산업부문』, 평가교수단, 1979.

______(42종),『第4次經濟開發5個年計劃 2次年度 評價報告書: 제1편 종합부문』, 평가교수단, 1979.

______(43산),『第4次經濟開發5個年計劃 3次年度 評價報告書: 제2편 산업부문』, 평

가교수단, 1980.
______(43종), 『第4次經濟開發5個年計劃 3次年度 評價報告書: 제1편 종합부문』, 평가교수단, 1980.
______(80), 『80년대를 향한 당면과제와 장기전략』, 1975.
______(중건2), 『중화학공업건설에 관한 연구』, 유신정책심의회 제2차 조사연구보고서, 1975.
______(중건3), 『중화학공업건설에 관한 연구』, 유신정책심의회 제3차 조사연구보고, 1975.
______(중건4), 『중화학공업건설에 관한 연구』, 유신정책심의회 제4차 조사연구보고, 1976.
______(중건5), 『중화학공업건설에 관한 연구』, 유신정책심의회 제5차 조사연구보고, 1977.
______(중건9), 『중화학공업건설에 관한 연구』, 유신정책심의회 제7차 조사연구보고, 1979. 10.
______(중오3), 『중화학공업의 오늘과 내일』, 1973. 12.
______(중조), 『중화학공업에 대한 調査研究報告書』, 유신정책심의회, 1974. 5.
국방부, 『방위산업관련법령집』, 1984.
국세청, 『국세통계연보』, 1973~1983.
국제경제연구원(국연), 『국제경제통계연보』, 1981.
______(우중), 『우리나라 中化學工業製品의 輸出마케팅: 現況과 政策方向』, 國際經濟研究院, 1980.
______(자부), 『자동차부품공업의 구조분석』, 1980.
______(중수), 『重化學工業의 輸出產業化 戰略(I): 西獨·日本·台灣의 事例를 中心으로』, 國際經濟研究院, 1978.
______(특), 「특별보고」, V. 12~V. 50, 1978~1982.
國際協力問題研究會, 『重化學工業化에 따른 部門別聯關產業開發을 위한 調査研究』, 1972. 10.
權一相(상공부), 「第4次 5個年計劃 1次年度의 重化學工業의 課題, 새해 우리나라 經濟의 運用方向」, 『金融』 274, 1977. 1, pp. 31~37.
金星社, 『金星社二十五年史』, 1985.
금성전선, 『금성전선 20년사』, 1984.

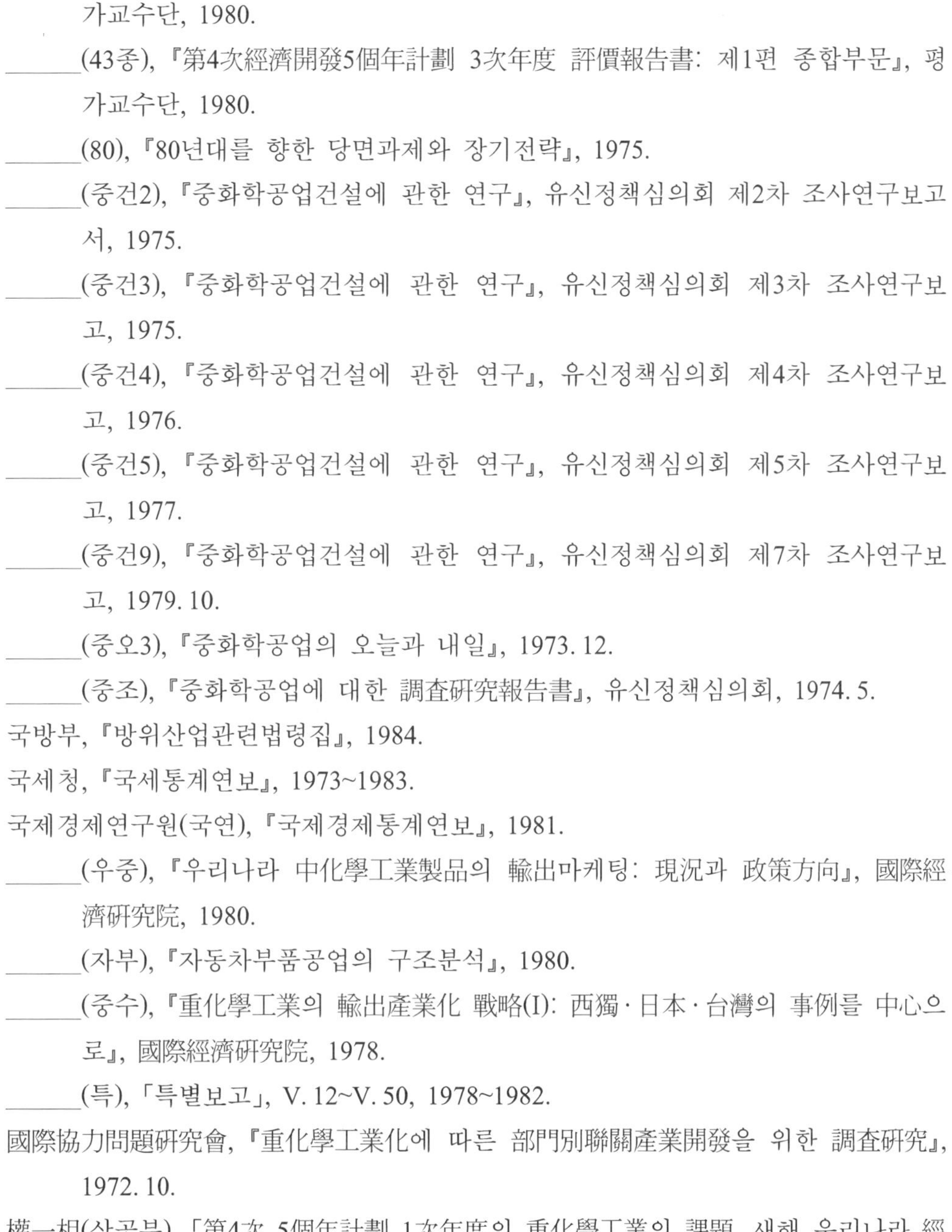

金烏工科大學校 善州文化硏究所,『朴正熙大統領과 韓國의 近代化』, 1999.
기아산업·동아자동차,「起亞產業과 東亞自動車의 合併에 關한 基本合意書」, 1981. 3. 18.
김 건(한국은행),「중화학공업의 추진과 설비금융 지원방향」,『금융』 278, 1977, pp. 15~21.
金光模(중화학공업기획단 부단장),『한국의 산업발전과 중화학공업화 정책』, 지구문화사, 1988.
金基衡 外,「重化學工業은 繼續 推進해야〈座談〉」,『產政硏究』 20, 1978. 8, pp. 106~109.
김기홍,『경제근대화의 숨은 이야기—국가장기 경제개발 입안자의 회고록』, 보이스사, 1999.
金東圭(상공부 중공업차관보),「鐵鋼產業의 育成方向, 重化學工業의 主軸 …… 鐵鋼產業」,『이코노미스트』 20, 1977. 8, pp. 21~24.
______(상공부 중공업차관보),「重化學工業의 開發方向〈特輯〉」,『이코노미스트』 25, 1978. 1, pp. 38~41.
金立三,「중화학공업의 기반구축과 기능인력개발」,『기능』 7권 3~4호, 국제기능올림픽대회 한국위원회, 1973, pp. 32~35.
金成斗,「重化學工業의 投資調整과 그 문제, 韓國經濟의 새基調와 產業再調整의 方向」,『全經聯』 190, 1980. 9, pp. 11~13.
______,「重化學工業輸出 무엇이 問題인가(1)—언론인으로서의 제언」,『產政硏究』 34호, 韓國產業政策硏究所, 1982, pp. 43~46.
김성진 편,『박정희 시대—그것은 우리에게 무엇이었는가』, 조선일보사, 1994.
金永佑,「중화학공업의 시장잠재력, 重化學工業의 現住所3」,『企業經營』 245, 1978. 9, pp. 38~43.
金龍煥,『김용환 회고록, 임자, 자네가 사령관 아닌가』, 매일경제신문사, 2002.
김의균,「르뽀 현대 대 대우」,『신동아』, 1980a. 11, pp. 122~133.
______,「중화학공업투자조정의 내막」,『신동아』, 1980b. 12, pp. 252~263.
김재홍,『군2: 핵개발극비작전—동아일보연재 인기비화』, 동아일보사, 1994.
______,『박정희의 유산』, 푸른숲, 1998.
金正濂,「박대통령의 개발정책은 실패였는가—국내비판과 세계은행 평가를 비교하며」, 김성진 편,『박정희 시대—그것은 우리에게 무엇이었는가』, 조선일보사,

1994, pp. 166~197.
______, 『한국경제정책 30년사』, 김정렴회고록, 중앙일보사, 1995.
______, 『김정렴 정치회고록—아 박정희』, 중앙 M&B, 1997.
金 璡, 『청와대비서실—육성으로 들어본 朴正熙시대의 政治權力 秘史』, 중앙일보사, 1992.
김흥기 편, 『비사 경제기획원 33년, 영욕의 한국경제』, 매일경제신문사, 1999.
남해화학, 『남해화학 10년사』, 1984.
내무부(새), 『새마을 운동 10년사』, 1980.
______(한연), 『한국도시연감』, 1969~1997.
내무부 재정국, 『지방재정연감』, 1971~1981.
내무부 지방재정국, 『지방재정연감』, 1982~1995.
노동부(임금), 『임금구조기본통계조사보고서』, 1992~2000.
노동청(매월), 『매월노동통계조사결과보고서』, 1962~1975. 『매월노동통계조사보고서』, 1977~1981.
______(한노), 『한국노동조합일람』, 1978, 1981.
노동청(1981년까지 노동청)·노동부(산재), 『產災保險事業年報』, 1980, 1991.
______(직임), 『직종별임금실태조사보고서』, 1976~1992. 『임금구조기본통계조사보고서』, 1993~2000.
______(통), 『한국노동통계연감』, 『노동통계연감』, 1971~2000.
대 농, 『대농 30년사』, 1985.
대통령비서실(7국19790712), 「79년도 국민투자기금 확대지원(재무부)」, 경제제1, 보고관 閔海榮, 대통령 결재문서, 1979. 7. 12.
______(긴공19730421), 「긴급첩보: 공업단지 육성에 따른 문제점」, 1973년 4월 22일 박정희 대통령 결재문서, 1973. 4. 21.
______(대시19731004), 「대통령 1974년 시정방침 발표문(국회시정 연설)」, 1973. 10. 4.
______(대지612), 「대통령각하 지시사항 시달」, 정무보고번호 제73-326호, 보고관 정종택, 1973년 6월 12일 박정희 대통령 결재문서, 1973. 6. 8.
______(대지716), 「대통령각하 지시사항 시달」, 대통령 보고서, 정무보고번호 제73-441호, 보고관 鄭宗澤, 7월 18일 대통령 결재문서, 대통령비서실, 1973. 7. 16.

______(박공), 『朴正熙大統領閣下 公報關係資料總目錄』, 1977.
______(부1), 「부전지: 각하 지시사항 중 중화학공업분야 1항 수정」, 대비경(이), 경제2 오원철 작성, 대통령 결재문서, 대통령비서실, 1973. 4. 14.
______(부금19741010), 「부전지: 금성사 영등포 제2공장입지 문제」, 대통령비서실, 1974. 10. 10.
______(부지19730412), 「부전지: 각하 지시사항 중 중화학공업 분야수정」, 대비경(이), 대통령 결재문서, 대통령비서실, 1973. 4. 12.
______(새연), 『새마을운동: 朴正熙大統領 演說文 選集』, 1978.
______(에비19730904), 「에너지비상대책위원회 구성 지시」, 경제2, 대비경(이) 310. 5~20, 기안용지, 대통령비서실, 1973. 9. 4.
______(연구19650104), 「연구관계」, 大秘政 100-1 (74)2779, 수신 경제과학심의회의 사무국장, 대통령 지시에 의하여 이후락 비서실장 발송 문서, 대통령비서실, 1965. 1. 4.
______(예21), 「예비비 지출재가 품의전: 제21회 국제기능올림픽 입상자 포상금」, 경제제1, 접수번호 58, 보고관 김용환, 1973년 8월 미기재일 대통령 결재문서, 대통령비서실, 1973. 8. 25.
______(예23), 「예비비 지출재가 품의전: 제23회 국제기능올림픽대회 입상자 상금 및 환영경비」, 경제제1, 접수번호 미기재, 보고관 李熺逸, 1977년 미기재일 대통령 결재문서, 대통령비서실, 1977. 7. 16.
______(예2419780320), 「예비비 지출재가 품의전: 제24회 국제기능올림픽대회경비」, 경제제1, 접수번호 미기재, 보고관 李熺逸, 1978년 3월 22일 대통령 결재문서, 대통령비서실, 1978. 3. 20.
______(예2419781107), 「예비비 지출재가 품의전: 제24회 국제기능올림픽대회 추가경비」, 경제제1, 접수번호 미기재, 보고관 이희일, 1978년 미기재일 대통령 결재문서, 대통령비서실, 1978. 11. 7.
______(예가19721019), 「예비비 지출재가 품의전: 가족계획사업비 예비비 지출」, 경제제1, 접수번호 37, 보고관 정소영, 1972년 10월 미기록일 대통령 결재문서, 대통령비서실, 1972. 10. 19.
______(예경19730822), 「예비비 지출재가 품의전」, 경제제1, 접수번호 22?, 보고관 정소영, 1973년 8월 24일 대통령 결재문서, 대통령비서실, 1973. 8. 22.
______(예경19750802), 「예비비 지출재가 품의전: 경제기술협력을 위한 한·사우디

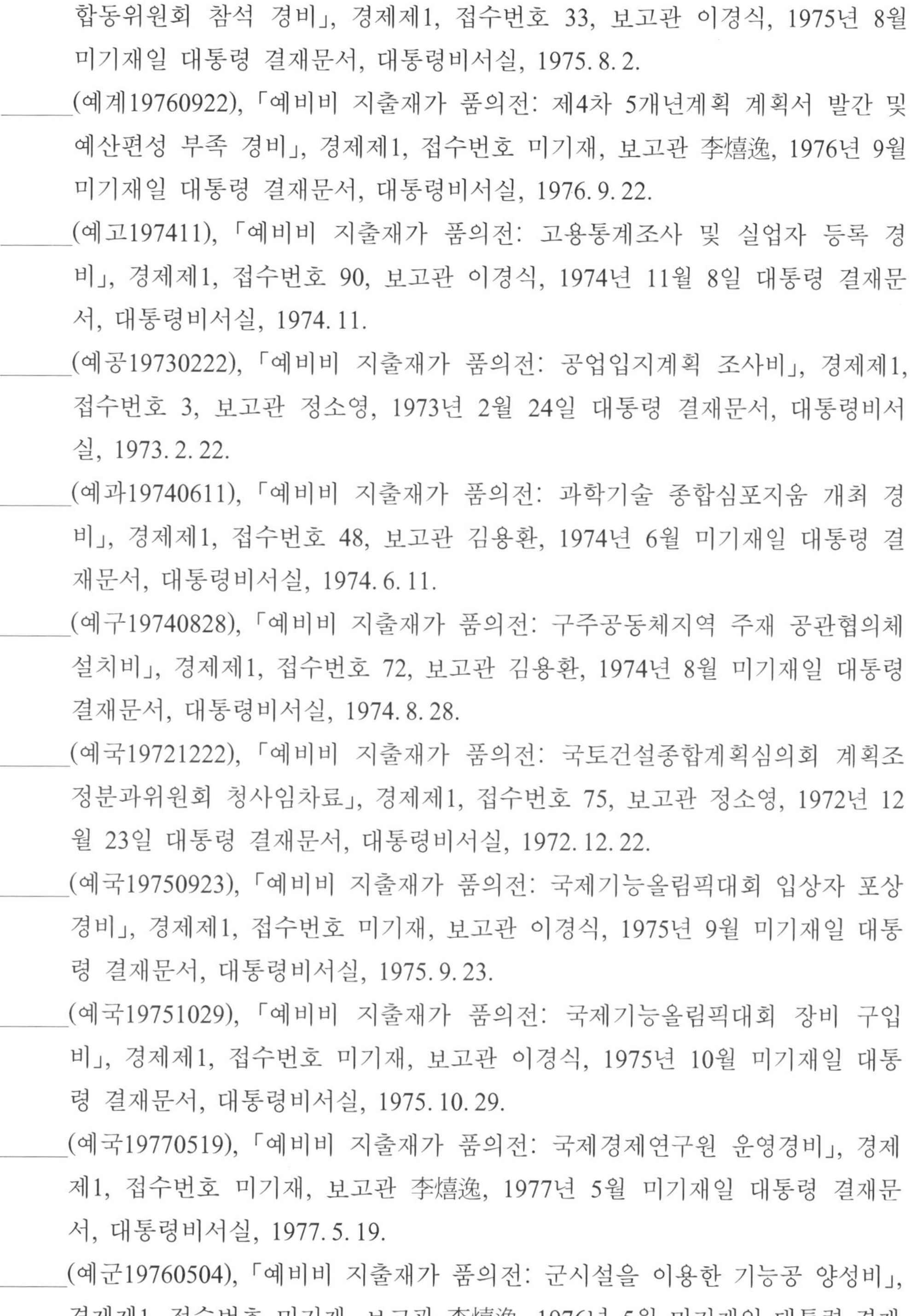

합동위원회 참석 경비」, 경제제1, 접수번호 33, 보고관 이경식, 1975년 8월 미기재일 대통령 결재문서, 대통령비서실, 1975. 8. 2.

______(예계19760922), 「예비비 지출재가 품의전: 제4차 5개년계획 계획서 발간 및 예산편성 부족 경비」, 경제제1, 접수번호 미기재, 보고관 李熺逸, 1976년 9월 미기재일 대통령 결재문서, 대통령비서실, 1976. 9. 22.

______(예고197411), 「예비비 지출재가 품의전: 고용통계조사 및 실업자 등록 경비」, 경제제1, 접수번호 90, 보고관 이경식, 1974년 11월 8일 대통령 결재문서, 대통령비서실, 1974. 11.

______(예공19730222), 「예비비 지출재가 품의전: 공업입지계획 조사비」, 경제제1, 접수번호 3, 보고관 정소영, 1973년 2월 24일 대통령 결재문서, 대통령비서실, 1973. 2. 22.

______(예과19740611), 「예비비 지출재가 품의전: 과학기술 종합심포지움 개최 경비」, 경제제1, 접수번호 48, 보고관 김용환, 1974년 6월 미기재일 대통령 결재문서, 대통령비서실, 1974. 6. 11.

______(예구19740828), 「예비비 지출재가 품의전: 구주공동체지역 주재 공관협의체 설치비」, 경제제1, 접수번호 72, 보고관 김용환, 1974년 8월 미기재일 대통령 결재문서, 대통령비서실, 1974. 8. 28.

______(예국19721222), 「예비비 지출재가 품의전: 국토건설종합계획심의회 계획조정분과위원회 청사임차료」, 경제제1, 접수번호 75, 보고관 정소영, 1972년 12월 23일 대통령 결재문서, 대통령비서실, 1972. 12. 22.

______(예국19750923), 「예비비 지출재가 품의전: 국제기능올림픽대회 입상자 포상경비」, 경제제1, 접수번호 미기재, 보고관 이경식, 1975년 9월 미기재일 대통령 결재문서, 대통령비서실, 1975. 9. 23.

______(예국19751029), 「예비비 지출재가 품의전: 국제기능올림픽대회 장비 구입비」, 경제제1, 접수번호 미기재, 보고관 이경식, 1975년 10월 미기재일 대통령 결재문서, 대통령비서실, 1975. 10. 29.

______(예국19770519), 「예비비 지출재가 품의전: 국제경제연구원 운영경비」, 경제제1, 접수번호 미기재, 보고관 李熺逸, 1977년 5월 미기재일 대통령 결재문서, 대통령비서실, 1977. 5. 19.

______(예군19760504), 「예비비 지출재가 품의전: 군시설을 이용한 기능공 양성비」, 경제제1, 접수번호 미기재, 보고관 李熺逸, 1976년 5월 미기재일 대통령 결재

문서, 대통령비서실, 1976. 5. 4.

______(예군19780715), 「예비비 지출재가 품의전: 군 1인 1기 교육확대 실시경비」, 경제제1, 접수번호 미기재, 보고관 이희일, 1978년 미기재일 대통령 결재문서, 대통령비서실, 1978. 7. 15.

______(예근), 「예비비 지출재가 품의전: 근로자의 날 행사비」, 경제제1, 접수번호 미기재, 보고관 李熺逸, 1978년 미기재일 대통령 결재문서, 대통령비서실, 1978. 3. 2.

______(예기19740413), 「예비비 지출재가 품의전: 기능자 등록실시 경비」, 경제제1, 접수번호 27, 보고관 김용환, 1974년 미기재일 대통령 결재문서, 대통령비서실, 1974. 4. 13.

______(예기19780308)), 「예비비 지출재가 품의전: 기계공업육성 기본계획 수립을 위한 조사경비」, 경제제1, 접수번호 미기재, 보고관 李熺逸, 1978년 미기재일 대통령 결재문서, 대통령비서실, 1978. 3. 8.

______(예기19780519), 「예비비 지출재가 품의전: 기술도입자료은행 설치 경비」, 경제제1, 접수번호 미기재, 보고관 이규성, 1978년 미기재일 대통령 결재문서, 대통령비서실, 1978. 5. 19.

______(예기19781107), 「예비비 지출재가 품의전: 기계공업의 생산기술 향상을 위한 기술지도사업 경비」, 경제제1, 접수번호 미기재, 보고관 이희일, 1978년 미기재일 대통령 결재문서, 대통령비서실, 1978. 11. 7.

______(예노19731030), 「예비비 지출재가 품의전: 노무관 해외주재 경비」, 경제제1, 접수번호 72, 보고관 김용환, 1973년 미기재일 대통령 결재문서, 대통령비서실, 1973. 10. 30.

______(예독19770331), 「예비비 지출재가 품의전: 독과점품목 원가검토를 위한 공인회계사 채용경비」, 경제제1, 접수번호 미기재, 보고관 李熺逸, 1977년 3월 미기재일 대통령 결재문서, 대통령비서실, 1977. 3. 31.

______(예동19780228), 「예비비 지출재가 품의전: 동력자원부 신설경비」, 경제제1, 접수번호 미기재, 보고관 李熺逸, 1978년 미기재일 대통령 결재문서, 대통령비서실, 1978. 2. 28.

______(예미19731015), 「예비비 지출재가 품의전: 1973년도 미EXIM차관 이자 및 수수료 지출」, 경제제1, 접수번호 68, 보고관 김용환, 1973년 10월 미기재일 대통령 결재문서, 대통령비서실, 1973. 10. 15.

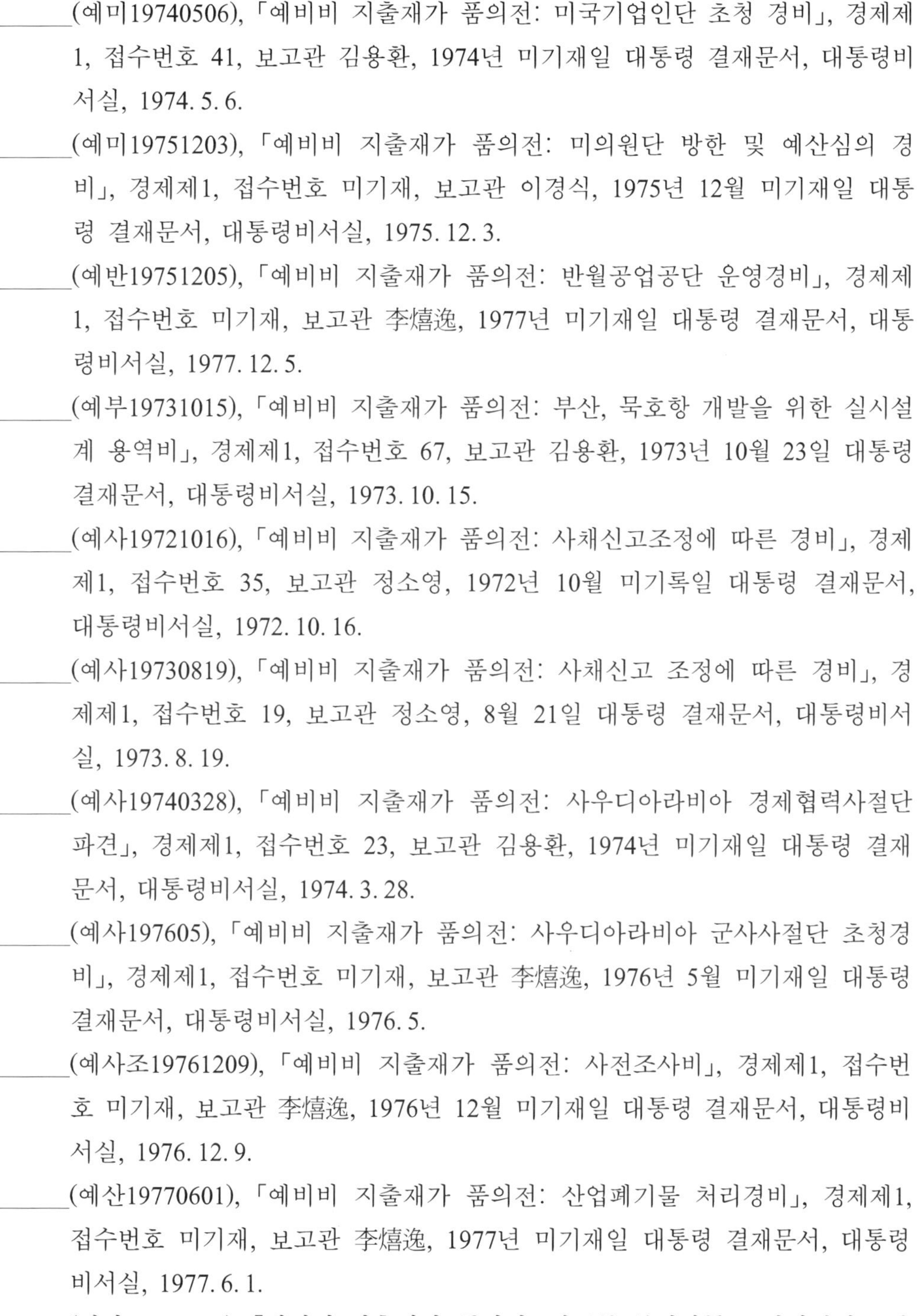

______(예미19740506), 「예비비 지출재가 품의전: 미국기업인단 초청 경비」, 경제제1, 접수번호 41, 보고관 김용환, 1974년 미기재일 대통령 결재문서, 대통령비서실, 1974. 5. 6.

______(예미19751203), 「예비비 지출재가 품의전: 미의원단 방한 및 예산심의 경비」, 경제제1, 접수번호 미기재, 보고관 이경식, 1975년 12월 미기재일 대통령 결재문서, 대통령비서실, 1975. 12. 3.

______(예반19751205), 「예비비 지출재가 품의전: 반월공업공단 운영경비」, 경제제1, 접수번호 미기재, 보고관 李熺逸, 1977년 미기재일 대통령 결재문서, 대통령비서실, 1977. 12. 5.

______(예부19731015), 「예비비 지출재가 품의전: 부산, 묵호항 개발을 위한 실시설계 용역비」, 경제제1, 접수번호 67, 보고관 김용환, 1973년 10월 23일 대통령 결재문서, 대통령비서실, 1973. 10. 15.

______(예사19721016), 「예비비 지출재가 품의전: 사채신고조정에 따른 경비」, 경제제1, 접수번호 35, 보고관 정소영, 1972년 10월 미기록일 대통령 결재문서, 대통령비서실, 1972. 10. 16.

______(예사19730819), 「예비비 지출재가 품의전: 사채신고 조정에 따른 경비」, 경제제1, 접수번호 19, 보고관 정소영, 8월 21일 대통령 결재문서, 대통령비서실, 1973. 8. 19.

______(예사19740328), 「예비비 지출재가 품의전: 사우디아라비아 경제협력사절단 파견」, 경제제1, 접수번호 23, 보고관 김용환, 1974년 미기재일 대통령 결재문서, 대통령비서실, 1974. 3. 28.

______(예사197605), 「예비비 지출재가 품의전: 사우디아라비아 군사사절단 초청경비」, 경제제1, 접수번호 미기재, 보고관 李熺逸, 1976년 5월 미기재일 대통령 결재문서, 대통령비서실, 1976. 5.

______(예사조19761209), 「예비비 지출재가 품의전: 사전조사비」, 경제제1, 접수번호 미기재, 보고관 李熺逸, 1976년 12월 미기재일 대통령 결재문서, 대통령비서실, 1976. 12. 9.

______(예산19770601), 「예비비 지출재가 품의전: 산업폐기물 처리경비」, 경제제1, 접수번호 미기재, 보고관 李熺逸, 1977년 미기재일 대통령 결재문서, 대통령비서실, 1977. 6. 1.

______(예상19730309), 「예비비 지출재가 품의전: 상공부 부산사무소 신설경비」, 경

제제1, 접수번호 8, 보고관 정소영, 1973년 3월 미기록일 대통령 결재문서, 대통령비서실, 1973. 3. 9.

______(예서19740918), 「예비비 지출재가 품의전: 서독주재 노무관 및 카운슬러 증원 경비」, 경제제1, 접수번호 76, 보고관 김용환, 1974년 9월 미기재일 대통령 결재문서, 대통령비서실, 1974. 9. 18.

______(예세19740515), 「예비비 지출재가 품의전: 세계경제의 지역별 연구」, 경제제1, 접수번호 42, 보고관 김용환, 1974년 5월 미기재일 대통령 결재문서, 대통령비서실, 1974. 5. 15.

______(예실19780411), 「예비비 지출재가 품의전: 실업초급대학 운영비 지원」, 경제제1, 접수번호 미기재, 보고관 李熺逸, 1978년 4월 12일 대통령 결재문서, 대통령비서실, 1978. 4. 11.

______(예안19780413), 「예비비 지출재가 품의전: 안정지구 항만개발 기본계획 조사비」, 경제제1, 접수번호 미기재, 보고관 李熺逸, 1978년 미기재일 대통령 결재문서, 대통령비서실, 1978. 4. 13.

______(예에19740219), 「예비비 지출재가 품의전: 에너지개발 및 열관리 사업 추진경비」, 경제제1, 접수번호 11, 보고관 김용환, 1974년 미기재일 대통령 결재문서, 대통령비서실, 1974. 2. 19.

______(예연19781128), 「예비비 지출재가 품의전: 연구소 특별상여금 지급」, 경제제1, 접수번호 미기재, 보고관 민해영, 1978년 미기재일 대통령 결재문서, 대통령비서실, 1978. 11. 28.

______(예외19721004), 「예비비 지출재가 품의전: 외국인투자안내서 발간경비 및 예산편성자료 유인비」, 경제제1, 접수번호 31, 보고관 정소영, 1972년 10월 6일 대통령 결재문서, 대통령비서실, 1972. 10. 4.

______(예울19780812), 「예비비 지출재가 품의전: 울산공업기지 개선을 위한 기본조사비 및 주요 공업지역 하수 실태」, 경제제1, 접수번호 미기재, 보고관 이희일, 1978년 미기재일 대통령 결재문서, 대통령비서실, 1978. 8. 12.

______(예원19740621), 「예비비 지출재가 품의전: 원자력 관계조사 연구사업 추진경비」, 경제제1, 접수번호 51, 보고관 김용환, 1974년 6월 22일 대통령 결재문서, 대통령비서실, 1974. 6. 21.

______(예위19730706), 「예비비 지출재가 품의전: 중화학공업추진위원회 신설 경비」, 경제제1, 접수번호 45, 보고관 정소영, 1973년 7월 9일 대통령 결재문

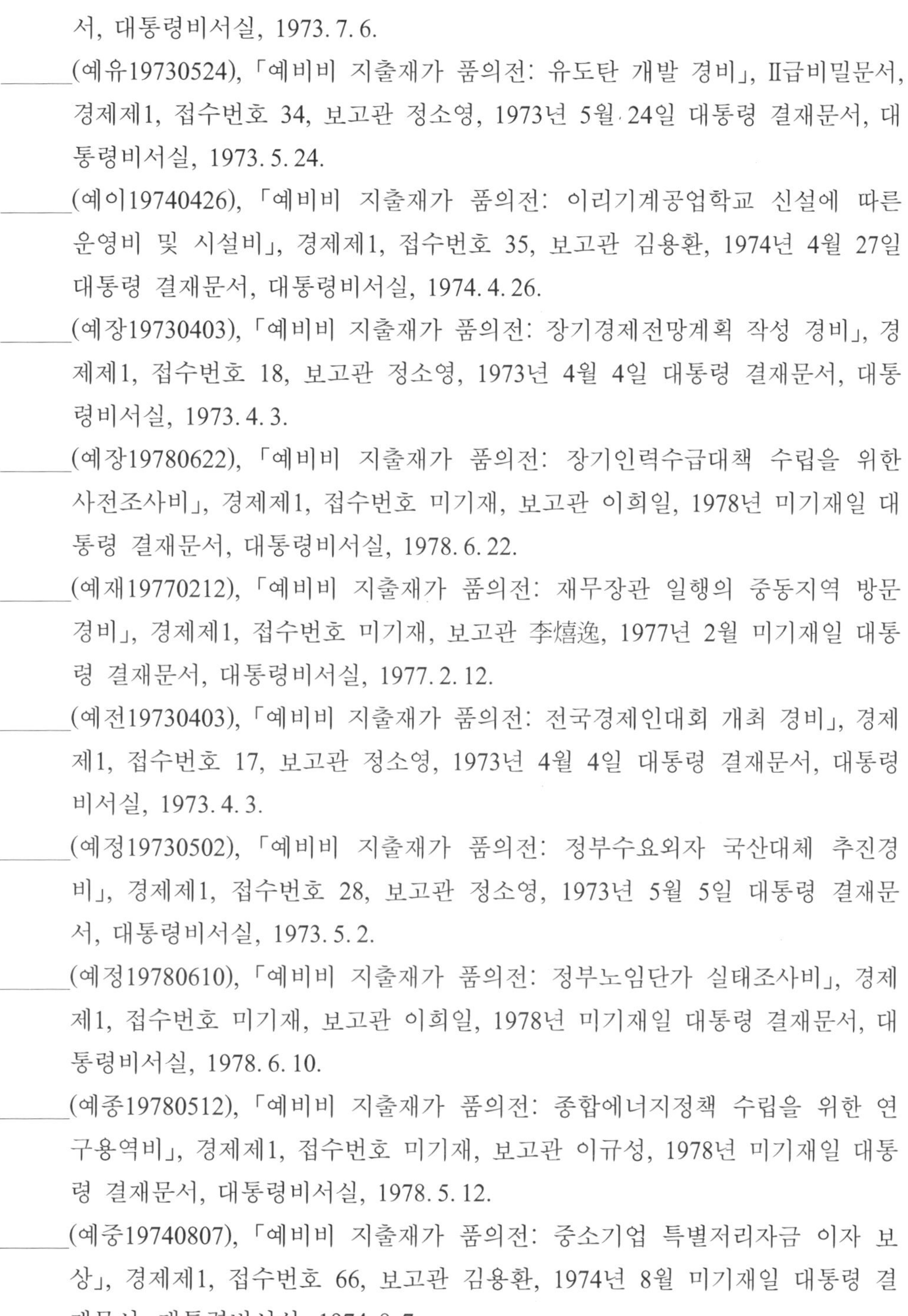
서, 대통령비서실, 1973. 7. 6.

______(예유19730524),「예비비 지출재가 품의전: 유도탄 개발 경비」, II급비밀문서, 경제제1, 접수번호 34, 보고관 정소영, 1973년 5월 24일 대통령 결재문서, 대통령비서실, 1973. 5. 24.

______(예이19740426),「예비비 지출재가 품의전: 이리기계공업학교 신설에 따른 운영비 및 시설비」, 경제제1, 접수번호 35, 보고관 김용환, 1974년 4월 27일 대통령 결재문서, 대통령비서실, 1974. 4. 26.

______(예장19730403),「예비비 지출재가 품의전: 장기경제전망계획 작성 경비」, 경제제1, 접수번호 18, 보고관 정소영, 1973년 4월 4일 대통령 결재문서, 대통령비서실, 1973. 4. 3.

______(예장19780622),「예비비 지출재가 품의전: 장기인력수급대책 수립을 위한 사전조사비」, 경제제1, 접수번호 미기재, 보고관 이희일, 1978년 미기재일 대통령 결재문서, 대통령비서실, 1978. 6. 22.

______(예재19770212),「예비비 지출재가 품의전: 재무장관 일행의 중동지역 방문경비」, 경제제1, 접수번호 미기재, 보고관 李熺逸, 1977년 2월 미기재일 대통령 결재문서, 대통령비서실, 1977. 2. 12.

______(예전19730403),「예비비 지출재가 품의전: 전국경제인대회 개최 경비」, 경제제1, 접수번호 17, 보고관 정소영, 1973년 4월 4일 대통령 결재문서, 대통령비서실, 1973. 4. 3.

______(예정19730502),「예비비 지출재가 품의전: 정부수요외자 국산대체 추진경비」, 경제제1, 접수번호 28, 보고관 정소영, 1973년 5월 5일 대통령 결재문서, 대통령비서실, 1973. 5. 2.

______(예정19780610),「예비비 지출재가 품의전: 정부노임단가 실태조사비」, 경제제1, 접수번호 미기재, 보고관 이희일, 1978년 미기재일 대통령 결재문서, 대통령비서실, 1978. 6. 10.

______(예종19780512),「예비비 지출재가 품의전: 종합에너지정책 수립을 위한 연구용역비」, 경제제1, 접수번호 미기재, 보고관 이규성, 1978년 미기재일 대통령 결재문서, 대통령비서실, 1978. 5. 12.

______(예중19740807),「예비비 지출재가 품의전: 중소기업 특별저리자금 이자 보상」, 경제제1, 접수번호 66, 보고관 김용환, 1974년 8월 미기재일 대통령 결재문서, 대통령비서실, 1974. 8. 7.

______(예중19780504), 「예비비 지출재가 품의전: 중수로 연구개발을 위한 사전조사비」, 경제제1, 접수번호 미기재, 보고관 이규성, 1978년 미기재일 대통령 결재문서, 대통령비서실, 1978. 5. 4.

______(예중개19730305), 「예비비 지출재가 품의전: 중화학공업 개발추진위원회 경비」, 경제제1, 접수번호 6, 보고관 정소영, 1973년 3월 6일 대통령 결재문서, 대통령비서실, 1973. 3. 5.

______(예중기19760417), 「예비비 지출재가 품의전: 중동진출 기능공 양성비」, 경제제1, 접수번호 미기재, 보고관 李熺逸, 1976년 4월 미기재일 대통령 결재문서, 대통령비서실, 1976. 4. 17.

______(예중인), 「예비비 지출재가 품의전: 중화학공업화를 위한 인력양성 경비」, 경제제1, 접수번호 21, 보고관 정소영, 1973년 4월 11일 대통령 결재문서, 대통령비서실, 1973. 4.

______(예중촉197603), 「예비비 지출재가 품의전: 대 중동진출 촉진을 위한 경비」, 경제제1, 접수번호 미기재, 보고관 이경식, 1976년 3월 9일 대통령 결재문서, 대통령비서실, 1976. 3.

______(예중해197605), 「예비비 지출재가 품의전: 대중동지역 기동대책 해외여비」, 경제제1, 접수번호 미기재, 보고관 李熺逸, 1976년 5월 18일 대통령 결재문서, 대통령비서실, 1976. 5.

______(예직19770929), 「예비비 지출재가 품의전: 직업안정행정 강화를 위한 사전조사용역비」, 경제제1, 접수번호 미기재, 보고관 李熺逸, 1977년 미기재일 대통령 결재문서, 대통령비서실, 1977. 9. 29.

______(예진19730726), 「예비비 지출재가 품의전: 공업진흥청 신설경비」, 경제제1, 접수번호 51, 보고관 정소영, 1973년 8월 8일 대통령 결재문서, 대통령비서실, 1973. 7. 26.

______(예청19770223), 「예비비 지출재가 품의전: 청사임차경비 등」, 경제제1, 접수번호 미기재, 보고관 李熺逸, 1977년 2월 미기재일 대통령 결재문서, 대통령비서실, 1977. 2. 23.

______(예청19770813), 「예비비 지출재가 품의전: 청사유지 관리비 부족 및 서독내독성 장관 초청경비」, 경제제1, 접수번호 미기재, 보고관 李熺逸, 1977년 미기재일 대통령 결재문서, 대통령비서실, 1977. 8. 13.

______(예통197606), 「예비비 지출재가 품의전: 통신사업조사연구비」, 경제제1, 접

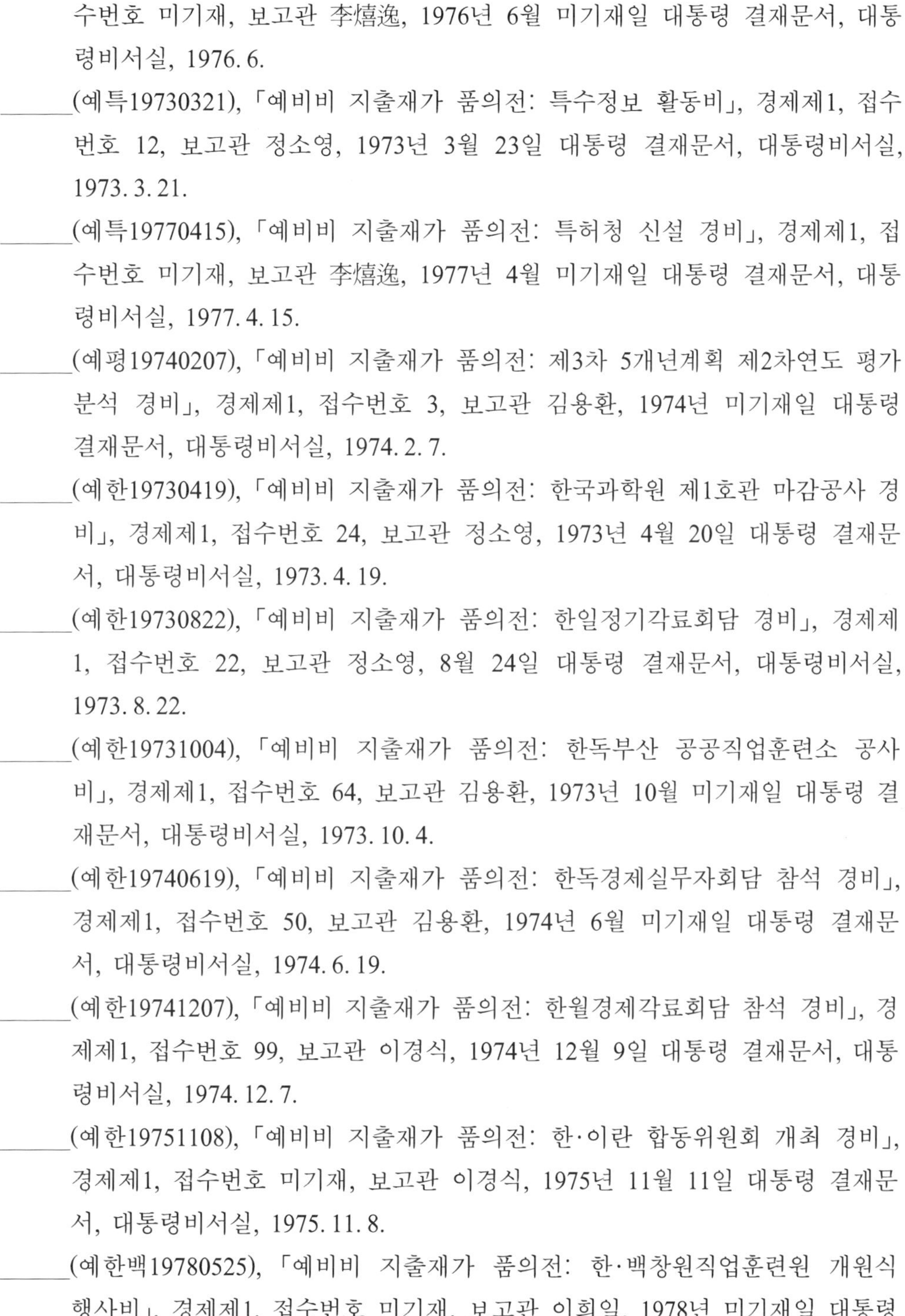

수번호 미기재, 보고관 李熺逸, 1976년 6월 미기재일 대통령 결재문서, 대통령비서실, 1976. 6.

______(예특19730321), 「예비비 지출재가 품의전: 특수정보 활동비」, 경제제1, 접수번호 12, 보고관 정소영, 1973년 3월 23일 대통령 결재문서, 대통령비서실, 1973. 3. 21.

______(예특19770415), 「예비비 지출재가 품의전: 특허청 신설 경비」, 경제제1, 접수번호 미기재, 보고관 李熺逸, 1977년 4월 미기재일 대통령 결재문서, 대통령비서실, 1977. 4. 15.

______(예평19740207), 「예비비 지출재가 품의전: 제3차 5개년계획 제2차연도 평가분석 경비」, 경제제1, 접수번호 3, 보고관 김용환, 1974년 미기재일 대통령 결재문서, 대통령비서실, 1974. 2. 7.

______(예한19730419), 「예비비 지출재가 품의전: 한국과학원 제1호관 마감공사 경비」, 경제제1, 접수번호 24, 보고관 정소영, 1973년 4월 20일 대통령 결재문서, 대통령비서실, 1973. 4. 19.

______(예한19730822), 「예비비 지출재가 품의전: 한일정기각료회담 경비」, 경제제1, 접수번호 22, 보고관 정소영, 8월 24일 대통령 결재문서, 대통령비서실, 1973. 8. 22.

______(예한19731004), 「예비비 지출재가 품의전: 한독부산 공공직업훈련소 공사비」, 경제제1, 접수번호 64, 보고관 김용환, 1973년 10월 미기재일 대통령 결재문서, 대통령비서실, 1973. 10. 4.

______(예한19740619), 「예비비 지출재가 품의전: 한독경제실무자회담 참석 경비」, 경제제1, 접수번호 50, 보고관 김용환, 1974년 6월 미기재일 대통령 결재문서, 대통령비서실, 1974. 6. 19.

______(예한19741207), 「예비비 지출재가 품의전: 한월경제각료회담 참석 경비」, 경제제1, 접수번호 99, 보고관 이경식, 1974년 12월 9일 대통령 결재문서, 대통령비서실, 1974. 12. 7.

______(예한19751108), 「예비비 지출재가 품의전: 한·이란 합동위원회 개최 경비」, 경제제1, 접수번호 미기재, 보고관 이경식, 1975년 11월 11일 대통령 결재문서, 대통령비서실, 1975. 11. 8.

______(예한백19780525), 「예비비 지출재가 품의전: 한·백창원직업훈련원 개원식 행사비」, 경제제1, 접수번호 미기재, 보고관 이희일, 1978년 미기재일 대통령

결재문서, 대통령비서실, 1978. 5. 25.

______(예한이19761014), 「예비비 지출재가 품의전: 한·이란 각료 공동위원회 참석경비」, 경제제1, 접수번호 미기재, 보고관 李熺逸, 1976년 10월 미기재일 대통령 결재문서, 대통령비서실, 1976. 10. 14.

______(예한일19770822), 「예비비 지출재가 품의전: 한일각료회담 개최에 따른 부족경비 등」, 경제제1, 접수번호 미기재, 보고관 李熺逸, 1977년 미기재일 대통령 결재문서, 대통령비서실, 1977. 8. 22.

______(예한일19780826), 「예비비 지출재가 품의전: 한일정기각료회의 경비」, 경제제1, 접수번호 미기재, 보고관 이희일, 1978년 미기재일 대통령 결재문서, 대통령비서실, 1978. 8. 26.

______(예한전19770601), 「예비비 지출재가 품의전: 한국전자기술연구소 운영경비」, 경제제1, 접수번호 미기재, 보고관 李熺逸, 1977년 6월 미기재일 대통령 결재문서, 대통령비서실, 1977. 6. 1.

______(예해19751108), 「예비비 지출재가 품의전: 해외주재관 증원 및 현지부임 경비」, 경제제1, 접수번호 미기재, 보고관 이경식, 1975년 11월 미기재일 대통령 결재문서, 대통령비서실, 1975. 11. 8.

______(예환19730712), 「예비비 지출재가 품의전: 환경대학원 운영 경비」, 경제제1, 접수번호 46, 보고관 정소영, 1973년 7월 13일 대통령 결재문서, 대통령비서실, 1973. 7. 12.

______(예환19780504), 「예비비 지출재가 품의전: 환경보존 장기대책 및 시도립병원 운영체제 개선 조사연구비」, 경제제1, 접수번호 미기재, 보고관 이규성, 1978년 미기재일 대통령 결재문서, 대통령비서실, 1978. 5. 4.

______(예회19721108), 「예비비 지출재가 품의전: 1972년도 일반회계 예비비 지출(산업합리화 업무추진 경비)」, 경제제1, 접수번호 50, 보고관 정소영, 1972년 11월 19일 대통령 결재문서, 대통령비서실, 1972. 11. 8.

______(예A19740808), 「예비비 지출재가 품의전: AID차관 공업표준화사업의 타당성 조사비」, 경제제1, 접수번호 67, 보고관 김용환, 1974년 8월 미기재일 대통령 결재문서, 대통령비서실, 1974. 8. 8.

______(예I19721019), 「예비비 지출재가 품의전: IECOK총회 참석경비」, 경제제1, 접수번호 45, 보고관 정소영, 1972년 10월 미기록일 대통령 결재문서, 대통령비서실, 1972. 10. 19.

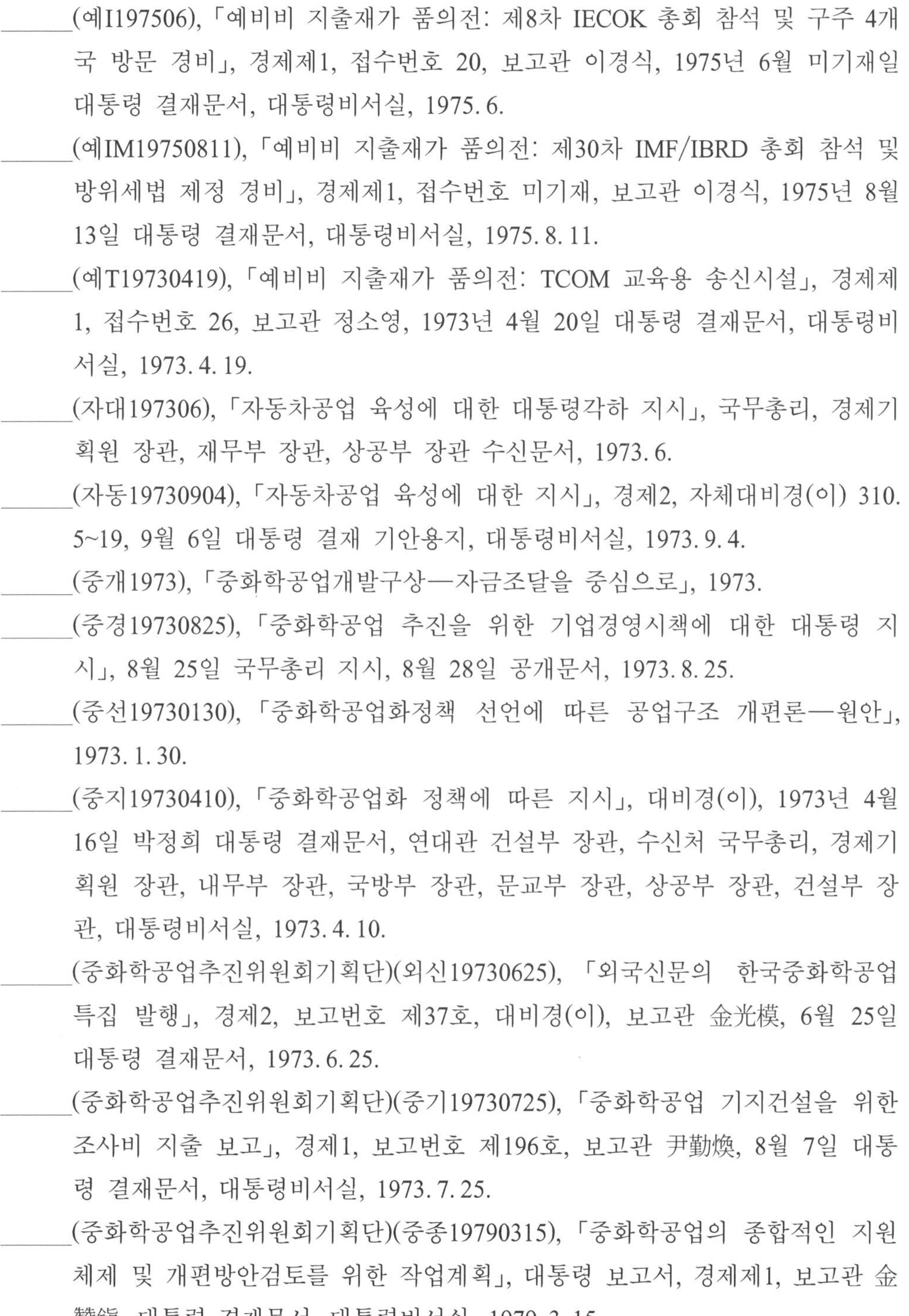

______(예I197506),「예비비 지출재가 품의전: 제8차 IECOK 총회 참석 및 구주 4개국 방문 경비」, 경제제1, 접수번호 20, 보고관 이경식, 1975년 6월 미기재일 대통령 결재문서, 대통령비서실, 1975. 6.

______(예IM19750811),「예비비 지출재가 품의전: 제30차 IMF/IBRD 총회 참석 및 방위세법 제정 경비」, 경제제1, 접수번호 미기재, 보고관 이경식, 1975년 8월 13일 대통령 결재문서, 대통령비서실, 1975. 8. 11.

______(예T19730419),「예비비 지출재가 품의전: TCOM 교육용 송신시설」, 경제제1, 접수번호 26, 보고관 정소영, 1973년 4월 20일 대통령 결재문서, 대통령비서실, 1973. 4. 19.

______(자대197306),「자동차공업 육성에 대한 대통령각하 지시」, 국무총리, 경제기획원 장관, 재무부 장관, 상공부 장관 수신문서, 1973. 6.

______(자동19730904),「자동차공업 육성에 대한 지시」, 경제2, 자체대비경(이) 310. 5~19, 9월 6일 대통령 결재 기안용지, 대통령비서실, 1973. 9. 4.

______(중개1973),「중화학공업개발구상—자금조달을 중심으로」, 1973.

______(중경19730825),「중화학공업 추진을 위한 기업경영시책에 대한 대통령 지시」, 8월 25일 국무총리 지시, 8월 28일 공개문서, 1973. 8. 25.

______(중선19730130),「중화학공업화정책 선언에 따른 공업구조 개편론—원안」, 1973. 1. 30.

______(중지19730410),「중화학공업화 정책에 따른 지시」, 대비경(이), 1973년 4월 16일 박정희 대통령 결재문서, 연대관 건설부 장관, 수신처 국무총리, 경제기획원 장관, 내무부 장관, 국방부 장관, 문교부 장관, 상공부 장관, 건설부 장관, 대통령비서실, 1973. 4. 10.

______(중화학공업추진위원회기획단)(외신19730625),「외국신문의 한국중화학공업 특집 발행」, 경제2, 보고번호 제37호, 대비경(이), 보고관 金光模, 6월 25일 대통령 결재문서, 1973. 6. 25.

______(중화학공업추진위원회기획단)(중기19730725),「중화학공업 기지건설을 위한 조사비 지출 보고」, 경제1, 보고번호 제196호, 보고관 尹勤煥, 8월 7일 대통령 결재문서, 대통령비서실, 1973. 7. 25.

______(중화학공업추진위원회기획단)(중종19790315),「중화학공업의 종합적인 지원체제 및 개편방안검토를 위한 작업계획」, 대통령 보고서, 경제제1, 보고관 金贊鎭, 대통령 결재문서, 대통령비서실, 1979. 3. 15.

______(중화학공업추진위원회기획단)(회중19730320), 「회의각서: 중화학공업화정책 외 3건」, 경제2, 제2호, 대비경(이), 3월 21일 대통령 결재문서, 대통령비서실, 1973. 3. 20.

______(한경), 『한국경제의 어제와 오늘—경제개발계획의 추진과 성과』, 1975.

______(회기19730412), 「회의록: 기준지가고시 대상지역 공고에 따른 보상업무 협의」, 대비경(이), 체신부, 수산청, 문교부, 내무부, 농수산부, 공업진흥청, 산림청, 건설부(5국) 국장 회의, 1973. 4. 12.

대한무역진흥공사(선진), 『선진국의 대한 수입규제 사례 조사』, 1986.

______(주품), 『주요품목별 수입규제동향』, 1976.

______(중수), 『중화학제품의 중장기 수출전략: 기계편』, 1981.

______(중제), 『重化學製品商 海外輸入 DIRECTORY, 81: 自動車 部品編』, 1981.

대한민국 국회사무처(91), 「제91회 국회 상공위원회 회의록」, 1975. 3.

______(93), 「제93회 국회 상공위원회 회의록」, 1975. 6.

______(94), 「제94회 국회 상공위원회 회의록」, 1975. 9.

______(95), 「제95회 국회 상공위원회 회의록」, 1976. 3

______(96), 「제96회 국회 상공위원회 회의록」, 1976. 9.

______(100), 「제10대 국회 상임위원회 회의록—101회 국회 상공위원회 회의록」, 1979. 3. pp. 22~23, 29.

대한민국 정부(3경), 『제3차 經濟開發5個年計劃 1972-1976』, 1971.

______(4경), 『제4차 經濟開發5個年計劃 1977-1981』, 1976.

______(5경), 『제5차 經濟社會發展5個年計劃』, 1982-1986』, 1981.

______(세입), 『세입세출결산』, 1971, 1975, 1976, 1980~1990.

______(예산), 『예산』, 1970~1995.

______(중추), 「중화학공업추진방향」, 1975.

______(행백), 『행정백서』, 1975~1980.

대한방직협회, 『방협 40년사』, 1987.

대한상공회의소(80), 『1980년도 수출마아케팅 실태조사 보고』, 1980.

______(공구), 『工業構造高度化의 展開』, 1973.

______(기계), 「기계공업기술의 현황과 과제」, 대한상공회의소, 1975.

______(기금), 『企業金融便覽』, 1977, 1979, 1981, 1990.

______(수출), 『수출상품 도급구조 조사보고』, 1977, 1984.

______(전기), 『전국기업체총람』, 1958, 1963, 1982, 1987~1996.
______(전산), 『전환기의 산업정책방향』, 1985.
______(중건), 『중화학공업건설과 자본동원』, 한국경제연구총서 75-2, 54, 대한상공회의소 한국경제연구센터, 1975.
______(한2), 『한국경제20년의 회고와 반성』, 1982.
______(한구), 『한국경제의 구조문제』, 1983.
______(한상), 『한국의 상공업 100년』, 1984.
______(한외), 『한국외자기업체명감』, 1979.
대한석유협회, 『석유연보』, 1982~2000.
대한토목학회 · 대한건축학회 · 대한국토계획학회 · 한국과학기술처 · 산업기지개발공사, 『중화학공업을 위한 신공업도시의 계획기준 및 모델설정에 관한 연구』, 과학기술처, 1974.
도화종합설계공사 · 삼정공동건설컨설턴트주식회사, 『牙山-寧海地域 重化學工業 基地 妥當性 比較 및 調査 報告書』, 충청남도, 1982.
동남지역공업단지관리공단, 『중화학공업의 시작과 미래: 동남공단 20년사』, 1996.
동력개발국, 『世界 에너지 需給展望과 資源現況分析: 重化學工業推進을 爲한 時代의 戰略 I』, 1972.
동력자원부, 『석유사업기금백서』, 1989.
동아일보사, 동아일보, 1970. 2. 1~1980. 12. 31.
______, 『동아연감』, 1967, 1971, 1973, 1975, 1979, 1980~1982.
동양시멘트공업주식회사, 『동양그룹 五十年史』, 1987.
럭 키, 『럭키 40년사』, 1987.
매일경제신문사, 매일경제, 1979. 1. 5~2004. 12. 29.
______, 『회사연감』, 1982~2000.
민성기, 『한국 방위산업: 기술주권 회복의 주역』, 문원, 1996.
朴炳潤, 「한국의 재벌—그 생태, 금맥, 인맥」, 『신동아』, 1975. 12. pp. 90~103.
______, 「중화학공업과 재계판도」, 『企業經營』 245, 1978. 9, pp. 32~37.
______, 「중화학공업계의 내막」, 『신동아』 189, 1980. 5. pp. 194~211.
______, 『財閥과 政治: 韓國財閥成長裏面史』, 한국양서, 1982.
朴勇正, 「상공부」, 『한국의 경제관료』, 多樂社, 1979, pp. 151~198.
박정희(대19731004), 「대통령 1974년도시정방침」, 국회시정연설문, 1973. 10. 4.

______(국),『국가와 혁명과 나』, 향문사, 1963.
______(대연),「대통령 연두기자회견」, 1973. 1. 12.
______(연0),『박정희대통령연설문집』 제7집(1970년 1~12월), 대통령비서실, 1971.
______(연1),『박정희대통령연설문집』 제8집(1971년 1~12월), 대통령비서실, 1972.
______(연2),『박정희대통령연설문집』 제9집(1972년 1~12월), 대통령비서실, 1973.
______(연3),『박정희대통령연설문집』 제10집(1973년 1~12월), 대통령비서실, 1974.
______(연4),『박정희대통령연설문집』 제11집(1974년 1~12월), 대통령비서실, 1975.
______(연5),『박정희대통령연설문집』 제12집(1975년 1~12월), 대통령비서실, 1976.
______(연6),『박정희대통령연설문집』 제13집(1976년 1~12월), 대통령비서실, 1977.
______(연7),『박정희대통령연설문집』 제14집(1977년 1~12월), 대통령비서실, 1978.
______(연8),『박정희대통령연설문집』 제15집(1978년 1~12월), 대통령비서실, 1979.
______(연9),『박정희대통령연설문집』 제16집(1979년 1~10월), 추도판, 대통령비서실, 1979.
朴衡圭 편,『우리도 할 수 있다: 朴正熙 大統領 語錄』, 1999.
방위관리연구소,『방위산업 업무전문화 방안』, 방위관리연구소, 1981.
배병휴,「대우그룹은 정상인가?」,『신동아』, 1981. 3, pp. 162~164.
白永勳,『한국경제의 도전』, 1980.
______,『마지막 선택: 한국경제는 살아남는가』, 한국산업개발연구원, 1991.
법제처,『大韓民國法制五十年史』, 上·下, 1999.
변상근,「중화학투자조정의 배경과 문제점」,『신동아』, 1979. 10.
비서실장(197307),「기안용지: 대통령각하 지시사항 시달」, 대비정 100-141, 수신처 국무총리실, 기획조정실, 경제기획원, 내무부, 상공부, 건설부, 수산청, 산림청, 재무부, 법무부, 대통령비서실, 1973. 7.
______(19731117),「원유공급교섭출장보고」, 1973년 11월 17일 대통령 결재문서.
산업연구원(20),『2000년을 향한 國家長期發展構想 〈工業部門篇〉』, 1986.
______(산사),『산업연구원 25년사: 1976-2001』, 2002.
______(설비),『設備投資 不振에 대한 對應方案』, 1992.
______(일산),『일본의 산업구조』, 1982.
______(자문),『자동차공업의 문제점과 육성방안』, 1982.
______(자미),『자동차공업의 未來像』, 1987.
______(한대),『한국과 대만의 산업구조와 경제성과』, 1989.

______(한산), 『한국의 산업정책』, 정책연구자료 88-12, 1988.
______(한연), 『韓國產業의 聯關構造 變化와 對日比較: 重化學工業 育成期를 中心으로』, 1993.
______(한중), 『한국중기계공업의 문제점과 정책방향』, 1982.
산업자원부, 「수입자유화자료」, 2003. 2. 10.
삼성반도체통신, 『삼성반도체통신 10년사』, 1986.
三星秘書室, 『三星五十年史』, 1988.
상공부(3은라), 「1973년도 비철금속 제련사업 육성계획 공고」, 1973. 4. 4.
______(80기계), 「1980년대 한국의 기계공업: 장기기계공업육성계획과 창원기계공업기지건설계획」, 한국기계공업진흥회, 1973. 10.
______(80상공), 「80년대의 商工政策」, 1982. 4.
______(82주업), 「1982년 主要業務計劃解說」, 1982. 2.
______(개방), 『개방경제체제하의 산업정책의 과제와 방향』, 산업정책연구시리즈 No. 86~91, 1986. 8.
______(건설), 『建設重裝備製造業의 현황과 과제』, 산업정책연구시리즈 No. 86~95, 1986. 8.
______(국보), 「국회보고자료—업무현황」, 1983.
______(기별), 「수출입기별공고 자료」, 1973~1981.
______(대기), 「대단위 기계공업 육성방안」, 1978. 4.
______(디젤), 『디젤엔진製造業의 현황과 과제』, 산업정책연구시리즈 No. 86~96, 1986. 8.
______(문), 「문서철」, 1974. 1.
______(백), 『상공백서』, 1965, 1987, 1989, 1990~1994.
______(부생), 「自動車部品工業의 生產性向上 對策」, 대통령 보고, 1981. 6.
______(부수), 「자동차부품공업의 생산성 향상대책—수출경쟁산업화—」, 상공부 장관, 국무총리, 대통령 결재문서, 1981. 6.
______(상보), 「상공보고자료」, 1973. 12. 14.
______(상행), 상공행정사간행자료집무역통상부문, 『무역진흥 40년: 그 과정과 정책』, 1988.
______(수출), 「수출자료」, 1973.
______(수확), 「수출확대회의보고자료」, 1973. 8. 28.

______(신규), 「신규계열화 신청업체 현황 및 지정을 위한 계획」.
______(자가), 「자동차 부품 가지정업체 조건이행 보고」, 1979(추정).
______(자문), 「자동차 공업에 관한 문서」, 상공부 내부보고자료, 1974(추정).
______(자보), 「자동차공업조정관련 보도자료」, 1982. 7. 26.
______(자부), 「자동차부품공업 전문화 계획(안)」, 분류번호 6/30, 1974. 3. 21.
______(자부계), 「자동차부품 계열화 업체명」.
______(자부국), 「자동차부분품 국산화 계열화 업체」.
______(자부업), 「자동차부품 계열화 육성대책 업체명」.
______(자부육), 「자동차부품공업의 획기적 육성방안」, 1977. 7.
______(자수), 「자동차 수급 전망 및 투자계획」, 1980. 10.
______(자원), 「우리나라 자동차 원가구성, 국산화 비율, 수출 전망 등 서류」, 1976.
______(자육), 「自動車工業育成計劃推進現況」, 1974.
______(자제), 『자동차製造業의 현황과 과제』, 산업정책연구시리즈 No. 86~84, 1986. 8.
______(자진), 「자동차공업 장기진흥계획안」, 1973년 상공부 장관 결재, 7월 4일 국무총리 재가, 1973. 7. 4.
______(자통), 「자동차공업 현황, 자동차 공업의 현안 사항, 통계자료」, 상공부 내부보고자료, 1974. 7(추정).
______(자합), 「자동차공업의 합리화조치」, 1981. 2. 28.
______(자합배), 「자동차공업 합리화조치의 배경」, 1981. 2. 28.
______(자현), 「자동차공업 현황」, 1974.
______(장기), 「장기기계공업육성계획 포함 기계공업관련 문서」, 1973.
______(장자), 『長期自動車工業振興計劃—韓國型小型乘用車의 量產化 I』, 1974. 1.
______(장조), 「長期造船工業振興計劃: 大造船地域設定案 I」, 1973. 3.
______(전자), 「電子工業 高度化 長期計劃」, 1982.
______(조배), 「自動車工業 合理化措置의 背景」, 1981. 2. 28.
______(조사), 「조사보고자료」, 1979.
______(주해), 「主要業務計劃解說, 84年」, 1984.
______(중소), 『중소기업에 관한 연차보고서』, 1971, 1973~1974, 1984~1989, 1991~1998, 2000.
______(중실), 『중소기업실태조사보고』, 1974~1976, 1981, 1982.

______(중육), 「中小企業의 育成類型設定과 適正規模化支援施策方案」, 1971.
______(중전현), 『重電機器製造業의 현황과 과제』, 산업정책연구시리즈 No. 86~87, 1986. 8.
______(중조), 「중화학공업 투자조정」, 1980. 10. 7.
______(중화현), 「중화학분야 주요 현안문제 해결방안」, 1980. 1.
______(차제), 「차량제조사업 육성법(안)」, 1975. 9. 10.
______(창기), 「창원기지투자유치—설명회 자료—」, 1974. 4.
______(체제), 「새로운 工業政策體制의 構築—「工業發展法」(案)의 취지와 내용」, 1985. 10.
______(평가), 「평가반별 신청현황」.
______(합금), 『合金鐵製造業의 현황과 과제』, 산업정책연구시리즈 No. 86~93, 1986. 8.
______(합조), 「自動車工業의 合理化措置」, 1981. 2. 28.
______·中小企業協同組合中央會, 『中小企業 實態調査報告』, 1983~1990.
______·한국기계공업진흥회, 「1980年代 韓國의 機械工業: 長期機械工業育成計劃과 昌原機械工業基地建設計劃」, 1973.
______·한국기계공업협동조합연합회, 『한국기계공업총람』, 한국기계공업협동조합연합회, 1968.
상공부 공업단지관리청·산업은행, 『한국의 수출자유지역』, 연도 불명.
상공부 마산수출자유지역관리소(상마), 『수출자유지역 15년사, 1970-1985』, 1987.
상공부 산업자금과, 「기계공업육성 전문화, 계열화 업체 지정 명단」, 1975. 7. 30.
상공부 산업정책과, 「자료」, 1986. 12.
商工部輸出自由地域基礎調査作業班, 「馬山輸出自由地域調査報告書」, 1970.
상공부 장관(기19731011), 「기계공장건설(증설포함) 실수요자 선정 및 지원」, 상공부 공고 제7552호 문서, 1973. 10. 11.
______(중19730511), 「중화학 건설 원칙」, 1973. 5. 11.
______(창19750701), 「창원기계공업기지 공장건설 실수요자 선정 및 지원요령」, 상공부 공고 제7901호 문서, 1975. 7. 1.
______(창19760802), 「창원공업기지 공장건설 입주업체의 선정요령」, 상공부 공고 제76~79호, 문서, 1976. 8. 2.
상공부 장관 공고문(자19771129), 「자동차 부품 계열화 업체 선정요령」, 상공부 공고, 제77~169호, 1977. 11. 29.

______(자19780703), 「자동차공장 전문공장 지정, 가지정 및 추가선정 요령 공고」, 상공부 공고 제78~69호, 1978. 7. 3.

상공부 장관 공문(자19790705), 「자동차 부품 전문공장 지정 통보」, 차량 1333~2183, 1979. 7. 5.

______(자19790707), 「자동차 부품 전문공장 지정공고」, 상공부 공고 제79~98호, 1979. 7. 7.

상공부 장관 통보문(자19790323), 「자동차부품 전문공장 가지정 통보」, 차량 1333~70~3604, 1979. 3. 23.

상공부重工業計劃班, 화학 및 輕工業計劃班, 『제4차 경제개발5개년계획 工業計劃 (I) 1977-1981』, 1976.

상공부 중공업국(종자), 「종합자동차 공장건설계획」, 1975. 8.

______(주업), 「主要業務推進現況」, 1975. 9. 26.

______(중요), 「重要業務現況」, 1976.

상공부 차량과, 「제4차 5개년계획의 구상—자동차 공업—」, 1975. 12. 2.

상공정책10년사편찬위원회, 『商工政策10年史』, 1969.

서울경제신문사, 서울경제신문, 1972. 11. 5~1979. 12. 24.

서울경제신문사 경제기술조사센타, 『經濟討論시리이즈: 石油價 引上對策, 雇傭, 電子工業育成, 景氣展望, 資源需給, 中化學工業進路』, 全國經濟人聯合會, 1978.

서울대학교 공과대학, 「重化學工業育成에 關한 工學教育 세미나: 造船工學教育」, 서울대학교, 1973.

서현진, 『끝없는 혁명—한국 전자산업 40년의 발자취』, 이비컴, 2001.

孫光植, 「재무부」, 『한국의 경제관료』, 多樂社, 1979, pp. 75~114.

孫俊哲, 「重化學工業投資調整의 經過와 失敗原因」, 『立法調査月報』 145, 대한민국국회, 1985. 4, pp. 38~48.

심융택 편, 『자립에의 의지: 박정희 대통령 어록』, 한림출판사, 1972.

雙 龍, 『雙龍五十年史』, 1989.

雙龍工業株式會社, 『雙龍洋灰 三十年史』, 1992.

쌍용정유, 『쌍용정유 10년사』, 1986.

안양상공회의소, 『安養商議三十年史: 1970-2000』, 2000.

양훈영, 「일본의 중화학공업교육시찰 소감—주로 금속공학교육에 대하여」, 『대한금

속학회지』, Vol. 11, No. 4, 1973, pp. 376~385.

吳源哲(방위), 「吳源哲 회고록 제1편, 방위산업의 건설」, 『월간조선』, 1994. 6, pp. 458~501.

______(산군), 「產業戰略軍團史」, 한국경제신문, 1993. 1. 18~1994. 3. 30.

______(상공부 경공업과장), 「우리나라 기술현황과 기술진흥의 문제점」, 『화학공학』, Vol. 1, No. 1, 1963, pp. 37~44.

______(에중), 『에너지 정책과 중동진출』, 기아경제연구소, 1997.

______(중8), 「중화학공업화와 80년대 미래상」, 박대통령 보고서, 1972. O Won-chol, "Economic Development and Industrialization in Korea," Conference Report, International Conference in Korean Futures, No. 14~17, 1973, Asiatic Research Center, Korea University, 1975, pp. 268~291.

______(한경1), 『한국형 경제건설, 1』, 기아경제연구소, 1996.

______(한경2), 『한국형 경제건설, 2』, 기아경제연구소, 1996.

______(한경3), 『한국형 경제건설, 3』, 기아경제연구소, 1996.

______(한경4), 『한국형 경제건설 4: 엔지니어링 어프로치 4』, 기아경제연구소, 1996.

______(한경5), 『한국형경제건설 5: 엔지니어링 어프로치』, 기아경제연구소, 1996.

______(한경7), 『한국형 경제건설 7: 내가 전쟁을 하자는 것도 아니지 않는냐』, 한국형경제정책연구소, 1999.

______, 「韓國工業化過程에서의 投資戰略에 關한 硏究」, 한양대학교 석사학위논문, 1969.

오효진, 「김종필, 입을 열다: 박대통령과 김형욱 실종」, 『월간조선』, 1987년 1월호, pp. 290~323.

옵서버, 『앞만 보고 달린 30년, 1960-1990 한국경제년표』, 1991.

외자도입심의위원회(99인197409), 「제99차 외심위 의결안건(인천합금철 주식회사)」, 1974년 9월 5일 박정희 대통령 결재문서, 대통령비서실, 1974. 9.

______(100금197410), 「제100차 외심위 의결안건(주식회사 금성사)」, 1974년 10월 11일 박정희 대통령 결재문서, 대통령비서실, 1974. 10.

______(100선197410), 「제100차 외심위 의결안건(선경유화주식회사)」, 1974년 10월 11일 박정희 대통령 결재문서, 대통령비서실, 1974. 10.

______(100창197410), 「제100차 외심위 의결안건(창원공업주식회사)」, 1974년 10월

11일 박정희 대통령 결재문서, 대통령비서실, 1974. 10.

______(100포197410), 「제100차 외심위 의결안건(포항종합제철주식회사)」, 1974년 10월 14일 박정희 대통령 결재문서, 대통령비서실, 1974. 10.

______(100한197410), 「제100차 외심위 의결안건(한일정화공업주식회사)」, 1974년 10월 11일 박정희 대통령 결재문서, 대통령비서실, 1974. 10.

______(100현197410), 「제100차 외심위 의결안건(현대조선중공업 주식회사)」, 1974년 10월 11일 박정희 대통령 결재문서, 대통령비서실, 1974. 10.

油 公, 『유공 20년사』, 1983.

유신정우회, 『내일의 한국: 대망의 80년대』, 1977(제3판, 1978).

______, 『위대한 전진』, 東方도서, 1978.

尹 塘(한국산업은행이사), 「産業開發과 重化學工業化」, 『기능』 제8권 제2호, 國際技能올림픽大會 韓國委員會, 1974, pp. 19~24.

이대환, 『세계최고의 철강인 박태준』, 현암사, 2004.

李元燁(석유화학지원공단), 「석유화학공업, 重化學工業開發의 課題와 展望」, 『經協』 106, 1973. 9, pp. 23~26.

이은영, 「ADD 무기개발 3총사의 핵·미사일 개발 비화」, 『신동아』 567호, 동아일보사, 2006. 12. 1, pp. 276~287.

李璋圭, 『경제는 당신이 대통령이야』, 중앙일보사, 1992.

이종범, 『전환시대의 행정가: 한국형 지도자론』, 나남출판(사회비평사), 1997.

이종재, 『재벌이력서』, 한국일보사, 1978.

李昌錫(과학기술처 차관, 1975), 「중화학공업시대의 인력개발방향」, 『기능』 제9권 제2호, 국제기능올림픽대회 한국위원회, 1975, pp. 10~13.

______(과학기술처 차관, 1976), 「중화학공업시대에 즈음한 기술인력 개발」, 『기능』 제10권 제1호, 국제기능올림픽대회 한국위원회, 1976, pp. 34~36.

李昌熙, 「중화학공업투자 조정일지」, 『立法調査月報』, 1986년 5~6월(152호), 국회사무처 입법조사국, 1986, pp. 159~165.

李炯九, 『한국경제발전론』, 한국능률협회, 1980.

이 호, 「이호기자의 공개 못한 취재수첩, 『이코노미스트』 872~879호(http://article.joins.com/article), 2007. 1. 19~2007. 3. 16.

李洪鍾(한국철강협회), 「鐵鋼産業의 現況, 특집 重化學工業의 主軸…… 鐵鋼産業 〈特輯〉」, 『이코노미스트』 20, 1977. 8, pp. 25~29.

인력개발연구소·과학기술처, 『중화학공업분야 과학기술계 인력구조분석 조사연구』, 과학기술처, 1976.
蔣慶煥(포철 상무이사), 「鐵鋼業의 再編成, 重化學工業의 主軸—鐵鋼產業 <特輯>」, 『이코노미스트』 20, 1977. 8, pp. 30~33.
張相鉉, 「중화학공업수출 무엇이 문제인가(2)—官에서 보는 견해」, 『產政硏究』 34호, 한국산업정책연구소, 1982. 2, pp. 47~51.
재무부(결), 『결산개요』, 1961, 1968, 1970~1994.
______(경활), 「경제활성화를 위한 재정금융지원대책」, 발표문, 1980. 11. 8.
______(공), 『공공차관통계』, 1987.
______(관), 「관세통계」, 1983.
______(국투), 『국민투자기금결산보고서』, 1992, 1993.
______(금), 「금융여신과 기업소유집중에 대한 대책」, 1974. 5. 30.
______(기), 『기술도입연차보고』, 1989~1993.
______(무), 『무역통계연보』, 1965~1966.
______(세), 『한국세제사』 상·하, 1979.
______(외투), 『외국인 투자기업현황』, 1989, 1992.
______(재), 『한국의 재정통계』, 1979~1994.
______(재금), 『재정금융통계』, 1984. 4.
______(재백), 『財政投融資白書』, 1982.
______(중), 「중화학공업 지원대책」, 1980. 2.
______(환), 「환율과 금리의 조정」, 발표문, 1980. 1. 12.
재무부 경제협력국(한외), 『한국경제와 외자도입』, 1991.
재무부 세관국, 『무역통계연보』, 1967~1970.
재무부·한국산업은행, 『韓國外資導入 30年史』, 1993.
全啓默, 「비철금속공업, 重化學工業開發의 課題와 展望」, 『經協』 106, 1973. 9, pp. 29~30.
全國經濟人聯合會(19), 「1980년도 국내외 경제동향과 상공시책 방향」, 1979. 11. 2.
______(20), 『全經聯二十年史』, 1983.
______(30), 『全經聯三十年史』, 1991.
______(민경), 『민간경제백서』, 1979~1988.
______(사보), 『사업보고서』, 1979.

______(새환), 「새로운 환경과 경제난국 타개의 과제」, 1979. 12. 22.
______(중부), 「重化學工業工程副產物의 再資源化」, 『全經聯』 159, 1978. 2, pp. 54~58.
______(한경), 『한국경제정책 40년사』, 1986.
______(한연), 『한국경제연감』, 1966~2000.
______(한자), 『한국의 자동차산업』, 한국산업사1, 1996.
______(한조), 『한국의 조선산업』, 한국산업사, 1997.
전국은행연합회(금융), 『금융산업의 효율성 분석과 효율화 방안』, 1985.
전범성, 『정주영』, 한국기업문화연구원, 1992.
全石斗, 「중화학공업시대와 수출입은행의 역할: 세계시장 개척과 着根의 길」, 『立法調査月報』, 국회사무처 입법조사국, 1976년 10~11월(98호), pp. 25~33.
政經文化, 「특집토론(김성두 · 김영우 · 김적교 · 송병남), 重化學工業과 政策課題」, 『政經文化』 195, 1981. 5, pp. 74~84.
정부간행물제작소, 『격동 반세기』, 1998.
정주영, 『시련은 있어도 실패는 없다』, 第3企劃, 1991.
정태성, 「갈수록 난제, 경제안정책」, 『신동아』, 1979. 9.
조선연구회, 『조선공업과 금융자본 연구』, 1979.
조선일보사, 조선일보, 1970. 7. 1.~1982. 12. 31.
주태산, 『경제 못 살리면 감방간대이』, 중앙M&B, 1998.
중소기업은행(도1978), 『도급거래실태조사』, 1978.
______(주1970), 『주요업종의 하청실태』, 1970.
______(중1966), 『中小企業實態調查報告: 製造業 · 鑛業 · 運輸業』, 1966.
______(중1981), 『중소기업은행 20년사』, 1981.
중소기업은행 조사부(금1968), 『金屬 · 機械工業의 技術實態』, 1968.
______(기1967), 『機械工業의 下請實態』, 1967.
______(한1980), 『한국의 중소기업 1980』, 1980.
中小企業振興公團(경지표), 『中小企業 經濟指標』, 1979~1981.
______(진계획), 『중소기업진흥 10개년 계획』, 1982.
중소기업협동조합중앙회, 『중소기업육성시책문답』, 상공부 감수, 1982.
重化學工業分野教授日本視察團, 「日本시찰보고서」, 1973.
중화학공업추진위원회(해), 「우리나라의 重化學工業化政策(解說)」, 1973. 4.

______(회), 「회의록」, 1973, 1980.
중화학공업추진위원회기획단(14), 「제14차 중화학공업추진위원회 회의보고」, 대통령 보고문서, 대비경(이), 대통령비서실, 1973. 11. 8.
______(20), 『2000년대의 국토구상』, 1978.
(1980), 『중화학기획단 폐지에 따른 현황 및 조치방안』, 1980.
______(공발1), 『韓國工業化發展에 관한 調査硏究, 제1권, 重化學工業發展史』, 1979.
______(공발2), 『韓國工業化發展에 관한 調査硏究, 제2권, 중화학공업정책사』, 1979.
______(공발3), 『韓國工業化發展에 관한 調査硏究, 제3권, 政策決定過程의 裏面史』, 1979. 7.
______(보42), 「보고서: 중화학공업추진위원회 기획단운영계획」, 3월 4일 대통령 결재문서, 대비경(이), 보고번호 제29호, 보고관 김광모, 대통령비서실, 1974. 2. 28.
______(보43), 「보고서: 중화학공업기지 조성구역 확정」, 경제2, 보고번호 제39호, 3월 22일 대통령 결재문서, 대비경(이), 보고관 金光模, 대통령비서실, 1974. 3. 21.
______(보54), 「보고서: 영국 중화학공업 및 방위산업 시찰」, 대통령각하 보고서, 4월 29일 대통령 결재문서, 보고번호 제11호, 대비경(이), 보고관 金光模, 대통령비서실, 1975. 4. 16.
______(보99), 「보고서: 중화학공업의 자금지원」, 대통령각하 보고서, 9월 17일 대통령 결재문서, 경제제1, 보고관 閔海榮, 대통령비서실, 1979. 9. 15.
______(에너), 『에너지 수급구조분석과 省에너지 가능성 검토』.
______(중계), 「중화학공업육성계획」, 1973. 6.
______(중부), 『中部綜合基地基本構想』, 1978.
______(중사), 「중화학공업 주요사업 추진현황」, 10월 18일 대통령 결재문서, 대통령비서실, 1978. 10.
______(중추), 『重化學工業推進現況』, 1977, 1979, 1980.
______(중투19730620), 「중화학공업 투자유치 출장보고」, 6월 26일 대통령 결재문서, 대비경(이) 보고번호 제36호, 보고관 吳源哲, 대통령비서실, 1973. 6. 20.
______(중회), 「중화학공업 추진위원회 회의운영방안 외 3건」, 대통령비서실, 1973.
______(중효), 『중화학공업 추진실적과 효과』, 1979.
차동세 · 김광석 편, 『한국경제반세기 역사적 평가와 21세기 비전』, 한국개발연구원,

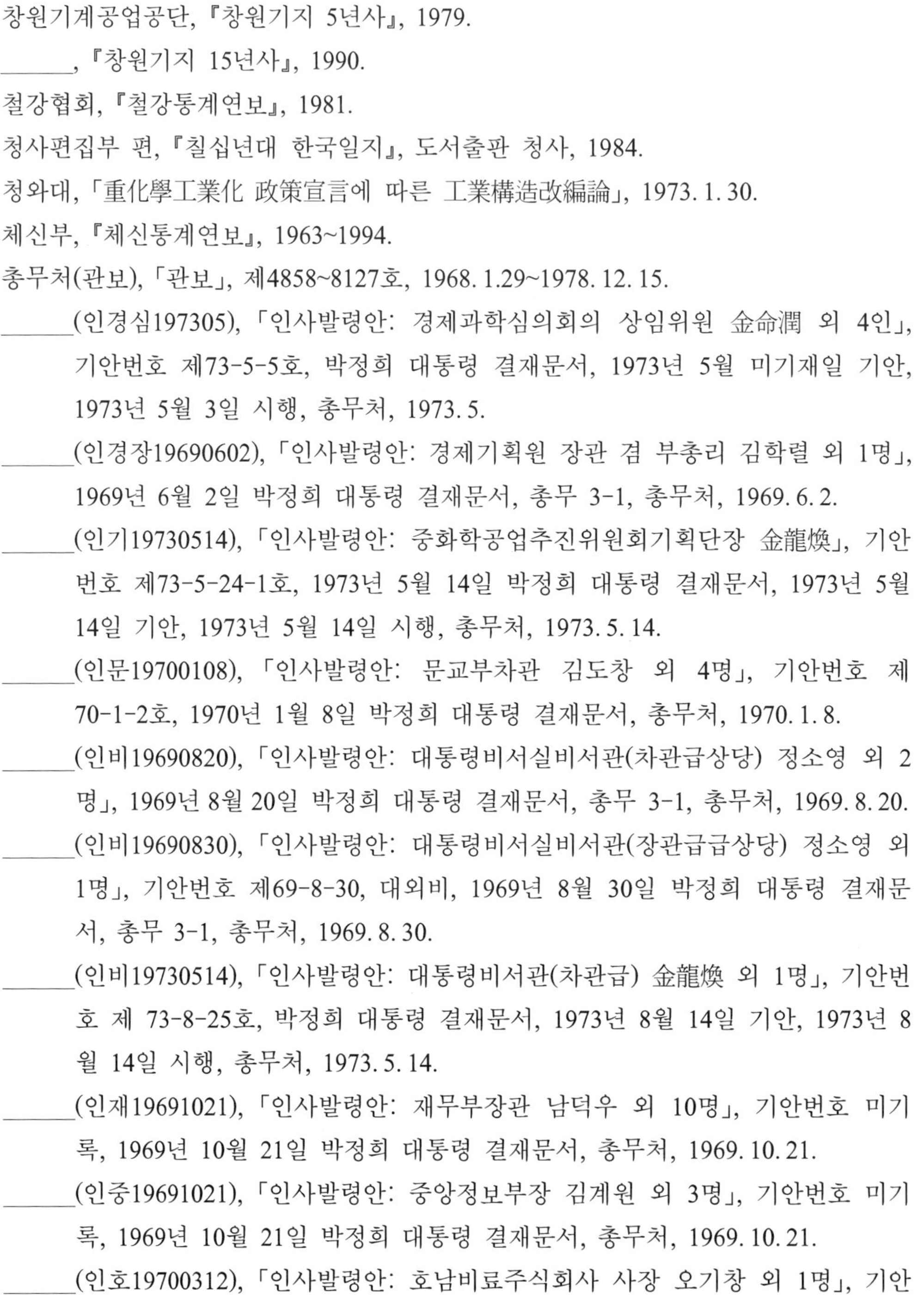
1995.
창원기계공업공단, 『창원기지 5년사』, 1979.
______, 『창원기지 15년사』, 1990.
철강협회, 『철강통계연보』, 1981.
청사편집부 편, 『칠십년대 한국일지』, 도서출판 청사, 1984.
청와대, 「重化學工業化 政策宣言에 따른 工業構造改編論」, 1973. 1. 30.
체신부, 『체신통계연보』, 1963~1994.
총무처(관보), 「관보」, 제4858~8127호, 1968. 1.29~1978. 12. 15.
______(인경심197305), 「인사발령안: 경제과학심의회의 상임위원 金命潤 외 4인」, 기안번호 제73-5-5호, 박정희 대통령 결재문서, 1973년 5월 미기재일 기안, 1973년 5월 3일 시행, 총무처, 1973. 5.
______(인경장19690602), 「인사발령안: 경제기획원 장관 겸 부총리 김학렬 외 1명」, 1969년 6월 2일 박정희 대통령 결재문서, 총무 3-1, 총무처, 1969. 6. 2.
______(인기19730514), 「인사발령안: 중화학공업추진위원회기획단장 金龍煥」, 기안번호 제73-5-24-1호, 1973년 5월 14일 박정희 대통령 결재문서, 1973년 5월 14일 기안, 1973년 5월 14일 시행, 총무처, 1973. 5. 14.
______(인문19700108), 「인사발령안: 문교부차관 김도창 외 4명」, 기안번호 제70-1-2호, 1970년 1월 8일 박정희 대통령 결재문서, 총무처, 1970. 1. 8.
______(인비19690820), 「인사발령안: 대통령비서실비서관(차관급상당) 정소영 외 2명」, 1969년 8월 20일 박정희 대통령 결재문서, 총무 3-1, 총무처, 1969. 8. 20.
______(인비19690830), 「인사발령안: 대통령비서실비서관(장관급급상당) 정소영 외 1명」, 기안번호 제69-8-30, 대외비, 1969년 8월 30일 박정희 대통령 결재문서, 총무 3-1, 총무처, 1969. 8. 30.
______(인비19730514), 「인사발령안: 대통령비서관(차관급) 金龍煥 외 1명」, 기안번호 제 73-8-25호, 박정희 대통령 결재문서, 1973년 8월 14일 기안, 1973년 8월 14일 시행, 총무처, 1973. 5. 14.
______(인재19691021), 「인사발령안: 재무부장관 남덕우 외 10명」, 기안번호 미기록, 1969년 10월 21일 박정희 대통령 결재문서, 총무처, 1969. 10. 21.
______(인중19691021), 「인사발령안: 중앙정보부장 김계원 외 3명」, 기안번호 미기록, 1969년 10월 21일 박정희 대통령 결재문서, 총무처, 1969. 10. 21.
______(인호19700312), 「인사발령안: 호남비료주식회사 사장 오기창 외 1명」, 기안

번호 제70-3-21호, 1970년 3월 12일 박정희 대통령 결재문서, 총무처, 1970. 3. 12.

______(인화19700317), 「인사발령안: 한국종합화학공업주식회사 백선엽」, 기안번호 제73-3-43호, 박정희 대통령 결재문서, 1970년 3월 17일 기안, 1973년 3월 23일 시행, 총무처, 1970. 3. 17.

崔東奎, 『성장시대의 정부』, 한국경제신문사, 1992.

崔杜烈(노동청장), 「중화학공업에 있어서 직업훈련의 현황과 추진방안」, 『기능』 제9권 제1호, 국제기능올림픽대회 한국위원회, 1975, pp. 18~22.

최영화(Harry Choi), 「韓國機械工業育成方向 硏究調査報告書」, 경제기획원 장관, 상공부 장관 귀하, 1970. 5.

최종명(상공부기획관리실장), 「중화학공업육성과 그 전망」, 『기능』 제6권 제1호, 국제기능올림픽대회 한국위원회, 1972, pp. 19~22.

최형섭, 『(최형섭 회고록)불이 꺼지지 않는 연구소: 한국 과학기술 여명기 30년』, 조선일보사, 1995.

______, 『과학에는 국경이 없다: 최형섭 회고록, 과학기술외교 30년』, 매일경제신문사, 1998.

코리아엔지니어링, 「M-16소총 공장을 위한 기술용역제의서 Proposal For Engineering Services M-16 Small Arms Plants」, 1970. 10.

통계청(경활), 『경제활동인구연보』, 1991~2000.

______(광공), 『광공업통계조사보고서』, 1990~1992.

______(광복), 『광복이후 50년간의 경제일지』, 1995.

______(통5), 『통계로 본 대한민국 50년의 경제사회상변화』, 1998.

______(통세), 『통계로 본 세계와 한국』, 1995.

평가교수단, 『제2차경제개발 5개년계획 평가보고서』 제2집, 1972.

포항종합제철, 「1973년도 연차보고서」, 1974.

______, 『浦項製鐵850萬頓竣工史』, 1981.

______, 『浦項製鐵二十年史』, 1989.

______, 『언론에 비친 포항제철20년』, 1992.

______(내포), 『내가 본 포항제철: 그 성공의 비결』, 포항종합제철주식회사, 1994.

______(특보), 「특별보고서」, 1979, 1985.

______(포1979), 『포항제철 10년사』, 1979.

한국개발연구원(5次), 『제5차 5개년계획 작성을 위한 경제사회정책협의회—토의자료 및 내용』, 1980. 9.
______(과제), 「1982년 경제정책의 기본과제」, 1981. 10. pp. 7~29.
______(관세), 「관세정책의 현황과 개편방향—정책협의회 자료」, 1982. 7.
(구상), 『2000년을 향한 국가장기발전구상—총괄보고서』, 1985.
______(기본), 『産業政策의 基本課題와 支援施策의 改編方案』, 연구보고 82-09, 1982.
______(김영봉), 『자동차공업의 발전방향과 정책』, 연구조사보고 제81-03권, 1981. 1.
______(내외), 「국내외 경제동향 및 당면 정책과제」, 1982. 8.
______(盧富鎬), 『중화학공업부문 연구자료—중전기공업』, 1981.
______(단기), 『경제운용과제에 관한 단기정책연구』, 1983.
______(물전), 「1982-83년 물가전망 및 경제운용」, 1982. 3.
______(반세), 『한국경제반세기 정책자료집』, 1995.
______(복지), 「복지사회의 기본구상」, 1981. 1(한국개발연구원, 『경제운용과제에 관한 단기정책연구』, 1983. 7, pp. 779~819).
______(석유), 「석유화학공업의 문제점과 합리화 방안」, 1982. 4.
______(세계), 「세계경제동향 전망 및 국제협력과제」, 1982. 7.
______(宋炳南a), 『중화학공업부문 연구자료—기계공업총량계획』, 1981a.
______(宋炳南b), 『중화학공업부문 연구자료—기계요소공업』, 1981b.
______(宋炳南c), 『중화학공업부문 연구자료—일반산업기계공업』, 1981c.
______(宋炳南d), 『중화학공업부문 연구자료—정밀기계공업』, 1981d.
______(안상), 『경제안정화시책 자료집(상)』, 1981.
______(안정), 「안정화대책방향」, 청와대회의 자료, 1979. 3.
______(안하), 『경제안정화시책 자료집(하)』, 1981.
______(예산), 『국가예산과 정책목표』, 1981, 1982, 1983, 1988.
______(柳榮俊), 『중화학공업부문 연구자료—전자공업』, 1981.
______(장기), 『長期經濟社會發展 1977-91年-答申報告書』, 속표지 수신: 부총리 겸 경제기획원 장관. 제목: 장기경제사회발전의 전망에 대한 답신, 경제기획원 1976. 7. 5 요청 답신서, 1977. 12.
______(재정), 『재정통계자료집』, 1983.
______(조선), 「조선공업의 현황과 연불금융의 효율성」, 1982. 4(한국개발연구원,

『경제운용과제에 관한 단기정책연구』, 1983, pp. 621~679).
______(집중), 『한국제조업의 산업집중분석』, 연구조사보고 제81-07권, 1981. 4.
______(최근), 「최근 세계경제동향과 국내경제전망」, 1982. 3.
한국경제신문사, 한국경제신문, 1979. 1. 4~1993. 2. 28.
한국경제연구원, 『우리나라 기계공업의 현황과 문제점』, 1980.
한국공단연구소, 『한국공단총람』, 1984.
한국공작기계공업협회, 『공작기계 통계요람』, 1985, 1990, 1991.
한국과학기술연구소(김재관 외), 『重工業發展의 基盤: 韓國의 機械 및 素材工業의 現況과 展望 分析』, 상·하권, 韓國科學技術硏究所, 1970.
한국과학기술연구원 정책·기획본부, 『우리나라 과학기술수준 전망과 주력기술 수출에 관한 연구』, 1992.
한국관세연구소, 『한국관세사』, 1985.
한국광업제련, 『한국광업제련사사』, 1987.
한국교육개발원, 『工業 및 商業敎育의 效率性에 관한 調査硏究』, 1977.
韓國機械工業公團, 「창원기계공업기지」, 1974.
韓國機械工業振興會(간), 「懇談會資料」, 1974. 8. 29.
______(기무), 『機械工業貿易動向』, 1980.
______(기육), 『機械工業 育成資金 融資效果調査 報告書』, 1972.
______(기통), 『機械工業貿易統計』, 1988.
______(기편), 『機械工業便覽』, 1980~1984.
______(아), 『아시아 중진국의 기계공업 현황과 전망』, 1982.
______(자), 『自動車商品工業 育成을 위한 調査硏究 報告書』, 1974.
______(한10), 『한국기계공업진흥 10년사』, 1980.
______(한20), 『한국기계공업진흥회 20년사』, 1989.
______(해), 『海外主要國의 機械工業育成施策』, 1981.
한국기계산업정보센터, 『機械工業綜合「세미나」第1回』, 1977.
한국기독교사회문제연구원 편, 『한국의 사회정의 지표』, 민중사, 1987.
한국노총, 『사업보고』, 1979~1980.
한국능률협회, 『한국의 3000 대기업 下』, 1989.
한국동력자원부, 『석유사업기금백서』, 1989.
한국무역써비스센터, 『수출입기별공고』, 1972.

한국무역연구소, 『세계 중화학공업의 변천과 한국 중화학공업의 전망』, 1974.
한국무역협회(공고), 『수출입기별공고』, 1974, 1977, 1978, 1982~1986.
______(다), 『다국적기업과 우리나라 외국기업 투자의 제문제』, 1976.
______(동향), 「주요수출품 국제가격 동향」, 1973.
______(사), 『한국무역사』, 2006.
______(수), 『우리나라 수출입구조분석』, 1978
______(수경), 『수출산업 경쟁력 실태조사』, 1979.
______(수입), 「수출입자료」, 1980.
______(연감), 『貿易年鑑』, 1959~1990.
______(연보), 『무역통계연보』, 『무역통계』, 『무역통계연감』, 1972~1976, 1978~2000.
______(자), 『무역자유화를 위한 주요품목별 국제경쟁력 평가조사(II) 품목자료』, 조사자료 83-35, 1983.
______(장), 『장기기계공업육성방안』, 1976.
______(조), 『調査資料 1978-10: 국제분업예측을 통해서 본 우리나라 중화학공업의 수출전망』, 1978.
______(지표), 『한국경제의 주요지표』, 1983.
______(총), 『주요 선진국의 수입규제 총람』, 1974~1979.
______(편람), 『무역편람』, 1968, 1973, 1975, 1977~1981. 『무역동향』, 1982~1988. 『주요무역동향지표』, 1990~2000.
한국비료공업협회, 『비료연감』, 1979~1980.
한국산업개발연구소(중소), 『중소기업의 도약』, 삼화출판사, 1983.
______(한공발1), 「韓國工業化發展에 관한 調査研究(I) 重化學工業發展史」, 1978. 8.
______(한공발2), 「韓國工業化發展에 관한 調査研究(II) 工業化政策史」, 1978. 8.
______·과학기술처, 「중화학 공업개발에 대비하는 연관공업지대형성을 위한 종합기술조사: 제2단계 조사결과보고서」, 과학기술처, 1972.
韓國産業技術振興協會(기도입), 『技術導入契約現況』, 1986, 1989.
______(기이전), 『기술이전실태 및 동향조사』, 1983.
______(산백), 『산업기술백서』, 1985~2000.
한국산업연구원, 『우리나라 석유화학산업의 구조와 전망』, 1985.
______, 『석유화학산업의 전망과 경쟁분석』, 1987.
한국산업은행(80산), 「80년대 산업정책의 기본방향과 과제」, 『調査月報』, 제315호,

1982. 2.
______(80전), 『80년대 전략산업』, 1981.
______(부산), 『부품산업의 구조분석과 발전전략』, 1991.
______(부품), 『부품 및 소재공업의 현황과 육성방안』, 1983.
______(석유), 『석유화학공업의 육성방안』, 1986.
______(외국), 『외국인 직접투자의 실태와 경제적 효과분석에 관한 연구』, 1979.
______(우제), 『우리나라제조업의 연도별 자본스톡 추계』, 1990.
______(월보), 『조사월보』, 1962. 2~1993. 12.
______(재무), 『재무분석』, 1969, 1971~1990.
______(중화), 「중화학공업조정자료」, 1980. 10.
______(최설), 『최근의 설비투자 동향과 당면과제』, 1982.
______(한구), 『2000년대의 한국산업의 구조변화와 장기발전전략』, 1995.
______(한산30), 『韓國產業銀行 三十年史』, 1984.
______(한산40), 『韓國產業銀行 四十年史: 1954-1994』, 1994.
______(해외), 『海外情報重化學工業』, V. 1~V. 3(1~12), 1973~1975.
한국산업은행 조사부(우산), 『우리나라 產業技術支援政策의 現況과 改善方向』, 1992.
______(한산), 『한국의 산업』, 1971, 1976, 1979.
한국생산성본부(노생), 『노동생산성지수 1984』, 『노동생산성지수 1985년 1/4분기』, 『노동생산성지수 1985년 2/4분기』, 『노동생산성지수 1985년 3/4분기』, 1985, 1986.
______(부가), 『附加價値分析: 생산성의 측정과 분배에 관한 분석, 1978-1979』, 1978~1979.
______(생성), 『생산성리뷰』, 1990. 4~1995. 4.
______(한경), 『한국의 경제발전과 생산성향상운동』, 1986.
______(한기), 『한국기업의 부가가치분석』, 1986~1992.
______(한총), 『한국기업총람』, 1972~1979.
한국생산성본부생산성연구소, 『생산성연구』, 1956~1970, 1972~1979.
______, 『한국의 공업』, 1969.
한국석유화학공업협회(석국), 『석유화학공업과 국민경제』, 1979.
______(석통), 『석유화학공업통계』, 1983~1990.
______(한석), 『한국석유화학공업 10년사』, 1977.

韓國輸出產業公團, 『공업배치기본계획수립 조사연구』, 한국산업개발연구소, 1980.
한국양회공업협회, 『한국의 시멘트산업』, 1974.
한국역대대통령취임사 편집부, 『자유와 민주를 향한 길』, 서울 비즈니스 아카데미, 1988.
한국외국어대학교 국제사정연구소, 『스페인, 폴투갈의 중화학공업화 과정 연구보고서: FY'73 해외개발연구』, 1973.
한국외환은행(상거래), 『상사별 거래은행 명단』, 1979.
______(한삼십), 『한국외환은행삼십년사 1967-1997』, 1997.
______(한재계), 『한국재계동향』, 1973.
한국은행(34), 「3. 4분기 순상품 교역조건지수 발표」, 2002. 11. 21.
______(78국), 『1978년 국민총생산실적추계』, 1979.
______(경기), 『경기변동관측통계』, 1978.
______(경제), 『경제통계연보』, 1960~1990.
______(계), 『1970-1986 국민계정』, 1987.
______(공), 「우리나라 공업구조의 변동」, 『조사통계월보』, 1987. 9, pp. 4~19.
______(국), 『한국의 국민소득계정』, 1967; 『국민소득연보』, 1968~1974; 『한국의 국민소득』, 1975~1983; 『국민소득계정』, 1984; 『신국민계정』, 1986; 『국민계정』, 1987~1990.
______(금정), 『한국의 금융정책』, 1977.
______(금제), 『한국의 금융제도』, 1975, 1986.
______(기), 『기업경영분석』, 1970~1989.
______(김재천외)(투구), 「우리나라 투자구조의 변동」, 『조사통계월보』, 1987. 3, pp. 3~15.
______(金鍾貴)(불산), 「불변산업연관표에 의한 한국경제의 성장요인 분석」, 『조사통계월보』, 1989. 8, pp. 18~46.
______(대), 「대출자료」, 1986. 12.
______(산), 『산업연관표』, 1965, 1973, 1975, 1978, 1983, 1985.
______(산분), 「1983년 산업연관표 분석개요」, 『조사통계월보』, 1985. 10, pp. 14~29.
______(산연), 『산업연관표(연장표)』, 1988, 1990.
______(산작), 『산업연관표작성보고』, 1975, 1983, 1988.
______(세), 『세계속의 한국경제』, 1994.

______(세자), 「세계자원문제의 배경과 대책」, 『해외경제정보』, 1973. 10.
______(수), 「우리나라 산업의 수출 경쟁력」, 『조사통계월보』, 1985. 6, pp. 7~31.
______(연), 『연차보고서』, 1980년도, 1981.
______(임), 『임금기본조사보고』, 1968.
______(조), 『통계월보』, 1969. 4~1981. 11. 『조사통계월보』, 1982. 1~2001. 1.
______(주), 『주간내외경제』, 1965~1979.
______(통), 『한국은행의 통계—어제와 오늘』, 1995.
______(투기), 「국민투자기금통계」, 1974~1980.
한국은행 금융결제국, 「국민투자기금 업무 종료 발표」, 2003. 4. 10.
한국은행 기금운용부, 『國民投資基金總覽』, 1989.
한국인쇄공업협동조합연합회, 『印聯 20년사』, 1982.
한국일보사, 한국일보, 1979. 1. 7~1979. 12. 27.
______, 『한국의 50대 재벌』, 1986.
한국자동차공업협동조합(1기), 『1978년도 조합원업체기본실태조사보고서』, 1979.
______(문), 「문서철」, 1981.
______(자부), 『自動車部品工業現況調査報告書』, 1977. 5.
______(자사), 『자동차조합 20년사』, 1983.
______(자육), 「자동차공업을 지금 육성시켜야 할 필요성」, 한국자동차공업협동조합 문서(추정), 1981.
______(자편), 『자동차공업편람』, 1993, 1994.
______(자현), 『자동차공업현황』, 1980.
한국자동차공업협동조합 자동차부품 실태조사단, 「자동차부품공업육성방안」, 1981. 5.
한국자동차공업협회(3자), 『한국의 자동차산업』, 1989, 1994.
______(투자), 「투자자료」, 1980. 2. 20.
______(한자), 『한국자동차산업 50년사』, 2005.
______(한협), 『한국자동차공업협회 10년사』, 1998.
한국재정40년사편찬위원회, 『한국재정 40년사』, 1~3권, 한국개발연구원, 1990.
______, 『한국재정 40년사』, 4~7권, 한국개발연구원, 1991.
한국전자공업진흥회(사), 『전자공업 20년사』, 1981.
______(산), 『한국의 전자산업』, 1989~1991.

______(진), 『전자진흥』, 1988~2000.
______(통), 『전자전기공업통계』, 1981, 1983, 1987~1989, 1991~1992.
______(편), 『전자공업편람』, 1977, 1985, 1987, 1989, 1991.
한국전자공업협동조합, 『전자조합 20년사』, 1981.
한국조선공업협회, 『조선자료집』, 1982~1983, 1985~1992, 1994~2000.
한국철강협회(철연), 『철강통계연보』, 1975~2000.
______(한연1), 『한국철강연표(1945~1984)』, 1985.
______(한연2), 『韓國鐵鋼年表(1910~1990)』, 1991.
한국표준연구소, 『國家標準制度의 現代化: 精密重化學工業發展의 基盤』, 精密計測技術實態調査報告書, KSRI-7701-ITG3, 大德: 韓國標準研究所, 1978. 12.
한국해양과학기술, 『중화학공업후보지 해상조사보고서』, 산업기지개발공사, 1974.
한국화학공학회, 『한국의 화학공업』, 1982.
한국화학연구소 · 전국경제인연합회, 『중화학공업 공정부산물의 재활용방안에 관한 조사연구』, 1977.
韓基春, 「重化學工業의 革新的 開發」, 『韓國安全保障論叢』 제5집, 韓國安全保障會議事務局, 1973, pp. 113~132.
한일은행, 「경제초점, 重化學工業의 現況과 當面課題」, 『주간한일』 819, 1978. 3, pp. 3~6.
행정자치부 정부기록보존소 편, 『대통령 기록물 목록집 I: 박정희 대통령 문서편』, 대전: 행정자치부 정부기록보존소, 2002.
현대자동차주식회사, 「자동차 통합회사에 대한 GM의 주장과 현대의 입장」, 1980. 10.
______, 『현대자동차 20년사』, 1987.
______, 『현대자동차사』, 1992.
현대전자주식회사, 『현대전자 10년사』, 1994.
現代重工業株式會社, 『현대중공업사』, 1992.
호남석유화학, 『호남석유화학 10년사』, 1986.
호남정유, 『호남정유 15년사』, 1982.
黃炳晙, 「지방공업단지의 운영상황」, 국무총리기획조정실, 『80년대를 향한 당면과제와 장기전략』, 1975, pp. 321~328.

II. 해외발행 자료

經濟安定本部國土總合開發事務處, 『重化學工業の工場立地について』, 東京, 1951.

ゴム報知新聞社, 『韓國ゴム工業レポート』, 東京, 1965.

谷浦孝雄, 「美國市場にみる韓國工業化」, 『アジ研ニュース』 第6巻 第9號, 1985, pp. 4~5.

科學技術廳振興局 編, 『日本の技術輸出その實態と手引』, 東京: 重化學工業通信社, 1965.

具本湖 KDI副院長, 『急成長する韓國重化學工業』, 東京: 日韓經濟協會, 1979. 2.

龜正利明 編, 『韓國の工業化と環境問題 調査報告: 調査報告』, 吹田: 關西大學經濟・政治研究所, 調査と資料 第25号, 1977.

國際科學振興財團(重), 『重化學工業の國際ならびに國內計量モデル分析』, 東京, 1981.

______(わ), 『わが國の重化學工業の現狀と今後進むべき方向に關する調査報告書』, 東京, 1979.

國際協力推進協會, 『韓國の經濟社會の現狀』, 開發途上國國別經濟協力シリーズ アジア 編, No. 1, 東京, 1984.

機械振興協會經濟研究所(工), 『工業構造の國際比較: 高加工度工業構造と重化學工業構造の比較』, 東京: 機械振興協會經濟研究所, 1969.

______(機), 『機械工業を中心とするわが國重化學工業の產業組織論的研究』, 經濟研究資料 40~45, 1966.

______(韓), 『韓國機械工業の現狀と展望』, 機械工業經濟研究報告書 526, 東京: 機械振興協會經濟研究所, 1978. 3.

______・國際科學振興財團, 『わが國の重化學工業の高度化と國際化に關する調査研究報告書』, 東京, 1978.

______・政策科學究所, 『昭和54年度我が國の技術移』略に入關する調査研究—國際化時代の技術政策』, 東京, 1980. 2.

臺灣財政部統計處, 『進出口貿易統計月報』, 1971~1974.

(臺灣)行政院, 『臺灣經濟情勢』, 中華民國, 1980. 2.

臺灣行政院主計處, 『中華民國臺灣地域國民所得』, 1962~1985.

大藏省・日本銀行, 『財政經濟統計年報』, 東京: 大藏財務協會, 1948.

大韓民國 經濟企劃院, 『韓國の重化學工業計劃』, 1973. 5.

東洋經濟新報社,『經濟統計年鑑』, 東京, 1973.

名古屋商工會議所,『我國鑛工業の重化學工業化傾向に關する若干の資料』, 名古屋: 名古屋商工會議所工業課, 1955.

產業構造審議會,『1970年代の通商產業政策一產業構造審議會中間答申一』, 1971. 5.

三菱總合硏究所, 『1980年代における日韓國際分業の動向に關するケーススタデイ』, NRF-79-3 總合硏究開發機構造成硏究, 1981. 10.

______, 『日韓兩國を中心とした國際分業體制の在り方に關する調査硏究』, NRS-78-15 總合硏究開發機構造成硏究, 1979. 10.

徐載軾(前豫算局長),『恨の經濟』, 東京: 日本經濟評論社, 1988.

石油化學新聞社,『石油化學工業年鑑』, 東京, 1970~1973.

アジア經濟硏究所(1韓),『1960年代韓國製造業の發展』, 1975.

______(發自),『發展途上國の自動車產業』, 1980.

安藤豊祿,『韓國わが心の故里, 財界人の昭和史』, 東京: 原書房, 1984.

永木幸夫,「疾走する韓國經濟をかいまみる」,『經濟評論』, 經濟評論社, 1977. 11, pp. 104~112.

窪田光純 · 玄湖中 · 上田賢 編著,『韓國電子產業資料集』, 千曲秀販賣社, 1990.

ヨボセヨ會,『浦項製鐵の建設回顧錄』, ヨボセヨ會, 1997.

運輸省國際運輸觀光局(金指),「(株)金指造船所漁船第一大幸丸 韓國大韓民國遠洋水產(株)へ讓渡」, 1967. 2. 21.

______(大遠),「大遠冷藏(株)漁船大遠丸 韓國 大韓造船へ讓渡」, 1974. 9. 19.

______(東海),「東海運(株)貨物船富洋丸 韓國 東洋セメント工業(株)讓渡」, 1975. 11. 6.

______(釧路北市),「釧路北市水產加工業協同組合漁船極光丸 韓國 Kong Heung Industrial Co. Ltd へ讓渡」, 1973. 1. 17.

______(釧路造船),「釧路造船(株)貨物船神戶丸 韓國Youngjin Heungsan Co. Ltdへ讓渡」, 1967. 5. 30.

(日本)經濟企劃廳(經白書),『經濟白書』, 1958~1973.

______(國),『國民經濟計算年報』,『國民所得統計年報』, 1960~1985.

(日本)經濟企劃廳調査局(經濟), 『經濟要覽』, 1954, 1955, 1957, 1959~1963, 1965~1982, 1984~1985.

______(資白),『資料經濟白書25年』, 1972.

日本經濟新聞社(白書),『資料經濟白書』, 1969.
______(昭日),『昭和の歩み1, 日本の經濟』, 1988.
______(日經), 日本經濟新聞, 1970. 1. 1~1980. 12. 31.
______(資本),『資本自由化と日本經濟』, 日本經濟新聞社, 1976.
日本經濟調査協議會(產業), 『產業調整と技術移轉ー際社會における日本企業の適応』, 調査報告 81-2, 1981. 8.
______(一經),『一經調資料』, 1970, 1975, 1976, 1977.
______(日構),『日本經濟の構造的變貌に關する研究: 重化學工業化と勞動需要の再検討』, 日本經濟調査協會, 1964.
______・韓國生產性本部, 『日韓經濟協力の方向とその背景―日韓經濟共同調査報告書』, 1965. 9.
日本工業新聞社,『日本工業年鑑』, 1956~1969.
(日本)國立國會圖書館調査及び立法考查局,『都市型工場と臨海重化學工業』, 1969.
日本國民金融金庫調査部,『日本の中小機械工業』, 韓國產業經濟技術研究院 譯, 1983.
日本機械工業連合會,『韓國機械部品工業の現狀と課題に關する調査報告書』, 1985.
日本機械輸出組合,『韓國の重機械工業及び建設業の實態と將來展望』, 東京, 1979. 3.
日本勞動協會,『韓國の勞動事情, 工業化と熟練形成』, 東京, 1980.
日本大藏省,『財政金融統計月報』, 1981~1986.
日本貿易振興會機械技術部,『韓國における中小プラント需要動向調査』, 東京, 1982.
日本貿易振興會機械部,『韓國の重化學工業化とプラント輸出および海外建設』, 1978.
日本貿易振興會海外經濟情報センター(韓工),『韓國の工業團地現況』, 1971.
______(韓機能),『韓國における機能勞動力等の需給と今後の見通し』, 1977. 3.
______(韓企業),『韓國における企業經營と資金調達』, 投資調査 103, 1976. 3.
______(韓外),『韓國における外資系企業等の人事, 勞務政策の實態』, 內部資料, 1975. 3.
______(韓自),『韓國の自動車工業の現狀』, 1980.
______(韓下),『韓國の下請關聯企業』, 調査資料 No. 74, 東京, 1975.
______ 海外調査部アジア大洋州課,『韓國財閥グループの現狀』, 東京, 1981.
日本商工經濟研究所,『韓國の輸出競爭力とわが國中小企業への影響』, 東京, 1979.
日本生產性本部化學工業專門視察團,『アメリカの化學工業: 化學工業專門視察團報告書』, 東京, 1959.

(日本)外務省經濟協力局,『日韓經濟協力－韓國經濟產業視察團報告書』, 1969.
______,『韓國經濟協力調查團報告書』, 1975. 8.
(日本)外務省アジア局,『韓國通商振興調查團報告書』, 1973.
______ 北東アジア課,『韓國經濟分析』第1, 1962.
______,『韓國財閥の實情及び財閥の現狀について』, 1972.
______,『韓國における不實企業の實態』, 委託調査 제220號, 亞北資料 第73013號, 1973. 4.
日本銀行(年報),『經濟統計年報』, 1971~1975.
______(投資),「アジア諸國における直接投資の導入動向」,『調査月報』, 1980. 12.
______統計局,『日本經濟を中心とする國際經濟比較統計』, 1971, 1980.
日本租稅協會,『租稅研究參考資料集』, 1966.
日本鐵鋼連盟,「1977年 報告書」, 1977.
日本鐵鋼連盟調査部,『韓國鐵鋼業の現狀と將來』, 韓國鐵鋼業視察報告書, 1968.
(日本)總理府統計局,『日本統計年鑑』, 東京: 日本統計協會, 每日新聞社, 1949~1983.
(日本)總務省統計局,『日本統計年鑑』, 東京: 日本統計協會, 每日新聞社, 1984~2000.
(日本)通商產業省(世界),『世界の企業の經營分析』, 1973~1977.
______(通白),『通商白書』, 1971, 1972.
(日本)通商產業省通商產業政策史編纂委員會,『通商產業政策史』, 第7, 8, 11, 12卷, 1991~1993.
(日本)通商產業省通商政策局,『經濟協力の現狀と問題點』, 1975.
(日本)通產產業省通商化學局化學調查課 編,『重化學工業の工場立地』, 1952.
日韓經濟委員會·日韓經濟協會(機械),「機械工業等韓國產業長期開發計劃調査團報告書」, 1973. 6.
______(對韓),「對韓資本協力環境調查團調查報告書」, 1971. 2.
______(韓國土),「韓國國土總合開發計劃調查團調查報告書」, 1972. 8.
日韓經濟協會(急),「急成長する韓國重化學工業」, 1979. 2.
______(日韓),『日韓經濟協會30年史』, 東京, 1991.
______(韓10),『韓國の10大財閥』, 東京, 1966.
______(韓重),「韓國の重化學工業計劃」, 年度不明.
______(協20),『協會20年の步み』, 1980.
______(協會報),『協會報』, 40~125, 1970~1980. 11.

日韓産業經濟交流調査團,『韓國産業視察報告』, 東京, 1964.
自動車問題硏究會 編,『韓國自動車産業·部品工業資料集』, 東京: 總合教育企劃, 1986.
朱民鎬(時事評論),「韓國の重化學工業,」『アジア公論』29, 1973. 9, pp. 44~59.
中國行政院 經濟建設委員會 經濟硏究處 編,『韓國重化工業發展概況』, 臺北: 中國行政院 經濟建設委員會 經濟硏究處, 1985.
中華民國,『中華民國 統計提要』, 1961~1990.
重化學工業通信社(石油),『石油化學企業海外進出總覽』, 1978.
______(ア石),『アジアの石油化學工業』, 1997.
______(日石),『日本の石油化學工業』, 1962, 1969, 1970, 1975~1979.
______(日海),『日本の海外資源開發: 關係各社の開發現況』, 1970.
______(日プ),『日本のプラント輸出戰略』, 1972, 1977.
______(重新聞),『重化學工業新報』, 1954~1999. 11.
______(プ輸),『プラント輸出年鑑』, 1979.
______(海投),『海外投資·技術輸出要覽』, 1970, 1973, 1975.
統計硏究會,『重化學工業化と中小企業の變動』, 東京, 1963.
ケミカルマーケテングセンター,『重化學コンビナートの生産性』, 東京, 1962.
韓國産業經濟硏究所(工團), 『韓國工業團地の造成現況と運營實態: 工業團地の制度, 土地, 特性, 運用を中心に』, 東京, 1971.
______(長期開發),『韓國經濟の長期開發計劃と展望』, 韓産硏資料61號, 東京, 1974.
______(通信7),『韓國の通信·電子機器工業の實態』, 韓産硏資料24號, 東京, 1967.
______(通信8), 『韓國通信·電子機器工業の實態と關係法令集』, 東京: 電波新聞社出版部, 1968.
海外技術協力事業團,『韓國職業訓練所設置事前調査團報告書』, 東京, 1973.
化學工學協會(經評),『經濟評價とプラントコスト』, 東京, 1975.
______(安全),『プラントの安全と公害對策』, 東京, 1974.
Asian Development Bank, Economic Office, *Key Indicators of Developing Member Countries of ADB*, Vol. 1~20, Makati, Philippines: Economic Office, Asian Development Bank, Apr. 1970~July 1989.
Bank of Japan, Statistics Department, *Economic Statistics Annual*, 1976.
Government of the Republic of Korea, *The Revised Fifth Five Year Economic and Social Development Plan: 1984～1986.*

Hogan, William Thomas, *The POSCO Strategy: a Blueprint for World Steel's Future*, Lanham, Md.: Lexington Books, 2001.

IMD, *The World Competitiveness Report*, Lausanne: International Institute for Management Development, 2000~2001.

Innace, Joseph J., Abby Dress, *Igniting Steel: Korea's POSCO Lights the Way*, Huntington, N.Y.: Global Village Press, 1992.

International Bank for Reconstruction and Development, *Current Economic Position and Prospect of the Republic of Korea*((日本)海外經濟協力基金調査部 譯, 東京, 1969).

International Labour Organization(ILO), *Yearbook of Labour Statistics*, Geneva: ILO, 1979~2000.

International Monetary Fund(BS), *Balance of Payments Statistics Yearbook*, 1981~1990.

International Monetary Fund(BY), *Balance of Payments Yearbook*, 1966~1980.

______(D), *Direction of Trade Statistics*, Yearbook, 1981~2000.

______(G), *Government Finance Statistics Yearbook*, 1977~1980.

______(IFS), *International Financial Statistics*, 1970~2000.

______(IFSY), *International Financial Statistics Yearbook*, 1979~2000.

______(IS), *International Statistics Yearbook*, 1979.

Kei, Matsuo, "The Working Class in the Masan Free Export Zone," *AMPO: Japan-Asia Quarterly Review*, Vol. 8, No. 4 and Vol. 9, Nos. 1~2, Series Nos. 30~31, Tokyo: Pacific-Asia Resources Center, 1977, pp. 67~78.

Kenji, Nakano, "Japan's Overseas Investment Patterns and FTZs," *AMPO: Japan-Asia Quarterly Review*, Vol. 8, No. 4 and Vol. 9, Nos. 1~2, Series Nos. 30~31, Tokyo: Pacific-Asia Resources Center, 1977, pp. 33~50.

Korea Development Institute, *Korea's Economy, Past and Present*, 1975.

Korea Exchange Bank, *Monthly Review*, Vol. 1, No. 1~V. 25, No. 8, 1967. 8~1991. 8.

Korea Institute of Science and Technology(FR), *Final Report on Development of a Technology Matrix for the Mechanical Engineering Sector*, 1970.

______(PD), *Plan for Development of Korean Mechanical Engineering Industry*, I, II, III, IV, 1970.

Lee, Jin Joo, "Contract Research and Its Utilization in a Developing Country: an Analysis of Factors Influencing the Transfer of Industrial Technology from Korea Institute of Science and Technology(KIST) to its Clients," Thesis(D), Northwestern University Industrial Engineering, Illinois: Northwestern University, 1975.

Ministry of Environment, *National Report of The Republic of Korea to UNCDED 1992*, 1991.

Office of Planning and Coordination Office of the Prime Minister, *Evaluation Report of the First Year Program: The Third Five Year Economic Development Plan*, 1973.

Organisation of Economic Co-operation and Development(EO), *Economic Outlook*, 1982.

______(MS), *Main Science and Technology Indicator*, 2003.

______(NA), *National Accounts*, 1981~1990.

______(NAS), *National Accounts Statistics*, 1964~1980.

Osamu, Shimomura, "Prospects of the Korean Economy-in Relation to the Japanese Experience," *Conference Report, International Conference in Korean Futures*, No. 14~17, 1973, Asiatic Research Center, Korea University, 1975, pp. 61~68.

Paine Webber, *Posco: Steel the Paradigm among Developing World Steelmaker*, New York: Paine Webber, 1991.

______, *World Steel Dynamics*, New York: Paine Webber, 1980, 1989.

Park, Chung Hee, *Saemaul: A Model for Development*, Englewood Cliff: Prentice-Hall International Inc., 1979.

Planning Office, Heavy and Chemical Industry Promotion Council, Government of the Republic of Korea, *Heavy and Chemical Industry*, 1976.

Pohang Chonghap Chechol Chusik Hoesa, *The First Decade of Growth: a Graphic History of POSCO*, Pohang, Korea: Public Information Office, Pohang Iron & Steel Co., 1979.

Republic of China, Council for Economic Planning and Development, Executive Yuan, *Taiwan Statistical Databook*, 1974~1979.

Republic of China, Directorate-General of Budget, Accounting and Statistics, Executive

Yuan, *Statistical Yearbook of the Republic of China*, 1975~1989.

Takeo, Tsuchiya, "Masan: An Epitome of the Japan-ROK Relationship," *AMPO: Japan-Asia Quarterly Review*, Vol. 8, No. 4 and Vol. 9, Nos. 1~2, Series Nos. 30~31, Tokyo: Pacific-Asia Resources Center, 1977, pp. 53~66.

UNCTAD, *World Investment Report*, New York: United Nations, 1991~2000.

United Nations(ISIC), *International Standard Industrial Classification of All Economic Activity(ISIC)*, New York, 1958.

______(ISY), *Industrial Statistics Yearbook*, 1982~1991.

______(ITS), *International Trade Statistics Yearbook*, New York: United Nations, 1983~1993.

______(MBS), *Monthly Bulletine of Statistics*, 1970~1975.

______(YIS), *Yearbook of International Statistics*, New York: United Nations, 1978.

______(YIT), *Yearbook of International Trade Statistics*, New York: United Nations, 1970~1982.

______(YNA), *Yearbook of National Accounts Statistics*, 1962~1982.

______, Dept. of Economic and Social Affairs, *The Growth of World Industry*, 1971.

US Bureau of Labor Statistics, *International Survey of Labor Costs in Manufacturing*, 1991. 4.

US Congress, House, *Hearings before the Subcommittee on International Organization of the Committee on International Relations*, 95th Congress, 2nd session, Part 6, Hearings July 19 and August 2, 1978.

US Department of Commerce, Bureau of Econmomic Analsis, *Survey of Current Business*, Vol. 53, No. 1~Vol. 81, No. 12, Washington D.C., 1973~2001.

US International Trade Commission, *Foreign Industrial Targeting and Its Effects on U.S. Industries: Phases III, Brazil, Canada, The Republic of Korea, Mexico, and Taiwan*, USITC Publication No. 1632, Washington: USITC, 1985.

US President, *Weekly Compilation of Presidential Documents*, Vol. 11, No. 7.

World Bank(AP), *Annual Report 1980*, Washington D.C.: World Bank, 1980.

______(C74), *Current Economic Position and Prospects of the Republic of Korea*, World Bank Report No. 332-KO, Washington D.C.: World Bank, February 20, 1974.

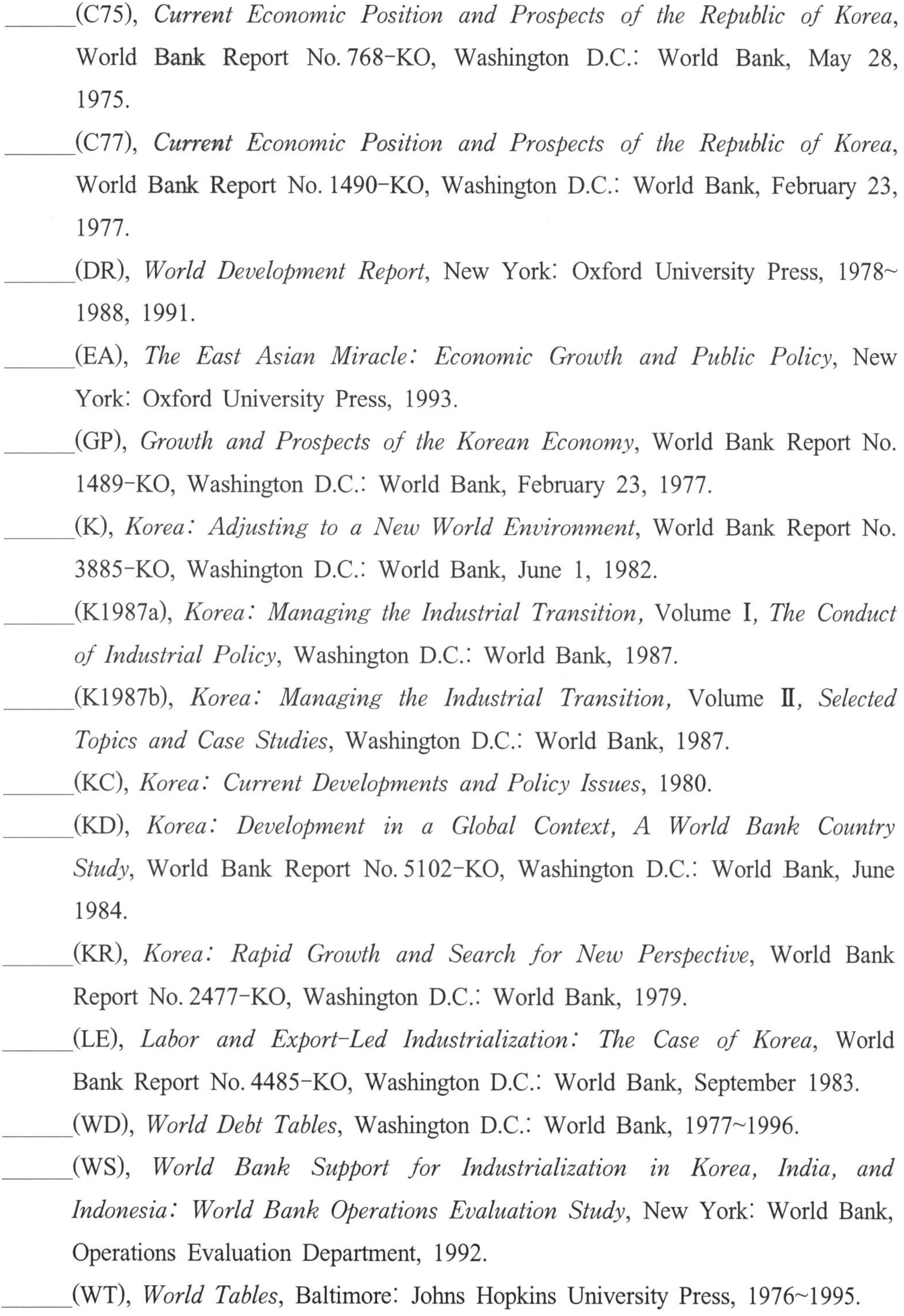

______(C75), *Current Economic Position and Prospects of the Republic of Korea*, World Bank Report No. 768-KO, Washington D.C.: World Bank, May 28, 1975.

______(C77), *Current Economic Position and Prospects of the Republic of Korea*, World Bank Report No. 1490-KO, Washington D.C.: World Bank, February 23, 1977.

______(DR), *World Development Report*, New York: Oxford University Press, 1978~1988, 1991.

______(EA), *The East Asian Miracle: Economic Growth and Public Policy*, New York: Oxford University Press, 1993.

______(GP), *Growth and Prospects of the Korean Economy*, World Bank Report No. 1489-KO, Washington D.C.: World Bank, February 23, 1977.

______(K), *Korea: Adjusting to a New World Environment*, World Bank Report No. 3885-KO, Washington D.C.: World Bank, June 1, 1982.

______(K1987a), *Korea: Managing the Industrial Transition,* Volume Ⅰ*, The Conduct of Industrial Policy*, Washington D.C.: World Bank, 1987.

______(K1987b), *Korea: Managing the Industrial Transition,* Volume Ⅱ*, Selected Topics and Case Studies*, Washington D.C.: World Bank, 1987.

______(KC), *Korea: Current Developments and Policy Issues*, 1980.

______(KD), *Korea: Development in a Global Context, A World Bank Country Study*, World Bank Report No. 5102-KO, Washington D.C.: World Bank, June 1984.

______(KR), *Korea: Rapid Growth and Search for New Perspective*, World Bank Report No. 2477-KO, Washington D.C.: World Bank, 1979.

______(LE), *Labor and Export-Led Industrialization: The Case of Korea*, World Bank Report No. 4485-KO, Washington D.C.: World Bank, September 1983.

______(WD), *World Debt Tables*, Washington D.C.: World Bank, 1977~1996.

______(WS), *World Bank Support for Industrialization in Korea, India, and Indonesia: World Bank Operations Evaluation Study*, New York: World Bank, Operations Evaluation Department, 1992.

______(WT), *World Tables*, Baltimore: Johns Hopkins University Press, 1976~1995.

CHAPTER 14
중화학공업화 참고문헌

일러두기

1. 저자 뒤 ( )는 원문헌에 있는 것이 아니고, 독자의 검색편의를 위해 붙인 인식표임.
2. 외국어로 된 문헌은 독자의 검색편의를 위해 Ⅱ. 해외발행 연구문헌에 수록함.
3. 완전한 중화학공업화 관련 참고문헌은 차후 단행본에서 제시할 것임.

I. 한국 내 발행 연구문헌

강광하, 『경제개발5개년계획—목표 및 집행의 평가』, 서울대학교출판부, 2000.

강명헌, 『경제력 집중과 한국경제』, 매일경제신문사, 1991.

강성남, 「국가기구, 관료 및 정책의 역동성에 관한 연구—중화학공업화정책(1973-81)을 중심으로」, 서울대학교대학원 행정학과 박사학위논문, 1992.

강철규, 「한국 산업정책의 회고와 전망」, 『산업동향』 제5권 제8호, KIET, 1987. 8, pp. 103~130.

姜哲圭·張錫仁, 『가공무역과 산업조직』, 산업연구원, 1987.

______, 『산업조정의 이론과 실제』, 산업연구원, 1989.

姜鎬珍, 「轉換의 摸索과 葛藤의 表出: 1980년대」, 具本湖·李奎億 편, 『韓國經濟의 역사적 조명』, 한국개발연구원, 1991, pp. 261~298.

고영복, 「박정희의 근대화 이념」, 『현대사를 어떻게 볼 것인가(Ⅳ): 박정희와 5.16』, 동아일보사, 1990, pp. 261~274.

곽건홍, 「일제의 중화학공업 숙련 노동자 양성정책의 성격(1937-1945)」, 『사총』, Vol. 47, No. 1, 고대사학회, 1998, pp. 109~137.

곽승영, 『한국 제조업부문 생산성의 성장기여도 및 결정요인 분석』, 연구총서 제11호, 산업연구원, 1997.

곽태원, 『減價償却制度와 資本所得課稅: 減價償却制度의 投資誘因效果를 中心으로』, 韓國開發硏究院 硏究報告 85-05, 韓國開發硏究院, 1985.

곽태원·이계식 편, 『국가예산과 정책목표』, 한국개발연구원, 1986.

구본영, 『石油化學工業의 現況과 展望』, 한국개발연구원, 1980.

권순원·고일동·김관영·김선웅, 『분배 불균등의 실제와 주요 정책과제』, 한국개발연구원, 1992.

金健中, 「第4次5個年計劃과 重化學工業建設」, 『全經聯』 147, 1977. 2, pp. 32~35.

김 견, 「한국의 중화학공업화 과정에서의 국가개입의 양상 및 귀결」, 한국산업사회연구회 편, 『오늘의 한국자본주의와 국가』, 한길사, 1988, pp. 130~183.

金廣斗, 『重化學工業의 輸出産業化 戰略, 1, 西獨·日本·台灣의 事例를 中心으로』, 국제경제연구원, 1978.

______, 「重化學工業의 輸出産業化를 위한 提言」, 『國際經濟動向』 제3권 제2호, 國際經濟硏究院, 1979. 2, pp. 19~28.

______, 『국제경쟁력 강화를 위한 기술혁신연구』, 국제경제연구원, 1980.

______, 『한국 공업화 패턴과 그 요인』, 산업연구원, 1980.

______, 「한국의 개발계획과 경제발전」, 『경제논집』 20권 4호, 서울대 경제연구소, 1981, pp. 509~531.

______, 「중화학공업의 정상화와 수출산업화 방향」, 『무역』, 5월호, 1982. 5.

______, 『輸入自由化의 經濟的效果와 産業調整政策』, 韓國開發硏究院, 1988.

김광석·박승록, 『우리나라 제조업의 생산성 변화와 그 요인의 분석』, 연구총서 5, 산업연구원, 1988.

김광석·홍성덕(1982), 『명목 및 실효보호율구조의 장기적 변화』, 연구조사보고 82-02, 한국개발연구원, 1982.

______, 『제조업의 총요소생산성 동향과 그 결정요인』, 한국개발연구원, 1992.

김광석·래리 E. Westphal, 『한국의 외환, 무역정책』, 한국개발연구원, 1976.

김광웅, 「박정희의 경제발전 정책과 관료」, 『현대사를 어떻게 볼 것인가(VI): 박정희와 5.16』, 동아일보사, 1990, pp. 275~296.

김낙년, 「1960년대 한국의 경제성장과 정부의 역할」, 『경제사학』 제27호, 1999a, pp. 115~150.

______, 「1960년대 한국의 공업화와 그 특징」, 한국정신문화연구원 편, 『1960년대 한국의 공업화와 경제구조』, 백산서당, 1999b, pp. 11~76.

김대환, 「국제경제환경의 변화와 중화학공업의 전개」, 『한국경제론』, 변형윤 교수화갑기념논문집, 까치, 1987, pp. 203~236.

______, 「박정희의 중화학공업화 정책」, 『현대사를 어떻게 볼 것인가(Ⅳ): 박정희와 5.16』, 동아일보사, 1990, pp. 297~321.

김덕중, 「세계경제전망과 정책과제」, 국무총리기획조정실, 『80년대를 향한 당면과제와 장기전략』, 1975, pp. 9~24.

김동기, 「기계공업, 重化學工業開發의 課題와 展望」, 『經協』 106, 1973. 9, pp. 19~22.

김명수, 「국가의 자율성과 개입력: 한국의 중화학공업화 계획을 중심으로」, 『한양대 사회과학논총』 제7집, 1988, pp. 283~303.

김삼립, 「중화학공업의 개발전략」, 『서울경제신문』, 1973. 5. 29.

김선근 · 고상원 · 송종국, 『技術集約型 中小企業의 技術開發과 技術人力』, 정책연구(과학기술정책관리연구소) 94-22, 科學技術政策管理硏究所, 1994.

김성환 · 김정원 · 김세진 · 허버트 P. 빅스 · 사미오랑 · 산본강사, 『1960년대』, 거름, 1984.

金時曈, 「80년대 산업합리화의 추진과정과 대책방향」, 『산업동향』, KIET, 1986. 12, pp. 117~133.

金蓮珪, 「기계공업의 애로점과 타개책」, 『產政硏究』 제34호, 韓國產業政策硏究所, 1982, pp. 88~91.

김영곤, 『(17-21C) 한국 노동사와 미래』, 선인, 2005.

김영용, 「생산시스템에 대한 세 가지 연구—연구동향, 한국 및 독일」, 경북대학교 대학원 경제학과 박사학위논문, 2000. 12.

金元熙, 「조선공업의 우위성 여부」, 『產政硏究』 제34호, 韓國產業政策硏究所, 1982, pp. 80~82.

金胤亨, 『한국철강공업의 성장』, 한국개발연구원, 1976.

김윤환, 「박정희 통치하의 노동운동」, 『현대사를 어떻게 볼 것인가(Ⅳ): 박정희와 5.16』, 동아일보사, 1990, pp. 336~355.

김의원, 「중화학공업단지를 중심으로 한 지역개발정책」, 『도시문제』, Vol. 8, No. 9,

대한지방행정공제회, 1973, pp. 17~29.

김인수 · 이진주, 『기술혁신의 과정과 정책』, 한국개발연구원, 1982.

김인영, 『한국의 경제성장—국가주도론과 기업주도론』, 자유기업센터, 1998.

김인철, 『開途國 外債問題와 韓國의 外債管理』, 한국개발연구원, 1984.

金日坤, 『韓國經濟發展論』, 貿易經營社, 1986.

金裁元, 『중소기업과 대기업의 총요소생산성 비교』, 한국개발연구원, 1984.

김적교, 『한국기계공업의 구조와 전망』, 한국개발연구원, 1979.

김적교 · 손찬현, 『우리나라 제조업의 생산성 분석: 1966-1975』, 한국개발연구원, 1979.

김적교 · 유지성 · 황규호, 『한국, 대만, 일본의 제조업 생산성 분석』, 한양대학교 경제연구소, 1984.

김주한, 「개발국가에서의 국가, 기업관계에 대한 연구: 한국의 조선산업 발전과 '支援-規律' 테제에 대한 비판적 검토」, 서울대학교 대학원 정치학과 박사학위논문, 1999.

김주한 외, 『선진국 철강제품 수입규제와 우리의 대응방안』, 산업연구원, 1986.

金重雄, 「산업발전과 정책금융」, 『한국개발연구』, 1986년 봄호, 1986.

김중웅 · 남상우, 『전환기의 한국경제와 금융정책』, 1986.

金鎭炫, 「歷史의 遲滯와 早熱 , 韓國에서 重化學工業化와 時間의 意味」, 『국민회의보』 20, 1977. 12, pp. 214~217.

김창남 · 渡邊利夫, 『현대한국경제발전론: 發展메카니즘과 開發政策』, 유풍출판사, 1997.

金昌洙, 「重化學工業의 輸出戰略化」, 『이코노미스트』 25, 1978. 1, pp. 46~49.

______, 『機械要素.汎用部品工業의 競爭力 要因分析과 輸出產業化 方向』, 研究報告書 제63호, 산업연구원, 1984.

김호기, 「1970년대 후반기의 사회구조와 사회정책의 변화」, 한국정신문화연구원 편, 『1970년대 후반기의 정치사회변동』, 백산서당, 1999, pp. 155~212.

金勳 · 朴濬植, 『철강산업의 인적자원관리와 노사관계: POSCO 사례연구』, 한국노동연구원, 1994.

남상우, 「개발전략과 성장」, 『한국경제반세기』, 한국개발연구원, 1995, pp. 9~16.

남종현, 『한국철강공업의 특성과 수급구조』, 한국개발연구원, 1979.

______, 「중화학공업」, 『국가예산과 정책목표』, 한국개발연구원, 1981, pp. 172~195.

류재헌, 「한국산업독점체 형성과 금융적 자본의 관계」, 『오늘의 한국자본주의와 국가』, 한길사, 1988, pp. 184~254.

마진호, 「轉換期에 있어서의 韓國 重化學工業의 輸出戰略」, 『경상대학논집』, Vol. 6, 경북대학교 경상대학, 1978, pp. 31~58.

문희화, 『한국의 총요소생산성 측정: 제조업 27개 업종을 중심으로』, 한국생산성본부, 1991.

閔庚輝, 『韓國 産業의 關聯 構造 變化와 對日 比較: 重化學工業 育成期를 中心으로』, 산업연 총서 93-8, 産業研究院, 1993.

閔丙潤, 「業種別로 본 오늘의 重化學工業, 重化學工業의 現住所 〈特輯〉」, 『企業經營』 245, 1978. 9, pp. 28~31.

朴　昇, 「4次 5個年 計劃과 投資財源의 自立化를 위한 課題, 重化學工業推進과 內資動員」, 『金融』 278, 1977, pp. 8~14.

박영구, 「식민지하 노동자계급의 형성과 재생산 연구」, 『노동경제론집』 제11집, 한국노동경제학회, 1988, pp. 131~152.

______, 「정책시그널로 본 70년대 중화학공업조정의 미시적 연구」, 『무역경영논집』 제10집, 부산외국어대학교 무역경영연구소, 1994. 12, pp. 5~28.

______, 「중화학공업의 효율성에 관한 연구—70년대 산업정책의 경제사적 연구」, 『경제학연구』 제43집 제1호, 한국경제학회, 1995. 7, pp. 103~124.

______, 「1980년 중화학공업 조정에 대한 경제사적 평가」, 『外大論叢』 제14집, 부산외국어대학교, 1996a. 2, pp. 549~571.

______, 「수출상품과 수출시장: 대불황기(1873-1896)의 영국과 독일」, 『국제경제연구』 제2권 제2호, 한국국제경제학회, 1996b. 12, pp. 161~185.

______, 「供給側面에서 본 1970년대 중화학공업화 時點에 관한 경제사적 연구」, 『外大論叢(인문·사회과학편)』 제17집, 부산외국어대학교, 1997a. 8, pp. 683~705.

______, 「산업정책의 適正時點과 需要構造에 대한 경제사적 연구: 需要面에서 본 1970년대 중화학공업화」, 『경제학논집』 제6권 제2호, 한국국민경제학회, 1997b. 12, pp. 567~591.

______, 「학교교육(schooling)과 산업」, 『經濟學硏究』 제45집 제1호, 한국경제학회, 1997c, pp. 189~214.

______, 「再生產과 流動性: 19세기 독일의 교육재 차별과 교육투자」, 『경제학연구』

제46집 제1호, 한국경제학회, 1998a, pp. 233~254.

______, 「후발산업화와 노동: 19세기 후반기 독일의 노동시장구조와 임금」, 『국제경제연구』 제4권 제3호, 한국국제경제학회, 1998b, pp. 129~147.

______, 『후발공업국의 발전전략과 산업경쟁력—19세기 독일의 경쟁력 우위원천』, PUFS출판부, 1999.

______, 「중화학공업 조정의 경제사적 분석」, 『2000년 추계학술발표대회 논문집』, 한국경상학회, 한국국민경제학회, 2000a. 11, pp. 101~119.

______, 「산업조정의 인식과 경험: 1980년대 중화학공업을 중심으로」, 『한국국제경제학회 2000년도 동계학술대회 논문집』, 2000b. 12, pp. 333~354.

______, 「대외의존과 경제구조: 1970년대 중화학공업과 대외의존도에 관한 실증적 연구」, 『한국경제연구』 제4권, 한국경제연구학회, 2000c. 6, pp. 171~191.

______, 「1970년대 중화학공업화정책 재평가와 시사점」, 한국경제학회 공동학술대회, 2001a. 2, p. 23.

______, 「정부인가 시장인가: 1980년대 중화학공업 조정 이후의 효율성과 시사점」, 『국제경제연구』 제7권 제1호, 한국국제경제학회, 2001b. 4, pp. 213~231.

______, 「금융정책으로 본 1970년대 중화학공업정책: 재고와 시사점」, 『연세경제연구』 제Ⅷ권 제2호, 2001c, 가을호 pp. 607~629.

______, 「중화학공업화 과정의 실효보호율과 사회적 비용: 가격보호의 경제사적 평가」, 『외대논총』 25-Ⅱ집, 2002a. 12, pp. 845~862.

______, 「산업과 보호: 1970년대 중화학공업화 재정정책」, 『한국경제연구』 제9권, 한국경제연구학회, 2002b. 12, pp. 117~144.

______, 「1970년대 중화학공업과 경제력 집중」, 『경제연구』 제21권 제3호, 한국국민경제학회 · 한국경상학회, 2003. 9, pp. 207~232.

______, 「한국산업의 원죄와 무죄: 중화학공업화와 해외부문 보호」, 『국제통상연구』 제19집, 국제통상연구소, 2004. 2, pp. 99~119.

______, 「구조변동과 중화학공업화」, 이대근 편, 『새로운 한국경제발전사』, 나남출판, 2005, pp. 403~430.

______, 「1970년대 중화학공업화정책에서의 과잉투자론」, 『한국정책학회보』 제15권 제2호, 한국정책학회, 2006a. 6, pp. 131~157.

______, 「1970년대 중화학공업정책을 둘러싼 안정론과 성장론」, 『한국경제와 세계화』, 한국경제연구학회 정기학술대회, 2006b. 12, pp. 277~305.

______,「종합제철소와 4대 핵공장 건설사업, 1969」,『동북아의 평화와 역사서술』, 제50회 전국역사학대회 경제사학회, 2007. 6. 2, pp. 546~552.

______,「중화학공업화에서 일본의 의도와 한국의 대응」, 한국경제학회 정기학술대회 발표논문, 2008. 2.

박영철,「한국경제발전에 있어서의 대외지향적 개발전략의 역할과 산업구조의 전환」,『경제학연구』 제32권 제1호, 한국경제학회, 1984, pp. 205~234.

박영철 · D. C. 콜,『한국의 금융발전: 1945-80』, 한국개발연구원, 1984.

박우희,『比較優位에 입각한 중화학공업의 投資優先順位에 관한 연구』, 한국경제연구총서 110, 대한상공회의소 한국경제연구센터, 1979.

______,「중화학공업 선진화와 부문간 균형발전」,『한국경제의 구조문제』, 대한상공회의소, 1983.

박웅서 · 최장봉,『한일산업구조의 연관분석과 대일무역역조』, 국제경제연구원, 1981.

박종철,『한국의 중화학공업정책: 추진배경과 투자조정과정』, 현대사회연구소, 1990.

박준경,「산업구조 변천」,『한국경제반세기』, 한국개발연구원, 1995, pp. 52~59.

朴漢雄,「造船工業: 重化學工業開發의 課題와 展望」,『經協』 106, 1973. 9, pp. 16~18.

배긍찬 외,『1970년대 전반기의 정치사회변동』, 한국정신문화연구원 편,『한국현대사의 재인식』 12, 백산서당, 1999.

배진영,「70년대 우리나라 중화학공업 육성에 관한 연구」, 서강대학교 대학원 경제학과 석사학위논문, 1984.

裵翰慶,「중화학공업의 조정」,『全經聯』 174, 1979. 5, pp. 15~18.

白洛基 외,『韓國의 產業政策—產業組織政策關聯 資料集』, 산업연구원, 1988. 12.

白永勳,「重化學工業과 輸出問題, 第4次 經濟開發5個年計劃」,『國會報』 156, 1977. 12, pp. 33~36.

백창기 · 박용정,『재벌 30년의 드라마』, 청람문화사, 1977.

변형윤,「재벌의 윤리와 경제발전」,『신동아』, 1975. 12, pp. 54~59.

______,「重化學工業 投資調整과 經濟安定의 課題, 인플레 克服과 經濟政策의 再調整」,『全經聯』 174, 1979. 5, pp. 40~43.

邊衡尹 · 林元澤,「중화학공업화와 한국경제」,『學術院論文集』 39집(인문사회), 대한민국 학술원, 2000, pp. 1~30.

사공일,「경제성장과 경제력 집중」,『한국개발연구』 제2권 1호, 1980, pp. 1~13.

______,「경제개발과 정부의 역할」,『한국개발연구』 제3권 1호, 1981, pp. 2~23.

司空壹·兪焄·朴英哲·Leroy P. Jones, 『重化學工業推進을 위한 國家持株會社의 活用方案』, 연구조사보고 제74-04권, 한국개발연구원, 1974. 5.

司空壹·L. P. Jones, 『경제개발과 정부 및 기업가의 역할』, 한국개발연구원, 1981.

산업연구원(일산), 『일본의 산업구조』, 1982.

______(한대), 『한국과 대만의 산업구조와 경제성과』, 1989.

徐相喆, 「경제협력 다변화」, 국무총리기획조정실, 『80년대를 향한 당면과제와 장기전략』, 1975, pp. 163~172.

徐錫泰, 「重化學工業과 輸入自由化의 問題點」, 『關稅』 107, 1979. 5, pp. 28~30.

서울大經營研究所, 『철강산업의 경쟁과 협력』, 서울대학교출판부, 1995.

서울대상과대학 한국경제연구소, 『중화학공업화와 경제성장—미국과 일본을 중심으로』, 1973.

선학태, 「한국의 중화학공업 정책과정에 나타난 국가자율성」, 서울대학교 교육학 박사학위논문, 1991.

성병탁, 『한일 양국의 경제발전 유형 및 발전요인의 비교분석』, 정책연구 93-3, 대구경북개발연구원, 1993.

成禹鏞, 「鐵鋼工業: 重化學工業開發의 課題와 展望」, 『經協』 106, 1973. 9, pp. 12~15.

송대희, 「정부의 역할」, 『한국경제반세기』, 한국개발연구원, 1995, pp. 98~104.

송준은, 「重化學工業投資調整政策의 執行事例에 관한 研究」, 단국대학교 석사학위논문, 1984.

송태복, 「한국 중화학공업의 발전배경과 특성」, 『한남대학교논문집』 18집(사회과학), 1988, pp. 1~27.

송호근, 「중화학공업화와 불평등구조, 1972-1984: 제조업 노동자의 임금함수 분석」, 『한국사회학』 23, 1990. 10, pp. 53~72.

송희연, 『한국의 철강수요 분석』, 한국개발연구원, 1976.

辛泰坤, 「戰後 日本의 重化學工業化에 관한 研究」, 『日本研究』 제1집, 釜山大學校日本問題研究所, 1982, pp. 5~41.

심영희, 「노동시장구조의 변화와 여성노동의 실태: 중화학공업 부문을 중심으로」, 『한국여성학』 4, 1988. 10, pp. 101~158.

沈樟燮, 「전자공업의 발전한계성 시비」, 『產政研究』 34호, 韓國產業政策研究所, 1982, pp. 95~97.

沈貞燮, 「기술도입과 개발」, 국무총리기획조정실, 『80년대를 향한 당면과제와 장기

전략』, 1975, pp. 172~187.

안계춘, 『인력자원과 경제발전』, 아세아정책연구원, 1978.

안병직 편, 『日本의 産業技術』, 서울大學校經濟研究所 日本經濟研究叢書 3, 서울大學校 經濟研究所, 1992.

안충영, 「첨단산업에의 도전과 산업재편(1980-85)」, 『한국경제정책 40년사』, 전국경제인연합회, 1986, pp. 816~825.

야마모토신타로, 「韓國 重化學工業과 防衛産業의 竝進政策」, 연세대학교 대학원 정치학과 석사학위논문, 1998.

양동휴, 「뉴딜경제정책의 공과」, 『경제사학』 제28호, 2000. 6(양동휴, 『대공황에서 세계화까지 20세기 경제사』, 일조각, 2006a, pp. 125~165).

______, 「마셜플랜의 경제적 성과와 의의—서독의 재건과 유럽통합 추진」, 『경제사학』 제37호, 2004. 12(양동휴, 『대공황에서 세계화까지 20세기 경제사』, 일조각, 2006b, pp. 169~238).

연하청 · 김학영, 『보건의료자원과 진료생활권』, 한국개발연구원, 1980.

玉璿鍾 · 沈義燮, 「우리 나라 重化學工業의 成長과 公害問題에 관한 研究」, 『명대논문집』 제12집, 명지대학교, 1980, pp. 53~80.

우기도, 「경제개발과 인력, 사회개발의 과제」, 『한국경제정책 40년사』, 전국경제인연합회, 1986, pp. 875~883.

우정복, 「우리나라 산업의 수출경쟁력」, 『조사통계월보』 제39권, 한국은행, 1985. 6, pp. 7~31.

유광호 외, 『한국 유신시대의 경제정책』, 성남: 한국정신문화연구원, 2003.

유승민, 「산업정책」, 『한국경제반세기』, 한국개발연구원, 1995, pp. 40~51.

柳在元, 『韓國 · 臺灣 · 日本의 産業政策과 産業構造調整』, 對外經濟政策研究院, 1991.

兪正鎬, 「1970년대 중화학공업정책이 자본효율성과 수출경쟁력에 미친 영향」, 『한국개발연구』 제13권 제1호, 1991 봄, pp. 65~113.

유한성, 『한국재정사: 현대한국재정의 전개과정』, 광교TNS, 2002.

柳鴻林, 『한국의 기술발전과 산업정책의 연관성에 관한 비교 연구』, 한국행정연구원, 2001.

尹能善, 『重化學工業 發展과 素材産業: 鐵鋼』, 全國經濟人聯合會, 1976.

윤영탁, 『21세기 한국경제가 나아갈 길』, 서울: 정문, 1998.

윤익수 · 박병문, 『한국의 자동차부품공업』, 산업연구원, 1984.

윤장섭, 「한국중화학공업단지의 계획방책」, 『건축』, Vol. 19, No. 4, 대한건축협회, 1975, pp. 2~6.
尹敞繁 외, 『80년대 중소기업육성정책의 성과와 과제』, 산업연구원, 1989.
이각범, 「산업발전과 노동시장의 변동」, 『한국사회 어디로 가고 있나』, 한국사회학회 · 현대사회연구소, 1983.
李甲燮, 「산업발전과 중화학공업」, 『사회과학』 제12집, 성균관대학교 사회과학연구소, 1973, pp. 41~58.
______, 「중화학공업과 대기업」, 『立法會議報』 창간호, 대한민국국회, 1980. 12, pp. 25~30.
이강헌, 「한국 석유화학공업의 심층분석과 국제경쟁력 강화방안에 관한 연구」, 경희대학교 경제학과 박사학위논문, 1987.
이경태, 『산업정책의 이론과 현실』, 산업연구원, 1991.
이공래, 「중화학공업의 국제경쟁력 강화방안에 관한 연구」, 부산대학교 경영대학원, 1981.
李寬永, 「중화학공업기지건설에 따른 공해과제 고찰」, 『發展政策硏究』 제1호, 서울대학교 행정대학원 발전정책연구과정, 1974, pp. 107~115.
이규동, 『경제논리와 정책풍토—한국경제 30년의 현실과 이상』, 정우사, 1982.
이규억 · 서진교, 『한국제조업의 산업집중 분석』, 한국개발연구원, 1981.
이규억 · 이성순, 『기업결합과 경제력 집중』, 한국개발연구원, 1985.
이규억 · 이재형 · 김주훈, 『시장과 시장구조: 우리나라의 제조업을 중심으로』, 한국개발연구원, 1984.
이규억 · 최희선, 「전환기의 한국경제와 제도개편」, 『산업화과정과 경제제도의 대응—역사적 경험의 비교』, 한국개발연구원, 1991, pp. 135~173.
이기영, 『정책금융제도의 현황, 효과분석과 개선방안』, 한국조세연구원, 1994.
李大根, 「재생산구조의 외연적 심화과정」, 『社會科學』 제20권 제1호, 성균관대학교 사회과학연구소, 1983, pp. 221~250.
______, 「한국공업구조 변동에 관한 일고찰」, 『한국경제』 제12권 제1호, 성균관대학교 한국산업연구소, 1984, pp. 147~167.
______, 「戰後 世界經濟展開의 特徵的 樣相」, 『韓國經濟』 제12권 제2호, 성균관대학교 한국산업연구소 1985, pp. 53~76.
李晩熙, 『EPB는 기적을 낳았는가—한국산업정책의 이상과 현실』, 해돋이, 1993a.

______, 「한국 중화학공업정책의 정치경제」, 『한국정치의 쟁점과 이해』, 一民尹亨燮博士華甲紀念論文集, 博英社, 1993b, pp. 221~253.

李冕錫, 『중화학공업건설과 자본동원』, 한국경제연구총서 75-2, 대한상공회의소 한국경제연구센터, 1975.

이병기, 「대기업과 중소기업의 총요소생산성과 기술격차 분석: 제조업을 중심으로」, 『산업조직연구』 제1집 제1호, 한국산업조직학회, 1992, pp. 105~126.

______, 『한국경제의 성장요인과 산업정책의 역할』, 한국경제연구원, 1998.

이병천, 「박정희 정권과 발전국가 모형의 형성—1960년대 초·중엽의 정책전환을 중심으로」, 『경제발전연구』 제5권 제2호, 1999. 12, pp. 141~187.

______, 『개발독재와 박정희시대: 우리 시대의 정치경제적 기원』, 창비, 2003.

이상규, 『한국, 일본, 대만, 중공의 조선공업 비교분석』, 산업연구원, 1984.

이상영, 「한국 중화학공업 노동자의 노동조건변화에 관한 일연구」, 서울대학교 석사학위논문, 1987.

이상철, 「한국화학섬유산업의 전개과정(1961-1979)」, 서울대학교 경제학과 박사학위논문, 1997.

이상호·이공래, 『機械部品工業의 문제점과 육성방향』, 연구보고서 제60호, 산업연구원, 1984.

이석구, 「과학기술교육을 통한 중화학공업의 육성에 관한 연구」, 영남대학교 석사학위논문, 1985.

이성순, 「韓-日 製造業의 總要素生產性 分析」, 『한국경제』, Vol. 17, No. 1, 成均館大學校 韓國產業硏究所, 1989, pp. 21~43.

______, 『정부주도형 산업구조정책의 성과와 과제』, 연구자료 57, 전국경제인연합회, 1988.

이영선, 『우리나라 수출상품의 비교우위 분석과 전망』, 국제경제연구원, 1980a.

______, 『특수분석시리즈 88: 우리나라 重化學工業製品의 輸出마케팅現況과 政策方向』, 국제경제연구원, 1980b.

______, 「중화학공업 육성과 공업구조의 고도화(1975-79)」, 『한국경제정책 40년사』, 전국경제인연합회, 1986, pp. 807~815.

이영세·이종호·김동환, 『산업금융정책의 효율화 방안 연구』, 硏究報告書 제116호, 산업연구원, 1987.

이재희, 「한국 자본의 성격변화 분석: 1970년대 중화학공업화를 중심으로」, 『現代

社會』 제6권 제4호(24호), 現代社會硏究所, 1986 겨울, pp. 137~152.
______, 「1970년대 한국의 중화학공업화 정책의 성격」, 『부산산업대학 논문집』 제8집 제2권, 1987, pp. 169~180.
______, 「한국대기업의 독점화 과정에 대한 연구」, 서울대학교 경제학과 박사학위 논문, 1990.
______, 「1970년대 한국 중화학공업화의 성격」, 『지역사회연구』 제7집, 한국지역사회학회, 1999a, pp. 117~138.
______, 「1970년대 후반기의 경제정책과 산업구조의 변화—중화학공업화를 중심으로」, 한국정신문화연구원 편, 『1970년대 후반기의 정치사회변동』, 백산서당, 1999b, pp. 93~153.
이제민, 「산업정책의 비용-편익 분석」, 『연세경제연구』 제6권 제2호, 1999a, pp. 135~153.
______, 「후발산업화의 역사적 유형과 한국의 경제발전」, 『경제사학』 제26호, 1999b, pp. 71~94.
______, 「한국의 산업화와 산업화 정책」, 『한국경제성장사』, 서울대학교 출판부, 2001, pp. 504~505.
이종범, 『전환시대의 행정가』, 나남출판, 1994.
이종원·유병규, 『한국경제의 발전과정과 미래』, 해남, 1998.
이종재, 『재벌이력서』, 한국일보사, 1993.
이준구, 「새로운 시각에서 본 관료제의 모형」, 『경제논집』 제31권 제4호, 서울대 경제연구소, 1992, pp. 323~345.
이진순, 「조세정책」, 한국재정 40년사 편찬위원회, 『한국재정 40년사』 제7권, 『재정운용의 주요 과제별 분석』, 한국개발연구원, 1991, pp. 167~286.
이철희, 『한국의 자동차공업』, 한국개발연구원, 1980.
李春和(한국정밀기기센터), 「전자공업, 重化學工業開發의 課題와 展望」, 『經協』 106, 1973. 9, pp. 27~28.
이태용·이성권, 『한국의 산업정책』, 산업연구원, 1989.
李海珠, 「중화학공업화의 추진과 과제—1970년대 이후의 공업화 발달」, 『경제경영연구』 제1권 제1호, 부산대학교 경영경제연구소, 1982, pp. 19~38.
______, 『한국경제발전론—한일비교경제사적 접근』, 부산대학교, 1989.
李亨純, 「자원개발」, 국무총리기획조정실, 『80년대를 향한 당면과제와 장기전략』,

1975, pp. 277~286.
임종운, 「신국제분업과 1970년대 한국의 공업화」, 한국무역학회 학술대회 발표논문, 1987.
임휘철, 「중화학공업화의 구조적 모순과 자립화 방향」, 『淸大春秋』 33, 1989. 2, pp. 151~166.
張志洙, 「석유화학공업의 애로와 타개책」, 『產政硏究』 제34호, 한국산업정책연구소, 1982, pp. 92~94.
장하원, 「1960년대 한국의 개발전략과 산업정책의 형성」, 한국정신문화연구원 편, 『1960년대 한국의 공업화와 경제구조』, 백산서당, 1999, pp. 77~125.
정관용, 「중화학공업화 정책을 통해 본 한국의 국가성격」, 한국산업사회연구회 편, 『오늘의 한국자본주의와 국가』, 한길사, 1988, pp. 90~129.
정동현, 「한국경제의 자본축적과 국가의 역할」, 『부산상대논집』 제54집, 1987. 6, pp. 51~71.
정몽준, 『일본의 정부와 기업관계－자동차산업을 중심으로』, Johns Hopkins 박사학위논문, 한국경제신문사, 1995.
정병휴, 「한국의 독과점규제정책에 관한 고찰」, 『경제논집』 제21권 제3호, 서울대 경제연구소, 1982, pp. 301~337.
정병휴 · 양영식, 『한국 재벌부문의 경제분석』, 한국개발연구원, 1992.
鄭祥植, 「한국의 전자 및 중공업 제품의 수출증대에 관한 고찰」, 성균관대학교 무역대학원 석사학위논문, 1982.
鄭成雄, 「우리나라 중화학공업과 경공업의 총요소생산성 비교」, 경희대학교 경제학과 석사학위논문, 1882.
정용석, 「1970년대 한국 중화학공업화 정책의 성장사적 의의」, 『경제학논집』 제6권 제1호, 한국국민경제학회, 1997, pp. 77~102.
鄭溶俊, 「북한 언론정책의 변천과정 연구」, 『현대사회』 39, 현대사회연구소, 1991. 12, pp. 265~285.
정일용, 「한국 기술도입의 구조적 특성에 관한 연구」, 서울대학교 경제학과 박사학위논문, 1989.
정재환, 「신국제분업체제와 한국의 중화학공업에 관한 연구」, 성균관대학교 무역학과 석사학위논문, 1988.
鄭正佶, 『대통령의 경제리더십: 박정희 · 전두환 · 노태우 정부의 경제정책관리』, 한국

경제신문사, 1994.
丁鼎燮, 「輸出政策과 重化學工業, 1978年의 韓國經濟 〈特輯〉」, 『銀行界』 141, 1978. 2, pp. 32~35.
정창영, 「重化學工業 중심의 産業構造 高度化에 따른 經濟政策方向, 轉換期의 經濟政策 〈特輯〉」, 『金融』 291, 1978. 6, pp. 15~20.
정홍식, 「한국의 중화학 투자조정에 관한 연구」, 연세대학교 대학원, 1986.
조동성, 「한국의 산업혁명과 재벌의 형성 및 발전」, 『현대사를 어떻게 볼 것인가(Ⅳ): 박정희와 5.16』, 동아일보사, 1990, pp. 322~335.
______, 『한일산업정책연구(하)』, 산업정책연구원 연구총서 96-2, 아이비에스, 1996.
趙 淳, 「韓國經濟發展 四十年」, 『經濟論集』 제27권 제4호, 서울대학교 경제연구소, 1988, pp. 405~430.
______, 「압축성장의 시발과 개발전략의 정착: 1960년대」, 『한국경제의 역사적 조명』, 한국개발연구원, 1991, pp. 169~205.
趙龍得, 「한국중공업 제품의 수출경쟁력 실태와 중공업 발전 수준의 분석」, 『상경연구』 제9집, 건국대 경제경영연구소, 1984, pp. 75~126.
______, 「韓國·臺灣·日本의 무역구조와 공업화과정의 비교연구」, 『商經硏究』 제17집, 1992. 8, pp. 183~219.
조준현, 「동아시아 NIES의 성장요인에 관한 비교연구」, 부산대학교 경제학과 박사학위논문, 1999.
______, 「1970년대 대만의 중화학공업화에 대한 분석: 한국과의 비교」, 『경제경영연구』 제2권 제1호, 신라대학교 경제경영연구소, 2001, pp. 35~54.
______, 「한국과 대만의 경제성장에서 중화학공업화의 성격과 역할」, 『東亞硏究』 47집, 西江大學校 東亞硏究所, 2004, pp. 75~109.
朱鶴中, 『한국의 소득분배와 결정요인(상)』, 연구총서 30, 한국개발연구원, 1979.
______, 『한국의 소득분배와 결정요인(하)』, 연구총서 49, 한국개발연구원, 1982.
______, 「所得分配」, 『韓國經濟의 理論과 現實』, 서울대학교 출판부, 1987, pp. 141~180.
주학중·윤주현, 「1982年 階層別所得分配의 推計와 變動要因」, 『한국개발연구』 제6권 제1호, 한국개발연구원, 1984. 3, pp. 2~18.
차동세, 『외자도입의 효과분석』, 산업연구원, 1989.
차병권, 「자본시장의 육성」, 국무총리기획조정실, 『80년대를 향한 당면과제와 장기

전략』, 1975, pp. 25~42.
차성환·유경순·김무용·김원·홍현영·김태일·이임하, 『1970년대 민중운동 연구』, 민주화운동기념사업회, 2005.
최배근, 『역사적 분석으로 본 한국경제의 새로운 길』, 박영사, 2007.
최진호, 「우리나라 중화학공업의 독과점구조에 관한 연구」, 성균관대학교 경제학과 석사학위논문, 1987.
崔亨圭, 『우리나라 機械工業의 最近動向과 단기전망』, 産業情報시리즈 7, 산업연구원, 1983.
최형규·이영백, 『우리나라 기계공업의 현황과 문제점』, 특수분석시리즈 89, 국제경제연구원, 1980.
卓熙俊, 「중화학공업시대의 새 勞使慣行」, 『政經硏究』 145, 1977. 3, pp. 252~163.
표학길, 『韓國의 産業別 成長要因分析 生産性推計』, 韓國經濟硏究院硏究調査資料 87, 한국경제연구원, 1985.
프랭크 볼드윈 편, 『한국현대사, 1945-1975』, 사계절, 1984.
한국경제연구원, 『한국의 기업집단』, 1995.
한국사회연구소, 『한국경제론』, 백산서당, 1991.
한국산업사회연구소, 『한국자본주의와 자동차산업』, 풀빛, 1990.
한덕수, 「산업구조의 조정과 산업정책」, 『국가예산과 정책목표』, 한국개발연구원, 1986, pp. 34~68.
한상준·남준우, 『기계공업기술개발의 현황과 과제』, 한국경제연구 총서 75-14 I-66, 대한상공회의소 한국경제연구센터, 1976.
韓成信, 「構造的 變化와 高度成長: 1970년대」, 具本湖·李奎億 편, 『韓國經濟의 역사적 조명』, 한국개발연구원, 1991, pp. 207~260.
한승수, 「한국재정 20년—배분과 분배기능을 중심으로」, 『경제논집』 제21권 제4호, 1982. 12, pp. 385~426.
許 衡, 「重化學工業國으로 성장할 한국경제, 77년도의 당면과제와 그 전망」, 『安全保障』 73, 1977. 1, pp. 14~16.
현영석, 『한국의 자동차산업 기술발전에 관한 실증분석: 1962-1986』, 한국과학기술원, 1988.
홍성덕, 『명목 및 실효 보호율의 구조변화: 1975-1990』, 연구자료 92-01, 한국개발연구원, 1992.

______, 『산업별 명목과 실효보호율의 연장추정(1975-1995)』, 연구자료 97-06, 한국개발연구원, 1997.
홍성원·김정홍, 『한국, 미국, 일본, 브라질의 자동차부품공업』, 산업정보시리즈 제40호(F), 산업연구원, 1987.
홍성원·김정홍·사공목, 『한국, 미국, 일본, 브라질 자동차부품공업 분업체계의 비교분석: 도급거래실태를 중심으로』, 산업연구원 연구보고서 제129호, 산업연구원, 1989.
黃起龍, 「重化學工業化 推進과 國內資源 開發」, 『大韓鑛山學會誌』 제10권 제4호, 大韓鑛山學會, 1973, pp. 221~224.

II. 해외발행 연구문헌

加藤健彦·窪田光純, 『韓國自動車産業のすべて』, 日本經濟通信社, 1989.
加賀美充洋, 「アジアの電機·電子産業の國際分業と今後の展望」, 『發展途上國の電機·電子産業』, アジア經濟研究所, 1981, pp. 78~90.
加賀美充洋·福西彰, 「發展途上國における電機·電子産業」, 『發展途上國の電機·電子産業』, アジア經濟研究所, 1981, pp. 3~40.
姜英之, 「轉換期の韓國經濟」, 『經濟評論』, 1979. 11, pp. 122~137.
鎌田とし子·鎌田哲宏, 『社會諸階層と現代家族: 重化學工業都市における勞動者階級の狀態』, 東京: 御茶の水書房, 1983.
高廣明, 『韓國財閥の成長戰略に關する硏究』, 東京經濟大博士學位論文, 1998.
谷浦妙子, 「韓國」, 『發展途上國の電機·電子産業』, アジア經濟研究所, 1981, pp. 93~129.
谷浦妙子 編, 『産業發展と産業組織の變化－自動車産業と電氣電子産業』, アジア經濟研究所, 1994.
谷浦孝雄, 「韓國における工業化の進展」, 『アジア經濟』 第19卷 第7號, 1978. 7, pp. 2~14.
______, 「韓國機械工業の輸出戰略と二重構造」, 『アジア經濟』 第24卷 第12號, 1983. 12, pp. 25~40.
______, 『韓國の工業化と開發體制』, アジア經濟研究所, 1989.
______, 「韓國一技術立國への挑戰」, 谷浦孝雄 編, 『アジアの工業化と技術移轉』, アジア經濟研究所, 1990, pp. 91~125.

郭洋春,「韓國經濟の發展における財閥の位置と役割」,『立教經濟學研究』第40卷 第3號, 1987. 1, pp. 211~231.

郭賢泰,「韓國の自動車產業の成長パターンと產業組織の變化」, 谷浦妙子 編,『產業發展と產業組織の變化—自動車產業と電氣電子產業』, アジア經濟研究所, 1994a, pp. 65~88.

______,「韓國の電機電子產業の成長と產業組織の變化」, 谷浦妙子 編,『產業發展と產業組織の變化—自動車產業と電氣電子產業』, アジア經濟研究所, 1994b, pp. 221~241.

九州經濟調查協會 編,『韓國の工業』, アジア經濟研究所, 1967.

宮崎犀一·奧村茂次·森田桐郎 編,『近代國際經濟要覽』, 東京大學出版會, 1981.

今岡日出紀,「輸出主導型成長と安定」, 篠原三代平 編,『第三世界の成長と安定』, 日本新聞社, 1982, pp. 141~171.

今岡日出紀·大野幸一,「韓國, 臺灣の工業發展—複線型成長パターンの檢證—」,『中進國の工業發展—複線型工業化の論理と實證』, アジア經濟研究所, 1985, pp. 11~56.

今岡日出紀·大野幸一·橫山久,「複線型工業發展の理論と背景」,『中進國の工業發展—複線型工業化の論理と實證』, アジア經濟研究所, 1985, pp. 3~10.

磯崎典世,「韓國の權威主義體制における國家と企業·構造調整過程における葛藤を中心に」,『教養學科紀要』第28號, 東京大學教養學部, 1995, pp. 31~72.

金大來·朴永九,「韓國重化學工業與大企業集團對國民經濟的影響」,『華中師範大學學報 人文社會科學版』, 韓國研究特刊號, 2003. 11, pp. 80~85.

金立三·花房征夫,『韓國經濟の奇跡—礎を築いた民間經濟の人の熱き思い』, 晚聲社, 2007.

金奉吉,『日韓自動車產業の國際競爭力と下請分業生產システム』, 神戶大學經濟研究所, 2000.

金森久雄 編,『再論 經濟白書 戰後經濟の軌道』, 中央經濟社, 1990.

金元重,「第1次經濟開發5ケ年計劃と經濟開發體制の成立」, 小林謙一·川上忠雄 編,『韓國の經濟開發と勞使關係—計劃と政策』, 法政大學出版局, 1991, pp. 172~197.

金恩喜·咸翰姬·尹澤林,『韓國型資本主義の解明』, 九州大學出版會, 2001.

金子文夫,「日韓經濟協力の歷史と評價」,『經濟評論』, 經濟評論社, 1976. 10, pp. 6~20.

______, 「中進國韓國の80年代」, 『經濟評論』, 經濟評論社, 1982. 2, pp. 50~62.

金子逸郎 · 百瀨惠夫, 『韓國經濟一企業の發展と現狀』, 明治大學社會科學研究所叢書, 勁草書房, 1999.

金早雪, 「輸出指向型工業化戰略と產業構造の高度化一韓國の重化學工業化をめぐって」, 『季刊經濟研究』 第9巻 第2號, 大阪市立大學經濟研究所, 1986 秋, pp. 28~47.

金鐘基, 「1950年代以降の工業發展」, 村田喜代治 編, 『工業の空間構造: 中國 · 韓國 · 日本の比較』, 中央大學出版部, 1987, pp. 99~106.

金昌男, 「工業部門の雇用吸收力と勞動移動」, 『東南アジア研究』 第24巻 第1號, 1986, pp. 53~64.

金昌男 · 文大宇, 『東アジア長期經濟統計〈別巻1〉 韓國』, 勁草書房, 2006.

金浩鎭 · 小針進, 『韓國歷代大統領とリーダーシップ』, 柘植書房新社, 2007.

內橋賢悟, 『50-60年代の韓國金融改革と財閥形成一'制度移植'の思わざる結果』, 新評論, 2008.

內田公三, 『經團連と日本經濟の50年一もうひとつの產業政策史』, 日本經濟新聞社, 1996.

大島清, 『總說日本經濟(3)』, 東京大學出版會, 1978.

大西裕, 『韓國經濟の政治分析一大統領の政策選擇』, 有斐閣, 2005.

大阪市立大 經濟研究所, 『產業構造の轉換と日本經濟』, 東京大出版會, 1980.

島崎稔 · 安原茂, 『重化學工業都市の構造分析』, 東京大學出版會, 1987.

涂照彥 · 曺斗燮 編, 『東アジアの產業發展一日本と韓國のダイナミズムを探る』, 名古屋大學國際經濟動態研究センター叢書4, 1997.

渡辺利夫, 『開發經濟學研究』, 東洋經濟新報社, 1978.

______, 『アジア中進國の挑戰: '追い上げ'の實態と日本の課題』, 日本經濟新聞社, 1979.

______, 「中進工業國(NICs)と多國籍企業, 第6回, 新興工業國家群の經濟發展と後發性利益一韓國の事例から(上), 『世界經濟評論』, Vol. 25, No. 7, 1981a. 7, pp. 34~46.

______, 「中進工業國(NICs)と多國籍企業, 第7回, 新興工業國家群の經濟發展と後發性利益一韓國の事例から(下), 『世界經濟評論』, Vol. 25, No. 8, 1981b. 8, pp. 44~50.

______,『現代韓國經濟分析』, 勁草書房, 1982a(김창남 역, 裕豊出版社, 1984).
______,「韓國經濟發展の教訓と課題」,『經濟評論』, 經濟評論社, 1984b. 11, pp. 86~103.
______,「韓國の經濟發展をどう捉えるか」,『概說韓國經濟』, 有斐閣, 1990, pp. 1~26.
渡辺利夫 編,『概說 韓國經濟』, 有斐閣, 1990.
渡辺一雄,「韓國經濟の高度成長と今後の展望」, 日本興業銀行,『興銀調査 199: 韓國の經濟發展と機械工業』, 1979 No. 3, 1979, pp. 5~99.
東茂樹,『發展途上國の國家と經濟』, アジア經濟研究所, 2000.
藤森英雄,『アジア諸國の輸出加工區』, アジア經濟研究所, 1978.
末廣昭,「日本電機·電子產業の海外投資と多國籍化戰略—アジアを中心として」,『發展途上國の電機·電子產業』, アジア經濟研究所, 1981, pp. 41~77.
木宮正史,「韓國における内包的工業化戰略の挫折—5.16軍事政權の國家自律性の構造的限界」,『法學志林』 第91卷 제3號, 法政大學 法學志林協會, 1994. 1, pp. 1~78.
______,『韓國民主化と經濟發展のダイナミズム』, 筑摩書房, 2003.
木神原芳雄,『韓國の財閥』, 日本貿易協會(조용범 외 역,『한국독점자본과 재벌』, 풀빛, 1984).
木戸孝郎 編,『岐路に立つ韓國企業經營—新たな國際競争力の强化を求めて』, 名古屋大學出版會, 1994.
武市威夫,「アジア中進國の產業基盤とプラント輸出の限界」, アジア經濟研究所 編,『アジア諸國の急速な工業化とわが國の對應』, NRC-78-22 委託研究, 總合研究開發機構, 1980. 12, pp. 609~649.
梶村秀樹,「日韓體制の再檢討のために」,『季刊三千里』第7號, 1976 秋, pp. 134~141.
______,「韓國經濟における政府の役割: 1960-70年代」, 富岡倍雄·梶村秀樹·新納豊·鈴木義嗣 共著,『韓國經濟試論』, 神奈川大學經濟貿易研究叢書 3, 東京: 白排書店, 1984, pp. 143~211.
朴東洵,『韓國財閥のリーダーたち』, 東洋經濟新報社, 1992.
朴 一,『變貌する韓國經濟』, 世界思想社, 2004.
裵翰慶,『韓國の工業化と外國資本』, アジア經濟研究所, 1970.
服部民夫,「技術, 技能節約的發展の特異性」,『韓國經濟の解剖—先進國移行論は正しかったのか』, 文眞堂, 2001a, pp. 114~137.

______,「組立型工業化の形成と挫折」,『韓國經濟の解剖ー先進國移行論は正しかったのか』, 文眞堂, 2001b, pp. 1~25.

______,『開發の經濟社會學ー韓國の經濟發展と社會變容』, 文眞堂, 2005.

服部民夫 編,『韓國の工業化發展の構圖』, アジア經濟研究所, 1987.

服部民夫·佐藤幸人,『韓國·臺灣の發展メカ二ズ』, アジア經濟研究所, 1996.

富岡倍雄,「韓國工業化の論理」, 梶村秀樹·新納豊·鈴木義嗣 共著,『韓國經濟試論』, 神奈川大學經濟貿易研究叢書 3, 東京: 白排書店, 1984, pp. 213~259.

北村かよ子,「アジアNIEs諸國における機械産業發展の要因とその特性ー韓國, 臺灣を中心にー」, 北村かよ子 編,『NIEs機械產業の現狀と部品調達』, アジア經濟研究所, 1991, pp. 3~36.

山本登 編,『貿易, 援助編』, アジア經濟調査研究叢書, アジア經濟研究所, 1971.

山田三郎 編,『韓國工業化の課題』, アジア經濟研究所, 1971.

山田宗次郎,『韓國經濟と中小企業』, 大阪アジア中小企業開發センター, 1968.

森谷正規,『日本, 中國, 韓國 産業技術 比較』, 東洋經濟新報社, 1980.

三上良悌·岡村任教·福西彰,「わが國とアジア中進國との素材産業における競爭力關係ー石油化學」, アジア經濟研究所 編,『アジア諸國の急速な工業化とわが國の對應』, NRC-78-22 委託研究, 總合研究開發機構, 1980. 12, pp. 429~479.

三上良悌·福西彰,「わが國とアジア中進國との素材産業における競爭力關係ー鐵鋼業」, アジア經濟研究所 編,『アジア諸國の急速な工業化とわが國の對應』, NRC-78-22 委託研究, 總合研究開發機構, 1980. 12, pp. 480~528.

上田信行,「中進工業國の追い上げに對する西ドイツと日本の比較」, アジア經濟研究所 編,『アジア諸國の急速な工業化とわが國の對應』, NRC-78-22 委託研究, 總合研究開發機構, 1980. 12, pp. 697~728.

石崎采生,「韓國の重化學工業化政策」, 服部民夫·佐藤幸人,『韓國·臺灣の發展メカニズム』, アジア經濟研究所, 1996, pp. 65~86.

______,「韓國における國家と經濟成長ー研究動向の紹介ー」, 佐藤幸人 編,『國家と經濟成長』, 調査研究報告書地域研究 第1部, 日本貿易振興會アジア經濟研究所, 1999, pp. 1~16.

______,「韓國の重化學工業化政策と‘財閥’ー朴正熙政權期の造船産業を事例として」, 東茂樹 編,『發展途上國の國家と經濟』, アジア經濟研究所, 2000, pp. 17~58.

石田浩,「수출가공구와 수출지향 공업화ー대만과 한국의 비교를 통해서」, 堀和生·

中村哲編 著,『日本資本主義と朝鮮臺灣―帝國主義下の經濟變動』, 京都大學出版會, 2004(박섭 · 장지용 옮김,『일본자본주의와 한국, 대만―제국주의하의 경제변동』, 전통과 현대, 2007, pp. 313~342).

小林謙一 · 川上忠雄 編,『韓國の經濟開發と勞使關係―計劃と政策』, 法政大學出版局, 1991.

小松勇五郎,『西ドイチの自由化政策』, 重工業新聞社, 1961.

小玉敏彦,『韓國工業化と企業集團―韓國企業の社會的特質』, 學文社, 1995.

小倉靜夫,「アジア中進國の電子工業の進展とわが國への影響」, アジア經濟研究所 編,『アジア諸國の急速な工業化とわが國の對應』, NRC-78-22 委託研究, 總合研究開發機構, 1980. 12, pp. 529~557.

小川雄平, 「アジア新興工業國の經濟發展―重化學工業化の現狀と問題點」, 奥村茂次 · 山崎春成 編,『現代世界經濟と新興工業國』, 東京大學出版會, 1983, pp. 185~214.

松尾昌宏,「複線型成長下の國民經濟の形成」,『アジア經濟』第34巻 第10號, 1993. 10, pp. 43~57.

松本厚治 · 服部民夫, 『韓國經濟の解剖―先進國移行論は正しかったのか』, 文眞堂, 2001.

松井幹雄, 「アジア諸國における自動車生産體制の現狀と問題點」, アジア經濟研究所 編,『アジア諸國の急速な工業化とわが國の對應』, NRC-78-22 委託研究, 總合研究開發機構, 1980. 12, pp. 558~608.

須藤英隆,「韓國の機械工具, 部品工業」, アジア經濟研究所 編,『アジア諸國の急速な工業化とわが國の對應』, NRC-78-22 委託研究, 總合研究開發機構, 1980. 12, pp. 650~662.

水野順子,「韓國における輸出奬勵政策の變容」, アジア經濟研究所 編,『アジア諸國の急速な工業化とわが國の對應』, NRC-78-22 委託研究, 總合研究開發機構, 1980. 12, pp. 665~696.

______,「韓國における造船産業の急速な發展」,『アジア經濟』第24巻 第12號, 1983. 12, pp. 56~75.

______,「韓國工作機械工業の發展要因」,『アジア經濟』第31巻 第4號, 1990. 4, pp. 20~40.

______,「韓國工作機械工業の生産分業體制」, 北村かよ子 編,『NIEs機械産業の現狀と部品調達』, アジア經濟硏究所, 1991, pp. 75~104.
______,『韓國の自動車産業』, アジア經濟硏究所, 1996.
水野順子・八幡成美,『韓國機械産業の企業間分業構造と技術移轉—電子・工作機械産業の事例』, アジア經濟硏究所, 1992.
榊原芳雄,『韓國の財閥』, 日本貿易振興會, 1982.
深川由起子,『韓國－ある産業發展の軌跡』, 日本貿易振興會, 1989.
______,『韓國・先進國經濟論—成熟段階のミクロ分析』, 日本經濟新聞社, 1997.
安達哲夫,『韓國經濟は日本を抜くか—その活力の源泉を探る』, 教育社, 1986.
野副伸一,「韓國の開發戰略をめぐって—內包的工業化論批判」,『アジアトレンド』第18號, 1982 春, pp. 59~76.
延河淸,「所得の改善と社會福祉の擴充」, 綜合硏究開發機構,『經濟構造調整と日韓協力』, NIRA 硏究叢書 880032, 1989, pp. 77~85.
鈴木長年,「アジア中進諸國の急速な工業化とわが國の對應」,『アジア諸國の急速な工業化とわが國の對應』, NRC-78-22 委託硏究, 總合硏究開發機構, 1980a, pp. 7~50.
______,「アジア中進國の工業化と輸出の役割」,『アジア諸國の急速な工業化とわが國の對應』, NRC-78-22委託硏究、總合硏究開發機構, 1980b, pp. 53~114.
鈴木莊一,「韓國機械工業の現狀と展望」, 日本興業銀行,『興銀調査 199: 韓國の經濟發展と機械工業』, 1979 No. 3, 1979, pp. 109~201.
鈴木幸夫,「疾走する韓國經濟をかいまみる」,『經濟評論』, 經濟評論社, 1977. 11, pp. 104~112.
瀧澤秀樹,『韓國の經濟發展と社會構造』, 御茶の水書房, 1992.
隅谷三喜男,『韓國の經濟』, 岩波書店, 1976.
劉進慶,「韓國における重化學工業化と政府主導經濟の問題」,『アジア經濟』第24卷 第12號, 1983. 12, pp. 2~24.
伊東和久,「財政金融政策」,『概說 韓國經濟』, 有斐閣, 1990, pp. 131~154.
伊藤禎一,『アジア中進國と日本産業: 競争と對應』, アジア經濟硏究所經濟協力シリーズ 101, アジア經濟硏究所, 1981.
伊木誠,「産業構造轉換政策の方向と可能性」,『經濟評論』, 1973. 6, pp. 6~18.
李祥雨,『朴正煕時代その權力と內幕』, 朝日新聞社, 1988.
林建彦,『韓國現代史』, 東京: 至誠堂, 1967(최현 역, 삼민사, 1986).

______, 『박정희의 시대: 한국, 위로부터의 혁명 18년』(선우연 역, 월드콤푸그래픽, 1995).
林惠明, 「韓國の公企業の展開と課題－浦項總合製鐵を中心として」, 小池堅治 編, 『アジアの公企業: 官營ビッグビジネスのパフォーマンス』, No. 304, アジア經濟研究所, 1982, pp. 1~66.
笠井信幸, 「韓國の開發戰略と發展メカニズム」, 服部民夫·佐藤幸人, 『韓國·臺灣の發展メカニズム』, アジア經濟研究所, 1996, pp. 35~64.
張貞旭·塚谷恒雄, 『馬山輸出加工區の經濟的效果と外國直接投資』, 京都大學經濟研究所, 1993.
丁得鎭, 『日本の工業化と韓國との關係』, V.R.F. Series No. 275, アジア經濟研究所, Aug. 1996.
井上歲久, 『韓國經濟發展論一產業連關論的アプローチ』, 東京圖書出版會(星雲社), 2004.
鄭章淵, 「第3, 4次經濟開發計劃と重化學工業化政策」, 『韓國の經濟開發と勞使關係一計劃と政策』, 比較經濟研究研究所 シリーズ 7, 法政大學出版局, 1991, pp. 198~216.
提繁編, 『重化學工業』, 大阪: 六月社, 1959.
祖父江利衛, 「需要サイドからみた韓國造船業の國際船舶市場への參入要因一現代重工業の1975-80年の竣工狀況を中心に」, 『アジア經濟』 第39卷 第2號, 1998. 2, pp. 18~50.
______, 「1960年代韓國造船業の混迷一大韓造船公社の設備擴張計劃を巡る一連の過程とその歸結」, 『歷史と經濟』 第177號, 2002. 10, pp. 18~35.
鳥羽欽一郎, 『もう一つの韓國』, 東洋經濟新報社, 1976.
______, 『韓國經濟と日韓經濟關係一日本工業俱樂部 第238回產業講演會講習要旨』, 1982.
綜合研究開發機構, 『經濟構造調整と日韓協力』, NIRA 研究叢書 880032, 1989.
佐藤幸人, 「電子產業一韓國の總合電子メーカーと臺灣のベンチャービジネスー」, 服部民夫·佐藤幸人, 『韓國·臺灣の發展メカニズム』, アジア經濟研究所, 1996, pp. 197~215.
佐野孝治, 「韓國の中東進出と重化學工業化」, 『三田學會雜誌』 第87卷 第3號, 經應義塾經濟學會, 1994. 10, pp. 99~128.

中央大學經濟研究所 編,『經濟成長と產業構造』, 東洋經濟新報社, 1972.

中條誠一,「日本, アシア中進國間分業關係と日系企業進出」,『世界經濟評論』, Vol. 23, No. 5, 1979. 5, pp. 51~58.

中川信義,「韓國における國家資本主義的發展の構造一再生產構造と貿易構造」, 大阪市立大學經濟研究所 編,『第三世界と國家資本主義』, 東京大學出版會, 1980, pp. 121~164.

中村隆英,『戰後日本經濟一成長と循環』,『經濟學全集』第25, 東京: 筑摩書房, 1968.

中村秀一郎,「產業政策－戰後三十年の回顧と展望」,『日本經濟政策學會年報』, XXⅦ, 勁草書房, 1979, pp. 14~26.

池東旭,『韓國財閥の興亡一癒着と相克のドラマ』, 時事通信社, 2002.

池明觀,『日韓關係史硏究』, 新教出版社, 1999.

池尾和人·黃圭燦·飯島高雄,『日韓經濟システムの比較制度分析一經濟發展と開發主義のわな』, 日本經濟新聞社, 2001.

川上桃子,「臺灣, 韓國經濟における變化への對應能力」,『韓國經濟の解剖一先進國移行論は正しかったのか』, 文眞堂, 2001, pp. 138~160.

川上忠雄,「世界史のなかの韓國工業化一計劃, 輸出指向, 重化學工業化」,『韓國の經濟開發と勞使關係一計劃と政策』, 比較經濟研究研究所 シリーズ 7, 法政大學出版局, 1991, pp. 14~43.

千野武司,「プラスチック工業におけるわが國とアジア中進諸國間の分業」,『アジア諸國の急速な工業化とわが國の對應』, NRC-78-22 委託研究、總合研究開發機構, 1980, pp. 378~428.

青木昌彦·奧野正寬 編,『經濟システムの比較制度分析』, 東京大學出版會, 1996.

青木浩治·稲田義久,「韓國經濟工業化の要因分析」,『アジア經濟』 第21卷 第5號, 1980. 5, pp. 27~46.

村田喜代治,『工業の空間構造一中國·韓國日本の比較』, 中央大學出版部, 1987.

崔宗煥,『韓國經濟のマクロ·パフォーマンスマクロ計量モデルによる實證分析』, 稅務經濟理協會, 1998.

板垣博,『日本的經營·生產システムと東アジア一台湾·韓國·中國におけるハイブリッド工場』, Minerva現代經濟學叢書, ミネルヴァ書房, 1997.

八幡成美,「韓國における電子, 電機產業の部品調達狀況とその問題点」, 北村かよ子 編,『NIEs機械產業の現狀と部品調達』, アジア經濟研究所, 1991, pp. 37~74.

布施鐵治 編,『倉敷·水島/日本資本主義の展開と都市社會: 纖維工業段階から重化學工業段階へ; 社會構造と生活様式變動の論理, 第1分冊: 水島重化學コンビナート創設と地域社會變動』, 東京: 東信堂, 1992.

鶴田俊正,『戰後日本の產業經濟』, 日本經濟新聞社, 1982.

韓福相,『韓國の經濟成長と工業化分析』, 勁草書房, 1995.

現代日本經濟研究會,『日本經濟現狀』, 教育社, 1979.

花房征夫,「大韓石油公社にみる韓國公企業の發展と問題点」, 小池堅治 編,『アジアの公企業: 官營ビッグビジネスのパフオーマンス』, No. 304, アジア經濟研究所, 1982, pp. 67~98.

______,「韓國テレビ工業の發展と生產分業體制」,『アジア經濟』第24卷 第12號, 1983. 12, pp. 41~55.

環日本海經濟研究所,『現代韓國經濟進化するパラダイム』, 日本評論社, 2005.

Adelman, Irma, ed., *Practical Approaches to Development Planning: Korea's Second Five-Year Plan*, Baltimore: The Johns Hopkins Press, 1969.

Adelman, Irma and Sherman Robinson, *Income Distribution Policy in Developing Countries: A Case Study of Korea*, Stanford: Stanford University Press, 1978.

Agarwala, Ramgopal, "Price Distortions and Growth in Developing Countries," World Bank Staff Working Papers, No. 575, Washington, D.C.: World Bank, 1983.

Akyüz, Yilmaz, Ha-Joon Chang, Richard Kozul-Wright, "New perspectives on East Asian development," *The Journal of Development Studies*, Vol. 34, No. 6, Aug. 1998, pp. 4~36.

Alam, M. Shahid, "The South Korean 'Miracle': Examining the Mix of Government and Markets," *The Journal of Developing Areas*, Vol. 23, No. 2, January 1989a, pp. 233~258.

______, *Governments and Markets in Economic Development Strategies: Lessons from Korea, Taiwan, and Japan*, New York: Praeger Publishers, 1989b.

Allgeier, Peter F., "Korean Trade Policy in the Next Decade: Dealing with Recprocity," *World Development*, 16, January 1988, pp. 85~97.

Amsden, Alice H., *Asia's Next Giant, South Korea and Late Industrialization*, New York: Oxford University Press, 1989.

______, "The Rise of Salaried Management," Jene K. Kwon, ed., *Korean Economic*

Development, New York: Greenwood Press, 1990, pp. 359~370.

______, "Big Business and Urban Congestion in Taiwan: The Origins of Small Enterprise and Regionally Decentralized Industry," *World Development*, Vol. 19, No. 9, September 1991, pp. 1121~1135.

______, "The Specter of Anglo-Saxonization is Haunting South Korea," Lee-Jay Cho and Yoon Hyung Kim, eds., *Korea's Political Economy: an Institutional Perspective*, Boulder, Colo.: Westview Press, 1994, pp. 87~125.

Aoki, Masahiko, Kevin Murdoch, and M. Okuno-Fujiwara, "Beyond the East Asian Miracle: Introducing the Market-enhancing View," Masahiko Aoki, Hyung-Ki Kim, and Masahiro Okuno-Fujiwara, eds., *The Role of Government in East Asian Economic Development: Comparative Institutional Analysis*, Oxford: Clarendon Press, 1997, pp. 1~37.

Auty, Richard M., *Resource-Based Industrialization: Sowing the Oil in Eight Developing Countries*, Oxford: Clarence Press, 1990.

______, "Creating Competitive Advantage: South Korean Steel and Petrochemicals," *Tijdschrift vor Economische en Sociale Geogrfie*, Vol. 82, No. 1, 1991, pp. 15~29.

______, "The Macro Impacts of Korea's Heavy Industry Drive Re-evaluated," *The Journal of Development Studies*, Vol. 29, No. 1, October 1992, pp. 24~48.

______, *Economic Development and Industrial Policy: Korea, Brazil, Mexico, India and China*, New York: Mansell, 1994.

Bai, Moo-Ki, "The Turning Point in the Korean Economy," *The Developing Economies*, Vol. 20, No. 2, Tokyo: Institute of Developing Economies, June 1982, pp. 117~140.

Bairoch, Paul, *Economics and World History: Myths and Paradoxes*, Chicago: University of Chicago Press, 1993.

Balassa, Bela, "The Changing Pattern of Comparative Advantage in Manufactured Goods," *The Review of Economic and Statistics*, Vol. 61, No. 2, May 1979, pp. 259~266.

______, "Development Strategies and Economic Performance: A Comparative Analysis of Eleven Semi-industrialized Economies," Bela Balassa, and Associates, *Development Strategies in Semi-industrial Economies*, World Bank Research Publication, Baltimore, Maryland: the Johns Hopkins University Press, 1982a, pp. 38~62.

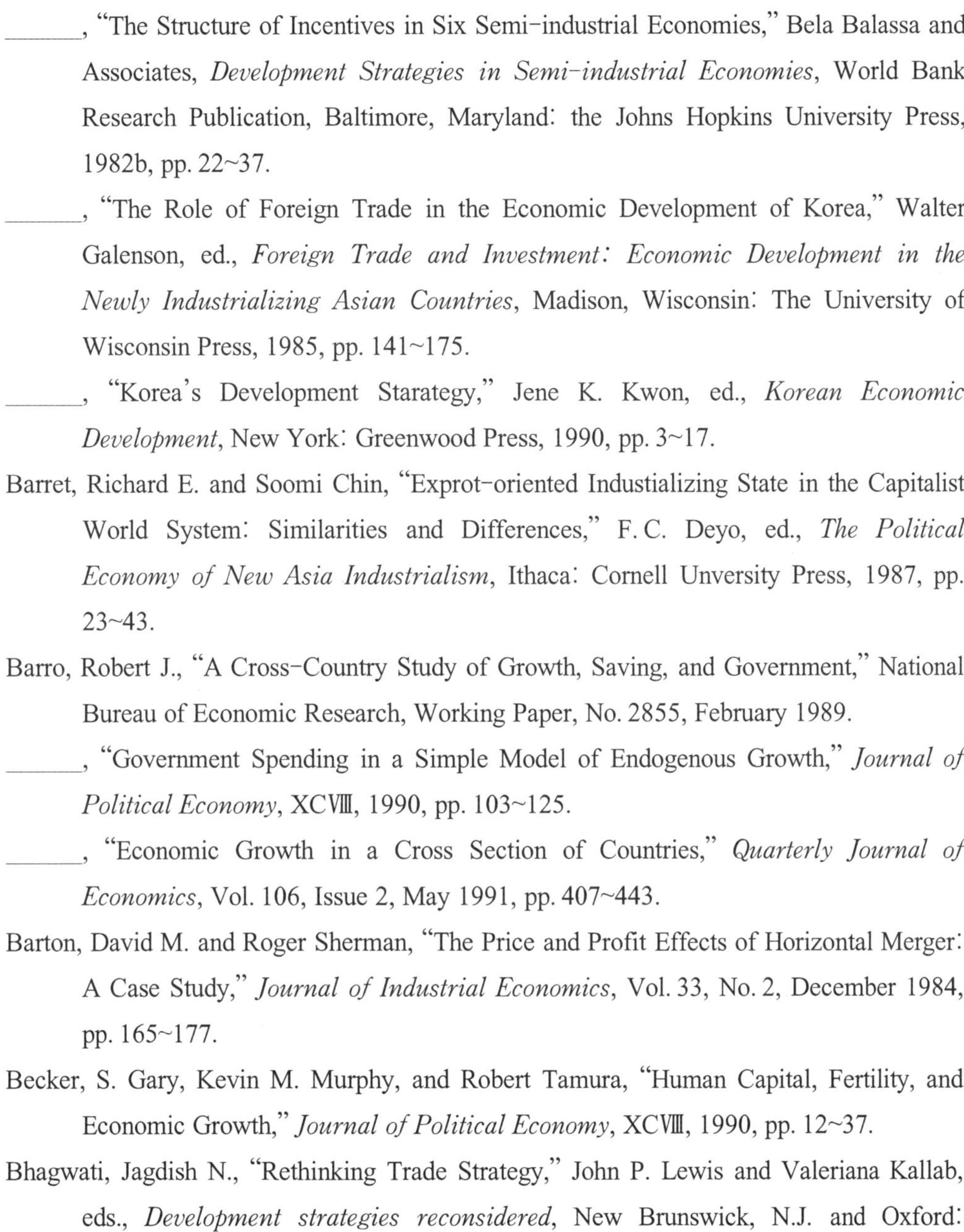

______, "The Structure of Incentives in Six Semi-industrial Economies," Bela Balassa and Associates, *Development Strategies in Semi-industrial Economies*, World Bank Research Publication, Baltimore, Maryland: the Johns Hopkins University Press, 1982b, pp. 22~37.

______, "The Role of Foreign Trade in the Economic Development of Korea," Walter Galenson, ed., *Foreign Trade and Investment: Economic Development in the Newly Industrializing Asian Countries*, Madison, Wisconsin: The University of Wisconsin Press, 1985, pp. 141~175.

______, "Korea's Development Starategy," Jene K. Kwon, ed., *Korean Economic Development*, New York: Greenwood Press, 1990, pp. 3~17.

Barret, Richard E. and Soomi Chin, "Exprot-oriented Industializing State in the Capitalist World System: Similarities and Differences," F. C. Deyo, ed., *The Political Economy of New Asia Industrialism*, Ithaca: Cornell Unversity Press, 1987, pp. 23~43.

Barro, Robert J., "A Cross-Country Study of Growth, Saving, and Government," National Bureau of Economic Research, Working Paper, No. 2855, February 1989.

______, "Government Spending in a Simple Model of Endogenous Growth," *Journal of Political Economy*, XCVIII, 1990, pp. 103~125.

______, "Economic Growth in a Cross Section of Countries," *Quarterly Journal of Economics*, Vol. 106, Issue 2, May 1991, pp. 407~443.

Barton, David M. and Roger Sherman, "The Price and Profit Effects of Horizontal Merger: A Case Study," *Journal of Industrial Economics*, Vol. 33, No. 2, December 1984, pp. 165~177.

Becker, S. Gary, Kevin M. Murphy, and Robert Tamura, "Human Capital, Fertility, and Economic Growth," *Journal of Political Economy*, XCVIII, 1990, pp. 12~37.

Bhagwati, Jagdish N., "Rethinking Trade Strategy," John P. Lewis and Valeriana Kallab, eds., *Development strategies reconsidered*, New Brunswick, N.J. and Oxford: Transaction Books, 1986, pp. 91~104.

______, "Export-Promoting Trade Strategy: Issues and Evidence," *World Bank Research Observer*, Vol. 3, No. 1, January 1988, pp. 27~57.

Biggs, Tyler S. and Brian D. Levy, "Strategic Interventions and the Political Economy of

Industrial Policy in Developing Countries," Dwight H. Perkins and Michael Roemer, eds., *Reforming Economic Systems in Developing Countries*, Cambridge Mass.: Harvard Institute for International Development, 1991, pp. 365~401.

Bix, Herbert P., "Regional Integration: Japan and South Korea in America's Asian Policy," Frank Baldwin. ed., *Without Parallel: The American-Korean Relationship Since 1945*, NY: Pantheon Books, 1974, pp. 179~232.

Blinder, Alan S., *Hard Heads, Soft Hearts: Tough-Minded Economics for a Just Society*, Mass.: Addison-Wesley Publishing Company, Inc., 1987.

Bloom, M., *Technological Change in the Korean Electronics Industry*, Paris: OECD, 1992.

Brander, James A., "Rationales for Strategic Trade and Industrial Policy," Paul R. Krugman, ed., *Strategic Trade Policy and the New International Economics*, Cambridge, Mass.: MIT Press, 1986, pp. 23~46.

Branscomb, Lewis M., "Japan: Model, Mentor, and Competitor," Lewis M. Branscomb and Young-Hwan Choi, eds., *Korea at the Turning Point: Innovation-Based Strategies for Development*, Westport: Praeger Publishers, 1996, pp. 161~173.

Burmeister, Larry L., "State, Industrialization and Agricultural Policy in Korea," *Development and Change*, Vol. 21, No. 2, April 1990, pp. 197~223.

Cappelli, Peter and David Neumark, "Do 'high performance' work practices improve establishment-level outcomes?," *Industrial and Labor Relations Review*, Ithaca, N.Y.: Cornell University, Vol. 54, No. 4, July 2001, pp. 737~775.

Carroll, Christopher D. and David N. Weil, "Saving and Growth: A Reinterpretation," *Carnegie-Rochester Conference Series in Public Policy*, Vol. 40, June 1994, pp. 133~192.

Castley, Robert, *Korea's Economic Miracle: The Crucial Role of Japan*, London: Macmillan Press, 1997.

Chang, Ha-Joon, *Kicking away the Ladder*, Anthem Press, 2002(형성백 역, 『사다리걷어차기』, 부키, 2004).

Chang, H.-J. and B. Rowthorn, eds., *The Role of the State in the Economic Change*, Oxford: Oxford University Press, 1995.

Chang, Ha-Joon and Chul Gyue Yoo, "The Triumph of Rentiers?: The 1997 Korean Crisis in Historical Perspective," J. Eatwell and L. Taylor, eds., *International Capital Markets: Systems in Transition*, Oxfored: Oxford University Press, 2002.

Chang, Yunshik, ed., *Korea, A Decade of Development*, Seoul National University Press, 1980.

Chaudhuri, Asim, *Private Economic Power in India*, New Delhi: People's Publishing House, 1975.

Chenery, Hollis B., "Patterns of Industrial Growth," *The American Economic Review*, Sep. 1960, pp. 624~654.

Chenery, Hollis, Sherman Robinson, and Moshe Syrquin, *Industrialization and Growth, A Comparative Study*, A World Bank Research Publication, Oxford: Oxford University Press, 1986.

Cheng, Tun-jen, "Political Regimes and Development Strategies: South Korea and Taiwan," Gary Gereffi and Donald L. Wyman, eds., *Manufacturing Miracles: Paths of Industrialization in Latin America and East Asia*, Princeton: Princeton University Press, 1990, pp. 139~178.

Cho, Dong Sung, "Government, Entrepreneurs, and Competition," Arthur M. Whitehill, ed, *Doing Business in Korea*, New York: Nichols Publishing Company, 1987, pp. 80~93.

Cho, Lee-Jay and Yoon Hyung Kim, "Major Economic Policies of the Park Administration," Lee-Jay Cho and Yoon Hyung Kim, eds., *Economic Development in the Republic of Korea: A Policy Perspective*, Honolulu: East-West Center, 1991, pp. 15~40.

Cho, Soon, *The Dynamics of Korean Economic Development*, Washington D.C.: Institute for International Economics, 1994.

Cho, Yoon Je, "The Effect of Financial Liberalization on the Efficiency of Credit Allocation: Some Evidence from Korea," *Journal of Development Economics*, Vol. 29, 1988, pp. 101~110.

______, "The Financial Policy and Financial Sector Developing in Korea and Taiwan," Jene K. Kwon, ed., *Korean Economic Development*, New York: Greenwood Press, 1990, pp. 225~243.

Cho, Yoon-Je, David C. Cole, "The Role of the Financial Sector in Korea's Structural

Adjustment," V. Corbo and Sang-Mok Suh, eds., *Structural Adjustment in a Newly Industrialized Country: The Korean Experience*, The World Bank, Baltimore: The Johns Hopkins University Press, 1992, pp. 115~137.

Choi, Kwang and Taewon Kwack, "Tax Policy and Resource Allocation in Korea," Jene K. Kwon, ed., *Korean Economic Development*, New York: Greenwood Press, 1990, pp. 247~262.

Choi, Kwang and Young Sae Lee, "The Role of Government in Economic Development," Chung H. Lee and Ippei Yamazawa, eds., *The Economic Development of Japan and Korea: a Parallel with Lessons*, New York: Praeger Publishers, 1990, pp. 53~72.

Choi, Kwang *et al.*, *Public Policy, Corporate Finance and Investment: The Experiences of Japan, Korea, and Taiwan*, Tokyo: Institute of Developing Economics, 1985.

Choo, Hackchung, "The Educational Basis of Korean Economic Development," Chung H. Lee and Ippei Yamazawa, eds., *The Economic Development of Japan and Korea: a Parallel with Lessons*, New York: Praeger Publishers, 1990, pp. 171~184.

Choue, Inwon, "The Politics of Industrial Restructuring: South Korea's Turn toward Export-Led Heavy and Chemical Industrialization, 1961-74," Thesis (Ph.D.), University of Pennsylvania, 1988.

Chu, Yun-han, "State Structure and Economic Adjustment of the East Asian Newly Industrializing Countries," *International Organization*, Vol. 43, No. 4, Autumn 1989, pp. 647~672.

Chung, Jae-Yong and Richard J. R. Kirkby, *The Political Economy of Development and Environment in Korea*, New York: Routledge, 2002.

Chung, Un-Chan, "Korean Economic Growth and Financial Development," Chung H. Lee and Ippei Yamazawa, eds., *The Economic Development of Japan and Korea: a Parallel with Lessons*, New York: Praeger Publishers, 1990, pp. 111~122.

Clifford, Mark L., *Troubled Tiger*, revised edition, Armonk, New York: M. E. Sharpe Inc., 1998.

Cohen, Suleiman I., "Industrial Performance in South Korea: a Descriptive Analysis of a Remarkable Success," *The Developing Economies*, Vol. 16, No. 4, Tokyo: Institute of Developing Economies, December 1978, pp. 408~433.

Cole, David C., Princeton N. Lyman, *Korean Development, The Interplay of Politics and*

Economics, Cambridge, Mass.: Harvard University Press, 1971.

Cole, David C., · Youngil Lim, and Paul W. Kuznes, *The Korean Economy-Issues of Development*, Institute of East Asian Studies, Berkeley: University of California, 1980.

Collins, Susan M. and Won-Am Park, "External Debt and Macroeconomic Performance in South Korea," Jeffrey D. Sachs, ed., *Developing Country Debt and the World Economy*, Chicago: University of Chicago Press, 1989, pp. 121~140.

Cooper, Richard N., "Fiscal Policy in Korea," Stephan Haggard, Richard N. Cooper, Susan Collins, Choongsoo Kim, Sung-Tae Ro, *Macroeconomic Policy and Adjustment in Korea 1970-1990*, Cambridge, Mass.: Harvard University Press, 1994a, pp. 111~144.

______, "Korea's Balance of International Payments," Stephan Haggard, Richard N. Cooper, Susan Collins, Choongsoo Kim, Sung-Tae Ro, *Macroeconomic Policy and Adjustment in Korea 1970-1990*, Cambridge: Harvard University Press, 1994b, pp. 261~293.

Corbo, Vittorio and Sang-Woo Nam, "Recent Evolution of the Macroeconomy," V. Corbo and Sang-Mok Suh, eds., *Structural Adjustment in a Newly Industrialized Country: The Korean Experience*, The World Bank, Baltimore: The Johns Hopkins University Press, 1992a, pp. 35~67.

______, "Recent Experience in Controlling Inflation," Vittorio Corbo and Sang-Mok Suh, eds., *Structural Adjustment in a Newly Industrialized Country: The Korean Experience*, The World Bank, Baltimore: The Johns Hopkins University Press, 1992b, pp. 95~114.

Cummings, Bruce, "The Origin and Development of the Northeast Asian Political Economy: Industrial Sectors, Product Cycles, and Political Consequences," *International Organization*, Vol. 38, No. 1, Winter 1984, pp. 1~40.

Cyhn, J. W., *Technology Transfer and International Production: The Development of the Electronics Industry in Korea*, Cheltenham: Edward Elgar, 2001.

Dahlman, Carl and Larry Westphal, "Technological Effort in Industrial Development—an Interpretative Survey of Recent Research," Frances Stewart and Jeffrey James, eds., *The Economics of New Technology in Developing Countries*, Boulder Colo.:

Westview Press, 1982, pp. 105~137.

Dahlman, Carl J., Bruce Ross-Larson, and Larry E. Westphal, "Managing Technological Development: Lessons from Newly Industrializing Countries," *World Development*, Vol. 15, No. 6, 1987, pp. 759~775.

Deyo, Federic C., "State and Labor: Modes of Political Exclusion in East Asian Development," F. C. Deyo, ed., *The Political Economy of the New Asian Industrialization*, Ithaca, NY: Cornell University Press, 1987, pp. 182~202.

Dollar, David and Kenneth Sokoloff, "Changing Comparative Advantage and Productivity Growth in the Manufacturing Industries," Jene K. Kwon, ed., *Korean Economic Development*, New York: Greenwood Press, 1990, pp. 129~142.

Dowling, J. Malcom and Ma. Rebecca Valenzuela, *Economic Development in Asia*, Australia: Thomson, 2004.

Enos, J. L. and W.-H. Park, *The Adoption and Diffusion of Imported Technology*, New York: Croom Helm, 1988.

Evans, Peter B., "Predatory, Developmental, and other Apparatuses: a Comparative Political Economy Perspective on the Third World State," *Sociological Forum*, Vol. 4, No. 4, 1989, pp. 561~587.

Fei, John C. H., Kazushi Ohkawa, and Gustav Ranis, "Economic Development in Historical Perspective: Japan, Korea, and Taiwan," Kazushi Ohkawa and Gustav Ranis, eds., *Japan and the Developing Countries: A Comparative Analysis*, Oxford: Basil Blackwell, 1985, pp. 35~64.

Fields, Gary S., "Industrialization and Employment in Hong Kong, Korea, Singapore, and Taiwan," Walter Galenson, ed., *Foreign Trade and Investment: Economic Development in the Newly Industrializing Asian Countries*, Madison: The University of Wisconsin Press, 1985, pp. 333~375.

Fields, Karl J., "Trading Companies in South Korea and Taiwan: Two Policy Approaches," *Asian Survey*, Vol. XXIX, No. 11, November 1989, pp. 1073~1089.

______, *Enterprise and the State in Korea and Taiwan*, A Volume in the series Cornell Studies in Political Economy, Ithaca and London: Cornell University Press, 1995.

Frank, Jr., Charles R., Kwang Suk Kim, and Larry E. Westphal, *Foreign Trade Regimes and Economic Development: South Korea*, New York: National Bureau Economic

Research, 1975.

Fujita, Natsuki and Williams E. James, "Export Promotion and the 'Heavy Industrialization' of Korea 1973-1983," *The Developing Economies*, Vol. XXVII, No. 3, Tokyo: Institute of Developing Economies, September 1989, pp. 236~250.

Galbraith, James K. and Junmo Kim, "The Legacy of the Heavy and Chemical Industrialization in Korea," *Journal of Economic Development*, Vol. 23, No. 1, 1998, pp. 1~20.

Gannicott, K., "The Economics of Education in Asian-Pacific Developing Countries," *Asian-Pacific Economic Literature*, Vol. 4, No. 1, March 1990, pp. 41~64.

Gillis, Malcolm, "The Role of State Enterprises in Economic Development," *Social Research*, Vol. 47, No. 2, Summer 1980, pp. 248~289.

Gold, Thomas B., *State and Society in the Taiwan Miracle*, Armonk: M. E. Sharpe Inc., 1986.

Green, Andrew E., "South Korea's Automobile Industry: Development and Prospects," *Asian Survey*, Vol. XXXII, No. 5, May 1992, pp. 411~428.

Grossman, Gene M., "Promoting New Industrial Activities: A Survey of Recent Arguments and Evidence," *OECD Economics Studies*, Vol. 24, Spring 1991, pp. 87~125.

Grossman, Gene M. and Elhanan Helpman, "Trade, Innovation, and Growth," *American Economic Review*, Vol. 80, No. 2, May 1990, pp. 86~91.

Haggard, Stephan, "The Politics of Industrialization in the Republic of Korea and Taiwan," Helen Hughes, ed., *Achieving Industrialization in East Asia*, New York: Cambridge University Press, 1990, pp. 260~282.

______, "From the Heavy Industry Plan to Stabilization: Macroeconomic Policy 1976-1980," Stephan Haggard, Richard N. Cooper, Susan Collins, Choongsoo Kim, Sung-Tae Ro, *Macroeconomic Policy and Adjustment in Korea 1970-1990*, Cambridge: Harvard University Press, 1994a, pp. 49~74.

______, "Macroeconomic Policy through the First Oil Shock 1970-1975," Stephan Haggard, Richard N. Cooper, Susan Collins, Choongsoo Kim, and Sung-Tae Ro, *Macroeconomic Policy and Adjustment in Korea 1970-1990*, Cambridge: Harvard University Press, 1994b, pp. 23~47.

Haggard, Stephan and Chung-In Moon, "The South Korean State in the International

Economy: Liberal, Dependent or Mercantile?," John Gerald Ruggie, ed., *The Antinomies of Interdependence*, New York: Columbia University Press, 1983, pp. 131~189.

______, "Institutions and Economic Policy: Theory and a Korean Case Study," *World Politics*, Vol. XLII, No. 2, January 1990, pp. 210~237.

Haggard, Stephan and R. Kaufman, *The Politics of Adjustment: International Constraint, Distributive Conflicts and the States*, Princeton: Princeton University Press, 1992.

Haggard, Stephan and Tun-jeng Cheng, "State and Foreign Capital in the East Asian NICs," F. C. Deyo, ed., *The Political Economy of New Asia Industrialism*, Ithaca: Cornell University Press, 1987, pp. 84~135.

Hamilton, Clive, *Capitalist Industrialization in Korea*, Boulder and London: Westview Press, 1986.

Hamilton, Gary G. and Nicole Woolsey Biggart, "Market, Culture, and Authority: A Comparative Analysis of Management and Oraganization in the Far East," *American Journal of Sociology*, 94, Supplement, 1988, pp. s52~s94.

Harberger, Arnold C., "A Vision of the Growth Process," *The American Economic Review*, Vol. 88, No. 1, Mar. 1998, pp. 1~32.

Hart-Landsberg, Martin, *The Rush to Development, Economic Change and Political Struggle in South Korea*, New York: Monthly Review Press, 1993.

Hirschman, A. O., *The Strategy of Economic Development*, Yale University Press, New Haven, 1958.

Hirschmeier, Johanne and Tsunehiko Yui, *The Development of Japanese Business 1600-1973*, Cambridge, Mass.: Harvard University, 1975.

Hoffman, W. G., *The Growth of Industrial Economics*, Manchester, 1958.

Hong, Wontack, *Trade, Distortion and Employment Growth in Korea*, Korea Development Institute, 1979.

______, "Market Distortions and Trade Patterns," KDI Working Paper, No. 8807, 1988.

______, "Market Distortions and Polarization of Trade Patterns: Korean Experience," Jene K. Kwon, ed., *Korean Economic Development*, New York: Greenwood Press, 1990, pp. 115~128.

Hwang, Eui-Gak, *The Korean Economies, A Comparison of North and South*, New York:

Oxford University Press, 1993.

Ichimera Shinichi, *Challenge of Asian Developing Countries*, Tokyo: Asian Productivity Organization, 1988.

Im, Hyug Baeg, "The Rise of Bureaucratic Authoritarianism in South Korea," *World Politics*, Vol. XXXIX, No. 2, January 1987, pp. 231~257.

Intriligator, Michael D., *Mathematical Optimization and Economic Theory*, Englewood Cliffs, N. J.: Prentice-Hall, Inc., 1971.

James, William E., Seiji Naya, and Gerald M. Meier, *Asian Development: Economic Success and Policy Lessons*, Madison: The University of Wisconsin Press, 1989.

Jang, H. W., *The Rate of Profit and the Evolution of State Industrial Policy in Korea, 1963-90*, New York: Macmillan Press, 1999.

Jenkins, Rhys, "The Political Economy of Industrial Policy: Automobile Manufacture in Newly Industrialising Countries," *Cambridge Journal of Economics*, Vol. 19, No. 5, Oct. 1995, pp. 625~645.

Jo, Sung-Hwan, "Promotion Measures for General Trading Companies(1975)," Lee-Jay Cho and Yoon Hyung Kim, eds., *Economic Development in the Republic of Korea: A Policy Perspective*, Honolulu: East-West Center, 1991, pp. 511~525.

Johnson, C., *The MITI and the Japanese Miracle: The Growth of Industrial Policy 1925-1975*, Stanford: Stanford University, 1982.

______, "Political Institutions and Economic Performance: The Government-Business Relationship in Japan, South Korea, and Taiwan," F. C. Deyo, ed., *The Political Economy of the New Asian Industrialization*, Ithaca, NY: Cornell University Press, 1987, pp. 136~164.

Jones, Leroy P., *Public Enterprise and Economic Development: the Korean Case*, Korea Development Institute, 1975.

Jones, Leroy P. and Il Sakong, *Government, Business and Entrepreneurship in Economic Development: The Korean Case*, Studies in the Modernization of the Republic of Korea: 1945-1975, Cambridge, Mass.: Harvard University Council in East Asian Studies, 1980.

Jwa, Sung Hee, "Property Rights and Economic Behavior Lessons for Korea's Economic Reform," Kenneth L. Judd and Young Ki Lee, eds., *An Agenda for Economic*

Reform in Korea, International Perspective, Hoover Institution Press Publication No. 465, Stanford, California: Stanford University, 2000, pp. 401~430.

Kaplan, Eugene, *Japan: The Government-Business Relationship*, Washington: Department of Commerce, 1972.

Kim, Choong Soo, "Labour Market Developments of Korea in Macroeconomic Perspective," *1989 Joint Conference on the Industrial Policies of the Republic of China and the Republic of Korea*, Chung-Hua Institution for Economic Research Conference Series No. 12, 1989, pp. 33~76.

______, "Labor Market Development in Macroeconomic Perspective," Jene K. Kwon, ed., *Korean Economic Development*, New York: Greenwood Press, 1990, pp. 303~321.

______, "Wage Policy and Labor Market Development," Stephan Haggard, Richard N. Cooper, Susan Collins, Choongsoo Kim, and Sung-Tae Ro, *Macroeconomic Policy and Adjustment in Korea 1970-1990*, Cambridge: Harvard University Press, 1994, pp. 185~230.

Kim, Chul Soo, "Trade Policy," Arthur M. Whitehill, ed, *Doing Business in Korea*, New York: Nichols Publishing Company, 1987, pp. 26~38.

Kim, Dae Il and Ju-Ho Lee, "Changes in the Korean Labor Market and Future Prospects," Kenneth L. Judd and Young Ki Lee, eds., *An Agenda for Economic Reform in Korea, International Perspective*, Hoover Institution Press Publication No. 465, Stanford, California: Stanford University, 2000, pp. 341~373.

Kim, E. Han, "Financing Korean Corporations: Evidence and Theory," Jene K. Kwon, ed., *Korean Economic Development*, New York: Greenwood Press, 1990, pp. 341~357.

Kim, Eun Mee, *Big Business, Strong State: Collusion and Conflict in South Korean Development, 1960-1990*, Albany: State University of New York Press, 1995.

Kim, H. Edward, *A Miracle on Yŏngil Bay: Twenty Years of POSCO*, Pohang Si: Pohang Iron & Steel Co., 1988.

Kim, Hyung-A, *Korea's Development Under Park Chung Hee: Rapid Industrialization, 1961-79*(신명주 옮김, 『유신과 중화학공업, 박정희의 양날의 선택』, 일조각, 2005).

Kim, J. W., "CES Production Function in Manufacturing and Problems of Industrialization in LDC: Evidence from Korea," *Economic Development and Cultural Change*, 33,

October 1984, pp. 143~165.

Kim, Jong-Gie and Jae-Young Son, "Rural-Urban Disparity and Government Policies for Rural Development," David L. Lindauer, Jong-Gie Kim, Joung-Woo Lee, Hy-Sop Lim, Jae-Young Son, and Ezra F. Vogel, *The Strains of Economic Growth: Labor Unrest and Social Dissatisfaction in Korea*, Harvard University Press, 1997, pp. 123~153.

Kim, Jong-Il and Lawrence J. Lau, "The Sources of Economic Growth of the East Asian Newly Industrialized Countries," *Journal of the Japanese and International Economies*, Vol. 8, No. 3, September 1994, pp. 235~271.

Kim, Jun Young, *Cost of Capital, Q Model of Investment and Capital Accumulation: Tax Reform, Cost of Capital and Capital Accumulation*, Brookfield: Ashgate Publishing Company, 1998.

Kim, Junmo, *The South Korean Economy: Towards a New Explanation of an Economic Miracle*, Burlington, VT: Ashgate Publishing Limited, 2002.

Kim, Kwang Doo and Sang Ho Lee, "The Role of the Korean Government in Technology Import," Chung H. Lee and Ippei Yamazawa, eds., *The Economic Development of Japan and Korea: a Parallel with Lessons*, New York: Praeger Publishers, 1990, pp. 87~122.

Kim, Kwang Suk, "Import Liberalization and Its Impacts in Korea," Jene K. Kwon, ed., *Korean Economic Development*, New York: Greenwood Press, 1990, pp. 99~113.

______, "Korea," Demetris Papageorgiou, Michael Michaely, and Armeane M. Choksi, eds., *Liberalizing Foreign Trade, 2, The Experience of Korea, the Philippines, and Singapore*, Cambridge, Mass.: Basil Blackwell, 1991, pp. 1~131.

______, "Trade and Industrialization Policies in Korea: An Overview," G. K. Helleiner, ed., *Trade Policy and Industrialization in Turbulent Times*, London: Routledge, 1994, pp. 317~363.

Kim, Kwang-Suk and Joon-Kyung Park, *Sources of Economic Growth in Korea: 1963-1982*, Korea Development Institute, 1985.

Kim, Kwang-Suk and Michael Roemer, *Growth and Structural Transformation, Studies in the Modernization of the Republic of Korea: 1945-1975*, Cambridge, MA:

Harvard University Press, Korea Development Institute, 1979.

Kim, Kyung-Dong, "Political Factors in the Formation of the Entrepreneurial Elite in South Korea," *Asian Survey*, Vol. XVI, No. 5, May 1976, pp. 467~477.

Kim, Kyung-Hwan and Edwin S. Mills, "Urbanization and Regional Development in Korea," Jene K. Kwon, ed., *Korean Economic Development*, New York: Greenwood Press, 1990, pp. 411~427.

Kim, Linsu, *Imitation to Innovation: The Dynamics of Korea's Technological Learning*, The Management of Innovation and Change Series, Boston: Harvard Business School Press, 1997.

Kim, Seok Ki, "Business Concentration and Government Policy: A Study of the Phenomenon of Business Groups in Korea, 1945-1985," Dissertation, Boston: Graduate School of Business Administration, Harvard University, 1987.

Kim, Sookon, "Korean Labor-Management Relations," Lee-Jay Cho and Yoon Hyung Kim, eds., *Korea's Political Economy: an Institutional Perspective*, Boulder, Colo.: Westview Press, 1994, pp. 623~661.

Klein L. and K. Ohkawa, *Economic Growth: The Japanese Experience since the Meiji Era*, Irwin, 1968.

Kohli, Atul, "Where Do High Growth Political Economies Come From? The Japanese Lineage of Korea's Development State," *World Development*, Vol. 22, No. 9, 1994, pp. 1269~1293.

Kong, Tat Yan, *The Politics of Economic Reform in South Korea*, New York: Routledge, 2000.

Koo, Bohn Young, "The Role of Direct Foreign Investment in Korea's Recent Economic Growth," Walter Galenson, ed., *Foreign Trade and Investment: Economic Development in the Newly Industrializing Asian Countries*, Madison, Wisconsin: The University of Wisconsin Press, 1985, pp. 176~216.

Koo, Bon Ho and Won Am Park, "Exchange Rate in Korea," Jene K. Kwon, ed., *Korean Economic Development*, New York: Greenwood Press, 1990, pp. 79~98.

Koo, Hagan, "The Political Economy of Income Distributions in South Korea: The Impact of the State's Industrial Policies," *World Development*, Vol. 12, No. 10, 1984, pp. 1029~1037.

______, "The Interplay of State, and World System in East Asian Development: The Cases of South Korea and Taiwan," F. C. Deyo, ed., *The Political Economy of New Asia Industrialism*, Ithaca: Cornell University Press, 1987, pp. 165~181.

Krause, L. and Ki-hwan Kim, *Liberalization in the Process of Economic Development*, Berkeley: University of California Press, 1991.

Krause, L. and W. Lutkenhorst, eds., *Economic Development in the Pacific Basin*, New York: St Martin's Press, 1986.

Kravis, B. Irving, Alan W. Heston, and Robert Summers, *World Product and Income: International Comparisons of Real Gross Product*, Baltimore: the Johns Hopkins University Press, 1982.

Krueger, Anne O., *Foreign Trade Regimes and Economic Development: Liberalization Attempts and Consequences*, Lexington, MA: Ballinger Press for National Bureau of Economic Research, 1978.

______, "Export-Led Industrial Growth Reconsidered," Wontack Hong and Lawrence B. Krause, eds., *Trade and Growth of the Advanced Developing Countries in the Pacific Basin*, Seoul: Korea Development Institute, 1981, pp. 3~34.

______, "The Experience and Lessons of Asia's Super Exporters," Vittorio Corbo, Anne O. Krueger, and Fernando Ossa, eds., *Export-Oriented Development Strategies: The Success of Five Newly Industrializing Countries*, Boulder, Colo.: Westview Press, 1985, pp. 187~212.

______, "Asian Trade and Growth Lessons," *American Economic Papers and Proceedings*, Vol. 80, No. 2, 1990.

______, "Trade Policy and Economic Development," *American Economic Review*, Vol. 87, No. 1, 1997, pp. 1~22.

Krugman, Paul R., "The Narrow Moving Band, the Dutch Disease, and the Competitive Consequences of Mrs. Thatcher," *Journal of Development Economics*, Vol. 27, March 1987, pp. 41~55.

______, "The Myth of Asia's Miracle," *Foreign Affairs*, Vol. 73, No. 6, 1994, pp. 62~78.

______, "What are the Lessons of Asian Growth?," 광복 50주년 기념 KIET 국제학술회의 발표논문, 1995.

Kumbhakar, Subal C., "Production Frontiers, Panel Data, and Time-Varying Technical

Inefficiency," *Journal of Econometrics*, 46, 1990, pp. 201~211.

Kuznets, Paul W., *Economic Growth and Structure in the Republic of Korea*, New Haven: Yale University Press, 1977.

______, "The Korean Economy: A Contemporary Case of Accelerated Growth," *The Korean Economy-Issues of Development*, Institute of East Asian Studies, Berkeley: University of California, 1980, pp. 59~80.

______, "The Dramatic Reversal of 1979-80: Contemporary Economic Development in Korea," *Journal of Northeast Asian Studies*, Vol. 1, No. 3, 1982, pp. 71~87.

______, *Korean Economic Development: An Interpretive Model*, Westport, CT: Praeger Publishers, 1994.

Kwack, Sung Yeung, "The Economic Development of the Republic of Korea, 1965-1981," Lawrence J. Lau, ed., *Models of Development, A Comparative Study of Economic Growth in South Korea and Taiwan*, San Francisco: An International Center for Economic Growth Publication, 1990a, pp. 65~125.

______, "The Economy of South Korea, 1980-1987," Lawrence J. Lau, ed., *Models of Development, A Comparative Study of Economic Growth in South Korea and Taiwan*, San Francisco: An International Center for Economic Growth Publication, 1990b, pp. 217~236.

Kwack, Tae-won, "Industrial Restructuring Experience and Policies in Korea in the 1970s," Kyu-uck Lee, ed., *Industrial Development Policies and Issues*, Korea Development Institute, 1986, pp. 95~130.

Kwon, Jene K., "Capacity Utilization, Economies of Scale and Technical Change in the Growth of Total Factor Productivity: An Explanation of South Korean Manufacturing Growth," *Journal of Development Economics*, Vol. 24, November 1986, pp. 75~90.

______, "The Uncommon Characteristics of Korea's Economic Development," Jene K. Kwon, ed., *Korean Economic Development*, New York: Greenwood Press, 1990, pp. 33~49.

______, "The East Asia Challenge to Neoclassical Orthodoxy," *World Development*, Vol. 22, No. 4, Pergamon, 1994, pp. 635~644.

Kwon, Jene K. and Hoon Paik, "Factor Price Distortions, Resource Allocation and Growth:

A Computable General Equilibrium Analysis," *Review of Economics and Statistics*, Vol. 77, No. 4, November 1995, pp. 664~676.

Kwon, Jene K. and Kyhyang Yuhn, "Analysis of Factor Substitution and Productivity Growth in Korean Manufacturing, 1961-1981," Jene K. Kwon, ed., *Korean Economic Development*, New York: Greenwood Press, 1990, pp. 145~166.

Kwon, Jene K. and M. Williams, "The Structure of Production in South Korea's Manufacturing Sector," *Journal of Development Economics*, Vol. 11, No. 2, October 1982, pp. 215~226.

Kwon, S., *Chaebol & Labour in Korea: the Development of Management Strategy in Hyundai*, New York: Routledge, 2001.

Lal, Deepak, *The Poverty of Development Economics*, Cambridge, Mass.: Harvard University Press, 1985.

Landes, D. S., "Technological Change and Development in Western Europe, 1750-1914," H. J. Habakkuk and M. M. Postan, eds., *Cambridge Economic History of Europe*, VI, pt. I, *The Industrial Revolution and After*, Cambridge: Cambridge University Press, 1965, pp. 274~601.

Lau, Lawrence J., ed., *Models of Development, A Comparative Study of Economic Growth in South Korea and Taiwan*, San Francisco: An International Center for Economic Growth Publication, 1990.

Lee, Chung H., "The Government, Financial System, and Large Private Enterprises in the Economic Development of South Korea," *World Development*, Vol. 20, No. 2, February 1992, pp. 187~197.

Lee, Chung Hoon, "Promotion Measures for Construction Service Exports to the Middle East(1975)," Lee-Jay Cho and Yoon Hyung Kim, eds., *Economic Development in the Republic of Korea: A Policy Perspective*, Honolulu: East-West Center, 1991, pp. 527~549.

Lee, Chung H. and Seiji Naya, "Trade in East Asian Development with Comparative Reference to Southeast Asian Experience," *Economic Development and Cultural Change*, Vol. 38, No. 3, 1988, pp. 123~152.

Lee, Dal Hwan, Zong-Tae Bae, and Jinjoo Lee, "Performance and Adaptive Roles of the Government-Supported Research Institute in South Korea," *World Development*,

Vol. 19, No. 10, October 1991, pp. 1421~1440.

Lee, Dukhoon, "The Role of Financial Markets in Korea's Economic Development," KDI Working Paper, No. 8801, January 1988, pp. 27~34.

Lee, Jaimin, "Selective Intervention and Manufacturing Success Story in Korea," *The Fourth Seoul Journal of Economics International Symposium*, Institute of Economic Research, Seoul National University, 1996.

Lee, Jisoon, "Government Spending and Economic Growth," Jene K. Kwon, ed., *Korean Economic Development*, New York: Greenwood Press, 1990, pp. 263~290.

Lee, Joung-Woo and David L. Lindauer, "Relative Deprivation and the Distribution of Wages," David L. Lindauer, Jong-Gie Kim, Joung-Woo Lee, Hy-Sop Lim, Jae-Young Son, and Ezra F. Vogel, *The Strains of Economic Growth: Labor Unrest and Social Dissatisfaction in Korea*, Harvard University Press, 1997a, pp. 55~76.

______, "The Quality of Working Life," David L. Lindauer, Jong-Gie Kim, Joung-Woo Lee, Hy-Sop Lim, Jae-Young Son, and Ezra F. Vogel, *The Strains of Economic Growth: Labor Unrest and Social Dissatisfaction in Korea*, Harvard University Press, 1997b, pp. 77~92.

Lee, Kyu-uck, ed., *Industrial Development Policies and Issues*, Korea Development Institute, 1986.

Lee, Kyu-uck, Shujiro Urata, and Inbom Choi, "Industrial Organization: Issues and Recent Development," Vittorio Corbo and Sang-Mok Suh, eds., *Structural Adjustment in a Newly Industrialized Country: The Korean Experience*, The World Bank, Baltimore: The Johns Hopkins University Press, 1992, pp. 204~227.

Lee, M. S., "Changes in the Industrial Structure," *Economic Development and Social Change in Korea*, Campus Verlag, Frankfurt, 1980, pp. 78~103.

Lee, Suk-Chae, "The Heavy and Chemical Industries Promotion Plan(1973-79)," Lee-Jay Cho and Yoon Hyung Kim, eds., *Economic Development in the Republic of Korea: A Policy Perspective*, Honolulu: East-West Center, 1991, pp. 431~471.

Lee, Won-young, "Science and Technology Policy in Korea," Kyu-uck Lee, ed., *Industrial Development Policies and Issues, Korea Development Institute*, 1986, pp. 162~185.

Lee, Yeon-ho, *The State, Society and Big Business in South Korea*, London, New York:

Routledge, 1997.

Lee, Youn Jai and Jene K. Kwon, "Interpretation and Measurement of Capacity Utilization: The Case of Korean Manufacturing," *Applied Economics*, Vol. 26, No. 10, October 1994, pp. 981~990.

Lee, Young Ki, "Conglomeration and Business Concentration in Korea," Jene K. Kwon, ed., *Korean Economic Development*, New York: Greenwood Press, 1990, pp. 325~339.

Lee, Young-Hoon, "The Expansion and Restructuring of the Steel Industry, the Case of POSCO and BSC," Thesis (D), University of London, 1992.

Leibenstein, H., "Alleviative Efficiency vs. X-inefficiency," *American Economic Review*, 56, 1966, pp. 392~415.

Leipziger, Danny M., *Korea: Managing the Industrial Transition: A World Bank Country Study*, Vol. 1, *The Conduct of Industrial Policy*, Washington D.C.: The World Bank, 1987.

______, "Indusrial Restructuring in Korea," *World Development*, Vol. 16, No. 1, January 1988, pp. 121~135.

Lie, John, *Han Unbound: The Political Economy of Soth Korea*, Stanford: Stanford University Press, 1998.

Lim, Haeran, *Korea's Growth and Industrial Transformation*, New York, N.Y.: St. Martin's Press Inc., 1998.

Lim, Hyun-Chin, *Dependent Development in Korea 1963-1979*, Korean Studies Series No. 8, Seoul National University Press, 1985.

Lim, Youngil, *The Korean Economy-Issues of Development*, Institute of East Asian Studies, Berkeley: University of California, 1980.

______, *Technology and Productivity: The Korean Way of Learning and Catching Up*, Cambridge: The MIT Press, 1999.

Long De, J. Bradford and Lawrence H. Summers, "Equipment Investment and Economic Growth," *Quarterly Journal of Economics*, Vol. 106, No. 2, May 1991, pp. 445~502.

Lucas, Robert E., "On the Mechanics of Economic Development," *Journal of Monetary Economics*, Vol. 22, No. 1, July 1988, pp. 3~42.

______, "Making a Miracle," *Econometrica*, Vol. 61, No. 2, 1993, pp. 251~272.

Luedde-Neurath, Richard, "State Intervention and Foreign Direct Investment in South Korea," *IDS Bulletin*, Vol. 15, No. 2, 1984, pp. 18~25.

______, "State Intervention and Export-oriented Development in South Korea," Gordon White, ed., *Developmental States in East Asia*, London: Macmillan Press, 1988, pp. 68~112.

Macdonald, Donald Stone, *US-Korean Relations from Liberation to Self-Reliance: The Twenty-Year Record*, Boulder: Westview Press, 1992.

MacIntyre, Andrew, "Business, Government and Development: Northeast and Southeast Asian Comparisons," Andrew MacIntyre, ed., *Business and Government in Industrialising Asia*, Ithca, New York: Cornell University, 1994, pp. 1~28.

Maddison, Angus, *The World Economy in the 20th Century*, Paris: OECD, 1989.

______, *Monitoring the World Economy: 1820-1992*, Development Centre Studies, Paris and Washington, D.C.: Organisation for Economic Co-operation and Development, 1995.

Magaziner, Ira C. and Mark Patinkin, "Fast Heat: How Korea Won the Microwave War," *Harvard Business Review*, Vol. 67, No. 1, January-February 1989, pp. 83~92.

Mankiw, N. G., David Romer, and David Weil, "Contribution to the Empirical Economic Growth," *Quarterly Journal of Economics*, 107, No. 2, 1992, pp. 407~438.

Mardon, Russell, "The State and the Effective Control of Foreign Capital: the Case of South Korea," *World Politics*, Vol. 43, No. 1, October 1990, pp. 111~138.

Mason, Edward S., Mahn Je Kim, Dwight H. Perkins, Kwang Suk Kim, and David C. Cole, *The Economic and Social Modernization of the Republic of Korea*, *Studies in the Modernization of the Republic of Korea: 1945-1975*, Cambridge, Mass.: Harvard University Press, Korea Development Institute, 1980.

Matthews, Trevor and John Ravenhill, "Strategic Trade Policy: the Northeast Asian Experience," Andrew MacIntyre, ed., *Business and Government in Industrialising Asia*, Ithca, New York: Corenell University, 1994, pp. 29~90.

McCormack, Gavan, "Japan and South Korea, 1965-1975: Ten Years of Normalization," Gavan McCormack and Mark Seldon, eds., *Korea, North and South: The Deepening Crisis*, NY: Monthly Review Press, 1978, pp. 171~187.

McGinn, Noel F., Donald S. Snodgrass, Yung Bong Kim, Shin-bok Kim, and Quee-Young Kim, *Education and Development in Korea*, Cambridge: Harvard University Press, 1980.

McPherson, W. J., *The Economic Development of Japan, 1868-1941*, London and Basingstoke: Macmillan Press, 1987, pp. 32~33.

Michell, Tony, *From a Developing to a Newly Industrialised Country: The Republic of Korea, 1961-82, Employment, Adjustment and Industrialisation 6*, Geneva: International Labour Office, 1988.

Montgomery, E. and W. Wascher, "Creative Destruction and Behavior of Productivity over the Business Cycle," *The Review of Economics and Statistics*, Vol. 70, No. 1, 1988, pp. 168~172.

Moon, Chung-in, "South Korea: Between Security and Vulnerability," James Everett Katz, *The Implication of Third World Military Industrialization: Sowing the Serpents' Teeth*, Lexinton: Lexington Books, 1986, pp. 241~266.

______, "U.S. Third Country Arms Sales Regulation and the South Korean Defense Industry: Supplier Control and Recipient Dilemma," Chung-in Moon, Manwoo Lee, and Ronald McLaurin, *Alliance Under Tension: The Evolution of South Korean-U.S. Relations*, Boulder: Westview Press, 1988, pp. 79~102.

______, "Changing Patterns of Business-Government Relations in South Korea," Andrew MacIntyre, ed., *Business and Government in Industrialising Asia*, Ithca, New York: Cornell University, 1994, pp. 142~166.

Moreira, Mauricio Mesquita, *Industrialization, Trade and Market Failures: The Role of Government Intervention in Brazil and South Korea*, New York: St. Martin's Press, 1995.

Murphy, K. M., A. Shleifer, and R. W. Vishny, "Industrializaton and the Big Push," *Journal of Political Economy*, Vol. 97, 1989, pp. 1003~1026.

Myint, H., *Economic Theory and the Underdeveloped Countries*, London: Oxford University Press, 1977.

Nam, Chong-Hyun, "Trade, Industrial Policies and the Structure of Protection in Korea," Wontack Hong and Lawrence B. Krause, eds., *Trade and Growth of the Advanced Developing Countries in the Pacific Basin*, Seoul: Korea Development Institute,

1986, pp. 187~217.

______, "Export Promotion Strategy and Economic Deveopment in Korea," Chris Milner, ed., *Export Promotion Strategies, Theory and Evidence from Developing Countries*, New York University Press, 1990, pp. 165~183.

Nam, D. W., *Korea's Economic Growth in a Changing World*, Seoul: Samsung Economic Research Institute, 1997.

Nelson, Richard, *The Sources of Economic Growth*, Cambridge: Harvard University Press, 1996.

Nishmizu, M. and C. R. Hulten, "The Sources of Japanese Economic Growth," *Review of Economics and Statistics*, 60, August 1978, pp. 351~361.

Nishimizu, M. and S. Robinson, "Trade Policies and Productivity Change in Semi-Industrialized Countries," *Journal of Development Economics*, 16, September-October 1984, pp. 177~206.

Noland, Marcus, "The Impact of Industrial Policy on Japan's Trade Specialization," *Industrial Policy and Competitive Advantage,* Vol. 3, *Industry and Country Studies*, International Library of Critical Writings in Economics, Vol. 84, Cheltenham, U.K. and Northampton, Mass.: Elgar, 1998, pp. 343~350.

Norsworthy, J. R., and David H. Malmquist, "Input Measurement and Productivity Growth in Japanese and U.S. Manufacturing," *American Economic Review*, Vol. 73, No. 5, December 1983, pp. 947~967.

Nugent, Jeffrey B., "An Institutional Analysis of the Size Distribution of Manufacturing Establishments: An International Cross-section Study," KDI Working Paper, No. 8921, Seoul: Korea Development Institute, August 1989a.

______, "Variations in the Size Distribution of Korean Manufacturing Establishments across Sectors and over Time," KDI Working Paper, No. 8932, Seoul: Korea Development Institute, August 1989b.

Odaka, Konosuke, "Is the Division of Labor Limited by the Extent of the Market? A Study of Automobile Parts Production in East and Southeast Asia," Kazushi Ohkawa and Gustav Ranis, eds., *Japan and the Developing Countries: A Comparative Analysis*, Oxford: Basil Blackwell, 1985, pp. 389~425.

O'Driscoll, Mike, "South Korean Refractories: POSCO Steels the Market," *Industrial*

Mineral, No. 313, Oct. 1993, pp. 71~83.

Ohno, Koich and Hideki Imaoka, "The Experience of Dual-Industrial Growth: Korea and Taiwan," *The Developing Economies*, Vol. 25, No. 4, Tokyo: Institute of Developing Economies, December 1987, pp. 310~324.

Oshima, Harry T., "Human Resources in East Asia's Secular Growth," *Economic Development and Cultural Change*, Vol. 36, No. 3, April 1988, Supplement, pp. s103~s122.

______, "Income Distribution Policies in East Asia," *The Developing Economies*, Vol. 36, No. 4, Tokyo: Institute of Developing Economies, December 1989, pp. 359~386.

______, "The Impact of Technological Transformation on Historical Trends in Income Distribution of Asia and the West," *The Developing Economies*, Vol. 32, No. 3, Tokyo: Institute of Developing Economies, September 1994, pp. 237~255.

______, "The Role of Social Values in the Growth of Asian Economies: The Proximate and the Distal," *Journal of the Asia Pacific Economy*, Vol. 1, No. 2, 1996, pp. 195~214.

Ozawa, Terutomo, "Macroeconomic Factors Affecting Japan's Technology Inflows and Outflows: The Postwar Experience," N. Rosenberg and C. Frischtak, eds., *International Technology Transfer: Concepts, Measures and Comparisons*, New York: Praeger, 1985, pp. 222~254.

Pack, Howard and Larry E. Westphal, "Industrial Strategy and Technological Change: Theory Versus Reality," *Journal of Development Economics*, Vol. 22, No. 1, June 1986, pp. 87~128.

Pae, Sung Moon, *Korea, Leading Developing Nations*, Lanham, Maryland: University Press of America Inc., 1992.

Papanek, Gustav, "The New Asian Capitalism: An Economic Portrait," Peter L. Berger and Hsin-Huang Michael Hsiao, eds., *In Search of An East Asian Development Model*, New Brunswick: Transaction Books, 1988, pp. 27~80.

Park, Chong-kee, ed., *Human Resources and Social Development in Korea*, Korea Development Institute, 1979,

Park, Chung Kee, "The Health Insurance Scheme," Lee-Jay Cho and Yoon Hyung Kim, eds., *Economic Development in the Republic of Korea: A Policy Perspective*, Honolulu: East-West Center, 1991, pp. 327~347.

Park, Eul Y., "Patterns of Foreign Direct Investment, Foreign Ownership, and Industrial Performance: The Case of the Korean Manufacturing Industry," Roger Benjamin and Robert T. Kudrle, eds., *The Industrial Future of the Pacific Basin*, Boulder and London: Westview Press, 1984, pp. 127~160.

Park, Se-Il, "Industrial Relations Policy in Korea: Its Features and Problems," Jene K. Kwon, ed., *Korean Economic Development*, New York: Greenwood Press, 1990, pp. 393~407.

Park, Sung Jo, Taiwhan Shin, and Ki Zun Zo, eds., *Economic Development and Social Change in Korea*, Frankfurt: Campus Verlag, 1980.

Park, Won Am, "Impacts of Currency Appreciation and Wage Increase on Economic Restructuring in Korea," *1989 Joint Conference on the Industrial Policies of the Republic of China and the Republic of Korea*, Chung-Hua Institution for Economic Research Conference Series No. 12, 1989, pp. 219~255.

Park, Young Goo, "The Features and the Development Strategies of German Industrial Technology from the 19th Century to the Beginning of the 20th Century," *The Korean Economic Review*, Vol. 12, No. 2, The Korean Economic Association, Winter 1996, pp. 243~260.

______, "Depression and Capital Formation: The United Kingdom and Germany, 1873-96," *The Journal of European Economic History*, Vol. 26, No. 3, Winter 1997, pp. 511~534.

______, "Market Division and Industrial Structure: Strategies for the Competitive Edge of the German Steel Industry in the Nineteenth Century," *The Korean Economic Review*, Vol. 15, No. 2, The Korean Economic Association, Winter 1999, pp. 235~252.

Park, Yung Chul, "Korea's Experience with External Debt Management," Gorden W. Smith and John T. Cuddington, eds., *International Debt and the Developing Countries*, Washington, D.C.: World Bank, 1985, pp. 289~328.

Patrick, Hugh T. and Henry Rosovsky, *Asia's New Giant, How the Japanese Economy Works*, Washington: Brookings Institution, 1976.

Pazan, H. and D. C. Rao, "Development Issues in the 1980s," H. Pazan and D.C. Rao, eds., *Korea: Policy Issues for Long-Term Development*, Baltimore, M.D.: Johns

Hopkins University Press, 1979, pp. 75~106.

Petri, Peter A., "Korea's Export Niche: Origins and Prospects," *World Development*, Vol. 16, No. 1, Special Issue, January 1988, pp. 47~63.

______, "Korean Trade as Outliner: An Economic Anatomy," Jene K. Kwon, ed., *Korean Economic Development*, New York: Greenwood Press, 1990, pp. 53~78.

Pollard, Sidney, *British' Prime and British's Decline—The British Economy 1870-1914*, London: Edward Arnold, 1989.

Porter, Michael E., *The Competitive Advantage of Nations*, NY: The Free Press, 1990.

Psacharopoulos, George, "Returns to Education: A Further International Update and Implications," *Journal of Human Resources*, Vol. 20, No. 4, Fall 1985, pp. 583~604.

______, "Returns to Investment in Education: A Global Update," *World Development*, Vol. 22, No. 9, September 1994, pp. 1325~1343.

Pursell, Garry and Yung W. Rhee, "A Firm-Level Study of Korean Exports: Machinery and Equipment, Economies of Scale, and Capacity Utilization," *World Bank Research Report, No. 3*, Washington D.C.: Economics of Industry Division, Development Economics Department, The World Bank, 1978.

Pyo, Hak-Kil, "Elasticities of Substitution and Technical Porgress in a Developing Economy: The Case of Kora(1963-81)," 1983 한국경제학회 학술대회, 1984.

______, "Estimates of Capital Stock and Capital/Output Coefficients by Industries for the Republic of Korea(1953-1986)," KDI Working Paper, No. 8810, 1988.

Ranis, Gustav and S. A. Mahmood, *The Political Economy of Development Policy Change*, Oxford: Blackwell, 1992.

Ranis, Gustav, Larry Burmeister, and Michael Wang, "Group Behavior and Development: A Comparison of Farmers' Organisation in South Korea and Taiwan," Yale Economic Growth Center Discussion Paper, No. 828, 2001.

Rapp, William V., "Form Size and Japan's Export Structure: A Microview of Japan's Changing Export Competitiveness since Meiji," Hugh Patrick, ed., *Japanese Industrialization and Its Social Consequences*, Berkeley: University of California Press, 1976, pp. 201~248.

Rebelo, Sergio, "Long Run Policy Analysis and Long Run Growth," National Bureau of Economic Research, Working Paper, No. 3325, April 1990.

Rhee, Jong-Chan, *The State and Industry in South Korea: The Limits of the Authoritarian State*, London and New York: Routledge, 1994.

Rhee, Yung Whee, Bruce Ross-Larsen, and Gary Pursell, *Korea's Competitive Edge: Managing the Entry into World Markets*, Baltimore: Johns Hopkins University Press, Washington D.C.: World Bank, 1984.

Ro, Sung-Tae, "Korean Monetary Policy," Stephan Haggard, Richard N. Cooper, Susan Collins, Choongsoo Kim, and Sung-Tae Ro, *Macroeconomic Policy and Adjustment in Korea 1970-1990*, Cambridge: Harvard University Press, 1994, pp. 145~183.

Rodrik, Dani, "Trade and Industrial Policy Reform in Developing Countries: A Review of Recent Theory and Evidence," NBER Working Paper, No. 4417, Cambridge: National Bureau of Economic Research, August 1993.

______, "Getting Interventions Right: How South Korea and Taiwan Grew Rich," NBER Working Paper, No. 4964, Cambridge: National Bureau of Economic Research, December 1994.

Romer, Paul, "Increasing Returns and Long-Run Growth," *Journal of Political Economy*, Vol. 94, No. 5, October 1986, pp. 1002~1037.

Ryoo, Jai-kyung, Young-sook Nam, and Martin Carnoy, "Changing Rtes of Return to Education over Time: A Korean Case Study," *Economics of Education Review*, Vol. 12, Issue 1, March 1993, pp. 71~80.

Sabin, L. and H. Kato, "Shadow Price Calculation and Application: A Case of Study of Korea," HIID Development Discussion Paper, No. 313, Cambridge, Mass.: Harvard Institute for International Development, 1989.

Sachs, Jeffrey G., "External Debt and Macroeconomic Performance in Latin America and East Asia," *Brookings Papers on Economic Activity*, 2, 1985, pp. 523~573.

Sachs, Jeffrey G. and Susan Margaret Collins, *Developing Country Debt and Economic Performance*, Chicago: University of Chicago Press, 1989.

Sarel, Michael, *Growth in East Asia: What We Can and What We Can Not Infer*, Economic Issues 1, Originally contained in IMF Working Paper 95/98, Growth in East Asia: What We Can and What we can not Infer from it, Washington D.C.: International Monetary Fund, 1996.

Scistovsky, Tibor, "Economic Development in Taiwan and South Korea, 1965-1981," Lawrence J. Lau, ed., *Models of Development, A Comparative Study of Economic Growth in South Korea and Taiwan*, San Francisco: An International Center for Economic Growth Publication, 1990, pp. 127~181.

Sedjo, Roger A., "Korean Historical Experience and the Labor-Surplus Model," *The Journal of Developing Areas*, Vol. 10, No. 2, January 1976, pp. 213~222.

Shim, Jae Hoon, Peter Engardio, and Paul Ensor, "Industrial South Korea," *Far Eastern Economic Review*, Vol. 125, No. 29, 19 July 1984, pp. 43~74.

Shin, Jang-Sup and Ha-Joon Chang, *Restructuring Korea Inc.*, Routledge Curzon, 2003(장진호 옮김, 『주식회사 한국의 구조조정』, 창비, 2004).

Shinohara, Miyohei, Toru Yanagihara, Kwang Suk Kim, and Ramgopal Agarwala, "The Japanese and Korean Experiences in Managing Development," World Bank Staff Working Paper, No. 574, Washington D.C.: World Bank, 1983.

Smith, G. W. and J. T. Cuddington, eds., *International Debt and the Developing Countries*, Washington, D.C.: World Bank, 1985.

Snodgrass, Donald R., "Education in Korea and Malaysia," Henry S. Rowen, ed., *Behind East Asian Growth: The Political and Social Foundations of Prosperity*, London and New York: Routledge, 1998, pp. 165~184.

Soh, Changrok, "Legacy of a Megapolicy of Heavy and Chemical Industrialization in Korea: Can Korea Succeed in High-technology?," Draft for Pacific Basin Research Center Seminar, April, 1993.

Song, Byung Nak, "The Production Structure of the Korean Economy: International and Historical Comparisons," *Econometrica*, Vol. 45, No. 1, 1977, pp. 147~162.

______, *The Rise of the Korean Economy*, Honkong: Oxford University Press, updated edition, 1994.

Steers, Richard M., Yoo Keun Shin, and Gerardo R. Ungson, *The Chaebol: Korea's New Industrial Might*, New York: Harper & Row, 1989.

Steinberg, David I., "Development Lessons from the Korean Experience: A Review Article," *Journal of Asian Studies*, Vol. XLII, No. 1, November 1982, pp. 91~104.

Stern, J. Joseph, Ji-bong Kim, Dwight H. Perkins, and Jung-ho Yoo, *Industrialization and the State: The Korean Heavy and Chemical Industry Drive*, Harvard Institute for

International Development and Korea Development Institute, Cambridge, Mass.: Harvard University Press, 1995.

Suh, Moon-Gi, *Developmental Transformation in South Korea, From State-Sponsored Growth to the Quest for Quality of Life*, Westport, CT: Praeger Publishers, 1998.

Suh, Sang-Chul, *Growth and Structural Changes in the Korean Economy, 1910-1940*, Cambridge, Mass.: Council on East Asian Studies, Harvard University Press, 1978.

Suh, Sang-Mok and Ha-Cheong Yeon, "Social Welfare during the Period of Structural Adjustment," Vittorio Corbo and Sang-Mok Suh, eds., *Structural Adjustment in a Newly Industrialized Country: The Korean Experience*, The World Bank, Baltimore: The Johns Hopkins University Press, 1992, pp. 281~304.

Syrquin, M. and H. B. Chenery, "Patterns of Development, 1950 to 1983," World Bank Discussion Papers, No. 41, Washington D.C.: World Bank, 1989.

Tsiang, S. C. and Rong-I Wu, "Foreign Trade and Investment as Boosters for Take-off: The Experiences of the Four Asian Newly Industrializing Countries," Walter Galenson, ed., *Foreign Trade and Investment: Economic Development in the Newly Industrializing Asian Countries*, Madison, Wisconsin: The University of Wisconsin Press, 1985, pp. 301~332.

Ungson, Gerardo R., Richard M. Steers, and Seung-Ho Park, *Korean Enterprise, The Quest for Globalization*, Boston, Mass.: Harvard Business School Press, 1997.

Vogel, Ezra F., *The Four Little Dragons: The Spread of Industrialization in East Asia*, Cambridge: Harvard University Press, 1991.

Vogel, Ezra F. and David L. Lindauer, "Toward a Social Compact for South Korean Labor," David L. Lindauer, Jong-Gie Kim, Joung-Woo Lee, Hy-Sop Lim, Jae-Young Son, and Ezra F. Vogel, *The Strains of Economic Growth: Labor Unrest and Social Dissatisfaction in Korea*, Harvard University Press, 1997, pp. 93~121.

Wade, Robert, "Industrial Policy in East Asis: Does It Lead of Follow the Market?," Gary Gereffi and Donald L. Wyman, eds., *Manufacturing Miracles*, Princeton: Princeton University Press, 1990a, pp. 231~266.

______, *Governing the Market: Economic Theory and the Role of Government in East Industrialization*, Princeton: Princeton University Press, 1990b.

______, "The Role of Government in Overcoming Market Failure: Taiwan, Republic of Korea and Japan," Helen Hughes, ed., *Achieving Industrialization in East Asia*, New York: Cambridge University Press, 1990c, pp. 129~163.

______, "East Asia's Economic Success: Conflicting Perspectives, Partial Insights, Shaky Evidence," *World Politics*, Vol. 44, No. 2, 1992, pp. 270~320.

______, "Managing Trade: Taiwan and South Korea as CAhallenges to Economics and Political Science," *Comparative Politics*, Vol. 25, No. 2, January 1993, pp. 147~167.

Watanabe, Toshio, "Heavy and Chemical Industrialization and Economic Development in the Republic of Korea," *The Developing Economies*, Vol. 16, No. 4, Tokyo: Institute of Developing Economies, December 1978, pp. 385~407.

______, "Economic Development in Korea: Lessons and Challenge," Toshio Shishido and Ryuzo Sato, eds., *Economic Policy and Development: New Perspectives*, Dover: Auburn House Publishing Company, 1985, pp. 95~111.

Westphal, Larry E., "Industrial Policy in an Export-Propelled Economy: Lessons from South Korea's Experience," *Journal of Economic Perspectives*, Vol. 4, No. 3, Summer 1990, pp. 41~59.

Westphal, Larry E. and Kwang Suk Kim, "Korea," Bela Balassa and Associates, *Development Strategies in Semi-industrial Economies*, World Bank Research Publication, Baltimore, Maryland: the Johns Hopkins University Press, 1982, pp. 212~279.

Westphal, Larry E., Linsu Kim, and Carl J. Dahlman, "Reflections on the Republic of Korea's Acquisition of Technological Capability," N. Rosenberg and C. Frischtak, eds., *International Technology Transfer: Concepts, Measures and Comparisons*, New York: Praeger, 1985, pp. 167~221.

Westphal, Larry E., Yung W. Rhee, and Garry Pursell, "Korean Industrial Competence: Where It Came from," World Bank Staff Working Papers, No. 469, Washington D. C.: World Bank, 1981.

Westphal, Larry E., Yung Whee Rhee, Linsu Kim, and Alice Amsden, "Exports of Capital Goods and Related Services from the Republic of Korea," World Bank Staff Working Papers, No. 629, Washington D.C.: World Bank, 1984.

Whang, In-Joung, "Korea's Economic Management for Structural Adjustment in the 1980s," KDI Working Paper, No. 8606, December 1986.

Whang, Seong-Hyeon and Joung-Woo Lee, "The Problems of Income Distribution and Related policy Issues in Korea," Kenneth L. Judd and Young Ki Lee, eds., *An Agenda for Economic Reform in Korea, International Perspective*, Hoover Institution Press Publication No. 465, Stanford, California: Stanford University, 2000, pp. 283~316.

White, Gordon and R. Wade, "Developmental States and Markets in East Asia: An Introduction," Gordon White, ed., *Developmental States in East Asia*, London: Macmillan Press, 1988, pp. 1~29.

Wilber, C. K., *The Soviet Model and Underdeveloped Countries*, University of North Carolina Press, 1969.

Williams, M. and J. K. Kwon, "Substitution of Equipment, Structures and Labour in South Korea's Manufacturing Industry," *Applied Economics*, Vol. 14, No. 4, August 1982, pp. 391~400.

Wolf, Charles, Jr., *Markets and Governments: Choosing between Imperfect Alternatives*, The RAND Corporation, 1988.

Woo, Jung-en, *Race to the Swift: State and Finance in Korean Industrialization*, Columbia University Press, 1991.

Yamazawa, Ippei, "Japan and Her Asian Neighbours in a Dynamic Perspective," Colin I. Bradford, Jr. and William H. Branson, eds., *Trade and Structural Change in Pacific Asia*, Chicago: The University of Chicago Press, 1987, pp. 93~119.

Yamazawa, Ippei and Hirohisa Kohama, "Trading Companies and the Expansion of Foreign Trade: Japan, Korea, and Thailand," Kazushi Ohkawa and Gustav Ranis, eds., *Japan and the Developing Countries: A Comparative Analysis*, Oxford: Basil Blackwell, 1985, pp. 426~446.

Yoo, Jong Goo, "Income Distribution in Korea," Jene K. Kwon, ed., *Korean Economic Development*, New York: Greenwood Press, 1990, pp. 373~391.

Yoo, Jong G. and Jene K. Kwon, "Welfare Inequality Among Urban Households in South Korea: 1965-83," *Applied Economics*, Vol. 19, No. 4, April 1987, pp. 497~510.

Yoo, Jung Ho, "The Government in Korean Economic Growth," KDI Working Paper, No.

8904, Seoul: Korea Development Institute, 1989.

______, "The Industrial Policy of the 1970s and the Evolution of the Manufacturing Sector in Korea," KDI Working Paper, No. 9017, Seoul: Korea Development Institute, October 1990.

Yoo, Seong Min, "Productivity and Economic Growth in Korea: Survey and a New Exploration," KDI Working Paper, No. 9120, Seoul: Korea Development Institute, December 1991.

Yoo, Yoonha and Won-Am Park, "The External Adjustment of the Korean Economy," KDI Working Paper, No. 9105, Seoul: Korea Development Institute, October 1990.

Yotopoulos, Pan A., *What Went Right in China, Proceedings of the Conference Macrodynamics of Inequality in the Industrialized and Developing Countries*, Jerome Levy Economic Institute of Bard College, Kingston, New York, 27~28 October 1999.

Yotopoulos, Pan A. and Jeffrey B. Nugent, *Economics of Development: Empirical Investigations*, New York: Harper & Row Publishers, 1976.

Young, Alwyn, "A Tale of Two Cities: Factor Accumulation and Technical Change in Hong Kong and Singapore," Oliver J. Blanchard and Stanley Fisher, eds., *NBER Macroeconomics Annual 1992*, Vol. 7, Cambridge, MA: The MIT Press, 1992, pp. 13~54.

______, "Lessons from the East Asian NICS: A Contrarian View," *European Economic Review*, Vol. 38, No. 3~4, April 1994, pp. 964~973.

______, "Tyranny of Numbers: Confronting the Statistical Realities of the East Asian Growth Experience," *Quarterly Journal of Economics*, Vol. 110, No. 3, August 1995, pp. 641~680.

Young, Soogil(YOUNG, SOO-GIL), "Korea's Foreign Trade Policy and Economic Development," Lee Kyu-uck, ed., *Industrial Development Policies and Issues, Korea Development Institute*, 1986, pp. 33~51.

______, "Import Substitution and Industrial Adjustment," Vittorio Corbo and Sang-Mok Suh, eds., *Structural Adjustment in a Newly Industrialized Country: The Korean Experience*, The World Bank, Baltimore: The Johns Hopkins University Press, 1992, pp. 171~203.

ㄱ

ㅈ

ㅊ

ㅋ

ㅌ

ㅍ

ㅎ

저자약력

- 한국경제학회(*KER*), 한국경상학회, 한국응용경제학회, 한국지역사회학회 편집위원 역임 및 재임
- 한국국민경제학회 편집위원장, 한국경제발전학회 회장단, 경제사학회 이사 역임 및 재임
- 한국은행(부산), 부산광역시, 부산상공회의소, 행정안전부 국가기록원 자문교수 역임 및 재임
- 현재 부산외국어대학교 경제학과 교수
- E-mail: parkyg@pufs.ac.kr

주요 논저

『후발공업국의 발전전략과 산업경쟁력: 19세기 독일의 경쟁력 우위 원천과 시사점』, 부산외국어대학교 출판부, 1999.

『시장의 지배자들: 열강들의 성장과 퇴보, 세계경제 200년사』(공저), 매일경제신문사, 2001.

『근대부산의 제조업, 1900-1944: 통계와 발전』, 부산발전연구원, 2005.

『현대부산의 제조업, 1945-2000: 통계와 발전』, 부산발전연구원, 2005.

『농촌지역 노동시장과 고용기회』(공저), 한국노동연구원, 2007.

"Depression and Capital Formation: The United Kingdom and Germany," *The Journal of European Economic History*, Vol. 26, No. 3, 1997.

"Market Division and Industrial Structure: Strategies for the Competitive Edge of the German Steel Industry in the Nineteenth Century," *The Korean Economic Review*, Vol. 15, No. 2, 1999.

「지역 장기 제조업 통계의 작성 방법과 추계」, 『경제학연구』, 제53집 제2호, 한국경제학회, 2005.

한국 중화학공업화 연구 총설

2008년 10월 20일 초판인쇄
2008년 10월 25일 초판발행

저 자 박 영 구

발행인 노 현 철

발행처 도서출판 해남
서울특별시 서대문구 냉천동 냉천빌딩 4층
전화 739-4822 팩스 720-4823
e-mail haenam30@dreamwiz.com
homepage www.hpub.co.kr
등록 1995. 5. 10 제1-1885호

정 가 40,000원 ISBN 978-89-6238-006-4 93320